U0787914

【城市区位】沿海和长江两大经济开发带交会处

【城市性质】国际化、现代化港口城市

【土地面积】986.73 平方千米（其中陆地面积 791.06 平方千米）

【户籍人口】92.9 万人

【所辖区镇】保税区（金港镇） 经开区（杨舍镇） 冶金园（锦丰镇） 高新区（筹） 塘桥镇 乐余镇 凤凰镇 南丰镇 大新镇 常阴沙现代农业示范园区 双山岛旅游度假区

【张家港市树】香 樟

【张家港市花】菊 花

【张家港精神】团结拼搏 负重奋进 自加压力 敢于争先

【2017 年荣誉】全国文明城市（五连冠） 国家生态园林城市
2013—2016 年度全国平安建设先进县（市、区、旗）
全国农村社区治理实验区

现代农业

田园风情

生态常阴沙

常阴沙万顷良田

常阴沙现代农业示范园区夏收

常阴沙水培蔬菜基地

常北社区省级康居村庄

ZHANGJIAGANG ALMANAC 2018

中国年鉴全文数据库收录年鉴

張家港年鑑

张家港市人民政府主办

中共张家港市委党史地方志办公室编

方志出版社
Publishing House of Local Records

图书在版编目（CIP）数据

张家港年鉴. 2018 / 中共张家港市委党史地方志办公室编. -- 北京 ：方志出版社，2018.9
ISBN 978-7-5144-3293-0

Ⅰ. ①张… Ⅱ. ①中… Ⅲ. ①张家港－2018－年鉴
Ⅳ. ①Z525.34

中国版本图书馆CIP数据核字（2018）第219430号

张家港年鉴（2018）

编　　者：中共张家港市委党史地方志办公室
责任编辑：程　倩
出 版 人：冀祥德
出 版 者：方志出版社
地址　北京市朝阳区潘家园东里9号（国家方志馆4层）
邮编　100021
网址　http://www.fzph.org
发　　行：方志出版社图书经销中心
电话（010）67110500
经　　销：各地新华书店
印　　刷：南京凯德印刷有限公司
开　　本：889×1194　　1/16
印　　张：39.25
字　　数：1139千字
版　　次：2018年9月第1版　　2018年9月第1次印刷
印　　数：0001～2000册
ISBN 978-7-5144-3293-0　　定价：210.00元

张家港年鉴编纂委员会

《张家港年鉴（2018）》

主　　审　朱兴华　陈卫兵

主　　编　陈飞健

副 主 编　汪丽菁　陆文琰　卢德兴　张　洁

编　　辑　汪丽菁　陆文琰　张　洁　沈立平　黄宏庆
陆正芳　景力颖　朱永平　宋佳辰　陆婷婷

图片编辑　沈立平　钱　奔

编　　务　马　俊　许建东

装帧设计　张家港市无界广告设计中心

地图审核　苏州图博地图应用开发中心

序

中共张家港市委书记 沈国芳

汲取智慧　接续前行
奋力开创张家港高质量发展新局面

最是书香能致远。2018卷《张家港年鉴》在多方共同努力下杀青付梓，带着墨香和广大读者见面了，这是系统记述张家港发展轨迹、全面反映新鲜经验做法的生动教材和资政依据，里面的每一篇文章和每一幅图片，都有力见证了全市上下过去一年与时俱进大力弘扬张家港精神，拼搏奋进、克难争先所取得的可喜成绩，具有鉴往知来的重要价值。

2017年，全市上下以“献礼中共十九大”为工作主线，围绕“强富美高”，紧扣“两聚一高”，统筹推进改革发展稳定各项工作，创新转型提速增效，深化改革全面推进，城市品质不断提升，社会民生持续改善，文化文明再攀新高，管党治党力度加大，经济社会各项事业取得了令人振奋的显著成绩。实现地区生产总值2606亿元，比上年增长7.3%；公共财政预算收入210亿元，增长10.2%；居民人均可支配收入4.89万元，增长8.8%。与此同时，我们实现

全国文明城市“五连冠”，开创了县级市在单届评比中获评文明奖项“大满贯”的先河，获全国平安建设先进市、国家生态园林城市等一系列荣誉，百万港城人民过上了更有品质的生活。

2018年，全市上下将以习近平新时代中国特色社会主义思想为指导，深入贯彻落实中共十九大精神和省委、苏州市委各项决策部署，坚定不移把发展作为第一要务，牢牢把握社会主要矛盾发生变化的新特点，进一步提振干事创业精气神，在更高坐标系中全面提升发展水平，以推动高质量发展的生动实践献礼改革开放40周年，努力在决胜高水平全面建成小康社会、开启基本实现现代化的新征程中走在前列，让张家港发展始终勇立潮头。

善言古者，合之于今；能述远者，考之于近。在新时代新征程中，我们应当察古知今、努力奋斗，认真学好用好2018卷《张家港年鉴》这座丰富翔实的“资料宝库”，有效发挥其“存史、资政、育人”的积极作用，寻着这座城市的足迹，找到汲取智慧、接续前行的磅礴力量。

2018年9月30日

1978年，中共十一届三中全会召开。全县范围内全面展开复查纠错、拨乱反正工作。图为工宣队宣传十一届三中全会精神

1979年4月15日至18日，县委、县革委会召开全县社队工业工作会议。图为全县高速度发展社队工业誓师大会

1980年8月，县委宣传部、县文教局等部门根据中宣部要求到南丰公社进行建设农村文化中心试点。图为兆丰农民艺术团在埃及国际民间艺术节上演出《忆江南》

1981年2月15日至18日，县委召开全县三级干部会议，贯彻落实中共中央《关于进一步加强和完善农业生产责任制的几个问题》和省经营管理工作会议的精神，落实和推广农业生产责任制。图为富裕起来的农民住上了楼房

1982年，经全国人大常委会批准，张家港港对外开放。图为首艘外轮巴拿马籍“日本商人”号抵达张家港港

1983年3月1日，沙洲振业橡胶总厂和上海步云鞋厂联合发起组织的振云儿童足球促进会正式成立。8月，振云儿童足球促进会在苏州举办首届全国“贝贝杯”儿童足球赛。图为1998年第十五届“贝贝杯”儿童足球赛开幕式

庆祝改革开放 40 周年

40Th ANNIVERSARY
of REFORM and OPENING UP

回顾改革开放 40 年，特别是中共十八大以来的奋斗历程，张家港市始终高举中国特色社会主义伟大旗帜，在解放思想中汲取动力、在改革开放中厚植优势，从“农转工”到“内转外”，从“散转聚”到“量转质”，张家港一个时期一个主题、一个阶段一个目标，不仅生动演绎了“伟大理论的成功实践”，而且正以全新的姿态、过硬的担当，奋力书写着新时代高质量发展的“张家港答卷”。40 年，张家港实现了“从苏南边角料到明星城市的飞跃”，从实质上讲，张家港“飞跃”的过程，正是 40 年解放思想、实事求是、锐意进取的历程，在坚持不懈的探索实践中，张家港演绎了“破茧成蝶”的精彩。

1984年3月9日，县委举行常委会议，决定创办沙洲职业工学院，成为全国首家县办大学。图为1986年落成的沙洲职业工学院校区

1985年，中共锦丰乡委员会和乡政府决定每年9月1日为锦丰乡老年节。图为锦丰敬老院

1986年9月16日，国务院批准撤销沙洲县，设立张家港市。图为张家港市成立大会

1987年6月4日，国家计委批复同意在张家港港新建深水泊位5个，年吞吐能力640万吨，工程总投资控制在2.6亿元内。图为建成的张家港港集装箱码头

1988年3月，全市首家中外合资乡镇企业张家港新天系列工程材料有限公司建办。图为中外合资企业东海粮油工业（张家港）有限公司车间

1989年7月8日，市委、市政府在全市范围内广泛深入地开展创建文明新风户活动，共评选出新风户8.65万户，文明职工3.02万名。图为一户文明新风户

1990年8月14日，国家体委批准张家港市为全国体育先进市。图为塘桥镇首届围棋赛开幕式

1990年，张家港市确立“科技兴市”发展战略。图为市科技兴市研讨会

1991年，全市完成国内生产总值32亿元，城镇职工年人均工资2290元，农民人均收入1144元。张家港市获首届中国农村综合实力百强县（市）评比第七名。此后，全市综合实力始终位居全国前列。图为充满活力与生机的张家港市城区一景

庆祝改革开放
40周年

40Th ANNIVERSARY
of REFORM and OPENING UP

1992年10月16日，国务院批准设立张家港保税区。图为张家港保税区成立大会

1992年，张家港瞄准周边先进县（市），提出“三超一争”的口号。图为市“三超一争”誓师大会

1994年，张杨公路拓宽延伸工程竣工通车

1993年11月11日，省政府发文批准建立江苏省张家港经济开发区。图为张家港经济开发区管委会办公大楼

1994年7月7日，全国爱卫会命名张家港市为国家卫生城市。图为沙洲中路步行街夜景

人民日报

RENMIN RIBAO

伟大理论的成功实践

——学习张家港市坚持两手抓的经验

1995年10月18日至21日，中共中央宣传部和国务院办公厅在张家港市召开全国精神文明建设经验交流会。10月18日，《人民日报》刊发评论员文章《伟大理论的成功实践——学习张家港市坚持两手抓的经验》

1996年8月3日，市委、市政府提出建设一流江堤的规划，计划投资总额1.54亿元。图为百里江堤纪念碑

1997年8月18日至19日，第11号强台风袭击张家港市，境内沿江14处江堤被冲坏，1.2万米护坡受损。图为军民合力抗击11号强台风

1998年8月14日，张家港市通过省邮电局对创建电话市的验收。图为电信大楼

庆祝改革开放
40周年

40Th ANNIVERSARY
of REFORM and OPENING UP

1999年12月26日，双山镇通过创建省级卫生镇考核验收，实现省级卫生镇“满堂红”。图为双山镇鸟瞰

2000年9月，张家港高级中学新建，工程总投资8000万元

2001年，沙钢集团年销售收入超100亿元

2002年，江苏国泰国际集团年度出口超8亿美元暨获进出口经营权十周年情况汇报会

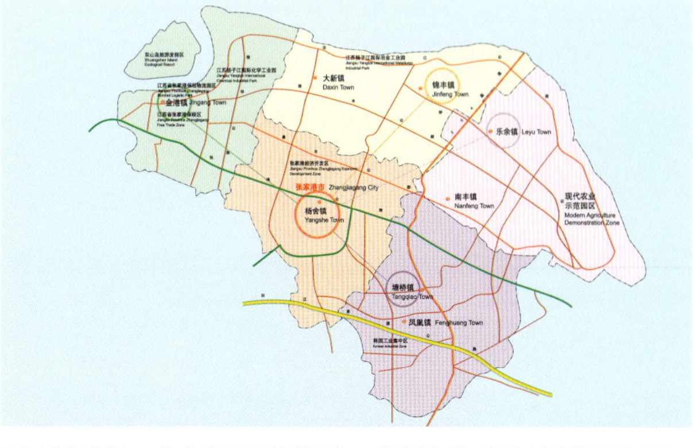

2003年8月，全市行政区划调整，从原有的17个建制镇调减为8个，分别为杨舍镇、塘桥镇、金港镇、锦丰镇、乐余镇、凤凰镇、南丰镇、大新镇。图为“一城四区”示意图

2004年，张家港市举办首届（张家港）长江文化艺术展示周

2004年8月16日，沿江高速公路苏州段开始通车，结束了张家港市境内无高速公路的历史。图为沿江高速公路张家港段

2005年，张家港市成为首批“全国文明城市”中唯一的县级市。图为“张闻明”为希望小学邮寄包裹

2006年4月8日，“文明百村欢乐行”张家港市村村演大型公益文艺巡演行动启动。图为“文明百村欢乐行”演出

2007年11月30日，张家港籍运动员刘海华在2007年举重世界杯男子77公斤级比赛中获得冠军，这是张家港市籍运动员获得的第一个世界冠军

庆祝改革开放
40周年

40Th ANNIVERSARY
of REFORM and OPENING UP

2008年，张家港保税港区获批

2008年，张家港市成为全国首个荣膺“联合国人居奖”的县级市。图为优美的人居环境

2009年，生态文明建设全国领先，国内首份城市生态文明建设规划落地。图为张家港市生态文明建设规划论证会

2010年，小城河综合改造工程一期基本完成。图为一期夜景

2011年，张家港经济开发区升格为国家级经济技术开发区。图为国家级张家港经济技术开发区揭牌典礼

2012年，江苏科技大学苏州理工学院在张家港市成立

2013年3月5日，东山村遗址、黄泗浦遗址、杨氏宅第入选第七批全国重点文物保护单位。图为杨氏宅第之一榜眼府敦本堂

2013年5月18日，张家港市以全优成绩通过评估认定，首批成为全国义务教育发展基本均衡县（市）。图为全国县域义务教育均衡发展督导评估认定现场会会场

2014年3月1日，沪通铁路长江大桥开工建设。图为施工现场

2015年10月13日，经开区（杨舍镇）赵庄社区党总支原书记汪明如获第五届全国道德模范提名奖。图为经开区（杨舍镇）“学习时代先锋汪明如，争当焦裕禄式好干部”学习交流座谈会

庆祝改革开放
40周年

40Th ANNIVERSARY
of REFORM and OPENING UP

2016年4月27日，市委召开全市“两学一做”学习教育工作座谈会，对全市开展“两学一做”学习教育进行动员部署。图为市领导在市反腐倡廉警示教育基地重温入党誓词

2017年，康得新公司入选全球最具创新力企业。图为公司车间

2018年8月13日，长城汽车与张家港市人民政府签署整车合资项目投资协议，标志着长城宝马合资的光束汽车项目正式落户张家港

苏高新（张家港）节能环保创新园开工仪式　　（陈　东　摄）

张家港产业资本中心管委会揭牌仪式　　（王苗苗　摄）

江苏金陵体育器材股份有限公司在深圳证券交易所创业板上市
（南丰镇　提供）

澳洋集团总部大厦　　（经开区　提供）

苏州股权交易中心张家港专板开板暨首批企业集中挂牌仪式　　（市金融办　提供）

实力港城

POWERFUL
PORT CITY

2017年，张家港市以“献礼中共十九大”为工作主线，坚持“稳中求进、争先率先”的主基调，紧扣“两聚一高”、践行“四大路径”，经济社会各项事业取得了显著成绩。特别是经济运行高开稳走、稳中向好，呈现出增速加快、结构优化、效益提升的良好态势。全年完成地区生产总值2606.05亿元、比上年增7.3%；公共财政预算收入210.01亿元，比上年增10.5%；规模以上工业总产值4598.79亿元，比上年增0.6%。

江苏现代威亚有限公司汽配车间　（蔡春林　摄）

马自达中规车进口滚装航线首航仪式　（李立峰　摄）

长江润发机械股份有限公司超高速导轨流水线　（侯一华　摄）

在市科技·人才活动周上，市委书记朱立凡颁发“科技合作贡献奖” （市科技局 提供）

2017年中国汽车技术转移大会 （市科技局 提供）

2017年生态文明建设（张家港）高层研讨会上，为“绿色发展领跑企业”授牌 （市环境保护局 提供）

苏州国际精英创业周张家港分会场开幕式 （市人才办 提供）

2017年，康得新公司入选“全球最具创新力企业”，霍尼韦尔UOP中国研发及工程技术中心落户，江苏冶金技术研究院正式揭牌。东沙化工区全面关停，实现了生态效益和发展空间的同步优化。张家港高新技术产业开发区加快建设，新增“万人计划”专家4人，自主培育“千人计划”“万人计划”人才总数达到18人，省“双创计划”、苏州“姑苏计划”人才入围数居苏州县市第一，国家知识产权示范城市考核列全国县市第一。

国家级科技创业园——锦丰科技创业园　（冶金园　提供）

江苏冶金技术研究院　（市科技局　提供）

苏州矩阵光电有限公司研发车间　（王苗苗　摄）

2017年年末，东沙化工区整体关停　（南丰镇　提供）

暨阳湖 （陆之豪　摄）

滨江新城 （顾　军　摄）

沙洲新城 （华晓忠　摄）

BEAUTIFUL PORT CITY 美丽港城

2017年，全市深入开展“263”专项行动和环境保护“百日行动”，启动“绿色发展引领区”建设试点，黄泗浦、双山岛、常阴沙等生态项目稳步推进，静脉科技产业园项目全面启动，暨阳湖获评江苏最美水景观。沪通铁路线路段路基和桥梁工程全部完成，城市防洪包围圈控制工程基本完工，张家港市获评国家生态园林城市。

新湖（顾玉峰　摄）

双山岛滨江荷园（陈　勇　摄）

凤凰镇（陈祝平　摄）

省道德模范与身边好人现场交流活动暨第四届市道德模范授奖仪式　（保税区　提供）

杨舍老街“二月十九 · 新春游园会”　（王武军　摄）

公益中行补给站　（中国银行张家港分行　提供）

欢送新兵　（季　奕　摄）

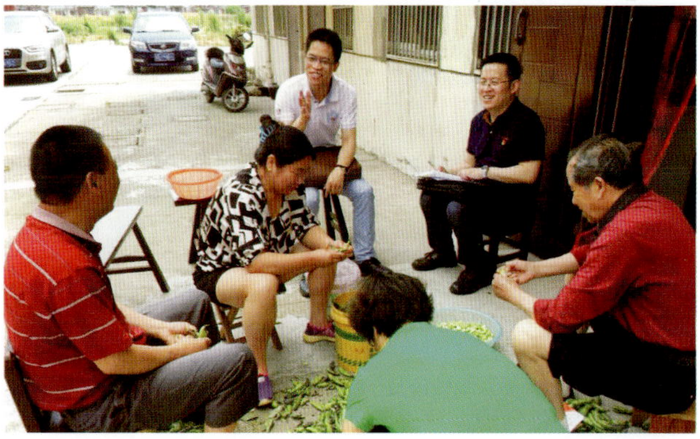

市级机关干部“六个一”走访调研保税区（金港镇）滩上村居民　（市委组织部　提供）

人文港城

HUMANITIES
PORT CITY

2017年，全市居民人均可支配收入48951元，比上年增8.8%。张家港市承办全国创建文明城市工作经验交流会，实现全国文明城市“五连冠”，并入选江苏省书香城市建设示范市。以“六个一”基层走访调研为契机，着力解决群众关心的难点痛点问题。教育现代化监测得分位居全省县市之首，医疗健康信息“互联互通”率先达到国家最高等级，创新建立民生实事项目库，有效推动村民自治国家级试点，获评全国平安建设先进市。

“喜迎十九大 · 我和国旗合个影”活动　　（黄勤芬　摄）

永联小镇旗袍秀　　（季绍秦　摄）

市实验小学“四点半学校”小胖墩俱乐部活动　（市教育局　提供）

自然读书会活动　　（市环保局　提供）

4月7日，全国创建文明城市工作经验交流会在张家港市召开。图为会场　（张家港日报社　提供）

9月19日，张家港市获评全国平安建设先进市。图为市公安局“决战决胜十九大安保誓师大会”　（陈德明　摄）

10月23日，苏州金鸿顺汽车部件股份有限公司在上海证券交易所挂牌上市，成为张家港市第20家、苏州市境内第101家上市公司。图为上市仪式　（市金融办　提供）

10月27日，张家港市召开传达中共十九大精神大会，全面传达、系统学习中共十九大精神。图为市国税局干部学习中共十九大精神 （王苗苗　摄）

10月31日，张家港市获评国家生态园林城市。图为一干河生态廊道（锦丰段） （陈一凡　摄）

11月2日，康得新“两园一城”战略合作框架协议签约仪式举行。图为签约仪式 （苏栋汇　摄）

11月17日，张家港市成为唯一荣膺全国文明城市“五连冠”的县级市。图为“礼让斑马线”行动 （蔡春林　摄）

12月3日，2017年张家港国际马拉松赛举行。图为全程马拉松男子组颁奖仪式 （王苗苗　摄）

3月28日，澳大利亚澳中友好发展协会名誉会长胡铁川、南澳州驻华商务投资代表朱彦一行访问张家港市

8月2日，张家港—独联体国家（乌克兰）国际科技合作对接会举行

10月10日，副市长赵建明率团访问波兰

10月13日，访问俄罗斯科斯特罗马市

10月28日，第一届张家港美丽暨阳湖（中韩）写生友谊赛举行

10月29日至30日，法国斯特拉斯堡市市长办公厅主任茹德勒·玛帝尔一行访问张家港市

友好往来 FRIENDLY EXCHANGES

10月30日，韩国浦项市副市长崔雄、副议长郑海钟率政府、议会团访问张家港市

11月3日，日本永平寺町町长河合永充率政府议会团及日中民间友好访问团访问张家港市

11月24日，张家港市与俄罗斯科斯特罗马市在俄罗斯联邦驻华大使馆签署友好交流城市关系备忘录

（市外事办、市科技局　提供）

编辑说明

一、《张家港年鉴（2018）》坚持以马克思列宁主义、毛泽东思想、邓小平理论、“三个代表”重要思想、科学发展观、习近平新时代中国特色社会主义思想为指导，坚持辩证唯物主义和历史唯物主义的立场、观点和方法，实事求是记载2017年张家港市经济建设、政治建设、文化建设、社会建设、生态文明建设等各方面的基本面貌和发展情况，为各级领导提供准确的信息和情况，为各界人士了解、研究张家港提供基本信息资料，为编修地方综合志书积累资料。

二、张家港年鉴是由中共张家港市委领导、张家港市人民政府主办、中共张家港市委党史地方志办公室负责逐年编纂的张家港市地方综合性年鉴。《张家港年鉴（2018）》为第二十三卷。

三、张家港年鉴采用条目式记事体，分类编纂。基本结构为类目、分目、条目3个层次。《张家港年鉴（2018）》共设类目35个，下设分目214个、条目924个、表格118张。

四、《张家港年鉴（2018）》彩页突出“践行‘四大路径’，建设‘四个港城’，奋力谱写新时代张家港发展的新篇章”这一时代特色。以“庆祝改革开放40周年”为题，回顾1978年至2018年张家港人民的奋斗历程；以“实力港城”为题展现2017年张家港突出转型升级，建设产业更加先进的实力城市；以“活力港城”为题展现张家港突出创新驱动，建设高端资源聚集的活力城市；以“美丽港城”为题展现张家港突出绿色发展，建设生态宜居的美丽城市；以“人文港城”为题展现张家港突出文明引领，建设和谐共享的人文城市。同时设置“年度聚焦”“友好往来”等体现年度重点工作的栏目。后环设置“张家港党建动漫形象”专版，专载张家港“开放式党建”文化建设的创新举措。

五、张家港年鉴框架设计充分体现分类合理、主题明晰、特色鲜明的特点。与2017卷年鉴相比，2018卷类目上有部分调整。一是将上年的“专文·特载”类目拆分成“特载”“专文”2个类目，“特载”收录2017年度发生的重要事件和重大新闻，突出“特载”位置。二是将“概况”类目名改成“全国文明城市张家港概览”，将“区镇发展”类目名改成“文明区镇”，突显张家港城市特质。三是将“民主党派·无党派人士联谊会·工商联·人民团体”类目改成“民主党派·工商联·人民团体”类目，“无党派人士联谊会”内容调整至市委类目统战分目之下；将“生态环境”类目中“生态建设”分目名改为“生态文明建设”，“景区景点”分目内容合并至“服务业”类目中的“旅游”分目；将“市场·物流”类目归并至“服务业”大类中；将“人力资源和社会保障”类目归并至“社会民生”大类，并更名为“社会居民”类目，“民政事务”分目也作相应修改，彰显分类格局。

六、《张家港年鉴（2018）》采用的稿件由全市各区镇、各部门提供，并经相关单位领导审核。文中所列数据，原则上依据《张家港统计年鉴（2017）》，统计年鉴中没有的以主管部门统计为准。有些数据因统计口径不同而有所差异，请读者在引用时加以注意。“专文”“人物”类目根据实际有部分内容突破2017年记述时限。

七、《张家港年鉴（2018）》有纸型版、光盘版和网络版三种版本。光盘版内除文字、图片外附有视频、音频资料。网络版通过手机微信二维码扫码可实现移动阅读。同时，部分类目增加视频、音频和图片文字链接，作为该类目内容的补充，读者可通过二维码扫码实现立体化阅读。

八、根据行文实际需要，《张家港年鉴（2018）》部分机构使用简称，机构全称与简称对照表列于目录前。文中“年初”“年内”“年末”特指2017年年初、2017年年内、2017年年末，“上年”指2016年。

九、《张家港年鉴（2018）》卷首有总目和详细的中文目录、英文要目，卷末有按汉语拼音顺序排列的主题分析索引，各篇有该篇分目提示，文中信息可由目录、索引、书眉等获得。

十、张家港年鉴征编工作，得到了上级部门和全市各区镇、各部门、各单位的大力支持和帮助。由于编辑水平有限，不足之处恳请广大读者批评指正。

张家港城区图
图例
市政府驻地
镇政府驻地
管委会驻地
村民委员会
社区居委会
学校
医院
单位
国道、省道
普通道路
规划道路
桥梁
河流
景点、绿地
汽车站
酒店
图内界线不作实地划界依据
审图号：图苏E审（2018）024号
江苏图博地理信息科技有限公司
苏州图博地图应用开发中心 编绘
责任主编：王伟龙 电话：0512-57576767
张家港市
张家港经济技术开发区管委会
杨舍镇
G346
S340
S442
S228
沙洲湖
暨阳湖
暨阳湖生态园
梁丰生态园
张家港公园
城西体育公园
东城体育公园
世纪广场
汽车客运站
港城车站

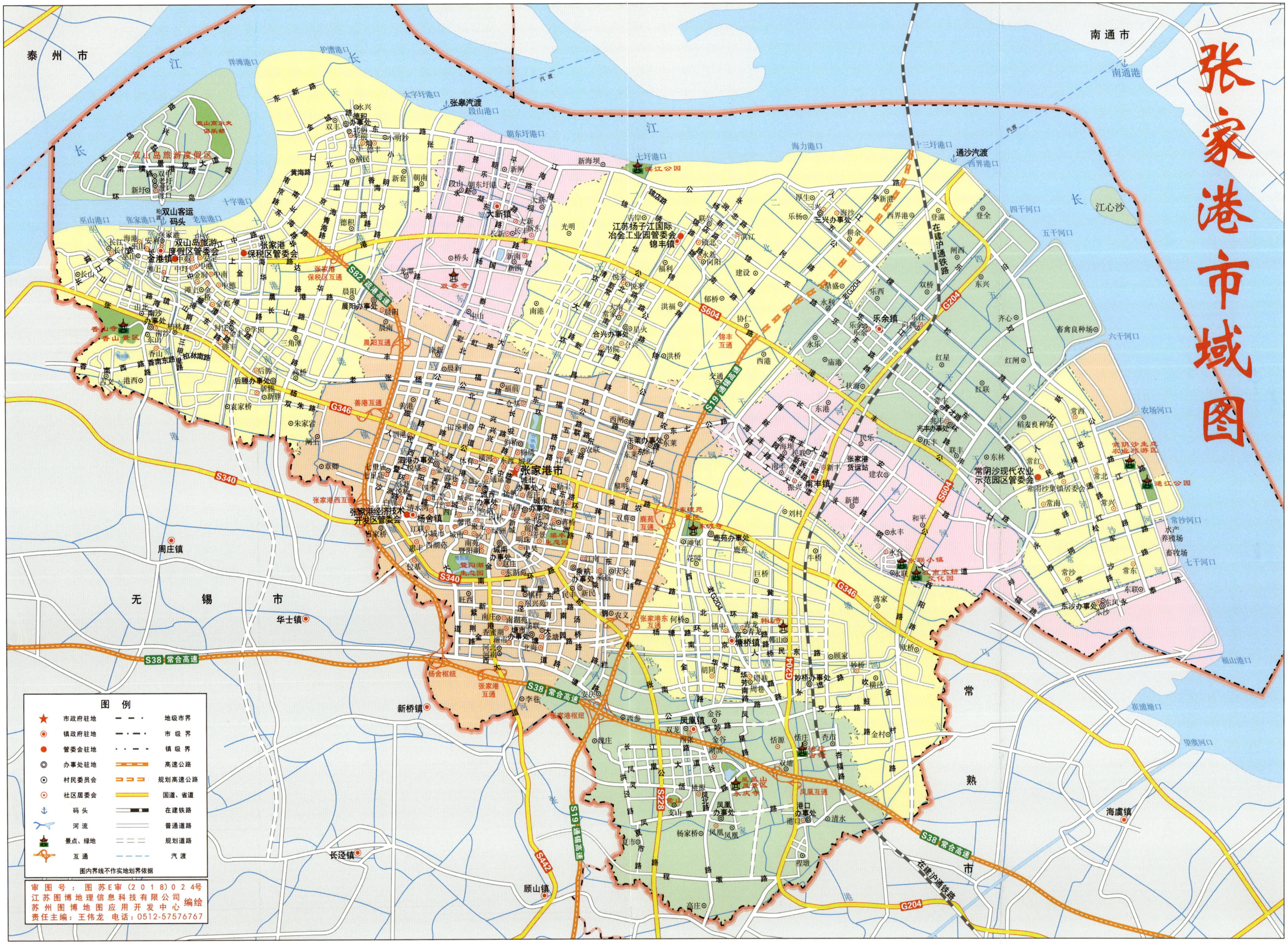
张家港市域图
泰州市
南通市
无锡市
常熟市
长江
双山岛旅游度假区
双山客运码头
双山岛旅游度假区管委会
张家港保税区管委会
金港镇
大新镇
江苏扬子江国际冶金工业园管委会
锦丰镇
乐余镇
南丰镇
常阴沙现代农业示范园区管委会
张家港市
张家港经济技术开发区管委会
杨舍镇
塘桥镇
凤凰镇
周庄镇
华士镇
新桥镇
长泾镇
顾山镇
海虞镇
张皋汽渡
通沙汽渡
江心沙
在建沪通铁路
S38 常合高速
G346
S340
S604
G204
S228
S19 通锡高速
S82 沿江高速
S442
杨舍枢纽
张家港互通
凤凰互通
图例
市政府驻地
镇政府驻地
管委会驻地
办事处驻地
村民委员会
社区居委会
码头
河流
景点、绿地
互通
地级市界
市级界
镇级界
高速公路
规划高速公路
国道、省道
在建铁路
普通道路
规划道路
汽渡
图内界线不作实地划界依据
审图号：图苏E审（2018）024号
江苏图博地理信息科技有限公司
苏州图博地图应用开发中心
编绘
责任主编：王伟龙 电话：0512-57576767

张家港市部分机构简称、全称对照表

简　称	全　　称	简　称	全　　称
市委	中国共产党张家港市委员会	市城管局	张家港市城市管理局
市人大	张家港市人民代表大会	市环保局	张家港市环境保护局
市政府	张家港市人民政府	市市场监管局	张家港市市场监督管理局
市政协	政协张家港市委员会	市人社局	张家港市人力资源和社会保障局
市纪委	中国共产党张家港市纪律检查委员会	市民宗局	张家港市民族宗教事务局
市监委	张家港市监察委员会	市人武部	张家港市人民武装部
民革市基层委员会	中国国民党革命委员会张家港市基层委员会	市国税局	张家港市国家税务局
民盟市委	中国民主同盟张家港市委员会	张家港地税局	苏州市张家港地方税务局
民建市基层委员会	中国民主建国会张家港市基层委员会	张家港住房公积金中心	苏州市住房公积金管理中心张家港分中心
民进张家港支部	中国民主促进会苏州市张家港支部委员会	市工商联	张家港市工商业联合会（总商会）
农工党市委	中国农工民主党张家港市委员会	团市委	共青团张家港市委员会
致公党张家港支部	中国致公党苏州市张家港支部委员会	市妇联	张家港市妇女联合会
保税区（金港镇）	张家港保税区（金港镇）	市侨联	张家港市归国华侨联合会
经开区（杨舍镇）	张家港经济技术开发区（杨舍镇）	市文联	张家港市文学艺术界联合会
冶金园（锦丰镇）	江苏扬子江国际冶金工业园（锦丰镇）	市社科联	张家港市哲学社会科学界联合会
市文明办	张家港市精神文明建设委员会办公室	市科协	张家港市科学技术协会
市委统战部	中国共产党张家港市委统一战线工作部	市残联	张家港市残疾人联合会
市委农工办	中国共产党张家港市委农村工作办公室	市关工委	张家港市关心下一代工作委员会
市委市级机关工委	中国共产党张家港市委市级机关工作委员会	市政府口岸办	张家港市人民政府口岸办公室
市委史志办	中国共产党张家港市委党史地方志办公室	张家港边检站	张家港边防检查站
市经信委	张家港市经济和信息化委员会	张家港检验检疫局	张家港出入境检验检疫局
市安监局	张家港市安全生产监督管理局	张家港引航站	长江引航中心张家港引航站
市农委	张家港市农业委员会	市金融办	张家港市人民政府金融工作办公室
市科技局	张家港市科学技术局	市人民银行	中国人民银行张家港市支行
市文广新局	张家港市文化广电新闻出版局	市外汇管理局	国家外汇管理局张家港市支局
市卫计委	张家港市卫生和计划生育委员会	市银监办	中国银行业监督管理委员会苏州监管分局张家港监管办事处
市台办	张家港市人民政府台湾事务办公室（中国共产党张家港市委台湾工作办公室）	沙钢集团	江苏沙钢集团有限公司
市侨办	张家港市人民政府侨务办公室	永钢集团	江苏永钢集团有限公司
市外事办	张家港市人民政府外事办公室	国泰集团	江苏国泰国际集团有限公司
市国土局	张家港市国土资源局	东海粮油	中粮东海粮油工业（张家港）有限公司
市住建局	张家港市住房和城乡建设局	康得新公司	江苏康得新复合材料股份有限公司

总　　目

目　　录

特　　载

专　　文

大 事 记

全国文明城市张家港概览

中共张家港市委

张家港市人大

张家港市政府

张家港市政协

纪检监察

民主党派 · 工商联 · 人民团体

法治·军事

张家港港

生态环境

城乡建设

交通·水利

邮电·信息化

开放型经济

民营经济

农业和农村工作

工　业

建筑业·房地产业

服务业

金　融

财政・税务

综合经济管理

科学技术

教　　育

文化·新闻

卫生和计划生育

体　　育

社会居民

文明区镇

人物·先进集体

统计资料

附　　录

索　引

宣传画页

MainContents

Rule of Law & Military Affairs

Zhangjiagang Harbor

Ecological Environment

Urban and Rural Construction

Traffic & Water Conservancy

Post and Telecommunications & Informatization

Open Economy

Private Economy

Agriculture and Rural Work

Industry

Architecture & Real Estate

Service Industry

Finance

Public Finance & Taxation

Comprehensive economic Administration

Science and Technology

Education

Culture & News

Health and Family Planning

Sports

Social Residents

Development of Zones and Towns

Personages & Advanced Collectives

Statistics

Appendix

Index

特载

Special

城区一景　（张家港日报社　提供）

张家港市荣膺全国文明城市“五连冠”

张家港市获评全国平安建设先进市

张家港市获评国家生态园林城市

张家港市列全国综合实力百强县市前三甲

张家港市位居中国城市小康经济指数县级市前列

张家港市入选 2017 年“中国最具幸福感城市”

张家港市列中国工业百强县第一方阵

张家港市入选“中国大陆最佳商业城市排行榜”

托起长江村“小康梦”

張家港年鑑(2018)

扫码欣赏

《圆梦长江》
长江村宣传片

张家港市荣膺全国文明城市“五连冠”

11月17日，全国精神文明建设表彰大会在北京市举行。中共中央总书记、国家主席、中央军委主席习近平在人民大会堂会见与会代表，并与代表合影留念。中共中央政治局常委、中央文明委主任王沪宁参加会见并出席表彰大会。会上，张家港市被中央文明委授予全国文明城市荣誉称号，这是张家港市继2005年首次获得全国文明城市荣誉称号之后第五次获得该荣誉，成为唯一荣膺全国文明城市“五连冠”的县级市。市委书记朱立凡赴北京市参加表彰大会。除张家港市获全国文明城市荣誉称号外，其余荣誉为：保税区（金港镇）获评第五届全国文明镇称号，经开区（杨舍镇）农联村获评第五届全国文明村称号，市文广新局获评第五届全国文明单位称号，塘市小学获评第一届全国文明校园称号，市文明办获评第四届全国未成年人思想道德建设工作先进单位称号，郁霞秋获评第六届全国道德模范提名奖。张家港市从20世纪90年代初率先提出创建全国文明城市的理念。20余年中，全市上下始终把文明城市建设作为推动经济社会协调发展的综合平台，走出一条特色鲜明的建设之路。张家港市将以荣获全国文明城市“五连冠”为新起点，开展文明引领的具体工作，形成干部群众更加积极向上的精神力量，让文化滋养每个市民，让文明浸润整座城市。

张家港市获评全国平安建设先进市

9月19日，张家港市获评“全国平安建设先进市”称号，成为苏州地区唯一获此荣誉的县级市，这是继全市14次蝉联“江苏省社会治安安全市”荣誉称号后，平安建设取得的又一成果。近年，全市坚决贯彻落实习近平关于“平安中国”建设的重要指示精神，突出创新引领，强化“系统治理、综合治理、依法治理、源头治理”意识，深入开展“平安张家港”建设，着力提升群众安全感和满意度，有力保障全市经济健康发展、社会和谐稳定。在深化平安建设过程中，全市将综治平安建设纳入经济社会发展总体规划，坚持“一岗双责、党政同责”，建立完善考核机制。常态化推进重点领域专项整治，全市刑事案件、“八类”案件、多发性侵财犯罪破案率连续5年保持全省领先；创新实施“律师进所”、村（社区）法律顾问等多元调解制度，矛盾纠纷化解率连续多年保持99%以上；完善城乡一体技防监控设施，形成空中巡视、路面巡防、水域巡查相结合的立体化大防控体系；构建完善市、镇、村（社区）三级综治体系，专业化开展群防群治，针对校园安全、医患纠纷、寄递行业监管等治安热点问题，创新实施专项整治，覆盖率100%；创新流动人口服务管理，在全国县级市首创“新市民积分管理”张家港模式；整合公安、民政、卫计、城管等各类管理和服务资源，在全省率先启动“智慧社区”综合信息系统，实现第一时间“掌握社情信息、了解群众诉求、化解矛盾纠纷、解决实际问题”；推进基层社区减负增效，探索在政府机关、社会组织、基层群众多元互动的基层治理法治化新模式。2016年，“社区协商——基层治理法治化的新探索”项目以第一名的成绩获评第四届“中国法治政府奖”。

张家港市获评国家生态园林城市

10月31日，住房和城乡建设部、联合国人居署和广东省政府联合主办的2017年国家生态园林城市、中国人居环境奖颁奖活动在广东省广州市举行，张家港市获评“国家生态园林城市”，这是继荣获国家卫生城市、全国环境保护模范城市、全国双拥模范城、全国文明城市、国家生态市等称号后，全市获得的又一项重要国家级荣誉。国家生态园林城市是衡量一个城市生态文明、居民生活质量、城市建设和管理的重要标尺，是反映城市人居环境和管理水平的最高荣誉。张家港市自2007年被确定为国家生态园林城市试点市起，先后出台市城市绿化管理办法、河道道路绿线控制标准、河道巡查抽查实施细则及全面深化河长制改革工作方案等文件，并在全市范围内推行“绿色图章”制度，严格绿地、河道占用审批管理，及时查处破坏绿地、河道行为。全市深入践行绿色理念，在全国率先组织开展城市生态评估工作，邀请专家对全市生物多样性和城市热岛强度进行深入剖析，为保护城市生态空间、构建安全有效的生态网格体系指明方向。同时组织编制生态修复方案，先后完成暨阳湖生态园、香山山体、张家港公园等区域的山体、水体及废弃地生态环境的精准修复，走出了一条生态良好、生产发展、生活富裕的绿色发展之路，进一步提升了城乡生态品质。全市还有序推进基础设施建设、数字城市管理等民生实事工程，市区主干道路全部完成“黑色化”改造，市区至各区镇道路均达到一级公路等级，城市道路完好率99.38%。创新实行城乡一体的供排水建设管理模式，全市人民都吃上了以长江水为水源的优质自来水；加大城市污水处理设施建设力度，城市污水处理率95.02%。通过构建“绿色采购、绿色建筑、绿色交通”等生态链条，引导市民从衣、食、住、行等方面做出绿色选择。在机关推进无纸化办公，开展节水、节电等行动。推广绿色建筑应用，近3年，全市绿色建筑比例达到70.9%。坚持公交优先发展，在全省率先实现“村村通公交”，并率先批量使用LNG清洁能源公交车；率先建成覆盖城区的公共自行车服务系统，投放公共自行车5150辆；建成了一干河、环城河、新沙河等生态廊道慢行系统，为市民绿色低碳出行提供便利。

张家港市列全国综合实力百强县市前三甲

10月9日，中小城市经济发展委员会、中小城市发展战略研究院、中国社会科学院发展与环境研究所等单位在《人民日报》发布2017年中国中小城市科学发展指数研究成果暨“2017年全国综合实力百强县市”等榜单，张家港市获评2017年度全国中小城市综合实力百强县市第三名，此外还位列2017年度全国新型城镇化质量百强县市第七名、2017年度全国创新创业（“双创”）百强县市第三名。在2017年全国综合实力千强镇前100名中，张家港市有4个镇入列，其中经开区（杨舍镇）列第3位、保税区（金港镇）列第6位、冶金园（锦丰镇）列第29位、塘桥镇列第97位。千强镇主要选取地区生产总值、城乡居民人均可支配收入、公共财政收入三个指标进行综合比较。

张家港市位居中国城市小康经济指数县级市前列

8月21日，中国城市小康经济指数公布，在县级城市排名中，张家港以191.9的成绩名列第三位。《中国城市小康经济指数报告2016》是由第三方机构竞争力智库联合北京甲子征信公司发布，包括全国655个城市在内，通过50个客观数据指标和11个主观满意度指标对中国城市全面建成小康社会进行监测。

张家港市入选2017年“中国最具幸福感城市”

12月7日，2017年“中国最具幸福感城市”调查推选活动结果在北京市发布，张家港市等10座县级城市被推选为2017年“中国最具幸福感城市（县级）”。“中国最具幸福感城市”调查推选活动由新华社《瞭望东方周刊》、瞭望智库共同主办，至2017年已连续举办11年，累计9.86亿人次参与公众调查和抽样调查，是中国极具影响力和公信力的城市调查推选活动。2017年度调查推选活动通过把“中国城市幸福感评价体系”的权重指标向“体现人民获得感”方向调整，突出“砥砺奋进·城市中国”的主题。组委会根据新的指标体系将过去五年间的城市调查数据进行梳理，全面盘点自中共十八大起城市的发展成就和人民的幸福收获。

张家港市列中国工业百强县第一方阵

12月14日，《中国工业百强县（市）、百强区发展报告》发布，张家港市列中国工业百强县（市）第三名。百强县（市）地区生产总值占全国地区生产总值的比重约11.5%，工业增加值占全国比重约17%，构成了县域经济的重要力量，也是县域工业发展基础、运行绩效或发展活力较好的良好示范。中国经济已由高速增长阶段转向高质量发展阶段，处在转变发展方式、优化经济结构、转换增长动力的攻关期，县域经济面临的形式更复杂。县（市）应积极融入《中国制造2025》、"一带一路"、长江经济带、京津冀协同发展等国家战略，结合当地产业特色和承载能力，用好用活用足国家支持县域经济发展的系列政策，培育特色化、专业化、充满活力的县域经济。一是要创新驱动，引领县域供给侧结构性改革。二是要联动发展，加快推进县域工业融入区域经济圈。三是要数据提速，推动县域工业经济分享大数据红利。四是要投资保障，解决制约县域工业发展资金掣肘。五是要因地制宜，引导县域工业差异化特色化发展。

张家港市入选"中国大陆最佳商业城市排行榜"

12月27日，《福布斯》中国发布"中国大陆最佳商业城市排行榜"。在"最佳县级城市30强"榜单中，张家港市列第三。2004年起，《福布斯》中国就开始推出"中国大陆最佳商业城市排行榜"，为企业家在城市进行投资发展提供决策。榜单用反映城市商业活动及决定未来发展所需要的指标体系，将直辖市、省会城市、计划单列市、地级市、县级市等不同类型的城市放在同纬度下进行比较。使用包括人才指数、城市规模指数、消费力指数、客运指数、货运指数、私营经济活力指数、经营成本指数、创新指数8个维度，综合观察中国大陆城市的商业环境及发展潜力。（史　志）

托起长江村"小康梦"

——记中共十九大代表、长江村党委书记、长江润发集团总裁郁霞秋

郁霞秋，女，1963年出生，江苏张家港人，中共党员，硕士研究生，副主任医师、高级经济师。任中共张家港市保税区（金港镇）长江村党委书记，长江润发集团有限公司总裁，长江润发医药股份有限公司（原长江润发机械股份有限公司）董事长，是中共十九大代表、中国科协第九次代表大会代表、第十一届全国妇联执委、第十一届江苏省人大代表、第九届江苏省科协兼职副主席、第十三届苏州市妇联兼职副主席。曾获得第六届全国道德模范提名奖、全国"三八"红旗手标兵、全国巾帼建功标兵、中国十大经济女性年度人物、江苏省劳动模范、江苏省优秀民营女企业家等荣誉。

"三颗星"：映衬出一个村强民富的小康"样本"

长江村，中国农村改革开放的一面旗帜，新农村建设、城乡一体化发展的样板，被誉为"长江名花"。

这里原本是一片江边滩涂，在原书记郁全和的带领下，老一辈长江人治穷致富，经过40余年的努力，长江村成为全国"两个文明"建设的先进典型。勇于担当、大公无私的"老郁书记"深受村民爱戴。在决胜高水平全面建成小康社会的新征程中，手握"接力棒"的郁霞秋锐意进取、甘于奉献，同样赢得了百姓"点赞"，被乡亲们亲切地称为"小郁书记"。

1981年，郁霞秋是长江村走出去的第一个女大学生。大学毕业后，郁霞秋进入无锡市妇幼保健院工作。2001年，郁霞秋放弃了15年的医生工作，毅然回到了长江村。最让长江村人感到自豪的是，小郁书记为长江村"绣"上了三颗熠熠生辉的"星"：一颗是国际编号为5384号的小行星，2009年被命名为"长江村星"；一颗长江润发2010年在深圳证券交易所上市，股票代码"002435"的"上市星"；还有一颗是2011年长江村获得的"全国文明村星"。

郁霞秋说："集体经济强，百姓才能富。"村办企业长江润发集团在传统产业实现了"传统产业科技化、传统设备自动化、传统产品高端化、传统管理信息化、传统人员素质化"的战略目标，工业支柱产业——长江润发机械股份有限公司是苏州市首家上市的村级企业，做优电梯导轨第一民族品牌。转型大健康产业，收购了海南海灵药业有限公司等3家优质医药企业。2016年11月18日并购重组成功，上市公司长江润发机械股份有限公司市值超100亿元，完成了长江润发集团"上市公司市值100亿元、医疗健康产业100亿元、集团公司资产100亿元"的"三个百亿"之一的"小目标"。与此同时，长江润发集团也加快推进妇产专科医院的建设，全力谋求新的经济增长点。

郁霞秋说："农村有广阔的舞台，带领乡亲们奔小康，是我义不容辞的责任。"长江村销售额从2001年的3.8亿元增长到2017年的50余亿元，村民人均年收入从2001年的7000元增长到2017年的4万余元，全村形成"按劳分配，按资分配，按需分配"的分配体制，实现了全就业、全社保。

除了光彩夺目的"三颗星"，长江村曾获得全国民主法治示范村、全国休闲与农业旅游示范点、江苏最美乡村等荣誉。长江村围绕"三个百亿"的战略目标，全力建设更加美丽、更具实力、更为幸福的长江村，力争率先高水平全面建成小康社会。

"三个新"：勾勒出一个多姿多彩的创新"面孔"

发展是硬道理，创新是原动力。纵观长江村的发展史，"变"的是时代"答卷"，"不变"的是创新"大纲"。长江人敢想敢干的创新基因不断迸发出新活力。郁霞秋说，科技创新、制度创新、文化创新是长江村高水平全面建成小康社

会的有力抓手。

科技创新，是引领村企发展的“牛鼻子”。新品开发是企业的核心市场竞争力。在原先院士专家工作站平台基础上，长江润发集团建立起博士后工作站和研究生工作站，与国内知名高校如清华大学、北京大学、南京理工大学等建立合作关系，推动公司产、学、研合作开展，开发业内第一条超高精度导轨自动化生产线，自主研发“卷板无氰碱性镀锌生产工艺”，解决了产品表面变黑、亮点等行业技术难题。长江润发集团共有国内有效注册商标350个，企业自有商标产品在2017年产品总收入中占比100%。3家子公司被认定为高新技术企业，拥有国内有效专利82项，其中发明10项、实用新型12项、外观设计60项。

2016年，郁霞秋主导集团加强技改投入。投入近1.8亿元新上一条技术含量和自动化程度达到国内最高水平的电梯导轨轧制线；长江润发机械股份有限公司投入5000余万元，与配套子公司打造成世界单体最大的高速导轨生产基地；长江润发（江苏）薄板镀层有限公司投入5000余万元，对2号生产线升级改造，该项碱性镀锌产品拓展了国内镀锌行业新的发展领域。

制度创新，是支撑村企发展的“原动力”。为了构建现代科学的企业治理结构，提升企业竞争力，早在2003年，郁霞秋就开始谋划企业上市，通过上市使企业经营更加规范化，资产资本化，为企业战略转型和扩大生产提供发展平台。“创新的事业呼唤创新的人才”，在企业发展的同时，郁霞秋十分注重对人才的引进。她认为，企业的发展关键在于科技人员在全体员工中的占比。为了广纳贤才，她设立了“一套房子、一个位置、一份股金”的“三个一”人才引进机制，吸引并为企业输送了一批科技人才，为企业的科技创新与新品开发打下了深厚的人才基础。为了提高员工的工作积极性，2014年，郁霞秋在职工持股会、自然人、法人持股的基础上，增设了企业管理层持股，该项措施的实施，进一步调动了企业管理层的工作积极性，企业经营业绩进一步提升，持股人员也获得了收益。

文化创新，则是护航村企发展的“强磁场”。2016年10月，在郁霞秋的指导下，长江村于重阳节举办一场主题为“家和万事兴”——长江村“村晚”的演出。节目不仅弘扬了中华民族尊老爱老的优良传统，也呈现了长江村村民员工丰富的文化风采，更展示出了长江村“五个文明”协调发展的精神风尚。

这种精神风尚在长江村高度浓缩于“五爱四德”村风的传播和传承上。近年，在“全面依法治国”总目标下，郁霞秋创新将“以德治村”与“依法治村”有机结合，在全村范围内开展形式众多的普法教育与讲座，在中心区和东区分别建设法治广场和普法长廊，发挥村委矛盾调解作用，引导村民崇德向善。结合“我们的节日”系列活动，依托老年舞蹈队、妇幼儿童之家、职工之家、图书驿站、《长江人》报刊、老年活动室等平台载体，通过微信平台等新媒体，进一步加强了文明创新的宣传力度，弘扬和谐的家风、村风、民风。

“三颗心”：展现出一个基层党员的朴实情怀

郁霞秋回到家乡后说：“作为一名共产党员，只要家乡父老需要我，我就要听从党的召唤，为家乡发展做出贡献”。她有一颗无私无畏的“党心”。回村后的郁霞秋，在村民员工的支持下，经过不断努力，从招商办副主任成长为长江村党委书记、长江润发集团总裁。虽然身份在变，但郁霞秋始终不忘“党心”。她曾经在一次大会上说：“做医生服务的是群众，做村官服务的也是群众，我不图名，也不图利，只要群众满意和认可，就是对我最大的褒奖。”

全面从严治党开展后，长江村极少数党员不能以身作则，践行党员责任和义务，甚至出现了赌博等恶劣情节。在核实该党员长期不参加组织活动，不缴纳党费，屡教不改后，长江村党委即对该党员处以开除党籍的严厉处分。在郁霞秋看来，这些与“学习党章党规、学习习近平总书记系列讲话，争做合格党员”背道而驰，就决不能姑息纵容，破坏队伍纯洁性。

她有一颗不离不弃的“民心”。每年的民生实事，郁霞秋作为村党委书记，都要仔细制定并与党委班子商议。郁霞秋总是坚持“惠民为第一要务”，她将经济发展的红利直接反馈于民。2014年，郁霞秋在长江村“六喜同庆”（党委村成立20周年，村企建厂20周年等）时，为全体村民员工发放300余万元现金红利。2015年夏天，在长江村新办的医疗卫生服务分中心，郁霞秋再次为村民员工坐诊。此后的每个周末，卫生中心都有专家坐诊。郁霞秋只要不出差，也会抽空为村民进行免费的医疗咨询服务。而这项工作是当年的“民生十件实事之一”。

郁霞秋通过发展企业，把惠民工程落到实处。全村医疗保险覆盖率达到100%，建立以村民养老、帮贫救助为重点的保障体系。村庄基础设施建设更加完备，长江村中心区和东区分别建有健身广场和居民洗浴中心。深入推进“美丽村庄”建设，新建郁金香广场，开辟百亩科技农田，种植万米绿化带。

她有一颗大爱大义的“仁心”。作为张家港市女企业家联谊会会长，郁霞秋承担起“社会妈妈”的责任，先后与17位贫困大学生结对，帮助他们完成“上学梦”；作为省妇联“巾帼牵手SYB”活动的导师，郁霞秋关心女大学生的就业和创业；郁霞秋不忘社会责任，为四川永福中心学校捐赠20万元现金及教学用品，并捐赠价值180万元的现金及药品给盐城市阜宁县特大龙卷风冰雹自然灾害受灾群众。

有些人说郁霞秋“不精明”，心里总是挂记着他人，却始终没有自己的位置。她听到后总是一笑而过，因为她知道这种“不精明”也是一种传承。小时候，郁霞秋亲眼所见身为长江村书记的父亲郁全和把求办私事的亲戚推出家门，把能解决母亲城镇户口的“土地工”表格退回去让给别的村民。为了勉励自己和家人，更为传承先辈的生活态度和价值观，郁全和曾写下“有福不懒享，遇难不畏惧；有荣不漂浮，做人要堂正”二十字作为郁氏家风。郁霞秋从小就接受了父亲传递给她的“勤奋、节俭、善良、厚道”的良好家风，也逐渐传承了父亲的优秀品质。2017年，郁全和家庭获评全国最美家庭。（陈凌云）

【编辑　沈立平】

专文

Monograph

暨阳湖　（侯成保　摄）

践行“四大路径”，建设“四个港城”，

奋力谱写新时代张家港发展的新篇章

政府工作报告

践行“四大路径”　建设“四个港城”奋力谱写新时代张家港发展的新篇章

——2017年12月29日在市委十一届五次全体（扩大）会议上的讲话

朱立凡

这次全会的主要任务是：高举习近平新时代中国特色社会主义思想伟大旗帜，认真贯彻中共十九大精神和中央经济工作会议精神，深入落实习近平总书记视察江苏重要讲话精神，按照省委十三届三次全会、苏州市委十二届五次全会部署要求，对标省委对苏州工作的最新要求，全面总结今年工作，研究部署明年和今后一个时期的工作，动员全市各级党组织、广大党员和干部群众，紧扣新时代要求推动改革发展，围绕“强富美高”“两聚一高”，深入践行聚焦转型、创新驱动、绿色发展、文明引领“四大路径”，努力建设实力、活力、美丽、人文“四个港城”，全力争当“两个标杆”建设排头兵，奋力谱写新时代张家港发展的新篇章。

下面，根据市委常委会讨论意见，我讲四个方面的意见。

一、全面贯彻中共十九大精神，凝心聚力、开拓进取，奋力谱写新时代张家港发展的新篇章

中共十九大是在我国全面建成小康社会决胜阶段、中国特色社会主义进入新时代的关键时期召开的一次十分重要的大会。习近平总书记所作的报告，是我们党在新时代开启新征程、续写新篇章、夺取新胜利的政治宣言，是实现中华民族伟大复兴中国梦的行动纲领。学习宣传贯彻十九大精神，是全市上下当前和今后一个时期的首要政治任务；学懂弄通做实十九大精神，对于谱写新时代张家港发展新篇章具有十分重要的指导意义和实践意义。

贯彻十九大精神，核心在于坚持党的领导，要在贯彻新思想中不断增强执政本领。习近平新时代中国特色社会主义思想是中共十九大的灵魂；坚持党对一切工作的领导是根本保证。我们谱写新时代张家港发展的新篇章，必须坚决贯彻落实中央、省委和苏州市委的重大决策部署，自觉把“四个意识”铸入灵魂，把“四个自信”融入血液，举旗定向开创大格局，谋篇布局推动大发展。站在新的历史起点，全市各级党组织和广大党员干部要进一步创新思路，牢牢把握经济社会发展的主动权，在新时代的坐标系中找准定位，团结广泛力量、凝聚各方智慧，以更加过硬的能力引领发展，推动张家港在新的历史方位中实现新跨越、再创新辉煌。

贯彻十九大精神，关键在于坚定信心决心，要在开启新征程中牢固确立排头兵地位。中共十九大提出了决胜全面建成小康社会、开启全面建设社会主义现代化国家新征程的战略部署，宏伟目标振奋人心，勾勒了伟大复兴的路线图和时间表。我们开启新征程，就是要不忘初心、牢记使命，以“勇立潮头、勇争一流”的胆气魄力，全力争当“两个标杆”建设排头兵。我们开启新征程，就是要切实用好张家港精神这个传家宝，不断赋予张家港精神新的时代内涵，以“撸起袖子加油干”的姿态，生动诠释张家港精神与时俱进的鲜明特质，以实干担当的正能量，开创各项事业的新局面，推动新时代港城发展“再出发、再突破、再引领”。

贯彻十九大精神，动力在于深化改革创新，要在落实新理念中提升全方位发展水平。党中央提出的一系列治国理政新理念新方略，既体现了“管全局、管根本、管长远”的科学导向，又具有“战略性、纲领性、引领性”的实践意义。我们落实新理念，既要敢“破”，又要善“立”，要把创新作为第一动力，在崇尚创新中集聚高端要素；要把协调作为城市特质，在注重协调中推动全面发展；要把绿色作为鲜明底色，

市委书记朱立凡与保税区（金港镇）塍丰社区群众交流学习中共十九大精神的心得体会

（保税区　提供）

在倡导绿色中提升城市品质;要把开放作为必由之路,在厚植开放中激活内生动力;要把共享作为根本目的,在推进共享中体现民生普惠,为践行"四大路径"集聚强大动能,以系统化思维、规律性把握,提升张家港整体发展水平。

贯彻十九大精神,根本在于坚守为民初心,要在把握新矛盾中满足人民美好生活需要。中共十九大报告指出,我国社会主要矛盾已经转化为人民日益增长的美好生活需要和不平衡不充分的发展之间的矛盾。我们要充分认识到张家港发展中面临的新矛盾,特别要厘清发展与民生、需求与供给、均衡与兜底,以及"大多数"和"极少数"之间的关系。问题就是导向,短板就是潜力,我们要始终坚持"以人民为中心的发展思想",对照"八个更"的要求,抓重点、补短板、强弱项,以标准化推动公共服务均等化,推动民生供给从"少向多"拓展、从"低向高"攀升、从"有向好"转变,尽最大努力办好实事,让百万港城人民过上更有品质的生活。

面对新的时代机遇、新的历史舞台,甘守平凡,就是错过;任何懈怠,都是辜负。我们要深入学习贯彻中共十九大精神,有所作为、积极作为、创新作为,在厚植优势中继往开来,在克难前行中再度领跑,为新时代谱写好张家港发展的新篇章,付出我们这代人应有的努力,留下我们这代人独特的印记。

二、以"献礼中共十九大"为主线,稳中求进、争先率先,全年工作成绩令人振奋

今年以来,市委常委会以"献礼中共十九大"为工作主线,坚持"稳中求进、争先率先"的主基调,紧扣"两聚一高"、践行"四大路径",经济社会各项事业取得了令人振奋的显著成绩。特别是,经济运行高开稳走、稳中向好,呈现出增速加快、结构优化、效益提升的良好态势。预计全年完成地区生产总值2590亿元、增长7.3%;公共财政预算收入209.3亿元、增长10.2%;规模以上工业总产值4950亿元、增长17%。主要取得了六方面成绩:

一是创新转型提速增效。康得新入选"全球最具创新力企业",总投资1800亿元的"两园一城"项目成功签约;霍尼韦尔UOP中国研发及工程技术中心成功落户;华灿三期、天鹏动力锂电池等重大项目顺利推进。沙钢集团致力打造世界最大的特钢生产基地,并积极布局大数据产业。江苏冶金技术研究院正式揭牌,获评"苏州先进新型研发机构"。东沙化工区全面关停,实现了生态效益和发展空间的同步优化。整车平行进口量跻身全国前五。年度全国服务业500强企业数位列全省县市第一。张家港产业资本中心正式启运。新增上市企业3家,19家境内上市公司总市值列苏州县市第一。省级高新区加快建设,新增万人计划专家4人,自主培育千人(万人)计划总数达18人,省"双创计划"、苏州"姑苏计划"人才入围数居苏州县市第一,国家知识产权示范城市考核列全国县市第一。

二是深化改革全面推进。市委深改组统筹推进八大领域56项重点改革事项。供给侧结构性改革持续深化,制定出台"1+3"系列政策实施细则。"多规合一"、新型城镇化等试点稳步实施。市本级和保税区行政审批局挂牌成立,成为全省唯一在市本级和开发区同步开展改革试点的县级市。凤凰镇持续推进行政管理体制改革,"强镇扩权"试点继续走在全省前列。"放管服"改革有力有序,投资项目"全链条"集中审批深度推进,政务一张网、大数据建设启动实施,"双随机、一公开"监管试点获国务院通报表扬。保税区成为国家首个"互联网+"智慧用电示范园区;保税港区获批全国首家非自贸区同业联合担保改革试点。物润船联成为全国首批"无车船承运人"试点企业。

三是城市品质不断提升。沪通铁路境内铺轨基本完成,跨江大桥建设有序推进;通苏嘉铁路提前实施工程、南沿江铁路前期相关工作进展顺利;晨丰路、新泾路改造有序推进,全市快速路网框架初显;福南水道-12.5米进港航道治理工程开工建设。坚决落实"263"专项行动,深入开展"三大百日行动",淘汰落后企业超150家。静脉科技产业园各项工作顺利推进。PM2.5均值持续下降。建立市镇村三级河长管理体系,开展黑臭河道专项治理行动,重点断面达到功能区水质要求。全面完成农村生活污水治理任务。绿化及环境整治工作苏州领先。入围省级特色小镇创建名单4家。成功承办2017生态文明建设高层论坛,被授予"绿色引领实验示范基地",入选国家生态园林城市。公众参与城市管理的经验被中央媒体多次报道。

四是社会民生持续改善。以"六个一"基层走访调研为契机,着力解决群众关心的难点痛点问题。扎实推进"三优三保"和村级工业用地整合优化,归并土地超333.33公顷。启动"张家港厂房信息网",有序开展省级农村集体三资管理"阳光e行动"试点,"阳光扶贫"深入推进,城乡居民人均可支配收入增长8.5%。教育现代化监测得分位居全省县市之首。医疗健康信息"互联互通"率先达到国家最高等级,大病困难群众家庭医生签约服务项目再次被央视《新闻联播》专题报道。创新建立民生实事项目库,扎实推进"民生微实事"。有效推动村民自治国家级试点,以及省社区治理和服务创新实验区建设等工作。在苏州率先实施居民小区治安防范等级评定,有序推进网格化社会治理联动机制建设。获评苏州唯一的"全国平安建设先进市"。

五是文化文明再攀新高。成功承办全国创建文明城市工作经验交流会,实现全国文明城市"五连冠",囊括文明镇、村、单位、校园等7项荣誉,开创了县级市在单届评比中文明奖项"大满贯"的先河。全市注册志愿者服务总时长超过160万小时。"一中心、双总分、数字化"公共文化服务新模式获文化部肯定推广。入选江苏省书香城市建设示范市,首家"最美悦读空间"森林书屋建成开放。长江文化艺术节荣获国内"最具国际影响力节庆"称号。成立全国首家田汉剧社。城市微电影《听见你的声音》夺得加拿大金枫叶国际电影节大奖。成功举办张家港历史上首个国际马拉松赛事。

六是管党治党力度加大。推动"两学一做"学习教育常态化制度化,认真接受省委巡视组"政治体检",积极配合苏州巡察组对保税区、经开区的"政治巡察",严格抓好反馈意见的整改落实。意识形态工作责任制进一步强化。

干部干事创业容错免责相关做法得到省委主要领导批示肯定。年轻干部培养使用力度持续加大，农村带头人建设不断加强。创新开展"担当作为好单位""担当作为好干部"考核工作。郁霞秋当选为中共十九大代表。法治型党组织建设经验在苏州推广。巡察机构和制度建设推进有力，综合派驻机构改革落实到位。全年立案查处各类违纪违规案件383件，遏制"四风"、惩治腐败取得明显成效。

与此同时，市委常委会全力支持人大、政府、政协充分发挥职能作用，积极推动对口援建和南北挂钩，统战、人民武装、工青妇、双拥、老干部、统计、党校、史志、档案、残疾人和关心下一代等各项工作均取得了新进展。

成绩难能可贵，值得倍加珍惜。但我们更应该清醒地认识到发展中存在的问题和不足。主要是：与时俱进弘扬张家港精神还需进一步加强，一些干部庸懒散漫、担当不够，部分单位推责任、踢皮球，做"二传手"多、当"主攻手"少；经济增长的质量和效益还不高，创新的主引擎作用未能完全体现，招商引资和项目建设有待加强；改革的原创性和针对性还不够，在呼应顶层设计、贴近地方发展等方面还需进一步探索创新；城乡发展不平衡，特别是老旧小区、城郊接合部、被撤并镇的面貌亟须改善；公共服务"供给侧"与群众"需求侧"的契合度还不高，等等。所有这些问题，都需要我们采取有效措施，切实加以解决。

三、紧扣改革开放40周年重要节点，践行"四大路径"、建设"四个港城"，在决胜高水平全面建成小康社会、开启基本实现现代化的新征程中走在前列

2018年是改革开放40周年，回顾历史，张家港正是一次次抓住了重大机遇，踏准了时代节拍，顺势而为、趁势突围，才走出了一条赶超之路、崛起之路，才一跃成为了享誉全国的发展典型。40周年，是一个重要的里程碑，更是我们续写辉煌、勇争一流的全新起点。在这样一个特殊的时间节点上，我们必须接续奋斗、砥砺奋进，努力提交一份让全市人民满意、经得起历史检验的靓丽"成绩单"。

目标的实现需要正确的方法和途径。市第十一次党代会作出了实施"四大路径"的全局性部署，一年多来，"四大路径"各项工作取得了明显成绩，实现了重大突破。实践证明，"四大路径"与"强富美高"新江苏建设，与苏州勇当"两个标杆"、落实"四个突出"的要求，在指向上高度一致、深度契合。为进一步丰富和拓展"四大路径"内涵，市委将始终坚持"以人民为中心的发展思想"不动摇，将其贯穿"四大路径"全过程，把建设实力、活力、美丽、人文"四个港城"作为发展落点和具象化目标，进一步勾勒张家港高水平全面建成小康社会的现实模样。

明年工作的指导思想是：全面贯彻中共十九大精神，以习近平新时代中国特色社会主义思想为指导，深入落实总书记视察江苏重要讲话精神，与时俱进大力弘扬张家港精神，坚持"勇于担当、争先率先"，突出创新性、探索性、引领性，深入践行"四大路径"，全面建设"实力港城、活力港城、美丽港城、人文港城"，紧扣高质量发展目标，统筹推进经济社会以及党的建设等各项事业，以过硬发展实绩献礼改革开放四十周年，在决胜高水平全面建成小康社会、开启基本实现现代化的新征程中走在前列，全力争当"两个标杆"建设排头兵，奋力谱写新时代张家港发展的新篇章。

经济社会发展的主要预期目标是：地区生产总值增长7%左右；公共财政预算收入增长8%；全社会固定资产投资、实际利用外资总量规模保持稳定；进出口总额平稳增长；社会消费品零售总额增长8.5%；全市居民人均可支配收入增长高于GDP增速；万元GDP能耗下降率、主要污染物排放总量削减率完成上级下达任务。

围绕上述发展导向与奋斗指向，明年要重点抓好以下四个方面工作：

（一）更加突出聚焦转型，建设产业领先的实力港城

转型升级是优化产业结构、推动高质量发展最根本、最现实的途径。当前及今后一段时期，要着力推动经济发展的质量变革、效率变革、动力变革，以全要素生产率的提升，努力走出一条质效更好、动力更强的产业发展之路。

要植入传统产业"新基因"，以"智能化""集约化"为目标，推动传统产业融合发展。深入实施"先进制造产业领跑计划"，加快实施智能制造"五大工程"，年内启动实施智能制造项目100个以上，全力打造国家智能制造示范区。鼓励企业主动融入"中国制造2025"，积极开展"两化融合"体系贯标。有效整合服务机构、研究院、行业协会等资源，搭建智能制造服务平台。加快推动移动互联网、云计算、大数据、物联网等新技术与传统产业融合发展，打造基于互联网思维的产业组织体系和产业链协同体系，大力提升制造业服务化水平。各板块要以"全要素生产率"为导向，深入开展资源集约节约利用综合评价，健全完善土地效益评价体系，落实基于评价结果的资源要素配置机制和产业政策引导机制。

要打造新兴产业"新标杆"，紧盯"两新一高"、建设先进制造业集群中心，推动新兴产业裂变增长。聚焦"两新一高"千亿级产业中最有基础、最有优势的领域，集中优势资源，着力打造基于"高原"上的"高峰"。引导企业积极借鉴"康得新模式"，以打造创新生态圈为发展取向，立足前沿、剑指高端，以全球化的视野集聚资源、以育苗圃的方式聚焦人才，推动企业自我革新、自我成长。确保投资超300亿元的碳纤维航空复合材料产业园项目落地建设。积极布局半导体、氢能新能源等产业，以市镇两级为单位，分别研究制定专项发展规划和定向扶持政策，加快连"线"成"片"，强化产业链协同。持续推进钢研院研发与产业化、华昌加氢、华灿光电基地等新兴产业重大项目建设，加快重大科技成果产业化，助推产业迈向价值链中高端。

要培育服务经济"新动能"，着眼高铁时代、互联网时代新格局，推动服务经济优化升级。高铁时代的到来，将有效提升资源集聚效应、辐射吸纳效应、异地同城效应，凸显我市的宜居宜业优势；互联网运用的纵深发展，催生了新业态、新技术、新模式，对生产生活方式带来了革命性的变化。我们要抢抓机遇、提前介入，以前瞻性的思维和战略性的眼光谋划全市现代服务业布局。年内，要抓住大数据、大平台、大宗商品交易三大重点，大力实施服务业"十百千行动计划"和服务业创新"五大工程"。加快培育和挖掘大数据

应用新业态、新模式，建设行业大数据中心。深入推进跨境电商综合试验区建设，培育壮大航运交易、新能源交易、股权交易、供应链管理等大平台。深化港产城融合发展，推动智慧口岸建设，探索"无水港"模式，建设"优进优出"的现代综合物流港。加快双山、香山旅游景区，以及常阴沙现代农业示范园区开发建设，发展全域旅游。推进澳洋健康小镇、锦丰康养小镇等特色小镇建设，推动健康服务、文化消费等生活性服务业向高品质发展。

要凸显现代农业"新风貌"，紧紧围绕"凸显亮点、特色发展"，推动现代农业"接二连三"。围绕深化农业供给侧结构性改革主线，保护发展"四个百万亩"，推动常阴沙、西水道、沙洲生态农业园等现代农业园区提档升级，新建高标准农田666.67公顷、农业园区333.33公顷，加快构建现代农业产业体系。大力提升农业科技和装备应用水平。规范和扶持新型职业农民和新型经营主体发展，培育壮大一批示范型家庭农场和旗舰型专业合作社，推动一二三产深度融合、协同发展。加强农村集体"三资"管理，探索农地融资和村企协作，增加农民财产性收入。

要拓展富民增收"新路子"，以高品质产业带动高质量就业，推动富民增收提质增效。产业是富民之源，我们提升产业层次、追求经济效益、优化发展环境，最终是要让群众有更满意的就业和收入，让政府有更多的财力优化公共服务、改善民生福祉。要坚持政府有形之手、市场无形之手和群众勤劳之手同向发力，统筹提升包括就业能力、创业能力在内的人的全面发展能力。要实施更加积极的就业政策，完善就业援助长效机制，实现产业结构与就业结构同步优化、居民收入与经济总量同步增长。要加快推进村级工业用地整合优化，盘活闲置、低效、存量建设用地，引导和支持村集体多元联合发展，以产业升级带动强村富民。进一步深化财政预算体制改革，加强财政资金绩效管理，有效提升公共服务、社会救助、农业农村等民生领域的投入保障水平。

（二）更加突出创新驱动，建设要素集聚的活力港城

创新是时代的主题、发展的动力。我们要"五指并拢、握指成拳"，有信心、有耐心、有定力地抓好自主创新，以创新撬动转型升级、推动地方发展，全力争创创新型城市，让创新成为张家港最核心的竞争力。

以改革开放为龙头，激活创新"主引擎"。要对接政策最前沿，加快推进"一带一路自贸驿站"建设，以保税区为主阵地，积极对接上海自由贸易港建设，有效承接溢出效应。深入推进"放管服"改革，依托行政审批局加快推进"审管分离"，全面实现"3550"，完善"互联网+政务服务"体系，打造精准高效的政务服务品牌；围绕简政放权和产业扶持等重点，加强政策预研储备，不断充实"政策工具箱"。更好地依托企业主体、产业资本和专业机构，围绕创新链重点引进符合发展方向的实用型项目和技术。充分发挥改革试点的牵引作用，加快长江经济带转型升级国家级示范开发区建设，深化"多规合一"、服务贸易创新、跨境电商、进口整车同业联合担保、供应链等改革试点，积极争取非自贸区平行进口汽车、企业增值税一般纳税人资格试点等政策，有序推进凤凰、塘桥"强镇扩权"以及省级综合执法改革试点，通过先行先试保持先发优势。深入推进国企改革，进一步整合优化国有资产。加强创新能力开放合作，引导企业布局"一带一路"沿线国家，重点发展境外投资区，完善"走出去"的服务平台。

以人才资本为红利，突出创新"第一性"。持续优化招才引智系列政策，加快集聚一批与本土产业高度契合的人才，确保国家"千人（万人）计划"、省"双创计划"、苏州"姑苏计划"等人才增量继续领跑，努力形成"领军人才"与"配套人才"齐头并进，引得进、留得住、用得好的人才招引格局。完善科技金融、产业金融平台，创新实施"政府+社会资本""资本+人才"等融资供给方式，实施金融服务实体经济"百千亿"工程，构筑区域金融高地。以人才、项目、技术导入为主攻方向，进一步放大产业资本中心集聚效应。深入推进"港城合伙人"计划，引导本土企业放眼全球，积极整合创新资源，寻求最优合作伙伴，年内完成"三年结对100对"的目标。启动企业上市挂牌"三年行动计划"，年内新增上市企业2家、"新三板"挂牌企业10家。

以载体平台为依托，打造创新"策源地"。围绕"一特三提升"，加快"三区一园"创新功能升级，放大开发开放平台优势，辐射带动全市创新发展、转型升级；重点支持高新区建设，围绕半导体、清洁能源、智能制造与再制造等产业，加快创新资源集聚、加强创新要素供给，打造从孵化、加速到产业化的创新平台。"五镇两区"要培育特色，在激活创新载体、发展高新技术产业等方面形成优势。江苏冶金技术研究院要以全国一流、国际知名为目标，全方位加快建设。完善沙洲湖科创园、霍尼韦尔UOP中国研发及工程技术中心等高端载体平台，建设集成电路促进中心，以及磁传感、纳米研究院等重大创新平台，更好地带动行业创新。积极开展与清华、中科院等高校和科研院所的产学研合作，完善政产学研合作机制，推进产教融合、校企合作，支持高校院所与企业联合搭建科研平台、培养应用人才，推动多领域协同创新；优化整合本地高校资源，加快建设"国际化、特色化"的职教园区和高技能人才培养基地，精准对接产业发展需求。

以服务保障为根本，做优创新"生态圈"。围绕产业链部署创新链，打通服务链、资金链、政策链等各个环节，健全开放共享的产业创新体系。坚持企业创新主体地位，持续优化企业科技创新积分管理，深化创新型企业培育，加强知识产权保护，年内销售超千万元人才企业总数达到100家。弘扬企业家精神，营造企业家健康成长的法治环境、市场环境和社会环境，建立政企互通平台，宣传先进典型，培养一批富有战略眼光、市场开拓精神、管理创新能力和社会责任感的优秀企业家。各级干部要强化创新意识、尊重创新规律，尤其要发扬"店小二"精神，进一步优化"亲""清"新型政商关系，加大对上争取力度，推动各级激励扶持政策落地见效，为创新创业提供丰厚沃土、营造良好生态。

（三）更加突出绿色发展，建设协调共享的美丽港城

城市之美，美在绿色宜居，美在统筹协调。只有把绿色作为底色、协调作为特色，统筹推进生产美、生活美、生态

美，才能实现生产发展、生活富裕、生态良好，才能在共建共享中让群众有更多获得感。

围绕补短板，聚焦薄弱环节、弱势群体。牢固确立问题导向，着力抓重点、补短板、强弱项。要提升发展协同性。按照解危为主、适度改善的目标，扎实推进城中村改造，稳妥实施住宅房屋征收“房票”补偿政策；以社会效益优先、兼顾经济效益为原则，重点推动铜盆新村地块改造。被撤并镇改造要突出“功能提升、规模控制、挖掘潜力、优化布局、集约土地、增强特色”，年内启动后塍、妙桥等7个办事处整治提升工程，实现被撤并镇提标优化的全覆盖。要提高托底精准度。稳步推进社会保障制度改革，探索实施大病保险与长期护理险制度。高质量实施民生实事项目，持续完善“民生微实事”项目机制。健全“救急难”长效机制，用好社会救助关爱服务平台，链接社会资源，加大对因病致贫、因病返贫家庭的精准帮扶力度，兜牢民生底线。同时，进一步推进慈善事业健康发展，努力让整座城市更有“温度”。

围绕优生态，推动环境改善、绿色宜居。人与自然是生命共同体，良好的生态环境是最公平的公共产品，是最普惠的民生福祉。要强化生态提标。严格落实“263”专项行动，加快推进东沙化工区关停后续工作。加强燃煤锅（窑）炉整治及提标改造，减少有机废气排放，推进PM2.5和臭氧浓度“双控双减”，持续改善大气环境质量。深化“河长制”改革，推进截污、畅流、“无违”，优化三大水循环体系，全面消除城镇黑臭河道。严格落实“土十条”，积极开展农业用地和工业用地土壤污染调查。持续推进黄泗浦、通洲沙等生态修复工程，体现自然风貌特征。推进“三优三保”工作，严守生态保护红线，筑牢生态安全屏障。要倡导低碳循环。加快建设“绿色发展引领区”，完善绿色发展制度体系，深入推进“绿色领跑者”计划，促进行业绿色转型。编制张家港市低碳控制方案，创新建立碳排强度和总量的“双控制度”，探索运用“碳积分”管理。加快“两区一园”循环化改造，开工建设静脉科技产业园，以绿色低碳发展擦亮城市底色。

围绕强功能，实现品质优化、服务提升。以优化城市功能品质为主抓手，统筹考虑群众需求度和百姓获得感，始终坚持“以人民为中心的发展思想”。要坚持城乡互补。以新一轮城市总规修编为引领，有序推进“三条铁路”、锡通高速过江通道等重大基础设施建设，做好与苏州轨道交通网的规划衔接，加快推进高铁新城（康得新未来城）、高新区开发建设。扎实推进“乡村振兴”战略，加强美丽乡村和特色小镇建设，充分体现城乡布局的整体性和协调性。优化完善“大城管”“大联动”机制，全面推进党建引领网格化社会治理工作，不断深化城乡社区协商实践，加快建设“城市大脑”，探索建立“数据工厂”，持续提升城市治理智能化水平。要坚持优质均衡。纵深推进医卫体制改革，深化完善分级诊疗体系，扩大社区药品外配服务面，努力满足群众多层次的就医需求。优化城乡教育资源配置，加快学校联盟化办学和系列化品牌学校建设，积极争创全国义务教育优质均衡发展县市。加快推进居家和社区养老社会化进程，健全完善多元化的养老服务体系。科学布局基本公共服务设施，让资源跟着需求走、服务跟着百姓走。

（四）更加突出文明引领，建设充满魅力的人文港城

城市与市民是一体两面、互为依托。城市的文明程度和文化特质，最终要体现在市民的文明素养和人文涵养上。要统筹城乡文明质态同步提升、同步优化，加快建设市民引以为荣、群众充满自豪，最具影响力和美誉度的人文之城。

要育文明人，培育具有新时代文明风尚的港城市民。文明建设重在以人为本，贵在自觉自信。要始终将培育和践行社会主义核心价值观作为“文明育人”的根本，形成生活化的情感认同，培育具象化的行为习惯。要坚持以德树人，深入推进公民道德建设工程，发挥多层次道德典型的示范引领作用，全力打造具有张家港特色的道德风尚高地。要依托全省最大的“好人群体”，充分发挥凡人善举的带动效应。要重视未成年人文明养成，引导青少年主动践行“八礼四仪”。要优化完善“志愿者+行业”“社工+志愿者”等服务模式，不断提升志愿服务专业化水平。要加强社会诚信体系建设，深化各类诚信教育实践活动，健全“守信激励、失信惩戒”机制，努力营造明礼诚信的良好氛围。

要建文明城，打造具有新时代典范意义的文明城市。文明城市“五连冠”是我们引以为豪的城市名片，站在高平台上，必须以“常创常新、常态长效”为原则，全力维护好文明标杆的“独有性”和“唯一性”，持续擦亮文明城市的金字招牌。要坚持文明立城。着眼文明城市授牌面扩大、稀缺度下降的现实，着力在深化内涵、补短补缺上下功夫。特色化开展各类群众性精神文明创建活动，努力在更高坐标系中刷新城市文明新高度，推动新时代文明港城“再出发”。要坚持文化塑城。以“上下联动、异地联办、品牌联建”等方式，进一步放大长江文化影响力，打造具有城市特质的文化名片。紧扣群众需求，高标准建设一批“最美悦读空间”，推广一批公共文化驿站，做优一批文化惠民工程。加快完善覆盖城乡、实用高效的公共文化体育服务体系。推动文化产业载体平台建设，加快文化与旅游、科技等领域的融合发展，不断增强文化浓度和发展活力。和谐稳定是城市文明的基石。要深入实施村民自治国家级试点，加快全省社区治理和服务创新实验区建设，积极构建法治、德治、自治“三治合一”的乡村治理模式，培育党建引领下的“一核四元”社区治理新机制。积极推进法治城市、法治政府、法治社会一体建设，努力营造和谐有序的社会环境。要时刻绷紧安全稳定这根弦，加强对重点行业、重点领域隐患排查和专项整治，全力维护社会和谐稳定大局。

四、保持“永远在路上”的持久定力，不忘初心、牢记使命，深入推进党的建设新的伟大工程

中共十九大报告提出了新时代党的建设总要求，明确了加强和改进党建工作的原则、方针、主线、布局、要求和目标，我们要准确把握，统筹协调、一体推进党的建设各方面工作，切实做到管党有方、治党有力，全力夯实港城经济社会发展的保障基础。

1. 坚守对党忠诚的政治品格。要突出党的政治建设的统领地位，把党的政治建设摆在首位。广大党员要提高政

治站位、摆准自身定位，做到心中有党，忠实履行党和人民赋予的职责。对党忠诚，关键是坚定理想信念。要自觉以习近平新时代中国特色社会主义思想武装头脑，不断提高思想理论水平和政治政策水平。要扎实组织开展好"不忘初心、牢记使命"主题教育，激励和教育全市党员自觉做中国特色社会主义的坚定信仰者和忠诚实践者。要抓住"关键少数"、把握"关键节点"、管好"关键阵地"，牢牢把握意识形态工作主导权。对党忠诚，核心是维护党的集中统一。要坚决维护以习近平同志为核心的党中央领导权威，切实做到党中央提倡的坚决响应、党中央决定的坚决执行、党中央禁止的坚决不做。任何具有地方特点的工作部署，都必须以尊崇党章、遵守党内法规为原则，以贯彻党中央决策部署为前提，切实把"四个意识"落实和体现到日常工作与具体行动中。

2. 锤炼堪当重任的干部队伍。要着力打造一支"讲规矩、有本领、强担当、重落实"的张家港干部队伍。与时俱进大力弘扬张家港精神，以"一事不成，食不甘味、夜不成寐"的紧迫感，敢拼敢抢、善作善成，坚决反对"表态多、调门高、行动少、落实差"的形式主义作风，少找"没责任的理由"，多找"尽责任的差距"，切实让干部的肩膀硬起来、作风强起来。要在"鼓励激励、容错纠错、能上能下"上加强探索实践、取得更大突破。把"选好人、用对人"作为对干部最公正、最有效的激励，坚持在发展一线、民生一线、稳定一线考察识别干部，形成"只要干得好，就一定用得好"的导向。要落细落实、用活用好容错免责办法，为敢想敢干者撑腰，为敢拼敢闯者兜底。要落实领导干部"能上能下"的若干规定，特别要在"下"的途径上深入研究，努力形成"干得好进步、干不好退步"的双向流动。

3. 建设坚强有力的战斗堡垒。要突出政治功能，以提升组织力为重点，统筹抓好各领域的基层党建工作。农村党建要"强基固本"，坚持问题导向，着力破解"带头人"难选等突出问题，不断增强农村党组织的创造力、凝聚力和战斗力。国企党建要"立根铸魂"，强化领导班子政治建设，增强"书记身份""党员意识"，以党的建设为引领，健全完善国有资产监管、企业内部管理、投资责任追究等制度，为国企健康发展提供坚强保障。要树立"一切工作抓到支部"的工作导向，扎实推进支部建设三年行动计划，规范组织设置、抓实基本制度、激发支部活力，切实把基层党组织建设成为各类组织和各项工作的领导核心，建设成为宣传党的主张、贯彻党的决定、领导基层治理、团结动员群众、推动改革发展的坚强战斗堡垒。

4. 营造风清气正的发展环境。要深入学习《中共中央政治局贯彻落实中央八项规定的实施细则》，根据省委、苏州市委文件要求，扎实制定我市"实施细则"。要对失职失责的典型问题紧盯不放，坚持问责个人与问责组织相结合。要切实抓好省委巡视反馈意见的整改落实，持续推动巡察工作，常态开展"政治体检"，使利剑高悬、震慑常在。要严肃查处群众身边的不正之风和腐败问题，深化重点领域专项治理，规范小微权力，切实做到有腐必反、有贪必肃。要深入推进纪检监察体制改革，加快组建监察委，加强监察委与派驻机构、巡察机构的工作衔接，实现监督"全覆盖"。要以良好的党风促政风带民风，在全社会营造勤政廉洁的良好生态。

同志们，新时代的蓝图鼓舞人心，新征程的目标催人奋进。让我们以习近平新时代中国特色社会主义思想为指导，与时俱进大力弘扬张家港精神，不忘初心、牢记使命，昂扬斗志、拼搏奋进，以践行"四大路径"的坚强定力、建设"四个港城"的突出成效，奋力谱写好新时代港城发展的新篇章！

名词解释：

1. 两园一城：碳纤维航空复合材料产业园、先进高分子材料产业园、康得新未来城。

2. 双随机、一公开：在监管过程中随机抽取检查对象，随机选派执法检查人员，抽查情况及查处结果及时向社会公开。

3. 同业联合担保：海关事务担保业务中的一种创新模式，在中小微企业进口商品办理海关事务担保时，将税收担保关系由"海关事务当事人—银行—海关"转变为"海关事务当事人—第三方主体—银行—海关"。

4. "263"专项行动："两减六治三提升"专项行动，"两减"指减少煤炭消费总量、减少落后化工产能；"六治"指治理太湖水环境、治理生活垃圾和危险废物、治理黑臭水体、治理畜禽养殖污染、治理挥发性有机物污染、治理环境隐患；"三提升"指提升生态保护水平、提升环境经济政策调控水平、提升环境执法监管水平。

5. 静脉科技产业园：将废弃物转换为再生资源的行业称为静脉科技产业。以静脉科技产业为主导的产业园，通过发展"资源—产品—再生资源"闭环经济模式，达到生活和工业垃圾变废为宝、循环利用目的。

6. "民生微实事"项目：群众关注度高、热切希望解决、单个项目资金量少的惠民项目。

7. 现代农业"接二连三"：延伸现代农业产业链，第一产业对接第二产业和第三产业，促进一、二、三、产业融合发展。

8. "3550"：企业在3个工作日内注册开业，5个工作日内获得不动产权证，50个工作日内取得工业生产建设项目施工许可证。

9. "一特三提升"：全省开发区改革创新大会提出，要把握开发区发展的主攻方向，加快向现代产业园区转型，着力打造特色创新集群，着力提升土地产出率、资源循环利用率、智能制造普及率。

10. 碳积分：一种基于激励理念设计的个人碳交易模式。通过跟踪个人绿色出行、垃圾分类、购买和使用节能产品等碳减排行为，累积核算由此带来的碳减排量，用"积分"的形式进行量化记录并兑换相应奖励，旨在引导和鼓励公众参与低碳生活。

11. "一核四元"社区治理新机制：以党建引领为核心、以网格化管理为基础、以社区协商为手段、以社区服务为目标、以社区法治为保障的社区治理新机制。

政府工作报告

——2018年1月3日在市十四届人大二次会议上的报告

黄　戟

一、2017年工作回顾

2017年，是新一届政府履职的开局之年。一年来，我们以习近平新时代中国特色社会主义思想为指导，在中共张家港市委的坚强领导下，认真落实中央、省、苏州和市委的决策部署，大力弘扬张家港精神，坚持“稳中求进、争先率先”主基调，紧扣“两聚一高”、践行“四大路径”，统筹抓好转型升级、创新驱动、生态环保、城乡建设、民生改善等各项工作，较好地完成了市十四届人大一次会议确定的主要目标任务。

预计全年实现地区生产总值2590亿元、增长7.3%；公共财政预算收入210亿元、增长10.5%；全社会固定资产投资726亿元；进出口总额2100亿元、增长16.1%，其中出口1045亿元、增长11.7%；社会消费品零售总额583亿元、增长9%；居民人均可支配收入4.88万元、增长8.5%。

（一）转型升级取得实效

供给侧结构性改革推进有力。完成钢铁去产能83万吨、占苏州的100%；玻璃去产能330万重量箱、占苏州和全省的100%。房地产调控措施有效落实，市场总体平稳有序。新增上市企业3家、“新三板”挂牌企业11家，累计分别达到20家和71家。通过苏州综合金融服务平台新增企业授信1103亿元，企业融资682亿元，列苏州县市第一，银行不良贷款率降至1.5%，金融生态环境进一步改善。实施聚焦转型和产业领跑、创新驱动、智汇港城“1+3”系列政策，出台招商选资激励新政，落实企业科技创新积分、高新技术企业税收优惠、降费减负等各项政策措施，兑现市级各项扶持企业资金超10亿元。工业企业资源集约利用平台、“厂房信息网”启用运行。完成“腾笼换凤”土地面积超133.33公顷、“三优三保”拆旧复垦超333.33公顷。

重点产业项目有效实施。天鹏电源一期、晶台光电一期、中核利柏特核电及石化装备模块等一批项目竣工投产。芬美意香精香料、沙钢超薄带等一批项目开工建设。138个先进制造业技改项目加快推进，完成技改投资250亿元。各区镇全面加大招商选资力度，总投资1800亿元的康得新先进高分子材料产业园、碳纤维航空复合材料产业园和康得新未来城“两园一城”项目，以及华灿光电四期、韩国iA汽车电子芯片等一批优质项目成功签约。全市完成工业投资380亿元，其中新兴产业投资260亿元；完成服务业投资346亿元。

经济质量效益稳步提增。完成规模以上工业总产值4950亿元、增长17%，其中新兴产业产值占比45.9%。工业增加值率达到20.6%，规模以上工业全员劳动生产率达每人37万元。5家企业荣登2017年“中国企业500强”，总数列苏州各市（区）第一。沙钢高端线材全流程智能新模式应用获评国家智能制造试点示范项目；协鑫、永钢、华昌获评省级智能车间。服务业增加值占地区生产总值比重达到46.6%，比上年提高1.2个百分点。完成口岸货物吞吐量2.87亿吨、外贸运量6153万吨，实现专业市场成交额4500亿元。玖隆物流园、进口整车物流园分获省级生产性服务业集聚示范区和省级示范物流园区。物润船联成为全国首批“无车无船承运人”试点企业。成功承办2017省乡村旅游节，永联小镇成功创建省五星级乡村旅游区、列入省首批旅游风情小镇创建单位，全域旅游发展迈出新步伐。新增高标准农田1800公顷、农业园区866.67公顷，被农业部命名为首批国家农产品质量安全县。

（二）创新能力持续增强

创新平台建设取得新突破。高新技术产业产值占规模以上工业总产值比重达到22.5%。省级高新区步入实质性运作，完成产业规划与总体规划编制。江苏冶金技术研究院揭牌运行，中科院苏州纳米所张家港研究院开工建设，霍尼韦尔UOP中国研发及工程技术中心正式落户，中科院兰化所华昌功能新材料研究院正式签约。与乌克兰国家科学院签约共建全省首个县级层面国际联合创新中心。新增高新技术企业60家、省级以上企业研发机构62家、苏州市级以上众创空间5家。新增承担国家级科技计划项目3项、省级科技计划项目75项。康得新入选福布斯全球最具创新力企业50强。

创新要素支撑实现新提升。全社会研发投入占地区生产总值比重达到2.8%，企业研究与试验发展经费投入增幅达到10%，科技进步贡献率达到63.2%。产业资本中心挂牌运行，招商局资本、松禾资本等基金入驻，注册基金规模超80亿元。在全省率先探索产学研预研资金制度。新增国家“万人计划”专家4名，省“双创计划”人才12人、“姑苏计划”人才24人，年销售超1000万元人才企业达71家。新增发明专利申请3704件，万人发明专利拥有量达到35件。以全国县级市第一名的成绩通过国家知识产权示范城市考核，保税区获批省知识产权示范园区。高标准通过创建全国质量强市示范城市省级验收，国家化工设备质量监督检验中心通过国家级验收，成功创建国家级出口金属产品质量安全示范区。

（三）生态建设全面深化

环境问题治理效果明显。深入开展“263”专项行动和环境保护“百日行动”,中央及省环保督察反馈问题得到有效整改,年度各项重点任务顺利完成。立案查处各类环境违法案件570件,环境信访总量同比下降20%。削减煤炭消费总量75万吨,关停化工企业58家,东沙化工园实现整体关停。完成“厂夹居”等环境搬迁361户,关停整治“散乱污”企业863家,133家重点危废单位完成规范化达标建设。PM2.5年均值同比下降18%,环境空气质量优良天数比例达70%。完成大气污染防治项目219个。河长制改革全面深化,建立市镇村三级河长体系。开展长江岸线保护专项行动,归并整治长江及内河码头12个。完成62条重污染河道、8条黑臭河道综合治理,疏浚河道728条,建设生态河道51条,重点断面水质达标率100%。

生态保护修复力度加大。编制完成生态文明建设(2017—2025)规划。启动“绿色发展引领区”建设试点,开展“绿色领跑者”企业评选,对冶金、化工、纺织等重点行业实行绿色发展评价。实施生态补偿机制,投入生态补偿资金1.1亿元。黄泗浦、双山岛、常阴沙等生态项目稳步推进,暨阳湖获评江苏最美水景观。超额完成苏州“四个百万亩”目标任务。静脉科技产业园项目全面启动。推进“城市公园绿地十分钟”、生态“微修复”项目,新增各类林地、绿地158.67公顷。建成苏州市康居特色村1个、三星级康居乡村91个。获评国家生态园林城市。

(四)城市建设优化提质

功能布局更趋完善。完成城市总体规划较大修改中期成果,以及海绵城市规划、高铁生态城概念规划及控规、轨道交通线网规划和部分镇(区)总体规划。城东黄泗浦生态园核心区整体形态展现;城南商贸区功能日益完善;城西拓展区开发建设全面提速,便民服务中心主体工程竣工;城北科教新城沙洲湖中央商务区加快建设。沪通铁路线路段路基和桥梁工程全部完成、累计铺轨45千米;苏南沿江铁路、通苏嘉铁路前期工作有序开展。福南水道12.5米进港航道治理工程开工建设。

管理服务水平提升。深化市容环境专项整治,完成“931”接续行动项目91个、城市管理“百日行动”项目632个,城区环境“四无”整治成效明显。“智慧港城”建设步伐加快,成立大数据管理中心,“城市e管家”功能升级。开展交通大整治、大提升行动,完成智慧交通规划编制,市区公交专用车道改造启动推进,新建农村公交候车亭全部投入使用,新增停车位2万余个,“礼让斑马线”等文明交通意识增强。完成乡镇老住宅区天然气改造3400户、居民天然气配套3万户。镇区生活污水纳管1.5万户,农村生活污水治理3.58万户。城市防洪包围圈控制工程基本完工,防洪除涝基础保障进一步夯实。

(五)生活质量继续改善

社会保障不断健全。新增各类就业岗位7.4万个,开发就业援助和公益性岗位1.2万个,特困家庭劳动力就业率99.2%,城镇登记失业率1.9%。新增社保参保人员5万人,低保标准提高到每月875元、特困人员供养标准提高到每年1.47万元,投入1.79亿元救助困难群众15.78万人次,为1404名困难家庭学生发放慈善助学金415.2万元。完成残疾人居家无障碍改造203户。新增6456名新市民子女参加居民基本医疗保险。异地就医联网结算系统上线运行。亲情(虚拟)养老院提标扩面,社区居家养老服务社会化加速推进。新建居家养老服务中心52家。开工建设安置房35万平方米,竣工129.4万平方米。新增公积金缴存职工2.85万人。

社会事业优质均衡。工贸职中、三职中完成合并。“四点半学校”建设实现全市小学全覆盖。高考本科达线率、职校对口单招达线人数继续位居苏州前列。教育现代化监测综合得分位居全省县(市)首位,获评省首批基础教育装备示范市。市第三人民医院门诊综合楼、13家社区卫生服务站投入使用,凤凰、南丰、大新3家医院上划市管。家庭医生签约服务扩面提质,社区药品外配试点稳步实施。区域医疗健康信息互联互通标准化成熟度率先通过国家级评测。温水供应进学校等14个民生实事项目顺利完成,6个跨年度项目加快推进。

文化文明亮点凸显。成功承办全国创建文明城市工作经验交流会,成为唯一荣膺全国文明城市“五连冠”的县级市,囊括全国文明镇、文明村、文明单位、文明校园等七项荣誉。郁霞秋获评第六届全国道德模范提名奖。入选省“书香城市”建设示范市(县、区)。率先发布县级文化馆总分馆建设地方标准,建成全国首个24小时公共文化驿站。城市微电影《听见你的声音》获加拿大“金枫叶”国际电影节最佳3D故事短片奖。成功举办2017年中国(张家港)长江文化艺术节。《黄泗浦遗址保护规划》获国家文物局批复。中国网球学院张家港分院正式投用。成功举办2017年张家港国际马拉松赛、中国足协第20届“贝贝杯”青少年足球赛等体育赛事。获评国家体育产业示范基地。

社会治理继续加强。村民自治国家级试点稳步实施,以“村(居)民议事会”为主要形式的基层民主协商模式逐步推广。村(社区)“三社联动”覆盖率达55%。每万人拥有持证社工17人、登记社会组织11个。基层民政工作经验得到民政部肯定推广。深入推进社会矛盾和安全隐患大排查、大整治,开展安全生产“百日行动”,完成66个三级政府挂牌督办重大隐患整改。建成全省首批食品安全示范城市。启动网格化社会治理联动机制建设,深入开展“京安行动”,圆满完成十九大安保工作。违法犯罪警情和刑事发案率连续9年下降,获评全国平安建设先进市。

(六)政府自身建设不断强化

重点领域改革取得新成效。“放管服”改革全面深化,市和保税区行政审批局挂牌成立,“3550”改革、“不见面”审批、“多证合一”、全程电子化登记新政加快落地,实施投资项目审批代办、“容缺审批”等服务新机制。落实事中事后监管要求,“双随机、一公开”抽查成效明显,受到国务院通报表扬。全市各类新设市场主体同比增长41.9%。口岸关检联合查验中心启动建设。保税区获批全国首家非自贸区汽车进口同业担保政策,成为国家电力供给侧改革试点园区。塘桥镇列入省第二批经济发达镇行政管理体制改革试点。农村土地确权和股权固化改革任务全面完成。调整完善区镇财政管理体制和全市土地出让收入分配政策。水务一体化、基层医疗卫生运行机制、机关事业单位养老保险制度、行业协会商会脱钩等重点改革有序开展。

政府服务效能进一步提升。严格落实全面从严治党政治责任，推进“两学一做”学习教育制度化常态化。深入开展“六个一”基层走访调研活动，解决了一批群众关心关注的民生难事。健全政府重大行政决策听证、后评估和责任追究制度。完善政务公开工作机制，加大政务发布、政策解读、政民互动力度。编制完成政府部门及垂管部门行政权力清单，调整完善行政审批事项、公共服务事项清单。公共资源交易平台实现省市县三级互联互通，成立市农村产权交易中心，农村集体资产全面实现网上交易。“12345”整合17条公共服务热线，便民服务效能进一步增强。加强公共资金、民生项目等方面的审计监督，扩大预决算公开范围。落实干部干事创业容错免责、激励担当作为等系列制度，推行全员化、网络化绩效考核。办复人大代表建议184件、政协委员提案278件，满意率100%。

与此同时，对口帮扶与援建、台务侨务、民族宗教、兵役、人民防空、气象、外事、档案、地方志、妇女、儿童和关心下一代等工作都取得了新的进步。

各位代表，成绩来之不易，这是全市人民在中共张家港市委的坚强领导下，齐心协力、共同奋斗的结果，是市人大、市政协和社会各界监督支持的结果。在此，我谨代表市人民政府，向全市广大干部职工、企业家和全体市民，向人大代表、政协委员，离退休老领导、老同志，各民主党派、工商联和无党派人士，各人民团体、垂直部门和涉外单位，驻军指战员、武警官兵、公安民警，以及所有关心支持张家港建设发展的海内外朋友，致以崇高的敬意和衷心的感谢！

同时，我们也清醒地看到经济社会发展中还存在许多不足，面临不少困难和挑战，主要表现在：一是创新发展的内生动力还不足，在转型升级的核心要素、关键环节上突破还不够，破除传统路径依赖、加快新旧动能转换更显迫切。二是空间、资源等发展瓶颈凸显，部分领域优势有所弱化，生态环保、安全生产等领域隐患仍然较多，倒逼压力下推动高质量发展面临更大考验。三是就业创业、教育、医疗、养老等基本公共服务供给仍有不平衡不充分的地方，社会主要矛盾的新变化对社会治理体系和能力建设提出了新挑战。四是政府部门及其工作人员服务群众、服务企业的效率质量还不高，“推拖绕”等形式主义、官僚主义表现仍有存在，主动担当、创新服务的能力水平有待加强。对此，我们将高度重视，系统谋划，精准施策，努力破解。

二、2018年工作安排

各位代表，2018年是全面贯彻中共十九大精神的开局之年，是改革开放四十周年，是决胜高水平全面建成小康社会、实施“十三五”规划承上启下的关键一年。我们将高举习近平新时代中国特色社会主义思想伟大旗帜，深入学习贯彻中共十九大精神，牢牢把握“八个明确”和“十四条基本方略”，牢牢把握以人民为中心的发展思想，牢牢把握我国社会主要矛盾重大转变的政治判断，牢牢把握分两步走全面建设社会主义现代化国家的战略安排，统筹推进“五位一体”总体布局，协调推进“四个全面”战略布局，不断开创新时代发展的新局面。我们要把思想和行动统一到中共十九大精神上来，把智慧和力量凝聚到中央和上级各项决策部署上来，紧扣“强富美高”总要求，推进“两聚一高”新实践，勇当苏州“两个标杆”建设排头兵，与时俱进大力弘扬张家港精神，以永不懈怠的精神状态和一往无前的奋斗姿态，决胜高水平全面建成小康社会、率先开启基本实现现代化建设新征程。

刚刚胜利闭幕的中共张家港市委十一届五次全体（扩大）会议，围绕全面贯彻中共十九大精神、谱写新时代张家港发展的新篇章，统揽全局、旗帜鲜明地作出了践行“四大路径”、建设“四个港城”的决策部署。这是我市贯彻中共十九大精神，落实省、苏州重大部署的具体抓手、推进路径和目标蓝图。市政府将全面贯彻落实市委的决策部署，把握发展规律，凸显质量效益，强化系统思维，推进融合发展，始终争先率先，在践行“四大路径”上持续、精准发力，大力提升“四个港城”建设的品质和优势，彰显张家港发展的创新性、探索性和引领性，推动我市经济社会发展在新起点上实现新跨越。

根据市委十一届五次全会的部署，做好2018年工作，要切实做到“四个围绕、四个突出”：

围绕打造“实力港城”，突出高质量发展，打赢转型升级攻坚战。实体经济是我市经济发展的根基，也是最大优势。推动产业转型升级是我市当前和未来一段时期最艰巨的任务和最严峻的挑战。要坚持把振兴实体经济作为打造“实力港城”的发力点，确立质量效益为核心的鲜明导向，强化政府与企业同频共振，协力推动产业向中高端攀升，加快迈进高质量发展阶段。要以重大项目建设为基础，着力培育“两新一高”产业集群，加快形成新的产业支撑；更大力度推进冶金、化工、纺织等传统产业加快智能化改造，向高附加值产业链拓展。要在高分子材料、精品钢材、化合物半导体等领域打造千亿级具有世界影响力的产业集群，争当全省“具有国际竞争力的先进制造业基地”建设主力军。要充分依托产业基础、沿江优势等，着力推进港口经济从大物流向大数据、大平台聚合攀升；积极发展具有本土特色的现代金融服务业；精心谋划以“长江”为主题的全域旅游。要统筹“三优三保”，强化环保、安全生产倒逼机制，做好淘汰低端低效产能的“减法”，为高质量产业发展腾出空间。

围绕打造“活力港城”，突出创新“第一动力”，着力建设要素完备、机制完善的创新生态环境。创新是引领发展的“第一动力”，人才是支撑发展的“第一资源”，企业是创新发展的主体，改革是激发社会活力的关键。要通过深化“放管服”改革，以便民、高效为原则，加快办事流程再造，除旧革新、公开公正、优化服务，更大力度释放改革红利，持续激发社会和市场主体的创新创业新活力。要突出企业主体作用，集聚政策资源支持企业加大创新投入，深化产学研合作，加快高新成果转化，以高技术、高质量产品抢占高端市场，努力培育“顶天立地”的创新型地标企业和“铺天盖地”的创新型中小企业。要积极融入全省建设“具有全球影响力的产业科技创新中心”的大格局，以企业为主体，放眼全球集聚创新资源，在产业科技创新上体现示范引领作用。要在全社会形成尊重人才、崇尚创新的浓厚氛围，大力引进各类优秀人才，持续加大人才扶持力度，让各类人才的创造活力竞相迸发。要加快建设各类创新平台载体，以高新区建设为重中之重，引进、集聚高端平台、高端项目，形成以人才为核心的科技服务体系，打造全市创新驱动的策源地。

围绕打造“美丽港城”，突出绿色集约，使城镇功能更加完善、乡村生态更加秀美。高铁时代的到来、扬子江城市群的崛起，是我们当前和未来城市发展的重大机遇。要坚持节约优先、保护优先、自然恢复为主的方针，加快形成节约资源和保护环境的空间格局、产业结构、生产方式、生活方式。要统筹推进“多规合一”，做好城市总体规划较大修改，以绿色、集约为“底色”来系统谋篇布局。要有序实施镇辖办事处、城中村、老旧小区等更新改造，不断完善城市功能和公共服务配套。要大力实施乡村振兴战略，深化城乡融合发展，统筹美丽镇村、特色田园乡村建设，推进农村河道、道路等环境整治，还自然以宁静、和谐、美丽。要落实长江经济带“共抓大保护、不搞大开发”要求，以长江岸线、通江干河治理为重点，加强沿江生态修复，着力推进长江沿线环境整治，建设沿江绿色生态走廊，加快解决突出环境问题，打赢污染防治攻坚战。

围绕打造“人文港城”，突出以人民为中心，让每个市民都以我们这座城市而骄傲。改革开放四十年来，经过全市人民几代人的努力，赢得了全国文明城市“五连冠”等数百项荣誉，这是我们引以为傲的荣耀，值得倍加珍惜。要始终以人民日益增长的美好生活需要为一切工作的出发点和落脚点，努力提供更加均等优质的公共服务产品，让每一位市民都有更多实实在在的获得感、幸福感和安全感。要以不平衡不充分发展为问题导向，找准民生“痛点”“难点”，着力解决教育、医疗、养老等公共资源配置中存在的“短板”，一件接着一件做，一年接着一年干，精准务实办好民生实事。要坚定文化自信，坚持文化塑城、文明育人，加强传统文化的保护传承，创造具有特色的城市文化，持续彰显张家港这座文明城市进取向上、开放包容、崇德向善、明礼守信的人文情怀和城市“温度”。要持续创新和加强社会治理，坚持“有事好商量，众人的事情由众人商量”，创新基层民主协商等社会治理机制，推进政府治理和社会调节、居民自治良性互动。要深入推进依法治市，坚持依法行政，建设法治政府，完善社会诚信体系，让法治和诚信成为城市的核心竞争力。

走进新时代，开启新征程。2018年政府工作的总体要求是：全面贯彻中共十九大精神，以习近平新时代中国特色社会主义思想为指导，对标习近平总书记视察江苏重要讲话精神，全面落实市委十一届五次全会的决策部署，坚持稳中求进工作总基调，紧扣社会主要矛盾变化，以供给侧结构性改革为主线，牢牢把握高质量发展的根本要求，大力弘扬张家港精神，勇于担当、争先率先，深入践行“四大路径”，努力建设“四个港城”，统筹推进稳增长、促改革、调结构、惠民生、防风险各项工作，在决胜高水平全面小康、开启基本实现现代化建设新征程中走在前列，奋力谱写新时代张家港发展的新篇章。

建议2018年经济社会发展主要预期目标是：地区生产总值增长7%左右；公共财政预算收入增长8%；全社会固定资产投资与上年新基数基本持平；实际利用外资、进出口总额保持稳定增长；社会消费品零售总额增长8.5%；居民人均可支配收入增长高于地区生产总值增速。

市政府将重点抓好以下十个方面工作：

1.继续落实供给侧结构性改革重点任务。在去产能方面，扎实推进“减煤”“双控”等重点工作，加快淘汰低端落后产能。在去库存方面，贯彻“分类调控、因城施策”要求，完善房地产市场调控长效机制，促进房地产市场平稳健康发展。在去杠杆方面，加强银政企对接，建立金融智库，深化产融合作，拓宽企业融资渠道，降低企业融资成本；充分发挥产业投资基金、新兴产业引导基金等作用，打响“港城合伙人”品牌，撬动更多金融资本、社会资本流向创新经济。在降成本方面，落实上级各项扶持政策，加大涉企降费减税力度，帮助化解土地、资金、人才等要素制约，推动“1+3”等各项政策全面见效。加强重点领域风险防范和处置，着力防范化解政府债务、金融、突发性社会矛盾、房地产等领域的风险，切实做到预防在先、处置在前。坚持发展第一要务，持续加大项目有效投入，组织开展重大项目开工投产月活动，推进省、苏州和50个本市级重大项目建设，继续保持一定规模的投资增量。建立专业化、社会化招商队伍，推进产业链招商、功能性招商和新业态招商。深化推进“三优三保”，促进低效产业用地再开发，年内完成拆旧复垦377.33公顷、“腾笼换凤”土地面积100公顷，争创土地资源节约集约模范市。加强对国有资产、国有企业的监管，明确主业定位，提升核心竞争力，发挥国资国企的引领示范作用。大力弘扬企业家精神和工匠精神，激励广大企业家持续发力实体经济“主战场”和创新驱动“主引擎”，厚植更高质量的发展根基。

2.推进先进制造业提质增效。依托“两新一高”重点产业基地建设，有效发挥产业园区主平台、主力军作用，全力推进重大项目建设，壮大新材料、新能源和高端装备产业集群。年内，新兴产业产值占规模以上工业总产值比重达到47.5%。保税区要重点发展复合新材料、重型装备等优势产业，推动康得新航空复合材料产业园开工建设。加快国际香精香料、天齐锂业碳酸锂、半导体核心材料产业基地等项目建设。经开区要加快建设那智不二越二期、晶台光电二期、天鹏电源二期、天合汽车电子转向系统、麦格纳汽车部件等项目，重点打造智能装备、绿色能源、电力电子等新兴产业基地。冶金园要以服务沙钢创新转型为抓手，加快推进沙钢超薄带和硅钢项目建设，做强做优冶金、加工、贸易、仓储、物流等钢铁产业链。延伸发展机械装备、医疗器械等领域的高端产业。各镇（区）要加大特色产业载体建设力度，重点培育永钢特优钢、苏高新环保产业园、韩国工业园等特色产业基地，打造一批高精尖“小巨人”企业和行业“单打冠军”。

推动传统产业迈向中高端。以创建“中国制造2025”

试点示范城市为目标，加快建设先进制造业基地。鼓励引导冶金、化工、纺织等传统行业运用新技术、新工艺、新装备，向国际产业链、价值链、技术链中高端发展。以智能制造、"两化融合"为重点，滚动实施100个以上智能制造重点项目，培育20家省市级以上智能制造示范车间。深入开展工业企业资源集约利用，实施差别化资源配置政策，促进低端低效企业改造提升、转移腾退，淘汰低端低效企业90家。年内工业技改投资占比达到70%，工业增加值率达到21.2%、提高0.6个百分点，规模以上工业全员劳动生产率达到每人37.5万元、提高每人0.5万元。

3.打造现代服务业新增长极。实施港产城融合发展战略，以供应链创新为主线推进港口经济转型。加快港口资源整合，通过供应链整合连接临港产业、港口航运、大宗商品交易，推动产业链协同合作，打通供应链金融，完善港口大数据、智慧化平台，促进港口经济业态升级、模式创新。做强以港口为龙头的增值物流业，加快打造保税物流、冶金物流等千亿级现代物流基地，建设进口汽车等百亿级物流中心，培育一批营业收入超10亿元的现代物流企业。实施"互联网+服务业"战略，重点推进江苏化工品交易中心、进口商品集采分销中心、玖隆物流园电子商务平台、长江航运交易中心等一批电子交易平台建设，做精做优张家港电子口岸、一达通等综合性服务平台。紧贴转型升级需求，大力发展现代金融、科创服务、工业设计、文化创意、检验检测等生产性服务业。规范和引导木产业集聚、绿色、高端发展。引导和促进传统商圈业态转型、功能提升。发挥旅发公司主体作用，整合全市旅游资源，突出长江文化主题，深度开发一批特色旅游线路，启动双山岛游轮码头建设，做精做亮香山、双山岛旅游度假区等旅游品牌。拓展健康养老、旅游休闲等新消费领域，支持澳洋健康特色小镇建设，推进大健康和全域旅游融合发展。年内服务业增加值占地区生产总值比重达到47%左右。

4.激发改革开放新活力。全面提升市和保税区行政审批局运行水平，推广政务服务"套餐"，拓展服务"菜单"，简化办理流程，推进"网上办、集中批、联合审、区域评、代办制、不见面"，实行"一网申请、一窗受理、协同办理、证照同领"。建设政务服务"一张网"，打造网上办事平台，建成电子证照库，提升"不见面"审批服务质量，让企业和群众精准、明白、高效办事。推动保税区、经开区加快承接国家级开发区全链审批赋权清单。推进新一轮经济发达镇行政管理体制改革试点。实施综合执法体制改革，市镇两级逐步组建综合执法机构。稳步实施群团机构、事业单位改革。完善行业协会商会脱钩后的扶持引导、分类指导和综合监管。完善财政预算体系，加强政府性债务管理。强化财政专项资金全过程、全覆盖绩效管理，切实提高财政资金的使用效率。

提升开放合作水平。更大力度对接争取自贸区政策，加快推进"一带一路自贸驿站"建设，探索建设自由贸易港。积极争取汽车平行进口、企业零用地鼓励类项目"不再审批"等改革试点，加快推进跨境电商综试区建设和无车无船承运试点。主动对接通关一体化、加工贸易一体化等重大改革举措，推进关检合作示范区、口岸集中查验中心建设，进一步优化大通关机制。积极支持国泰、华芳、东渡等一批规模型骨干企业开展境外投资、并购、办厂，建设工业园区，推动和服务企业主动融入"一带一路"建设，拓展"走出去"发展新格局。

5.优化创新生态系统。全力推进高新区建设。围绕"创新发展引领区、创新驱动策源地、创新生态示范区、高端要素集聚地"的总体定位，主攻"创新项目、城市建设"两大重点，全面拉开"一核、两廊、四区"发展框架。重点围绕化合物半导体、绿色能源、智能装备等三大特色主导产业，围绕"高精尖缺"人才、科技金融平台等创新要素，引进一批高科技制造业和现代服务业项目，加快推进纳米产业园、爱康能源互联网中心建设。实施港城强"芯"工程，做强半导体特色产业，加快建设中科院苏州纳米所张家港研究院、集成电路产业促进中心，打造化合物半导体产业之城。同时积极布局软件、生物医药、纳米新材料、人工智能、机器人等前沿产业，打造"全市创新第一引擎、城市建设第一地标"，加快迈入"苏南高新区第一方阵"。

突出企业创新主体作用。大力培育创新型企业集群，支持企业加大研发投入，深化产学研合作，建设技术研究院、技术中心、工程中心，推进高新技术产业化和科技成果转化。年内，企业研究与试验发展经费投入增长9%，新认定高新技术企业70家左右，新增上市企业2家、"新三板"挂牌企业10家。积极推进江苏冶金技术研究院、南理工军民融合发展研究院、南工大产业研究院等重大产业创新平台建设。年内培育省级以上企业研发机构30家以上。支持企业实施质量、品牌、标准和知识产权战略，通过创建全国质量强市示范市国家级验收。全社会研发投入占地区生产总值比重达到2.85%，万人发明专利拥有量达到38件。

集聚创新资源要素。强化人才支撑引领作用，聚焦京深沪等地优质人才项目资源，探索建立"异地孵化器"，推进与国内外知名院校、科研机构、基金资本等对接合作。年内引进市领军型创业创新人才项目80个，新增国家、省、苏州市级人才30名以上，年销售超千万元人才企业达到100家。推进科技、金融深度对接，放大产业资本中心功能作用，引入各类产业投资基金、信托、大宗交易机构，规范、高效运作好100亿元的政府产业投资基金、45亿元的产业发展母基金和3亿元的新兴产业发展引导基金。年内实现创投资金规模235亿元，科技保险保额180亿元，产业资本中心管理基金规模达到400亿元。引进培育一批众创社区、众创空间。积极创建全国创新型县市。

6.提升城市建设管理水平。优化城市空间布局。完成城市总体规划较大修改、地下管线综合规划、人民路沿线城市设计、城市路网深化设计等重大规划，启动16个镇辖办事处更新规划编制。开展公铁水多式联运、沿江高速扩容、张靖过江通道、张皋过江通道、苏通第二过江通道前期规划研究。加快推进城东黄泗浦生态园工程和城西北延西拓区域学校、道路等基础设施建设。城北科教新城职工文体中心和国际教育交流中心竣工投用。开展塘桥城市副中心功能提升专题研究，编制完成康得新未来城概念规划和控规，启动基础设施配套建设。编制“城市双修”方案，探索城中村、老旧小区改造新路径。

健全现代综合交通体系。加快沪通铁路、跨江大桥及地方配套道路建设，推进通苏嘉铁路、苏南沿江铁路建设。加快锡通高速过江通道南连接线、346国道张家港绕城段改建、新泾路快速化改造、港华路拓宽等重点交通工程建设，实施华昌路改造、暨阳路东延等市政道路工程。完成福南水道-12.5米进港航道治理工程及太字圩港南延、川港整治等重点河道工程，启动长江老港—双狮段、段山港—二干河段护岸加固工程。促进公交优先发展，优化公交线路，新增、更新公交车115辆，新能源公交车占比达到60%，公交通勤分担比例达到20%。优化停车管理服务，推动市区内具备开放条件的机关事业单位停车场对外开放。

加快建设数字港城。实施大数据战略，加快完善数字基础设施，推进数据资源整合和开放共享。以重点信息化项目建设和应用支撑为抓手，突出服务便民、融合共享，提升智能化、精细化、专业化管理服务水平。构建智慧交通管理系统，实施平安防控、智能管控、大数据指挥等智慧交通项目，打造“交通畅通文明圈”“交通安全防护圈”。提升“城市e管家”功能，加快建立城市综合执法管理平台。启动公共安全视频监控2.0工程，完善立体化、智能化社会治安防控体系。推进“12345”全媒体服务、智慧管理和数据分析能力建设，建立大数据舆情分析平台。深化政务大数据平台建设，加强数据资源汇聚、整合和应用。开展“决策分析一张网”建设，实现多终端、多条线、多可视化决策分析展示。升级改版政务服务管理平台，推进基层政务服务向智慧化、网络化方向发展。

7.深入推进“三农”工作。完善富民增收政策体系，加快培育新型农业经营主体，健全村级经济扶持机制，充分利用“厂房信息网”和产权交易平台，有效盘活农村闲置、低效存量建设用地。引导村集体经济联合发展、多元发展、异地发展，壮大村集体经济实力，村均稳定性收入突破1000万元。深入推进农村土地“三权分置”改革，开展土地承包经营权抵押试点，强化农村“三资”常态化监管。加强农村承包土地流转管理，引导土地向适度规模经营集中。加快推进农村宅基地和农房不动产统一登记。深化精准扶贫，推进“阳光扶贫·智慧e农”系统建设。推动农旅融合发展，统筹推进现代农业特色小镇、美丽城镇、美丽乡村建设，实施首批特色田园乡村试点建设。开展永联江南田园风情小镇创建，培育一批星级乡村旅游区、星级农家乐。

加快农业现代化建设。深入推进农业供给侧结构性改革，调整优化农业资源配置、产业结构和生产经营方式，大力发展绿色农业，确保农产品质量安全。落实保护和发展农业“四个百万亩”，推进常阴沙、通洲沙西水道、沙洲生态农业园等现代农业园区建设，新建高标准农田666.67公顷。推进粮食品牌建设，确保粮食安全。沙洲中心粮库烘干中心年内竣工投运。探索建立轮作休耕政策体系和技术模式，推进农业部耕地质量提升和化肥减量增效示范县建设。加强农业综合信息平台建设，完善农资集中统一配送体系，建立健全农业社会化服务模式，创新推进政府购买农业公益性服务机制。大力培训一批新型职业农民，培育一批农村发展带头人，培养造就一支懂农业、爱农村、爱农民的“三农”工作队伍。

8.大力加强环境治理与保护。坚守生态底线，决不能为了发展破坏生态环境。着力解决突出环境问题，坚决落实中央、省环保督察反馈问题整改，定期组织“回头看”，确保治理长效。围绕重点领域，集中开展专项执法，严厉查处环境违法行为。深入实施“263”专项行动。持续加大“减煤、减化”力度，完成减煤60万吨、关停化工企业29家。推进沿江化工行业优化提升整治，实施扬子江化工园封闭改造；深化飞翔化工集中区环保整治，严格控制增量，调优调精存量。加大“散乱污”企业整治力度，深入摸清底数，态度坚决，严肃执法，确保见效。开展燃煤锅炉整治提标、挥发性有机物治理等大气整治工程。建立重点区域大气异味预报预警及溯源追踪管理系统。推进PM2.5和臭氧浓度“双控双减”，PM2.5年均值、臭氧浓度分别较2017年下降4.25%和10%。健全河长制常态长效管理机制，落实“一河一策”治理措施，加快黑臭河道整治，实施一批再生水利用工程，削减河道废水排放总量，确保重点河道水质持续好转。扎实推进土壤污染防治。高标准做好静脉科技产业园基础设施建设，推动首批入驻项目开工建设。

持续加强生态系统保护。加强长江岸线保护，推进化工岸线功能调整、沿江企业和化工码头整治、长江沿线闸外环境整治、长江入河排污口整治和规范化建设。实施“生态河湖”三年行动计划，开展省水生态文明城市试点，编制通洲沙江心岛生态湿地总体规划。严守生态红线，严控各类空间边界，加快工业集中区居民环境搬迁。开展园区循环化改造，推进企业中水回用工程建设，加快热电企业归并、清洁能源替代和综合利用。开展领导干部经济责任与生态环境责任“双结合审计”。推进排污许可制度改革，完善企业环保信用评价机制，深化企业“绿色发展领跑者”制度，激励企业争当行业绿色标杆。

9.不断提升市民群众的获得感、幸福感。完善社会保障机制。实施更加积极的就业政策，探索政府购买基本公共就业服务，拓展新产业、新业态就业，鼓励高校毕业生多渠道就业。推进全民参保计划，深化机关事业单位养老保险改革。加快养老服务社会化进程，推进养老服务机构标准化建设，年内新增各类养老床位500张。制定实施因病致贫帮扶政策，成立社会救助中心，实施“一户一档一策”，加强临时救助与大病保险、医疗救助制度的衔接，鼓励有条件的村试点推行村级医疗互助模式。开展“爱满港城”慈善募捐。完成公积金扩面新增职工3万人。

优化基本公共服务供给。以“群众点菜、政府买单”方式实施民生“微实事”项目，“短平快”解决社区居民身边的“小急难”事。2018年重点建办5大类22个民生实事项目。坚持教育优先发展。启动优质学校建设三年行动计划，加快解决基础教育学位紧缺问题，年内实施世茂小学等15个学校新（改）建项目；未来三年（2018—2020），全市规划新（改）建学校43所，提供学位41995个。推进老年大学布点扩面。推动江苏科技大学张家港校区、苏州理工学院、产研院"三位一体"发展，助推沙洲职业工学院、开放大学建设校企紧密合作的特色高职院校。深化健康张家港建设，推进健康城市、健康市民、健康卫士等"531"系列行动。探索建设多种形式的医疗联合体。深化家庭医生签约服务扩面工程，扩大社区药品外配服务覆盖面。改革公立医院财政补助方式，实施药品采购"两票制"。市第一人民医院科教综合楼年内建成启用。深入开展爱国卫生运动，做好国家卫生城市、国家卫生镇复审迎检。

沙洲职业工学院　　（蔡春林　摄）

完善共建共治共享的社会治理格局。深化推进村民自治国家级试点建设，打造"一核四元"社区治理新机制，全面推行社区协商，社区议事会覆盖率达到80%以上。试点推行"一口受理，全科社工"服务模式，推进社区社会化服务，开展"三社联动"的村（社区）达到60%。健全覆盖全社会的信用信息系统，建立具有行业特点的信用评价机制，实现多部门信用奖惩联动。要坚守稳定底线，决不能发生严重危害社会稳定的问题。深化社会治理联动机制，健全三级综治中心网络，实现网格化社会治理全覆盖。推进"七五"普法，提升公共法律服务水平。要坚守安全底线，决不能以牺牲群众利益为代价推动发展。落实安全生产责任制，构建风险分级管控和隐患排查治理双重预防机制，提升安全生产大数据分析能力。实现化工企业"靶向监管"、重大危险源实时监控，提升重点领域安全生产监管能力。坚决遏制重特大事故发生，继续保持事故起数和伤亡人数"双下降"。深化省级食品安全示范城市创建，探索小微餐饮备案积分管理，实施中心城区集贸市场标准化建设改造。

持续推进文化文明建设。培育和践行社会主义核心价值观。丰富文明创建内涵，构建常态长效、广泛参与的文明创建机制，确保高标准通过全国、全省文明城市测评。探索"志愿者+行业服务"模式，完善"社工+志愿者"联动机制，培育一批专业化志愿服务组织。完善现代公共文化服务体系，深化"书香城市"建设，推广"图书馆+"服务模式，建好一批"最美悦读空间"。推广24小时公共文化驿站，建成公共文化全媒体平台，实现基层综合性文化服务中心标准化建设全覆盖。实施"文化+"行动计划，推进文化与旅游、体育、教育、科技、金融等互动融合，助推文化产业创新发展。加强网络建设和治理，激发网络空间正能量。推进东山村、黄泗浦两大遗址保护利用，启动黄泗浦考古遗址公园专项规划。广泛开展全民健身活动，完善公共体育设施配套，加快城南文体中心建设，推动凤凰镇、双山岛体育休闲特色小镇建设。

10.加强政府自身建设。始终把政治建设摆在首位，强化"四个意识"，把全面从严治党要求落实到政府工作的各个方面。推进"两学一做"学习教育常态化制度化，开展"不忘初心、牢记使命"主题教育。自觉接受市人大及其常委会的法律监督、工作监督和市政协的民主监督，推进政府重大决策出台前向人大报告制度，推进协商民主制度建设，主动接受司法机关、新闻舆论和社会公众监督，广泛听取各民主党派、工商联、无党派人士和人民团体意见，健全与人大代表、政协委员沟通联络机制，高质量办好人大议案和人大代表建议、政协提案。发挥政府门户网站信息公开第一平台作用，开展基层政务公开标准化、规范化试点，全面推进政府决策、执行、管理、服务、结果"五公开"。推进权责清单、公共服务事项清单等标准化管理和动态调整。建立健全重大行政决策目录管理、网上运行、后评估等程序机制，开展规范性文件全程评估。推进事中事后监管的制度化、规范化、程序化。

政府及其工作人员尤其是各级领导干部，要身体力行、以上率下带头践行张家港精神，扛起为民谋福、再铸辉煌的使命担当，激扬接力奋斗的精气神。弘扬"马上就办、真抓实干"的作风，以"钉钉子"精神抓执行、抓攻坚，确保上级和市委各项决策部署落到实处。坚定不移反"四风"，特别是形式主义、官僚主义，严肃查改推诿扯皮、变相"梗阻"、拖沓散漫等不正之风，严肃查改光说不做、畏难怕事、消极履职等不作为现象。要切实把以人民为中心的发展思想体现到实际行动上，到基层一线去，真听意见、听真意见，想办法、拿措施、见效果，帮助企业和群众解决难题。针对群众关心的民生实事项目，我们将全面完善实事项目的征集、运作机制。明确项目来源：一是市民群众包括村（居）民议事会、社会组织等反映的意见建议；二是人大代表、政协委员提出的建议提案；三是各职能部门主动发现和关注的民生事项。坚持精准要求、实效原则，开展"金点子"征集，建立项目库；把握群众关切，找准破解路径，确保项目高效落地、见效管用，让人民群众在共建共享中有更多实实在在的获得感、幸福感。进一步强化政府干部队伍建设，提升想干事、真干事的自觉，磨砺会干事、干成事的本领，建立健全鼓励激励、容错纠错、能上能下机制，充分激发干事创业的激情热情。严格执行新《党章》、党内政治生活若干准则、党内监督条例等党内法规。常态长效落实中央八项规定精神，持之以恒正风肃纪，确保"两个责任"落地生根、"一岗双责"落到实处。要坚守廉政底线，决不能以工作为借口破坏廉洁纪律。突出重点行业领域，扎紧织密权力"围栏"，用制度管权管事管人，严肃查办各类违法违纪行为，进一步规范行政权力运行。我们将切实转变作风，依法履职尽责，敢于担当作为，全面增强政府的公信力和执行力，努力建设人民满意的服务型政府。

各位代表，新时代赋予新使命，新征程谱写新篇章。让我们紧密团结在以习近平同志为核心的党中央周围，高举习近平新时代中国特色社会主义思想伟大旗帜，在中共张家港市委的坚强领导下，紧紧依靠全市人民，大力弘扬张家港精神，不忘初心、牢记使命，实干担当、争先率先，为决胜高水平全面建成小康社会、开启基本实现现代化建设新征程而努力奋斗！

名词解释：

1. "无车无船承运人"：以承运人身份与托运人签订运输合同，承担承运人的责任和义务，通过委托实际承运人完成运输任务的货物运输。

2. "绿色领跑者"：根据行业综合排污指标贡献率、单位产品能耗、单位产品排污强度、单位面积税收贡献率和就业贡献率等指标，评估钢铁、化工等行业绿色发展水平，确立行业绿色发展标杆企业。

3. "931"接续行动：省政府部署全省各地在2016年至2017年，继续开展城市环境"九整治、三规范、一提升"专项行动（简称"931行动"）。"九整治"指整治城郊结合部、城中村、棚户区、老旧小区、易淹易涝片区、背街小巷、城市河道环境、建设工地、集贸市场；"三规范"指规范占道经营、车辆停放、户外广告设置；"一提升"指提升城市长效管理水平。

4.城区环境"四无"整治："四无"指无乱涂乱贴小广告、无占道经营、无流动摊贩、无明显暴露垃圾。

5. "四点半学校"：2017年3月，市教育局制定并下发《关于在全市小学开展"四点半学校"建设的实施方案》。"四点半学校"遵循公益原则，整合学校、社区、家庭资源，由学校或者有条件的社区提供场所，为放学后接送学有困难，潜质优异且确有家庭实际困难的孩子，免费提供特需服务。

6. "不见面"审批：行政相对人通过"互联网、信函邮件、自助机办理、快递送件"等方式递交申请材料并符合法定受理条件，行政机关受理并作出审批决定后，通过"快递送达、网端推送、无偿代办、发放电子证照"等方式反馈办理结果。

7. "容缺审批"：项目建设用地供地未办理但土地取得主体相对确定，经市"容缺审批"工作办公室（设在市行政审批局）认定后，各审批部门视同该主体已经取得土地，按实际审批要求受理申报材料主件，比照正式审批过程，出具与正式审批要素相对应相衔接的预审意见书，待项目用地完成供地手续并达到法定审批条件后，项目业主、实施主体在规定期限内补齐补正相应材料，相关审批部门将项目预审意见书转化为正式文件的审批模式。

8.水务一体化：通过对涉水行政事务管理体制改革，整合涉水行政职能，组建水务管理机构，实现城乡水资源评价、规划、开发利用、配置、保护统一管理；取水、供水、用水、节水、排水、污水处理、再生利用统一管理；水量、水质、水域统一管理；法规政策、制度标准统一管理。

9.苏州"两个标杆"：2017年9月18日，江苏省委常委会召开会议，专题研究苏州市工作。会议提出，苏州不仅要成为高水平全面建成小康社会的标杆，而且要成为探索具有时代特征、江苏特点的中国特色社会主义现代化道路的标杆，用率先探索来引领江苏的现代化建设实践。

10. "三优三保"：优化建设用地空间布局保障发展，优化农用地结构布局保护耕地，优化镇村居住用地布局保护权益。

11."港城合伙人"：全市上市公司、"新三板"挂牌企业、创新创业企业、风创投机构之间交流、分享、合作的平台，旨在助力企业优势互补、抱团发展，更好地汇聚和发挥全市资本力量，加速产业与资本融合共赢。

12. "一核、两廊、四区"：高新区的总体发展框架。"一核"指创新极核，包括南部环沙洲湖的宜居生活圈和北部两河交汇区的创新生态圈；"两廊"指一干河创智发展廊道和南横套河生态休闲廊道。"四区"包括品质住区、智造园区、科教园区和创新孵化园区。

13. "城市双修"：2017年3月，住房和城乡建设部发文，安排部署在全国全面开展生态修复、城市修补工作。

14. "阳光扶贫·智慧e农"系统：由苏州市统一规划、标准和建设，实施授权管理、分级负责，运用信息化手段，以大数据库为支撑的监管平台，建立手机APP客户端，用于帮扶责任人记录帮扶过程，实现扶贫信息互联互通、扶贫资源有效整合、扶贫全程透明监管，推进精准扶贫、精准脱贫。

15.健康"531"系列行动：根据苏州市统一部署，以全民健康为目标，通过健康优先制度安排、深化医改关键突破、服务体系补缺协同，创新医疗卫生供给模式，构建优质高效的医疗卫生服务新体系。每个行动均明确一个体系或一个平台，推进三大机制或三项重点，实施五大任务或五个方面的重点工作等，简称"531"系列行动。

16.药品采购"两票制"：药品生产企业到流通企业开具一次发票，流通企业到公立医疗机构再开具一次发票。该模式改变原有药品出厂后，经由各级医药经销商、代理商流通，最终进入医疗机构的惯例。主要目的是减少药品流通环节，规范药品流通秩序，治理药品购销中的各类违法违规行为，降低虚高药价。

【编辑　沈立平】

大事记

Chronicle of Important Event

12月3日，张家港国际马拉松赛举行　（王苗苗　摄）

1月 7月

2月 8月

3月 9月

4月 10月

5月 11月

6月 12月

張家港年鑑(2018)

1月

5日至8日　政协张家港市第十二届委员会第一次会议举行。

6日至9日　张家港市第十四届人民代表大会第一次会议举行。

18日　江苏“最美人物”暨苏州市级重大先进典型“时代先锋”郁霞秋先进事迹媒体见面会举行。

20日　中国致公党苏州市张家港支部委员会成立。

23日　中国民主促进会苏州市张家港支部委员会成立。

24日　张家港农商银行在深圳证券交易所挂牌上市，股票简称“张家港行”。

2月

12日　省委、省政府召开2017年全省重大项目集中开工现场推进会，采用省、市、县三级联动推进。省主会场设在南京市江北新区，各设区市和所辖县市区设分会场。在张家港市分会场，同步启动银河新能源汽车关键零部件等总投资151亿元的23个项目。

3月

8日　江苏省副省长马秋林到张家港市调研智能制造企业发展情况。

18日　大唐汇金（苏州）产业投资基金合伙企业（有限合伙）成立，基金总规模10亿元。

24日　芬美意香料（张家港）有限公司生产基地举行奠基仪式，一期项目投资7500万美元。

28日　苏高新（张家港）节能环保创新园在塘桥镇开工。项目占地面积11公顷，投资20亿元。

4月

7日　全国创建文明城市工作经验交流会在张家港市召开，中共中央政治局委员、中央书记处书记、中宣部部长、中央文明委副主任刘奇葆出席会议并讲话。

12日至13日　中央统战部副部长，全国工商联党组书记、常务副主席全哲洙一行到张家港市就开展降低实体经济企业综合成本情况进行调研。

18日　张家港市举行2017年“集中开工投产月”活动，86个项目集中开工投产，总投资461.6亿元。

18日至20日　江苏省人大人事代表联络工作座谈会在张家港市召开，省人大常委会副主任赵鹏出席会议并讲话。

22日　2017年江苏省乡村旅游节暨“江苏人游江苏——鲜活张家港，共享好时光”张家港乡村旅游季巡礼活动在南丰镇永联村开幕。

2017年江苏省乡村旅游节开幕式（黄智强　摄）

23日　《光明日报》、中央电视台等中央媒体将焦点对准张家港市“书香城市”建设工作，对张家港市持续深化开展全民阅读的创新实践和丰富成果进行集中报道。

24日　国务院办公厅发文，对2016年在落实推进供给侧结构性改革、适度扩大总需求、促进创新驱动发展、保障和改善民生等有关重大政策措施方面，真抓实干、取得明显成效的26个省（区、市）、90个市（地、州、盟）、127个县（市、区）予以通报表扬。张家港市“双随机、一公开”监管试点工作成为全省唯一入选“推动工商注册制度便利化工作及时到位、落实事中事后监管等相关政策措施社会反映好的市、县（市、区）”名单的县级市。

5月

5日　2017年“体育彩票杯”全国健身秧歌、健身腰鼓及手拍鼓暨江苏省健身秧歌及健身腰鼓大赛在张家港市开幕。

是日　张家港市委、市政府召开村民自治国家级试点工作动员会，全面启动村民自治国家级试点工作。

8日　江苏省副省长蓝绍敏到张家港市调研特色田园乡村建设。

9日　江苏金陵体育器材股份有限公司在深圳证券交易所创业板上市，股票简称“金陵体育”。

16日　十八届中央纪律检查委员会委员，中纪委驻工信部原纪检组组长、工信部原党组成员金书波到张家港市考察。

19日　民革中央专职副主席、全国人大常委会委员、外事委员会副主任委员修福金到张家港市调研钱昌照故居保护及修缮工作，了解民革张家港基层组织工作。

26日　张家港口岸进口整车同业联合担保试点启动实施。

6月

5日至12日　市委副书记、市长黄戟率团赴挪威、波兰开展招商考察活动。

6日　张家港产业资本中心管委会、张家港产业资本投资有限公司成立。

23日至24日　2017年中国大宗商品创新发展高峰论坛暨全国重点商贸流通企业与批发市场总裁联席会在张家港市举行。

28日　张家港协鑫玖隆35兆瓦屋顶光伏分布式电站全容并网,这是江苏省最大的分布式屋顶光伏电站。

是日　张家港市举办"重温入党誓词"活动、"旗帜鲜明讲政治"专题党课、"书记来了"特别见面会等活动。

29日　"全国双安双创"成果展开幕式在北京市举行,会议对首批107个国家农产品质量安全县(市)进行授牌,市委副书记、市长黄戟作为江苏省唯一代表到会接受奖牌。

30日　"张家港—太仓—仁川"集装箱班轮航线开通,这是近5年华东地区首条新开的对韩航线。

是日　江苏省党代表会议选举产生出席中共十九大代表71人。保税区(金港镇)长江村党委书记、长江润发集团总裁、长江润发医药股份有限公司董事长郁霞秋当选中共十九大代表。

郁霞秋参加中共十九大分组讨论(长江村　提供)

7月

1日　江苏省委召开庆祝建党96周年暨农村基层党建工作座谈会。南丰镇永联村党委书记吴惠芳、保税区(金港镇)长江村党委书记郁霞秋获省农村基层党建工作突出贡献奖。

是日　2017年张家港市科技·人才活动周开幕。

是日　江苏冶金技术研究院揭牌暨合作项目签约仪式在暨阳湖酒店举行。中国工程院院士、中国金属学会理事长、中国工程院原副院长干勇,中国工程院院士、上海大学校长金东寒,中国工程院院士翁宇庆,江苏省委常委、苏州市委书记周乃翔等出席仪式。

2日　"超越摩尔基金"签约仪式在暨阳湖酒店举行。基金总规模50亿元,主要投资先进传感器、功率器件、射频器件、光电器件和微能源等领域。

5日　江苏省食品安全示范城市创建和农产品质量安全县创建现场会在淮安市召开,张家港市被首批评为江苏省食品安全示范市。

6日　袁毅平摄影艺术作品展在北京民族文化宫展览馆开展。

17日　张家港市民生实事项目库发布启动暨"金点子"颁奖仪式在沙洲湖大酒店举行。

24日　2017年中国足协第二十届"贝贝杯"青少年足球赛开幕式在凤凰中心小学举行。

27日　中共张家港市委十一届四次全体(扩大)会议召开。会议深入学习贯彻中共中央总书记习近平系列重要讲话精神和治国理政新理念新思想新战略,认真落实省委十三届二次全会、苏州市委十二届四次全会要求,回顾总结上半年工作,安排部署下半年任务,动员全市各级党组织、广大党员和干部群众,与时俱进大力弘扬张家港精神,强化责任担当,践行"四大路径",奋力谱写"两聚一高"新篇章,以过硬实绩迎接中共十九大胜利召开。

29日　全国"五好"(领导班子好、工作保障好、会员发展好、商会建设好、作用发挥好)县级工商联建设现场座谈会在张家港市召开。

31日　张家港高新技术产业开发区(筹)党工委、管委会成立大会召开。

是日　全市召开专题会议宣布市委巡察工作办公室和市委巡察组有关人事任免决定。至此,全市巡察机构全面组建到位。

8月

1日　江苏省委第七巡视组在张家港市召开巡视工作动员会,进驻张家港市开展为期2个月的巡视工作。

5日　众诚智库、经观政研院共同研发的"2017年中国县域经济50强"榜单出炉,张家港列榜单第三位。

13日　江苏省教育厅发文,公布依法治教改革试点区和教育综合改革试点项目,张家港市成为全省唯一同时获批依法治教改革试点区、教育综合改革试点项目的县(市)。

15日　张家港市委、市政府召开全市"六个一"基层走访调研转入"集中开展安全稳定隐患深入排查"阶段工作会议,明确下阶段走访调研的方向和重点。

21日　苏州市委联动巡察第一组巡察张家港保税区(金港

镇)、经开区(杨舍镇)动员会召开。

是日 中国城市小康经济指数公布,在县级城市排名中,张家港以191.9分的成绩名列第三位。

31日 张家港市委召开纪委派驻机构改革动员部署会,进一步推进市纪委派驻机构改革各项工作。按照《关于全面落实张家港市纪委向市一级党和国家机关派驻纪检机构的方案》要求,全市合理设置派驻机构,选优配强纪检组长,建立健全工作制度,设立18个派驻纪检组,实现对72个市一级党和国家机关派驻监督全覆盖。

9月

3日 2017年"永钢杯"国际男子职业网球挑战赛——张家港站在中国网球学院张家港分院举行。

6日 2017年第十三届全国运动会体操比赛男子鞍马项目决赛在天津市举行,代表江苏出战的张家港籍运动员翁浩以15.2分获得金牌。

7日 国家知识产权局公布2016年度国家知识产权示范市考核结果,张家港市以90.63分列国家知识产权示范市年度考核全国第六、县级市第一。

7日 加拿大新斯科舍省迪格比市市长詹姆斯·麦凯比恩、克莱尔市市长罗尼·勒布朗率代表团一行到张家港市访问考察。

8日 张家港市行政审批局、张家港保税区行政审批局成立揭牌仪式举行。

市行政审批局、张家港保税区行政审批局成立揭牌仪式 (市行政审批局 提供)

9日 2017年生态文明建设(张家港)高层研讨会召开。会上,张家港市获评"绿色引领示范试点基地"。

10日 2017年中国企业500强榜单在江西南昌发布,全市5家企业上榜,分别是江苏沙钢集团有限公司、江苏国泰国际集团有限公司、玖隆钢铁物流有限公司、华芳集团有限公司、澳洋集团有限公司。

12日 江苏省政协副主席阎立到张家港市调研特色小镇建设。

是日 全国12345政府热线协同发展研讨会在张家港市召开。

19日 在全国社会治安综合治理表彰大会上,张家港市获评"全国平安建设先进县(市、区、旗)"。

20日 张家港市静脉科技产业园管理委员会揭牌。

10月

9日 2017年中国中小城市科学发展指数研究成果暨"2017全国综合实力百强县市""2017全国综合实力百强区"等榜单发布,张家港市获2017年度全国中小城市综合实力百强县市第三名,并列2017年度全国新型城镇化质量百强县市第七、2017年度全国创新创业(双创)百强县市第三。

17日 江苏省副省长马秋林到张家港市调研先进制造业情况。

19日 张家港市市场监督管理局、市文化广电新闻出版局联合下发《关于印发张家港市文化馆总分馆制建设标准》,这是全国首个县级文化馆总分馆制建设地方标准。

20日 江苏省政协副主席王雪非到张家港市考察文艺事业。

是日 2017年中国宽禁带功率半导体及应用产业大会在张家港市举行。开幕式上,张家港经开区、高新区举行"金秋攻坚行动"项目集中签约仪式,有28个新兴产业、科技人才、平台载体、产业基金四大类项目集中签约,总投资206亿元。

23日 苏州金鸿顺汽车部件股份有限公司在上海证券交易所挂牌上市,成为张家港市第20家、苏州市境内第101家上市公司,股票简称"金鸿顺"。

27日 张家港市召开传达中共十九大精神大会,在全市上下迅速掀起学习宣传贯彻中共十九大精神热潮。

30日 韩国浦项市副市长崔雄、副议长郑海钟率政府、议会团一行到张家港市访问。

31日 由住房和城乡建设部、联合国人居署和广东省政府联合主办的2017年国家生态园林城市、中国人居环境奖颁奖活动在广东省广州市举行,住建部副部长倪虹向张家港市副市长赵建明颁发"国家生态园林城市"牌匾。此次全国有4个城市获此荣誉。

是日 2017年中国(张家港)长江文化艺术节暨第七届(张家港)长江流域民族民间艺术节开幕式在市保利大剧院举行。该届艺术节文化类活动包括"长江文明的传承与发展"系列座谈会、中国(张家港)小剧场艺术荟萃、江苏省民间艺术展演暨江苏民间文艺"迎春花奖"民间艺术表演奖评奖活动、"梨园映金秋"名家名剧月、2017年中国(张家港)长江文化艺术节闭幕式暨"沙上风情"张家港地方特色文艺专场演出、同心筑梦——"长江杯"江苏文学评论奖、第五届扬子江诗学奖颁奖暨第五届"诗歌里的城”朗诵会等。

31日至11月1日　江苏省委副书记、省长吴政隆深入张家港市企业、学校、农村、社区调研,并就“学习贯彻中共十九大精神,增强人民群众获得感”主持召开座谈会。

11月

2日　张家港市与康得新集团“两园一城”合作协议签约仪式在暨阳湖酒店举行。“两园一城”项目包含占地5.15平方千米的先进高分子材料产业园、占地1.49平方千米的康得新碳纤维航空复合材料产业园和占地5.2平方千米的康得新未来城。项目总投资1800亿元,通过8年时间打造成全球先进高分子材料的人才高地、技术高地、产业高地。

3日　中国张家港·日本永平寺町友好交流20周年庆活动在张家港市举行。

中国张家港·日本永平寺町友好交流20周年庆活动
（市外事办　提供）

10日　市委、市政府召开全市服务业发展大会。会上签约7个服务业项目,总投资115亿元。

12日　省委办公厅、省政府办公厅公布新一轮经济发达镇行政管理体制改革名单,塘桥镇入选。

16日至17日　2017年中国汽车技术转移大会在张家港市举行。

17日　全国精神文明建设表彰大会在北京举行。会上,张家港市被中央文明委授予全国文明城市称号,成为唯一荣膺全国文明城市“五连冠”的县级市。

24日　张家港市与俄罗斯科斯特罗马市在俄罗斯联邦驻中国大使馆签署友好交流城市关系备忘录。

是日　张家港市政府与南京工业大学举行签约仪式,在南京工业大学设立首个地方政府奖学(教)金——“张家港市政府奖学(教)金”。

27日　在全国工商联十二届一次执委会议上,江苏沙钢集团有限公司董事长沈彬当选为中国民间商会副会长。

是日　中国村社发展促进会在广西壮族自治区玉林市发布2017年“中国名村影响力排行榜300佳”名单,永联村、长江村和长山村3个村上榜。

28日　2017年首届暨阳湖产业资本投资暨第三届“港城合伙人”峰会开幕,峰会主题为“论道暨阳湖,产融创未来”。有35个项目在峰会上进行签约合作,规模667亿元。

是日　苏州股权交易中心张家港专板开板暨首批企业集中挂牌仪式在暨阳湖金融街举行,全市17家企业集中挂牌。

是日　张家港市在上海市浦东新区举行2017年张家港(上海)创新发展投资说明会。

12月

2日　2017年松禾资本价值同盟年会在张家港市举办。

3日　2017年“张家港行”杯张家港国际马拉松赛举行。该次赛事是张家港市首次在中国田协注册认证的A类赛事,设全程马拉松、半程马拉松、短程马拉松和迷你马拉松4个项目比赛,吸引21个国家和地区的1万余名运动员参加。

7日　“中国最具幸福感城市”调查推选活动结果发布,张家港市获评“2017中国最具幸福感城市(县级)”。

8日　市中医医院凤凰分院揭牌暨凤凰医院新建工程奠基仪式举行。

是日　江苏省钢铁行业创新发展大会在张家港市举行。

14日　《中国工业百强县(市)、百强区发展报告》发布,张家港市列工业百强县(市)第三。

17日　张家港港产城融合发展战略研讨会暨福南水道-12.5米进港航道治理工程开工活动举行。

是日　江苏省道德模范与身边好人(苏州张家港)现场交流活动暨第四届张家港市道德模范授奖仪式在保税区(金港镇)举行。

18日　张家港市危化品道路运输综合服务中心项目举行奠基暨开工仪式。

20日　全市首张电子健康卡启用。

23日　省委常委、苏州市委书记周乃翔到张家港市调研经济社会发展情况。

27日　《福布斯》中国发布“中国大陆最佳商业城市排行榜”,张家港市列“最佳县级城市30强”第三。

29日　中共张家港市委十一届五次全体(扩大)会议召开。会议贯彻中共十九大精神和中央经济工作会议精神,落实习近平视察江苏重要讲话精神,动员全市各级党组织、广大党员和干部群众,紧扣新时代要求推动改革发展,围绕“强富美高”“两聚一高”,深入践行“四大路径”,努力建设实力、活力、美丽、人文“四个港城”,全力争当“两个标杆”建设排头兵,奋力谱写新时代张家港发展的新篇章。

【编辑　沈立平】

全国文明城市张家港概览

The Overview of the National Civilized City of Zhangjiagang

凤凰湖　（谢嘉喆　摄）

張家港年鑑(2018)

扫码欣赏

张家港各地方言发音

地情概要

【地理位置】 张家港市位于长江下游南岸，江苏省东南部。东、东南连常熟市，西、西南接江阴市，北、东北、西北临长江，是位于沿海和长江两大经济开发带交会处的国际化、现代化港口城市。地理坐标北纬31° 43′ 12″—32° 02′，东经120° 21′ 57″—120° 52′。东南距上海市98千米；南近太湖，分别距无锡市58千米、苏州市90千米；西距常州市55千米、南京市200千米；北隔江距南通市62千米，是长江三角洲的重要组成部分。全市总面积986.73平方千米，占全省面积的0.92%、苏州市面积的11.62%。其中，陆地面积791.06平方千米，占全市总面积的80.17%；长江水域面积195.67平方千米，占19.83%。陆地东西最大直线距离44.58千米，南北最大直线距离33.71千米。北宽南窄，呈三角形。

【地质地貌】 地层　张家港境内主要是第四系沉积物覆盖。第四系覆盖层的厚度为90米至240米，是全新统现代沉积。西南零星出露基岩属泥盆系茅山群的紫红色沙砾岩。第四系覆盖层的可耕层为2米至3米，耕层下面是沙质黏土、黏土层，隔水性能较好，厚度为50米至70米；在地面以下70米至150米之间，有含水性较好、透水性较强的细沙层、黏质沙层、中沙层、砾石层，但中间夹有含砾黏土层、黏土层等不透水层。在地面140米至240米以下是砂岩、灰岩、砾岩层。在第四系覆盖层下有白垩系的杂色砾岩、粉砂岩及灰岩，厚度约210米；三叠系青龙群的灰岩和钙质泥岩，厚600米；二叠系龙潭组的海陆交互相岩层、砂岩、灰岩、泥岩等，厚450余米；石炭系的砂岩、灰岩和泥岩等，厚450余米。

地震地质　江苏省主要的地震带是西北部的郯庐断裂地震带和沿长江的扬铜地震带。张家港市主要受扬铜地震带所控制，在大地构造上属扬子准地台下扬子古拗陷的东部，苏锡中台拱的北东部，北邻苏北中新凹陷，南部和东部与钱塘褶皱带相连，西部是常州中凹陷。张家港境内基本构造格架为“二隆二凹”构造形式。“二隆”是段山—张家港褶断束、顾山—铜官山褶断束；“二凹”是祝塘—锦丰凹陷、谢桥凹陷。境内有北北西向、北西向和北东向（华夏）构造发育，形成网络系统。根据可考文字和有关地震研究，张家港市历史上未见强震记载。从地震强度背景值而论，境内所在位置介于强震和弱震的过渡区域，受扬州—铜陵地震带所控制。

工程地质　根据市建筑设计院历年工程地质勘探资料，境内的地耐力一般为每平方米10吨左右。其中，南部黏土一般为每平方米20吨左右，亚黏土一般为每平方米18吨左右，轻亚黏土一般为每平方米10吨左右；北部粉黏土一般为每平方米8吨左右。

地貌　张家港市地跨长江三角洲平原的两个地貌副区，即长江南岸古代沙嘴区和靖江常阴古沙洲区。北面临江，双山沙（福姜沙）孑立江中，长江沿岸滩地绵长。古长江岸线把境内陆地分为南、北两个部分，南部属老长江三角洲的古代沙嘴区，成陆8000年以上，地势高亢，高程（吴淞零点，下同）为5米至8米，散落着大小10座山丘；北部属新长江三角洲，由数十个沙洲积涨连接而成，成陆最早的800余年，地势低平，高程为3米至5米。根据地面黄海高程，全境地貌可分为丘陵、高平田、平田、低平田和圩田。其中，南部地区主要为高平田、平田和低平田，北部地区均为圩田，丘陵主要散落在塘桥镇的妙桥地区、金港镇的南沙地区和凤凰镇的少量地区。

【沿江岸线】 张家港市境内有沿江岸线63.57千米，其中不冻不淤的深水岸线约40千米。依托优越的沿江岸线，建有国际贸易商港张家港港，并由西向东排布着江苏省张家港保税区、江苏扬子江国际冶金工业园等各具特色的专业园区。西北部有江中小岛双山岛，离南岸1千米，是张家港港天然的避风屏障。双山岛与南岸之间的航道为福南水道。双山岛距北岸3千米，之间为福中水道和福北水道。双山环岛洲堤长16.8千米，面积20平方千米，高程4米至5米。　（史　志）

【自然资源】 土地资源　据市国土资源局2017年统计发布，至2016年年末，全市实有耕地29865.9公顷、园地3411.31公顷、林地201.51公顷、城镇村及工矿用地30125.42公顷、交通运输用地6397.52公顷、水域及水利设施用地28255.75公顷、其他土地415.13公顷。

水资源　境内水资源丰富。地表水中河港蓄水量丰水年为2.36亿立方米，中等干旱年为9700万立方米。2017年全市沿江各闸共引水15.99亿立方米，排水28.98亿立方米。其中，汛期沿江各节制闸共引水6.65亿立方

香山望江亭　（朱德明　摄）

米，排水28.2亿立方米。全年实际用水量：地表水9.78亿立方米（火电企业用水量为全口径计算），浅层地下水87.42万立方米。全境河港纵横，土地肥沃，有大小河道7500余条，其中市级以上骨干河道25条、镇级河道270条、村级河道7200余条，总长度4500余千米。

矿产资源 境内已发现的矿产品种主要有砂石、砖瓦黏土、矿泉水、煤炭、天然气等。其中，探明的储量有砂石约6000万吨，煤炭约2010万吨，天然气约8000万立方米，矿泉水约8000万立方米。2003年建成凤凰地热井温泉，水温45摄氏度，日产地热水624立方米。

野生动植物资源 境内共有野生动物资源13纲292个品种。其中，鱼纲类有刀鱼、河豚、鲫鱼等96种，爬行纲类有龟、鳖、蛇等21种，鸟纲类有野鸡、野鸭、鹰、雀等105种，哺乳纲类有野兔、刺猬、鼠等8种，另有野生无脊椎动物63种。野生植物资源比较丰富，有百余科近500个品种，常见的有24个科80个品种，分布在田间、山丘、河边、滩地，可用于农、牧、渔业生产，手工编织及疾病治疗。另有常见绿化植物314种。

（黄　喆　陈晓军）

【气候】 *光照* 全年日照时数1883.8小时，比上年多113.3小时，年日照百分率（相对日照）为43%。与1986年至2005年平均日照1887.5小时接近。日照时数最多的月份是7月，为216.5小时，占月可照时数的50%；月日照时数最少的月份是1月，为107.7小时，占月可照时数的34%。

气温 全年平均气温17.3摄氏度，比上年平均高0.2摄氏度，与1986年至2005年平均气温16摄氏度相比高1.3摄氏度，气温偏高。7月是全年最热的月份，月平均气温为31.5摄氏度。年极端最高气温40.9摄氏度，出现在7月24日。全年达到35摄氏度的高温日数30天，比上年度多11天。1月是全年最冷的月份，月平均气温为5.8摄氏度。年极端最低气温零下4.2摄氏度，出现在1月21日。全年日最低气温低于0摄氏度的低温日数16天，比上年少12天。

降水 全年降水量1556.5毫米，比上年少338.6毫米，与1986年至2005年平均降水量1077.9毫米相比多478.6毫米，雨量异常偏多。全年降水分布不均，12月份降水量最少，月降水量15.6毫米；9月份降水量最多，月降水量352.6毫米，与1986年至2005年的9月平均降水量66.8毫米相比多285.8毫米，雨量异常偏多。4月至9月汛期降水量1293.6毫米，与历年同期736.5毫米相比降水异常偏多。全年有4个暴雨日，分别出现在6月10日、8月16日、9月24日、9月25日，降水量分别为183.8毫米、59.6毫米、62毫米、190.9毫米。梅雨期自6月19日至7月5日，历时17天，入梅比常年略偏迟，出梅偏早，较常年偏短6天。总梅雨量115.2毫米，较常年显著偏少。

霜、雪、风、霾及灾害性天气 2017年度初霜日为2016年11月24日，终霜日为3月15日，霜期112天，全年无霜期248天，与1986年至2005年平均值225天相比偏多23天。全年降雪日数3天，无积雪日。年平均风速每秒2米，无8级以上大风。全年共有107个霾天气，与上年持平。年内持续时间较长的两次霾天气过程分别出现在3月2日至10日、1月9日至14日。（张育萍）

【建置沿革】 张家港市历史悠久。8000年前，南部地区就有人类活动。商末，属勾吴之地。春秋时期，属吴国延陵郡。秦代，属会稽郡。汉高祖五年（公元前202年），建毗陵县暨阳乡，为境内有据可查的最早的乡级行政建制。晋代，置暨阳县，为境内第一个县级行政建制。南朝梁代，在暨阳之墟建梁丰县。唐代以后，分属常熟、江阴两县。清代至民国，常通港以北属南通县（今南通市）。抗日战争时期，中国共产党曾一度在北部沿江地区建立沙洲县，南部及常熟、江阴两县的边界地区设立虞西县。新中国成立后，东部属常熟县（今常熟市），西部属江阴县（今江阴市）。1962年，常熟划出14个公社和常阴沙农场，江阴划出9个公社，建立沙洲县，隶属于苏州地区。1986年9月，经国务院批准，撤销沙洲县，以天然良港——张家港港命名设立张家港市，隶属于苏州市。

【行政区划】 4月，金港镇新塍社区更名为塍德社区；9月，市政府批复成立3个社区，分别是锦丰镇沙洲社区、天福社区和联兴社区（天福社区、联兴社区与洪福村、联兴村采用“村社合一”管理）。至年末，全市有八镇二区，1个双山岛旅游度假区；16个办事处，4个街道办事处；153个村，138个社区。（民政局）

2017年张家港市行政区划情况表

表1

镇（区）	面　积（平方千米）	办事处（个）	街道办事处（个）	村（个）	社区（个）
杨舍镇	153.09	5	4	29	76
金港镇	111.62	3	—	26	25
锦丰镇	114.32	2	—	24	14
塘桥镇	94.26	2	—	14	7
乐余镇	78.58	1	—	19	4
凤凰镇	78.79	2	—	15	6
南丰镇	62.47	1	—	12	4
大新镇	40.48	—	—	10	4
常阴沙现代农业示范园区	37.45	—	—	—	—
双山岛旅游度假区	20.00	—	—	4	1
合　计	791.06	16	4	153	138

说明：常阴沙现代农业示范园区有7个社区（常红、常北、常兴、常南、常沙、常东、常西）和1个常阴沙集镇居委会，乐余镇另设2个场（稻麦良种场、畜禽良种场）

【消亡自然村】 2017年，因环境保护项目、高新区开发等，全市消亡自然村11个，其中杨舍镇8个、金港镇3个。至年末，全市共有自然村2295个，其中杨舍镇361个、塘桥镇555个、金港镇242个、锦丰镇271个、乐余镇196个、凤凰镇449个、南丰镇138个、大新镇62个、常阴沙现代农业示范园区21个。

2017年张家港市消亡自然村一览表

表2

镇　名	自然村名（所属行政村）	消亡原因	镇　名	自然村名（所属行政村）	消亡原因
杨舍镇	绞绳圩二组（田垛里村）	城北新区建设	杨舍镇	西金陈案埭（晨新村）	高新区开发
	乌沙三圩（农联村）	高新区开发	金港镇	九圩埭（晨阳村）	环境保护项目
	戴家圩（农联村）	高新区开发		小八圩埭（福民村）	环境保护项目
	东套沿埭（福前村）	高新区开发		大毛长圩埭（德积村）	环境保护项目
	龙灯埭（西闸村）	高新区开发		翻耙街（德积村）	环境保护项目
	四圩埭（西闸村）	高新区开发			

人文风情

【人口】 2017年年末，张家港市常住人口125.78万人，比上年增0.2%。户籍登记326369户，总人口929018人，分别比上年减少3155户，增加2426人。总人口中，男性454801人，女性474217人，男女性别比为95.9∶100。0周岁至17周岁的128660人，占13.85%；18周岁至59周岁的552261人，占59.45%；60周岁及以上的248097人，占26.7%。全市出生人口7728人，出生率8.12‰，死亡人口6919人，死亡率7.27‰，人口自然增长率0.85‰。全年迁入人口3108人，迁出人口2075人，机械增长1033人。

【方言】 张家港方言主要有虞西话、澄东（澄要）话、老沙话、常阴沙话（崇明话）、江北话五大类。其中，虞西话、澄东（澄要）话、老沙话和常阴沙话分布地域最广、使用人口最多，成为境内有代表性的方言；江北话主要有南通话、如皋话和靖江话。其方言具体分区及其人口分布情况为讲虞西话的约有20万人，占户籍人口的21.58%，分布在凤凰镇的全部；塘桥镇塘桥地区全部，鹿苑地区的绝大部分，妙桥地区的大部分；杨舍镇乘航地区全部，杨舍、塘市、东莱地区的绝大部分；南丰镇的小部分地域。讲澄东（澄要）话的约有21万人，占户籍人口的22.66%，分布在金港镇南沙、港区、后塍地区的绝大部分；杨舍镇泗港地区的大部分，杨舍、塘市地区的小部分地域。讲老沙话的约有24万人，占户籍人口的25.9%，分布在金港镇的德积地区、晨阳并入部分的绝大部分，港区、后塍地区的小部分；双山岛旅游度假区的绝大部分；锦丰镇合兴地区的绝大部分，锦丰地区的小部分；大新镇（含晨阳并入部分）的绝大部分；南丰镇的小部分；塘桥镇妙桥、鹿苑地区的小部分；杨舍镇泗港、东莱地区的小部分，晨阳地区的绝大部分；乐余镇和常阴沙现代农业示范园区的小部分地域。讲常阴沙话（崇明话）的约有17万人，占户籍人口的18.35%，分布在锦丰镇锦丰地区的大部分，三兴地区的绝大部分；南丰镇的部分（含东沙地区的绝大部分）；乐余镇和常阴沙现代农业示范园区的绝大部分；金港镇港区、后塍、德积地区的小部分；杨舍镇东莱、泗港地区的小部分；塘桥镇妙桥地区的小部分；大新镇的小部分地域。讲江北话的有3万余人，分布在沿江一带。

【历代名人】 据史料记载，自唐宋至清末，张家港境内共出状元、榜眼、探花等进士数百名。唐代状元陆器是苏州范围内最早的状元；章卿赵氏自宋代至清末共出37名进士；鹿苑钱氏在明代有"一门九进士"之誉；港口蒋氏在清康熙、乾隆年间出了蒋廷锡、蒋溥父子大学士。境内官至大学士、尚书、御史、总督、巡抚者代不乏人。张家港人民有着光荣的爱国斗争传统。宋代有抗金名将丘崇；明代有抗倭英烈钱泮、徐智、许蓉、朱贵等，有斗阉直臣缪昌期、黄昭。在文化艺术方面，著述宏富的经学家有北宋职方郎中陆绾、清代国子监纂修庞大坤；享誉文坛的诗人学者有号称东南文宗的钱谦益、近代诗人杨云史、南社诗人庞树柏、新文学家刘半农；史学家有主纂《江阴县志》的北宋进士郭庭坚、纂修《元史》的元末明初学士陈基、主纂《常熟县志》的清代举人钱陆灿、进士庞鸿文；书画篆刻、工艺美术名人有清代篆隶书法家杨沂孙、近代金石篆刻家赵古泥、现代工艺美术家庞熏琹；乐坛耆宿有近代民族音乐家刘天华、刘北茂，古琴学家吴景略；医药名家有明代缪希雍、清代缪柳村，近代名医周憩棠、金兰升、章成器等。在社会主义现代化建设中，张家港涌现出一大批科学家，张光斗、钱人元、曹楚南、章申、童秉纲、薛永祺、吴培亨、吴中伟8位院士为其中的杰出代表。

【地方特产】 长江三鲜　鲥鱼、刀鱼、河豚并誉为"长江三鲜"。鲥鱼为南方水产中的珍品，《本草纲目》载，鲥鱼"夏初时有，余月则无，故名"。鲥鱼鳞可食，肥嫩清鲜。古时曾列为皇帝的"御膳"珍肴，后蜚声海外，远销新加坡、日本、美国等地。张家港境内长江水域属河口段，鲥鱼至此，体内脂肪消耗少，丰腴肥硕，肉味鲜，营养丰富。刀鱼体形狭长侧薄，颇似尖刀，银白色，肉质细嫩，但多细毛状骨刺。肉味鲜美，肥而不腻，兼有微香。宋代名士刘宰曾有诗称赞："肩耸乍惊雷，腮红新出水，芼以姜桂椒，未熟香浮鼻。"河豚产于咸水和淡水相交处的水域里，营养丰富，腴肥鲜美且带野味，与众不同。宋《明道杂志》曾称颂它为"水族中之奇味也"。河豚有补虚去湿、舒胃、却痔疾等效用。但血液、肝脏、卵巢都有剧毒，烹煮不慎，食用后易中毒致死。河豚经处理后，可制成冻鱼片或罐头食品，还可从肝脏、卵巢中提炼出河豚素、河豚酸等名贵药品。进入21世纪，随着养殖技术的日益成熟，河豚人工养殖普遍。由于养殖河豚毒性有所降低，烹饪方法亦更多样。

长江蟹　学名中华绒螯蟹，养殖历史较久，但规模较小。进入21世纪后，在境内沿长江一带发展较快。锦丰镇、乐余镇、常阴沙现代农业示范园区等地均建有养殖基地。长江蟹营养丰富，每100克蟹肉含蛋白质14克、脂肪5.9克、碳水化合物7克，维生素A为5960国际单位，热量139千卡，为一般水产品之冠。由于其所含脂肪为不饱和脂肪，对高血压、高血脂、高血糖、血管硬化有预防作用，蟹黄中富含的卵磷脂对智力发育亦有良好的促进作用。优质的长江蟹外观表现为青背、白肚、金爪、黄毛，在肉质与口味方面表现为肥、鲜、腥、甜。长江蟹曾获首届中国"华东杯"河蟹评比大赛"最佳种质奖"和"优胜奖"。

鹿苑鸡　因产于鹿苑而得名，相传已有200年的饲养历史。鹿苑鸡的毛、皮、嘴、脚均为黄色，颈羽、尾羽和翅羽间有稀疏黑毛。公鸡脚杆高壮，傲然挺立，大的体重可达到4千克以上，有"九斤王"之称。母鸡脚杆粗矮，浑重壮实，重2千克以上，年产蛋在140个至200个之间，平均蛋重54克。该鸡肉质细嫩、肥美、香鲜、味浓。民间传说，清代同治、光绪皇帝的老师翁同龢常把鹿苑鸡作为特产，带至京城赠送亲友和同僚。2014年，鹿苑鸡被确定为国家级畜禽遗传资源保护品种。

血糯　又名"呕血糯"，或称"红莲糯"，是一种名贵的糯稻。谷粒皮壳呈浅紫色，其米殷红如鸭血，蛋白质含量高，有强身补血功效，清代列为"御米"，民间视为营养和滋补食品，是制作八宝饭的主要原料。境内塘桥镇金村、凤凰镇一带均有种植。清《常昭合志·物产志》载："血糯，亦名红莲糯，宜粥。"学者金鹤翀所撰《金村小志》载："糯米之佳者曰'落霜青'，曰'红莲糯'。江阴人亦来购取，云：唯产金村者为佳。"

凤凰稻　凤凰山附近长期培育成的优良粳稻，谷粒基部有双翼(护颖)，似凤凰展翅，故名凤凰稻。清代《常昭合志》中列为著名物产。凤凰稻碾成的米，色洁白如珍珠，煮饭烧粥，性黏腻，香软适口，为粳米中的上品，载誉江南。

常阴沙大米　产于常阴沙现代农业示范园区。主栽品种"南粳5055"，产地环境良好，间接引用长江水灌溉，米质优良，谷粒外观饱满，米粒晶莹透亮，整精米率高，蒸煮米饭色泽鲜明，口感较佳。2009年开始试种，株型紧凑，长势较旺，分蘖力较强，叶色较深，群体整齐度较好，穗型中等，偏直立，着粒较密，抗倒性强，产量高，属阴糯类型，为优质食味品种。2010年开始大面积推广试种，在苏州地区上市销售，广受好评。2010年在第三届江苏省优质粳稻新品种食味品尝会上获得第一名。2011年被评为苏州地产大米金奖；在第六届全国粳稻米大会上，被评为全国优质食味粳米。2011年和2012年在第十届和第十一届中国优质稻米博览交易会上分别获得"金奖大米"和"优质稻品"称号。2013年在首届江苏好品种评选活动——粳稻优质米品尝评比中荣获金奖，2013年获得国家"大米地产地理标志商标"。2017年常阴沙现代农业示范园区参加第二届江苏优质稻米博览会获评"味稻小镇"称号。

凤凰水蜜桃　在1952年引进无锡水蜜桃的基础上，经长期选育而成的优良品种。有白凤、白花、黄皮、小青等主栽品种，皮色有淡黄、乳白、微红色，具有果大、肉嫩、鲜甜、多汁、果皮易剥等特点，受到苏州、南京、上海等地居民喜爱。凤凰山和鸷山山麓是主要产地。

高峰鹿液茶　产于金港镇长山一带。长山因地处长江边，江雾迷漫，空气清新，气候湿润，适合茶叶生长。所产茶叶具有气香色清的天然品质。长山高峰茶场制成的高峰鹿液茶，条索紧结，色泽嫩绿，带有清香。用水冲泡，碧色诱人，味感鲜醇，有生津止渴、解乏提神的作用。高峰鹿液茶分春、秋两季采摘，以谷雨前为最好。曾在江苏省品茶会上获第一名。

凤凰白茶　2008年，凤凰山茶园批量引进安吉白茶良种，针对其适应性要求高的特点，改革栽培技术，创新加工工艺，形成"采摘把关、重视萎凋、注重杀青、回潮揉捻、薄摊二青、扬去末子、搓条整形、足干提香"的独特工艺流程。凤凰白茶以"叶白、脉绿、香郁、味醇"独树一帜，营养丰富，药用价值高，氨基酸含量高于普通绿茶2倍至5倍，味鲜爽不苦涩，受到消费者青睐，成为张家港市茶叶新品牌。

弄里芹菜　凤凰镇金谷村朱家弄种植的水芹，品质优良，历史悠久。在上海、苏州等地享有盛名，称"弄里芹菜"。相传宋代名将韩世忠和夫人梁红玉带兵驻守庆安，被金兵围困，军中缺粮，梁红玉率部遍寻野菜，至弄里一带见有大片野芹，味清香，采食充饥。以后，人们把野芹移植家种，称为"玉芹"，并精心培育，世代栽种。芹菜品种有大青种、小青种、红种、麻栗等，具有嫩茎(俗称白头)长、叶柄青、质地脆、香味浓、存放时间较久等特点。无论是清炒，或与豆制品素炒，或与肉类混炒，都味道鲜美，各具风味；在开水里稍烫后，浇上酱油、麻油等佐料，拌作冷菜，则香脆、鲜嫩、爽口，能去腻、舒胃。是苏州、无锡、上海一带家庭日常生活和便宴常用的菜肴。

高庄豆腐干　凤凰高庄豆腐干始于清咸丰年间，已有100余年的历史。原料选用经精心筛选的地产小黄豆，制法独特，一般要经过磨豆、滤浆、点卤等11道工序，制作精细，风味独特。

清末民初，已畅销常熟、江阴、无锡等地。高庄豆腐干有厚型、薄型两种，呈绛色，质地细实，五香佐料渗透入味，闲吃或做下酒菜，均属佳品。

拖炉饼　杨舍、塘桥等地的著名传统风味小吃，已有150余年历史。其制作工艺独特，烘烤时需用两口炉，下面为底炉（平底），上面为顶炉（尖顶，呈锥状），烘烤时两口炉同时加热吻合，并以顶炉的热量将饼吊熟，大有顶炉拖底炉之势，故称拖炉饼。拖炉饼采用上等面粉、白糖、净板油（加工过的生猪油）、荠菜、芝麻、桂花等为原辅料。口味油而不腻，甜而不黏，清香可口。集酥、甜、松、脆、香于一体，外形饱满，色泽金黄，酥层清晰。

沙洲优黄　沙洲优黄（后塍黄酒）始酿于清光绪年间，已有100余年的历史。原料选用优质大米。其制作需经过过筛、浸渍、摊冷、落缸、发酵、压榨、澄清、勾兑、煎酒等十几道工序，工艺精细。所酿黄酒具有色泽金黄、酒体协调、清亮透明、醇厚爽口等特点，不仅营养丰富，而且在文化、工艺、保健和药用等方面有重要价值。产品历经江苏张家港酿酒有限公司数十年开发，已形成沙洲优黄、江南印象、吉星高照、太湖之星等系列150余种黄酒产品，酒龄为2年、3年、5年、6年、7年、10年、15年、20年等不同规格，沙洲优黄被誉为中国半甜型黄酒的典范。产品深受上海、苏州等地消费者欢迎，还远销海外。“沙洲”“沙洲优黄”商标被认定为中国驰名商标。

【名胜古迹】 张家港境内有多处新石器时代遗址。其中，金港镇南沙东山村遗址以马家浜文化和崧泽文化为主，发现马家浜晚期和崧泽文化早中期大墓、大房址及分区埋葬现象，是长江下游重要的史前遗址。塘桥镇境内的黄泗浦是唐代鉴真大和尚第六次东渡日本并获得成功的启航地，1963年国家在鹿苑黄泗浦古址设立纪念经幢，20世纪90年代后陆续修建东渡纪念馆、碑亭和东渡禅院。金港镇香山景区古迹众多，有梅花堂、桃花涧、圣过潭、藏军洞、香山寺等，其中梅花堂由宋代大文豪苏东坡题写匾额，明代地理学家徐霞客曾在堂内小住并写下6首诗、2篇序文。张家港南部地区的集镇大多是明清以前建成的古镇。其中，杨舍镇是古暨阳、梁丰县的县治，明代多次发生抗倭斗争，当时建造的杨舍堡城是江南5座城池中规模最大的防御倭寇工程；凤凰镇恬庄古镇保留有榜眼府、杨氏孝坊以及石板街道等古迹，已完成保护性修复；塘桥镇已修复庞氏故居嘉荫堂。凤凰镇境内的永庆寺、塘桥镇境内的永昌寺均属“南朝四百八十寺”之列，其中永庆寺所在的河阳山（凤凰山）周围有秀峰、醴泉、读书台、红豆树等名胜古迹，且有多处名人墓葬。北部的乐余镇有保存较为完整的民国时期一条街——乐余老街。至2017年年末，全市有国家AAAA级旅游景区4个，分别是凤凰山景区、香山景区、永联小镇景区、暨阳湖生态旅游区；有AAA级旅游景区3个，分别是东渡苑景区、常阴沙生态农业旅游区、梁丰生态园；有AA级旅游景区1个，为张家港公园。暨阳湖生态园为省级湿地公园，双山岛旅游区为省级旅游度假区。

【革命传统纪念地】 张家港是一块英雄辈出、风雷激荡的红色热土。在战火纷飞的革命年代，张家港人民在中国共产党领导下，发动沙洲农民暴动起义，开展抗日救国运动，积极配合渡江作战，建立人民民主政权。境内重要的纪念设施有双山渡江战役纪念碑、沙洲县抗日民主政府纪念馆、香山烈士陵园、巫山渡江战役登陆纪念碑、学勤广场、毋忘国耻纪念碑亭、南丰之战纪念广场等。重要革命机构旧址有1926年中国共产党金村支部旧址、江南人民抗日救国军沙洲县办事处旧址、沙洲县抗日民主政府成立地旧址、蔡悲鸿办公旧址、重建后的沙洲县抗日民主政府活动地旧址、江南保安司令部警卫一团成立地、新四军六师十八旅后方医院第一疗养所旧址、新四军六师十八旅修械所旧址、地下情报站、交通站旧址等。重要历史事件纪念地有农民暴动纪念地（后塍农民暴动纪念地、占文桥农民暴动纪念地、杨舍农民暴动纪念地、店岸福利垦殖公司暴动纪念地）、拦门沙江心遭遇战纪念地、常家埭地洞旧址、恬庄“千人坑”纪念地、谭震林抗战动员讲话纪念地暨年旺街小学党支部旧址、血战南横套纪念地、收缴伪军武装纪念地等。重要人物故居及纪念地有：孙逊群烈士纪念地、谢恺烈士故居、茅学勤烈士纪念地、范醒之故居、田平故居、许亚故居、孙洁人故居等。　　　　（史　志）

文明引领

【张家港精神】 1992年，在改革开放的进程中，张家港人培育、塑造“团结拼搏、负重奋进、自加压力、敢于争先”的张家港精神，实现张家港的大变化、大发展。张家港精神是一种艰苦奋斗的创业精神，是一种科学务实的创新精神，是一种敢争一流的创优精神。1995年5月13日，时任中共中央总书记的江泽民赴张家港考察，并为“张家港精神”亲笔题词；是年10月，全国精神文明建设经验交流会在张家港召开，从此张家港精神在全国迅速产生极为广泛的影响，并被时任中央宣传部副部长的刘云山称赞为：“张家港精神已经成为我们中华民族精神和时代精神的重要组成部分”。通过深入持久的教育和熏陶，张家港精神成为全市人民的自觉行动和共同追求，成为实现率先发展的强大动力，同时成为江苏“三创三先”（创业、创新、创优，争先、领先、率先）精神的一个生动典型和苏州科学发展“三大法宝”之一。在张家港精神激励下，全市文明城市创建结出丰硕成果，荣膺首批全国文明城市，成为江苏省首批全面小康达标县（市）。2017年11月，实现全国文明城市“五连冠”。至2017年年末，张家港市先后获国家级荣誉200余项。

【文明系列创建】 2017年，全市持续组织开展文明创建工作。1月18日，首届江苏省文明家庭表彰大会上，南丰镇殷志兰家庭荣膺首届江苏省文明家庭称号。1月20日，最美苏州人2016年度苏州道德模范精神文明建设十佳新人交流活动中，张家港市民杨建平被授予2016年度苏州市"道德模范·十佳新人"称号,李健被授予2016年度苏州市"道德模范·十佳新人"提名奖。2月6日,市委、市政府召开全市文明引领工作推进会暨党建工作会议。在2016年度张家港市文明机关、文明区镇、文明村、文明社区、文明单位评比中,市委办公室等91个部门、保税区(金港镇)等8个区镇、保税区(金港镇)柏林村等101个行政村、保税区(金港镇)德丰社区等141个社区、市后塍幼儿园等329个单位,分别获评2016年度文明机关、文明区镇、文明村、文明社区、文明单位;南丰镇和经开区(杨舍镇)2个区镇、保税区(金港镇)高桥村等10个行政村、保税区(金港镇)后塍中心社区等15个社区、市公安局锦丰派出所等23个单位、市公安局城北派出所等77个单位,分别获评2016年度文明区镇标兵、文明村标兵、文明社区标兵、文明单位标兵、先进文明单位。4月和8月,冶金园(锦丰镇)耕余村农民王秀芬、张家港地税局黄艳分别入选中央文明办"中国好人榜"。7月13日,市文明办在凤凰镇文化中心举行道德模范与身边好人现场交流活动暨2016年度张家港市"十佳身边好人"颁奖典礼。8月2日,市文明委召开推进文明城市长效管理工作会议。9月5日,市委书记朱立凡,市委副书记、市长黄戟带领相关部门负责人就全国文明城市创建工作进行现场督察调研。11月17日,全国精神文明建设表彰大会在北京举行,张家港市再次被中央文明委授予"全国文明城市"荣誉称号,这是继2005年首次获得"全国文明城市"荣誉称号之后第五次折桂,成为唯一荣膺全国文明城市"五连冠"的县级市。金港镇获"第五届全国文明镇"称号,杨舍镇农联村获"第五届全国文明村"称号,市文广新局获"第五届全国文明单位"称号,塘市小学获"第一届全国文明校园"称号,市文明办获"第四届全国未成年人思想道德建设工作先进单位"称号,郁霞秋获第六届全国道德模范提名奖。塘桥镇、锦丰镇、南丰镇永联村、保税区(金港镇)长江村经复查确认继续保留"全国文明镇村"称号,张家港出入境检验检疫局、中国农业银行张家港分行、中国银行张家港分行、市财政局、张家港海事局、市水政监察大队经复查确认继续保留"全国文明单位"称号。11月,江苏省文明办、省委农工办、省农委等单位公布第四届"江苏最美乡村"评选结果,塘桥镇金村村获评第四届"江苏最美乡村",南丰镇永联村、金港镇长江村经复查合格继续保留"江苏最美乡村"称号。12月9日,市文明办、市文广新局在大南水街举行2017年张家港市千场优秀电影进社区活动闭幕暨公益电影室内放映点授牌仪式,年内在全市免费放映电影4250场。12月17日,省委宣传部、省文明办在金港镇举行江苏省道德模范与身边好人(苏州张家港)现场交流活动暨第四届张家港市道德模范授奖仪式,省委宣传部副部长、省文明办主任杨志纯为第六届全国道德模范提名奖郁霞秋颁发奖章,市有关领导分别为第四届张家港市道德模范颁授奖章并赠送道德传家宝。年内,王秀芬、黄艳、孙美芬入选"江苏好人榜",朱建国等14人获评"苏州好人"。至年末,全市共有全国道德模范3人(含提名),江苏省道德模范5人,中国好人24人,中国好人数继续领跑全省县级市。

【社会志愿服务与志愿精神弘扬】 至2017年年末,市志愿服务专门网站——友爱港城网登记志愿服务团队数达到958支,注册志愿者人数达到81379人,累计志愿服务时长172万小时。市财政全年投入志愿服务专项资金150万元,平均每天有43个志愿服务活动在城乡开展。1月4日,2016年市总商会年会在市馨苑度假村举行,红人实业、笙景建筑公司等8家爱心企业结对资助志愿服务伙伴项目,项目资助款合计15万元。3月4日,市文明委在市文化中心星海剧场举行行业志愿服务交流活动暨行业志愿服务联盟成立仪式。是日,市文化馆被省委宣传部、省文明办等单位联合命名为首批江苏省公共文化设施开展学雷锋志愿服务示范单位和第三批江苏省"学雷锋活动示范点"。3月5日,市文明办、经开区(杨舍镇)、市总工会、团市委、市妇联、市邮政局等部门在吾悦广场共同举办"志愿益起来·城市更精彩"张家港市2017年度学雷锋志愿服务主题日暨经开区(杨舍镇)"微心愿·微志愿·微感动"活动。3月6日,市东渡志愿者协会青年服务队被共青团江苏省委命名为2015—2016年度江苏省青年文明号。3月27日,中央电视台《新闻联播》介绍张家港市志愿服务工作。7月28日,经市编办批复,市志愿服务指导中心人员编制由2人增加至5人。9月7日,省文明办公布2017年学雷锋志愿服务先进典型推选结果,杨舍镇金塘社区被推选为优秀志愿服务社区。11月23日,苏州市文明委发文公布2017年度苏州市"乡风文明志愿岗""社区金乡邻志愿岗"优秀岗位名单,大新镇新海坝村文体活动岗等15个岗位入选苏州市"乡风文明志愿岗"优秀岗位,金港镇塍丰社区邻里互助岗入选苏州市"社区金乡邻志愿岗"优秀岗位。12月2日,苏州市文明委发文表彰2017年度苏州市志愿服务先进典型,常仁忠获评最美志愿者,市文化志愿者协会获评最佳志愿服务团队,锦丰镇悦来社区获评最佳"金乡邻"志愿服务社区,东渡志愿者协会获评最佳志愿服务团队提名奖,爱心帮帮团"非常1+1"项目、"服务职工送文化"志愿服务项目获评最佳志愿服务项目提名奖。12月3日,近5000名志愿者参与首届张家港国际马拉松服务保障工作。12月5日,市文明委在市广电大厦演播大厅举办"150万小时的故事"——志愿者风采展示暨志愿精神弘扬活动。12月22日,市文明办、市民政局在市广电大厦演播大厅举行"福彩杯"张家港市第三届志愿者才艺大赛决赛。12月29日,市环保志愿服务中心落成。

【未成年人思想道德建设】 全市未成年人思想道德建设常抓不懈。5月,市文明办、市关工委等6个单位联合组织开展"学史立志、崇德向善"主题教育活动。4月至6月,市文明办组织开展

"学习和争做美德少年"活动和"与榜样同行"——寻找身边好人好事主题活动。5月17日，省文明办公布第四届江苏省"百名美德少年""十大美德少年标兵"推选结果，三兴学校学生茅迅依获评第四届江苏省"百名美德少年"称号。8月25日，市文明办在文化中心星海剧场举行"小举动大文明，爱心在行动"爱心包裹及画信启动仪式。10月25日，市文明委在少年宫梦想剧场举办第四届张家港市美德少年颁奖仪式，弘扬少年美德。10月27日，市文明办在文化中心星海剧场举行张家港市第七届科普剧会演，并对优秀科普剧予以颁奖。11月17日，中央文明委下发表彰决定，张家港市文明办获评第四届全国未成年人思想道德建设工作先进单位荣誉称号。

【全国创建文明城市工作经验交流会在市召开】 4月6日至7日，中央文明委在张家港市召开全国创建文明城市工作经验交流会，中共中央政治局委员、中宣部部长、中央文明委副主任刘奇葆出席会议并讲话，江苏省委书记、省人大常委会主任李强致辞，中宣部常务副部长、中央文明办主任黄坤明主持会议。江苏省委常委、宣传部部长、统战部部长王燕文，江苏省委常委、苏州市委书记周乃翔，江苏省副省长蓝绍敏，苏州市委常委、宣传部部长盛蕾等出席。张家港市委书记朱立凡在会上作了题为《始终坚持两手抓两手硬两促进，不断提升文明城市创建新境界》的创建经验交流发言。中央文明委相关成员单位分管领导、各省（区、市）党委分管领导、87个全国文明城市（区）、123个地级提名城市文明委主要领导以及中央主流媒体记者参会。会议期间，与会代表到张家港市文化中心、梁丰社区、步行街、暨阳湖生态湿地公园、博物馆、塘市小学、金塘社区、梁丰生态园等地进行现场考察。（蔡　磊）

经济建设

【综合实力】 全年经济发展稳步增长，转型升级取得新突破，全市实现地区生产总值2606.05亿元，按可比价格计算，比上年增7.3%。其中，第一产业增加值31.2亿元，比上年减0.3%；第二产业增加值1365.64亿元，比上年增5.3%；第三产业增加值1209.19亿元，比上年增9.8%。三次产业的比重为1.2∶52.4∶46.4。按户籍人口计算，人均地区生产总值28.05万元，按平均汇率折4.15万美元；按常住人口计算，人均地区生产总值20.74万元，按平均汇率折3.07万美元。

财政收入　全年实现财政总收入535.72亿元，比上年增25%。其中，公共财政预算收入210.01亿元，比上年增10.5%。公共财政预算内支出193.67亿元，比上年增4.8%。三大主要税种"两增一降"，增值税、企业所得税分别比上年增42.2%、43.4%，个人所得税比上年减56.1%。

固定资产投资　全年完成全社会固定资产投资额727.21亿元，比上年增0.3%。其中，完成工业投资374.79亿元，比上年减2.8%，占全社会投资额的比重为51.5%；服务业投资352.39亿元，比上年增3.9%，占全社会投资额的比重为48.5%。

【农业】 全年粮食总产量22.41万吨，油料总产量3497吨，蔬菜总产量28.1万吨，瓜果总产量6.65万吨，出栏生猪7.38万头、羊1.1万只，上市家禽86.12万羽，水产品总产量1.12万吨，实现农、林、牧、渔业总产值60.65亿元。其中，农业产值34.99亿元，林业产值7.37亿元，牧业产值4.84亿元，渔业产值5.3亿元，农、林、牧、渔服务业产值8.15亿元。全市有各级农业产业化龙头企业51家。其中9家省级以上农业龙头企业实现销售收入259.29亿元。农机总投入7206万元，农机总动力29.7万千瓦，农机综合化水平90.1%。全市重点推进常阴沙省级现代农业产业示范园、沙洲生态农业园和双山岛现代农业园区开发建设，全市农业园区面积达到8800公顷。

【工业】 全年完成工业增加值1300.01亿元，比上年增5.7%。1134家规模以上企业完成工业总产值4598.79亿元，比上年增0.6%。实现主营业务收入5203.48亿元，工业利税493.28亿元，工业利润389.52亿元。冶金、纺织、机电、化工、粮油食品五大行业在规模以上工业总产值中占的比重为95.9%，其中冶金占45.3%、纺织占12.9%、机电占15.6%、化工占17.2%、粮油食品占4.9%。全市工业用电量282.29亿千瓦小时，比上年增6.6%。全年销售收入超1亿元的工业企业有390家，其中超1000亿元的有1家，100亿元至500亿元的有5家，50亿元至100亿元的有6家，20亿元至50亿元的有13家，10亿元至20亿元的有33家，5亿元至10亿元的有47家。沙钢集团连续9年入围世界500强。规模以上工业主要产品产量：食用植物油110.36万吨，比上年增12.1%；黄酒5840万升，比上年增2.4%；布23284.4万米，比上年增0.8%；服装14345.91万件，比上年减20.1%；纯碱63.98万吨，比上年增3%；化学肥料35.7万吨，比上年增8.5%；化学农药9800吨，比上年增10.2%；水泥300.08万吨，与上年持平；成品钢材3576.85万吨，比上年增7.6%；铜材2.51万吨，比上年减15.7%。全市民营经济平稳发展，规模以上民营企业完成工业总产值4598.79亿元，5家入围中国企业500强，6家入围中国民营企业500强，9家入围中国民营企业制造业500强。新增私营企业7463家、个体工商户18405户，新增注册资本分别为301.09亿元和24.77亿元，私营企业注册资本累计441亿元。新增上市企业3家，累计有上市企业20家，募集资金总额87亿元。新增11家企业在"新三板"挂牌，累计"新三板"挂牌企业71家，上市总数继续保持苏州市领先。

【建筑业】 全年完成建筑业总产值154.95亿元，竣工产值141.23亿元。房屋施工面积1226.1万平方米，其中新开工房屋建筑面积354.67万平方米。年末，全市有建筑业资质企业384家，其中设计与施工一体化资质企业16家、施工总承包企业104家、专业承包企业199家、劳务分包企业68家，企业主、兼营（增项）涉及专业

24个。建筑业企业从业人员4.71万人,其中具备技术和经济类相关资质人员9015人。

【服务业】 全市实现服务业增加值1209亿元,比上年增12.81%。服务业增加值占全市地区生产总值的比重为46.4%,比上年提高1个百分点。服务业对地区生产总值增长的贡献率超五成。服务业入库税收127.1亿元,占全市税收总额的37.4%;服务业公共财政预算收入73.36亿元,占全市总量超34.9%。

港口物流 张家港港岸线全长80.4千米,有135个泊位,其中万吨级泊位78个。全年口岸完成货物吞吐量2.87亿吨,比上年增0.3%,其中金属矿石8247.3万吨、煤炭及制品7004.5万吨、钢铁3229.7万吨、矿建材料2000.6万吨、化工原料及制品1327.8万吨、粮食1119.3万吨、木材586.9万吨、化肥及农药200.5万吨、石油天然气及制品227.1万吨、水泥586.9万吨、机械设备61.8万吨。全年集装箱运量96.2万标箱。进出口整车11928辆,进出口红酒2380.7吨、羊毛17.3万吨、棉花10.1万吨、肉类7.8万吨,整车、羊毛、棉花、肉类等特色货种进口量持续位居全省同类口岸之首。货物吞吐量继续保持全国县域口岸领先。

商品贸易 年内,全市实现社会消费品零售总额581.46亿元。其中,城镇零售总额453.78亿元,农村零售总额127.68亿元。社会消费品零售总额按行业分:批发业67.31亿元,零售业426.69亿元,住宿业6.67亿元,餐饮业80.79亿元。在限额以上单位商品零售分类中,石油及制品类、饮料类、五金电料类、化妆品类、家具类、电子出版物及音像制品类、机电产品及设备类分别比上年增15.8%、17.1%、14.6%、10.8%、10.4%、12.7%、16%;粮油食品类、金银珠宝类、书报杂志类、体育娱乐用品类分别比上年减12%、3%、1.6%、4.9%。全市有消费品市场69家,年成交额148.15亿元,其中农副产品综合市场成交额131.38亿元、工业品市场成交额16.77亿元。成交额超1亿元的消费品市场有20家。生产资料市场主要经营化工、钢材、建材、汽车、木材、纺织原料、粮油、五金、家具、小商品及国际消费品等。玖隆物流园、江苏化工品交易中心、张家港保税区纺织原料市场、保税区进口消费品市场和保税区粮油交易市场成交额分别达到2165.12亿元、838.54亿元、353.69亿元、376.07亿元、211.68亿元。

金融 全市银行业金融机构本外币各项存款余额2688.45亿元。其中,人民币各项存款余额2566.79亿元。外币各项存款余额18.62亿美元。人民币住户存款余额1039.06亿元,非金融企业存款余额1118.09亿元。全市银行业金融机构本外币贷款余额2250.59亿元,其中人民币贷款余额2192.22亿元、外币贷款余额8.93亿美元。市保险业全年完成保费收入55.94亿元,其中财产险收入17.66亿元、人身险收入38.28亿元。全年理赔支出16.97亿元,其中财险支出10.59亿元、人身险支出6.38亿元。全市证券开户数26.98万户,全年证券交易额3172.51亿元。

房地产 全市有房地产开发企业96家。全年完成房地产开发投资195.61亿元,比上年增63.93%。商品房施工面积771.63万平方米,新开工面积259.13万平方米,竣工面积158.03万平方米。新核准预售商品房18770套、306.89万平方米。新建商品房成交21674套、323.51万平方米,二手住房成交15534套、189.39万平方米。全市新建商品房成交均价每平方米11205元,其中市区成交均价每平方米12728元,比上年增20.75%。

【交通】 全市年完成交通基础设施建设投资40亿元。沪通铁路、锡通高速过江通道南接线工程、晨丰公路、港华路、新泾路快速化改造等市属交通工程按计划推进。境内公路总里程1618.5千米,其中国省干线公路229.56千米、县级公路182.91千米、乡镇公路610.08千米,村级公路595.95千米,公路密度每平方千米2.05千米。年内公路养护资金投入2.62亿元。新建农村公交候车亭33座。改造公交运力100辆,公共财政完成公共交通投资6360万元。全市公交营运汽车682辆(不含学生专线),公共汽车客运总量7161万人次,公交线路62条。全市营业性交通运输完成公路、水路客运量3213.6万人次、客运周转量125544.6万人千米。完成公路、水路货运量2018万吨,货运周转量356826.4万吨千米。张家港船闸全年开放闸次20235次,放行船舶80831艘,通过量6162.2万吨。年末全市拥有机动车39.84万辆,其中汽车37.17万辆,比上年增10.5%。全市私牌汽车保有量31.54万辆,比上年增10.1%。

【水利】 全市有长江堤防103.45千米,有沿江节制闸23座、出江(港)涵洞23座,有内河水闸和泵站36座。有防洪圩区61个,排涝站336座,排涝流量每秒717.4立方米,装机总功率3.43万千瓦,圩口涵闸296座。全年完成水利投资5.17亿元。

【旅游】 全市旅游业接待游客778.21万人次,旅游总收入172.01亿元。暨阳湖欢乐世界、苏州江南农耕文化园、凤凰山景区、香山景区和双山岛旅游度假区5个收费景区实现门票收入2423.72万元,景区营业收入11764.77万元。全市有旅游星级饭店9家,其中五星级3家、四星级3家、三星级3家。有旅行社37家,其中出境游资质旅行社3家,在册导游196人。拥有省四星级旅行社2家,省三星级旅行社8家。全年累计组团人数14.77万人次,地接人数6.06万人次,营业总收入1.93亿元。

【邮电信息化】 全年完成邮政业务总收入1.83亿元,通信运营商业务总收入19.19亿元。全市有固定电话用户21.64万户,全市投入信息化基础设施建设资金1.94亿元。新增光缆5326.1皮长千米,累计6.91千米。新建各类基站360个。有线智慧镇(社区)建设取得阶段性成效,塘桥镇通过"有线智慧镇"先进镇验收,乐余镇通过达标镇验收,全市升级覆盖"有线智慧镇"用户近4万户。

【开放型经济】 全市新批外商及港澳台商投资项目50项，新增注册外资及港澳台资5.67亿美元，到账外资及港澳台资6.1亿美元。全年批办增资项目27项，新增注册外资及港澳台资2.34亿美元。新批服务业外资及港澳台资项目24项，新增服务业注册外资及港澳台资1.95亿美元，到账外资及港澳台资6358万美元；新批投资总额超1000万美元项目16项，注册外资及港澳台资5.56亿美元。全年战略性新兴产业和高技术项目实际使用外资及港澳台资2.1亿美元。

对外及对港澳台贸易 全市完成对外及对港澳台进出口贸易总额321.29亿美元，其中进口总额161.46亿美元、出口总额159.83亿美元，贸易逆差1.63亿美元。一般贸易进出口仍占主导地位，为263.32亿美元，其中出口136.49亿美元，占全市出口总额的85.4%。全市有出口实绩企业2843家。其中，自营出口企业2515家，合计出口88.89亿美元，占全市出口总额的55.41%；三资企业328家，合计出口34.6亿美元，占全市出口总额的21.57%。

对外及对港澳台经济技术合作 全年新签境外工程合同额3.18亿美元，完成境外工程劳务营业额2.71亿美元，外派劳务53人。新批对外及对港澳台投资企业（项目）26家，对外及对港澳台投资总额11.36亿美元，其中张家港投资方协议投资额5.2亿美元。新批对外及对港澳台投资500万美元以上项目20项，张家港投资方协议投资额5.05亿美元。其中，1000万美元以上项目17项，张家港投资方协议投资额4.84亿美元。

【科技创新】 市政府出台《张家港市创新驱动能力提升计划实施细则》等政策文件，全市财政科技投入7.32亿元，占市级财政一般预算支出的7.56%。争取上级科技人才项目211项，获上级项目经费7186.59万元。新增高新技术企业75家，新增高新技术产品379种，新增省级以上企业创新平台62家，获评苏州市级以上科学技术奖励20项，评定张家港市科技创新创业市长奖5项，市科技合作贡献奖2项，万人发明专利拥有量达到36.25件。全市新增省国际科技合作计划2项，累计19项；新增产学研合作项目220项；累计有828家企业与263所（家）高校、科研院所建立科技合作关系。 （史 志）

政治建设

【党的建设】 张家港市委全年召开市委全会两次，常委会会议25次，全市领导干部会议3次，要求党员干部强化责任担当、践行“四大路径”，谱写新时代张家港发展的新篇章。1月，张家港市委根据省委“下基层、察实情、促富民”走访调研统一部署和苏州市委相关通知要求，围绕“两聚一高”目标开展“六个一”基层走访调研，并建立健全会商会办、督察通报、考核考评等制度。至年末，全市“六个一”大走访下基层385909人次，走访家庭314399户、企业35808家，收集问题意见54081条，问题意见解决率85%。3月10日，市委印发《张家港市干部干事创业容错免责实施办法（试行）》和《关于担当作为好单位、担当作为好干部的考核方案》，提出营造保护改革、鼓励担当、宽容失误的良好环境。是日，市委印发通过科学规范的考核工作，激励和引领全市各级干部敢担当、善作为、重落实、树形象，为推动全市努力走在高水平全面建成小康社会前列提供强大的组织保障和精神动力。5月11日，市委召开全市推进“两学一做”学习教育常态化制度化工作座谈会，部署推进“两学一做”常态化制度化工作。11月，市委印发《中共张家港市委关于认真学习宣传贯彻中共十九大精神的通知》，要求全市各级党组织和广大党员干部迅速掀起学习宣传贯彻中共十九大精神热潮。

【人大监督】 2017年年初，全市有十四届人大代表335人。至年末，有江苏省十二届人大代表3人、苏州市十六届人大代表70人、张家港市十四届人大代表333人。市十四届人大一次会议后，市人大及其常委会围绕全市中心工作，紧扣创新转型、民生福祉改善和民主法治建设等工作重点，对全市重大项目建设、中医药事业发展、农产品质量全程监管和建筑市场管理等工作进行督察，提出意见建议，推动工作落实。全市有人大代表之家44家，年内组织开展代表活动152场，开展代表接待选民日活动103次，有35名苏州市代表和266名张家港市代表参加选民接待活动，接待选民1600余人，232名市、镇两级代表向选民进行述职。市人大常委会听取和审议“一府两院”专项工作报告48项，作出决议、决定13项。全年依法任免国家机关工作人员133人次，其中任免市人大、市政府工作人员84人次，“两院”工作人员49人次。组织对《中华人民共和国税收征收管理法》《中华人民共和国道路运输条例》《中华人民共和国档案法》《江苏省养老服务条例》4部法规法律贯彻实施情况进行执法检查。就治安防控、职业教育、农村生活污水治理、防汛排涝、“两院”司法体制改革推进情况等进行考察和调研31次，撰写调研报告26篇。 （史 志）

【法治建设】 年内，张家港市以争创“江苏省法治建设示范县（市、区）”为目标，围绕“四大路径”，紧扣“两聚一高”主题，全面推进依法行政、严格执法、公正司法、全民守法，2017年度法治建设满意度在省测评中达到98.5%，年内，市政府先后出台水利发展、卫生计生事业发展、国资国企改革发展、教育事业发展四个“十三五”规划，实施民生实事工程20项，推动“互联网+政务服务”建设，依法统筹抓好行政审批制度改革。2月，市委政法委、市依法治市领导小组办公室启动“关爱民生法治行”活动，征集区镇、部门法治惠民项目53项，通过“张家港政法”“张家港日报”微信公众号开展“我身边的法治实事工程”项目评选活动。3月，进一步深化“七五”普法宣传，印发《关于国家机关建立健全“谁执法谁普法”责任制的意见》，梳理100项重点普法工作，明确51个机关部门的具体责任，制定责任制考核细则。4月，扎实推进“苏州市法治建设先进镇”创建、复核工作,大新镇通过创建考评,金港镇、杨舍镇、锦丰镇等7个镇通过复核;按照政协提案办理要求,做好市政协十二届一次会议第277号提案《关于建设“张家港市法治宣传教育中心”的建议》办理工作。5月,组织开展“以案释法”宣传活动,征集具有防范指导和教育警示意义的典型案例通过微信、微博等新媒体平台发布推送。8月,开展“诚信守法”企业申报评选工作,对“关爱民生法治行”重点项目进行抽查。9月,举办“法治张家港”建设领导干部专题研修班,各区镇、各部门分管领导和主要行政执法部门负责人,共120余人参加培训。10月,邀请政协委员对“关爱民生法治行”年度重点项目完成情况进行视察,市市场监督管理局“网络平台订餐单位规范管理”项目获评苏州法治惠民优秀项目。11月,召开“江苏省法治建设示范县(市、区)”创建考核推进会,组织开展区镇法治建设满意度测评。12月,《法治的力量》评弹巡演在星海剧场举办首场演出,启动区镇巡演工作。（秦　悦）

【政治协商】 年初,市政协进行换届。调整后的市十二届政协委员为335人。其中,中共委员124人,占37%;党外委员211人,占63%;女委员92人,占27.4%。至年末,市十二届政协有委员334人。年内,市政协组织召开各类协商议政会议6次。其中,市政协常委会议分别就加快健康产业发展、推进突发环境事件应急体系建设、“深化河长制改革,提升水环境质量”、经济社会发展及提案办理等议题,市政协主席会议分别就“促进科技创新,加快人工智能、大数据、云计算应用”“加快乡村休闲旅游发展”等议题,与市政府及有关部门进行协商,形成专题调研报告6篇,提出各类意见建议80余条,专委会开展对口协商通报活动12次。市政协十二届一次会议期间,共收到提案361件,其中集体提案98件、个人提案263件。经审查,立案278件,其中经济科技类54件、城乡建设类98件、社会事业类115件、其他类11件。7月,市政协组织开展社情民意收集活动,共收集社情民意信息52条,向市委、市政府报送8条重要信息,市政府及各相关部门逐一落实。（史　志）

文化建设

【教育事业】 2017年,全市教育经费投入40.86亿元,其中公共财政教育经费支出32.97亿元。招收新生5.22万人,毕业生4.57万人,年末,在校学生19.54万人,比上年增7012人,吸纳新市民子女8.74万人(不含3所高校)。全市有幼儿园62所。在园幼儿42672人(含新市民子女18422人),比上年增1399人。其中,0周岁至3周岁婴幼儿入园(所)人数399人,适龄幼儿入园率100%。全市有小学38所(含村校1所)。在校学生83045人(含新市民子女47540人),比上年增2899人。全市有中学43所,其中初中34所、普通高中9所(含完中2所)。在校学生44762人,其中初中生32720人、高中生12042人。全市有职业类院校5所,其中公办职业院校4所、民办职业院校1所,普职比1:1。职业院校在校生12499人,毕业生2761人。全市有沙洲职业工学院、江苏科技大学张家港校区、江苏科技大学苏州理工学院3所高校。3所高校在校学生13132人、毕业学生4558人。

【文化事业】 年内,全市新建成24小时图书馆驿站2家,累计33家。政府购买文艺演出服务30场,推出“幸福港城”网格文化系列活动。至年末,全市有市锡剧艺术中心、市评弹艺术传承中心、市文化馆东方艺术团3个专业艺术团体,成员162人;有群众文艺团队545个,专职群众文化工作人员275人,业余创作骨干200人、演出骨干600余人。张家港市率先在全省县域实现公共文化事业单位理事会制度改革全覆盖,“一中心、双总分、数字化”公共文化服务新模式获文化部肯定推广。创新举办2017中国(张家港)长江文化艺术节,“全国少儿曲艺展演”落户张家港,2016中国(张家港)长江文化艺术节获国内“最具国际影响力节庆”称号。锡剧《一盅缘》作为国家艺术基金2016年度传播交流推广资助项目赴新加坡交流演出。承办袁毅平摄影艺术展、“无界·融合”中加文化艺术交流展。举办2017年“全民读书月”活动暨“童话里的城”首届张家港市童话节,打造“森林书屋”等一批“最美悦读空间”,全市入选江苏省书香城市建设示范市(县、区)。小品《找钥匙》等6个项目入选国家艺术基金2017年度资助项目,立项数量居全国县(市)区首位。锡剧《三三》获省“五个一工程”奖。中篇评弹《飞来的老婆》、评弹《忠魂曲》、小品《幸福指数》、小品《失败没有百分百》等一批优秀作品在全国、全省评比中获奖。“张家港美术馆自闭症儿童个体绘画干预与听障儿童艺术创作指导”项目入选2016年度全国美术馆优秀公共教育项目(全国县级唯一)。成立全国首家田汉剧社,设立张家港市第一批艺术名家工作室。完成《东山村遗址保护与展示设施建设方案》文字部分修改,《黄泗浦遗址保护规划》获国家文物局批复。组织开展非遗宣传展示活动,举办第五届非遗技艺传承大赛,张家港市获评中国曲艺之乡标兵单位。（张钰梅）

【卫生和计生事业】 全市有卫生计生机构412个,其中医院43个、社区卫生服务机构224个、企事业单位卫生所45个、个体诊所87个、门诊部13个;卫生计生机构人员总数11527人,比上年增268人。全年各级各类医疗机构总诊疗1070.63万人次,出院病人31.23万人次,病床使用率85.17%;平均住院日9.2天;平均每人次门诊费用183.3元,平均每人次住院费用8203.2元。9559名卫生技术人员中,有医疗人员3857人、护理人员3851人、药剂人员514人、医技人员508人;高级职称853人、中级职称2296人。年内,新批准设立民营医疗机构12个。全市人均基本公共卫生经费80元,比上年增10元。市卫计委制定《张家港市健康卫士“531”行动计划实施方案》等文件,开展新市民健康城市行活动，实施妇幼健康惠民工程。综合医改工作被确定为全省三个县级综合医改评估典型案例之一，市公立医院出院患者满意度在苏州市持续领先。

【体育事业】 全市建有公共体育健身场地设施2778个，其中以健身路径为主的健身工程610个、全民健身活动站点1020个、社区体育健身俱乐部273家。全市村（社区）实现“两室一场一路径”全覆盖，80个村（社区）达到省定一类标准，体育设施每1万人拥有量30.2个，人均占有体育场地面积3.65平方米。全市健身步道312条，合计495.95千米。市少年业余体校在训学生332人，教练员21人。全市有国家级裁判员6人，一级裁判员79人次。全年向省体校输送学生15人，向苏州市级体校输送学生31人。全市有社会体育指导员6433人。全市承办国际级比赛3项、国家级比赛1项。全市新增备案体育经营场所15家，累计144家。全市有体育用品制造及销售企业104家，体育服务类企业140家，体育服装、鞋帽类生产及销售企业578家。

（史　志）

社会建设

【社会民生】 全市社会民生协调发展，人民生活得到持续改善。年末全市住户存款余额1039.06亿元，比上年增0.7%。全市农村居民人均可支配纯收入30188元，比上年增8.4%，城镇居民人均可支配收入59200元，比上年增8.42%，居民消费支出不断增长。农村居民人均生活消费支出20227元，比上年增8.24%，恩格尔系数为28.2%。城镇居民人均生活消费支出33325元，比上年增5.49%，恩格尔系数为28.5%。全年开工保障性住房35万平方米，竣工129.4万平方米。新增住房公积金缴存职工2.85万人。

【劳动就业】 全年提供就业岗位7.4万个，城镇登记失业率1.85%，开发就业援助岗位11307万个，开发公益性岗位1113个，帮助就业困难人员就业5706人，特困家庭劳动力就业率99.7%，被征地农村劳动力就业率99.1%。张家港市户籍高校毕业生就业率99.5%，特困家庭高校毕业生就业率100%。

【社会保障】 全年养老保险机关事业参保人数17303人，城镇企业参保人数768626人。失业保险参保人数682484人，医疗保险784782人，工伤保险688934人，生育保险688587人。全市有养老机构47家，床位1.02万张。年末在册低保对象2772户、4183人，低保边缘重病困难对象914户、973人，特困对象462户、462人，全年发放低保（含低保边缘、特困对象）补助金5263.9万元，为低保对象发放水费补贴97.6万元。实行五保对象、孤儿供养标准自然增长机制，五保对象供养标准由每月1134元调整为1225元，儿童福利机构集中供养孤儿供养标准由每月2080元调整为2210元，社会散居孤儿供养标准由每月1460元调整为1660元。全年销售福利彩票48145万元。

（史　志）

【平安建设】 1月，张家港市建立健全社会矛盾纠纷分析研判机制。2月，市综治办牵头市公安局和各区镇，排查梳理2017年度重点地区和突出问题，制定整治计划表，对全市22个重点地区和问题开展综合治理；制定下发2017年度综治平安建设工作要点。3月，市政府召开全市政法暨社会稳定工作会议。市综治办会同市公安局、卫计委、民政局、残联及各区镇做好春季严重精神障碍患者排查管控工作。4月，试点推进全市小区安全防范智能化建设；部署开展全年综治和平安暗访活动。5月，举办全市社会治安综合治理专题讲座。6月，下发创新特殊人群服务管理机制的实施意见。7月，召开半年度寄递渠道安全管理工作会议。8月，全面推进网格化社会治理和大联动工作，陆续建立市、镇两级网格化联动中心，建设工作平台并有序开展试点工作；部署推进全市出租房屋安全隐患集中整治工作；调整扩大严重精神障碍患者有奖监护政策覆盖面。9月，开展2017年度提升群众安全感专项行动；以市委办、市政府办名义印发《关于完善全市社会矛盾纠纷多元化解机制的实施办法》。10月，以市委办、市政府办名义印发《张家港市健全落实社会治安综合治理领导责任制实施办法》。11月，开展铁路沿线社会治安、矛盾纠纷、重点人员等情况排摸；组织对社会治安重点地区和突出问题整治工作验收。12月，开展2017年度创新社会治理“以奖代补”评审工作，对四大类66个项目进行“以奖代补”。全年深入推进矛盾纠纷多元化解机制，着力构建立体化现代化的社会治安防控体系，省群众安全感测评达到96.75%，张家港市被中央综治委授予2013—2016年度全国平安建设先进县（市、区）称号。

（秦　悦）

生态建设

【生态保护】 2017年，全市开展海绵城市建设，启动绿色发展引领区建设试点工作。加强生态红线区域建设管理，生态红线区域面积204平方千米，占国土面积比例20.69%。实施最严格的水资源管理制度，有序推进三大水循环体系建设，实现城乡河道“河长制”全覆盖，水面保护率保持100%。全市万元工业增加值用水量达到年度目标任务，农业灌溉水有效利用系数0.691。集中式饮用水源地水质保持100%达标。实施51条生态河道整治，完成河道疏浚705条，生态化比例100%。严格控制农业面源污染，新划定禁养区6个规模化畜禽养殖场和省重点区域内8个无配套农田无治污设施小型养殖场全面关闭，禁养区外53个畜禽养殖场规范整治到位。城市、集镇、农村生活污水处理率分别达到98.4%、91.5%和82.2%。PM2.5均值为每立方米43.1微克，浓度比上年减16.2%，全年优良天数251天。重点省考断面水质达到考核目标，达标率100%。主要河流水质达到功能区要求，总体水质状况良好。全市化学需氧量、氨氮、二氧化硫、氮氧化物4项主要污染物削减量均完成年度任务。

【节能减排】 2017年，全市关停及实施低效产能淘汰企业150家、关停并转落后化工企业37家，东沙化工区（东区）全线关停。全年减少煤炭消费总量75万吨。全市工业主要产品单耗稳定下降率达到71.2%。着重抓好节能技改，沙钢集团1号、2号烧结烟气余热回收、永钢集团80兆瓦高温高压中间带再热发电机组、沙洲电力1号机组汽轮机通流改造及冷端优化等20个节能和循环经济项目，累计完成投资8.5亿元，形成年节能能力10万吨标准煤。推进工业绿色制造体系建设，经开区、永钢集团被工信部列入第二批绿色制造示范名单，分别获评绿色园区、绿色工厂。海陆重工IGCC/CCP余热锅炉国产化成套装备绿色关键工艺技术及系统集成项目入选工信部2017年绿色制造系统集成项目。（刘　瑾）

【城市建设】 2017年，城区重点建设公共建筑项目27项，完成投资17.78亿元，建筑面积33.4万平方米。市看守所、北庄幼儿园等工程竣工。城东黄泗浦生态核心区整体景观初现形态，全年完成投资1.1亿元，完成9.6千米环湖道路和35座桥梁铺设等工程。城西新区新建南庄路、泗港路，建成泗港便民服务中心。城北科教新城职工文体中心和国际教育交流中心两大项目主体结构完成，累计完成投资2.62亿元。城区实施房屋动迁301户（含非住宅32户），动迁面积12万平方米。全年安置房4个结转项目竣工，总建筑面积39.62万平方米。城市化率67%，农民集中居住率61%，城市功能日趋完善。

【城乡绿化】 2017年，全市开工建设大桥公园一期三角地块生态防护林、二支河泵站景观河道、西二环增种行道树等道路绿化、南苑东路绿化修复等大型绿化项目。城区新增各类绿化15.35公顷。市农委配套林业绿化资金1.4亿元，完成苏州市下达100公顷造林任务，实施森林抚育面积500公顷，重点公益林增加到1424公顷。城区公共绿地养护面积662.47万平方米，四季草花面积2.37万平方米，花境面积1.9万平方米，行道树32143棵，景观造型树369棵，花箱1744组。至年末，城市建成区绿地率37.2%，林木覆盖率19.63%，绿化覆盖率41.1%，人均公园绿地面积14.6平方米。自然湿地保护率61.1%，新增森林面积121.13公顷。10月，张家港市获国家生态园林城市称号。

（史　志）

组织机构及其领导

市级领导机构

中共张家港市第十一届委员会

书　记　朱立凡
副书记　黄　戟　王亚方
常　委　黄雪元　杨　芳（女）
　　　　卞东方　张　玮　李军强
　　　　陆德峰　黄亚平　石锡贤
委　员　（按姓氏笔画为序）
　　　　万资平（7月递补）　王文伟
　　　　王松石　卢懂平　朱兴华
　　　　许剑波　严栋兴（7月递补）
　　　　吴惠芳　沈　琳（7月递补）
　　　　陆忠理　陆崇珉　陈　稳
　　　　陈卫兵　陈世海　邵军民
　　　　季　宗　季洪良　赵建明
　　　　秦真智（女）　夏立新
　　　　钱锦东　徐凤琪　徐仲高
　　　　徐建东　常　征
　　　　蔡　蔚（12月免）
候补委员　（按得票多少为序）
　　　　沈　琳（7月免）
　　　　严栋兴（7月免）
　　　　万资平（7月免）　朱瑞栋
　　　　邵建华　黄祥亮　王连生

张家港市第十四届人民代表大会常务委员会

（1月选举产生）

主　任　徐仲高
副主任　陆颂义　顾　放　秦毅峰
　　　　应　梓
委　员　（按姓氏笔画为序）
　　　　丁一红（女）　王惠忠
　　　　朱卫兵　刘　佾　许京海
　　　　孙朝枫　杨志刚（1月免）
　　　　杨建钟　沈学如
　　　　张建新（女）　张满兴
　　　　张耀清　陆一珉
　　　　陆大革（5月免）　陆卫东
　　　　陈　稳（7月免）　陈建明
　　　　季洪良　周志虎　周群信
　　　　赵建军
　　　　侯虎珍（女，2月免）
　　　　施向东　姚金泉
　　　　秦真智（女）　袁剑秋
　　　　袁雪祥　顾彩萍（女）
　　　　徐　敏（女）　唐红英（女）
　　　　唐利刚　蒋　锋　蓬　元
　　　　瞿刘华
党组书记　徐仲高
党组副书记　陆颂义
党组成员　秦毅峰　应　梓　周群信
　　　　钱云华　周志虎

张家港市人民政府

市　长　黄　戟
副市长　卞东方　丁学东（1月免）
　　　　徐平观（1月任）　邵军民
　　　　赵建明　陆崇珉
　　　　李兆玮（女）　王松石
　　　　周斌伟　胡新华（挂职）
　　　　胡　俊（挂职，7月任）
党组书记　黄　戟
党组副书记　卞东方
党组成员　邵军民　赵建明　陆崇珉
　　　　李兆玮（女）
　　　　王松石（1月任）　周斌伟
　　　　常　征　应　梓（1月免）
　　　　陈卫兵（1月任）

政协张家港市第十二届委员会

（1月选举产生）

主　席　黄雪元
副主席　景惠新　刘会荪　丁学东
　　　　周　兵
秘书长　陈　飞
常务委员　（按姓氏笔画为序）
　　　　王春松　王景才　王韶杰
　　　　朱长明　朱亚军　刘　俭
　　　　刘玉梅（女）　许　峰
　　　　孙礼江　孙利婵（女）
　　　　孙浩元　杜思梅（女）
　　　　苏　勇　苏国兴　李　峰
　　　　李兴华　李笑梅（女）
　　　　吴　平　吴惠英（女）
　　　　何　俊　何一雷

邱晶嘉（女）
余爱华（女） 沈 祥
张 萍（女） 张卫中
张燕清 陈 霞（女）
陈世海 陈鹤忠 邵振江
林振球 范义东 金双龙
周卫君 法 禅 孟伟言
赵剑锋 侯蔚枫（女）
姜 嵘（女）
姜志芳（女） 秦国平
夏 敏（女） 钱 伟
钱王平 徐若海 徐建龙
徐锦章 郭宏杰（女）
高卫平 高冰峰 唐 锋
黄冰青（女） 曹鹰飞
蒋丽华（女） 谢永锋
蔡克荣 翟二生 缪闻鼎
潘雪平 薛 平
党组书记 单玉珍（女，1月免）
黄雪元（1月任）
党组副书记 徐仲高（1月免）
张 伟（1月免）
景惠新
党组成员 钱云华（1月免）
周 兵（1月任） 陈世海
周新华（1月免）
陈 飞（1月任）

市纪委（监察局）

中共张家港市第十一届纪律检查委员会

书 记 张 玮
副书记 茅哲峰 陈春明（7月免）
李维兵（8月任）
常 委 徐文虎 瞿医蕾（女）
张成兵 袁胜华
委 员 （按姓氏笔画为序）
任和平 杨志刚 吴文军
张 婷（女） 张金珠（女）
张耀明 赵煜斌 顾海斌
温献民

市监察局

局 长 茅哲峰
副局长 江建胜（12月免）

市纪委非公有制经济工作委员会

副书记 张 婷（女，兼）

市纪委派驻纪检组

（8月成立）

第一派驻纪检组组长（驻市委办公室） 倪雅萍（女）
第二派驻纪检组组长（驻市委组织部） 钟 榈（女）
第三派驻纪检组组长（驻市委宣传部） 陆 骏
第四派驻纪检组组长（驻市委统战部） 曹 平
第五派驻纪检组组长（驻市委政法委） 薛建华
第六派驻纪检组组长（驻市政府办公室） 马筱宇（女）
第七派驻纪检组组长（驻市发展和改革委员会） 夏 良
第八派驻纪检组组长（驻市交通运输局） 陆 斌
第九派驻纪检组组长（驻市财政局） 朱龙友
第十派驻纪检组组长（驻市人力资源和社会保障局） 钱 剑
第十一派驻纪检组组长（驻市住房和城乡建设局） 钱凤娟（女）
第十二派驻纪检组组长（驻市教育局） 李剑龙
第十三派驻纪检组组长（驻市卫生和计划生育委员会） 张金珠（女）
第十四派驻纪检组组长（驻市农业委员会） 周国忠
第十五派驻纪检组组长（驻市市场监督管理局） 钱燕秋
第十六派驻纪检组组长（驻市人民法院） 陈阳阳（女）
第十七派驻纪检组组长（驻市人民检察院） 陈 祥
第十八派驻纪检组组长（驻市公安局） 张旦忠

市委巡察工作办公室

（7月成立）

主 任 徐文虎（兼）
副主任 唐爱斌（兼） 肖 锋（兼）
殷 焕

市委巡察组

组 长 陈维清（7月任）
徐忠袁（7月任）
金 炯（7月任）
朱晓敏（女，7月任）
副组长 顾 新（8月任）
丁建平（8月任）
杨文杰（8月任）
陈 丽（女，8月任）
周学军（7月任）
王修亮（7月任）
陈子兵（7月任）
陆 兵（7月任）

保税区、经开区、冶金园、高新区工作机构

保税区

中共张家港保税区工作委员会

书 记 朱立凡
副书记 黄 戟 石锡贤 许剑波
委 员 季 冬 黄 镇
翁羽人（女） 温献民
季 峰 万资平

张家港保税区管理委员会

主 任 黄 戟
副主任 石锡贤 许剑波 季 冬
黄 镇 翁羽人（女）
季 峰 万资平

张家港保税区党政办公室（宣传文明办公室）

主 任 潘正云
副主任 奚卫明 沙卫军 杜文献

张家港保税区外事办公室

主 任 奚卫明

张家港保税区组织人事局

局 长 虞维君（12月免）
孙惠芳（女，12月任）
副局长 马建华 仇治君

张家港保税区财政局

局 长 赵耀新
副局长 徐 旻（女） 李春洪
丁 琪（5月免）
施 靖（女，11月任）

张家港保税区规划建设局

局 长 张宇洲（3月任）
副局长 陈 剑（11月免）
徐 群
李光磊（11月任）

张家港保税区发展改革局（重大项目办公室）

局 长 刘忠华
副局长 赵 旭 包金华
谢 海（5月任）

张家港保税区招商局

局 长 张卫星
副局长 章海铭
卞春生（兼，7月免）
张奎军
卞振磊（兼，7月任）

张家港保税区科技人才局

局 长 黄菊芳（女）

副局长　卞春生(兼,7月免)
吴仲文
卞振磊(兼,7月任)

张家港保税区安全环保局

局　长　曹　东
副局长　杨忠其　王卫东(7月免)
许永华(7月任)
徐　舟(5月任)

张家港保税区企业服务管理局

局　长　沈建荣
副局长　邹文彪　瞿　锋

张家港保税区投资服务中心

主　任　陈　剑(11月任)
副主任　徐卫凤(女,5月任)
孟菁菁(女,5月任)

张家港保税区物流贸易局
(张家港保税物流园区管委会办公室、服务业办公室)

局　长　彭　烨
副局长　许汉阳(3月辞)　廖祚根
任　琰(女,5月任)
倪　军(12月任)

张家港保税区社会事业局

局　长　徐敏娟(女)
副局长　杨凤娟(女,2月免)
周士华(7月免)
柳志兵(12月任)
周　峰(12月任)

张家港保税区农村工作局

局　长　刘一平
副局长　朱建兴(5月免)　陆　剑
徐劲松(12月任)

张家港保税区政法和社会管理办公室

主　任　刘　斌
副主任　闻玉林　吴建新(7月免)

张家港保税区行政服务中心

9月,更名为张家港保税区行政审批局(政务服务中心)

局　长　何　萍(女)
副局长　卢红娟(女,5月任)
惠　涛(5月任)

张家港保税区纪律检查工作委员会

书　记　温献民
副书记　夏　琼(女)

张家港保税区监察室

主　任　夏　琼(女)
副主任　蒋中柱

张家港保税区(金港镇)机关党委

书　记　虞维君(兼,12月免)
孙惠芳(女,12月任)
副书记　卢向群(女,兼)

张家港保税区(金港镇)非公企业党工委

书　记　卢向群(女,兼)

张家港保税区金港资产经营有限公司

董事长、总经理　杨晓虎

市国土资源局张家港保税区分局

局　长　季佩欣

张家港保税区市场监督管理局

局　长　顾维平(3月免)
谷晓晖(6月任)
副局长　章俊平(女)　黄敏东

张家港保税区食品药品监督管理局

局　长　谷晓晖(兼,7月任)

张家港保税区国税局

局　长　徐　伟

张家港保税区地税局

局　长　赵庆明

经开区

中共张家港经济技术开发区工作委员会

副书记　黄雪元(4月免)
卢懂平(4月任)
委　员　陶惠兴　李　良　张　雷
庞立新(2月免)
赵志凯(4月任)
顾卫彬　陆忠理
吴卫中(6月任)

张家港经济技术开发区管理委员会

副主任　黄雪元(4月免)
卢懂平(4月任)
陶惠兴　李　良
张　雷　赵志凯
顾卫彬　陆忠理
唐善林(挂职)
赵　杰(挂职,6月任)

张家港经济技术开发区党政办公室(宣传文明办公室)

主　任　詹亚军
副主任　朱洪春(12月任)
沈海峰(7月免)　石建军

张家港经济技术开发区招商局

局　长　顾卫彬
副局长　杨　岷(女,兼)
陈晓娴(女)
苏　斌(5月任)

张家港经济技术开发区商贸局

局　长　杨立清
副局长　吴建江

张家港经济技术开发区发展改革局

局　长　张毓鸿
副局长　杨立清(兼)　杨浩东
许文虎(5月任)

张家港经济技术开发区科技人才局

局　长　杨　岷(女)
副局长　黄　蓉(女,援疆)　庞建东
秦建岳

张家港经济技术开发区经济服务局(安全环保局)

局　长　毛建锋(3月任)
副局长　邱树立(援疆)　季军学
陈银锋(5月任)

张家港经济技术开发区建设局

局　长　李仲平
副局长　陈　光　钱　斌(5月免)

张家港经济技术开发区财政局

局　长　吉鲁平
副局长　徐溪椿　郭文彩(5月任)

张家港经济技术开发区组织人事局

局　长　张建华
副局长　金　鑫(3月免)
陈海文(5月任)

张家港经济技术开发区社会事业局

局　长　凌　洁(女)
副局长　叶丽娜(女)
顾国平(5月免)
贾雪珍(女)

张家港经济技术开发区农村工作局

局　长　苏　江
副局长　石丽华(女)　施亚忠
郭建锋

张家港经济技术开发区政法和社会管理办公室

主　任　陈国庆(1月免)
副主任　赵剑锋(3月任)
缪俐琳(5月任)

张家港经济技术开发区行政服务中心(招投标中心)

主　任　陈宣东
副主任　吴　敏(女,12月免)
柯欣荣
徐晓芳(5月任)

张家港经济技术开发区纪律检查工作委员会

书　记　庞立新(3月免)
吴卫中(6月任)
副书记　徐卫杰

张家港经济技术开发区(杨舍镇)机关党委

副书记　詹亚军(兼)

市高新技术创业服务中心

主　任　孙海蓉(女,5月任)

张家港经济技术开发区机关服务中心

主　任　肖建东

国土资源局张家港经济技术开发区分局

局　长　周国强

冶金园

中共江苏扬子江国际冶金工业园工作委员会

书　记　常　征

副书记　杜永飞　沈晓波

委　员　唐晓东　王静娟（女）
田文华（3月任，7月免）

江苏扬子江国际冶金工业园管理委员会

主　任　杜永飞

江苏扬子江国际冶金工业园党政办公室（宣传文明办公室）

主　任　许海峰（12月免）
倪惠芬（女，12月任）

副主任　陈　宇（5月任）

江苏扬子江国际冶金工业园组织人事局

局　长　倪惠芬（女，12月免）
许海峰（12月任）

副局长　丁建东

江苏扬子江国际冶金工业园发展改革局

局　长　黄晓东（7月免）
卞春生（7月任）

副局长　赵学刚
赵　瑜（女，5月免）
陈　龙（5月任）
连丽丹（女，5月任）

江苏扬子江国际冶金工业园经济服务局（安全环保局、科技人才局）

局　长　蒋卫军

副局长　余耀明　徐　锋　项　伟
朱俊杰（11月任）

江苏扬子江国际冶金工业园物流贸易局

局　长　唐晓东

副局长　朱国生　李　春（5月任）

江苏扬子江国际冶金工业园规划建设局

局　长　张国华

副局长　钱秀华（女，10月免）
朱子平　王　振（11月任）

江苏扬子江国际冶金工业园财政和资产管理局

局　长　顾　青

副局长　黄冰青（女）　赵向东
肖　军（11月任）

江苏扬子江国际冶金工业园社会事业局（农村工作局）

局　长　田文华（7月免）
糜　正（7月任）

副局长　李卫忠　钱　军
宓武忠

江苏扬子江国际冶金工业园政法和社会管理办公室

主　任　谢建华（兼，12月免）

副主任　鞠江平（兼，12月任）
吴　玲（女，5月任）
夏永刚（5月任）

江苏扬子江国际冶金工业园纪律检查工作委员会

书　记　王静娟（女）

副书记　丁正红

江苏扬子江国际冶金工业园监察室

主　任　丁正红

高新区（筹）

中共张家港高新技术产业开发区（筹）工作委员会
（7月成立）

书　记　黄　戟

副书记　卢懂平　张　雷

委　员　黄祥亮　曹鹰飞
陈　稳　黄晓东

张家港高新技术产业开发区（筹）管理委员会
（7月成立）

主　任　卢懂平

副主任　张　雷　黄祥亮　曹鹰飞

中共张家港高新技术产业开发区（筹）纪律检查工作委员会

书　记　陈　稳

张家港高新技术产业开发区（筹）党政办公室

主　任　黄　明（兼）

副主任　朱洪春

张家港高新技术产业开发区（筹）人力资源局

局　长　陈海文（兼）

张家港高新技术产业开发区（筹）创新发展局

局　长　张　浩（兼）

副局长　徐　微（女）

张家港高新技术产业开发区（筹）科技招商局

局　长　黄晓东（兼）

副局长　丁国秋　钱　华

张家港高新技术产业开发区（筹）财政局

局　长　徐溪椿（兼）

张家港高新技术产业开发区（筹）规划建设局

局　长　马海兵

副局长　陶文华

各镇（区）领导机构

杨舍镇

中共杨舍镇委员会

党委书记　黄雪元（5月免）
卢懂平（5月任）

副书记　陈建新　陈国庆（1月免）
许瑞兴
张莉莎（女，10月免）
赵剑锋（兼，3月任）

委　员　崔立华　张耀军　张　浩
郭广益　陈　楠（女）
陈　强

纪委书记　张莉莎（女，9月免）
陈　强（9月任）

纪委副书记　陈　强（9月免）
黄　成（12月任）

杨舍镇人民代表大会

主　席　陆卫东

副主席　陈俊彪

杨舍镇人民政府

镇　长　陈建新

副镇长　黄　明　张海军　石　勇
赵琦萍（女）　徐建军
杨　悦

市政协杨舍镇工作委员会

主　任　张莉莎（女，兼，11月免）

副主任　张　浩（兼）

杨舍镇经济服务中心（招商服务中心）

主　任　汤文军

塘桥镇

中共塘桥镇委员会

党委书记　王文伟（5月免）
徐华东（5月任）

副书记　徐华东（5月免）
沙立平（5月任）
朱卫兵（12月免）　朱栋裕
张艳丽（女，12月任）

委　员　卢建刚　庞卫刚
朱　新（12月任）

陈晓英(女,10月免)
黄治平　潘晓忠　袁　飞
陆　斌(3月免)
宋联军(12月免)
殷建刚(12月任)
许　忠(兼,12月任)
纪委书记　朱栋裕(9月免)
袁　飞(9月任)
纪委副书记　袁　飞(9月免)

塘桥镇人民代表大会

主　席　朱卫兵
副主席　邹海兵

塘桥镇人民政府

镇　长　徐华东(5月免)
沙立平(5月任)
副镇长　朱　新(12月免)
张　溢　许建东　张国平
杜锁军(10月免)
郑启伟　宋联军(12月任)
孙耀辉(7月任)
陶　科(12月任)

市政协塘桥镇工作委员会

主　任　朱栋裕
副主任　潘晓忠

塘桥镇经济服务中心(招商服务中心)

主　任　卢建刚(兼,12月免)
周爱军(12月任)
副主任　周爱军(12月免)

金港镇

中共金港镇委员会

党委书记　石锡贤
副书记　徐敏娟(女)
丁　峰(12月免)　孙永华
王　希(12月任)　刘　斌
委　员　孙惠芳(女,12月免)
卢向群(女)　龚锦乾
王卫东(7月任)
张惠锋　缪　飞
陈　磊(5月免)
缪静艺(女)
纪委书记　丁　峰(9月免)
缪静艺(女,9月任)
纪委副书记　缪静艺(女,9月免)
丁忠良(11月任)

金港镇人民代表大会

主　席　王惠忠
副主席　方建祥

金港镇人民政府

镇　长　徐敏娟(女)
副镇长　卞　震　陆炜炜(女)
曹　军　袁达新　孙　亮
封　皎(女)

市政协金港镇工作委员会

主　任　丁　峰(兼,12月免)
王　希(兼,12月任)
副主任　刘金坤　张惠锋(兼)

锦丰镇

中共锦丰镇委员会

党委书记　常　征
副书记　沈晓波
谢建华(兼,12月免)
丁正红(9月免)
邱晶嘉(7月任)
鞠江平(兼,12月任)
委　员　张国华
陈卫菊(女,5月任)
李　彬(5月免)
褚　辉　陈　英(女)
丁建东(7月任)
叶海平　刘新德
李　春(5月免)
纪委书记　丁正红(9月免)
刘新德(9月任)
纪委副书记　刘新德(9月免)

锦丰镇人民代表大会

主　席　陈建明
副主席　刘　平

锦丰镇人民政府

镇　长　沈晓波
副镇长　陈卫菊(女)　丁亚军
蒋亚东　黄　宏(女)
张亚芳(女)
刘梦甜(女,挂职,7月任)

市政协锦丰镇工作委员会

主　任　丁正红(兼,9月免)
邱晶嘉(兼,9月任)
副主任　褚　辉(兼)

乐余镇

中共乐余镇委员会

党委书记　陈卫兵(1月免)
夏立新(3月任)
副书记　张　平(3月免)　陆晓平
钱梁斌　薛盘芳(5月任)
高　超(挂职,11月任)
委　员　吴永兵　沈洪源
陈　兰(女)　钱　斌
季　忠　杨卫兴
陈立峰(12月免)
朱文骁(女,7月任)
朱礼斌(兼,12月任)
纪委书记　钱梁斌(9月免)
杨卫兴(9月任)
纪委副书记　杨卫兴(9月免)
魏晓晖(11月任)

乐余镇人民代表大会

主　席　张耀清
副主席　薛盘芳(兼,5月免)
朱文骁(女,7月任)

乐余镇人民政府

镇　长　张　平(3月免)
陆晓平(3月任)
副镇长　沈洪源　许文生　王　忠
邹　伟　孙顾力

市政协乐余镇工作委员会

主　任　钱梁斌(兼)
副主任　吴永兵(兼)

乐余镇经济服务中心(招商服务中心)

主　任　陆晓平(3月免)

凤凰镇

中共凤凰镇委员会

党委书记　卢懂平(4月免)
王文伟(4月任)
副书记　王卫民　吴文军
赵国锋(3月免)
戴　艳(女,3月任)
委　员　李　新　朱春秋　赵文中
邓　敏(女)
黄旭东(12月任)
王苏嘉(7月免)
焦频频(女)
朱洪春(7月免)
魏新阳(7月任)　张连祥
纪委书记　吴文军(9月免)
焦频频(女,9月任)
纪委副书记　焦频频(女,9月免)
常　铨(11月任)

凤凰镇人民代表大会

主　席　袁雪祥
副主席　何正岳

凤凰镇人民政府

镇　长　王卫民
副镇长　马宏鹏　黄旭东(12月免)
顾竹江　钱晓波
徐丹芸(女)
王海燕(女,7月免)
周　忠(12月任)
汤伟刚(12月任)

市政协凤凰镇工作委员会

主　任　吴文军（兼）
副主任　王苏嘉（兼，7月免）
　　　　魏新阳（兼，7月任）

凤凰镇经济服务中心（招商服务中心）

主　任　庞晓畅

南丰镇

中共南丰镇委员会

党委书记　钱锦东（1月免）
　　　　　沈　琳（1月任）
副书记　陈雪明（3月免）　袁政国
　　　　高　翔（7月免）
　　　　陈晓英（女，10月任）
委　员　钱新华（女）　陆明程
　　　　金俊龙　朱建明　顾　博
　　　　戴　俭
纪委书记　袁政国（3月免）
　　　　　高　翔（3月任，7月免）
　　　　　钱新华（女，9月任）
纪委副书记　钱新华（女，9月免）
　　　　　　尤江峰（女，11月任）

南丰镇人民代表大会

主　席　陆一珉
副主席　戴　俭（兼）

南丰镇人民政府

镇　长　陈雪明（3月免）
　　　　袁政国（3月任）
副镇长　陆明程　倪玉祥　陈　立
　　　　方荣胜

市政协南丰镇工作委员会

主　任　袁政国（兼，5月免）
　　　　高　翔（兼，5月任，7月免）
　　　　陈晓英（兼，11月任）
副主任　顾　博（兼）

南丰镇经济服务中心（招商服务中心）

主　任　邹　江

大新镇

中共大新镇委员会

党委书记　陆忠理（3月免）
　　　　　徐凤琪（3月任）
副书记　何　剑
　　　　沙立平（5月免）
　　　　赵　瑜（女，5月任）
委　员　顾　芳（女）　黄建兴
　　　　丁国秋（7月免）
　　　　张　平（10月任）　朱浩锋
　　　　陈晓锋　秦燕军
纪委书记　沙立平（5月免）
　　　　　赵　瑜（兼，5月任，9月免）　陈晓锋（9月任）
纪委副书记　陈晓锋（9月免）

大新镇人民代表大会

主　席　袁剑秋
副主席　赵兰芬（兼，女）

大新镇人民政府

镇　长　何　剑
副镇长　张　平（11月免）　张爱华
　　　　俞鹏科　肖　斌
　　　　谢　玲（女，11月任）
　　　　朱伟力（女，挂职，7月任）

市政协大新镇工作委员会

主　任　沙立平（兼，5月免）
　　　　赵　瑜（兼，女，5月任）
副主任　秦燕军（12月任）

大新镇经济服务中心（招商服务中心）

主　任　赵兰芬（女）

常阴沙现代农业示范园区

中共常阴沙现代农业示范园区工作委员会

党工委书记　徐凤琪（3月免）
　　　　　　陈雪明（3月任）
副书记　钱晓锋　张左平
　　　　王卫星（女）
委　员　李　刚（7月免）
　　　　杨　彬　黄新波（女）
　　　　宋永乾
　　　　吴振宇（12月任）
纪工委书记　张左平（9月免）
　　　　　　宋永乾（9月任，12月免）　吴振宇（12月任）

常阴沙现代农业示范园区管委会

主　任　钱晓锋
副主任　李　刚（7月免）
　　　　马海兵（7月免）
　　　　虞伟明　吴振宇（12月免）
　　　　宋永乾（12月任）
　　　　马耀博（7月任）
　　　　钱　平（7月任）
　　　　陆　燕（女，12月任）

市人大常阴沙现代农业示范园区工作委员会

主　任　王卫星（女，兼）

市政协常阴沙现代农业示范园区工作委员会

主　任　张左平（兼）
副主任　杨　彬（兼）

双山岛旅游度假区

中共双山岛旅游度假区工作委员会

书　记　夏立新（3月免）
　　　　张　平（3月任）
副书记　沈　浩
　　　　戴　艳（女，3月免）
　　　　李新华　李　彬（5月任）
委　员　李群慧　何兴娟（女）
　　　　高品强（7月任）
纪工委书记　戴　艳（女，3月免）
　　　　　　李　彬（5月任，9月免）
　　　　　　李群慧（9月任）
纪工委副书记　何兴娟（女，7月免）
　　　　　　　李群慧（7月任，9月免）

双山岛旅游度假区管委会

主　任　沈　浩
副主任　戴　艳（女，3月免）
　　　　李新华　丁　德　许燕忠
　　　　孟新华

市人武部、法院、检察院

市人民武装部

部　长　李军强
政　委　保仁贵（11月免）
　　　　许晓云（12月任）
副部长　傅衍顺

市人民法院

党组书记、院长　徐建东
副院长　顾海斌　余爱华（女）
　　　　陆建忠　李清泉（5月任）
党组副书记　顾海斌
党组成员　赵　晖　陆建忠
　　　　　李清泉（3月任）
　　　　　张　达（3月免）
　　　　　陈阳阳（女，5月任）
纪检组组长　张　达（3月免）
　　　　　　陈阳阳（女，5月任，8月免）

市人民检察院

党组书记、检察长　蔡　蔚（12月免）
党组书记　邓根保（12月任）
副检察长　邓根保（12月任）
　　　　　李维兵（10月免）
　　　　　丁建勤　陆鹏程
党组副书记　李维兵（3月任，10月免）
党组成员　丁建勤　马建新
　　　　　张　勇（12月免）

刘　霞（女）
陈　祥（5月任）
纪检组组长　马建新（5月免）
陈　祥（5月任，8月免）

市委工作机构

市委办公室

主　任　朱兴华
副主任　闵振宇（11月任）
樊建兵（10月免）
陶彦斌（10月免）
糜　正（7月免）
丁　峰（12月任）　李建刚
沈海峰（7月任）　丁　浩

市委机要局

局　长　樊建兵（兼，10月免）
副局长　程　阳（12月免）
张晓莉（女，7月任）

市委保密委员会办公室

（市国家保密局，市国家密码管理局，在市委办挂牌）

主　任（局长）　陈　刚（兼，12月免）
丁　峰（兼，12月任）
副主任（副局长）　龙大华　施林峰

市委研究室

主　任　陶彦斌（10月免）
闵振宇（11月任）
副主任　薛　奇

市委组织部

部　长　陆德峰
副部长　黄亚红（女，兼，10月免）
庞赞平（5月任）
刘　俭
杨志刚（1月免）
樊建兵（10月任）
成家武（3月任）

市委非公有制企业和社会组织工作委员会

（与市委组织部合署办公）

书　记　杨志刚（1月免）
副书记　成家武（3月免）
周　颖（女）
肖　锋（7月免）
陈　昕（3月任）
周明明（10月任）

市委党的建设工作领导小组办公室

主　任　刘　俭（兼，10月免）

市人才工作领导小组办公室

（挂市人才工作办公室牌子）

副主任　王　恒

市委老干部局

局　长　庞赞平
副局长　朱纯敏（女）
龚向东

市委宣传部

部　长　杨　芳（女）
副部长　陈世海（兼）　袁　勋
何　俊　陈永泽

市精神文明建设委员会办公室

（在市委宣传部挂牌）

主　任　何　俊
副主任　黄卫琼（女，7月免）
王海燕（女，7月任）
蔡　磊（5月任）

市委对外宣传办公室

（市政府新闻办公室，在市委宣传部挂牌）

主　任　陈永泽（兼）
副主任　黄　霞（女）

市互联网信息办公室

副主任　黄卫琼（女，7月任）

市委统一战线工作部

部　长　王亚方（兼）
副部长　薛　平
解志荣（兼，7月任）
赵志刚（兼）
曹鹰飞（兼，7月免）
王世芳（女）

市政府侨务办公室

主　任　谢正国
副主任　董雪明

市委政法委员会

书　记　黄亚平
副书记　蔡　蔚（兼，12月免）
徐建东（兼）
邓根保（兼，12月任）
周斌伟（兼）
赵剑锋　周　钧（3月任）
郁洪兴（1月免）
沙雪松（12月任）
委　员　万学刚（兼）

市社会治安综合治理委员会办公室

（在市委政法委员会挂牌）

主　任　赵剑锋（兼，3月免）
周　钧（3月任）
副主任　徐昀宇　周文英（女）
徐　健

市国家安全领导小组办公室

主　任　郁洪兴（1月免）
赵剑锋（兼，3月任）
副主任　张国良

市委农村工作办公室

（挂市政府农村集体资产管理办公室牌子）

主　任　孙敏彪（5月免）
邵建芳（5月任）
副主任　张　毅（5月免）
张金静（女，12月免）
李　刚（7月任）　张　进

市机构编制委员会办公室

主　任　孟　波
副主任　许　健　唐爱斌
陶晓峰（3月免）
李　松（10月任）

市委防范和处理邪教问题办公室

主　任　陈菊新（10月免）
邬海安（10月任）
副主任　刘　军

市委台湾工作办公室

（市政府台湾事务办公室）

主　任　卢惠兴
副主任　钱新棣（5月任）
展玉明（5月免）　瞿秋霞（女）

市委市级机关工作委员会

书　记　施建彬
副书记　任和平　何正贤
钱艳虹（女，10月任）
纪工委书记　任和平

市人大市级机关工作委员会

主　任　何正贤（兼）

市人大、政协机关

市人大常委会办公室

主　任　周志虎
副主任　孙朝枫
顾彩萍（女，5月免）
徐建龙　徐龙斌（12月任）

市人大常委会研究室

副主任　孙朝枫（兼）

市人大常委会人事代表联络工作委员会

主　任　徐　敏（女）
副主任　唐红英（女，2月免）
陆大革（5月免）
袁寨平（5月任）

市人大常委会内务司法工作委员会

主　任　陶建明（2月免）
杨建钟（2月任）
副主任　杨建钟（2月免）
许　娟（女，2月免）
李锦华

市人大常委会财政经济工作委员会
主　任　张　颖(2月免)
　　　　施向东(2月任)
副主任　施向东(2月免)
　　　　李伟星　陈晓平

市人大常委会城建环保工作委员会
主　任　许京海
副主任　胡　燕(女,5月任)
　　　　朱保明

市人大常委会教科文卫工作委员会
(2月撤销)
主　任　季祖元(2月免)
副主任　苏花兰(女,2月免)

市人大常委会外事民宗侨台工作委员会
(2月撤销)
主　任　格桑曲宗(女,藏族,2月免)
副主任　姚金泉(2月免)
　　　　胡　燕(女,2月免)

市人大常委会教科文卫(外事民宗侨台)工作委员会
(2月成立)
主　任　唐红英(女,2月任)
副主任　苏花兰(女,2月任)
　　　　胡　燕(女,2月任,5月免)
　　　　严　武(12月任)

市人大常委会农业农村工作委员会
(2月成立)
主　任　姚金泉(2月任)
副主任　顾彩萍(女,5月任)

市政协
秘书长　周新华(1月免)
　　　　陈　飞(1月任)
副秘书长　陈　飞(1月免)
　　　　刘品贤(女,2月免)
　　　　陈　丽(女)
　　　　周小军　蔡克荣

市政协办公室
主　任　周新华(2月免)
　　　　陈　飞(2月任)
副主任　陈　飞(2月免)
　　　　陈　丽(女)　周小军
　　　　蔡克荣　王舒凤(女)

市政协提案委员会
主　任　李爱平(2月免)
　　　　潘雪平(2月任)
副主任　潘雪平(2月免)
　　　　刘品贤(女,2月免)
　　　　朱文焰　陈　刚(兼)
　　　　樊建兵(兼,2月任,11月免)
　　　　闵振宇(兼,12月任)

市政协经济科技委员会
主　任　陈奉德(2月免)
　　　　李笑梅(女,2月任)
副主任　李笑梅(女,2月免)
　　　　陈国平(2月免)　叶　锋
　　　　张金静(女,兼,2月免)
　　　　孙利婵(女,兼)
　　　　庞建阳(兼)
　　　　卜家怡(女,兼)
　　　　解志荣(兼)
　　　　曹鹰飞(兼,8月免)
　　　　张　毅(兼,2月任,5月免)
　　　　吴彦刚(兼,8月任)
　　　　张　进(兼,11月任)

市政协社会事业委员会
主　任　张卫中
副主任　朱育才
　　　　张雅红(女,11月任)
　　　　王建东(兼)　何　俊(兼)
　　　　赵剑锋(兼)
　　　　孙建忠(兼,2月任)
　　　　张金珠(女,兼,2月任,11月免)
　　　　黄卫星(兼,11月任)

市政协城乡建设委员会
主　任　王正华(2月免)
　　　　王春松(2月任)
副主任　王春松(2月免)
　　　　蒋卫忠(2月免)　张　曲
　　　　秦国平(兼)　李建华(兼)

市政协港澳台侨(民族宗教)委员会
主　任　梁一红(女,2月免)
　　　　姜志芳(女,2月任)
副主任　姜志芳(女,2月免)
　　　　张亚萍(女)　赵志刚(兼)
　　　　刘　俭(兼,11月免)
　　　　樊建兵(兼,11月任)
　　　　姜　嵘(女,兼)
　　　　卢惠兴(兼)　薛　平(兼)
　　　　谢正国(兼)

市政协文史委员会
主　任　许　峰
副主任　钱新棣(5月免)
　　　　陈　勇(5月任)
　　　　高卫平(兼)
　　　　汪丽菁(女,兼)

市政府工作部门

市政府办公室
党组书记、主任　应　梓(1月免)
　　　　陈卫兵(1月任)
副主任　曹跃飞(11月免)
　　　　陈　刚(12月任)
　　　　王永良(兼,5月免)
　　　　毛建锋(3月免)
　　　　巫　刚　郭文谦(5月免)
　　　　周建江(11月任)
　　　　黄建浩　钱　斌(5月任)
　　　　金　鑫(3月任)
　　　　闵振宇(11月免)
　　　　阳　曦(5月任)
　　　　杜锁军(11月任)
党组成员　曹跃飞(11月免)
　　　　陈　刚
　　　　马学锋(11月任)
　　　　张　毅(5月任)
　　　　李秋菊(女,9月任)
　　　　毛建锋(3月免)　巫　刚
　　　　周建江(11月任)
　　　　郭文谦(5月免)
　　　　黄建浩　钱　斌(5月任)
　　　　陈剑浩　金　鑫(3月任)
　　　　江建胜(12月任)
　　　　闵振宇(11月免)
　　　　阳　曦
　　　　杜锁军(11月任)
　　　　马筱宇(女,5月任)
　　　　唐　蔚(5月任)
纪检组组长　陈剑浩(5月免)
　　　　马筱宇(女,5月任,8月免)

市应急管理办公室
主　任　阳　曦(5月免)
　　　　唐　蔚(5月任)

市政府法制办公室
(在市政府办公室挂牌)
主　任　范一明(2月免)
　　　　陈剑浩(3月任)
副主任　高　攀(3月免)　周炳芳

市政府外事办公室
(在市政府办公室挂牌)
主　任　曹跃飞(11月免)
　　　　马学锋(女,11月任)
副主任　徐丽花(女)
　　　　吴彦飞(12月免)

市发展和改革委员会
党组书记、主任　刘东兴
党组副书记　赵国锋(3月任)
副主任　赵国锋(3月任)
　　　　张明国(1月免)　曹　阳
　　　　刘恒然(8月任)　周荣兴

徐道娟(3月任)
党组成员 张明国(1月免)
李秋菊(女,9月免)
曹 阳 刘恒然
周荣兴
徐道娟(女,3月任)
纪检组组长 刘恒然(8月免)

市经济协作办公室

(在市发展和改革委员会挂牌)

主 任 赵国峰(3月任)

市企业上市工作办公室

(8月,从在市发展和改革委员会挂牌,调整在市政府办挂牌)

主 任 李秋菊(女)

市金融工作办公室

(8月,更名为市金融工作服务中心,从在市发展和改革委员会挂牌调整在市政府办挂牌,保留市政府金融工作办公室牌子)

主 任 李秋菊(女,9月任)
副主任 宋国华(9月任)
唐爱云(女,9月任)
张君华(9月任)

市服务业发展办公室

(在市发展和改革委员会挂牌)

主 任 刘东兴(兼)
副主任 严 忠

市重大项目推进办公室

(在市发展和改革委员会挂牌)

主 任 刘 佾(兼)
副主任 朱品香

市经济和信息化委员会

党委书记、主任 季 宗(11月免)
陶彦斌(11月任)
副主任 解志荣(7月免)
吴彦刚(7月任)
穆 军(12月免)
徐 松 夏燕良
丁建华(11月免)
朱敏燕(12月任)
党委副书记 解志荣(7月免)
吴彦刚(7月任)
钟 桐(女,8月免)
党委委员 穆 军(12月免)
徐 松 夏燕良
丁建华(10月免)
朱敏燕(12月任)
纪委书记 钟 桐(女,8月免)

市中小企业局

(在市经济和信息化委员会挂牌)

局 长 解志荣(兼,7月免)
吴彦刚(7月任)
副局长 何启明 袁 俊 侯 忠

市大数据管理中心

(市信息资源管理中心)

主 任 肖春峰(12月任)

市教育局

(挂市政府教育督导室牌子)

教育工委书记、局长
邵建华(1月免)
杨志刚(1月任)
副局长 钱洁雅(女) 王建东
朱瑞春(10月免) 王柳军
葛敏亚(女,11月任)
教育工委委员 钱洁雅(女)
王建东 李剑龙
朱瑞春 王柳军
葛敏亚(女,11月任)
纪工委书记 李剑龙(8月免)

市科学技术局

(挂市知识产权局牌子)

党组书记、局长 沈 丹(女,1月免)
黄祥亮(2月任)
党组副书记 周晓成(7月任)
副局长 董建刚(5月免)
王国楷(8月免) 周晓成
俞 萍(女,8月任)
朱晨阳 张天若
孙东亮(5月任)
党组成员 董建刚(5月免)
俞 萍(女) 朱晨阳
张天若
纪检组组长 俞 萍(女,8月免)

市公安局

党委书记、局长、督察长 周斌伟
政 委 赵煜斌
副局长 陈菊新(11月免)
闻振平(11月免)
邬海安 徐向前(兼)
刘 斌 谢建华(12月任)
赵剑锋 陆 斌(3月任)
黄 晟(3月任)
陈立峰(12月任)
党委副书记 赵煜斌
陈菊新(10月免)
党委委员 闻振平(10月免)
李本清 邬海安 徐向前
唐冬青(7月免) 刘 斌
谢建华 徐晓忠
陈国庆(3月免) 赵剑锋
陆 斌(3月任)
黄 晟(3月任)
殷沪飞(3月任)
刘祖洛(3月任)
张旦忠(3月任)
戴冷松(3月任)
陈立峰(12月任)
陈洪泉(12月任)
副政委 李本清
纪委书记 唐冬青(7月免)
政治处主任 殷沪飞(3月任)

市民政局

(挂市老龄工作委员会办公室牌子)

党委书记、局长 黄祥亮(1月免)
范一明(1月任)
副局长 徐 丹 惠 红(女)
刘振渊 孙 海 徐志斌
党委副书记 徐 丹
党委委员 惠 红(女) 刘振渊
孙 海 顾雪峰(5月免)
徐志斌
纪委书记 顾雪峰(5月免)

市司法局

党委书记、局长 万学刚
副局长 孙 晔 周卫君
龚 俊(7月免)
陈 霞(女,12月任)
陶广成
张金龙(12月任)
党委委员 孙 晔 龚 俊(7月免)
陶广成
陈 丽(女,8月免)
陈 霞(女,12月任)
张金龙(12月任)
纪委书记 陈 丽(女,8月免)

市财政局

(挂市政府国有资产监督管理办公室牌子)

党组书记、局长 周 兵
党组副书记 瞿永昌(3月免)
许啸文(女,3月任)
副局长 瞿永昌(3月免)
许啸文(女) 陈耀明
李 刚 许 佳(女)
庞天舒(女,10月任)
党组成员 许啸文(女) 陈耀明
李 刚 朱龙友
牛建平(女,10月任)
庞天舒(女,10月任)
纪检组组长 朱龙友(8月免)

市国有资产管理办公室

主 任 瞿永昌(3月免)
许啸文(3月任)

市人力资源和社会保障局

党委书记、局长 黄亚红(女,11月免)
刘 俭(11月任)
党委副书记 钱 剑(3月任,8月免)
党委委员 钱 剑(8月任)
副局长、党委委员 郁 池 朱志斌
周晓宏(5月免)
张艳丽(女,12月免)
陈晓烽
张远勇(5月任)
金 雳(12月任)
纪委书记 钱 剑(3月任,8月免)

市国土资源局

党组书记、局长 杨惠亚(女)
副局长 季佩欣(兼) 周国强(兼)
施文军(7月免) 孙建华
闻 炯 张峰鹰(11月任)
党组成员 季佩欣(兼)
周国强(兼)
施 飞(7月免) 施文军
孙建华 闻 炯
张峰鹰(11月任)
秦洪祥(5月任)
许晓明(5月任)
纪检组组长 施 飞(7月免)

市住房和城乡建设局

党委书记、局长 彭 炜
党委副书记 邹利明
钱凤娟(女,8月免)
副局长 丁一中 唐金洪 曹 峥
李建华 祝风红(女)
钱 耿
党委委员 丁一中 张 晖 唐金洪
曹 峥 顾敬贤(8月任)
祝风红(女)
纪委书记 钱凤娟(女,8月免)

市地震局

(在市住房和城乡建设局挂牌)
副局长 管长兴

市房产管理中心

(为市住房和城乡建设局下属正科级单位)
主 任 邹利明(兼)
副主任 郁 军 郭宏杰(女)
秦 芳(女)

市规划局

党组书记 郭文谦(5月任)
局 长 蒋新峰
副局长 郭文谦(5月任)
陆惠民(5月任) 徐晓立
张宇洲(3月免) 孟伟言
文清泽(5月免)
党组成员 陆惠民(5月任) 徐晓立
张宇洲(3月免)
顾敬贤(8月免)
纪检组组长 顾敬贤(8月免)

市城市管理局

(挂市城市管理行政执法局牌子)
党委书记、局长 徐向前
党委副书记 陈 磊(5月任)
钱燕秋(8月免)
副局长、党委委员 林志宏 张 辉
陈洪明 惠海宁
纪委书记 钱燕秋(8月免)

市城乡环境卫生指导中心

(为市城管局下属正科级事业单位)
主 任 徐向前(兼,5月免)
陈 磊(5月任)
副主任 徐一中 冯 春

市交通运输局

党委书记、局长 陆惠忠
党委副书记 陆新玉(女)
副局长 徐平观(兼,1月免)
沈正华 沈竹义(7月免)
李 星 文清泽(5月任)
王晓冬 叶德元
沙豫华(5月任)
徐 德(11月任)
党委委员 沈正华 陆 斌(8月任)
沈竹义(7月免) 李 星
王晓冬 叶德元
沙豫华(5月任)
徐 德(11月任)
纪委书记 陆新玉(女,8月免)

市水利局

(挂市水务局牌子)
党委书记、局长 严栋兴
党委副书记 顾 新(8月免)
副局长 钱秀华(女,11月任)
张永全 (11月任)
张海峰(11月免) 翟二生
陈杏明 陶 雷
党委委员 钱秀华(女,11月任)
张海峰(11月免)
张永全 陈杏明 陶 雷
纪委书记 顾 新(8月免)

市农业委员会

(挂市林业局牌子)
党委书记 汤卫华
主任、局长 徐 江
党委副书记 陆 军(7月免)
副主任 汤卫华 陆 军(7月免)
黄和元 孟凡珍(女)
宋向洪 朱新华(11月任)
党委委员 周国忠 黄和元
宋向洪
朱新华(10月任)
戴玉胜(12月任)
纪委书记 周国忠(8月免)

市商务局

党委书记、局长 马学锋(女,11月免)
尹 洁(女,11月任)
副局长 庞建阳 叶 新 黄 炜
蒋忠明 陈 龙(5月免)
黄丽娟(5月任)
吴 昊(12月任)
党委委员 庞建阳 叶 新
黄 炜 蒋忠明
陈 龙(5月免)
朱晓敏(女,7月免)
黄丽娟(女,5月任)
吴 昊(12月任)
纪委书记 朱晓敏(女,7月免)

市文化广电新闻出版局

(挂市版权局、市文物局牌子)
党委书记、局长 陈世海
党委副书记 侯寿松(5月免)
副局长 孙建忠 王韶杰
陈红霞(女,1月任)
俞 刚(11月任)
李忠影(女) 孙天华
党委委员 孙建忠
陈红霞(女,2月任)
李忠影(女) 孙天华
陆 骏(5月任,8月免)
俞 刚(10月任)
纪委书记 侯寿松(5月免)
陆 骏(5月任,8月免)

市广播电视总台(市广播电视台)

党委书记、总台长(台长)
陈世海(兼)
党委副书记 孙建忠 陈东平
总编辑 孙建忠(兼)
副总台长(副台长) 孙建忠(兼)
陈红霞(女)
俞 刚(11月免)
任黎明(11月任)
党委委员 陈红霞(女)

俞　刚(10月免)
任黎明(10月任)
纪委书记　陈东平

市卫生和计划生育委员会

党委书记、主任　王卫国
副主任　於海良　陈红卫
蔡　贤(女,11月任)
黄卫星　朱长春(12月任)
党委副书记、纪委书记　张金珠(女,8月免)
党委委员　於海良
张金珠(女,8月任)
陈红卫　王树生
蔡　贤(女)　黄卫星
朱长春(12月任)
朱光华(女,11月任)

市体育局

党组书记、局长　尹　洁(女,11月免)
张莉莎(女,11月任)
副局长　邹　铜　金　涌　李　峰
党组成员　曹　平(8月免)　邹　铜
金　涌
纪检组组长　曹　平(8月免)

市环境保护局

党组书记、局长　严亚明
副局长　邹建忠　秦国平　孙　力
黄利忠(5月任)　陈　贤
党组成员　邹建忠　孙　力
夏　良(8月免)
陈　浩(8月任)
黄利忠(5月任)　陈　贤
纪检组组长　夏　良(8月免)
陈　浩(8月任)

市旅游局

党组书记、局长　蔡彩虹(女)
副局长　张　舟　瞿彩娟(女)
周建江(11月免)
吴红波(12月任)
党组成员　张　舟　瞿彩娟(女)
刘国华
周建江(11月免)
吴红波(12月任)
纪检组组长　刘国华(8月免)

市审计局

党组书记、局长　张耀明
副局长　陆小玲(女)　翟爱保
陆　嶙(女)
党组成员　陆小玲(女)
丁建平(8月免)
陆　嶙(女)
纪检组组长　丁建平(8月免)

市安全生产监督管理局

(市安全生产委员会办公室)

党组书记、局长(主任)　沈　琳(1月免)
陈国庆(1月任)
副局长(副主任)　王彦文　匡雄华
徐志斌　邵　浒
党组成员　王彦文　金　炯(7月免)
匡雄华　徐志斌　邵　浒
纪检组组长　金　炯(7月免)

市市场监督管理局

(挂市食品药品监督管理局牌子)

党委书记、局长　谷晓晖(7月免)
田文华(7月任)
党委副书记　刘辉明(女,2月免)
高　攀(3月任)
副局长　高　攀(8月任)
周　枫(12月免)　孙跃忠
徐　平(12月免)
陈新峰(8月免)
苏伟刚(12月任)
陆翠珍(女)　郑大勇
田晓燕(12月任)
党委委员　周　枫　孙跃忠
徐　平(12月免)
钱燕秋(8月任)
苏伟刚(12月任)
陈新峰(8月免)
王　敏　郑大勇
田晓燕(12月任)
纪委书记　刘辉明(女,2月免)
高　攀(3月任,8月免)

市统计局

党组书记、局长　罗晓骏
副局长　陈建康　孙浩龙(8月任)
陶晓峰(3月任)
党组成员　吴美兰(女,3月免)
陈建康　孙浩龙
陶晓峰(3月任)
纪检组组长　孙浩龙(8月免)

市物价局

党组书记、局长　张　璇(女)
党组副书记　徐忠袁(7月免)
赵继杰(12月任)
副局长　倪雷兴　马正阳　沈　斌
党组成员　倪雷兴　马正阳　沈　斌
薛建华(8月免)
纪检组组长　薛建华(8月免)

市粮食局

党组书记、局长　龙凤清
副局长　蔡惠良　徐锦章(3月免)
葛云芳(女)
严景阳(女,5月任)
党组成员　蔡惠良　葛云芳(女)
杨文杰(8月免)
严景阳(女,5月任)
纪检组组长　杨文杰(8月免)

市信访局

党组书记、局长　王永良(5月免)
张　毅(5月任)
副局长　周　钧(3月免)　邵继东
黄耀平
督察专员　陈　珍(女)
党组成员　周　钧(3月免)
邵继东　黄耀平
陈　珍(女)

市社会调解服务中心

(挂市人民政府接访中心牌子)

主　任　王永良(兼,5月免)
张　毅(兼,5月任)
副主任　周　钧(兼,3月免)
邵继东(兼)　孙　晔(兼)
黄耀平(兼)

市民防局

(挂市人民防空办公室牌子)

党组书记、局长　毛永林(1月免)
许进华(1月任)
党组副书记　许进华(1月免)
副局长　许进华(1月免)　王　强
杨　枫(女)　刘中平
党组成员　穆利中(7月免)
王　强　杨　枫(女)
刘中平
纪检组组长　穆利中(7月免)

市民族宗教事务局

党组书记、局长　赵志刚
副局长　吴　一(女)
侯蔚枫(女)
党组成员　吴　一(女)　周秋涛
纪检组组长　周秋涛(8月免)

市行政审批局

(9月设立,为市政府工作部门)

(挂市政务服务管理办公室牌子)

党组书记、局长、主任　屈荣杰(12月任)
党组成员、副局长　顾雪峰(12月任)
顾一武(12月任)
曹　徐(12月任)
万仁松(12月任)

苏州市公共资源交易张家港分中心

主　任　顾一武

市政府派出机构

市政务服务管理办公室

（12月撤销）

党组书记、主任　屈荣杰（12月免）
副主任　赵继杰（12月免）
　　顾雪峰（5月任）
　　顾一武（12月免）
党组成员　赵继杰（12月免）
　　倪雅萍（女，8月免）
　　顾雪峰（5月任，12月免）
　　顾一武（12月免）
纪检组组长　倪雅萍（女，8月免）

市政府口岸办公室

（挂市港口管理局牌子）

主　任　黄　戟（兼）
党组书记、常务副主任（局长）
　　张小伟
副主任（副局长）　陆　斌（8月免）
　　李立峰　张愫阳
　　杨耀文（8月任）
党组成员　陆　斌（8月免）　李立峰
　　张愫阳　陈　强　杨耀文
纪检组组长　杨耀文（8月免）

民主党派、社会团体

中国国民党革命委员会张家港市基层委员会

主　委　张满兴
副主委　蔡克荣　何一雷

中国民主同盟张家港市委员会

主　委　丁学东
副主委　姜　嵘（女）
　　侯蔚枫（女）
　　周卫君

中国民主建国会张家港市基层委员会

主　委　刘会苏
副主委　徐建龙　葛庆贤

中国民主促进会苏州市张家港支部委员会

（1月成立）

主　委　李　峰
委　员　李晓华

中国农工民主党张家港市委员会

主　委　顾　放
副主委　翟二生　杜思梅（女）
　　蒋　锋

中国致公党苏州市张家港支部委员会

（1月成立）

主　委　蓬　元
委　员　吴　健

九三学社张家港市基层委员会

主　委　徐平观
副主委　秦国平　郭宏杰（女）
　　严红艳（女）

市无党派人士联谊会

会　长　徐　江
副会长　徐锦章　蓬　元（1月免）
　　孟伟言

市工商业联合会（总商会）

党组书记　曹鹰飞（7月免）
　　解志荣（7月任）
主席（会长）　刘　佾
副主席（副会长）　曹鹰飞（7月免）
　　解志荣（7月任）
　　陈志勇
　　许海萍（女）
　　沈　彬（兼）
　　吴耀芳（兼）
　　邵振江（兼）
　　沈学如（兼）
　　杨培兴（兼）
　　陈玉忠（兼）
　　黄庭明（兼）
　　施建刚（兼）
　　吴建明（兼）
副会长　郁霞秋（女，兼）
　　邹承慧（兼）　黄和芳（兼）
　　李兴华（兼）　徐卫民（兼）
　　徐卫明（兼）　严加彬（兼）
　　徐彩君（女，兼）
　　金双龙（兼）　唐利刚（兼）
　　黄刻松（兼）　缪向阳（兼）
　　朱　忻（兼）
党组成员　陈志勇　许海萍（女）
　　彭　嫣（女）　熊晓建（兼）

市总工会

主席、党组书记　季洪良
副主席　景国荣（3月免）
　　张燕清　高　翔（7月任）
　　孙卫忠　黄　慧（女）
　　张　澄（女，5月任）
　　惠　红（女，兼，11月任）
　　朱志斌（兼，11月任）
　　徐　伟（女，兼，11月任）
　　翟晓东（兼，11月任）
　　翟　涛（挂职，11月任）
党组成员　景国荣（3月免）　张燕清
　　高　翔（7月任）　孙卫忠
　　黄　慧（女）
　　黄声笑（女，10月任）

共青团张家港市委员会

书记、党组书记　陈　稳（7月免）
　　王苏嘉（7月任）
副书记、党组成员　邱晶嘉（女，7月免）
　　陆吟远（女）
　　施　律（7月任）
副书记　翟梓均（女，挂职，7月任）

市青年联合会

主　席　陈　稳（兼，7月免）
　　王苏嘉（兼，7月任）
副主席　钱洁雅（女，兼，5月免）
　　黄　蓉（女，兼，5月免）
　　曹鹰飞（兼，5月免）
　　吴　毅（5月任）
　　陆　超（5月任）
　　刘　琨（5月任）
　　邱晶嘉（女，兼，7月免）
　　陆吟远（女，兼）
　　施　律（兼，7月任）

市妇女联合会

主席、党组书记　秦真智（女）
副主席、党组成员　陈　霞（女，12月免）
　　曹丽华（女）
　　刘晓霞（女，12月任）
　　刘　兰（女，12月任）
副主席　钱洁雅（女，兼，12月任）
　　朱光华（女，兼，12月任）
　　郁敏芳（女，兼，12月任）
　　袁丽红（女，挂职，12月任）

市文学艺术界联合会

主席、党组书记　吴彦刚（7月免）
　　钱晓东（7月任）
副主席　支坤兴（5月免）　高卫平
　　董　红（女）
党组成员　支坤兴（5月免）
　　董　红（女）

市科学技术协会

主席、党组书记　侯虎珍（女，5月免）
　　董建刚（5月任）
副主席、党组成员　徐松林
　　孙利婵（女）

市归国华侨联合会

主　席　姜　嵘（女）

副主席　赵　敢　邵忠英(女)
陈　刚(兼)

市残疾人联合会

理事长、党组书记　石国毅(11月免)
曹跃飞(11月任)
副理事长、党组成员　陆　洲
王新法

市哲学社会科学界联合会

主　席　钱晓东
副主席　俞鞠敏　陈　勇(5月免)

市红十字会

会　长　华　红(兼,3月免)
徐平观(兼,3月任)
常务副会长　朱兴华(兼,3月免)
王卫国(兼,3月任)
副会长　蔡　贤(女,11月免)
朱光华(女,11月任)

中国国际贸易促进委员会张家港支会

会　长　马学锋(女,兼,11月免)
尹　洁(女,兼,11月任)

直属事业单位

中共张家港市委党校

(挂张家港市行政学校牌子)

校　长　朱立凡(兼)
常务副校长　王连生
副校长　金善开(7月免)　魏　欣
周国新　朱爽秋
余　涛(3月任)
雷　莹(女,11月任)

市委党校校务委员会

委　员　王连生　金善开(7月免)
魏　欣　周国新　朱爽秋
余　涛(3月任)
雷　莹(11月任)

市委党史地方志办公室

主　任　陈飞健
副主任　汪丽菁(女)
卢德兴(12月免)

市档案局(馆)

党组书记、局(馆)长　黄惠珍(女)
副局(馆)长、党组成员　施亦涛(11月免)
孙　静(女)
王俊峰
秦晓芬(女,12月任)

市委接待办公室

主　任　陶　惠

副主任　吴彦飞(12月任)
张秀兰(女)
程艳杰(女)

张家港日报社

党组书记、社长　马狄武
党组副书记、总编　郭晓红(女)
副总编　周礼清(5月免)
钱　萍(女)
陈　红(女)
庞瑞和
党组成员　周礼清(5月免)
张立新　钱　萍(女)
陈　红(女)
纪检组组长　张立新

市文化中心管委会办公室

主　任　谭德宝
副主任　蓬　元

市级机关事务管理中心

党委书记、主任　黄晓伟
党委副书记　张新建(7月免)
副主任、党委委员　毛　冀　王云良
归　俊(3月免)
毛信东
张卫中(5月任)
纪委书记　张新建(7月免)

市土地储备中心

(5月,由市政府直属事业单位调整为市国土资源局下属事业单位)

主任、党组书记　邵建芳(5月免)
主　任　施文军(7月任)
副主任　陆惠民(5月免)　秦洪祥
许晓明
党组成员　陆惠民(5月免)
秦洪祥(5月免)
黄利忠(5月免)
许晓明(5月免)
纪检组组长　黄利忠(6月免)

市新市民事务中心

主　任　闻振平(11月免)
徐晓忠(11月任)
副主任　徐　伟(女)　顾　平
张功志(5月任)
雷爱斌(女,瑶族,11月任)

市便民服务中心

主　任　江建胜
副主任　孙屹东　刘庆雅(女)
季　珍(女)

市国有资产管理办公室

主　任　瞿永昌(兼,3月免)
许啸文(女,兼,3月任)
副主任　王利刚　牛建平(女)

市供销合作总社

党委书记、主任　唐雷刚
党委副书记　穆　军(12月任)
副主任　穆　军(12月任)
陆大革(5月任)
钱　剑(3月免)
戴德荣(5月免)
张　建(3月免)
戴国强(3月任)
刘伟芳(女,12月任)
党委委员　陆大革(5月任)
钱　剑(3月免)
戴德荣(5月免)
陈　浩(8月免)
张　建(3月免)
戴国强(3月任)
刘伟芳(女,12月任)
纪委书记　陈　浩(8月免)

市检验检测中心

党组书记、主任　徐国兴
党组成员、副主任　王　刚　李　刚
季春丰

市城市建设基金管理办公室

主　任　张满兴
副主任　顾敬贤(8月任)
张海峰(11月任)
陈　波(11月任)

沙洲职业工学院

党委书记　王亚方(兼)
院　长　钱东东
党委副书记　钱东东
邵建华(1月免)
副院长　伍建国(1月免)
钱锦东(1月任)
易顺明(1月任)
纪委书记　王春林
党委委员　伍建国(1月免)
王春林　钱锦东
易顺明　黄中浩
陈海英(12月任)
机关党委书记　钱东东(兼,1月免)
黄中浩(1月任)
机关党委副书记　易顺明(1月免)
黄中浩(1月免)

张家港开放大学

党委书记　王建东(兼)
校　长　王建东(兼,11月免)
朱瑞春(11月任)
党委副书记　朱瑞春(11月任)
陆盘忠
党委委员、副校长　黄黎燕(女)

李　峰（3月任）
孙慧霞（女，3月任）
纪委书记　陆盘忠

江苏省梁丰高级中学

党委书记、校长　王柳军（7月免）
谈雅琴（7月任）

市属企业

市城市投资发展集团有限公司

党委书记、董事长、总经理　朱瑞栋
副总经理　宋华东　孙国兵
徐东晖　季敏峰
党委委员　宋华东　孙国兵
李　军　季敏峰
高维华
纪委书记　李　军

市金茂投资发展有限公司

党委书记、董事长　陈建兴
党委委员、副总经理　姚　辉
陆文朝
纪　峰
党委委员、纪委书记　丁中群（女）
总会计师　朱海鹰

市金港投资担保有限公司

董事长　陈建兴（兼）
总经理　姚　辉（兼）

市金城投资发展有限公司

党委书记　赵　晖（3月任）
董事长　蔡建林
副总经理　赵　晖　宋一兵
王向军　张永华
党委委员　蔡建林　宋一兵
王向军　邱月花（女）
张永华
纪委书记　邱月花（女）
总会计师　刘颖虹（女）

张家港产业资本中心管委会
（5月成立）

主　任　周　兵（兼，5月任）
副主任　陆江山（5月任）
宋国华（兼，5月任）
朱龙友（兼，5月任，8月免）

张家港产业资本投资有限公司
（市暨阳湖开发发展有限公司）
（5月成立）

党委书记、董事长　陆江山（5月任）
总经理　陆江山
副总经理　茅卫忠（5月任）
张利斌（5月任）

江苏沙钢集团有限公司

党委书记　沈　彬
党委副书记　龚　盛　陈晓东
季永新
党委常委　何春生　施一新
黄永林
马　毅（回族）
雷学民（女，瑶族）
王　科　杨龙胜
纪委书记　季永新

江苏国泰国际集团有限公司

党委书记　张子燕
董事长　孙岩纹
党委副书记　陈晓东　张　斌
才东升
纪委书记　张　健

江苏华昌（集团）有限公司

党委书记、董事长　胡　波
副董事长、总经理　张光耀
党委副书记　张光耀　贺小伟
副总经理　曹凌云　谭　旋
纪委书记　陈饶忠

张家港沙洲电力有限公司

党委书记　张集英
总经理　巩家富
党委副书记　巩家富　张铨平
副总经理　鲁玉强　李东辉
赵　祥　朱世春
纪委书记　赵　祥
纪委副书记　俞红星

江苏有线网络发展有限责任公司
张家港分公司

党委书记　陈　浩
党委委员　何伯春　钱文斌
唐　浩
纪委书记　何伯春

条线管理部门、涉外单位

市国家税务局

党组书记、局长　江伟男
副局长　陈卫东　肖维贤
唐建国
党组成员　陈卫东　肖维贤
唐建国
丁利杰（5月任）
纪检组组长　丁利杰（5月任）

苏州市张家港地方税务局

党组书记、局长　李　炜
党组副书记　丁　敏（女）
副局长　潘　德　陆宇坤
周　玲（女）
党组成员　潘　德　陆宇坤
周　玲（女）
纪检组组长　丁　敏（女）

中国邮政集团公司
江苏省张家港市分公司

党委书记、总经理　席林仙
副总经理、纪委书记　王　俊
副总经理　蒋祖明

中国电信股份有限公司张家港分公司

党委书记、总经理　王少波
副总经理、纪委书记　邓汉清
副总经理、党委委员　邵建锋

中国移动通信集团江苏有限公司
张家港分公司

总经理　徐若海
副总经理　朱洪斌　潘江峰

中国联合网络通信有限公司
张家港市分公司

总经理　陈　华
副总经理　李　华（12月免）
回传栋（12月免）
张军辉
周　玲（女，12月任）

市气象局

局　长　王建明
副局长　邹天晴

市盐务管理局

局　长　杨　勇
副局长　侯　军

市烟草专卖局

局　长　石冬萍（女）
副局长　荆　辉　吴雪峰

苏州市住房公积金管理中心
张家港分中心

主　任　陈文裔（女，6月免）
张新华（6月任）
副主任　张新华（6月免）
顾　斌
陈　健（12月任）

中国人民银行张家港市支行

党组书记、行长　卜家怡（女）
副行长、党组成员　童　琳（女）
周利兴
纪检组组长　周利兴

中国工商银行股份有限公司
张家港分行

行　长　赵　霆
副行长　邵　健　许　雷
陈　敏（女）
纪委书记　陆群一

中国农业银行股份有限公司
张家港分行

行　长　李　颖(女)
副行长　陆　锋(10月免)
　　　　张宏岗(10月免)
　　　　徐　峰(3月免)
　　　　李玉珍(女,10月任)
　　　　陈一意
　　　　黄　洁(女,10月任)

中国农业发展银行张家港市支行

行　长　陆　林
副行长　孙晓东　韦屹芳(女)

江苏张家港农村商业银行
股份有限公司

党委书记、董事长　王自忠(4月免)
　　　　　　　　季　颖(4月任)
党委副书记、行长　季　颖(4月免)
　　　　　　　　杨满平(4月任)
纪委书记、监事长　朱建新(4月免)
　　　　　　　　顾晓菲(女,4月任)
党委委员、副行长　黄勇斌(4月任)
　　　　　　　　陈步杨(4月免)
　　　　　　　　郭卫东
　　　　　　　　顾晓菲(女,4月免)
　　　　　　　　孙　瑜(女)
　　　　　　　　陆亚明
　　　　　　　　沙健健(4月任)

中国建设银行股份有限公司
张家港分行

行　长　顾永明
副行长　屈陈州　成　冲
　　　　胡　环(女)
　　　　胡于芬(女)

中国建设银行股份有限公司
张家港港城支行
(1月撤销)

行　长　盛景新(女)
副行长　屈陈州　任　伟
　　　　成　冲

中国银行股份有限公司张家港分行

行　长　钱海刚
副行长　朱义忠(10月任)
　　　　倪卫红(女,12月免)
　　　　尚秀胜　刘　伟
纪委书记　尚秀胜

交通银行股份有限公司张家港分行

行　长　秦晓红(女)
副行长　陈小茹(女)　李　仁
　　　　杜艳营(4月免)

中国邮政储蓄银行张家港市支行

行　长　刘　学
副行长　郭海斌　徐国兴(7月任)

江苏银行股份有限公司张家港支行

行　长　李小虎

中信银行股份有限公司张家港支行

行　长　陈　晔(5月免)
　　　　刘　毅(5月任)

中信银行股份有限公司
张家港保税区支行

行　长　郑红霞(女,5月免)
　　　　徐　刚(5月任)

中国民生银行股份有限公司
张家港支行

行　长　蒋海峰(7月免)
　　　　冯如建(7月任)

上海浦东发展银行股份有限公司
张家港支行

行　长　徐　晨
副行长　张晓红(女)　陈　雷
　　　　沈　燕(女,3月任)

招商银行股份有限公司张家港支行

行　长　陈　科

中国光大银行股份有限公司
张家港支行

行　长　王世峰
副行长　张建岚(女)

江苏张家港渝农商村镇银行
股份有限公司

行　长　康　波
副行长　马天明

华夏银行股份有限公司张家港支行

行　长　黄少杰
副行长　周　红(女)

苏州银行股份有限公司张家港支行

行　长　陈利红
副行长　童　炜

兴业银行股份有限公司张家港支行

行　长　杨　磊

国网江苏省电力公司张家港市供电公司

总经理、党委副书记　任孝峰
党委书记、副总经理　管建明
纪委书记　钱建兵
副总经理　顾马荣　钱祖建　邱　峰
　　　　　张国庆

中国人民财产保险股份有限公司
张家港中心支公司

总经理　季　力
副总经理　俞晓英(女)　吴金虎

中国人寿保险股份有限公司
张家港支公司

总经理　杨正清
副总经理　徐国强　陈　莹(女)
　　　　　蔡　伟

中国太平洋财产保险股份有限公司
张家港中心支公司

党委书记、总经理　许兴达
副总经理、纪委书记　张建华(女)

中国太平洋人寿保险股份有限公司
张家港中心支公司

总经理　于年中

紫金财产保险股份有限公司
张家港支公司

总经理　赵　晖(4月任)
副总经理　赵　晖(4月免)
　　　　　刘　勤(女,3月任)
　　　　　陈向红(女)

中国石化销售有限公司
江苏苏州张家港石油分公司

经　理　朱　林

张家港海关

关　长　陈解平
副关长　林　骏　王　飞

张家港保税港区海关

关　长　张宗琪
副关长　尹聚技　郭学文

长江航运公安局苏州分局

党委书记、局长　蒋　健
党委副书记、政委、纪委书记　陶建东
党委委员、副局长　高　峰　孙德泉
党委委员、政治处主任　何　健

张家港出入境检验检疫局

局　长　韦　锋
副局长　樊惠良　倪慎新
　　　　杜国兴　殷厚德
　　　　尹　军

张家港海事局

党组书记、局长　沈贵平
政委、党组副书记、纪检组组长
　　　　王燕辰
副局长　陈俊杰(2月免)　苏　健
　　　　丁　波(2月任)

张家港引航站

站　长　葛剑平
党支部书记　范冬青

张家港边防检查站

站　长　包笑望
政　委　徐向阳
副站长　傅柏青　王永军　刘建勇
副政委　王锡华

【编辑　黄宏庆】

中共张家港市委

Zhangjiagang Municipal Committee of the CPC

市委十一届五次全会会场　（褚珊珊　摄）

市委全会
重要决策
重大活动
调查研究
组　织
宣　传
统　战
机构编制管理
市级机关工委
老干部工作
党　校
史　志
档　案
公务接待与保密工作

張家港年鑑(2018)

扫码欣赏

《使命·担当——张家港市担当作为好单位、好干部巡礼》

市委全会

【市委十一届四次全体(扩大)会议】 7月27日在市馨苑度假村会议中心召开。会议听取并讨论市委书记朱立凡代表市委常委会所作的《强化责任担当,践行“四大路径”,以过硬实绩迎接中共十九大胜利召开》的报告,审议通过《中国共产党张家港市第十一届委员会第四次全体(扩大)会议决议》。要求全市上下要与时俱进弘扬张家港精神,坚定信心、强化担当,坚持能快则快、能超则超,推动“四大路径”落地见效,完成年度目标任务。会议强调,做好下半年工作,要突出“创新、富民、文明”三大主题,力求做到“三个更过硬”,即突出创新转型,让经济品质更过硬,坚定不移推进“三大转型”,全力以赴加快重大项目建设,一着不让强化招商选资,千方百计提高资源配置效率,持之以恒优化创新生态,在厚植实体经济优势的前提下,加快结构调整和动力转换,推动经济发展稳中有进、稳中向好,实现经济品质的全面提升;突出富民惠民,让生活品质更过硬,处理好“就业与创业、保障与帮扶、公共服务标准化与均衡化、绿色发展与生态建设”四对关系,让聚焦富民导向更明、举措更实、成色更足,努力让百万港城人民过上更有品质的生活;突出文明创建,让城市品质更过硬,高标准夺取全国文明城市“五连冠”,在打造“崇德向善、文化厚重、和谐宜居”3个城市上打基础、做标杆,致力打造标兵全国文明单位城市,推动城市品质再上新台阶。会议指出,要进一步提振干事创业精神,把实干作为一种精神、一种追求、一种习惯,做到责任坚决落实、干部勤奋踏实、作风求真务实,纪律从严从实,以实的作风、实的举措、实的业绩为完成全年目标任务做出应有贡献。

【市委十一届五次全体(扩大)会议】 12月29日在市馨苑度假村会议中心召开。会议听取并讨论市委书记朱立凡代表市委常委会所作的《践行“四大路径”,建设“四个港城”,奋力谱写新时代张家港发展的新篇章》报告,审议通过《中国共产党张家港市第十一届委员会第五次全体(扩大)会议决议》。会议强调,要深入学习贯彻中共十九大精神,有所作为、积极作为、创新作为,在贯彻新思想中不断增强执政本领,在开启新征程中牢固确立排头兵地位,在落实新理念中提升全方位发展水平,在把握新矛盾中满足人民美好生活需要,为新时代谱写好张家港发展的新篇章,付出当代人应有的努力,留下当代人独特的印记。会议明确2018年工作的指导思想是全面贯彻中共十九大精神,以习近平新时代中国特色社会主义思想为指导,深入落实总书记视察江苏重要讲话精神,与时俱进大力弘扬张家港精神,坚持“勇于担当、争先率先”,突出创新性、探索性、引领性,深入践行“四大路径”,全面建设“实力港城、活力港城、美丽港城、人文港城”,紧扣高质量发展目标,统筹推进经济社会以及党的建设等各项事业,以过硬发展实绩献礼改革开放40周年,在决胜高水平全面建成小康社会、开启基本实现现代化的新征程中走在前列,全力争当“两个标杆”建设排头兵,奋力谱写新时代张家港发展的新篇章。全会指出,要更加突出聚焦转型,建设产业领先的实力港城;更加突出创新驱动,建设要素集聚的活力港城;更加突出绿色发展,建设协调共享的美丽港城;更加突出文明引领,建设充满魅力的人文港城。要始终保持“永远在路上”的持久定力,坚守对党忠诚的政治品格,锤炼堪当重任的干部队伍,建设坚强有力的战斗堡垒,营造风清气正的发展环境,深入推进党的建设新的伟大工程。

(郭炳晖)

重要决策

【概况】 2017年,市委召开常委会会议25次,全市领导干部会议3次。市委、市政府联合发文15份,市委发文27份。重要决策涉及学习贯彻中共十九大精神、深化行政改革、生态文明建设、聚焦富民、干部队伍建设等方面。11月10日,市委印发《中共张家港市委关于认真学习宣传贯彻中共十九大精神的通知》,要求全市各级党组织和广大党员干部要把学习宣传贯彻中共十九大精神作为首要政治任务,迅速掀起学习宣传贯彻中共十九大精神热潮,深刻领会和准确把握中共十九大精神实质,加强学习宣传贯彻中共十九大精神的组织领导,做到干部培训全覆盖、宣讲活动全覆盖、社会宣传全覆盖,要在学懂弄通做实上狠下功夫,把全市党员干部群众的思想和认识统一到十九大精神上来。强调把十九大精神作为党员干部武装头脑、指导实践、推动工作的出发点和落脚点,坚持学以致用、用以促学,切实把十九大精神全面落实到致力“两聚一高”、紧扣“两个标杆”、践行“四大路径”的生动实践中,确保十九大精神在张家港落地生根,以十九大精神引领张家港在新时代开辟发展新境界。

【“放管服”改革深化】 7月18日,全市召开深化“放管服”改革暨招商引资工作推进会,研究部署全市深化“放管服”改革等工作,会议要求坚持问题导向,由表及里、深挖根源、逐个破解,把改革后企业申请开办时间压缩了多少、项目审批提速了多少、群众办事方便了多少作为检验标准,坚持“简政放权、放管结合、优化服务”三管齐下、齐头并进。强调要提升放的含金量,以放为原则,不放为例外,本级放的要放活,上级放的要接好;提升管的水平,扭转认识,对新业态、新技术、新模式、新产业探索审慎监管。同时,完善监管体系,创新监管新模式;提高服务满意度,脚踏实地,把特色服务做深做细做实。

【绿色发展推进决策】 3月10日,全市召开绿色发展推进会暨“263”专项行动领导小组全体(扩大)会议,要求全市各级各部门要统一思想、凝聚共识,站在讲政治的高度,站在文明张家港自我追求的高度,站在群众诉求的高度,充分认识推动绿色发展的重要意义。强调推动绿色发展是一场攻坚战、持久战,必须狠抓关键、奋力突破，也是系统工程、全局工作，必须压实责任、形成合力。3月20日，市委、市政府联合印发《张家港市建设“绿色发展引领区”实施方案》，提出用更大力度持续推进全市经济社会在更高平台上绿色发展。到2020年，经济发展与生态宜居保持领先水平，通过“工业园区提标、区外化工入园、煤耗能耗下降、传统产业转型、治污多管齐下”等综合举措，实现“绿色发展科学布局引领、企业产业排放标准引领、环境质量改善引领”，确保建成国家生态文明建设示范市（县）。环境空气质量指数（AQI）优良率超过75%，PM2.5年均浓度下降到每立方米50微克以下，基本消除重污染天气；地表水好于Ⅲ类水质的比例超过80%；污染地块安全利用率超过95%；危险废物安全处置率100%；群众环境满意度力争达到90%以上，环境质量持续改善。

【聚焦富民促进创新创业创富意见出台】 5月31日，市委、市政府联合印发《关于聚焦富民促进创新创业创富的实施意见》，提出围绕“富民环境更加完善、富民结构更加优化、富民内涵更加拓展”的工作目标，集中力量、集中资源、集中政策，重点实施“产业强富行动、创业致富行动、机制增富行动、共享助富行动、文明润富行动”五大行动，进一步深化收入分配制度改革，强化收入分配政策的激励导向，推动富民增收与经济增长互促共进，让人民群众过上更有品质的生活，建成体现“强富美高”要求、有基础有深度有温度有保障、群众认可度高、惠及全市人民的小康社会。

【干部干事创业系列支持举措出台】 3月10日，市委出台《张家港市干部干事创业容错免责实施办法（试行）》，对“容错免责”实施对象、施行条件、执行程序等作了详细具体的规定，适用于所有市管干部和各基层党组织管理的干部，“容错免责”按照干部管理权限进行。设置现行法律法规和上级规定没有明令禁止、主动挽回损失、消除不良影响、未直接造成重特大事故等6项免责前置条件，并具体列出创新驱动、富民惠民、项目建设、招商引资、处置突发事件、简化审批、化解矛盾等8种容错免责情形，提出建立重大改革创新风险备案、澄清保护、职能部门协作、防错纠错和为官不为问责等5项配套机制。容错免责采用“一事一议”原则，经过审核、认定、报备等程序后，可以容错免责的，将在追究党纪政纪责任、干部考核评价、年度绩效考核、党风廉政建设责任制考核等方面免予或从轻、减轻处理处分。同日，市委印发《关于担当作为好单位、担当作为好干部的考核方案》，提出通过科学规范开展考核工作，激励和引领全市各级干部敢担当、善作为、重落实、树形象，为推动全市努力走在高水平全面建成小康社会前列提供强大的组织保障和精神动力。整个考核过程经过组织推荐、差额初审、集中展示、外部评价、差额再审、常委会会议票决等环节，考核产生不超过20个担当作为好单位和30名担当作为好干部，并通过宣传报道、提拔重用等激励措施，放大导向效应，推动形成更好的干事创业氛围。年内，各级组织部门和《新华日报》等20余家主流媒体到张家港采访和调研，其中《张家港建立干部干事创业容错免责机制，给改革创新者吃颗“定心丸”》在3月24日的《新华日报》上专题报道，获得省委主要领导的批示肯定。（郭炳晖）

重大活动

【干部学习培训活动】 2017年，全市先后举办领导干部菜单式讲座12期，参训6000余人次。内容涉及经济趋势分析及创新富民之路、特色小镇——新型城镇化的新空间、五大发展理念与政府治理转型、科技体制改革与创新驱动发展、生态文明与美丽中国、中国社会福利和慈善事业的发展与挑战、新时期反腐的制度体系建设、提升社会管理竞争力——社会冲突管理与谈判、法治思维与依法治国、互联网时代政府形象建设、新常态下的宏观经济及供给侧改革、民族文化与民族复兴等。举办主体班42期，8500余人次参训。4月，组织全市731名副科职以上领导干部开展为期4天的中共十八届六中全会精神集中轮训，组织47名副科职以上干部开展为期7天的第七期领导干部中央党校研修班；5月至7月，组织45名年轻后备干部在市委党校、复旦大学等地举办为期52天的第二十期中青年干部培训班；10月，组织42名副科职以上干部开展为期5天的第一期领导干部山东临沂党性教育专题培训；11月，组织全市1399名副科级以上领导干部开展为期6天的中共十九大精神集中轮训。

【党政领导考察活动】 7月25日，市委书记朱立凡，市委副书记、市长黄戟率党政代表团赴江阴市，学习借鉴江阴在产业转型升级、企业科技创新、政务服务改革、行政管理集成改革以及城市规划建设等方面的先进经验和创新举措。12月5日，市委书记朱立凡率全市党政代表团赴宿迁市宿豫区，考察经济转型升级、城乡一体化发展、开发区建设等方面情况，就加强新一轮南北挂钩合作进行深入交流。12月6日，市委书记朱立凡率全市党政代表团赴徐州市，考察学习产业转型升级、城市规划建设等方面先进经验和做法。

【项目签约、奠基、开业等活动】 2017年，全市举办重大项目签约、奠基、竣工开业等活动近20次。项目签约活动主要有江苏亨通海洋工程有限公司海洋新能源及军民融合公司总部、研发中心项目签约仪式，康得新“两园一城”合作协议签约仪式，南京工业大学合作项目签约仪式等。项目奠基开工主要有霍尼韦尔UOP中国研发及工程技术中心奠基仪式、芬美意香料生产基地奠基仪式、苏高新（张家港）节能环保创新园开工典礼、华昌加氢新材料奠基开工等。揭牌开业活动主要有江苏冶金技术研究院揭牌仪式、张家港市行政审批局揭牌仪式、暨阳湖产业资本中心揭牌仪式等。

【文体、科教活动】 2017年，全市举办重大文体、科教活动近20次。其中，文体活动主要有：2017年中国（张家港）长江文化艺术节暨第七届（张家港）长江流域民族民间艺术节、2017年中国（张家港）当代水墨艺术特展、2017年张家港国际马拉松赛、中国足协第20届“贝贝杯”青少年足球赛、“五义联动，健康苏州”——2017年“农行杯”苏州美丽乡村健康行（常阴沙站）等。科教活动主要有2017年中国汽车技术转移大会暨创新创业大赛之国际新能源及智能汽车大赛、2017年“创青春”江苏青年创新创业大赛、2017年张家港市科技·人才活动周等。

【“两学一做”学习教育常态化制度化推进】 5月11日，市委召开全市推进“两学一做”学习教育常态化制度化工作座谈会，部署推进“两学一做”常态化制度化工作。6月28日，市委书记朱立凡为党员干部作“旗帜鲜明讲政治”专题党课，市四套班子领导到市“阳光之路”党性教育基地开展“重温入党誓词”活动，市委举办“书记来了”特别见面会展现全市书记代表们的风采。年内，市委常委会以“旗帜鲜明讲政治”“深入学习习近平总书记治国理政新理念新思想新战略”“学习贯彻中共十九大精神”为主题开展3次集中交流研讨，市四套班子党员领导干部开展“党章学习日”活动。突出经常性教育特点，将学习教育融入“三会一课”等党的基本组织生活制度，组织各基层党支部开展4次专题讨论。在全市开展评选百名优秀共产党员、百个先进基层党组织“双百先锋”活动，6月评选产生庞建华等100名优秀共产党员、江苏德丰建设集团有限公司党委等100个先进基层党组织。年内，深化“区域共建”“在职党员进社区”“民生面对面”等载体，推动党员服务基层。8月至9月，对20个基层党委的71个支部开展专项督察，并逐一反馈意见、督促整改。年内，实施组织架构理顺、组织关系普查、组织生活规范、组织业务提升“四大行动”，印发《党支部组织生活清单》，推广组织生活旁听制、记实制，实施党务干部履职资格认证制度，提升基层党建规范化水平。9月至12月，在“张家港先锋”微信平台开设“张家港网上学习会”音频领读栏目，围绕学习《习近平谈治国理政》，由市委常委、组织部部长带头领读，百名优秀共产党员参与诵读。10月，苏州市委组织部启动“庆祝中共十九大·我为群英点个赞”活动，金港镇长江村党委书记郁霞秋、南丰镇永联村党委书记吴惠芳、锦丰镇悦来村党总支书记沈晓燕、陶氏化学（张家港基地）党委书记褚兴东、澳洋医院党委副书记王伟、公益组织联合会党支部书记杨玭、经开区（杨舍镇）梁丰社区老干部支部书记吴广生、金港镇封庄村党总支书记奚涛、凤凰镇非公企业党工委副书记徐韬等9名基层先进入选苏州“两学一做”群英谱，入选数量位居苏州县市前列。12月，市委组织部下发《关于组织开展“党旗飘扬、党章指引、党徽闪耀、党日红火”主题实践活动的通知》，强化各级基层党组织政治建设，全面提升政治功能。

【“六个一”基层走访调研活动】 1月，根据省委“下基层、察实情、促富民”走访调研统一部署和苏州市委相关通知要求，张家港市委办下发《关于围绕“两聚一高”目标开展“六个一”基层走访调研的通知》，成立市委“六个一”基层走访调研工作办公室，建立健全会商会办、督查通报、考核考评等制度，召开专题会商会并组织督察调研，依托“12345”便民服务中心多次开展专题培训和业务指导。整个调研活动注重“四个结合”（与“两学一做”学习教育、“两聚一高”目标、落实管党治党责任加强基层组织建设相结合），确保“五个全覆盖”［党员领导干部参与全覆盖，所有区镇、办事处、村（社区）联系全覆盖，城乡困难家庭全覆盖，所有规模以上企业和重大项目挂钩服务全覆盖，有重点信访案件地区落实领导包案全覆盖］，实现“六个一”目标（收集一批社情民意、促进一批企业创新、推动一批项目建设、化解一批矛盾问题、总结一批基层典型、完善一批政策措施），着力解决改革发展稳定的重点难点热点问题，全力以赴争创新发展之先、创和谐社会之优。具体活动分集中走访调研和常态化走访调研。集中走访调研要求一年两次，第一次从春节假期后上班第一天开始、15个工作日内完成，第二次安排在8月完成。市领导走访2户至3户城乡居民家庭，了解家庭基层情况、生产生活难题和主要期盼等；走访市场主体（创新企业、特色产业）和重点项目3个至4个，了解生产经营状况、项目推进情况、面临的主要困难和问题，以及对党委、政府的意见和建议；走访区镇、办事处、村（社区）1个至2个，了解管党治党责任、基层党建和社区服务情况，以及对党委、政府意见和建议。全市四套班子28名市领导，全部明确各类走访对象和走访任务，带头走访贫困家庭、服务重点企业、推进挂钩项目、协调薄弱村脱贫，特别是带头协调解决“四大路径”25项重点课题。各区镇领导集中走访市领导和机关领导未走访的所有村（社区）。机关（部门）领导干部集中走访采取由班子成员带队到基层走访调研方式，走访1个村（社区）、2个至3个城乡居民家庭、3个至4个市场主体或重点项目。常态化走访调研每月开展1次，每次不少于1天；蹲点调研每年不少于5天，全年走访调研时间不少于2个月。10个区镇、153个行政村、135个社区全部纳入走访范围，将全市所有家庭和企业（扣除苏州任务数）分解到市领导、市级机关和区镇的走访网络中，构建“横向到边、纵向到底、上下联动、协同配合”的工作网络，确保做到“一户不漏、一企不落”。3月7日，市委办下发《关于常态化推进“六个一”基层走访调研的通知》，要求在六个方面解决29项问题，并制订走访计划，落实工作措施，于4月20日前录入“六个一”基层走访调研信息平台备案备查。4月19日，市委召开全市“六个一”基层走访调研工作推进会，进一步部署走访工作全覆盖。4月27日，市委办对市级机关参与走访人员的范围、走访城乡居民家庭范围、走访调研时间、走访调研方案制定、走访方式和“六个一”信息平台办理流程进行明确。5月25日，全市走访工作推进会再次召开后，全市走访工作从前期的“动起来”转为“冲起来”，会后两周共走访家庭

74437户、企业2555家，是之前走访总量的5倍。6月26日，市委分管副书记亲自带队从严从实真督实查，全市走访调研进入"冲刺"阶段，一周内走访家庭75192户、企业6470家，实现"再提速"。至7月9日，扣除苏州任务数，全市走访家庭31.56万户、企业1.75万家，全面完成走访全覆盖。8月15日，全市"六个一"基层走访调研转入"集中开展安全稳定隐患深入排查"阶段工作会议召开，市委书记朱立凡进行全面动员部署，三位市领导结合各自分管领域分别作了具体工作部署，全市各单位主要负责人参会。市"六个一"办公室会同机关部门制定《"集中开展安全稳定隐患深入排查"市级机关部门走访调研工作指南》，市级机关党员干部对照《走访调研工作指南》中的18条具体内容和"五个工作重点"，排查具体问题、解决实际矛盾。年内，全市"六个一"大走访下基层385909人次，走访家庭314399户，企业35808家，录入走访调研登记记录332456条，收集问题意见54081条，当场解决26115件，延后解决19854件，受条件限制暂时无法解决、已妥善做好解释工作8112件，问题意见解决率85%。

（郭炳晖　陶叶萍　肖　敏）

调查研究

【概况】 年内，市委研究室起草市委十一届四次、五次全体（扩大）会议和深化文明城市建设暨争创全国文明城市"五连冠"动员会议等各类文稿材料260余篇、130余万字。围绕经济、民生、改革等事关全市发展的重大课题，深入走访调研各区镇、机关、村及企事业单位690余次，形成《张家港市新材料产业发展情况汇报》《自由贸易港相关政策情况梳理》等6篇调研报告，会同经信、民政部门开展联合调研，形成《来自保丽洁的调研报告》《突出以人为本，建设现代民政，让港城人民过上更有品质的生活》等调研报告，为市委科学决策提供参考。

【港口、化工园转型和新兴产业发展专题调研】 市委研究室围绕港口转型专题调研，把港口转型升级作为重点调研课题，先后走访保税区、市发改委、市口岸办及部分港口企业，并组织人员赴青岛港、日照港、连云港等地学习考察，形成《推进港口一体化，打造"亿吨强港"——关于我市港口转型的思考与建议》调研报告。报告认为，近年受到沿江港口重复建设带来的定位趋同、同质竞争等因素影响，张家港市港口正面临"功能弱化、影响退化、地位边缘化"的趋势。就如何推动港口转型，报告提出把握"区域集中、产业集聚、开发集约"方向，整合资源，精准补短，在推进"港口一体化"中打造"亿吨强港"的建议。围绕化工园区转型专题调研，市委研究室把扬子江化工园转型升级作为重点调研课题，先后走访发改、经信、环保、安监等相关部门及园内部分企业，并赴上海、浙江宁波、山东青岛等地化工园区进行学习考察，形成《绿色发展创新业，扬帆逐浪再起航——关于江苏扬子江国际化工园转型升级的思考与建议》调研报告。报告认为，扬子江化工园开发成效明显，具有较强竞争力，但也面临着"安全生产压力较大、产业布局和公共配套不够完善、资源要素和审批趋严制约明显"等诸多不利因素。就如何推动化工园转型，报告提出加快推进产业、安全、配套和人文"四大升级"，打造国内最好、国际一流的高端精细化工研发生产基地的建议。围绕新兴产业发展，市委研究室赴贵州贵阳高新区、长沙县学习考察大数据产业发展情况，形成《把握发展态势，提升发展标杆——关于赴贵阳高新区、长沙县学习考察的调研报告》，提出研究制定大数据产业发展规划、设立产业发展基金、推进政务大数据建设等建议。市委研究室实地走访江苏物润船联有限公司，形成《水上"滴滴"、港城"阿里"，打造"互联网+航运"新标杆——来自江苏物润船联的调研报告》，提出科技领航开启智慧物流新蓝海、全域布局确立行业优势、"互联网+多式联运"降低运输成本等启示，为企业创新转型提供借鉴。　（李宏燕）

组　织

【概况】 2017年年末，全市有基层党组织4702个，其中党委136个、党总支275个、党支部4291个，另有党工委37个，新增张家港高新技术开发区（筹）党工委。有中共党员68812人。有副科级以上干部1510人。其中，女干部278人，占18.4%；非中共党员63人，占4.17%；大专以上学历1490人，占98.7%。年内新发展党员829人，转入2235人，减少3355人。市委组织部完成"关于加强干部担当作为动力系统建设的实践与思考""精耕区域党建，推进协同治理——张家港市推进城乡一体背景下城市基层党建的探索与实践""张家港市'两新'组织党员数量与质量问题研究"等重点调研课题。向上级组织部门和市委办报送组工信息102篇，出刊《张家港组工信息》18期、《人才工作信息》9期、《人才工作参考》12期，"张家港先锋"微信平台推送信息48期，"人才张家港"微信平台推送信息130期，在《张家港日报》刊出《今日党建》12期。加大人才引进力度，全年新增国家"万人计划"专家4人、江苏省"双创计划"人才12人、苏州"姑苏计划"人才24人、张家港市领军人才98人。

【领导班子和干部队伍建设】 2017年，市委共召开16次市委常委会研究干部调配工作，调整干部468人次，其中提拔138人。138人中，有女干部41人、40周岁以下干部59人、大学学历以上干部129人、党外干部5人。11个党外干部必配部门中有8个部门配备党外干部，10个优先配备女干部的部门中有9个部门配备女干部。年内，完善选人用人全流程规范，修订《干部职务名称表》，出台《规范市管领导干部任免程序的通知》，编印《干部选拔任用工作制度汇编》，高质量通过省委巡视组选人用人专项检查。制订《关于明确非领导职务的建议方案》，通过各单位推荐、资格筛选、两轮民主推荐、组织考察等程序，明确主任科员5人、副主任科员3人。落实省委“789”青年干部培养计划，年内提拔“80后”领导干部28人，其中“80后”正科职干部5人、“82后”副科职干部14人。坚持干部从严管理，全面实施领导干部个人重大事项抽查核实工作，年内共对534名干部填报的个人重大事项进行抽查核实。4月，出台《关于对市管干部进行提醒、函询和诫勉的实施办法（试行）》，根据干部出现问题的严重程度，明确适用提醒的6种情形、适用函询的6种情形以及适用诫勉的15种情形，列入为官不为、企业违规兼职、漏报瞒报个人有关事项等重点问题。4月至5月，用30个中层岗位面向全市“90年”左右年轻干部开展竞争性选拔，并选派其中3名“90后”中层正职干部挂任副科职领导职务。5月，市委召开年轻干部座谈会，市委书记朱立凡与11名年轻干部就如何更好地履职尽责进行交流。6月28日，市委组织部下发《关于开展全市科级后备干部集中调整工作的通知》，年内分层分类建立440名科级后备干部和90名“90后”青年预备队人才信息库。8月，选派39名中青年干部在市级机关、垂直单位与开发区、区镇之间开展新一轮为期1年的双向挂职，并首次选派10名中青年干部到国有企业及规模企业挂职。年内，先后对市农业委员会主任徐江，市水利局党委书记、局长严栋兴，市城市管理局党委书记、局长徐向前等3个单位主要领导实施“三责联审”。对市民防局原党组书记、原局长兼市人民防空办公室原主任毛永林，大新镇原党委书记陆忠理，常阴沙现代农业示范园区原党工委书记徐凤琪，双山岛旅游度假区原党工委书记夏立新，乐余镇原党委副书记、原镇长张平，塘桥镇原党委书记王文伟，塘桥镇原镇长徐华东，市委农工办原主任孙敏彪，市市场监管局原党委书记、原局长谷晓晖等9个单位主要领导实施离任经济责任审计。加强对出国（境）人员的监督和管理，全年审查领导干部因公出国（境）72批302人次，审批因私出国（境）181批189人次。

【基层党组织和党员队伍建设】 4月，市委组织部召开区域共建工作推进会，张家港市级层面成立由市委组织部、市级机关工委和经开区（杨舍镇）组成的区域共建工作协调小组，印发《城区区域共建架构调整方案》，将原来的22个区域联合党委调整为以街道办事处为核心的9个区域联合党委，每个区域联合党委根据管辖的村（社区）数量在内部划分为若干小组，共划分29个共建小组，把机关工委、区镇办事处、区域党建工作站、“两新”组织等一并纳入共建架构。严格抓好发展党员工作，继续实施总量和结构性调控，全年新发展预备党员829人。建立发展对象预审工作定期集中征求公安、检察、计生部门意见制度，组织预备党员培养期材料集中督察并下发督察通报，提升党员发展工作的规范性、严肃性。6月，根据苏州市委组织部印发的《关于开展党组织和党员基本信息普查工作的通知》，张家港市委组织部对全市党组织和党员等基本信息进行普查完善、校核，实现与全国党员管理信息系统的有效对接。10月全面完成。年内，市委组织部为新党员定制《入党纪念册》，在中共十九大召开前夕，由基层党组织采取多种形式发放给829名新发展党员。注重健全制度激活队伍，深化全市村（社区）党组织书记讲坛制度，提升村级中青班“一亩三分地”论坛品牌内涵，全年举办全市村（社区）党组织书记点单式讲坛5期。7月，市委办公室印发《张家港市村（社区）干部积分制管理办法（试行）》，以积分抓手激发基层带头人干事创业热情。8月30日，市委召开全市机关党建工作座谈会，研究如何进一步加强和改进机关党建工作，整治“灯下黑”问题，会议通报全市机关党建工作督察情况，市住建局、市科技局、市司法局、市机关事务管理中心等8个单位作交流发言。11月28日，市委组织部启动全市基层党组织书记学习贯彻中共十九大精神集中轮训，首期轮训班对全市各区（镇）组织委员、市级机关党组织书记等296人进行培训。12月，市委组织部先后举办村（社区）、“两新”党组织书记学习贯彻中共十九大精神集中轮训示范培训班，培训500余名书记。注重破解难题提升实效，年内，市委组织部采用“众筹”理念，突出“创新项目”和“接力项目”两大类，实施2017年度“市级十大重点党建项目”，解决一批基层党建难题。同时，深化市委常委带头，各级党组织书记包挂联系“书记项目”制度，并在市报开设“学习贯彻十九大·党建项目进行时”专栏，动态报道项目推进情况。1月，由市委组织部摄制的《吴惠芳的“新永联梦”》获江苏省第十三届党员教育电视片观摩评比典型事迹片类二等奖。5月，“两新”党建“苗圃”培育工程相关做法在全省基层党建工作推进会上作交流。6月，苏州市委党的建设工作领导小组办公室下发《关于进一步深化法治型党组织建设试点工作的通知》，《让法治型党组织建设成为基层党建工作的新引擎——张家港市推进法治型党组织建设的经验与启示》在苏州推广。9月，金塘社区、梁丰社区、北城区域党建工作站被列入江苏城市基层党建会议现场观摩点。

【“两新”党建】 2月15日，市委“两新”工委举办首期“两新”党建“合伙人”座谈会，聘任沙钢集团党委副书记陈晓东、陶氏化学（张家港基地）党委书记褚兴东、澳洋医院党委副书记王伟、市律师协会党总支书记陈尚龙、中粮东海粮油工业（张家港）有限公司党委工作部负责人郭本平、市公益组织联合会会长杨玭、可隆科技特（张家港）特种纺织品有限公司党支部书记姜忠宝、凤凰镇非公企业党工委副书记徐韬为首批8位“两新”党建“先锋工匠”。每位“先锋工匠”与市委“两新”工委签订党建目标责任书：研究一个党建课题、推进一批党建项目、创建一组党建品牌、培育一群党员骨干。5月18日，启动“先锋党课进基层”活动，8名“先锋工匠”走进各区镇，面向基层党务工作者和“两新”组织党员，开展20余场授课活动。8月10日，市委召开全市国有企业党的建设工作会议，落实全国、全省和苏州国有企业党的建设工作会议部署要求，强化管党治党责任，推进新形势下全市国有企业党的建设。会议组织全市国有企业党组织书记观摩学习中铁上海工程局张家港公司和太平洋人寿张家港中心支公司的党建工作，国网张家港市供电公司、市城市投资发展集团有限公司、保税科技股份有限公司3个单位党组织书记分别作交流发言，城投集团和中铁上海工程局张家港开发建设公司等14个单位签署党建共建协议书，开展“携手共建，先锋同行”活动。

【首届“担当作为好单位、好干部”考核】 10月，全市2017年度“担当作为好单位、担当作为好干部”考核工作启动，市委组织部下发《关于做好2017年度担当作为好单位、担当作为好干部推荐工作的通知》，“担当作为好单位”以参加年度绩效考核单位的内设局室、科室或其他下属单位为对象，担当作为好干部以包括村书记在内的全市中层正股职及以上干部为考核对象，各单位共推荐候选对象189个，其中候选单位93个、候选干部96人，基本涵盖各区镇、市级机关部门、市属国资公司及垂直和涉外单位。经过由128人组成的大评委团参加的首轮推荐、由市委组织部等9部门参与的内部评审、由市四套班子领导成员参加的二轮推荐等多个环节，12月末确定25个候选单位和35名候选干部进入大众评议环节，向社会集中展示候选好单位、好干部的先进事迹，同步开启报刊和网络投票通道，邀请广大干部群众投票推荐。大众评议阶段结束后，将参考评议结果进行差额再审及市委常委会会议票决，最终产生20个“担当作为好单位”和30名“担当作为好干部”。市委计划在2018年年初综合运用记功奖励、宣传报道、点名表扬、提拔重用等方式，强化结果运用。

【“同心·同行”党员志愿服务项目实施】 项目由市委组织部、市委宣传部、市民政局主办，市志愿者协会、市公益组织联合会承办，旨在开发一批党员志愿服务项目，发挥共产党员的先锋引领作用。3月至4月，以“党群同心、公益同行”为主题，面向公众征集党员志愿服务项目创意，收到各区镇、市级机关工委、社会组织等递交的164个“同心·同行”党员志愿服务创意。经过评比筛选，优选出20个贴近需求、易于实施并具一定复制推广价值的项目创意。6月，20个项目分先锋智库、先锋驿站、先锋印记、先锋接力、先锋关爱5个类别，向社会公开招募实施团队以及共建单位，收到56家公益组织的65份项目书。6月27日，在市科技局路演中心举办项目竞标会，15个项目入围。8月3日，在市检察院举行“同心·同行”党员志愿服务项目发布会，为15个项目实施团队颁发“同心·同行”党员志愿服务牌，项目正式启动。年内，所有15个项目公开招募党员志愿者，共举办活动63场，近3000人直接受益，项目计划于2018年7月实施完毕。

“先锋擂台”直播活动　　（市委组织部　提供）

【党务工作者持证上岗工作启动】 8月11日，市委组织部启动基层党务工作者履职资格认证工作，组织首批42名市管干部在市人事考试中心集中参加履职资格考试。9月15日，组织第二批62名市管干部参加考试。认证以机考形式进行，涵盖党的基本知识、党建工作实务、张家港党建概况等内容，包括判断、单选、多选、案例分析4类题型，满分100分，80分合格。市委组织部根据考试范围统一开发题库，编发复习提纲，组织考试对象复习备考。将“资格认证”作为基层党组织规范化建设的重要内容，认证结果与干部选拔任用、评先评优相挂钩。市级机关、镇、村党组织书记和党务工作者全部纳入认证范畴，计划至2018年年末，2016年以后新任职党务工作者全部“持证上岗”。至2017年年末，共有市管干部104人通过履职资格考试。

【“先锋擂台”活动获《人民日报》报道】 2月23日，市委组织部、市文广新局、市广播电视总台在市广电大厦举办“先锋擂台”活动启动仪式，邀请澳洋医院党委副书记王伟、市公益组织联合会会长杨玭走进直播室，开展首期活动，活动的主题是“打造党员志愿者品牌以及以党建引领行业发展”。市委组织部与市电台《听见》节目联合开设的“先锋擂台”专栏，围绕社会治理、富民强村、服务群众等主题设计24期内容，每期邀请2位相同领域、相近行业的基层党组织书记，走进电台直播间，采用“擂台直播、书记PK”的方式，交流经验、展示成绩、解决问题。活动在“腾讯直播”APP上同步播出，促进党员群众互动交流。8月1日，《张家港直播书记“打擂台”》得到《人民日报》专题报道。全年活动开展23期，取得较大反响。　（陶叶萍）

宣　传

【概况】 2017年，全市宣传思想文化条线、强化“四个意识”，围绕“迎接中共十九大胜利召开”、贯彻落实“两聚一高”发展战略、承办全国创建文明城市工作现场会等工作主线，加强理论武装、舆论引导和工作创新，为深入践行“四大路径”，努力建设“四个港城”，全力争当“两个标杆”建设排头兵提供强大思想保证、精力动力、舆论支持和文化条件。全市文化建设、书香城市、志愿服务、诚信建设、生态宜居、惠民育民等工作亮点被全国主流媒体集中宣传报道，在中央、省和苏州市级主流媒体刊发稿件200余篇。其中，《人民日报》刊发《张家港：文明创建有把金钥匙》（3月23日）《江苏张家港市倡导市民阅读风尚——处处飘书香，城市提气质》（4月25日）《在张家港，做志愿者是种风气》（4月26日）《张家港：文明创建，脚步从未停歇》（4月27日）新华社刊发《江苏张家港：善行细微处，德润文明城》（3月20日）《光明日报》刊发《江苏张家港：文明创建树起城市道德标杆》（3月27日头版头条）《新华日报》刊发《依托"黄金水道"，领跑"转型之道"》（1月22日头版）《文明成为张家港最亮丽的名片》（4月7日头版）《张家港：打造行政审批县域样板》（9月8日）《经济日报》刊发《江苏张家港：创新实践让文明之花常开常盛》（3月28日）《苏州日报》刊发《9对小伙伴入列"港城合伙人"》（2月7日）《张家港推出转型创新驱动"1+3"政策"套餐"，打造经济升级版——"三大计划"升级主引擎》（2月9日头版头条）《2016年全省社会文明程度测评指数和文明城市省级测评结果出炉，张家港揽双冠》（3月9日头版）《文明张家港何以成标兵》（4月2日头版头条）《张家港精神引领创新突围》（8月7日）《张家港赴沪签约揽资61个项目总投资285亿元》（11月29日）。12月，"澎湃新闻"客户端推出《年终特稿·永联启示，小康之后乡村治理2.0版的永联样本》等4篇报道，此组系列报道在"澎湃新闻"客户端点击阅读量达到750万次。年内，张家港城市微电影《听见你的声音》获加拿大国际电影节最佳3D故事短片奖。"张家港城事"微信公众号获"2017江苏政务新媒体十大人气奖"称号。张家港市被中央文明委授予第五届全国文明城市称号，被省全民阅读活动领导小组授予"江苏省书香城市建设示范市（县、区）"称号，被省委组织部、省委宣传部授予2016年度全省基层党员冬训工作示范市称号。

【理论武装】 2017年，全市以迎接宣传贯彻中共十九大为工作主线，深化党的理论创新成果的学习研究宣传。1月，开展2016—2017年度基层党员干部冬训工作，开展"创新四问"大讨论活动。3月，下发《2017年全市党委（党组）中心组专题学习计划》，6月、10月、11月，分别以"旗帜鲜明讲政治""深入学习贯彻习近平总书记在省部级主要领导干部专题研讨班上的重要讲话精神""学习贯彻中共十九大精神"为主题，组织中心组成员进行交流研讨。4月，市委宣传部征集2017年度张家港市理论宣教示范项目，确立12个涵盖讲座报告会、宣传产品、新媒体项目等多种类别的项目。6月，联合市委组织部开展精品微党课大赛，评选出精品微党课一等奖1人、二等奖3人、三等奖5人。7月，市委举办中心组（扩大）学习会，邀请国防大学战略研究所所长、教授孟祥青作专题辅导。启动2017年张家港"民生讲堂"巡讲，举办全市党教理论骨干暨2017年"张家港民生讲堂"讲师培训班，选拔25名理论宣讲志愿者分赴基层宣讲。开设"空中民生讲堂"，录制10期"民生讲堂"专题访谈节目。7月30日至8月4日，市委宣传部举办"张家港市宣传思想文化干部培训班"，全市区镇宣传委员、机关部门宣传干部30余人赴井冈山学习。9月，市委办下发《关于贯彻落实〈中国共产党党委（党组）理论学习中心组学习规则〉的实施办法》，推动全市党委（党组）理论学习中心组学习制度化、规范化。11月，市委宣传部组建"全市学习贯彻中共十九大精神市委宣讲团"，分赴各区镇、高校、市级机关、市属企业单位、村（社区）等基层一线开展集中宣讲。出台《张家港市理论宣讲志愿者管理办法（试行）》，挂牌命名10个"理论氧吧"试点点位，组建一支专兼结合、相对稳定、层次分明的理论宣讲志愿者队伍。12月，完成2017年度全市思想政治工作者中、高级专业技术资格评审送审工作。乐余镇获评"2016年度全省基层党员冬训工作示范镇"，经开区党工委、金港镇福民村党委首批获评苏州市学习型党组织建设示范点，经开区党工委"'五微'行动激发党员冬训新活力"获评苏州市2016—2017年度全市基层党员冬训工作创新项目。金港镇党校、南丰镇党校和锦丰镇党校的3个项目分获2017年度苏州市基层党校"争先创优"活动一类、二类和三类优秀项目。

【舆论引导】 2017年，市委宣传部加强对意识形态阵地监管，强化新闻媒体"三审"制度，把握敏感问题的报道，为中共十九大胜利召开营造良好舆论氛围。紧扣中共十九大、"七一"党的生日、市委十一届四次全会等重要时间节点，主动策划《砥砺奋进的五年》《聚焦"四大路径"主引擎，唱响"两聚一高"最强音》《新时代新征程》《学习贯彻十九大，创造发展新业绩》等主题宣传，集中开展"长江文化艺术节""六个一党员干部大走访""'263'张家港在行动"等10余次集中宣传报道，全年刊播各类主题报道1000余篇。做好全国道德模范（提名奖）、时代楷模、最美人物郁霞秋等重大典型的学习宣传工作。加强新闻发布备案制度的落实，加强新闻队伍业务能力建设，通过开展"走进转型一线，感受创新力量——触摸港城经济新脉动"优秀作品评选、媒体深度报

2017年度张家港市政工干部暨理论宣讲骨干培训班
（市委宣传部 提供）

道优秀作品评选、第十四届张家港新闻奖评选、第七届“十佳编辑记者主持人”评选、“好记者讲好故事”演讲比赛等活动，在全市新闻界掀起坚定导向、学习先进，鼓舞创新的良好风气。

【互联网建设和管理】 2017年，市互联网信息办公室筹建，全市128家部门单位纳入网信工作体系。抓好全市网络舆情常态化监测处置，制定全市互联网应急响应、互联网舆情处置、加强网络评论等规范性文件，组建全市网络舆情监测员、网络评论员两支专业队伍，初步构建全市网络舆情管控体系。强化属地论坛网站、自媒体平台管理工作，加强属地网站论坛、自媒体网络信息日常监管，对“互动港城”“张家港爱上网”违规报道当地新闻和突发事件、违规开展网络直播活动进行约谈，组织全市10余家较大规模网站论坛、自媒体单位负责人集中座谈学习。强化对全市区镇、部门政务微信平台管理，推出《新媒体阅评》11期。组织开展全市关键信息基础设施运营使用单位网络安全检查，摸排、检查政府网站、信息系统61个，督促严格落实网络安全责任制。9月，启动2017年张家港市网络文化季，“喜迎十九大·为家乡点赞·争做好网民”寻访展示活动发布仪式同时举行。

【中共十九大精神宣讲工作启动】 10月，全市“一报两台”纷纷开设专题专栏，宣传报道全市干部群众收看中共十九大、学习十九大的盛况。11月15日，市委宣传部组织召开“学习贯彻中共十九大精神”宣讲工作部署会，市委宣讲团成员、各区镇宣传委员、各区镇宣传文明办主任、市属各宣讲专场承办单位负责人、市属各新闻单位（含网络媒体）负责人参会，苏州市委宣讲团成员、苏州市委党校常务副校长刘洪文作宣讲备课辅导。11月23日至28日，举办全市领导干部学习贯彻中共十九大精神集中轮训，市委书记朱立凡做专题讲座，受训达到1399人次。11月24日、29日，省委宣讲团成员郁霞秋、任平分别为全市各村（社区）党组织书记、江苏科技大学苏州理工学院师生代表做专题辅导。12月1日、5日，苏州市委宣讲团成员朱耀明、傅济锋分别赴南丰镇、乐余镇宣讲十九大精神。至年末，全市学习贯彻中共十九大精神市委宣讲团，分赴各区镇和高校，以及市级机关、市属企业单位、村（社区）等基层一线开展集中宣讲280余场，基本涵盖全市党员干部和相关重点人群。 （张钰梅）

统　战

【概况】 2017年，市委统战部发挥统一战线的优势和作用，为张家港市走在高水平全面建设小康社会前列提供广泛持久的力量支持。1月20日，致公党张家港支部成立。1月23日，中国民主促进会张家港支部成立。2月16日，市委统战部召集各民主党派、工商联、无党派人士联谊会负责人召开民主党派工作座谈会，研究部署2017年工作。3月，下发《关于改进和加强全市统战信息宣传工作的办法》。5月10日至14日，市委副书记、统战部部长王亚方带领全市各民主党派领导班子和无党派代表人士20余人，赴河南省兰考焦裕禄干部学院和安徽省金寨干部学院开展坚持和发展中国特色社会主义学习实践活动。6月2日，全市统战工作推进会召开，下发《张家港统战系统开展“四强四优”行动实施方案》《张家港市统战工作实践创新成果评选办法（试行）》《张家港市统战理论政策研究创新成果评选办法（试行）》。9月，市委统一战线工作领导小组成立，由市委书记朱立凡任组长，市委副书记、统战部部长王亚方，市委常委、副市长卞东方任副组长，市委办等30个部门为成员单位。9月12日，召开市委统一战线工作领导小组第一次全体会议，审议通过《市委统一战线工作领导小组工作规则》《关于加强政党协商的实施办法》《关于进一步完善市委领导与党外代表人士联系交友制度的意见》《张家港市新的社会阶层人士统战工作联席会议制度》等制度规定，研究部署全市统一战线工作。9月21日，召开全市民族宗教工作会议暨新的社会阶层人士统战工作会议，分析形势，研究部署下阶段重点工作，努力推动全市民族宗教和新的社会阶层人士统战工作开创新局面。11月，向市委、市政府上报《强化生态保护举措，提高岸线使用效益》《关于培育社区社会组织，助推基层治理创新的建议》等8篇调研报告，全部得到市委书记朱立凡的批示。全年召开6次市委双月座谈会，就党风廉政建设和反腐败工作、长江岸线港口资源整合、推进旅游城市建设、科技创新推进情况、生活污水处理及全市经济和社会发展情况，向民主党派、工商联、无党派人士征求意见和建议近100条。至年末，全市共有民盟张家港市委、农工党张家港市委、九三学社张家港市基层委员会、民革张家港市基层委员会、民建张家港市基层委员会、致公党张家港支部、民进张家港支部7个民主党派组织和1个无党派人士联谊会，成员878人，其中民盟248人、农工党226人、九三学社107人、民革87人、民建105人、致公党12人、民进18人，无党派人士联谊会75人。全市有副科级以上党外领导干部48人。

【市无党派人士联谊会】 2017年年末，张家港市无党派人士联谊会有会员75人。具有高级职称的15人，具有硕士学位的13人，具有博士学位的1人。有苏州市人大代表1人、苏州市政协委员1人，张家港市人大代表3人、张家港市政协委员16人。联谊会下设办公室和5个专门委员会，理事11人、会长1人、副会长4人、秘书长1人、副秘书长2人。为加强对口联系工作，11月11日、12月2日，市无党派人士联谊会分别在市规划局和市人民法院成立活动基地。在市十四届人大一次会议上，市无党派人士联谊会提交人大代表建议2件。在市政协十二届一次会议上，提交集体提案7件、个人提案3件。其中集体提案《关于加大垃圾分类收集处理推进力度的建议》提出政府重视并发挥好主导作用、抓紧推进垃圾分类体系规划和建设、严格垃圾分类收集处理的过程管理、逐步建立完善市场运行机制四点建议，被评为市政协优秀提案。年内，市无党派人士联谊会结对帮扶贫困学生18人，资助每人1000元。

【“张家港统战”微信公众号上线】 3月10日，“张家港统战”微信公众号正式运行，全年共推送微信100期，点击阅读量突破2万人次，其中推送的一期关于统战实践创新成果评选微信阅读量达到36万人次，“同言讲堂又要开课啦”阅读量2560余次，“张家港唯一一名代表参加民主党派中央换届大会”阅读量1570余次，“张家港统战实践创新成果都在这里了，邀请你做评委”阅读量1670余次，“沈彬从北京载誉归来，向大家汇报全联十二大精神”阅读量1400余次。

（马为军 朱茂华）

机构编制管理

【概况】 2017年，市机构编制委员会办公室、市绩效管理委员会办公室（简称市编委办、市绩效办）积极稳妥推进相对集中行政许可权改革，完成全市审批权力事项清理规范，争取到塘桥镇作为第二轮经济发达镇改革名额。3月，省编办《关于2016年度张家港市简政放权创新创业环境评价结果的通报》中，张家港市相关案例经评估核实和取值评分，在开办企业、施工许可和不动产交易登记的环境评价综合排名列全省第11位，苏州地区排名第一，全市创业创新政务环境提档升级取得初步成效。围绕相对集中行政许可权改革试点工作，初步完成全市行政审批、监管机构设立调整。机构编制管理方面，将机构编制资源倾向加强安全、民生等领域，完成市教育局、市卫计委、市民政局等20个部门机构编制调整。贯彻落实上级纪检体制改革要求，做好派驻纪检体制改革及巡察机构调整工作。深化公立医院改革，优化整合卫生资源；科学设置文化市场综合执法机构，构建适应现代文化市场要求的文化市场综合执法管理体系。严格行政、事业机构编制管理，发挥编办“第三财政”的功能作用，年内共撤销行政、事业机构19家，新增19家，升格5家。全年受理申请增加行政、事业编制572名，经批准调剂、增核434名，压缩率24.1%。通过主动服务培训指导，依法依规对237个事业单位公益服务职能进行科学定位，完成“三定”方案制定。事业单位登记管理方面，在全省范围内率先实现事业单位年度报告备案全流程网上办理，并于3月25日率先在全省完成事业单位法人年度报告工作，公示事业单位法人457个，公示率100%。率先在苏州大市范围内实施事业单位法人“双随机、一公开”监管。9月，组织全市32人参加苏州市事业单位法定代表人培训，全方位提升全市事业单位法人代表的综合素养。组建市文化馆、博物馆、少年儿童图书馆、图书馆理事会，在全省县域率先实现公共文化事业单位理事会制度改革全覆盖。

【相对集中行政许可权改革】 年内，市编委办实施相对集中行政许可权改革。2月20日，形成市本级、保税区相对集中行政许可权改革试点方案并上报省委、省政府。2月24日，市政府召开改革推进会，成立行政审批局筹建领导小组和7个工作组，建立例会制度，制定计划挂图作战，按照“一次确定、分步到位、权责明确、精简高效”的原则，全面启动改革工作。6月2日、7月28日，省委办公厅、省政府办公厅对张家港市本级和张家港保税区试点方案分别予以批复同意。7月，完成市场准入、项目投资、基本建设三条线的划转审批事项清单定稿，出炉建议划转人员名单。9月8日，市本级和保税区行政审批局正式挂牌运作。在“放管服”改革方面，编制完成《张家港市政府部门行政权力清单》，涵盖全市37家市级部门6919项行政权力事项；完成《垂管部门行政权力清单》，涵盖11家垂直管理部门1785项行政权力事项；完成《审核转报事项清单》，涵盖16家市级部门55项转报事项，3家垂直管理部门3项转报事项；编制办事指南1万余条，纳入全省“政务一张网”，全面理清行政权力运行体系。5月22日，市政府印发《关于公布张家港市行政审批事项目录清单的通知》，保留行政许可259项（市级部门215项，垂直部门44项）。6月9日，市政府办公室公布《关于在张家港市加快推进“不见面审批（服务）”改革实施方案的通知》，并于当日率先在苏州县市中公布首批“不见面审批（服务）”事项清单98项。9月6日，市政府办公室印发《关于印发张家港市政府部门公共服务事项清单的通知》《关于印发张家港市政府部门行政许可中介服务事项清单的通知》和《关于印发张家港市政府部门随机抽查服务事项清单的通知》。其中，公共服务事项清单包含29个部门245项公共服务事项；行政许可中介服务事项清单包含15个部门71项中介事项；随机抽查事项清单包含30个部门260项随机抽查事项。

【市、镇两级绩效考核】 2017年，市编委办（市绩效办）围绕新形势、新要求，全力打造升级版的绩效管理新模式。进一步完善全市指标目标和责任分解，下发《关于印发2017年全市主要指标目标和责任分解的通知》，涉及经济发展、创新驱动、生态文明、民生实事4个方面54项，其中分解到区镇49项。审核下发《2017年度市级机关（单位）职能工作目标指标》，职能工作目标指标595个，其中履职指标267个，特色指标229个，创新指标99个。修订市、镇两级绩效考核实施办法，下发《2017年度市级机关（单位）绩效考核工作实施办法》《2017年度区镇绩效考核工作实施办法》。强化绩效考核的正向激励机制，制定《全员绩效考核实施细则》。严格责任落实和过程监控，下发市级机关（单位）保障性及扣分项目监测细则11个、区镇保障性及扣分项目监测细则16个。强化绩效督察，牵头组织科技、环保、人才等部门分别围绕科技人才、“腾笼换凤”淘汰落后、“三优三保”拆旧复垦、水环境整治、有机废气整治、招商选资、“四大路径”主要任务等7个专题开展绩效督察，并形成情况汇报上报市委、市政府。发布《绩效比拼动态》11期、《绩效评估报告》8期。3月，率先在苏州大市范围内上线运行市绩效管理系统，全面提升全市绩效考核信息化水平。6月、9月，分别组织开展对区镇1月至6月及1月至9月工业开票销售收入、公共财政预算收入、进出口总额等3项关键指标的推进度考核，形成结果上报市委、市政府。7月、12月，分别形成十一届四次、五次市委全会绩效评估材料并在全会上印发。12月，组织开展市级机关（单位）、区镇绩效考核，形成考核结果上报市委、市政府。12月，中编办、省编办和苏州编办相关领导对张家港市党政机关绩效管理进行调研并充分肯定张家港市的做法。（谭　涛）

市级机关工委

【概况】 全年市级机关新发展党员48人。其中，女性18人，占37.5%；大学以上学历47人，占97.9%。年度转正党员43人。年内调整党组织建制3个，市委新成立市产业资本投资有限公司党委，原市暨阳湖党总支下属支部及党员全部划入该党委管理；市国土局党支部、市土地储备中心党支部合并为市国土局党总支。至年末，市级机关工委下辖党委10个，党总支22个，直属党支部43个；二级党总支1个，二级党支部162个。市级机关有党员3672人，其中在职党员2785人，离退休党员839人。下辖工会组织64个、团组织23个、妇女组织68个。全年评出市级机关先进党组织26个、优秀共产党员160人。年内，市级机关工委获评全省机关党建工作先进集体、2015—2016年度苏州市机关党建工作先进单位。

【机关党建】 2月至8月，根据市委“六个一”走访调研活动的部署要求，市委市级机关工委制定区镇和市级机关“六个一”基层走访调研监测细则，强化协调指导、督察通报。3月13日，召开2017年度全市机关党建工作会议暨机关党建综合业务培训班，与76个机关直属党组织签订2017年度市级机关党建工作目标责任书。是月，修订完善“机关党建”绩效考核办法，明确年度考核规范30条、创新5条的指标监测细则；评出15个2016年度市级机关“党建好项目”。7月至8月，会同市委宣传部连续第四年举办“张家港民生讲堂”，12个宣讲小组的25名宣讲志愿者分赴基层开展理论宣讲22场，同时开设“空中民生讲堂”，录制10个专题访谈节目。7月至12月，开展“好书伴我行，书香满机关”机关干部主题读书活动，收到读书征文316篇，评出一等奖8篇、二等奖12篇、三等奖15篇，优秀组织奖8个。8月起，组织市级机关55名市管党务工作者参加履职资格认证考试，推动党务工作者“持证上岗”。11月，编发党务工作口袋书，帮助机关党务干部进一步强化业务水平，提升履职能力。年内，推动市发改委、粮食局、民政局、物价局、民防局、人社局等机关部门结合自身职能特点，以服务发展和民生项目为重点，积极参与“3Q”服务品牌创建，并在《张家港日报》进行专版宣传。持续推进机关党建联盟建设，年内新建1家“科技e+”党建联盟，总数达到8家。

【机关人大工作】 1月，市级机关人大代表在市十四届人大二次会议上提出代表建议25条。6月，市人大在全国人大北戴河培训基地举办2017年第九期地方人大干部培训班，市级机关工委组织市级机关4名人大代表参加培训。6月至11月，开展“突破四大路径，人大代表在行动”主题活动，市级机关人大代表围绕选民关心的食品安全、环境保护、科技人才、电能发展、公共交通、港口边防安全、智慧城市建设、金融惠民及创新驱动等内容，赴市科技局、市供电公司、港城汽运集团、市公安局、张家港农商行、张家港出入境检验检疫局、沙洲职业工学院等单位开展9次视察调研活动，确定6个方面调研课题，撰写调研报告4篇。9月和10月，分别在张家港农商行和张家港出入境检验检疫局开展代表述职和接待选民活动，共接待选民42人次，收集意见建议11条。11月15日，市级机关6名苏州市人大代表在港城大厦开展“统一接待日”活动，14个市级机关的18名选民代表参加活动，征求各类意见、建议18条。

【机关群团活动】 1月，市委市级机关工委完成市级机关妇工委改建妇联工作，召开市级机关妇女第六次代表大会，60名妇女代表参加会议，选举产生新一届执行委员会委员7人，主席1人、副主席2人。6月至8月，举办市级机关第六届体育运动会，市级机关67个代表队、1340余人次参加体育竞技、趣味运动两大类11个项目的比赛。8月，联合市金融办在港城大厦举办防范非法集资主题宣讲活动。10月，联合市文明办、张家港地税局和市财政局在财税大厦举办道德模范、身边好人现场交流暨好人故事汇走进市级机关宣讲活动。12月，组织市级机关部分工会主席前往市检察院、张家港海事局开展参观学习和座谈交流活动；组织500名机关干部代表参加第七届万人健步行活动。年内，围绕重要时间节点开展“幸福万家、与法相伴”三八维权周志愿服务、妇女干部“科普体验行”、机关青年香山定向越野比赛等活动。会同市卫计委、红十字会、体育局开展“健康教育进机关”、应急救护培训、健身培训；按照全市统一部署，广泛动员机关单位做好生活垃圾强制分类、扫雪除冰、市区禁放烟花爆竹等工作；联合市总工会组织开展中共十九大精神知识竞赛等。做好市级机关爱心援疆活动的动员组织和协调推进工作。扎实推进“巾帼建功”“青春建功”系列活动，新增1家“全国巾帼文明岗”市财政国库收付中心。

【机关干部教育培训】 2017年，市委市级机关工委为基层党组织和党务干部订购学习用书1700余册，组织开展各类培训班10期（次），参训人员1700余人次。2月23日，在市委党校举办市级机关党员轮训班，市级机关86个机关部门的245名党员参加培训，至此市级机关中层及以下在职党员三年轮训实施完成，累计有1200余名党员参加党性党史党风党纪等内容的系统学习。6月5日至10日、7月24日至28日、9月11日至15日，分3期组织市级机关优秀共产党员、党务干部和政治理论骨干131人在山东沂蒙党性教育基地举办党性修养提升班，其中优秀共产党员党性修养提升班首次举办。6月7日至9日，举办市级机关第31期发展对象培训班，57个市级机关的218名发展对象参加培训。6月27日，举办市级机关党组织和党员基本信息普查工作培训，75家市级机关党组织的信息员参加培训。7月10日至11日，会同市委宣传部举办市政工干部暨理论宣讲骨干培训班，全市基层党教理论骨干及理论宣讲志愿者40余人参加培训。10月，组织部分机关中层干部在法院开展“旁听庭审”警示教育活动。11月10日，举办市级机关党务基础知识业务培训，76名市级机关党务干部参与培训。11月28日，举办市基层党组织书记学习贯彻中共十九大精神集中轮训启动仪式暨首期机关党组织书记示范培训班，296名基层党组织书记参加培训。12月27日至28日，举办市级机关第二期基层党组织书记学习贯彻中共十九大精神集中轮训班，275名基层党组织书记参加培训。年内，市级机关工委领导班子成员带头为基层党组织和党员干部上党课讲理论，全年开展党课教育、中共十九大精神专题宣讲7场。

【市级机关党建工作专项调研督导】年内，市委市级机关工委坚持“以党务工作的规范推动党建工作的规范”，加强对基层党组织的日常监督和业务指导。3月至12月，会同市委组织部通过听取汇报、座谈交流、问卷调查、个别访谈、查阅台账等方式，先后3次对78个系统党委和机关直属党组织实施党建工作专项调研督导，发放调查问卷120份，对检查中发现的问题实行“一单位一反馈”，并督促及时落实整改，首次抽调基层党组织党建工作分管领导参与调研督导，推动党组织间互查互看、互比互学。8月30日，召开全市机关党建工作座谈会，市属机关部门党委书记、部分被督察单位党组织书记36人参加会议，8个部门在会上交流发言。市委常委、组织部部长陆德峰通报机关党建工作督察情况，市委书记朱立凡就进一步加强和改进机关党建工作提出要求。9月，召集43名市级机关党组织的分管领导召开市级机关党建工作座谈会，分析机关党建工作中存在的主要问题及原因，听取基层党组织意见建议，探讨新形势下改进机关党建工作的方法措施。（钱艳虹）

老干部工作

【概况】年末，全市有离休干部117人，比上年少16人。享受县处级以上待遇的离退休干部62人，比上年少3人。离休干部中，除易地安置张家港的6人和部省属单位的12人外，享受地市级待遇的2人，享受县处级待遇的30人，享受乡科级待遇的67人。6月，中共张家港市委离退休干部工作委员会成立。年内，市委老干部局结合元旦、春节、重阳等节日，组织老干部开展各类文体活动60余次；组织8个老干部兴趣团队（协会）开展文体活动，活动人数近6800人次。市委老干部局被评为全省老干部工作先进集体。

【老干部政治待遇】2017年，市委老干部局为全市离休干部和市级老领导订阅《银潮》《中国老年报》，免费赠阅《张家港日报》和《秋韵》内刊，发放学习材料，认真落实文件阅读、听报告、参加重要会议和重大活动制度。全年刊发老干部宣传信息200篇。1月，组织市级老领导40余人，列席政协张家港市第十二届委员会五次会议和张家港市第十四届人大二次会议；举行市级老领导情况通报会，市委书记朱立凡向45名市级老领导通报全市2016年经济社会发展情况和2017年工作思路。3月，组织部分离退休女干部赴昆山锦溪古镇参观。6月，召开离退休干部党建工作推进会；举办全市老干部党支部书记培训班，70余人参加。8月，举行上半年度县处级以上离退休干部情况通报会，市委副书记、市长黄戟向49名老干部通报全市上半年经济社会发展情况和下半年主要工作安排。3月、6月、9月、12月，先后组织市级老领导赴塘桥镇、乐余镇、凤凰镇、无锡现代农业示范园参观考察。

【老干部生活待遇】2017年，市委老干部局坚持做好经常上门走访慰问，在春节、夏季高温和中秋节，分片组走访慰问全市离休干部、市级老领导以及离休干部遗属，并送去慰问信和慰问金。春节前夕，市委组织部部长陆德锋带队走访看望因身体原因住院和在家的市级高龄老领导。8月，组织全市市级老领导、离休干部200余人进行健康体检，邀请13名专家为离休干部和市级老领导进行一对一健康咨询和体检报告解读。9月，按照苏州市委老干部局开展“面对面话发展、心连心聚能量”大走访大落实活动的部署，分组走访全市离休干部113人、市级老领导64人，收集到走访调查表177份，收集意见、建议50余条。10月，组织市级老领导38人赴浙江宁波进行为期8天的保健疗养。全年共慰问生病住院离退休干部90余人次。

【老干部活动】1月，市委老干部局组织召开老干部兴趣团队负责人座谈会，8个老干部兴趣团队主要负责人参加会议；组织市老干部书画协会走进机关、社区和企业，现场书写和赠送春联6000余幅，参与老干部达到80余人次。2月，举办“欢欢喜喜团圆日，张灯结彩闹元宵”老干部综艺活动，设置赏花灯猜灯谜、福气满满抢福包、团团圆圆套圈、幸运投篮、欢乐乒乓5个游戏项目，市级机关300余名副镇（局）级以上离退休干部参加。3月，会同市委组织部、市人社局开展“同心喜迎十九大，不忘初心跟党走”主题活动；组织市老干部书画协会、艺术团临时党支部的部分党员开展“我们的节日·清明”主题活动，通过参观沙洲县抗日民主政府纪念馆等，缅怀革命英烈，重温红色历史。4月，市老干部活动中心举行老干部“走进春天”系列文体活动，组织市老干部象棋队、桥牌队、乒乓球队50余人参加活动。5月，在塘桥镇举行鹿苑老干部活动站、鹿苑老年活动中心落成揭牌仪式。6月，组织40余名老干部书画爱好者开展“节能有我，绿色共享”

主题书画活动；承办以“永远跟党走”庆祝中国共产党成立96周年为主题的苏州市老干部演讲比赛；编印《舞动夕阳》市老干部艺术团成立30周年纪念图册500册。8月，举办“同心喜迎十九大，不忘初心跟党走”红色藏品和征文展。9月，联合市委组织部、市人社局举办全市老干部“喜迎十九大、唱响夕阳红”文艺会演；开展全市老干部“畅谈十八大以来变化，展望十九大胜利召开”读书征文活动，收到征文76篇，评出一、二、三等奖和优秀奖11名；举办“同心喜迎十九大，不忘初心跟党走”书画作品展，收到作品300余幅，评出一、二、三等奖和优秀奖32名；举办全市老干部“乐享生活，点赞港城”摄影作品展，收到摄影作品1000余幅，评出一、二、三等奖和优秀奖11名；承办苏州市老干部书画联谊笔会；联合市委组织部、市人社局举办全市老干部书画作品展。12月，老干部艺术团赴乐余镇举行“唱响十九大，舞动夕阳红”专场演出；联合市人社局举办全市老干部迎“元旦”棋牌总决赛；编印《影海躬耕，醉心秋风》市老干部摄影学会成立10周年纪念画册500册。年内，组织老干部参加苏州市台球、书画展、麻将等赛事；组织老干部兴趣团队与江阴、昆山、常熟、宜兴及张家港市老年大学等有关团队进行交流。（施翠萍）

党　校

【概况】 2017年，市委党校全年举办市领导干部“守纪律讲规矩、勇担当善作为”学习贯彻中共十八届六中全会精神专题轮训班、第二十期市中青年干部培训班、市绿色发展暨“263”专项行动培训班、市法治建设专题研修班、市村级中青年后备人才培训班、市村（社区）党组织书记菜单式讲座、市级机关基层党组织书记学习贯彻中共十九大精神集中轮训班、新录用公务员暨事业单位工作人员初任培训班等各类培训班216期，培训轮训党员干部4.2万人次。依托“红色讲坛”“百场万人理论巡回宣讲”“民生大讲堂”等平台，开展中共十九大精神、十八届六中全会精神、习近平“7·26”重要讲话精神等主题宣讲245场，听众达到2.1万人次。与张家港电台、张家港报社开展合作，创建“红色微讲坛”宣讲新平台，围绕“两会精神解读”“十九大精神解读”等主题录制党课微视频20期上传“微党校”微信公众号，并撰写相应的千字短文刊发在《张家港日报》专栏。实施“科研质量提升年”工程，围绕科研服务“市委、市政府中心工作”和“党校教学工作”两个中心，年内完成科研课题25个，比上年增26.3%；发表科研论文11篇，其中全国核心期刊4篇；上报科研资政项目9项，其中《如何破解农村建房难?》《做活“人文优势转化为产业优势”大文章——加快推进金村中医药养生特色小镇建设的调研与思考》《关于全市特色小镇与高端要素集聚融合发展的调查与思考》《人民网张家港上“黑榜”应引起我们重视》《让“新乡贤”成为全市乡村振兴的“新动能”——关于“新乡贤”如何更好参与乡村社会治理的调查与思考》等得到市委领导批转。注重师资队伍和干部队伍建设，按照“不惜一切工本培养人才”的理念，组织教师和管理人员赴中央党校、人民大学、厦门大学、红旗渠干部学院、江苏省委党校等培训学习69人次；赴上海奉贤党校、扬州市委党校等业务交流18人次；赴临沂市委党校、泾县县委党校等跟班学习5人次。11月24日至25日，第十四届长三角地区党校校长论坛在上海杨浦区委党校举行，市委党校常务副校长王连生作为江苏省党校系统唯一代表作大会交流发言，介绍探索建立“1+9+X”党校联盟的相关经验与做法。12月5日，市委党校召开“中共十九大精神讲习团”成立大会，共开设《“新思想”领航“新时代”》《习近平新时代中国特色社会主义思想》等21个宣讲专题。至年末，讲习团赴全市各基层党组织开展“中共十九大精神”专题宣讲67场，听众超过5000人。

【基层党校建设】 全市有基层党校13家，其中镇党校8家，常阴沙现代农业示范园区党校1家，市级机关工委党校1家，沙钢集团、华昌集团及沙洲职业工学院党校各1家。年内，各基层党校以党的基本理论、方针政策、法律法规、经济社会发展等为培训内容，开展党员轮训、入党积极分子培训及各类专业技术培训。各基层党校通过集中辅导、讨论交流、专题报告会、党课教案和微型党课演讲竞赛、基层巡讲等多种方式，组织广大基层党员干部学习中共十九大精神和习近平新时代中国特色社会主义思想，把握中国特色社会主义的理论精髓、实践成就和发展要求。全年共举办集中辅导190余场，巡讲、座谈交流1700余场，超过10万人次参加。创新培训途径，通过网络、手机等移动媒介，运用远程教育、网上党校、网上新社区、张家港市全民学习网、短信党课、微信、微博等新型培训方式，将企业党员、流动党员纳入培训范围，扩大受教育人群覆盖面。加强理论宣讲骨干培训，7月10日到11日，举办全市理论宣讲骨干培训班，开展《掌握习近平总书记系列讲话精神思想精髓》《基层理论宣讲实效的思考》专题辅导。金港镇党校《组建草根讲师团，开展迎接中共十九大志愿宣讲》、南丰镇党校《“四学四措”喜迎中共十九大系列活动》、锦丰镇党校《整合优势资源，搭建非公企业党员“加油站”》分别获评2017年度苏州市基层党校“争先创优”活动一类、二类、三类优秀项目。

【红旗渠党性教育培训班】 7月24日至28日、8月7日至11日，市委党校牵头举办张家港市党员干部赴红旗渠党性教育培训班两期，市级机关相关单位、区域共建单位及党校联盟成员单位的分管领导、党务干部等125人参加培训。培训班以“学习红旗渠精神、坚定理想信念、加强党性修养、勇于担当作为”为主题，安排专题讲座、现场教学、体验教学、音像教学和专题研讨等内容，通过听取红旗渠精神专题讲座，赴红旗渠纪念馆、青年洞、扁担精神纪念馆、谷文昌故居现场教学，观看纪录片《红旗渠》、话剧《红旗渠》《巍峨山碑·杨贵篇》，开展党性分析会等，全面感悟红旗渠精神的丰富内涵，锤炼党性，增强行动自觉。

【新疆伊犁州基层党组织书记到市培训】 11月1日至12月5日，江苏省委组织部和新疆伊犁州党委在张家港市委党校和永联培训中心举办3期新疆伊犁州村（社区）党组织书记培训班，新疆伊犁州的700名村（社区）党组织书记参加培训。11月1日，培训班开班仪式举行，张家港市委组织部、永联村分别与伊犁州巩留县委组织部、巩留县哈雷村签订"连心共建"协议。为切实保证培训质量与效果，张家港市委党校对培训工作进行精心谋划、认真组织和统一管理。在教学设计上采用专题辅导、互动教学、现场教学、专家座谈等多种形式；在课程设置上安排中共十九大精神、张家港精神、基层党建实务、人际沟通、社会治理、党员教育管理、经典导读、新农村建设等多个专题；在学习方式上开展分组讨论、学员论坛、知识竞赛、学唱红歌、重温入党誓词等多项活动；在学员管理上运用分管领导蹲点管理、班主任项目化管理、班委（党小组）自主管理、封闭式管理以及阶段小结、结业考核、优秀学员评选等多种手段，受到主办方和学员的好评。

（丁志宏）

史　　志

【概况】 2017年，市委党史地方志办公室充分发挥"存史、资政、育人"功能，做好史志编纂、审核、宣传、研究等工作。完成《张家港纪事2017》《廉自齐家始——张家港市家风故事》编纂。完成《中华人民共和国年鉴》《江苏年鉴》《苏州纪事2017》中张家港市相关内容的编写工作。建设并利用阵地进行党史、地情宣传。青少年史志教育馆常年开放，全市学生积极撰写观后感，年接待青少年参观近1万人次。锦丰镇建设沙上文化纪念馆。乐余镇利用文化中心场地，建设红色新沙洲党史教育基地，同时积极开展"回望沙洲史"地情巡讲。塘桥镇谢恺革命烈士故居开馆，并结合利用综合展示馆、钱氏名人馆、1926年金村党支部纪念馆等，开展全方位教育。双山岛旅游度假区在渡江战役纪念碑旁筹建渡江战役纪念馆。组织党史地情宣讲队伍，在镇、村（社区）、机关、企业、学校宣讲张家港党史和地情文化。全年先后为市博物馆、市图书馆、市科协宣讲党史地情、风俗文化，为蓝天学校、白云学校、绿丰学校等新市民子女学校宣讲张家港地情历史，为全市新任公务员和事业单位工作人员作地情讲座，受到广泛好评。利用新媒体开展宣传。在微信公众号上推出160余篇群众感兴趣的文章。加强史志服务中心工作。4月，全国文明城市建设现场会在张家港市召开，市委史志办积极配合全市文明点位建设，参与社会主义核心价值观主题公园建设，组稿设计"习近平谈治国理政"宣传栏。6月，根据市委宣传部要求，为《江苏省志·中共志》中张家港精神内容撰稿，成稿6000余字。7月，为市委组织部《致全市新党员的一封信》审稿。先后为沪通大桥建设等提供史料服务，参加市市场监督管理局"质量强市主题展馆"、市数字美术馆、张家港海关科普展示馆暨关史陈列室、乐余镇"红色新沙洲党史教育馆"评标工作。

【党史工作】 年内，市委史志办继续推进党史第三卷专题编写工作。《潮涌港城——改革开放新时期张家港党史专题集》自2013年10月启动征编后，进展稳定，注重质量。专题集共四册，累计收录专题118篇、约150万字。2017年对第一、第二卷样书开展两轮审校，对第三、第四卷篇目开展5次校核，完成各单位审核、插图、目录调整、封面设计和修改等工作，赴印刷厂改稿2次。加强改革开放口述史征编工作，设立口述史采访室，对亲历者进行录音、录像，多介质保存音频、视频资料。全年完成口述资料采访10次，累计形成采编材料19篇。5月至11月，根据省委党史工办《中共江苏党史人物传》编纂要求，先后分两批完成并提交张家港市籍烈士孙逊群、谢恺、茅学勤等3人的传记材料。7月，青少年读本《沙洲风云》绘本完成印刷出版，共印2000册，免费向各中小学校图书馆赠送。全书按时间顺序分为大革命和土地革命时期、抗日战争时期、解放战争时期3个板块、9个部分，用连环画的形式，深入浅出、生动形象地展现张家港（沙洲）地区在1921年至1949年间中国共产党领导境内人民进行革命斗争的情况。全年参加新四军研究会会议和活动6次。

【地方志工作】 2017年，市委史志办继续推动中国名镇志文化工程，5部名镇志均通过终审。其中，《锦丰镇志》纳入全国第二批名镇志出版，《金港镇志》《塘桥镇志》《凤凰镇志》《杨舍镇志》通过省地方志办公室终审，《金港镇志》《塘桥镇志》12月提交中国地方志指导小组验收。有序推进江苏名村志编纂，全市申报江苏省名村志《金村村志》《柏林村志》《善港村志》3部。各村均落实编纂人员，按照省地方志办要求按计划推进，先后参加省地方志办组织的业务培训和初稿研讨等交流学习活动4次。至12月，江苏省名村志《金村村志》《柏林村志》完成初稿。推进乡镇志、部门志编纂，坚持定镇联系、分头指导，集中研讨、以研代训。年内，《后塍镇志》《港口镇志》《南沙镇志》《塘桥镇志（1994—2005）》《常阴沙农场志》《杨舍镇志》先后出版发行，《中兴镇志》完成终审，《双山志》《南丰镇志（续志）》启动编纂。《张家港宗教志》《张家港市人民法院志》先后出版发行，《张家港市统战志》完成复审，《张家港市工会志》完成资料收集和部分初稿撰写，《张家港市政法志》启动编纂。

【《张家港年鉴》实现移动阅读】 年内，张家港年鉴编校继续在全国处于领先。3月，《张家港年鉴》2016卷受中国版协年鉴工委表彰，获质量编校评比特等奖。7月，《张家港年鉴》2016卷再获江苏年鉴奖一等奖（最高奖）。《张家港年鉴》2017卷进行创新，首次通过手机微信二维码扫码实现移动阅读。同时，对部分类目创新性地增加视频、音频和图片文字链接，作为对该类目内容的补充，读者可通过二维码扫码实现立体化阅读。此举在全省、全国领先，受到读者的一致好评。9月，《张家港年鉴》2017卷出版，全书113万字，共设类目37个，下设分目242个、条目930个、表格124张。年鉴彩页突出文明引领、聚力创新、聚焦富民、绿色发展,正文设《张家港市获首届“中国生态文明奖”》《张家港市获全国双拥模范城“六连冠”》专文,年度特色和地方特色彰显。

【首批15部市名村志系列丛书获奖励76万元】 年内,全市有近30部村志完成初稿。为保证编纂质量,市委史志办采取分类指导、分片研讨、建立QQ群联系、面对面下村指导等方法,做好编纂指导和审稿工作。至年末,《七里庙村志》《章卿村志》《花园村志》《恬庄村志》《凤凰村志》《双龙村志》《金谷村志》《程墩村志》《斜桥村志》《占文村志》《袁家桥村志》《欧桥村志》《东山村志》等13部村志先后完成终审。12月,市委史志办聘请苏州地方志专家组成专家组对首批15部已经正式出版或经过终审纳入出版程序的合格村志进行评奖,评出三星级志书3部、二星级志书8部、一星级志书4部,并采取以奖代补的形式由市财政分别给予8万元、5万元、3万元的奖励,共奖励76万元。

【中国名镇志《锦丰镇志》出版】 12月12日,中国地方志指导小组办公室在贵州黔东南州雷山县举行第二批中国名镇志丛书出版座谈会。会上,中国社会科学院副院长、中国地方志指导小组常务副组长李培林颁发《锦丰镇志》入选中国名镇志文化工程荣誉证书,并为《锦丰镇志》签名留念。《锦丰镇志》是一部以经济名镇为主,反映锦丰地域特色的地方志书,共分概述、锦丰镇情、沙洲围垦、沙洲钢城、特色产业、沙洲新城、沙上文化等11个章节,实际字数21万字,配有地图9幅、照片212张、绘画17面、图表6张。《锦丰镇志》由方志出版社出版,面向全国发行。

【城关镇、中心镇镇志和首部农场志出版】 3月,历时11年、八易其稿的《杨舍镇志》由广陵书社出版发行。杨舍镇是张家港市市政府所在地。该志2005年11月启动编纂,2008年3月形成初稿,2013年6月形成终审稿,2014年8月通过终审,2015年8月经批准出版,2016年4月进入出版程序。全志分上下两册,共199.8万字。主体专志20编、71章、286节。7月,《常阴沙农场志》由方志出版社出版发行。《常阴沙农场志》作为全省首部国有农场志,以江滩围垦、兴修水利和农场的创办、建设为主线,展现了从一片“江风瑟瑟,芦荻萧萧、杂草簇簇”的荒滩水地建设成为“绿色满园、生态宜居、土地丰沃、百姓富裕”的滨江乐园的历史画卷。全志设17编、65章、209节,共73.3万字,在围垦等部分编设“附”,以增加记述外延。9月,《塘桥镇志(1994—2005)》由广陵书社出版发行,这是东南部中心镇塘桥镇继1995年出版《塘桥志》后的第二部正式出版的镇志。该书2003年前记述塘桥未并入鹿苑、妙桥镇时的情况,2003年后记述三镇合一后的情况。该书于2006年10月启动编纂,2016年10月完成终审。主体专志20编、74章、289节,共96万字。

谢恺革命烈士故居　(陈　东　摄)

【谢恺革命烈士故居启用】 7月21日,位于塘桥镇保卫街的谢恺革命烈士故居正式启用,市委宣传部、市委组织部、市委史志办、塘桥镇有关领导,谢恺烈士后人及江阴、常熟的专家和友人80余人参加活动。谢恺曾在沙洲、常熟、江阴等地开展革命活动,传播革命火种,是“四一二”反革命政变后张家港地区第一位为革命献身的共产党员。谢恺烈士故居是按原貌修建,有4间平房,面积80余平方米,里面陈设原有的土灶、八仙桌、长条凳、写字桌、单人床等实物。除实物外,有图片和文字制成版面展览,按谢恺成长经历结合参观线路为序分成“烈士的一生”“友人忆烈士”“史料选摘”“事迹研究”“精神照千秋”“烈士故事”等板块,其中有部分音像资料制成宣传视频用多媒体播放。至年末,谢恺革命烈士故居作为革命传统教育基地和史志教育基地,已接待市新四军研究会、市中小企业局退休老干部、中小学校等10余批参观团队。

(史　志)

档　案

【概况】 2017年年末,全市有综合档案馆1个,馆藏档案482706卷、473978件,资料14495册;城建档案馆1个,馆藏档案112636卷,资料7059册;区镇级档案馆4个,馆藏档案69325卷、517030件,资料1781册;村级档案馆1个,馆藏档案107399卷、146605件,底图档案7475套,资料726册;政务公开信息查阅中心1个,保存91个单位的纸质政务公开信息36078件;图片中心1个,存贮图片档案360239张;音视频档案中心1个,存贮音视频档案14360件。全市有623个单位档案工作达省星级规范标准,其中省五星级26个、省四星级2

个、省三星级313个、省二星级232个、省一星级50个。全市有档案研究馆员1人、副研究馆员11人、馆员68人。

【档案宣传教育】 2017年,市档案局开展“缤纷冬日”“七彩夏日”等未成年人档案主题教育活动,累计接待参观学生1000余人。与张家港人民广播电台“听见——档案”栏目联合制作名人档案、查档服务等专题6个。6月15日,市档案局举办2017年国际档案日主题活动暨“档案——我们共同的记忆”宣讲活动,首次在“张家港日报”“张家港档案”微信公众平台同步直播,参与人数近6000人。9月,拍摄制作《阅档案,知党魂》专题片,印制《张家港市档案馆爱国主义教育基地简介》1000册。4月,张家港市档案人员综合能力提升班在上海大学开班。市档案局全年举办各类档案基础业务技能培训班9期,受训人员累计1420人。8月2日,市档案学会家庭档案分会成立,交流学术论文23篇。10月11日,《江苏档案信息》刊文介绍张家港市推进实施“大档案”建设工程经验。“张家港档案”微信公众平台全年发布微信96期,阅读人次15.37万人,位列2017年度全国档案微信公众号传播指数排行榜第5位。

【档案保管利用】 2017年,市档案馆接收承包地确权登记、学籍、复退军人等档案97986卷、11368件。全年接收7个市级机关形成的政务公开信息纸质文件243件。收集张家港地情资料723册。完成馆藏1986—1988年形成的12567卷、1214件到期档案的划控鉴定工作,其中9988卷、1214件档案对外开放。续补17种馆藏档案资料统计台账,完成49个全宗卷的材料补充工作。修复1956年形成的工商登记档案8560页。完成《张家港市档案馆指南》的编纂出版工作。按照档案保护“八防”要求,落实各项安保措施,开展消防演练1次,维修档案库房设施设备4次,确保档案实体安全。3月,市档案局保管利用科获评“2015—2016年江苏省青年文明号”。全年通过现场查阅、信函、电话、网上查档等多种服务方式,共为社会各界提供档案利用10926人次、13556卷(件)次,提供资料71册,为组织部门提供党员信息普查及市民工龄认定、征地拆迁、二胎审批等有效档案凭证1.4万件,单位和群众满意率达到99.98%。

【档案征集编研】 年内,市档案馆征集徐利治、童道明、公羊寿等3位张家港籍名人档案306件。完成蒋宏坤、焦康寿等8位张家港籍名人4511件档案的整理编目工作。刘半农、刘天华、刘北茂、张光斗、卢星堂5位张家港籍名人文稿入选《苏州名人相册Ⅱ》。配合中国摄影家协会、市人民政府承办《袁毅平先生摄影艺术作品展》,提供馆藏袁毅平摄影作品150幅。采集顾秉均、陆立成等4位老干部的口述历史档案。图片中心收集和整理市、镇机关形成的各类图片5578张,征集张龙法摄影作品10661张,组织开展“晒晒珍藏的老照片,聊聊当年的故事”征集活动,全年累计上传图片16413张,为社会各界提供图片档案服务1319张。征集、在线采集音视频档案2135件。征集家谱6部94卷、全市重大活动档案和民间档案史料263件(册)。编纂出版《常阴沙影像》《凤凰影像》、《金港影像》《杨舍影像》《塘桥影像》获苏州市优秀档案文化编研成果一等奖。编写《张家港大事记》12期,编发《张家港报刊文摘》24期。

【档案监督指导】 4月,苏州市人大常委会对永联档案馆《苏州市档案条例》贯彻实施情况开展执法检查。7月,张家港市人大常委会对乐余镇等5个单位贯彻实施《中华人民共和国档案法》情况进行执法检查。9月,市档案局对乐余高中等10个单位开展档案安全管理专项执法检查。5月,召开区镇建设项目档案工作协调会,编制《张家港市重大建设项目档案指导书》,全年完成33个投资总额1亿元以上重点建设项目的档案登记备案工作,华鹿纺织技改项目等通过档案专项验收。年内,授予张祖功等8户建档先进家庭全市首批“家庭档案馆”牌匾。召开全市土地确权登记颁证档案工作现场会,大新镇等8个区镇的土地确权登记档案移交进馆。培育善港、联农2个农业合作社建档试点。指导冶金工业园(锦丰镇)联兴村完成“乡村记忆档案”建档工作。全市123个单位通过省档案工作星级测评或复查,其中乐余镇机关档案室通过省五星级规范测评。12月,乐余档案馆成立。市档案局业务指导科荣获“苏州市巾帼文明岗”称号。

【档案信息化建设】 2017年,全市新安装档案管理软件单位30个。新增南丰镇永联村、冶金工业园(锦丰镇)联兴村2个“民生档案信息共享平台”查阅点,全市查阅点累计达到38个。全年有651位市民通过“民生档案信息共享平台”调阅民生档案1378件。完成“软件系统建设”“档案数据整理核对及电子标签”等“智慧档案馆”一期项目,共计导入450万条馆藏档案目录。按照国家B级机房标准,市档案馆机房改造及配套设施顺利竣工。“基于智慧云的档案管理体系研究”获国家档案局2017年度优秀科技成果三等奖、江苏省档案优秀科技成果二等奖。开发的“电子档案校验系统”获江苏省档案优秀科技成果三等奖,并在全省档案系统推广。全年完成20万卷(件)馆藏档案的数据核对工作。市电子文件中心累计上载电子文件145665件,其中完全公开87413件、局部公开11677件、不公开46575件,全年查询电子文件2663人次,累计94150人次。12月,国家示范数字档案馆通过预验收。3月初,张家港市档案馆被列入江苏省档案信息化建设推进会观摩点。3月22日,省档案局处级以上领导干部和各地市、县(市、区)档案局局长分两批观摩张家港市档案馆数字档案馆建设成果,研发的电子档案校验系统等项目在全省档案系统得到推广。5月23日,由国家档案局、俄罗斯联邦档案署主办的中俄“大数据时代与档案工作”研讨会在苏州市召开,张家港市在会上做题为《大数据时代县域档案工作创新发展的实践与思考》交流发言。至年末,先后有20余批省内外档案系统、公安系统、电力系统等行业负责档案信息化建设者到张家港市档案馆学习考察档案数字化建设成果。

【各类“好人”“道德模范”家庭建档活动】 年内，市档案局、市文明办联合开展“建立各类‘好人’‘道德模范’档案，弘扬社会正气”活动。通过召开建档工作会议，建立家庭建档微信群、成立家庭档案宣讲团，全市有77户各类“好人”“道德模范”家庭完成建档工作。王荫槐、张维民、朱爱芬等10户各类“好人”“道德模范”家庭获评“十佳家庭建档示范户”；王进贤、金小华、王志勇等10户各类“好人”“道德模范”家庭获评“十佳家庭建档示范户”提名奖。至年末，全市各类“好人”“道德模范”家庭共收集、整理各类档案资料7772件（卷、册），多载体、全方位展示全市各类“好人”“道德模范”的成长历程和精神内涵。（陶忠华）

公务接待与保密工作

【公务接待】 2017年，市委接待办公室接待宾客816批2.83万人次。接待中央政治局委员、中央书记处书记、中宣部部长刘奇葆，中宣部常务副部长、中央文明办主任黄坤明，江苏省委书记李强，江苏省原省长石泰峰，江苏省省长吴政隆等省部级以上领导73批238人次。全年共接待上海、重庆、黑龙江、辽宁、吉林、内蒙古、河北、山东、甘肃、安徽、湖北、江苏、江西、福建、广东、新疆等29个省（自治区、直辖市）的党政代表团341批12330余人次，各地领导干部培训班106批次。全年累计保障各类重大活动145批1.08万余人次，其中包括全国创建文明城市工作经验交流会、中央环保督察、江苏省乡村旅游节、为期2个月的省委巡视等重要政务活动，长江文化艺术节、国际马拉松赛、全国贝贝杯足球赛等重大文体活动，上海招商引资会、产业资本投资峰会、港城合伙人峰会、科技人才活动周、松禾资本同盟会、意大利莱昂纳多高层到访等重要商务活动，以及全市党政代表团赴上海市、杭州市、新疆巩留县、贵州沿河县、宿迁市宿豫区及周边其他城市交流考察的保障工作。全年编发《接待简报》12期，累计204期，为市领导及有关部门提供相关信息。（沈　磊）

【保密工作】 年初，市委保密委员会副主任和委员组成调整。9月，市委保密委员会全体会议召开，传达学习上级有关做好中共十九大保密服务保障工作会议精神，部署全力做好十九大有关保密工作任务。是月，全市唯一的十九大代表郁霞秋赴苏州接受省保密局对参会代表的保密提醒服务。市保密局推进保密工作标准化管理，印发保密工作标准化管理通用标准及实务指南、保密工作标准化管理台账表式，通用标准及实务指南涵盖保密管理的18个方面，配套60余种台账表式和制式文本，系统解读机关单位日常保密管理工作的重点、难点问题，指导各机关单位修订的保密工作制度，推进保密“三大管理”，重新梳理确定全市涉密人员名单，以参加保密主官培训人员作为师资力量，对所有涉密人员开展全面的上岗保密教育。对在岗特别是在涉密岗位工作的借调、聘用等临时性工作人员进行摸排清理，按照“先审后用、严格把关”的原则，对拟在涉密岗位工作的借调、聘用等临时性工作人员进行保密审查，开展经常性的保密警示教育，切实提高相关人员保密意识。年内新增涉密计算机2台，完成“三合一”系统安装2次，针对涉密计算机的服务维护11次。深入开展保密工作自查自评，组织对全市38个重点涉密机关单位开展保密自查自评和互联网门户网站检查督察工作，实现对市直重点涉密机关单位的全覆盖。市委宣传部在苏州市保密局的抽查中获优秀等次评价。市保密局强化政务信息公开保密审查工作，重申信息公开中门户网站、政务微博等保密审查的要求，与全市100个机关单位保密审查责任人和分管领导签订《张家港市政务信息公开保密审查承诺书》，明确领导责任。组织对各区镇门户网站、政务微博等信息公开保密审查情况开展保密专项检查，同时对“中国张家港”门户网站的服务器和各区镇相关服务器、办公电脑进行技术检查。持续深化保密服务保障，帮助金盾安防、康得新、宏润印刷等3家企业申报保密资质。组织全市10个军工单位开展武器装备科研生产单位保密演讲比赛，评选推荐江苏中科天霸新能源科技有限公司的康红伟、市广大机械锻造有限公司的李雪参加苏州市决赛，获优胜奖。

【保密宣传教育】 2017年，市保密局制定《张家港市“七五”保密法治宣传教育规划》，利用各种时机，采取多种形式，全方位开展保密法治和保密常识宣传教育。协调组织全市党政主要领导赴苏州开展保密教育观展，参加保密知识测试。市政府党组召开保密工作专题学习会，传达全省保密工作推进会和苏州市党政领导干部保密工作责任制落实推进会相关会议精神，学习涉密文件阅处、互联网应用、手机使用、工作秘密处理等与领导干部实际工作相关的保密工作要求。针对各机关单位领导班子成员，市保密局专门发放190本《领导干部和涉密人员保密行为手册》，供学习使用。9月，组织张家港市各区镇、市级机关各单位的保密主官、专兼职保密干部105人，在苏州市保密技术管理服务中心举办张家港市保密主官业务培训班。做好送训上门活动，在人民银行张家港支行、市规划局、市文广新局、张家港国检局等单位开展保密授课，参训人员达到405人。对新录用公务员开展保密意识和保密常识授课，并发放《党政干部和涉密人员保密常识必知必读》500余本。继续做好双月刊《保密之窗》的编写工作，全年向7000余名公务人员发送《保密之窗》简报6期。为增强全体公民的保密法治观念，在张家港电视台投放全年广告，利用《张家港新闻》播出的黄金时间插播保密宣传教育内容，以面向社会大众的保密意识、保密常识为主，向广大公民宣传《中华人民共和国保守国家秘密法》、保密法实施条例以及保密应知应会知识，工作成效得到苏州市保密局的充分肯定。（钱江流）

【编辑　黄宏庆】

张家港市人大

Zhangjiagang Municipal People's Congress

市十四届人大一次会议　（市人大办　提供）

人大会议

依法监督

审议与任免

执法检查

视察调查

人大会议

【市十四届人民代表大会第一次会议】 1月6日至9日召开。应到代表335人，实到329人。会议听取和审议张家港市人大常委会工作报告、市人民政府工作报告、市人民法院工作报告、市人民检察院工作报告，审议张家港市2016年国民经济和社会发展计划执行情况与2017年国民经济和社会发展计划草案的报告，审议张家港市2016年财政预算执行情况和2017年财政预算草案的报告。会议以无记名投票的方式，选举产生市十四届人大常委会组成人员，市人民政府市长、副市长，市人民法院院长、市人民检察院检察长，以及出席苏州市第十六届人民代表大会的代表70人。徐仲高当选为市十四届人大常委会主任，陆颂义、顾放、秦毅峰、应梓当选为市十四届人大常委会副主任。丁一红等34人当选为市十四届人大常委会委员。黄戟当选为市人民政府市长，卞东方、徐平观、邵军民、赵建明、陆崇珉、李兆玮、王松石、周斌伟当选为市人民政府副市长。徐建东当选为市人民法院院长，蔡蔚当选为市人民检察院检察长（需报经苏州市人民检察院检察长提请苏州市人大常委会批准）。会议以举手表决方式通过《关于政府工作报告的决议》《关于张家港市2016年国民经济和社会发展计划执行情况与2017年国民经济和社会发展计划的决议》《关于张家港市2016年财政预算执行情况和2017年财政预算的决议》《关于张家港市人民代表大会常务委员会工作报告的决议》《关于张家港市人民法院工作报告的决议》《关于张家港市人民检察院工作报告的决议》。会议收到代表建议、批评和意见183件。其中，城市建设管理方面46件、交通水利方面24件、民生保障方面15件、教科文卫方面32件、“三农”方面10件、财政金融方面7件、工业经济方面13件、生态环保方面9件、三产服务业方面2件、司法公安方面14件、其他方面11件。

【市十四届人大常委会会议】 年内，市十四届人大常委会召开常委会会议8次。

第一次会议　2月6日召开。审议通过接受有关辞呈的决定和有关人事任免事项。审议通过关于设立市人大常委会农业农村工作委员会的决定、市人大常委会2017年度工作要点和工作安排以及市十四届人大常委会代表资格审查委员会、各工作委员会、法律顾问团成员名单。举行宪法宣誓仪式。对市十四届人大常委会的工作提出要求。

第二次会议　3月10日召开。审议通过市人大常委会有关规定和制度以及《张家港市人大常委会2017年工作评议实施方案》。

第三次会议　5月24日召开。审议通过接受有关辞呈的决定和有关人事任免事项。听取和审议市人民政府关于贯彻实施《中华人民共和国税收征收管理法》情况的报告，听取和审议市人民政府关于贯彻实施《中华人民共和国道路运输条例》情况的报告，听取市城管局、市农委、市物价局、市环保局4个部门工作情况报告，进行工作评议，通过评议意见。

第四次会议　7月31日召开。审议通过接受有关辞呈的决定和有关人事任免事项。听取和审议市人民政府关于2016年度财政决算的报告，听取市人民政府关于2017年上半年财政预算执行情况的报告，听取和审议市人民政府关于2016年度财政预算执行及其他财政收支情况的审计工作报告。

第五次会议　9月26日召开。听取和审议市人民政府关于贯彻实施《中华人民共和国档案法》情况的报告。听取市城管局、农委、物价局、环保局4个部门整改情况报告，进行工作评议二次审议。

第六次会议　11月2日召开。审议通过接受有关辞呈的决定和关人事任免事项。根据新修订的《中华人民共和国环境保护法》相关规定，听取全市环境保护工作情况报告。

第七次会议　11月30日召开。对2017年度张家港市优秀代表建议和先进承办单位进行表彰。听取和审议市人民政府关于代表建议办结情况的报告，听取和审议市人民政府关于民生实事项目实施情况的报告，听取和审议市人民政府关于贯彻实施《江苏省养老服务条例》情况的报告。作出关于召开市十四届人大二次会议的决定。

第八次会议　12月22日召开。审议通过接受有关辞呈的决定和有关人事任免事项。补选苏州市人大代表。听取市人民政府关于2017年国民经济和社会发展计划执行情况与2018年国民经济和社会发展计划草案的报告，听取市人民政府关于2017年财政预算执行情况和预算调整及2018年财政预算草案的报告，听取市十四届人大二次会议筹备工作情况汇报，审议通过市十四届人大二次会议的有关事项，听取和审议市人大常委会工作报告（草案）、市人民法院工作报告（草案）、市人民检察院工作报告（草案），审议市人民政府工作报告（草案）（书面）。

【市十四届人大常委会主任会议】 年内，市十四届人大常委会召开主任会议10次。

第一次主任会议　1月23日召开。研究市人大常委会主任、副主任、党组成员的工作分工，讨论市人大常委会2017年度工作要点和工作安排，听取市十四届人大一次会议代表建议、批评、意见情况的报告，研究讨论市人大常委会代表资格审查委员会、各工作委员会兼职委员、法律顾问团成员名单，研究和部署市十四届人大常委会第一次会议准备工作。

第二次主任会议　2月27日召开。听取市人民政府关于市十四届人大一次会议代表建议办理打算的报告，讨论市人大常委会有关规定和制度以及《张家港市人大常委会2017年工作评议实施方案》，研究和部署市十四届人大常委会第二次会议准备工作。

第三次主任会议　4月21日召开。听取市人民政府关于全市侨务工作情况的报告，研究和部署市十四届人大常委会第三次会议准备工作。

第四次主任会议　5月4日召开。

研究工作评议调查报告、讨论工作评议意见,讨论市人大常委会2017年度重点督办建议,讨论"六个一"基层走访调研全年任务分工安排。

第五次主任会议　6月30日召开。听取市人民政府关于2016年财政决算情况的报告和2016年度财政预算执行及其他财政收支审计情况的报告,听取关于组建代表专业小组及开展代表专业小组活动情况的汇报,听取关于开展"突破四大路径,人大代表在行动"主题活动情况的汇报,研究和部署市十四届人大常委会第四次会议准备工作。

第六次主任会议　8月7日召开。听取市人民政府关于市十四届人大一次会议代表建议办理情况的报告,听取市人民政府关于贯彻实施《张家港市"七五"普法工作规划》情况的报告,听取市人民政府关于全市建筑市场管理工作情况的报告,研究和部署市十四届人大常委会第五次会议准备工作。

第七次主任会议　9月12日召开。听取市人民政府关于全市重大项目建设情况的报告,研究市人大常委会组成人员联系代表和选民相关安排事项,讨论工作评议整改情况调查报告。

第八次主任会议　10月30日召开。听取和审议市人民政府关于全市农产品质量全程监管工作情况的报告,研究和部署市人大常委会第六次和第七次会议的准备工作。

第九次主任会议　11月15日召开。听取市人民政府关于全市中医药事业发展情况的报告,研究讨论2017年度优秀代表建议和先进承办单位评选表彰工作,听取各工委关于人代会拟提议案情况的汇报,部署人代会筹备工作,传达学习上级有关文件和会议精神。

第十次主任会议　12月13日召开。听取市人民政府关于2017年国民经济和社会发展计划执行情况与2018年国民经济和社会发展计划草案的报告,听取市人民政府关于2017年财政预算执行情况和2018年财政预算草案的报告,讨论市人大常委会工作报告和市十四届人大二次会议有关事项,研究和部署市十四届人大常委会第八、第九、第十次会议准备工作。

依法监督

【概况】 2017年年初,全市有十四届人大代表335人。至年末,有江苏省十二届人大代表3人、苏州市十六届人大代表70人、张家港市十四届人大代表333人。市十四届人大一次会议后,市人大及其常委会围绕全市中心工作,紧扣创新转型、民生福祉改善和民主法治建设等工作重点,对全市重大项目建设、中医药事业发展、农产品质量全程监管和建筑市场管理等工作进行督察,提出意见建议,推动工作落实。持续推进"一个载体、两项制度"("一个载体"即人大代表之家,"两项制度"即基层人大以人大代表之家为载体制定并实施的代表接待选民制度和代表向选民述职制度)建设,全市有人大代表之家44家,年内组织开展代表活动152场,开展代表接待选民日活动103次,有35名苏州市代表和266名张家港市代表参加选民接待活动,接待选民1600余人,232名市、镇两级代表向选民进行述职。加强宣传工作,年内编发《张家港市人大常委会会报》2期、《张家港人大信息》5期,利用张家港人大网站以及各类新闻媒体,宣传人大及其常委会的重要活动、人大代表认真履行职责情况,其中有17篇信息被苏州人大采用。

【侨务工作监督】 4月,市十四届人大常委会第三次主任会议听取市人民政府关于全市侨务工作情况的报告。针对存在的"圈里热,圈外冷"、侨务工作发展不平衡、侨情资源掌握不全面、工作方式方法有待创新等问题,要求市政府及其相关职能部门要认真贯彻落实习近平总书记关于侨务工作的重要指示精神,落实归侨侨眷法律法规和为侨服务各项政策措施,及时妥善解决涉及侨胞切身利益的合理诉求;加强统筹协调,建立完善侨务、教育、公安、人社、商务等部门单位的沟通协作机制,推进侨办、侨联等涉侨部门资源整合,加强与侨务资源大市交流,形成"大侨务"工作格局;加强侨情调研,完善侨情信息库,加强同海内外侨界社团的密切联系,挖掘资源,为我所用;积极开展对外宣传,特别是宣传张家港"两个文明"建设取得的丰硕成果,为侨商侨企牵线搭桥,积极参与招商引资、招才引智工作并提供服务,助力全市经济社会转型发展。

【财政运行监督】 6月,市十四届人大常委会第五次主任会议听取市人民政府关于2016年财政决算情况的报告和2016年度财政预算执行及其他财政收支审计情况的报告。7月,市人大常委会听取和审议2016年度财政决算的报告,听取关于2017年上半年财政预算执行情况的报告,听取和审议2016年度财政预算执行及其他财政收支情况的审计工作报告。针对财政收支矛盾依然突出、预算编制不够细化、财政管理体制机制有待完善等问题,要求市政府及相关职能部门要高度重视审计发现问题的整改,坚决防止同类问题的再次发生;认真执行新预算法,提高预算编制的科学性,强化预算执行力度,推进预算绩效管理,积极推动预算制度完善;认真落实关于深化财税体制改革的各项决策部署,加强"营改增"后的征收管理;优化整合财政专项资金,确保创新驱动发展、民生实事等重点任务顺利推进;规范政府性资金投资行为,强化政府债务管控,加强和规范政府债务管理,全面提升全市财政管理水平。

【普法工作监督】 8月,市十四届人大常委会第六次会议听取市人民政府关于贯彻实施《张家港市"七五"普法工作规划》情况的报告。针对普法实效性不高,个别单位普法主体责任意识不强、普法方式方法和工作机制有待完善等问题,建议市政府及相关职能部门要根据全市实际情况,抓好领导干部的普法工作,不断提高领导干部自觉学法的意识和依法行政的水平;注重培育全民法治意识和法治理念，把法治宣传的过程变为服务群众、教育群众、引导群众的过程；全面落实国家机关"谁执法谁普法，谁主管谁负责"责任制，形成普法合力，共同推进普法协作、长效机制；不断探索创新普法形式，充分利用特殊节点、时段开展法治宣传教育活动，不断丰富普法工作内涵；总结"六五"普法工作经验，形成法治文化品牌，通过全社会共同参与，努力形成良好法治氛围和法治习惯。

【建筑市场管理工作监督】 8月，市十四届人大常委会第六次主任会议听取市人民政府关于全市建筑市场管理工作情况的报告。针对现行的公开招投标制度对结果的合理性少关注，建设单位执行基本建设程序不够规范，部分企业和个人诚信缺失等问题，要求市政府及有关职能部门要完善工程招投标制度，严格过程和标后监督，推进建筑工程优质优价制度；严格施工许可，全面督促建设单位按基本建设程序组织建设活动，坚决杜绝未批先建等违法违规行为；完善统筹协调机制，加大联合执法力度，不断强化建筑市场规范化监管；深化诚信体系建设，加强对企业不良行为的检查、记录和公布，建立诚信奖惩机制，提高建筑行业整体素质；大力推进建筑产业现代化建设，尽快形成设计、生产、施工、维护一体化的完整产业发展链，促进全市建筑业转型升级；根据监管工作量不断增加的实际，不断引进建筑方面的专业人才，充实一线监管力量，不断健全企业自控、社会监理、业主管理、政府监督的工程质量安全保障体系。

【重大项目建设工作监督】 9月，市十四届人大常委会第七次主任会议听取市人民政府关于全市重大项目建设情况的报告。针对新开工项目较少、项目开工率偏低，存量建设用地整体利用效率不高，后续项目储备不足等问题，要求市政府及有关职能部门要充分认识项目建设的重要意义，紧盯项目落地开工、建设进度、投产运行等关键环节，进一步完善重大项目跟踪会办、领导挂钩、督查推进、绿色通道等工作机制，高效破解项目推进难题，全力确保重点项目早开工、早建设、早投运、早见效；更加突出服务企业、服务项目的实效性，着力推进"放管服"改革，在简政放权中持续优化营商环境，在提高审批效率、监管能力和服务水平上下功夫，不断提升重大项目审批服务效能；全面落实好新出台的系列招商引资新政，强化项目信息整合机制，切实解决项目信息不符合相关审批要求，项目难以落地的问题；着力破解土地瓶颈，全力确保有限的用地指标落实到重大项目建设上，持续激活经济社会发展的"动力引擎"。

【农产品质量全程监管工作监督】 10月，市十四届人大常委会第八次主任会议听取市人民政府关于全市农产品质量全程监管工作情况的报告。针对部分生产者、经营者农产品质量安全意识不强，农产品追溯体系不够完善，农产品质量执法监管有待进一步加强等问题，要求市政府及其相关职能部门要加强对农产品质量安全宣传教育，提升全社会农产品质量安全意识；继续加大标准化生产技术、绿色农技的推广力度，引导农户和企业按照标准进行生产和加工，提高"三品"总量规模和质量水平；强化种养殖业的源头监管，对各大农资经销商和农业生产基地进行实时监控，从源头上保证农产品质量安全；健全农产品质量安全检测体系，形成能力强、水平高、布局合理、公正可信的检验检测认证服务体系；强化执法监管，严厉查处生产、销售不符合质量安全标准农产品的行为，坚决打击危害食品安全的违法犯罪行为，有效防控农产品质量安全事故的发生。

【中医药事业监督】 11月，市十四届人大常委会第九次主任会议听取市人民政府关于全市中医药事业发展情况的报告。针对全市中医药整体服务水平不高，人才不足且分布不均衡，中医药技术规范不够完备等问题，要求市政府及有关职能部门以全面贯彻实施《中华人民共和国中医药法》为契机，真正落实中西医并重的方针，提高对中医药的专项补助经费，促进中医药的可持续发展；充分发挥中医院在中医服务中的龙头地位，支持和推进各综合医院和社区卫生服务中心中医特色科室建设，形成覆盖城乡的中医服务网络；加快对传统中药制剂的炮制、制作工艺以及临床路径的研究和整理，形成科研成果和技术规范，不断提高中医诊疗水平；通过绩效评价和人事薪酬制度改革等措施，大力引进中医药优秀人才，通过名师带徒、规范化培训、学术交流等形式，培养一支基础理论扎实、基本技能娴熟的中医药人才队伍；积极挖掘中医药文化内涵，鼓励和引导社会力量和资本参与中医药的研究，推进中医药继承与创新发展。

【实事项目建设监督】 11月，市十四届人大常委会第七次会议听取和审议市人民政府关于民生实事项目实施情况的报告。会议要求市政府及相关部门要对照年初计划，把握时间节点，在确保质量的前提下拼抢工程进度，力争按时优质全面完成各项任务；回顾总结民生实事工程建设的经验，进一步优化项目后期的管理和服务机制，发挥好民生实事工程的最大效应；及早谋划2018年民生实事项目，面向社会各界广泛征求意见建议，切实将人民群众真正所需、所求、所盼列入民生实事项目；高度重视、加快推进"民生微实事"工作，及早制定符合全市实际的"民生微实事"工作机制，并在资金安排方面早做打算，让民生实事项目更顺民意、暖民心，不断满足人民日益增长的美好生活需要。

【政府工作评议】 年内，市人大常委会组织对市城管局、市农委、市物价局、市环保局4个部门进行工作评议，深入推进依法行政。评议组深入区镇、村（社区）和企业，通过召开座谈会、明察暗访、查阅资料、民主测评、开展问卷调查等形式，从依法行政、贯彻市委决策部署、落实人大及其常委会决议决定和办理代表议案建议、维护民生、行政效能和廉政建设等方面，广泛听取人大代表、基层群众和服务对象的意见。在市十四届人大常委会第三次会议上，评议组成员对4个部门工作形成客观公正的评议意见。被评议各部门按照评议意见，制定整改措施，抓好整改落实。在市十四届人大常委会第五次会议上，组织工作评议二次审议，对整改落实情况进行满意度测评，将被评议部门整改落实情况作为评议的着力点，推动被评议部门依法行政、优化服务、提高效能。

【代表建议办理工作监督】 8月，市人大常委会第六次主任会议，听取市人民政府关于市十四届人大一次会议代表建议办理情况的报告。针对个别承办单位办理主动性不强、办法不多、与代表互动不够紧密等问题，要求市政府要继续完善代表建议办理的程序、突出重点，对不同情况的建议，分步实施，分类解决；围绕办结率、面商率、解决率和满意率等指标，加大对各承办单位的考核力度；把代表建议办理与实施“民生微实事”项目紧密结合，建立完善“微实事”项目科学办理机制，让老百姓关注度高、受益面广，且热切希望解决的惠民小项目，以最佳途径“落地”，以最快速度见效。年内，市政府办公室、市教育局、市民政局、市交通局、市城管局、市公安局、市环保局、市农委、市住建局、市国土局、经开区（杨舍镇）、保税区（金港镇）12个单位被评为承办代表建议先进单位。

2017年张家港市优秀代表建议一览表

表3

建议号	建议人	建 议 事 项	承办单位
119	朱金龙	关于从源头抓好农产品质量安全的建议	市农委、市市场监管局
47	余　刚	关于加强农村河道整治力度的建议	市水利局
98	朱丽萍	关于进一步规范校外教育培训机构和公办学校老师校外兼职的建议	市教育局、市市场监管局
99	袁炳忠	关于进一步提高社区医疗适用能力的建议	市卫计委
133	钱锦东	关于加强对社会理财融资公司监管的建议	市金融办、市公安局
40	张耀清	关于加强全市美丽乡村建设后续维护管理的建议	市城管局
82	陈华斌	关于农民集中居住区引入社会组织参与社区治理的建议	市民政局
151	钱　耿	关于加快推进我市土壤污染防治的建议	市环保局、市国土局、市住建局、市农委
122	向　一	关于加强村级人才队伍引进培养的建议	市委组织部
175	应　虹	关于切实加快我市社会信用体系建设的建议	市经信委
71	张玉飞	关于组织志愿者开展养老助老活动的建议	市民政局、市文明办
179	丁萍芬	关于规范社会组织建设的建议	市民政局
162	杨春红	关于加强学校周边交通安全管控的建议	市公安局、市教育局、市城管局
89	蒋　锋	关于我市学校体育设施对外开放的建议	市教育局
123	唐向阳	关于逐步提高土地租金缓解农民土地收益带来的社会问题的建议	市委农工办、市国土局

审议与任免

【审议工作】 2017年，市人大常委会听取和审议“一府两院”专项工作报告48项，作出决议、决定13项。5月24日，听取和审议市政府关于贯彻实施《中华人民共和国税收征收管理法》《中华人民共和国道路运输条例》情况的报告；7月31日，听取和审议市人民政府关于2016年度财政决算的报告，并决定批准张家港市2016年度财政决算，听取和审议市政府关于2016年度财政预算执行及其他财政收支情况的审计工作报告；11月30日，听取和审议市政府关于代表建议办结情况的报告、民生实事项目实施情况的报告、贯彻实施《江苏省养老服务条例》情况的报告；12月22日，通过《关于批准张家港市2017年财政预算调整的决议》，通过市十四届人大二次会议的有关事项。

【人事任免】 全市坚持党管干部和人大依法任免相统一的原则，进一步规范人事任免程序，促使被任命干部强化人大意识、法治意识和责任意识，增强人大人事任免的规范性和严肃性。全年依法任免国家机关工作人员133人次。其中，任免市人大、市政府工作人员84人次，市人民法院、市人民检察院工作人员49人次。接受辞去苏州市人大代表职务1人，接受辞去张家港市第十四届人民代表大会常务委员会委员职务3人，接受辞去张家港市人民代表大会代表职务1人。接受辞去张家港市人民检察院检察长、检察委员会委员职务1人。

2017年张家港市人大常委会任免"一府两院"及人大机关人员情况表

表4

时　间	会　议	任　免　情　况
2月6日	市十四届人大常委会第一次会议	决定接受杨志刚辞去张家港市第十四届人民代表大会常务委员会委员职务的请求，并报张家港市第十四届人民代表大会第二次会议备案；任命周志虎为市人大常委会办公室主任，任命徐敏为市人大常委会人事代表联络工作委员会主任，任命杨建钟为市人大常委会内务司法工作委员会主任，任命施向东为市人大常委会财政经济工作委员会主任，任命许京海为市人大常委会城建环保工作委员会主任，任命唐红英为市人大常委会教科文卫（外事民宗侨台）工作委员会主任，任命姚金泉为市人大常委会农业农村工作委员会主任，任命孙朝枫为市人大常委会办公室副主任、研究室副主任，任命顾彩萍、徐建龙为市人大常委会办公室副主任，任命陆大革为市人大常委会人事代表联络工作委员会副主任，任命李锦华为市人大常委会内务司法工作委员会副主任，任命李伟星、陈晓平为市人大常委会财政经济工作委员会副主任，任命朱保明为市人大常委会城建环保工作委员会副主任，任命苏花兰、胡燕为市人大常委会教科文卫（外事民宗侨台）工作委员会副主任，任命陈卫兵为市政府办公室主任，任命刘东兴为市发展和改革委员会主任，任命季宗为市经济和信息化委员会主任，任命杨志刚为市教育局局长，任命黄祥亮为市科学技术局局长，任命周斌伟为市公安局局长，任命茅哲峰为市监察局局长，任命范一明为市民政局局长，任命万学刚为市司法局局长，任命周兵为市财政局局长，任命黄亚红为市人力资源和社会保障局局长，任命彭炜为市住房和城乡建设局局长，任命蒋新峰为市规划局局长，任命徐向前为市城市管理局局长，任命陆惠忠为市交通运输局局长，任命严栋兴为市水利局局长，任命徐江为市农业委员会主任，任命马学锋为市商务局局长，任命陈世海为市文化广电新闻出版局局长，任命王卫国为市卫生和计划生育委员会主任，任命尹洁为市体育局局长，任命严亚明为市环境保护局局长，任命蔡彩虹为市旅游局局长，任命赵志刚为市民族宗教事务局局长，任命张耀明为市审计局局长，任命陈国庆为市安全生产监督管理局局长，任命谷晓晖为市市场监督管理局局长，任命罗晓骏为市统计局局长，任命张璇为市物价局局长，任命龙凤清为市粮食局局长，任命王永良为市信访局局长，任命许进华为市民防局局长；免去陶建明市人大常委会内务司法工作委员会主任职务，免去张颖市人大常委会财政经济工作委员会主任职务，免去唐红英市人大常委会人事代表联络工作委员会副主任职务，免去姚金泉市人大常委会外事民宗侨台工作委员会副主任职务，免去季祖元市人大常委会教科文卫工作委员会主任职务，免去格桑曲宗市人大常委会外事民宗侨台工作委员会主任职务，免去许娟市人大常委会内务司法工作委员会副主任职务，免去应梓市人民政府办公室主任职务，免去邵建华市教育局局长职务，免去沈丹市科技局局长、市知识产权局局长职务，免去黄祥亮市民政局局长职务，免去沈琳市安监局局长职务，免去毛永林市民防局局长职务
5月24日	市十四届人大常委会第三次会议	决定接受陆大革辞去张家港市第十四届人民代表大会常务委员会委员职务的请求，并报张家港市第十四届人民代表大会第二次会议备案；任命袁寨平为市人大常委会人事代表联络工作委员会副主任，任命胡燕为市人大常委会城建环保工作委员会副主任，任命顾彩萍为市人大常委会农业农村工作委员会副主任，任命张毅为市信访局局长，任命李清泉为市人民法院副院长，任命赵晖为市人民法院少年和家事综合审判庭庭长，任命孙国忠为市人民法院行政审判庭庭长，任命徐辉为市人民法院行政审判庭副庭长，任命朱琴娟为市人民法院民事审判第四庭（执行裁决庭）庭长，任命季建华为市人民法院民事审判第四庭（执行裁决庭）副庭长，任命陈晓红为市人民法院民事审判第四庭（执行裁决庭）副庭长，任命陈振振为市人民法院金港人民法庭副庭长，任命黄猛为市人民法院经济技术开发区人民法庭副庭长，任命许跃为市人民法院塘桥人民法庭副庭长；任命洪春为市人民法院立案庭副庭长，任命林操场为市人民法院审判监督庭副庭长，任命刘霞、钱学明、朱学东、陈俊、董树海为市人民检察院检察委员会委员；免去陆大革市人大常委会人事代表联络工作委员会副主任职务（另有任用），免去胡燕市人大常委会教科文卫（外事民宗侨台）工作委员会副主任职务，免去顾彩萍市人大常委会办公室副主任职务，免去王永良市信访局局长职务，免去李清泉市人民法院乐余人民法庭庭长职务，免去孙国忠市人民法院行政审判第一庭庭长职务，免去徐辉市人民法院行政审判第一庭副庭长职务，免去朱琴娟市人民法院行政审判第二庭庭长职务，免去季建华市人民法院民事审判第二庭副庭长职务，免去陈晓红市人民法院审判监督庭副庭长职务，免去张达市人民法院审判委员会委员职务，免去陈美芳市人民法院审判委员会委员、少年和家事综合审判庭庭长职务，免去缪坚、李国良、钱满兴、陈国忠、秦建钟市人民法院审判员职务。免去徐惠明市人民检察院检察委员会委员、检察员职务，免去何燕萍市人民检察院检察委员会委员职务，免去赵少华市人民检察院检察员职务

续表4

时间	会议	任免情况
7月31日	市十四届人大常委会第四次会议	决定接受陈稳辞去张家港市第十四届人民代表大会常务委员会委员职务的请求，并报张家港市第十四届人民代表大会第二次会议备案；任命胡俊为市人民政府副市长（挂职），任命田文华为市市场监督管理局局长；免去谷晓晖兼任的市市场监督管理局局长职务，免去陈祥市人民法院审判委员会委员、审判员职务，免去陈阳阳市人民检察院检察委员会委员、检察员职务，免去陶新怡、翟涛市人民检察院检察员职务
11月2日	市十四届人大常委会第六次会议	接受徐根法辞去张家港市第十四届人民代表大会代表职务的请求；任命陶彦斌为市经济和信息化委员会主任，任命刘俭为市人力资源和社会保障局局长，任命尹洁为市商务局局长，任命张莉莎为市体育局局长，任命黄海燕为市人民法院刑事审判庭副庭长，任命卞干国为市人民法院审判员，任命陈新为市人民法院审判员，任命朱二广为市人民法院审判员，任命王伟剑为市人民法院审判员，任命叶玉为市人民法院审判员，任命陈静超为任市人民法院审判员，任命章秋亚为市人民检察院检察员，任命朱艳为市人民检察院检察员；免去季宗市经济和信息化委员会主任职务，免去黄亚红市人力资源和社会保障局局长职务，免去尹洁市体育局局长职务，免去马学锋市商务局局长职务，免去范莉市人民法院审判员职务，免去李维兵市人民检察院副检察长、检察委员会委员、检察员职务
12月22日	市十四届人大常委会第八次会议	接受蔡蔚辞去张家港市人民检察院检察长、检察委员会委员职务的请求，报张家港市第十四届人民代表大会第二次会议备案，并报苏州市人民检察院检察长提请苏州市人民代表大会常务委员会批准；决定接受蔡蔚辞去苏州市第十六届人民代表大会代表职务的请求；决定接受侯虎珍辞去张家港市第十四届人民代表大会常务委员会委员职务的请求，并报张家港市第十四届人民代表大会第二次会议备案；任命徐龙斌为市人大常委会办公室副主任，任命严武为市人大常委会教科文卫（外事民宗侨台）工作委员会副主任，任命屈荣杰为市行政审批局局长，任命邓根保为市人民检察院副检察长、代理检察长、检察委员会委员

执法检查

【概况】 年内，市人大常委会自觉维护宪法和法律权威，发挥法治建设中的职能作用，推进严格执法、公正司法、全民守法，维护公平正义，促进社会和谐。全年组织对《中华人民共和国税收征收管理法》《中华人民共和国道路运输条例》《中华人民共和国档案法》《江苏省养老服务条例》4部法项法律贯彻实施情况进行执法检查。

【税收征管法执法检查】 3月，市人大常委会就全市贯彻实施《中华人民共和国税收征收管理法》情况进行执法检查。针对贯彻实施税收征管法中存在的税源相对单一，相关涉税部门协调合作不够到位，偷税、漏税现象仍时有发生等问题，要求市政府及其相关职能部门充分利用现代媒体，加强对重点纳税人的法律宣传，提高法律宣传的针对性和实效性；积极探索建立纳税诚信管理体系，提高依法纳税遵从度，营造良好的税收法治环境；加强对重点税种、行业和企业的税源监控，全力以赴堵漏增收，加大新增税源的培植力度，促进税收稳步增长；充分发挥税收在经济建设中的“杠杆”作用，推动全市产业结构调高调强调优；继续深化“营改增”（营业税改增值税，简称营改增，是指以前缴纳营业税的应税项目改成缴纳增值税。营改增的最大特点是减少重复征税，可以促使社会形成更好的良性循环，有利于企业降低税负）等税制改革的具体政策措施，抓好国地税深度合作，切实保障纳税人的合法权益；进一步加强对经济税收的对比分析，提高税收收入预测的准确性和科学性，为市委市政府科学决策提供依据；着力提升全市税务队伍的整体素质，提高依法治税的水平，全力争当推进“两聚一高”、服务地方经济社会发展的排头兵。

【道路运输条例执法检查】 4月，市人大常委会就全市贯彻实施《中华人民共和国道路运输条例》情况进行执法检查。针对贯彻实施条例中存在的物流业发展基础相对薄弱，公共交通分担率不高，危化品运输安全尤其是外地车辆安全隐患突出等问题，要求市政府及其职能部门要加快推进交通物流基础设施建设，进一步整合运输资源，大力扶持道路货运企业向现代物流企业转型，提升物流发展质量；科学谋划新一轮城市公交发展规划，持续改善农村交通条件，不断提升城市公交运营质量和效率；严格落实执法监管责任，建立部门协调机制，切实维护良好的道路运输市场秩序；加强交通运输信息化、规范化建设，为交通运输业科学发展提供保障；加强对行业从业人员的法制教育、职业道德教育和专业技术培训，通过加强诚信体系建设，进一步完善行业管理机制，全面提高公共服务能力和水平。

【档案法执法检查】 7月，市人大常委会就全市贯彻实施《中华人民共和国档案法》情况进行执法检查。针对贯彻实施档案法中存的依法治档意识不强、资料归档不全面、档案专业人才缺乏等问题，要求市政府及其相关职能部门要不断强化档案行政执法主体地位和监管职能，加大行政执法力度，严肃查处档案违法违纪行为；坚持监督管理与业务指导并重，定期开展系统的档案业务知识培训，不断提升业务水平；加快推进档案数字化建设，全力推进“智慧档案馆”建设，运用“云计算”“物联网”等现代信息技术，实现档案管理现代化；根据全市经济社会发展需要，不断扩大档案收集范围，丰富和优化馆藏，加大馆藏档案面向社会开放的力度，提高档案工作服务社会的能力和效果；开展多形式、多渠道的法治宣传活动，提高全社会对档案事业的支持度和参与度；要重视档案队伍建设，认真选配档案管理工作人员，提高档案工作人员的业务素质，不断提升全市档案工作水平。

【养老服务条例执法检查】 9月，市人大常委会就全市贯彻实施《江苏省养老服务条例》情况进行执法检查。针对养老服务发展不平衡，养老服务人才不足、专业技术缺乏，服务监管不全面等问题，要求市政府及其相关职能部门要对托底养老及机构养老的政策进行系统梳理，借鉴先进地区经验，打造更切合张家港养老产业发展的政策环境；以政府领导、民政牵头、其他部门通力协作的工作机制，合力推进养老服务政策落地生根；加快养老服务社会化进程，建立健全医养融合科学服务机制，推动养老服务机构提档升级，切实提高社会化养老服务质量；通过加强舆论宣传、改善职工待遇等措施，积极引导更多的人参与或从事养老事业；加强对专业技术人员的培训，提高养老服务人员的专业技能和服务水准；善用现代信息技术，建立并维护好养老服务数据库，健全科学监管体系，实现对机构养老、居家养老与社会化服务的全方位监管。

视察调查

【概况】 年内，市人大常委会就治安防控、职业教育、农村生活污水治理、防汛排涝、“两院”司法体制改革推进情况等进行视察和调查31次，撰写调研报告26篇，其中关于《全市治安防控体系建设情况的视察报告》获市委书记朱立凡批示。

【治安防控体系建设工作视察】 3月30日，市人大常委会对全市治安防控体系建设情况进行视察。视察组实地察看了S19鹿苑卡点、大新派出所、市公安局网警大队和市公安局指挥中心等地，并在听取相关情况汇报后，对市政府及相关职能部门在建设治安防控立体网络、落实社会治安防控措施、推进打防管控一体化等方面的工作给予充分肯定；同时，针对全市治安防控体系建设中的问题，建议不断完善政府主导、公安主力、综治协调、各部门齐抓共管、社会力量广泛参与的工作格局，形成齐抓共建、整体推进的工作合力；加强治安防控科技信息化建设，做好信息数据的汇聚研判和有效利用，提高对社会治安中各类风险的预测、预警和预防能力；加强公安专业化指导，监督指导企事业单位、学校、医院、社区、小区物业有效开展内部治安防控工作，确保监控设备的日常维护和正常运转；加强大数据指挥服务中心建设，完善巡防可视化指挥调度，确保决策指挥与警务实战有效对接，持续驾驭社会治安局势；加快建立专职巡防队伍，加强专业技能培训，打造思想技术过硬、值得人民群众信赖的治安防控队伍，全力保护市民的人身财产安全，确保全市社会治安平安稳定。

【职业教育工作视察】 5月23日，市人大常委会专题组织视察全市职业教育工作情况，并听取相关情况汇报。视察组对全市职业教育工作给予充分肯定，针对职业教育发展中的问题和矛盾，建议市政府及相关职能部门要进一步加大对《中华人民共和国职业教育法》的宣传力度，在全社会形成重视、支持职业教育的良好氛围；强化对各级各类职教资源的统筹，强力推进全市职业教育的深化改革，集中力量打造具有竞争优势的品牌职校；进一步建立和完善经费投入保障制度，加大对实习实训基地的投入力度，激励社会力量参与职业教育事业，切实提高职业教育发展保障水平；丰富职业教育办学模式，优化教师任用机制，规范用工行为，以服务中心工作为目标，重点培养全市急需的技能型人才。

【防汛排涝工作视察】 5月26日，市人大常委会对全市防汛排涝工作进行视察。视察组实地查看乐余常丰西排涝站等现场，了解工程建设情况，查看工程质量，听取相关情况汇报。视察组对全市防汛排涝工作给予充分肯定，认为全市防汛排涝工作指导思想明确，组织领导有力，工作重点突出，为2017年全市安全度汛打下了较好的基础。针对全市防汛排涝方面存在的问题和薄弱环节，要求市政府及相关职能部门要充分认识防汛工作的

市人大常委会开展职业教育工作视察 （市人大办 提供）

艰巨性、复杂性和极端重要性，强化组织领导，认真抓好防汛任务的分解落实；全面开展安全隐患大排查，分类列出问题清单，限期进行整改；提高全市防汛排涝的针对性，对正在实施中的防洪排涝工程，努力加快实施进度，争取及早发挥工程效益；对于确实需要跨汛期实施的工程，要督促各责任单位制定完善度汛方案，确保安全度汛；对未经历过洪水或汛期考验的新建工程，要加大监测力度，确保工程经得起洪水考验；同时，要进一步完善全市水循环体系建设，加强河道执法管理，及时清除河道行洪障碍，确保河道安全畅通，为防汛排涝奠定坚实基础。

【邮政工作视察】 8月30日，市人大常委会就全市邮政工作情况组织专题视察。视察组现场察看了市邮政局城区投递部、合兴邮政支局营业处和锦丰邮政支局营业处3个现场，并听取相关工作情况汇报后，就进一步发展好邮政事业，建议市邮政局要瞄准市、江苏乃至全国邮政行业标杆，认真分析自身优劣势，分类施策、精准发力；立足地方经济社会发展实际，找准切合点，把各项工作融入全市经济产业链，全力推进邮政业务增量提质；根据市民用邮需要，主动对接城乡总体发展规划，及时调整和增设邮政网点，同时，利用邮政信息网络优势，打造各种形式的综合服务平台，满足不同层次群众的用邮需求；深化改革创新，继续创新创优特色品牌项目，以项目带动服务能力的再提升，深化企业民主管理，不断激发推进邮政事业行稳致远的内生动力。

【海关工作视察】 10月10日，市人大常委会就全市海关工作情况组织专题视察。在听取相关工作情况汇报后，视察组对张家港海关工作给予充分肯定，就进一步发展好海关事业、更大发挥好海关服务地方经济社会作用，建议张家港海关要进一步加强海关队伍建设，严密监管、有效执法，积极为企业营造公平有序的进出口市场环境；在依法贯彻国家大政方针的前提下，继续深化长江经济带区域一体化通关改革，不断提高通关效率；结合张家港实际，探索构建更加充满活力的新机制、新举措，引导企业用好用足国家优惠政策，帮助企业平稳发展，助推企业转型升级；要靠前服务，对全市外经贸实施实时监测、动态预警，当好市委、市政府的参谋助手；加强与市政府有关部门特别是与对外开放部门的团结协作，共同推进全市开放型经济建设。

【“两院”司法体制改革推进情况视察】 10月20日，市人大常委会对“两院”（人民法院、人民检察院）司法体制改革推进情况进行视察。在听取“两院”工作情况汇报后，对“两院”司法体制改革工作给予充分肯定，认为“两院”在司法体制改革工作中，围绕加快构建权责明晰、监管有效、保障有力的司法权运行新机制，做出了积极贡献。同时提出建议：“两院”作为江苏省试点单位之一，要充分发挥先锋模范带头作用，遵循基本原则，跟进司改重要节点，做到重点项目先行先试；不断克服司改过程中的难点和阻力，积累总结成功的经验和做法，不断优化完善相关配套制度；进一步释放改革红利，充分保障法官、检察官等办案主体依法独立公正行使职权，增强办案人员责任感与担当意识；不断提高信息化建设水平，探索综合运用大数据提升司法能力、提高司法效率，把信息化建设的丰硕成果切实转化为司法办案的实在成效，最终让人民群众在每一个司法案件中都能感受到公平与正义。

【农村生活污水治理情况视察】 11月3日，市人大常委会就农村生活污水治理情况组织专题视察。视察组在现场察看了金港镇、杨舍镇、大新镇农村生活污水治理的5个点位，并听取相关情况汇报后，对市政府及相关部门在组织领导、规划设计和项目建设管理等方面的工作给予充分肯定，针对工程推进中的一些问题，建议市政府及其相关职能部门要全面梳理农村生活污水三年治理目标任务，全力排查各类障碍，消除不利因素，加快做好工程扫尾工作；严格落实相关法规和文件精神，强化工程质量管理和施工队伍监管，突出抓好重点工序、重点部位和关键环节，加强对已完工项目的试验验收，着力打造经得起历史检验的放心工程；建立和完善养护管理和考核机制，加强对运营维护责任主体的监管，不断探索长效管理的新方法新思路，着力研究和解决好运行管理中可能出现的问题和矛盾，确保设施的稳定有效运行，努力提升农村生活污水治理的工作实效。

（李　娜）

市人大常委会开展农村生活污水治理情况视察　（市人大办　提供）

【编辑　宋佳辰】

张家港市政府

Zhangjiagang Municipal People's Government

政务服务大厅　（市行政审批局　提供）

重要会议

政府施政

政务服务

港澳台侨事务

外事工作

对口帮扶

机关事务管理

扫码欣赏

高新区一周年巡礼

重要会议

【概况】 全年市政府召开常务会议8次。召开全市性会议69次，其中市委、市政府联合召开27次。会议主题涉及"放管服"（简政放权、放管结合、优化服务的简称）改革、稳定增长、转型创新、城市建设、社会事业、生态文明、安全稳定、学习教育、党风廉政建设等方面。其他重要会议有市政府党组全体扩大会议1次，中共十九大精神专题宣讲会10次，市政府党组专题学习会议5次，收听收看上级电视电话会议30次。

【市政府常务会议】 1月25日，市十四届政府第一次常务会议审议《张家港市建设"绿色发展引领区"实施方案》《张家港市养老机构能力提升工程实施方案》《张家港市文化广电新闻出版（版权）业发展三年规划（2016—2018）》《张家港市政府产业投资基金管理办法（试行）》《张家港市新兴产业引导基金管理办法（试行）》《关于认定我市2016年度"人才房"申购人员资格的建议方案》《关于2016年第三、第四批市领军人才计划列入名单的建议方案》。

3月16日，市十四届政府第二次常务会议听取全市安全生产工作情况汇报，审议《2017年度张家港市重大行政决策事项目录》《张家港市镇（区）党政主要领导生态环境责任审计办法》《张家港市以农村社区为基本单位的村民自治试点实施细则》《关于完善困难残疾人生活补贴和重度残疾人护理补贴制度的实施方案》《张家港市卫生计生事业发展"十三五"规划》《关于进一步加强招商选资、招才引智工作的若干意见（试行）》《关于推进张家港市"四好农村路"建设的实施意见》《张家港市人民防空"十三五"发展规划》。

5月12日，市十四届政府第三次常务会议审议《张家港市"两减六治三提升"专项行动实施方案》《关于公布张家港市行政审批事项目录清单的通知》《张家港市关于全面深化河长制改革的工作方案》《关于加快发展服务业促进产业结构调整升级的实施意见》《2016年度"港城英才计划"资助建议方案》《关于2017年度第一批市领军人才计划列入名单的建议方案》。

7月17日，市十四届政府第四次常务会议听取全市安全生产工作情况汇报，审议《张家港市相对集中行政许可权改革试点工作实施意见》《关于深化行政审批制度改革加快简政放权激发市场活力的实施意见》《张家港市加快推进建筑产业现代化发展实施意见》《张家港市"智汇港城"领军人才企业天使融资实施细则》《张家港市高端金融人才、高层次资本人才引进计划实施细则》《张家港市"才有所居"实施意见》《关于推进全市土地资源节约集约利用若干意见》《张家港市教育事业发展"十三五"规划》。

8月31日，市十四届政府第五次常务会议审议《张家港市政府部门公共服务事项清单》《张家港市政府部门行政许可中介服务事项清单》《张家港市政府部门随机抽查事项清单》《张家港市首批划转至市行政审批局事项清单》《关于进一步加强技能人才队伍建设的意见》《关于2017年第二、三批市领军人才项目及"先评审、后落户"已落户项目的资助建议方案》，听取张家港市义务教育发展情况专题汇报，举行常务会议学法专题解读。

10月10日，市十四届政府第六次常务会议审议《张家港市政府和社会资本合作项目管理暂行办法》《张家港市工业企业资源集约利用综合评价实施细则（试行）》《张家港市科技保险费补贴管理办法》《张家港市地方债务化解方案》。

12月11日，市十四届政府第七次常务会议审议《政府工作报告（送审稿）》《关于进一步推进城乡义务教育一体化现代化促进高位优质均衡发展的实施意见》《关于加快绿色循环低碳交通运输发展的实施意见》《关于加快特色小镇规划建设的实施意见》《关于加强城乡社区协商的实施意见》，听取关于土地出让收入分配政策和区镇财政管理体制调整情况的汇报。

12月18日，市十四届政府第八次常务会议审议《张家港市土壤污染防治工作方案》《张家港市"两减六治三提升"专项资金管理办法》，听取2018年重大隐患政府挂牌相关情况的汇报、2017年度市政府规范性文件清理情况的汇报、2018年度基本建设项目计划及资金安排情况的汇报、2018年民生实事项目规划情况的汇报。

政府施政

【概况】 2017年是市十四届政府履职的开局之年。市政府以习近平新时代中国特色社会主义思想为指导，坚持"稳中求进、争先率先"主基调，紧扣"两聚一高"、践行"四大路径"，统筹抓好转型升级、创新驱动、生态环保、城乡建设、民生改善等各项工作。经济工作方面，实施聚焦转型和产业领跑、创新驱动、智汇港城"1+3"系列政策，出台招商选资激励新政，落实企业科技创新积分、高新技术企业税收优惠、降费减负等各项政策措施，完成规模以上工业总产值4950亿元，其中新兴产业产值占比45.9%，高新技术产业产值占规模以上工业总产值比重达到22.5%；工业增加值率达到20.6%，规模以上工业全员劳动生产率达到每人37万元，供给侧结构性改革推进有力，经济质量效益稳步提增。生态建设方面，深入开展"263"专项行动和环境保护"百日行动"，中央及省环保督察反馈问题得到有效整改；编制完成生态文明建设（2017—2025）规划；启动"绿色发展引领区"建设试点；获评国家生态园林城市。城市建设方面，完成城市总体规划较大修改中期成果，以及海绵城市规划、高铁生态城概念规划及控规、轨道交通线网规划和部分区镇总体规划；沪通铁路按计划推进，苏南沿江铁路、通苏嘉铁路前期工作有序开展。民生事业方面，成为唯一获全国文明城市"五连冠"的县级市。政府服务方面，"两学一做"学习教育制度化常态化持续推进；"放管服"改革全面深化，"双随机、一公开"抽查成效明显，受到国务院通报表扬；塘桥镇列入省第二批经济发达镇行政管理体制改革试点。年内，办复人大代表建议184件、政协委员提案278件，答复满意率100%。

【“十三五”多项规划出台】 市政府按照《张家港市国民经济和社会发展第十三个五年规划纲要》的总体要求，多项“十三五”专项规划制定出台。1月20日，《张家港市水利发展“十三五”规划》出台，提出以“提高防洪减灾能力、加强水资源管理、深化水生态环境保护和修复、强化农村水利保障、提升管理服务水平和增强建设发展保障”六大任务为核心的总体布局。4月21日，《张家港市卫生计生事业发展“十三五”规划》出台，提出强化基本医疗卫生服务公益性导向，坚持预防为主、中西医并重，着力推动健康服务策略以疾病为中心向以健康为中心转变，建立高水平的新型医疗卫生计生服务体系。7月3日，《张家港市国资国企改革发展“十三五”规划》出台，提出以提高国有资本效率、增强国有企业活力为中心，不断完善国资监管体制，全面健全现代企业制度。8月4日，《张家港市教育事业发展“十三五”规划》出台，提出以提高教育现代化水平为主线，全面实施素质教育，深化教育综合改革，创新教育体制机制，促进教育公平均衡。

【行政审批制度改革意见出台】 8月，市委、市政府联合出台《关于深化行政审批制度改革，加快简政放权，激发市场活力的实施意见》，着力降低制度性交易成本，加快转变政府职能，把该放给市场和社会的权放足、放到位，把政府该管的事管好、管到位，破除束缚发展的体制机制障碍，加大建设简约、便民、阳光、高效的法治政府和服务型政府力度，努力把张家港打造成审批事项少、办事效率高、创新创业活力强的地区。“放”即简政放权，对上级公布取消的行政审批等权力事项及时停止审批；对上级下放管理层级的行政审批等权力事项进行有序衔接，建立阳光高效的审批体制。“管”即放管结合，包括清理规范涉及审批的中介服务事项、清理整顿职业资格事项、规范强制性检验检测、清理规范涉企项目资金、强化涉企收费监管等，营造公平有序的市场环境。“服”即优化服务，如全面融入省政务服务“一张网”，做到政务服务事项“应上尽上、全程在线”，实现“一张网络管服务”；加快“不见面审批（服务）”改革，推进“网上办、集中批、联合审、区域评、代办制、不见面”等工作；推进“3550”改革，实现“企业3个工作日内注册开业、5个工作日内获得不动产权证、50个工作日内取得工业生产建设项目施工许可证”；完善企业投资项目“并联审批”和“多评合一”等，建立简约便捷的公共服务模式。

【供给侧结构性改革意见出台】 10月，市政府印发《张家港市供给侧结构性改革去杠杆行动实施意见（2017—2018年）》。意见立足张家港市情特点和产业布局，通过优化信贷结构、企业降低杠杆率、推进企业上市、强化金融风险温控、提升金融服务水平、丰富直接融资手段、探索推进投贷联动、加快政府债务置换、大力发展股权融资等途径，推动全市经济转型升级和结构优化。力争到2018年年末，上市挂牌企业新增数量位居苏州各县市前列，直接融资占社会融资比例进一步提升，占全部新增融资的比重力争达到40%，总融资规模新增600亿元，辖内银行机构不良贷款率下降至1.5%以下。举措包括促加强不良资产处置、开展“金融创新与资本战略”系列培训等11个大项。

【创新驱动能力提升计划出台】 11月，市政府办公室印发《张家港市创新驱动能力提升计划实施细则》。通过激活企业创新发展新动能、强化重点产业科技新支撑、实现重大载体平台新突破、打造区域创新建设新特色、构建创新创业孵化新格局、建设科技人才支撑新高地、探索科技金融互动新模式、健全科技创新服务新体系、开创知识产权示范新局面、优化创新文化环境新生态等10个方面34条具体措施，加快推进科技创新扶持政策落地见效，进一步提升创新驱动能力。高新技术企业所得税征收税率减为15%；对符合产业重点发展方向的产业化项目，按研发经费20%比例给予最高不超过20万元的研发经费资助；对国内科研院所、高等院校在市设立研究院、重点实验室等研发分支机构，最高资助100万元；对新认定的国家级、省级科技企业孵化器，每家分别最高资助100万元、50万元；对科技型中小企业单户最高可获500万元信贷支持；每年落实300万元众创项目培育资金；成立军民融合创新联盟，对进入军品供应体系的技术研发项目最高资助300万元等。

【民生实事项目】 2017年确定实施民生实事项目20项。14个项目年内完工，新建世贸小学（暂定名）、建设粮食烘干中心、文化中心数字科技馆改造、新建市老年活动中心城南分中心、建设新妙桥粮库、云盘小学地下停车场改造工程等6个项目结转至2018年。往年结转的8个项目，数字美术馆（2016年1月始建，投资额455万元）、市区交通节点疏导工程（2016年3月始建，投资额9100万元）、农村生活污水治理（2015年9月始建，投资额17.9亿元）2017年年内完成，市职工文体中心（2016年9月始建，投资额3.5亿元，至2017年年末进入地上部分水电消防管道、幕墙龙骨施工阶段）、市第一人民医院科教综合楼（市卫生进修学校、市全科医生培训中心）（2015年5月始建，投资额1.57亿元，至2017年年末主楼封顶）、新改扩建治安卡口5座（2017年7月始建，投资额1600万元，至年末包基卡口、黄旗桥卡口、张杨卡口和晨丰卡口完成图纸送审，保税区卡口完成方案设计）、学校新建工程（2016年8月始建，投资额1.57亿元，至2017年年末城北科教新城配套幼儿园、沙洲湖幼儿园进入施工图设计，易地新建暨阳小学教学楼主体开始外墙施工）、扩建每日20万吨深度处理水厂工程（2016年10月始建，投资额6.5亿元，至2017年年末完成选址、办理用地等前期手续）结转至2018年。

2017年张家港市民生实事项目完成情况表

表5

序号	项目名称	建设内容	投资额（万元）	完成情况
1	新建实验小学世茂校区（暂定名）	选址于西二环路东侧、南二环路北侧，占地2.67公顷	6100.00	12月末完成选址、立项工作
2	建设“四点半学校”	在全市公办小学和有条件的社区建设“四点半”学校，小学生全面实施弹性离校	1000.00	12月末完成
3	温水供应进学校	在幼儿园每班盥洗室安装热水器；中小学校食堂、教学楼设置洗手、漱口池，合理提供热源	2500.00	12月末完成
4	在校学生意外伤害事故保险	为全市中小学、幼儿园在校生购买在校学生意外伤害事故保险	88.00	12月末完成
5	家庭医生签约服务扩面工程	为每个全科团队家庭医生统一配备上门服务工作服，统一配备巡诊电动车，统一配备一套全科服务诊疗仪。拓展重点人群家庭医生签约服务。开展以高血压、糖尿病患者等为重点人群的家庭医生个性化签约服务，为大病困难群众和计划生育特殊困难家庭免费提供“四个一”的家庭医生签约服务（签约一个全科服务团队、提供一张健康服务卡、开具一张个性化健康教育处方、教学一套家庭护理技能）	1358.00	12月末完成
6	城市公园绿地十分钟	对张家港公园拆墙透绿；建设公共绿地健身运动系统，将白鹿广场、梁丰生态园的草坪改造为球场，对城西新区公共绿地实施园路贯通	1486.00	12月末完成
7	“最美悦读空间”建设	全面深化书香城市建设，打造湖畔书房、森林书屋、茗苑书楼、艺读书吧、恬庄书院、香山书舍等“最美悦读空间”	2500.00	12月末完成
8	文化中心数字科技馆改造	对科技馆一至三楼的展品及布展进行整体改造，面积2200平方米	980.00	12月末正在进行方案设计
9	新建市老年活动中心城南分中心	将城南派出所搬迁后的部分房屋改造为市老年活动中心城南分中心	1000.00	12月末正在进行方案设计
10	70周岁及以上老年市民公交车意外伤害保险	为全市70周岁及以上老年市民购买公交车意外伤害保险（以市民政局老龄办每年提供的张家港市70周岁以上老年人口基础数据为实际测算依据）	81.00	12月末完成
11	新增居家养老服务设施	新增居家养老服务中心（日间照料中心）48家，老年人助餐点48家，助浴点2家	6000.00	12月末完成
12	建设新妙桥粮库	征地3.47公顷，建设2.5万吨平房仓及配套设施	12000.00	12月末完成方案及施工图纸设计
13	建设粮食烘干中心	在沙洲中心粮库库区内建设每批360吨粮食烘干设施、2500吨烘干用筒仓及配电设施；在杨舍章卿村、南丰民联村、乐余永乐村、大新桥头村、凤凰夏市村、凤凰杏市村、凤凰清水村、常阴沙常兴社区、常阴沙常沙社区建设9个区域性粮食烘干中心	4350.00	12月末沙洲中心粮库烘干设施项目完成桩基工程、地坪浇筑。烘干仓正在封顶，烘干设备已完成招标工作；完成9个区域性粮食烘干中心建设
14	创新创业梦工场	在沙洲湖科创园建设创新创业梦工场，含项目路演区、对接洽谈区、专家休息室、储藏室	102.00	12月末完成
15	金融创客空间	在暨阳湖金融街建设金融创客空间，含路演区、多功能互动空间、活动休息区、办公空间	400.00	12月末完成

续表5

序号	项目名称	建设内容	投资额（万元）	完成情况
16	云盘小学地下停车场改造工程	学校操场改建地下停车场，设计停车位115个	1200.00	12月末组织安全评价
17	停车位改造工程	在万红小学周边、白鹿幼儿园周边、少年宫北侧及城南大厦南侧待建地块改建停车位350个	350.00	12月末完成
18	增加新能源公交车辆	增加30辆8米车型油电混合动力新能源公交车	2760.00	12月末完成
19	智能交通综合管控平台体系建设	建设拥堵路段预警提示信息平台，在市区重点拥堵部位安装红、黄、绿可变诱导屏；建设交通综合平台体系，形成一体化交通信息采集—多元数据融合分析与处理—交通运行管理与控制—面向多用户交通信息服务的智能交通应用模式	600.00	12月末完成
20	消防能力提升	添置55米云梯车1辆，提高高层建筑火灾扑救能力	1000.00	12月末完成

【政府信息公开】 全市整合区镇、部门网站至政府门户网站，发挥信息公开第一平台作用，全面落实中央办公厅、国务院办公厅《关于全面推进政务公开工作的意见》及其实施细则，全面推进政府决策、执行、管理、服务、结果"五公开"，稳妥推进预决算、"三公"经费等重点领域的信息公开工作，加大力度推进政策解读。3月，市政府组织信息公开工作人员20余人至苏州参加政务公开工作培训。10月，组织开展政务公开及政府门户网站内容保障工作专题培训，各区镇、部门分管领导和业务人员150余人参加。全年全市主动公开政府信息10453条，依申请公开417件；市政府收到依申请公开54件，申请内容涉及安全生产、房屋拆迁、征地安置补偿等方面，按时办结率100%。

【张家港高新区筹建成立】 7月31日，市委、市政府召开张家港高新技术产业开发区（筹）党工委、管委会成立大会。张家港高新区2015年11月12日经省政府批准设立，内设五局二室工作机构，实行"一区多园"发展模式，由沙洲湖科教新城和凤凰镇韩国工业园、塘桥镇新能源产业园、大新镇先进激光（装备）产业园、南丰镇东南工业园组成。高新区核心区沙洲湖科教新城位于主城区北部，东至杨锦公路，西至杨新公路，南至张杨公路，北至兴南路，面积23.1平方千米。高新区与经开区（杨舍镇）实行"一镇两区"发展模式，资源共享，深度融合，各有侧重，协同发展。按照"两区两地"（创新发展引领区、创新驱动策源地，创新生态示范区、高端要素集聚地）的发展定位，张家港高新区实施"创新驱动发展"和"产城融合发展"战略，着力打造"产业之城、科技之城、创新之城、生态之城"4个新城，努力为全市转型升级、创新发展发挥示范引领、辐射带动作用。其中，打造产业之城就是发展半导体、绿色能源、智能装备和再制造、大数据和人工智能等战略性新兴产业，构筑主导产业特色鲜明、具有国际竞争力的创新型产业体系，打造"化合物半导体世界之都"。至2017年年末，已集聚协鑫集成、华灿光电、富瑞特装、国泰新点等一批国际国内行业领军型企业，建成全国首家国家级再制造产业示范基地、国家再制造汽车零部件产品监督检验中心，全国最大的LED外延片芯片产业基地、太阳能光伏组件产业基地，还将启动建设日本产业园。打造科技之城就是建立完善从基础教育、技术研发、技术转移、企业孵化、产业集聚的科技创新服务体系，提高自主创新和产业化能力，成为苏南国家自主创新示范区建设重要单元。高新区已集聚江苏科技大学等4所高校，并引进南京工业大学产业学院，开展硕、博士研究生培养，规划建设张家港职教中心。高新区与中科院、清华大学等院所、高校深度合作，建成各类产业技术研究院14家，自主培育国家"千人计划"专家7人、"万人计划"专家2人，获评苏南国家自主创新示范区优秀科技园区。打造创新之城就是集聚整合各种资源，培育优化创新创业生态，推动形成"大众创业、万众创新"局面。高新区已建成沙洲湖科创园等各类"双创"载体平台65万平方米，在建中科院张家港纳米产业园（研发平台和孵化器）、华夏科技园二期（加速器）面积近12万平方米。高新区还与IDG、KIP、大唐、松禾、正轩等境内外著名产业资本合作，发起设立各类天使、创投、风投、产业基金，总规模近200亿元，形成覆盖企业发展全生命周期的金融支撑体系。沙洲湖科创园获评国家级科技企业孵化器。打造生态之城就是促进产、城、人深度融合，人与自然和谐共生。高新区邀请罗兰贝格编制产业规划、浙江省城乡规划设计院编制总体规划、中国美院编制景观规划、中国金茂进行城市设计，做到"一张蓝图绘到底"。高新区联手国际国内顶级城市综合运营商，着力打造"一核""两轴""两廊"城市新地标。

（彭　涛　周　广　吴　军）

政务服务

【概况】 9月8日，市政务服务管理办公室撤销，组建市行政审批局（挂"市政务服务管理办公室"牌子）。年内，全市涉及市场准入、投资建设等领域的18个部门78个事项首批划转至市行政审批局。市行政审批局可办理行政政务服务事项78项，其中行政许可类包括办理企业登记、建筑工程施工许可证等67项，行政确认类包括股权出质的设立1项、行政征收类包括人民防空建设经费的征收和城市基础设施配套的征收等2项，其他类包括政府投资项目审批和人防工程质量监督等8项。至年末，共办理各类行政审批服务事项68.2万件，提前办结率为99.9%，承诺件按期办结率100%。“3550”改革目标实现，即在全市范围内基本实现3个工作日内企业注册、5个工作日内获得不动产权证、50个工作日内取得工业生产建设项目施工许可证。7月，张家港市公共资源交易服务中心更名为苏州市公共资源交易中心张家港分中心，新增产权交易科和法律事务科。9月11日，苏州市公共资源交易中心张家港分中心成为江苏省CA证书和签章互认系统试点单位。年内，市公共资源交易中心完成工程招标和政府集中采购项目983项，交易金额51.89亿元，比预算价（标底价）减少10.64亿元，节减率17.02%。

【餐饮企业审批套餐式服务】 9月1日起，针对个体工商户营业执照、食品经营许可证、户外广告设置及开业前消防安全检查等多项行政审批，市行政审批局推行餐饮企业“一网申请、一窗受理、协同办理、证照同领”套餐服务。依托江苏省政务服务网统一门户，将原先4个大类7张申请表整合为1张表单，填报信息项由204个缩减至142个，审批提速80%，至年末，共对246家餐饮类项目进行联合行政指导服务。审批时间平均缩短12个工作日。

【建设项目容缺预审模式运行】 12月17日，市政府办公室印发《关于建设项目容缺审批的指导意见的通知》，市建设项目容缺预审的模式正式运行。按文件要求，针对建设项目用地供地未办理但土地取得主体相对确定的工业投资、服务业项目（房地产项目除外）和政府投资项目，经市容缺审批工作办公室（设在市行政审批局）认定后，各审批部门视同该主体已经取得土地，按实际审批要求受理申报材料主件，先期介入、先行辅导、先试审批，待项目用地完成供地手续并达到法定审批条件后，项目业主、实施主体在规定的期限内完善补齐有关材料。相关审批部门在15个工作日内出具正式的审批文件。容缺预审模式进一步完善了建设项目的服务体系，加快了建设项目的行政审批速度。

【业务流程规范化管理】 年内，市行政审批局围绕市场准入、投资建设、不动产登记3条审批链，对涉及28个部门的96个事项进行业务流程梳理，搭建从咨询、受理到现场核查、专家论证再到审核发证的审批端到端流程111条，汇总整理出6700余份流程文件，331部法律法规、573条细化法条、413个岗位、1184个角色、132个业务办理系统、2481份业务表单。严格控制管理事项标准，对包括事项名称、收费标准、系统名称、法律法规以及打印机型号、字体、字号等50个标准，与每个部门逐一进行对标核准，推动政务服务走上标准化、产品化、信息化的规模发展之路。

【“互联网+政务服务”建设】 9月5日，江苏政务服务网张家港旗舰店（http://szzjg.jszwfw.gov.cn/）上线运行，是苏州地区首家县级旗舰店。张家港旗舰店包括套餐服务、热点服务、公共服务、公共资源、网上预约5项功能，融合市人民政府网站、“12345”政务热线、公共资源交易等政务服务信息资源，统一对外展示具有张家港特色的政务服务。12月5日，市政务管理平台上线运行，实现统一事项管理、统一事项受理、协同并联审批、电子证照管理、电子监督检查等功能，并完成与省“政务一张网”（江苏省政务服务网）全面对接。依托该平台，市电子证照库共享平台基本建成，完成与苏州电子证照库、张家港市法人库的数据对接与共享，14万余条营业执照信息纳入电子证照共享库。市政府服务管理办公室通过全面推广“在线咨询、网上申请、网上审批、网端推送、快递送达”的办理模式，1433项政务服务事项实现“不见面”审批（服务），占全市1553项政务服务事项的92.27%。

【市、镇两级农村产权交易中心成立】 年内，苏州市公共资源交易中心张家港分中心牵头组建张家港市、镇两级农村产权交易中心，全面推进农村产权交易工作。8月，张家港市农村集体产权交易中心（苏州市产权交易分中心）成立。9月7日，首笔农村集体资产线上交易成功“落槌”。9月末，市、镇两级农村产权交易中心实现全覆盖。农村产权交易采取“六统一”管理模式，即统一监督管理、统一交易规则、统一信息发布、统一交易鉴证、统一收费标准、统一平台建设，交易范围涉及农村土地承包经营权，农村集体林地使用权、林木所有权和山林股权，水域、滩涂养殖权，农村集体经济组织成员股权，集体资产（不含土地）所有权和使用权，农业设施设备所有权和使用权，农产品及其期权，农业类知识产权，其他依法可以流转交易的农村集体产权。至年末，市农村产权交易挂牌数2701笔，挂牌金额3.19亿元，成交数2257笔，成交金额2.37亿元。年成交数、成交金额位居苏州县市第一。

（刘瑛超　柳桂娟）

港澳台侨事务

【侨务和港澳事务】 2017年，全市有归国华侨12人，海外华侨华人、侨眷、归国留学生1万余人，侨资企业350余家。侨界有市人大代表2人，市政协委员12人。市侨办接待华侨华人70余人，接待处理华侨华人、港澳同胞、归侨侨眷信访19件，涉及中高考加分、身份证办理、土地经济纠纷等多个方面，结案率100%，无涉侨上访事件发生。在春节、元宵、端午、中秋等传统节日，走访慰问华侨华人，困难、高龄、重病归侨侨眷，侨界重点人士等60余户。搜集高层次华侨人才、项目等信息200余条，提供给市人才办、保税区、经开区、冶金园和各镇人才项目载体。3月1日，配合市人大开展侨务工作调研。5月，牵线中晖纺织集团、其元集团赴非洲埃塞俄比亚东方工业园投资发展。6月1日,“凝侨心、聚侨力、护侨益”千名侨界人士看港城系列活动在市文化中心启动,全市200余名侨界人士、侨务工作者参加。6月,在保税区、经开区等相关区镇开展“重点侨界人士风采展巡展”活动,展示积极投身港城开发建设的重点侨界人士和回国创新创业人员,行业涉及太阳能、半导体、生物医药、电子信息、清洁能源、重工机械等方面。8月29日,配合省人大常委会侨法执法检查组开展《江苏省保护和促进香港澳门同胞投资条例》《江苏省保护和促进华侨投资条例》执法检查。9月28日,举办2017年“月是故乡明”张家市侨界人士中秋联谊会,邀请百余名侨界人士、侨务工作者参加。10月14日,“扬新杯”张家港市第六届侨界运动会在沙洲职业工学院体育馆举行,全市120余名侨界群众报名参加。12月,市侨办牵线澳大利亚《大洋时报》刊登专版宣传张家港保税区。年内,《乡情乡音》和《张家港之窗》两份电子月刊各编制12期。市侨办被评为江苏省侨办系统先进集体。

【台湾事务】 2017年,全市新批台资企业3家,注册台资306.19万美元。至年末,累计建办台资企业868家,注册台资31.58亿美元。年内,全市有24批132人次因公赴台考察、交流和培训。2月17日,市台办与台资企业协会举办张家港市台协会换届庆典暨2017年台商新春联谊酒会,各区镇及有关政府职能部门领导和300名台商参加活动,安固(张家港)橡胶工业有限公司董事长洪宗魁当选台协会第六届会长。5月17日至19日,10家电子信息企业和单位赴苏州电子信息博览会参展。11月7日至9日,顺德工业等3家台资企业赴南京参加大陆台资企业产品展销会。11月23日至26日,2017年海峡两岸(张家港)农业博览会在市体育馆举行。加强张台两地交往交流,市台办组织开展“百名台眷看港城”系列活动,全年邀请台湾新北市基层民代交流团等3批约100余名台商眷属及台胞到张家港参观考察。组织开展“张台青年企业家交流联谊会”及张台两地青年企业家赴常州、昆山等地考察学习活动,累计参加活动40余人次。

【台商和台企服务】 全年,市台办先后组织台商举办台资企业环保座谈会、台资企业税法专题讲座及台商环保安全与特种设备安全管理讲座3场台企专题讲座,累计参加培训台商120余人次。组织台商参加全市“宏观经济与供给侧改革”“品牌战略”等张家港企业家培训计划菜单式讲座,累计参加培训台商45人次。全年累计走访调研台企100余家次,及时了解掌握企业生产经营情况及存在困难,为有针对性地为台企服务提供依据。市台办组织安固橡胶、伸兴机电等5家台企负责人赴淮安、宿迁等地开展交流学习,提升台资企业创新发展能力。年内,市台办协调帮助台资企业处理合同、劳资、经济等矛盾纠纷和实际问题12件,为台商(含部分外商)协助办理居留许可及居留签注、停留延期、更换台胞证、就业证、驾驶证等50余份。

【中共十九大海外媒体代表团走进张家港】 10月26日至28日,中共十九大海外媒体代表团到张家港市宣传采访。中共十九大海外媒体代表团包括美国全美电视台、意大利《欧华联合时报》、德国《华商报》、瑞典《合作时报》等十余家海外华文媒体的记者11人。由瑞典华侨、中国特色社会主义事业促进总署常务副署长季特(张家港市塘桥镇人)召集,市侨办牵头组织。活动期间,代表团参观张家港市50周年成就展示馆,走访江苏银河电子股份有限公司、江苏索尔新能源科技股份有限公司、永联小镇、东渡苑、张家港协鑫集成科技有限公司、高新区产业园科技展厅等地,了解张家港市经济社会建设发展成果,招商引资、创业投资环境以及相关规划。采访结束后,《美国华网》《中葡经贸导报》等媒体以“文明张家港”为主题刊登文章。此次活动扩大了张家港市的国际知名度,进一步推动招商引资、招才引智力度,吸引欧美科技型企业到市投资。

【全市首家台企实现在内地上市】 10月11日,苏州金鸿顺汽车部件股份有限公司在上海证券交易所发行3200万股,成为张家港市首家在内地上市的台资企业。该企业位于经开区,2003年创立,主营汽车车身件、底盘件及相关模具的开发、生产与销售,与上汽大众、上汽通用、广汽菲克、东南汽车等长期合作,深度参与整车的开发环节,致力于新材料生产技术的研发,在新能源汽车领域与世界知名汽车厂同步开发了新能源汽车电池盒组件和铝合金冲焊件。

(徐　明　张燕红)

外 事 工 作

【概况】 2017年,张家港市因公出国(境)216人次。申办APEC商务旅行卡37张,累计申办433张。市外事办代理因私签证41批59人次,代发外籍人员邀请函216批342人次;受理并处置涉外事(案)件8起;组织3批15人分赴俄罗斯和波兰、日本和新加坡、美国和加拿大开展经济贸易、城市建设、环境治理、文化教育、科技人才、旅游等领域交流;接待外宾10批83人次,其中友城代表3批44人、其他7批39人。年内,围绕国家“一带一路”倡议,整合外事资源,张家港市先后与俄罗斯科斯特罗马市、美国马斯菲尔市和库比蒂诺市、加拿大万锦市等4个城市签署友好交流城市意向书或备忘录。至年末,张家港市有友好城市4个,友好交流城市7个,有荣誉市民45人、城市贵宾23人。

【与日本永平寺町友好交流20周年庆】 1990年12月30日,日本国福井县吉田郡松冈町派出以山口真为团长的青年代表团一行14人首次访问张家港。1993年7月,张家港市人大常委会副主任吉瑞庆率政府代表团一行5人回访松冈町。1997年8月,张家港市与松冈町签署建立友好交流关系协议书。2006年2月13日,松冈町与相邻的永平寺町及上志比村合并后改名为永平寺町。日本永平寺町位于福井县北部,面积94.34平方千米,总人口20654人。20余年中，两地先后组织互访交流30余次。2017年是中日邦交正常化45周年，也是张家港市与永平寺町建立友好交流关系20周年。11月3日，张家港市在东渡苑景区举办“中国张家港·日本永平寺町友好交流20周年庆”活动。永平寺町町长河合永充率政府议会团及日中民间友好访问团参加活动，张家港日资企业代表到会祝贺。活动中，张家港市向永平寺町赠送友好交流20周年纪念图册，双方一起种植了见证两地友谊的樱花树。（李　杰）

对口帮扶

【概况】 2017年，张家港市继续对口帮扶江苏省宿迁市宿豫区、贵州省沿河土家族自治县，对口支援重庆市云阳县、西藏自治区林周县、新疆维吾尔自治区巩留县，与陕西省子洲县、湖北省秭归县、陕西省汉阴县保持友好合作关系，与江西省井冈山市人武部开展“三联”（联学创新理论、联创先进组织、联建文明建设）活动，对口帮扶井冈山市古城镇。除省财政在张家港市统筹的援建资金（项目）外，全年对上述地区实施对口帮扶项目13项，提供援助资金1.2亿元（市财政出资2232万元，各区镇、机关企事业单位和个人对口援助1223.8万元）。其中，援助宿迁市宿豫区1930万元、重庆市云阳县39.6万元、贵州省沿河县431.2万元、江西省井冈山市古城镇235万元、西藏林周县40万元、新疆巩留县780万元。捐赠对口地区办公用品、教学设备、体育器材、学习用品等物资价值340万元。

【交流培训活动】 年内，张家港市与对口地区开展形式多样的交流活动。其中，张家港市领导出访的有：6月1日至2日，副市长王松石率队赴贵州沿河县对接东西部扶贫协作工作，确定年度帮扶计划；11月12日至15日，市委副书记、市长黄戟率党政代表团赴新疆巩留县交流对口援建工作，慰问在巩留工作的援疆干部、教师和医务工作者，代表张家港市向巩留捐赠150万元援疆资金和100万元援疆公益关爱基金；11月16日至18日，市委副书记、市长黄戟率党政代表团到贵州沿河县考察调研，与沿河县委副书记、县长何支刚分别代表双方政府签署《张家港市—沿河自治县东西部扶贫协作对口帮扶合作框架协议》，成立张家港爱心助学帮困基金，首期到账资金100万元。12月5日，市委书记朱立凡率党政代表团到宿迁市宿豫区参加“张家港市—宿豫区南北挂钩合作座谈会”，调研考察对口帮扶、经济转型升级、开发区建设等工作。对口地区领导到访的有：5月15至16日，宿豫区委书记、宿迁高新区党工委书记刘海红，宿豫区委副书记、区长刘士武率党政代表团到访，市委副书记、市长黄戟与宿豫区委副书记、区长刘士武分别代表双方政府签订《张家港市—宿豫区2017年度南北挂钩合作协议》。8月4日至7日，新疆巩留县委书记唐晓荣率党政代表团到市参加“港城巩留一家亲、同奔小康心连心”爱心援疆活动部署会、巩留县投资说明暨旅游推介会，为“巩留驻张家港市投资促进中心招商联络处”揭牌，举办巩留（张家港）活动周“和美巩留”综合展，签订“港城千人游巩留”等合作协议；11月1日，新疆伊犁州党委副书记、组织部部长石岗，苏州市委常委、组织部部长陆新到张家港市参加新疆伊犁州村（社区）党组织书记苏州培训开班仪式，市委组织部与巩留县委组织部举行“连心共建”签约仪式。11月27日至30日，贵州沿河县政协主席刘明军率考察团到市参加首届暨阳湖产业资本投资峰会暨第三届港城合伙人论坛。12月14日至17日，贵州沿河县委副书记、县长何支刚率党政代表团到市考察，双方举行党政联席会议，签订产销对接合作等帮扶协议。年内，新疆维吾尔自治区伊犁哈萨克自治州巩留县、贵州省沿河土家族自治县、江苏省宿迁市宿豫区选派39名干部到张家港市经开区、经信委、教育局、卫生局、公安局等单位挂职学习。市委组织部、市委党校、教育和卫生系统等为对口地区举办各类培训班25期，培训干部人才652人次。

【张家港宿豫工业园区建设】 2017年，张家港宿豫工业园实现业务总收入28.6亿元，其中工业产品销售收入8.38亿元，财政总收入1.37亿元，出口总额2300万美元。年内新开工华晖实业、金拓金械、华虹二期等5个1亿元以上项目，当年竣工2个，新增固定资产投资2.5亿元。园区基础设施建设方面，区域东至杨舍路、北至泰山河、西至张家港大道、南至宿泗路完成开发，面积2.2平方千米，道路、供排水管道、通信、亮化、绿化、供热、供气、供电等配套到位，日处理3万吨污水处理厂投入使用。5月，共建园区获评江苏省共建园区先进单位，在江苏省苏北发展协调小组办公室对全省45个共建园区的年度考核评比中列第6名，列县（区）级共建园区第3名。至年末，宿豫工业园入园张家港企业3家，注册资本1.6亿元，张家港市政府累计投入资金1.65亿元。

【援藏援疆工作】 张家港与新疆巩留县、西藏林周县继续在业务、人才、项目、技术等方面开展全方位合作，2017年共上缴省财政投入援藏援疆资金9354万元，其中援藏1560万元、援疆7794万元。根据新一轮援疆工作总体要求，张家港市选派22名干部、教师、医生赴巩留县工作。其中，副市长邵军民、副处级干部马春青分别担任巩留县委副书记和巩留县副县长。年初，市财政安排援疆资金实施总投资4.1亿元的21个援疆项目，10个非基建类项目年内按期完成，11个基建类项目中，城北九年一贯制学校、第二小学、第一双语幼儿园、安居富民工程（1353户）、定居兴牧工程（274户）、标准化警务室（4所）等6个民生和社会事业类项目年内竣工交付，其余按计划推进。全市800名爱心人士联合巩留800名党员干部提供资金325万元实施“1+1帮1”精准帮扶巩留800户贫困户，安排援疆资金417万元培训当地干部人才5600余人次，安排150万元援疆资金开展“十大激励关爱行动”（激励表彰“身边好人”及“美德少年”、百名民族团结模范先进个人、百名优秀双语教师、百名老党员、百名优秀机关干部、百名优秀政法干警、百佳巾帼、百名先进医务人员、百名优秀“访惠聚”驻村干部、百名环卫工人)和“五大慰问关爱行动”(慰问百名困难学生、百名孤寡老人、百户贫困家庭、百名贫困群众、百名残疾儿童等弱势群体)。张家港市各部门援助455万元支持巩留县社会事业发展,市残联等单位捐助残疾人轮椅车、电脑等物资价值19万元。组织4082人次参加“张家港人游伊犁(巩留)”活动,5万游客体验了在张家港市举办的“新疆巩留风情节”。巩留县派出13批317名干部人才到张家港培训,张家港市27个单位赴巩留对口交流,7批50名人才入驻巩留农林、旅游等15个部门开展援建。抓好高效经济作物油芍的推广,至年末在巩留种植规模121.87公顷,规划培育全疆首个500公顷油芍种植基地进而打造生态农业田园综合体;实施1.4万平方米城北中小微企业创业园标准化厂房和5家民生坊建设;帮助设立3个巩留驻张家港招商联络处,引导富芍生物科技等3个投资项目落户巩留,总投资1.5亿元;设立巩留农产品张家港公共仓,通过“线下+线上”和“B2B2C”平台等购销合作帮助巩留县增加农产品销售200万元。

【贵州沿河对口帮扶】 贵州沿河土家族自治县为贵州省铜仁市唯一的深度贫困县,张家港市对口帮扶沿河县作为苏州市对口帮扶铜仁市的重要组成部分,于2017年纳入国家东西部扶贫协作考核(根据上级传达国务院考核工作组对东部13个城市2017年考核结果,苏州市位列第一方阵)。年内,张家港市与沿河县签订《东西部扶贫协作对口帮扶合作框架协议》等各层面对口帮扶协议53份,修编《张家港市对口帮扶沿河县工作“十三五”规划》,开展人才支援、劳务协作、产业合作等全方位精准扶贫工作,实施市、镇、村、园区、企业“五位一体”携手奔小康结对帮扶新模式,在全省率先实现乡镇结对双向“全覆盖”,10个区镇与沿河县22个乡镇街道结对帮建,张家港保税区、张家港经济技术开发区、江苏扬子江国际冶金工业园与沿河县省级开发区结对共建,8个行政村、4家国有企业与沿河自治县12个深度贫困村结对帮扶。张家港市援建沿河县淇滩镇铜鼓村肉牛养殖小区项目、艾坝村金梅枣种植项目,吸纳劳动力就业并建立利益联结机制,覆盖贫困人口177人。引导张家港企业赴沿河县投资甘溪镇黄蜀葵和蔬菜基地建设项目,金手指旅游发展有限公司、市人力资源开发有限公司沿河分公司、市电视广告有限公司沿河分公司累计投资700余万元,吸纳贫困劳动力62人。全市选派25名专业人才赴沿河开展支医支教支农工作。全年赴沿河县举办3场招聘会,提供2500条就业岗位信息,登记就业意向150人,其中建档立卡贫困户70户。同时,张家港市经信委、商务局、供销总社、工商联等单位与沿河县开展部门对口帮扶。

【井冈山古城镇对口帮扶】 2015年至2017年,张家港市响应习近平总书记“支持革命老区建设”的指示,落实原南京军区“三联”(联学创新理论、联创先进组织、联建文明建设)活动要求,由市人武部牵头,市委、市政府出资,张家港市和井冈山市古城镇开展为期3年的对口扶贫工作。3年中,张家港市先后投入资金1300余万元,对古城镇“基础设施、产业扶持、两地交流”等方面开展对口扶贫。其间,市委、市政府领导先后多次远赴井冈山市古城镇现场调研指导扶贫工作,完成对口扶贫工作。

(谢　兵)

机关事务管理

【概况】 2017年,市机关事务管理中心履行后勤服务保障职能,为市级机关创造良好办公条件和工作环境。先后完成市“两会”、全国创建文明城市工作经验交流会、江苏省文明创建工作培训班、2017年中国(张家港)长江文化艺术节等各类活动、会议的会务和后勤保障。全年提供会议服务1450余场(电视电话会议68场),用车服务安全行驶60万千米。5个机关集中办公区提供设备设施维修700余次,分发报刊200余万份,收发信件4.8万封、包裹9万只,5个机关食堂每天就餐人数超过2200人。开展全市党政机关办公用房清理“回头看”,完成89个单位1140间办公用房测量,登记使用面积2.6万平方米。做好“263”专项行动小组、人大工作研究会、人大老区开发促进会等办公用房维修改造和相关设施设备采购。完成市老年活动中心城南分中心、市文广新局评弹团、市国土局、市公共资源交易中心、市金融办、保税区市场监管局、金港交管所等单位办公用房的调配。

【公共机构节能工作】 2017年,市机关事务管理中心做好全市417个单位的能耗统计。稳步实施既有建筑绿色节能改造,对机关事务管理中心、机关食堂、原教育局办公楼、沙洲宾馆及港城大厦照明系统进行整体改造,全年换装LED灯具4万余只,节约用电156万千瓦小时,减少财政资金支出130万元。同时,指导经开区(杨舍镇)、市检察院、张家港海事局等单位安装分布式光伏发电站。强化监督考核和推进能耗定额管理,分级修订市级机关、区镇《公共机构节能绩效考核监测细则》。启动第三批国家级、第四批省级节能示范单位创建。完成市教育局、市法院、市国税局、张家港软件动漫产业园管理委员会、市机关幼儿园等5家江苏省级节水型单位创建。

【公务用车管理】 2017年,全市公务用车智能化管理服务平台正式启动,588辆保留车辆的基础信息导入平台,其中包括车辆类型、车牌号、发动机编号、产权部门等21类信息。500辆公务车安装载GPS定位装置,177辆保留用车进行标识喷涂。及时更新购置公务用车30辆。严格审核公务交通补贴,累计审批42个部门222名公务员(含参公人员)的公务交通补贴的发放及调整。　(汤　惠)

【编辑　景力颖】

张家港市政协

Zhangjiagang Municipal Committee of the CPPCC

市政协民主评议市市场监管局动员会　（市政协办　提供）

政协会议

协商议政

民主监督

張家港年鑑(2018)

政协会议

【市政协十二届一次会议】 1月5日至8日在市馨苑度假村会议中心举行。应出席委员335人，实到326人。会议审议通过市政协主席单玉珍代表常务委员会所作的常委会工作报告和副主席景惠新代表常务委员会所作的提案工作情况的报告。与会委员列席市十四届人大一次会议，听取并讨论市政府工作报告和其他报告。会议通过无记名投票方式，选举产生市十二届政协主席、副主席、秘书长和常务委员。黄雪元当选为市十二届政协主席，景惠新、刘会苏、丁学东、周兵当选为市十二届政协副主席，陈飞当选为市十二届政协秘书长，王春松等61人当选为市十二届政协常务委员。会议收到提案361件，立案278件。

【市十二届政协常委会议】 2017年，市十二届政协举行5次常委会议。

第一次会议 2月7日召开。审议通过市政协有关人事任免事项，通过市十二届政协常委会关于设置专门委员会的决定（草案），通过市十二届政协副秘书长、办公室（委员服务联络工作办公室）及各专门委员会主任、副主任名单（草案），通过《政协张家港市第十二届委员会常务委员会2017年度工作要点（草案）》，通过关于建立市十二届政协法律顾问团有关事项。

第二次会议 5月24日召开。审议通过市政协有关人事任免事项，审议通过市政协常委会工作规则等规章制度，协商加快健康产业发展工作。

第三次会议 8月14日召开。审议通过市政协有关人事任免事项，传达市委十一届四次全会精神，听取市政府关于全市上半年经济社会发展及提案办理工作情况通报，协商推进突发环境事件应急体系建设工作。

第四次会议 11月16日召开。审议通过市政协有关人事任免事项，传达学习中共十九大精神，审议通过《市政协“委员互助基金”管理办法（草案）》《市政协“委员知情明政直通车”制度（草案）》，协商“深化河长制改革，提升水环境质量”工作。

第五次会议 12月20日召开。审议通过市政协有关人事任免事项，表彰市政协十二届一次会议优秀提案和提案承办先进单位，听取市政府关于全市经济社会发展及政协提案办理情况的通报，审议通过市政协常委会工作报告（草案）、提案工作报告（草案），审议通过《关于召开市政协十二届二次会议的决定（草案）》，审议通过市政协十二届二次会议有关事项。

【市十二届政协主席会议】 2017年，市十二届政协举行主席会议11次。

第一次会议 2月6日召开。审议通过市十二届政协主席、副主席、党组成员、秘书长工作分工（草案），协商讨论市十二届政协常委会关于设置专门委员会的决定（草案），协商讨论市十二届政协副秘书长、办公室（委员服务联络工作办公室）及各专门委员会主任、副主任名单（草案），研究讨论市十二届政协各专门委员会组成人员建议名单，研究讨论市十二届政协各系统联系组组长名单，协商讨论《政协张家港市第十二届委员会常务委员会2017年度工作要点（草案）》，审议通过市政协十二届一次常委（扩大）会议议程（草案），听取关于建立市十二届政协法律顾问团有关事项的说明，传达市委常委会上书记朱立凡讲话精神。

第二次会议 3月17日召开。听取市政协十二届一次会议提案审查情况通报，研究讨论市政协主席分工督办重点提案和带案调研视察等事项，组织开展集体学习活动。

第三次会议 5月4日召开。研究讨论市政协主席会议、常委会议工作规则等修订事项，研究讨论市政协委员集中培训工作方案，听取市政协办公室及各专委会月度工作交流，研究市政协“六个一”基层走访调研推进工作。

第四次会议 5月23日召开。协商促进科技创新，加快人工智能、大数据、云计算应用工作，协商讨论《关于加快大健康产业发展工作的调研报告》，审议通过市政协十二届二次常委（扩大）会议议程（草案）。

第五次会议 6月2日召开。协商加快乡村休闲旅游发展工作，听取市政协办公室及各专委会月度工作交流，传达贯彻市有关会议精神，部署机关作风建设相关工作。

第六次会议 7月28日召开。协商讨论《关于突发环境事件应急体系建设工作的调研报告》，审议通过市政协十二届三次常委（扩大）会议议程（草案）。

第七次会议 8月28日召开。督办市政协30号提案《关于进一步壮大村级经济发展的建议》，研究讨论民主评议市市场监督管理局工作方案，听取市政协办公室及各专委会月度工作交流，研究讨论市政协系统联系组组长调整事项。

第八次会议 9月30日召开。听取市政协民主评议各工作组调研情况汇报，研究讨论《关于对市市场监管局的民主评议意见》，审议市政协工作制度及政协委员互助基金管理办法等事项，传达学习贯彻省委常委会专题研究苏州市工作会议精神，听取市政协办公室及各专委会月度工作交流。

第九次会议 10月30日召开。协商讨论《河长制及水环境治理调研报告》，审议通过市政协“委员联系村

市政协十二届一次会议 （市政协办 提供）

(社区)"试点工作方案,审议通过市政协十二届四次常委(扩大)会议议程(草案),研究讨论市政协十二届二次会议筹备方案,听取市政协办公室及各专委会月度工作交流。

第十次会议　11月29日召开。宣讲中共十九大精神,传达贯彻全市整改落实省委巡视反馈意见专题会议精神,研究讨论市政协系统联系组组长调整事项,听取市政协办公室及各专委会关于2017年工作总结及2018年工作计划汇报。

第十一次会议　12月13日召开。听取各筹备工作组关于市政协十二届二次会议筹备工作情况汇报,审议市政协常委会工作报告(讨论稿)和提案工作报告(讨论稿),审议市政协十二届二次会议议程(草案)、日程(草案)及有关事项,审议通过《关于评选表彰2017年度优秀提案和提案承办先进单位的建议方案》,审议通过市政协十二届五次常委(扩大)会议议程(草案)。

【换届工作】 市政协党组积极配合市委统战部和市委组织部做好政协委员的调整、推荐工作。经市委常委会审核提名、政协常委会议协商通过,市十二届政协委员为335人。其中,中共委员124人,占37%;党外委员211人,占63%;女委员92人,占27.4%,均符合上级规定。在市十二届政协委员中,新委员139人,占41.5%;具有大专以上文化程度的319人,占95.2%,其中博士、硕士研究生61人。市十二届政协共设21个界别,其中中共17人、民盟12人、农工党12人、工商联16人、无党派人士8人、总工会8人、共青团(青联)6人、妇联9人、科协8人、文艺新闻界9人、科技界16人、经济界49人、农业和农村界14人、教育界18人、体育界5人、医卫界24人、侨联界12人、民族宗教界8人、社会福利和社会保障界18人、社会科学界11人、特邀人士55人。

2017年张家港市政协人事任免情况表

表6

时　间	会　议	任　免　情　况
2月7日	市政协十二届一次常委会议	任命陈飞为市政协办公室主任、委员服务联络工作办公室主任,陈丽、周小军、蔡克荣为市政协副秘书长、办公室副主任,王舒凤为市政协办公室副主任,潘雪平为市政协提案委员会主任,朱文焰为市政协提案委员会副主任,李笑梅为市政协经济科技委员会主任,叶锋为市政协经济科技委员会副主任,张卫中为市政协社会事业委员会主任,朱育才为市政协社会事业委员会副主任,王春松为市政协城乡建设委员会主任,张曲为市政协城乡建设委员会副主任,姜志芳为市政协港澳台侨(民族宗教)委员会主任,张亚萍为市政协港澳台侨(民族宗教)委员会副主任,许峰为市政协文史委员会主任,钱新棣为市政协文史委员会副主任,樊建兵、陈刚兼任市政协提案委员会副主任,解志荣、庞建阳、孙利婵、曹鹰飞、卜家怡、张毅兼任市政协经济科技委员会副主任,何俊、赵剑锋、王建东、孙建忠、张金珠兼任市政协社会事业委员会副主任,李建华、秦国平兼任市政协城乡建设委员会副主任,刘俭、薛平、谢正国、卢惠兴、赵志刚、姜嵘兼任市政协港澳台侨(民族宗教)委员会副主任,高卫平、汪丽菁兼任市政协文史委员会副主任;免去周新华市政协办公室主任、委员服务联络工作办公室主任职务,免去李爱平市政协提案委员会主任职务,免去刘品贤市政协副秘书长、提案委员会副主任职务,免去陈奉德市政协经济科技委员会主任职务,免去陈国平市政协经济科技委员会副主任职务,免去王正华市政协城乡建设委员会主任职务,免去蒋卫忠市政协城乡建设委员会副主任职务,免去梁一红市政协港澳台侨(民族宗教)委员会主任职务,免去张金静兼任的市政协经济科技委员会副主任职务
5月24日	市政协十二届二次常委会议	任命陈勇为市政协文史委员会副主任,高翔兼任市政协南丰镇工作委员会主任,赵瑜兼任市政协大新镇工作委员会主任;免去钱新棣市政协文史委员会副主任职务,免去袁政国兼任的市政协南丰镇工作委员会主任职务,免去沙立平兼任的市政协大新镇工作委员会主任职务,免去张毅兼任的市政协经济科技委员会副主任职务
8月14日	市政协十二届三次常委会议	任命吴彦刚兼任市政协经济科技委员会副主任,魏新阳兼任市政协凤凰镇工作委员会副主任;免去曹鹰飞兼任的市政协经济科技委员会副主任职务,免去王苏嘉兼任的市政协凤凰镇工作委员会副主任职务,免去高翔兼任的市政协南丰镇工作委员会主任职务
11月16日	市政协十二届四次常委会议	任命张雅红为市政协社会事业委员会副主任,张进兼任市政协经济科技委员会副主任,黄卫星兼任市政协社会事业委员会副主任,樊建兵兼任市政协港澳台侨(民族宗教)委员会副主任,邱晶嘉兼任市政协锦丰镇工作委员会主任,陈晓英兼任市政协南丰镇工作委员会主任;免去樊建兵兼任的市政协提案委员会副主任职务,免去张金珠兼任的市政协社会事业委员会副主任职务,免去刘俭兼任的市政协港澳台侨(民族宗教)委员会副主任职务,免去张莉莎兼任的市政协杨舍镇工作委员会主任职务,免去丁正红兼任的市政协锦丰镇工作委员会主任职务
12月20日	市政协十二届五次常委会议	任命闵振宇兼任市政协提案委员会副主任,王希兼任市政协金港镇工作委员会主任;免去丁峰兼任的市政协金港镇工作委员会主任职务

协商议政

【概况】 2017年年初，市十二届政协有委员335人。有19人由于工作变动等原因，不再担任该届政协委员。根据《中国人民政治协商会议章程》规定，经市政协十二届二次、三次、四次、五次常委（扩大）会议审议通过，调整增补政协委员18人。至年末，市十二届政协有委员334人。其中，界别分布为中共16人、民盟12人、农工党12人、工商联16人、无党派人士8人、总工会8人、共青团（青联）6人、妇联9人、科协8人、文艺新闻界9人、科技界16人、经济界50人、农业和农村界14人、教育界18人、体育界5人、医卫界24人、侨联界11人、民族宗教界8人、社会福利和社会保障界19人、社会科学界11人、特邀人士54人。市政协组织召开各类协商议政会议6次。其中，市政协常委会议分别就加快健康产业发展、推进突发环境事件应急体系建设、“深化河长制改革，提升水环境质量”、经济社会发展及提案办理等议题，市政协主席会议分别就“促进科技创新，加快人工智能、大数据、云计算应用”“加快乡村休闲旅游发展”等议题，与市政府及有关部门进行协商，形成专题调研报告6篇，提出各类意见建议80余条，专委会开展对口协商通报活动12次。

【科技创新“ABC”协商】 5月，市政协召开主席会议，协商促进全市科技创新，加快人工智能（AI）、大数据（Big Data）和云计算（Cloud Computing）（简称ABC）应用工作。会议结合全市传统产业结构偏重，发展“ABC”产业不现实也不具备优势的实际情况，重点围绕“ABC”融合应用于已有产业、抢占转型升级制高点的现状与前景进行讨论，提出做好“云计算、智能制造、大数据”与产业融合的顶层设计规划，出台与已有产业发展规划相衔接、与传统产业智能转型相融合的“云智数一体计划”；设立大数据管理机构，聘请大数据领域专业人才，实现大数据统一、规范、标准化的监督管理，实现多领域数据的交融流通，促进跨行业跨领域数据价值的发现与应用；打造面向全市企业的“张家港工业云平台”，让企业共享最新技术、最新资源、最先进生产设备，同时建设“企业云平台”，推动企业由传统生产营销型企业向基于云平台的平台型企业转变；设立“ABC”产业基金，并与产业资本、金融机构等进行项目协同投资，带动社会投资总规模，加大对经开区智能制造产业招商、人工智能产业发展和保税区港口产业大数据建设的扶持力度，进一步强化智能制造产业集聚。

【健康产业协商】 5月，市政协召开常委会议，就加快健康产业发展工作进行协商，形成《关于加快推进我市健康产业发展若干问题的调研报告》。调研报告针对全市健康产业中医养融合型服务业初起步、医药医疗器械产业总体规模较小、体育健身休闲旅游产业影响力不够等问题，提出要围绕“对养老服务供给主体降门槛、减负担、增激励、给支持”的总体要求，切实强化政府主导，持续增加财政投入，积极引导支持兴办多层次、多元化的养老服务机构，形成政府主导、部门联动、社会协同的医养融合型养老服务工作推进机制；创优发展环境，引导和促进生物医药和医疗器械产业健康有序发展，科学利用、整合市镇两级载体资源，构筑资源集约型、功能叠加型的健康产业园区；培育壮大体育产业集聚区，探索多元化的投入机制和运营模式，打造健康休闲旅游新业态、新亮点，加快推进体育健身、休闲旅游业提档升级；加强规划引领，组织编制健康产业发展总体规划和专项规划，各部门统筹协调，推进健康产业发展的重点工作和政策措施落地见效，加强招商引智，构建以企业为主体、高校和科研院所广泛参与的产学研合作机制。

【乡村旅游协商】 6月，市政协召开主席会议，协商全市乡村旅游发展工作。会议围绕乡村旅游体量规模偏小、业态结构单一、政策扶持缺乏、部门协作合力不足、经营团队人才匮乏等问题进行讨论，提出要坚持“先策划、后规划、再建设”的要求，根据全市的资源条件、区位交通、人文历史等因素综合考量，尽可能科学、合理地制定发展规划与实施步骤，引领全市乡村旅游向集约化、生态化和品质化、个性化方向发展；突出建设重点，集中资源打造旅游一流项目，立足江南水网密布的优势，借力长江文化艺术节举办地，吸引全国各省建办最具特色的文化展示园，分布于一干河到双山岛一线，再用邮轮的形式游览长江流域的代表性文化特色；发挥市旅游委员会的协调指导作用，健全和完善运作机制，统筹相关部门，合力推动乡村旅游发展，进一步完善旅游发展激励政策，对重点项目在用地指标、税收收缴、融资信贷、人才引进等方面给予一定的倾斜；将发展乡村旅游与美丽乡村建设等紧密结合起来，加强道路、通信、停车场等基础设施新建、改建力度，加强环境整治，做好乡村旅游点房屋改造和环境绿化美化；落实相关政策，不断吸引旅游专业高端人才，旅游部门推动乡村旅游院企之间、企业之间的合作，搭建数字化平台，运用互联网等现代信息技术拓宽乡村旅游销售渠道，增强乡村旅游的认可度、知名度。

【突发环境事件应急体系建设协商】 8月，市政协召开常委会议，就推进突发环境事件应急体系建设工作进行协商，形成《关于我市突发环境事件应急体系建设情况的调研报告》。调研报告针对环境应急管理体制不完善、指挥平台缺乏联动、环境应急保障能力不强、企业主体责任不明确等问题，提出要完善体制，按照“统一领导、分类管理、分级负责、属地管理为主”的环境应急管理体制要求，进一步加强对突发环境事件应急管理工作的组织领导；整合环保、公安、安监等部门应急平台和已有资源，实现市镇、部门数据对接、共享互通，构建全市纵横一体的环境应急综合指挥平台，同时加快基层环境应急指挥系统建设，使区镇、企业逐步形成统一高效的数字化、信息化监管网络；市政府要把环境应急管理工作纳入到全市大应急管理工作当中，同规划、同部署、同落实，充分整合利用已有的专业系统资源，最大限度地提升环境应急保障水平；通过严格企业应急预案编制监管，增强企业环境风险排查整治力度，加强企业应急保障能力建设，提高企业应急演练水平，夯实企业环境应急管理主体责任。

【深化河长制改革协商】 11月，市政协召开常委会议，就“深化河长制改革，提升水环境质量”进行研究协商，形成调研报告《走出河长治河的张家港之路——关于“深化河长制改革，提升水环境质量”的十条建议》。调研报告针对基层河长缺乏资源、配套设施缺乏保障、工作考核缺乏力度等事关治河成效的主要矛盾，从3个层面提出深化河长制改革的10条建议。在改革试点层面，运用市场化手段，降低治河的制度成本，在“两个试点、一个产业”上取得突破。第一条建议，试点组建区镇河道治理投资公司，最大限度筹集治理资金。第二条建议，试点河长购买水质达标服务与监管服务，最大限度突破行政手段限制。第三条建议，发展河道治理相关产业，最大限度保障河道治理相关服务的当地化、优质化；在市级统筹层面，运用科学化手段，降低治河的技术成本，通过智力支持、典型示范、政策突破等手段，以改革统筹提升治河效能。第四条建议，探索建立河长智库，为河长提供专业化指导。第五条建议，探索微成本治理，做出改观迅速的亮点。第六条建议，探索区域式污水处理，降低污水处理成本。第七条建议，探索简易拆违程序，突破涉河拆违的难点；在考核管理层面，调动社会化力量，夯实治河的全民责任。第八条建议，运用多种手段，加强对河长的监督考核。第九条建议，加强村企共治，构建生态利益共同体。第十条建议，志愿公益，发挥好文明创建力量。

民主监督

【概况】 市政协十二届一次会议期间，共收到提案361件，其中集体提案98件、个人提案263件。经审查，立案278件，其中经济科技类54件、城乡建设类98件、社会事业类115件、其他类11件。市政协将民生类提案督办落实，放在提案工作的首要位置，在认真抓好提案审查、交办、办理等关键环节的基础上，安排《关于保障职业学校实习实训设施设备及时更新的建议》《关于在市区增设公交车专用道的建议》《关于加强食用农产品质量监管，保障舌尖上安全的建议》《关于建设美丽乡村，治理农村环境污染的建议》《关于加大垃圾分类收集处理推进力度的建议》《关于进一步加强医联体建设，推进张家港市分级诊疗的建议》《关于加大困难户统筹救助的几点建议》《关于提高我市老年大学教学覆盖面的建议》等8件社会关注度高的民生提案作为市政府、市政协领导领办督办的重点提案，通过示范引领、以点带面，提升提案工作的水平和实效。提案反映的壮大村级集体经济、加快特色小镇培育建设、加强食用农产品质量安全监管等一批重点工作，得到市政府和相关部门的积极推进和落实。年内，市政协试运行提案工作系统和委员履职管理系统，开通张家港政协微信公众号，推送各类活动信息70余条，努力使政协工作适应“互联网+”时代要求。发挥政协网站、短信平台和委员QQ群的优势，加强与委员间的工作互动交流。组织在张家港市的苏州市政协委员开展异地视察活动。成立市十二届政协法律顾问团，设立政协委员互助基金，为全体委员征订《人民政协报》，按期寄发《苏州政协》《张家港政协会报》等刊物资料，为委员履职提供必要支持。市政协始终坚持弘扬团结和民主主题，重视发挥各党派团体的重要作用，政协领导班子成员带头走访党派团体代表人士，增进合作共事感情，坚持以课题为纽带，积极为各党派团体成员参加政协调研视察活动创造条件，使政协组织成为各党派团体合作共事、参政议政的重要平台。重视发挥港澳台侨、民族宗教界人士的作用，组织委员视察全市台资企业，专门听取外事和侨务相关工作情况通报，关心少数民族群众生产生活，组织医卫界委员送医下乡。发挥文史工作的存史资政作用，选聘文字功底较强的社会热心人士，担任新一届政协文史研究员，每季度召开文史工作座谈会研讨文史工作，全年征集文史资料12万字，编撰出版《港城老手艺》，与市委史志办合作编纂《张家港史志》（张家港文史资料第37辑）。全年组织开展专题视察通报活动22次，提出各类合理化意见建议80余条，推动相关部门更好地开展职能工作。

张家港市政协十二届一次会议优秀提案一览表

表7

提案单位（人）	案　　由	承办单位
民盟市委	关于加快我市特色小镇培育与建设的建议	市政府
农工党市委、政协金港镇工委	关于进一步壮大村级经济发展的建议	市委农工办、市农委
民建市基层委员会	关于以科技创新助推我市中小企业发展的建议	市科技局、市经信委、市金融办
政协杨舍镇工委	关于加强电力电子产业发展的几点建议	经开区（杨舍镇）
市无党派人士联谊会	关于加大垃圾分类收集处理推进力度的建议	市城管局
农工党市委	关于进一步加强医联体建设，推进张家港市分级诊疗的建议	市卫计委

续表7

提案单位（人）	案　由	承办单位
民革市基层委员会	关于加大困难户统筹救助的几点建议	市民政局
九三学社市基层委员会	关于加强我市危险化学品储罐安全监管的建议	市政府
民盟市委	关于提高我市老年大学教学覆盖面的建议	市教育局
市工商联	关于对我市城市住宅开展和实施住宅适老化改造的建议	市住建局、市民政局、市房管中心
政协金港镇工委	关于加快推进有机废气治理的建议	市环保局、市经信委、市公安局、市市场监管局
政协锦丰镇工委	关于创新乡村旅游发展模式，打造国际童话特色小镇的建议	市旅游局、市发改委
政协塘桥镇工委	关于加强我市区镇城市管理综合执法能力的建议	市城管局
政协凤凰镇工委	关于进一步发挥“贝贝品牌”优势，推进“足球小镇”建设的建议	凤凰镇、市发改委
政协乐余镇工委	关于推进我市新能源汽车产业发展的建议	市经信委、市发改委、市交通局
政协南丰镇工委	关于加强文化引领，提升美丽村庄品质内涵的建议	市城乡环境卫生指导中心
政协大新镇工委	关于进一步加快传统中小企业转型升级的建议	市经信委
政协常阴沙工委	关于加快推进我市农民专业合作社电子商务发展的建议	市农委、市农工办、市商务局
张愫阳	关于打造我市长江沿线旅游带的建议	市旅游局、市文广新局、市环保局、市港口局
李兴华	关于法院为企业发展保驾护航的建议	市法院
张　骏	关于加强晨丰公路建设、管理的建议	市交通局、市城管局、市粮食局
钱建伟	关于打通生命最后一米线，确保小区消防安全的建议	市消防大队、市房管中心
姚敏芳	关于推进我市“静脉产业园”建设的建议	市城管局

【“知情明政直通车”开通】 年内，为增强委员议政建言的针对性，搭建委员与职能部门间的“零距离”沟通平台，市政协创新推出“委员知情明政直通车”活动。围绕全市的重点工作和委员关注的热点问题，分别以“转型升级‘1+3’行动计划”“因病致贫、精准帮扶”“教育均衡化及深化医改”为主题，举办三期“直通车”活动。邀请市发改、经信、科技、人才、民政、人社、教育、卫计等部门，为委员作专项情况通报，解读全市的重要政策和重大行动计划。先后有80余人次参加“直通车”活动，委员参政议政的精准性得到进一步提升。

【委员履职领域拓宽】 年内，市政协在乐余、南丰两镇试点开展“委员联村（社区）”活动，鼓励委员勤下基层，多走一线，发挥作用。邀请界别委员参加市政协协商议政、视察调研等活动，鼓励委员发挥专长，履职建言，献计献策。组织全体委员分3批赴延安干部培训学院接受培训，召开政协委员赴延安培训总结暨作风建设会议。围绕打造“懂政协、会协商、善议政”的委员队伍目标，邀请省政协专家为全体委员讲授政协履职知识，提高委员对政治协商制度和政协工作的认识。引导委员将建言立论与承担社会责任相结合，并积极参与社会公益事业，2017年市政协委员捐助款物600余万元，一批困难群众从中受益。

【社情民意信息收集52条】 7月，市政协组织开展社情民意收集活动，充分发挥政协联系广泛、渠道畅通的优势，广泛动员政协系统委员参与活动，共收集社情民意信息52条。其中，经济类2条、文化类7条、社会事业类8条、民生类31条、生态文明类4条，经筛选向市委、市政府报送8条重要信息，内容涉及城北科教新城购物中心打造、农村疾病预防、中小学校普通教室光环境提质改造、推进全市旅游资源开发，做大做强旅游产业规模、加强政府网络信息平台建设、步行街东头街景改造、南新村部分河道污染、妇保所停车难等方面。对市政协反映的社情民意，市委、市政府主要领导十分重视，作了专门批示。市政府和各相关部门迅速研究落实，在两个月内将办理情况书面通报市政协。至年末，社情民意反映的问题已得到不同程度的解决，其他建议也落实到工作方案结合实际推进实施。

【市场监管工作评议】 8月下旬至10月中旬，市政协组织开展对市市场监督管理局的民主评议活动。先后召开各层面座谈会11个，发放调查问卷200余份，广泛听取社会各界的意见建议，并召开主席会议进行协商，形成对市场监管局的民主评议意见。在充分肯定市场监管部门成绩的基础上，针对“三合一”机构改革后管理机制、队伍建设、监管效能等方面存在的问题，提出提高事中事后监管水平、建立统一信息化平台、加快形成科学合理的监管体系等建议，对促进市场监管部门改进工作、提升监管水平，起到积极助推作用。

2017年张家港市政协委员反映的重点社情民意信息解决情况表

表8

反映信息	解决情况
关于在城北科教新城打造购物中心的建议	重点完善社区商业配套,随着高新区管委会成立,市规划局将加强对高新区规划指导,进一步完善社区商业布局,同时,在土地出让阶段,在规划条件中明确对住宅小区商业服务设施的配建面积,满足居民需求;适时推进购物中心建设,市规划局在前期规划编制时,规划在一干河东路东侧预留商业商务用地,后期购物中心建设与否需要交由市场决定
关于加强农村疾病预防的建议	强化多渠道宣传教育,组建市级医疗卫生专家讲师团进农村、进社区,大力开展健康促进与教育活动;扩展免费体检覆盖面,从2018年起对患有高血压、糖尿病并接受社区医生规范化管理的重点慢性病人群(不包括参加企业退休人员以及65岁以上老年人免费体检),每年提供一次免费健康体检服务;提高健康档案质量,加强定点体检医院的质量监督指导,实现电子健康档案跨机构调阅并向本人开放;提供个性化健康服务,为农村群众尤其是困难群众等特殊人群提供个性化的预防、保健、医疗等服务和价格优惠的体检套餐
关于改善步行街东头街景的建议	步行街东头地块总面积4440平方米,针对该地块再利用事宜,改造方案已基本确定,根据方案,市土地储备中心制定了相应的改造计划,对拆平地块实施改造,设置临时停车场,并配套相关街景
关于加强政府网络信息平台建设的建议	强化公开要求,6月23日,市政府办公室印发《张家港市2017年政务公开工作要点实施方案》,要求各区镇、各部门高度重视政务公开工作,明确政务公开工作分管领导和具体责任人,全面推进决策、执行、管理、服务、结果公开;拓展平台功能,7月初全面启动政府门户网站改版升级工程,重点开发移动APP、微信公众号,以实现移动端与政府门户网站信息同步同源发布;丰富平台内容,7月12日,市政府召开全市政府网站迁移整合工作会议,将各区镇、市政府各部门、派出机构以及下属参照公务员法管理的事业单位和承担行政职能的事业单位的网站全部关停,所有信息内容迁移整合并入市政府门户网站;健全长效管理,市政府办公室对政府门户网站栏目主题和功能内容重新进行了梳理,明确各区镇、各部门信息发布责任分工和时效要求,建立网站信息报送制度,出台内容保障工作考评办法,每月通报各区镇、各部门在政府网站上的信息公开工作情况,确保政府门户网站信息更新及时有效
关于解决市妇保所停车难问题的建议	市妇保所位于市城北路与职中路交接处,针对利用城北路、职中路路面设置临时停车位的建议,根据《城市道路内停车泊位设置标准》(GA/T850-2009),交叉路口50米范围内禁设停车位,而妇保所地处两条道路交叉口,同时由于职中路为机非混合通行道路,如果在该路段漆划停车位必然占用非机动车道,影响非机动车通行,存在安全隐患,因此,上述两条道路暂不具备划设临时停车位的条件。针对挖掘停车潜力增设停车位的建议,市卫计委已启动实施妇保所停车改造工程,对所内停车资源进行整体规划,工程预计新增地面停车位140个,届时将有效缓解所内停车压力;针对加强妇保所周边停车管理的建议,市交警、城管部门已经结合全市交通大整治大提升行动,进一步加强对职中路、城北路沿线的车辆停放的执法管理
关于推进中小学校普通教室光环境提质改造的建议	科学布局安排,分布加快推进,全市中小学校教室所用的灯源以荧光灯为主,均符合标准要求,另外,经测算,若全市中小学教室灯源全部更换为LED灯约需资金442万元,由于一次性更换经费投入较大且避免不必要的浪费,实行更换灯具时优先选用LED光源、新建学校使用灯具优先采用LED光源;落实保障经费,定期实施检测,市镇两级财政每年都将安排专项经费用于中小学校教室照明设施维护,加快中小学校光环境提质改造,市教育局将积极会同专业机构加强教室采光检测,及时组织专业机构对未达标的教室进行调试和整改,确保按标准保质保量完成中小学校教室光环境改造工作
关于统筹推进全市旅游资源开发,做大做强旅游产业规模的建议	加强规划引领,推进全域旅游发展,年内高标准完成《张家港全域旅游总体策划》的编制,完善凤凰山、香山、双山岛等重点景区的旅游发展规划,均衡发展一批优质乡村旅游产品;加强资源整合,打造特色旅游品牌,积极支持市旅游发展有限公司逐步建立适应旅游业发展规律的管理体制和运行机制,统筹开展全市旅游项目的策划、包装和运营,先期推进实现东部旅游资源的整合,逐步整合全市旅游资源;加强产业融合,构建大旅游产业格局,努力打造以长江文化为精髓的旅游特色文化,积极进行"旅游+"发展思路,利用节庆、大型赛事活动提升旅游形象,强化市旅游委员会的综合协调职能;加大培育力度,打造旅游人才队伍,积极引进和培育旅游专业技术人才及紧缺人才,鼓励沙洲职业工学院、江苏科技大学和职业技术学校建立旅游从业培训教育体系,联系国内外知名专家建立张家港旅游专家咨询组,为全市旅游发展提供先进智力支持
关于解决南新村一组河道严重污染问题的建议	突出源头治理,对侵占河道的建筑垃圾进行清理,原先被堵塞的河道已经畅通,同时将利用朝东圩港旁的排涝泵站加强河道引调水,使河道水体增加流动性,调活水体、改善水质;加强部门协作,严格落实村组河道"河长制"主体责任,市河长办、经开区(杨舍镇)会同晨阳办事处对河道管理范围内倾倒垃圾等违法行为加强巡查检查,开展全面整治,并联合相关部门做好区域环境内保洁工作;提高社会参与度,加强爱河护河宣传教育,广泛发动村民自觉参与河道管护,鼓励村民参与河道的治理和监督,充分调动村民积极性,切实增强村民参与意识,全面提升村民环保意识

(谭 晔)

【编辑 宋佳辰】

纪检监察

Discipline Inspection & Supervision

大型廉政戏剧《青天道》专场演出　（市纪委　提供）

張家港年鑑(2018)

党风廉政体制建设

【概况】 1月，中国共产党张家港市第十一届纪律检查委员会第二次全体（扩大）会议召开，市委常委、市纪委书记张玮代表市纪委常委会向大会作题为《强化监督执纪问责，推进全面从严治党，为走在高水平全面建成小康社会前列提供坚强保证》的工作报告，会议审议通过工作报告和《中国共产党张家港市第十一届纪律检查委员会第二次全体（扩大）会议决议》。经十一届市委第26次常委会讨论通过，8月10日，市委办印发《关于全面落实张家港市纪委向市一级党和国家机关派驻纪检机构的方案》，明确市纪委设立18个派驻纪检组，向全市72家市一级党和国家机关实行综合（单独）派驻。18个派驻纪检组为市纪委派驻机构，由市纪委直接领导、统一管理，向市纪委负责。每个派驻纪检组组长按照1正1副进行配备，有组长职数18个、副组长职数18个，核定编制72个（其中行政编制60人、政法编制12人，平均每组4人）。派驻纪检组组长由市委管理，市纪委会同市委组织部提名考察，按照市级机关副科职领导班子成员配备；派驻纪检组副组长为正股职岗位，可按副主任科员配备。组长担任驻在部门（不含综合监督单位）领导班子成员，履行监督职责，不分管驻在部门其他业务工作。年内，市纪委、监察局先后被评为全省纪检监察系统先进集体、全省纪检监察信访举报工作先进单位。

【党风廉政建设责任制】 1月，党风廉政建设责任制监管平台改造升级，突出对党内监督、党内问责、党内政治生活、市委巡察、四种形态等内容的最新要求，进一步扩大党风廉政建设信息化监控的覆盖面。2月，细化分解2017年党风廉政建设和反腐败各项工作任务，把6个方面39项反腐倡廉重点任务分解到相关主责单位和配合单位，相关内容录入全面从严治党监管平台，加强工作落实情况的实时监控。4月，研究制定苏州市对张家港市落实党风廉政建设责任制检查考核及纪委委员评议质询反馈意见、建议的整改落实方案，并抓好相关工作落实。5月，召开全市党风政风监督员工作会议，听取监督员对全市党风廉政建设的意见建议，梳理分解监督员反映的问题，督促各责任单位做好整改工作。年末，开展年度党风廉政建设责任制落实情况“双报告”和民主测评工作，由市纪委委员对2个乡镇、3个市级机关党委（党组）履行党风廉政建设主体责任情况进行评议质询，及时发现不足，督促整改落实，推动党风廉政建设“两个责任”落地生根。坚持“一案双查”“责任倒查”，督促全市各级党组织和党员领导干部敢于担当、勇于负责，扛起管党治党主体责任，对落实主体责任和监督责任不力的4名领导干部进行责任追究。

【国家监察体制改革】 根据11月11日“全国推开国家监察体制改革试点工作动员部署电视电话会议”精神，市委常委会成立市深化监察体制改革试点工作小组，由市委书记任组长，市人大常委会主任、市纪委书记、市委组织部部长、市委政法委书记任副组长。工作小组下设办公室，由市纪委书记兼任办公室主任。工作小组及其办公室全面指导、协调改革试点各项工作，先后制订《张家港市纪委监委机关内设机构建议方案》《张家港市深化国家监察体制改革试点工作实施方案》，报上级审核通过后予以实施，制订并实施《张家港市检察院转隶干部专题调研工作方案》。改革后，成立市监察委员会，撤销市监察局。市纪委、监委合署办公，履行纪检、监察两项职责，实行一套工作机构、两个机关名称，实现对行使公权力的公职人员监察全覆盖。市纪委领导班子职数7个，市监委领导班子职数7个。其中，主任由市纪委书记兼任，2名副主任由市纪委副书记兼任，4名监委委员中2名由纪委常委兼任，设监委专职委员2人。市纪委、监委共同设立13个内设机构，分别为办公室、纪检监察干部管理监督室、宣传教育室、党风政风监督室、信访室、案件监督管理室、第一至第六纪检监察室、案件审理室。市委巡察工作办公室设在市纪委机关。市纪委监委机关内设主任13人，副主任25人。根据上级统一部署，市检察院划转至市纪委、监委政法专项编制29个，12月25日实际转隶21人。

【乡镇纪委“三转”深化】 根据省纪委《关于县（市、区）乡（镇）纪委进一步深化“转职能、转方式、转作风”的意见》经市委常委会讨论决定，全市各区镇纪（工）委班子配备、职责分工等事宜做出调整，保留“两区一园”纪工委书记、副书记配备模式，调整职责分工，纪工委书记、副书记不再分管或负责纪检监察以外工作；调整8个乡镇纪委和常阴沙现代农业示范园区、双山岛旅游度假区纪工委的配备模式，由党（工）委委员任纪委书记，配备不进党（工）委班子的纪（工）委副书记（由市委管理，为正股职岗位，可按副主任科员配备），明确纪委书记、副书记不兼任其他职务，不分管纪检监察以外工作；高新区筹建期间，暂不作调整，待筹建结束，正式设立纪工委后，参照“两区一园”配备专职纪工委书记、副书记；实施区镇合一的区（园）纪工委与所在镇纪委合署办公，纪检监察工作由区（园）纪工委统一领导、统一部署，由纪工委书记向党工委领导汇报工作，其他各区镇纪（工）委书记直接向该地党（工）委书记汇报工作，不再另设分管领导。各区镇纪（工）委书记于9月中旬统一调整到位。与此同时，根据省纪委部署，组织各区镇纪（工）委开展议事协调机构清理工作，在2015年专项清理基础上，各区镇再次梳理由区镇纪（工）委牵头或参与的议事协调机构127个，决定保留52个，取消或退出75个。

【全市首个党员干部廉洁诚信档案信息平台推出】 6月，冶金园（锦丰镇）党员干部廉洁诚信档案信息平台推出。该档案包括个人基本情况、住房车辆情况、出国境情况、营利性活动及兼职情况、岗位廉政风险点排查、个人事项报告、信访核查、经济责任审计、礼金礼品上交、违法违纪等主要内容12项。并将党员干部的受表彰情况、志愿服务记录、个人信用情况等纳入其中。由个人录入和相关部门录入两部分组成。个人部分由个人录入并负责其真实性,其他相关内容由纪检、组织人事、财政、政法和社会管理办公室等部门和经管办、文明办等科室负责录入。自2016年下半年起,冶金园(锦丰镇)着手建立党员干部廉洁诚信档案信息平台,633名机关人员和各行政村、社区所有定编人员的信息均纳入,实现监督全覆盖。该平台是全市首个党员干部廉洁诚信档案信息平台。

(陈添一　张　婷　姜圣韬)

廉政宣传教育

【概况】 市纪委全年在苏州市级以上报刊媒体发表党风廉政建设报道822篇,全方位报道全市反腐倡廉工作动态以及党风廉政建设的经验做法。其中,省级以上媒体刊发643篇。全年,张家港廉政网更新信息1000余条,通报执纪审查信息7条。举办"汇聚廉能量,喜迎十九大"十大廉政好新闻评选活动,5051名党员群众参与网络投票。1月24日,以微信、微博直播的形式,对市纪委全会进行报道,3237人通过客户端实时关注会议。4月14日至17日,举办"守纪律讲规矩、勇担当善作为"学习贯彻十八届六中全会专题轮训活动,邀请国家行政学院教授姜平为全市近800名科级党员干部作专题授课。

【廉洁文化建设】 年内,市国税局获评江苏省廉洁文化示范点,塘市小学、塘桥镇金村村获评苏州市级廉洁文化示范点,市反腐倡廉警示教育基地、钱氏名人馆获评苏州市廉政教育基地。市反腐倡廉警示教育基地、廉园获评苏州市第六批法治文化建设示范点,全年160余批6700余名党员干部接受警示教育。1月13日,市纪委会同经开区(杨舍镇)在城南街道东湖苑社区举行"美好家园,廉洁是福"廉洁文化社区行活动,现场书写廉政春联,赠送社区居民准则条例宣传卡以及"廉"字招贴画。3月31日,举行纪检监察系统学习"时代先锋"施忠华诗歌朗读追思会。12月20日,举办大型廉政戏剧《青天道》专场演出,全市800余名党员干部接受廉政教育。拍摄制作的《信息化在纪律审查中的运用》视频获评江苏省纪委"精品课件"。

【纪检干部队伍建设】 5月2日至6日、11月6日至10日,市纪委组织各级纪检干部赴西柏坡纪念馆和江西干部学院,分别进行为期5天的党性教育培训。组织举办"勤廉大讲堂"纪检监察业务培训班,由市纪委、市监委机关室主任围绕监督执纪工作规则、纪律处分条例以及"纪检监察信访举报闭环处理"作授课辅导,规范基层监督执纪流程,改进工作方式方法,提高基层纪检监察工作质量水平。制定印发《张家港市纪检监察干部谈心谈话实施办法》,班子成员走访全市10个区镇、61个机关部门和市直属单位,与基层纪检组织班子成员逐个谈话,掌握基层纪检干部思想和工作动态,分析基层纪检监察工作重点任务,督导各单位开展主题教育实践活动,推进纪检监察各项工作。制定实施《张家港市纪检监察系统开展廉政风险排查和防控工作实施方案》,全市68个单位(部门)排查风险点396个、制定防范措施400余条,200名纪检监察干部共查找风险点783个、制定防范措施800余条。

举办"新时期反腐的制度体系建设"专题讲座

(市纪委　提供)

【家风家训系列活动】 年内,市纪委、市委史志办联合编纂《廉自齐家始——张家港市家风故事》,以廉政故事为题材,按照"廉善、廉能、廉敬、廉正、廉法、廉辨"的"六廉"脉络,编写张家港市家风故事103个,收录家训10则,选录杨舍缪氏、鹿苑钱氏、港口蒋氏等望族大家的家训家规60余条,总字数19万字,9月由中国方正出版社正式出版,编印8000册发放给全市党员干部及中小学生。同时,在全市党员干部、中小学生中开展"廉自齐家始"系列学习研讨活动。依托河阳山歌馆、钱氏名人馆、杨氏孝坊等廉洁文化基地,为新提拔领导干部、新录用公务员等上"家风体验课"。张家港市还在上述现场教学点举办"诵经典·正家风"、"百家风"书法摄影、"写春联、贴家训、传美德"等特色家风传承活动。在全市范围内开展"家风家训创意作品征集活动",收到手工、剪纸、书法、绘画、集邮等作品103件,经专家评审评出优秀作品10件。10月26日,2017年张家港市家庭文化节闭幕式暨"最美家书"展示活动在保税区(金港镇)举行。通过微信征集家书作品和音频,收到作品96件,其中原创家书48件,经过综合评审,评出优秀作品10件。

【全市首个"清廉家风银行"启用】 5月19日,塘桥镇不存钱的"清廉家风银行"启用仪式在鹿苑钱氏名人馆举行。9时,126名党员干部将一张张写有孝老爱亲的家风家训的"存单"(纸条)投进"清廉家风银行"。"家风银行"将银行运作理念引入家风传承。在开展存储服务的同时,还提供"理财""贷款""继承"三大业务。用户持续存入家规家训(至年末已有400余单),相关部门每季度从"家风银行"中挑选出优秀家规家训在微信公众号、钱氏名人馆家风宣传栏进行公开展示,以"理财"的形式扩大家规家训影响力;对新组建家庭提供家风家训"贷款"业务,给予优秀家风家训的精神引导；同时，在收集整理、定时展示的基础上，组织网上研讨、精品诵读等“继承”活动，实现互相启迪、薪火相传。

（张　婷　王　辉　唐林康）

正风肃纪

【概况】 年内，市纪委畅通新形势下密切党群干群关系沟通渠道，加强“网上新社区”等网络载体建设，“网上村委会”点击量2700余万次。突出元旦、春节、清明、五一、中秋、国庆等重要节日和公款吃喝、公车违规使用、群众身边不正之风等重点环节，持续组织开展“清风行动”，开展作风建设专项督察8次，会同市财政局、市机关事务管理中心、市商务局等职能单位派出督察组、暗访组54个，检查中注重“三个延伸”，不断扩大日常监督覆盖面。严格执行中央八项规定精神，严肃查处群众身边的“四风”问题，一手抓深化治理，一手抓巩固提高，落实快查快办，加大执纪刚性。年内，受理群众举报或上级转办、督办信访案件25起，查处违反八项规定的问题15起18人，其中给予党政纪处分14人、诫勉谈话4人。依托党风政风监督工作信息统计系统，及时归集作风建设方面的违规违纪问题，分5批对14起16人的典型违规违纪问题进行曝光。

【领导干部廉洁自律】 市纪委抓好领导干部重大事项报告工作，全年有559名领导干部报告婚丧嫁娶、因私出国（境）等重大事项。严格禁止领导干部违规收受礼金礼券行为，市廉政办及“510”廉政账户共收到领导干部主动上缴礼金礼券174.87万元。做好廉政公积金管理工作，累计审核办理659人次廉政公积金。根据要求，形成全市廉政公积金制度具体情况上报省委巡视组；研究提出进一步完善廉政公积金制度的意见建议提交市委常委会讨论审议。

【执纪查案】 年内，市纪委、监察局收接各类举报365件（不含巡视巡察转办件），其中信件269件、到访8件、电话18件、网络65件、其他方式5件；另接巡视巡察转办件136件，其中省委第七巡视组转办交办116件、苏州市委巡察组转办20件。立案查处各类违纪案件383件，其中经济类案件172件，涉及乡科级干部11人，移送司法机关6人，为国家和集体挽回经济损失1600余万元。严肃查办顾文广、陆杰、陆永平等一批影响较大的案件。7月，会同市委组织部、市人社局出台《张家港市受党纪处分党员干部教育管理监督工作办法》，建立全市对受处分党员干部开展日常教育、管理和监督工作机制，固化工作流程。

【公务接待规定执行专项督察】 3月，市纪委配合市委成立督察组对各区镇、市级机关部门、国有企事业单位执行接待禁止性规定情况进行专项督察，重点督察公务接待“四个严禁（严禁违规公务接待、严禁公务接待饮酒、严禁违规相互吃请、严禁违规公款吃喝）”执行情况。5月和8月，组织开展两轮违规吃喝问题专项整治“回头看”，重点检查公务接待情况以及违规购买使用高档白酒等问题，对机关食堂、内部接待餐厅、只对少数人开放的高档消费场所以及设在居民小区家中的隐蔽吃喝场所开展专项清理工作。8月，在全市各区镇范围内组织开展“小金库”自查自纠专项工作，进一步斩断不良作风的“资金链”。12月起，按照上级统一部署，在全市范围内组织开展“四风”问题整治专项行动。

【践行“四种形态”处置问题】 市纪委加强对问题线索分析研判，根据不同性质、特点，把违纪情形、对待组织态度等放在“纪律刻度尺”中比对，准确把握监督执纪“四种形态”的内涵外延以及转化规则，逐步实现常态、大多数、少数、极少数的合理数量分布。全年市纪检监察机关处置各类问题线索557件，其中运用第一、第二种形态的占85.6%，第三、第四种形态占14.4%。7月，制定出台《张家港市实施监督执纪第一种形态暂行办法》，建立实施第一种形态统计月报制度，督促各级党委（党组）把“第一种形态”作为落实主体责任的重要手段，抓早抓小，明责确责，把纪律规矩挺在前面，并于年末下发落实情况通报，督促各单位形成运用第一种形态的行动自觉，全年各级党组织累计实施监督执纪第一种形态434次。

（樊益斌　姜圣韬　金晓甜　范夏艳）

行政监察

【概况】 市监委落实“转职能、转方式、转作风”的部署要求，找准职责定位，聚焦主业主责，进一步发挥执法监察职能作用。参与生产安全事故调查处理落实情况“四严查、四问责”专项检查，督促市安监局、市公安局（消防、交巡警）、市住建局、市交通运输局、市水利局等部门开展集中摸排，对2016年11月至2017年10月发生的41起工矿企业亡人事故、建筑施工亡人事故、生产经营性道路交通亡人事故的清单、事故责任处理意见、对策措施的落实及事故备案情况开展专项检查；参与安全生产、政府采购招投标等各类会办、督办37次；落实安全生产、生态文明建设等领域“党政同责”和“一岗双责”责任制，会同相关职能部门开展“263”专项行动督察工作，对落实责任不到位、工作推进不力的，坚持有责必问、有责严问。年内，生态文明建设领域累计问责29人次，安全生产领域问责7人次，对1起安全生产领域失职典型问题通报曝光。组织公务员、事业单位人员、中层干部竞岗和医护人员招考的现场监察工作，确保招录过程公开、公平、公正。

【政风行风热线】 市纪委组织“12345·政风行风热线”日常直播工作，充分利用网络视频直播模式，进一步扩大政风行风热线受众，拓宽热线节目和广大听众的沟通渠道。全年“12345·政风行风热线”直播节目153期，其中部门上线直播45期，受理群众咨询投诉1300件，办结1201件。做好省政风行风热线交办的投诉件调查处理，落实督办机制。全年受理省政风行风热线转办投诉88件，均已办结答复并通过系统平台上报办理结果。

（姜圣韬）

巡 察 工 作

【概况】 2月，完成对十一届市委首轮巡察的市交通运输局、市旅游局、市经信委、市科协等4家单位的巡察情况反馈并完成巡察整改回访检查工作。3月，召开十一届市委第二轮巡察工作动员会，对市水利局、市物价局、南丰镇、市民宗局等4个单位开展巡察。5月，市委成立巡察工作领导小组，由市委书记朱立凡任组长，市委常委、市纪委书记张玮，市委常委、组织部部长陆德峰任副组长。7月，对市水利局、市物价局、南丰镇、市民宗局等4个单位进行巡察情况反馈。设立市委巡察工作办公室（简称市委巡察办），列入市委职能部门，设在市纪委，成立4个市委巡察组，承担巡察任务。同时，修订出台《2017—2021年中共张家港市委巡察工作规划》《2017年中共张家港市委巡察工作计划》，进一步细化明确巡察工作任务、巡察内容、组织方式、时间安排和工作措施等，为全市深入实施市委巡察工作提供指导和支持。8月，召开十一届市委第三轮巡察工作动员会，对冶金园（锦丰镇）、乐余镇、市工商联、市档案局等4个单位开展巡察。9月，市委巡察办、巡察组专职巡察干部全部配备到位。11月，向冶金园（锦丰镇）等4家单位反馈巡察情况。召开十一届市委第四轮巡察工作动员会，对大新镇、塘桥镇、常阴沙现代农业示范园区、双山岛旅游度假区等4家单位开展巡察。年内，市委开展3轮巡察，涉及12个单位，完成乡镇巡察“全覆盖”要求。8月至12月，先后配合省委第七巡视组巡视张家港、苏州市委联动巡察第一组巡察张家港保税区（金港镇）和张家港经济技术开发区（杨舍镇）、苏州市委第六巡察组巡察凤凰镇，并按照省委巡视办相关要求，完成省委巡视反馈意见的相关整改落实工作。

【巡察工作】 6月，市编委会印发《关于同意设立张家港市委巡察工作机构的批复》，同意设立市委巡察办和4个市委巡察组。7月，市委办印发《中共张家港市委巡察工作办公室主要职责内设机构和人员编制规定》的通知，明确市委巡察办的主要职责、内设机构、人员编制，并设立4个市委巡察组，在市委巡察工作领导小组领导下承担巡察任务，并对其负责并报告工作。7月31日，召开市委巡察机构成立宣布大会，标志全市巡察工作迈上新台阶。9月，市委巡察办、巡察组专职巡察干部全部配备到位，另从市财政局、市审计局、市信访局等部门抽调12名兼职干部到巡察组。市委巡察办建立巡察工作组长库、副组长库26人，巡察专业人才库89人，实行动态管理制度，为市委巡察工作开展提供人才支撑。3月选派业务骨干参加苏州市巡察业务培训班。9月组织召开市委巡察机构专题组织生活会，以“旗帜鲜明讲政治”为主题开展大讨论、批评与自我批评。12月，制定出台市委巡察机构《“学习贯彻中共十九大精神，当好党内政治生态‘护林员’”专项行动实施方案》，先后组织专题交流研讨、重温入党誓词、观看警示教育片、“我为巡察‘献一计’”等系列活动，进一步提升巡察队伍的凝聚力和战斗力。

【上级巡视巡察】 8月1日，省委第七巡视组巡视张家港市工作动员会召开。8月1日至9月29日，省委第七巡视组对张家港市开展巡视，并于10月27日反馈巡视意见。11月9日，市委召开第32次常委会会议，传达省委第七巡视组巡视反馈意见，研究部署省委第七巡视组反馈意见整改落实工作，讨论通过《中共张家港市委关于省委第七巡视组反馈意见的整改工作方案》，成立省委巡视反馈意见整改落实工作领导小组，由市委书记担任组长，市委副书记担任副组长，其他市委常委为小组成员，全面负责整改工作的组织领导。领导小组下设深化全面从严治党专项工作组、加强党风廉政建设和反腐败工作专项工作组、基层党建和选人用人专项工作组、落实意识形态工作责任制专项工作组等4个专项工作组，均由市委书记担任组长，有关市委常委为小组成员。同日，市委召开省委巡视反馈问题和意见整改工作专题民主生活会，各市委常委认领问题和责任，开展批评与自我批评，为巡视整改工作扎实开展奠定良好基础。11月21日，市委印发《中共张家港市委关于省委第七巡视组反馈意见的整改工作方案》及《省委第七巡视组反馈意见整改工作任务分工表》。11月22日，市委召开全市整改落实省委巡视反馈意见专题会议，强化领导，明确责任，推动省委第七巡视组对张家港反馈意见的全面落实、彻底整改。12月30日，向省委巡视办上报《中共张家港市委关于省委巡视整改落实情况的报告》及相关材料。

【巡察成果转化】 年内，经过3轮巡察，市委巡察组向12个被巡察单位（含2016年4家及2017年8家）反馈问题193个，已整改到位135个，向相关单位移交问题线索58条。其中，12条已立案，4人移送司法，7人受到党纪处理。通过建立巡察反馈“双通报”制度，将巡察情况反馈给被巡察单位，同时将反馈结果通报各被巡察单位的分管市领导，督促被巡察单位及时全面整改。对巡察中发现问题的单位党组织负责人及个人，运用监督执纪“第一种形态”进行提醒谈话、批评教育11次。3月，市委常委会专题听取巡察工作开展情况以及发现的突出问题，对巡察工作进行研究部署，并在全市党建工作会议上，针对存在的突出问题和普遍性问题等组织开展专题培训和集中解读，推动面上整改工作。7月，市委书记会议专题听取巡察工作情况汇报，会后梳理出全市前两轮巡察中发现的20个共性问题，以市委书记提醒函的形式，将共性问题和整改要求直接发至各区镇、机关部门党委（党组）主要负责人，强化“一把手”责任，推动对照整改工作，扩大巡察成果运用。

（林　臻）

【编辑　宋佳辰】

民主党派·工商联·人民团体

Democratic Parties & Association of Industry and Commerce & People's Group

市家庭文化节开幕式　（市妇联　提供）

中国国民党革命委员会张家港市基层委员会
中国民主同盟张家港市委员会
中国民主建国会张家港市基层委员会
中国民主促进会苏州市张家港支部委员会
中国农工民主党张家港市委员会
中国致公党苏州市张家港支部委员会
九三学社张家港市基层委员会
张家港市工商业联合会（总商会）
张家港市总工会
中国共产主义青年团张家港市委员会
张家港市妇女联合会
张家港市归国华侨联合会

扫码欣赏

市妇联十界执委会
工作纪实

中国国民党革命委员会张家港市基层委员会

【概况】 2017年年末，中国国民党革命委员会张家港市基层委员会（简称民革市基层委员会）下属支部5个，有党员87人，其中在职党员85人、女党员31人，分别占总数的97.7%、35.6%。党员中，具有高级职称的17人、中级职级的24人，分别占19.5%、27%；有苏州市人大代表1人、苏州市政协委员1人、张家港市人大代表1人、张家港市政协委员20人。全年召开主委办公会议6次，基层委员会中心组成员会议4次，各支部组织活动35次。年内，组织5个支部分别赴山东省台儿庄纪念馆，安徽省张治中故居、李克农故居，上海市宋庆龄故居、北京市宋庆龄故居以及柳亚子纪念馆等地开展缅怀民主革命先驱、"重温历史、同心同行"主题教育实践活动。编印《张家港民革》杂志2期，共20万字。有36条信息被《苏州民革》杂志、《江苏民革》杂志、民革江苏省委网站、《团结报》等录用。其中，在苏州市级录用12条，省级录用8条，《团结报》录用3条。民革市基层委员会四支部与民革北京市朝阳区七支部、辽宁省直传媒支部、河北省承德市虹桥支部、山东省新泰市基层委员会缔结为友好支部。

【参政议政】 在市政协十二届一次会议上，民革市基层委员会提交集体提案15件、个人提案及联名提案24件。其中，集体提案《关于加强家庭文化教育体系建设的建议》《加强食用农产品质量监管，切实保障舌尖上的安全》列为大会发言，《关于加大困难户统筹救助的几点建议》被评为优秀提案。针对《关于加大困难户统筹救助的几点建议》提案，为解决在社会救助政策、享受范围上的交叉、重叠现象，市政府从整合救助政策、完善救助机制、推进救助信息化建设入手，使各项政策发挥精准救助功能。年内，组织党员赴山西省运城市、浙江省淳安县、安徽省巢湖市、福建省福鼎市等城市以及冶金园（锦丰镇）、凤凰镇、塘桥镇等区镇对科技创新、农村生活污水治理、旅游城市建设、特色小镇、半导体、口腔科发展等课题开展调研，征集社情民意40余条。

【社会服务】 年内，民革市基层委员会以送爱心、送帮扶、送健康、送文化、送法律等为主题，开展社会服务活动。3月，组织30余名党员赴保税区（金港镇）金都社区开展"博爱牵手，益行金都"大型便民服务活动，包括送医送药、急救知识培训、法律咨询、家电维修等，发放医疗物资价值3000余元，法律咨询8人次，维修家电20余件。5月，民革市基层委员会金都社区社会服务工作室成立，在邻里和睦、健康、教育3个方面开设9个服务项目。9月，组织常阴沙现代农业示范园区14名小学生开展"博爱牵手·同行同感港城发展"活动。10月，组织部分党员赴凤凰镇敬老院开展重阳敬老活动。11月，组织部分律师党员赴江苏申港锅炉有限公司开展"法企同行"法律知识讲座。

（蔡克荣）

中国民主同盟张家港市委员会

【概况】 2017年年末，中国民主同盟张家港市委员会（简称民盟市委）有下属支部11个，盟员249人。其中，教育界117人、科技界50人、文化界17人、医卫界29人、法律界6人、非公经济界22人，金融界8人。盟员中，具有高级职称的133人，中级职称的67人，分别占53.41%和26.91%；有苏州市人大代表2人、苏州市政协委员1人、张家港市人大代表5人、张家港市政协委员31人。全年召开民盟市委主委办公会议、市委扩大会议、专题学习会议、支部学习会议等近40次，盟员260余人次参加各级各类培训。年内，开展"紧扣两聚一高，讲好民盟故事"主题实践活动，评选出11名优秀盟员、16篇主题活动获奖征文。全年编印《张家港盟讯》4期，在《团结报》《江苏民盟》等各级统战条线媒体和《张家港日报》上发表文章和简讯232篇次，在《张家港日报》刊登盟员风采专版1期。3人书画作品在民盟中央"梦想与激情"全国美术作品展展出，7人书画摄影作品在江苏民盟"诗书合碧，画影弄魂"庆祝中共十九大胜利召开诗词楹联暨书画摄影作品展展出。民盟市委获评江苏民盟2016年度宣传工作先进集体二等奖，1人获评江苏民盟2016年度宣传工作先进个人。在苏州民盟2016年度"仰慕先贤，薪火相传"盟史知识学习征文活动中，民盟张家港市委获评优秀组织奖，3人获一等奖，8人获二等奖，2人获三等奖。在苏州民盟2017年度"读民盟历史，讲民盟故事"活动中，民盟张家港市委获优秀组织奖，1人获演讲比赛一等奖，1人获演讲比赛二等奖，3人获征文一等奖，8人获征文二等奖，2人获征文三等奖。1人获评苏州民盟2017年"春风公益"社会服务先进个人。年内，盟员近210人次在市级以上发表作品、入展、获奖。

【参政议政】 在市政协十二届一次会议上，民盟市委提交大会发言材料3份，集体提案18件，个人提案55件。其中，集体提案立案18件，个人提案立案40件。集体提案《关于加快我市特色小镇培育与建设的建议》列为市政协1号提案、市政府领导牵头领办提案；集体提案《关于推进体育中心资产市场化运作的建议》列为市政府领导牵头领办提案；集体提案《关于提高我市老年大学教学覆盖面的建议》列为市政协主席督办提案，并入选市民生实事项目库；集体提案《关于加快我市装备制造业转型升级的几点建议》和个人提案《关于加强PM2.5治理，提高居民环境改善感受度和保护居民身体健康的建议》《关于加快引进、培养文博专业人才的建议》《关于推进名家名作双提升的建议》列为市政协专委会、提案委协作督办提案。年内，完成与中共市委统战部合作调研课题《强化生态保护举措，提高岸线使用效益》等10篇调研报告，组织相关调研组赴重庆、武汉、杭州等城市及市交通运输局、市妇保所、市经信委等单位，就生态保护、僵尸企业、金融资本创新、垃圾焚烧、快速路建设等民生热点、难点问题深入调研。4月，举办宣传信息工作培训会议，邀请民盟苏州市委专职副主委毛昌宁为50余名盟员骨干和入盟积极分子授课。全年共有180余人次盟员参加各类情况通报会、双月座谈会、政协委员"知情明政"直通车以及各类专题视察活动；向市政协、市委统战部和上级民盟组织提交社情民意100余条，有10条被苏州民盟采用并上报江苏民盟，4条被张家港市政协采用并上报市委、市政府。在江苏民盟第八届教育论坛上，1人获二等奖，1人获优秀奖。民盟市委获评苏州民盟2016年度社情民意信息优秀组织奖，1人获评参政议政先进个人，1人获评论坛研讨先进个人，12人获社情民意信息个人奖项。

【社会服务】 年内，民盟市委深化"五民工程"品牌，即"爱心济民、送医利民、法律助民、教育惠民、文化润民"，共开展各类公益活动19次，受惠群众6000余人次。1月，分别赴贝内克·长顺汽车内饰材料（张家港）有限公司和经开区（杨舍镇）锦绣社区举办迎新春送春联活动，送出春联800余副。3月，赴市普坤毛纺厂、市老年公寓开展健康义诊活动，义务诊疗200余人次，发放宣传资料100余份，举办健康讲座1场。5月，到经开区（杨舍镇）斜桥村、南丰镇新丰社区开展送医下乡活动，义务诊疗200余人次，为300余人免费检测血糖、血压，发放宣传资料近100份。6月，举行"民盟市委·梁丰高中高校招生咨询会"，服务近3000余名高考学子及其家长。7月，1名盟员参加江苏民盟"农村教育烛光行动"，赴甘肃省天祝县支教；1名盟员在中共市委统战部"同言讲堂"开讲，服务200余名家长。8月起，民盟市委固定于每月20日上午，安排1名至2名盟员医生至经开区（杨舍镇）馨港社区开展义诊活动。9月，到塘桥镇义诊，义务诊疗近100余人次，为200余人免费检测血糖、血压；在沙洲中学举办民盟教育讲堂揭牌仪式，民盟教育讲堂正式推进。10月，在经开区（杨舍镇）馨港社区举行重阳节义诊活动，服务群众近200人次；张家港高级中学支部走访慰问馨港社区6位困难老人、空巢老人、大病重病老人。12月，1名盟员在民盟教育讲堂开讲，服务100余名家长。全年盟员律师为企业、普通居民举办法律讲座、开展法律援助8次，服务人群300余人次。盟员以各种渠道开展爱心公益活动，捐助金额物资近3万元。 （周慧敏）

中国民主建国会张家港市基层委员会

【概况】 2017年年末，中国民主建国会张家港市基层委员会（简称民建市基层委员会）下属6个支部和2个工作委员会，有会员105人。会员中，本科及以上学历占85.9%，经济界人士占71.3%，有苏州市人大代表2人、苏州市政协委员2人、张家港市人大代表3人、张家港市政协委员19人。年内，民建市基层委员会召开全体会员大会1次、班子扩大会议4次，各支部（工委）组织会议、学习及外出考察交流30余次。选派骨干会员86人次参加民建江苏省委、民建苏州市委、张家港市委统战部和张家港市政协组织的各类学习培训活动。做好《苏州民建》《张家港日报·统战专刊》和"张家港统战"微信公众号的组稿工作，在苏州市级以上各类新闻媒体刊登新闻信息11条，其中2条信息被民建中央网站录用。12月7日，二支部与无锡市滨湖区民建三支部结为友好支部。12月，作为苏州市三名基层代表之一，主委刘会苏参加在北京召开的民建第十一次全国代表大会。年内，民建张家港市基层委员会获民建苏州市委颁发的"不忘合作初心，继续携手前进"主题征文活动"优秀组织奖"和参政议政"优秀组织奖"；刘会苏撰写的论文《关于民主党派民主监督的思考》获评张家港统战理论政策研究创新成果一等奖。

【参政议政】 在市十四届人大一次会议上，民建市基层委员会提交建议1件；在市政协十二届一次会议上，提交口头发言1份、书面发言1份，集体提案13件、个人提案14件。其中，集体提案《关于加快推进安防动态大数据集成应用，建设"互联网+社区之家"》被列为主席督办提案；《关于以科技创新助推我市中小企业发展的建议》被评为优秀提案。年内，组织会员围绕全市文明城市创建、推进基层社区治理、促进旅游发展等重点课题，赴各区镇及深圳、杭州等地进行调研，撰写调研文章6篇，征集社情民意10条。调研报告《"互联网+"在文明创建中的应用》得到市委书记批示。

【社会服务】 年内，民建市基层委员会通过扶贫帮困、捐资助学、敬老爱老、文化关怀等形式，开展各类社会服务活动20余次。3月8日，组织会员到保税区（金港镇）滩上村看望长期结对帮扶对象，为老人打扫房间、洗涤衣物，并送上5000元慰问金。3月21日，企业家会员孙浩元创办的江苏盛世华安智能科技股份有限公司联合市文明办打造的"互联网+社区之家"落户经开区（杨舍镇）梁丰社区文明驿站。6月21日，发动会员为经开区（杨舍镇）湖东花苑因病致贫家庭捐款1.1万元。年内，民建二支部承办"凝侨心、聚侨力、护侨益"——千名侨界人士看港城系列活动，组织侨界人士参观市文化中心场馆，观看文艺演出，并赠送文化礼包；民建三支部与民间公益组织——浙江爱在延长炎症性肠病基金会（CCCF）进行对接，发动会员为该基金会捐赠1.31万元，用于医护培训及患者健康教育。

（刘向民）

中国民主促进会苏州市张家港支部委员会

【概况】 1月23日，中国民主促进会苏州市张家港支部委员会（简称民进张家港支部）成立，初始会员13人，李峰任主任委员，李晓华任组织委员。年内发展会员5人，至年末，有会员18人，其中在职会员17人。会

民进张家港支部成立大会 （民进支部 提供）

员中，有张家港市政协委员2人。全年召开全体会员大会1次，外出考察学习2次，社会活动3次，支部学习活动5次。选派10名骨干会员参加民进江苏省委、民进苏州市委、张家港市委统战部和张家港市政协组织的各类学习培训活动。做好上级各类媒体及《张家港日报·统战专刊》、“张家港统战”微信公众号的组稿工作，全年上报各类信息宣传内容10余条，其中3条信息被江苏民进网站录用。

【参政议政】 年内，民进张家港支部组织会员围绕全市农村生活污水处理、养老等重点课题进行调研，并赴云南等地进行调研考察，撰写《加强香山双山联动开发——加快发展休闲度假产业的调研思考》《关于推进“智慧养老”破解居家养老难题的建议》《关于进一步加强我市农村生活污水处理的建议》等3篇调研报告，征集上报社情民意7条。

【社会服务】 年内，民进张家港支部发挥会员在教育、文化方面的人才优势，成立文教志愿者服务队，并创建“彩虹行动”社会服务品牌。8月新学年开学前，与经开区（杨舍镇）斜桥村2名贫困学生结对帮扶，共捐资2000元。9月30日，与玉蕙口腔医院等联手走进市特殊教育学校，帮助联系青少年体育培训机构2名教师进入学校带训，解决学校体育教师缺乏的困难。 （蒋 恒）

中国农工民主党张家港市委员会

【概况】 2017年年末，中国农工民主党张家港市委员会（简称农工党市委）有下属支部11个，其中医卫界6个，教育界3个，经济界、科技界各1个。有党员226人，其中医卫界113人、文教界50人、科技界29人、经济界34人。在职党员167人，退休党员59人。党员中具有高级职称的114人，中级职称的90人，分别占50.4%和39.8%。党员中，苏州市人大代表2人，苏州市政协委员2人，张家港市人大代表2人，张家港市政协委员30人。年内，发展新党员15人，均为本科以上学历，其中研究生1人；有医卫界5人、教育界2人、科技界2人、经济界6人。年内，以市委中心组学习、座谈会、报告会等多种形式组织党员学习中共十九大报告精神，先后组织143人次参加各级各类培训10余次。3月，修订《农工党张家港市委工作制度》，启用“张家港农工”微信公众号。4月，组织25名农工党员参加2017年“五义联动，健康苏州”——美丽乡村健康行活动，完成10千米健步走。启动“书香农工党”悦读活动暨朗读比赛，年内开展3次读书活动。10月，省政协副主席、农工党江苏省委主委周健民一行到张家港市调研农工党基层组织建设工作。11月，举办农工党市委第三届趣味运动会，250人次参加。年内，3位农工党员作词作曲的《农工党，我的家》在全市农工党员中传唱。农工党张家港市委获评农工党江苏省委“坚持和发展中国特色社会主义学习实践活动”优秀县（市、区）级组织，获农工党苏州市委“走进基层、贴近党员，培育和践行社会主义核心价值观”主题宣讲感想征文活动组织奖。医卫三支部获评农工党中央“坚持和发展中国特色社会主义学习实践活动”社会服务工作先进基层组织，经济支部在农工党张家港市委的星级支部评比中，获评2017年度五星级支部。1人获评农工党中央“坚持和发展中国特色社会主义学习实践活动”先进个人，1人获评农工党江苏省机关建设先进个人，1人获评农工党江苏省参政议政先进个人，1人获评农工党江苏省社会宣传工作先进个人。在本职岗位上，全年获市级以上表彰的农工党员40余人次，其中5人获国家级荣誉、3人获省级以上荣誉。党员在苏州市级以上核心期刊发表论文近30篇、在苏州市级以上艺术类比赛中获奖10余次。农工党张家港市委机关编印《张家港农工》4期，全年在各级农工党、统战条线和《张家港日报》等媒体上发表文章50余篇。

【参政议政】 在张家港市政协十二届一次会议上，农工党市委提交大会口头发言材料1份，书面发言材料1份，集体提案12件，个人提案54件。集体提案《关于保障职业学校实习实训设施设备及时更新的建议》被列为市政府领导牵头领办提案，集体提案《关于进一步壮大村级经济发展的建议》《关于进一步加强医联体建设，推进分级诊疗的建议》被列为市政协主席督办提案。集体提案《关于进一步壮大村级经济发展的建议》《关于进一步加强医联体建设，推进分级诊疗的建议》和个人提案《关于推进我市“静脉产业园”建设的建议》获评市政协优秀提案。年内，完成“关于加快培育社区社会组织助推基层治理创新”“推进医养融合，提升养老质量”“进一步加强基层中医队伍建设”等调研课题，参与苏州联合调研课题“关于进一步提升我市互联网医疗发展水平的建议”。上报社情民意信息84篇，1篇被中共江苏省委办公厅采用；8篇被农工党江苏省委采用；47篇被农工党苏州市委采用。

【社会服务】 年初，制作农工党张家港志愿服务队队旗、队徽，统一着装。年内，到乐余镇常丰村、冶金园（锦丰镇）郁桥村、保税区（金港镇）南沙社区、华昌集团、金鹿集团等村（社区）、企业，开展“健康服务行”义诊活动10次，服务群众4000余人次。向苏州前进慈善基金会捐款23950元。11月，受农工党苏州市委委托，安排贵州省铜仁市2名小学教师在市大新小学进行为期两周的跟岗进修。

（顾鸣旦）

中国致公党苏州市张家港支部委员会

【概况】 1月20日，中国致公党苏州市张家港支部委员会（简称致公党张家港支部）成立，有党员7人，蓬元任支部主委，吴健任支部委员。年内发展党员9人，至年末，有党员16人，其中侨眷、归国留学人员和其他有海外关系的代表性人士占75%。平均年龄41岁，硕士以上学历占50%，有市人大代表1人，市政协委员5人。

【参政议政】 年内，致公党张家港支部完成中共市委统战部调研报告《关于进一步吸引侨商海归入户，促进港城转型升级的建议》，得到市委主要领导批示。党员积极参加市委统战部双月座谈会和前期调研，并在反腐倡廉、农村生活污水处理两次情况通报会上作交流发言。组织党员走进沙钢集团，调研本土规模型企业转型升级和绿色发展路径；走进市舞蹈学校，调研民办特色教育情况；走进市司法局调研全市“七五”普法宣传工作；走进保税区（金港镇）长江村调研新农村建设成果；走进张家港英华材料科技有限公司，调研党员企业发展情况。

【社会服务】 年内，致公党张家港支部发挥党员的特长优势，吸收社会志愿者，创新开展社会服务。9月22日，联合张家港美术馆前往革命老区安徽省广德县四合乡，开展“行走中·美的力量”公共美术教育志愿服务活动，展示20余件市美术馆馆藏佳作，为两所学校16名美术爱好者赠送画具和课外书籍，并与2名家庭困难的小学生结对。9月27日，在市特殊教育学校启动“致美·致美”社会服务项目，以自闭症儿童艺术治疗、职业康复为切入点，关注和帮扶特殊儿童成长。

（温　虹）

致公党张家港支部成立大会　　（致公党支部　提供）

九三学社张家港市基层委员会

【概况】 2017年年末，九三学社张家港市基层委员会有下属支社6个，社员107人。其中，在职社员92人，退休社员15人。社员中，具有高级职称的75人，中级职称的19人，分别占社员总数的70.09%和17.76%。有苏州市人大代表1人，苏州市政协委员1人，张家港市人大代表3人，张家港市政协委员17人。4月，组织140余名社员及家属到常阴沙现代农业示范园区参加“农行杯”苏州美丽乡村健康行（常阴沙站）活动。8月，组织20余名青年社员赴常熟市螺蛳湾拓展基地进行素质拓展培训。9月3日，组织社员到双山岛旅游度假区开展纪念九三学社成立72周年徒步行活动。年内，九三学社市基层委员会被九三学社省委评为参政议政先进集体，1人获评组织建设模范，1人获评思想宣传标兵，1人获评参政议政能手。1人获江苏省2014—2016年度诚实守信服务为民好药师称号，1人获评江苏高校青蓝工程中青年学术带头人。

【参政议政】 在苏州市政协十四届一次会议上，九三学社张家港市基层委员会提交个人提案1件、集体提案1件。在张家港市十四届人大一次会议上，提交人大代表建议5件。在张家港市政协十二届一次会议上，提交集体提案15件、个人提案36件，其中市政府领办提案2件、政协协助督办提案1件、政协大会发言2件，《关于加强我市危险化学品储罐安全监管的建议》被评为优秀提案。4月，赴云南省昆明市、大理市等地调研“三农”服务业的先进经验，开展“以品牌农产品的溢出效应带动‘三农’服务业升级发展”课题研究。7月，赴南京参加“科技创新与推进农业供给侧结构性改革”为主题的第十届“江苏九三论坛”。

【社会服务】 年内，九三学社张家港市基层委员会由社工部牵头组织，开展各类社会志愿服务活动。4月，组织苏州、张家港两地的九三学社内医疗专家赴锦丰社区卫生服务中心开展义诊。5月，社员周萃阶赴贵州铜仁支医。8月，组织社员与结对帮扶的8名贫困学生开展“爱我家乡，珍爱生命”夏令营一日游活动。10月，在优居壹佰养老公寓组织第29届“国际科学与和平周”义诊，并开展“情系重阳、爱暖鹤颜”慰问义演，共有40余人参与。全年与8名贫困学生开展结对帮扶，捐资1.68万元。（黄　河）

张家港市工商业联合会（总商会）

【概况】 年末，全市共建有各类商会54家，其中区镇商会9家、街道商会15家、行业商会19家，异地商会5家，村级商会6家。有工商联会员单位4333个，其中企业会员4175个，团体会员55个，个人会员103个。7月29日，全国工商联“五好”（领导班子好、会员发展好、商会建设好、作用发挥好、工作保障好）县级工商联建设现场座谈会在市召开。年内，重点吸收科技创新企业、人才企业、新兴产业及现代服务业企业加入商会队伍，发展会员205家。9月，凤凰镇双龙村商会成立。常阴沙现代农业示范园区商会、市氨纶纱商会、分离机商会、保税区石化业商会、塑饮机商会和安徽商会完成换届。加强行业商会工会联合会建设，6家会员企业获评全市首批劳动关系示范和谐企业。经开区（杨舍镇）商会组织警民融合、银企对接恳谈会；市文化艺术业商会赴摩洛哥进行文化访问，开展摩洛哥张家港文化日活动；市防火板商会承办全国菱镁协会“玻镁平板”国家标准宣传贯彻大会，参与制订国家标准；市塑饮机商会的出口基地共性平台项目获评苏州市工商联承接政府职能典型项目奖、服务产业发展品牌项目奖、搭建行业平台示范项目奖；安徽商会、浙江商会获评苏州市先进异地商会。

【参政议政】 年内，市工商联启动“百企大调研、大走访”活动，走访调研会员企业230家，全面掌握民营经济状况和发展中遇到的困难和问题，了解民营企业家的思想动态；对接经开区（杨舍镇）农义村，针对走访企业普遍反映的安全生产、劳动用工、法律风险防范等问题，组织农义村企业、杨舍镇塘市片区企业专题培训。开展专题调研，为41家企业申报全国上规模企业排名，其中6家企业上榜“中国民营企业500强”，入围家数列苏州第一；开展“我市民营企业成本调查及建议”“我市传统产业创新路径研究”两项社会应用研究；开展市“军民融合”企业专项调研，提交建议《民企“参军”希望地方“扶一把”》，该建议获市委专报录用。市工商界政协委员在市政协会议上提交集体提案5件、个人提案39件，全年围绕张家港港口资源整合、加快口岸经济转型发展、小企业科技创新等课题建言献策12条。

【会员服务】 年内，市工商联开展“双师建设”（沙洲职业工学院创新创业导师和市总商会产业指导老师）促进校企合作，成立企业家创新创业导师团，在沙洲职业工学院开设5场企业家讲堂，组织4批50余家会员企业代表赴东南大学、南京理工大学等高校开展产学研合作和项目对接活动。通过校企对接，全年各行业商会与学校合作帮助行业企业完成技术改造8项、项目申报3项、专利申请10件、高新技术企业申请2家。举办商会企业办公室主任（行政主管）培训班1场，举办经济形势分析、吴文化讲座等主题的企业家沙龙，组织企业参加经济转型、管理创新、法律风险防范等专题讲座12场。推进政企互通，会同市环保局组织开展“政企互通环保专场”活动，传递环保政策法规，并就监控数据统计、排污收费、工业固废处理等企业关注问题答疑；与市安监局合作开展政企互通安监专场活动；联合市科技局开展“科技e+”进商会活动3场。组织企业走进上海银行、张家港农商行、民生银行开展银企对接交流活动。组织企业家赴新疆维吾尔自治区、安徽省、甘肃省兰州市等地参观考察寻求商机；赴埃塞俄比亚、坦桑尼亚、俄罗斯、波兰等地拓宽对外投资视野。市总商会与山东省桓台县、安徽省石台县、新疆维吾尔自治区五家渠市等七地工商联缔结友好商会。会刊《张家港商会》宣传全市优秀企业50家、企业家25人；开设“张家港工商联”微信公众号，围绕工作动态、企业创新、治企之道、涉企政策等开展宣传；实施年度“企业创新进行时”主题宣传，每月在《张家港日报》宣传2家优秀会员企业。理想信念教育、构建新型政商关系、强化商会组织建设等3篇先进工作经验报道在《中华工商时报》刊登。

【非公经济人士理想信念教育】 年内，市工商联以“薪火计划”为主题，开展非公经济人士理想信念教育活动。2月27日至3月1日，组织29家基层、行业、异地商会37人，赴盐城开展“铁军精神”文化学习培训班。中共十九大期间，组织全市各商会、会员企业收看开幕式。9月30日，组织召开民营企业家“喜迎十九大、弘扬优秀企业家精神”座谈会，集中学习《关于营造企业家健康成长环境弘扬优秀企业家精神更好发挥企业家作用的意见》。引导会员企业投身公益，有12家会员企业签约结对13个志愿服务项目，金额35万元。组织会员企业赴宿迁市宿豫区开展“百企帮百村”精准扶贫活动，赴重庆市云阳县、贵州省沿河土家族自治县结对帮扶。

【新生代企业家培养“青蓝工程”】 张家港众多民营企业已进入代际传承阶段，178家常执委企业中，已经或实施传承交接的72家，占40%。张家港市工商联把“年轻一代”群体作为促进“两个健康”（非公有制经济健康发展和非公有制经济人士健康成长）重要着力点，创立新生代企业家教育培养工作品牌“青蓝工程”。4月7日，市工商联“青蓝工程”启动仪式暨首场“代际传承、青蓝接力”论坛在沙钢宾馆举行，全市100余名企业家代表参加活动，6位“一代”“二代”企业家代表担任主讲嘉宾，分享创业故事，交流发展思路。7月18日，市年轻一代民营企业家理想信念报告会在

全市年轻一代民营企业家理想信念报告会　　（市工商联　提供）

馨苑度假村会议中心召开。6名市年轻一代民营企业家典型作专题报告，从不同角度阐释当代青年企业家对责任和担当的理解，以及在传承中创新、创新中发展的心路历程。年内，通过举办青年企业家浙江大学转型升级与创新发展专题培训班，组织青年企业家走进沙钢集团、康得新公司、爱康集团等优秀企业学习交流，多种形式对青年企业家进行政治引导、素质教育和能力培养。2016年至2017年，开展企业常态化互访40余场，参访人员逾1000人次，其中年轻一代参与比例达到50%以上。11月，市工商联副主席、沙钢集团党委书记沈彬当选中国民间商会副会长，成为全国工商联最年轻的副会长。至年末，市工商联常执委队伍中，45周岁以下年轻企业家45人，占25.3%，其中，担任副主席、副会长的5人，中共党员23人；年轻一代企业家担任人大代表、政协委员的有24人。　（彭　嫣）

张家港市总工会

【概况】 2017年年末，市总工会下辖10个区镇工会、10个系统工会。全市工会组织覆盖法人单位22358个，其中单独基层工会2658家。累计有工会会员671627人。年内，市总工会统一规范全市工会组织基础工作，健全镇、村、企业“小三级”网络架构，以“25人以下全覆盖，25人以上单建率90%以上”为要求，进一步强化工会联合会、联合工会等中间层次工会建设，推进非公有制企业、新社会组织等单位建会工作，做好新生代农民工、劳务派遣工、“两新组织”职工等职工入会工作，全年新增建会企事业单位371个、会员11536人。

【职工宣教】 年内，市总工会把学习践行社会主义核心价值观与“喜迎十九大”结合起来，组织开展“学党史、知党情、跟党走”知识竞赛、爱国歌曲大家唱、“永远跟党走、共筑中国梦”等主题活动。会同市委宣传部、市文明办开展寻找“最美职工”大型宣传活动，联合主流媒体发布“最美职工”榜单4期40人，其中3人入选2017年市道德模范和“身边好人”。打造新型产业工人队伍，组织职工参加苏州大学专升本教育。年内，市总工会被评为全市志愿者才艺大赛“组织奖”，2件职工原创作品获得苏州市第二届群众文化“繁星奖”银奖、铜奖，“迎春纳福送春联”活动获得2017年度江苏青年志愿者服务春运“暖冬行动”优秀项目。推进书香企业建设，市总工会入选全市首批“理论氧吧”试点单位，全市新增省级“最美职工书屋”1家、省级职工书屋1家、苏州市职工读书站示范点8家、张家港市级书香企业10家，“匠心读韵、创业追梦”职工主题读书月活动被评为苏州阅读节优秀活动奖和苏州市第八届“职工读书月”活动组织奖。

【劳动竞赛】 年内，市总工会结合行业和企业发展实际，联合相关单位承办第五届“行行出状元”职业技能大赛，设置游泳救生、中医适宜技术、保险理赔等项目，197名职工获得技能等级或岗位工资晋升。与相关单位联合开展卫生应急技能、公交驾驶技能、职工食堂厨艺等竞赛活动，组织全市400余家企业开展各类岗位练兵、技术比武、技能竞赛活动，参赛职工近1万人。年内，各级工会围绕创新驱动、转型升级，广泛开展“金点子”、合理化建议等活动，征集建议近550条，创造效益2000余万元。与市科协联合开展第四届“工人科技之星”评选，七大类别的153个团体及个人参与，45个团体及个人当选。

【劳模管理】 年内，市总工会组织劳模先进推荐、评选、表彰工作，制定《张家港市五一劳动奖状、奖章评选管理办法》，推选省、苏州市五一劳动奖25人，召开全市庆祝“五一”国际劳动节表彰大会、劳模代表学习贯彻中共十九大精神座谈会。加强劳模精神宣传，全年在《张家港日报》、张家港广播电视台、市总工会门户网站、“张家港职工之友”微信公众号等媒体开展“五一”系列报道、“港城工匠”特刊等主题宣传活动，摄制完成反映张家港市建县（市）以来劳模代表先进事迹的4集电视纪录片《劳动筑梦》，制作1000份U盘发到各区镇、系统（直属）工会和重点企业工会。加强劳模管理服务，全年发放劳模春节慰问金83.6万元、困难劳模补助金35.4万元、退休劳模荣誉津贴91.9万元。

【民主管理】 年内，加强劳动关系和谐企业创建工作，评出2016年度苏州市、张家港市劳动关系和谐企业75家、创建活动组织奖11家。在获评劳动关系和谐企业中开展示范创建，评出首批和谐劳动关系示范企业10家，发放奖金55.2万元。健全和深化厂务公开民主管理制度，完善集体协商、集体合同机制，全市签订区域性集体合同192份，独立建会企业签订工资专项集体合同2129份，签订率保持在95%以上。

【职工维权】 年内，市总工会加强普法宣传，开展节日普法、微信普法、个案普法等活动，发放资料近2万份，接待咨询700余人次。加强工会劳动法律监督，开展春查劳动合同签订、夏查劳动安全保障、秋查社会保险参保、冬查工资报酬支付"四季行"监督检查，组织劳动法律监督检查17次，检查用人单位125个。加强劳动争议调解，推动区镇、行业普遍建立协调劳动关系三方机制，独立建会企业、区域（行业）覆盖企业建制率分别达到95%、90%以上。市劳动人事争议仲裁委员会工会分庭全年受理案件189起、裁决152起，标的385.2万元。加强安全生产劳动保护，开展"安全生产广场日""安全隐患随手拍""网上安康课堂"、"安全到家"公交公益广告等活动，举办培训讲座50余次，发放宣传资料近1万份。组织"安康杯"主题竞赛，全市有72个单位分别获评省、苏州市和张家港市"安康杯"竞赛先进单位，市总工会被评为省"安康杯"竞赛组织工作优秀单位。

【职工帮扶】 年内，加强工会就业援助，组织企业参加"春风行动"，提供岗位10669个；开办月嫂和育婴师培训班14期，培训800余人。元旦、春节期间，市总工会筹集资金300余万元，走访慰问困难职工846人、环卫工人2500余人。开展夏季"三送"（送清凉、送安全、送法律）活动，在全市建成"安康驿站"92个，各级工会筹资300余万元，走访慰问企业和工地1000余家。开展"金秋助学"活动，全年共资助困难学生140人，提供助学金41.6万元。加大病困职工帮扶救助力度，全年为121名病困职工累计发放医疗和生活补贴60.83万元。推进职工服务平台建设，建成A级职工服务中心45个、"妈妈驿站"48个。

【工会改革推进】 根据《江苏省总工会改革实施方案》和省总工会十三届五次全委（扩大）会议要求，自3月起，市总工会启动工会改革工作。分批召开工会改革专题调研座谈会，征求意见建议。制订《张家港市总工会改革实施方案》，报市委全面深化改革领导小组会议审议通过，由市委办于7月28日印发。方案从"优化组织体制及运行机制""加强工会干部队伍建设""改进工作方法，创新工作举措""发挥工会党组领导核心作用"等四个方面明确19条主要改革任务。9月28日，市总工会召开工会改革方案专题解读会。对照《张家港市总工会机关主要职责、内设机构和人员编制规定》，市总工会将机关内设机构从原有的9个整合为7个，领导班子按照专职和兼职、挂职各50%的比例，配备1名挂职副主席、4名兼职副主席。至年末，市总工会本级机构设置、职能调整、人员配备全面到位，各项配套性制度文件和措施在制定实施中。

（吴　吉）

中国共产主义青年团张家港市委员会

【概况】 2017年年末，全市有团（工）委157个、团总支178个、团支部1495个，团员85774人。新建非公企业团组织70个。有各级少先队组织12990个，少先队员8.6万人，少先队辅导员1985人。全年发展团员4000人，推优入党283人。4月，在市委党校举行2017年全市大学生村干部培训班，50名大学生村干部参训。5月，召开市青年联合会第四届委员会第一次全体会议，会议审议并通过市青年联合会第三届委员会工作报告、《张家港市青年联合会组织和工作细则（修正案）》，选举产生市青年联合会第四届委员182人。6月，召开市少工委六届二次全体（扩大）会议。9月，召开共青团市第十五届委员会第四次全体（扩大）会议，团市委全体工作人员及各直属团（工）委负责人50余人参加会议。是月，举办市青年联合会四届一次常委会暨喜迎十九大青联委员学习《习近平关于青少年和共青团工作论述摘编》座谈会。10月，举办2017年张家港市优秀青年人才培训班，组织36名优秀青年团干部赴全国青少年延安革命传统教育基地进行培训学习。2017年，全市共青团获得国家级荣誉2项、省级荣誉18项、苏州市级荣誉34项，其中中粮东海粮油工业（张家港）有限公司团委获得"中央企业五四红旗团委"称号。

【青少年教育】 6月，团市委联合市教育局、市少工委举办市"喜迎十九大——我向习爷爷说句心里话"主题队日暨"红领巾寻访强军梦"主题观摩活动。7月，举办市第一期红领巾成长训练营，全市12所小学的26位少先队员、4所小学的5位辅导员参加训练营。10月，开展"喜迎十九大·我是光荣的少先队员"主题队日活动。11月，团市委举办"建功十九大·青春在闪光"优秀青年事迹分享会，全市各直属团组织干部，市青年联合会、青年商圈、青年志愿者、青年岗位能手代表等300余人参加。12月，举行市各界青年十九大精神专题学习班，全市团干部、大学生村干部、青联委员、青年商会企业家、少先队辅导员、学生团员代表等700余人参加会议。是月，召开全市预防青少年违法犯罪暨重点青少年服务管理工作会议，会上发布"12355"服务平台。是月，举办第二届市少先队辅导员基本功竞赛，全市210名大、中队辅导员组成的42个代表队参赛。

【青年商会建设】 1月，市青年商会企业家与创新人才共话"创新四问"暨2016年市青年商会年会在华芳金陵酒店举办。是月，市青年商会组织会员联合市人民法院开展春季慰问活动。4月，接待重庆市青年商会到访，举办"互联网+思维创新"专题讲座。5月，赴重庆参观学习，举办"优秀企业与优秀团队"专题讲座。7月，联合市科技局、市工商联举办十大产业技术研究院暨众创空间创新项目推介与洽谈会。8月，联合农工党市委一行20人赴淮安交流学习，参观江苏今世缘酒业有限公司并举行座谈会。9月，举办"科技e+"走进沙钢集团活动。10月，开展"科技e+"走进领军人才企业活动。11月，赴江阴学习参观考察并签订友好商会协议；是月，赴徐州市参观考察，开展两地商会组织交流互访活动。12月，组织会员赴广州、深圳学习交流考察。

【青年志愿者行动】 2017年，团市委继续深化青年志愿者行动。7月，组织286名返乡大学生开展第5期"快乐暑假"青少年志愿服务行动。该次活动包括两类志愿服务内容：志愿服务类，例如公益志愿、便民利民、社区服务、家教辅导、敬老爱幼等内容；岗位体验类，例如机关事务、社区管理、文书档案整理、活动策划等内容。8月，组织30名大学生志愿者服务第四届"创青春"江苏青年创新创业大赛暨第四届"创业张家港"青年精英创业大赛。是月，推荐"遇见Dream—真人图书走进新市民子女学校""绿意慢生活"等项目参加"益青春·筑梦想"第四届苏州市青年创益大赛。12月，组织132名志愿者参与2017年张家港国际马拉松赛、松禾资本价值同盟年会志愿服务活动。对志愿者采用星级评定、专项表彰等激励措施，年末表彰优秀青年志愿者131人。同时，加强青年志愿者信用体系建设，全面对接市文明办，用好志愿者服务时长。加强对步行街青年志愿者岗亭日常管理，岗亭年均参与志愿者3600余人次，服务群众2万余人次。

【"希望之光"助学品牌】 2017年，团市委继续做大"希望之光"助学品牌，全年累计发放助学金47.96万元，资助贫困学生339人次。8月，举行ZPSS"希望之光"助学金发放仪式，资助6名贫困学生1.65万元助学金。是月，举行"希望之光，圆梦行动"奖（助）学金发放仪式，资助贫困学生6人，资助金额1.7万元。10月，2017年张家港共青团"希望之光"国泰奖学金发放仪式在国泰集团举行，全市19所学校的114名学生获得总额33.3万元的奖学金。

【青年创业创新】 年内，团市委深化"未来比茨—今园1号"青年创业示范园区、澳洋电商产业园—海纳众创空间等共青团属青创空间建设。6月，共青团中央青年发展部创业促进组一行4人到张家港市就青年创业园区建设进行专题调研，并召开团中央全国青年创业园区专项调研江苏座谈会。10月，团市委与北京大学信息科学技术学院举行校地合作签约仪式。双方在创新创业项目引进、见习实践合作、创新励学合作、党团组织共建等方面建立全面合作关系。

【青年精英创业大赛】 7月31日至8月3日，2017年"创青春"江苏青年创新创业大赛暨第四届"创业张家港"青年精英创业大赛在张家港市举行。团中央书记处书记徐晓、团省委书记王伟等参加颁奖典礼。"创业张家港"青年精英创业大赛引入主分赛制，6月至7月设置经开区（杨舍镇）、冶金园（锦丰镇）、乐余镇3个分赛场，各分赛区前十名晋级主赛。10个项目最终获奖，其中4个项目实现落地发展。"创青春"江苏青年创新创业大赛以"创新引领未来·创业改变生活·奋斗成就梦想"为主题，采用"市级赛+省赛""综合赛+分组赛+专项赛"的方式，分别举办商工组、现代农业和农村电商组、互联网组三类综合赛及APP专项赛，共有300余个项目参赛，其中210个项目进入决赛。大赛为每个组别分设一、二、三等奖，并给予不同金额的资金奖励，奖金共116万元。共有100个项目获奖，其中优秀组织奖8个、一等奖10个、二等奖30个和三等奖67个。张家港市推报的项目获1个一等奖、3个二等奖、2个三等奖。年内，推报项目参加"创青春"全国青年创新创业大赛，1个项目获商工组铜奖。

（李玉杰）

张家港市妇女联合会

【概况】 2017年年末，全市有区镇妇联10个、直属机关妇联1个、部门机关妇联24个、村（社区）妇联275个，在新领域、新群体中建妇女组织105个。10月，《市妇联改革实施方案》经市委批准并印发实施，确定健全完善妇联组织体系、全面加强妇联干部队伍建设、创新工作内容和载体、创新工作方式和手段、开展网上妇女群众工作、加强党的领导等六大重点改革任务，并细化为27项措施。11月，市妇联领导班子按照"专挂兼"相结合的方式配备到位，其中专职主席1人、副主席3人、挂职副主席1人、兼职副主席3人。中层干部双向交流、挂职干部选派制度启动运行，3名中层挂职干部到岗到位。12月，获批组建下属事业单位市妇女儿童活动中心，并依托市妇女儿童活动中心成立市妇联新媒体中心和市妇联权益维护中心。12月，张家港市机关第二幼儿园隶属关系由市妇联调整为市教育局管理。年内，制定下发《关于加强基层妇联组织建设的实施意见》，完成基层妇联组织集中换届工作，全面铺开区镇妇联组织区域化建设改革，村（社区）妇代会全部改建妇联，区镇、村（社区）两级妇联新增执委1507人、兼职副主席243人，执委人数达到了扩容前的2.4倍。在高新区（筹）、市市场监督管理局、江苏有线张家港分公司等3家单位新建妇联，成立杨舍地区小学教师行业妇联。实施女性社会组织培育计划，指导注册怡婴坊、知心红娘、第一课堂等3家女性社会组织。推进"网上妇联"建设，建立完善网上妇联工作集群，"暨阳玫瑰"微信公众平台全年推送信息1300条。承办全国妇联"新时代，新作为"百姓宣讲走进张家港长江村活动，推出微信学习专栏，全市各级妇联组织面向妇女群众组织开展中共十九大宣传宣讲活动15场。

【妇女创业创新】 年内，实施"暨阳玫瑰，优品职场"市巾帼文明岗提质增能项目，其中1月举办巾帼文明岗网上系统申报和展示培训班，3月举办"共筑美丽职场，争做最美女性"演讲比赛。2月、3月，市妇联、市人社局、市总工会联合举办"'三八'架金桥、春风送岗位"市女性劳动力就业专场招聘会、市第十八届女性人才专场招聘会，104个次单位提供2500余个岗位。7月，举办市女企业家（上海交通大学）高级研修班，35人参与。8月，市妇联和市人社局联合举办2017年女性毕业生专场招聘会，86家单位提供1109个岗位。9月至12月，举办4场农村妇女劳动力转移（月嫂）培训班，211人参训。11月，举办巾帼基地“一日游项目”创建培训班，30人参训。12月，举办张家港—宜兴两地女企业家话发展活动，70余人参加。年内，发放妇女小额担保贷款19笔总金额435万元。创建成全国巾帼文明岗1个、省级巾帼文明岗5个、苏州市级巾帼文明岗8个和张家港市级巾帼文明岗36个，苏州市巾帼建功先进集体1家，省级巾帼示范专业合作组织1个和省级巾帼农家乐示范基地2个，选树省级巾帼建功标兵1个、苏州市巾帼建功标兵2个和张家港市级巾帼建功标兵41个。

【妇儿权益维护】 年内，市妇联开展“法律进家庭，平安伴我行”网络知识竞赛、“暨阳玫瑰，法润心灵”女司法工作者企业行、女大学生安全教育公益课等法治宣传活动20余场，发放宣传资料1万余份，参与群众近1万人次。3月，开展“幸福万家，与法相伴”三八维权周志愿服务活动，近40名巾帼维权志愿者参加，发放宣传资料6000余份，接受群众咨询300余人次。继续实施“暨阳玫瑰，守护幸福”婚姻家庭和谐关系建设项目，全年为298对夫妻进行婚姻家庭辅导，现场劝和225对夫妻，排查化解重点婚姻家庭矛盾10件。评选表彰2016年度“平安家庭”创建活动先进集体10家、示范户100个、标兵户10个。

【妇儿民生服务】 4月，《张家港市妇女发展规划（2016—2020）》和《张家港市儿童发展规划（2016—2020）》颁布实施。《张家港市妇女发展规划（2016—2020）》推出建立危急重症孕产妇救治中心、公共场所设立母乳哺育室、家庭医生签约服务扩面工程、女性素质提升工程等重点项目。《张家港市儿童发展规划（2016—2020）》推出建立危重新生儿救助中心、逐步推进“四点半”学校和儿童福利载体建设、推进儿童福利普惠制度体系建设和建立困境儿童关爱中心、新生儿开展遗传代谢性疾病筛查等重点项目。年内，市妇联开展2017年度低保、低保边缘户“两癌”（宫颈癌和乳腺癌）患者信息采集核对工作，采集信息30条。落实2017年退职离岗村妇代会主任生活补助工作，发放补助金6.06万元。实施省妇女儿童公益社工服务项目“向日葵妈妈”手工坊——失业妇女帮扶计划，开展职业技能培训48期，惠及700余人。7月，全市妇女儿童工作会议召开，表彰“十二五”期间市妇女儿童工作先进集体和先进个人。8月，市妇联举办“暨阳玫瑰，花开满庭芳”“社会妈妈”爱心助学活动暨“筝·爱”慈善音乐会，活动售票所得1万元通过“生日礼物包”形式发放给困境儿童。全年开展“社会妈妈”爱心助学、爱心储蓄罐认领、母亲邮包捐赠、爱心手拉手活动，募集资金14.65万元，结对78名困境儿童，发放贫困女大学生助学金3.8万元。开展第三届妇女儿童家庭公益创投活动，扶持实施“爱心护蕊—关爱女童安全”“智慧妈妈—学龄儿童母亲增能”等10个公益项目，共投入21.5万元，开展活动358次，惠及群众近6万人次。

【家庭文明提升】 年内，市妇联在《张家港日报》推出《描绘精彩“半边天”》等女性专版4期，在张家港广播电台推出《听见——花开的声音》5期。实施“行走的父母成长课堂”家教志愿服务项目，开展父母成长公益沙龙、现场咨询、亲子工作坊等家教普及活动140余场，惠及5万余人次。创设“童话王国”家庭阅读指导项目，为0周岁至7周岁儿童及其家长提供家庭阅读指导服务73次，惠及家庭300余户。3月，举办“最美是巾帼”主题活动，庆祝“三八”国际劳动妇女节107周年。4月，举办第十届女子羽毛球比赛，全市28个单位的118名女性参赛。8月，承办苏州市“科学家教进万家”巡讲活动，开通“科学家教”微信专栏，推出《家有“懂”事长》原创家庭教育小故事120余期。

【市首届家庭文化节】 3月至10月，市妇联与市文明办联合主办2017年市首届家庭文化节。以“文以化人，家和业兴”为主题，开展秀家庭——选树各类家庭典型、展风采——举办家庭风采大赛、传家教——征集家风家训创意作品、话家风——最美家书诵读展示四类活动。寻找文明家庭、“最美家庭”“书香家庭”等特色家庭500余户，郁全和家庭获评全国“最美家庭”，李汝龙家庭获评省“最美家庭”。组织78户家庭参与家庭风采大赛，300余户家庭参与“最美家庭绿植小集市”义卖活动，征集好家风、好家训手工作品103件，诵读展示家风、家书作品200余件。在5月21日举行的开幕式上，为20户文明家庭标兵颁奖，并发放《立家规、传家训、树家风——张家港家风家训书法雅集》。

【公共场所母乳哺育室建设】 3月，市妇联启动公共场所母乳哺育室建设项目。依据《苏州市公共场所母乳哺育设施建设促进办法》《苏州市公共场所母乳哺育设施建设指南》，在市

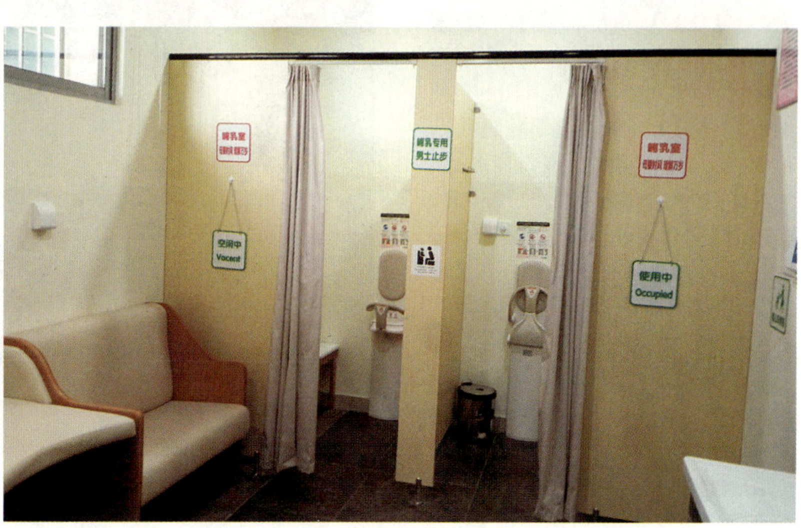

张家港长途汽车站母乳哺育室 （市妇联 提供）

第一人民医院、新华书店、曼巴特购物广场、梁丰生态园、市少儿图书馆、永联游客中心、江南农耕文化园、香山游客中心、香山风景区、市妇幼保健所、暨阳湖生态旅游区、张家港长途汽车站、澳洋医院、长江大酒店、吾悦广场等地新建和改建15个公共场所母乳哺育室。根据场所特点，母乳哺育室分小、中、大三种类型，每种类型都配有哺乳专用椅、婴儿护理台、婴儿安全座椅、洗手池等必备设施。8月全部投入使用，并通过苏州市评估验收。市妇联推动该项目纳入2018年市民生实事项目，计划在市档案局、商业大厦、沙洲大厦、东莱中心接种点、大新医院等地高标准新建公共场所母乳哺育室。

（袁丽红）

张家港市归国华侨联合会

【概况】 2017年年末，全市有“侨之家”3个，“侨务工作站”1个，侨联委员25人，海外顾问10人。市侨联全年先后接待海外侨胞9批140人次到张家港市参观考察。在春节、元宵、端午、中秋等传统节日为全市60余户归侨及困难侨眷发放慰问金和物资5万余元。2月8日，澳大利亚张家港同乡会成立，在澳大利亚的张家港乡亲以及侨界社团的100余位江苏同乡等出席成立大会，通过民主选举组成理事会。3月3日，市侨联举行“以侨架桥——2017海内外侨界专家张家港对接交流会”，海内外侨界社团的包括纳米、新材料、环保产业领域的10余位专家，与全市各区镇以及商务、人才等部门进行洽谈、对接。3月15日，与市金丰众创空间探讨建立留学归国人员众创空间。4月9日，组织归侨侨眷、新侨人才代表30余人参与“农行杯”苏州美丽乡村健康行暨第八届江苏乡村旅游节系列活动。4月13日，由市侨联志愿者队伍组织的博士大讲堂活动在常青藤实验学校举行。5月9日，邀请联合国华人友好协会巴西分会会长支纬中考察中天科技集团公司旗下企业。6月1日，开展“‘凝侨心、聚侨力、护侨益’——千名侨界人士看港城系列活动”。7月10日，召开市侨联五届七次全委会议，依托今园1号创客空间成立新侨创新创业服务中心。7月21日，法中高级人才交流协会会长邵晖、法国科学院院士贝尔纳·杜荣一行应邀到市访问交流。8月2日，市侨联组织侨联志愿者队伍开展“送清凉”活动。9月28日，举办2017年“月是故乡明”市侨界人士中秋联谊会，100余名侨界人士、侨务工作者参加。9月30日，市侨联老归侨联谊会举行欢度九九重阳茶话会。10月14日，“扬新杯”市第六届侨界运动会在沙洲职业工学院体育馆举行，设置羽毛球、乒乓球等比赛项目，全市10支队伍、120余名侨界群众参赛。11月3日，市侨联配合部分侨界政协委员，开展侨务工作调研。12月15日，南美侨领张家港合作交流活动在市举行，玻利维亚中华工商总会、巴拉圭中华总会、秘鲁通商总会等南美侨社团到市访问交流。12月21日，在市苏华美术馆举办“定格曾经”油画学术邀请展。

【经开区（杨舍镇）侨界联合会成立】 6月1日，全市首家区镇侨界联合会——经开区（杨舍镇）侨界联合会举行成立大会。经开区（杨舍镇）100余名侨界人士参加会议，会议审议通过《经开区（杨舍镇）侨界联合会实施〈中国侨联章程〉细则（草案）》，选举产生经开区（杨舍镇）侨联第一届委员会委员9人，张莉莎当选为区镇侨联主席，胡文波当选为副主席，吴香芸当选为秘书长。经开区（杨舍镇）一贯扎实推进侨务工作，深化与港澳台同胞和海外侨胞的交流合作。累计引进留学归国创业人才72人，其中3人获评国家“万人计划”，7人获评国家“千人计划”，33人获评江苏省“双创计划”人才。

【“创业中华·建设江苏”——侨智助力港城发展活动】 9月22日至23日在张家港市举行。“创业中华”是中国侨联打造的品牌，在服务国家战略和协调发展、助力地方人才引进和创新发展、建立示范基地和创业联盟等方面发挥重要作用。由江苏省侨联、省侨联特聘专家委员会、张家港市人民政府联合主办，苏州市侨联、张家港市侨联共同承办。海内外侨界嘉宾，各区镇科技人才工作分管领导，企业界代表、新侨领军人才代表等110余人参加活动。侨界专家围绕生物医药及新材料产业运营模式、企业创新运营模式、研发产学研合作等话题进行分享和交流，并举办人才和项目信息交流对接活动。

（李进达）

经开区（杨舍镇）侨联成立大会　　（市侨联　提供）

【编辑　沈立平】

法治·军事

Rule of Law & Military Affairs

市公安局交警大队“金哨子”比赛　（黄勤芬　摄）

法治政府建设

公　　安

消　　防

检　　察

法　　院

司法行政

人民武装

武　　警

民　　防

扫码欣赏

张家港人民法院宣传片

扫码欣赏

《以现代警务谱写平安篇章——张家港公安工作巡礼》

法治政府建设

【概况】 2017年，全市统筹推进依法行政工作，印发《2017年张家港市法治政府建设工作要点》。1月，市人民政府法制办公室被江苏省人民政府法制办公室评为2016年政府法制工作成绩突出单位。4月，《张家港市政府重大事项合法性审查程序规定》出台，明确合法性审查的地位、所需材料、审查期限、审查内容以及审查意见的利用，规范合法性审查活动。是月，市政府法律顾问聘任工作会议召开，对市政府法律顾问进行续聘和增补，聘请12位专家和资深律师作为政府法律顾问，总结2016年情况，提升法律顾问参与政府事务的深度与广度；组织签订法治政府建设目标管理责任书，推动政府和部门主要负责人切实履行法治建设第一责任人责任。5月，全市法治政府建设暨强化行政执法监督工作会议召开，研究部署2017年法治政府建设工作任务。8月至10月，市政府法制办举办《法治思维与依法治国》专题讲座、政府常务会议学法活动、法治建设专题研修班、政务公开及政府门户网站专题培训，提升依法行政能力。10月，在政府门户网站开设“法治政府建设”专栏，集成依法行政工作动态、重大行政决策预公开、执法人员和监督人员查询、规范性文件库、公共行政法律知识、行政复议知识问答、行政复议在线等模块，打造法治政府建设宣传阵地，提升政府法制服务工作质量。12月，确定市公安局、市人社局等13个行政机关，经开区（杨舍镇）、凤凰镇等4个区镇为张家港市2018—2019年依法行政示范单位，以典型示范品牌项目推动依法行政。推动重大行政决策网上运行，集成对决策流程的实时监管、决策情况的统计分析、决策执行的跟踪评估和公众意见征集及反馈功能。

市行政执法案卷季度评查会 （市法制办 提供）

重大行政决策 3月，市政府在各区镇、各部门申报重大行政决策建议事项基础上，将8个涉及面广、影响较大的决策事项纳入2017年度市政府重大行政决策事项目录。各重大行政决策承办单位按照《张家港市重大行政决策程序规定》要求履行决策程序，至年末，“张家港市教育事业发展‘十三五’规划”“出台创建特色小镇有关政策”“出台‘两减六治三提升’专项资金管理政策”“制定机动车停放服务收费管理政策”等4个事项完成决策程序，并经市政府常务会议讨论通过后开始实施。“修订河道道路绿线控制标准”因执行苏州文件停止实施，“公共文化设施布局规划”“修订文化产业政策”“修订全市住宅区物业管理政策”3项延期至2018年完成。所有决策均按规定落实6项程序、网上运行。

政府规范性文件管理 4月，市政府将《关于加强企业环保信用评价结果运用的实施意见》《关于加强全市住宅物业管理工作的意见》《关于加快张家港文化产业发展的若干意见》《张家港机动车停放收费管理法》等4个文件纳入2017年度市政府规范性文件制定工作计划；印发《关于开展2017年度市政府规范性文件和重大行政决策后评估工作的通知》，将2015年以市政府名义出台的规范性文件和重大行政决策纳入后评估范围，至10月末完成后评估工作。6月，印发《关于开展2017年度行政规范性文件清理工作的通知》，开展行政规范性文件清理工作，至8月末完成。对市政府186件规范性文件进行全面梳理，继续有效102件，修改35件，废止39件，失效10件。市政府法制办公室全年审核市政府文件草案98件，审核通过并经市政府印发规范性文件2件，规范性文件按规定向张家港市人大常委会和苏州市政府备案，备案及时率、规范率100%。同时，办理上级征求意见文件28件。

行政执法监督 2月，市政府印发《2017年度行政执法监督工作要点》《张家港市2017年度行政执法监督工作计划》。市政府法制办打造“互联网+”新载体，建设行政执法监督综合平台，实现行政执法监督工作备案、统计分析、信息报送、动态交流、网上培训考试以及实时查询等功能。5月至10月，分3次开展全市行政执法案卷评查活动，指出19个行政执法部门71卷行政处罚案卷和63卷行政许可案卷的问题88个，提出整改意见18份，评选优秀案卷11卷。9月，举办为期3天法治建设专题研修班，各区镇和部门主要负责人、分管负责人、法制机构和执法机构负责人180人参加培训。行政执法部门共移送公安机关案件70件，组织新任执法人员培训考试2次，220人取得行政执法资格；3200余名行政执法人员参加公共法律知识考试，合格率90%以上；开展行政执法主体资格和行政执法人员、行政执法监督人员证件清理工作，公布56个法定行政执法主体和24个法律法规授权的行政执法主体，注销执法证123张、监督证7张。

行政复议　年内,市政府法制办公室进一步健全复议制度,强化对行政复议、应诉人员的能力和水平建设。2016年12月11日至2017年12月31日,共收到行政复议申请102件,主要集中在信息公开、行政处罚、工伤认定、投诉举报处理等领域,不予受理19件,受理83件,收件数与受理数比上年同期少10%;已审结复议案件94件(含上年结转21件),尚未审结10件;已审结案件中,驳回行政复议申请17件,维持40件,和解调解终止结案23件,纠错14件,其中撤销1件、撤销并责令重作6件、确认违法5件、责令履行2件,纠错率14.9%;召开听证会3件,案审会4次。市政府为被申请人的行政复议案件5件,为被告的行政诉讼案件67件(含上年结转19件),其中一审38件、二审24件、再审5件;市政府工作部门及区镇作为被告的行政诉讼案件194件,其中一审146件、二审47件,再审1件。市政府负责人出庭应诉计4人次,行政部门负责人出庭应诉计120余人次。

行政调解　全市进一步完善行政调解工作体制,规范申请、受理、调解、履行、统计上报程序,加大行业性、专业性行政调解委员会覆盖的深度和广度,推动行政调解和司法调解、人民调解的无缝衔接和有序联动。引入基层群众自治组织、律师、法律工作者、人大代表、政协委员、志愿者、行业协会商会等社会各方面力量参与矛盾纠纷化解,提升矛盾纠纷的化解率。全年办理行政调解11020件,主要涉及治安管理、交通事故、劳动争议、城市管理、消费纠纷等领域,调解达成协议10008件,成功率92.3%。

【行政执法监督综合平台启用】　为整合资源,发挥"互联网+执法监督"新优势,6月,行政执法监督综合平台启用。该平台主要包括行政执法人员网上学习、法制工作信息报送、行政执法日常监督、工作数据报送以及全市依法行政考核等模块。为保障平台的有效利用,市政府法制办举办专门业务培训,全市各区镇、行政执法部门80余人参加培训。年内,通过平台组织两期全市行政执法人员公共法律知识网络考试共3200余人次参加考试;通过平台采集、发布信息219条,促进区镇、行政执法部门法制工作的动态交流。各单位通过平台报送年度工作计划、领导班子学法、执法人员培训、法律顾问聘用合同及考核结果、争先创优等相关材料,实现考核档案的电子化;通过平台在法定期限内报备重大行政处罚决定和许可决定,按月报备行政复议应诉案件,按季度报送行政执法行为、"两法衔接"案件移送数据,实现全市依法行政情况的统计分析和实时查询,提升了依法行政工作水平。　(朱　江)

公　安

【概况】　2017年,市公安局党委下辖5个党总支、82个党支部。年内落实党委理论中心组、全警政治理论学习日制度,完善局党委"三重一大"议事规则等18项党建制度,推行"党小组、警组"双组合一,党员民警走访家庭3.5万户,解决问题满意率93.1%。全局16个集体、69名民警受苏州市公安局以上表彰,其中7人荣立二等功,1人获评全国优秀人民警察。市公安局被市委、市政府授予"2017年度突出贡献奖",被省公安厅授予集体二等功。

打防犯罪　市公安局坚持合成作战、数据侦查,严打"八类"(放火、爆炸、劫持、杀人、伤害、强奸、绑架、抢劫)案件、团伙流窜案件、多发性侵财案件,全年抓获刑事作案成员3275人,破获刑事案件2305起、"八类"案件143起;10起命案全破,侦破一起20年命案积案;破获经济案件79起,挽回经济损失2亿余元。持续开展"打击盗抢骗""冬季攻势"等10余个专项行动,破获全省首例网络平台赌博案件、公安部督办的毒品目标案件、案值1.3亿元虚开增值税发票案件;侦破"6·17"非法侵害野生动物资源、非法采矿等案件,收到公安部专门贺电。

交通管理　市公安局交警大队抓交通违法整治、基础设施完善、文明出行宣传,开展交通大整治大提升专项行动。全市年发生交通事故6803起,其中一般以上交通事故631起,死亡80人、伤598人,交通事故死亡数比上年降2.24%,直接经济损失382.4万元。严格交通执法,查处交通违法行为91万起,暂扣驾驶证648本,行政拘留370人,醉酒驾驶追究刑事责任564人。加强涉危企业源头管控、涉危车辆动态管控,连续4年保持涉危交通事故零死亡。办理汽车注册登记46801辆,核发车辆检验合格标志18.9万辆。完善基础设施,整改道路安全隐患541处,安装电子抓拍71套,漆划交通标线7万平方米,增设交通标志牌400套、隔离护栏1500米、减速块9000米,开展交通安全宣传350余场,累计受教育群众10万余人次。

治安管理　市公安局完成市、镇两级群租房挂牌整治任务,常态化巡查寄递网点、学校、网上危险物品,整改隐患470处;接入视频监控1.42万套,联网率居苏州县市第一。推进巡逻防控百日竞赛、老旧小区安全防范综合整治,快速处置"10·4"乐余劫持警情,依托卡口抓获嫌疑人员1277人,全市违法犯罪警情和刑事发案率实现9年连续下降,2017年分别降幅19.9%、19.2%。年内,查破各类治安案件12422起,查获违法人员12151人。捣毁聚众赌博场所、涉娼窝点328个。办理涉枪涉爆案件13起,收缴枪支97支、弹药3379发、管制刀具1396把、非法储存的假冒伪劣烟花爆竹2143箱。破获环境与食品药品犯罪案件110起,抓获犯罪嫌疑人124人。中共十九大期间,市公安局成立安保领导小组,制定总体方案和反恐防范、安全监管等10余个专项方案;5个重点工作推进组,包片包线督导开展矛盾排查、反恐防范、巡逻防控、犯罪打击、安全监管等五项重点工作。会同市综治办、市民政局、市人社局、市安监局等部门,加强群租房整治、公共安全监管;会同各区镇开展"万人大巡防",组织680名治安志愿者、民兵做好公交首末站和公交车安全管理，提升社会治安掌控能力。表现突出的先进集体和个人被表彰，授予公安民警二等功2人、三等功12人，嘉奖33人；辅警记大功15人、记功4人、嘉奖20人。

“110”接处警工作 年内，市公安局指挥中心受理报警115.57万起。其中，违法犯罪警情2.05万起、火灾警情957起、交通警情10.81万起、纠纷警情5.36万起、群众求助警情36.16万起、其他警情61.09万起。通过快速指挥调度，抓获违法犯罪嫌疑人267人。

执法规范化服务 市公安局深入推进执法规范化建设，连续20年获评全省县级公安机关执法质量考评优秀单位，获评苏州公安十大亮点提名奖，司法责任制改革、执法权力运行等经验做法被中央政法委和公安部肯定。加强公安窗口规范服务，按照群众满意窗口服务单位标准，制定规范派出所窗口建设实施意见，公安机关接待群众窗口服务水平进一步提高，内务秩序和工作人员警容风纪进一步规范，市公安局港区派出所出入境窗口获评全省公安出入境服务示范窗口。推进社会治安综合治理，由政府购买服务、企业众筹提供技术支持的50辆新能源电动“平安志愿者服务车”向保税区（金港镇）的派出所集中交付，用于辖区派出所开展快速处警、日常巡逻、设卡盘查、便民服务等综治平安工作。

【5项基础管控集中攻坚行动开展】 2017年，市公安局开展出租房屋和流动人口管理、互联网危险物品信息管控、寄递行业安全监管、中小学幼儿园及周边秩序整治、视频监控联网应用5项基础管控集中攻坚行动，推动基础管控工作精细化、长效化，提升防控风险、打防犯罪和驾驭治安的能力水平，相关工作得到省公安厅督导组的肯定。全市累计清理出租房屋67320户次，登记流动人口信息3.5万人，抓获违法犯罪嫌疑人89人。1.4万套高清监控接入公安联网平台。152个涉危单位、45家寄递企业和622个营业网点、164所学校全部排查见底，整改安全隐患822处，全市警情比上年下降10%。

【“忠诚之路·港城公安向人民报告”主题活动】 5月，市公安局在保利大剧院举行“忠诚之路·港城公安向人民报告”主题活动。活动以“护航‘四大路径’新征程、展现张家港警察新风采”为主题，围绕改革创新、爱岗敬业、英雄本色、警魂永存、光荣传承5个篇章，通过视频展示、现场访谈、播放致敬词、文艺表演等形式，集中宣传展示全国优秀人民警察、公安英模、因公牺牲民警以及各警种、各条线标兵民警、辅警的先进感人事迹。其间，为2016年至2017年上半年退休的民警举行退休仪式，为10位退休民警代表颁发荣誉纪念章；举行新老民警交接仪式，由退休民警代表将象征张家港公安精神的旗帜传递给新民警代表。市相关部门主要领导，各区镇镇长、分管政法工作领导，市人大代表、政协委员、警风警纪监督员，100家骨干企业负责人，市公安局民警、辅警代表以及社会各界群众代表1100余人参加活动。该次活动通过“张家港公安微警务”微信平台、“张家港在线”网站、“无线张家港”手机客户端等新媒体进行直播，2万余名网友收看现场直播。

（刘 宇）

“忠诚之路·港城公安向人民报告”主题活动 （市公安局 提供）

消 防

【概况】 2017年，市公安消防大队强化社会面火灾防控、灭火救援等工作，保持了全市火灾形势和队伍管理的双稳定。年内，接处各类警情1965起。其中火警1072起、抢险救援和社会救助893起，累计疏散、抢救遇险和被困群众450人。除垃圾、草坪、电线等小火情外，全市共发生火灾717起，造成4人死亡、4人受伤。与上年相比，火灾起数下降3.3%。市公安消防大队在2017年度绩效考评中获评服务地方奖，并获评市先进文明单位。

消防基层基础建设 持续加强微型消防站建设，建立村（社区）微型消防站211个，消防安全重点单位微型消防站807个。大力推广各类技防设施，推动235家单位接入消防设施联网监测系统。在“三合一”（住宿与生产、仓储、经营一种或一种以上使用功能违章混合设置在同一空间内的建筑。该同一建筑空间可以是一独立建筑或一建筑中的一部分，且住宿与其他使用功能之间未设置有效的防火分隔）场所、社会福利机构、小单位、小场所，推广安装独立式火灾报警器2198个、安装简易喷淋装置16套。在劳动密集型企业、住宅小区，设置设有充电设施的电动车集中停放点57个，建设面积9688平方米。

公共消防设施及车辆装备建设 年内，提请市政府将化工专业消防

利用消防宣传车开展巡回宣传　　　　　　（市消防大队　提供）

站、保税区特勤站、高新区消防站、凤凰消防站列入2018年城建计划，进一步合理布局全市消防站点。推动促成化工专业消防站及保税区特勤站举行奠基仪式。结合“六熟悉”（熟悉辖区交通道路、消防水源情况；熟悉消防安全重点单位数量、分类和分布情况；熟悉消防安全重点单位建筑物结构和使用情况；熟悉消防安全重点单位重点部位情况；熟悉消防安全重点单位内部消防设施和消防组织情况；熟悉辖区主要灾害事故类型和处置对策基本程序）巡防工作，组织官兵定期对辖区主要干道、场所以及已有市政消火栓进行普查并登记造册，积极协调政府和相关职能部门开展补建或修复工作。采购1辆55米进口云梯车、1辆16吨泡沫车、1辆2吨水罐车，改装1辆泡沫供液车。充分考虑张家港市产业结构实际和城市发展水平，按照“结构优化、功能多样、先进实用、节能高效”的原则，编制车辆装备三年建设建议方案，推动全市消防车辆装备结构逐步优化，满足灭火救援的实际需要。

执勤备战　年内，坚持“一切围绕实战”理念，大胆创新战斗力生成模式，不断深化部队执勤训练成果，促进部队灭火救援专业化水平和实战能力稳步提升，确保完成各类“急难险重”灭火和抢险救援任务。8名政府专职消防员为苏州代表队获得全省专职消防队比武竞赛企业队团体第一名、政府队团体第二名、总成绩第一名的优异成绩。大队下辖的城北、大新中队获得苏州支队二季度政府专职队普考综合排名前两名，获得苏州支队二季度政府专职队驾驶员业务竞赛团体总分第二名、理论团体第一名、倒车移库团体第二名。荣获苏州市消防部队专勤器材操作竞赛团体第一。始终将人员密集场所、易燃易爆单位、“不放心”场所、单位作为“六熟悉”巡防演练的重点，制订简易灭火预案，并在大队指挥中心建立“不放心”单位底册。年内，大队开展人员密集场所、石油化工轻型编队演练等综合性演练12次，各中队累计开展巡防演练1528次，有效提高了队伍组织指挥和灭火作战水平。

执法服务　年内，市公安消防大队先后组织开展人员密集场所和“九小场所”、高层建筑、电气火灾、出租房屋安全隐患等专项整治工作。全面落实重大火灾隐患政府挂牌督办机制，完成宏成资产管理有限公司、旭东学校2个2016年未整改销案项目及凤凰镇菜场、鹏顺针织制造有限公司、三思针纺有限公司、乐余宏达塑料加工厂等4个2017年新挂牌项目的隐患整改、销案任务。2017年共排查群租房3183家，发放消防安全告知书3269份，发现隐患及违法行为4889处，督促整改2302处，拘留1人，拆除影响人员逃生的金属栅栏73个，搬离违规住人965户。排查登记高层建筑2121幢，发现隐患767处，督促整改367处。在电气火灾综合治理方面，推动行业部门检查社会单位855个、区镇检查社区176个，整治、抄告电气火灾隐患519处、125处。

【社会化消防安全宣传教育】2017年，市消防大队推进“七进”消防宣传工作，结合清明、安全生产月、防灾减灾日等重要时间节点，深入劳动密集型企业、学校、居民小区、机关单位等，扎实推进各项宣传活动，累计发放宣传资料2万余份。强化“趁热打铁”消防宣传，以辖区内火灾典型案例为切入点，采取“线上线下”“再培训再宣传”等多维度全民宣传模式，以火灾警示性宣讲会形式，在火灾发生后的7天内，邀请所在社区、物业负责人、居民代表参加宣讲会，并发动参会人员对社区其余居民开展“再培训再宣传”。年内，累计开展400余次宣讲会，受益群众4万余人。加强宣传阵地建设，利用基层消防中队、消防安全教育体验中心等载体开展对外开放宣传，利用消防宣传车开展巡回宣传，利用道路LED显示屏、商场市场户外大屏等阵地开展滚动错时宣传。年内，全市11座消防站共接待市民群众及学生6万余人，激发市民群众及学生关注消防、走进消防、学习消防的热情，达到了消防宣传教育的目的。经开区（杨舍镇）消防安全教育体验中心作为全市首家体验式消防安全主题教育场馆，设有模拟“119”电话报警、火灾隐患大家查、3D虚拟灭火等游戏环节，能够高度逼真地体验模拟场景。年内，中心接待辖区市民群众及学生1万余人。联合张家港电视台制作《璇子说消防》专题节目20期，利用官方微博、微信每日发布相关信息。（常　妍）

检　察

【概况】市检察院有员额检察官33人、检察辅助人员35人、司法行政人员16人以及12月转隶至市监察委的人员21人。年内，市检察院坚持以“当好示范、再创模范”为目标，统筹推进司法办案、改革实践和自身建设等工作。10月，中共中央办公厅印发《关于在全国各地推开国家监察体制改革试点方案》，市检察院严格按照上级部署，全力支持配合做好职能划转、机构人员转隶、线索清理移交等工作，抓好结案、积案与涉案财物的后续处理。同时，深入开展转隶人员的思想政治工作，改革试点平稳过渡，检察队伍保持稳定。市检察院被苏州市人民检察院评为2016年度苏州市检察机关先进基层检察院，获评张家港市综合贡献奖，获得全国检察机关文明接待示范窗口、全国一级规范化驻所检察室、全省检察机关检务保障工作先进集体等集体荣誉22项，全国检察机关反贪污贿赂专家人才、全省检察机关网信建设标兵、苏州市检察机关精品课堂等个人表彰69项。

反贪污贿赂和反渎职侵权　市检察院全年立案侦查贪污贿赂犯罪案件16件17人，其中受贿案件8件8人、行贿案件2件3人、挪用公款案件6件6人。立案侦查渎职犯罪案件3件3人。通过办案追缴赃款赃物和挽回其他经济损失5820万余元。

侦查监督和公诉　市检察院全年受理公安机关提请逮捕各类刑事犯罪案件840人，经审查批准逮捕610人，对社会危险性不大的不批准逮捕133人；受理移送审查起诉1858件2617人，经审查提起公诉1676件2356人，对犯罪情节轻微的103人决定不起诉；对应当立案而不立案的监督立案4件，提出抗诉2件2人、再审检察建议2件2人，发出纠正违法通知书18份。深入推进未成年人检察监督，严格落实犯罪记录封存、附条件不起诉等涉罪未成年人特殊保护规定，依法办理未成年人刑事案件48件59人；严厉打击强奸、猥亵儿童等侵害未成年人人身权利的案件，提起公诉19件20人；会同公安机关制定加强未成年被害人司法保护的意见，推动建立"一站式"取证制度；建立观护教育基地，举行"防治校园欺凌"检察开放日活动，护航未成年人成长。及时研判影响经济社会发展的苗头性倾向性问题，针对利用微信群实施网络赌博、恶意欠薪类犯罪多发等实际问题撰写研判报告11份，为政府提供决策参考。

民事行政检察　市检察院全年办理民事行政检察监督案件50件，提出审判监督类检察建议1件、执行监督类检察建议15件，督促支持相关单位起诉6件。扎实开展公益诉讼工作，针对非法倾倒工业固废、原料泄露污染河道等损害环境公益的情况，在对涉嫌犯罪的依法批准逮捕的基础上，会同环保部门开展诉前和解协商3件，索赔环境损害赔偿金1800万余元；立案调查并报送上级检察院提起民事公益诉讼1件；对发现的行政机关违法履职、不完全履职等现象发出检察建议5份，提起行政公益诉讼案件2件。建立备案监督、提前介入、跟踪监督、信息反馈等制度，深入推进行政执法与刑事司法相衔接。建议行政机关移送涉嫌破坏环境资源犯罪案件15件21人。为协同推进生态文明建设和环境保护工作，5月开始，市检察院探索指派专人在市环保局实地办公，进一步突出履职的针对性和深入性。8月，在试运行的基础上，市检察院联合市环保局制定《关于在生态环境保护工作中进一步加强协作配合的意见》，并正式挂牌成立驻市环保局检察官办公室，选派检察官以派驻方式开展工作。

刑事执行检察　市检察院全年检察收押各类在押人员2933人，检察释放在押人员2877人。开展刑事执行检察监督，监督收监执行3人，监督财产刑执行到位6件。坚持逐案开展羁押必要性审查，对逮捕后具有悔罪表现、不予羁押不致发生社会危险的44名犯罪嫌疑人，及时监督变更强制措施。

控告申诉检察　市检察院全年依法办理刑事申诉案件13件，控告案件35件，检调对接8件。经审查向法院发出再审检察建议2件，法院改判2件，救助特困刑事被害人1人。坚持把法律文书应用到信访案件办理的全过程，附以具体法律条文，加强释法说理，共送达各类文书152份，充分保障信访人的知情权、陈述权、申诉权。

职务犯罪预防　市检察院全年开展专题预防调查2次、犯罪分析6次，促进堵漏建制2项。受理行贿犯罪（行为）档案查询8925批。组织开展各类警示教育39批4000余人次。联合主管部门开展医疗卫生系统"远离回扣、廉洁从医"主题专项活动，共同营造医疗卫生系统风清气正的环境。依托市预防职务犯罪"正廉"指数平台，对72个预防成员单位的1235条信息进行动态监测，对发现的风险排查不深入、堵漏建制不及时等42个问题进行督促整改，向9个单位发送三色预警函，切实发挥对全市预防职务犯罪工作的协调引导作用。

【廉政风险防控管理新体系构建】2017年，市检察院在深入开展廉政风险点排查和建立防控措施工作中，把握基层检察权实际运行规律，结合司法改革新形势，按照体例清晰、内容简练、操作便捷的要求，以岗位职能为根据突出风险排查标准化、以检察权运行为范本突出廉政风险防控个性化、以实际操作为目标突出防控手册实用化"三化"为抓手，探索编制《廉政风险防控管理手册》，根据工作性质与岗位主体，划分业务岗、综合业务岗、司法行政岗3个大类岗147个具体岗位，对应编制部门职权目录，绘制权力运行图132项，岗位廉政风险点1406个及对应风险防控措施。同时，根据岗位权力大小确定3个风险等级，以便干警准确把握，明确防控措施。在此基础上，研究制定廉政风险防控管理实施办法，在司法办案过程中同步开展廉政风险防控，明确检察长、分管副检察长、部门负责人、员额检察官对职责范围内廉政风险防控管理负主体责任，纪检监察部门对廉政风险防控责任主体履责行为负监督责任，要求以党小组或部门为单位，常态化开展廉政文化教育、谈心谈话，强化日常管理和检务督察。检察人员根据岗位要求，按照不同等级定期开展自我对照、风险预防和堵漏补缺，实现风险防控的自主管理。建立廉政风险信息收集、防控提醒与研判通报3项机制，确保廉政风险防控措施得力。确定警示提醒、诫勉纠错、责令整改3个办法，确保廉政风险问题处置到位。对廉政风险抓早抓小、标本兼治，确保廉政风险防控职责明晰、监控精准、处置到位。市检察院积极构建廉政风险防控管理全新体系的做法得到《检察日报》《江苏法制报》等媒体的报道。

【智慧检务建设】 2017年，市检察院以提高办案效率、促进司法公正规范为出发点，强化大数据战略思维，深化智慧检务建设，运用信息化技术推动检察工作开展。试点运行刑事办案智能辅助系统，自动进行全面阅卷，自动筛选抓取存在的疑点和需要重点关注的问题，自动生成法律文书模板，系统审查、推送准确率97%。推行“网上电子卷宗审查办理为常态，纸质卷宗使用为特例”的单轨制办案模式，进一步提高办案质效。加强案件监督管理大数据平台试点应用，自动抓取分析办案信息，实时对检察官发出期限预警、风险预警、权利保障提醒等，实现全程留痕、全面监控，推送流程监控信息4622条。依托检察官绩效考核软件，全面记录、量化评价检察官工作情况，对刑检部门检察官的1398条履职信息进行动态监测，加强激励引导。严格运用检务保障信息系统、苏检掌上通，实现文件传阅、会议签到、用车申请等全部网上流转。

（陈丹蕾）

法　　院

【概况】 2017年年末，市人民法院有员额法官82人，审判辅助人员65人，司法行政人员24人。年内，市法院以“司法行为规范化管理深化年”为抓手，推进司法改革，全年受理各类案件31576件，审理、执结28060件，结案标的额168.79亿元，分别比上年增23.85%、24.43%和25.6%。市法院连续五年获张家港市委、市政府综合贡献奖。

刑事审判　市法院全年受理刑事案件1818件，审结1701件2087人，其中审结危害公共安全罪565件568人，破坏社会主义市场经济秩序罪97件147人，侵犯公民人身权利、民主权利罪139件170人，侵犯财产罪680件837人，妨害社会管理秩序罪203件348人，贪污渎职犯罪17件17人。生效判决1694件2059人，其中被判处10年以上有期徒刑的罪犯22人，被判处5年以上10年以下有期徒刑的43人，被判处5年以下有期徒刑的500人，拘役的885人，缓刑的448人，单处附加刑的149人，免于刑事处罚12人。

知识产权审判新闻发布会　　（市法院　提供）

民商事审判　市法院全年受理民商事案件16089件，审结14040件，诉讼标的额87.87亿元。其中，审结婚姻家庭纠纷1663件、民间借贷纠纷2113件、劳资纠纷1036件、交通事故纠纷2061件。化解买卖合同纠纷2673件、房地产开发经营合同纠纷129件、建设工程合同纠纷189件、居间合同纠纷289件、保险合同纠纷160件。审结破产案件11件、知识产权案件188件。

执行工作　市法院全年受理执行案件13036件，执结11705件，执行标的金额17.34亿元，比上年分别增75.4%、79.72%和55.66%。执结率86.46%，执行标的到位率68.9%。其中，执结刑事案件2041件、民事案件8551件、行政非诉审查与执行案件61件，仲裁1052件。

审判监督和行政审判　市法院受理再审案件219件，审结208件。受理行政案件313件，审结295件，其中判决维持4件、撤销8件、履行法定职责2件、确认违法或无效4件、驳回诉讼请求122件、赔偿1件，裁定驳回起诉48件、撤诉49件、移送5件，其他52件。受理行政非诉审查案件152件、审结152件。

【执行联动机制建立】 2017年是“用两到三年时间基本解决执行难问题”的关键一年，市法院多措并举、攻坚克难破解执行难题。全面融入江苏法院执行云，与上级法院实现系统无缝对接、数据交换、互联互通，推动执行查、扣、冻一体化实质性运作。提升执行工作信息化水平的同时，探索建立执行工作联动机制，与公安、工商、金融等部门建立“点对点”联动查控机制，并借助法院微信公众号、电子展示屏、《张家港日报》、张家港电视台等媒体平台对数百名失信被执行人进行曝光，加大对“老赖”的惩治力度。新增不动产查询专线，拓宽银行查、冻、扣覆盖面，建立公安机关协助法院查控被拘留人和机动车辆工作机制，与保险公司合作推出“执行无忧”悬赏保险项目等综合治理措施。开展执行会战和专项执行活动，组织5次全院大规模执行会战，出动警力492人次，现场拘传被执行人128人，到位标的金额280余万元；开展涉民生案件、涉金融案件等专项执行活动20余次，执结一批“骨头案”，执结标的300余万元。加大信用惩戒力度，移送拒执罪4件，司法拘留99人，限制出境53人次，限制高消费814人次，公开曝光407名失信被执行人。全年共有995件案件被执行人主动履行生效裁判确定的义务，比上年上升64.46%。

【智慧法院建设】 年内，市法院加快推进信息技术在案件审理、诉讼服务和司法管理中的运用，建设智慧法院。主要包括电子卷宗随案生成、庭审语音智能转写、电子质证随讲随翻、材料流转云柜互联、文书制作左看右写等信息技术运用平台，以达到提高司法效率、促进审判现代化的目的。通过平台运用，实现法官事务性工作剥离约40%，书记员事务性工作减少约50%，审判效率平均提高30%左右，同时实现对重要司法活动全程留痕、实时监督。

【案件繁简分流制度推行】 2017年，市法院为优化司法资源配置，提高审判效率，打破审判资源均衡分布的局面，全面推行民商事案件繁简分流制度，实现简案快审、繁案精审。启动诉讼文书网格化送达机制，采取诉讼权利义务庭前书面告知，强化庭前准备，加快案件流转。简化庭审程序，实行庭审调查、法庭辩论同步进行，重点审理争议焦点。加大速裁力度，增加速裁组人员配置，集中裁决标的较小、事实清楚、利益纷争不大的简单案件。全年适用简易程序审结民商事案件10481件，适用小额速裁程序审结民商事案件1542件，速裁案件平均审理期限为28天。同时，将不同类型案件、新类型案件及疑难复杂案件，分别交由不同的专业化审判团队审理，开展类型化、要素式审判方法，促进裁判尺度的统一，培养经典案例带动示范诉讼。

【首例不授予学位行政案审结】 7月30日，市法院对原告高某不服被告苏州大学应用技术学院拒绝授予学士学位一案作出判决，撤销被告苏州大学应用技术学院不授予原告高某学士学位的决定，并限被告于判决生效后60日内组织审核是否授予原告高某学士学位。该案是苏州地区首例不授予学位行政案件。原告高某系苏州大学应用技术学院学生，2014年6月25日，高某在参加一门选修课考试中，在考试电脑上插上一个含有考试相关复习资料的U盘，被监考老师当场发现。校方认定高某为考试违纪，给予留校察看处分。毕业时，校方根据《苏州大学应用技术学院学士学位授予工作实施细则》，未给高某发放学士学位证书。高某不服学校决定，起诉至法院。市法院审理后认为，被告对高某不予受理学士学位的程序中，仅作出资格初审公告，并未履行相关程序，系程序明显不当，校方应当重新组织相关行政程序，遂作出上述判决。

（何　薇）

司法行政

【概况】 2017年年末，市司法局有司法行政工作人员46人。全市有律师247人，公证员10人，法律服务工作者75人。年内，市司法局努力构建覆盖城乡的公共法律服务体系，全力推进司法行政“365”工程落地见效，为法治张家港建设做出贡献。制定全市法治宣传教育工作要点，梳理出全年100项重点普法工作。12月5日，市法治文化研究会成立。利用“张家港普法”微信公众号开展线上调查，收集3000余名群众普法需求。制定下发《张家港市关于建立健全国家机关“谁执法谁普法”责任制的意见》，明确51家机关单位普法责任清单。常态化开展“以案释法”、任职前法律考试、《干部学法导读》编发等工作。组织新学期“法治教育第一课”活动，开展“美好生活·德法相伴”系列活动，联合万红小学开展“十周岁法治成长礼”游园活动。开展“聚焦富民·法护打工路”“法润虹筑”“春风行动”等农民工学法用法活动月系列活动。筹建法治文化宣传教育中心和法治文化研究会，继续推动全市法治宣传教育阵地建设，质检科普基地、反腐倡廉警示教育基地、廉园、南丰镇法治文化园、塘桥镇平安法治文化公园5个法宣阵地第六批获评苏州市级法治文化建设示范点。录制普法歌曲，电视台《司法传真》、简报《张家港普法》、微信微博定时编发、推送，微电影《普法专家》获“平安江苏”微电影大赛一等奖、《张家港市“七五”普法》宣传片获全国法治动漫微电影作品征集展播大赛三等奖。

人民调解　年内，全市制定《2017年度张家港市社会矛盾纠纷排查治理意见》。劳动争议、劳务中介、医患、动迁安置纠纷专题专项排查有序推进。6月起开展矛盾纠纷排查调处“百日会战”专项活动，排查800余次，调处矛盾纠纷1000余件，化解积案20余件。推进“律师进所服务”，7月召开全市公调对接工作座谈会，深化公调对接（地方党委政府牵头、部门参与、公安机关行政调解、人民调解和司法调解相互衔接、良性互动的多层次、全方位矛盾纠纷大调解大模式）机制。与市法院联合推进市人民调解委员会驻市法院诉讼服务中心调解工作室建设。深化重点领域人民调解组织建设，在市房管中心物业管理处设立物业纠纷调解工作室，试点在凤凰镇、南丰镇、乐余镇、锦丰镇、金港镇5个500户以上居民小区建成人民调解工作室。探索政府社会管理职能向行业自律性管理转变，发挥人民调解协会社会组织功效，承接人民调解员等级评定和个案补贴督察审核工作。张家港市有各类人民调解组织1744个，全年受理矛盾纠纷13905件，调解成功13903件，调解成功率99.9%。

社区矫正和安置帮教　年内，完善以风险防控为主的预警预测机制，坚持推进“日通报、周例会、月总结、季研判”制度，提升综合预警预测能力。以江苏省司法厅下发的37项标准为纲领，编印《司法行政标准化工作（社区矫正分册）》，全面试行社区矫正标准化工作。11月，承办苏州市社区矫正标准化现场推进会，并作经验交流。落实刑释人员衔接、帮教、管理、安置各项工作措施，加强与监狱、看守所信息互通，确保无缝衔接。在省内首创积分制管理办法，确保社区服刑人员每月“教育学习8小时”“社区服务8小时”落实到位，推进科技强矫，配全配齐生物考勤仪、电子腕带、矫务通等执法硬件设备，强化手机定位、基础平台、外围数据等电

第三届市政府法律顾问聘任工作会议　　（市司法局　提供）

子科技手段实战应用。以项目化运作的方式推动社会力量参与社区矫正，"沐浴书香，点亮人生"社区服刑人员阅读和新市民社区服刑人员关爱2个公益创投项目，开展10余次小组活动，服务社区服刑人员2000余人次。继续推进赌博类社区服刑人员循证矫正项目研究，启动损害修复实践应用，建立调查评估被害人参与机制。每月组织各区镇社区服刑人员开展文化道德专题系列集中教育，促进社区服刑人员有效悔罪。为符合条件的服刑人员亲属，通过安置帮教远程视频会见系统向监狱申请网上会见，年内发起32次。是年，通过"冬日暖阳""春风助学"等活动向全市困难"两类特殊人群"（社区服刑人员、刑满释放人员）及其未成年子女开展帮困扶贫，救助"两类特殊人群"及其未成年子女30人，救助资金2.65万元。年内，共接收社区服刑人员734人，期满解矫337人。年末在册社区服刑人员429人，接收刑满释放人员677人，刑满释放人员五年在册总计2400人。

法律服务　年内，市司法局精选48名律师担任市委、市人大、市政府、市政协等政府机关法律顾问（专家库成员），全市政府机关、事业单位和中小学校基本实现法律顾问全覆盖。77名律师每周轮流参与电台"律师说法"栏目，30名律师轮流在市法院诉讼服务中心公益律师服务岗位值班，111名律师、基层法律服务工作者担任全市268个村（社区）法律顾问。11月，市司法局组织全市50余名律师事务所主任、合伙人赴华东政法大学参加领导力高级研修班。年内，举办青年律师培训班、青年律师辩论赛、刑事案件庭审观摩、破产管理业务研讨会等5场活动。全市律师事务所和基层法律服务所共办理各类案件、事务9172件，避免和挽回经济损失30.5亿元；市公证处办理各类公证案件9696件；市中医医院司法鉴定所法医临床鉴定案件1088例。2月，《关于组建法律援助律师团集中办案的实施方案》出台，选聘4名优秀律师组建法律援助专职律师团，集中办理援助案件，推进全市法律援助工作实现人员、制度、标准、监督、考核"五统一"。出台考评办法，实行办案补贴差额给付。推动设立劳动人事争议、法院法律援助工作站。联合专业社会组织，打造服务品牌，开展法援"1+1"活动。在全市重点社区、学校、敬老院、看守所开展优秀法律援助电影展播。推进法律援助"名优工程"，由市律师协会会长、副会长、理事，各律师事务所主任等法律实务经验丰富且热心公益，在民事、刑事等专业领域有特长和一定知名度的律师组成名优律师团，通过窗口站点值班、广场咨询、报刊电视网络媒体解答、接听"12348"法律服务热线等方式为困难群众提供法律服务。

【村（社区）法律顾问微信群全覆盖】 年内，为做好村（社区）法律顾问工作，市司法局筹建村（社区）法律顾问微信群，以"互联网+"的方式及时回应群众需求。全市258个村（社区）实现"法润民生"微信群全覆盖，群成员由村（社区）法律顾问、专职人民调解员、公证员、司法鉴定人员、法律援助律师代表，司法所所长，村（社区）两委成员、居民等组成。市级层面建立"张家港市法律顾问之家"群，用于法律顾问之间的业务交流、上级管理部门对法律顾问的指导管理。微信群提供各类法律风险预警、生产生活决策参谋、法律咨询、个案指导等法律服务，及时向村（社区）居民宣传有关法律法规政策，告知公共法律服务活动开展情况，解答群众提出的法律诉求，听取群众的意见和建议。共有268个村社区群，市级层面1个法律顾问之家群，共有2.6万人参加。

【法律援助案件集中办理】 年内，市司法局创新法律援助工作模式，通过个人自愿报名和律师事务所推荐相结合的方式，选聘4名优秀律师组建法律援助专职律师团，集中办理法律援助案件。选聘的律师在市法律援助中心集中办公，执行援助中心制定的规章制度，由援助中心进行统一管理，专职负责窗口法律咨询、"12348"热线接听及办理法律援助案件，不再接受所在律师事务所工作安排。4人律师团集中办案模式弥补以往委派各律师事务所独立受理法律援助案件，导致案件办理标准不一、办案过程缺乏直接监督、办理结果参差不齐等缺点，使全市法律援助工作走上标准化道路。年内受理法律援助案件1275件，其中民事1053件，刑事222件，接待咨询1054次，接听电话2169次。

（万　鑫）

人民武装

【概况】 2017年，市人武部完成新兵征集任务，其中大学学历占征集总数90.72%，比上年提高17个百分点；党团员占83.2%，大学生入伍比例居全苏州市第一。全市基干民兵共编应急队伍18个分队，支援保障队伍36个分队，储备队伍33个分队。

战备训练　年内，市人武部围绕战斗力这个根本标准，以如期形成能力为目标，推进战备工作落实。修订完善应急处突指挥所编成、抢险救灾、应急维稳等10套方案预案，完成本级作战值班、反恐维稳工作，依托信息平台实施信息每天零报告制度，有效掌控辖区情报信息，确保遇有情况能够迅即反应、有效应对。高标准落实民兵整组工作，民兵调整改革贯彻平战结合、军民融合、寓军于民方针，坚持依法规范、任务牵引、分类建设、协调发展的原则，在任务不变的情况下，重点抓好民兵组织潜力调查、紧贴任务打胜仗、队伍编组质量和基层规范化建设4个方面建设。年内，市财政拨付100余万元，开展基层武装机构和民兵预备役营连达标规范化建设，达到软件到位、硬件落实。2月至7月，市人武部先后组织360名民兵营长和民兵骨干，分七批，每期10天时间，在凤凰山民兵军事训练基地进行封闭式强化训练，重点对民兵营连长军事素质能力、民兵应急连比武竞赛训练、抗洪抢险、森林防火、伪装防护专业等训练，并采取动员辅导、理论授课、军事（专业）技能、理论考核的方法进行严扣细训，通过基地化训练，民兵营连长和民兵骨干在应急维稳、专业、军事技能等综合素质都得到提高。10月，全市组织基干民兵1800余人次，配合地方公安部门担负"中共十九大安保"、防洪抗台等重大活动中的执勤和保障任务，并积极组织参加区镇民兵应急队伍参与"大巡防"等多项行动任务，遂行非战争军事行动能力得到实战化检验。12月，在张家港国际马拉松比赛期间，全市共出动民兵1000人，参与执勤和安保任务，为赛事举行提供保障。

国防教育　市人武部机关始终把加强思想政治建设作为首要政治任务，自觉融入单位建设的全方位、全过程。市人武部编印下发《习近平系列讲话资料汇编》20余册，定期开展人武部"大讲堂"。年初，市人武部把"拥护核心、听从指挥"主题教育作为贯穿全年的重大政治任务紧抓不放。在同步跟学省军区、苏州军分区教育内容基础上，组织"学强军思想、讲强军故事、干强军事业"群众性主题实践活动和"强军风采"群众性文化活动，发动广大现役官兵和民兵畅谈学习心得、讲述感人故事、盛赞辉煌成就。市人武部把国防教育同大项活动结合起来，在征兵、"八一"期间，联合市爱心义工协会举行新兵欢送大会；9月30日烈士纪念日，会同市委宣传部组织向革命烈士献花仪式。12月，邀请南京陆军指挥学院首席教授给全市党政领导干部作国防形势报告会，营造支持国防建设的浓厚氛围。12月，市人武部撰写的《用心用情支持老区建设——张家港与井冈山"三联"活动纪实》被《苏州日报》整版报道，并被多个新闻媒体转载。12月，市人武部参与"中国民兵公众号最强役前训练单位"评选，被解放军报社后备力量建设宣传部、中国民兵杂志社评选为"你心中最强役前教育训练单位"。

兵役工作　年内，市政府和市人武部先后召开2次征兵工作领导小组会议和全市专武干部会议，稳步推进征兵工作。以提高征兵质量为指引，把高学历优秀青年输送到部队。3月中旬，市征兵办统一组织一线征兵工作人员分行业、系统地开展征兵政治考核、体检标准办法和网上兵役登记、报名等业务培训。市征兵办工作人员先后5次走进沙洲职业工学院和江苏科技大学两所高校开展征兵宣传，利用新开辟的手机媒体进行互动，用好"张家港征兵""张家港双拥"公众号，开设征兵动态、咨询解答等栏目，面对面向高校毕业生宣传征兵政策，对大学生提出的疑问现场解答，并为两所高校毕业生开通绿色通道。对符合征集条件的高校应届毕业生和高职毕业班学生灵活采取先上站体检后补办手续的办法，以确保随到随检、单独体检、不单独淘汰。两所高校被批准入伍学生比上年增9人，实现把品学兼优的大学生送到部队的目标。其中，沙洲职业工学院有12名学生主动写申请要求到西藏高原服役。

【征兵体检站开设】 3月，根据苏州市人民政府征兵办公室《关于规范征兵体检组织工作的通知》，规定各市（区）征兵体检站统一由当地人民医院负责体检，并明确张家港市征兵体检信息化改革为苏州市试点单位。市人武部协调市卫计委召开专题会议，经过科学评估，决定将体检站设在市第一人民医院。医院拿出1500平方米的专属场地，市财政划拨设置经费176万元，市卫计委和人武部共同起草设立方案。市人武部将场地区分16个功能区域，设置27个网络端口，添置一批检查床、办公桌椅。为圆满完成体检任务，市人武部协调最先进的体检设备，抽调最优秀医护人员，将原来一天半完成的体检科目压缩至一天完成，为1260人次进行了体检。

【新兵服役前集训工作】 根据苏州市征兵办《关于加强"双合格"应征青年教育管理的通知》要求，市人武部从8月24日至8月29日，组织全市370名预定兵员参加役前集训。此次役前集训，按照"打牢预定兵员思想政治、军事、作风纪律、身体素质基础，提前适应部队生活"目标要求，采取建制动员、分批组织、依案展开的方法组织实施。组建役前临时新兵营，编为2个连队，分两批组织训练。市人武部协调张家港市武警中队6名教官担任排长，各区镇武装部从优秀退伍军人中筛选军事素质好、组织观念强的基干民兵，担任各新兵班班长。集训期间，共完成队列训练8课时、条令学习10课时、政治教育2课时，体能训练6课时，并穿插内务设置、教唱军歌、军队基本常识等教学内容，预定新兵的综合素质有明显提升。8月，张家港市役前集训报道参与全国微信公众号评选，被国防动员部、《中国国防报》评为"最强役前训练单位"。（陈　航）

武　警

【概况】 市武警中队主要担负市看守所外围看守任务。中队依据《军队基层建设纲要》，以四项经常性工作为基点，打造全面过硬的标兵中队，确保以执勤、处突、反恐为中心的各项任务的圆满完成。市武警中队完成临时

市武警中队执勤训练 （市武警中队　提供）

性押解勤务44起，出动执勤兵力119人次，押送罪犯434人，行程4.8万千米；承担暨阳高级中学、沙洲职业工学院、市第二中学、市舞蹈学校、市城管局等单位和民兵预备役的军训任务。中队党支部连续16年被武警江苏总队党委评为先进党支部。中队获集体二等功1次，1名士兵获个人三等功1次，11名战士被评为优秀士兵。

【武警张家港中队连获18年标兵】武警中队官兵始终聚焦党在新形势下的强军目标，坚持走内涵式发展之路，推动部队全面建设、全面过硬。中队依据强军目标兴队育人，运用先进管理学理念，把强军责任分解到每个人头，结合岗位职责、专业特点，为所有干部、士官、义务兵制订每月、季度、年度和服役期目标，明确成长路线图,采取“每天小结，督促改进；每周总结，修正目标；循环往复，天天修炼”的工程化方法抓好落实，官兵一步一个脚印往前赶，中队一天一个新变化。中队从“国家兴亡、匹夫有责”的角度，编写《充分认清重大意义，自觉投身强军实践》等教育提纲，强化官兵投身强军实践的使命感，从强军兴军对个人成长成才的作用上，强化官兵投身强军实践的自觉性。邀请抗日老战士周三宝、顾鹤群到中队讲述抗战历史，组织官兵到张家港烈士陵园、沙洲抗日民主政府纪念馆缅怀先烈，学习战斗英雄事迹，引导大家从强军目标的科学内涵、重大意义和革命前辈抛头颅、洒热血的故事中，强化“位卑未敢忘忧国”的大义担当。在强军兴军目标的引领下，不断续写新的辉煌。中队党支部通过分析感到，基层贯彻落实强军目标，必须把大目标变小、远目标拉近，制定中队的建设目标“强中队、强支部、强骨干、强战斗力”。对照“四强”要求，结合岗位职责、任务特点，统一印制成长《路线图》小册子，内容包括我的自画像、个人服役期内成长规划、年度成长目标、季度成长目标、月成长目标等。中队连续18年被武警江苏省总队表彰为“基层建设标兵中队”，先后荣立集体二等功7次、集体三等功7次。

民　防

【概况】 2017年，市民防局有效履行战时防空、平时服务、应急支援任务，被苏州市民防局评为先进单位。年内，全市民防工程新立项项目16项，新开工项目23项，竣工项目15项，人均掩蔽面积在全省县级市保持领先。定期组织对自建、结建工程使用、维护、管理、安全、防汛等情况逐项排查，全年共检查工程项目201项，养护面积约40万平方米，维护率35%，发出限期整改通知单11份，发放维护管理通知书201份。创新自建人防工程维管模式，在理清权责的前提下，6月，对市区自建人防工程公开拍租，减轻维护管理压力的同时，增加平战结合收入，全年收入318万元。

民防融合发展　年内，继续推进人民防空建设融入经济建设、城市建设、应急建设和基层社区建设。3月，《张家港市人民防空“十三五”发展规划》经市政府常务会议讨论通过并印发。5月，结合防灾减灾日活动，为市区社区发放便携式警报器35台。年内，联合社区开展4次民防志愿服务广场活动。6月，征订民防知识教育读本1万册和《居安思危备战人防》电影科教片20部，配发市青少年教育实践基地及相关学校，结合实践锻炼开展中、小学生民防教育。

指挥通信建设　年内，继续推进指挥信息系统改造融合工作。4月，完成无人机系统招标采购工作。7月，完成“212工程”指挥所三防智能化改造工作。12月，完成地面应急指挥中心改造工作。年内新增固定警报器3台，组织“9·18”警报试鸣暨应急疏散演练活动，暨阳湖学校2500余名师生、明珠及陈东庄2个社区200余名群众参与应急疏散演练活动。推进民防机关、人民防空专业队伍及民防志愿者队伍建设。5月，完成10支人民防空专业队整组工作。9月，在苏州市民防系统“提素质、优作风、促发展”业务技能竞赛中，市民防局获得技能、理论2个二等奖，在苏州市县区中位列第一。10月，民防志愿者队在2017年“民防杯”江苏省业余无线电应急通信演练中获团体一等奖。

【妙桥人口疏散基地(二期)竣工】 11月，妙桥人口疏散基地(二期)竣工。妙桥人口疏散基地(二期)于2016年9月开工，共建设疏散人员用房4幢和宿舍楼1幢，工程估算总投资4800万元。该项目投入使用后，平时作为保障性服务用房，能解决1000余名外来务工人员的居住要求，提供235套拎包入住式公寓，为周边工业园区提供便利，战时作为应对战争及自然灾害时安置疏散人员的重要场所。

（蔡燕丰）

【编辑　张　洁】

市人民代表大会常务委员会

2017年，市人大及其常委会坚决贯彻落实市委决策部署，紧扣"两聚一高"，聚焦"四大路径"，认真行使宪法和法律赋予的各项职权，实现了十四届常委会工作的良好开局，为推动全市经济社会发展和民主法治建设做出了积极贡献。一是紧紧围绕市委中心工作，就全市重大项目建设、农村生活污水治理、税收征管等工作进行专题调研，为市委科学民主决策提供了重要参考。二是坚持依法监督，综合运用工作评议、代表视察、执法检查等监督方式，促进政府及其职能部门依法行政、司法机关公正司法，有力推动了依法治市工作。三是坚持履职为民，紧紧围绕事关群众切身利益的食药品安全、建筑工程质量、社会治安、教育养老等问题开展视察调研活动，积极推动民生实事项目建设，充分发挥了为民代言作用。四是充分发挥代表作用，积极探索组建代表专业小组，创新开展代表主题活动，强化代表建议督办和落实，代表主体作用得到进一步强化。

1 市十四届人大一次会议会场

2 市委书记朱立凡在市十四届人大第一次会议上作重要讲话

3 市十三届人大常委会主任高建刚作工作报告

4 市长黄戟在市十四届人大第一次会议上作工作报告

5 新当选的市十四届人大常委会组成人员、法制委员会和财政经济委员会组成人员进行宪法宣誓

政协张家港市委员会

2017年，市政协常委会在市委的正确领导下，紧紧围绕践行“四大路径”、建设“四个港城”，牢牢把握团结和民主主题，紧扣打造智慧政协、有为政协、活力政协工作目标，与时俱进弘扬张家港精神，广泛调动全体委员积极性，扎实履行政治协商、民主监督、参政议政职能，为巩固和发展新时期爱国统一战线，促进全市经济社会发展作出积极贡献。一是聚焦全市中心任务，围绕促进智慧转型、加快健康产业发展、深化河长制改革、缓解“因病致贫”等课题，开展调研议政、协商建言，积极为党委政府科学民主决策提供有力支持。二是聚力富民惠民，充分运用政协提案、民主评议、社情民意、视察通报等多种形式，推进民生问题解决，增进人民群众获得感。三是突出弘扬团结民主主题，加强与各党派团体联系、支持发挥作用，将政协组织建设成为各党派团体合作共事、参政议政的重要平台，多方汇聚创新发展合力，积极投身全市经济社会建设。四是充分发挥委员主体作用，扎实开展委员培训，创新推出“委员知情明政直通车”活动，试点开展“委员联村（社区）”活动，拓宽委员履职领域，提升委员履职成效。五是与时俱进，强化自身建设，强化政治自觉，完善组织建设，加强制度建设，转变工作作风，主动适应新一届政协工作发展，不断提高履职能力和水平，努力为常委会高效履职提供坚实保障。

1 政协市第十二届一次会议开幕

2 市政协开展重点提案《关于进一步壮大村级经济发展的建议》督办活动

3 市政协召开“委员联村（社区）”乐余镇试点工作动员会

4 市政协委员赴延安培训总结暨作风建设会议

5 市政协举办“委员知情明政直通车”——聚焦转型升级“1+3”行动计划活动

市委宣传部

2017年，全市宣传思想文化战线提高政治站位、强化“四个意识”，牢牢把握“两个巩固”根本任务，紧紧围绕“迎接中共十九大胜利召开”、贯彻落实“两聚一高”发展战略、承办全国创建文明城市工作经验交流会等重点工作，加强理论武装、舆论引导和工作创新，为深入践行“四大路径”，努力建设“四个港城”，全力争当“两个标杆”建设排头兵提供强大思想保证、精神动力、舆论支持和文化条件，张家港市被省委组织部、省委宣传部评为2016年度全省基层党员冬训工作示范市，获全国文明城市“五连冠”，张家港典型经验在中央电视台《新闻联播》报道8次，创历年新高，文明张家港品牌再次享誉全国，张家港市入选江苏省书香城市建设示范市（县、区），市青少年社会实践基地和张家港图书馆列入2017—2019年江苏省社会科学普及示范基地名录，市社科联获评江苏省社科联系统“工作创新奖”，《暨阳论丛》被评为“苏州市十佳内部出版物”，张家港城事微信公众号获“2017江苏政务新媒体十大人气奖”，裸眼3D城市形象片《听见你的声音》获加拿大金枫叶国际电影节最佳3D故事短片奖。

1 中央文明委在张家港市召开全国创建文明城市工作经验交流会

2 2017年张家港市网络文化季启动仪式

3 2016 年至 2017 年市基层党员冬训动员会召开

4 市哲学社会科学界联合会第三次代表大会在沙州宾馆会议中心召开

5 2017年中国（张家港）长江文化艺术节举办

中共张家港市纪律检查委员会、张家港市监察委员会

1

2017年，市纪委、市监委紧扣全面从严治党，聚焦监督执纪问责，大力实施党内监督“问责行动”、纪律建设“聚力行动”、作风建设“提升行动”、制度建设“深化行动”、双重领导“规范行动”、自身建设“强基行动”，持续强化不敢腐的震慑、扎牢不能腐的笼子、增强不想腐的自觉，全市党风廉政建设和反腐败工作取得新的进展。9月，获评全省纪检监察系统先进集体。

2

1 组织监督执纪规则专题培训
2 全面开展市委巡察工作
3 打造清廉家风银行
4 赴中共一大会址和嘉兴南湖红船开展“重温历史，不忘初心”主题党建活动
5 举办“新时期反腐的制度体系建设”专题讲座
6 持之以恒开展清风行动
7 开展案件会商
8 开展“不忘初心、牢记使命”演讲比赛
9 优化升级全面从严治党监管平台

3

4

“新时期反腐的制度体系建设”专题讲座
新时期反腐的制度体系建设
——十八大以来的实践、理论、制度创新

5

6

7

不忘初心
牢記使命

8

9

市机构编制委员会办公室

2017年，市编办围绕“四大路径”确定的目标任务，稳推进，强落实。一是推进政府职能转变。全面深化“放管服”改革，推动保税区、经开区承接国家级开发区全链审批赋权清单。加快推进“3550”改革、“不见面”审批、“多证合一”、全程电子化登记新政，实施投资项目审批代办、“容缺审批”等服务新机制。推行清单制度，新出台政府部门公共服务事项清单、行政许可中介服务事项清单、随机抽查事项清单。推进行政权力清单标准化，实现省市县“三级四同”。二是强化机构编制管理。严格执行编制使用和管理规定，严格规范审批权限和程序，完善机构编制实名制管理制度，采取“三责联审”、机构编制调整、科级领导职数预审等措施，创新编制管理办法，确保控编减编工作目标任务的完成。全年压缩各部门申请增加的行政、事业编制24.1%。三是提升绩效管理水平。落实干部干事创业容错免责、激励担当作为等系列制度，推行全员化、网络化绩效考核。细化明确全市主要指标目标及责任分解，组织94家单位梳理出职能工作目标595个。修订完善市镇两级绩效考核实施办法、考评共性指标和扣分项目监测细则。每月对49个全市主要指标的区镇落实情况开展监控，并形成评估报告。每月编发全市《绩效比拼动态》。开展科技人才、“三优三保”拆旧复垦、水环境整治等7项专题绩效督察，推动工作部署落实。

1

2

3

4

5

1 市编办党支部开展“不忘初心、牢记使命”党员活动
2 市编办指导凤凰镇接受经济发达镇行政管理体制改革预评估
3 市编办和市住建局审批窗口工作人员会商研究优化审批流程
4 市事业单位登记管理局工作人员到市商务局外商投资服务中心开展“双随机一公开”抽查
5 绩效文件汇编及评估报告

市委市级机关工作委员会

2017年，市委市级机关工委认真学习宣传贯彻中共十九大精神，按照全面从严治党向纵深推进的新要求，紧扣“服务中心、建设队伍”，突出“规范+创新”的主基调，夯实基层基础，抓牢重点发力，努力推动市级机关党建工作取得新成效。年内，荣获省级机关工委、省人社厅联合表彰的全省机关党建工作先进集体，成为苏州各县市市唯一获此荣誉的单位，并连续三次蝉联苏州市机关党建工作先进单位。

1 市级机关工委连续三次蝉联苏州市机关党建工作先进单位称号
2 全市机关党建工作会议召开
3 参加培训的机关党组织书记开展重温入党誓词活动
4 举办道德模范、身边好人现场交流暨好人故事汇走进市级机关宣讲活动
5 举办2017年第一期市级机关优秀共产党员党性修养提升班
6 组织市级机关第六届体育运动会

市人民政府口岸办公室、市港口管理局

2017年，市人民政府口岸办公室（港口管理局）紧扣市委“四大路径”决策部署，明确港口发展重点任务，凝心聚力、协同发展，各方面工作取得长足进步。口岸各单位强化责任担当，不断创新争先，继续深化关检合作，推进“大船大港大物流”战略。坚持稳中求进总基调，以提高发展质量效益为中心，全年口岸完成货物吞吐量2.87亿吨、外贸进出口运量6153.9万吨、集装箱运量96.2万标箱，货物吞吐量继续保持全国县域口岸领先，外贸和集装箱运量在长江沿线港口位列前茅。支持引导港口航线航班开辟，新增4条集装箱航线。紧盯项目落地开工、建设进度、投产运行等关键环节，重点港口基础设施项目工程成果可喜，福南-12.5米进港航道治理工程开工建设。口岸港口服务环境进一步优化，协调推进口岸联检大厦、口岸船员行李查验中心、口岸集中查验中心建设。口岸港口生态环境进一步优化，坚持落实“263”专项行动要求，非法码头专项整治落到实处，创新实施《沿江港口和船舶污染物接收转运及处置设施建设方案》，推进岸电建设、码头油气回收试点工作。口岸港口安全发展水平进一步提升，开发建成了港口危险货物动态监控系统，平安港口创建工作获评苏州市维护国家安全工作先进示范单位。坚持“实”字当头，深化口岸文明创建，张家港口岸连续五次以第一名的成绩夺得“江苏省文明口岸”称号。

1 省交通运输厅港口局副局长薛扬督察非法码头整治及“263”专项行动
2 省政府参事费伟康调研沿江港口管理工作情况
3 2017年张家港口岸工作会议
4 张家港港产城融合发展战略研讨会暨福南水道-12.5米进港航道治理工程开工活动
5 张家港口岸“沙洲电力杯”体育运动会

市公安局

2017年，市公安局忠诚履职、真抓实干，坚决打赢了中共十九大安保“一场硬仗”，有力推动治安防控体系和公安党建“两个升级”，真正实现治安掌控能力、公安综合绩效、队伍能力素质“三大提升”，为“践行‘四大路径’、建设‘四个港城’”创造平安稳定的社会环境。年内，市公安局整体工作绩效位居苏州市公安机关五市（区）第二，被市委、市政府授予“2017年度突出贡献奖”，被省公安厅授予集体二等功。

1 市委书记朱立凡到市公安局调研指导中共十九大安保工作

2 “全国创建文明城市工作经验交流会”安保总指挥部

3 4 中共十九大安保誓师大会

5 举办深入贯彻中共十九大精神“学讲话、悟初心”专题党课

6 张家港国际马拉松赛安保工作

市人民检察院

2017年，市检察院紧紧围绕全市改革发展稳定大局，始终坚持以“当好示范、再创模范”为目标，以“为民服务、为党分忧”为宗旨，依法全面履行检察职能，统筹推进司法办案、改革实践和自身建设等工作，检察工作继续保持平稳健康发展的良好态势。年内，市检察院被苏州市人民检察院评为2016年度苏州市检察机关先进基层检察院，获评张家港市综合贡献奖。

1 江苏省检察院副检察长王方林调研指导检察工作
2 苏州市委常委、政法委书记俞杏楠视察调研检察工作
3 苏州市检察院检察长闵正兵调研指导工作
4 张家港市委书记朱立凡，苏州市检察院党组副书记、副检察长薛国骏等领导在院领导班子宣布会上对检察工作提出新要求
5 检察长向市十四届人大一次会议作检察工作报告
6 市人大常委会对“两院”司法体制改革推进情况进行调研
7 张家港“一站式”取证机制会签启动仪式
8 与灌南县检察院签订结对共建协议
9 “未成年人观护教育基地”正式揭牌
10 开展“防治校园欺凌，护航未成年人成长”检察开放日活动

5

6

7

8

9

10

市人民法院

2017年，市法院紧扣全市“两聚一高”、“四大路径”主线，围绕“公正司法、司法为民”主题，以“司法行为规范化管理深化年”为抓手，忠实履行审判职责，积极服务发展大局，深入推进司法改革，全面深化自身建设，各项工作取得新业绩。全年受理各类案件31576件，审执结28060件，结案标的额168.79亿元，比上年上升23.85%、24.43%和25.6%。年内，市法院连续五年获张家港市委、市政府“综合贡献奖”，乐余法庭获评全省法院系统先进集体，唐奇英获全国“我最喜爱的好法官”提名奖，并涌现出全省政法系统“忠诚卫士”张晓波、全省法院执行系统先进个人陶晓明、“苏州十佳人民法官”沈坚等先进典型。

1 苏州市委常委、政法委书记俞杏楠到市法院调研
2 苏州中院党组书记、院长徐清宇到市法院指导工作
3 邀请市人大代表、政协委员等旁听庭审
4 院庭长带头审理案件
5 开展“六个一”基层走访调研活动
6 国家宪法日宣誓
7 “余香法官工作室”落户城北社区
8 暑期法院开放日活动
9 司法警察夏季大练兵
10 组织夜间执行会战

6

7

8

9

10

市发展和改革委员会

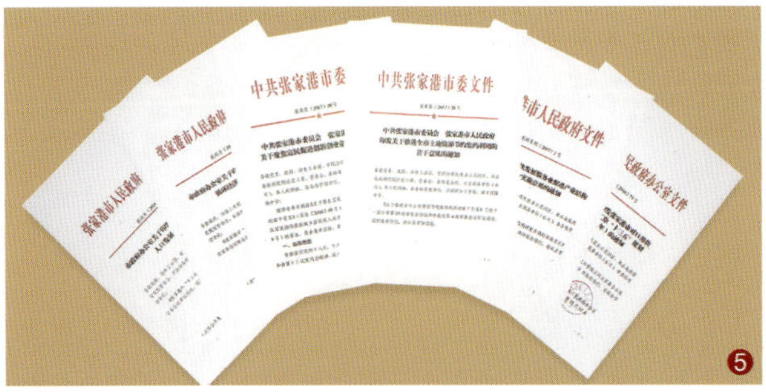

2017年，市发改委坚持“稳中求进、率先争先”工作基调，持续创优服务供给侧，推动发改实践跃上新台阶。年内，荣获省发改系统先进集体、市机关单位绩效考评“突出贡献奖”。重大课题和规划研究收获新成果。制订聚焦富民促进创新创富创业、资源节约集约利用和服务业创新发展3项政策；编制热电联产、循环经济、人口发展、东西扶贫等4项“十三五”专项规划；拟订“提升发展标杆”“突出改革开放”2个三年行动计划。重要事项和政策争取形成新亮点。在全省率先创设民生实事项目库，“民生微实事”做法刊登“江苏大走访”头版。牵头完成钢铁去产能任务，压减粗钢产能83万吨；超额完成“减煤”任务，削减80.2万吨，减少燃煤企业38家。列入国家开发区名录3家，纳入国家碳交易市场企业22家，康得新成功发行苏州首个境外债券，保税区获批国家首家“互联网+”智慧用电示范园区，物润船联成为全国首批“互联网+多式联运”试点企业。推进新型城镇化、特色小镇等探索性改革，“五位一体”精准扶贫机制成为苏州亮点。重点企业和项目服务取得新突破。开展项目审批“全链条”集中审批、容缺审批、代办服务，统筹谋划重大项目集中开工投产、“金秋攻坚行动”，三级重大项目顺利推进；新增省级示范物流园区1家，入选全国服务业500强5家；组织105家企业申报直购电电量38.6亿千瓦小时，全年累计降低用电成本3.32亿元；6家企业获国家农产品配额2.8万吨。重点培育和团队建设实现新提升。高标准搭建“发改同行”党建活动综合阵地，全力打造“3Q”党建品牌，系列形成“发改石鉴”“发改研究”“项目直通车”等机关文化品牌，获评市“理论氧吧”试点单位。全面实施内部轮岗锻炼机制，建立委领导“亦师亦友”联系青年干部结对制度，委领导打破分工结对全委18名青年干部，年度获评市级以上个人荣誉14人次。

1 康得新“两园一城”合作协议签约仪式

2 全市服务业发展大会

3 “高铁时代张家港市产业优化升级策略研究”课题评审

4 “四点半学校”为民生微实事项目之一。图为足球特色课堂学生训练场景

5 重大政策与专项规划

市经济和信息化委员会

2017年，市经信委紧扣“两聚一高”主题，践行“聚焦转型”路径，精准发力，优化服务，推动工业经济提质增效、高质量发展。全年实现规模以上工业总产值4993亿元，比上年增17.1%，增速七年最优、周边县（市）第一；工业增加值1300亿元，比上年增5.7%；完成新兴产业产值2285亿元，占规模以上工业总产值的45.8%，比上年提高1.1个百分点；完成工业投资375亿元，新兴产业投资291亿元。入库税收超5000万元工业企业达到58家，比上年增加4家。沙钢集团、永钢集团、华芳集团、澳洋集团、攀华集团、爱康集团6家企业入选“中国民营企业500强”。沙钢集团连续九年入围世界500强、列第365位。深入推进先进制造产业领跑计划，加大智能制造政策完善及示范培育力度，沙钢集团高端线材全流程智能新模式应用获评国家智能制造试点示范项目，协鑫集成公司、永钢集团、华昌集团、天鹏电源公司4个生产车间获评省级示范智能车间。制定出台《张家港市工业企业资源集约利用综合评价实施细则（试行）》，对3000余家企业开展首次综合评价。认真落实供给侧结构性改革要求，全年淘汰落后企业136家，其中关停化工企业58家。东沙化工区内30家化工企业全面停产，实现整区关停转型；“腾笼换凤”土地面积178.3公顷。狠抓节能降耗，实施20个节能和循环经济项目，全年完成投资8.5亿元。全面启动政务大数据建设，加快建设大数据平台，基本完成人口、法人、空间地理、电子证照和信用库建设任务，归集数据总量3.6亿条。物联网通信基础设施等总投资3.24亿元的7个政府信息化重点项目建设有序推进。信用平台二期完成验收，开设信用窗口，推广使用信用信息核查报告。强化工业经济转型升级政策激励，在技术改造、淘汰落后、绿色发展等方面兑现资金约3亿元。组织召开纺织行业推进质量效益动力变革专题报告会，举办2017张家港市骨干企业总裁培训班，建立全市企业家培训联席会议制度，持续优化助推转型的服务效能。积极对上争取，获各级专项资金8600余万元，康得新公司获评工信部制造业单项冠军示范企业。

1

2

3

4

5

1 副省长马秋林到张家港市调研先进制造业

2 市委副书记、市长黄戟在华芳金田公司调研智能制造

3 常务副市长卞东方、副市长陆崇珉专题调研大数据建设

4 市工业企业两化融合（智能制造）体系建设推进会召开

5 全市经济和信息化工作会议召开

市国土资源局

2017年，市国土资源局立足“两保一调”职责定位、锐意改革、勇于创新，被省人社厅和国土厅共同表彰为江苏省国土资源系统先进集体。

发挥市场在土地资源配置中的决定性作用，全面推进计划指标、增减挂钩指标、耕地占补平衡指标有偿使用。开展2期土地指标交易，97.93公顷土地指标实现有偿使用，签订30年出让合同23份，共93.93公顷。加快推进“三优三保”行动，专项规划编制实现区镇全覆盖。围绕4年1333.33公顷拆旧复垦总任务，通过“政策激励+责任鞭笞”双向驱动模式，完成拆旧复垦350.73公顷。强化区镇政府监管职责，明确6年监管期限，通过“出让合同+监管协议”的监管模式，变节约集约用地“一家管”为“多家管”。推动耕作层剥离再利用工作，再利用范围由西水道工程扩大到各类拆旧复垦项目。发挥互联网+登记服务应用，打造不动产登记港城品牌。妥善化解历史矛盾，推动农村宅基地和农房统一登记工作，免收诚信企业开竣工履约保证金5865万元。

1 省国土资源厅副厅长吴震强考察土地非诉案件“裁执分离”工作

2 市委书记朱立凡调研国土资源工作

3 国土资源管理暨党风廉政工作会议召开

4 学习贯彻中共十九大精神报告会

5 书香国土亲子读书会

市交通运输局

2017年，市交通运输局围绕全市“实施‘四大路径’，领跑‘两聚一高’”的战略部署，立足“区域性交通枢纽”的定位，在完善现代综合交通运输规划体系的基础上，全面推进项目建设，完成交通基础设施建设投资40亿元，其中张家港市投资13.7亿元。沪通铁路、锡通高速过江通道南接线工程，晨丰公路（一干河至港华路）、港华路、新泾路快速化改造等交通工程按计划推进。扎实落实交通运输领域“两减六治三提升”专项行动和“三大百日行动”，交通运输行业安全稳定发展，全市营业性交通运输共完成公路水路客运量、货运量比上年增0.4%、10.3%。推进公共交通优先发展，完成新能源公交车辆更新、农村公交候车亭建设、公交一卡通、70周岁及以上老年市民乘坐公交意外伤害保险等项目，均衡发展巡游出租车和网约出租车，方便群众出行。深入开展“四好农村路”示范县创建工作，全面完成24项指标要求，高分通过省交通运输厅考核验收，一大批乡村道得到整治和改造，群众出行更安全、更舒畅。市交通运输局被市委、市政府评为“综合贡献奖”单位。

1 国土资源部、铁路总公司等召开张家港站区铁路土地综合开发调研工作座谈会

2 市委书记朱立凡，市委副书记、市长黄戟现场督察新泾路快速化改造工程

3 踏勘暴雨中公路下穿通道

4 张家港市综合交通规划示意图

5 省交建局调研张靖过江通道

6 锡通过江通道南连接线公路引桥T梁架设现场

7 改建和新建的“四好农村路”

8 纯电动公交中巴投放三级线网运营

市住房和城乡建设局

2017年，市住建局全力助推城乡一体，精心组织工程建设，不断深化行业管理，各项工作取得较好成绩，张家港市获评国家生态园林城市。全年指导完成全市房屋搬迁2363户，安置房竣工140万平方米，安置在外过渡户3420户。农村生活污水治理工程三年计划全面完成，新一轮美丽城镇建设工作有序组织推进，特色田园乡村建设启动。全年承担27个代建项目，基督教堂、北庄幼儿园等4个项目竣工。横河里区域排水改造、永安路排水改造、人民中路至财苑泵站污水管道改造工程完成，市第四自来水厂扩建工程和城南污水处理厂扩建有序推进。完成新泾路绿化工程、南苑东路绿化修复、白芷港、白鹿公园球场改造等绿化工程，建成绿地60万平方米。深化“虹筑之家”建筑行业党建服务品牌内涵，完善信用系统建设，加大行政执法力度，全年立案查处违法建设139起。健全质量安全标准化管理，完善五方责任主体项目负责人质量终身责任制，提升文明施工水平，创省级和苏州市级标准化文明示范工地105个。推进绿色建筑发展工作，创建成为省级“禁黏”城区。突出管养并举，加大市政设施管护与整治力度，优化城区防汛指挥管理体系。确保安全优质供水，全年完成供水1.69亿立方米。完善长效管理机制，加大绿化管护工作力度，抓好公园日常管理，全年接待游客300万人次。

1 市委书记朱立凡督察第一人民医院科教综合楼工程
2 住房和城乡建设部副部长倪虹向副市长赵建明颁发“国家生态园林城市”牌匾
3 开展“法润虹筑”普法宣传活动
4 参加市级机关第六届文化体育运动会拔河比赛
5 道板养护维修
6 城西新区道路绿化
7 市住建局代建的市第四人民医院
8 市住建局代建的市第二职业高级中学
9 一干河生态廊道
10 美丽城镇建设——南丰

6

7

8

9

10

市文化广播新闻出版局

1

2

3

2017年，张家港市文广新系统各项工作继续在苏州、江苏乃至全国同级保持领先水平，得到各级领导和社会各界的广泛赞誉。市文广新局荣膺第五届全国文明单位、中国曲艺之乡标兵单位。长江文化艺术节获评“最具国际影响力节庆”。市评弹艺术传承中心入选第七届全国“双服务”先进集体。张家港城市3D微电影《听见你的声音》获加拿大金枫叶国际电影节最佳3D故事短片奖。同时，市文广新局获张家港市2017年度突出贡献奖。广电媒体融合发展加快步伐。在全国创建文明城市工作经验交流会期间，在中央人民广播电台《新闻和报纸摘要》和中央电视台《新闻联播》用稿双双创下单月历史新高。张家港人民广播电台获“向省台发稿先进单位”称号，张家港电视台连续25年荣膺“江苏电视新闻荧屏繁荣奖”。公共文化服务体系不断优化。文化部专刊推介市公共文化服务“一中心、双总分、数字化”新模式，文化部党组书记、部长雒树刚，党组副书记、副部长杨志今分别作出批示，要求认真总结推广张家港经验。市图书馆馆刊《静观》获“2017中国图书馆界阅读推广类十佳内刊内报”奖。文化艺术生产持续繁荣。6项目入选国家艺术基金资助项目，数量居全国县（市）区首位。锡剧《三三》获江苏省第十届精神文明建设“五个一工程”优秀作品奖。文化行政执法创新有力。市文化市场综合执法大队被共青团和文化部授予全国“青少年维权岗”称号。成功实现江苏省“无小耳朵社区”创建工作标兵县（市、区）五连冠。文化遗产保护稳步推进。《黄泗浦遗址保护规划》获国家文物局批复（通过），承办“‘驿路•丝路•复兴路——行走新丝路 喜迎十九大’全国集邮展”等大型展览3个。文化产业发展提质增速。全市原创动画片累计完成2364分钟，销售额1324万元。田园风光度假村、《香菇特勤队》《酷宝家族之小兔西欧系列》等3个项目入选2017年度苏州市文化产业重点项目。版权工作持续推进。成立全省首家县级版权协会，全市17家版权工作站全年完成一般作品登记量23394件，2家企业获评中国版权最具影响力企业。

4

5

1 11月2日，中国长江文化艺术节开幕

2 11月24日，"诗歌里的城"朗诵会举行

3 11月5日，小剧场艺术荟萃开幕式表演

4 1月12日，市委书记朱立凡，市委副书记、市长黄戟等市领导检查春节文化活动组织工作

5 3月10日至12日，由张家港市锡剧艺术中心创排的（中国）国家艺术基金2016年度传播交流推广资助项目——锡剧《一盅缘》走进新加坡中国文化中心

6 4月6日，时任中宣部常务副部长、中央文明办主任黄坤明（现任中央政治局委员、中央书记处书记，中央宣传部部长，中央文明办主任），在江苏省委常委、宣传部部长王燕文，苏州市委常委、宣传部部长盛蕾等的陪同下，到张家港市文化馆参观视察

7 6月21日，省新闻出版广电局副局长吴以桥，省"扫黄打非"办副主任关永波、主任科员顾笑天一行，到张家港市考察调研"扫黄打非"进基层示范点建设

8 9月26日下午，市委副书记、市长黄戟,市委常委、宣传部部长杨芳,副市长李兆玮带领相关职能部门，现场参观调研黄泗浦遗址

9 10月29日，中国文联戏剧艺术中心主任邓秋军在第七届全国优秀小戏小品展演开幕式上致辞

10 12月7日，苏州市文广新局党委书记、局长李杰带领社文处处长接晔、产业处处长刘智勇、办公室副主任王辉杰等一行到张家港市调研文化工作

11 12月8日，"无界•融合"中加文化艺术交流展在张家港博物馆开幕

市体育局

1

2

3

4

2017年，市体育局围绕体育惠民宗旨，着力构建“亲民、便民、利民”的全民健身体系，各项工作有序开展。

民生实事项目扎实推进。城中老年体育综合健身基地和中国网球学院张家港分院建成并投入使用；新建9个多功能运动场和3个笼式足球场，建成66.5千米便民健身步道，顺利完成苏州下达的目标任务。全民健身活动蓬勃开展。组织举办金港、凤凰、常阴沙、南丰、锦丰5站市级短程马拉松赛及2017年张家港国际马拉松赛；组织举办历时半年的第七届“全民健身大联赛”，组织举办全民健身节、全民健身大展示、假日体育等活动，全年开展各级各类全民健身活动500余项次；市门球协会、市老年体协被省民政厅评为江苏省示范型社会组织。体育项目内涵不断丰富。凤凰足球小镇入选江苏省第二批体育健康特色小镇，中国足协第20届“贝贝杯”青少年足球赛新闻发布会在北京召开，受到中国宋庆龄基金会、中国足球协会肯定；“江苏省高尔夫球训练基地”落户双山岛，开启“省市县企”联办新模式。大型赛事影响力持续放大。成功承办网球、足球、高尔夫球、全民健身腰鼓、中国桌式足球等13项国际国内大赛，其中2017年张家港国际马拉松赛有21个国家和地区万余名运动员参赛，国家、省、市20余家媒体报道赛事，新浪体育全程直播，在线观看总人数86.6万人次，两个微博话题“张家港马拉松”“奔跑吧张家港”阅读量突破800万人次，“无线张家港”新闻客户端观看量突破30万人次。竞技体育成绩再创新高。在第十三届全运会上，张家港市籍运动员获3金5银1铜，创全市历届最佳；市体育运动学校创建成“2017—2020国家田径单项奥林匹克后备人才基地”。体育产业发展规范创新。《张家港市体育产业发展专项资金使用管理办法》出台，“金陵体育”5月9日在深交所成功上市。

年内，市体育局连续四个全运周期获“全国群众体育先进单位”称号，并以满分获省县级体育重点工作督察第一名；市体育总会以总分第一名的成绩蝉联省县级体育总会重点工作督察一等奖；“张家港国家体育产业示范基地”创建成功，获国家体育总局命名认定。

5

6

7

8

1 5月6日至9日，2017年全国健身秧歌、健身腰鼓及手拍鼓大赛暨江苏省健身秧歌及健身腰鼓大赛在市举办

2 5月10日至12日，第39届亚太业余女子高尔夫球队际锦标赛在双山高尔夫球场举办

3 5月28日，“庆端午”市首届龙舟赛在凤凰镇举办

4 7月8日至15日，2017年中国足球协会“凤凰贝贝杯”U14室内五人制足球锦标赛在市举办

5 7月24日,中国足协第20届“贝贝杯”青少年（12岁男子组）足球赛在凤凰镇开幕

6 10月21日至24日，2017年全国广场舞大赛（张家港站）举办

7 10月27日至29日，2017年中国桌式足球公开赛暨全国青少年桌式足球赛在福前实验小学举办

8 12月3日，2017年张家港国际马拉松赛举办

9 12月16日至17日，2017年江苏省城市假日联赛“江苏省体育场馆协会杯”羽毛球俱乐部团体总决赛在市举办

10 12月28日，市第七届迎新年万人健步行活动在沙洲湖畔举行

9

10

市民政局

2017年，市民政局创新举措，重点抓好社区管理、救助帮扶、养老服务三项工作。一是聚焦协商，创新社区管理模式。推进村（居）议事会为主要形式的协商平台建设，村民自治国家级试点、全省社区治理和服务创新实验区两项试点任务顺利实施；三社联动稳步推开，60%以上的区镇开展了社区服务社会化；社会工作纵深推进，升级改造市公益组织培育中心，构建全链条的服务支持体系，全市拥有社工2087人，每万人拥有16.5人。二是聚焦精准，创新救助帮扶体系。因病致贫帮扶体系日趋完善，初步研究制定“因病致贫”困难对象一揽子帮扶意见，启用社会救助关爱平台，推动救助资源精准投放；儿童保障能力不断增强，“市一镇一村”三级儿童保护工作机制有效落实，94名困境儿童纳入个案管理，“爱护计划”“1平方米未来”等关爱困境儿童公益产品广受关注。公益慈善氛围日益浓厚，成功举办“为爱行走•悦动港城”大型徒步公益活动，募集善款25万元；“共享阳光”慈善助学项目为1404名寒门学子发放助学金415.2万元，“阳光慈善”血脉相连项目为44名血液病患者提供救助金45.9万元，“走在阳光下”脑瘫儿童康复援助项目为18名脑瘫儿童提供康复援助金38.54万元。三是聚焦转型，丰富养老服务供给。基础设施提档升级，年内新建52家居家养老服务中心（日间照料中心）、52家老年人助餐点和2家助浴点；鼓励社会化运作，全市35.6%的居家养老服务设施由社会力量运营；市虚拟养老院入院总人数比上年翻一番，达到3.4万人，总服务236万人次；推进公办养老机构改革，55%的镇级公办养老机构实现“公建民营”；加快推进医养融合，加强政策扶持，提升养老机构医疗服务能力，拓展医疗机构为老服务、康复护理功能。年内，张家港市代表江苏省完成民政部蹲点调研任务，基层民政工作做法得到上级两次批示肯定，《中国社会报》《苏州日报》均头版头条报道张家港市社区治理工作经验。

1 4月6日，全国创建文明城市工作经验交流会代表参观张家港市敬老文化园

2 11月10日，民政部调研张家港市民政工作

3 10月20日，市慈善总会四届一次会员代表大会暨四届一次理事会在沙洲宾馆召开

4 杨舍镇李巷村召开议事会商议村务工作

5 12月17日，市第三届亲子嘉年华活动开展

市残疾人联合会

2017年，市残联继续全面落实救助福利政策，为8559名重度残疾人发放护理补贴1009.14万元，为782名重残对象和精神（智力）三、四级残疾人发放社会保险补贴310.4万元，为346名残疾学生及贫困残疾人家庭子女发放助学金43.47万元，为10511名残疾人购买人身意外伤害险42万元，为1.63万名残疾人办理乘车意外伤害险16.3万元。切实开展就业服务，全年组织就业招聘会9场，125名残疾人参加招聘，50人与单位达成就业意向。新增残疾人实名制就业76人，辅助性就业121人，建成“残疾人之家”6家，累计12家。全市251家用人单位按比例就业残疾人320人，集中安置残疾人1820人。优化机构康复服务水平，市儿童康复基地（市妇幼保健所）年内开展听力、视力、脑功能、髋关节等功能筛查8万余人次，发现功能异常儿童1700余人，分类进行早期干预。全市少年儿童定点康复机构有在训儿童166人，市成人肢体康复中心收治患者150余人、出院转入家庭康复患者123人，市白内障复明定点医院完成白内障复明手术1120例。市残联为203户家庭进行辅具适配及家庭环境无障碍改造，为375名肢体残疾人适配助行类、生活自理及康复护理类辅具516件，为108名低视力残疾人及36名0至14周岁视障儿童适配低视力辅具331件，为脑瘫、智力残疾、自闭症康复中心117名在训儿童及肢体康复中心95名出院患者适配各类康复辅具600余件。开展志愿助残活动，全年举办纪念第27次“全国助残日”残障儿童演讲比赛、残疾人专职委员暨助残志愿者骨干培训班、“读书点亮人生——残疾人读书关爱项目”、“我是你的眼”盲人“看”电影、“有爱无碍”千名残疾人走进保利大剧院观看演出等活动，丰富残疾人文化生活。

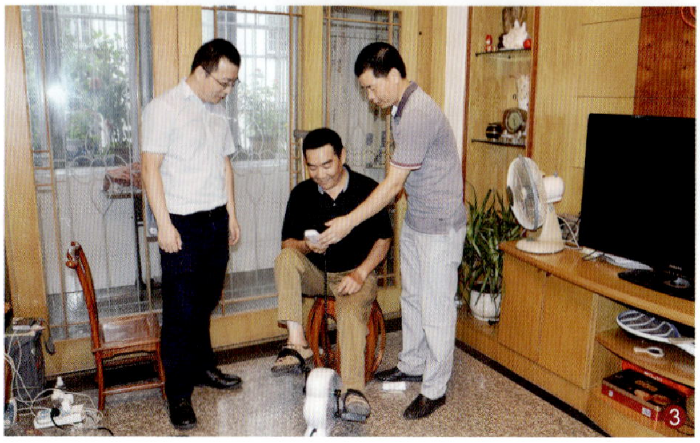

1 苏州市副市长聂飙考察张家港市残疾人之家

2 “有爱无碍”残障儿童演讲比赛暨无障碍学校揭牌仪式

3 康复体育设施进家庭

4 全市残疾人专职委员暨助残志愿者骨干培训班

5 残障人士公益相亲会

市民族宗教事务局

2017年，全市民族宗教工作围绕全市发展大局，持续巩固民族宗教领域和谐稳定局面。一是以基层民宗网格化管理为抓手，进一步夯实民宗工作基础。年初与各区镇签订目标管理责任书，下发考核细则和年度民宗网格化工作专项资金；与市综治办联合出台《关于进一步加强和完善基层民族宗教事务网格化管理工作的意见》。8月,省委统战部副部长、省民委（省宗教局）主任（局长）李国华一行到市调研，对张家港市民族宗教事务网格化管理工作给予高度评价。二是以“五个平台”建设为支撑，进一步推动民族团结进步工作。发挥宣传教育平台功能，邀请苏州市民宗局处长谈庚元为全市网格员开展民族宗教政策法规知识专题培训；发挥联谊活动平台功能，组织才艺比赛、体育比赛、文艺会演等活动；发挥示范创建平台功能，以人文化、实体化、大众化的理念引领全市民族创建工作；发挥政策服务平台功能，出台《关于进一步完善少数民族群众服务体系的意见》，在就业、社保、就医、入学等方面继续优化少数民族服务管理和政策扶持；发挥扶贫济困平台功能，建立少数民族群众扶贫济困基础台账，指导市佛教慈善协会开展少数民族困难学生助学活动。三是坚持依法管理，进一步规范宗教事务。做好春节期间佛教场所烧香活动等重要节点常态化安全工作。在佛教场所推行“文明敬香”活动，全市实行“文明敬香”的佛教活动场所14处。宗教场所建设进展顺利，杨舍天主教堂、杨舍基督教堂建设全部完工，塘桥基督教堂、金港基督教堂完成建设方案，开工建设。加强宗教场所档案管理建设，市佛教协会、盘铭寺、章卿寺、居士林经市档案局考评，达到省档案管理三星级标准。

1 省委统战部副部长、省民委（省宗教局）主任（局长）李国华一行到市调研

2 苏州市人大到市调研少数民族流动人口服务管理工作

3 全市民族宗教工作会议暨新的社会阶层人士统战工作会议

4 全市民族宗教界人士法律知识讲座

5 市第六届民族文艺会演

市人民政府台湾事务办公室

2017年，市台办认真贯彻上级对台工作指示精神，解放思想，努力进取，推动对台交流合作，不断提高台资企业和台胞台属服务水平，各项对台工作得到有效推进。张台经贸交流合作取得新进展。积极推动对台招商，精心组织企业参加苏州电子信息博览会，主动推动张台两地青年企业家交流合作。张台民间交流取得新突破。锡剧《一盅缘》赴台湾巡演成功，开展“百名台眷看港城”系列活动，邀请苏台中小学生吴文化交流团到市学习交流。助推台企发展出实招。积极推动台企苏州金鸿顺汽车部件股份有限公司在境内上市，先后联合环保、税务、质检、海关等职能部门为台商举办5次专题政策讲座，组织台企负责人赴淮安等地学习台企创新发展经验。提升台商台属服务水平下功夫。经常性开展台资企业调研，加强台资企业宣传力度，向广大台商宣传“31条惠台措施”，积极协调解决台企困难和矛盾20余件，组织台属开展丰富多彩活动。

1 台资企业苏州金鸿顺汽车部件股份有限公司上市仪式
2 张台青年企业家交流联谊会
3 台企环保座谈会
4 新北市基层民代访问张家港市
5 “台眷看港城”活动
6 台胞参访张家港

张家港海事局

2017年，张家港海事局与时俱进弘扬新时代江苏海事精神和张家港精神，以“献礼中共十九大”为工作主线，高起点、高质量、高效率完成年度各项工作任务。复评保留“全国文明单位”荣誉称号，勇夺江苏海事局海事英语技能竞赛团体一等奖、“汇智江海，创享未来”青年岗位创新大赛决赛第一名，原创微电影《心灵阻击》获评全国交通运输行业微视频大赛三等奖、长江航务管理局系统微电影大赛一等奖。

一是聚焦安全监管有力度。以“12345”科学安全监管体系为统领，全面提升安全监管能力。实施船舶跟踪16.37万艘次，检查船舶1.49万艘次，成功处置各类险情89起。妥善应对福姜沙水道航路临时调整监管压力，成功防抗寒潮大风等灾害性天气70次。开展联合执法145次，全年巡航巡查7281次，实施行政处罚318件，船员违法记分792分。二是聚力航运发展有温度。深化“放管服”改革，全面取消船舶签证，停征船舶登记费。保障3条渡线15万航次、608.6万人次、277.6万车次安全渡江。服务23.94万艘次船舶安全进出港，完成船载货量2.47亿吨。三是聚智污染防治有深度。以“263”专项行动、“河长制”为契机，推动港口船载散装液体危险货物减种减量。有效保障1.68万艘次危化品船、1624万吨船载散装液体危险货物安全进出港，监管85.6万吨船舶压载水无害排放、1.44万吨船舶污染物无害处置。

1 长江航务管理局局长唐冠军调研张家港海事局
2 市人大常委会主任徐仲高调研张家港海事局
3 海事局牵头开展联合登临检查
4 维护沪通长江大桥施工
5 宪法宣誓仪式
6 长江“5•8”事故 30 周年警示教育会
7 2017 年度公务员轮训
8 利用无人机强化“核管”方法管理危化品
9 救助受伤船员
10 锦丰海事处优质服务获赠锦旗

5

长江“5·8”事故30周年警示教育会
6

听党指挥
能打胜仗
作风优良
张家港海事局2017年度公务员轮训
7

8

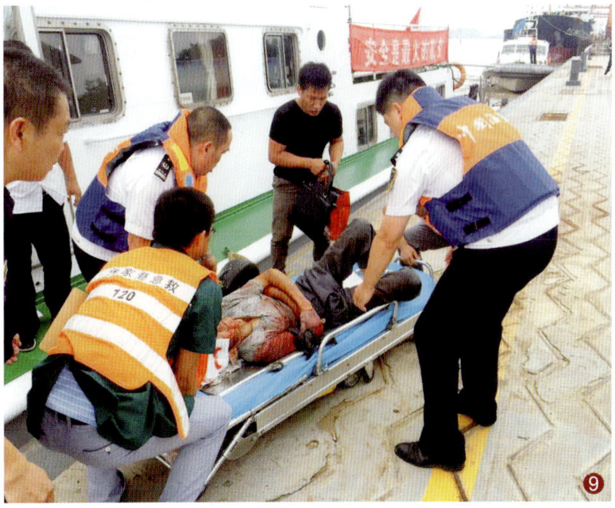
9

为人民服务
守卫航道
护航企业
10

苏州市张家港地方税务局

2017年，苏州市张家港地方税务局积极适应经济新常态和营改增后工作新形势，贯彻落实国务院“放管服”改革要求，切实为纳税人松绑减负，优化税收营商环境。全年组织各项收入159.5亿元，其中，税收收入99.49亿元，非税收入60.01亿元；实现公共财政预算收入65.97亿元，比上年增26.3%。对重点税源企业实施专业化团队管理，全年重点税源企业入库税收42.8亿元。全面公开权力清单和责任清单，推进电子证照共享应用，实现不动产交易登记“一窗受理、集成服务、就近办理”新模式。完善“联合+集中”注销登记模式，精简税源管理事项22项。进预约办税、大企业税收指引、纳税信用贷等个性化服务，不断提升纳税人满意度。年内，张家港地税局蝉联江苏省文明单位和苏州市文明单位，获苏州地税系统绩效管理先进单位和张家港市“服务地方奖”。第四税务分局黄艳获“中国好人”称号，第八税务分局邵丽娅获“中国好税官”称号。

1 市委书记朱立凡到集成办税服务中心考察
2 地税干部黄艳获评“中国好人”
3 开展股权转让“只跑一次”服务活动
4 “税银互动、点信成金”主题活动
5 “学习长江村，拥抱新时代，担当新使命”主题活动
6 张家港地税局全国首推微信出具涉税证明
7 不动产交易实现“一窗受理集成服务”
8 “税青在线，圆梦双创”接受中央人民政府网站、新华社采访
9 地税干部走进张家港外国语学校宣传个税政策

新闻发布会

5

6

市不动产登
不动产联合办理
一窗受理 集成服务

7

2017"创青春"
中国·张家港
送税收优惠红包
圆创新创业梦想

8

9

市便民服务中心

2017年，市便民服务中心紧扣“两聚一高”“创新富民”主题，凝心聚力践行“四大路径”，全面夯实人才、硬件、业绩三大“基石”，始终坚持“电话打得进、服务过得硬”评价标准，解放思想，转变观念，与时俱进，开拓创新，有效提升便民服务工作效能和为民服务质态，各项工作取得显著成绩。

中心全年帮助市民解决各类政务咨询、监督投诉、市民求助2167015件，办结率100%，综合回访满意率99.9%，市民满意度99%以上。“12345”便民服务平台智能化改造，建成全市信息来源最广、分析水平最高、决策辅助功能最强的民生类舆情大数据分析中心。建立“张家港家政服务综合监管平台”，通过信息采集、实时公示、教育培训、服务调度、监督评价等举措，提高家政服务行业管理水平。管理全市“六个一”基层走访调研工作信息平台，做好受理问题的转办、反馈、回访、数据汇总及“重、难、疑、热”问题的协调、督办与落实，确保问题得到及时有效处理。建立“12345”平台与“110”平台联动机制，采用服务外包形式受理处置群众移车求助警情，为“110”分流非警务类警情。首批开展的“12345”公共服务热线国家标准贯标试点高分通过国家级验收，服务水准全国领先。年内，开展“集爱心·献功臣”军烈属走访慰问、“共筑美丽职场·争做最美女性”演讲比赛、“传承文化·传递浓情”端午节慰问、“品美食·迎中秋”厨艺大赛暨第二届才艺大比拼等活动。市便民服务中心被市委、市政府授予综合贡献奖，中心话务大厅被表彰为张家港市首届“担当作为好单位”。

1 9月，苏州市委常委、副市长王翔，张家港市委书记朱立凡考察市便民服务中心

2 10月，“12345”公共服务热线国家标准贯标试点高分通过国家级验收

3 “品美食·迎中秋”厨艺大赛暨第二届才艺大比拼活动开展

4 “张家港家政服务综合监管平台”投用，开启“一人一证一码”监管新模式

5 市便民服务中心大数据统计分析平台建成

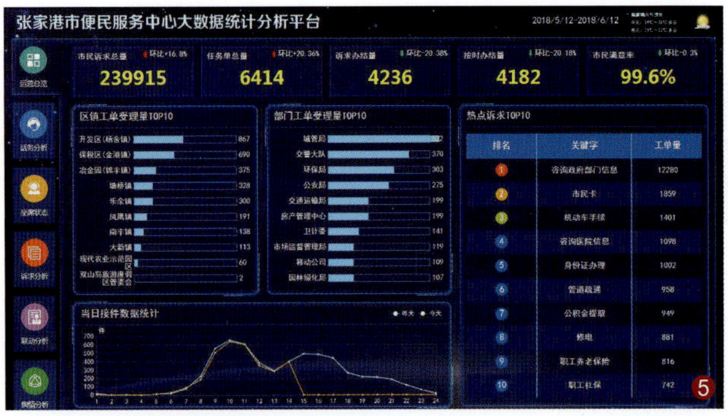

张家港港

Zhangjiagang Harbor

张家港港　（包玉荣　摄）

港口航运

口岸与港口管理

海　　关

检验检疫

海　　事

边防检查

长江引航

长江航运公安

口岸服务

張家港年鑑(2018)

扫码欣赏

张家港海关关史集锦

港口航运

【概况】 张家港港东距上海吴淞口146.5千米，西离南京港219.4千米，南与杭嘉湖地区相连，北通苏北各港。港口面江、傍河、通海，具有水水中转优势。可承接钢材、木材、化工品、粮油、煤炭、集装箱、件杂货等不同货种的中转储运。港口岸线西起长山（与江阴交界），东至东沙（与常熟接界），全长80.4千米，其中主江岸线63.6千米，包括深水岸线约40千米。岸线顺通，-10米以下深水贴岸，不冻不淤，并有江心福姜沙作天然屏障，是避风良港。口岸年平均气温15.2摄氏度，相对湿度76%，每秒风力3.8米，属亚热带海洋性气候。作为苏州、无锡、常州地区对外开放的重要门户，港口拥有富庶的经济腹地和区港一体的自然条件，是长江内河流域最早对外开放的国家一类口岸。

【码头泊位】 年内，张家港港段山港作业区重型装备制造基地码头完成竣工验收；奔辉码头改造工程（2个5万吨级泊位）完成整体交工验收并开展试运行；孚宝化工码头二期工程（1个1万吨级泊位、1个3万吨级泊位）码头完成后方陆域道路建设；沙洲电力二期“上大压小”（上大发电机组，关停小发电机组）扩建项目配套码头工程（1个10万吨级泊位）试运行；张家港港区集装箱码头改扩建工程（1个3万吨级、2个2000吨级泊位）取得施工图设计批复，完成施工和监理单位招标。完成永恒码头资产重组后的码头对外开放条件评估确认工作，指导永嘉码头17号泊位开放工作。至年末，张家港港有大新专用航道、东沙专用航道以及张家港海轮锚地、8号锚地、危险品锚地3个锚地。张家港口岸有26个码头单位共135个泊位，其中开放泊位83个，万吨级以上泊位78个，万吨级开放泊位71个。

【货物吞吐】 口岸全年完成货物吞吐量2.87亿吨，比上年增0.3%，其中金属矿石8247.3万吨、煤炭及制品7004.5万吨、钢铁3229.7万吨、矿建材料2000.6万吨、化工原料及制品1327.8万吨、粮食1119.3万吨、木材586.9万吨、化肥及农药200.5万吨、石油天然气及制品227.1万吨、水泥586.9万吨、机械设备61.8万吨。外贸运量6153.9万吨，比上年增加0.8%，其中外贸进口4392.5万吨。发挥进境肉类、汽车、粮食、油菜籽等4个指定口岸以及化工品交易中心、纺织原料市场、进口消费品市场等特色载体优势，全年口岸进出口整车11928辆，进出口红酒2380.7吨、羊毛17.3万吨、棉花10.1万吨、肉类7.8万吨，整车、羊毛、棉花、肉类等特色货种进口量持续位居全省同类口岸之首。全年集装箱运量96.2万标箱，比上年减2.1%。货物吞吐量继续保持全国县域口岸领先，外贸和集装箱运量在长江沿线港口位列前茅。

【航线航班】 1月，张家港—东南亚件杂货出口班轮航线开启。该航线是长江流域首条直航东南亚的件杂货班轮航线，每航次间隔10日至15日，主要服务张家港口岸及长江沿线大型钢铁企业的钢材和设备出口，班轮船型为5万吨级散杂货船，目的港包括越南胡志明、海防、富美、岘港、盖梅等港口，后期计划陆续开通张家港至新加坡、马来西亚、印尼、泰国等其他东南亚航线。2月15日，满载200标箱的“星东22”轮从保税港务码头驶向广州黄埔港，标志“张家港—广州”内贸集装箱直达航线首航。该航线投入“毅成11”“长海18”“星东22”3艘班轮，三天一班，每年可为保税港务增加4.5万标箱运量。6月30日，“张家港—太仓—仁川”集装箱班轮航线首航仪式在永嘉码头16号泊位举行。该航线由中国、韩国18家船公司共舱经营，航线首期投入1艘约610标箱的集装箱船。11月23日，日本马自达中规车进口滚装船航线在保税港务码头完成首航。全年累计有49条集装箱班轮航线，其中外贸航线6条、外贸内支线22条、内贸航线21条。外贸航线包括2条日本直达线和4条韩国直达线。 （顾佳慧）

【港口资源整合启动】 2017年，江苏省、苏州市港口资源整合启动。5月3日，新的苏州港集团组建；5月22日，江苏省港口集团挂牌成立。根据江苏省港口集团关于港口资源整合的决策部署，苏州港集团提出“专业化定位、一体化运营”的港口整合思路，明确张家港港务集团有限公司（简称港务集团）作为苏州港散杂货板块一体化运营主体。港务集团是苏州市境内历史最久、开放最早、规模最大、功能最全的社会公共码头企业，有员工2081人。集团有长江岸线3.5千米，万吨级以上长江泊位15个，可同时停靠万吨级船舶26艘，最大可停靠20万吨级船舶；江心浮筒12个；内河港

“张家港—太仓—仁川”集装箱班轮航线首航仪式 （永嘉码头 提供）

池1座;起重、输送、航运等大型专用装卸设备500余台;库场面积155万平方米,化工储罐48个计10.3万立方米;年吞吐能力6000万吨。全年完成货物吞吐量6659万吨,其中外贸吞吐量1913万吨;完成集装箱吞吐量74万标箱。主要货种吞吐量情况:木材387万立方米、煤炭3088万吨、金属矿石1791万吨、钢材68万吨、化肥114万吨、机械设备51万吨、水泥8万吨、化工原料78万吨。年内,港务集团以"木产业港产城融合发展"加速港口经济转型,从推进木产业转型升级、做大做强做优张家港木材市场出发,形成"木产业港产城融合发展""3+3"新思路和具体实施方案(建设木材商贸中心、木产业园、木文化馆3个平台,探索中国张家港木材价格指数、尚木网、木材检测鉴定中心3套支持系统)。2017年,港务集团获全国交通企(事)业法治先进单位、全国交通运输文化建设卓越单位、中国物流与采购联合会AAAAA级物流企业、江苏省文明口岸先进单位、长江诚信港航企业、苏州市第一批智慧物流示范企业、苏州市AAAA级劳动保障信誉单位、苏州市重合同守信用企业、苏州市劳动关系和谐企业、张家港市服务业骨干企业等称号,通过质量管理体系及能源管理体系的外部监督审核。

(许咏梅)

【永嘉码头开辟多条航线】 张家港永嘉集装箱码头有限公司(简称永嘉码头)成立于1992年5月,1992年12月正式营运,由中国远洋海运集团旗下中远海运港口有限公司与张家港港务集团有限公司合资经营,股权分布为51%和49%,2017年年末有职工262人。永嘉码头有万吨级泊位3个,可接卸5万吨级集装箱船舶,码头岸线长722米,陆域面积45万平方米,集装箱堆场面积35万平方米,堆箱容量4万标箱,泊位设计年吞吐能力100万标箱。永嘉码头拥有全年通过能力为5.05万标箱、面积2.57万平方米的专业化危险品堆场,能够装卸、储存除一类、二类、七类以外的危险品集装箱;拥有448标箱的冷藏箱堆场、48标箱冷危箱堆场、1000平方米的查验冷库和先进的检验设备设施;拥有8000平方米的月台式仓库和2万平方米的查验熏蒸堆场。拥有集装箱装卸桥5台、轮胎式龙门吊14台、集铲9台、各种拖车、拖架、叉车等70余台。永嘉码头承接集装箱装卸、堆存、货物拆装、冷藏箱和危险品箱的运营管理和船舶供水、修箱、货运代理等相关业务。公司公共驳船网络覆盖苏南地区90%以上区域,开辟有日本航线、韩国航线、长江内支线、沿海内贸线,通过中转,集装箱可运抵世界各地。2017年完成集装箱吞吐量735920标箱,其中外贸集装箱363607标箱。4月27日,增开"南京—张家港—南通—日本"集装箱班轮航线,公司日本航线加密至每周双班,至年末完成箱量34429标箱。6月30日,开辟"张家港—太仓—仁川"集装箱班轮航线,航线设置为周班,至年末完成箱量5414标箱。通过多条航线的增开,公司的区域航线优势得到提升。

(龚华斐)

【江海粮油优化粮油中转业务】 江海粮油(张家港)产业有限公司(简称江海粮油)成立于1984年,占地55.33公顷,长江深水岸线830米,万吨级码头泊位4个,粮食仓容42万吨,油脂罐容28万吨,日加工3000吨大豆压榨厂1座、日加工1200吨食用油精炼厂1座,员工720余人。全年接卸大轮112艘,完成货物吞吐量761万吨,营业收入1.45亿元。合作方路易达孚(霸州)饲料蛋白有限公司张家港分公司进口大豆88万吨,中转营业收入超3000万元。2017年,"十三五"各项基础建设项目有序推进,15万吨钢板仓建成并投入使用,压榨厂配套的小包装装船机项目已开工建设。江海粮油与国内粮食饲料主要进口商厦门建发集团深化合作关系,试靠吃水-11.2米水深船舶,承接进口玉米、大麦、高粱等散粮船18船计70万吨,全年营业收入超2000万元。保税罐区扩容1.6万立方米,保税罐总罐容升至4.1万立方米,开展保税业务14万吨。优化中转货源结构,粮油中转业务占比达到95%左右。江海粮油被江苏省粮食局、江苏省人社厅授予"全省粮食安全工作先进集体"称号,被江苏省粮食局、江苏省发展和改革委员会授予"江苏省级粮食物流产业园"称号。

(张晓云)

【宏泰物流码头通过港口安全生产标准化建设一级企业认证】 永钢集团码头由宏泰物流、宏泰、盛泰3个长江码头和宏顺、永丰2个内河码头组成。宏泰物流码头于2005年投产,拥有2个万吨级散货泊位,最大靠泊能力5万吨级,码头平台长356米,引桥1座,长1163米,宽15米,设计年吞吐能力440万吨。拥有卸船、输送、起重等大型专用装卸设备48台。堆场面积30万平方米。宏泰码头于2009年投产,拥有2个3.5万吨级(水工兼顾5万吨级)的通用泊位,最大靠泊能力

宏泰物流码头　　(宏泰物流　提供)

7万吨级。设计年吞吐量为300万吨，其中进口110万吨、出口190万吨。引桥1座，长1124.63米，宽15米，占用岸线464米。拥有装卸、输送、起重等大型专用装卸设备60余台，库场面积10万平方米。盛泰码头拥有5万吨级散货和散杂泊位各1个，4万吨级件杂泊位1个。码头结构兼顾10万吨级散货船，设计年吞吐量884万吨，其中散货705万吨、件杂货179万吨。占用长江岸线808米，由一座长1085米、宽27米的引桥与后方陆域相连。有装卸、输送、起重等大型专用装卸设备52台。库场面积8.5万平方米。宏顺内河码头于2014年1月投产，码头长385米，拥有6个300吨级散杂货通用泊位（水工结构兼顾500吨级），有装卸、输送、起重等大型专用装卸设备8台。堆场面积5.8万平方米。永丰内河码头于2015年11月投产，占地面积5.93公顷，采用挖入式港池形式，利用与走马塘相通的东滨河拓挖形成，拥有3个2000吨级散货装卸泊位，水工结构采用灌注桩悬臂式挡墙结构，设计年吞吐量550万吨。拥有装卸、除尘、空压等专用装卸设备8台。2017年，永钢集团5个码头共实现货物吞吐总量2276.19万吨，其中外贸吞吐量861.1万吨，实现营业收入3.62亿元。1月，盛泰通用码头工程在中国勘察设计协会组织的第八届优秀工程项目管理和优秀工程总承包项目评选活动中获工程总承包银钥匙奖。4月，江苏宏泰物流有限公司举行东南大学省企业研究生工作站、东南大学交通学院校外物流实习基地挂牌。7月，宏泰物流码头、宏泰码头、盛泰码头分别通过能源、质量、环境、职业健康安全4个体系认证复核。12月，江苏宏泰物流有限公司通过中国船级社组织的交通运输企业港口安全生产标准化建设一级企业认证。年内，盛泰码头改造工程（靠泊能力由原设计的10万吨级改造为15万吨级）通过航道、环境影响评价，取得初步设计、施工图批复。（周成新）

【长江国际子公司获批甲醇交割库资质】 张家港保税区长江国际港务有限公司（简称长江国际）系张家港保税科技（集团）股份有限公司控股子公司，下辖张家港保税区长江国际扬州石化仓储有限公司和张家港保税区华泰化工仓储有限公司两个子公司。公司成立于2001年4月，注册资金5.94亿元，建有2个万吨级液体散化专用码头。公司专业从事乙二醇、二甘醇、甲醇、甲苯、二甲苯、二辛酯等散装液体化工产品的码头接卸、保税仓储和分拨转运服务，同时为保税区内仓储、生产企业提供码头中转和管道物流配送服务。全年码头接卸船舶556艘次，接卸货物总量335万吨，码头吞吐量383.99万吨，进入储罐的货物总量达到311.9万吨。公司实现营业收入2.28亿元，利润总额5870万元。年内，公司通过一体化管理体系换版审核、CDI-T复审以及中国仓储服务金牌企业复审，再次获江苏省文明口岸先进单位、口岸示范监管单位等荣誉，获"2017中国化工物流行业金罐奖——安全管理奖"称号。继长江国际总公司2016年获批全国首家甲醇期货保税交割库后，子公司张家港保税区长江国际扬州石化仓储有限公司也于2017年11月获批甲醇期货保税交割库资质，新增甲醇交割仓库计划于2018年1月23日启用。子公司甲醇交割仓库的增设，有利于长江国际实施南北联动、异地扩张战略。（包 悦）

【保税港务开辟中规车进口滚装航线】 张家港保税港区港务有限公司（简称保税港务）成立于2007年1月，由张家港保税区金港资产经营有限公司、张家港保税科技（集团）股份有限公司共同控股，股权分布为65.23%、34.77%。公司拥有万吨级泊位2个，最大可停靠5万吨级的船舶，码头深水岸线总长470.4米，靠船装卸平台长432米，陆域面积55万平方米，其中堆场面积15万平方米，仓库面积5万平方米。业务范围涵盖整车进出口、集装箱（进口冻品）、散杂货、油脂及港内拆装箱、保税仓储、"一日游"报关代理等业务。全年公司共作业船舶3788艘次；完成集装箱吞吐量21.4万标箱；进出口汽车11928辆，其中进口8698辆；完成散杂货133.9万吨。张家港保税区汽车整车进口口岸经过五年时间建设，已形成较为完备的基础设施、政策功能、营销网络和服务团队。11月23日，日本马自达中规车进口滚装船航线在保税港务码头完成首航，1473辆马自达中规车搭乘这条专属航线上岸，并由专业人员清关。这是自2013年张家港口岸运营后开通的首条中规车进口滚装航线，全年进口2797辆马自达CX-3。（胡陈希）

2017年年末张家港口岸码头泊位一览表

表9

作业区	码头单位	码头泊位名称	泊位个数	主要用途	前沿水深（米）		码头长度（米）	靠泊能力（吨级）	投产年月	对外开放年月
					设计水深	实际水深				
长山作业区	张家港市久盛船业有限公司	久盛码头	2	船修	−8.50	−8.00	300.00	1个30000 1个50000	2008年12月	2009年8月
	上海振华重工（集团）张家港港机有限公司	港机厂码头	1	港机发运	−7.00	−7.50至−9.00	84.00	10000	1997年12月	1998年5月
	张家港锦隆重件码头有限公司	锦隆重件码头	4	件杂货	−6.90至9.00	−8.00	540.00	1个8000 2个5000 1个2000	2011年8月	2016年2月

续表9

作业区	码头单位	码头泊位名称	泊位个数	主要用途	前沿水深（米）		码头长度（米）	靠泊能力（吨级）	投产年月	对外开放年月
					设计水深	实际水深				
张家港作业区	张家港港务集团有限公司	1号泊位	1	件杂货	-11.00	-11.00	185.00	50000	1994年7月	1983年5月
		2号泊位	1	件杂货	-11.00	-11.00	185.00	50000	1994年7月	1983年5月
		4、5号泊位	2	件杂货	-11.85	-11.85	581.00	100000	2001年8月	1983年5月
		6号泊位	1	件杂货	-10.50	-10.50	180.00	10000	1985年12月	—
		7号泊位	1	件杂货	-10.50	-10.50	180.00	10000	1985年12月	—
		8号泊位	1	木材	-11.62	-11.62	203.00	70000	1993年8月	1994年12月
		9号泊位	1	散货	-11.62	-11.62	185.00	70000	1993年8月	1994年12月
		10号泊位	1	液体化工	-11.62	-11.62	196.00	50000	1993年8月	1994年12月
		13号泊位	1	件杂货	-11.68	-11.68	180.00	10000	2002年6月	1988年12月
		14号泊位	1	件杂货	-11.62	-11.62	195.00	13000	1992年10月	1992年12月
		15号泊位（永嘉码头）	1	集装箱	-11.62	-11.62	255.00	25000	1992年10月	1992年12月
		16号泊位（永嘉码头）	1	集装箱	-11.62	-11.62	250.00	25000	1997年10月	—
		17号泊位（永嘉码头）	1	集装箱	-11.90	-11.90	217.00	30000	2006年10月	—
	江海粮油（张家港）产业有限公司	1号泊位	1	粮油	-10.50	-9.80	180.00	50000	1987年10月	1987年12月
		2号泊位	1	粮油	-11.00	-10.00	220.00	70000	1991年11月	1991年11月
		3号泊位	1	粮油	-11.00	-10.00	210.00	70000	1996年9月	1996年9月
		4号泊位	1	件杂货	-11.40	-13.10	200.00	70000	2006年12月	2007年1月
	张家港保税港区港务有限公司	苏润码头	2	集装箱 件杂货	-13.00	-13.00	470.40	2个50000	2007年1月	2007年7月
化工园作业区	张家港保税区长江国际港务有限公司	1号泊位	1	化工	-14.45	-13.00	170.00	10000	1993年4月	1993年7月
		2号泊位	1	化工	-14.45	-13.00	280.00	50000	2002年9月	2002年9月
		3号泊位	1	化工	-13.45	-13.00	40.40	3000	2006年2月	2006年8月
	中粮东海粮油工业（张家港）有限公司	1号泊位	1	粮油	-11.20	-11.00	284.00	70000	1996年12月	1995年7月
		2号泊位	1	粮油	-11.20	-11.00	96.00	10000	1998年	1995年7月
		改扩建码头	1	粮油	-11.20	-11.00	290.00	50000 （兼靠100000）	2004年2月	2004年9月
		3号泊位	1	粮油	-6.50	-7.50	120.00	10000	2005年1月	—
	陶氏化学（张家港）有限公司	陶氏化学	1	化工	-11.50	-14.00	244.25	25000	2002年7月	2002年6月
	张家港孚宝仓储有限公司	孚宝码头	2	液体化工	-12.50	-12.50	461.00	2个50000	2007年6月	2008年1月
		内港池	2	液体化工	-4.00	-4.00	195.40	2个1000	2010年12月	—
	张家港东华能源有限公司	东华能源	1	液化气	-12.35	-11.00至-14.00	280.00	54000	1999年11月	1999年11月
		东华能源	1	液化气	-11.00至-14.00	-11.00至-14.00	217.50	20000	2010年12月	2011年11月
	双狮（张家港）物流有限公司	液化泊位	1	液体化工	-14.80	-14.90	312.00	50000	2005年2月	2005年6月
		散货泊位	1	散化	-14.78	-15.20	275.00	50000	2005年2月	2005年6月
		内港池	5	液体化工	-4.05	-4.05	403.60	5个500	2005年2月	—

续表9

作业区	码头单位	码头泊位名称	泊位个数	主要用途	前沿水深（米）		码头长度（米）	靠泊能力（吨级）	投产年月	对外开放年月
					设计水深	实际水深				
段山港作业区	张家港港新重装码头港务有限公司	长江泊位	5	件杂货	-9.84	-9.84	898.00	3个8000 2个5000	2013年	2016年1月开放3个泊位
		内港池泊位	5	件杂货	-4.20	-4.2	455.00	5个2000	2014年	—
	张家港华达码头有限公司	华达码头	5	件杂货	-10.50	-10.50	908.00	3个20000 2个10000	2007年11月	2008年7月
	江苏省中油泰富石油集团有限公司	1号码头	1	成品油	-9.00	-12.50	195.00	50000	2007年1月	2007年12月
		2号码头	1	成品油	-9.00	-12.50	72.00	50000	1994年10月	1995年2月
	张家港永恒码头有限公司	永恒码头	2	散货	-10.30	-11.50	369.45	2个50000	2003年7月	2003年12月
	辻产业重机（江苏）有限公司	辻产业码头	1	件杂货	-10.30	—	115.00	3000	2003年12月	2004年5月
		2号码头	1	原材料	-7.90	-7.90	46.00	3000	2005年11月	2006年2月
		辻产业扩建码头	1	重建泊位	-7.50	-7.50	202.00	10000 （兼靠30000）	2014年12月	—
	张家港海螺水泥有限公司	海螺水泥	1	散货	-6.30	-6.30	137.00	5000	2002年7月	—
		海螺水泥	1	散货	-11.00	-14.50	274.00	20000	2005年10月	2005年10月
冶金工业园作业区	张家港浦项码头有限公司	浦项码头	3	废钢、成品钢	-14.00	-14.50	546.00	1个35000 2个10000	2006年9月	2006年12月
	沙钢集团（张家港海力码头有限公司）	浦沙码头	1	件杂货	-10.00	-11.50	144.50	5000	1998年7月	1998年7月
		海力0号码头	1	散货	-12.00	-12.50	289.00	50000	2007年	2009年12月
		海力1号码头	1	件杂货	-11.00	-14.20	234.00	70000	2003年4月	2003年12月
		海力2号码头	3	件杂货	-11.00	-11.20	237.00 275.00	5000 30000 50000	1998年1月 2012年7月	2010年10月 1998年11月 2013年9月
		海力3号码头	1	钢铁辅料	-12.00	-12.00	238.00	30000	2003年	—
		海力4号码头	2	件杂货	-12.10	-12.00	450.00	2个70000	1999年 2001年	2000年8月 2001年11月
		海力5号码头	2	原料、散货	-12.10	-12.00	388.00	50000 5000 （兼靠100000）	2004年10月	2005年6月
		海力6号码头	2	散货	-11.00	-11.00	453.50	50000 5000 （兼靠120000）	1995年7月	2006年2月
		海力7号码头	2	散货	-12.00	-11.00	313.50	2个70000	2003年4月	2004年8月
		海力8号码头	2	煤炭辅料	-12.00	-12.00	398.00	2个70000	2005年5月	2010年2月
		海力9号码头	2	散货	-12.00	-13.00	640.00	2个70000	2006年12月	2007年
		宏源1号浮码头	2	重油	-5.00	-5.50	80.00	2个3000	1997年3月	—
		宏源2号浮码头	2	钢铁	-5.00	-5.50	96.00	2个3000	2000年4月	—
		宏源3号浮码头	2	钢铁	-5.00	-5.50	97.00	2个1000	2001年1月	—
		润忠三线码头	5	件杂货	-3.45	-3.45	258.00	5个1000	2001年2月	—
		九龙港池码头	14	散货	-2.50	-2.70	1600.00	14个1000	2001年	—
		奔辉码头	2	通用	-12.50	-16	481.00	2个50000 （100000）	2014年12月	2000年1月

续表9

作业区	码头单位	码头泊位名称	泊位个数	主要用途	前沿水深(米)		码头长度(米)	靠泊能力(吨级)	投产年月	对外开放年月
					设计水深	实际水深				
冶金工业园作业区	张家港沙洲电力有限公司	重件码头	1	件杂货	—	—	97.00	3000	—	—
		煤炭码头	1	卸煤	-13.50	-15.00	275.00	30000(兼靠50000)	2005年12月	2016年11月
		二期码头	1	煤炭	-15.00	-15.00	325.00	100000	2016年11月	—
	张家港中东石化有限公司	石化码头	1	化工品	-11.20	-11.00	96.00	5000(兼靠20000)	2003年2月	2003年8月
	张家港越洋实业有限公司	越洋A码头	1	石化	-18.00	-18.00	90.00	30000	1999年6月	1999年4月
		越洋B码头	1	石化	-14.00	-14.00	90.00	20000	1999年6月	1999年4月
		越洋C码头	1	石化	-9.00	-9.00	23.00	300	1999年6月	—
东沙作业区	张家港宏泰物流有限公司	1号泊位、2号泊位	2	钢铁	-12.00	-13.00	356.00	2个50000	2005年10月	2006年8月
	张家港宏泰码头有限公司	通用码头	2	散货	-13.10	-13.60	464.00	2个70000	2009年1月	2009年9月
	张家港盛泰码头有限公司	通用码头	3	散杂货	-13.00	-13.00	808.00	1个40000 2个50000	2012年10月	2014年6月

说明:对外开放时间为对外籍船舶开放时间,投产年月比对外开放时间晚的是重新改建的码头泊位

口岸与港口管理

【概况】 2017年,市政府口岸办(港口局)协同口岸各查验单位加强开放码头规范化管理,通过业务指导、年中回访和年底考核,促进开放码头提高涉外管理水平。贯彻落实“263”专项整治行动要求,年内未新增危化品码头和危化品经营许可品种数量。推广港口起重机械油改电、岸电系统建设等节能减排技术应用,港口码头电动起重机覆盖率98%以上,全年完成7家码头岸电系统建设,累计建成岸电29套,其中高压岸电3套、低压15套、小容量11套。推进口岸大通关建设,深化“三个一”通关模式,协调口岸查验单位审批窗口入驻口岸联检中心联合办公,协调推进口岸船员行李查验中心建设,永嘉码头公司完成集中查验中心建设用地摘牌。12月,开展2017年度开放码头规范化管理检查考核,长江国际、宏泰物流、东海粮油、越洋实业、港务集团、永嘉码头、港新重装、中油泰富等8家码头企业获评张家港口岸开放码头规范化管理优秀单位;长江国际、宏泰物流、东海粮油、越洋码头、港务集团、中油泰富等6个单位被评为2016—2017年度口岸监管示范单位。

【港口规划建设】 年内,市港口管理局加强岸线资源管理和保护,推进港口资源整合和功能调整,提升港口岸线利用效率。建设长江生态安全带,对长江干线及洲岛岸线开发实施总量控制,根据“263”专项整治工作以及苏州市交通运输局关于调减化工岸线责任目标的要求,加快张家港市长江沿线问题项目的整治整改力度,调整4067米化工岸线为非化工港口岸线。推进规模化公用作业区建设,海力码头完成对奔辉码头的整合及码头改造。严格履行港口建设管理程序,加强港口在建工程安全监管和履约考核工作,年内未发生违反港口建设程序的情况及重大港口工程质量安全事故。推进沿江非法码头整治工作,双山大伯墩临时码头及太字圩港小吊机已完成拆除工作,生态复绿工作已完成。持续推进港口码头扬尘污染防治,确保新建散货码头抑尘防尘设备覆盖率100%;推进原油成品油码头油气回收试点,中油泰富码头建成油气回收系统,完成省级油气码头回收试点工作;继续推进港务集团开展的绿色循环低碳港口主题性项目,已完成信息化改造以及变压器改造,主体性试点项目通过第三方审核并报省交通运输厅。

【港政管理】 年内,市港口管理局落实港口经营管理规定,严把港口经营市场准入关,通过巡查、年检等方式加强港口经营活动日常监管,维护港口经营市场秩序,研究印发行政执法全过程记录制度,进一步保障执法过程规范合法。共受理并下发新增港口经营许可证5份,办理港口经营许可证变更8份,办理港口经营许可证延续14份。至年末,全市有各类港口经营企业102家。加强港口经营许可证发放后的监管,尤其是船舶港口服务市场监管,定期对各港口经营企业进行监督检查,全面掌握企业经营状况。加强港口巡查执法工作,联合海事、长航公安、水利等部门开展沿江非法码头及水上过驳专项整治行动,严厉打击违规经营、违法建设等违法犯罪活动,进一步消除港口安全隐患。规范船舶污染物接收转运处置,《张家港市沿江港口和船舶污染物接收、转运及处置设施建设方案》已由市政府办

市政府口岸办督察中油泰富油气回收装置安装进度

（市政府口岸办　提供）

公室公布实施。至年末，沿江26家码头企业及1家修造船企业具备船舶污染物、生活垃圾接收能力。

【港口安全监管】 年内，市港口管理局坚持“以人为本、预防为主”的原则，加大港口安全监管力度。全年开展危险货物企业全覆盖检查4次，普通货物企业全覆盖检查2次。主要领导和分管领导带队深入企业检查10余次。全年发出责令整改通知书6份，约谈码头企业主要负责人3家，督促企业完成隐患整改率为91.22%。年内，港口综合保障基地全面建成，公安、消防、边检、航道、水政等入驻单位正常运行。港口危险货物动态管理系统开发建成，张家港港所有危险货物企业和多数普通货物企业应急预案均完成备案，应急设备库建设已启动。3月，市港口管理局在永嘉码头组织开展危险货物集装箱泄漏事故应急救援综合演练；6月，在宁兴液化码头开展港口设施保安和安全突发事故综合应急演练。11月，对张家港港企业进行港口安全知识培训和新《港口危险货物安全管理规定》（交通运输部令2017年第27号）解读，全年组织100余人参加交通运输部举办的港口设施保安人员培训。至年末，港口通过考核的主要负责人和安全生产管理人员共51人，取得从业资格的装卸管理人员137人。

【文明口岸共建】 年内，市政府口岸办坚持口岸系统一把手例会、办公室主任例会、口岸联检例会等条线例会制度。依托“金岸服务党建联盟”，组织开展“捷畅锚调”特色党建项目活动，先后开展植树活动、净山环保等志愿者服务活动。5月，在全省文明口岸评比中，张家港口岸连续第五次获“江苏省文明口岸”称号。10月，张家港口岸“沙洲电力杯”体育运动会举行，口岸系统32支代表队560余名运动员参加羽毛球、乒乓球、网球、篮球、拔河、自行车慢骑、扑克等7个项目的比赛。

【长江航道管理】 年内，长江张家港航道处完成航标维护87015座次，完成计划的105%；航道维护尺度保证率100%；航标维护正常率100%。完成维护性测量1320.6平方千米，完成计划的100%。航道维护船舶开航496航次，恢复失常航标163座次，设置航标54座，调整航标10座次，撤销航标5座，校核航标4座。12月14日，位于长江福南水道港口综合保障基地的长江张家港航道处码头交工验收。长江张家港航道处码头位于福南水道右岸老沙附近，张家港港口综合保障基地内，属于高桩码头，平台长105米、宽18米，配备相应的装卸设备，同时配套建设50平方米值班室及水手房。

【福南水道12.5米深进港航道治理工程开工】 福南水道位于长江福姜沙水道南汊，全长20.59千米，航道维护水深10.5米，原是长江福姜沙航段的主航道，是张家港市重点作业区（张家港作业区）的主航道，每天进出和通过福南水道的船舶约有400艘次，其中大型船舶约60艘次。2013年9月，长江南京以下深水航道建设工程领导小组第二次会议明确“福南水道可根据需要，专项研究-12.5米进港航道”的意见，工程于2017年3月获得江苏省发改委工可报告批复，工程总投资概算为1.35亿元。12月15日，张家港港产城融合发展战略研讨会暨福南水道-12.5米进港航道治理工程开工活动举行。福南水道-12.5米深水航道工程将在现状10.5米深长江干线航道的基础上，自巫山港（张家港港区10号泊位上游150米处）至福南水道下游出口处，通过疏浚工程措施将航道水深浚深至12.5米，航道通航宽度200米，航道疏浚里程12.45千米，疏浚量159.7万立方米，建设工期5.5个月。福南水道-12.5米深水航道建成后，释放临港20个5万吨级以上泊位靠泊能力，降低船舶运输成本，提高张家港核心港区综合竞争力。

（顾佳慧　沈小平）

海　关

【概况】 2017年，张家港海关、张家港保税港区海关深化重点税源企业专人联系制度，加强调研摸底，掌握税收动态，积极涵养税源。加强税收申报要素审核，强化审价、归类、原产地认定，全年审价补税1.32亿元。共征收入库税款213.89亿元，比上年增30.43%。其中，关税34.97亿元，比上年增24.44%；代征进口环节税178.92亿元，比上年增31.67%。监管进出境货运量6606万吨，比上年减4.09%；货值272.1亿美元，比上年增20.78%；监管进出境集装箱41.8万标箱，比上年增12.22%；监管船舶7301艘次，验放进出境人员13.8万人次。审结报关单20.48万份。备案加工贸易合同2881份，合同金额16.16亿美元;减免税收5699万元。全年报送统计监测预警信息422篇,其中海关要情录用118篇,中央领导批示4篇次。全年报送《统计快讯》12期、《海关工作专报》11期、《关贸专报》5期。张家港海关被评为江苏省文明口岸共建先进单位。

【海关通关一体化改革】 7月起,为加快转变政府职能,适应开放型经济新体制要求,深化简政放权放管结合优化服务,海关总署决定推进全国海关通关一体化改革。年内,张家港海关抓好内外培训、优化岗位设置、实施接打放一体操作,全面启动"一次申报、分步处置"和"自报自缴"工作,配合海关总署金关工程二期商品条码试点,有效压缩货物通关时间。推进新型税收征管支付模式,同步开展担保验放、汇总征税、财关库银横向联网等工作。全年办理无纸化通关19.4万票,无纸化通关率超过95%,电子支付率金额占比超过83%,办理"自报自缴"1万余票。批准实行仓储货物按状态分类监管企业28家,进出库保税货物和非保税区货物分别达到90.1万吨和114.4万吨,货值分别为12.76亿美元和12.58亿美元。加快推进整车口岸建设,试点进口整车同业联合担保模式,全年监管进境汽车8753辆,征收税款15.4亿元,分别比上年增33.5%和5.9%。

【"国门利剑"打击走私行动】 2017年,张家港海关开展"国门利剑2017"专项行动,积极推进反走私综合治理,共立案侦查刑事案件11起,案值1.17万元,涉嫌偷逃税额2259万元。立案调查行政违法案件245起,案值4.14亿元,涉嫌偷逃税额331万元。抓获犯罪嫌疑人42人,查获棉花、废塑料、成品油、化妆品等走私涉案货物,其中走私棉花案被列为海关总署二级挂牌督办案件。3月,张家港海关缉私分局开展案件收网行动,立案侦办走私棉花案件,案值3910.36万元,涉嫌偷逃税款1428.69万元。经查,走私团伙以伪报贸易方式等手段将棉花走私进境,并在国内销售牟利。

【关检合作示范区建设】 2015年6月,张家港市被首批确定为江苏省关检合作示范区建设单位后,张家港海关、张家港出入境检验检疫局探索建立深度融合、高效顺畅的新型合作模式,以推动信息互换、监管互认、执法互助"三互"大通关和"单一窗口"建设为着力点,有效解决通关环节众多、执法平台封闭等突出问题,总体提升监管效能20%,节约企业成本30%。双方实施木材联合拆箱试点;扩大"三互"合作范围,执法模式、合作机制、作业流程实现对口岸特色商品的全覆盖。开始建设口岸查验中心,加紧测试口岸查验平台。建立联系配合机制,将进口整车纳入关检合作范围,全年提前拆箱5034辆,其中联合提前拆箱18批1723辆,为企业节省滞箱费用316万元。启动海关、检验检疫、海事、边防检查四单位国际航行船舶联合登临检查机制,通过"张家港船舶管理系统"移动第三方应用程序汇总查验计划,调度监管资源,统一时间节点,减少查验频次,提升船舶监管效能,全年开展联合登临检查12艘次。在全省率先推行国际贸易"单一窗口",至年末,国际贸易"单一窗口"一般贸易覆盖率月均90%。 (魏 曦)

4月18日,国际航行船舶联合登临检查机制启动

(张家港检验检疫局 提供)

检验检疫

【概况】 2017年,张家港出入境检验检疫局(简称张家港检验检疫局)受理出入境报检56083批,比上年减6.4%;出入境货物货值135.8亿美元,比上年增23.2%。检疫出入境船舶4252艘次,比上年减3.47%。检验检疫出入境集装箱24.8万标箱,比上年增1%。截获动物疫情65种588种次。截获进境植物疫情993种42296种次,分别比上年增12.7%和7.6%;其中检疫性有害生物87种7382种次,分别比上年增4.8%和49.1%。医学媒介生物检出4种974批次;传染病检出3种108人次。检验进口矿产品1676万吨,比上年减2%;检验进口化工品426万吨,比上年增10.4%;检验进口大豆407万吨,比上年增8.2%;检验进口羊毛17.2万吨,比上年增1.6%;检验进口木材466万立方米,比上年增6.5%;检验进口油脂140万吨,比上年增15.8%;检验进口废物原料42.2万吨,比上年增45.9%;检验进口棉花10万吨,比上年增4.7%;检验进口金属材料19万吨,比上年减36.9%;检验进口肉类7.8万吨,比上年减26.7%;检验进口汽车8933辆,比上年增52.5%。全年签发各类产地证35386份,其中优惠性产地证29738份,签证金额19.1亿美元,帮助企业减免进口国关税6.33亿元。技术中心全年新开验项目874

项，承担市食品安全委员会检测任务2554批，推进国家卫生处理检测实验室建设。全年获地市级以上项目8项，申报发明专利1个，获实用新型专利6个。张家港检验检疫局连续四次获全国文明单位称号，获评江苏检验检疫系统绩效体系运行20年先进集体、江苏省节能示范单位。

【国内首次截获3种非洲天牛】 8月2日，张家港检验检疫局工作人员对两批进境的集装箱运283立方米非洲喀麦隆原木进行检疫时，截获3种活体天牛。经张家港检验检疫局木材实验室鉴定，分别为佩雷面具天牛、双色面具天牛和罗斯面具天牛，后经中国检验检疫科学研究院进一步确认，均为国内首次截获。天牛是林木上的重要害虫，啃食树皮以及里面的木质部，会导致大片树木死亡。为防止外来有害生物的传入，检验检疫人员现场查验发现这些有害生物后，对原木进行熏蒸除害处理，做好口岸木材的检疫除害工作，严防有害生物的传入。

【IAWA中国分会第四届学术研讨会】 11月26日，在张家港市召开。由国际木材解剖学家协会（IAWA）中国分会主办、张家港出入境检验检疫局承办。该研讨会主题为“创新木材解剖研究，促进森林资源可持续发展与利用”，共有全国各科研院所、大专院校及检测机构等30余个单位近100名专家学者参会，共同研讨木材解剖、合理利用、濒危木材鉴定以及资源保护等课题。张家港口岸是全国最大海运进口阔叶木港口，年进口量近400万立方米，被誉为“进口木材超市”，汇聚各类木材企业1766家，从业人员2.6万人，年产值超过750亿元。

【国家级出口金属产品质量安全示范区通过验收】 12月26日，江苏张家港出口金属产品质量安全示范区通过国家质量监督检验检疫总局考核验收。金属产业是张家港市的龙头产业，占全市规模以上经济总量的一半，张家港市也因此成为中国重要的金属产品出口基地。金属产业产品种类涵盖线材、棒材、板材、管材、压力容器等，品种齐全，主要销往东南亚、欧美、中东等地，年出口额60亿美元，出口量1000万吨，占全国同类产品出口量的十分之一。年出口额100万美元以上的企业有88家。张家港出口金属产品质量安全示范区创建工作启动后，金属产业在质量安全、品牌意识、科技创新以及转型升级等方面取得进步。其中，培育中国驰名商标2个，国际知名品牌5个；区内8家企业参与各类标准制订，共制订各类标准129件，获19项科技创新成果奖。

（汤颖杰）

海　事

【概况】 2017年，张家港海事局积极履行口岸查验召集人职能，牵头海关、检验检疫、边防建立国际航行船舶联合登临检查机制。办理国际航行船舶进出口岸查验6895艘次，完成船载外贸运量5562万吨。征缴港口建设费3.15亿元。维护-12.5米深水航道二期工程后续基建疏浚及疏浚期初通航道维护疏浚作业、福南水道-12.5米进港航道治理工程、沪通长江大桥主航道桥等重点水工建设和船舶通航安全。审批水工作业31项，办理通航作业报备215项，有效保障41项涉水工程建设。发布航行通告70期。连续8年践行政务办理、应急待命、交通组织“三个全天候”服务承诺，有效保障2.47亿吨船载货物进出。落实“放管服”改革，推进“不见面审批（服务）”，全面取消船舶签证，实行船舶进出港报告制，保障23.94万艘次船舶安全进出港，其中3万载重吨及以上大型操纵能力受限船舶1258艘次。维护15万航次、608.6万人次、277.6万车次安全渡江。2017年，张家港海事局复评全国文明单位、全国海事系统廉政文化示范单位。

【水上安全监管】 年内，张家港海事局持续开展“安全畅通文明”航区和“平安文明”渡线创建，推进落实安全生产主体与监管“两个责任”，统筹开展安全生产月、水上交通突出违法行为、“春雷百日安全行动”等专项活动。落实特定时段特别安全监管措施，完成中共十九大、两会、金砖国家厦门峰会等重点时段水上安保任务。全年巡航巡查7281次，航行1.66万小时、里程19.87万海里，实施行政处罚318件、74.7万元，船员违法记分258人次、792分。开展船舶安全监督3172艘次，纠正船舶缺陷9933项。水上综合执法改革稳步推进，开展联合执法145次，纠正航道、通信违法行为1984次。坚持将隐患排查挺在前面，下达17份隐患整改通知书，督促27个事故隐患闭环整改。

【水上搜救】 年内，张家港海事局履行市水上搜救中心办公室职能，妥善处置水上险情89起，组织搜救行动30起，协调指挥各类船艇104艘次，成功救助遇险船舶111艘、遇险人员1125人，水上人命救助成功率100%。完善水上搜救专家队伍结构，聘请37人组成市水上搜救人才专家库。协调码头、港口、环保、消防等相关单位常态化开展船舶碰撞、人员落水等各类应急演练9次。发布灾害性天气预警70期，实施临时交通管制12次。围绕“水上平安交通，安全伴我成长”主题，组织开展7次“水上交通安全知识进校园”活动，315名学生参加。代表中国海上搜救中心举行“ANAOCEAN”（安娜海）轮救助海上遇险船员表彰活动，对该轮成功救助21名遇险船员行为进行表彰和奖励，有效激励社会力量参与水上救助。张家港海事局指挥中心获“长江海事局应急搜救先进集体”称号。

【钢质海巡艇“海巡06816”列编】 5月19日，张家港海事局新造30米级钢质艇“海巡06816”列编。“海巡06816”船长30.68米，型宽5.8米，型深2.3米，设计吃水1.2米，采用康明斯双主机推动，额定功率447千瓦，船体结构合理，操作性能优异，适应当前巡航搜救一体化工作需求。该艇入编后进一步优化了海事船队整体结构，提升了现场巡航执法工作效能。2017年，“海巡06816”开展现场巡航580艘次，巡航时间1310.2小时、巡航里程15722.4海里，成功处置险情16起，有效保障沪通长江大桥施工作业期间桥区水上交通安全。

（于　健）

边防检查

【概况】 2017年，张家港边防检查站（简称张家港边检站）检查出入境（港）船舶6802艘次，登轮登陆人员34万余人次，办理登轮许可证31566份、临时入境许可证14246份、搭靠证1368份。先后开通“绿色通道”11次，服务救助对象40余次，救助重症船员和遇险群众6人。与9名贫困学生结对助学，与7名空巢老人结对帮扶。张家港边检站连续10年被评为省文明口岸先进单位，执勤业务一科被省公安厅评为全省优秀公安基层单位，荣立集体二等功。

【边检勤务创新】 年内，张家港边检站深化边检勤务机制改革，助力沿江大开发大开放战略。树立“信息化引领边检勤务改革”工作思路，G无线图传、350兆无线数字集群和高清数字监控“三张通联网”实现口岸辖区全覆盖，新增自助通道、新式边检通、“反恐利剑”（检查手机暴恐视频的设备）和证件阅读机“四类查验设备”。全面启动海港系统二期升级，全国海港系统运维保障中心（全国海江港的数据流转中枢）在张家港运行。针对张家港口岸码头泊位点多线长、面广分散、警力无法集约使用的实际，实行差别化管理模式，制定出台三类勤务运行标准，推行散杂货集装箱码头全介入、修造船码头半自管、石化电厂全自管模式，提高通关效率。响应张家港口岸全省首个“单一窗口”试点建设，女子办证科入驻口岸联检中心，方便服务对象“一站式”办理业务。

【口岸安保管控】 年内，张家港边检站发挥实战型指挥中心枢纽作用，建立“1+6”联席研判制度（由指挥中心牵头，警务、信息化、情报法制和3个业务科共同参与的联席研判制度），出台《“防回流”工作八项措施》，创新推出“勤前预查、机动巡查、远程监察、勤后倒查”四步查验，对出入境船舶及人员坚持做到“不该进来的人一个进不来，不该出去的人一个出不去”。严把“情报、查控、巡防、处突、联动”五道关口，与口岸单位签订安保协作协议书，开展不稳定因素排查整治、重点人员摸排、查港查船等专项行动，掌握辖区内9家码头危化品仓储、运输情况底数，摸排重点场所23个，提出安全整改意见21条，约谈重点企业6家，净化口岸通关环境。依托市反恐工作领导小组，与公安等部门加强互联互通，搭建情报共享、联合视巡、数据交换、综合研判“四个平台”，形成口岸管控整体合力。先后查获走私象牙制品案、越南籍船员非法居留案，震慑违法犯罪行为。

（刁永江）

长江引航

【概况】 2017年，张家港引航站以“全力打造一流阳光引航服务”为目标，全力做好引航安全和服务工作。全年引领中外籍船舶10781艘次，总吨位18779万吨、净吨位10235万吨，载重吨31505万吨。其中，引领国际航行船舶9703艘次，引航总吨位17540万吨、净吨位9547万吨、载重吨29504万吨。引领开普敦型船舶179艘。引领危化品船舶4299艘次，占引航总数的39.88%。引领夜航船舶3837艘次，夜航实施率35.59%。引航申请受理率100%，没有发生压船舶压港，引航事故率为零。

【引航精准服务能力提升】 年内，为提升港口综合竞争力，满足港航企业生产需要，提升引航精准服务能力，张家港引航站将进入福南水道5万吨级船舶吃水常态化调至11.2米，全年有吃水11.2米以上船舶32艘次进入福南水道。满足大型船舶进江需求，全年引领受限船舶（船长大于205米或吃水大于9.7米）1615艘次，比上年增7.7%，其中引领开普敦型船162艘次。11月，通过技术论证，引领韩国籍“东邦巨人1号”轮以“T型”方式靠泊港新重装码头，整体装运两套甲醇转化炉，每套重1250吨、体积2.25万立方米。加强引航服务协作，全年与3家船公司签订服务合作协议，召开服务对象座谈会2次、业务协作单位工作座谈会3次。

（陈玉海）

长江航运公安

【概况】 长江航运公安局苏州分局下设政治处、纪检监察科（警务督察队）、办公室（指挥中心）、装备财务

张家港引航站引领“普罗米修斯号”靠泊保税港务码头

（张家港引航站　提供）

科、法制科等5个机关职能科室和国内安全保卫支队（出入境管理科）、治安管理支队（水上巡逻警察支队）、刑事侦查支队（经济犯罪侦查支队）、水上消防支队（消防监督科）等4个实战单位及张家港派出所、江阴派出所、常熟派出所、太仓派出所等4个基层派出机构，行使长江苏州、无锡江阴段南线（上至江阴石庄、下至太仓浏河）全长约175千米水域公安管理事权，有民警98人。

打击犯罪　年内，长江航运公安局苏州分局加强对破坏长江生态环境类刑事犯罪的主动进攻态势，严厉打击各类刑事犯罪活动，破获公安部督办的“2016·12·18”长江污染环境案，该案例入选2017年度最高人民检察院法律监督十大经典案例。全年立刑事案件375起，破373起，涉案总价值2000余万元，抓获犯罪嫌疑人137人，打掉犯罪团伙5个，打击处理各类犯罪嫌疑人100人，追缴赃款、赃物价值700余万元，挽回经济损失700余万元。

公安管理　年内，开展“三保一创”（保畅通、保运输、保安全，创和谐通航环境）、缉枪治爆、水上非法浮吊整治、打击非法捕捞水产品、危险货物港口作业安全治理、火灾高危单位消防安全隐患专项治理等多个专项行动，有效强化辖区治安管控，保障长江航运公共安全。全年查破各类行政案件1796起，查处违法人员1789人、单位6个，行政拘留24人。发现并责令整改火灾隐患574起，建设工程消防设计备案抽查2起，消防验收2起，竣工验收备案抽查4起。

【全市首例非法采砂案件侦破】 年内，长江航运公安局苏州分局开展长江张家港段水域非法采砂活动专项排查，经过缜密侦查和调查取证，逐步掌握并理清一个长期流窜在长江张家港段水域从事非法采砂活动的犯罪团伙。8月18日，在集中行动中，破获由公安部督办的“2017·3·24”长江张家港段非法采矿案。至年末，共抓获犯罪嫌疑人48人，涉案总价值1200余万元。该案是长江张家港段破获的首例非法采矿刑事案件。

【全市首个水陆两用消防站投用】 5月，长江航运公安局苏州分局水陆两用消防站投入使用。该消防站为全市首个水陆两用消防站，位于张家港港口综合保障基地内，投资1500万元，占地670平方米，建筑面积3300平方米，建有信息化指挥平台，可同时停泊两艘大型消防船的专用码头，配备高性能灭火车、船和消防器材，配备消防警察5人、专职消防队员14人。该消防站的建设考虑了港口消防的实际需求，将水陆消防合二为一，不仅具有传统的陆域消防保卫功能，还直接为长江水域提供消防安全保障。

（张　皎）

口岸服务

【概况】 年末，张家港口岸有各类口岸、港口服务企业118家，包括船舶代理、货运代理企业47家，理货企业2家，船舶港口服务企业69家。代理企业主要有中国外运长江有限公司张家港分公司、中国张家港外轮代理有限公司、张家港保税区海捷国际船务代理有限公司、张家港联合国际船舶代理有限公司、张家港保税区中海船务代理有限公司、张家港远东国际船舶代理有限公司、江苏远东物流有限公司张家港分公司等。2家理货企业分别为张家港中理外轮理货有限公司和张家港中联理货有限公司。船舶物料、生活品、淡水供应企业主要有上源外轮船用物资供应有限公司、江苏省外轮供应公司张家港公司、张家港国际海员俱乐部、张家港保税区鼎胜贸易有限公司等。船舶油料供应企业主要有江苏省中油泰富船舶燃料有限公司、江苏中燃油品储运有限公司张家港分公司等。围油栏供应企业主要有江苏海宇航务工程有限公司张家港分公司等。提供船舶污染物接收服务的企业主要有张家港沿江港务服务有限公司、市通江船舶服务有限公司等。经营港口拖轮业务的企业主要有张家港港务集团有限公司船务分公司、张家港保税区港鑫船务有限公司等。船舶航修企业主要有江阴澄西船舶航修有限公司张家港分公司、张家港市龙鑫达船舶维修有限公司等。

（顾佳慧）

【电子口岸推进“单一窗口”建设】 张家港电子口岸有限公司（简称电子口岸）成立于2007年，设有研发中心、客服中心、运营中心和营销中心等部门，有员工70余人，其中研发团队37人。曾获江苏省重点物流企业、中小企业创新能力建设示范单位、高新技术企业等称号。公司自主研发并上线运行联网应用项目30余项，有会员单位5412个，其中张家港外贸企业2585家、门户平台备案企业1570家、危化品运输企业1257家，门户日访问量1万余次，日数据流量3000余万条。公司系统已覆盖张家港保税区内25家仓库内贸区270路高清监控，接入19家码头240路高清图像，实现公司与码头、仓储等企业的数据同步。2017年，公司开始从传统的软件企业向互联网企业转变，主要项目包括船舶全申报、危险品管理、跨境电子商务平台、物流大通关等。成熟项目已复制到南通、江阴、广东、泸州等口岸。中标的湖北电子口岸水运平台项目，成为公司运行的首家省级平台项目。9月，张家港口岸“单一窗口”正式上线运行后，报关一般贸易覆盖率月均90%，报检覆盖率月均超99%。至年末，累计实现货物报关31635批次，货物报检15993批次。张家港国际贸易“单一窗口”的功能完整性、申报量、申报比例均居全省第一。

（王潇烨）

【张家港中外运推进“码头+仓库”模式】 中国外运长江有限公司张家港分公司（简称张家港中外运）是招商局集团外运股份公司在张家港的分支机构，在张家港口岸已有40年的历史，总部设在金港镇，有员工290余人，拥有先进的海运、仓储、物流信息、GPS车辆调度系统、钉钉办公管理系统、I-SCP货代管理系统，拥有卡尔玛大型设备、多台集装箱拖车和各种吨位的叉车、吊车，拥有3.5万平方米仓库和4.5万平方米集装箱堆场。公司保税区仓库被张家港保税区海关评为“五星级保税仓储”，面积3000平方米。公司推进“码头+仓库”物流模式,10月,位于张家港运河边的内河码头取得全市首张内河码头港口经营许可证,日作业量800吨至1000吨。海运货代方面,公司依托驳船洋山线,自营日本、韩国航线和内贸航线,全年完成代理集装箱126804标箱,海运散杂货代理204.11万吨;内贸代理集装箱25408标箱;船代方面,全年完成自揽船809艘次,自揽船净吨755.6万吨,自揽船货吨321.9万吨;仓储方面,拆装箱量5983标箱,仓储吞吐量49.9万吨,货运量10.7万吨,运输行驶里程35.1万千米,周转量503万吨千米;空运业务方面,完成空运快件56227票,代理普货733.5万吨。

(郭　娇)

理货员对出口对苯二甲酸进行理货　　（中理理货　提供）

【张家港外代与苏州中远物流公司协同发展】 中国张家港外轮代理有限公司(简称张家港外代)隶属上海中远海运物流有限公司,是中国远洋海运集团下属企业。公司已覆盖船舶代理、海运货代、项目物流、仓储运输等多个综合物流领域,公司有一支140余人的专业团队。2017年,公司全年代理船舶2748艘次,张家港口岸船舶市场占有率37.1%,代理出口集装箱29694标箱,代理进出口货运量902万吨。张家港外地与苏州中远物流有限公司实行“一套班子,两块牌子”经营模式。苏州中远物流有限公司投资总额2.27亿元,由中远海运化工物流有限公司控股,拥有甲类库3000平方米、乙类库3000平方米、丙类库1.9万平方米、蒸汽热水加热点34个、堆场7400平方米、灌装线9条。2017年全年完成货物吞吐量186013吨,灌装量45412吨,运输量103795吨。

(龚　洁)

【中理理货获评苏州市重合同守信用企业】 2017年,张家港中理外轮理货有限公司(简称中理理货)被苏州市政府授予“2015—2016年度重合同守信用企业”称号。11月6日,公司由张家港港务集团东港区迁至双山路原张家港海关驻港区办事处大楼。公司下设6个部门、1个分公司及7个办事处,其中新设立检验业务部,有员工170余人,办公大楼3000余平方米。公司通过ISO 9001:2015质量管理体系认证,具有企业内部管理信息平台,有较先进的件杂货和集装箱业务管理信息系统,并与张家港电子口岸、南京海关物流监管平台联网。主要经营国际、国内航线船舶货物及集装箱的理货、理箱,集装箱装、拆箱理货,货物计量、丈量,船舶水尺计量,监装、监卸,货损、箱损检验与鉴定,出具理货单证及理货报告,理货信息咨询,检验鉴定等相关业务。全年受理船舶4919艘次,完成理货总量1323.15万吨。

(黄春华)

【中联理货打造“理货、检验、公估”三位一体品牌】 张家港中联理货有限公司(简称中联理货)由中联理货有限公司控股、张家港港务集团参股组建成立。2017年,公司通过GB/T 19001-2016质量管理体系监督评审,并获中国远洋海运集团2015—2016年度青年文明号称号。公司在巩固理货业务基础上,同时全面提升检验鉴定服务能力,打造“理货、检验、公估”三位一体的第三方物流服务公正机构。北京中联海陆商品检验有限公司张家港保税区分公司在取得中国计量认证(CMA)资质认定证书的基础上,8月取得中国合格评定国家认可委员会(CNAS)实验室认可证书,开展液化品、油品、煤炭矿产品的数重量和品质检验鉴定、木材检尺、货物残损鉴定、大宗设备丈量、箱检、货物监装监卸及各类海事检验等业务。公司全年受理船舶11088艘次,受理集装箱90万标箱。

(施科成)

【海员俱乐部年接待海员4100余人次】 张家港国际海员俱乐部位于金港镇长江西路19号,由市总工会代管,隶属于省总工会,是中国工会管理的为国内外海员服务的文化福利事业单位,下设综合科、接待科和经营科3个部门。年内,上船免费赠送海员《中国日报》《中国海员》及《2017年海员日历》等中英文报刊,让海员及时了解中国的方针政策。通过登轮访问、座谈、赠送宣传书报等方式,及时了解船员的动态,全年编写海员简报12份,其中《中国海员》杂志选登4篇文章。2017年,利用“海员之家”及已有娱乐设施共接待巴拿马、马绍尔、日本、韩国、新加坡、菲律宾等到港外轮1080轮次。在6月25日国际海员日、7月11日国际航海日、端午、中秋、圣诞、新年等节日,组织在港的中外海员开展登轮慰问、联谊会、座谈会、纪念会等活动,全年接待中外海员4100余人次、组织海员参观85次,为海员代购物品96次,为128艘船舶供应伙食。

(苏　静)

【编辑　沈立平】

生态环境

Ecological Environment

2017年张家港市环保宣传月启动仪式　（市环保局　提供）

生态文明建设

环境保护

绿化美化

扫码欣赏

《大爱暨阳湖》

生态文明建设

【概况】 3月，市委、市政府出台《张家港市建设“绿色发展引领区”实施方案》，启动绿色发展引领区建设试点工作。5月，市委、市政府修订《张家港市镇（区）党政主要领导生态环境责任审计办法》，年内完成大新镇、凤凰镇党政主要领导生态环境责任审计。9月8日至9日，张家港市联合中国生态文明研究与促进会举办2017年生态文明建设（张家港）高层研讨会，张家港市被中国生态文明研究与促进会授予“绿色引领实验示范基地”。江苏沙钢集团有限公司、佐敦涂料（张家港）有限公司、江苏东渡纺织集团有限公司等11家企业被授予“绿色发展领跑者企业”称号。9月20日至21日，环保部在浙江省安吉县召开全国生态文明建设现场推进会，张家港市成为江苏唯一一家作交流的县（市）。12月，《张家港市生态文明建设规划（2017—2025）》通过专家论证。

2017年生态文明建设（张家港）高层研讨会 （市环保局 提供）

生态空间保护 张家港市空间、资源等发展瓶颈凸显，全市加强生态红线区域建设管理，全市生态红线区域面积204平方千米，生态红线区域面积占国土面积的20.69%。推进生态补偿，全年下拨生态补偿资金10679.97万元。实施最严格的水资源管理制度，全市万元工业增加值用水量达到年度目标任务，农业灌溉水有效利用系数0.691。加强外来有害生物监测和防范，张家港口岸全年截获进境植物疫情993种，其中检疫性有害生物87种。建成区绿地率37.2%、林木覆盖率19.63%、自然湿地保护率61.1%。新增森林面积121.13公顷，实施森林抚育面积500公顷，重点公益林面积1424公顷。

经济绿色转型 年内，全市关停及实施低效产能淘汰企业150家、关停并转落后化工企业37家，东沙化工区（东区）全线关停。优化产业结构和布局，高新技术产业产值占规模以上工业总产值比重22.5%，服务业增加值占地区生产总值比重46.6%。全年减少煤炭消费总量75万吨，新增年耗5000吨以上标煤的3个重点用能单位均通过上级能源审计，2家企业获评循环经济示范企业，19家重点企业完成强制性清洁生产审核验收，99个5000吨以上标煤能耗重点企事业单位完成温室气体排放报告上报。全面推广测土配方施肥，测土配方施肥技术推广面积占主要农作物播种面积比例95.3%，“三品”基地占耕地比例95%，秸秆综合利用率99.8%。

环境质量整治 全市整治力度大，但环保领域仍存在有诸多隐患。年内，219个大气污染防治项目全部完成。市环保局对全市5%的加油站、油库、油罐车进行抽测，结果显示油气回收设施运行率100%。加强夏秋两季秸秆禁烧不间断巡查，全市没有发现大面积秸秆焚烧现象、没有发生因秸秆焚烧引起的大气污染事故、没有被上级部门通报的焚烧火点。城区27家露天烧烤点全面整改到位，取缔烧烤点8个。既有建筑工地扬尘污染防治措施落实率100%、主要道路硬化率100%，城市建成区主要车行道路机扫率85%，沿江大型煤炭、矿石堆场均已建有防风抑尘设施或已实现封闭储存。全市实施51条生态河道整治，完成护岸39千米，生态化比例100%。完成河道疏浚705条，开挖土方278万立方米，拆坝建桥166条。积极防治土壤污染，开展农村土壤和重金属重点区域土壤监测，出台《张家港市土壤污染防治工作方案》和《张家港市土壤污染治理和修复规划》，开展农用地土壤污染状况详查布点。

生态人居提升 年内，张家港市开展海绵城市建设，编制完成《张家港市海绵城市专项规划（2017—2030年）》，全年新建、改造基础设施6600平方米。持续开展城市环境综合整治“931”行动，年内完成“九整治”（“九整治”指整治城郊接合部、城中村、棚户区、老旧小区、易淹易涝片区、背街小巷、城市河道环境、建设工地、集贸市场）项目13项、“三规范”（“三规范”指规范占道经营、车辆停放、户外广告设置）项目31项，健全城市环境长效管理机制。推进“百村示范千村整治提升”三年行动计划，建成康居特色村1个、三星级康居乡村91个。新建民用建筑全部按照65%节能率设计建造，二星级及以上标识绿色建筑项目40.83万平方米。清洁能源及新能源公交车占总量的58.9%，城市公共交通出行分担率21%，万人拥有公交标台数13.1台。升级改造公共自行车系统，实现公共自行车手机扫码租车，全市新增公共自行车服务网点28个、投放车辆570辆。城乡生活垃圾无害化处理率、镇村生活垃圾集中收运率100%达标，全年处理餐厨废弃物2.74万吨。在公共机构、相关企业、公共区域及居民小区推行强制分类工作，生活垃圾分类设施覆盖率达到76%。政府部门采购的办公自动化设备及其他相关产品，绿色采购率100%。建成区绿化覆盖率41.1%，人均公园绿地面积14.6平方米，建制镇建成区绿化覆盖率37.54%，新增“三化”（彩色化、珍贵化、效益化）示范村2个，规划布点村庄绿化覆盖率30%。污水处理厂污泥规范化处理率100%，工业固废安全处置率95%以上，医疗废弃物和危险废物安全处置率100%。

【“263”突出环境问题整改】 2016年年末，江苏省政府启动“两减六治三提升”（简称“263”）专项行动，计划用4年时间，解决突出的环境问题。根据江苏省和苏州市的要求，结合张家港市具体实际情况，2017年1月16日，市“263”办公室开始实体运作，抽调的18个市级部门单位、25名工作人员全部集中到位。1月19日，市“263”办公室出台《2017年张家港市“263”专项行动督察工作方案》，组成3个督察小组，每周安排督察暗访，发现问题立即以督办单形式交办，问题所在区镇党政“一把手”是第一责任人，要进行整改表态，上报整改计划。2月下旬，张家港市成立7个市级检查组，由市委书记、市长以及5位副市长分别带队，重点围绕减煤、减化、治太湖、治黑臭、治畜禽、治VOC等突出环境问题，强化督察检查力度，倒逼区镇主体责任落实。对于整治工作不力、任务完成不到位的追究责任；对存在专项行动推进不力、未完成年度重点任务、区域环境质量明显恶化等情形的严肃追责。3月上旬，张家港市举行绿色发展推进会暨“263”专项行动领导小组全体（扩大）会议，细化落实“263”专项行动。6月1日，市委、市政府印发《张家港市“两减六治三提升”专项行动实施方案》，排定3个大类11项62个重点任务，同步印发《张家港市“两减六治三提升专项行动12个专项方案》。同时，制定《张家港市“263”专项行动约谈暂行制度》《张家港市“两减六治三提升”专项资金管理办法》等相关文件，通过月度工作例会、专项督察、明察暗访、问题约谈等形式，促进全市“263”专项行动落实开展。至2017年年末，全市完成“263”专项行动重点工程57项，完成投资额27亿元，完成计划投资比例113%。全年播出曝光节目73期、回访节目20期，涉及问题99个，整改到位90个。全年下发督办单112份，涉及问题283个，完成整改261个，办结率91.91%。

（戴　艳）

【黑臭河道治理】 2月，根据张家港市“263”行动方案及苏州市“两减六治三提升”专项行动年度工作计划，以及省、苏州黑臭河道整治的相关要求，张家港市启动城镇黑臭水体整治工作，成立市城镇黑臭水体整治工作联席会议办公室，出台《张家港市城镇黑臭水体整治行动方案》，编制完成《张家港市城镇黑臭水体整治实施方案》。市水利局、市环保局、市住建局等部门加强对区镇黑臭河道治理工作的检查指导，协调解决推进中碰到的问题，并通过通报、交办单等形式督促相关责任区镇和部门加快工程实施。全年完成苏州下达的市区长黄港、杨舍镇晨阳大润发河、金港镇三节桥港、锦丰镇星火12—16组河和久生7组河、塘桥镇袁家河、乐余镇常丰村20号河、大新镇康家埭河等8条黑臭河道治理，同时完成另外11条黑臭趋势河道治理工作。（陈晓军）

环境保护

【概况】 2017年，市环保局落实“两减六治三提升”专项行动要求，深入开展环保“百日行动”，治理大气、水、土壤污染。严格环境监管，全力解决江苏省环保督察交办件47件和3件多地件，年内整改完成28件。环境质量稳步改善，PM2.5均值为每立方米43微克，浓度比上年下降15.7%，全年优良天数251天。重点省考断面水质达到考核目标，达标率100%。主要河流水质达到功能区要求，总体水质状况良好。全市化学需氧量、氨氮、二氧化硫、氮氧化物4项主要污染物削减量均完成年度任务。全年完成10台燃煤锅炉整治和22台燃煤窑炉整治，78家企业完成LDAR（泄露检测与修复）及提标改造，95家企业完成水性涂料替代或治理，11家企业开启式干洗设备被淘汰。完成全市纺织行业镍、锑、铊等污染源调查工作。整理归并行政许可事项，将固废、三产、许可证等全部集中在行政审批窗口，实现环保审批“一个窗口办理”和“一站式服务”。逐步建立“专家评审+政府备案”一体的环评报批方式，制定完善建设项目环评报告不具备环境可行性的原则清单。引入专家评审制，通过购买第三方服务方式，委托专家评审环评报告项目27个。市环境监测站添置连续流动分析仪、非甲烷总烃自动进样器、测汞仪、气站备机、负氧离子监测仪、自动智能蒸馏仪、多参数水质分析仪、多功能声级计、大气采样器、多功能烟气分析仪、气象参数监测仪等仪器设备。实验室信息管理系统升级版、实验室通风系统、网络机房、监测执法多功能室全部完成验收，投入正常运行。11月，市环境监测大队更新移动执法软硬件平台，添设14套移动执法设备及18台移动执法记录仪。12月，“3+2+1”生态环保大数据中心及其应用平台一期完成验收，实现全市环境数据整合、协同互动、智能分析。

【环境质量】 空气质量　2017年，市区环境空气达标天数为251天，重度污染天数为3天。省控点细颗粒物PM2.5年均浓度值为每立方米43.1微克，比上年下降16.2%，细颗粒物年均浓度值及比上年下降幅度均达到年度考核要求。市区环境空气全年超标天数114天，其中首要污染物为臭氧的，有59天，占51.8%，比上年多20天；首要污染物为细颗粒物的，有47天，占41.2%，比上年少19天；首要污染物为可吸入颗粒物的，有5天，占4.4%；首要污染物为二氧化氮的，有3天，占2.6%。

水环境质量　第三、四水厂集中式饮用水源地、一干河新港桥备用水源地水质均达到Ⅲ类水质目标，水质总体保持良好。全市4个省级考核断面平均水质均达到2017年度考核目标，达标率100%。17个苏州市控断面水质均达到功能区水质标准，无劣Ⅴ类或Ⅴ类水质断面，优于Ⅲ类断面比例为82.4%，比上年提高11.8个百分点。水质优于Ⅲ类断面比例在苏州位列第一。

声环境质量 张家港市城区区域环境噪声和道路交通噪声昼间平均等效声级都达到相应标准要求。城区声功能区除4a类功能区声环境监测点夜间等效声级存在超标现象外，其余均达到相应标准要求。区域昼间声环境质量为较好，道路交通昼间声环境质量为好，1类、2类、3类功能区声环境昼夜达标率为100%，声环境质量与上年基本持平。

【水污染防治】 2017年，沙钢集团每日15万吨中水回用工程进行试运行，沙印集团、锦丰片区污水厂每日2.5万吨尾水回用工程完成主体工程，走马塘废水总管线工程全面建成并基本投入运行。二干河沿线新航印花、申洲毛纺2家印染企业工业废水接管至片区污水处理厂集中处理，封堵二干河沿线排污口6个。塘桥镇投资5500余万元建设工业废水集中处理管网56千米，对塘桥、鹿苑、妙桥办事处的工业废水截流，封堵废水排放口11个，沿线21家企业工业废水接管入塘桥镇污水处理有限公司集中处理，处理后废水接入市走马塘工业废水总管线外排，有效改善南部区域水环境质量。在之前印染行业62家企业试点推广IC卡总量控制系统的基础上，年内全市7家工业污水处理厂安装IC卡总量控制系统，进一步控牢企业排污总量。至年末，全市245家重点水污染企业安装在线监控。全市年减排化学需氧量237吨、氨氮28吨、总氮75吨、总磷5吨，全面完成上级下达的减排任务。

【大气污染防治】 2017年，张家港市根据《关于印发苏州市大气污染防治2017年度工作任务计划安排的通知》要求，结合全市“263”专项行动计划，下发11个限期整治的文件，包括燃煤锅窑炉，干洗设备，汽车、集装箱制造，化工，包装印刷、涂装等行业的治理。全年完成燃煤小锅炉整治30台，窑炉22台，新东旭10.3吨锅炉完成清洁能源改造，永兴热电3台锅炉、沙印集团1台65吨锅炉完成超低排放改造，中鼎化学1台20吨锅炉实现关停，78家企业完成LDAR及提标改造，95家企业完成水性涂料替代或治理，淘汰11家开启式干洗设备。至年末，全市21家重点大气污染企业安装在线监控。全市年减排二氧化硫2360.54吨、氮氧化物146.78吨、挥发性有机化合物10746.54吨。

【土壤污染防治】 12月，市政府出台《张家港市土壤污染防治工作方案》和《张家港市土壤污染治理与修复规划（2017—2020年）》，明确张家港市以后四年土壤污染防治工作任务，并细化分解到各职能部门和板块，保障全市土壤污染防治工作有序开展。市环保局以重点行业企业用地和农用地为重点，开展土壤环境质量详查工作。加强土壤监管，开展电子废物、废轮胎、废塑料等再生利用行业清理整顿专项行动，对全市85家再生利用企业（作坊）严格按照“取缔一批、整治一批、引导一批”工作要求，结合“散乱污”专项整治行动，依法严肃查处非法经营活动，落实“两断三清”整顿要求。加强重点行业企业监管，与第一批11家土壤环境重点监管企业签订土壤污染防治责任书，督促企业加快推进土壤污染隐患排查整改工作，落实土壤污染防治主体责任。

【船舶污染防治】 年内，张家港海事局以“263”专项行动、“河长制”为契机，推动防治船舶污染行动。组织开展“扬帆263，共筑绿色梦”系列宣传活动，吸引辖区20余家港作船单位及100余名船员参与。持续推进船舶排放控制区建设，做好船舶燃油新标准港内宣传，督促船舶靠港期间使用合标燃油，实施船舶燃油质量检查377艘次，燃油抽样203份，查处违规使用燃油行为30起，依法实施行政处罚3起。船载散装液体危险货物作业品种从最高期的121种下降到48种，办理船载危险货物申报16795份，有效保障1.68万艘次危化品船、9809万吨船载危险货物安全进出港，其中易流态散装货物2828万吨、散装液体危险货物1624万吨、包装危化品106万吨。保障85.6万吨船舶压载水无害排放、1.44万吨船舶污染物无害处置。

【工业固废污染防治】 年内，全市重视工业污泥规范处置问题，加大工业污泥管理力度，提升工业污泥处置能力。7月，全市开展工业污泥专项调查工作，对纺织印染、金属表面处理、化工等行业开展全面排查。市环保局对一般工业固废现场管理、转移联单管理明确具体要求，对跨地区委托外界处置工业污泥的企业，提出备案制度，要求企业按月申报工业污泥产生量及处置去向，并提供相应转移联单。危废规范化考核有序开展。组织

市环保局开展夜间执法检查 （市环保局 提供）

全市范围产废单位培训2次，对产废企业较多的保税区（金港镇）、经开区（杨舍镇）组织专场培训，对汽修行业、纺织印染行业开展专题培训。全年完成126个重点危险废物产生单位及7家危险废物经营单位规范化达标建设工作，规范7家集中式工业污水处理厂污泥处置行为。结合危险废物规范化达标建设工作，对企业落实危险废物减存量工作进行监督检查。

【核与辐射安全管理】 2017年，张家港市持证辐射监管人员由3人增加到4人，提高了监管能力。仪器设备配备满足《江苏省核与辐射安全监管能力建设标准（试行）》的要求，定期对主要监测仪器进行校验。在苏州市环辐七号辐射事故应急演习中，张家港市应急支援人员率先到达应急集合地点，考核成绩优秀。在做好应急响应的同时，全市积极做好辐射事故的预防工作，在平时日常监管中向企业主灌输辐射安全意识，指导企业做好源头管理。市环保部门不断强化辐射事中事后监管，联合市公安、安监部门每季度做好放射源使用单位执法检查，联合市卫计委开展全市一级以上医疗机构污染防治专项执法检查。同时，通过日常检查、夜间突击检查，强化对Ⅱ、Ⅲ类射线装置使用单位、移动X射线探伤单位监管。张家港市全年未发生辐射事故。

【环境管理】 年内，市环保局共完成建设项目环境影响登记表备案680件，建设项目环境影响评价文件注册备案及预审427件，发放排污许可证318件，建设项目环境保护设施的验收143项，土地交易复函出具56份。完成危险废物管理计划备案1260件，审批危险废物跨省转移47件，辐射项目96件。全年现场监督检查1.1万厂次，处罚368件，罚款2639.09万元。运用《中华人民共和国环境保护法》配套办法实施按日计罚4件、实施查封扣押36件、限产停产18件，向公安机关移送涉嫌环境犯罪的案件20件，适用行政拘留7件。6月上旬至9月中旬，在全市范围内牵头开展环保“百日行动”，集中开展太湖安全度夏、夏季秸秆禁烧、燃煤锅炉整治回头看、环境问题督办、钢渣行业整治回头看等8个环境执法专项行动，保障环境安全。编制《张家港市区域突发环境事件风险评估》，对全市71家重大环境风险企业开展环境安全达标建设。委托第三方专家对企业进行现场全面核查，完成15家重金属污染重点企业督察。会同海事、港口等部门开展水源地环境安全专项执法检查及沿江危化品生产、仓储及码头企业专项执法检查，保障全市用水饮水安全。81家企业投保环境污染责任保险。全年受理环境信访5526件，其中省级以上环境信访125件。

【企业环保信用等级评价结果运用】 3月，张家港市出台《关于加强企业环保信用评价结果运用的实施意见》。完善全市环境保护“守信激励、失信惩戒”机制，强化企业环保信用等级评价结果运用，激励企业提高自身环境管理水平。细化实施企业环境信用分类应用和奖惩机制。在环保行政许可、日常环境管理、环保专项资金、环保科技项目立项以及环保评先评优等工作流程中，嵌入企业环境信用信息的调用和信用状况的审核环节，督促企业持续改进环境行为，自觉履行环境保护法定义务和社会责任。企业环保信用评价结果主要应用在环保行政许可、日常环境监管、环保专项资金及环保科技项目立项、争先创优、信贷、保险、水价、电价、镇区考核等9个方面。年内，对全市688家非国控污染源企业进行信用等级评价工作，评出绿色等级企业458家、蓝色等级企业160家、黄色等级企业43家、红色等级企业26家、黑色等级企业1家。

【区镇、部门联动环境监管】 2017年，市环保局持续加大执法力度，回应百姓环境诉求，提升环境监察信息化水平，创新环境监管模式。环境监察中队进驻区镇办公，有效实现环境执法监管重心下沉、关口前移。将一线执法人员分7个中队驻点区镇开展环境执法工作，并调整作息时间与区镇工作时间一致，配强人员，保税区中队8人，经开区中队7人，其他中队3人至5人。出台《环保局行政处罚基本程序》《行政执法全过程记录制度》《环境行政执法后督察工作方案》，构建案源、现场检查、监测、处罚、执行、后督察的工作闭环，进一步压缩办案时间，提高行政处罚和环境执法后督察工作效率。8月，市检察院驻环保局检察官办公室、市公安局驻环保局警务工作室揭牌，由市检察院、公安局选派检察官、警官以派驻方式开展工作提高联合惩治环境违法犯罪的效率，构建环境执法的高压态势。市检察院、市公安局、市环保局在信息共享、违法案件联动办理、证据收集固定、教育培训等方面开展深度合作，形成一批行之有效的做法和制度，建立各司其职、高效衔接、联动互动的环境保护执法司法联动新机制。年内，市环保局共向公安机关移送涉嫌环境犯罪案件20件。

【公众参与生态建设】 2017年，市环保局结合地球日、世界环境日等环保节日，联合多部门开展形式多样的活动，不断提升公众生态意识，提高公众参与能力。1月，与张家港日报社、市城管局共同举办“旧物新生”活动。3月，会同市台办召开重点台资企业环保座谈会，联合市工商联举办政企互通（环保专场）企业座谈会，现场解答企业在生产经营中遇到的环保方面的问题，促进企业合法合规经营。6月2日晚，在凤凰镇金谷广场举行2017年张家港环保宣传月启动仪式暨“六五”专题晚会，拉开“六五”世界环境日主题宣传活动的序幕。10月，与环保非政府组织、塘桥镇共同举办“多元共治，社会共享”为主题的环保公益沙龙，邀请海内外知名高校教授、环保专家、律师、环保公益人士、企业负责人共同探讨环保工作，解决环境治理的突出问题。全年举办环保公开日活动2期，邀请公众走入环保局局史室、环境监测站、污水处理厂、热电厂，让公众零距离感受环保、体验环保、了解环保。

【环保酵素项目】 环保酵素项目是市环保局于2012年发起的一项环保公益活动项目，通过开展环保酵素讲座与环保酵素现场教学，让公众了解环保酵素知识，掌握环保酵素的制作方法。至2017年年末，活动走进机关、区镇、社区、企业、学校、广场、居家养老机构等场所，共开展40期，参与人数2000余人，发放《张家港市生态文明市民读本》2000余册。2017年，市环保局开展环保酵素推广活动10期，成立环保酵素宣传推广小组，分别走进乐享养老服务中心、振兴社区、福前实验幼儿园、吾悦广场，发放《环保酵素宣传手册》、环保纪念小礼品。并在微信、微博进行实时宣传报道。参与的市民、幼儿园老师和学生都表示环保酵素变废为宝、净化地球，非常有意义。

【自然读书会项目】 自然读书会是张家港市环保局于2016年4月发起的一项环保公益活动项目。项目在环保志愿者的引导下，带领公众走进大自然的怀抱，聆听大自然的声音，朗读自然环保类书籍，让公众爱上自然、享受自然，提高生态文明意识，提升参与环保的热情，活动志愿者、参与者通过张家港环保微信公众号进行招募。2016年10月，项目获评首届"江苏环保网络文化季"优秀活动项目。2017年，活动走进凤凰湖、镜湖公园、吾悦广场、森林书屋、合兴社区、建设村等10个地点，参与人员近500人。9月，自然读书会项目受网信办邀请参加2017年张家港市网络文化季项目启动活动，现场除了读书外，还有自然环保类书籍展示，以及往期活动展示，深受网民喜爱。

（戴 艳 于 健）

绿化美化

【概况】 2017年，市财政投入绿化建设资金4546万元，市住建局开工建设大桥公园一期三角地块生态防护林、二支河泵站景观河道、西二环增种行道树（黄山栾树）等道路绿化，南苑东路（东二环路至金港大道）绿化修复等8个绿化大项目。市农委配套林业绿化资金1.4亿元，完成苏州市下达100公顷造林任务，实施森林抚育面积500公顷，重点公益林增加到1424公顷。完成金港镇长江村汤家埭、南丰镇建农村4组"三化"示范村创建。市住建局采用社会化运作，在张杨公路科创园西侧建设园林绿化废弃物处理场所，由苏州昕润环保科技有限公司投资300余万元，建成年处理1.5万吨树枝、大型废弃树木处置终端，4月建成运营，实现园林废弃物资源化利用。至年末，城市建成区绿地率37.2%，绿化覆盖率41.1%，人均公园绿地面积为14.6平方米。全市有林地面积15085公顷，林木覆盖率19.63%，实现林业总产值26.19亿元，比上年增106万元。10月，张家港市获国家生态园林城市称号。

【绿化建设】 2017年，市住建局新建城区绿化工程10个，新增各类绿化共计15.35公顷。其中，投入1299万元建成新泾路（东南大道至港城大道）、中兴路（华昌路至职中路）隔离带、镇中路（南苑东路至沙洲东路）和西二环路增种行道树（黄山栾树）等道路绿化，新增绿化面积7.46公顷；投入84万元建成白芷港和二支河泵站景观河道工程，新增绿化面积1.38公顷；投入118万元新建规划大桥公园一期三角地块生态防护林，新增防护林3.18公顷；投入439万元完成南苑东路（东二环路至金港大道）绿化修复、范庄花苑周边和华昌路至长泾路转角环境整治工程，总共修复绿化面积3.34公顷。锦丰镇沙洲河西侧绿化和樱花河、沙洲大厦景观绿化工程竣工。总投资970万元的大南路南侧、油车港东岸绿化景观工程和交通村新建道路绿化工程、沪通铁路沿线成片林工程完成，新增绿地面积20.67公顷。凤凰镇凤凰大道、沪通铁路、三干河等主干道路、河网沿线景观绿化建设完成，累计建成生态健身步道26千米。新增各类林地、绿地29.73公顷，林木覆盖率25%，城镇绿化覆盖率40%。南丰镇新增绿化面积8.73公顷，其中四干河景观带1.07公顷、民丰小区五期绿化2.47公顷、泗兴佳苑2.53公顷、生态林2.67公顷。常阴沙现代农业示范园区完成绿化景观改造3000平方米。

金沙洲香草园 （季 奕 摄）

第21届菊花展　（市园林处　提供）

【绿地养护】 2017年，城区公共绿地养护面积662.47万平方米，四季草花面积2.37万平方米，花境面积1.9万平方米，行道树32143棵，景观造型树369棵，花箱1744组。市住建局重点做好国家生态园林城市现场考查验收、全国文明城市指数测评等绿化现场整治。清理建筑垃圾、枯枝落叶等1000余吨，种植香樟、黄山栾树、紫叶李等苗木4600余棵，累计整治面积2万余平方米。做好绿化民生服务，全年办理数字化城管交办的绿化投诉1584件，办理“12345”便民服务中心交办的绿化投诉742件。市农委逐步调整农村绿化管理模式，将市属主干道张杨公路绿化属地管理模式调整为由林业站直接管理，整合其余在建到期绿化工程地块计462万平方米一起纳入政府采购范围，提高财政资金使用率。4月，根据苏州市绿化及农业环境专项整治工作要求及张家港市整治领导小组统一部署，制定《张家港市沿线绿化及农业环境专项整治实施方案》，重点会同各区镇林业绿化部门及相关养护单位对由市农委负责的7条市域主干道沿线绿化现状进行排查，对部分建成时间长灌木老化、林地绿地积水、高温死亡、部分植物适生性差、沿线百姓种菜、偷倒建筑垃圾、水利疏浚围填河塘等原因形成的空缺地块进行工程量确认。至11月，共计投入绿化修复资金454万元，修复绿化面积20.6万平方米，并分别在6月、9月、11月的苏州市专项整治现场考核中得分名列前茅。12月，市林业站与专门从事古树名木救治复壮的专业单位苏州市园林植物医院合作，对恬庄老街、泗安村等4株古银杏进行救治，取得良好效果。绿地、林地完整性防护方面，全年办理绿化移植、临时占用申请手续15起，收取资金80.85万元。完成野生动物疫源病的日常监测报告，办理野生动物驯养繁殖、经营许可审核1件，处理放生二级以上野生保护动物事件8起。

【绿化行业管理】 根据住建部的统一部署，3月，取消园林绿化资质的审核、申报。全市园林绿化相关规范性文件清理共涉及8项，其中废止4项，保留1项，拟适时修订3项。全面梳理园林绿化行政权力，确认保留行政权力49项，其中涉绿审批5项、行政处罚34项、行政征收1项、行政确认1项、行政奖励2项、其他行政权力6项。年内，市住建局办理2家绿化企业资质延续审核上报，新增77个绿化工程项目负责人备案，办理绿化项目负责人信息变更370人次。杨锦公路（沙钢集团南大门至张杨公路）、梁丰初中学校外观绿化建设工程等5个绿化工程获评苏州市2017年度园林绿化优质工程。完成绿地率和绿化方案审核51件，土地出让会审20余次。完成全市2018年度绿化预选承包商受理评选工作。完成朗诗国泰城、丽新花苑等12个新建小区，中油泰富第八加油站等4个单位配套绿化验收工作，新增绿地面积31万平方米。做好金新城悦府2棵濒临死亡古银杏的调查记录工作。全年办理行政许可80件，其中临时占用绿地37件、永久占用绿地43件，与交通、市政、城管等部门联办15件，共收取绿化补偿费用576万元，审批件按时办结率100%。市风景园林学会通过中国风景园林学会优秀管理奖（综合管理类）复审。

【菊花展开展】 10月28日至11月28日，由市住建局主办，市风景园林学会协办的张家港市第21届菊花展在梁丰生态园举办，该届菊花展以“盛世菊韵，锦绣港城”为主题，选用370余种菊花品种，采用塔菊、大立菊、小立菊、悬崖菊、盆景菊及造型菊等多种形式，更有“七彩炫菊”点亮菊展。菊展共展出1200余盆精品菊花、4000余枝切花菊以及1万余盆独本菊、案头菊、多本菊。菊展利用梁丰生态园的生态平台，选取南北入口、盆景园、森林书屋及雾森林5个节点分别进行“中国梦”“美丽瞬间”、精品菊、插花和切花菊、园林企业的菊花主题展区布置，并在园路两侧绿地布置“菊花带”以引导视线，菊展期间共接待游客45万人次，最高峰日游客8万人次。（施卫东　马静静）

【编辑　张　洁】

城乡建设

Urban and Rural Construction

大新镇新湖公园　（王武军　摄）

城乡规划

城区建设

镇村建设

公用事业

城乡管理

張家港年鑑(2018)

城乡规划

【概况】 2017年，市规划局围绕"优化空间布局，完善配套设施，保护城市生态，彰显文化特色，打造宜居宜业之城"目标，全年开展规划编制31项，完成18项。编制完成《张家港市海绵城市专项规划（2017—2030）》《张家港市高铁生态城概念规划及控规》《张家港市城市轨道交通线网规划》《张家港市加油（气）站规划》4项专项规划。编制完成《凤凰镇工业区及凤凰山地块控制性详细规划》《城西5号地块控制性详细规划》《锦丰杨锦公路东侧地块控规》《杨舍核心区YSHX-01-16、YSHX-01-23，杨舍城西YSCX-02-02、YSCX-04-05、YSCX-04-07，杨舍城南YSCN-01-06六个地块控规调整》《杨舍核心区HX1-04、HX1-05、HX1-10、HX1-11、HX1-12、杨舍城西YSCX-02-04六个地块控制性详细规划调整》《城西3号泗港地块控规调整》6项控制性规划。编制完成凤凰镇双塘村陆家宕、安庆村、双龙村东陈，金港镇新塍村朱家桥、新塍村桥头、长山村张家巷、长山村高家巷、占文村河南巷共8项三星级康居乡村建设整治规划。5月，市规划局进行内设机构调整。撤销城市规划科，设立技术审查科，负责国有土地使用权出让的规划管理以及工程项目设计方案和施工图的规划技术审查等工作；撤销镇村规划科，设立项目管理科，原在镇村规划科挂牌的行政许可服务科改为行政监管科，并在项目管理科挂牌，负责规划许可后建设项目的规划管理，国有土地使用权转让规划管理，工业、物流仓储类项目规划核实，以及城乡规划区内户外广告的规划审核等相关工作，并扎口全局行政监管工作；政策法规科更名为法规监督科。内设机构调整后，市规划局下设办公室、总工室、技术审查科、项目管理科（行政监管科）、市政公用科、法规监督科，均为正股级建制。7月19日，省城市规划设计研究院与市规划局合作成立绿色人居规划研究中心，中心以市规划局编制研究中心为主体，省城市规划设计研究院为技术支持，旨在打造一个集规划设计、建筑审查、交通影响评价、绿色基础设施、海绵城市规划等工作内容于一体的综合性服务功能平台。

【规划管理】 年内，市规划局贯彻落实《中华人民共和国城乡规划法》和《江苏省城乡规划条例》，严格执行规划委员会制度、规划公示制度、技术论证会制度等。规范项目审批，强化规划实施。完成"一书两证"（规划选址意见书、建设用地规划许可证、建设工程规划许可证）核发283件，方案审批136个，规划条件53个。指导区镇控制性规划编制27项。加强规划实施的过程监督，做好规划批中、批后管理。完成规划验线49个、规划核实91个，发现和处理违法违章建设案件6起，实施行政处罚137.9万元，出具规划认定函移交城管局157份。加强城乡规划信息公开，及时按照法律法规对各类规划进行公示、公开。全年公开规划方案91个，答复市长信箱及"12345"热线咨询235件，接受市政协专题督察1次，主办人大代表建议、政协委员提案6件，召开专家论证会4次。

【规划服务】 年内，市规划局围绕城乡一体化发展，提升城乡建设品质目标，做好老城区更新改造研究。完成市中医医院周边地块规划研究，优化用地功能布局，提升地块空间品质。优化新城区、新镇区公共服务配套。做好实验小学世茂校区、暨阳高中改扩建、市职工文体中心、沙洲湖国际教育交流中心、泗港便民服务中心、澳洋医院扩建、城南文体中心、民丰幼儿园等项目规划服务工作。完善金港滨江新城、锦丰沙洲新城、凤凰新城、大新滨江新镇等新城区功能布局，服务区镇开发建设。推进东沙物流园、静脉产业园及康得新"两园一城"项目落地。完成塘桥枢纽站场、盐通铁路延伸线、南沿江城际、500千伏晨阳输变电工程、110千伏大新输变电工程、新泾路（塘桥西环路—沪通铁路）快速化改造、晨丰公路快速化改造等重大市政基础设施工程的规划服务工作。

【城市测量】 年内，市规划局基础地理信息中心完成永钢集团、祥盛房产、华灿光电等195个建设项目地段的地形图修测和新测，保证地形图的现势性，为规划管理和设计提供科学数据。开展碧桂园、中梁地产、中锐置业等125个项目的建设工程坐标放样以及中梁壹号院、世茂九溪墅等30余个项目的正负零验线测量。完成瑞景美墅、大南新村、范庄花苑等146个项目的竣工总平面和建筑面积测量，为规划核实和绿化验收提供翔实依据。完成市第四人民医院供水管线工程、看守所供电管线工程、职中路供水供电管线迁移工程等187个项目的地下管线竣工测量。

【城市总体规划修改】 年内，市规划局组织开展城市总体规划修改。4月，确定由省城市规划设计研究院开展规划编制。4月至5月，开展现场调研，通过走访八镇两区，开展部门座谈，掌握规划基础资料。10月，完成规划中期成果。12月，向省住建厅汇报沟通总体规划修改内容。此次总体规划较大修改的重点是优化用地布局，梳理市域主干路网体系，划定市域生态框架，明确产业用地布局，保障重大项目及重要基础设施布局落地。其中，城乡建设用地的调增调减在城乡居民点建设规模不变的前提下，对市域和中心城区的用地规划布局进行修改，包括建设用地的调减、调增，合计涉及建设用地增减调整1072公顷。修改前后，市域用地增减保持整体平衡。调增用地主要为满足城市重大基础设施和公共设施建设需求，满足新能源新材料产业发展需求和立足存量的实施优化；调减用地主要位于城市外围发展缓慢的地区，以农林用地为主，对城市发展整体影响较小。

【海绵城市专项规划（2017—2030）编制】 根据《江苏省政府办公厅关于推进海绵城市建设的实施意见》《苏州市关于全面推进海绵城市建设的实施方案》等文件要求，年内，市规划局组织编制海绵城市规划。2月，开展设计单位公开招标，省城镇与乡村规划设计院中标。11月，完成规划。12月，规划通过专家论证。规划包括张家港水安全、水环境、水资源、水生态综合评价，规划目标、控制指标、海绵体空间布局、分区规划建设指引，海绵城市试点区方案和张家港市“十三五”海绵城市建设方案。规划范围为中心城区范围，即杨舍镇、塘桥镇行政区和大新镇兴南路以南、凤凰镇西塘公路以北部分地区，面积257.2平方千米。规划采取“渗、滞、蓄、净、用、排”等措施建设海绵城市，将75%的降雨就地消纳和利用，使地表径流得到有效控制。至2020年，城市建成区20%以上面积达到海绵城市要求；至2030年，城市建成区80%以上面积达到海绵城市要求。

【高铁生态城概念规划及控规】 年内，市规划局委托中国城市规划学会对市高铁生态城概念规划开展国际招标，共收到104个设计单位报名，最终择优挑选10个设计单位进行方案设计。1月，召开专家评审会对征集到的10个方案进行评选，最终确定由中国城市规划设计研究院完成方案优化并编制高铁生态城控制性规划。10月，完成规划成果。高铁生态城规划明确“城市客厅、青水小镇、创新之城”的目标定位，构建结构层级清晰的路网体系，塑造尺度宜人的水网绿地系统，为高铁生态城的开发建设绘制发展蓝图。

【城市轨道交通线网规划】 年内，市规划局组织编制市城市轨道交通线网规划。4月，确定由中铁工程设计咨询集团有限公司和江苏省城市规划设计研究院编制规划并开展现场调研。12月，规划完成。规划确定城市轨道交通线网的规模和布局，提出城市轨道交通设施用地的规划控制要求，为推进全市轨道交通规划建设提供依据。规划提出出行时间目标为：中心城区内部各片区间20分钟可达，重要客运枢纽30分钟可达，中心城区与市域主要组团间40分钟可达。交通出行结构为：远景中心城区公交出行率40%以上，远景中心城区内轨道交通出行占公共交通出行总量40%以上，远景主要通道上公共交通承担50%以上的跨区出行，其中轨道交通承担35%以上。

【全市域地形图航测】 在2016年开展全市域地形图航测基础上，年内，市规划局继续推进该项工程。先后完成电子地图数据制作和内网部署更新，1∶5000比例尺地形图编绘，规划用地、建筑分类数据生产以及产品质量检验。8月11日，市规划局组织召开张家港市2015—2016年度全市域航测地形图生产项目验收会，项目成果及资料通过以省国土资源厅副巡视员史照良为组长的验收专家组验收。12月，该项目获江苏省优秀测绘地理信息工程一等奖。

【全市域管线普查】 全市域地下管线普查工作启动于2016年3月。2017年2月23日，市规划局组织专家开展张家港市域地下管线普查技术设计书评审和试验区成果验收。12月29日，普查成果验收会召开，项目全部成果通过验收。该项目完成电力、通信、给水、雨水、污水、燃气、热力、工业管道、综合管沟等各类地下管线探测4867.3千米、管线点探测232421个。编绘1∶1000综合管线图1365幅。布设首级控制点100个。

（顾维雅）

城区建设

【概况】 2017年，中心城区重点建设了城北派出所、暨阳高中宿舍、市第一人民医院科教综合楼等公共建筑项目27项，总建筑面积33.4万平方米，总投资额17.78亿元。年内竣工交付市看守所、北庄幼儿园等工程项目4项。市第一人民医院科教综合楼、国家化工设备质量监督检验中心、市实验小学世茂校区等实事工程、重点工程顺利推进。城东黄泗浦生态核心区整体景观初现形态。城北重点推进的市职工文体中心和国际交流中心项目均完成主体结构验收。城区实施房屋动迁301户（含非住宅32户），动迁面积12万平方米。安置房建设中，小菜巷二期、新航花苑二期、新乘北苑二期、范庄花苑1号等4个结转项目竣工，总建筑面积39.62万平方米，2232套房。港新花苑三期、新乘北苑二期、江帆花苑北区二期等3个小区完成分房，总建筑面积36.59万平方米，2070套房。

2017年张家港市城区部分重点工程建设情况表

表10

项目名称	工程概况	进展情况
城北派出所、刑警大队杨舍中队新建工程	工程概算5240万元，建筑面积1.3万平方米	2016年12月开工，2017年年末处于内外装饰施工中
暨阳高中宿舍、体育馆新建工程	工程概算3335万元，建筑面积1040平方米	2017年8月开工，至年末基础墙砌筑完成
市实验小学世茂校区新建工程	占地2.67公顷，工程概算6100万元，建筑面积1.75万平方米	2017年6月开工，至年末主体结构封顶，外墙砌筑中
国家化工设备质量监督检验中心新建工程	占地1.89公顷，新建面积2.25万平方米，改建面积1560平方米，工程概算8000万元（不含征地、设备设施费用）	2016年10月开工，2017年年末处于内外装饰和市政施工中
市第一人民医院科教综合楼新建工程	建筑面积3.18万平方米，设地下一层，地上12层，工程概算1.57亿元	2016年9月开工，2017年年末处于内外墙体粉刷、幕墙及窗户安装中

【城东新区建设】 年内，城东新区以黄泗浦生态核心区及高铁生态城沪通铁路客运站配套工程建设为重点。其中，黄泗浦生态核心区项目占地4.7平方千米，北至南苑东路、东至塘桥西环路、西至双鹿路、南至新泾路，工程概算51.33亿元，是苏州市生态文明建设十大工程之一。年内完成园内水系湖体的疏通开挖和9座素土、7座灰土的堆筑，累计完成9.6千米环湖道路和35座桥梁铺设，强弱电、给水、燃气等管道工程全部完工。完善高速公路两侧景观绿化和许庄等重要节点方案。全年完成投资1.1亿元，整体景观初现形态。沪通铁路客运站配套工程项目年内完成105户民宅的签约及拆除，铁路桥下地下通道（地铁区间、出站通道、人行通道）先行施工，基坑围护工程完成约80%。

【城西新区建设】 年内，城西新区重点推进西拓和北延区域的拆迁及基础配套建设，完成私房及公寓拆迁51户、企业5家。新建南庄路（人民路—暨阳西路段、义巷路—白鹿路段）、泗港路（张杨公路—暨阳西路段），完善交通出行框架。建筑面积1万平方米的泗港便民服务中心项目竣工并开始招商。建筑面积4.4万平方米的市实验小学西校区、建筑面积4.8万平方米的梁丰初中西校区建设启动，完成方案预审及部分施工图设计。

【城北科教新城建设】 年内，城北区域重点推进职工文体中心和国际教育交流中心2个项目，均完成主体结构验收。其中，职工文体中心项目年内完成投资额1.64亿元，累计完成投资额2.2亿元；国际教育交流中心项目年内完成投资额3200万元，累计完成投资额4200万元。

（龚健飞　韩　露）

镇村建设

【概况】 全市各区镇（除中心城区所在地杨舍镇）共有集镇38个，建成区面积144.14平方千米，其中中心镇区面积62.77平方千米。年内，金港镇滨江大厦、锦丰镇沙洲大厦等大型工程竣工投用。道路建设、给排水管道建设等有序推进，锦丰镇投入1800万元的锦中路南侧改造工程，塘桥镇投入8000万元的镇区主干道路改造升级工程，金港镇投资5703万元的江海路、望江路、浦家湾路路面黑色化工程等均推进顺利。继续推进康居乡村建设、“263”专项行动等，提升区镇生态环境。年内，全市完成动迁农户协议签订2205户，计56.6万平方米。区镇安置房新开工建设49.28万平方米，竣工129.79万平方米。

【金港镇建设】 金港镇有集镇5个，建成区面积45平方千米，其中中心镇区面积7.6平方千米；村庄建设用地面积19.43平方千米，新增绿化面积34.4公顷，改造绿化面积49.13公顷，绿地总面积1611.01公顷。年内投资17.48亿元完成住宅面积79.56万平方米，年末实有建筑面积1005.01万平方米；投资5.28亿元完成公共建筑面积19.7万平方米，年末实有建筑面积77万平方米；投资1.65亿元完成生产性建筑面积9.5万平方米，年末实有建筑面积337.4万平方米。市政公用设施投资2.95亿元，供水管道434.9千米，道路长度796.26千米，道路面积594.48万平方米。至年末，建成区桥梁54座，生活垃圾中转站6座，环卫专用车辆93辆，公共厕所60座。区镇生活垃圾集中处理率100%，污水处理率85%，垃圾无害化处理率100%。年内，投资7.5亿元的滨江大厦工程竣工投用，投资4.5亿元的金港文化中心顺利封顶。道路及配套建设工程主要有投资1314万元的柏林路工程，投资1500万元的华达路工程，投资560万元的香南东路改造工程，投资5703万元的江海路、望江路、浦家湾路路面黑色化工程，投资2500万元的天霸路黑色化工程，投资700万元的灿香路北延工程，投资701万元的中华路南延工程，投资509万元的中港路北段改造工程，投资280万元的新城区菜场西侧道路工程，投资1500万元的镇山西路改造工程，投资450万元的北京路雨水管网改造、增设人行道工程，投资100万元的长江路十字港桥东侧道路工程，投资720万元的太丰路工程，投资1500万元的健康路道路改造工程。年内安置房竣工面积76.96万平方米，完成安置房分配6500套。安置房及配套工程主要有投资1.92亿元的金都二期西侧地块工程，投资22.71亿元的香山花苑4号地块工程，投资9.17亿元的香山花苑1号地块工程，投资650万元的镇山小区21号房工程。城镇基础设施建设工程主要有：投资2.15亿元的镇山大桥工程，投资2456万元的集镇区居民生活污水纳管工程一标段工程，投资2456万元的集镇区居民生活污水纳管工程二标段工程。政府实事工程主要有投资438万元的后塍学校新建教学楼工程，投资168万元的白云学校新建教学楼工程，投资495.6万元的护漕港中学体育馆工程，投资2313万元的滨江新城集贸市场工程，投资80万元的德积卫生服务大厅装修工程，投资632万元的金都二村邻里中心土建、装饰工程，投资2100万元的香山花苑安置房天然气入户工程，投资1000万元的学校暑期维修工程，投资3000万元的新塍幼儿园新建工程，投资3800万元的高峰垃圾堆场综合整治工程，投资194万元的中华新村、高桥小区房屋改造工程。香山宕口日处理量500立方米的污水处理站建成投用，投资580余万元的2个空气自动监测站建成投运。全年投资2000万元完成新塍、长山、占文3个村共11个三星级康居乡村点位建设。投资4174万元改造供水管道4.98万米，新建供水管道1.29万米。投资190万元疏浚镇、村河道78条，投资178万元拆坝13条、建桥涵13座，投资20万元建设长山村东方红三桥。投资325万元建生态河道2条，新建生态砌块挡墙400米、木桩挡墙1.63千米，新建苗新河、韩家港、晨西河排涝闸站3座，新建苗新河橡胶坝1座；整治引（排）水沟道苗新河、韩家港、直港3条，长度7.34千米，新建涵闸1座、板涵1座、箱涵7座，投资358万元新建南横港排涝站，新建圩口闸中苑社区控制闸、金桥社区控制闸、石头港南闸、石头港北闸4座，改建长江西2号排涝站。

（邱亚峰）

【锦丰镇建设】 锦丰镇有集镇7个，建成区总面积33.19平方千米，其中中心镇区面积15平方千米。至年末，全镇有公共建筑面积60.56万平方米，生产性建筑面积509.83万平方米。自来水普及率100%，生活用燃气普及率100%，有线电视入户率100%。镇区道路铺设总面积201.5万平方米，排水管道覆盖率100%，污水处理率90%，垃圾无害化处理率100%。新城区规划建设面积12.46平方千米，建成区总面积7.48平方千米。全镇投入镇村建设资金15.09亿元。全年有锡通高速增拆、高端产业园建设、星火村城乡一体化等动迁项目7项，完成协议签订372户，拆除农房面积8.9万平方米。总建筑面积20.2万平方米的合兴花苑、书院六村二期2个安置小区工程按时序推进，安置户竣工面积7.67万平方米，安置动迁户682户1032套。沙洲大厦竣工投入使用，泓南新村、健康新村、厚生小区、锦苑小区雨污分流改造完成。郦景澜湾、湖滨世家商品房竣工22.1万平方米。兴南路、环新南路、悦兴南路等道路工程竣工。投资650万元的金鹿路改造工程基本完工，投资1800万元的锦中路南侧改造工程有序推进。投入450余万元对乐五线、新港路、团结河路（港丰公路以南）等乡村道共3.5千米实施大中修，投入170万元保养小修道路面积1.5万平方米，投入83万元安装防撞护栏3.7千米、百米桩708根、里程碑91块、标志标牌36套、标线665平方米、减速块160米。全园（镇）乡村道综合好路率87.6%。投资318万元拆坝建桥26座，投资117万元建农桥6座。疏浚横港、团结河、协丰河等镇级河道3条，长7千米，完成土方6.26万立方米。疏浚村组河道173条，长104千米，完成土方64.6万立方米。清理河道垃圾170吨，拆除违章建筑6处。投资417万元完成新、改建排涝站3座，新建圩口闸3座，投资600余万元开展光明村河道连片整治，疏浚河道8条，拆坝建桥6座，建设各类生态护岸8.5千米。投资433万元的中央财政小型农田水利重点县建设，涉及洪福、交通、店岸等3个村，新建洪福排涝闸站、南中心河交通排涝闸站各1座，宽3米的混凝土道路1.2千米，道路加宽660米。整治川港南港村一组至浦项不锈钢公司河段，全长6.2千米，开挖河道土方19万立方米、护岸760米，新建各类桥梁13座、涵闸18座，配套道路4.6千米，关停沿线及周边养殖场4处，对河边居民生活排水截污纳管。改造公厕42座、垃圾收集房104座，更换垃圾桶约700个，新增南港、五棵松路有机垃圾分类处理场所2处。涉及农户7640户的农村生活污水治理工程完工。投入550万元清淤星火12组至16组河道10条8.38千米，完成土方6.06万立方米，生活污水接管67户，新建涵洞、拆坝建桥各1座；投入73万元疏浚久生7组周边河道长3.03千米，完成土方7200立方米，新建育才路涵洞顶管40米及沿河挡墙80米。交通村获评省水美乡村，新增苏州市康居特色村1个，三星级康居乡村15个。全年审批农村建房170户，总建筑面积30729平方米。处理违章建筑180户，拆除面积7522平方米。立案查处违法建设案件15起，立案查处违法用地案件8起。 （徐　平）

【塘桥镇建设】 塘桥镇有集镇7个，建成区总面积21平方千米，其中中心镇区面积10平方千米。全镇年新增公共建筑面积2万平方米，累计116.32万平方米；新增生产性建筑面积1.6万平方米，累计829.78万平方米；新铺道路面积3.6万平方米，累计343.15万平方米。全镇农户楼房入住率100%，有线电视入户率100%，污水处理率88%，垃圾无害化处理率100%。年内，在完成《黄泗浦文化生态园东南区控规》《铁路综合客运枢纽（韩山片区）控规》等编制基础上，全力推动高铁枢纽区、城镇综合开发区域等重点地块拆迁任务，完成农户拆迁390户。推进安居工作，会办、审批农民建房292户。投入1.5亿元，完成鹿东小区三期安居房建设，建筑面积8万平方米，安置农户553户。投入1200万元完成牛桥等11个三星级康居乡村创建。投入1200万元完成鹿苑西菜场改造，新建鹿苑老年活动中心及文化广场，完成鹿苑老街望江楼及钱昌照故居的改造。投入3000余万元新建妙桥卫生服务中心，完成妙桥派出所改造工程。投入8000万元实施镇区主干道路改造升级工程，富民路、中心河路、北京路基本竣工，永进路即将完工。强化安居小区管理，完善黄金湾、滩里小区配套设施建设。新建停车场14个，新增停车位1036个，在鹿苑、妙桥两个办事处投放公共自行车400辆。实施镇村生活污水管网改造工程，完成农村居民接管3445户、镇区居民接管800余户。实施防洪排涝工程建设，新建排涝站（闸）6座，拆坝建桥21座，建成生态河道9条，疏浚镇村河道78条。全年新增各类绿地20.4公顷，复垦土地55.8公顷，盘活土地22公顷。

（唐林康）

【乐余镇建设】 乐余镇有集镇2个，建成区总面积8.7平方千米，其中中心镇区建成区5.8平方千米。全年新增生产性建筑9.2万平方米，累计166.8万平方米。排水管道覆盖率98%，垃圾无害化处理100%。年内，全镇完成腾飞桥重建、兆丰停车场改造等项目7项，新建停车位150个，新增路灯231盏，新建乐余社区门球场150平方米，完成公园新村、乐富小区等4个小区健身路径改造，启动乐余第二幼儿园（飞鱼幼儿园）建设。实施拆迁项目4项，完成拆迁220户，预安置10户。扶海花园二期安置房建设竣工9.2万平方米，完成分房500套。投放分类垃圾桶500个，建成红星有机垃圾资源化处理站。投入4624万元打造沪通铁路三星级康居乡村15个，新增居家养老服务站4家。投入4800万元实施水环境提升，改造河道8条，治理河道9.43千米，新建排涝站5座、涵闸2座。年内提档升级四级道路5千米、农村路网16千米，新建和改建省级农桥7座，创建生态河道9条，建成生态护岸4.32千米。投入2.7亿元实施农村生活污水接管14547户。新建玻璃温室和连栋大棚1.48万平方米，种植生态片林39.8公顷。完成农村自来水管网改造79.51千米，931户。 （苏松年）

凤凰中心小学 （蔡春林 摄）

【凤凰镇建设】 凤凰镇有集镇6个，建成区总面积16.6平方千米，其中中心镇区面积7.37平方千米。全镇有线电视入户率100%，排水管道覆盖率100%，污水集中处理率84.54%，垃圾无害化处理率100%。年内，全镇共投入建设资金9160万元。新建道路1.89千米、8200平方米，改造道路4.03千米、2.22万平方米。投资7405万元，完成288户城镇生活污水管网改造，完成城镇及农村5615户生活污水管网改造，新增污水管网7622米。完成安庆花园路灯安装，新增路灯50套。拆坝建桥7座，拆除危桥尚塘桥。疏浚村组河道111条，总长27.9千米，完成土方46.6万立方米，支塘河南延段沟通张家港河工程完工。中新·鹜山新型城镇化项目一期项目完成基础工作，凤凰生活广场项目完成竣工验收，凤凰法庭、凤凰检察室完工，桃主题公园完成规划设计。建成苏州市三星级康居乡村6个，整治提升自然村庄20个。双塘村肖家巷入选“苏州市特色田园乡村”试点。

（方天闪）

【南丰镇建设】 南丰镇有集镇6个，建成区总面积9.95平方千米，其中中心镇区面积7.8平方千米。全镇排水管道覆盖率100%，市政设施完好率98%以上，垃圾无害化处理率100%。年内，服务沪通铁路南丰段、东沙物流园与晨丰公路南丰段等道路建设，启动聚成苑二期2.15万平方米176套和年丰新村二期A区498套安置房建设。实施美丽城镇优化提升阶段项目建设，完成年度建设任务。推进2263户农村生活污水管网建设，做好2015年与2016年建设管网、泵站的验收、巡查维护与堵漏，保障污水管网健康运行。实施新丰小区雨污水改造设计，完成永丰路村级道路设计、新丰路方案设计。推进金陵小区停车位改造，完成河道疏浚48条，长度31千米。完成拆坝建桥10座，建设省级农桥4座。投入1400万元加快实施重点水利工程，新建永合、新德2座排涝闸站。打造生态河道4条，全长4.2千米。加快康居乡村工程，投入1600余万元建设三星级点位8个、二星级点位5个、一星级点位3个。新增自来水用户2963户，完成永丰、南丰、民乐三村农村自来水改造约920户。完成泗兴佳苑四期接水工程，造价38.4万元。完成长安路拓宽管道移位工程，造价56.2万元。完成海新南路及建工大道工业区管道改造，造价89万元。更换和改造永联及镇区超期服役的企业水表91个。完成老北街、小商品市场、南丰南路停车场、老中学商住楼、民丰小区5幢至14幢、金陵小区26幢至30幢等的533户水表升级改造。完成海新北路直径150毫米PVC（聚氯乙烯）管道改造，铺设直径150毫米球管132米、直径100毫米球管54米。 （徐永方）

【大新镇建设】 大新镇有集镇3个，建成区总面积7.2平方千米，其中中心镇区建成区面积6.7平方千米。全镇新增垃圾箱1380个，生活燃气普及率100%，镇区排水管道覆盖率100%，垃圾无害化处理率100%。年内，完成镇区生活污水接管现状排查及控源节流方案编制，细化三年实施计划。完成镇区生活污水纳管580户，中山村、桥头村、龙潭村农村生活污水治理2167户。完成农户搬迁141户，征地安置573人。新南小区三期1055套安置房竣工，802户居民入住新居。新东小区二期安置房开工建设。新湖公园基本建成。挂牌出让新镇区商住用地9.77公顷。市政道路加快建设，新湖西路、新湖东路、新乐路实现半幅通车，新湖北路绿化完工。港丰公路—国泰路下穿通道基本完工。阳光家园南区等老旧小区实施改造，老镇区新增车位68个，龙潭村3个埭完成三星级康居乡村改造。投资4932.33万元，完成新镇区幼儿园等美丽城镇建设项目9项。投资250万元，新建平北路（松山桥—沿江公路）路灯118杆、平凝路（三八路—松南桥）路灯40杆，改造杨新公路大新段路灯100杆。

（蔡 鸿）

【常阴沙现代农业示范园区建设】 常阴沙现代农业示范园区有集镇1个，建成区总面积2.2平方千米。园区年污水处理总量114.75万吨，生活垃圾处理总量6750吨。有线电视入户率95%。垃圾无害化处理率100%。年内投入建设资金2865.39万元。其中，投资262万元完成珠江路结转工程项目，路宽6米，全长680米，完成北半幅道路及2座箱涵。投资357万元进行乐红路改造，路宽15米、长1063米，完成东侧半幅路面底层沥青及沿线侧、平石和西半幅道路路基部分施工，雨水管施工完成。投资627万元进行通运南路改造，路宽15米、长2231米，完成西半幅路面底层沥青摊铺。投资2903万元完成常南、常沙、常西、常北、常红5个社区，1405户农户农村生活污水治理。投资487万元完成常南、常北、常红3个社区1391户农户自来水改造。投资1340

万元创建省级康居村庄示范点1个，惠及农户262户，改造道路总面积12267平方米，河道整治约2500米，农户主房琉璃瓦改造140户，农户外立面改造262户，新增入口节点1处，新增居民休闲小游园1处。投资302万元创建苏州市三星级康居乡村示范点2个，惠及农户143户，改造社区道路10750平方米，建筑物外立面出新2.7万平方米，新建桥梁42座，新建健身场地230平方米，建造村口标识1座，拓宽居民区内便桥21座。投资970.44万元新建高标准农田240.8公顷，修筑衬砌渠道25925米，新建4米宽机耕桥3座、5米宽机耕道路495米、3米宽机耕道路4719米、泵站3座，5月末工程全部完工。投资650万元新建常东社区、常沙社区粮食烘干中心3216平方米，建成烘干机组机库600平方米、除尘灰房327平方米、临时堆粮晾棚889平方米、室外硬化场地1400平方米。投资581.34万元进行2017年中央财政小型农田水利重点县Ⅳ标段工程建设，新建2座排涝站、3座箱涵、3座涵闸、1座板涵及4条排水沟道整治，7月通过验收。投资106.8万元疏浚河道40条，长31.98千米，完成土方11.87万立方米。投资63万元完成拆坝建桥4座。

（徐丽春）

【双山岛旅游度假区建设】 双山岛旅游度假区有集镇1个，建成区面积0.3平方千米。全区有线电视入户率95%。垃圾无害化处理率100%。年内，完成岛内垃圾填埋场清理，建成岛内健身步道2条，启动“红色双山”渡江战役纪念园党性（廉政）教育基地建设。开展沿江洁美环境提升行动，加快岛内船舶整治，制定江滩芦苇轮割方案。启动北码头东侧生态环境改造工程，岛内西侧48公顷围垦土地种植水生蔬菜莲藕，推动江滩垃圾处置。建立景区综合管理联席会议制度。离岛拆迁安置分配房屋557套，留岛安置房1期590套基本建设完成。

（沈　涛）

【特色田园乡村建设启动】 10月，特色田园乡村建设项目启动。市政府成立以市长为组长的特色田园乡村规划建设工作领导小组，领导小组下设办公室具体组织实施。建设项目坚持“市指导、镇牵头、村主体”。“十三五”期间全市特色田园乡村目标建设约10个特色田园乡村建设示范点，分两批次推进，每批次5个左右，2017年至2018年为第一批次，2019年至2020年为第二批次。年内，《张家港市特色田园乡村建设市财政资金奖补办法》制定出台，全力推动项目建设。金港镇朱家宕村蔡港、塘桥镇东渡苑景区、乐余镇红星村25组、常阴沙现代农业示范园区常兴社区长江小区纳入特色田园乡村建设首批候选点。杨舍镇善港村船坞里、凤凰镇双塘村肖家巷2个村庄入选苏州市乡村建设试点，并通过苏州市特色田园乡村建设首批试点方案评审。　（龚健飞）

公用事业

【概况】 2017年，全市继续推进以供电、供水、供气、污水处理等为重点的基础设施建设。张家港电网完成110千伏黎明变2号主变扩建、110千伏新民（南园）变输变电建设等工程。全年完成各类电网建设投资1.14亿元。完成新建和改造自来水管网382千米。新增天然气管道85千米。

【供电】 2017年，全市全社会用电量308.82亿千瓦小时，比上年增6.93%；日最高网供电量8616万千瓦小时（7月25日），比上年日最高网供电量增1002万千瓦小时；最高用电负荷460.4万千瓦（8月7日14时09分），比上年最高用电负荷增46.2万千瓦。年平均负荷率91.46%，比上年下降0.72个百分点；线损率1.8%，比上年上升0.05个百分点，农网电压合格率99.999%，城市、农村供电可靠率分别为99.981%、99.917%。全市平均电价为每千千瓦小时695.31元，比上年降7.52元，回收各类电费174.68亿元。全年完成业扩报装户数35776户，完成容量79.44万千伏安。至年末，全市拥有220千伏变电站16座，主变38台，容量768万千伏安；110千伏变电站41座，主变78台，容量416.4万千伏安；35千伏变电站14座，主变28台，容量51万千伏安。35千伏及以上线路229条，共计1639.297千米。其中，220千伏线路54条，长度552.195千米，其中架空长度549.66千米，电缆长度2.535千米；110千伏线路99条，长度693.512千米，其中架空长度594.118千米，电缆长度99.394千米；35千伏线路76条，长度393.59千米，其中架空长度322.103千米，电缆长度71.487千米。10千伏变压器9201台，变电容量412.8325万千伏安，线路795条，回路长度5772.49千米，电缆长度2242.98千米；20千伏线路11条，回路长度52.8千米，电缆长度22.09千米。380伏线路7282.92千米，其中电缆3912.51千米；220伏线路23.45千米，电缆4.6千米。

【供水】 市给排水公司全年完成供水量1.69亿立方米，最高日供水量为55万立方米，供水水质综合合格率100%，水费回收率99.9%，产销差率12.19%。全年完成26个小区共67套二次供水设备的勘察设计、安装和调试，按规范做好185个小区309套设备的维护保养工作。全年新增用水户31765户，累计567087户；新增供水管网382千米，累计7277千米。第四水厂每天20万立方米扩建工程正常推进，其中每天60万立方米取水工程11月开工，厂外供水管线工程敷设完成直径1000毫米至1400毫米管线11.1千米。

【供气】 全市有大型液化石油气中转站1家，管道燃气公司1家，民用液化石油气储罐场8家，工业液化石油气储罐场5家，汽车液化石油气加气站1家，LNG汽车加气站8家，工业用液化天然气站4家，瓶装液化石油气供应站点18家。全年新增天然气管道85千米，新增投资5631万元，累计天然气管网长度1571千米；新增工商用户141户；新增居民配套用户3.1万户，全市累计配套用户26万余户。全年天然气供应总量3.98亿立方米，比上年增2300万立方米。全市天然气日均用气量109万立方米，日高峰用气量129.6万立方米。

【污水处理】 全市有生活污水处理厂10家，日污水处理能力22.7万立方米。其中，市区4座，日污水处理能力13.5万立方米，分别为第一污水处理厂、第二污水处理厂、第三污水处理厂和城南污水处理厂；镇区6座，日污水处理能力9.2万立方米，分别为锦丰片区污水处理厂、金港片区污水处理厂、塘桥片区污水处理厂、乐余片区污水处理厂、常阴沙污水处理厂和双山岛污水处理厂。全年新建、改造污水主次、控源截污管网135千米，全市处理生活污水5624万立方米。城南污水处理厂扩建工程7月开工，处理能力由每天1万立方米增加为每天2万立方米。

【市容保洁】 市市容管理处有各类清扫车、清运车、洒水车、冲洗车193辆，打捞船9艘、快艇2艘，压缩式垃圾中转站9座，职工652人。年内，市城管局坚持模式方法创新、技术服务引进，实现生活垃圾源头减量、资源处理的绿色发展。制定出台《张家港市生活垃圾强制分类工作实施方案》，扩增分类行业，细化分类标准。在城区公共机构、企业单位、居民小区增设分类设施，开展宣传推广活动。以社区为单元，业主为主体，创设生活垃圾收集和再生资源回收“两网融合”。全年市区分类设施覆盖率76%，建成10个农村易腐垃圾处理站，辐射34个试点村庄。牵头完成市静脉科技产业园的前期规划，扩容各类垃圾的处置体量。推进建筑材料再生利用中心、园林绿化废弃物集中处置等项目建设，逐步完善建筑垃圾、园林废弃物收运体系，实现资源化综合处置利用。提升保洁服务水平，推行“机扫+人保+洒水+冲洗”的联合作业模式，实现从“扫马路”向“洗马路”转变，全年城区清理垃圾杂物640余吨，处理生活垃圾52万吨、餐厨垃圾2.7万吨，污泥干化3.5万吨。

【市政道路建设】 年内，市政道路建设实施项目7项，总里程9.39千米，总投资3.45亿元，完成投资1.15亿元。其中，新建中兴路、南庄路道路2条，总里程1.66千米，年内实现竣工通车，完成投资2000万元；华昌路与北庄路高架匝道、南苑东路三期改造、华昌路改造、泗港路改造、蒋乘路南段改造等5条道路实施改造，总里程7.73千米，年内华昌路与北庄路高架匝道、蒋乘路南段竣工通车，完成投资9500万元。

【路灯管理】 年内，市路灯管理所较好完成城建计划，并配合市区新建、改建道路同步实施南苑路、南庄路、蒋乘路、一中弄等17个道路照明工程和滨江新城区菜场、崇真小学、崇真幼儿园、中圩新村及街角公园夜景亮化工程，新增路灯845杆、景观灯具361套。强化管理维护职能，坚持有诉必修、有坏即修、从快抢修原则，全年办理数字化城管案卷、“12345”“110”市民电话报修等770起，维修路灯3300余盏、景观设施4300余套，受理路灯迁移申请9起，处理66起撞灯事故，事故及时处理率100%。道路及小区路灯设施亮灯率平均为98%，路灯设施完好率90%。至年末，全市有道路路灯3.07万盏，景观照明29.8万套。苏虞张公路（张家港段）养护片获评苏州市优质养护片称号。

【市政养护和管理】 市公用事业管理处全年完成各类路面维修1.1万平方米，新增及翻铺人行道约8000平方米，修复公交站台道板105处、游园广场道板约5000平方米，疏通雨污水管道约360千米，小河坝路养护片获评苏州市市政优质养护片称号。对横河里区域、永安路（长安南路—小河坝路段）排水系统进行改造，对财苑泵站周边污水管网进行梳理改造，实施市区废弃道口修复工程，做好市区黑臭河道治理的组织实施工作。开展桥梁日常养护工作，通过政府采购委托专业机构对市区市政桥梁进行全面定期检测，对52座桥梁的栏杆、人行道、快车道、平侧石、伸缩缝等部位进行养护维修，全年养护工程资金投入2200万元。受理行政审批申请项目203项，其中占道44项、挖掘67项、城市顶管7项、道口开设25项、管道接入60项。加强城市排水管理，全年受理排水许可14份（核发11份），受理餐饮联办805份（审核同意筹建456份）。

【3座110千伏变电站扩建工程投运】 年内，全市有110千伏黎明变2号主变扩建工程、110千伏永河变2号主变扩建工程、110千伏思贤变2号主变扩建工程竣工投运。5月22日，110千伏黎明变2号主变扩建工程竣工投运。该工程位于杨舍镇东莱街道黎明村，采用标准化工艺进行施工，动态总投资1239万元。包括2个单项工程：黎明变电站2号主变扩建工程、七海坝—东莱T接黎明变电站110千伏线路工程。当期扩建工程建设50兆伏安主变1台、新出110千伏出线1回、10千伏出线12回、4.8兆乏、3.6兆乏电容器组2组。5月27日，110千伏永河变2号主变扩建工程竣工投运。该工程位于南丰镇南丰大道，采用标准化工艺进行施工，动态总投资1259万元。包括2个单项工程：永河变电站2号主变扩建工程、七海坝—鹿民T接永河变电站110千伏线路工程。当期扩建工程建设50兆伏安主变1台、新出110千伏出线1回、10千伏出线12回、4兆乏电容器组2组。6月22日，110千伏思贤变2号主变扩建工程竣工投运。该工程位于江苏扬子江国际化学工业园渤海路南侧，采用标准化工艺进行施工，动态总投资1379万元。包括2个单项工程：思贤变电站2号主变扩建工程、柏木—高东T接思贤变电站110千伏线路工程。当期扩建工程建设50兆伏安主变1台、新出110千伏出线1回、10千伏出线12回、4兆乏电容器组2组。

【110千伏新民（南园）变输变电工程投运】 6月13日，110千伏新民（南园）变输变电工程竣工投运。工程位于张家港经济技术开发区南区塘市街道，采用标准化工艺进行施工，动态总投资7555万元。包括2个单项工程：新民（南园）变电站工程、徐巷

变一新民变电站110千伏线路工程。当期工程建设63兆伏安主变1台、新出110千伏出线1回、10千伏出线12回、6兆乏电容器组2组。

【农村生活污水治理工程三年计划完成】 2015年9月，全市按照管理体制、规划编制、组织实施、资金筹措、运营管护“五统一”，重点村庄和特色村庄、水环境整治区域、美丽村庄、接管集中处理“四优先”的治理思路，启动新一轮农村生活污水治理工程。计划投资23.6亿元，用3年（2015年至2017年）时间，采取逐级提升加动力主管收集为主、其他处理方式为辅的治理模式，对全市8.67万户农户的生活污水进行收集处理，实现全市重点村庄和特色村庄生活污水治理全覆盖、全市农村生活污水处理率达到80%的目标。市规划局牵头各区镇统一编制全市农村生活污水治理规划，市住建局统一编制全市农村生活污水治理实施方案，并牵头组织实施。工程启动后，市住建局与各区镇细化治理任务，严格督察考核，消除各类障碍，加快推进工程进度，严把工程质量，强化关键环节检查验收，全力打造优质工程。工程于2017年年末全面完成，由于部分区镇农村生活污水治理规划方案细化调整，2015年至2017年全市实际完成8.41万户农户的生活污水收集处理，完成投资20.75亿元，农村水环境得到改善。

（龚健飞　徐　霜
崔婷婷　韩　露）

城乡管理

【概况】 2017年，市城管局对照年度城市管理工作要点，坚持城乡一体统筹管理理念，按照《城乡大环境长效管理工作意见》及考核要求，落实奖励补助资金2150万元，提高区镇参与城乡环境整治的责任心和积极性。以城警联合执法模式为蓝本，整合管理执法资源，在小广告治理、交通拥堵治理、群租房违法建设等方面，开展联合整治、联合执法。依托全市社会综合治理工作平台，推进基层网格化管理，市、镇、街道、社区（村）四级网络得到健全，城市管理在全市219个网格内得到进一步强化。完善跨部门协调机制，实现部门之间、条块之间的信息互通和共享，提升执法管理效能。发挥市、镇两级城管委职能，定期组织现场办公，召开工作例会，工程化、项目化实施全市城市管理工作要点，牵头实施省“931”行动，完成整治项目91项，完成率100%。组织开展城市管理“百日行动”，完成基础设施、环境卫生、市容秩序等整治项目632项。开展绿化与环境专项整治，以“两路一河”（高速公路，重点国、省道和主要内河航道）为整治重点，清理各类暴露垃圾、废品杂物等9400余吨，拆除乱搭乱建5137平方米，整改沿线破损广告116处。牵头实施城市停车场建设，新增停车位2万个，城区、塘桥镇实现公共自行车通借通还。编制全市户外广告规划，办理户外广告审批1200余件。深化城管志愿者服务活动，创新“行业+协会”志愿服务新模式，组织开展公益宣传、便民便商等志愿服务活动近500场，参与人数达到1万人。

【城管执法】 市城管局坚持问题导向，突出源头管控，加大执法力度，强化执法创新，在全省率先推行执法全过程记录制度，全年行政处罚10万余起，零复议、零诉讼。攻坚乱涂乱贴，出台《张家港市乱涂乱贴乱发小广告联动治理工作意见》，建立市文明办、市公安局、市城管局联合会办制度，采取运营商停机、城管行政处罚、公安治安处罚、行业主管部门约谈四项举措，对全市422个电话号码予以停机，城管处罚223起，公安处罚13起，约谈单位72个，清理7.8万处。攻坚店外经营，突出重点行业、重点对象，构建行政、司法、社会“三位一体”链条式管理模式，以执法全过程记录为手段，探索“零口供”执法。畅通与社区居委、法院的工作衔接，强化旁证辅助和执行保障。加强社会惩戒力度，将屡教不改、屡罚不改的相对人纳入社会诚信“黑榜”，由市文明办定期公示，全年查处占道经营1400余起，城区占道经营比上年减90%。攻坚流动摊贩，持续开展全市统一的“夜间大整治”，抽调环保、公安、市场监管等部门人员，街道、社区、物业公司积极配合，共开展行动24次，累计抽调7600余人，教育查处流动摊贩2800余起，暂扣物品4000余件，城区流动摊比上年减80%。开展“六个一”大走访、“民生面对面”等活动，接待到访、窗口咨询1600余起。办理人大、政协建议提案26件，反馈满意率100%。

【垃圾分类探索“两网融合”模式】 年内，市城管局制定实施《张家港市生活垃圾强制分类工作实施方案》，整合环卫和社会回收力量，创新环卫保洁和垃圾分类两网有机融合工作模式，倡导环卫保洁人员主动开展分类指导和二次分类。鼓励物业保洁公司及环卫部门积极参与分类回收。回收的有害垃圾统一交由环卫部门安全处置，可回收物统一出售给回收企业，引导回收企业合理布局集散地（仓储）、交投点，推广“互联网+”模式，逐步建立一套规范化的再生资源化回收利用体系。广大保洁人员作为垃圾分类志愿者和指导员，成为全社会广泛参与垃圾分类的中坚力量，同时能降低垃圾分类运营成本，有效改善市容秩序，提升环境卫生质量。

【“城市e管家”享誉全国】 年内，市城管局继续推进数字城管工作，“城市e管家”坚持管理和服务并重，升级开发公共自行车扫码借还车服务功能，在手机端实现可查询停车场点、公厕分布服务等功能基础上，增设导航引导功能，改善市民出行。同时，搭建集城管网站、手机APP、微信微博、“12319”热线于一体的宣传平台，通过“城市e管家”与群众建立纽带联系。“城市e管家”活跃用户6.5万人，全年办理各类城市管理案件11.4万起，结案率97.2%，满意率100%。《人民日报》《光明日报》《新华网》等媒体分别报道张家港市“城市e管家”的经验成果，全国各地100余批考察团到市参观考察。（徐　霜）

【编辑　朱永平】

交通·水利

Traffic & Water Conservancy

走马塘水利枢纽　（蔡春林　摄）

交通建设

交通运输

交通管理

水利建设

水利管理

張家港年鑑(2018)

扫码欣赏

张家港水生态文明
创建纪实片

交通建设

【概况】 2017年，张家港市域内完成交通基础设施建设投资40亿元，其中市财政投资13.7亿元。沪通铁路、锡通高速过江通道南接线工程，晨丰公路（一干河至港华路）、港华路、新泾路快速化改造等市属交通工程按计划推进。市交通运输局立足“区域性交通枢纽”的定位，对全市交通状况进行梳理，完成“五纵五横”快速路网体系、干线公路与城市道路衔接规划、通用机场控制性详规、县乡村道公路网编制研究及张家港枢纽站站区周边道路交通组织、地下空间交通流线组织规划。争取上级主管部门支持，组织开展张靖、张皋、苏通第二通道的前期规划研究以及铁路货运支线方案研究，完善张家港市综合交通运输规划体系。

公路建设 年内，锡通高速过江通道南接线工程主线征地取得国土部批复，并完成临时用地报批工作，房屋拆迁、三线迁移和工程备土基本完成，施工便道全线贯通，完成土方填筑106.5万立方米，桥梁下部结构8.55万立方米。完成346国道张家港绕城段改线项目可行性研究审查，加快办理各项报批手续，启动港华路改造、晨丰公路（一干河至港华路）项目建设，新泾路改造工程开工，永泰路改造工程重启。沿江公路改造（严子港桥—海坝村委段及五干河桥东—六干河桥段）、五棵松路（老204国道—新204国道段）、晨丰公路（双鹿路—老204国道）6.5米幅宽道路、沙洲湖连通工程—港丰公路川港桥以及沪通铁路地方道路配套等项目完工。全年完成公路养护资金投入2.62亿元，其中国省干线公路（养护）整治投资3800万元，干线公路（县道）养护性投资1400万元、乡村道路大中修投资2.1亿元，完成乡村大中修改造27.51千米。国省干线公路MQI（路况综合指数）为97，优良路率100%；县道MQI为97，优良路率100%；乡村道路平均优良路率87.7%，比上年提高0.2个百分点。全年改造加固三类桥梁8座。至年末，境内公路总里程1618.5千米，其中国省干线公路229.56千米、县级公路182.91千米、乡镇公路610.08千米、村级公路595.95千米，公路密度每平方千米陆地2.05千米。按技术等级分，公路总里程中高速公路55.71千米，一级公路230.91千米，二级公路711.38千米，三级公路136.9千米，四级公路483.6千米。

铁路建设 年内，张家港市境内段的沪通铁路征地拆迁及“三改”（改路、改河、改渠）工程完成，相关资金落实到位。路基和桥梁工程完成，铺设轨道52千米，长江大桥段29号主墩沉井基础和承台浇筑完毕，进行主塔塔座施工；南引桥下部结构及钢桁梁架设完成，进行桥面板铺设和节段梁架设施工。配合上级部门，推进张家港市域内铁路前期工作，其中盐通张铁路完成各专项评估、可行性研究、初步设计，先行用地获批复，苏南沿江铁路可行性研究报国家发改委，开始初步设计报批。

航道建设 年内，申张线航道（金港段）整治项目的袁家桥完成工程建设投资714万元。申张线航道（凤凰段）整治工程优化方案取得省交通运输厅航道局认可。至年末，全市57条航道总里程424.6千米，其中等级航道6条111.1千米，申张线航道金港段为三级，五级航道2条（申张线、锡十一圩线），六级航道2条（澄杨线、老锡十一圩线）、七级航道2条（虞十一圩线、四干河）。其余51条均为等外线航道。有通航船闸1座（张家港复线船闸）。

场站枢纽建设 年内，全市新建农村公交候车亭33座，公共财政完成公共交通投资6360万元。至年末，全市有高速公路枢纽2处、互通立交8处，国省干线公路桥梁183座，农村公路桥梁591座，其中跨规划的“六横六纵”航道桥梁128座。至年末，全市有一级客运站1家（张家港汽车站），二级客运站1家（港城汽车站），公交场站53个，其中公交停车场3个、乡镇客运站5个、公交枢纽站1个、公交中转站2个、公交首末站42个，公交候车亭1489个，公交站牌1184个。

【“五纵五横”快速路网体系规划】 为加快推进现代综合交通运输体系建设，在对全市交通基础设施网络梳理的基础上，7月，市交通运输局编制的《张家港市快速路网规划》通过市政府审查，批准实施。规划快速路网以“五纵五横”快速路为骨架路网体系，其中，“五纵”即张皋路、港城大道、杨锦公路、东渡大道—苏虞张、204国

申张线航道（金港段） （苏栋汇 摄）

道,“五横”即港丰公路、晨丰公路、张杨公路、新泾路、西塘公路。至2020年,将基本构建起市域半小时交通圈,实现市区到各区镇、各区镇之间、各片区到铁路交通枢纽半小时通达。科学分工客货运输通道,合理布局进出城区的枢纽节点,基本解决交通拥堵、客货运车辆相互干扰等问题。

【新泾路快速化改造项目开工】 完善张家港枢纽站的集疏运道路体系,7月,“五纵五横”之一的新泾路快速化改造项目开工实施。项目路线起自塘桥镇金谷路与北环路交叉口,沿北环路线位向东与西环路交叉后继续向东,与老204国道、规划道路黄桥路、新204国道、规划道路海湾路交叉后,下穿在建沪通铁路,路线终于规划道路枢港路,路线全长5.15千米。项目主线为双向六车道快速路,辅道为双向四车道城市道路,项目概算10.5亿元,计划2019年10月完工。该项目的建成将分流部分平行城市道路的交通流量,缓解南二环交通压力,提高路网的通达性和便捷性。

(吴孙华)

交通运输

【概况】 2017年,全市营业性交通运输共完成公路、水路客运量3213.6万人次、客运周转量125544.6万人千米,分别比上年降0.4%、增3.3%;完成公路、水路货运量2018万吨,货运周转量356826.4万吨千米,分别比上年增10.3%、10.8%。张家港船闸全年开放闸次20235次,放行船舶80831艘,通过量6162.2万吨,比上年降0.4%。

客运 年内,全市新增、更新客运车辆100辆。至年末,共有客运车辆1699辆,其中公交车788辆(含学生公交专线车106辆)、出租车557辆、长途班车179辆、旅游客车175辆(省、市际包车客运,未包含县内包车客运);有客运船舶7艘。有客运企业18家(包括旅游包车企业),其中公交企业1家、长途客运企业3家、出租客运企业5家、水路客运企业2家。开通长途客运省际班线84条,市际班线82条,县际班线14条。开通公交线路62条(均为无人售票线路),日发班次5006.5班,日接送旅客14.3万人次。

货运 年内,全市新增、更新货运车辆2493辆,其中危化品运输车辆179辆。至年末,共有各类货运车辆14635辆,其中集装箱车1102辆、危险品运输车辆1401辆;有船舶47艘,载重吨位50933吨,其中液货运输船舶15艘,载重吨位21733吨。有道路货物运输业户(企业)6359户(家),其中个体运输业户4623户、专业运输企业268家(含集装箱运输企业195家、道路危险品运输企业46家)。有道路运输服务(含代理、装卸、仓储等服务)业户193户。有水路货物运输企业7家,水路运输服务业户63户,内河港口码头企业60家。

机动车维修及驾驶员培训 年末,全市有机动车维修企业1037家。其中,一类维修企业51家(含品牌4S店32家、客车维修企业1家、危险品车辆维修企业3家),二类维修企业174家(含品牌4S店11家),三类维修企业817家。维修企业中,有“江苏快修”企业7家,“绿色汽修”企业3家,连锁汽修企业5家,行业实现年产值25.9亿元。全市有驾校4家,有教练车533辆,教练员670人,全年培训机动车驾驶员26754人。

2017年张家港市全行业营业性客货运输量一览表

表11

项　目	单位	实　绩
客运量	万人次	3213.60
其中:水路	万人次	114.70
公路	万人次	3098.90
旅客周转量	万人千米	125544.60
其中:水路	万人千米	1031.60
公路	万人千米	124513.00
货运量	万吨	2018.00
其中:水路	万吨	250.10
公路	万吨	1767.90
货运周转量	万吨千米	356826.40
其中:水路	万吨千米	105228.40
公路	万吨千米	251598.00

【绿色交通运输发展规划(2017—2020)获批】 为全面实施绿色交通发展理念,市交通管理部门依据《江苏省绿色循环低碳交通运输发展规划(2013—2020年)》《江苏省交通运输节能环保“十三五”发展规划》《张家港市“十三五”交通规划》等文件,编制《张家港市绿色交通运输发展规划(2017—2020)》,于12月13日由市政府印发实施。该规划以综合交通网络与运输服务系统为载体,以构建绿色交通设施网络为基础,以推广节能环保交通运输装备、集约高效交通运输组织模式和先进适用污染防治技术措施为核心,以持续创新驱动发展、提升监管能力水平为支撑,推进“三大领域、八大工程”(三大领域指基础设施建设、交通运输服务、行业监管能力,八大工程指绿色基础设施建设、绿色运输装备应用、运输组织集约优化、资源集约循环利用、行业污染防治、区域生态环境保障、科技创新驱动引领行业管理能力提升)建设,提升行业整体绿色发展水平。针对八项重点工程,提出具体细化任务及目标,并对各重点任务进行分析和责任明确。该规划是指导“十三五”张家港市交通运输绿色发展的纲领性文件。

【物润船联首批纳入全国“互联网+多联运输”试点】 江苏物润船联网络股份有限公司（简称物润船联）成立于2011年12月19日，2014年在“新三板”挂牌，是以“船联网大数据+人工智能”为概念的创新型公司，为响应“互联网+物流”的国家战略，公司拓展车联网、船联网相关项目。该公司“水陆联运网”依托多式联运物流大数据，以网站、手机端App、微信等为载体，将车、船、货、港等物流要素通过人工智能技术和物流大数据深度融合，为中国长江、沿海装上物流智慧“大脑”，数据为物流做思考决策，致力于打造最安全、最便捷、最高效的水上物流生态圈。为实现AIS船舶定位功能，公司在过去的四年已在沿江沿海布500余个分基站，且开发出微信查船位、网页查船位系统，公司研发的AIS船舶定位系统可以对沿海沿江60余万条船的运行轨迹进行实时监管并通过线上的物流信息整合和智能管理，结合线下的跟踪服务和资源优化配置，建立起水上物流大数据，为大宗生产资料企业贸易商、物流企业、船厂港口、码头和政府监管部门提供一站式智能物流服务和监管。年内，公司首批成为全国“互联网+多联运输”试点企业。

【中外运取得全市内河第一张港口经营许可证】 10月，位于金港镇香山南路巫山大桥南堍的中国外运长江有限公司张家港分公司内河码头，取得全市内河首张中华人民共和国港口经营许可证。该码头位于申张线，有4个泊位，岸线220米，最大吃水4米，可作业船舶装载吨位为800吨至1000吨，日最高作业量超6000吨，南至杭州，北通北京。有5台固定吊机和1架5吨行车，最大起重能力为16吨。主要的操作货物类型为PTA、原木、方钢、粘胶等，货物可通过申张线抵达无锡、常熟、昆山、上海、吴江、海宁等地。张家港中外运内河码头已成为长三角地区粘胶的中转枢纽，码头+仓库的物流模式，既能节约物流成本，又可提供现货销售模式，还能节约配货时间和仓储使用率，是一举多得的有效物流模式。 （吴孙华 郭 娇）

交通管理

【概况】 市交通运输局机关内设科室8个，下辖公路管理处、航道管理处、地方海事处、交通运输管理处、张家港船闸管理处等事业单位18个。年内，市交通运输局共办理各类交通行政许可1456件，比上年增70.7%。办理道路运输经营户的经营许可证、营运车辆的道路运输证审验23766件。继续实行交通行政执法网上公开透明运行，共查处和纠正各类交通运输违法违章行为8884起，对81项重点项目实施行政指导。在行政处罚、行政强制、行政检查等行政行为中全面落实“三项制度”并顺利完成试点。严格执行重大行政程序规定要求，新泾路快速化改造重大决策顺利实施。对4个重点工程开展质量安全监管，召开新开工重点工程项目质量监督交底会议2个，经现场评审核发工地试验室备案2个。对区镇64个交通建设项目、33座农桥改造项目进行指导和督察。全年开展质量综合督察178次，专项检查、“飞行检查”111次，发出通报47份，其中要求整改的22份。实施安全督察12次，下发督察通报12份，发现并当场指出各类安全隐患209处。全年在交通工程质量管理中实行定人、定点、定线的“三定”管理，监督覆盖率100%。

运政管理 市交通运输管理部门全年办理道路运输许可1296件，其中机动车维修许可105件。查处道路运输违法行为1415起，其中非法运营行为（黑车）204起，客运违法行为621起，货运违法行为18起。查处一、二类维修企业违法经营案件3起，查处三类维修业户无证、超范围经营案件174起，营运车辆二级维护检测超期案件158起，检测营运车辆14030辆次。继续推进市场主体结构和运力调整，治理列入淘汰范围的营运黄标车32辆，引进LNG清洁能源货运车辆62辆。深化运输市场诚信体系建设，至年末，全市有信用汽修企业193家（其中AAA级企业22家），信用企业占一、二类维修企业总数的92.8%（开业未满一年的汽修企业不评定信用等级）。升级危化品道路运输信息系统，优化运政信息中心，24小时监控“两客一危”（从事旅游的包车、三类以上班线客车和运输危险化学品、烟花爆竹、民用爆炸物品的道路专用车辆）营运车辆的运行情况。基本建成“汽车维修电子健康档案系统”，实现维修作业全过程的远程、动态、电子化监管。

路政管理 市公路管理部门全年办理国省道路行政许可11件，县乡道路行政许可30件。全年坚持国省干线日巡查全覆盖制，农村公路每周不少2次巡查覆盖制，全年巡查里程12.9万千米，实施并完成干线公路交通环境大整治，组织进行专项检查50次，下发整改通知书36份，清除障碍物1245立方米，清除非标悬挂物298块，清除摊点304处；查处超限运输车辆269辆，卸驳载货物2565.17吨。建成张家港市公路信息中心，完成华昌路下穿通道排水泵远程控制平台建设，推动现代信息技术与公路管养、应急处置、内部管理等工作融合。深化和巩固文明样板路创建工作，全面开展“四好农村路”示范县创建，创建工作通过省交通运输厅等部门考核验收，张家港市创建为全省“四好农村路”示范县，打造“畅、安、舒、美”的公路出行环境。

内河航政管理 市内河航道管理部门全年办理航道类许可11件，航评审核2件，全年巡航里程18080千米，现场维护航标85座次，收取航道赔（补）偿费82万元，干线航道清障扫床141千米，干线航道通航保证率100%。开展“8+2”联动执法，深入贯彻“263”专项行动，完成绿化工程3000米，完成清理岸线8000米，清理废旧船舶1艘，拆除申张线危旧桥梁上塘桥1座，清理垃圾14处，修复航道标志牌1处。完成申张线18号、19号航标改建工程，实现辖区LED一体式航标全覆盖。开展“新媒体‘5+N’行动”法治文化品牌创建活动，取得良好成效。船闸管理处深入推进安全生产标准化和船闸养护标准化建设，全年开展专项隐患排查14次，落实整改项目13项，处理各类违章船舶268

艘，继续开展船舶丈量复核工作。

内河港政管理　市内河港口管理部门全年办理内河港口经营许可证3份，审批港口危险货物作业2003次。10月，组织实施内河码头综合整治提升行动，开展整治工作，共拆除码头15个，签订拆除协议12个，停止使用码头8个，8家码头企业纳规管理，25家码头企业优化提升，完成2017年度整治任务，全面落实安全监管责任，组织危险货物码头安全专项检查23次，排查安全隐患30处，整改30处，全年内河码头未发生有责安全事故。

内河水上交通安全管理　年内，市地方海事管理部门继续实行"365全天候"工作制。全年上航1739艇次，出动人员6802人次，巡航时间3330小时，巡航里程49721千米，检查船舶15529艘次，查处各类船舶违章运输行为6670起。全市实施交通管制24起，发布航行通告14次。实施"110"处警及船舶报警82次，出警236人次，救助船舶23艘，挽回各类经济损失46.28万元，内河水上搜救成功率提升至100%。全面落实"263"专项行动，编制《内河港口和船舶污染物接受、转运及处置设施建设方案》，实施燃油抽查检测，规范船舶使用符合国家规定的燃油，落实防治船舶污染专项行动，加强辖区船舶污染防治检查力度，促进辖区水域环境保护。

【网络预约出租汽车经营服务政策实施】　为更好满足社会公众多样化出行需求，促进出租汽车行业和互联网融合发展，规范网络预约出租汽车经营服务行为，保障运营安全和乘客合法权益，根据国务院办公厅《关于深化改革推进出租汽车行业健康发展的指导意见》等国家有关法律、行政法规，苏州市政府于2016年12月30日颁布《关于积极稳妥推进我市出租汽车行业改革的实施意见》和《苏州市网络预约出租汽车经营服务管理实施细则（试行）》。2017年2月24日，张家港市政府办公室印发《关于执行苏州市出租汽车行业改革和网络预约出租汽车经营服务管理有关文件的通知》，道路运输管理机构正式受理网络预约出租汽车（以下简称"网约车"）经营服务相关许可事项的申请。5月1日网约车新政正式实施后，运政稽查部门对未经许可从事网约车经营的行为进行重点查处，至年末共查处违规运营网约车149辆次。全年张家港市受理网约车网上申请682辆，其中审核通过613辆，颁发《张家港市网络预约出租汽车运输证》548本，有915人通过网络预约出租汽车驾驶员资格考试。

【"四好农村路"示范县创建完成】　2017年，为配合交通运输部、江苏省开展好"四好农村路"（建好、管好、护好、运营好）示范县创建工作。4月，张家港市成立"张家港市'四好农村路'示范县创建工作领导小组"，先后出台《张家港市农村公路管理养护体制改革实施方案》《张家港市农村公路养护管理检查考核办法》《张家港市农村公路路政管理考核评比标准》等制度，并将"四好农村路建设"纳入市级机关职能工作目标年度考核，形成市、镇、村三级齐抓共管的良好态势。至年末，完成乡村道路大中修投资2.1亿元，改造道路27.51千米，完成农村公路小修保养资金投入1799万元、安全设施提升投资460万元，实现"村村通双车道以上公路、镇村公交全覆盖、安全隐患治理率达100%"三大目标，全面完成"四好农村路"建管养运24项指标。12月14日，张家港市"四好农村路"示范县（市）创建工作通过省交通运输厅考核验收。　（吴孙华）

水利建设

【概况】　2017年，市水利局以实现绿色发展为主线，以补齐水利基础设施短板、完善水利管理服务体制机制为重点，努力构建水利现代化。全年完成水利投资5.17亿元，完成水利基础设施建设、水生态环境治理等方面的各项目标任务。

防洪治涝工程　年内，老海坝节点综合整治二期工程通过完工验收，老海坝综合整治一期工程变更项目9号码头工程完成80%；四干河闸站改建、东横河西泵站工程完成总工程量的50%；沿江口门渡泾港闸站改建完工；双山千斤港上下游洲堤防护工程完成建设。三干河凤凰泵站、三丈浦闸站、奚浦塘闸等防洪包围圈控制工程基本完工。新建（改造）排涝闸站21座、圩口闸17座，增加排涝流量每秒29.6立方米，整治市级河道坍塌段14处，长度4.7千米。至年末，全市共有长江堤防103.45千米，其中主江堤87.52千米（含双山岛洲堤16.11千米）、闸外港堤15.93千米；有沿江节制闸23座、出江（港）涵洞23座；有内河水闸和泵站36座，其中内河套闸9座、节制闸18座、泵站9座；有防洪

长江江堤　（市水利局　提供）

圩区61个，排涝站336座，排涝流量每秒717.4立方米，装机总功率3.43万千瓦，圩口涵闸296座。

水环境治理　三大水循环体系不断优化，五节桥港拓浚工程完成疏浚拓宽河道2.46千米，疏浚土方3.6万立方米，新建生态护岸4千米，主体工程完工；川港整治工程完成新开河道4.4千米、新建桥梁13座、涵闸20座，主体工程完工；太字圩港南延工程完成拓浚河道2.3千米，新建桥梁、涵洞、12米闸泵站各1座，基本完工；南横套朝东圩港至二干河段整治工程以及盐铁塘东延工程相继启动实施。农村水系连片治理扎实开展，年内共疏浚各级河道728条，超额完成年度任务，拆坝166条，建桥165座，建设省级农桥31座，建设生态河道51条。杨舍镇福前村刘家埭、锦丰镇交通村支港路和凤凰镇恬庄村陆家宕3个村庄获评2017年度江苏省水美村庄。污染河道得到有效治理，62条重污染河道、8条黑臭河道、11条黑臭趋势河道完成系统化整治。

农村水利建设　年内，第八批中央财政小型农田水利重点县项目（2016—2018）扎实推进，位于杨舍镇、塘桥镇、乐余镇、凤凰镇的2016年度重点县项目全部完成并通过完工验收；位于金港镇、南丰镇、常阴沙现代农业示范园区的2017年度重点县项目全部完成，共新建排涝站7座、涵闸18座，整治沟道10.85千米，完成投资4355万元；位于锦丰镇、大新镇、通洲沙西水道的2018年度重点县项目抓紧组织实施。乐余镇的高效节水灌溉项目全部完成，新建灌溉泵站19座、低压管道25.97千米、排水渠道6.16千米、机耕路4.5千米、智能化信息系统1项，总建设面积207.67公顷。

【四干河闸站改建工程开工】　四干河是张家港市东部区域重要的引排骨干河道，原闸为单孔10米节制闸。为适应社会经济发展需要，提高城市防洪和排涝能力，维持和改善引水、挡潮和通航功能，3月，市水利部门开始对原闸进行改建。四干河闸站改建工程位于市四干河与长江交汇处，老四干河闸北侧约400米。改建的四干河闸站，由节制闸和泵站组成。东侧为三孔节制闸，总净宽28米。其中，边孔8米、中孔12米；西侧为泵站，设计流量每秒40立方米，采用双向立式轴流泵，工程投资7600万元。年内完成水泵电机安装，完成上下游护砌施工，进行节制闸侧管理房施工。

【东横河西泵站工程开工】　4月，东横河西泵站开工建设，该站为张家港市城区排涝泵站，主要任务是提高城区排涝标准，及时排除张家港市城区暴雨期涝水，降低城区水位，保障人民生命财产安全。工程设计排涝范围为太字圩港以东，二干河以西，东横河以南（下称中部南片），排涝面积为79.62平方千米，排涝标准为20年一遇24小时暴雨即时排出。东横河西泵站工程站址位于原东横河节制闸闸址处，泵站设计排涝流量每秒70立方米，设计净扬程为1.7米，安装3台2800ZGB-1.8竖井贯流泵，单台配套900千瓦电机，总装机功率为2700千瓦，泵站南侧设置一孔节制闸，净宽12米，为通航孔，工程投资8000万元。

【防洪包围圈控制工程完工】　张家港河从金港镇向南流经江阴市后向东进入凤凰镇，再流入常熟市，是太湖流域武澄锡虞区的骨干排水河道。张家港河凤凰段北岸支河三干河、三丈浦及奚浦塘等河道，除三干河外，河口均未设控制口门。近年，张家港河凤凰段暴雨期间水位较高，为快速降低该区域水位，减轻城区防洪压力，保障防洪安全，急需在张家港河沿线支河口设置口门，以形成防洪包围圈，因此，市水利部门实施张家港市防洪包围圈控制工程。工程建设内容包括：三干河凤凰泵站，设2台竖井贯流泵，总设计流量每秒30立方米；三丈浦闸站，水闸为单孔，闸孔净宽8米，采用直升门，液压启闭机，泵站采用3台立式轴流泵，总设计流量每秒9立方米；奚浦塘节制闸，单孔闸孔净宽12米，液压启闭机。总投资5000万元，于2016年10月开工建设，2017年年末基本完工。

水利管理

【概况】　市水利（水务）局机关内设办公室、水利建设科等8个科室，下辖长江防洪工程管理处、长江治理工程管理处等直属事业单位8个、水利站9个、给排水公司等企业4个，同时牵头负责市“河长办”、通洲沙西水道工程指挥部办公室以及西水道综合整治有限公司日常工作。年内，市水利（水务）局以全面深化“河长制”改革为抓手，以创建省水生态文明城市建设试点为契机，重点推进“四个水利”：“安全水利”，抓好沿江口门、防洪包围圈控制工程和农村圩区等防洪工程建设，以及饮用水源地保护和供水安全工作；“美丽水利”，重点做好三大水循环体系、农村水系连片整治、生态河道建设、美丽村庄创建以及黑臭河道整治等水环境治理工作；“民生水利”，做好农村水利基础设施建设，落实最严格水资源管理，加强河道管护、河湖和水利工程管理范围划定等工作；“法治水利”，组织水事巡查、加强水政执法，全年协调处置违法违规水事案件12起，立案查处6起，共办理水行政许可23件，其中取水许可6件，河道管理范围内建设项目审批17件，办理取水许可证、河道占用证审验439件。

设施管理　年内，市水利部门推进水利工程维修养护。省级维修项目方面，投入227万元实施洋泾港至老沙码头段江堤路面维修工程、走马塘江边枢纽闸门及护坡维修工程、太字圩港闸、十一圩闸、走马塘江边枢纽引河道清淤工程和2017年度养护工程。堤防岁修方面，投入147万元实施江堤内外坡维修、排水沟维修、老海坝7号至8号丁坝维修、常通港闸和十一圩闸启闭机房屋顶维修、朝东圩港副厂房维修、一干河水利枢纽墙面维修及走马塘江边枢纽导流堤西侧护坡维修、老港泵闸下游东侧护坡翻建及十一圩港上游东岸加固等工程。防洪工程观测方面，投入60万元按计划实施长江堤防（一干河至浦项段、老沙码头至段山港段）、沿江

20座水闸的变形观测及水闸上下游河道断面监测。加强江堤日常巡查，及时制止违章行为10起，下发限期整改（停工）通知书4份、铲除违章种植234平方米，呈报水事案件3起，处理沿江倾倒垃圾、排放淤泥3起。加强长江水文勘测，及时掌握长江张家港段河势变化，做好通洲沙西水道整治工程配套测量，先后完成西水道潜堤、浅滩、新建航道的测量工作，共计完成水下地形测线1152条，水下断面840条，固定断面共计56条，测量面积56.4平方千米；完成老海坝区域水下地形监测10次，共计完成测线2750条，测量面积55平方千米；做好12.5米深水航道对张家港市长江岸线稳定监测分析，完成二干河至久盛船业段的深水航道1∶10000测量，共计测线373条，测量面积170平方千米。

水资源管理　年内，张家港市顺利通过水资源管理现代化建设试点验收评估，扎实做好江苏省水生态文明城市建设试点工作，推行最严格水资源管理、节水型社会建设。至2017年年末，全市共建成各级节水型学校77所（其中省级节水型学校23所，苏州市级节水型学校52所），省级节水型企业42家，省级节水型机关29家（超过机关总数的80%），省级节水型社区16个，市区三星级以上宾馆全部建成苏州市级以上节水型宾馆。强化年度用水管理，审验取水许可证126份，其中地表水89份、浅层水36份、地热水1份，占发证总数100%。强化取水许可管理，办理取水许可申请7件，办理延续取水审核6件。

水政执法　年内，市水利局组织日常水事巡查3994人次，执法车辆1843车次，制止各类涉河违章行为14起，清理网簖地笼238处，扳网17个，清理违章筑坝1起，处理违章驳岸1起。持续打击长江非法采砂，共出动水政执法车辆巡查286车次，水政执法人员585人次，水政执法艇42航次（夜间航行30航次），抓获非法采砂船4艘，处理涉砂案件4起，联合长航公安扣押非法采砂船8条。全面加强水行政执法巡查工作，全年协调处置违法违规水事案件12起，立案查处6起。全年共办理行政许可审批23件，其中河道管理范围内建设项目审批17件、取水许可申请审批6件，项目办结率100%。

水利规费征收　全市落实最严格水资源管理，提高水资源利用效率，促进水资源可持续利用，全年征收水资源费4616万元、水利工程水费907万元。强化河道堤防占用管理，市水利局组织开展河道工程占用证年度审核工作，收缴河道堤防工程占用补偿费462万元。

河道管理　推进市级河道管理（根据市城管委印发《关于推进全市城乡环卫保洁一体化工作的实施意见》，区镇范围内河道保洁移交给所在区镇管理，市级河道管理仍由水利局负责），实行河道保洁市场化管理，激发市场活力，抓好日常河道保洁。针对2017年夏季市域河道内水葫芦爆发的情况，开展水葫芦专项整治工作，共出动保洁人员426人次，保洁船92艘次，打捞水葫芦135吨。积极响应“两路一河”专项整治行动，河道面貌明显改善；对一干河（沙洲湖）、三干河、四干河、六干河、北中心河等开展网具集中清理活动，累计清除大型扳网17处、扳网窝棚5个，清理地笼161口。

【防汛防旱】5月23日，市委、市政府召开全市防汛防旱工作会议。全市共组建防汛抢险队伍236支5560人，长江堤防、沿江涵闸及圩区排涝闸站全部落实责任单位和责任人员。全市有苏州市级块石储备点1个，县级物资储备点18个（其中块石储备点9个），各区镇及单位物资储备点15个，共储备土工布袋56.99万口、防汛木材789.32立方米、土工布15.84万平方米、块石27810吨、柴油125.7吨和救生衣、移动发电设备、电缆等一大批防汛抢险物资。2017年，张家港市入梅比常年略偏迟、出梅偏早，梅长17天，较常年偏短，梅雨总量115.2毫米，较常年显著偏少。汛期强降水过程偏多，降水总量1178.1毫米，较常年同期673.4毫米相比显著偏多。全年台风影响较少，从7月到10月仅受到第18号台风“泰利”外围影响，未造成损失。2017年全市沿江各闸共引水15.99亿立方米、排水28.98亿立方米。其中，汛期沿江各节制闸共引水6.65亿立方米、排水28.2亿立方米。

【“河长制”改革深化】2016年12月，中共中央办公厅、国务院办公厅印发《关于全面推行河长制的意见》。2017年6月14日，张家港市委、市政府召开全市全面深化河长制改革工作动员部署会。全市建立覆盖市域内所有河湖的市、镇、村三级河长网络体系，市级和10个区镇均成立领导小组和河长制办公室，并编制河长制工作方案；出台河长制工作会议制度、河长制工作交办承办制度、河长制验收制度、河长制工作考核办法等9项工作制度。全市29条市级重要河湖、270条镇级河道、175个村（社区）均完成“一河一策”或“一村一策”的编制工作，各级河道年度治理计划制定完成。市河长制办公室共发出涉及入河排污、违章搭建、水体黑臭等方面的交办单20份；各级河长进入常态化护河治河阶段，各项交办事项均在规定时间内得到有效解决和落实，“河长制”实现“河长治”。

【河湖和水利工程管理范围划定】为进一步加强河湖和水利工程保护与管理，发挥河湖和水利工程效益，根据省水利厅工作部署，张家港市于2016年年初正式启动河湖和水利工程管理范围划定工作，工作范围除省级河湖名录中的河道外，还增列了全部县级河长、长江新建围堤等，总共包括境内长江段、28条县级及以上河道、1个湖泊、37座节制闸等水工建筑物。省水利厅下达任务是划界778千米，实际实施866千米，实施数为任务数的111%。至2017年年末，共完成界线测绘866千米、界桩（牌）埋设4634个、告示牌设置865个、身份证制作5499份、1∶5000地形图149幅、1∶2000地形图164幅，成果全部录入江苏省信息化平台，实现三年任务两年完成的目标。　（陈晓军）

【编辑　张　洁】

邮电·信息化

Post and Telecommunications & Informatization

《丁酉年》特种邮票首发式　（张家港邮政分公司　提供）

邮　政

【概况】 中国邮政集团公司江苏省张家港市分公司（简称张家港邮政分公司）下设金港分局、凤塘分局、锦丰分局、杨舍分局4个分局，24个邮政支局，35个营业网点。有员工643人，其中专业管理、策划、营销等人员176人，内部处理、生产辅助107人，网点营业人员177人，投递人员183人。有信筒（箱）152个、邮政报刊亭51处。张家港邮政分公司举办“弘扬张家港精神，从我做起”“迎七一、庆建党”“佩党徽、亮身份、树形象”等系列活动，建成“友爱港城”志愿者服务队伍，网站注册志愿者200余人，开展志愿服务活动15次，城区范围安装8770户信报箱，解决无物业居民报刊投送难题。先后举行《丁酉年》《中国恐龙》《儿童游戏》《国际禁毒日》《建军九十周年》等邮票首发活动，参与全国创建文明城市工作经验交统会、首届创“益”生活公益广告手绘大赛、送法下乡、长江文化艺术节等活动。杨舍投递部投递员何敏波获江苏省邮政职工职业技能竞赛个人全能第一名、第五届全国邮政通信特有职业技能竞赛个人优秀奖，被江苏省总工会授予“五一创新能手”称号。包裹快递部揽收员姜程成为江苏省第600例、苏州市第132例、张家港市第14例造血干细胞捐献者，被评为省优秀红十字志愿者。张家港邮政分公司被市总工会评为2016年度张家港市和谐劳动关系示范企业，并在市文明办评选的文明诚信红黑榜中登上2017年第二季度诚信“红榜”。城区投递部被市总工会评为一季度“最美职工（班组）”。兆丰支局投递组在张家港市“安康杯”竞赛中获评优胜班组。

【2017版《市民手册》亮相】 1月，张家港邮政分公司以“文明·诚信”为主题，开发2017版《市民手册》，这是分公司第三年制作该手册。手册由市文明办牵头协调，邮政部门联络、设计制作，市供电局、城管局、公积金中心、给排水公司、地税、人才市场等17个单位参与合作。以7号邮资封+内件形式，内容为防金融诈骗宣传、燃气安全、用电安全、消防安全、各类证件办理等与市民相关的便民服务信息。新版手册共制作15万份，通过线上线下宣传推广，线上开展有奖问答活动，线下向市区居委会和家庭用户免费寄递，并通过邮政网点、便民服务中心窗口、爱心志愿者向市民免费发放。

【《为人民服务》新党员入党纪念邮折开发】 10月，张家港邮政分公司开发《为人民服务》新党员入党纪念邮折。邮折内含卷首语、“两学一做”个性化邮票、入党誓词、党员身份证等，配有《社会主义核心价值》邮票1套3枚。个性化邮票附图为张家港党建活动基地图片，党员身份证印有姓名、所在党支部、入党时间、转正时间等信息，卷首语为市委书记手写签名寄语。该套邮折作为纪念品，赠送给全市2017年新入党的党员。整套邮折主题鲜明，实现邮册的收藏价值与党的历史深厚内涵的完美结合，得到市委组织部门的肯定。至10月30日，首批开发纪念邮折870套。

【《文明张家港》明信片册设计开发】 4月6日至8日，全国创建文明城市工作经验交流会在张家港市举行。为配合宣传全国文明城市创建成果，4月，张家港邮政分公司专题开发《文明张家港》明信片册1000套。该套明信片特邀苏州知名设计师设计，1套18枚，分为现代生态之美和古今人文之美两大系列，主题为香山风光、河阳山歌、沙洲优黄、文化志愿等，将张家港自然风光与人文关怀融合于一体，具有张家港地方特色。该套明信片作为全国文明城市工作经验交流会期间政府部门对外宣传的主要资料及展示城市形象的重要渠道，并赠送与会代表。

【服刑人员明信片寄递业务】 7月，张家港邮政分公司与市看守所合作，满足看守所服刑人员家属寄递需求，开发服刑人员明信片寄递业务，制作2万余张明信片。明信片为折页式，外页印有“打造平安监所，展示良好形象”宣传语，内页为服刑人员家属会见须知、家属送物指南等相关信息。市看守所将明信片通过邮政渠道寄递给服刑人员家属，方便探视，同时展示国家一级看守所的良好形象。

【邮政文化产品助力长江艺术节】 为配合宣传2017年中国（张家港）长江文化艺术节，10月，张家港邮政分公司专题开发长江艺术节伴手礼500份。该套伴手礼内附定制丝巾1条和手绘明信片1套。丝巾以古暨阳湖图为素材印制，手绘明信片以长江流域12个省民居为素材，以插画的形式，用现代比较流行的简约图形表现，演绎了长江流域的文化遗产与文化特色。伴手礼作为长江艺术文化节期间政府部门展示城市形象和外宣的资料，赠送中外宾客。　（孙　俊）

电　信

【概况】 年内，各通信运营商完成业务总量19.19亿元，主要经营范围包括移动通信业务、固话业务、宽带业务、互联网专线、数据通信等综合电信业务。至年末，全市有固定电话用户22.95万户，移动电话用户160.22万户、宽带用户117.5万户。

中国电信股份有限公司张家港分公司　简称张家港电信公司，公司下设办公室、销售部、政企客户部、渠道运营中心、维护安装部及9个支局，有员工363人。至年末，公司有固定电话用户21.6万户，移动电话用户45.9万户，宽带用户34.9万户。年内，公司获评江苏省“五一劳动奖状”、苏州市放心消费创建先进示范单位，其党组织获张家港市先进基层党组织称号。

中国移动通信集团江苏有限公司张家港分公司　简称张家港移动公司，下设综合部、市场经营部、集团客户部和技术业务支撑中心4个部门及城北、金港、塘桥、锦丰、城南、乐余6个分局，共有员工278人，营业网点超过100个，缴费网点超过500个。2017年，移动电话用户数92.74万户，有线宽带上网用户数21万户，运营收入超9亿元。公司以服务地方经济为导向，推进全市信息化建设。公司建成覆盖范围广、业务品种多、通信质量高的综合通信网络，为用户提供移动话音、数据、宽带等多种服务，是张家港市网络规模、客户规模最大的移动通信运营商。2017年，公司获全国实施用户满意工程先进单位（服务类）、江苏省工人先锋号、苏州市先进基层党组织、苏州市消费满意单位、苏州市消费放心示范单位、张家港市消费维权先进集体、张家港市文明单位等称号。

中国联合网络通信有限公司张家港市分公司　简称张家港联通公司，2017年，中国联通成为第一家央企集团层面的“混改”试点企业，在公司互联网化转型升级浪潮中，作为县级分公司的张家港联通公司努力跟上创新步伐，依托4G+网络的技术优势，在移动办公、物联网应用、大数据、云业务及电子商务等应用领域力推行业应用的创新产品，助力张家港现代化建设。年内，张家港联通公司对公司的组织架构进行精简调整，共设置部门机构3个（综合支撑中心、政企客户营销中心和建维中心），有员工78人，营业服务网点93个。年末，张家港联通移动用户21.6万户，宽固用户2.26万户，全年实现综合业务收入1.5亿元。

江苏有线网络发展有限责任公司张家港分公司　简称江苏有线张家港分公司，下辖综合办公室、财务资产部、公众客户部、集团客户部、工程技术部、运维播控中心6个部门，杨舍、金港、城区、塘桥、凤凰、锦丰、乐余、南丰、大新、常阴沙10个广电站，有员工370人。公司经营数字电视、宽带（无线WiFi）、数据、监控及其他智能化和信息化业务。年末，有网内数字电视注册用户32万户，其中高清和互动电视用户10.8万户，宽带用户7.8万户。全年实现经营创收1.9亿元。

【“e路有我”党建服务品牌】 2016年9月，张家港电信公司启动“e路有我——银发e行老年人的掌上智能讲堂”党建项目，此项目是张家港市公益创投项目。张家港电信公司100余名党员到社区开展志愿服务，主要服务8个社区的老年群体，教老年人掌握基本的手机使用方法以及上网浏览、社交互动，帮助他们防范通信信息诈骗。老年人手机课堂在全市老年人群体中具有较大影响力，2017年，课程在原先单一的智能手机操作基础上不断拓展，逐步涉及手机支付、网络购物等新型生活方式，受到老年人欢迎。此外，张家港分公司各个支部借助“e路有我”党建品牌，常态化开展党员志愿服务，为客户解决实际困难。学雷锋活动期间，各支部开展学雷锋党员服务活动，为广大社区居民提供多种业务咨询服务项目，包括通信产品服务、智慧家庭组网、通信服务升级、线路维护保障等。平时，各支部持续组织党员进社区服务，党员结合自身优势向社区群众讲解电信相关知识，对社区群众关注的电信产品、资费等问题给予详细解答。社区群众家里电信产品使用有问题的，支部安排维修人员立即上门修复。

信息基础设施建设

【概况】 年内，全市投入信息化基础设施建设资金1.94亿元，新增光缆5326.1皮长千米，累计6.91千米。新建各类基站360个。

电信网建设　张家港电信公司全年完成基础通信建设投资5033万元，敷设光缆线路4400皮长千米，累计3.82万皮长千米。新铺管道64千米，累计1830千米。LTE网络深度覆盖，新增基站34个，室分新增RRU的LTE信源99个，800兆基站新建298个，aWiFi（覆盖江苏全省的免费公用无线网络）按需建设15个热点。随着全光网建设，至年末，全市固定电话交换机总容量只剩3000门，FTTH端口容量50万门，互联网出口带宽1960千兆。

移动网建设　年内，张家港移动公司总投资9000万元，致力于“做广、做深、做厚”4G精品网络，4G站点总规模突破1450个。在三大运营商中率先推出4G的演进版本4G+，最高下载速率可达到每秒350兆；独家提供VoLTE高清语音服务，通话上网两不误。新建通信管道35沟千米，累计1627沟千米；新敷设光缆384皮长千米，累计6656皮长千米。驻地网小区覆盖58万户，完成17.6万户已有驻地网小区的光改提速工作。完成集团专线三线业务接入1596家，完成开通治安监控54个，提升了全业务网络容量。

联通网建设　2017年，张家港联通公司投资2000余万元，新开通4G基站28个，累计4G基站达到802个。重点建设居民小区热点站和楼宇室内分布，提高4G网络的深度覆盖，全年完成建设开通17个小区站点和18个室内分布。新建光缆176皮长千米，累计7326皮长千米，新建管道220孔千米，累计1195孔千米。驻地网建设方面，全年新增完成9个楼宇的宽带覆盖；完成3个张家港新国标小区的通信配套设施建设。

广电网建设　江苏有线张家港分公司为促进业务多元化运营，夯实网络基础，完成海康IVMS7800视频监控综合管理平台系统建设，该系统采用云存储技术统一存储、统一管理，并可对接全市农村治安监控平台，完成南丰镇海坝村、锦丰镇鼎盛村、乐余镇庆丰村和金港镇南沙片等区域的网络优化及改造，网优网改区域覆盖用户约1.5万户。至年末，江苏有线张家港分公司网络建设项目共投入资金约3400万元，完成新建小区建设项目33个、管道建设项目31项、网络优化项目39项。全市扩容光节点1761个，累计光节点11720个；新增光缆366.1皮长千米，累计5263.6皮长千米；新建地理管道31.9千米，累计755.9千米。

【张家港移动助力电子政务网络建设】张家港移动公司与市政府有关部门沟通合作，依照国家、省、苏州市电子政务网络总体规划部署，构建镇电子政务外网城域主干网（简称“主干网”），构建以镇为核心，上至张家港市区，下至镇下辖的行政村、街道办等分支，实现市、镇、村三级党政机关和基层部门之间互联互通，为跨区域、跨部门电子政务应用系统组网运行提供基础支撑。全市电子政务外网城域主干网改造，在区镇互联网出口进行设计时考虑统一互联网出口部署，为各个行政村、街道办、社区分支机构提供互联网出口服务，降低了以往因分散接入导致的安全风险和运维成本。

【12个村被授予“光纤宽带示范村”称号】 全光网络是信息基础设施建设的终极目标和重要标志，是建设网络强市、繁荣信息经济的重要基石。张家港移动公司始终致力于建设高标准、高品质的全光网络，推进“宽带乡村”这项民生工程，促进宽带这一战略性公共基础设施的发展和普及，在全市实现城乡光网全域覆盖，为全市人民提供用得上、用得起、用得好的信息服务。年内，张家港移动公司向长江村、高桥村、李巷村、庆安村、闸上村、田垛里村、联兴村、向阳村、青龙村、乐西村、庙港村、西参村等12个村授予“光纤宽带示范村”称号。“光纤宽带示范村”实现100%移动光纤覆盖，村民光纤宽带安装率45%以上。

信息技术应用

【概况】 2017年，张家港政务网注册人数11252人次，点击率228.31万次，公务邮件收发477.26万份，公文交换收13810份、发3077份，发布新闻信息28042条，视频新闻741期。会议分票系统发送会议票85场。张家港在线新闻及无线张家港新闻客户端发布新闻信息1655条，资讯图集868个，各类专题36个，网络直播75场，至2017年年末客户端注册用户6万人次。中国张家港网全年点击率595.32万次，发布信息35037条。张家港新闻网点击率109.5万次，发布新闻18250条。张家港人才网新增网上会员单位2780个，累计3227个，全年发布招聘岗位66826个，入库求职简历24513份，年流量3111万人次。市便民服务网点击率396.84万次，网上咨询、求助6725件，其中通过市便民服务网3010件、52kd网上村委会2883件、苏州市便民服务网（“寒山闻钟”）644件、新浪微博53件、张家港市公安网络监察135件。全市金融系统取款机减少86台，累计379台；存取款一体机减少25台，累计787台；新增自助终端1台，累计423台。

【有线智慧镇（社区）建设】 江苏有线张家港分公司加快推进全市有线智慧镇（社区）建设，并取得阶段性成效。项目的平台资源日趋完善，广电视频监控、应急广播、社区电子屏和公共无线WiFi等载体建设全面推进，“有线智慧镇”当地信息发布平台全面升级，初步构建市、镇、村（社区）三级发布体系，并实现对辖区内视频监控、应急广播、公共无线WiFi和电视社区资源的整合。部分区镇项目建设逐步推进，全面加快推进塘桥镇、乐余镇“有线智慧镇”建设，并完成塘桥综合信息发布中心建设，塘桥镇通过苏州市文广新局、苏州市经信委联合组织的“有线智慧镇”先进镇验收，乐余镇通过达标镇验收。新签约“有线智慧双山岛”和“有线智慧凤凰”项目建设协议，并于10月起逐步启动用户升级覆盖工作。项目的功能应用优势逐渐显现，在已经实施智慧镇项目建设的塘桥镇和乐余镇，“有线智慧镇”的信息发布优势、舆论宣传优势和综合治理优势等开始体现。至年末，全市升级覆盖“有线智慧镇”用户4万余户。

“有线智慧乐余”项目合作签约仪式　（江苏有线张家港分公司　提供）

【张家港移动为内河港口构建远程视频监控】 随着运输事业的发展，水运要求水系航道相互沟通，连接成网，对求救搜索和准确定位进行实时监管。由于航道的面积广大、地形复杂等原因，现场监管耗费大量人力物力。为加强内河港口管理，提高港口管理效率，张家港移动公司通过与市航道处沟通，以最新的光纤通信技术、计算机技术、智能技术，以网络视频监控为监管通道，建立互相配合、互相联动的立体的监控防护，通过实时对各个场所进行高清晰视频监控提升各项管理效率。

【市中兴小学“互联网+”智慧校园项目】 张家港联通公司依托自身先进的4G网络和信息技术，整合资源，构建先进、高效、实用的教育信息基础设施，9月，为张家港市中兴小学接入1条百兆光纤及1条电路，同时安装2.4千兆考勤设备、三辊闸（家长使用）、北门无障碍通道及31个点位的AP覆盖，将49个普通教室建成一键式启动的交互式多媒体教室。在完成学校信息化建设硬件的同时，又为中兴小学学生办理2500余户的“人人通”答题卡，并同时为老师、家长、学生开通优教通账号，老师可通过优教云平台的丰富资源进行备课及授课，学生可进行进出校门的考勤、上课的互动答题等，老师、家长可通过手机App直接查阅，为家校共育提供更加方便、快捷的平台。此外，学生还可以利用答题卡的校园电话功能和父母进行亲情互动，架起学生和家长沟通的桥梁。智能校园建设实现学校信息化跨越式发展，提升了学校的管理服务能力和教育水平。

【卫计委云医护推进】 年内，中国电信张家港分公司与市卫计委开展合作，以卫计委医疗卫生云平台，含云HIS（医院信息系统）、EMR（电子病历系统）等，为业务支撑平台，以定制医用移动手持终端（PDA）为业务载体，开发“SaaS云医护”平台。基于4G广域内网技术的中普达“SaaS云医护”是张家港市卫计委区域卫生信息平台（人口健康信息平台）的核心应用之一。通过移动化、智能化和实时化，医疗机构不仅可以充分实践院内的智慧医疗和区域内医疗信息及服务的共享，提升医疗服务水平，同时可以突破医疗服务的区域限制，实现医疗机构的医疗服务从院内向院外的延伸，从病房扩展到家庭，使得家庭病房、延续护理等服务得以切实落地，协助医疗机构从功能制医疗向“以患者为中心”的责任制医疗转变，让广大患者可以享受从入院、住院、出院和院后全程的、连续的、无缝隙的医疗服务，使得医疗业务和卫生服务向病房、家庭延伸，实现区域内社区卫生服务中心和民营医院的医护和卫生工作的移动化和便捷化，从而提升基层医疗卫生机构的业务和服务能力。同时，“SaaS云医护”可以协助张家港市卫计委实时、有效、真实地获取区域内的医疗服务信息和人口健康信息。

（钱　坚　唐力媛　陈佳玲　龚　峰）

信息化管理

【概况】 年内，市信息化建设围绕全市“十三五”期间发展总目标，以“紧扣强富美高，全面提升品质”为总抓手，以助推转型升级为目标全面加快信息化建设。3月，市政府确定2017年度政府信息化重点项目建设计划，明确7个信息化项目的建设计划及总投资3.24亿元的资金安排。推进软件和集成电路企业发展，年内，2家企业获软件和集成电路企业做大做强奖励350万元，4家企业获软件和集成电路企业开展资质认证奖励60万元。推进企业“两化融合”工作，年内新增省“两化”深度融合创新（互联网与工业融合创新）示范企业1家、试点企业3家；新增省“两化融合”管理体系贯标试点企业1家，新增苏州市“两化融合”示范企业6家、试点企业9家。累计创建国家级“两化”深度融合示范企业1家，国家“两化融合”管理体系贯标试点企业3家，省级“两化融合”示范区1个、示范企业8家、试点企业50家，省级“两化融合”管理体系贯标试点企业8家，省两化深度融合（互联网与工业融合创新）示范工程示范企业2家、试点企业5家，苏州市级“两化融合”示范企业23家、试点企业44家。全年新增省级示范智能车间5家，累计9家；苏州市级示范智能车间8家。新增认定软件企业2家，新增登记软件产品154种。软件产业全年实现产值14亿元，争取省级工业和信息产业转型升级专项引导资金信息化引领类项目2项，获奖励资金180万元。

【大数据建设工作】 7月，根据市委、市政府大数据工作总体部署，围绕“打造数字张家港，服务‘四个港城’建设”这一主题，市经信委加快推进政务信息资源整合共享，促进部门业务协同办理，深化大数据应用。政务大数据建设围绕“1+5+N”的目标，即搭建1个统一的政务大数据平台，建设人口库、法人库、空间地理库、证照库、信用库等5大基础库，支撑各有关部门N个大数据创新应用项目。1个政务大数据平台，将成为全市“政务数据的连接器、数据交换的高速路、数据资源的聚集地、数据驱动的指挥所”。5大基础库中人口库共归集户籍人口、流动人口数据165万条，在公安人口基础库12个字段基础上，整合社保、教育、民政、司法等与人口相关的18个字段，扩展为30个字段。法人库归集市场监管企业法人、编办机关事业法人和民政局民间组织法人12.39万条。空间地理库加快整合，将张家港市人口、法人、区镇人口年龄分布、社区图层和工业用地信息通过点聚合、热力图等方式进行展示。电子证照库完成全市法人电子证照库建设，实现与苏州市电子证照库对接，可直接取到身份证、居住证、户口簿、机动车驾驶证、机动车行驶证、道路运输经营许可证、道路运输从业资格证电子证照。信用库日趋完善，社会法人基础数据库收录信用信息40万余条，自然人基础数据库收录自然人信用信息740万余条。N个创新应用，通过政务大数据支撑工业企业资源集约利用综合评价，采集全市约1.5万家工业企业的数据，设立评价模型，完善落实资源要素差别化配置，推行企业分类指导和精准服务。助力“互联网+政务”服务，以大数据支撑互联网政务服务推进电子证照应用，取消身份证复印件和营业执照复印件的提交，配合政务服务一张网建设，提升群众办事获得感和审批服务效率。同时通过政务大数据平台户籍人口库比对，支撑新市民信息精准采集和人社局社会保险业务办理。8月，市政务大数据推进工作领导小组成立。是月，印发《张家港市政务大数据建设实施意见（2017—2018年）》。9月，组建市大数据管理机构。11月，制定《张家港市政务信息资源共享管理暂行办法》。12月，组织开展政务信息系统的自查和审计工作。至年末，平台完成基本框架、数据共享、数据监控和共享门户等功能开发，归集公安、人社、卫计、民政等53个部门290个业务系统数据，形成1201条政务信息资源和3.73亿条共享数据，有效支撑各部门业务协同办理。

【国泰新点年销售破10亿元】 随着国家对“互联网+”产业发展的重视和对“放管服”、简政放权的推动，江苏国泰新点软件有限公司在电子交易、政务服务、政务大数据、数字建设、建筑企业等多个业务条线取得优异成绩。参与国务院办公厅、部委的多个标准制定，承建4100余个项目，服务近9200家政府部门用户。电子交易业务覆盖全国27个省，连续18年每年以30%以上的增速发展。2017年，公司精选政务服务、大数据、电子招投标、四套班子、智慧住建、智慧发改、公安、建筑信息化模型（BIM）建造、大联动和工程项目管理十大行业，走专业化道路，合同销售毛利突破10亿元。公司连续两年参加国家电子政务顶级会议——中国电子政务论坛，并在会上发言。

（陈　玲）

【编辑　张　洁】

开放型经济

Open Economy

张家港朗诗国泰城　（国泰集团　提供）

招商引资

对外及对港澳台贸易

对外及对港澳台经济技术合作

江苏国泰国际集团

扫码欣赏

张家港印象
2017张家港(上海)
创新发展投资说明会

招商引资

【概况】 2017年，全市新批外商及港澳台商投资项目50项，新增注册外资及港澳台资5.67亿美元，到账外资及港澳台资6.1亿美元。全年批办增资项目27项，新增注册外资及港澳台资2.34亿美元，占全市总额的41.2%；新批服务业外资及港澳台资项目24项，新增服务业注册外资及港澳台资1.95亿美元，到账外资及港澳台资6358万美元；新批投资总额超1000万美元项目16项，注册外资及港澳台资5.56亿美元（含增资项目），占全市注册外资及港澳台资总额的98%。全年战略性新兴产业和高技术项目实际使用外资及港澳台资2.1亿美元，占全市实际使用外资及港澳台资的53.7%。至年末，全市共有开业三资企业1032家，其中世界500强投资企业58家。7月31日，为加快"创新驱动发展"和"产城融合发展"，张家港高新技术开发区筹建成立，与张家港经济技术开发区实行"一镇两区"发展模式，资源共享，引导和推动高新技术产业资本落地。7月1日至9月30日，按照省商务厅要求，在全市开展外商投资企业备案监督检查试点工作，就区域内外商投资企业设立及变更备案情况严格按照商务部《外商投资企业设立及变更备案管理暂行办法》等相关规定进行监督检查，通过试行《江苏省外商投资企业设立及变更备案监督检查指引（试行）》和试用商务部外商投资综合管理应用监督检查和诚信档案系统，探索、梳理和优化工作流程，较好完成监督检查试点工作。

2017年张家港市主要新批（含增资）外资及中国港台地区投资项目情况表

表12 单位：万美元

行业	项目（企业）名称	投资方	投资总额	注册资本	注册外资及港澳台资	外资及港澳台资比例	批准时间
化工	国际香料（张家港）有限公司	荷兰	7500	2500	2500	100%	1月
汽配	张家港康特汽车部件有限公司	韩国	6000	2000	2000	100%	1月
化工	芬美意香料（张家港）有限公司	瑞士	7500	3500	875	25%	2月
化工	科波西电子材料张家港有限公司（增资）	新加坡	18486	6490	6490	100%	3月
化工	陶氏化学（张家港）有限公司（增资）	美国	5600	1900	1900	100%	4月
化工	霍尼韦尔特性材料和技术（中国）有限公司（增资）	美国	20298	3100	3100	100%	8月
化工	盛禧奥石化（张家港）有限公司（增资）	新加坡	5200	2600	2600	100%	8月
服务业	欧亚通新能源汽车（江苏）有限公司	投资性公司	10000	3010	3010	100%	11月
食用油脂	富江（张家港）饲料蛋白有限公司	新加坡	5900	2000	2000	100%	11月
建筑	江苏达丽建筑材料有限公司	中国台湾	7500	2800	2800	100%	5月
服务业	布伦泰格（张家港）化工有限公司	中国香港	7500	2500	2500	100%	5月
建筑	张家港金朋新材料有限公司	中国香港	6000	3001	3001	100%	6月

【开发区招商引资】 年内，张家港保税区（含工业配套区江苏扬子江国际化学工业园）、张家港经济技术开发区、江苏扬子江国际冶金工业园共完成注册外资及港澳台资5亿美元，到账外资及港澳台资5.37亿美元。张家港保税区全年新批外资及港澳台资项目19项，完成注册外资及港澳台资2.87亿美元，到账外资及港澳台资2.65亿美元，分别占全市的50.6%和43.5%。其中新批投资总额超1000万美元项目8项，新增注册外资及港澳台资2.74亿美元（含增资）。全年增资项目14项，新增注册外资及港澳台资1.67亿美元，霍尼韦尔、盛禧奥、科波西等世界知名企业增资扩股。国际香料、芬美意、布伦泰格、霍尼韦尔

芬美意香料（张家港）有限公司生产基地奠基仪式 （保税区 提供）

UOP中国研发及工程技术中心等重大项目落户保税区。张家港经济技术开发区全年新批外资及港澳台资项目13项，完成注册外资及港澳台资1.82亿美元，到账外资及港澳台资2.1亿美元，分别占全市的32.1%和34.4%。其中新批投资总额超1000万美元项目3项，新增注册外资及港澳台资1.75亿美元（含增资）。全年增资项目8项，新增注册外资及港澳台资5272万美元，建和、瑞进、欧璧等企业增资扩股。康特、万都博泽等项目落户经开区。江苏扬子江国际冶金工业园全年新批外资及港澳台资项目4项，完成注册外资及港澳台资3322万美元，到账外资及港澳台资6200万美元，分别占全市的5.9%和10.2%。新批投资总额超1000万美元项目2项，新增注册外资及港澳台资3856万美元。全年增资项目2项，新增注册外资及港澳台资882万美元。

【镇（区）招商引资】 年内，塘桥镇、乐余镇、凤凰镇、南丰镇、大新镇、常阴沙现代农业示范园区共完成注册外资及港澳台资6515万美元，到账外资及港澳台资7300万美元。其中，塘桥镇新批外资及港澳台资企业1家，注册外资及港澳台资292万美元，到账外资及港澳台资1080万美元；乐余镇新批外资及港澳台资企业4家，注册外资及港澳台资3130万美元，到账外资及港澳台资700万美元；凤凰镇新批外资及港澳台资企业5家，注册外资及港澳台资1882万美元，到账外资及港澳台资4268万美元；南丰镇新批外资及港澳台资企业2家，注册外资及港澳台资1065万美元，到账外资及港澳台资1000万美元；大新镇新批外资及港澳台资企业1家，注册外资及港澳台资2万美元，到账外资及港澳台资252万美元；常阴沙现代农业示范园区新批外资及港澳台资企业1家，注册外资及港澳台资145万美元。

【招商新模式探索】 年内，市政府下发《关于进一步加强招商选资、招才引智工作的若干意见》及《张家港市招商引才工作激励实施细则》，以贯彻落实国家、省和苏州市出台的利用外资及港澳台资政策。市商务局参与建设张家港厂房信息网，对全市土地、厂房、仓库及工业配套等招商资源进行排查摸底，盘活全市招商资源，实现优势互补、资源共享，形成全市招商合力。修改完善《张家港市招商顾问管理办法》，鼓励社会机构和人士参与招商引资工作。进一步宣传张家港，拓展招商引资渠道，促进招商引资在更大范围、更广领域、更高层次上取得突破，11月在上海举办2017年张家港（上海）创新发展投资说明会，中外客商200余人到场，集中签约高新产业、产业基金、科技人才、载体平台等4个大类61个项目，总投资285亿元，是全市近年最大的一次投资说明会，人民网、新浪、搜狐等知名媒体报道此次会议。加大境外招商力度，精心策划组织赴欧洲、美国、加拿大等国家与地区的招商和经贸交流活动。

外商投资企业圣诞晚会　　（市商务局　提供）

【汽车智能电装系统项目签约】 6月15日，万都博泽公司与经开区签约汽车智能电装系统项目。万都博泽公司是由韩国汉拿集团下属（株）万都株式会社与德国博泽公司于2011年合资建办的企业，位于韩国仁川松岛自贸区，注册资本7000万美元，主要生产汽车智能系统专用高端马达。万都博泽汽车智能电装系统项目计划总投资6000万美元，注册资金2000万美元，年产220万套汽车智能系统专用高端马达，在两年内分二期实施。其中一期投资2500万美元，注册资本1000万美元，租赁经开区华夏科技园厂房，年产汽车智能系统专用高端马达110万套。

【霍尼韦尔UOP中国研发及工程中心落户保税区】 5月26日，霍尼韦尔UOP中国研发及工程技术中心落户张家港保税区。霍尼韦尔是美国一家多元化、高科技的先进制造企业，为全球客户提供专业的行业解决方案，涵盖航空和汽车产品及服务，楼宇、住宅和工业控制技术，以及特性材料。为加强霍尼韦尔业务本土化，进一步扩展UOP公司在中国的业务，霍尼韦尔UOP中国研发及工程技术中心设立。该中心一期工程计划2020年建成，规划占地面积2500平方米，团队规模约150人。建成后将具备霍尼韦尔UOP公司产品及设备研发、工艺技术与项目管理服务、产品销售及售后技术支持等功能，为客户提供从解决方案的设计到供应、调试，以及启用后的持续改进等全过程技术支持。此中心项目是全市引进的层次最高的外资研发类项目。11月8日，东华能源股份有限公司与美国总统特朗普访华团霍尼韦尔国际公司的下属公司美国UOP有限责任公司签署《关于60万吨/年丙烷脱氢装置项目的合作谅解备忘录》。东华能源股份有限公司2011年11月在张家港注册成立扬子江石化有限公司，是国内最具规模的丙烷

天合汽车安全技术（张家港）有限公司 （经开区 提供）

脱氢制丙烯工厂。UOP公司是国际领先的供应商和授权商，专门面向炼油、石化和天然气加工行业提供加工技术、催化剂、吸附剂、加工设备和咨询服务。此次双方签署的合作内容包括东华能源规划建设的7个产能为每年60万吨的丙烷脱氢项目意向全部采用UOP先进技术，UOP将提供专利授权、工艺包等。同时，双方将共同研发新技术以支持装置的运行。

【采埃孚天合电子助力转向系统二期项目签约】 12月13日，由世界500强、国际汽车零部件龙头企业德国采埃孚集团投资的采埃孚天合电子助力转向系统张家港生产基地二期项目签约。采埃孚张家港生产基地位于经开区，一期项目总投资1.5亿美元，注册资本3500万美元，用地7.73公顷，2015年11月投产，2016年、2017年销售收入分别为1.2亿美元、3.2亿美元。二期项目总投资约9000万美元，新增注册外资约3000万美元，新征工业用地6.67公顷。项目计划2018年5月开工，2019年达产后年销售额约6亿美元。二期项目建成后，采埃孚天合张家港基地将成为采埃孚集团亚太地区投资最多、规模最大的生产基地，成为国内最具知名度和影响力的汽车零部件生产基地。8月14日，采埃孚全球共享服务中心亚太区落户张家港经济技术开发区，项目先期租赁城南国际商务区商务中心，主要从事采埃孚亚太区15个国家和地区共55家公司共享服务业务。项目计划3年内再租赁办公用房或新建独立的共享服务中心大楼。采埃孚全球共享服务中心亚太区建成后，将成为采埃孚亚太区规模最大的共享服务中心，采埃孚全球第二大共享服务中心。

【液化空气电子材料公司开业10周年庆】 9月11日，液化空气电子材料（张家港）有限公司举行开业10周年庆暨三期项目落成仪式。公司2007年成立。历经10年，已成为国内重要的电子特气生产、充装中心、半导体集成电路产业不可或缺的气体产品供应商。三期项目新增高纯氖气生产线，至2017年年末处于调试阶段，正式投产后实现年产高纯氖气6万标准立方米、氦氖混配气17640标准立方米、氩氖混配气1.35万标准立方米、氢氖混配气24192标准立方米的生产能力。为应对电子材料市场发展需求，公司加强电子特气材料的仓储能力，应用先进的实验室设备提升分析和质量控制能力，并大幅提高综合应急响应能力，已成为法国液化空气集团在中国的电子材料生产中心、分析和质量控制中心、供应链中心和应急响应中心。

【陶氏张家港生产基地15周年庆典】 10月20日，陶氏化学张家港基地举行15周年庆典仪式暨陶氏益农制剂工厂开业典礼。陶氏化学是世界500强企业、“美国制造”代表性企业。陶氏化学张家港生产基地始建于2002年，是一家世界级水平的生产基地，也是陶氏化学在中国最大的生产基地。2016年6月1日，随着陶氏化学对道康宁全球的并购，原道康宁张家港有机硅一体化生产基地并入陶氏，新的陶氏化学张家港基地更具规模优势，打造了醇醚、电子材料、催化剂、除草剂、有机硅等一系列具备全球领先水平的生产线。陶氏益农农业科技（江苏）有限公司由陶氏益农农业科技荷兰有限公司出资，总投资2000万美元，新建一条复配生产线，引进一条瓶装线和一条桶装线，用于复配产品的包装，年产1万吨高效安全环境友好型除草剂。陶氏化学张家港基地积极投身社区公益活动，连续多年在张家港市推广与青年成就组织中国部合作的“我们的城市”教育课程，并致力于支持对所在社区青少年的科技与可持续发展教育。

（杨 璐 戴玉兴 邱亚峰）

对外及对港澳台贸易

【概况】 2017年，全市完成对外及对港澳台进出口贸易总额321.29亿美元，比上年增17.2%，其中进口总额161.46亿美元，比上年增22.2%；出口总额159.83亿美元，比上年增12.5%；贸易逆差1.63亿美元。一般贸易进出口仍占主导地位，为263.32亿美元，占全年进出口总额的81.96%，其中出口136.49亿美元，比上年增16.23%，占全市出口总额的85.4%。全市有出口实绩企业2843家。其中，自营出口企业2515家，合计出口88.89亿美元（海关统计数，下同），比上年增8.86%，占全市出口总额的55.41%；三资企业328家，合计出口34.6亿美元，比上年增2.6%，占全市出口总额的21.57%。江苏国泰国际集团出口额36.92亿美元，比上年增17.4%，占全市出口总额的23.02%。张家港保税区、张家港经济技术开发区、扬子江国际冶金工业园出口额分别为35.67亿美元、67.55亿美元和28.31亿美元。

2017年张家港市十大出口企业出口情况表

表13

企业名称	主要出口产品	出口总额(万美元)	比上年增长率(%)
江苏国泰国际集团有限公司	纺织、机电、化工产品等	369224	17.40
江苏沙钢集团有限公司	钢材	190401	0.73
江苏一达通企业服务有限公司	综合外贸服务	90682	383.49
江苏永钢集团有限公司	钢材	69630	−19.93
张家港康得新光电材料有限公司	高分子复合膜材料	26963	32.18
张家港浦项不锈钢有限公司	钢材	26715	16.17
索尔维(张家港)精细化工有限公司	化工品	22883	28.01
市易华塑料有限公司	塑料地板	21761	74.05
天宇羊毛工业(张家港保税区)有限公司	纺织原料	18107	23.57
澳洋集团有限公司	纺织、化纤、金属、医药	15943	−9.55

【货物贸易出口】 据张家港海关统计,2017年全市对外及对港澳台出口贸易额159.83亿美元,创历史新高。2017年,国际市场回暖,大宗商品价格涨幅较大,铁矿石、羊毛、化工原料、大豆、液化石油气、煤、铜等都出现不同程度上涨。以国泰集团为代表的纺织服装企业出口势头良好,全市纺织原料及纺织制品进出口额73.59亿美元,比上年增16.69%。其中,国泰集团进出口总额41.37亿美元、出口36.92亿美元,分别比上年增9.7%和17.4%。江苏一达通、国泰慧贸通等外贸综合服务增长迅猛,全年累计进出口额9.47亿美元,其中江苏一达通出口额9.29亿美元,仅6月通关就突破1亿美元。

【外经贸扶持资金】 年内,市商务局积极组织企业申报各级各类外经贸扶持资金,至年末,争取各类扶持资金14623万元,创下历史新高。其中,拨付市级外贸稳增长促发展资金5255.5万元,拨付出口信用保险扶持资金1647.4万元,申报及拨付省级商务发展专项资金8批,总额7370.7万元。

【富瑞氢能装备走出国门】 5月3日,张家港富瑞氢能装备有限公司生产的9套车载供氢系统产品通过空运销到国际氢燃料电池界知名企业美国普拉格能源公司,该公司氢能装备首次进入国际市场。氢能汽车产业装备是国家“十三五”战略性新兴产业项目,近年,富瑞氢能装备有限公司围绕氢能源全产业链装备研发及制造聚力创新,经过数以万次的试验,取得阶段性成果,获得制造许可证,可批量供应储氢瓶和车载供氢系统产品。其中,撬装式高压加氢站采用集成化、智能化设计制造,实现物联网与商业化运营,技术水平在国内处于领先地位;车载供氢系统产品达到世界水平。该公司系列产品投产后,全年产值突破2亿元。年内公司投资建设年产5万个高压氢瓶生产线,形成每年2万套氢能车载供氢系统和300套加氢站系统的生产能力,预计在未来5年将实现氢能装备100亿元产值,成为国内甚至国际领先的氢能装备和燃料电池全产业链一站式解决方案的供应商。 (杨 璐)

全市119家企业参与广交会 (市商务局 提供)

对外及对港澳台经济技术合作

【概况】 全年新签境外工程合同额3.18亿美元,完成境外工程劳务营业额2.71亿美元,外派劳务53人。新批对外及对港澳台投资企业(项目)26家,对外及对港澳台投资总额11.36亿美元,其中张家港投资方协议投资额5.2亿美元。新批对外及对港澳台投资500万美元以上项目20项,张家港投资方协议投资额5.05亿美元,分别占项目总数和张家港投资方协议投资总额的76.9%和97.1%。其中,1000万美元以上项目17项,张家港投资方协议投资额4.84亿美元。埃塞俄比亚东方工业园开发建设稳步推进。至年末,东方工业园共完成基础设施投资1.02亿美元,开发完成2.33平方千米基础设施建设。园区入驻企业82家,实际投资额3.77亿美元,年总产值8.14亿美元,上缴东道国各类税费6830万美元,解决当地人员就业13638人。1.67平方千米的二期项目正式开工建设。

2017年张家港市批设对外及对中国香港地区投资企业（项目）情况表

表14 单位：万美元

投资企业（项目）	投资目的地	投资总额	张家港投资方出资	投资行业	投资主体
国泰华盛（缅甸）有限公司	缅甸	480.00	480.00	纺织品生产	江苏国泰海外技术服务有限公司
康得新美国有限公司	美国	200.00	200.00	预涂膜销售	康得新复合材料集团股份有限公司
中钢钢铁有限公司	埃塞俄比亚	2998.00	2998.00	钢材生产销售	江苏新洲际国际贸易有限公司
富瑞清洁能源有限责任公司	乌兹别克斯坦	1560.00	795.60	LNG工厂建设	张家港富瑞特种装备股份有限公司
太平洋扬子江国际有限公司	加拿大	37.34	37.34	服装进出口	江苏东渡纺织集团有限公司
江苏金厦建设集团（科特迪瓦）有限公司	科特迪瓦	832.50	832.50	承揽工程项目	江苏金厦建设集团有限公司
康得新欧洲复合材料研发中心有限责任公司	德国	2240.00	2240.00	复合材料研发	康得新复合材料集团股份有限公司
江苏沙钢三中国际（美国）贸易有限责任公司	美国	5000.00	5000.00	葡萄酒进出口	江苏沙钢三中国际贸易有限公司
辰佳有限公司	美国	1200.00	1200.00	报废汽车拆解	江苏辰龙再生资源开发有限公司
千禧048服务有限公司	澳大利亚	21675.00	4335.00	房地产开发	市恒基置业有限公司
万衡（加纳）水泥有限公司	加纳	1000.00	1000.00	生产、销售水泥	张家港万衡木业有限公司
迪森特房产有限公司	澳大利亚	5000.00	5000.00	房地产开发	江苏亿钢达国际贸易有限公司
顺发纺织制造有限公司	埃塞俄比亚	500.00	500.00	服装生产销售	市银鼎进出口有限公司
华嘉铝业有限公司	埃塞俄比亚	800.00	800.00	铝型材生产销售	市华嘉投资有限公司
奥思德科技有限公司	美国	45000.00	3500.00	半导体研发	张家港康得新光电材料有限公司
刚果（金）万蓬木业有限公司	刚果（金）	5000.00	5000.00	林木种植	张家港万蓬木业有限公司
刚果（布）东方林业有限公司	刚果（布）	8000.00	8000.00	原木采伐加工	张家港保税区丹晟木材有限公司
辰龙控股（马来西亚）有限公司	马来西亚	3500.00	2800.00	废旧五金件回收、拆解	江苏辰龙再生资源股份有限公司
众泰服饰（缅甸）有限公司	缅甸	480.00	480.00	纺织品、服装生产、销售	江苏国泰海外技术服务有限公司
国裕有限公司	中国香港	2.58	2.58	服装进出口	市国泰投资有限公司
江苏国泰亿达（香港）有限公司	中国香港	1000.00	1000.00	纺织品贸易	江苏国泰亿达实业有限公司
顺富国际有限公司	中国香港	300.00	300.00	包装材料进出口	凯恩斯实业（苏州）有限公司
星能源资源有限公司	中国香港	2000.00	700.00	城市水管销售	江苏联冠科技发展有限公司
韩国泰林汽配工业集团有限公司	中国香港	1864.16	1864.16	包装材料进出口	苏州凯恩斯包装材料有限公司
泰林汽配工业有限公司	中国香港	1864.16	1864.16	环保材料、包装进出口	苏州凯恩斯环保材料有限公司
韩国泰林汽配工业集团有限公司（增资）	中国香港	1077.02	1077.02	包装材料进出口	苏州凯恩斯包装材料有限公司

【"走出去"企业群体培育】 年内，围绕国家对外及对港澳台经济技术合作的新政策、新变化，市商务部门积极宣传贯彻相关规定要求，引导有实力有条件企业有序规范依法开展境外投资。坚持主动服务、延伸服务和个性化服务，结合全市产业发展特点和产业结构调整的总体要求，鼓励全市龙头骨干企业、上市公司、著名品牌企业和有实力的民营企业提升"走出去"水平。着力培育沙钢集团、国泰集团、东渡集团、康得新集团、万蓬公司等公司跨国经营，以此引领其他企业在资源开发、商贸流通、研发生产等领域的多元合作，多头并举。

（杨　璐）

江苏国泰国际集团

【概况】 2017年，江苏国泰国际集团有限公司（简称国泰集团）为全市最大的外贸企业，全年实现销售收入507亿元，比上年增10.2%；全口径纳税15.61亿元，其中海关关税和增值税6.41亿元，上缴其他税收9.2亿元，比上年增20.7%；实现进出口总额41.37亿美元，比上年增9.7%，其中出口36.92亿美元，比上年增17.4%，出口总额位列江苏省属重点联系企业首位。出口无海关数、海外工厂出口数、进口无海关数等共6.47亿美元，两项合计进出口总额47.84亿美元。集团纺织服装出口位居全国第一。在2017年公布的中国企业500强中，国泰集团列第326位。

【国泰集团产业投资】 国泰集团多业并举，房地产方面，主要在售项目3项。至年末，国泰润园项目销售完毕，总回款16.7亿元。张家港朗诗国泰城项目销售完毕，总回款19.13亿元。吴江朗诗国泰城项目开盘销售1868套，签约销售1743套，总回笼资金36.7亿元。重大平台建设方面，苏州国泰国际贸易中心项目9月完成装修，交付使用，张家港保税区项目顺利封顶。内贸方面，2017年集团合计内贸销售25.23亿元，比上年增115.8%。国贸酒店优化酒店结构，打造特色餐饮，全年实现营业收入1.4亿元，比上年增10.7%，其中客房收入3632.84万元、餐饮收入9105.96万元。南园宾馆强化自主品牌建设，通过改革管理模式，提升品牌影响力，酒店全年网评分居全国首位，实现营业收入9598.6万元，比上年增6.5%，其中客房收入5273.21万元、餐饮收入3646.56万元。新兴产业方面，4月成立全资子公司瑞泰新能源公司，作为公司化工新材料和新能源业务的发展平台。国泰华荣化工公司围绕"成为锂电池材料优质综合供应商"目标，继续加大研发投入，拓展细分市场，实现营业收入11.43亿元，比上年增7.16%。超威新材料公司实现营业收入6591.67万元，比上年增153.78%。金融投资方面，国泰财务公司防范各种风险，强内控建设和基础管理，至年末有成员单位38个，直联银行账户476户；小贷公司全年发放贷款45笔，金额1.25亿元，至年末贷款余额1.9亿元，利息净收入比上年增11.6%。

【国泰集团整体上市计划实施】 2017年是国泰集团顺利完成重大资产重组上市的第一年，体制、机制和各种内部关系得到理顺，各项工作推进平稳有序。2016年9月28日，国泰集团整体上市方案获中国证监会批准，通过证监会重组委审核。12月6日，江苏国泰发行股份及支付现金购买资产并募集配套资金暨关联交易的重大资产重组事项获中国证监会核准批文。是月办理相关资产交割及工商变更登记手续。12月23日，新一届上市公司董事、监事等高管到任工作。2017年1月23日，配套募集的资金28.03亿元全部到位。2017年内，集团股权资产比上年增43%，主要为增加对华泰实业公司的投资以及通过权益法确认的投资收益，固定资产与无形资产无重大变化，在建工程比上年减98%，主要是在建工程转结为固定资产。

【公益关爱基金发起成立】 8月，国泰集团与张家港农商银行发起成立张家港公益关爱基金，为新疆巩留县贫困人群解决困难，助力当地经济社会发展。是月27日，张家港公益关爱基金捐赠仪式在巩留县举行，年内集团共投入相关资金30万元。2017年，国泰集团继续定点帮扶经济薄弱村乐余镇乐西村，全年帮扶该村100万元。10月，国泰集团将"希望之光"国泰奖学金从33.2万元提升至33.3万元，继续资助全市19所大中小学的114名家境贫寒、学习优秀的学生。自2008年创立起，集团连续十年累计发放"希望之光"国泰奖学金242.3万元，捐助优秀学子1110人，资金全部是国泰员工的自愿捐款。

（袁　喆）

苏州南园宾馆忆江南咖啡厅　　（国泰集团　提供）

【编辑　朱永平】

民营经济

Private Economy

暨阳湖金融街 （田亚宇 摄）

民营经济综情

私营企业

个体工商户

外地资本利用

资本市场

張家港年鑑(2018)

民营经济综情

【概况】2017年，全市民营经济保持平稳发展态势。服务业民营企业实现较快增长，投资比重提高，全年完成352.4亿元，占全社会投资的比重为48.5%，增速高于全市工业投资6.7个百分点。在市场规模方面，19家境内上市民营企业总市值突破2600亿元，位列苏州县（市、区）第一位。其中，“康得新”市值突破800亿元，居苏州市上市企业之首。融资并购重组活跃，上市企业首发募资88亿元，并且通过兼并重组、增发股份、发行债券等方式，成功实施再融资超过492亿元。“新三板”挂牌企业达到71家，企业总数、融资额和融资次数等指标，均排名苏州市乃至全省县市前列。沙钢集团在民营经济中继续居于首位，实现销售收入2200亿元、利税254.5亿元、利润193亿元，比上年分别增22.3%、220%、282%。沙钢集团以2016年营业收入298.62亿美元的业绩连续第九年入围世界500强企业，排名第365位。6家企业入围中国民营企业500强，入围企业位数居全国县（市）、区第一。其中，沙钢集团位居第14位，永钢集团位居第121位，华芳集团位居第180位，澳洋集团位居第200位，攀华集团位居第268位，爱康集团位居第379位。沙钢集团、永钢集团、华芳集团、澳洋集团、攀华集团、长江润发集团、东渡纺织集团、康得新公司、骏马集团9家企业入围中国民营企业制造业500强，比上年增加1家。沙钢集团、华芳集团、攀华集团、澳洋集团、爱康集团5家企业入围省百强民营企业，比上年增加1家。其中，攀华集团、爱康集团为2017年新上榜企业。沙钢集团、华芳集团等8家企业被命名为苏州市地标型企业。全年规模以上民营企业完成工业总产值4598.79亿元，比上年增0.6%，其中新兴产业产值2285亿元，占规模以上民营企业工业总产值的比重为45.8%，比上年提高1.1个百分点。全市民营企业新增高新技术企业75家，高新技术产业产值占规模以上工业总产值比重达到23%，增幅居苏州县（市）、区第一；新增省级研发机构62家。2017年，全市专利申请量达到8146件，其中发明专利申请量3626件；新增授权发明专利958件；PCT国际专利申请量51件。东渡集团获“省管理创新示范企业”称号，永钢集团获“省管理创新优秀企业”称号。

【企业服务】2017年，市中小企业局为民营中小企业加强服务体系建设。年初召开市中小企业发展与服务联盟（以下简称联盟）年度工作总结会议，吸收会员充实力量，新增太平洋人寿保险、张家港联通公司等10个联盟会员单位，聘请林健安、阎世强为联盟高级顾问、法律顾问。2月、10月，联盟分别设立西雅图、莫斯科联络处，全力助推企业参与全球竞争。市中小企业发展与服务联盟组织会员、企业走出去开阔眼界、拓展思维。3月，与金港担保、农商行等会员单位赴浙江，考察杭州互联网金融的发展情况。4月，组织昌盛小贷、金港担保、农商行等会员单位召开融资座谈会，分享金融创新服务经验。9月，组织召开联盟换届大会，选举太平洋人寿保险公司于年中、张家港联通公司陈华为联盟正、副理事长，完善组织机构，让企业家领导联盟，用企业思维管理联盟，让联盟服务更贴近企业。全年编印下发1万册联盟服务手册及撰写4期联盟专刊。市中小企业局帮助民营企业拓市场争订单，补贴资金80余万元，组织全市20余家企业参加“第二十五届西博会”“苏州名优新产品沈阳展销会”“2017中国国际物流科技博览会”“香港创新科技与博览”“世界智能制造大会”等10余场各类展会，帮助企业开拓市场。3月，组织全市2家装备企业参加“第二十五届西博会”，其中市格雷斯机械公司在展会期间，接待到访厂家20余家，签订意向订单1个，金额100余万元，扩大西北市场。市中小企业局研究国家、省、市相关产业政策，捕捉各类资金信息，准确把握资金投向，谋划筛选上报项目，寻找争取支持的切入点。华大离心机公司等3个单位获得省级工业和信息产业转型升级专项引导资金165万元。全年新增工信部制造业单项冠军示范企业1家，新增省科技中小企业20家，省小巨人企业1家及省专精特新新产品1种。华为电子公司等3家企业获苏州市信用管理示范企业称号，张家港保税区金港物流中心有限公司获“江苏省三星级公共服务平台”称号，市电子商务产业园获“江苏省小型微型企业创业创新示范基地”称号。

【企业培训】年内，市中小企业局建立市企业家培训联席会议制度，牵头并会同市科技局、人社局、金融办、工商联、团市委、台办、侨办、妇联等8个部门，分类、分层次、分品牌谋划全

华芳国际大厦 （华芳集团 提供）

市企业家培训工作，给企业家提供高质量的定制式培训。组织开展“张家港市企业家队伍专题培训”9期（含江苏省中小企业竞争力大讲堂1期），面向骨干企业专门开设“2017年张家港市骨干企业家总裁培训班”，组织有关企业参加“新生代企业家创新能力提升培训班”“世界智能制造大会”等各条线培训活动，全年完成培训2034人次。5月，与电子商务商会联合举办企业家管理能力与健康风险防范专题培训，康得新、红人实业公司等50位高管出席此次培训活动；7月，与市私营企业协会联合主办小微企业财税风险防控及银行融资知识培训班，130余家小微企业参加活动；11月，邀请北大国家发展研究院教授胡万平主讲商业模式与顶层设计专题讲座，康得新等企业高管100余人参加；组织蓝天印铁等企业参加“企业进高校活动”，帮助企业提升技术创新能力。

【产业集聚服务】 年内，市中小企业局引导全市中小企业向特色产业基地集约集聚发展，促进全市产业结构优化升级，提升产业竞争力，改善中小企业创业环境。全市新增省小型微型企业创业创新示范基地1家，为市电子商务产业园，累计7家。市中小企业局做好对经济一般村的厂房建设帮扶工作。联合市委农工办、市财政局为市级相对一般村双中村等核发新增物业项目补助、新增经营性项目补贴2160万元。为乐余镇乐余经济合作社、乐余村民委员会、凤凰镇双龙村经济合作社、凤凰镇富展实业有限公司审核标准型厂房建设申报。组织完成2017年高标准厂房建设与使用先进地区申报工作。

2017年张家港市特色产业基地情况表

表15

类型	基地名称	公布时间
国家级新型工业化产业示范基地	张家港经济技术开发区现代装备制造业（石化）产业基地	2014年
省级新型工业化产业示范基地	张家港保税港区环保新材料产业园	2010年
	江苏·钢铁（精品钢材）产业基地	2012年
	张家港经济技术开发区现代装备制造业（石化）产业基地	2013年
苏州市级特色产业基地	苏州市食品（张家港）特色产业基地	2006年
	苏州市汽车及零部件（乐余）特色产业基地	2006年
	苏州市纺织品毛衫（塘桥）特色产业基地	2006年
	苏州市五金（大新）特色产业基地	2006年
	苏州市氨纶纱（金港）特色产业基地	2006年
	苏州市毛纺织（杨舍）特色产业基地	2006年
	苏州市五金机械（锦丰）特色产业基地	2006年
	苏州市机械（南丰）特色产业基地	2007年
	苏州市装备制造（金港镇）特色产业基地	2009年
	苏州市汽车精密配件（凤凰镇）特色产业基地	2009年
	苏州市塑（饮）机（张家港）特色产业基地	2009年
	苏州市压力容器（张家港）特色产业基地	2009年
	苏州市锂电（张家港）特色产业基地	2011年
	苏州精密机械及锻造（凤凰）特色产业基地	2011年
	苏州新能源材料（张家港经济开发区）特色产业基地	2011年

【市个私协会惠商服务】 年内，市个体私营企业协会（市个私协会）开展四项惠商服务。服务融资。组织相关银行开展走乡镇、进园区、入企业进行融资服务面对面活动。与张家港农村商业银行开展小微企业“阳光信贷”普惠融资服务，重点解决全市个体小微企业融资难、融资贵的实际困难。在普惠融资服务中，结合会议培训、上门服务、年报服务，组织会议融资推介、银企面对面洽谈、银行上门量身定做等多种形式进行融资服务。全市共有14535家个体小微通过阳光信贷落实授信34.63亿元。其中，有9710家个体小微企业用信29.89亿元。服务素质提升。7月，邀请国家火炬计划专家、账邦网董事长曹承宝为全市130余家小微企业开展“小微企业财税风险防控及银行融资知识讲座”。8月9日，为全市80余家小微企业企业家开展“企业资产与家庭财产风险隔离及易经风水与企业经营顺盈之道”培训。服务就业。2月，组织市个私协会各分会在各镇人才资源市场开展人才招聘，提供岗位3000余个，5000余人到场咨询、应聘。服务“诚信企业”评审。围绕劳动合同、职工工资、社会保险等集体合同、厂务公开、职代会、工资协商、劳动安全卫生、劳动争议调解和工会组织建设等具体要求，通过听企业工会汇报、查看相关台账资料，分别给相关企业进行打分评定。在购物公园商圈餐饮行业开展“流动红旗树标杆，食品安全惠民生”季度流动红旗竞赛活动。推荐市南沙顺馨源酒店业主谢清获评张家港市诚实守信类“十佳身边好人”称号。

【小微企业活跃度调查】 3月，市个私协会按照国家工商局、中国个协《关于做好2017年度开展“百县万家新设小微企业周年活跃度调查”的通知》精神，针对小微企业的性质、企业合伙人的身份学历、出资额、经营状态、歇业原因、纳税情况、总体经营状态等方面部署开展调查工作。市个私协会在第一时间做好各分协会调查企业名单的分类集中工作，及时下发到各分协会分管领导手中，并提出具体要求。加强组织领导，落实专人负责；做好宣传动员，让被调查企业配合调查；做好具体指导，确保调查数据真实准确。将调查工作列入季度重点工作考核，确保调查工作迅速并有效地完成。至年末，完成全市413家小微企业的周年活跃度调查工作4次，完成商事制度改革3年来50家小微企业发展生存状态调查工作。

（糜岚岚 何建平）

私营企业

【概况】 年内，全市新注册登记私营企业7463家，比上年增31.9%。新增注册资本301.09亿元，比上年增20.4%。原有私营企业新增注册资本140亿元，合计新增注册资本441亿元，比上年增30.86%。累计注册私营企业43984家，累计注册资本3235.54亿元。全市经市市场监督管理局登记的私营企业有3.67万家、注册资本1396.2亿元。按照企业性质分类，有独资企业2417家、注册资本13.42亿元，有合伙企业285家、认缴出资金额31.08亿元，有有限责任公司33982家、注册资本1351.7亿元，有股份有限公司16家。按行业分类，从事农、林、牧、渔业202家、注册资本3.73亿元，从事采矿业2家、注册资本700万元，从事制造业13720家、注册资本415.87亿元，从事电力、热力、燃气及水生产和供应业38家、注册资本6.32亿元，从事建筑业2037家、注册资本105.28亿元，从事批发和零售业11326家、注册资本284.41亿元，从事交通运输、仓储和邮政业1276家、注册资本88.95亿元，从事住宿和餐饮业136家、注册资本2.72亿元，从事信息传输、软件和信息技术服务业423家、注册资本10.15亿元，从事金融业58家、注册资本26.37亿元，从事房地产业495家、注册资本55.85亿元，从事租赁和商务服务业2478家、注册资本178.04亿元，从事科学研究和技术服务业3403家、注册资本193.8亿元，从事水利、环境和公共设施管理业83家、注册资本2.15亿元，从事居民服务、修理和其他服务业603家、注册资本14.51亿元，从事教育119家、注册资本1.07亿元，从事卫生和社会工作59家、注册资本2.28亿元，从事文化、体育和娱乐业242家、注册资本4.61亿元。

（糜岚岚）

【长江润发集团多产业齐头并进】 5月，长江润发集团布局"医药+医疗"双轮驱动的大健康产业，长江润发机械股份有限公司更名为长江润发医药股份有限公司，主营业务涵盖原有的电梯导轨产业以及新增的医药制造业务，标志着从传统机械制造业向新兴大健康产业的顺利转型。医药板块方面，海南海灵化学制药有限公司态势良好，率先发展，响应"一带一路"国家倡议，进驻非洲毛里求斯，迈出医药产业国际化运作的第一步。医疗板块方面，12月，长江润发无锡怡和妇产、儿童医院及颐养院项目开工。项目位于无锡市太湖新城，占地5.67公顷，提供零到百岁全方位全周期的关怀。机械板块方面，围绕"传统产业科技化、传统设备自动化、传统产品高端化、传统管理信息化、传统人员素质化"，传统产业提档升级，从制造向"智造"创新，长江润发（张家港）机械有限公司稳健落实产品研发，有效拓展高精度导轨市场，长江润发（张家港）浦钢有限公司新上"650"轧制线，联合润发机械打造全球最大的高速导轨生产基地，打开角钢新市场。制造板块方面，下属长江润发（江苏）薄板镀层有限公司完成投入5000万元改造升级的2号生产线，产品档次进一步升级。下属张家港鑫宏铝业开发有限公司扩大1600吨挤型机出口料，进一步提升订单承接范围。下属宿迁市鑫宏铝业开发有限公司与张家港鑫宏联动，整合资源、开拓市场。下属长江润发（张家港）重工有限公司进一步拓展市场，生产高质量船舶。三产板块方面，下属长江润发（张家港）房地产有限公司"伊顿花园"项目、下属长江润发（宿迁）房地产有限公司"豫园""郡王府"销售取得好成绩。下属江苏开源润发置业有限公司"润园"项目超计划完成年度销售，完成比例达到125%；下属市长江大酒店有限公司在主流网站评分居市星级酒店首位，网络OTA核心群策略和个性化服务凸显成效。农业板块方面，下属长江润发（东区）园林有限公司培育120公顷苗木种植基地，林养鸡、绿色大米、草莓等绿色农副产品深受市场好评。郁金香花卉种植规模进一步提升到50万株。2017年，集团全年实现销售56.28亿元，利税5.28亿元，蝉联中国民营制造业企业500强。 （长江润发集团）

【攀华集团创建"互联网+"平台】 3月，攀华集团成立胖胖狗供应链管理有限公司，投资5亿元，发挥公司优势，利用长江水域、张家港华达码头、

攀华集团外景 （攀华集团 提供）

重庆攀华码头优势，开创汽运、船运、贸易三大板块。通过“互联网+”平台实现物流行业的信息匹配，车主、船主可通过App找货，货主可通过App找车找船，实现更高效率、更低成本，达到双赢；同时实现车船定位，通过App可实时监控车船位置及运输状态，保障货物安全；另一方面，减少物资采购装运存在的复杂繁琐流程，公司据此建立线上钢材大超市，为客户提供一站式采购、加工、物流及金融等服务。2017年，攀华集团利用“互联网+”平台运输量达到100万吨，签约承运商超过1000家，开票金额超10亿元。（攀华集团）

【澳洋集团各板块竞争力提升】 年内，澳洋集团营业收入大幅增长，企业运营日趋健康。澳洋顺昌板块，以光电产业为主要发展方向，成功转型为高端制造科技企业。LED二期项目实现量产，从年初的月产20万片增至月产100万片，全年研发费用超1亿元，与韩国三星、中国台湾晶电签订供应协议，产量居行业第二。锂电产业抓住三元锂电成为新能源汽车主流电池的市场契机，实现日产80万个，天鹏电源二期车间获评“江苏省示范智能车间”称号。金属配送提升汽车用材配送比例超70%，整体利润比上年增16%。澳洋科技板块，纤维产业以阜宁三期16万吨差别化纤维项目为主，实现营业收入36.4亿元，比上年增13.23%。医疗产业全面推进澳洋医院三期、港城康复医院为主体的大健康产业基地建设。健管公司欣会家母婴会馆运营，职业体检与整形中心业务比上年增20%。澳洋纺织板块，调整平绒产业，淘汰落后产能，加大精纺厂技改投入，全年生产面料585万米、西服30万套、衬衫25万件，制服中标检察、公安等系统。澳洋男装品牌店营销门店总数达到100家，加盟店占比75%，实现营业收入4519万元，比上年增117%。澳洋园林板块，生态技术和PPP研究中心成立，在北京、云南、贵州、甘肃以及华东地区进行布局，打造体育、旅游等长线项目。在维护好张家港工程技术中心的同时，筹建工程中心实验室。按照上市公司的要求，有序推进股份制改造。新开工北京冬奥会场馆、北京环球影城、开远七星湖、蒙自人居环境提升工程等项目，利润率比上年增10%。优居壹佰板块，连云港房产项目全年销售1009套，累计销售2455套，总回款17.06亿元。如意家院累计入住80组客户，比上年增56.8%。张家港市优居壹佰职业培训学校成立，获得办学许可证。吉祥家园项目建设有序推进，计划2018年建成。如意通板块，坚持以动漫原创为基础，完成原创片864分钟。以文旅产业为主要发展方向，筹备碧色寨文化公园运营项目，实现从单一动漫企业向大文化产业的转变。全年澳洋集团实现营业收入超200亿元，利税10.96亿元，在公布的中国民营企业500强排名第200位。

（澳洋集团）

【海狮机械获“中国民营科技发展贡献奖”】 “中国民营科技发展贡献奖”是由科技部、国家科协技术奖励工作办公室批准，中国民营科技促进会组织专家评审的一项旨在促进民营科技发展的最高奖项。1月，该奖项评选揭晓，江苏海狮机械集团有限公司获优秀民营科技企业奖。江苏海狮机械股份有限公司（原海狮集团）始建于1969年，是全国最早的商用洗涤机械生产企业，也是国内规模最大、品种最全的洗涤机械专业生产企业。企业每年投入研发资金都在销售收入5%以上。至年末，公司占地面积16.6万平方米，建筑面积11.68万平方米，总资产5.2亿元。“海狮”牌洗涤机械产品已有十大系列、20个品种、100余种规格，年生产能力1.2万台套，年销售额5.1亿元，年出口额1000万美元。

（秦　香）

个体工商户

【概况】 年内，全市新注册个体工商户18405户，比上年增44.4%，新增注册资本24.77亿元，比上年增60.3%。至年末，累计注册个体工商户85328户，累计注册资本81.75亿元。全市经市市场监督管理局登记的个体工商户按行业分类，从事农、林、牧、渔业465户、1104人，注册资本1.69亿元；从事采矿业2户、2人，注册资本10万元；从事制造业11668户、39898人，注册资本15.23亿元；从事电力、热力、燃气及水生产和供应业11户、32人，注册资本64万元；从事建筑业1144户、5242人，注册资本2.35亿元；从事批发和零售业42569户、62639人，注册资本32.76亿元；从事交通运输、仓储和邮政业7697户、8429人，注册资本5.74亿元；从事住宿和餐饮业8697户、23701人，注册资本11.25亿元；从事信息传输、软件和信息技术服务业464户、801人，注册资本3096万元；从事金融业1户、1人，注册资本10万元；从事房地产业308户、752人，注册资本2009.6万元；从事租赁和商务服务业1785户、3099人，注册资本1.47亿元；从事科学研究和技术服务业271户、697人，注册资本2484.3万元；从事水利、环境和公共设施管理业39户、116人，注册资本389万元；从事居民服务、修理和其他服务业9313户、20924人，注册资本8.45亿元；从事教育370户、1323人，注册资本5925万元；从事卫生和社会工作85户、159人，注册资本925万元；从事文化、体育和娱乐业439户、2009人，注册资本1.31亿元。高校毕业生从事个体经济2人。

【个体工商户登记制度改革】 从11月起，张家港市正式启动个体工商户登记制度改革，进一步放宽登记条件、简化登记流程，改革管理制度、减少登记限制，创新登记方式、提高登记效率。张家港市制定个体工商户简易登记文书，将名称预先核准申请书与开业登记申请书合并，申请登记只需填一张表，不再提交经营者个人照片。简化名称预先核准，对经营范围不涉及前置审批事项的，无需申请名称预先核准登记，由个体工商户申请人在开业（变更）登记时一并填报。同时，简化经营场所登记证明，个体工商户从事十类经营项目，且经有利害关系的业主同意，申请人可将城镇住宅作为经营场所登记。针对当前个体工商户经营者之间“盘店”转让营业，只能办理原个体工商户注销及新个体工商户开业的情形，张家港市探索建立个体工商户营业转让制度，简化变更手续。在双方签订转让协议、明确债权债务清偿责任前提下，可直接办理经营者变更登记，原个体工商户字号名称可以延续使用。同时，允许个体工商户跨辖区迁移。参照企业迁移登记要求，允许个体工商户跨登记辖区办理经营场所变更登记。经营者可凭迁入地登记机关的同意迁入登记通知文书，向迁出地登记机关申请迁出登记，改变个体工商户跨辖区“一歇一开”登记模式。实施信用承诺制度，简化登记手续，申请人在申请登记时对其填报的数据以及提供的材料的真实性、合法性和有效性作出承诺，对申请行为、提交的数据材料以及所产生的法律后果负责。全面推行“掌上申报”与“网上申报”，申请人仅需携带住所使用证明材料，到登记窗口直接打印文书、领取营业执照，实行一次性办结。推行个体工商户全程电子化登记，通过互联网信息技术，实现“网上申请、网上核准、网上发照、网上公示”全流程。简化登记环节，对于不涉及实质性审查的个体工商户登记申请，可以实行审核合一登记制，实现现场受理、现场核准、现场发照。实行登记辖区内业务通办，个体工商户在同一县、区范围内实行业务通办，个体工商户可以跨基层分局登记管辖区域选择就近登记。

（糜岚岚　何建平）

外地资本利用

【概况】 年内，全市新批利用外地资本项目1854项，注册资本97亿元，其中注册外地资本89亿元。总投资157亿元，其中外地资本投资123亿元。项目中，有二产项目190项、三产项目1664项。注册资本5000万元以上项目34项，总投资39亿元，其中外地资本投资29亿元，注册外地资本24亿元，占总额的27%。

2017年张家港市引进外地资本注册1亿元以上项目情况表

表16

项目类别	企业名称	来源地	引入地	主营业务	注册资本（亿元）
供应链管理服务	万众创供应链管理张家港保税区有限公司	吉林省	保税区	供应链管理服务；设备租赁；汽车租赁及销售；电子产品、软件的技术研发及销售；企业形象策划；商务信息咨询；会务服务；物业管理服务；化工原料及产品、金属材料及制品、煤炭、焦炭、建材、钢材、木材、金银饰品、珠宝首饰、日用品的销售	1.00
工程施工服务	惠通实业（张家港）有限公司	江苏省南京市	经开区	建筑工程施工总承包；房地产开发经营；机械设备及配件、仪器仪表及配件、包装材料、柴油、煤炭购销；设备租赁	1.00
商业贸易	江苏开米科思化学有限公司	上海市	保税区	化工产品、机械设备、机电设备的批发，化工领域内的技术研发、技术咨询、技术转让	2.00
商业贸易	江苏聚英茂商贸有限公司	湖北省武汉市	保税区	食品的销售，农产品、食品添加剂的购销；货运经营，货运代办，提供劳务服务	1.00
工程施工服务	西玉龙水利水电工程建设张家港有限公司	北京市	冶金园	水利水电工程施工；建筑装修装饰工程；五金交电，建筑材料，机械设备及配件的销售	1.68
商业贸易	张家港保税区岚华煤炭有限公司	江西省南昌市	保税区	煤炭、焦炭、化工原料及产品、金属材料、建筑材料、日用百货的购销；国际货运代理	1.00

【亨通华西海洋工程研发中心和总部经济项目开工】 5月23日，江苏华西集团有限公司与亨通集团有限公司正式签约，在张家港保税区合资设立江苏亨通海洋工程有限公司，在海洋新能源领域以及军民融合产业强强联合，打造总部经济和研发中心。项目总投资7亿元，后增资至12亿元，占地2.33公顷。公司主要从事光缆、海电缆、海洋油气软管的铺设、安装和维修，风机桩基工程及上部安装工程，港口与码头桥梁的安装工程。11月，公司完成4条工程船舶及海工专用设备的订制。12月，公司2条工程船舶交付使用，4个海上施工项目开工建设，总部对平面设计方案进行修改，项目计划2019年竣工。项目建成后，计划在三年内形成EPCI总承包能力并成为细分市场龙头企业，实现总承包年营业额10亿元，净利润1.5亿元。

【凡赛特光学膜项目建成】 项目位于张家港保税区，由苏州凡赛特材料科技有限公司投资建设。公司主要从事OCA光学膜的研发、生产和销售，致力于成为行业内领先的集研发、生产、销售于一体的光学膜供应厂家。项目总投资2亿元，注册资金5000万元，租用张家港保税区传感产业园大楼9800平方米场地，购置各类设备25台。公司4条OCA光学膜生产线分四期建设，一期生产线于2016年12月投产；二期、三期生产线于2017年8月投产，至2017年年末，公司能年产360万平方米OCA光学膜。第四期生产线计划于2018年5月投产。

【苏州晶台光电二期工程启动】 位于经开区内的苏州晶台光电有限公司成立于2015年，是国内LED封装领域的领军企业——深圳市晶台股份有限公司在华东投资的首家LED封装基地，主要从事贴片式发光二极管的封装。2016年9月，总投资10亿元的苏州晶台光电公司一期项目竣工，660条LED全自动封装生产线顺利达产，年销售额25亿元。2017年9月初，苏州晶台光电公司LED封装二期工程启动。该项目总投资15亿元，占地面积4.7公顷，是张家港市2017年重大项目之一，也是苏州晶台光电有限公司扩产增效的有力支撑。项目预计2018年9月竣工后将新增1200条生产线，产品主要针对清晰度更高、性能更高的电视机和家庭影院显示屏，不仅能延伸企业的产业链，而且可使晶台光电的市场占有率达到40%以上。达产后的产能将在原有基础上翻两番，苏州晶台光电有限公司的总销售额将达到30亿元，成为国内最大的LED封装产业基地之一。

（郑　远）

资本市场

【概况】 2017年，全市新设立投资（基金）类企业19家，注册资本68.72亿元，投资管理类企业13家，注册资本1.72亿元，全市创投资金规模达到118.74亿元。全市新增上市企业3家，创历史单年最好成绩；2家上市公司完成再融资，合计募集资金87亿元。至年末，全市上市企业20家，募集资金总额580亿元。其中，经开区（杨舍镇）8家：江苏国泰、澳洋科技、澳洋顺昌、海陆重工、富瑞特装、新美星、张家港行、金鸿顺；保税区（金港镇）6家：保税科技、东华能源、华昌化工、长江润发、天沃科技、康得新；冶金园（锦丰镇）2家：沙钢股份、格兰奇；塘桥镇2家：银河电子、鹿港文化；南丰镇1家：金陵体育；大新镇1家：长城影视。新增辅导企业6家，新增报会企业3家。2017年，全市新增“新三板”挂牌企业11家。至年末，全市“新三板”挂牌企业71家，28家“新三板”挂牌企业完成再融资，募集资金10.4亿元。其中，保税区（金港镇）16家：物润船联、江苏科幸、汉龙科技、华菱医疗、正大富通、江苏神农、氟特电池、华夏检验、浦士达、三星净化、骏昌通讯、泰丰股份、福吉佳、辰龙股份、奥斯佳、江苏清能；经开区（杨舍镇）19家：威孚热能、天乐橡塑、远大信息、瑞铁股份、绿岩生态、金凯达、星贝尔、耐维思通、中讯邮电、爱上网、如意通、东方四通、盛世华安、万诚科技、丰亿港营、固耐特、江苏红人、宏基铝业、创美城市；冶金园（锦丰镇）9家：保丽洁、中环海陆、荣程股份、爱得科技、迪威高压、荷普医疗、日新医疗、博强能源、吉美瑞；塘桥镇7家：佳成科技、薪泽奇、索尔科技、鸿盛科技、广川股份、华程特材、衣之源；凤凰镇7家：瑞腾科技、和乔科技、协昌科技、聚晟科技、飞鸽友联、先锋股份、晶樱光电；乐余镇6家：玉成精机、飞驰环保、辉达股份、永发医用、宝田科技、富丽华；大新镇4家：嘉成股份、华亚沃顿、九州沃顿、宏宝锻造；南丰镇2家：中孚达、天天鲜；现代农业示范园区1家：赛康医疗。

2017年张家港市企业在国内上市情况表

表17

上市公司	证券代码	主行业归属	主营构成	上市时间	累计募资总额（亿元）	总股本（万股）	流通股（万股）	12月31日股价（元）	市值（亿元）
保税科技	600794	交通运输业	液体化工品的码头装卸及保税仓储业务	1997年3月	16.17	121215.22	119157.42	4.45	53.94
长城影视	002071	信息服务业	电视剧的投资、制作与发行及其衍生业务	2006年10月	20.89	52542.99	51844.67	10.18	53.49
沙钢股份	002075	黑色金属业	优特钢产品的生产与销售	2006年10月	24.84	220677.18	220677.07	16.12	355.73
江苏国泰	002091	商业贸易业	外贸和化工新材料	2006年12月	81.94	157453.79	69695.78	8.97	141.24
澳洋科技	002172	化工业	化学纤维及健康医疗	2007年9月	17.90	73534.45	56914.38	6.01	44.19
东华能源	002221	化工业	生产、销售液化气并提供相关售后服务	2008年3月	74.66	164978.28	150365.74	12.21	201.44
澳洋顺昌	002245	交通运输业	金属材料的加工、LED业务及小额贷款业务	2008年6月	12.49	98730.90	90945.71	10.25	101.20
海陆重工	002255	机械设备业	余热锅炉、大型及特种材质压力容器和核电产品的制造销售	2008年6月	21.60	71814.42	48683.30	6.68	47.97
华昌化工	002274	化工业	化工原料、化工产品、化肥生产	2008年9月	18.98	63490.98	49033.28	7.22	45.84
长江润发	002435	机械设备业	电梯导轨系统部件的研发、生产、销售及服务	2010年6月	48.12	49077.68	18373.00	17.40	85.40

续表17

上市公司	证券代码	主行业归属	主营构成	上市时间	累计募资总额（亿元）	总股本（万股）	流通股（万股）	12月31日股价（元）	市值（亿元）
康得新	002450	化工业	预涂膜和预涂膜覆膜机的研发、生产和销售	2010年7月	99.99	353857.91	289021.53	22.20	785.56
银河电子	002519	家用电器业	数字电视智能终端、智能机电设备和电动汽车关键部件	2010年12月	29.84	114184.31	44372.95	6.10	69.95
天沃科技	002564	机械设备业	非标压力容器的设计、制造	2011年3月	27.10	73971.20	56822.13	8.20	60.33
鹿港文化	601599	纺织服装业	纺织和影视业务	2011年5月	23.84	89406.84	87292.84	6.66	59.54
富瑞特装	300228	机械设备业	低温储运应用设备、重装设备、发动机再制造	2011年6月	12.24	47390.51	40532.82	10.53	49.90
新美星	300509	机械设备	液态食品包装机械的研发、生产与销售	2016年4月	2.64	8000.00	2629.97	27.15	21.72
张家港行	002839	金融业	公司、个人、金融市场业务	2017年1月	7.90	180752.67	18076.00	11.72	211.84
金陵体育	300651	制造业	综合性体育器材	2017年5月	2.60	7573.34	1893.34	32.88	24.90
金鸿顺	603922	制造业	汽车模具、摩托车模具、夹具等汽车零部件	2017年10月	5.61	12800.00	3200.00	28.03	35.88

【企业上市培育】 年内，市金融（上市）办按照“储备一批、培育一批、辅导一批、上市一批”的思路，主动靠前服务，持续精准发力，有力带动企业自身和全市整体经济快速健康发展。1月，张家港行在深交所中小板挂牌上市；5月，金陵体育在深交所创业板上市；10月，金鸿顺在上交所主板上市。富淼科技、龙杰化纤、长华化学3家公司上报首发申请材料；晶樱光电、协昌科技、利柏特、中环海陆、保丽洁、爱丽家居6家公司接受上市辅导。上市推进工作不断加力，形成“政府推动、上下联动、企业主动、社会互动”的良好上市推进工作生态链。“全市企业上市工作领导小组”常态化运作，上市挂牌工作纳入全市绩效管理目标考核，考核比重不断加大；按照“围墙内的事企业做，围墙外的事政府做”的理念，由市金融（上市）办牵头，政企联手、合力攻坚，不断提升企业上市效率。在政策激励上，积极调整企业上市挂牌专项鼓励办法，加大力度，让企业不仅“不吃亏”，专享上市补贴、税费优惠、财政支持、融资奖励等政策扶持，而且“有甜头”，对后续项目审批、用地规划、人才引进都有政策倾斜。建立完善上市后备企业培育、拟上市企业确认机制，开辟上市挂牌企业服务“绿色通道”，按照不同阶段，提供个性化服务，市环保、安监、消防、国土、市场监管等部门，坚持“一企一策、一事一议”，特事特办，解决历史遗留问题。市金融（上市）办在全省首创“新三板”中介机构服务质量评价工作，帮助企业选择勤勉尽责、优质高效中介，推动企业挂牌工作。继续打造“港城合伙人”品牌，年内产生62对合伙企业，达到50%的合作成功率，《新华日报》多次专题专版报道“港城合伙人”经验。利用各类媒体、各种载体，在全社会广泛宣传优秀企业成功上市、做大做强的经验事迹，发扬“支持、关爱、尊重企业家”的优良传统，坚定不移鼓励企业家实施资本经营战略。与国内顶尖学府合作，走出去、请进来，年内开办资本市场专题研修班1期，培训企业家80余人。

【张家港产业资本中心运行】 5月，张家港产业资本中心管委会成立。下设张家港产业资本投资有限公司和张家港市暨阳湖开发发展有限公司，实行“两块牌子，一套班子”的管理模式，下设办公室、财经部、基金部、招商部、风控部、信息部、产业管理部、旅游管理部等8个部门，同时管理原来暨阳湖公司下属的旅游发展公司、商业管理公司、大酒店和茶楼等4个子公司。产业资本中心管委会管理面积6.8平方千米，其中暨阳湖产业资本创新小镇面积3.96平方千米，核心区域1平方千米。中心围绕“一湖一湿地、一街一中心”，通过对暨阳湖、生态湿地、金融街、金融中心及周边空间的规划整合，形成以暨阳湖金融街为核心，以资本为引擎，以生态景区为依托，成为金融资本与创新产业汇聚、城市绿心与都市风尚融合的特色小镇。产业资本中心管委会负责暨阳湖产业资本创新小镇的规划建设指导、招商引资、宣传推广、财力结算、政策兑现等工作，一方面作为张家港市资本与产业互动融合发展的平台，引进相应的私募基金在张家港投资创业。另一方面，按照“政府引导、企业参与、专业管理、市场运作”的原则，设立总规模248亿元的张家港市政府产业投资基金、产融投资基金、产业资本发展母基金和新兴产业引导基金4个基金，吸引全国范围内优秀基金入驻或者合作，同时围绕当地上市公司、区镇板块成立专项子基金，为入驻投资机构提供配套资金支持，扶持全市各类战略新兴产业的发展，形成产业和资本互动的良好局面。年内，产业资本中心完成暨阳湖产业资本创新小镇的产业研究和总体规划，启动100亿元的政府产业投资基金、45亿元的产业资本发展母基金、3亿元的新兴产业引导基金和100亿元的产融投资基金四大基金设立工作，完成对外投资8.18亿元,引进基金企业27家,管理资产规模超80亿元,完成税收5500余万元。完成金融街金融服务中心和金融配套用房建设。完成产业资本门户网站及三大平台的建设,吸引272家企业入驻信息平台,发布有效融资需求信息6条。成功举办"2017年首届暨阳湖产业资本投资暨第三届'港城合伙人'峰会",峰会上,产业资本投资公司与35个单位签订基金合作框架协议,总规模达到667亿元。张家港政府产业投资基金获"政府引导基金TOP50"的称号,位列"首批2017中国母基金100指数全名单"榜单。（朱亚玲）

【3家企业主板上市】1月24日,江苏张家港农村商业银行股份有限公司在深交所中小板正式上市,股票简称"张家港行",股票代码"002839",注册资本18.1亿元,市值211.8亿元。作为一家扎根于张家港地区的商业银行,张家港行始终将"做小做散"、服务中小微企业的金融服务放在重要战略位置,是张家港地区服务中小微企业的金融服务主力军。在探索跨区域发展之路上,张家港行围绕"立足张家港、覆盖江苏、布局华东"的战略发展目标,逐步构建全国化综合服务版图,做大做强农村中小金融机构,实现长期可持续发展。5月9日,江苏金陵体育器材股份有限公司在深交所创业板正式上市,股票简称"金陵体育",股票代码"300651",注册资本7573万元,市值24.9亿元。金陵体育从20世纪80年代开始涉足体育器材生产,抓住了改革开放的历史机遇,从单一篮球器材生产商逐步成长为以体育器材、场馆建设、健身路径、赛事保障、舞台机械为核心业务的国内顶尖体育综合服务商。10月23日,苏州金鸿顺汽车部件股份有限公司在上交所主板正式上市,股票简称"金鸿顺",股票代码"603922",注册资本1.28亿元,市值28亿元。金鸿顺拥有一流的开发设计和经验丰富的技术精英团队,深度参与整车的开发环节,专精于汽车车身件、底盘件及相关模具的开发、生产与销售,致力于新材料生产技术的研发,在新能源汽车领域与世界知名汽车厂同步开发了新能源汽车电池盒组件和铝合金冲焊件,与国家新能源汽车产业同步发展。

【"港城合伙人"活动】2016年10月,"港城合伙人"制度建立。至2017年年末,会员企业124家,有30对结对伙伴启动合作,比例达到48.4%。其中,实质合作16对,达成意向14对。市金融(上市)办坚持以活动为载体,持续提升平台影响力和品牌知名度,成功举办第三届"港城合伙人"峰会、"港城合伙人"之"聚焦转型,资本驱动"迎新春沙龙、"港城合伙人"走进保税区之"资本助力转型,产业跨越升级"专场活动,牵头企业自主对接,深层次构建起"港城合伙人"沟通合作平台,实现从结对、洽谈到合作的全方位参与、全过程推进;稳妥扩容会员企业,精选优质企业,把好入会关口,建立健全会员信息和结对意向库。注重企业匹配,提升结对"精度",贯通产业上下游,开展精准结对,引入外地优质企业资源,开展跨区域结对,与张家港市企业形成优势互补。与新华报业共同举办"港城合伙人"智库圆桌会,广邀省内金融专家为"港城合伙人"及张家港市创新发展出谋划策。"港城合伙人"微信公众号每周更新,发布平台动态和结对成效信息247余条。

【两上市公司再融资】"江苏国泰"1月以每股11.34元的价格成功实施定向增发45280.52万股,募集资金51.35亿元,所募资金主要用于购买华盛实业等11家标的公司的股权并募集配套资金项目;2月以每股13.52元的价格成功实施定向增发20730.93万股,募集资金28.03亿元,所募资金主要用于实现集团公司整体上市,进一步做大做强国有控股上市平台。"海陆重工"12月以每股7.79元的价格成功实施定向增发9750.96万股,募集资金7.6亿元,所募资金主要用于收购宁夏江南集成科技有限公司。

【11家企业挂牌"新三板"】2017年,全市新增11家"新三板"企业,其中先进装备制造企业3家,分别是"固耐特""江苏红人""富丽华";医疗器械服务企业1家,"吉美瑞";食品加工制造企业1家,"福吉佳";新材料制造企业3家,分别是"奥斯佳""宏基铝业""江苏清能";现代服务业企业2家,分别是"泰丰股份""创美城市";绿色环保企业1家,"辰龙股份"。11家企业全年主营业务收入13.12亿元。

2017年张家港市"新三板"挂牌企业情况

表18

公司名称	证券简称	证券代码	主营业务	挂牌时间	总股本(万元)	主营业务收入(万元)
苏州瑞腾照明科技股份有限公司	瑞腾科技	430404	LED照明产品的研发、生产和销售	2014年1月24日	1500.00	4057.19
苏州玉成互娱科技股份有限公司	玉成互娱	830895	五金手工具专用机床研发、设计、生产和销售,机械加工零部件销售、网络游戏编程开发及版权服务	2014年7月25日	1435.00	6221.92
江苏佳成科技股份有限公司	佳成科技	830957	电线电缆专用生产机械的研发、生产与销售	2014年8月12日	3433.33	6572.01
江苏物润船联网络股份有限公司	物润船联	831096	信息服务、在线船舶视频监控服务、撮合交易服务	2014年8月21日	1145.50	28308.12

续表18

公司名称	证券简称	证券代码	主营业务	挂牌时间	总股本（万元）	主营业务收入（万元）
江苏和乔科技股份有限公司	和乔科技	831279	金融POS终端的设计、研发及各类POS终端的研发、生产和销售	2014年11月4日	2500.00	2671.22
江苏薪泽奇机械股份有限公司	薪泽奇	831424	金属加工机械和纺织机械的研发、制造和销售	2014年12月8日	1520.00	17856.94
江苏索尔新能源科技股份有限公司	索尔科技	831486	锂电池组件及管理系统的研发、生产和销售	2014年12月9日	10800.00	22385.12
江苏科幸新材料股份有限公司	江苏科幸	831473	催化剂、桶装胶、支装胶的研究、开发、生产、销售	2014年12月12日	4706.00	4679.44
张家港汉龙新能源科技股份有限公司	汉龙科技	831521	太阳能铝合金边框的研发、生产和销售	2014年12月16日	2994.07	37207.81
张家港威孚热能股份有限公司	威孚热能	831561	锅炉的制造和销售	2014年12月18日	1781.50	3125.45
张家港天乐橡塑科技股份有限公司	天乐橡塑	831555	汽车用橡胶、塑料产品的开发、生产和销售	2014年12月19日	2400.00	7398.76
张家港嘉成建设材料股份有限公司	嘉成股份	831624	混凝土外加剂、共混型互穿网络热塑性弹性体制造、加工、销售	2015年1月8日	2451.00	1063.75
苏州飞驰环保科技股份有限公司	飞驰环保	831846	水面清洁船及相关配件的研发、生产和销售	2015年1月21日	2639.72	10624.44
张家港华菱医疗设备股份公司	华菱医疗	831826	消毒、灭菌等医疗器械的研发、生产与销售	2015年1月23日	770.00	2762.33
江苏远大信息股份有限公司	远大信息	831897	监控系统软件和数据采集设备的研发、生产和销售	2015年1月28日	2300.00	5281.51
江苏正大富通股份有限公司	正大富通	831794	商用车配件销售与技术服务	2015年2月3日	9616.00	53993.34
江苏协昌电子科技股份有限公司	协昌科技	831954	电动车控制器和电机的研发、生产和销售	2015年2月6日	5500.00	7890.26
江苏神农灭菌设备股份有限公司	江苏神农	832369	消毒灭菌设备产品的研发、生产及销售	2015年4月16日	1045.00	4603.05
张家港鸿盛电子科技股份有限公司	鸿盛科技	832481	电子收款机钱箱及其配件的生产与销售	2015年5月19日	2400.00	14173.03
江苏保丽洁环境科技股份有限公司	保丽洁	832802	静电式空气净化设备的研发、生产和销售	2015年7月24日	5210.00	3290.85
江苏瑞铁轨道装备股份有限公司	瑞铁股份	833120	铁路轨道产品及装备的设计、制造、加工、销售和售后服务	2015年8月5日	5000.00	28922.51
江苏绿岩生态技术股份有限公司	绿岩生态	833544	生态环境建设，包括生态恢复和园林景观工程设计、研发、施工	2015年10月14日	2268.00	8159.68
江苏中孚达科技股份有限公司	中孚达	833705	毛纺织品的生产、加工和销售	2015年10月14日	1500.00	7863.16
江苏辉达塑模股份有限公司	辉达股份	833634	新型墙面装饰板的设计、生产、销售	2015年10月23日	1690.00	6360.73
苏州金凯达机械科技股份有限公司	金凯达	833950	各类金属圆锯机、圆锯片的研发、制造与销售，以及提供锯片磨齿服务	2015年11月2日	1200.00	8575.60
张家港中环海陆特锻股份有限公司	中环海陆	833879	环形锻件产品的研发、生产	2015年11月3日	7500.00	46587.78
江苏荣程锻造股份有限公司	荣程股份	834305	各类环形锻件的研发、生产和销售	2015年11月13日	6100.00	12241.90
苏州爱得科技发展股份有限公司	爱得科技	834286	医疗器械的研发、生产和销售	2015年11月16日	3168.20	13117.30

续表18

公司名称	证券简称	证券代码	主营业务	挂牌时间	总股本（万元）	主营业务收入（万元）
苏州华苏亚沃顿医疗科技股份有限公司	华亚沃顿	834423	消毒灭菌设备产品的研发、生产及销售	2015年11月26日	512.00	1003.96
苏州市九州沃顿钛业股份有限公司	九州沃顿	834595	钛及钛合金管坯的生产和销售	2015年12月4日	500.00	3946.70
苏州氟特电池材料股份有限公司	氟特电池	834830	锂离子电池用电解质材料的研发、生产和销售	2015年12月9日	2222.22	38.69
苏州星贝尔中空成型科技股份有限公司	星贝尔	834575	中空成型设备及辅助设备研发、生产和销售	2015年12月10日	500.00	665.59
江苏华夏检验股份有限公司	华夏检验	834958	提供一站式综合化的专业检测检验技术服务	2015年12月16日	1000.00	1801.01
苏州聚晟太阳能科技股份有限公司	聚晟科技	835829	光伏太阳能跟踪支架的技术研发、生产、销售和服务	2015年2月15日	1100.00	1209.05
江苏耐维思通科技股份有限公司	耐维思通	836373	研发、生产和销售航海电子产品及数字化港口系统集成服务	2016年3月10日	1430.00	3622.96
张家港中讯邮电科技股份有限公司	中讯邮电	836710	综合邮政器材生产加工	2016年4月13日	2000.00	500.00
江苏浦士达环保科技股份有限公司	浦士达	836440	净水用椰壳活性炭及其相关产品的研发、生产及销售	2016年4月14日	1780.00	5131.96
苏州爱上网络科技股份有限公司	爱上网	837312	网上广告发布业务、线下活动服务	2016年5月9日	100.00	545.33
江苏如意通动漫产业股份有限公司	如意通	837083	动漫作品的制作与授权，动漫衍生品和衍生产业、动漫制作软件	2016年5月16日	3600.00	491.15
江苏东方四通科技股份有限公司	东方四通	837120	开关电源、中高频电源、调压器的研究、开发、生产、销售	2016年5月16日	800.00	2799.45
江苏飞鸽友联机械股份有限公司	飞鸽友联	837328	挤塑设备生产线、吹瓶设备生产线的研发、生产、销售	2016年5月17日	520.00	2597.87
江苏迪威高压科技股份有限公司	迪威高压	837289	高压管件、端塞、分配器等产品的研发、生产、销售和运营维护服务	2016年5月18日	1683.51	6310.56
张家港绿色三星净化科技股份有限公司	三星净化	836923	废气处理、废水处理、运营	2016年6月8日	1000.00	1650.00
张家港先锋自动化机械设备股份有限公司	先锋股份	837660	一次性手套自动化机械设备及配件的研发、生产及销售	2016年7月25日	1500.00	11188.86
江苏广川线缆股份有限公司	广川股份	838177	传统铜包铝线、新型铜包铝线等复合金属线的研发、生产和销售	2016年8月1日	1400.00	8582.87
江苏盛世华安智能科技股份有限公司	盛世华安	838280	基于图像和视频的智能识别设备、智能安防产品的研发、装配、销售	2016年8月5日	3330.00	1601.30
江苏永发医用设备科技股份有限公司	永发医用	838367	医用病床及其他医用配套设备的研发、生产、销售和安装维护	2016年8月17日	1260.00	8594.44
苏州晶樱光电科技股份有限公司	晶樱光电	839604	单晶硅切片、多晶硅切片、太阳能电池片与组件的研发、生产、销售	2016年10月24日	13000.00	64508.52
张家港万诚科技股份有限公司	万诚科技	839588	汽车玻璃升降器的研发、生产、销售	2016年11月8日	3580.00	14045.77
江苏宏宝锻造股份有限公司	宏宝锻造	839652	汽车零部件锻件及工程机械锻件的生产、加工、研发与销售	2016年11月9日	9398.00	21345.80
江苏荷普医疗科技股份有限公司	荷普医疗	839926	骨科医疗植入材料的研发、生产、销售	2016年11月14日	3000.00	2488.50
苏州丰亿港口运营股份有限公司	丰亿港营	839879	提供货物装卸服务	2016年11月24日	500.00	4763.91

续表18

公司名称	证券简称	证券代码	主营业务	挂牌时间	总股本（万元）	主营业务收入（万元）
苏州骏昌通讯科技股份有限公司	骏昌通讯	839982	连接器组件、手机天线等通信产品零配件的研发、生产与销售	2016年11月28日	2000.00	5206.38
江苏赛康医疗设备股份有限公司	赛康医疗	870098	医疗设备相关的设计、研发、制造、销售、服务	2016年12月16日	2480.00	7264.12
苏州永联天天鲜配送股份有限公司	天天鲜	870138	生鲜农产品和食品的销售和配送	2016年12月20日	600.00	7264.12
江苏日新医疗设备股份有限公司	日新医疗	870391	院前急救设备和康复理疗设备的研发、设计、生产、测试和销售	2016年12月29日	1500.00	4300.00
张家港华程特种材料股份有限公司	华程特材	870365	工业用冷拔无缝异型钢管制造、加工和销售	2016年12月29日	1658.00	13076.54
苏州衣之源新材料股份有限公司	衣之源	870630	毛纺纱线生产、加工和销售	2016年12月30日	5500.00	52801.95
江苏博强新能源科技股份有限公司	博强能源	870607	锂离子电池管理系统（BMS）研发、生产、销售	2016年12月30日	1052.63	4372.64
江苏宝田新型材料科技股份有限公司	宝田科技	870521	PET改性热固性粉末涂料用聚酯树脂的研发、生产和销售	2016年12月30日	6583.00	8986.84
苏州吉美瑞医疗器械股份有限公司	吉美瑞	870766	骨科医疗器械产品的研发、生产和销售	2017年2月22日	3000.00	2893.45
张家港保税区泰丰文化传播股份有限公司	泰丰股份	871121	艺术经纪代理、艺术咨询策划	2017年3月27日	600.00	4287.15
张家港福吉佳食品股份有限公司	福吉佳	871782	面包、蛋糕等西式烘焙类食品的生产及销售	2017年8月28日	3800.00	2930.14
江苏固耐特围栏系统股份有限公司	固耐特	872291	安防系统、周界围栏系统及应用材料的研发、生产及销售	2017年11月8日	2020.82	5712.73
江苏红人实业股份有限公司	江苏红人	872395	生产定制展示架、陈列架，提供店铺营销和产品陈列的解决方案	2017年11月23日	1000.00	12162.07
江苏辰龙再生资源股份有限公司	辰龙股份	872474	废汽车压件的拆解破碎	2017年12月13日	100000.00	40649.47
江苏富丽华通用设备股份有限公司	富丽华	872473	空压机用风机、商用空调风机的设计、生产及销售	2017年12月19日	1000.00	9080.35
江苏奥斯佳材料科技股份有限公司	奥斯佳	872534	聚氨酯用改性有机硅、聚氨酯用催化剂、水性胶黏剂、纺织助剂、水性树脂等各类特种助剂的研发、生产和销售	2017年12月21日	3350.00	8974.54
江苏宏基铝业科技股份有限公司	宏基铝业	872588	聚氨酯用改性有机硅、聚氨酯用催化剂、水性胶黏剂、纺织助剂、水性树脂等各类特种助剂的研发、生产和销售	2017年12月28日	2580.00	35459.19
江苏创美城市服务股份有限公司	创美城市	872514	物业管理	2017年12月14日	2000.00	6755.71
江苏清能新能源技术股份有限公司	江苏清能	872589	氢燃料电池、氢燃料电池玩教具车、便携式氢燃料电池充电器的研发、生产、销售、自有技术转让并提供相关售前后技术服务	2017年12月28日	3127.67	2306.72

【17家企业挂牌苏州股交中心】 11月28日，苏州股权交易中心张家港专板开板暨首批企业集中挂牌仪式在暨阳湖金融街举行，张家港市17家企业集中挂牌。这次集中挂牌的17家张家港企业，从事先进装备制造业的9家，占52.9%；从事能源环保产业的3家，占17.6%；从事新材料生产的2家，占11.8%；从事生物医药生产的1家，占5.9%；从事互联网与信息技术的1家，占5.9%；从事时尚产业的1家，占5.9%。通过与苏州股权交易中心的对接，走出企业登陆资本市场的第一步，也为壮大资本市场"张家港板块"，迈向更高的资本市场做准备。

2017年张家港市在苏州股权交易中心集中挂牌企业情况表

表19

企业名称	企业代码	经营范围	注册资本(万元)
江苏国新金属制品有限公司	900350	名类高档精密焊管等金属制品的加工、制造，冷轧带钢、不锈钢带钢剪切加工，销售自产产品	2765
苏州华意铭铄激光科技有限公司	900376	激光领域内的技术研发、技术咨询、技术转让及相关的技术服务，激光设备、自动化设备、电气设备及零配件的研发、生产、销售，金属制品加工	500
张家港市铭斯特光电科技有限公司	900367	光电领域内的技术研发，玻璃镀膜、塑料件、机械设备及零部件的制造、加工、销售	2300
张家港市顶峰激光科技有限公司	900366	光电产品、工业激光设备的研发、组装、销售	500
张家港九力新材料科技有限公司	900375	新材料领域内的技术开发、技术转让、技术咨询及相关的技术服务，医药中间体的研发，化工原料及产品、煤炭、办公用品、电子产品、计算机软硬件的购销	200
江苏和腾热工装备科技有限公司	900382	超高温电炉、高温电炉、中温电炉、实验加热装置、热处理设备、真空煅烧炉、气氛烧结炉、宝石炉、单晶炉、微波烧结炉、高温燃气炉、特种新型电炉的研发、生产、销售，电炉温控仪表、电阻炉配件的购销，炉用耐火保温材料（不含氧化锆纤维制品）的研发、购销，电炉维修及相关的技术服务	500
张家港英华材料科技有限公司	900368	建筑材料的技术研发、技术转让、技术咨询及相关的技术服务，环境检测服务，大气污染治理服务，水污染治理服务，环境领域内的技术研发、技术转让、技术咨询及相关的技术服务	500
江苏永道科技有限公司	900363	机械领域内的技术开发、技术转让、技术咨询及相关的技术服务，机械设备制造、加工、销售	500
江苏扬新生物医药有限公司	900385	生物医药和化妆品的技术开发、技术转让、技术咨询及相关的技术服务，医疗器械的生产与销售	2000
江苏朗鑫科技有限公司	900392	智能箱柜、电气箱柜、自动售货机、智能零售柜、生鲜柜、快递柜、箱包寄存柜、机械设备的研发、销售	1000
张家港牧羊人服饰有限公司	900362	服饰、服装及辅料、纺织面料、针纺织品的制造、加工、销售，皮革制品、纺织原料、化工产品（除危险品）、机械设备及零配件的购销	1500
苏州阿洛斯环境发生器有限公司	900381	环境发生器、环境发生器应用系统及相关配件的设计研发、生产、销售及服务，工业自动化软件设计开发与销售，环境技术咨询、技术转让、技术服务，实验室设备、仪器及配件的贸易	1000
张家港斯克斯精密机械科技有限公司	900379	精密机械设备及零部件、计算机软硬件的技术开发、技术转让、技术咨询及相关的技术服务，精密机械设备及零部件、计算机软硬件购销	230
苏州凡赛特材料科技有限公司	900378	透明光学胶膜、功能性胶带及胶黏剂、热管理产品材料、集成电路封装材料、半导体封装用胶膜相关领域产品（以上不含危险化学品）的研发、制造和销售	5000
苏州硕亚环保科技有限公司	900380	水污染生态修复治理、水污染生态修复工程、水污染生态修复工程高分子材料的研发、销售、技术咨询、技术转让及相关的技术服务，水污染生态修复治理工程施工，环保设备的研发、制造、销售	300
苏州友尼贝斯蓝天机械有限公司	900377	新型溶剂回收机、零件清洗机的研发、设计和制造、加工、销售	200
江苏青诚信息科技有限公司	900365	信息技术研发，计算机网络技术研发、技术服务，电子显示屏研发、设计、销售及相关技术服务，网页设计，计算机应用服务，电站配件、阀门、泵及泵配件的销售，设计、制作、代理、发布广告服务，组织文化艺术交流活动	1000

（郁　欢）

【编辑　黄宏庆】

农业和农村工作

Agriculture and Rural Work

沃华农业科技水培蔬菜智能化生产基地　（市农委　提供）

农业综情

种 植 业

养 殖 业

农业服务业

农业产业化

农村经营管理

張家港年鑑(2018)

扫码欣赏

2017年张家港市渔业
科技入户工程纪实

农业综情

【概况】 2017年，全市完成农、林、牧、渔业总产值60.65亿元，比上年减0.8%；实现农、林、牧、渔业增加值34.83亿元，占地区生产总值的2.33%。农、林、牧、渔业总产值中，农业产值34.99亿元，林业产值7.37亿元，牧业产值4.84亿元，渔业产值5.3亿元，农、林、牧、渔服务业产值8.15亿元。2017年，张家港市农委严守“四个百万亩”，调整落地上图面积3.6万公顷，落实区（镇）党政主要领导责任审计制度。严格执行生态补偿政策，突出水稻生态保护，发放财政补贴1.01亿元。重点推进常阴沙省级现代农业产业园、沙洲生态农业园和双山岛现代农业园区开发建设，全市农业园区面积8800公顷。常阴沙现代农业示范园区入选省级现代农业产业示范园创建单位。张家港市与南京农业大学合作开展桃、梨、葡萄、蔬菜等先进技术研究推广，举办张家港市优质果品品鉴会，成立果品产业新型农业经营主体联盟。作为全省唯一一家县级市参加全国食品安全“双安双创”宣传周展览。张家港市被农业部授予国家农产品质量安全县称号。

农业基本建设 全市建成高标准农田1497.33公顷、设施农业面积46.67公顷，建成智能温室大棚86个；建成张家港品牌农产品网上展馆、物联网管理系统、农机定位系统和信息融合系统，新增物联网应用基地10个，新增苏州市级“智慧农业”示范基地1个。建设粮食低温烘干中心9个。落实农机购置各级财政资金1412.2万元，新增农机具660台，其中水稻插秧机56台、联合收割机69台、无人机3台、粮食烘干机82台，新增烘干能力888吨，农机综合化水平达到91.5%。至年末，全市有规模型的农业电子商务企业34家，其中年销售额100万元以上的23家。全市新增农业园区面积895公顷，实施农业综合开发土地治理项目333.33公顷。

农副产品供给 年内，全市主要农副产品自给率稳步提升。持续实施麦稻品种改良工程、绿色高产高效创建工程。播种水稻1.6万公顷，稻麦良种覆盖率99%。推广水稻集中育秧，建设0.67公顷以上集中育秧点65个，推广面积59.5公顷，集中供秧比例达到37.3%。小麦单产每公顷产量4639.5千克，总产量7.49万吨；水稻单产每公顷产量8930.25千克，总产量14.41万吨。推广种养结合、复合经营、轮作休耕等模式，试点稻虾、稻蟹、稻蛙、稻鸭共作面积101公顷，稻油轮作20.67公顷，林地养鸡138.6公顷，推进耕地轮作休耕试点541.53公顷。全年出栏生猪7.38万头、禽86.12万羽，上市禽蛋5201.36吨，牛奶19423.41吨，水产品总产量1.12万吨，其中淡水养殖产量1.06万吨。引进蔬菜新优品种12种，推广水生蔬菜21.33公顷，落实夏季蔬菜保供133.33公顷，累计建成设施蔬菜1067公顷。

农产品质量安全 全市积极巩固国家农产品质量安全县创建成果，地产农产品质量安全水平99.77%。全市培训监管对象5424人次，培训率100%。申报绿色食品26种、无公害食品12种，续展（获证产品有效期满继续申报）绿色食品32种，复查换证无公害食品12种。至年末，全市有无公害食品、绿色食品、有机食品196种，申报名特优新农产品1种，申报江苏省农产品品牌6种。继续实施农药集中配送，全市统一配送、统一标识、统一价格、统一服务。对列入主推目录的高效低毒低残留农药，由市镇两级财政进行补贴，补贴资金900余万元，补贴幅度18%。全年粮食和果蔬农药配送率分别为95%、85%，渔兽药配送率80%，稻麦配方肥集中配送率87%。超额完成畜禽养殖污染治理年度目标任务，实际关闭养殖场154家。

【张家港市成为国家农产品质量安全县】 6月29日至7月3日，由国务院食品安全委员会办公室、农业部、国家食品药品监督管理总局联合举办的全国“双安双创”（全国食品安全示范城市创建和农产品质量安全县创建）成果展在北京中国国际展览中心举办。张家港市被授牌为国家农产品质量安全县，市长黄戟参加成果展。江苏省在展览中心设立江苏农产品质量安全展馆，张家港市是江苏省唯一参展的县级市，重点展示农药统一集中配送和基层农产品质量安全监管工作。展览采用情景重现的方式，实景展示农药配送站和杨舍镇农产品质量监管站工作场景、工作制度和工作模式。农业部副部长陈晓华参观展馆，并对张家港市农产品质量安全模式给予充分肯定。7月5日，江苏省食品安全示范城市创建和农产品质量安全县创建现场会在淮安市召开，张家港市首批被评为江苏省食品安全示范市。

（马静静）

常阴沙现代农业示范园区标准化农机场库 （市农委 提供）

种植业

【概况】 全市主要种植的粮食作物有水稻和小麦。水稻的主栽品种为南粳5055、武运粳30、南粳46号等，种植方式以机插为主，占93.9%，其余为机直播及少量人工撒播；小麦主栽品种为扬麦16号，播种方式以机条(匀)播为主，搭配人工撒播。经济作物主要有油菜、蔬菜和果品。油菜品种为苏油4号、沪油16等，种植方式以人工移栽为主，小部分为直播油菜。蔬菜冬春季以茄果类、葱蒜类、叶菜类、根菜类为主，夏秋季以豆类、瓜类、叶菜类等为主，生产方式以早春提早茬、秋冬露地茬生产为主。果品行业主要种植桃、葡萄、梨、枇杷、柑橘、草莓等，大部分果树以露地种植为主，少部分为大棚设施栽培。全年全市实现种植业产值34.99亿元，比上年增加0.5亿元，占农、林、牧、渔业总产值的57.69%，所占比重比上年增加1.28个百分点。

粮食作物 2017年，全市粮食作物播种面积33729.6公顷，比上年减少140公顷，减0.41%；总产量22.41万吨，比上年增加2400吨，增1.08%。水稻播种面积16135.13公顷，比上年增加105.13公顷，增0.66%；总产量14.41万吨，比上年增加1800吨，增1.26%；每公顷产量8930.25千克，比上年增加56.25千克，增0.63%。小麦播种面积16141.8公顷，比上年减少228.2公顷，减1.39%；总产量7.49万吨，比上年增加800吨，增1.08%；每公顷产量4640千克，比上年增加112千克，增2.47%。全市累计有无公害粮油产地20个，分别是江苏善港生态农业科技有限公司、塘桥镇金村农产品种植园、市西张粮油购销有限责任公司、江苏鸿逸泰生态农业科技有限公司、南丰镇东联村土地股份专业合作社、常阴沙现代农业示范园区联农农产品专业合作社、市乐源农业社会化服务合作联社、大新新东家庭农场、大新镇中山土肥股份专业合作社、市永联米业有限公司、南丰镇永丰土地股份专业合作社、南丰镇和平土地股份专业合作社、市联鑫粮食专业合作社、锦丰镇西港土地股份专业合作社、锦丰镇登瀛土地股份专业合作社、锦丰镇光明土地股份专业合作社、锦丰镇鼎盛土地股份专业合作社、锦丰谐和粮油种植农民专业合作社、市金丰生态农业发展有限公司、锦丰镇建设土地股份专业合作社，面积1.2万公顷，无公害农产品有3种。

经济作物 2017年，全市棉花播种面积25.47公顷，比上年减少4.73公顷；总产量27吨，与上年持平。油菜播种面积1203公顷，比上年减少151.47公顷，减11.18%；总产量3150吨，比上年减少337吨，减9.66%；每公顷产量2619千克，比上年增加42千克，增1.75%。蔬菜种植面积10017.8公顷，比上年减少1320.53公顷，减11.65%；总产量28.1万吨，比上年减少3万吨，减9.65%。瓜果种植面积2804.53公顷，比上年增加1168.53公顷，增71.43%；总产量6.65万吨，比上年增加7110吨，增11.97%。全市累计有无公害蔬菜产地6个，分别是张家港市凤凰镇富鑫蔬菜专业合作社、张家港市鸿源农家庄园、张家港市常青农业科技发展有限公司、张家港市现代农业示范园区学焦蔬菜专业合作社、沃华农业科技(江苏)股份有限公司、张家港市金港镇长山农业生态园，无公类害蔬菜产品有番茄、花椰菜等23种。累计有77种产品通过无公害农产品认证，有113种产品通过绿色食品认证。市港诚生态农业有限公司通过省级园艺作物标准园验收。全市共有果树标准园6个、茶标准园1个，其中部级园艺作物标准园1个、省级园艺作物标准园3个、苏州市级园艺作物标准园3个。

【"鱼菜共生"生态农业新模式】 位于凤凰镇程墩西路的张家港纽艾农业科技有限公司，成立于2006年3月，占地1.2公顷，其中蔬菜种植面积0.67公顷、池塘面积0.1公顷。公司建有400吨循环水体，通过安装在种养殖区的传感器自动监控，远程获取温室大棚及养殖区的空气温湿度、土壤水分温度、二氧化碳浓度、水温、PH酸碱度、溶解氧等相关数据，并通过手机、计算机等信息终端向管理者推送实时监测信息、报警信息，实现智能化远程管理。这种将养鱼和种菜相结合的新模式，实现养鱼不换水而无水质忧患，种菜不施肥而正常生长的生态共生效应。该技术获2017年江苏省创业大赛三等奖。公司全年蔬菜产量10吨、水产品产量3.6吨，实现销售额150万元。

【"稻虾共作"成为稻田综合种养新模式】 2017年，全市各区镇均开展不同形式的稻田综合种养试点及示范，实施总面积109.25公顷。稻田综合种养模式由单一的稻鸭共作发展到稻蟹、稻虾、稻鱼、稻蛙等多种模式。位于常阴沙现代农业示范园区的张家港市鸿屹水产养殖有限公司在常红社区进行"稻虾共作"，种养殖面积18.48公顷。水稻每公顷产量6.3吨，龙虾每公顷产量1.5吨。稻虾合计每公顷净效益4.2万元，稻虾净效益78万元。"虾稻共作"促进粮食增产、农民增收，在农业供给侧结构性改革中，经济效益显著。农药化肥的少用甚至零使用，有利于种养品种生态安全和食品安全，生态效益明显提高。

(马静静)

养殖业

【概况】 2017年，全市实现养殖业总产值10.14亿元，比上年减少1.12亿元，占农业总产值的16.67%，比上年减1.75个百分点。其中，畜牧业产值4.84亿元，比上年减少3300万元，占农、林、牧、渔业总产值的7.92%，比上年下降0.52个百分点；渔业产值5.3亿元，比上年减少7900万元，占农、林、牧、渔业总产值的8.75%，比上年下降1.25个百分点。畜牧业主要养殖品种为苏淮猪、苏太猪、黑白花荷斯坦奶牛、山羊、绵羊、鹿苑鸡、康贝尔鸭、番鸭、雁鹅等；渔业主要养殖品种为青鱼、草鱼、鲢鱼、鳙鱼、鳊鱼、鲫鱼、鳜鱼、翘嘴红鲌、黄鳝、青虾、河蟹等，多采取河蟹、青虾套养模式。

畜牧业 全年生猪出栏7.38万头，年末存栏3.73万头，其中能繁母猪2500头；羊出栏1.1万只，年末存栏

鸿屹水产高密度绒螯蟹养殖池 （市农委 提供）

6000只；家禽上市86.12万羽，年末存栏48.47万羽；兔出栏3600只，年末存栏1000只；奶牛存栏3818头。新增无公害畜禽产地1个，为张家港市金港镇德积东华养殖场。至年末，全市有无公害畜禽产地11个，产品6种。

水产业 全年水产养殖面积2200公顷，其中池塘养殖面积约为1130公顷，新增设施渔业面积13.33公顷；水产品总产量1.12万吨，其中淡水养殖产量1.06万吨；渔业经济总产值10.38亿元。捕捞刀鱼2253.275千克，产值808.23万元。全年培训内陆渔业普通船员31人，发放内陆渔业普通船员证书31份。无公害水产品基地1个，5公顷，产量11.25吨；有机水产品基地2个，产品分别为中华鳖和中华绒螯蟹。其中中华鳖位于常阴沙现代农业示范园区常红社区，养殖面积为22.46公顷，产量为3000只；中华绒螯蟹位于常阴沙现代农业示范园区常北社区，养殖面积20公顷，产量为33吨。11月，在2017年"王宝和杯"全国河蟹大赛上，市鸿屹水产养殖有限公司养殖的河蟹获"金蟹奖"和"最佳口感奖"，江苏鸿逸泰生态农业科技有限公司养殖的河蟹获"优质蟹奖"。

【全市首个水产微生物技术专家工作站成立】 10月19日，"南京农业大学张家港水产微生物技术专家工作站"签约仪式在市鸿屹水产有限公司基地举行。这是南京农业大学落户张家港市的首个专家工作站，也是全市首个水产微生物技术专家工作站。市鸿屹水产养殖有限公司位于常阴沙现代农业示范园区，成立于2013年，主要养殖四大家鱼、中华绒螯蟹、鳖和龙虾。2017年，投资800余万元建成集企业水产品质量安全监管平台、循环水质在线监测及智能控制系统、水产养殖环境监控系统、水生动物疫病远程会诊系统的"四位一体"水产品质量安全追溯系统，并与省水产品质量安全追溯系统对接，初步实现企业水产品质量安全控制有标准、政府监管有手段、消费者查询有途径，有效地提升企业的水产品质量管理水平。2017年，公司实现销售收入3130万元。

（马静静）

农业服务业

【概况】 2017年，全市实现农、林、牧、渔业服务业总产值8.15亿元，比上年增加500万元，占农、林、牧、渔业总产值的13.53%，比上年下降0.28个百分点。

农资供应 年内，全市水稻统一供种面积1.55万公顷，供种量为464.5吨。小麦统一供种面积1.54万公顷，供种量为231.68吨。全市农业支持保护补贴（耕地地力保护）面积22.89公顷，补贴标准每公顷1770元，补贴总额4051.76万元，惠及农户87020户。全年农业保费2917.02万元，其中高效农业保费1586.19万元，比上年减少92.17万元，高效农业保费占农业总保费的比例54.38%，比上年下降1.09个百分点。加强病虫草害防控，比上年增加5个高效低毒农药品种，低毒、微毒农药品种占主推农药品种总数的96%以上。全市严格按照"立足预防、突出重点、打准适期、统筹兼顾、绿色防控，减量控害"的原则制定防治策略，加大"零天化除"高效减药控草技术的推广示范，统防统治占93%以上，专业化服务比例超过75%。为助力生态农业建设，通过政府采购引进黄花苜蓿种子750千克、蚕豆种子4吨，由各区镇免费提供给农民示范种植。

农机服务 2017年，全市农机总投入7206万元，其中市级以上财政投入2463万元，镇、村级投入3016万元，私人投入1727万元。农机总动力29.7万千瓦，农机原值6.71亿元、净值4.45亿元。全年新增各类农机具654台（套），其中大中型拖拉机24台、高速插秧机56台、粮食烘干机80台（套）、育秧播种机组13套、秸秆还田机929台、旋耕机74台、开沟机17台、联合收割机69台（含半喂入式7台）、自走式喷杆高喷雾机24台、其他机具166台（套）。年末，全市累计有大中型拖拉机863台，大中拖配套机具3691台，配套比为1∶3.5；水稻播种机械1007台，其中插秧机840台；各类联合收割机756台，谷物烘干机364套，手扶拖拉机130台；植保机4589台，鱼塘增氧机和投饵机2585台。全市水稻机插秧面积1.53万公顷，机插比例为95.7%，夏季秸秆机械化还田15.04万公顷，还田率100%。农机综合维修服务中心有12家。全市经工商部门登记的农机专业合作社有70家。农业综合机械化水平90.1%，主要作物农机化水平达到95.1%，高效设施农业机械化水平36.6%。12月，市农委委托张家港保税区恒泰工程建设咨询有限公司对2017年农机购置补贴情况进行核查。全市共购买农机384台，享受省级以上财政补贴516.25万元。10月26日，在武汉举行的中国国际农业机械展览会上，锦丰镇农机维修中心维修员陈兵被评为"农业英雄"，并和常阴沙现代农业示范园区农机维修中心维修员刘柏林被东风井关农机公司聘为“乐耕之道”专家团特约专家。

技术培训　全年举办农民培训班23期，培训新型职业农民1577人，年培训资金分别为省级新型职业农民培育项目60万元、基层农技推广人员培训5万元、苏州市级新型职业农民培训50万元。按照“培训一批、认定一批、扶持一批”的方针，认定新型职业农民208人，累计414人，发放2016年度新型职业农民社保补贴66703.5元。开展新型职业农民培育，将培训班从农民科技教育培训中心搬到村（社区）和田间地头，由村干部直接带头参加培训班。全年开展集中培训18期、观摩学习16次，现场教学12次。与南京农业大学联合举办蔬菜种植培训班1期，与上海交通大学联合举办新型职业农民提高班2期。6月，通过区镇推荐及自愿申请，有5个农业企业（含1个家庭农场）成为全市首批新型职业农民实训基地。

【主要农作物生产实现全程机械化】2017年，张家港市在上年获评江苏省粮食生产全程机械化整体推进示范县基础上，按照“政府引导、装备支撑、技术引领、服务保障、协同推进”的发展思路，促整体、补短板、提质量，实现粮食生产各环节机械化技术的集成应用与整体推进。至年末，全市农机化资金总投入1.4亿元，新增高地隙喷杆式植保机41台、零天化除施药器110台、无人植保机8台、小麦复式播种机191台，新增烘干能力1920吨。全市8个镇、常阴沙现代农业示范园区全部通过粮食生产全程机械化示范镇考核验收。12月，农业部办公厅下发《关于公布全国第二批率先基本实现主要农作物生产全程机械化示范县（市、区）名单的通知》，张家港市入选。年内，全市粮食生产耕地、种植、植保、收获、产地烘干、秸秆处理六大主要环节机械化水平分别达到100%、93.9%、100%、100%、86.6%、85.8%，粮食生产全程机械化水平达到92%。

【水稻“零天施药”技术推广】“零天施药”技术是针对机插水稻田杂草发生种类多、发生时间长、发生量大、危害程度重的特点，通过在“久保田”高速插秧机上加装CS-6C专用施药器滴施配套除草剂品种“秋之宝+垦收”，实现水稻移栽与化除同步完成的技术。张家港市从2013年起引进该项技术，通过连续五年的试验和示范，基本掌握该技术的操作要点。该项技术对机插稻田杂草防效率达到90%至100%，并具有高效率、省人工、减农药等优势。为推进该技术在全省的推广应用，促进农民增收，6月5日，江苏省植物保护植物检疫站联合拜耳公司在张家港市召开全省“零天施药”现场演示培训会。全省各地区植保站负责人、种田大户代表、农药经销商代表等200余人参加培训。在塘桥镇金村村，拜耳公司工作人员现场演示“零天施药”操作。在沙洲宾馆，拜耳公司技术专家及张家港市植保植检站分别介绍“零天施药”技术要点和应用注意事项。2017年，“零天施药”技术在全市推广应用面积1333公顷。（马静静）

无人植保飞机开展喷洒服务　（市农委　提供）

农业产业化

【概况】2017年年末，全市有各级农业产业化龙头企业51家，其中国家级1家、省级8家、苏州市级11家、张家港市级31家，省级以上龙头企业销售收入259.29亿元，利税15.51亿元，创汇803.8万美元。新增江苏善港生态农业科技有限公司为省级农业产业化龙头企业，新增张家港枫华投资管理有限公司为苏州市级农业产业化龙头企业。全市休闲观光农业企业达到41家，休闲观光农业总面积5213公顷。全年举办农业节庆活动45次，接待游客203.58万人次，综合收入4.58亿元。推广农产品直供配送、门店专卖、农超对接等模式，推广“菜市通”手机App160家，建成优质蔬菜基地直销店8家、社区配送点112家。发展农产品电子商务，建成品牌农产品网上展馆，全市农业电子商务交易额1.62亿元。10月，在首届江苏省创意休闲农业设计大赛精品展示活动中，市大新朴墅庭院生态休闲农庄的“朴墅庭院派对”获“其他衍生创意类”金奖，市凤凰文化旅游发展有限公司的“凤凰水蜜桃缤纷采摘节”获“营销与服务类”银奖。

【永联江南田园风情小镇首批入围全省旅游风情小镇创建单位】4月23日，省政府宣布首批旅游风情小镇创建单位名单，永联小镇名列其中。永联江南田园风情小镇以苏州江南农耕文化园、永联垂钓中心、永联水上乐园、江鲜美食街、永联展示馆为核心景点，年内先后举办张家港市长江鲜美食节、永联水上乐园“夏夜狂欢”，永联啤酒龙虾节、"金手指"杯厨艺大赛、新疆巩留风情节等活动。4月，永联小镇首批获"江苏省五星级乡村旅游区"称号。

【两家企业获省级创意农园称号】 7月，省农委公布2017年江苏省"主题创意农园"名单，苏州永联旅游管理有限公司的"匠心独运"珍珠湾和张家港金麦穗色拉农场有限公司的金麦穗休闲庄园榜上有名，成为全省首批主题创意农园。"匠心独运"珍珠湾成立于2010年7月，占地面积33公顷。以珍珠的养殖、观光、手工等形式为主，让游客参与农业生产，以农耕体验、土灶烹饪等亲子活动增加农园的参与性和趣味性。张家港金麦穗休闲农庄成立于2010年8月，占地面积20公顷，总投资3500万元。金麦穗休闲庄园是张家港金麦穗色拉农场有限公司多年精心打造的一个以生态种植、农产品深加工、餐饮、采摘、花圃为主的集休闲观光为一体的现代生态农业种植基地，是城乡居民休闲游玩的好去处。

【凤凰镇蜜桃人文小镇入选省农业特色小镇名录】 江苏省农委从2017年起启动"12311"创意休闲农业省级特色品牌培育计划，计划用3至5年时间培育100个农业特色小镇、200个休闲农业示范村、300个主题创意农园，构建一个全国领先的创意休闲农业互联网平台。农业特色小镇不受行政建制限制，也不同于一般的农业产业园区，规划面积一般控制在3至5平方千米，核心区在1平方千米左右。获评小镇将被纳入农业结构调整重点支持领域，在资金、政策上得到倾斜扶持。凤凰镇将现代农业科技与传统农业种植相结合，推动水蜜桃产业和旅游产业的融合发展。3月25日，2017年张家港凤凰桃花节在凤凰湖开幕。桃花节结合凤凰镇状元、进士文化，在恬庄古街推出"状元成人礼""汉服展示""古风桃花妆""十里桃花令"等活动，举办"穿越千年，寻梦凤凰"第二届凤凰山景区古装穿越节。在凤凰新城、凤凰湖、凤凰生活广场西侧足球场等区域，举办第四届凤凰湖短程马拉松赛、江苏省风筝精英赛""江南桃花里，我是钓鱼王"垂钓精英赛等活动。凤凰镇还联合旅行社，采取"景区+特色体验+特色超值礼品赠送+优惠返利"政策的方式，以"春到桃花源，万人游凤凰"为主题开展营销。桃花节期间，针对张家港当地市民推出特惠活动，凭借身份证或市民卡购买恬庄古街、河阳山歌馆门票，享受半价优惠，购票游客还可获得凤凰农家乐协会提供的美食抵用券及金凤凰温泉优惠抵用券。凤凰农家乐协会推出"凤凰老八样——春季版（十里桃花宴）"，开展"百桌桃花宴，参与赢免单"微信互动抽奖等活动。另外，面向全国，围绕凤凰新城建设、凤凰历史文化、名胜古迹、人文民俗等方面征集散文诗歌作品等。5月，凤凰镇蜜桃人文小镇入选江苏省农业特色小镇名录。 （马静静）

凤凰水蜜桃采摘 （龚晓东 摄）

农村经营管理

【概况】 2017年，全市农村村级集体稳定性收入163187万元，比上年增加5914万元；村均集体稳定性收入960万元（不含涉农社区），比上年增长3.8%。新增超2000万元村级经营项目8项，总投资2.76亿元，建设面积14.6万平方米。对符合条件的20个村，发放上台阶奖励290万元。完善村级经济惠民增长机制，切实提高村级集体经济对农民增收的带动能力。全市村集体用于村民的生活补贴、养老帮困、助学奖优、医疗保险等惠民补贴共2.64亿元，比上年增加3077万元，村级经济惠民增幅为13.2%。

农村集体资产管理　年内，全市开展农村集体"三资"（资金、资产、资源）专项治理工作，推动农村"三资"监管水平再上新台阶。全市农村集体资产总额505.42亿元，负债350.8亿元，净资产154.62亿元。其中，镇级集体资产总额311.06亿元，净资产65.86亿元；村级集体资产总额194.36亿元，净资产88.76亿元。全市完成村级阳光综合审计项目440项，总金额85.35亿元。由中介机构审计工程项目331项，送审金额58743万元，核减金额1.08亿元，核减率20.3%。

农村财务和村级公益事业管理　村级财务引入"第三方代管"机制，实行以"集中核算、中介记账、多方审核、会计驻镇、出纳委派"为特征的村级财务核算新模式，将监管权与所有权、经营权分离，有效实现村级财务全程审核，透明操作。7月，市委农工办出台《张家港市村级集体经济组织非现金结算管理办法（试行）》，全面取消现金支票使用，除慰问、救济、农村习俗等小额支出外，大额支出全部实行银行转账，日常公务支出全部使用"村务卡"刷卡支付。全市共发放"村务卡"735张，覆盖所有在职定编干部及出纳人员，提高资金管理使用

农村土地承包经营权证发放　　（王苗苗　摄）

的安全性和透明度。村务公开创新“网络+手机+电视”模式，畅通民主监督渠道。全市180个村（社区）实现微信公众号村务公开全覆盖。在塘桥镇、乐余镇试点“有线电视专频道”的村务公开，方便群众特别是老年群众打开电视，通过“智慧乡镇”菜单，就能足不出户查看村务公开情况。全市“村务卡”普及率、第三方代理记账覆盖率均为100%。全年，村级公益事业“一事一议”项目共涉及8个镇、47个村的道路、停车场、路灯和驳岸等项目，项目总预算2400.37万元，其中省和市级奖补资金1077万元。

土地承包管理　全市加强土地适度规模经营管理，注重各类新型农业经营主体培育，全年创建江苏省“百强农民合作社”1家、苏州市星级农民合作社13家、苏州市示范家庭农场9家。常阴沙现代农业示范园区联农农产品专业合作社、市善港农民专业合作社通过档案工作规范登记测评，创建为省二星级档案室。全年举办农民合作社辅导员、理事长培训班2期，培训153人次。发放新型农业经营主体奖励资金296万元。农村土地承包经营权确权登记颁证工作完成，涉及全市121个村，发放证书共102060本。

农民增收工作　规范完善合作经济，提高农民利益联结机制。全面调查合作组织运转情况，进一步规范完善“三会”运作制度和收益分配制度，不断提高社员分配比例。农村社区股份合作社股权固化改革工作总体完成，涉及169个村。全市有90个社区股份合作社进行分配，总金额15681万元。42个社区股份合作社进行股金分红，分红额为6043万元。75个土地股份合作社进行分红，总金额1.42亿元。3家富民合作社进行分红，总金额599.81万元。5月26日，市委农工办出台《张家港市农村产权流转交易管理办法》，推进市、镇两级交易系统全覆盖，并与省农村产权交易信息服务平台联网运作。7月18日，大新镇朝东圩港村通过江苏省农村产权交易信息服务平台将一处标准厂房进行在线公开出租，交易涉及厂房及土地面积1463.74平方米，成交金额为每年147328.6元。这是全市通过省级平台发布信息后实现的首例交易。全年全市在省农村产权交易信息服务平台共成交444笔，总金额10797.89万元；在苏州市农村产权交易平台上成交2593笔，总金额2.7亿元。

【厂房信息网建成】　年内，为解决招商选资工作中存在的区镇项目信息与土地厂房信息不对称的问题，为村级资源交易提供一个透明、便捷、高效的平台，市委农工办和市商务局共同建设了张家港厂房信息网。网站通过收集汇总全市范围内的村集体土地、厂房等资源信息，进行发布，打造全市招商资源管理系统。3月27日，信息网正式建成启用，设厂房租售、仓库租售、土地出让、求租信息、求购信息等功能模块。至年末，共发布各类厂房信息200余条。

【农村集体资产清产核资试点】　村集体资产清产核资工作是“三资”（资金、资产、资源）管理的基础性工作。2017年，市委农工办在塘桥镇开展清产核资试点工作。按照“统一、完整、专业、规范”的要求，查清农村集体资产状况，摸清资产存量、结构、分布和运用效益情况。引入专业测绘机构张家港市聚成测绘有限公司，对集体的不动产进行实地精准测绘，获得准确的面积和四至位置。实行农村集体资产统一编码，引入第三方，对集体资产开展清产核资专项审计，建立完整的农村集体资产地理信息系统和数据库。至年末，塘桥镇全面完成清产核资任务。2017年，塘桥镇村级集体净资产3.62亿元，村级可用财力1.36亿元，村均财力收入975万元，其中6个村可用财力超过千万元，居民人均可支配性收入34792元。

【政经分开改革试点】　为探索基层治理新模式，理顺村级职能，切实减轻村级负担，推动农村社会全面发展，8月，市委农工办出台《张家港市推进政经分开改革实施意见（试行）》，在全市试点推行政经分开。杨舍镇前溪巷村、万红村，金港镇元丰社区，锦丰镇悦来村，塘桥镇镇中社区，凤凰镇支山村，乐余镇向群村，南丰镇永联村，大新镇新闸村，双山岛旅游度假区渡口村等10个村（社区）开展试点改革工作。各试点因村制宜，加强研究，形成适合自身情况的改革方案和措施，确保试点工作完成，形成“政经分开，五位一体”的农村治理新格局，即机构职能分开、人员选举分开、议事决策分开、财务核算分开、资产管理分开。通过改革，进一步理顺农村基层治理体制，创新农村基层管理模式，加快推进农村集体经济组织转型升级。8月，南丰镇永联村率先完成。至年末，其他9个试点村也全面完成改革任务。　（侯立涛）

【编辑　陆正芳】

工业

Industry

康得新公司　（陈　勇　摄）

工业综情

冶金工业

纺织工业

食品工业

机电工业

化学工业

其他工业

新兴产业

江苏沙钢集团

扫码欣赏

《百年沙钢》

工业综情

【概况】 2017年，全市工业紧扣“两聚一高”主题，深入践行“聚焦转型”路径，优化政策引导服务，呈现高开稳走、提质增效的良好态势。但是，创新发展的内生动力还不足，在转型升级的核心要素和关键环节上突破不够，破除传统路径依赖、加快新旧动能转换更显迫切。全年规模以上工业企业（全部国有及年主营业务收入500万元以上非国有工业企业，下同）1134家完成工业产值4598.79亿元，比上年增0.6%，主营业务收入5203.48亿元，完成利税493.28亿元。规模以上工业企业按轻重工业分，轻工业企业500家，产值1022.35亿元；重工业企业634家，产值3576.43亿元。按企业规模分，大型企业28家，产值2487.09亿元；中型企业126家，产值793.51亿元；小型企业949家，产值1296.95亿元；微型企业31家，产值21.24亿元。按登记注册类型分，国有企业1家，产值2.77亿元；集体企业3家，产值2.44亿元；股份合作制企业1家，产值2795万元；有限责任公司153家，产值2173.8亿元；股份有限公司41家，产值189.58亿元；私营企业670家，产值765亿元；港澳台投资企业76家，产值457.92亿元；外商投资企业188家，产值1005.81亿元；其他企业1家，产值1.18亿元。全市工业用电量282.29亿千瓦小时，比上年增6.6%。

2017年张家港市九大工业集团一览表

表20

企业名称	所在地	企业名称	所在地
江苏沙钢集团有限公司	冶金园	张家港浦项不锈钢有限公司	冶金园
江苏永钢集团有限公司	南丰镇	华芳集团有限公司	塘桥镇
张家港康得新光电材料有限公司（张家港保税区康得菲尔实业有限公司）	保税区	江苏爱康实业集团有限公司	经开区
		江苏华昌（集团）有限公司	保税区
澳洋集团有限公司	经开区	中粮东海粮油工业（张家港）有限公司	保税区

2017年张家港市70家重点工业企业一览表

表21

企业名称	所在地	企业名称	所在地
江苏骏马集团有限责任公司	经开区	丰田合成（张家港）科技有限公司	保税区
道康宁（张家港）有限公司	保税区	苏州天沃科技股份有限公司	保税区
佐敦涂料（张家港）有限公司	保税区	江苏银河电子股份有限公司	塘桥镇
长江润发集团有限公司	保税区	张家港中集圣达因低温装备有限公司	保税区
江苏现代威亚有限公司	凤凰镇	张家港富瑞特种装备股份有限公司	经开区
苏州海陆重工股份有限公司	经开区	张家港保税区保点标签有限公司	保税区
陶氏化学（张家港）有限公司	保税区	苏州欣荣博尔特医疗器械有限公司	冶金园
张家港沙洲电力有限公司	冶金园	攀华集团有限公司	保税区
江苏张家港酿酒有限公司	保税区	盛禧奥聚合物（张家港）有限公司	保税区
江苏长顺集团有限公司	保税区	江苏永能光伏科技有限公司	经开区
张家港华兴电力有限公司	经开区	江苏艾迪尔医疗科技股份有限公司	冶金园
江苏梁丰食品集团有限公司	经开区	张家港友诚新能源科技股份有限公司	塘桥镇
张家港协鑫集成科技有限公司	经开区	麦格纳电子（张家港）有限公司	经开区
液化空气（张家港）工业气体有限公司	冶金园	江苏东渡纺织集团有限公司	经开区
森田新能源材料（张家港）有限公司	保税区	苏州晶樱光电科技股份有限公司	凤凰镇
张家港市易华塑料有限公司	经开区	张家港扬子江石化有限公司	保税区
天宇羊毛工业（张家港保税区）有限公司	保税区	东熙汽车配件（张家港）有限公司	经开区
张家港保税区长源热电有限公司	保税区	天齐锂业（江苏）有限公司	保税区
索尔维（张家港）精细化工有限公司	凤凰镇	江苏长园华盛新能源材料有限公司	保税区
江苏宏宝集团有限公司	大新镇	江苏沙印集团有限公司	冶金园
江苏华大离心机股份有限公司	经开区	那智不二越（江苏）精密机械有限公司	经开区

续表21

企业名称	所在地	企业名称	所在地
江苏金帆电气集团有限公司	经开区	顺德工业(江苏)有限公司	保税区
江苏鹿港文化股份有限公司	塘桥镇	PPG涂料(张家港)有限公司	保税区
瓦克化学(张家港)有限公司	保税区	江苏新芳科技集团股份有限公司	大新镇
江苏中核利柏特股份有限公司	保税区	双狮(张家港)精细化工有限公司	保税区
南港(张家港保税区)橡胶工业有限公司	保税区	江苏新美星包装机械股份有限公司	经开区
苏州金鸿顺汽车部件有限公司	经开区	江苏金陵体育器材股份有限公司	南丰镇
张家港爱丽塑料有限公司	冶金园	江苏华程工业制管股份有限公司	塘桥镇
江苏飞翔化工股份有限公司	凤凰镇	江苏申港锅炉有限公司	经开区
霍尼韦尔特性材料和技术(中国)有限公司	保税区	华奇(张家港)化工有限公司	保税区
苏州龙杰特种纤维股份有限公司	经开区	江苏海狮机械集团有限公司	乐余镇
张家港市广大机械锻造有限公司	凤凰镇	张家港欣欣高纤股份有限公司	保税区
泰柯棕化(张家港)有限公司	保税区	华灿光电(苏州)有限公司	经开区
马尼托瓦克起重设备(中国)有限公司	经开区	张家港新东旭纺织印染有限公司	塘桥镇
张家港恩斯克精密机械有限公司	经开区	张家港联合铜业有限公司	冶金园

【工业投入】 2017年,张家港市工业投入总量继续保持苏州各市(区)第一,累计实施工业项目737项,完成工业投入工作量374.79亿元,比上年减2.82%。其中,传统产业完成投入工作量83.44亿元,占全市工业投入总量的22.26%;新兴产业完成投入工作量291.35亿元,占全市工业投入总量的77.74%。在建1亿元以上项目71项,完成投入工作量156.91亿元,占全市工业投入总量的41.87%。其中,5亿元以上项目16项,完成投入工作量98.98亿元,占全市工业投入总量的27.62%。在建技术改造项目678项,计划总投资368.47亿元,完成投资274.49亿元,占工业投资的73.24%;新建项目59项,完成投资100.3亿元。张家港保税区、张家港经济技术开发区、江苏扬子江国际冶金工业园投资占全市投资的比重超过70%。其中,工业投资284.26亿元,占全市的75.84%;技改投资196.11亿元,占全市的71.44%;新兴产业投资220.1亿元,占全市的75.54%。累计实施超1亿元项目53项(其中保税区29项、经开区和冶金园各12项),占全市超1亿元项目总数的74.65%;完成投资额133.48亿元(其中保税区58.75亿元、经开区28.08亿元、冶金园46.65亿元),占全市超1亿元项目投资额的85.07%。

【转型升级】 年内,全市加快"两化融合"步伐,全年新增省级"两化融合"管理体系贯标试点企业1家,累计8家;新增省两化深度融合(互联网与工业融合创新)示范工程示范企业1家,累计2家;新增省两化深度融合示范工程试点企业3家,累计5家。新增苏州市"两化融合"示范企业6家,累计23家;新增苏州市"两化融合"试点企业9家,累计44家。累计创建国家级"两化融合"管理体系贯标试点企业3家,通过评定1家。江苏省"双软"(软件企业和软件产品)认定企业2家。推进沙钢集团1号、2号烧结烟气余热回收、永钢集团80兆瓦高温高压中间带再热发电机组、沙洲电力1号机组汽轮机通流改造及冷端优化等20个节能和循环经济项目,全年完成投资8.5亿元;淘汰电动机、风机、水泵等落后高耗能生产设备350台套;全年完成清洁生产审核企

江苏海狮机械集团有限公司 (乐余镇 提供)

业4家。推进"腾笼换凤"，关停落后企业136家，关停化工企业58家，盘活利用存量土地超133公顷。

【先进制造产业领跑计划】 年内，市经信委深入推进《张家港市先进制造产业领跑计划实施意见》，坚持问题导向、精准发力，主动对接冶金、纺织等重点传统产业，深入骨干企业，制定契合企业需求的"一企一策"，全方位支持企业创新转型发展。全面对接摸排项目，将总投资289亿元的138个项目纳入2017年度先进制造产业重点技改项目，加强督察督办，推动项目建设提速。至年末，128个项目开工，项目竣工投产后预计可新增销售540亿元、利润90亿元、税金30亿元。其中，93个项目为智能制造类项目，主要包括沙钢集团智能化转炉电炉炼钢系统、智能化线材生产线、决策支持与综合管理系统，永钢集团系统建立及优化、棒材四厂智能车间、炼钢二厂智能车间建设，康得新公司年产1.02亿平方米先进高分子膜材料，银河电子公司新能源汽车关键零部件产业化，江苏艾迪尔医疗科技股份有限公司年产200万件骨科康复医疗器械技术改造，江苏国泰超威新材料有限公司年产2800吨电子化学品，江苏长园华盛新能源材料有限公司年产5100吨动力锂电池电解液添加剂，华芳金田纺织有限公司托盘式自络筒自动化改造、纺纱车间更换智能新型高效设备，东渡纺织集团ERP纺织服装生产供应链大数据平台等项目。抓好重点用能大户的能源消费控制，沙钢集团、永钢集团、张家港新东旭纺织印染有限公司、南港（张家港保税区）橡胶工业有限公司和张家港欣欣高纤股份有限公司等5家企业能耗消费总量合计下降17.3万吨标准煤。经开区、永钢集团创建为国家级绿色园区和绿色工厂。对21家企业的40种新产品进行扶持，其中扶持金额在100万元以上的有11家，包括张家港国泰华荣化工新材料有限公司"高比容量锂电池电解液"项目，苏州海陆重工股份有限公司有色冶炼熔炼炉余热锅炉、"华龙一号"核级压力容器及其堆内构件项目等。　（邵　玲）

冶金工业

【概况】 2017年，全市规模以上冶金工业企业完成工业总产值2083.7亿元，比上年增27.7%，占全市规模以上工业总产值的45.3%。其中，黑色金属冶炼和压延加工企业44家，完成工业总产值1921.26亿元；有色金属冶炼及压延加工企业30家，完成工业总产值162.44亿元。有4家企业年销售收入超100亿元。沙钢集团（本部）全年完成销售收入1389.58亿元，比上年增33.14%；实现利税179.47亿元，比上年增239.68%。永钢集团全年完成销售收入396.01亿元，比上年增36.89%；实现利税63.7亿元，比上年增281.73%。张家港联合铜业有限公司完成销售收入205.99亿元，比上年减3.65%；实现利税1.11亿元，比上年增120.78%。张家港浦项不锈钢有限公司完成销售收入174.48亿元，比上年增20.84%。实现利税12.76亿元，比上年增54.42%。全年冶金工业完成投资38.89亿元，占全市的10.64%，比上年增48.57%。

2017年张家港市规模以上冶金企业主要产品产量情况表

表22

产品名称	年产量（万吨）	比上年增长率（%）
钢材	3576.85	7.60
其中：钢筋	838.59	16.10
线材（盘条）	808.08	17.80
冷轧薄宽钢带	314.67	5.50
铜材	2.51	-15.70
铝材	7.49	6.00

2017年张家港市冶金企业投入1亿元以上竣工项目情况表

表23

企业名称	项目内容	项目类别	总投资（万元）	竣工时间
江苏沙钢集团有限公司	135兆瓦燃气发电项目	内资技改	35000	6月
张家港中美超薄带科技有限公司	年产50万吨超薄带项目	内资技改	65419	12月

【永钢集团PC构件项目启动】 2017年，在国内生产总值增速提升，下游基础设施建设、汽车、机械制造等领域景气指数提升，取缔"地条钢"等多种因素作用下，江苏永钢集团有限公司累计实现销售收入约400亿元，利税64亿元。出口钢材140.6万吨，累计出口国家和地区增加到105个，其中"一带一路"沿线国家和地区29个。全年开发新产品102种，其中普钢8种、优钢44种、特钢50种。特种焊丝用钢P91的开发，填补国内空白。P92连铸圆坯的开发，打破行业内长期以"模铸—锻圆—钢管"为主的生产模式，解决了模铸材产能低、成本高的瓶颈问题。超低硬度免退火10B21冷镦钢等4种产品被认定为江苏省高新技术产品。多种产品通过中国船级社等15项二、三方认证。在2017年中国中铁、中国建筑、中国交建、中国电建、中国能建等央企开展的全国热轧带肋钢筋生产企业综合评级活动中，永钢集团获轧带肋钢筋AAA级企业证书。集团启动PC（预制混凝土）构件项目建设，一期总投资1.6亿元，占地面积5.67公顷，设计总产能15万立方米PC构件，主要产品包含预制墙板、预制楼板、预制楼梯、预制叠合阳台板。在上海成立上海永钢实业有限公司、上海秋晟资产管理有限公司两家金融公司，并与永钢集团香港公司、永钢集

团新加坡公司等组建成永钢投融公司，至年末实现利润3.7亿元。重组联峰金盾智能科技有限公司，分别与杭州海康威视数字技术股份有限公司、华为技术有限公司进行战略合作，提供信息化、智能化整体解决方案。

【联合铜业公司电铜产量创历史新高】2017年，张家港联合铜业有限公司抓住市场机遇，实现销售收入206亿元，利税1亿余元。实现电铜产量29.53万吨，其中阳极铜产量18.44万吨，创历史新高。该公司推行卓越绩效管理，加强各岗位的检查与考核，把生产技术指标完成情况与当月绩效工资挂钩。精炼车间在各工段开展单炉产量台阶赛、重油单耗和炉时对抗赛，对每个工段实行单炉考核，当月兑现。通过对阳极炉进行自动化控制系统升级改造，将重油全氧燃烧、烟气在线控制全部实现自动化、机械化操作，不断改善一线工人的现场作业环境，降低劳动强度，单炉产量均在220吨以上，阳极炉小修炉次达到132炉次以上，中修炉次超过200炉次。阳极炉重油单耗、阴极铜综合加工成本在同行业中处于领先水平，阳极炉各项技术指标均超过历史最好水平。该公司大力开拓杂铜市场，国内原料客户数比上年增30%；发挥具有铜原料自营进口的优势，根据国内外市场差价，国外进口量44227.6吨，比上年增20.52%。

（陈　洋　黄伟城　何增丁　徐永方　杨学文）

纺织工业

【概况】2017年，全市规模以上纺织工业企业完成工业总产值593.88亿元，比上年减3.3%，占全市规模以上工业总量的12.9%。其中，棉纺织、毛纺织、丝织、印染等纺织企业240家，完成工业总产值308.83亿元；纺织服装、服饰制造企业62家，完成工业总产值68.65亿元；化学纤维制造企业35家，完成工业总产值216.4亿元。全年有10家企业销售收入超10亿元。其中，华芳集团超100亿元，全年完成销售收入122.53亿元，居榜首；其次为澳洋集团81.09亿元、骏马集团80.12亿元、张家港欣欣高纤股份有限公司28.51亿元、江苏东渡纺织集团26.29亿元、江苏鹿港科技股份有限公司25.17亿元、张家港保税区天宇毛纺有限公司21.39亿元、江苏沙印集团有限公司21.15亿元、苏州龙杰特种纤维股份有限公司14.87亿元、张家港新东旭纺织印染有限公司10.38亿元。全年纺织工业投入39.52亿元，占全市的10.54%，比上年增30.04%。

2017年张家港市规模以上纺织企业主要产品产量情况表

表24

产品名称	单位	年产量	比上年增长率(%)
化学纤维	万吨	52.80	-15.50
其中：合成纤维	万吨	37.73	-3.30
布	万米	23284.40	0.80
印染布	万米	23775.90	-44.90
帘子布	万吨	10.25	10.30
毛机织物(呢绒)	万米	6074.30	-25.40
服装	万件	14345.91	-20.10

【澳洋男装全国财富峰会举行】9月11日，“未来已来，睿者先行”澳洋男装全国财富峰会在市举行，江苏省纺织工业协会会长谢明，省服装协会会长郁冰及全国各地300余名澳洋男装合作商参加会议。会上举行签约仪式，10位加盟商成功签约，成为澳洋男装的新合作伙伴。江苏澳洋纺织实业有限公司以终端品牌产品、精品面料、职业服装、中国香港公司贸易业务为主要发展方向，全年生产面料585万米、西服30万套、衬衫25万件。为扩大市场影响，树立澳洋品牌形象，公司推进澳洋男装连锁店开发，已在全国设立100余家门店，覆盖江苏、甘肃、河南等地区。此次举办财富峰会，扩大品牌影响力，公司2017年实现营业收入4519万元，比上年增117%。

【金陵纺织公司研发新型纺织面料】张家港市金陵纺织有限公司是一家专业从事高新特色、时尚色织面料研发、生产和销售的企业，成立于1974年，下设2个海外研发销售公司、3个分厂、1个纺织品开发研究所和1个中美合资的生物化工公司，是国家色织产品开发基地、江苏省非物质文化遗产雷沟大布传承单位，获全国版权示范单位、江苏省高新技术企业等荣誉。公司是Polo Ralph Lauren、Calvin Klein、Tommy等国际著名服装品牌的主要合作伙伴，年生产能力分别为色织布3500万米、纱线3500吨、面料2500万米、整理3500万米、服装80万套，远销美国、欧洲、日本和中东地区。2017年销售额4.5亿元。近年，公司与意大利纺织专家开展合作，开发天然植物染料，解决了植物染料的色牢度问题，生产环保型系列面料，形成防水、防油、防菌、除臭、阻燃、抗紫外线等功能性系列产品。至2017年年末，生产销售新型纺织面料1200万米。

【中孚达公司填补牦牛绒条产品空白】江苏中孚达科技股份有限公司是一家专注于特种动物纤维绒条、纱线及其制成品的生产、研发及其销售的企业，成立于2010年4月，是国内唯一一家能采用毛精纺系统对短绒类动物纤维进行精梳制条和高支化纺纱的企业。该公司是江苏省高新技术企业、江苏省民营科技企业，先后与沙洲职业工学院、江南大学、武汉纺织大学、北京理工大学合作研发，拥有发明专利7项、实用新型专利6项、外观专利6项，有高新技术产品8种，曾获中国纺织工业联合会科学技术进步二等奖、中国商业联合会全国商业科技进步三等奖、苏州市技术发明奖二等奖，先后成立苏州市工程中心、苏州市企业技术中心、江苏省企业研究生工作站、国家“千人计划”工作站等4个研究机构，参与制定行业标准1项。该公司不仅羊绒、驼绒和马海毛技术属业内领先，2012年，自主研发出世界上第一台牦牛绒成条设备，并申请国家专利。生产的精梳牦牛绒条和短山羊绒条、长度100纳米以上超短绒纯纺精梳高支纱、长度200纳米短羊绒纯纺机织围巾等产品填补了国内空白。精纺围巾与国内知名企业如雅莹、雅迪思、之禾、例外等一线女装品牌商建立长期合作关系，并且产品远销韩国、日本、意大利、美国等国家。2015年10月14日，该公司在“新三板”挂牌交易，证券代码“833705”。2017年，启动微商城项目，注册微信公众号“WOOLIFE绒品世家”，开启微商城销售及团购项目，推广“WOOLIFE”品牌。年实现销售近8000万元，其中外销52.51万美元，利税324万元。

（陈　洋　黄伟城　何增丁　邱亚峰　徐永方）

食品工业

【概况】 2017年，全市规模以上粮油食品工业企业完成工业总产值226.94亿元，比上年增9.3%，占全市规模以上工业总量的4.9%；完成销售收入263.83亿元，比上年增23.3%；实现利税8.32亿元，利润7.09亿元，分别比上年增31.7%和60.2%。其中，有规模以上农副食品加工企业9家，完成工业总产值214.64亿元；食品制造企业4家，完成工业总产值5.39亿元；酒、饮料和精制茶制造企业1家，完成工业总产值6.92亿元。全市食品行业中，销售收入超1亿元企业8家，其中3家企业的销售收入超过10亿元，中粮东海粮油工业（张家港）有限公司销售收入超过167亿元，益江（张家港）粮油工业公司销售收入超过40亿元，路易达孚（霸州）饲料蛋白有限公司张家港分公司销售收入近27亿元。

2017年张家港市规模以上粮油食品企业主要产品产量情况表

表25

产品名称	单位	产量	比上年增长率（%）
精制食用植物油	万吨	110.36	12.10
小麦粉	万吨	20.59	−1.30
饲料	万吨	94.57	−2.60
乳制品	万吨	2.68	−1.50
糖果	吨	5218	−3.40
黄酒	万千升	5.84	2.40

【乐口福食品厂传承拖炉饼等地方传统美食】 市乐口福食品厂成立于1970年，原是沙洲县商业局直接领导的国营企业。20世纪90年代转制后，成为个人独资企业，在保税区（金港镇）袁家桥村建有生产基地。员工团队以原乐口福食品厂、原后塍光明食品厂的资深师傅和熟练职工为主体。至2017年，市乐口福食品厂发展为制造、加工、销售及科学质量管理体系的现代化食品企业。该厂坚持传承张家港市美食特色，其产品具有杨舍、后塍两大古镇传统食品的韵味。生产的拖炉饼、马蹄酥、麻糕、雪片糕、油雪枣、香脆饼等，是影响深远的地方传统美食。乐口福经营的品种有蛋糕类4种，糕点类6种，糖果类7种，苏式、广式月饼类多种，已形成“凯灵”“鹿鸡”两大品牌，在无锡、南通、张家港、江阴的超市中均有销售，在张家港百信超市有专柜销售。2017年营业收入120万元。

【阿胡斯卡尔斯油脂公司开业】 9月8日，阿胡斯卡尔斯油脂（张家港）有限公司在张家港保税区举行开业仪式，这是阿胡斯卡尔斯集团在中国的首个生产基地。阿胡斯卡尔斯集团总部设在瑞典马尔默，是欧洲最大、最专业的特种植物油脂等食品配料和食品添加剂生产商，生产的特种油脂占欧洲市场的50%，有近150年历史，下属企业遍布全球7个国家。在张家港保税区新建的特种油脂生产加工基地用地6.67公顷，投资总额9000万美元，年产15万吨食品配料，产品广泛应用于糖果巧克力、烘焙食品、婴幼儿配方奶粉、乳制品等领域。至年末，公司主营业务收入4.76亿元。

（赵学菲　邱亚峰）

机电工业

【概况】 2017年，全市规模以上机电工业企业完成工业总产值717.93亿元，比上年增8.5%，占全市规模以上工业总量的15.6%。行业中主要涉及化工压力容器制造、锅炉及锅炉附件制造、汽车及零部件、输变电设备、机床及精密机械制造、建筑机械、吊装机械、环保机械、洗涤及分离机械制造、纺织机械、医疗机械、电子类等众多门类。通过多年发展，全市机电行业形成明显的集群特色，主要有以保税区（金港镇）和经开区（杨舍镇）为中心的高端机械制造工业园，以乐余镇为中心的汽车及汽车零配件生产集群地，以冶金园（锦丰镇）三兴办事处为主的塑机、饮机生产集群地，以大新镇为中心的五金工具生产集群地和以塘桥镇为中心的纺机生产集群地等特色较为明显的产品和企业集群。全年有8家企业销售收入超10亿元，其中江苏爱康实业集团有限公司54.53亿元、江苏长江润发集团有限公司52.49亿元、张家港富瑞特种装备股份有限公司17.42亿元、威亚汽车配件（张家港）有限公司15.21亿元、江苏永能光伏科技有限公司13.7亿元、市广大机械锻造有限公司14.15亿元、苏州天沃科技股份有限公司12.54亿元、苏州海陆重工股份有限公司10.64亿元。全年机电工业累计完成投资154.38亿元，占全市的41.19%，比上年减17.87%。

2017年张家港市规模以上机电企业主要产品产量情况表

表26

产品名称	单位	产量	比上年增长率(%)	产品名称	单位	产量	比上年增长率(%)
电动手提式工具	万台	237.01	60.60	滚动轴承	万套	8778.00	5.70
电力电缆	万千米	1.15	-23.00	锂离子电池	万只	12116.54	-4.80

2017年张家港市机电企业投入1亿元以上竣工项目情况表

表27

企业名称	项目内容	项目类别	总投资(万元)	竣工时间
张家港华夏再制造产业投资发展有限公司	标准型厂房项目	内资新建	40000	5月
张家港协鑫光伏电力有限公司	玖隆物流35兆瓦屋顶分布式光伏发电项目	内资技改	20438	6月
华灿光电(苏州)有限公司	LED外延132万片、LED芯片6310亿颗三期扩产项目	内资技改	122311	10月
江苏天鹏电源有限公司	年产6亿AH动力锂电池及模组项目	内资技改	28037	12月
苏州晶樱光电科技股份有限公司	扩产至2吉瓦太阳能电池硅片项目	内资技改	20300	12月

【上海锅炉厂申港制造基地揭牌】 6月22日，上海锅炉厂有限公司申港制造基地颁证签约及揭牌仪式在江苏申港锅炉有限公司厂区内举行。江苏申港锅炉有限公司成立于1985年，是江苏省高新技术企业、民营科技企业、省级技术中心企业。经过30余年的发展，已形成覆盖锅炉、化工装备、承压管道、环保设备四大产业的发展格局，是中国最大的锅炉零部件生产基地之一，年加工金属8万余吨，2017年实现销售4.71亿元。上海锅炉厂有限公司是中国最早创建的锅炉制造企业，经过60余年的发展，已成为电站锅炉及成套、大型重化工设备、电站环保设备以及特种锅炉、锅炉改造、建筑钢结构等产品和服务的重要提供商之一。申港锅炉公司与上海锅炉厂合作建立制造基地，通过建立完善的制造基地运营评价体系，开展技术、采购、制造等全方位的业务协作与管理，实现合作双方的资源互补与效率优化，全面提升管理水平和竞争优势。

【科堡科技公司成立暨新品发布活动】 6月16日，张家港中天精密模塑有限公司投资的科堡科技(江苏)有限公司举行成立仪式暨新品发布会。中央电视台纪录片《匠心——走进张家港中天》同时开机。张家港中天精密模塑有限公司成立于2004年6月，是一家专业为汽车精密零部件、电动工具、医疗产品、运动器材配套开发模具、注塑件的高新技术企业，是德国博世、德国博泽、法国迪卡侬、长城汽车等知名企业的长期优质供应商。子公司科堡科技公司专业研发、生产、销售智能坐便器、一体式智能马桶，已建成智能自动化生产线1条，年产量10万套，2017年营业收入2000万元。

【天沃科技研制国内首套百万等级蛇形管集箱式高压加热器】 6月15日，随着满载广东陆丰甲湖湾电厂(2×1000兆瓦)超超临界燃煤汽轮发电机组项目8台高压加热器的货轮驶离张家港港，标志着由苏州天沃科技股份有限公司自主研发、设计、制造，具有完全自主知识产权的全国首

苏州天沃科技股份有限公司总部　　(保税区　提供)

套百万等级超超临界机组蛇形管集箱式高压加热器全套设备实现交付。现代大型火力发电机组的高压加热器主要有两种结构形式，即U形管管板式和蛇形管集箱式。中国电站中应用最广泛的是U形管管板式高压加热器，2014年开始，逐渐开始采用蛇形管集箱式高压加热器，但中国厂家不能够完全自主掌握蛇形管集箱式加热器设计技术。针对这一技术及市场的空白，天沃科技公司在2013年着手布局，依托重装板块的装备、制造实力，整合中国领先的核电和火电机组大型压力容器及换热器核心技术，率先研发、制造中国首套超超临界机组蛇形管集箱式高压加热器。蛇形管高压加热器研发设计团队攻克了新型高压加热器整体布置、材料选择、结构设计、热力计算、阻力计算、振动计算等关键问题，实现由技术研发到设计定型的稳步跨越。2015年3月签订陆丰甲湖湾电厂高压加热器合同，2016年4月第一批材料回厂，2017年6月15日实现发货，按时完成首套蛇形管高压加热器全部制造任务。

（陈　洋　黄伟城　何增丁　蔡惠兴　苏仁兴）

化学工业

【概况】 2017年，全市规模以上化学工业企业完成工业总产值790.6亿元，比上年增20.2%，占全市规模以上工业总量的17.2%。其中，石油加工、炼焦企业1家，完成工业总产值7961万元；化学原料及化学制品制造企业105家，完成工业总产值626.36亿元；橡胶和塑料制造企业70家，完成工业总产值117.78亿元。全年有14家企业销售收入超10亿元，其中江苏华昌（集团）有限公司92.8亿元、东华能源股份有限公司37.33亿元、道康宁（张家港）有限公司32.91亿元、索尔维（张家港）精细化工有限公司26.39亿元、江苏长顺集团有限公司21.5亿元、盛禧奥聚合物（张家港）有限公司21.38亿元、佐敦涂料（张家港）有限公司20.76亿元、道康宁（张家港）有机硅有限公司19.71亿元、泰柯棕化（张家港）有限公司17.52亿元、瓦克化学（张家港）有限公司14.76亿元、陶氏化学（张家港）有限公司12.92亿元、双狮（张家港）精细化工有限公司12.32亿元、南港（张家港保税区）橡胶工业有限公司10.36亿元、雅仕德化工（江苏）有限公司10.03亿元。全年化学工业累计完成投资71.95亿元，占全市的19.2%，比上年增24.37%。

2017年张家港市规模以上化工企业主要产品产量情况表

表28

产品名称	单位	年产量	比上年增长率（%）	产品名称	单位	年产量	比上年增长率（%）
硫酸（折100%）	万吨	198.05	6.80	化学农药原药（折有效成分100%）	吨	9800.00	10.20
纯碱（碳酸钠）	万吨	63.98	3.00	塑料制品	万吨	46.37	22.80
合成氨（无水氨）	万吨	68.26	6.40	水泥	万吨	300.08	—
农用氮、磷、钾化学肥料（折纯）	万吨	35.70	8.50	商品混凝土	万立方米	250.20	4.70

2017年张家港市化工企业投入1亿元以上竣工项目情况表

表29

企业名称	项目内容	项目类别	总投资（万元）	竣工时间
盛禧奥石化（张家港）有限公司	年产7.5万吨ABS改扩建项目	外资技改	25702	3月
PPG涂料（张家港）有限公司	年产4.2万吨水性树脂和1.8万吨粘胶剂扩建项目	外资技改	26442	8月
陶氏益农农业科技（江苏）有限公司	年产1万吨高效安全环境友好型除草剂项目	外资技改	15881	10月

【芬美意香料公司生产基地奠基】 3月24日，芬美意香料（张家港）有限公司生产基地举行奠基仪式。项目分两期进行建设，一期项目投资7500万美元，项目占地面积6公顷，年产2.5万吨食用香精香料。二期用地面积4.5公顷，计划逐步增产到3.5万吨。芬美意集团是全球最大的从事香精原料研究和生产的公司，1895年成立，总部位于瑞士日内瓦，在全球64个国家设有分公司，26个国家设有生产设施，设有3个研发中心，曾获得1项诺贝尔奖和9项国际大奖，拥有1800余项专利技术，主要从事生产和销售天然芳香精油、芳香化学产品、食用香精、烟用香精等，占全球市场份额的14%。

【盛禧奥石化公司迈纯ABS生产线上线】 11月21日，盛禧奥石化（张家港）有限公司迈纯ABS生产线揭幕。盛禧奥公司是全球领先的材料解决方案供应商，在世界各地拥有16个制造基地，生产塑料、胶粘剂和橡胶。产品跨越众多终端市场，被广泛应用于各个领域，包括汽车、家电、医疗、照明、电器、建材等。该生产线项目总投资3500万美元，注册资本1400万美元，采用本体聚合工艺生产。生产的ABS树脂是一种强度高、韧性好、易

江苏华昌化工股份有限公司气化车间　（华昌集团　提供）

于加工成型的热塑型高分子材料。树脂性能优越，相比市场上其他ABS树脂，具有高度的稳定性及优异性能，可以为注塑成型、板材和型材挤出等应用，自行着色的工序还可节省成本，同时为终端产品提供持久优异的美学效果。生产线启动后，可年产迈纯ABS树脂7.5万吨。

【华昌集团3个大项目竣工】2017年，江苏华昌（集团）有限公司转型升级重大项目稳步推进。由集团公司下属核心企业江苏华昌化工股份有限公司、市华瑞危险废物处理中心有限公司、市恒昌投资发展有限公司、市华昌建筑工程有限公司共同投资组建的年处理1.65万吨淮安华昌固废焚烧处置项目在淮安（薛行）循环经济产业园完成土建和设备安装，进入项目验收及经营许可证申领工作。下属张家港市华瑞危险废物处理中心有限公司三期年处理1.5万吨焚烧扩建项目及医疗废物高温蒸煮项目于10月末完成建设，11月13日取得经营许可证后投入运行。下属苏州和鑫电气股份有限公司漕湖新工厂建设完成，8月完成整体搬迁。江苏华昌化工股份公司原料结构调整二期及新戊二醇项目，设备已全部安装就位，进入调试阶段；加氢站和氢气充装站项目已向政府部门申请立项。

（陈　洋　黄伟城　何增丁　陈饶忠　邱亚峰）

其他工业

【概况】2017年，全市工业除冶金、纺织、食品、机电、化工行业外，还有其他行业类别的规模型企业68家，全年完成工业总产值185.74亿元，占全市规模以上工业总量的4%。其中，有造纸及纸制品企业11家，完成工业总产值18.31亿元；皮革、毛皮、羽毛及其制品和制鞋企业4家，完成工业总产值2.36亿元；家具制造企业3家，完成工业总产值7900万元；文教、工美、体育和娱乐用品制造企业19家，完成工业总产值39.08亿元；印刷和记录媒介复制企业13家，完成工业总产值13.34亿元；废弃资源综合利用企业5家，完成工业总产值6.96亿元；燃气生产和供应企业2家，完成工业总产值48.43亿元；水的生产和供应企业3家，完成工业总产值3.91亿元；电力、热力生产和供应企业6家，完成工业总产值51.58亿元。全年完成投资69.05亿元，占全市的18.42%，比上年减16.4%。

2017年张家港市其他工业企业投入1亿元以上竣工项目情况表

表30

企业名称	项目内容	项目类别	总投资（万元）	竣工时间
张家港帝冠科技有限公司	PVC地板、合成地板、合成材料生产项目	内资新建	28000	8月
张家港沙洲电力有限公司	一号机组汽轮机通流改造及锅炉烟气余热回收利用改造项目	内资技改	11200	8月
江苏宝田新型材料科技股份有限公司	涤纶塑料综合回收再生改性利用项目	内资技改	28876	12月

【电力工业】2017年，全市共有省调电力生产企业2家，装机运行容量4040兆瓦；地方（热）电力生产企业13家，装机运行容量1067.65兆瓦；分布式光伏发电容量136.14兆瓦。运行的2家省调电力生产企业中，张家港沙洲电力有限公司两台630兆瓦机组完成发电量67.57亿千瓦小时，上网电量63.98亿千瓦小时，供电标准煤耗为每千瓦小时298.76克，两台1000兆瓦机组完成发电量35.89亿千瓦小时，上网电量34.2亿千瓦小时，供电标准煤耗为每千瓦小时284.49克，共实现售电收入32.64亿元，利润3.2亿元，入库税金6309万元；张家港华兴电力有限公司两台390兆瓦燃气机组完成发电量25.8亿千瓦小时，上网电量25.31亿千瓦小时，实现售电收入12.8亿元，利润5000万元，入库税金1.4亿元。全市地方热电生产企业（含分布式光伏发电项目）拥有供热管网380.6千米，供热量3225.2万吉焦，发电量59.27亿千瓦小时，其中上网电量6.59亿千瓦小时，自发自用电量45.44亿千瓦小时，综合厂用电量7.24亿千瓦小时。全市有2家燃煤地方热电企业停运。其中，江苏苏化集团张家港有限公司热电厂于12月15日正式从电网解列；江苏中鼎化学有限公司热电机组于12月20日关

2017年张家港市(热)电力企业基本情况表

表31

(热)电厂名称	发电机组			锅炉		
	单机功率(兆瓦)	台数	合计(兆瓦)	额定蒸发量(吨/小时)	台数	合计(吨/小时)
张家港沙洲电力有限公司	630.00	2	1260.00	1913	2	3826
	1000.00	2	2000.00	3100	2	6200
张家港华兴电力有限公司	390.00	2	780.00	280	2	560
张家港保税区长源热电有限公司	35.00	2	70.00	220	4	880
张家港永兴热电有限公司	15.00	2	30.00	100	3	300
张家港市印染厂(合兴热电厂)	6.00	2	12.00	50 65	1 2	180
江苏沙钢集团资源综合利用热电厂	50.00	4	200.00	220	4	880
	50.00	4	200.00	78	4	312
	135.00	2	270.00	400	2	800
	16.20	2	32.40	120	2	240
江苏中鼎化学有限公司	0.75	1	0.75	20	1	20
江苏富淼科技股份有限公司	4.50	1	4.50	75	2	150
张家港浩波热电有限公司	6.00	1	6.00	35	2	70
张家港骏马涤纶制品有限公司热电厂	15.00	2	30.00	130 150	2 1	410
双狮(张家港)精细化工有限公司	50.00 30.00	2 1	103.00	165 26	2 1	356
张家港市大新热电有限公司	6.00	1	6.00	35	2	70
江苏苏化集团张家港有限公司热电厂	6.00 12.00	1 3	42.00	75	4	300
江苏华昌化工股份有限公司热电厂	12.00 25.00	2 1	49.00	75 130	3 2	485
张家港金州再生能源有限公司	6.00	2	12.00	24	3	72
分布式光伏发电项目	—	—	136.14	—	—	—

停,相关人员安置和现场拆除工作已基本完成,并于12月29日通过江苏省能源局关停现场核查。

【新型墙材生产】 2017年,全市有新型墙体材料生产企业8家,主要企业有张家港市华诚新型建筑材料有限公司、江苏亿大新型墙体材料有限公司、张家港市新乘建材制造有限公司、张家港恒安轻质墙体材料厂、张家港市富丽康建材科技有限公司等。墙体材料年生产能力6亿块标砖,实际产量1.47亿块标砖,其中新型墙体材料产量1.45亿块标砖,占墙材总量的98.6%。生产新型墙体材料与生产传统的烧结黏土砖相比,相当于节约土地15.95公顷,节约能源8990吨标准煤,减少二氧化硫排放21吨,减少二氧化碳排放2.32万吨。全年生产新型墙体材料利用工业固体废渣11.546万吨。全年城镇房屋使用新型墙体材料建筑竣工面积268.8万平方米,新墙材建筑比例为93.4%。

【沙洲电力公司二期项目运行】 张家港沙洲电力有限公司二期“上大压小”建设两台100万千瓦超超临界燃煤发电机组项目,2013—2016年连续4年列入省、苏州市及张家港市三级重点建设项目。项目于2015年5月获批,6月开工建设。工程建设进展顺利,2017年工程安全、质量、进度、投资均处于受控状态。两台100万千瓦发电机组分别于2017年7月30日18时16分、9月21日22时6分 通过168小时满负荷试运行,投入商业运行。配套建设的500千伏送出工程同步投入运行,一个10万吨级码头泊位投入试运行。至2017年年末,工程完成投资70.9亿元，完成总投资额的99.86%。

【沙钢135兆瓦燃气发电项目完工启用】 江苏沙钢集团有限公司建设两台135兆瓦超高压全燃煤气发电机组项目，是《张家港市资源综合利用发电规划（2014—2018年）》的重点项目。项目由江苏省发展改革委核准建设，总占地面积4.62万平方米，总投资8.4亿元，建设2台每小时400吨高温超高压燃气锅炉，2台135兆瓦超高压、一次中间再热、凝汽式汽轮发电机组及配套设施。第一台机组共完成16个里程碑节点，2014年2月开工建设，7月5日主厂房封闭，9月28日锅炉水压试验，10月10日汽机扣盖，11月22日厂用电受电，2015年1月24日完成分系统调试，5月1日完成72+24小时满负荷试运行。第二台机组共完成15个里程碑节点，2016年9月29日完成锅炉水压，11月21日汽机扣盖，12月20日厂用电受电，12月30日完成分系统调试，2017年1月通过启动验收。

【欧璧公司提供高标准无菌医药包装材料】 欧璧医药包装科技（中国）有限公司是意大利斯蒂瓦纳托集团在张家港市的投资企业。意大利斯蒂瓦纳托集团成立于1949年，总部位于意大利帕多瓦。该集团是世界上最大的医药包装自动化设备制造商之一，也是全球三大药用玻璃制品制造商之一，主要产品为高标准无菌医药包装材料，客户主要为辉瑞、礼来、诺华、诺和、诺德等世界知名制药公司。该公司位于张家港经济技术开发区南区新丰东路1号，占地面积3公顷，项目分两期建设，计划总投资1亿欧元。项目建成达产后可年产高标准无菌西林瓶2亿个、卡式瓶2.5亿个，年销售额5亿元。其中，一期工程于2014年6月建成。至2017年年末，累计注册资本4600万欧元，资金投入超5000万欧元，引进意大利斯蒂瓦纳托集团自主研发的、世界上最先进的自动化设备生产线13条。2017年，公司销售收入1.1亿元。

（陈　洋　黄伟城　何增丁　崔婷婷　施洪清　戴玉兴）

新兴产业

【概况】 2017年，全市规模以上新兴产业企业实现工业产值2285亿元，比上年增加12.6%，占全市规模以上工业总产值的45.8%，比上年提高1.1个百分点。2017年全年，新兴产业投入总量继续保持苏州各市（区）第一，全年完成投资291.35亿元，比上年增6.88%，占工业总投资的77.74%，比2016年提高7个百分点，转型升级步伐不断加快。其中，新材料91.64亿元、高端装备制造90.07亿元、节能环保34.64亿元、新型平板显示21.8亿元、新能源18.12亿元、智能电网和物联网17.35亿元、生物和新医药9.79亿元、软件和集成电路7.94亿元。新兴产业投资构成与全市产业分布相对应，新材料投资主要是化工、冶金和纺织新材料项目，高端装备制造主要是机电高端装备项目，这两类投资占新兴产业投资总数的62.37%。保税区（金港镇）依托现有产业基础，打造页岩气新材料综合利用、光学膜产业、有机硅产业、新能源锂电、临港装备等产业基地。经开区（杨舍镇）重点打造智能装备、再制造、光伏、LED等产业基地。冶金园依托冶金、医疗器械等产业集群优势，发展以沙钢超薄带等产品精品钢材以及以医疗器械为主的新医药产业等基地。

2017年张家港市新兴产业分行业产值完成情况表

表32

产业分类	企业数	产值	绝对值比上年增幅（%）
新材料	155	1512.37	13.40
新能源	60	310.27	2.80
新装备	138	264.72	19.30
智能电网及再生利用	33	177.97	18.10
新医药及其他	23	19.62	−9.20

【康得新公司入选全球最具创新力企业】 8月8日，《福布斯》发布全球最具创新力企业年度榜单，康得新公司以48.5%的创新溢价排名第47位，在入围的中国企业中列第三。全球最具创新力企业榜单由《福布斯》与Innovator's DNA咨询公司共同推出，入榜企业须有7年的财务数据、100亿美元市值的入选门槛，排名以企业的创新溢价为标准，旨在发现以创新撼动行业的优质公司，为市场提供投资指南。康得新公司是中国最大的预涂膜生产商，也是全国首家具有自主知识产权的从事预涂技术研发和预涂膜生产的企业，申请预涂膜专利90项，获得授权60项，是全球唯一全产业链、高集中度且规模最大的光学膜生产基地，实现了预涂膜世界第一、光学膜全球领先，已成为拥有六大产业基地、14家子公司，产品出口80余个国家，市值700亿元的国际化企业集团。在预涂材料领域，康得新公司与惠普公司合作开拓全球塑塑复合市场，引领全球软包装数字技术印刷革新；在光电材料领域，与陶氏化学合作推出高色域的无镉量子点膜；在裸眼3D领域，与飞利浦公司共建专利池，掌握整套裸眼3D技术专利，联合研制的全球第一条可切换裸眼3D模组生产线K3产线已点亮；在碳材料领域，与控股股东康得集团联合打造全球最大、唯一的碳纤维汽车轻量化生态平台。公司2017年实现销售收入79.8亿元，比上年增7%；实现利润32.6亿元，比上年增29.4%；入库税金10.85亿元，比上年增71.1%。

【协鑫公司提供优质光伏组件】 张家港协鑫集成科技有限公司是协鑫集团下属公司，成立于2015年1月，有员工1600余人，注册资金13.9亿元，总投资12亿元，公司占地面积13.33公顷。该公司为国内外一流太阳能光伏企业提供优质光伏组件产品，主要产品包括P6/96特大组件、双玻组件等晶硅光伏组件。2017年实现销售46.05亿元，利润2783万元，上缴税金4256万元。6月28日，张家港协鑫玖隆35兆瓦屋顶光伏分布式电站成功全容并网。该光伏电站位于玖隆钢铁物流园内，利用玖隆物流园9个仓库屋顶建设，共40.71万平方米，陈列数量为5469个，组件109380块，分为19个区。新建一座110千伏升压站，通过1回110千伏线路并入220千伏悦来变，为全额上网模式的屋顶分布式光伏发电项目。项目完成总投资2.07亿元，项目建成后预计年发电量为3600万千瓦小时。9月1日，协鑫公司打造的“黑灯工厂”——光伏组件智能车间，经过一个余月的试运行后开始量产，开启“无人”模式，年产光伏组件200兆瓦。协鑫公司智能制造项目自主研究开发国产高速自动焊接机、高精度排版一体机、机器人码垛分档系统等智能设备及系统，共改造11条全自动组件生产线，导入28项自动化项目，具备生产常规60P、72P、96P组件和双玻72P、双玻双面、金刚系列等特种新产品组件的能力。该项目分三年逐步实施完成，通过智能制造建设，最终实现效率提升50%，在线人力减少60%，加工成本降低30%，交期缩短30%，质量良率提升21%。

【康力公司实现3D打印骨科器械】 苏州市康力骨科器械有限公司位于塘桥镇，创建于1994年，总资产3.6亿元，注册资金5200万元，建筑面积4万平方米，是集研发、设计、制造、销售二、三类矫形外科（骨科）手术器械的专业化企业，拥有30余项国家专利。公司配有德玛吉五轴加工中心群组、哈斯五轴加工中心群组、西铁城纵切车削中心群组、三菱镜面慢走丝切割群组等加工设备150余台，力可氧氮氢分析仪、牛津直读光谱仪、英斯特朗动态模拟实验机、海克斯康三坐标测量仪等检测设备及十万级净化车间650平方米。公司通过CE认证、ISO 9001:2008质量管理体系认证、ISO 13485:2003医疗器械质量管理体系认证，并通过GMP生产质量规范检查。2016年5月，以全资收购的上海晟实医疗器材科技有限公司（全国定制式关节生产许可证拥有单位）为基础，通过引进上海硅步科学仪器有限公司、南京航空航天大学等战略伙伴，成立苏州云植医学技术有限公司。苏州云植医学技术有限公司实现3D技术的快速导入，致力于为患者、医生及相关人士提供“互联网+3D打印+精准医疗”融合的智能化、专业化、系统化解决方案，建立骨科精准医疗服务云平台，业务涵盖定制式骨科器械设计、手术方案规划、专用辅助导板设计、3D打印装备及耗材提供等，核心服务涵盖关节、创伤、脊柱、运动医学、骨肿瘤、颅颌面等多个临床领域。2017年，公司营业收入1.26亿元。

苏州观胜半导体科技有限公司开业典礼　（苏栋汇　摄）

【维斯顿医疗公司开业】 9月27日，江苏维斯顿生物医疗科技有限公司在张家港经济技术开发区举行开业典礼。该公司于2015年4月投资设立，总投资4亿元，注册2亿元，位于西塘公路北、紫荆路以东，占地面积2.87公顷，新建生产及办公用房3.6万平方米，引进德国EOS和瑞典ARCAM公司生产的3D打印机，主要生产金属及非金属植入物、医用高分子制备套装。

【观胜公司CMP制程半导体研磨垫项目开业】 12月8日，苏州观胜半导体科技有限公司CMP制程半导体研磨垫项目开业典礼在张家港保税区举行。CMP指化学机械平坦化，即使用化学腐蚀及机械力对加工过程中的硅晶圆或其他衬底材料进行平坦化处理。近年，国内集成电路产业发展迅猛，新建多座12寸晶圆制造厂，催生了巨大的材料市场，但国内产业发展滞后，产品多以进口为主，CMP材料更是全部依赖进口。该项目总投资5000万元，投产后将实现年销售1亿元，可打破CMP材料多年依赖进口的局面。

（朱力夫　邱亚峰　蔡惠兴
苏仁兴　唐林康）

江苏沙钢集团

【概况】 江苏沙钢集团有总资产1500余亿元，职工3万余人。年生产能力炼铁3365万吨、炼钢4150万吨、轧材3865万吨，为江苏省重点企业集团、国家特大型工业企业、国家创新型企业、全国最大的民营钢铁企业。主导产品为宽厚板、热轧卷板、冷轧卷板、高速线材、大盘卷线材、带肋钢筋、特钢大棒材等，已形成60余个系列，700余个品种，近2000个规格。其中，带肋钢筋获CARES认证；优质高速线材获评中国名牌产品和出口免验商品，生产总量和出口量连年名列全国第一；热轧卷板通过欧盟CE认证，船板钢通过10个国家船级社认证；冷轧产品通过IATF 16949

汽车质量管理体系认证。产品远销至东亚、南亚、欧洲、美洲、大洋洲、非洲等70余个国家和地区,总出口量连续多年名列全国同行前茅,并获中国出口质量安全示范企业称号和江苏省出口企业优质奖,通过海关AEO高级认证。沙钢集团拥有江苏沙钢集团有限公司、江苏沙钢集团淮钢特钢股份有限公司、江苏沙钢集团安阳永兴钢铁有限公司、江苏沙钢集团鑫瑞特钢有限公司、江苏沙钢集团锡兴特钢有限公司、沙钢投资控股有限公司、沙钢国际贸易有限公司、沙钢物资贸易有限公司、沙钢物流运输管理公司、玖隆钢铁物流有限公司、沙钢废钢加工供应有限公司、沙钢财务有限公司、沙钢农村小额贷款有限公司等13家子公司。2017年,完成炼铁3139万吨、炼钢3835万吨、轧材3693万吨,实现销售收入2200亿元、利税254亿元、利润193亿元,出口钢材398万吨,实现出口创汇19亿美元。持续开展“降本节支、创新挖潜增效”活动,推动负面清单降损攻关,全年降工序制造成本、降质量内损、购销联动降本、高效益品种钢增效、降财务费用、降电费支出、冷轧净利润“七大板块”实现增效20.5亿元;187个支撑项目完成152个,实现增效11.63亿元;生产、管理、业务条线负面清单降损5.4亿元。在美国《财富》杂志发布的2017年世界500强排行榜中,沙钢集团以2016年营业收入298.62亿美元的成绩列第365位,连续9年入围世界500强;在世界钢铁协会发布的《世界钢铁统计数据2017》中,以2016年3325万吨粗钢产量居世界钢铁企业第6位;在2017年中国民营企业500强、中国企业500强排名中,沙钢集团分别列第14位和第84位;在冶金工业规划研究院发布的2017年中国钢铁企业综合竞争力评级报告中,沙钢继续保持在竞争力极强钢铁企业方阵,再次获评“A+”级竞争力极强企业;在由中国品牌建设促进会、中央电视台、中国国际贸易促进委员会等单位联合发布的2017年中国品牌价值评价结果中,沙钢集团以292.91亿元的品牌价值位列第138位。冷轧无取向电工钢带、冷镦钢热轧盘条两系列八个产品获“冶金行业品质卓越产品”称号。

【沙钢集团研发新品47种】 年内,沙钢集团围绕“产品结构优化、产品档次提升”,开展“两高两提”(开发高端目标用户和高附加值产品,提升高附加值产品销量和效益)攻关,全面推进新品开发工作,全年开发耐蚀钢筋HRB400M,桥梁镀锌钢丝用盘条SWRS82B-TD、SWRS87B-T,Q370qE(用于五峰山大桥、青山长江大桥),深冲汽车板SLD、汽车用酸洗板SG-QStE500等新品47种。其中,海洋工程用耐蚀钢筋HRB400M、纤维钢GX018填补国内空白,达到国际先进水平;高附加值产品高强气保焊丝钢SJA29替代进口;600兆帕级抗震钢筋、低碳贝氏体型Q370qE桥梁钢通过省高新技术产品认证;酸洗汽车板性能达到国内一流水平,打入汽车主机厂。有多项先进技术获冶金科学技术奖项,23项发明专利获得授权,其中1项获第十九届中国专利优秀奖。全年沙钢集团新产品累计销售98万吨,累计销售收入90亿元,新增效益1.3亿元。

【高端线材全流程智能制造新模式应用智能化项目】 年内,沙钢集团持续实施智能化发展战略,全力推进机械化、信息化、自动化、智能化“四化”建设。11月17日,召开高端线材全流程智能制造新模式应用智能化项目启动会。该项目是工信部智能制造示范项目,建设内容为一个中心、一条智能化生产线、四大系统、七大平台。其中,一个中心为集成控制和大数据中心,四大系统包括数据采集与控制系统、车间制造执行系统(MES)、企业资源计划(ERP)、智能决策系统,七大平台包括生产可控可视化平台、数字化工艺仿真平台、质量控制和“一贯制”管理平台、设备全生命周期管理平台、智能物流与仓储平台、能源监控智能优化平台、环境与安全监控平台。项目由沙钢集团、北京科技大学、湖南雷钼科技有限公司、北京光科博冶科技有限责任公司共同建设,于2015年6月实施,2019年12月完成,总投资44656.5万元。年内,沙钢集团持续推广应用机器人代替人工项目,对重要岗位实施机器人、机械手操作,降低现场工人劳动强度,提高岗位安全系数,全年投入机械手30台。在转炉、电炉、棒线等生产流程实施智能化技术改造54项。自主研发完成沙钢国际贸易有限公司ERP系统和物流管理系统、棒材精益生产管理系统等165项信息化项目建设。

【沙钢集团企业文化提升工程】 年内,沙钢集团大力实施企业文化提升工程。5月至6月,开展安全系列文化宣传教育活动,组织开展安全知识竞赛,6个党支部18人分获一、二、三等奖,1400人观看比赛;开展“安全,到底为了谁”主题征文,133人参赛,16篇征文获奖;开展“远离违章,拥抱幸福”演讲比赛,21人参赛,6人分获一、二、三等奖;开展“安全到家”微情景演出比赛,35人参赛,22人分获一、二、三等奖。5月27日,沙钢集团党委书记、江苏沙钢集团有限公司董事长沈彬参加全国年轻一代民营企业家理想信念报告会,发表题为《在传承中创新、在创新中发展》的报告,阐释当代青年企业家对责任和担当的理解,表示愿做钢铁强国的追梦人。8月,组织开展“沙钢伴成长,钢城是我家”职工子女暑期兴趣班,165名职工子女参加美术基础培训、器乐培训、书法基础培训、摄影知识讲座、“看钢城,写感想”等活动;开展2017年高考沙钢优秀职工子女暨家长代表座谈会,为在2017年高考中取得一本线以上成绩的39名职工子女颁发奖学金及礼品。10月8日,沙钢集团与盛世星光举行战略合作签约仪式,聘请2010年星光大道年度总冠军刘大成为文化大使。11月20日,江苏省第十届精神文明建设“五个一工程”表彰仪式在南京举行,以沙钢集团创业发展史为原型的电影《钢铁是这样炼成的》获“五个一工程”优秀作品奖。

(顾彩红)

【编辑　沈立平】

建筑业·房地产业

Architecture & Real Estate

湖滨国际小区　（市房管中心　提供）

建　筑
装　潢
房地产

張家港年鑑(2018)

建　筑

【概况】 2017年，全市建筑业完成总产值154.95亿元，竣工产值141.23亿元；房屋施工面积累计1226.1万平方米，其中新开工房屋建筑面积354.67万平方米。江苏德丰建设集团有限公司获"江苏省建筑业竞争力百强企业"称号，江苏兴港建设集团有限公司获"省最具成长性百强企业"称号，张家港市鹿苑建筑工程有限公司获省优秀企业称号。全市共评审上报企业建筑资质54家。至年末，建筑业具备资质企业384家，其中设计与施工一体化资质企业16家，施工总承包企业104家、专业承包企业199家、劳务分包企业65家，企业主、兼营（增项）涉及专业24个。全市有建设工程勘察甲级资质企业1家；有建筑设计资质企业3家，其中甲级2家、乙级1家；有工程监理企业11家，其中甲级6家、乙级4家、丙级1家；有工程造价咨询企业9家，其中甲级3家、乙级6家；有招标代理企业7家，其中甲级1家、乙级3家、暂定级3家。全市建筑业企业从业人员4.71万人，其中技术人员9015人，有国家一级注册建造师724人、国家二级注册建造师3664人，有国家注册监理工程师237人、省注册监理工程师220人，有国家注册造价工程师198人、造价员1301人，有国家一级注册结构师18人、一级注册建筑师15人、注册岩土工程师3人、注册设备工程师13人，全市具备招标代理上岗证的96人。

【建筑市场管理】 年内，市建筑业管理处受理各类行政服务事项1418项，上门指导服务237次，办结率和满意率均为100%；全年发放施工许可证314项，建筑面积614.06万平方米，投资金额119.7亿元。开展市建筑业企业信用评价，评定企业266家；简化建筑业企业信用手册管理流程，核发企业信用管理手册139件；及时录入企业的资质监管、业务承接、项目检查、评优获奖及信用信息，配合工程招投标信用分的应用。加强招投标过程监督，加大对招标公告、招标文件的备案、资格预审、开标评标等重点环节的监管力度，严厉打击串标、围标、弄虚作假等违法违规行为，查处2家施工企业在招投标活动中的违法违规行为。招投标完成发包610个标段，建筑面积617.79万平方米，总合同金额121.68亿元。全面推进建筑业人员实名制管理，维护从业人员权益，累计入库企业162家，入库人员4.97万人。加强施工单位项目部市场行为检查考评，对现场质量和安全存在问题且主要管理人员不到岗的项目部发出整改通知书，限期整改，并按照整改内容进行复查。全年累计检查考评项目462项（次），开具整改通知书65份，涉及项目经理244人，对9家施工企业进行诫勉谈话。强化对项目经理等关键人员履职的监管，公布2017年项目经理处理情况通报，对于2016年度项目经理不良行为记分满20分及以上的项目经理进行强制考核及补考，暂停4名项目经理执业资格。深化工程造价管理与服务，突出工程造价咨询企业的资信状况、市场行为、咨询质量等方面考评，考评造价咨询企业15家。按"双随机"检查要求，开展全市咨询质量专项检查，共检查造价咨询企业17家，抽查项目17项，受检项目咨询成果质量总体较好，误差率均在规定范围。深化造价咨询企业内部培训教育，加强对造价人员的动态管理，完成造价人员注册管理87人次。组织开展省工期定额及装配式混凝土建筑工程定额的宣传贯彻，应对工程造价企业"营改增"，编制完成《张家港市建设工程2016年营改增后与2015年造价对比测算》；测报劳务用工的价格，关注钢材、水泥、混凝土等主要建筑材料的市场价格波动，及时发布主要材料指导价信息12期，价格预警2次；依法开展计价解释和争议调解114起，维护各方主体的权益。全市咨询企业共完成清单标底编制166项，总造价37.82亿元；完成项目结算审核131项，总造价47.65亿元，核减金额4.98亿元，核减率9.46%。全年受理各类违法（章）建设案件147起，立案147起，结案146起，缴纳处罚金额2120余万元。加强农民工工资管理专项检查，严格落实职工名册、考勤表、工资登记表"三张表"的填报，实时掌握用工情况，完善企业用工管理。实施欠薪"黑名单"制度，及早布置和开展年末清欠专项排查，督促企业落实主体责任，引导企业强化内部管理，防止拖欠风险以及因拖欠引发的各种纠纷。

【工程建设管理】 年内，市建筑业管理部门完成质量监督项目1711项，监督面积1624万平方米。把工程质量的评价渗透到每个工程的每个关键工序，地基基础、主体结构工程和涉及结构安全、重要使用功能等关键部位的质量得到有效控制，工程观感质量和使用功能质量有明显提高。立足"巡查（抽测、考评）—通报—整改落实"监督模式，发通报30期。严格实行住宅工程质量分户验收，全年分户验收住宅工程280幢，建筑面积358万平方米，住宅分户验收率100%。全年完成原材料检测125026组，合格数量123414组，合格率98.71%。办理竣工工程备案736（按照项目）个，614万平方米，竣工工程质量合格率100%。围绕监理人员到岗到位以及监理项目部对施工质量安全的监理行为等开展监理考评，规范监理企业和监理人员的从业行为，提升监理质量。全年共考评项目部83个，开具整改通知书5份，通报批评企业1家，暂停其在张家港市范围内合同备案及参加招投标资格1年。开展示范监理创建工作，组织评审张家港示范监理项目15项，获评苏州市示范监理项目4项。开展勘察设计企业综合考评，共计考评勘察设计企业45家次，总计考评项目110项，检查工程勘察现场作业情况1项。全年办理设计企业资质升级初审事项1项、资质申请初审事项1项、企业资质延续初审事项1项、企业资质变更初审事项11项。完成施工图审查项目404项，建筑面积764.81万平方米，共查纠违反强条989条，查纠违反强标3720条。开展工程创优活动，通过复查张家港市优质结构工程110项；获得苏州市"姑苏杯"优质工程69项，申报"扬子杯"

工程3项。加强典型示范带动，推进建筑节能和建筑产业现代化。修订《张家港市建筑节能和绿色建筑专项引导资金管理暂行办法》，编制《张家港市"十三五"绿色建筑发展规划》《张家港市能源专项规划》并通过专家评审；完成张家港市建筑节能和绿色建筑专项引导资金项目申报和评审工作，补助各类型项目9项，补助资金267.1万元。18个项目174.62万平方米绿色建筑顺利通过2014年度省级绿色建筑示范县首批示范项目专家评审。全年新建节能建筑460万平方米，既有节能改造8万平方米的工程，获得二星级绿色建筑设计标识项目总面积24.4万平方米，新增能效测评项目7项、建筑能耗分项计量项目9项，完成苏州下达的年度绿色建筑暨建筑节能工作任务。年内，推荐申报并获评省级节能减排（建筑节能）专项引导资金项目1项（张家港城建档案馆和基础地理信息业务用房项目）。报市政府印发《张家港市推进建筑产业现代化发展的实施意见》，推进建筑产业现代化。加快装配式建筑和成品住房建设，已竣工装配式建筑2.7万平方米，在土地出让条件中增加《项目建设条件意见书》，在土地出让环节明确提出建筑产业现代化及绿色建筑相关要求，12月1日起新建建筑全面实行"三板"（预制楼梯板、预制内外墙板、预制楼板）应用等，强化建筑产业现代化及绿色建筑推进措施。年内，新开工成品住房面积23.78万平方米，竣工成品住房面积8万平方米。抓好墙改、散装工作，继续在全市的建筑工程施工建设过程中，开展禁止使用烧结黏土砖、推广应用新型墙材的墙材革新各项工作，12月，高分通过省墙改办对张家港市"禁黏城区"的考核。开展全市新墙材生产企业的产品质量抽查，加强新型墙体材料产品的生产质量监督管理，确保新墙材的产品质量符合建筑工程的质量要求。继续抓好禁止施工现场搅拌砂浆的工作，全市预拌干混砂浆的使用量从2016年的4.1万吨上升为19.7万吨，湿拌砂浆使用6万吨，实现零的突破。全市建筑施工安全生产形势持续平稳。年内受监工程项目461项，受监面积1150万平方米。做好落实企业安全生产主体责任三年行动第二阶段"强化落实阶段"工作，规模以上施工企业安全总监配备比例达到100%。与辖区89家建筑施工企业签订年度安全生产目标管理责任书，强化安全生产目标责任管理。加强安全监管机构建设，实行"辖区分片、人员分组"负责制，确保监管工作落实到位。强化施工企业"三类人员"安全培训、考核，继续教育培训6761人。开展"安全生产月"宣传活动，放映安全影片24场，印发《工程项目施工人员安全指导手册》1万本。强化"危大工程"安全监管，确保"危大工程"监管适时、有效、到位。印发《关于进一步加强建筑起重机械安全管理工作的通知》，要求塔机5年运转后应进厂大修；从10月1日起，建筑起重机械由半年度复检改为季度复检。开展建筑施工安全生产大检查和事故隐患排查治理，共检查工程项目335项，开具《建设工程施工安全隐患整改通知单》119份、《建设工程局部停工整改通知单》64份。贯彻落实苏州市住建局《关于启用"苏州市建筑工地施工现场监管系统平台"的通知》要求，会同软件公司对施工现场监管系统平台进行提档升级，实现在线即时监控，提升建设工程安全文明施工与扬尘防治管理水平。深入开展建筑施工安全专项整治，推进安全标准化、信息化建设，年内申报省级标准化文明示范工地56个、苏州市级标准化文明示范工地56个。抓好"一带一路"国际高峰论坛、"两会"、中共十九大、马拉松赛事等重点时段安全管控，保障建筑领域安全生产形势稳定。

2017年张家港市建筑工程获江苏省"扬子杯"优质工程奖情况表

表33

奖　项	工程名称	承建（参建、监理）单位	项目经理
江苏省"扬子杯"优质工程奖	澳洋办公楼及地下室工程	张家港市后塍建筑安装工程有限公司 江苏华通工程管理有限公司	孙　炎
	凤凰科文中心	江苏金厦建设集团有限公司 江苏兴安建设集团有限公司 深圳远鹏装饰集团有限公司 江苏众信工程投资项目管理咨询有限公司	陈一红
	缇香广场	江苏德丰建设集团有限公司 江苏众信工程投资项目管理咨询有限公司	陈扣宝

【建筑产业现代化发展实施意见出台】 8月9日，市政府出台《张家港市加快推进建筑产业现代化发展实施意见》。明确张家港市建筑产业现代化发展将全面贯彻"绿色发展、循环发展、低碳发展"理念，以建设绿色生态节能建筑为方向，以发展装配式建筑为核心内容，按照政府统筹、市场主导，因地制宜、循序渐进，示范引领、分步实施的原则，通过试点示范、推广发展、普及应用3个阶段，至2025年年末，使建筑产业现代化建造方式成为主要建造方式，全市建筑产业现代化施工的建筑面积占同期新开工建筑面积的比例、新建建筑装配化率均达到50%以上。工程项目建设普遍采用建筑信息模型（BIM）等信息化技术进行设计建造和运营维护管理。为达到以上目标，意见落实了科学编制发展规划、推广先进适用技术、积极开展试点示范等8项重点任务。同时出台加大财

虹筑之家 （市住建局 提供）

政支持、提供用地支持、落实税费优惠、加大金融支持、优化行政服务等5项政策支持措施，确保建筑产业现代化工作加快推进。

【5名选手成苏州市建设行业首席员工】 9月，张家港市选派18名选手参加苏州市住房城乡建设系统一线岗位职工“首席员工”职业竞赛，参加架子工、木工、砌筑工、钢筋工等4个项目的角逐。5名选手均获苏州市总工会颁发的“苏州建设行业首席员工”及苏州市人社局颁发的“苏州市技术能手”荣誉称号。其中，市兆丰城建有限公司任治毫、张建余分获架子工、木工工种竞赛第一名，市建业建筑安装有限公司的王艳军、市双山建筑工程有限公司的李顺华分获砌筑工、木工工种竞赛第二名，市建业建筑安装有限公司方庭海获得钢筋工种竞赛第三名。另外，张学良（江苏德丰）、张高东（江苏金厦）、叶志冬（江苏兴港）、龚建川（江苏德丰）、李玉权（江苏金厦）等选手还分获各参赛组别前十名。近年，市住建局着力推进行业人才队伍建设，在全行业弘扬工匠精神，采取校企联合，依托沙洲职业工学院、建工技校、“虹筑之家”等教育培训平台，通过“请进来”“走出去”等方式，不断加强技能人才培养，引导工人群体专研技术、提升技能，为全市建设事业发展打下良好的基础。

【装配式“虹筑之家”流动服务阵地投入使用】 2017年，市建筑行业管理部门党组织在坚持抓好“虹筑之家”志愿服务活动的基础上，结合装配式建筑的推行，在市委组织部、市委宣传部、市图书馆等部门的指导和支持下，在城北职工文体中心打造可重复利用的装配式“虹筑之家”流动服务阵地。新的“虹筑之家”阵地进一步挖掘农民工需求，强化服务功能，突出“虹筑之家”作为“工友驿站”的服务定位。设有阅读借阅区、电子阅览区、棋牌室、志愿服务站和户外休闲区，实现无线网络全覆盖，每晚对新市民及建筑行业工人开放。10月，新的“虹筑之家”装配式流动服务平台初步建成，开始试运行。 （徐荣华）

装 潢

【概况】 2017年年末，全市在市场监管部门登记注册的装潢企业约400余家。市装饰装修行业协会（商会）共有会员120个。企业会员中，装饰企业85家（公装44家、家装41家），装饰材料生产与经销商26家，室内环境检测单位2个，景观装饰3个，院校及有关部门4家。当地会员施工企业中具有国家施工资质的23家，其中具有一级施工资质的4家、二级施工资质19家。据不完全统计，会员装饰企业全年累计完成施工产值13.52亿元，比上年增14.1%；其中公装（含幕墙）9.12亿元（含外地市场3.58亿元），比上年增18.4%，家装产值4.4亿元，比上年增4%。建材生产销售商销售额超15亿元。4月，协会组织张家港市“梁丰杯”装饰优质工程评比活动。18个企业的27项工程获2016年度张家港市“梁丰杯”装饰工程奖（其中公装18个、幕墙2个、家装7个）。

【IEED国际生态环境设计联盟论坛】 4月29日，IEED国际生态环境设计联盟国际生态设计奖精英邀请赛（大中华区—张家港执委会）授牌仪式在张家港市举行，该次活动由IEED（国际生态环境设计联盟）主办，张家港装饰装修行业协会（商会）设计专业委员会及苏州装饰设计行业协会协办。大会向张家港装饰装修行业协会授予“IEED”大中华区—张家港执委会标牌，任命张家港装饰装修行业协会（商会）设计委主任金卫华为IEED张家港站执委会主席。并邀请数位著名省内外专家、设计师向200余位设计师作论坛演讲。设计师聆听大师们的精彩演讲，并与大师们进行学术互动。

【装饰行业校企合作】 早在2008年，在市装饰装修行业协会（商会）组织下，沙洲职业工学院建工系（建筑装潢专业）与张家港同济建筑装饰工程有限公司签订合约，企业向校方提供50万元同济装饰奖学金用以奖励优秀学生，颁奖仪式每两年举办一次。2017年5月10日，协会（商会）与沙工土木工程系联手，举办2015—2016学年“同济装饰”奖学金颁奖典礼。刘飞等8名同学获“同济装饰”奖学金之“专业标兵奖”，郭冠军等9名同学获“同济装饰”奖学金之“学习优秀奖”，葛睿等13名同学获“同济装饰”奖学金之“技能竞赛奖”，陈苏胜等3名同学获“同济装饰”奖学金之“综合素质奖”，颜志清等5名同学获“同济装饰”奖学金之“特殊贡献奖”。同时，在市装饰装修行业协会（商会）组织下，经双向选择，2017年度毕业于沙工建工系装饰专业50名学生就业于会员单位。（秦亚琴）

2017年张家港市装修装饰工程获苏州市级以上奖项情况表

表34

奖　项	承建单位	项目名称
苏州市"姑苏杯"优质工程奖	江苏创佳装饰设计工程有限公司	乐余镇文化中心用房项目装饰、水电、幕墙及智能化工程
	江苏创佳装饰设计工程有限公司	金港镇崇真小学装饰工程
	深圳远鹏装饰有限公司	市人民法院审判法庭及辅助用房室内装饰工程
	江苏豪斯建设工程有限公司	市第二中学北校区建设项目体育馆、行政楼、图书馆室内装饰和安装工程
苏州市第二十一届家庭装饰示范工程奖	张家港天成文业装饰设计工程有限公司	香蜜湖公馆28幢2室内装
	张家港市大拇指装饰装潢有限公司	帝景豪苑22幢901室内装
江苏省"扬子杯"优质工程奖	深圳远鹏装饰设计工程公司苏州分公司	市凤凰科文中心内装
2016—2017年度中国建筑工程装饰奖	深圳远鹏装饰设计工程公司苏州分公司	市人民法院审判庭辅助用房内装
	深圳远鹏装饰设计工程公司苏州分公司	市日报社业务大楼
	深圳远鹏装饰设计工程公司苏州分公司	市凤凰科文中心内装
	江苏创佳装饰设计工程有限公司	乐余镇文化中心用房内装
	江苏创佳装饰设计工程有限公司	优居壹佰内装

房地产

【概况】 2017年,市房管中心围绕房地产"去库存、稳房价"目标,坚持科学调控房地产市场,持续加强市场监管,规范房地产市场交易秩序,努力保持房地产市场运行健康有序。至年末,全市共有房地产开发企业96家,其中一级资质企业2家、二级资质企业7家、三级资质企业1家、暂定二级资质企业63家、暂定三级资质企业23家。根据房管部门统计,全市完成房地产开发投资195.61亿元,比上年增63.93%;商品房施工面积771.63万平方米,比上年增12.49%。新开工面积259.13万平方米,比上年增146.69%。竣工商品房面积158.03万平方米,比上年减13.75%。市区预销售面积323.51万平方米,比上年增30.07%。新核准预售商品房18770套、306.89万平方米,比上年增96.7%。新建商品房成交21674套、323.51万平方米,比上年增30.07%,二手住房成交15534套、189.39万平方米,比上年增48.36%。全市新建商品房成交均价每平方米11205元,比上年增23.57%,其中市区成交均价每平方米12728元,比上年增20.75%。

2017年张家港市主要竣工楼盘情况表

表35

楼　　盘	开发企业	所在镇	竣工日期
张地2006-A18-(A、B、C)号地块一期(星河湾)2幢至5幢、12幢至14幢、19幢至21幢及地下室、一期地下车库	张家港美辰置业有限公司	杨舍镇	1月3日
未来比茨科创大厦	张家港未来比茨置业有限公司	杨舍镇	2月17日
百家桥小区1幢、2幢、6幢至8幢、12幢至14幢、18幢至20幢、25幢至27幢、32幢、33幢、47幢至50幢	张家港城投置业有限公司	杨舍镇	2月23日
上林苑A区13幢至21幢、B区8幢、B区11幢、B区14幢至B区16幢、C区9幢至C区14幢及相应地下室、D区1幢至D区3幢	张家港市新东方置业有限公司	杨舍镇	3月1日
港新花苑三期31幢至33幢	张家港城投置业有限公司	杨舍镇	3月31日
张家港碧桂园1幢、2幢、13幢、14幢、22幢、商业A幢	张家港碧桂园房地产开发有限公司	塘桥镇	4月17日
范庄花苑6幢	张家港城投置业有限公司	杨舍镇	5月4日
瑞景美墅15号至32号房	张家港市联峰房地产开发有限公司	南丰镇	5月5日
港城首府	金新城置业集团有限公司	杨舍镇	5月5日
郦景澜庭13幢、37幢至43幢及地下室工程	张家港市联峰房地产开发有限公司	锦丰镇	5月26日
范庄花苑12幢	张家港城投置业有限公司	杨舍镇	5月26日

续表35

楼盘	开发企业	所在镇	竣工日期
新航花苑1幢至12幢、16幢至18幢、21幢至23幢、26幢至28幢	张家港城投置业有限公司	杨舍镇	5月27日
玉景天筑7幢-2	苏州金宾士房地产开发有限公司	塘桥镇	6月9日
碧桂园3幢至5幢(施工幢号)	张家港碧桂园房地产开发有限公司	塘桥镇	6月9日
范庄花苑1幢	张家港城投置业有限公司	杨舍镇	6月13日
中联铂悦23幢至27幢、29幢、30幢、33幢至36幢及地下室工程	张家港中联置业有限公司	杨舍镇	6月14日
百家桥小区3幢至5幢、9幢至11幢、15幢至17幢、21幢至23幢、28幢至31幢、34幢至37幢、38幢至46幢及地下室	张家港城投置业有限公司	杨舍镇	6月23日
阳光锦程一期19幢至23幢、25幢至27幢、商业C1、C2、E1至E3、F1至F4及地下车库	张家港市金厦房地产开发公司	杨舍镇	6月26日
金运通花园1幢至3幢、5幢至13幢、15幢及车库	张家港市新世界置业有限公司	塘桥镇	6月27日
伊顿花园	长江润发(张家港)房地产有限公司	金港镇	7月4日
丽新花苑1幢、2幢、5幢、6幢、9幢、10幢	张家港城投置业有限公司	杨舍镇	7月14日
观唐逸墅1幢至2幢、5幢至12幢、15幢至23幢、25幢至33幢、35幢至43幢、45幢至52幢及汽车位	张家港保税区隆基置业有限公司	杨舍镇	7月25日
丽新花苑11幢、12幢(公安幢号)	张家港城投置业有限公司	杨舍镇	8月8日
绿景雅苑G2	张家港盛建置业有限公司	杨舍镇	8月15日
滨河生活广场19幢、20幢	张家港碧桂园房地产开发有限公司	塘桥镇	8月24日
范庄花苑5幢	张家港城投置业有限公司	杨舍镇	9月11日
新航花苑13幢至15幢、19幢、20幢、24幢、25幢及地下汽车位	张家港城投置业有限公司	杨舍镇	9月12日
朗泰绿色家园10幢	张家港保税区国泰朗诗置业有限公司	杨舍镇	9月19日
传麒湾1幢至13幢,15幢至18幢,20幢至22幢	张家港市新金洲房地产有限公司	杨舍镇	9月22日
江帆花苑118幢至124幢及二号地下车位	张家港城投置业有限公司	杨舍镇	9月26日
锦隆大厦	张家港市联成天通房地产开发有限公司	金港镇	10月2日
九洲国际广场10号至15号楼	张家港九星房地产开发有限公司	杨舍镇	10月12日
新珑湾34幢、35幢	张家港市南城房地产有限公司	杨舍镇	11月15日
凤凰生活广场(望湖路6号、8号、10号、12号,金谷路157号、159号、161号)	张家港远祥生活广场投资有限公司	凤凰镇	12月7日
湖滨世家1幢、2幢、6幢至10幢、14幢、20幢至23幢、33幢至36幢、41幢至43幢、51幢至54幢、73幢至77幢、79幢至87幢、A区地下室	金新城置业集团有限公司	锦丰镇	12月18日
绿景雅苑3幢、4幢、7幢至9幢、12幢、13幢、G1、S1、1号地下室	张家港盛建置业有限公司	杨舍镇	12月18日
滨河生活广场3幢、6幢、18幢、商业B幢	张家港碧桂园房地产开发有限公司	塘桥镇	12月18日
暨阳湖苑297幢至299幢、315幢	张家港世茂房地产开发有限公司	杨舍镇	12月25日
大南五村34幢至37幢	张家港市锦丰城乡开发投资有限公司	锦丰镇	12月29日
大南三村36幢至38幢	张家港市锦丰城乡开发投资有限公司	锦丰镇	12月29日
书院五村34幢至36幢	张家港市锦丰城乡开发投资有限公司	锦丰镇	12月29日

【房政管理】 2017年,张家港市政府继续对房产交易中心和不动产登记中心两个部门的职能进行整合,将面积管理、部分房屋转让、档案管理、产权管理等职能委托给不动产登记中心具体承办,实现交易、登记"一窗受理、集成服务"的目标。推行开发商批量委托办理商品房交易备案业务,购房户可直接至不动产登记中心办证,在房产交易大厅实现一站式服务。升级存量房网签系统,将房地产经纪机构全部纳入网签管理的范围,通过互联网将存量房交易备案受理服务窗口前置到各个经纪机构,增加存量房交易网签备案受理"服务窗口",实现"不见面审批"。以存量房交易网签系统为抓手,加强房地产经纪机构的居间代理服务。加强对拟交易存量房房源

资格的审核，规范房地产经纪机构和经纪人居间合同和买卖合同的网签行为，及时调处买卖双方与中介的矛盾纠纷。开展存量房交易资金托管前期准备工作。市房管中心会同银行、公积金中心商讨存量房交易资金托管相关事宜，梳理资金托管流程，起草存量房资金托管细则，组织软件公司做好存量房资金托管系统同银行系统的数据对接。扎实做好房地产交易备案工作。全年完成房地产交易备案55620笔，成交面积686.03万平方米。其中，商品房交易备案28592笔，成交面积342.68万平方米；拆迁安置房交易备案10514笔，成交面积128.72万平方米；二手房交易备案16514笔，成交面积214.63万平方米。

【物业管理】 市房管部门推进物业管理发展转型升级，探索智慧物业发展之路，以城市加盟的形式引进长城物业"一应云"智慧物业平台，促进物业服务更加便捷智能。君临新城获评2016年度江苏省优秀物业管理项目，金新城·悦府获评2017年度苏州市优秀物业管理项目。做好物业管理项目的招标指导，全年指导和监督荣盛景苑、朗润花园、建发御龙湾等14个项目物业管理招标，总建筑面积285万平方米。办理28个物业管理项目的承接查验备案手续，办理吾悦广场、绿景雅苑、兴旺花园等36个项目546万平方米的物业用房产权明晰工作，明确其中的物业用房面积5万平方米，各项目配比均达到7‰以上。全年归集住宅专项维修资金2.35亿元，其中房屋专项维修资金2.24亿元，电梯、消防专项维修资金1100万元。受理各类房屋维修申报240笔，核准使用维修资金752万元。开展行业宣传，《张家港日报》刊登5个专版12篇稿件；电视台《温馨家园》录播5个专题10期节目；张家港物业微信公众号全年累计推送信息1000余条，关注人数达到4万人。开展各类行业培训，包括工岗证（继续教育）、项目经理培训等。全市有209人参加。

【住房保障】 2017年，市房管部门进一步优化和完善住房保障体系，实施多层次、多渠道保障，积极对接资金和政策扶持，实现棚改项目低息融资，争取保障性安居工程建设引导资金322万元，推进保障性住房建设。年内，江苏省下达市任务为新建棚户区安置房150套，全市实际新建棚户区安置房1638套，新建安置房土建及安装收尾，准备室外配套施工，棚户区安置房建设大幅度超额完成省下达的目标任务。进一步降低住房保障准入门槛，对公共租赁住房保障收入控制线标准进行调整，中等偏低收入家庭收入标准由上年的家庭人均月收入低于3375元调整到3640元，全年共受理公共租赁住房保障申请材料187份，经审核，有168户申请家庭符合公共租赁住房租赁补贴保障条件，其中新增申请家庭21户，确保省下达新增城市住房保障家庭租赁补贴10户目标任务的完成。公共租赁住房租赁补贴完成公示和汇总工作，年度发放金额916627.68元，租赁补贴发放到位，确保符合补贴条件的家庭及时得到保障，同时对14户公共租赁住房实物配租家庭复核后办理合同签订、租金收取相关工作。为企业外来务工人员和新就业人员提供公租房保障，全年累计提供公共租赁住房421套，其中预租公共租赁住房385套，超额完成省年初下达的提供136套公共租赁住房的目标任务。

【物业纠纷诉前调解工作室成立】 3月，物业纠纷诉前调解工作室成立。该工作室的成立，为多元化解物业纠纷、促进辖区和谐开辟了新渠道。工作室聘请3位专职调解员，与法院对接，开展物业纠纷调处工作，建立诉调对接工作平台，针对物业纠纷标的额小、争议大、主体多、涉及面广、群体性强等特点，发挥行业调解的职能作用，及时、有效化解纠纷。年内，工作室受理并成功调处物业投诉和纠纷739件，其中，成功调解重大物业矛盾纠纷20余起，如吾悦广场收费纠纷、甲江南解聘物业、都市水苑解聘物业等。

【69户家庭申购共有产权住房】 2017年，市房管部门对共有产权住房保障收入控制线标准进行调整，中低收入家庭收入标准由上年的家庭年收入低于11.3万元调整到12.5万元。全年受理中等偏下收入住房困难家庭的申请81户，经联审、公示，有69户家庭符合保障条件，另有8名现役军人符合保障条件，最终有71户家庭参加摇号选房活动，其中69户家庭选定房源。12月20日，对选中房源的家庭进行销售。至年末，南桥花苑余有产权经济适用住房237套。

【消防安全拉网式排查全面展开】 针对物业消防安全方面的严峻形势，5月，市房管部门下发《关于加强物业管理项目消防安全管理的通知》，联合市公安消防大队成立4个检查组，对全市所有小区物业开展拉网式消防安全大检查，逐一检查消防设施是否完好、电梯运行是否异常、地下消防管网是否通畅、消防通道是否被占用等，对于存在的问题当场责令限期整改，要求物业企业定期组织消防操作技能演练，提高实际操作技能，明令小区楼道内不得停放电动车和充电。9月和10月，市房管中心与安监局联合开展2次物业安全管理培训，各物业企业的总经理、业务经理、项目经理、安全管理员等214人参加培训。年内，围绕加强物业企业安全管理统一安排部署，督促各物业企业狠抓安全防范措施的落实，尤其是消防、电梯、公共部位设施设备等方面的安全。

【群租房安全隐患整治】 6月，市房管部门会同市公安局、市市场监管局等部门进行全市群租房排查摸底，共排查住宅小区102个，排查出租房2090户（套）、22.23万平方米，排摸出存在各类安全隐患的278户，其中人均居住面积低于标准的24户、居住人数在10人以上的30户、非正常使用车库用于出租的218户，均及时上报属地政府和有关部门。同时，对中介机构开展3次集中检查，规范中介机构的房屋租赁行为，配合有关部门开展联合执法检查，查处3起房屋出租过程中破坏房屋承重结构的行为，确保房屋的使用安全。 （戴高乐）

【编辑 张 洁】

服务业

Service Industry

慢岛雅趣 （市双山旅游度假区 提供）

服务业综情

商　　业

供　　销

粮食购销

专营专卖

电子商务

服务贸易

市　　场

物　　流

旅游服务

張家港年鑑(2018)

扫码欣赏

《张家港不一样的精彩》

服务业综情

【概况】 2017年，全市按照现代化建设的战略部署，通过强化组织领导，突出改革创新，抢抓有效投资，加大政策扶持，优化部门服务，推进服务业提质增效，促进服务业健康较快发展。全市实现服务业增加值1209亿元，比上年增12.81%。服务业增加值占全市地区生产总值比重为46.4%（新口径），同口径比上年提高1个百分点。服务业对地区生产总值增长的贡献率超过50%。服务业入库税收127.1亿元，占全市税收总额的37.4%；服务业公共财政预算收入73.36亿元，占全市总量的34.9%。全市实现社会消费品零售总额581.46亿元，比上年增8.7%。其中，城镇零售总额501.12亿元，农村零售总额80.34亿元，分别比上年增8.5%和9.3%。社会消费品零售总额按行业分：批发业67.31亿元，与上年基本持平；零售业426.69亿元，比上年增9.5%；住宿业6.67亿元，比上年增13.82%；餐饮业80.79亿元，比上年增12.58%。

【服务业分行业情况】 2017年，全市服务业分行业发展状况良好，继续呈现健康、规范、有序的发展态势。其中，交通运输、仓储、邮政业年末有在册企业（含个体工商户）9611家，比上年增36.71%；注册资金198.76亿元，比上年增6.87%；从业人员27390人。信息传输、计算机服务业年末有在册企业（含个体工商户）1087家，比上年增18.8%；注册资金22.5亿元，比上年增81.16%；从业人员5121人。批发和零售业年末有在册企业（含个体工商户）62109家，比上年增12.09%；注册资金831.98亿元，比上年增47.58%；从业人员196780人。住宿和餐饮业年末有在册企业（含个体工商户）8871家，比上年增17.06%；注册资金19.92亿元，比上年增16.56%；从业人员26591人。金融保险业年末有在册企业（含个体工商户）571家，比上年增1.42%；注册资金161.26亿元，比上年增26.72%；从业人员953人。房地产业年末有在册企业（含个体工商户）1038家，比上年增62.7%；注册资金199.72亿元，比上年增20.53%；从业人员7306人。租赁和商务服务业年末有在册企业（含个体工商户）5414家，比上年增28.54%；注册资金952.31亿元，比上年增14.32%；从业人员32258人。其他服务业年末有企业（含个体工商户）16241家，比上年增25.2%；注册资金482.52亿元，比上年减12.48%；从业人员87676人。

【服务业投资和集聚】 年内，全市服务业投资352.4亿元，占全市固定资产投资的比重为48.5%。其中，生产性服务业投资140.37亿元。新批外资及港澳台资服务业项目24项，新增服务业注册外资及港澳台资1.95亿美元，到账外资及港澳台资6358万美元，分别占全市总额的34.39%和10.42%。至年末，全市经认定的苏州市级以上现代服务业集聚区达到11家，其中省级现代服务业集聚区3家、省级生产经营性服务业集聚区2家，在苏州各县市中名列前茅。随着现代服务业集聚区基础设施和服务功能逐渐完善，一批行业知名企业纷纷入驻，部分集聚板块初步形成规模化、集约化发展态势。全市省级服务业名牌累计4个、苏州市级服务业名牌累计8个，5家企业被确定为省级服务业标准化试点单位，5家企业入选江苏省服务业创新示范企业，8家企业入选苏州市服务业创新示范企业，1家服务业企业获张家港市市长质量奖。

【5家企业位列中国服务业企业500强】 9月，由中国企业联合会、中国企业家协会按国际通行方式，经专家委员会审定后排出的2017年中国服务业企业500强公布，全市有5家服务业企业入选。分别为江苏国泰国际集团有限公司（第125位）、玖隆钢铁物流有限公司（第129位）、张家港保税区旭江贸易有限公司（第261位）、苏州裕景泰贸易有限公司（第462位）、江苏张家港农村商业银行股份有限公司（第486位）。（陈珊珊）

【家庭服务业"十佳优秀服务商"被评出】 为进一步规范服务，加强家庭服务业企业标准化建设，年内，市家庭服务业协会从"12345"便民服务热线加盟服务商中评比十佳优秀服务商，获评者需年派单总量超过500件，按群众满意度高低考核，每个服务类别最多取两名。最终，市杨舍西城同创锁业服务部（开锁服务类）、市杨舍西城胜利便民服务部（管道疏通类）、市杨舍西城宇航信息服务部（开锁服务类）、市杨舍东城便民电脑维修服务中心（硬件维修类）、市杨舍西城吉利水暖五金商店（管道疏通类）、市杨舍东城港饰水电维修部（水电维修类）、市杨舍开发区悦丰家电维修服务部（空调维修类）、市杨舍东城卫军便民服务部（水电维修类）、市杨舍西城乐百帮搬家家政服务部（搬家送货类）、张家港交广汽车俱乐部有限公司（汽车救援）10家企业从34家"12345"热线派件量超500件企业中脱颖而出，获评"十佳优秀服务商"。

【工厂店销售模式盛行】 近年，受周边太仓等地工厂店模式的影响，张家港市许多食品、服装、汽配、电缆等加工企业开始转变销售模式，由以往批发为主的纯工业生产模式向批零一体的工业生产和服务业销售齐头并进的模式转变。澳洋集团下属江苏澳洋世家服装有限公司、草原春羊绒服饰有限公司、江苏正大富通股份有限公司等企业在厂区、市区或周边乡镇开设多家旗舰店、直营店自产自销，其中正大富通公司的汽配直营店还引入线上销售模式。许多小型针织服装、羊绒服饰公司开始从纯外贸销售改为内外贸同步销售。一些工厂店例如圣美隆、汉蒙兰齐羊绒工厂店设有定制加工服务。这些门店紧靠工厂，以价格实惠、质量有保障而得以盛行。

（史 志）

商 业

【概况】 2017年，市商贸业呈现整体平稳发展态势。全市分布有吾悦广场、城西购物公园、曼巴特购物广场和杨舍老街、大成广场等集餐饮、购物、娱乐为一体的大型购物场所，有大润发、欧尚、麦德龙、百信生活广场等大型超市，有香港城小商品市场、梁丰五金机电城、九洲家居装饰城等专业类市场，商品种类丰富。全市19家重点商贸流通企业实现零售额42.69亿元，比上年减3.18%。超1亿元商品交易市场成交额4492.2亿元，比上年增40.3%，其中属全省50强商品交易市场的5家市场实现成交额4068.3亿元，比上年增43.4%。4月2日，2017年张家港长江鲜美食节在南丰镇永联小镇美食街开幕，活动持续至5月2日，全方位多角度展示江鲜美食独特魅力。市第一人民商场集团、市国际购物中心有限责任公司、市商业大厦有限责任公司三大主要百货商场和曼巴特购物广场及大润发市区店因受网店销售影响，实现销售26.53亿元，比上年减2.91%。其中，三大主要百货商场及其连锁店实现销售15.8亿元，比上年减13.63%；曼巴特购物广场实现销售6.27亿元，比上年增36.26%；大润发市区店实现销售4.46亿元，比上年增0.63%。11月7日，长江三角洲城市市场信息协作网第十七次联席会议在浙江省湖州市召开，张家港市入选“2016年长三角县域商业十强县（市）”。

【肉菜流通追溯体系覆盖60个单位】市肉菜流通追溯体系建设于2013年启动，目标是在张家港市范围建设与苏州市互联互通的市（县）级追溯管理平台，包含生猪屠宰环节、肉菜批发环节、肉菜零售环节、消费环节和“产销对接”核心企业的五个流通节点追溯子系统和一个政府肉菜追溯联合监管辅助子系统，范围覆盖9家生猪屠宰厂（场）、1家猪肉交易场、32家农贸市场、5家大卖场（超市）、3家“产销对接”核心企业和500家团体消费单位（包括大型餐饮企业、机关院校和大型企业食堂、猪肉加工企业等）。当年完成部分试点单位建设，肉菜流通追溯体系流程初步贯通。2014年，肉菜流通追溯体系建设全面铺开。2015年，体系建设项目通过专家组验收。2017年，体系总体运行流畅。在做好系统基础运行维护工作的同时优化完善该追溯体系，开发了肉品合格证二维码、肉摊主信息溯源二维码、市商务局肉菜溯源统计分析系统、张家港放心食品溯源公众号以及试点运行新溯源秤。对每季度、半年度及年度肉菜流通追溯体系各环节进行考核评比，对相关单位及个人进行奖励，激励各环节经营者树立主人翁意识，确保形成“来源可查、去向可追、责任可究”的肉菜流通追溯体系。至年末，市肉菜流通追溯体系共覆盖屠宰场2家、农贸市场13家、超市4家、团体消费单位41个。

【餐饮行业品牌意识增强】 市商务局设立商务发展专项资金，对中华餐饮名店、江苏餐饮名店、苏州市餐饮业著名品牌企业（苏州餐饮业特色店）、张家港市餐饮业特色店（含中国江鲜美食之乡特色餐饮店）及个人荣誉称号获得者予以资金奖励，以支持和引导餐饮企业引进现代经营方式和先进质量管理模式，推动行业持续健康发展。同时联合市餐饮行业协会、市烹饪技术协会，推动餐饮企业改造，建立品牌意识，提升服务质量。年内，市金水源酒店有限公司、市杨舍泗港泰盛食府、市杨舍东城新京华酒店3家餐饮企业获评江苏餐饮名店，锦丰镇合兴龙潭湾酒店获评苏州餐饮业特色名店，丁东平、徐建新等4人获评江苏烹饪大师称号。至年末，全市有中华餐饮名店4家、江苏餐饮名店18家、苏州市餐饮业著名品牌企业8家。

（杨　璐）

2017年年末张家港市在美团网获五星好评餐饮企业一览表

表36

店　　名	地　　址	餐饮类型	推荐菜	用户评价
又一村自助火锅烤肉	金港镇长江中路299号中央广场	综合自助	鸳鸯锅、牛大骨	全城自助餐人气榜第六名
新石器烤肉	杨舍镇梁丰西路368号购物公园克拉水岸1楼	烧烤烤肉	芝士年糕、秘制梅肉	杨舍镇烧烤第一名
卤味牛肉锅（金港店）	金港镇金桥路87号紫竹庭园滩上村村委对面	火锅	卤牛肉、牛肚牛舌、牛肉锅	金港镇火锅人气榜第七名
卤味牛肉锅（锦丰店）	锦丰镇永新路26号锦都名邸M2	火锅	汤锅	—
卤味牛肉锅（德积店）	金港镇千禧南路福民社区百信超市对面	火锅	牛肉、毛肚、牛蹄筋	—
卤味牛肉锅（塘桥店）	塘桥镇北京路3号	火锅	肥牛、蔬菜自助、酸梅汤	塘桥镇火锅第三名
七欣天品蟹轩	杨舍镇梁丰路8幢17号2楼（杨舍老街内）	火锅	螃蟹、雪花肥牛、虾滑	—
酒久日本料理	杨舍镇樊家基弄国泰新天地广场	日料自助	芝士焗蟹宝、刺身拼盘、蛋黄酱焗虾	杨舍镇日韩料理第一名
虢辣凉茶火锅	杨舍镇泗杨路美辰壹号商业街4号楼	火锅	手工纯虾滑、公主肥牛、养生乌鸡卷	杨舍镇火锅第六名
清心素食	杨舍镇南门路60号（圆梦国际教育二楼）	自助	蕨根粉	全城自助餐人气榜第十名

续表36

店　　名	地　　址	餐饮类型	推荐菜	用户评价
艾胖子蟹肉煲	杨舍镇沙洲中路步行街14号-3纪念日百货三楼	海鲜	肉蟹煲、特色酸梅汤、牛蛙煲	全城海鲜人气榜第七名
澳门谐成海鲜大酒店	杨舍镇人民中路121号（国泰新世纪广场）	豆捞	煲仔饭、鲍鱼、象拔蚌姿造	—
蓉都火锅	杨舍镇第吾大道CM110肯德基东侧	火锅	虾滑、小签秘制、毛肚	全城川味火锅人气榜第七名
鲜入围煮（沙洲路店）	杨舍镇沙洲中路181号	火锅	鲍鱼、蛏子、青龙虾	—
渔越	金港镇黄泗浦西路15号	火锅	炸土豆、金针菇、烤鱼汤	金港镇火锅第二名
一九二八主题餐厅（金港店）	金港镇长江中路江南公寓M10号	私房菜	特色烧肉、酸汤肥牛	—
一块七时尚餐厅（杨舍老街店）	杨舍镇杨舍老街87号	苏帮菜	秘制烤肉、跳钢管舞的鸡、云海冰镇咕咾肉	全城苏菜人气榜第四名
紫京城国际美食汇馆	杨舍镇暨阳湖大道1号	苏帮菜	法式提拉丝、脆脆百合	杨舍镇苏菜人气榜第一名
日食记	杨舍镇吾悦广场C-M116号	其他美食	黄焖鸡米饭、海鲜炒饭	全城其他餐饮人气榜第八名
牛族部落海鲜牛骨烤肉·自助火锅	杨舍镇塘市扬子路大润发玛特三楼	自助火锅	烤培根、蒙古草原烤羊肉	全城自助餐人气榜第九名
就这个鱼（金港店）	金港镇金港中央广场	川菜	酸菜鱼	金港镇川菜第一名
鼎鼎有名（泗杨路店）	杨舍镇泗杨路329号	火锅	虾滑、雪花肥牛、乌鸡卷	杨舍镇火锅第八名
鼎鼎有名精品碳锅	杨舍镇玉兰路2号	火锅	雪花肥牛、手工虾滑、牛蛙	杨舍镇火锅人气榜第十七名
牛来牛往卤味牛肉锅（乐余镇）	乐余镇农贸市场对面（好德火锅隔壁）	火锅	手工水饺、邛州手擀面	—
丽江印象·斑鱼府	金港镇金桥路金都邻里坊10-017号	火锅	鱼片、龙虾球、手工鲜虾滑	金港镇火锅人气榜第十三名
爱8寸披萨	金港镇黄泗浦东路135号	西餐	爱招牌披萨、招牌塔可	金港镇西餐第四名
吉品海鲜刺身寿司连锁（西门店）	杨舍镇西门路龙须弄8号	日本料理	三文鱼卷、土豆沙拉、鳗鱼饭	—
鲜炉季港式打边炉	杨舍镇沙洲东路梁丰大厦2-7号（国美电器向东30米）	火锅	虾滑、椒盐皮皮虾	杨舍镇火锅人气榜第十九名
小薇/brunch restaurant西餐厅	杨舍镇朱港巷路35号（曼巴特广场北）	西餐	土澳大早餐、网红铁盒	全城西餐人气榜第一名
重庆桥老头火锅（港区店）	金港镇长江中路173-8-9号	火锅	鸡翅中、羊肉、招牌毛肚	金港镇火锅人气榜第十五名
光头鸡	金港镇潘港北路48号	火锅	牛蛙煲、霸王别鸡、肉蟹煲	—
鲜入围煮打边炉	杨舍镇南门路小味馆斜对面	火锅	港式煲仔饭、黑毛肚	杨舍镇火锅第二名
双山高尔夫自助烧烤	双山岛高尔夫俱乐部球场	烧烤烤肉	烤蔬菜、澳洲大肉串、烤鸡翅	金港镇烧烤第二名
新约士（购物公园店）	杨舍镇购物公园恒光国际一楼	咖啡酒吧茶馆	意面、吞拿鱼拌饭、原味华夫饼	—
Ins·1996 restaurant&bar西餐厅	杨舍镇河西路6号（星巴克南50米）	西餐	低温海鲈鱼、安格斯牛小排、法式鹅肝冻配芒果蛋黄	全城西餐人气榜第二名
焱鱼	金港镇金桥路金都邻里坊	香锅烤鱼	牛蛙、泡鸡爪、草鱼	金港镇川菜第二名
凤桃农庄	凤凰镇凤凰山风景区东	农家菜	安徽臭鳜鱼、散养整鸡、铁板蒜蓉虾	全城农家菜人气榜第四名

续表36

店　　名	地　　址	餐饮类型	推荐菜	用户评价
轩逸阁·家常菜(客运站店)	杨舍镇华昌路19号	淮扬菜	黑椒牛排、鱼头汤、清蒸银鳕鱼	杨舍镇淮扬菜人气榜第二十名
牛好牛卤味牛肉锅	塘桥镇黄泗浦西路54号	火锅	牛肉、酱骨头、酱香骨	—
鱼蛙享乐	杨舍镇购物公园克拉水岸严厨旁	干锅、香锅	白灼海蜇、美蛙王子	杨舍镇川菜第九名
独家记忆3d烤鱼	杨舍镇农联金街6号M3(农联家园东门)	香锅烤鱼	烤海鲈鱼、鱼丸、卤味拼盘	杨舍镇川菜第四名
签肠挂肚(后塍店)	金港镇人民路102号(后塍小学北)	火锅	口水鸡、小混沌、香辣锅	金港镇火锅人气榜第十二名
德沁园(体育馆店)	杨舍镇世纪新城商务会馆11幢101号	家常菜	清蒸咸黄鱼、鸡爪、蔬菜沙拉	—
鼎汤酸菜鱼	杨舍镇康乐弄3号(凯丽百货西弄堂)	酸菜鱼	酸菜鱼、水煮鱼、泡菜香肠炒饭	全城酸菜鱼人气榜第九名
响爷披萨	杨舍镇乘航西路105号	西餐	热海风情披萨、美国牛小排披萨、经典肉酱披萨	—
西夏一品烤全羊(百桥路店)	杨舍镇百桥路与人民西路交叉处悦华苑小区门面房	烧烤烤肉	烤羊肉、羊羔、羊排	杨舍镇烧烤排名第七名
喜记鸽皇	杨舍镇国泰中路购物公园克拉水岸二楼	苏帮菜	铁板韭菜、泰汁脆皮鸡、食神叉烧饭	杨舍镇苏菜人气榜第十名
过把瘾东北自助烤肉火锅	锦丰镇新天地4幢二楼	火锅自助	蔬菜、水果、鲜肉	—
药膳光头鸡	杨舍镇西门南村龙须弄10号	火锅	乌骨鸡、生态鸡	—
华芳金陵国际酒店餐厅	杨舍镇长安中路388号华芳金陵国际酒店	江浙菜	小米翅汤、富贵牛仔粒、脆皮乳鸽	—
897披萨	杨舍镇西街55号(阿仕顿旁)	西餐	夏威夷风情披萨、田园风光披萨、浓香芝士披萨	—
小小涮肉坊	金港镇长江中路263号(影剧花苑旁)	火锅	鲜美虾滑、云南豆皮、手工羊肉丸	金港镇火锅第八名
疯狂牛蛙(西门店)	杨舍镇龙须弄吉品刺身对面	干锅、香锅	超级牛蛙	全城香锅人气榜第六名
牛大王特色卤味牛肉锅(蟠港路店)	金港镇蟠江北路1号	火锅	牛肉丸、牛肚、菌菇	—
小松家常菜馆	杨舍镇乘航振兴路101号乘航小学南	江浙菜	龙虾、南瓜饼	—
瓦香鸡	杨舍镇塘市东兴苑百顺菜场对面	火锅	鸡肉、水果拼盘、时令蔬菜	—
云顶天境	杨舍镇玉兰路和华昌路东南口	粤港菜	桂花山药、尖椒毛豆、薄饼酱肉	杨舍镇茶餐厅第二名

说明:以上好评餐饮门店排名不分先后,面馆、快餐小食店、饮品店、寿司店、烘焙糕点店未统计在内

供　　销

【概况】 市供销合作总社下辖18个基层单位,其中公司7家、工厂2家、学校1所、基层供销社8个,有在职职工(包括转制企业职工)358人。2017年,完成工商企业销售收入95.15亿元,消费品零售额23.19亿元,工商企业入库税费1152万元,市场成交额62.88亿元。市供销合作总社获评省供销社系统基层社建设先进单位,总社机关被市委、市政府评为文明机关,下属青草巷农副产品批发市场被评为市先进文明单位,3个基层单位被评为市文明单位。

【为农服务社农资服务】 市供销合作总社继续做好为农服务社改造提升工作,确保服务社形象新、环境美、服务优。完善农药和测土配方肥集中配送管理,确保集中配送工作有序有效推进。优化农资连锁配送网络体系建设,通过核查种植信息,完善电子信息平台管理,确保信息数据真实完整。全年粮食农药配送率95%、果蔬农药配送率90%,实现农药配送销售3234.58万元,其中粮食农药2584.74万元、果蔬农药577.36万元、绿化农药72.48万元。集中配送小麦、水稻测土配方基肥分别为7070吨、6592吨。以提升为重点,加快"智慧农资"

建设，推进和完善农资仓储物流基础设施建设，完善1个农资物流储备配送中心，强化8个基层中心配送点，优化23个基层配送站点，依托各村建立农资连锁配送网络体系。

【农副产品批发市场强化安全检测监管】 年内，市青草巷农副产品批发市场继续开展天安行动，加强农产品安全检测工作，加大抽检力度，随时监控问题农产品动态。全年检测农副产品样品5万批次，速测6万批次。日常检测的同时，关注不同时期不同农产品用药特点，有针对性开展专项农产品抽检活动。6月1日起，市农产品联合执法办公室会同市场检测中心，对10余家茭白经营户进行连续一周全面抽检，抽检样品48批次。检测发现有部分浸泡茭白含有二氧化硫及甲醛成分，对该类茭白立即停止销售，明确规定同一摊位二次抽检不合格，该摊位将停业整顿直至取消市场经营资格。开展食品安全宣传工作。4月，市农产品联合执法办公室会同青草巷市场联合开展食品安全宣传月活动。活动制作农产品质量安全展板14块、撑牌13块、横幅2条、彩旗100面，对食品质量安全知识、相关政策法律法规、市场食品安全制度等进行宣传教育和普及。加大食品安全城市创建工作，4月中旬，张家港市通过省食品安全委员会专家考核验收组的复核验收。加强市场员工培训，提高业务水平。3月，青草巷市场组织举办农产品质量安全培训班，35人参加食品安全市场监管、食品索证索票制度、农产品质量安全现状及对策等三个方面业务培训。

【农副产品经营管理标准提升】 年内，市青草巷农副产品批发市场以"新网工程"为抓手，推进市场建设标准化，实现市场经济总量稳步增长，完成市场成交额62.88亿元，实现利润3000万元，完成当地农副产品交易额12.5亿元。完善市场服务功能，加强市场商贸街功能定位和布局调整，重新配置零售市场经营结构，拓展海鲜销售业务，理顺猪肉批发业务，丰富农副产品种类，更好满足和方便市民消费需要。提高市场管理标准，建立完善市场现场管理标准、现场管理考核标准、部门消防安全职责等相关制度。继续对市场商户开展诚信经营教育、完善购销手续制度等工作，强化农产品质量检测和监管工作，为创建全国质量强市示范城市作出努力。同时，增强市场经济辐射带动能力，指导市场所在地锦丰镇洪桥村依托市场，针对性地建设配套仓储用房，出租给市场，扩大村级经济收入。

【基层供销社强基工程建设】 市供销合作总社对全系统资产实行一盘棋谋划、管理，从有利于加强资产整合发挥资产最佳效益、有利于加强内部管理提升企业整体形象出发，因地制宜，采取简单修理、整体翻修、重新规划建设等多种形式强化资产整合，巩固基层社阵地，解决基层社自身"生存吃饭"问题。年内对六干河收棉站、三兴中心收棉站等房屋进行翻修，全年各基层社共实现租金收入530万元。抓好基层社财务管理，严把财务费用报支审核关，严格执行财务纪律规定，杜绝铺张浪费，严控不合理支出，降本节支。抓好"三体两强"（自主经营实体、农民社员主体、合作经济联合体，综合实力强、为农服务能力强）基层社改造工作，推进完善与乐余镇政府合作成立的乐源农业社会化服务合作联社同乐余供销社的深度融合，完成乐余供销社的人事、资产、财务移交管理工作。按计划推进港缘为农服务专业合作联社（金港供销社）组建工作，促进为农服务社体系建设不断深化。

（张 健）

市青草巷农副产品检测中心 （市城展馆 提供）

粮食购销

【概况】 年末，全市粮食系统有独立核算单位15个，在岗职工197人，其中市粮食局有机关干部职工18人、事业单位职工3人。年内，市粮食部门全面落实粮食安全责任制，深化粮食供给侧结构性改革，严格落实依法管粮各项举措。东海粮油工业（张家港）有限公司、路易达孚（霸州）饲料蛋白有限公司张家港分公司、益江（张家港）粮油工业有限公司、张家港酿酒有限公司、市恒泰面粉制品有限公司、市华丰油脂有限公司、市粮食购销总公司等13家粮油企业中，有省级龙头企业4家、外商投资企业1家、苏州市级龙头企业4家。全市粮油企业实现总产值205亿元，完成销售收入245亿元，实现利税8亿元，分别比上年增10%、26%和45%。全年大米总产量6.4万吨，面粉总产量17万吨，油脂总产量145万吨，豆粕总产量249万吨，饲料总产量23.6万吨。张家港市在苏州市粮食安全责任制考核中获评优秀。市粮食局在苏州市粮食工作目标责任制考核中名列首位，系统内2个单位被评为张家港市文明单位。市粮食购销总公司获第七届中国粮油榜主奖项“中国百佳粮油企业”称号，方治获评省“十大行业工匠”和市道德模范称号。

【粮食收购储备】 2016年，面对小麦播种面积减少、水稻减产的局面，市粮食局发挥行政管理部门职能作用，指导收购企业创新收购办法，凝聚收购合力，切实掌控粮源，较好完成两季收购工作。全年收购粮食12.06万吨，其中小麦5.36万吨、稻谷6.7万吨，总量列苏州县市第一。收购过程中，坚持“服务为本、粮农至上”原则，适时启动稻谷最低价收购预案，收购托市稻谷975吨。以掌控当地粮源、促进农民增收为宗旨，落实好小麦、稻谷收购价外补贴政策，收购价外补贴小麦3万吨、稻谷5.4万吨。深化产销合作，与宿迁市签订粮食产销合作协议14万吨，落实粮食生产基地协议2000公顷。按照《苏州市地方储备粮管理办法》规定，完成5.6万吨地方储备粮(原粮)和2590吨地方成品储备粮的收储及轮换工作，加强对储备粮的监管督察，规范承储企业运作，确保储备粮数量真实、存储安全。践行国家藏粮于技战略，全面推广绿色储粮新技术，保障储备粮质量良好。

【粮食民生项目】 2017年，沙洲中心粮库粮食烘干中心被市政府列为政府民生项目。项目计划总投资2700万元，建设4438平方米烘干车间、2500吨立筒仓、水电及场地等配套工程，建成后粮库烘干能力提升一倍，达到每批720吨，满足周边农民潮粮烘干需求。项目5月23日开工，至年末，主体工程完工，开始进行装饰工程、设备安装和调试，预计2018年5月全面建成，并在当年度夏粮收购前投入使用。探索粮食优质优价，指导市粮食购销总公司与当地38家专业合作组织搭建合作平台，促进产业链前移后伸，2017年落实粮食优质优价种植面积1800公顷，完成优质优价收购5.36万吨。推进放心粮油工程，新(补)建放心粮油店4家，全市放心粮油店累计38家。实施“好粮油”行动计划，加快推进品牌培育，与百信、好邻等连锁超市开展合作，推广“润众”等品牌，润众大米获评苏州名牌产品。

【粮安工程】 2017年是国家粮食安全责任制考核“首考”之年，市粮食局按照省政府办公厅《关于印发江苏省粮食安全责任制考核办法的通知》要求，发挥粮食部门牵头协调作用，组织全市13个责任单位认真研究苏州市粮食安全责任制考核办法，把握时间节点，细化工作方案，明确部门职责任务及工作要求，对照5项考核内容、24项考核指标、42项考核任务，认真开展自查提优，圆满完成考核自评上报工作。2月，张家港市以苏州各县市总分第一的成绩顺利通过苏州市现场考核，考核结果优秀。

（严景阳　孙　颖）

专营专卖

【烟草经营】 2017年，市烟草专卖局(苏州市烟草公司张家港分公司)围绕“行业楷模”发展战略，在营销服务、市场监管、内部管理等方面取得较好成绩，获评市文明机关、服务地方奖。全年实现卷烟销售5.1万箱，比上年减2.05%，实现销售收入17.29亿元，与上年基本持平，实现利税6.08亿元、利润4.89亿元，分别比上年增1.49%和0.68%。严厉打击卷烟贩假售假行为，强化与公安的联合打假力度，查处案件72起，查获违法卷烟720.73万支，总案值1220.02万元，比上年增24.25%。查获并查证5万元以上案件30起，其中50万元以上案件2起、100万元以上案件3起、200万元以上案件1起。其中，“4·25”案件查获假冒卷烟5294.3条，案值193万元，刑事拘留4人，该案被公安部、国家烟草局列为督办案件。全年向公安部门移送案件8起、向市市场监督管理局移送案件3起，判拘23人。受理新办卷烟零售许可证申请721份(其中准予许可584份、不予许可137份)、延续654份、注销463份，全市正常零售户5536户，无1起行政许可撤销或败诉。　（封晓庆）

【盐业经营】 2017年，江苏省苏盐连锁有限公司张家港分公司(市盐务管理局)贯彻落实国家食盐改革方案相关要求，认真履行监管职能，维护食盐市场稳定，被评为市文明单位。全年销售小包装食盐6725吨，品种盐结构占比50.02%。以维护百姓食盐安全为首要责任，切实履行食盐安全主体责任，强化与公安、市场监管、卫生等部门联动协作，多次开展全市学校食堂检查行动、边界卤菜加工厂突击检查行动和大型餐饮企业检查行动等专项行动，共出动执法人员3000余人次，查获盐业违法案件235起，查获盐业违法产品300余吨，没收违法盐产品87.9吨，罚款2900元，并查获省外

多品种盐　（朱永平　摄）

"神鹰"牌脚臭盐案件2起，涉案不合格食盐产品60吨。在稳固主营的同时，拓展非盐业务，公司形成工业盐、元明粉、纯碱盐化集聚业务，散食盐、淀粉、片碱、硼砂的食品加工及包装业务，以及氯化钙、小苏打等产品的新业务。 （张 磊）

【石油经营】 2017年，全市有中国石化销售有限公司江苏苏州张家港石油分公司、中国石油天然气股份有限公司江苏苏州张家港分公司、省中油泰富石油集团有限公司等成品油零售企业107家。中国石化销售有限公司江苏苏州张家港石油分公司和中石化壳牌（江苏）石油销售有限公司张家港分公司年末有加油站31家。中国石化销售有限公司江苏苏州张家港石油分公司全年实现成品油销售总量26.48万吨，比上年增2.7%。其中，加油站零售量22.81万吨，比上年增4.45%；直分销3.67万吨，比上年减6.7%；润滑油1900吨，比上年减9.5%；实现非油品销售总额6757万元，比上年增25.58%。该公司党总支被苏州市委评为首届"国有企业先锋党支部"称号。中国石油天然气股份有限公司江苏苏州张家港分公司年末有运营站12家，全年销售成品油26894吨，其中汽油18772吨、柴油8122吨，便利店销售600万元。中油泰富石油集团有限公司年末有加油站15家，实现油品销售4.85万吨。

（顾 艳 郭建平）

电子商务

【概况】 年内，电子商务载体平台建设不断完善，电子商务企业快速发展，江苏化工品交易中心成交量1679.39万吨，成交额1024.13亿元，有签约交易商2364家。玖隆电子商务平台交易量188万吨，交易额71.37亿元，有会员15229家，获评2017—2018年度江苏省和苏州市电子商务示范企业。至年末，全市电子商务产业发展规模得到扩大，电子商务应用能力得到提高，电子商务产业发展环境得到优化。

【电商人才培育】 2017年，全市认定的沙洲职业工学院、张家港开放大学、江苏科技大学苏州理工学院等3家市级电子商务人才培训基地均开设电子商务相关专业，形成完整的电子商务人才培训课程体系，同时与市电子商务产业园、电子商务企业合作，开展"企业进校园，学生进企业"培训、实践活动，形成人才培训良性循环，全年输出电子商务专业人才300余人。市级电子商务人才培训机构苏州凌巨网络科技有限公司是阿里巴巴第三方人才培训服务商，针对全市内外贸企业开展电子商务培训，年培训电子商务人员约1000人。

【市电子商务产业园】 市电子商务产业园2016年4月投入运营，至2017年年末入驻企业62家，出租率80%，2017年实现服务收入109.57万元，成为全市重点电子商务产业集聚区。年内，开工建设海纳电商创业服务平台，项目总投资250万元，面积1360平方米，为电子商务初创企业、初创团队提供创业公共服务、线下办公载体。市电子商务产业园每周举办"海纳讲堂"系列沙龙，每月举办"创业沙洲"投融资对接会，每季度举办专题论坛，并承办首届市电子商务创新创业大赛，营造浓厚的电子商务产业发展氛围。

【跨境电子商务】 年内，全市大力推进外贸综合服务试点工作，实现外贸综合服务出口9.29亿美元，处于全省领先阵营。发展"互联网+外贸"，全市外贸企业依托阿里巴巴、中国制造网、慧聪网等国内知名B2B平台，开展跨境电子商务业务，并形成纺织服装、塑料饮料机械、五金工具等一批特色产业。张家港企业在阿里巴巴国际站和中国制造网分别注册会员企业800余家和400余家。跨境B2C企业不断发展，从事B2C跨境电子商务进口业务的有全球街、海豚西选、大洋彼岸等企业，从事B2C跨境电子商务出口业务的有潘朵电商、涵络一等企业。全球街全年进口销售额超1000万元，潘朵电商全年出口额近200万美元。

【市电子商务协会B2C分会成立】 2月，市电子商务协会召开一届三次理事会，会上市电子商务协会B2C分会成立，集聚B2C电子商务企业，使信息互通、资源共享更精准。在市商务局推动下，市电子商务协会与省现代商务数据研究院签订《张家港市B2C电商大数据合作协议》，推进全市电子商务大数据体系建设。2017年，市电子商务商会会员增至90个，各项制度不断完善，获评AAA级社会组织。商会组织开展以企业管理、税收政策、互联网创新创业等为主题的培训活动，搭建交流学习平台。 （杨 璐）

服务贸易

【概况】 2016年2月，苏州市获批开展服务贸易创新发展试点，张家港市加快部署落实。至2017年年末，全市有服务贸易企业1000余家，2017年完成服务贸易出口额2.43亿美元（苏州数据）。服务外包是服务贸易产业重要组成部分，年内全市新增服务外包企业2家，累计120余家。全年完成接包合同额36449万美元，离岸执行额6920万美元。服务贸易业态丰富，涵盖技术性业务流程外包服务（BPO）、信息技术外包服务（ITO）和技术性知识流程外包（KPO）全行业。年内，张家港保税物流园区、市软件（动漫）产业园等4个园区获评苏州市服务贸易创新发展试点园区，电子口岸通关物流信息服务平台、化工品交易信息服务平台等3家公共服务平台获评苏州市服务贸易公共服务平台，孚宝仓储、张家港外轮代理等8家企业获评苏州市服务贸易重点企业。国泰新点软件公司获评2017年中国服务外包成长型企业。

【服务贸易产业集聚】 依托两区一园重点载体，全市服务贸易产业集聚效应突显。其中，张家港经济技术开发区为江苏省国际服务外包示范区，集聚软件研发、动漫设计、生物医药等外包企业，2017年完成接包合同额24546万美元，离岸执行额3086万美元，分别占全市总额的67.3%和

44.6%。张家港保税区依托港口和政策优势，积极发展供应链管理和商务服务外包产业，全年完成接包合同额7106万美元，离岸执行额1501万美元，分别占全市总额的19.5%和21.7%。冶金工业园依托区内主要产业积极发展工业设计等生产性外包业务，全年完成接包合同额4797万美元，离岸执行额2333万美元，分别占全市总额的13.2%和33.7%。

【服务外包与服务贸易产业融合】 年内，市商务局在调查研究基础上，综合评估全市服务外包产业发展政策，将服务外包与服务贸易两大产业融合，推出新的服务贸易专项资金扶持政策，政策涵盖业务奖励、国际资质认证补助、展会补贴、人才培训补贴等多个项目。同时，做好商务部服务贸易重点监测企业直报系统、苏州市服务贸易统计平台管理系统企业注册、数据录入工作，两大系统注册企业分别为16家和80家。依托两大系统，逐步建立起全市服务贸易统计体系。

（杨　璐）

市　场

【概况】 2017年年末，全市有经市市场监督管理局核准登记的各类市场83家，其中消费品市场69家、生产资料市场13家、生产要素市场1家。全年成交额195.04亿元，消费品市场成交额超1亿元的有20家。各类市场中，有国家级农村文明集市（市场）1家，为塘桥综合市场；有省级文明诚信集市（市场）5家，分别为塘桥综合市场、江南建材商贸城、市人才市场、城北菜场、万红新区集贸市场；有苏州市级文明诚信集市（市场）20家。年内，市市场监督管理局举办市场负责人培训1场，开展市场专项整治6次。

消费品市场　全市有消费品市场69家。占地总面积45万平方米，建筑总面积41万平方米，经营户4580户。全年成交额148.15亿元，其中农副产品综合市场成交额131.38亿元，工业品市场成交额16.77亿元。成交额超1亿元的有20家，与上年持平。

生产资料市场　市生产资料市场主要经营化工、钢材、建材、汽车、木材、纺织原料、粮油、五金、家具、小商品及国际消费品等。全年生产资料市场成交额3774.08亿元，比上年增53.2%。成交额超100亿元的有5家，分别为玖隆物流园、江苏化工品交易中心、保税区纺织原料市场、保税区进口消费品市场和保税区粮油交易市场，成交额分别为2165.12亿元、838.54亿元、353.69亿元、376.07亿元和211.68亿元；在市市场监督管理局登记的13家市场成交额46.99亿元（不含化工品原料交易市场成交额）。

生产要素市场　市生产要素市场分别为市人才市场、市技术市场、市人力资源市场和市房地产市场。其中，市人才市场全年举办固定人才集市87期，进场设摊单位4272个，提供就业岗位81481个，平均每场提供就业岗位936个。进场求职4.35万人次，达成招聘意向11.73万人次。“张家港人才网”新增网上会员单位2781个，累计3243个，全年发布招聘岗位68018个，入库求职简历24513份，网站平均每天流量8.5万人次，年流量达到3111万人次。市技术市场全年认定备案技术贸易合同224个，技术贸易合同额4.31亿元，比上年增7.48%。市人力资源市场全年登记用人单位794个，提供岗位46534个，求职登记22414人，推荐介绍23554人次，成功就业18599人次。年内举办“劳动力交流洽谈会”86期，组织3875个单位进场招聘，为求职者提供岗位75825个，进场求职47218人，达成意向35571人。市房地产市场全年完成办理存量房交易18308处、建筑面积236.32万平方米、成交金额133.95亿元，分别比上年增38.21%、50.02%、57.64%。其中，二手房住宅交易15802套、建筑面积207.02万平方米、成交金额122.14亿元，分别比上年增43.43%、60.89%、62.42%。全年完成不动产登记发证163973处、面积1127.48万平方米，完成房产抵押登记51207处、面积4026.51万平方米、担保金额1299.64亿元。

2017年张家港市成交额超1亿元消费品市场一览表

表37

市场名称	主办者	营业地址	建办时间（年）	投资额（万元）	固定经营户（户）	年成交额（亿元）
市第一集贸市场	市第一集贸市场有限公司	杨舍镇梁丰路270号	1979	3600	334	18.98
金港农贸市场	江苏绿丰现代农业投资有限公司	金港镇双龙南路	1983	480	217	3.35
后塍综合市场	季叶清、周清	金港镇后塍西墩路	1985	800	160	1.44
塘桥综合市场	塘桥镇资产经营公司	塘桥镇镇中路5号至7号	1985	480	385	4.92
市青草巷农副产品批发市场	市土产果品总公司	锦丰镇洪桥村	1995	8000	289	63.45
元丰菜场	个人独资	金港镇德积办事处	2005	3000	169	2.48
乐余农贸商城	乐余镇资产经营公司	乐余镇乐富路	2005	1300	130	1.27
三兴农贸市场	锦丰镇资产经营公司	锦丰镇三兴办事处	2005	138	65	1.58

续表37

市场名称	主办者	营业地址	建办时间（年）	投资额（万元）	固定经营户（户）	年成交额（亿元）
合兴集贸市场	锦丰镇资产经营公司	锦丰镇合兴办事处	2005	500	105	1.09
中兴农贸市场	张家港保税区金港资产经营有限公司	金港镇中兴办事处	2005	300	78	1.12
妙桥综合市场	塘桥镇资产经营公司	塘桥镇妙桥办事处市场街	2005	800	110	1.68
鹿苑综合市场	塘桥镇资产经营公司	塘桥镇鹿苑人民北路	2005	800	58	1.99
西张农副产品综合市场	凤凰镇资产经营公司	凤凰镇金谷小区	2005	500	65	1.81
凤凰农副产品综合市场	凤凰镇资产经营公司	凤凰镇凤凰办事处	2005	420	45	1.48
南丰永联农贸市场	南丰镇资产经营公司	南丰镇永联村	2005	110	100	1.39
南丰集贸市场	南丰镇资产经营公司	南丰镇	2005	110	150	1.61
东莱农贸市场	杨舍镇农贸市场有限公司	杨舍镇东莱办事处电厂路	2005	180	98	1.39
塘市农贸市场	杨舍镇资产经营公司	杨舍镇塘市办事处镇中路	2005	300	118	1.01
港口农副产品综合市场	凤凰镇资产经营公司	凤凰镇港口办事处	2006	360	64	1.40
市新天地市场	锦丰镇资产经营公司	锦丰镇锦店路新天地2幢	2007	3000	308	4.02

2017年张家港市在市市场监督管理局登记的生产资料市场一览表

表38

市场名称	主办者	营业地址	建办时间（年）	投资额（万元）	年成交额（亿元）
市金沙木材市场	金沙村经济合作社	杨舍镇晨阳街道	1997	19.00	—
市化工原料交易市场	张家港保税区金港资产经营有限公司	金港镇香山北侧	2001	598.90	838.54
市盐铁塘钢材交易市场	市恒泰港务有限责任公司	杨舍镇东二环路	2002	541.20	—
市新世纪建筑装饰市场	市金泰建筑装饰材料贸易有限公司	凤凰镇港口街道太平村	2002	1280.00	1.65
张家港九洲家居装饰城市场	许承存、孙斐、赖杰、季绍泰	杨舍镇金港大道	2003	2030.00	6.30
市梁丰园服装小商品市场	市梁丰园宾馆、市工艺美术印刷厂	杨舍镇长安路280号	2004	200.00	1.38
市江南建材商贸城	市滩上村工贸实业总公司、金港镇滩上村民委员会	金港镇后塍办事处袁家桥村	2005	8500.00	11.08
鑫香山金属材料市场	江苏丰立集团有限公司、江苏鑫香山金属材料有限公司	金港镇南沙办事处	2006	5000.00	0.02
市安吉旧机动车交易市场	袁卫民、袁卫华、袁向华	杨舍镇长安北路	2007	200.00	3.72
市金源世纪家居市场	王鸿新、郑坚	杨舍镇金港大道633号	2008	500.00	1.10
梁丰五金机电城市场	江苏梁丰集团置业发展有限公司	杨舍镇南二环路西路口	2008	7000.00	3.86
市新红星家具建材市场	许培新、林友余、姚建国	杨舍镇南二环路南侧	2010	50000.00	7.78
地方义乌小商品市场（香港城）	张家港香港城市场物业管理有限公司分公司	杨舍镇乘航西路北侧	2010	1000.00	10.10
市富城小商品市场	周铁、周立新	锦丰镇锦中路	2010	65.00	—

说明：保税区与金港镇实施区镇合一体制后，市化工原料交易市场成为江苏化工品交易中心的分区，表格中的年成交额为中心总成交额

【江苏化工品交易中心入库税收翻番】 年内,江苏化工品交易中心新增入驻客户115家,新增注册资本6.69亿元。其中,注册资金5000万元以上的3家,分别是厦门建发原材料贸易有限公司、江苏开米科思化学有限公司、张家港保税区蓝奥电子科技有限公司,3000万元至5000万元的2家,1000万元至3000万元的27家,500万元至1000万元的18家。新增注册资金500万元以上客户占比达到43.48%。累计入驻客户1035家。交易中心可出租间数415间,总面积52093.16平方米,已出租362间,出租面积33353.78平方米。在租实租企业239家,挂靠企业796家。完成成交额838.54亿元,比上年增46.5%;入库税收99465万元,比上年增114.5%(所得税74418万元,比上年增179%)。 (邱亚峰)

【市人力资源市场就业"春风行动"】 1月12日至2月20日,市人社局会同市总工会、市妇联等相关职能部门在全市范围内组织开展以"春风行动惠民生,创业就业促发展"为主题的"春风行动"。活动服务的主要对象为有招聘需求的各类用人单位、外来务工人员、全市农村劳动者、被征地农民和其他劳动者。全市共发放招聘会日历等宣传资料25606份,组织专场招聘活动45场,提供免费服务20327人,其中女性8994人;当地企业吸纳农村劳动力7124人,其中女性3429人;接受创业服务301人,其中女性146人;组织参加职业技能培训950人,其中女性352人;提供劳动维权服务和法律援助628人,推荐用工规范诚信企业320个。

(柳一虹 祁俊龙 肖 晋)

物　流

【概况】 6月23日,2017年中国大宗商品创新发展高峰论坛在张家港举行,张家港保税区管委会同中国物流与采购联合会签署战略合作协议。签约以后双方将围绕供应链创新、产业链融合、价值链提升、新经济发展等主题,共同加强各方面的合作。2017年年末,全市共有A级以上物流企业33家,其中有张家港港务集团有限公司、张家港玖隆钢铁贸易有限公司2家AAAAA级物流企业,有江苏高兴达物流有限公司、张家港保税区金港物流中心有限公司、江苏欧宇物流仓储有限公司、江苏澳洋医药物流有限公司、张家港市金港物流中心有限公司、众益物流有限公司、张家港沿江国际物流有限公司等20家AAAA级物流企业,有大正信(张家港)物流有限公司、张家港保税区沿江运输有限公司、张家港捷通中石化工物流有限公司、张家港沿江国际物流有限公司等11家AAA级企业。有省级企业物流技术中心3家,分别为江苏澳洋医药物流有限公司技术中心、江苏正大富通汽配连锁有限公司技术中心、张家港港务集团有限公司技术中心;有苏州市级企业物流技术中心3家,分别为市虎翼车业服务有限公司技术中心、苏州市特种守押保安服务有限公司张家港分公司技术中心、张家港电子口岸有限公司技术中心;有省重点物流企业11家。全市有在苏州市邮政管理局登记备案的快递企业21家,其中登记法人企业13家、备案分支机构8个。市快递行业登记从业人员887人、运营车辆339辆、计算机362台、手持终端1291台。快递业务量3842.32万件,比上年增21.63%。其中,同城业务量621.26万件,比上年增30.41%;异地业务量3074.85万件,比上年增20%;国际及中国港澳台地区146.21万件,比上年增21.74%。全市快递业务收入5.35亿元,比上年增16.9%。其中,同城业务收入4200万元,比上年增25.89%;异地业务收入3.15亿元,比上年增14.5%;国际及中国港澳台地区业务收入1.3亿元,比上年增15.59%;其他收入4800万元。快递业务投递量4570.45万件,比上年增25.55%。苏州工业园区顺丰速运有限公司张家港片从业人员520人,一线员工430人,大专以上学历200人、速递专用电瓶车230辆;全年揽收快件547万件、投递快件583万件,实现业务收入14607万元。张家港EMS有从业人员251人,一线员工206人,有大专以上学历138人,具备公司职业技能鉴定初级以上的员工165人,持证上岗率76.2%(一线员工持证上岗率100%);有运营车辆128辆,其中汽车98辆、邮政速递专用电瓶车30辆;全年揽收邮件392.51万件、投递邮件312.77万件,实现业务收入10301.36万元。全年市物流业增加值142.02亿元,各项指标位列苏州市前茅。有5家物流企业年营业收入超10亿元,分别是张家港玖隆钢铁贸易有限公司、张家港保税物流园区东华能源股份有限公司、张家港保税物流园区华芳物流有限公司、江苏澳洋顺昌股份有限公司和江苏澳洋医药物流有限公司,营业收入分别为502亿元、37.33亿元、8.6亿元、12.07亿元和11.94亿元。

2017年张家港市省重点物流企业一览表

表39

企业名称	营业地址	建办年份(年)	营业收入(万元)	比上年增长率(%)
张家港港务集团有限公司	金港镇长江中路252号	1968	—	—
江苏省江海粮油港务有限公司	金港镇宝岛路1号	1990	10966	4.90
张家港保税区长江国际港务有限公司	张家港保税物流园区西区南京路	2001	—	—
张家港市金港物流中心有限公司	杨舍镇东二环路1号	2002	754	-4.00
江苏澳洋顺昌股份有限公司	杨舍镇新泾中路10号	2002	120715	40.30

续表39

企业名称	营业地址	建办年份（年）	营业收入（万元）	比上年增长率（%）
张家港市虎翼车业服务有限公司	张家港经济技术开发区金塘东路103号	2002	18579	4.80
苏州市特种守押保安服务有限公司张家港分公司	张家港经济技术开发区	2004	5897	3.60
江苏正大富通股份有限公司	张家港经济技术开发区长兴西路2号	2006	29937	33.90
张家港电子口岸有限公司	张家港保税区长乐大厦	2007	2282	23.90
江苏澳洋医药物流有限公司	凤凰镇凤凰大道19号	2008	119406	13.40
张家港保税区金港物流中心有限公司	金港镇江海中路森源大厦	2008	—	—
江苏物润船联网络股份有限公司	张家港保税区保税科技大厦	2011	—	—

2017年张家港市在苏州市邮政管理局登记备案的快递企业一览表

表40

类　别	企业名称	经营品牌	通信地址
省邮政局发证企业	苏州工业园区顺丰速运有限公司	顺丰	苏州工业园区星港街283号中园大厦七楼
省邮政局发证企业	市申通快递有限公司	申通	杨舍镇中兴路5-1号
省邮政局发证企业	张家港江通速递有限公司	圆通	杨舍镇民营科技园中房路6号
省邮政局发证企业	张家港寒西物流有限公司	百世	锦丰镇向阳三村
省邮政局发证企业	市好韵达快件有限公司	韵达	杨舍镇范港村
省邮政局发证企业	市明俊中通速递服务有限公司	中通	杨舍镇长泾东路
省邮政局发证企业	张家港天顺速递有限公司	天天	杨舍镇河南村
省邮政局发证企业	张家港优一速货运有限公司	优速物流	杨舍镇长兴路8号
省邮政局发证企业	市快捷快速递有限公司	快捷	杨舍镇西门新村59号
省邮政局发证企业	市宏峰速递有限公司	港中能达	张家港经济技术开发区长兴路17号B座
省邮政局发证企业	张家港全运通快递有限公司	全一	杨舍镇城北新村56幢3号
省邮政局发证企业	市龙邦货运代理有限公司	龙邦	杨舍镇福前村
国家邮政局发证企业	苏州霞丰国际货运代理有限公司	ZCE	杨舍镇港城大道168号
备案分支机构	中国邮政速递物流股份有限公司张家港分公司	EMS	杨舍镇东二环路
备案分支机构	中外运—敦豪国际航空快件有限公司张家港分公司	DHL Express	杨舍镇新泾西路5号
备案分支机构	嘉里大通物流有限公司张家港分公司	嘉里大通	金港镇中华路88号
备案分支机构	中国外运长江有限公司张家港分公司	其他	金港镇长江中路45路
备案分支机构	上海佳吉快运有限公司张家港分公司	佳吉快运	杨舍镇农联村
备案分支机构	张家港顺捷国际货运代理有限公司	DPEX，TNT	杨舍镇旺西路1号未来财富大厦1楼
备案分支机构	上海安能聚创供应链管理有限公司张家港分公司	安能	金港镇长山路2号普洛斯物流园内B4库
备案分支机构	上海艾涕西国际物流有限公司张家港分公司	ITC	杨舍镇乘航振兴南路1号

说明：顺丰速运张家港不单设分支机构，业务归属苏州工业园区顺丰速运有限公司统一管理

【江苏华邦物流有限公司开业】 6月26日，位于张家港保税区的江苏华邦物流有限公司举行开业庆典暨招商大会。江苏华邦物流有限公司因资产变更重组，企业性质由民营企业变为大型国有企业控股的国企性质的股份有限公司。其股东有天津裕华经济贸易总公司、中国化纤总公司、恒力石化（大连）有限公司、江苏化肥工业有限公司、宝生聚酯江苏有限公司、南京中舜化工有限公司。天津裕华经济贸易总公司是华邦物流公司控股股东，

隶属于天津一商集团有限公司，经营领域涵盖商品批发零售、仓储物流、餐饮服务、幼儿教育等多业态，致力于打造类金融大宗物贸北方地区综合服务商，年经营规模超过50亿元。华邦物流公司以储存经营纺织品原料羊毛、棉花、亚麻、PTA等为主，棉花、亚麻业务占总业务的60%，PTA年吞吐量为5万吨；同时存放全国三分之一的亚麻超市各种规格的亚麻，为全国最大的亚麻集散地，又是张家港保税区最大的羊毛仓库。仓库位于保税区内港澳路与天津路交界处，占地9.32公顷，共设3座功能配套齐全的现代化物流仓库和1幢综合办公楼，库容4.7万平方米。

【市危化品道路运输综合服务中心项目开工】 12月18日，市危化品运输综合服务中心项目奠基暨开工仪式在张家港保税区举行。市委常委石锡贤，中国远洋海运集团总经理助理兼中远海运物流董事长、总经理韩骏等共同为项目培土奠基。市危化品运输综合服务中心项目总投资3.3亿元，是省政府特批的民生项目，是具有公益性质的惠民实事工程，也是全国500余个化工园区中第一个危化品运输综合服务项目。市危化品运输综合服务中心项目总用地18.63公顷，建构筑物总占地面积10.63万平方米，总建筑面积5.89万平方米。建设项目有停车场、门卫室、维修车间、操作间、丙Ⅰ类仓库、洗罐车间、罐箱堆存区、停车场配套服务的综合楼、撬装式加油站、高压配电室及泵房、废水废气处理站、消防水池及事故池等。具有停车、仓储、洗罐、维修、监测、加油、综合办公等服务功能，建成后将搭建全新的物流交易平台，在充分考虑应急救援、联动功能和信息化技术的基础上，为危化品车辆提供停放、清洗以及维修等一条龙、标准化的服务，从而在根本上实现对危化品车辆的安全、规范管理。

【金港物流中心服务企业超2000家】 张家港市金港物流中心是江苏省重点物流企业、国家级AAAA物流企业、中国物流实验基地、“江苏物流企业50强”、苏州市重点物流企业、苏州市服务业发展集聚区。金港物流中心积极推进“互联网+物流”发展，开发扩展经营业主信息展示、业务联络等功能，完善物流管理系统，顺应物联化发展趋势。并通过整合“物流服务（中小物流企业）、物流设施设备（社会车辆）和物流需求（货源信息）”三大资源，推动物流行业社会化、标准化和信息化的服务水平，形成“物流园区服务于中小物流企业群、中小物流企业群和社会车辆服务于工商企业群”的产业服务链，服务张家港市及周边城市具一定规模的制造企业和商贸企业2000余家，为其降低物流成本近35%。2017年，市金港物流中心共完成营业收入22.16亿元，实现利税2.32亿元，分别比上年增8.7%、11.5%。

【玖隆钢铁物流园运输量近1000万吨】 2017年，张家港玖隆钢铁物流园实现营业收入1800亿元，完成税收总额3.9亿元，分别比上年增11%和26.2%。全年新增注册企业245家，注册资本22.6亿元，电商平台钢材交易量188万吨，交易金额71.4亿元，分别比上年增68%和136.9%。新增会员1478家，平台累计会员15229家，采购平台完成4135份标书的定标，定标金额101.3亿元。实现出库总量513.4万吨，比上年增28%，其中引入外围资源共计75.4万吨，比上年增11%；大宗热卷交割36.5万吨，上海期货交易所热卷交割13.6万吨，分别占其总交割量的90%和75%。10月，申请上海期货交易所热卷交割库扩容完成，库容量由原6万吨增加至15万吨，满足客户交割需求。有延伸加工线21条，具备加工能力150万吨，全年加工141.8万吨，比上年增8%，其中热卷加工111.7万吨，比上年增58%。产品涵盖冷、热轧卷开平及螺纹钢剪切、船板预处理、马口铁加工、钢板制管等。全年新增70家企业入驻玖隆大厦，租赁面积9786.4平方米；累计引入180家，租赁面积24748平方米，实现出租率42.82%，约500人入驻办公。引进实体企业5家（玖昊、协鑫、俱扬、镭目等），租赁园区厂房面积2万平方米，出租率68.75%。玖隆物流园加强运输时效、装运防护等方面管理，提升运输服务质量，提高客户满意度；推进信息化手段，客户服务呼叫中心平台搭建，方便客户自主查询物流节点动态；建设自有运力体系，走访调研陕汽集团和中国重汽集团等单位，从车型选配、价格、售后及后续合作等开展交流合作。开展社会运输业务，为玖隆库仓储、加工客户提供配套运输服务，新增淮钢、浦项等长期固定客户，年新增社会运量约20万吨。至年末，完成运输总量988.2万吨，其中代运业务量944.6万吨，比上年增23%；社会运输业务量43.6万吨，比上年增36.2%。

（徐　璐　邱亚峰　徐　平）

旅游服务

【概况】 2017年，全市旅游业接待游客778.21万人次，旅游总收入172.01亿元，比上年增14.86%。其中，国内旅游接待游客774.12万人次，国内旅游收入166.85亿元，分别比上年增9.54%和14.58%。全市A级景区年接待游客810.13万人次。暨阳湖欢乐世界、江南农耕文化园、凤凰山景区、香山景区和双山岛旅游度假区5个收费景区实现门票收入2423.72万元，景区营业收入11764.77万元。全市在建涉旅项目15项，计划投资29.75亿元，完成投资29.84亿元。市旅游局遵循全域旅游发展理念，推动项目建设，丰富旅游产品供给，创新旅游营销，打造“鲜活张家港”特色旅游品牌，实现全市旅游产业持续健康快速发展。年内，聘请南京尔目旅游策划机构编制《张家港市全域旅游总体策划》。11月，《关于促进张家港市旅游民宿（农家乐）规范发展的指导意见》出台。推动特色小镇创建，南丰镇永联村申报的“江南田园风情小镇”列入省第一批旅游风情小镇创建单位，同时进入苏州市首批特色小镇创建名单。开展旅游节庆活动和营销推广。4月22日，江苏省乡村旅游节暨“江苏人游江苏”——“鲜活张家港，共享好时光”张家港乡村旅游季巡礼活动在永联村启动。5月，市旅游局组织重点旅游企业在上海、杭州、无锡、苏州4个城市召开旅游专场推介会，推广“鲜活张家港”特色品牌。9月，开展以“鲜活张家港，金秋共游赏”为主题的秋游季系列活动。深化文明旅游创建，培育“益游港城”文明旅游志愿服务品牌，市旅游局组织“张家港好游客”“张家港好导游”“十佳文明旅游志愿者”评选活动。年内，市旅游局联合公安、城管、市场监督、物价、卫计委、文明、消防等部门组成联合督察组开展全市旅游市场秩序专项整治活动，11月30日，国家旅游局全国旅游市场秩序专项整治“秋冬会战”联合检查组到张家港市进行检查。市旅游局全年受理旅游投诉18起，全市未发生恶性旅游安全事故。10月，在永联小镇举行苏州市旅游安全应急演练及旅游安全培训。

【旅游景区发展】 年末，全市有国家AAAA级旅游景区4个，分别是凤凰山景区、香山景区、永联小镇景区、暨阳湖生态旅游区，有国家AAA级旅游景区3个、国家AA级旅游景区1个。年内，4个项目列入苏州市政府旅游考核项目，分别为香山景区停车场、免费游览设施，震宇生态园自驾游基地，飞翔休闲农业园游园步道等建设，双山岛旅游度假区“双山慢镇”建设，计划投资5.2亿元，完成投资5.2亿元。永联小镇创建为省五星级乡村旅游区，永兴生态园、福满源生态农庄创建成省四星级乡村旅游区，七彩莲园、年丰生态园创建成省三星级乡村旅游区。

凤凰山景区　年内，以打造“文化旅游核心区”为总体目标，稳步推进莺山桃花源、红豆公园、森林公园、足球小镇、万亩桃园、文化艺术博物院等旅游项目的开发建设。放大“旅游+”效应，进一步整合资源，结合文化、体育、工业、农业等相关产业推出不同旅游线路。推进旅游项目建设，新建游客中心，增加游客中心服务功能，完善景区A级厕所整改评定，对3座厕所进行改造提升，响应景区厕所革命号召。先后开展艺术桃花节、蜜桃采摘节、温泉美食节等旅游节庆活动，推出“蜜桃音乐节”“凤凰味道”寻找凤凰特色美食等活动。组建凤凰山景区农家乐协会，引导乡村旅游形态创新发展。获评江苏省创意休闲农业设计大赛银奖、“2017年度苏州市青年文明号”称号。凤凰镇成功创建江苏省特色景观旅游名镇。全年接待游客66.31万人次，门票收入166万元。

香山景区　年内，香山景区完成蒲家湾地块绿化景观工程建设，新建香山书吧。山顶健身场地完成改造，增加1处观景平台。改造2处母乳哺育室，布局3处自营旅游商店。2月11日至3月12日，举办第二届梅花节。3月5日，承办“为文明助跑，为金港加油”张家港保税区(金港镇)“乡风文明”行动启动仪式暨香山山地短程马拉松挑战赛，张家港、无锡、南通、镇江等地1200人参加比赛。3月11日，联合承办长三角城市灯谜团队邀请赛。3月下旬至4月中旬，举办第二届樱花节。9月28日至12月10日，举办首届香山红叶节。全年接待游客67.22万人次，门票收入220万元。

永联小镇景区　年内，永联小镇获评江苏省首批五星级乡村旅游区、江苏省首批旅游风情小镇创建单位、“江苏省旅游百佳单位”，永联小镇江鲜美食街获评苏州市餐饮服务集中区食品安全社会共治示范点。4月2日至5月2日，举办2017年张家港市长江鲜美食系列活动，吸引游客29万人次，活动期间实现营收3853万元。5月24日至6月11日，举办永联啤酒龙虾节。9月14日至15日，举办“金手指”杯厨艺大赛。9月30日至10月29日，举办新疆巩留风情节。景区全年接待游客80万人次，营业收入1亿元。

暨阳湖生态旅游区　年内，暨阳湖被省水利厅、文化厅、旅游局评为“江苏省2017年度最美江苏水地标——水景观”称号。景区主入口公厕获评苏州服务最优厕所。全年，景区承接“惊天魔盗团”“中国新歌声”“鲜活张家港，金秋共游赏”等5场大型商演活动；承办“为爱行走”“乐走暨阳湖”“跑出健康，跑出快乐”“国际马拉松”等6场大型运动活动；配合举办“点亮梦想，圆梦新市民子女”“从小知道水，从小爱护水”等5场公益类活动。7月8日至8月27日，欢乐世界举办“玫瑰音乐灯光节”，吸引5.3万游客入园。景区全年接待游客312.77万人次，门票收入60.97万元。

梁丰生态园和张家港公园　年内，梁丰生态园内投资560万元的森林书屋改造完成并对外开放，投资82万元的配套厕所及母婴室工程基本完工。张家港公园投资2500万元的拆墙透绿工程基本完工。11月28日至12月28日，张家港市第21届菊花展在梁丰生态园举行，为全市历年举办的最大规模菊花展览，其间共接待

新疆巩留风情节　（市旅游局　提供）

游客45万人次，最高峰日游客8万人次。梁丰生态园和张家港公园全年接待游客204.27万人次。

常阴沙生态农业旅游区　3月18日到4月18日，举办常阴沙油菜花节，有油菜花节开幕式、文明旅游启动暨"赛康杯"为爱助跑短程马拉松赛等活动。10月，常阴沙现代农业示范园区与上海壹城投资有限公司就园区旅游核心区域开发，签订常阴沙最美生态田园度假综合体项目框架协议。景区全年接待游客39.11万人次。

双山岛旅游度假区　年内，总投资436万元的高尔夫景观提升工程建设完成。10月14日，双山岛旅游度假区管委会、市体育局主办首届双山环岛跑步比赛，项目设置男子个人、女子个人、团体比赛。10月至11月，举办"欢庆盛会，聚焦双山"摄影大赛，比赛征集作品200余幅，从中选取78幅获奖作品作为度假区对外宣传画。景区全年接待游客49.34万人次，门票收入345.01万元。

2017年年末张家港市省级以上旅游景区一览表

表41

类　别	景区名称	景区级别	地　　址	电　话
国家A级旅游景区	凤凰山景区	AAAA	凤凰镇金谷路9号	58451336
	永联小镇景区	AAAA	南丰镇永联村	58906066
	香山景区	AAAA	金港镇望江路	58379500
	暨阳湖生态旅游区	AAAA	杨舍镇金港大道	58268697
	东渡苑景区	AAA	塘桥镇鹿苑办事处	58112400
	常阴沙生态农业旅游区	AAA	常阴沙现代农业示范园区通江路3号	58633707
	梁丰生态园	AAA	杨舍镇沙洲东路	56992302
	张家港公园	AA	杨舍镇金港大道	56992302
江苏省工业旅游点	江苏大唐纺织有限公司	省工业旅游示范点	塘桥镇花园开发区	58351128
	江苏永钢集团有限公司	省工业旅游示范点	南丰镇永联村	58906066
江苏省星级乡村旅游区	张家港市永联村（苏州江南农耕文化园）	省五星级	南丰镇永联村	58906060
	震宇生态园	省四星级	常阴沙现代农业示范园区常西社区	58640502
	金麦穗生态农庄	省四星级	杨舍镇河头村	58166385
	常阴沙生态农业度假区	省四星级	常阴沙现代农业示范园区通江路3号	58633707
	凤凰（飞翔）休闲农业园	省四星级	凤凰镇高庄村	58406023
	启园农庄	省四星级	塘桥镇欧桥村	58412515
	福满源生态农庄	省四星级	金港镇朱家宕村	58543312
	田园风光亲子度假村	省四星级	锦丰镇光明村	56962290
	永兴生态园	省四星级	金港镇永兴村	58710300
	梁丰生态牧业文化园	省三星级	常阴沙现代农业示范园区走马塘工程七干河闸旁	58180120
	初见香草园	省三星级	锦丰镇环新北路	58518128
	雅农生态园	省三星级	塘桥镇妙丰路	58417068
	七彩莲园	省三星级	塘桥镇338省道延伸段与新204国道交界处	58185818
	年丰生态园	省三星级	南丰镇妙丰公路与长安路交界处	58119880
省级旅游度假区	双山岛旅游度假区	江苏省级	金港镇长江中路177号	58305066
江苏省自驾游基地	凤凰山景区	省自驾游基地	凤凰镇金谷路9号	58451336
	震宇生态园	省自驾游基地	常阴沙现代农业示范园区常西社区	58640502
	凤凰休闲农业园	省自驾游基地	凤凰镇高庄村	58406023

【星级饭店发展】 至年末，全市有旅游星级饭店9家，其中五星级3家、四星级3家、三星级3家。9家星级饭店和中油泰富国际酒店、中联粤海国际酒店、暨阳湖大酒店、沙洲湖酒店等4家较大型社会饭店全年累计接待人数47.55万人次，比上年增40.51%，其中境外游客4.14万人次，比上年增17.22%；营业收入总额66091.6万元，比上年增1%；客房平均出租率54.99%，比上年增5.6%。年内，市旅游局组织星级饭店员工参加苏州市旅游饭店职业技能大赛，派出4个代表队28名选手参赛，共获一等奖1个，二等奖5个，三等奖5个和2个团体二等奖。沙洲宾馆王国繁获中式客房铺床第一名，获苏州市"五一劳动奖章"。5名选手获评苏州市技术能手称号。

2017年张家港市星级饭店一览表

表42

单位名称	类　别	总经理	地　　址	电　话
国贸酒店	五星级	孙岩纹	杨舍镇人民中路42号	58817788
馨苑度假村		金建亚	杨舍镇长安南路279号	58818888
华芳金陵国际酒店		张　燕	杨舍镇长安路388号	58811888
沙洲宾馆	四星级	王义东	杨舍镇暨阳中路170号	58810888
江南花园酒店		毛惠成	金港镇长江中路132号	58709999
长江大酒店		陈秋霞	金港镇长江西路99号	56908588
兴滕苑宾馆	三星级	顾建忠	金港镇后塍文星路2号	58771688
景海宾馆		郭争峥	杨舍镇海关路2号	58695777
汀悦大酒店		李　新	金港镇江海北路5号	58336688

【旅行社发展】 年内，全市新增德泰旅行社1家国内旅行社。亚博旅行社通过国家旅游局审核，成为继国泰国际旅行社、华泰国际旅行社之后的全市第三家国际旅行社。阳光假日旅行社注销。至年末，全市共有旅行社37家，其中国际旅行社3家，在册导游196人。有星级旅行社10家，其中省四星级旅行社2家（国泰国际旅行社和华泰旅行社），省三星级旅行社8家，星级旅行社总数和质量均排在苏州市各县级市前列。全年累计组团人数14.77万人次，比上年增18.07%；接待游客6.06万人次，比上年减18.85%；营业总收入1.93亿元，比上年减0.84%。华泰旅行社导游马丽丽和承燕参加苏州市导游大赛，分别获二等奖和三等奖。凤凰山风景区讲解员江燕选送的"河阳山歌馆"导游词在全省优秀导游词征集评选活动中被评为优秀奖。

2017年张家港市旅行社一览表

表43

旅行社名称	星级	地　　址	法人代表	公司电话
国泰国际旅行社	四星级	杨舍镇人民中路国泰时代广场底楼A座	邱　敏	58796855
华泰旅行社	四星级	杨舍镇人民中路50号恒隆大厦C座	张德华	58683999
永安国内旅行社	三星级	杨舍镇长安南路84号	季德元	58231100
山水假日旅行社	三星级	杨舍镇城北路178号华芳国际大厦721室	袁志军	58181820
亚博国际旅行社	三星级	杨舍镇湾士岸一村一幢4号门面	卢亚娟	58283665
康辉旅行社	三星级	杨舍镇南环路115号	朱敏华	58159511
观光世界旅行社	三星级	杨舍镇龙潭路259号	钱　胜	58234062
华夏旅行社	三星级	杨舍镇环城南路18号	陈叶华	58179960
园林旅行社	三星级	杨舍镇公园路160号	陈建红	58177200
环宇旅行社	三星级	杨舍镇港城大道150号	刘碧云	35007577
金港国内旅行社	—	杨舍镇花园浜141号	孙　健	58339850
风光旅行社	—	杨舍镇龙潭路241号	陈浩荣	58225613
新华旅行社	—	杨舍镇暨阳东路131号	刘亚芹	58156720

续表43

旅行社名称	星级	地　　址	法人代表	公司电话
东方旅行社	—	杨舍镇通运新村59幢4号	陆彩芹	58911186
金辉旅行社	—	杨舍镇沙洲东路202号	许鸽亮	58152260
康泰旅行社	—	杨舍镇暨阳中路13号	余　健	58156366
中青旅旅行社	—	杨舍镇长安中路290号	许梦华	58177581
梁丰旅行社	—	杨舍镇杨舍西街102号港发商场618室	王　娜	58231111
沙洲旅行社	—	杨舍镇暨阳东路205号	蔡丽娜	58791622
中航假日旅行社	—	杨舍镇东环路华夏银行对面百信超市二楼	徐　伟	56303060
江南旅行社	—	杨舍镇新农路131号	张　炜	58792558
长江润发(张家港)旅行社	—	金港镇长江西路98号	郁小芳	58318515
永联旅行社	—	南丰镇永联小镇	张广密	58906586
天天旅游集散旅行社	—	杨舍镇人民中路50号恒隆大厦	张德华	58683999
港城旅行社	—	杨舍镇河西南路18号	徐　刚	58261950
东渡旅行社	—	杨舍镇华昌南路3号	黄建强	56901668
光大旅行社	—	杨舍镇南环路沙洲中学北斜对面	陆　锋	58118680
港中旅旅行社	—	杨舍镇市游泳馆底楼东侧	李　成	58233133
春秋旅行社	—	大新镇假日宾馆对面	孔　静	35005288
国贸旅行社	—	杨舍镇人民路2幢	孙岩纹	58817187
海天旅行社	—	杨舍镇锦绣阳光公寓3、4幢商铺	柳新江	58125885
万豪旅行社	—	杨舍镇暨阳中路426号	姚娟芬	58911753
华辰旅行社	—	杨舍镇永安路994-996号	张　敏	58981096
运通旅行社	—	杨舍镇南苑新村253幢2号门面	袁中廷	58288815
震宇旅行社	—	乐余镇交通新村	黄海兵	56715001
嬉悦旅行社	—	杨舍镇华昌路3号美居酒店4009室	张　樊	58551992
德泰旅行社	—	杨舍镇东渡花园3幢M2	陆　皎	58280880

【旅游节庆活动】 年内,全市各景区和旅游企业围绕打造“鲜活张家港”特色旅游品牌,通过整合各景区节庆资源,举办种类多样的旅游节庆和优惠活动,重点推出张家港春游季、张家港秋游季系列活动。3月至5月,先后举办香山梅花节、凤凰桃花节、第五届常阴沙油菜花节、长江鲜美食节。4月22日,江苏省乡村旅游节暨“江苏人游江苏”——“鲜活张家港,共享好时光”张家港乡村旅游季巡礼活动在南丰镇永联村启动。5月19日,在杨舍老街戏台广场举办“鲜活张家港——旅游让生活更幸福”广场宣传及旅游优惠活动。6月至9月,先后举办永联水世界狂欢节、暨阳湖玫瑰音乐灯光节、香草园薰衣草节暨帐篷节、凤凰水蜜桃采摘节。10月至12月,先后举办香山红叶节、凤凰温泉美食节、张家港年货节等节庆活动,10月13日在暨阳湖景区举办秋游季启动仪式。

【新疆巩留风情节举办】 10月,苏州江南农耕文化园举办以“飞来的异域风情,非来不可的你”为主题的新疆巩留风情节。张家港当地及无锡、苏州、上海等城市近2万名游客参与风情节活动,体验新疆伊犁巩留草原的正宗美食和文化。永联小镇江鲜美食街上举办“食全食美”美食嘉年华、张家港及周边城市的非物质文化遗产项目、传统手工艺作品、掼蛋精英赛等活动。风情节举办前,为满足游客需求,张家港市特地开通从市区直达永联的旅游直通车(游6)。风情节期间,农耕园内设置两座直径8米的独具哈萨克族风情的毡房,毡房内巧妙的挂壁结构、精致的刺绣帷幔、独特的花纹挂毯吸引了大量游客。毡房内,游客除可以品尝地道的哈萨克族点心奶茶、观看小团队歌舞曲艺表演,还可以见识最热闹的哈萨克族婚礼仪式。为让游客品尝到新疆特色美食,巩留的大厨们还进驻酒店,10名巩留风味小吃制作人到永联小镇现场制作美食。　(孔　鹏)

【编辑　朱永平　黄宏庆】

金融

Finance

张家港农商银行在深圳证券交易所挂牌上市　（市金融办　提供）

金融监管

银　　行

保　　险

证券·期货

其他金融机构

張家港年鑑(2018)

金融监管

【概况】2017年，全市有市政府金融工作办公室（简称市金融办）、中国人民银行张家港市支行（简称市人民银行）、中国银行业监督管理委员会苏州监管分局张家港监管办事处（简称市银监办）、国家外汇管理局张家港市支局（简称市外汇管理局）4家金融监管机构，有从业人员56人，其中市金融办16人、市人民银行37人（含市外汇管理局）、市银监办2人。

市金融办　8月，市金融工作办公室更名为市金融工作服务中心。原在市发改委挂牌的市人民政府金融工作办公室和市企业上市工作办公室调整为在市人民政府办公室挂牌。年内，市金融办科学调整金融系统绩效考核办法，提升融资支持考核占比、综合指标考核占比，激励银行加大对实体经济的支持力度。年末全市银行业金融机构实体经济贷款余额1798.8亿元，达到贷款总额的79.93%。继续实施金融服务实体经济“百千亿”工程，引导金融机构广泛运用苏州综合金融服务平台。至年末，全市有3609家企业入驻该平台，全年新增授信1363.98亿元，放款864.01亿元，均列苏州市第一。继续推进政银企合作，举办苏州·张家港政银企恳谈会、“春之融”政银保企现场对接、江苏银行—张家港中小企业金融服务沙龙等活动，协议融资总额600余亿元。鼓励引导全市金融人才的引进和培养，出台《张家港市高端金融人才、高层次资本人才引进计划实施细则》，与清华大学、中国人民大学开展2017年“金融创新与资本战略”系列培训活动，组织金融机构开展“学习陈莹、陈洁，做最美金融人”主题活动。牵头修订《张家港市供给侧结构性改革去杠杆行动实施意见（2017—2018年）》，要求各相关部门通过优化信贷结构、企业降低杠杆率、推进企业上市、强化金融风险稳控、提升金融服务水平、丰富直接融资手段、探索推进投贷联动、加快政府债务置换、大力发展股权融资等途径，营造良好的市场与政策环境，积极稳妥推进去杠杆工作，推动全市经济转型升级和结构优化，增强经济中长期发展韧性和抗风险能力。加强对小额贷款公司的监管指导，组织开展覆盖全市小贷公司的现场、非现场检查，及时识别和把控风险，督促和引导其合规经营、创新发展。以昌盛农村小额贷款公司为代表的部分小贷公司在微小贷普惠金融方面实现转型发展。优化金融生态环境。健全完善债权人委员会，强化市镇联动，持续关注华尔润集团、丰立集团存量不良贷款的后续处置情况，协调监督困难企业与债权银行落实约定事项，牵头制定全市不良贷款处置方案，督促银行加强风险防控，月度跟踪、季度通报，掌握困难问题，做好协调服务。年内处置不良贷款43.64亿元，不良率下降至1.57%。部署开展防范和处置非法集资“三网”攻坚、“金盾”行动等主题活动，开展互联网金融风险专项整治，将一批投资理财类问题机构关停或列入异常经营名录。针对群众开展“走访送”定向宣传，组织机关工作人员向家人和亲友进行“一帮三”辐射宣传，建立“金融志愿者”服务团队并开展主题宣传，制作全市首部防范非法集资主题微电影《骗》并在全市范围内巡播。同时，通过公益广告“天天播”、微信警示“周周推”、金融专报“月月发”等宣传途径，正面引导和反面案例教育相结合，在全社会营造了防范和抵制非法集资的良好氛围。年内，张家港市在全省县域金融生态环境评估中由第42名上升至第28名，进步幅度居全省第二。

市人民银行　继续执行国家稳健中性的货币政策，引导社会融资规模保持平稳增长。为支持实体经济发展，出台《关于进一步做好信贷政策工作促进实体经济稳健发展的意见》；召开全市金融机构负责人年度工作会议，表彰优秀金融机构；对4家法人金融机构进行宏观审慎评估，引导法人金融机构稳健经营；指导银行业金融机构强化政银企对接，围绕地方重点领域、重点发展战略创新信贷产品和转变服务方式；协助市政府举办2017年政银企恳谈会。为服务全市制造业的转型升级，对全市银行机构开展金融支持产业转型升级信贷政策导向效果评估，出台《金融支持制造业做强做大信贷政策导向效果评估实施方案》《银行业支持养老服务业发展的实施方案》《银行业金融机构绿色金融绩效评估考核办法》等系列措施；指导张家港农商银行研发推广“光伏贷”金融产品，探索构建符合时代要求的绿色金融体系。为深化普惠金融成效，发挥“支农、支小”（支持农业、支持小微企业）政策效果，每季度开展法人机构支农再贷款现场核查。全年为张家港农商银行新增支农再贷款5.5亿元、支小再贷款1.5亿元。持续开展“践行普惠金融在路上”

2017年苏州·张家港政银企恳谈会　（市金融办　提供）

活动，实施整村授信，创新“纳税信用贷”金融产品，出台创业担保贷款实施细则。指导泰隆银行张家港支行在全市的35个村开展“整村授信”活动。贯彻绿色金融发展理念，推广绿色债务融资工具。6月，指导上海银行张家港支行为东华能源股份有限公司成功注册绿色中期票据，这是全国A股上市公司首单绿色债务融资工具，也是全省首单成功注册的民营企业绿色债务融资工具。为改善全市金融生态环境，持续开展金融风险监测、分析、预警、报告，出台《张家港市银行业金融机构重大事项报告制度实施细则》，实施月度重大事项“零报告”制度，提升风险事件获取时效性。召开市金融生态创建成员单位联席工作会议，健全金融生态创建工作机制，张家港市在2017年全省县域金融生态环境综合评估中排名28位，比上年提升14位。加强征信管理服务，召开全市银行业金融机构征信信息安全教育专题工作会议，定期开展征信信息自查，确保信息安全，规避涉诉风险。稳步推进农村金融综合服务站基础设施建设，组织张家港农商银行德丰社区农村金融服务站试点，拓展服务站功能，打造精品综合服务站示范点。7月，金融IC卡“闪付”应用在全市公交车上全面上线，张家港市成为全省首个实现金融IC卡“闪付”小额扩展应用的城市。年内，举办现金服务安全知识与技能竞赛，提升银行机构职工的专业技能。出台《金融消费权益保护工作“十遵循”》，为银行业机构提供金融消费者权益保护工作简明指引。成立金融行业志愿服务队，举办爱心拍卖等公益活动。招募金融系统百余名志愿者服务松禾资本价值同盟年会。

市金融系统第二届“数据精英”金融统计技能大赛

（市人民银行　提供）

市银监办　加强监管指导，引导银行机构支持服务实体经济发展。指导银行机构加大有效信贷投放力度，年末全市金融机构贷款总额比上年增10.1%，增幅高于苏州全辖区1.01个百分点。其中小微企业贷款户数3052户，贷款金额增74亿元。开展银行业“三三四十”专项治理和乱象整治，规范银行机构同业、理财、表外等重点业务领域经营行为，提升其依法合规经营水平，资金脱实向虚的势头初步得到遏制；督促银行机构严格执行“三公”以及“两禁两限”要求，做到合规收费，以质定价，公开透明，减费让利。加强风险防控，守住不发生区域性系统性金融风险的底线。按月监测银行机构不良贷款变化情况，约谈、走访变化较大和新增不良贷款较多的银行机构，督促其加强风险管控；对欣欣高纤等潜在风险企业，坚持区别对待、分类处理原则，多次与牵头银行、企业沟通情况，推动银企双方共商解决方案，保障企业正常生产经营活动。督促银行机构严格执行信贷管理制度，加大风险管控力度，严控新增不良贷款。推动成立银行业债权人委员会，建立债权银行沟通协调机制。鼓励银行机构向上争取政策支持，加大不良贷款处置力度。年末全市银行业不良贷款余额35.26亿元，比上年减14.47亿元；不良贷款比例1.57%，比上年降0.86个百分点。不良贷款实现“双降”目标。保持案件防控高压态势，督促银行机构落实案件防控主体责任，开展案件风险全面排查，加强员工行为管理，消除风险隐患，全年辖内银行机构未发生大案要案及职务犯罪。履行监管职责，维护地方经济金融稳定。配合苏州分局做好对张家港农商银行、渝农商村镇银行等法人机构的现场和非现场检查。针对渝农商村镇银行不良贷款长期居高不下、亏损严重、经营困难、帮扶停滞、股改遇阻等问题，持续跟踪流动性风险监测，配合做好股权改革多方沟通工作，确保不发生单体机构风险。对辖内金融机构组织开展第五次银行业金融机构安全评估，对2017年度苏州银行业普惠金融乡镇网点候选单位、中国银行业文明规范服务星级营业网点进行合规性审核。做好市场准入工作，完善银行机构体系。至年末，全市银行机构总数32家，基本形成包含政策性银行、大型国有银行、股份制银行、城商行、农商行（村镇银行）、非银行（财务公司）、外资银行等比较齐全的机构体系。加强金融消费者权益保护工作。年内受理涉及理财、信用卡、服务收费等各类问题，办结率100%。针对理财产品销售的信访投诉，督促银行规范销售行为，提高柜面服务质量。开展小微企业金融服务宣传月活动和开展“金融知识进万家”主题教育活动，普及金融知识。督促辖内银行业金融机构深入开展预防和打击非法集资集中宣传教育活动，联合金融办等部门做好防范和打击非法集资专项整治工作。

市外汇管理局　强化跨境资本流动监管、扭转辖区外汇收支严峻形势，持续推动外汇政策改革试点，不断提高监管效率。全年办理企业收付汇名录1527笔、贸易信贷报告7578笔、登记业务66笔，完成368家企业的辅导期报告审核，确认银行违规信

防范非法集资主题微电影《骗》首映式　　（市金融办　提供）

息16条，组织各类企业培训17场，培训602人次。办理资本项下行政许可类业务248笔，其中外债项下235笔、对外担保登记8笔、境内放款登记5笔。受理并完成金融机构标识码104笔，办理即期结售汇准入备案6笔、人民币与外汇衍生产品业务市场准入审批1笔、银行合作办理远期结售汇业务市场准入审批1笔，新办理特殊机构代码赋码业务5笔、补申领4笔。加强进出口企业事后分类和监测管理，年内开展经常项下非现场核查企业1154家，经核查恢复正常企业1106家，列入现场核查企业48家；资本项下非现场事后监测监管190笔，其中滞留数据33笔、合规性与异常性指标132笔；国际收支项下非现场核查5699笔，审核单位基本情况表1495笔。年内开展经常项下现场核查企业48家，1家企业经核查移交检查并处罚；开展国际收支项下6家单位现场核查。年内完成经常项目下发线索核查3期，其中核查延收及预付异常企业2家，核查贸易融资企业8家，根据利润汇出线索核查企业2家，根据异常提单转卖线索核查企业3家。累计完成资本下发线索2笔，涉及2家企业，核查内容为资本金备用金超额结汇、贸易融资专项核查。继续推进跨国公司外汇资金集中运营管理改革，上报后备企业3家。推进存量企业扩大业务规模和业务品种，全市5家试点企业全部开展试点业务，其中2家通过通道办理外债流入业务。年末，国内和国际外汇资金总账户分别流入147亿美元、2.79亿美元。在市级商务发展专项资金中争取到180万元，用于奖励支持跨国公司外汇资金集中运营管理试点企业和双向人民币资金池试点企业。全年完成信息调研8篇，其中《张家港保税区外债宏观审慎管理试点总结报告》《“全流程检查法”在银行业务检查中的应用探究》《银行办理异地企业售付汇业务监管模式探析》被外汇局江苏省分局录用，《支付机构服务贸易项下付汇的风险及政策建议》《银行办理异地企业售付汇业务检查与处罚方式研究》被外汇局苏州市中心支局录用。

【全市首部防范非法集资主题微电影首映】 5月25日，全市首部防范非法集资主题微电影《骗》首映，并以首映式作为全市防范非法集资主题宣传月的启动仪式，在全市范围内开展宣传活动。该片由市金融办与市公安局联合制作，取材自近年来非法集资的典型案例，通过专业编剧及艺术创作，以诈骗者的视角，讲述非法集资骗局的设计、实施，导致受害者损失惨重，涉案人员最终被绳之以法的故事。该片旨在让广大群众对非法集资的手段和危害有直观的认识，提升辨识能力，增强防范意识。首映式后，该片在全市各机关单位、区镇、街道、社区（村）、学校、医院等单位进行巡播。

【张家港市在全省率先实现金融IC卡“闪付”应用】 7月1日，金融IC卡“闪付”应用在全市公交车全面上线，标志着张家港市成为全省首个实现金融IC卡“闪付”小额扩展应用的城市。此项举措根据省社会保障卡及市民卡项目的改造要求，结合张家港市“打造新型智慧交通城市”的号召，由市政府、市人民银行、市人社局、市交运局等各方协调合作，由张家港农商银行作为项目出资方，经多方走访、调研、论证，于6月30日完成项目建设。金融IC卡“闪付”应用实施后，乘客只需持张家港新版市民卡在公交车内感应区刷卡，即可实现无密码快捷支付。同时，该金融IC卡“闪付”功能适用于公交车多票制模式，在江苏省内尚属首创。

（张　洁　张玉彩　戴莹杰
赵　静　徐　伟）

银　行

【存贷业务】 至年末，全市银行业金融机构本外币各项存款余额2688.45亿元，比上年增2.14%。其中人民币各项存款余额2566.8亿元，比上年增2.33%；外币各项存款余额18.62亿美元，比上年增4.37%。在本外币存款余额中，住户存款余额1039.06亿元，比上年增0.74%；非金融企业存款余额1118.09亿元，比上年增3.25%；广义政府存款余额501.04亿元，比上年增7.32%；非银行业金融机构存款余额25.56亿元，比上年减43.67%。全市银行业金融机构本外币贷款余额2250.59亿元，比上年增10.09%。其中，住户贷款增长较快，全市住户贷款余额521.62亿元，比上年增38%；人民币贷款、外币贷款保持增长，人民币各项贷款余额2192.22亿元，外币各项贷款余额8.93亿美元，分别比上年增9.92%和24.47%；中长期贷款同比增速高于短期贷款、票据融资，本外币中长期贷款余额1080.51亿元，短期贷款余额1093.38亿元，分别比上年增26.1%和3.7%，票据融资余额73.29亿元，比上年减42.5%；购房贷款持续增长，全市购房贷款余额404.8亿元，比上年增44.29%。

2017年年末张家港市银行机构网点一览表

表44

类别 单位	二级分行（家）	一级支行（家）	二级支行（家）	分理处（家）	储蓄机构（家）	合计（家）	从业人员（人）
农业发展银行	—	1	—	—	—	1	18
工商银行	1	—	25	—	—	26	434
农业银行	1	—	28	13	—	42	676
中国银行	1	26	—	—	—	27	528
建设银行	1	—	20	5	1	27	398
交通银行	1	—	9	—	—	10	145
中信银行	—	2	1	—	—	3	49
光大银行	—	1	1	3	—	5	46
华夏银行	—	2	—	—	—	3（含社区支行1家）	41
招商银行	—	1	2	—	—	3	56
浦发银行	—	1	1	—	2	4	56
民生银行	—	1	2	—	—	3	105
兴业银行	—	1	—	—	—	1	28
广发银行	—	1	—	—	—	1	18
恒丰银行	—	1	—	—	—	1	30
平安银行	—	1	—	—	—	1	21
江苏银行	—	1	3	—	—	4	57
宁波银行	—	1	—	—	—	1	42
上海银行	—	1	—	—	—	1	24
南京银行	—	1	—	—	—	1	24
苏州银行	—	1	6	—	—	7	96
浙商银行	—	1	—	—	—	1	32
江西银行	—	1	—	—	—	1	18
浙江泰隆商业银行	—	1	1	1	—	3	55
张家港农商银行	2	41	1	57	—	101	1911
常熟农商银行	—	1	—	—	—	1	67
渝农商村镇银行	—	—	—	—	1	1	21
邮政储蓄银行	—	1	7	—	32	40	297
友利银行	—	1	—	—	—	1	14
汇丰银行	—	1	—	—	—	1	7
小　计	7	92	107	79	36	322	5314

说明："从业人员"统计口径为各银行从事金融业务的在编及自聘人员，不含其他公司派遣人员

2017年年末张家港市银行机构存款情况表

表45

类别 单位	人民币存款		其中				外币存款	
			单位存款		个人存款			
	年末余额（万元）	比上年增长率（%）	年末余额（万元）	比上年增长率（%）	年末余额（万元）	比上年增长率（%）	年末余额（万美元）	比上年增长率（%）
农发行市支行	26187.00	-3.38	26187.00	-3.38	—	—	—	—
工行市支行	2014249.63	3.76	1255471.80	10.37	758777.83	0.69	11685.75	47.14
农行市支行	5835190.00	6.01	2996728.00	9.78	2838462.00	2.31	32106.00	13.97

续表45

单位＼类别	人民币存款		其中				外币存款	
			单位存款		个人存款			
	年末余额（万元）	比上年增长率（%）	年末余额（万元）	比上年增长率（%）	年末余额（万元）	比上年增长率（%）	年末余额（万美元）	比上年增长率（%）
中行市支行	2181136.00	2.14	1165454.00	4.66	1015602.00	-0.62	37591.00	-2.13
建行市支行	2321908.00	-3.31	1347078.00	-0.48	972492.00	-4.53	21109.00	-21.04
交行市支行	942051.00	5.75	601516.00	7.55	338148.00	2.48	6737.00	33.00
中信银行张家港支行	381808.00	-21.76	351047.00	-21.43	30761.00	-25.36	1845.00	95.65
中信银行保税区支行	88908.00	11.85	75790.00	19.00	13117.00	17.00	244.00	101.70
光大银行市支行	297695.86	5.26	254306.03	19.96	43389.83	-38.74	450.78	-7.88
华夏银行市支行	469462.00	15.00	415386.00	13.00	54012.00	28.00	1021.00	-47.00
招商银行市支行	280519.00	43.93	237737.00	50.61	42782.00	15.46	2099.00	41.82
浦发银行市支行	592554.00	-9.18	535046.00	-5.96	57508.00	-30.58	7112.00	212.20
民生银行市支行	479878.00	-17.99	65932.00	-48.36	413946.00	-0.95	—	—
兴业银行市支行	216998.00	-23.65	200575.00	-25.52	16417.00	10.18	1020.00	-14.29
广发银行市支行	105332.00	-3.56	101355.00	-5.53	3977.00	105.74	—	—
恒丰银行市支行	236176.00	-27.00	230227.00	-24.00	5949.00	-73.00	2.00	-71.00
平安银行市支行	94454.00	-22.72	80166.00	-21.67	14288.00	28.15	193.81	47.20
江苏银行市支行	733134.00	28.38	661217.00	27.03	71911.00	42.23	502.00	62.46
宁波银行市支行	191030.00	31.55	174570.00	36.04	16460.00	-2.55	5579.00	1.88
上海银行市支行	189078.00	-9.93	174834.00	-10.53	14244.00	1.85	262.00	27.42
南京银行市支行	213891.00	-21.34	180813.00	-27.28	33078.00	42.26	1.00	100.00
苏州银行市支行	353323.00	-25.00	270402.00	-31.00	82921.00	4.00	65.83	449.00
浙商银行市支行	141502.00	109.00	83678.00	97.00	16643.00	2402	—	—
江西银行市支行	15765.51	-61.45	5101.17	-87.40	10663.35	2598.28	—	—
泰隆银行市支行	35859.76	4.18	13999.88	-8.16	21859.88	12.34	—	—
张家港农商银行	6718847.61	7.87	3384354.18	11.53	3159558.04	1.51	16969.15	41.18
常熟农商银行	51163.00	57.75	30326.00	59.35	21337.00	52.14	—	—
渝农商村镇银行	13117.30	49.85	9512.64	29.07	3604.66	160.57	—	—
邮储银行市支行	920231.00	5.80	151872.00	3.96	768357.00	6.17	184.00	162.86
友利银行市支行	26689.42	20.37	18113.10	26.08	8576.32	9.86	826.94	105.98
汇丰银行市支行	14919.09	41.20	14919.09	41.20	—	—	1081.34	9.99

2017年年末张家港市银行机构贷款情况表

表46

单位＼类别	人民币贷款		其中				外币贷款	
			短期贷款		中长期贷款			
	年末余额（万元）	比上年增长率（%）	年末余额（万元）	比上年增长率（%）	年末余额（万元）	比上年增长率（%）	年末余额（万美元）	比上年增长率（%）
农发行市支行	109325.00	-12.38	30925.00	-6.77	78400.00	-14.41	—	—
工行市支行	2367679.46	11.71	870783.29	-9.95	1496896.17	29.89	13283.31	484.58
农行市支行	4144803.00	0.92	1958909.00	13.05	2002827.00	10.00	20892.00	-22.26
中行市支行	2283300.00	29.50	1798874.00	30.56	500430.00	44.34	8127.00	126.44
建行市支行	2301937.00	15.78	509316.00	-16.46	1755089.00	32.04	8864.00	-43.08
交行市支行	749152.00	5.64	492606.00	2.92	237869.00	0.48	5709.00	29.49

续表46

类别 单位	人民币贷款		其中				外币贷款	
			短期贷款		中长期贷款			
	年末余额（万元）	比上年增长率（%）	年末余额（万元）	比上年增长率（%）	年末余额（万元）	比上年增长率（%）	年末余额（万美元）	比上年增长率（%）
中信银行张家港支行	534260.00	5.49	266710.00	3.19	265614.00	18.37	1727.00	-34.33
中信银行保税区支行	155862.00	11.95	86736.00	-1.41	68655.00	39.11	124.00	-76.65
光大银行市支行	340448.16	-3.43	207104.62	-3.40	133343.54	-3.47	750.54	920.17
华夏银行市支行	406299.00	24.00	132853.00	28.00	273446.00	22.00	77.00	55.00
招商银行市支行	551404.00	26.38	355496.00	9.50	195907.00	75.44	4773.00	866.19
浦发银行市支行	562509.00	16.46	350136.00	20.09	212373.00	10.92	541.00	-72.51
民生银行市支行	428175.00	24.25	281237.00	24.77	146938.00	25.37	—	—
兴业银行市支行	369722.00	26.17	164096.00	47.94	205626.00	13.25	452.00	—
广发银行市支行	56652.00	76.50	48107.00	60.30	8545.00	309.44	—	—
恒丰银行市支行	444232.00	45.38	212805.00	-6.31	231427.00	201.52	—	—
平安银行市支行	66058.87	-32.61	65537.00	5.70	521.87	-98.55	959.09	9.69
江苏银行市支行	549130.00	24.72	359858.00	21.89	183983.00	31.63	574.00	-41.78
宁波银行市支行	152875.00	2.22	91875.00	3.75	61000.00	29.78	7880.00	51.10
上海银行市支行	294479.00	15.09	192577.00	-3.61	99165.00	81.19	—	—
南京银行市支行	218533.00	-18.52	57239.00	-44.29	161294.00	-2.51	—	—
苏州银行市支行	426132.00	-17.00	213732.00	-43.00	212400.00	47.00	442.48	—
浙商银行市支行	87023.00	111.94	68572.00	67.00	18451.00	—	—	—
江西银行市支行	3687.66	—	1838.88	—	1848.78	—	—	—
泰隆银行市支行	50195.83	22.04	41885.76	17.05	7513.04	62.87	—	—
张家港农商银行	4694202.17	10.59	2631162.09	1.50	1789247.92	49.19	8774.13	106.35
常熟农商银行	158917.00	33.40	108035	83.05	50882	-12.39	—	—
渝农商村镇银行	32034.51	15.76	19542.83	0.05	12491.68	53.43	—	—
邮储银行市支行	572668.00	53.56	110486.00	66.93	462183.00	50.67	—	—
友利银行市支行	32345.91	65.17	15068.80	32.65	1509.36	-34.96	300.00	50.00
汇丰银行市支行	15434.98	-77.66	11190.44	-83.19	—	—	1287.58	-52.18

【货币投放】 全市现金投放168.87亿元，比上年少投放12.59%；回笼现金84.89亿元，比上年少回笼7.69%。现金收支轧差83.98亿元，呈净投放态势。

【政策性银行】 全市有政策性银行1家，为中国农业发展银行张家港市支行。2017年，该行按照“至诚服务、有效发展、以人为本、构建和谐”的理念，以支持国家粮棉购销储业务为主体，以支持农业产业化经营、农业农村基础设施建设和生态农业建设为重点，深化城乡发展一体化综合改革，推进全市土地资源节约集约利用。年内实现“三优三保”项目营销总投资6亿元，该项目贷款主要采用政府授权、公司自营模式，融资用于盘活低效建设用地，以项目建设形成的三项指标交易收入作为还款来源，实现项目自身平衡，减轻政府财政预算压力。年内投放支农贷款5.43亿元，其中粮食储备贷款1.59亿元，整体城镇化建设资金1.84亿元，产业化龙头企业投放资金2亿元。资产优化率100%。至年末，企业存款余额2.62亿元，比上年减3.38%。贷款余额10.93亿元，比上年减12.38%。全年国际结算量3.64亿美元，比上年增325倍。实现中间业务收入13.5万元，比上年增831%。实现利润2538万元，比上年增17%。（侯新亚）

【国有商业银行】 2017年，全市有5家国有商业银行（工商银行、农业银行、中国银行、建设银行、交通银行）的分支机构。机构网点132家，从业人员2181人。

工商银行　中国工商银行股份有限公司张家港分行（简称市工行）履行支撑地方实体经济发展的职能，着力拓展优质信贷市场，年内在传统基础设施领域、先进制造业及新材料、码头设施、旅游文化等新兴业态板块新增项目贷款投放13项、44.47亿元。顺应“互联网+”新趋势，办理苏州工行辖内首单“工银聚”电子供应链项目，打造在线供应链产融生态圈。助力当地农产品开拓全国市场，

"凤凰水蜜桃"入驻工行"融e购"商城。持续开展"金融知识普及""厅堂微沙龙"等系列宣传活动，践行大行社会责任。12月，配合松禾资本价值同盟年会在市举办，做好志愿服务工作，展示青年员工风采。倡导学廉、倡廉、崇廉、守廉的经营氛围，创建成张家港市廉洁文化建设示范点。全年国际结算量63.92亿美元，比上年增5.68%。外汇交易量21.81亿美元，比上年增0.68%。发放各类银行卡82796张。代理保险销售3.32亿元、基金销售11.61亿元。中间业务收入34488万元，比上年增6.6%。全年实现拨备前利润80029万元，比上年增12.13%。年内，市工行在"苏州综合金融服务平台"张家港市金融机构优秀案例评选活动中获金奖。

农业银行　中国农业银行股份有限公司张家港分行（简称市农行）以"创新、营销、服务、管理"为主题，创新融资产品和服务手段，发挥金融支持实体经济的作用，年内项目批准金额53.57亿元。扶持小微企业和践行"服务三农"使命，小微企业贷款余额69.9亿元，涉农贷款余额365.51亿元。启动与省定经济薄弱村宿迁市泗洪县淙潼村为期三年的文明共建活动。全年国际结算量215亿美元，比上年减8.12%。外汇交易量37.14亿美元，比上年增12.75%。代理保险销售7.57亿元、基金销售3.5亿元。实现中间业务收入4.01亿元，比上年减8.23%。全年实现拨备前利润12.18亿元，比上年增1.5%。年内，市农行通过全国文明单位复评，成为全市唯一连续四届获此荣誉的金融机构。

中国银行　中国银行股份有限公司张家港分行（简称市中行）年内继续强化金融对当地实体经济的支撑作用，扩大信贷规模，新增有效信贷投放55亿元，其中为文化旅游等政府类投资项目投放贷款7.9亿元，为房地产项目投放6亿元，为沙钢集团投放并购贷款8亿元。加快产品创新、服务创新和流程创新，全国首笔非自贸区同业联合担保业务、校园E缴费系统等创新项目落地。主动承担社会责任，与宿迁市沭阳县陈圩村、张家港市凤凰镇夏市村结对共建，定点帮扶。全年国际结算量88.81亿美元，比上年增2.3%。代理保险销售2.83亿元、基金销售1.84亿元。实现中间业务收入2.13亿元，比上年增9.9%。实现利润6.58亿元，比上年增11.31%。年内，市中行通过全国文明单位复评，实现全国文明单位"三连冠"。

建设银行　2009年12月，中国建设银行股份有限公司苏州分行对当时的张家港市支行进行分拆，设立张家港支行（2012年2月升格为张家港分行）和港城支行。2017年1月1日，因业务发展需要，港城支行隶属关系调整至张家港分行管辖。两行合并后，张家港分行充分发挥整合优势，年内借助大数据和"互联网+"等新技术手段，设立"双创贷""云税贷"等产品，全年为101户小微企业办理"云税贷"，共计授信9716.1万元，破解中小企业"融资难、融资贵"痛点，服务实体经济。根据国家商事登记制度改革要求，与市市场监督管理局合作，为苏州科益达流体机械有限公司发放全市首张"不见面审批"电子营业执照，使营业执照与结算卡功能合二为一。实现苏州建行首单"慧兜圈"平台智能POS收款产品推广，"慧兜圈"通过微信公众号发布、依托建设银行商户业务系统、以POS终端为入口，实现商户、客户、银行三者互联互通的消费生态圈服务。其有效整合成熟消费生态体系必备的全支付受理、商户结算、特惠促销、商户分期、商户获客等功能，着力解决收款方式零散化、对账难、获客难等痛点，打造企业多渠道收款一体化服务。发挥建行集团优势，与子公司建信养老金联动，开发团体养老保障管理产品，满足企业员工团体养老、福利保障、优秀人才留存、安全便捷管理等需求。继续稳步开展住房金融服务，年内个人贷款额新增26.99亿元，余额70.69亿元。发挥窗口单位优势，开展"金融万里行"等各类宣传活动；"建行蓝"志愿服务团队持续开展公益志愿服务，定期慰问社区困难家庭；与共建单位联合举办金融系统首届"巾帼之星"风采宣讲会等活动。全年国际结算量63.34亿美元，比上年增5.07%。外汇交易量31.38亿美元，比上年增7.8%。实现中间业务收入2.6亿元，比上年增14.25%。全年实现拨备前利润8.11亿元，比上年增29.72%。年内，中国建设银行股份有限公司张家港分行获2017年度"苏州综合金融服务平台"突出贡献奖等荣誉。

交通银行　交通银行股份有限公司张家港分行（简称市交行）年内加大融资支持力度，投放投行业务10笔，共29.2亿元，其中完成金港资产、金茂租赁公司、扬子江冶金工业园资产经营公司类信贷业务投放3笔，金额6亿元；完成沙钢集团和康得新集团的债券承销业务2笔，金额15亿元；完成华昌化工集团、澳洋集团的股票质押回购业务4笔，金额6.2亿元；完成金港资产投资授信2亿元。在金陵体育、金鸿顺两家企业上市中，均获得1.8亿元最大份额的募集资金监管。通过推广苏州综合金融服务平台、创新担保方式、发展科技金融，将坚持普惠金融发展战略、深化小微金融服务作为长期发展战略。持续支持优质中小企业客户，加大对"新三板"高新技术企业、创新创业型企业的金融服务；推进小微企业创新服务模式，通过深入调研、了解需求、抓住核心、优化方案，为小微企业提供优质服务；围绕存量核心企业，以供应链融资为切入手段开展上下游一体化营销服务，打通以客获客的渠道，全年新增小微客户20户，小微实质性贷款年日均余额3.07亿元，比上年增5687万元。创新金融产品及服务方式，通过续贷、快捷抵押贷等业务，改善企业贷款方式和贷款流程，优化客户体验。加强个人贷款业务，保障专项资源对个人贷款的政策倾斜。同时，年内成为张家港房产管理系统上线存量房交易资金托管系统四家托管行之一，以此为契机新增线上消费贷款业务，推广"房贷+消费贷"产品组合，加速消费贷业务拓展。年内个人贷款余额9.34亿元，比上年增156.59%，全年房贷投放3.88亿元。全年实现经营利润3.05亿元，经济利润2.28亿元；实现非利息收入7784

万元，在苏州分行系统内最高；实现国际业务非利息收入3874万元，以36.96%的占比列苏州分行首位。年内，市交行在“苏州综合金融服务平台”张家港市金融机构优秀案例评选活动中获金奖。

【市工行办理苏州工行辖内首单“工银聚”项目】 年内，市工行为华昌化工集团办理“工银聚”电子供应链项目，此为苏州工行辖内首单“工银聚”电子供应链项目。该业务是工行针对供应链核心企业及上下游客户推出的一项平台服务，利用互联网技术围绕企业的交易行为、管理行为和商品物流等环节，为客户提供B2B电子商务、信息管理、资金结算、投融资、风险管理等嵌入式、一体化综合解决方案，实现金融服务与企业交易经营活动的无缝对接。企业根据自身需求，选择订制资金到账伴侣、电子供应链上下游系统、移动审批功能“三大功能模块”，将企业原有的线下审批流程搬到线上，实现“平台—金融—数据”的有效整合。

【市中行办理苏州首批非自贸区同业联合担保业务】 4月，海关总署批复同意在张家港口岸开展平行进口整装车同业联合担保改革试点。此项试点的实施标志着张家港口岸成为全国首家可开展整车同业联合担保业务的口岸，同时也是非自贸试验区首家获批开展同业联合担保的口岸。整车同业联合担保突破了现行整装车进口企业只能自行申请海关税款担保的模式，允许由第三方主体向银行申请海关税款保函，供整装车进口企业办理通过关事务，车企凭保函申请办理海关事务担保，无需再自行缴纳保证金。新政实施后，市中行成立同业联合担保关税保函工作小组，经张家港保税区管委会及汽车城认可，成为新政试点的主要合作银行。9月，市中行为保税港区汽车城开立海关新政下的苏州地区首批19笔同业联合担保关税保函，累计金额3200余万元。至年末，市中行共开立47笔同业联合担保关税保函，帮助企业释放流动资金10679万元，在便利车商通关的同时，助力张家港保税港区汽车整车进口口岸业务发展。

【市建行发放全市首张电子营业执照】 根据国家商事登记制度改革要求，市建行与市市场监督管理局合作，全面代理电子营业执照推广，所辖网点均无偿代办申请材料收取、网上名称预核准、注册登记、代发电子营业执照及读卡器等服务。10月12日，市建行为苏州科益达流体机械有限公司发放全市首张“不见面审批”电子营业执照，实现营业执照与结算卡功能合二为一。电子证照单位结算卡是以该行单位结算卡为介质载体，加载工商电子营业执照等信息，经国家密码管理局认证可作为数字证书使用的企业“电子身份证”。此项举措的实施使企业工商注册与开户更加便捷。

（范天煜　汪少波　陈月媛　黄丽华　黄晓丹）

【股份制商业银行】 全市有12家全国性股份制商业银行（中信银行、光大银行、华夏银行、招商银行、浦发银行、民生银行、兴业银行、广发银行、恒丰银行、平安银行、浙商银行、江西银行）的分支机构。机构网点27家，从业人员500人。

中信银行　中信银行股份有限公司张家港支行年内不断提升优质服务水平，增强服务地方经济的能力。在金融市场板块方面，对张家港农商银行实现理财、资金证券化业务的全托管，为康得新公司发行10亿元中期票据等，支持当地高新企业上规模、扩产能；为华昌集团、东华能源、长江润发等优质上市公司增加授信规模；拓展机构客户、新兴产业客户、创新型企业，储备彩虹电子、富淼科技、晶樱光电、永联旅游等优质授信客户，扶持企业走上良性发展轨道。该行自2007年在张家港设立后，10年中业务规模和人员队伍逐步发展壮大。至2017年年末，有一、二级支行3家，员工60人。实现合并人民币自营存款余额48.43亿元，比成立初期增120.14%；各项贷款余额70.22亿元，比成立初期增205.3%。实现利润1.55亿元。

光大银行　光大银行股份有限公司张家港支行年内在公司业务方面围绕主流行业、新兴行业及基础设施互联互通等重点领域，通过综合金融支持地方经济发展。围绕“金融支持产业转型升级”的目标，结合该行授信政策的指引，继续为张化机集团、华昌化工集团以及永钢集团等企业的产业转型升型提供金融支持和服务。年内新增授信客户29家，其中授信额度全部投放的有16家，均为张家港区域的制造企业。在零售业务方面围绕衣、食、住、行等民生消费类行业，继续推行“小额化、便利化、标准化”金融服务。全年国际结算量2600万美元，外汇交易量3.6亿美元。代理保险、基金、理财销售58.38亿元。实现中间业务收入3494万元，实现利润1.28亿元。

华夏银行　华夏银行股份有限公司张家港支行年内履行融资主渠道责任，明确贷款投向，全年向实体经济投放贷款22.75亿元，为市民发放个人贷款388笔、3.22亿元。全年国际结算量7.4亿美元，结售汇1.95亿美元，代理保险、基金销售分别为214万元、623.56万元，中间业务收入1979万元，实现利润9246万元。华夏银行张家港保税区支行被江苏省银行业协会评为2017年江苏银行业普惠金融文明规范服务“五星网点”。

招商银行　招商银行股份有限公司张家港支行年内在支持服务实体经济、金融服务小微企业、发展绿色金融等方面取得新成效。服务实体经济方面，着力支持当地标志性企业，利用该行“并购金融”的产品优势，为沙钢集团并购东北特钢提供融资5.7亿元，成为国企混改的又一成功案例；为康得新集团新增授信6亿元，支持集团光学膜产业持续发展；为澳洋集团新增综合授信4亿元、为长江润发集团新增综合授信3亿元，支持两大集团在大健康板块的拓展。创新金融产品及服务方面，与招商局资本投资有限责任公司、张家港产业资本投资有限公司合作成立全市规模最大的产业投资基金，金额为100亿元，该基金的成立旨在发挥政府资金的杠杆作用，引导金融资本和社会资本投入实体经济，促进国内外优质资本、项目、技术、人才向张家港市集聚。在发展绿色金融方面，为双山岛开发建设新增授信额度2亿元，为经开区牵头承销短期融资券5亿元。针对部分中小企业处于创业发展阶段、可用抵押资产不足的短板，选择优质企业投放“高新贷”“三板贷”等创新产品，通过信用方式为企业解决融资难问题。全年审批完成“高新贷”4户、“三板贷”3户，授信总额4600万元。在深化金融改革方面，对授信客户风险前移，严格做好贷前、贷中、贷后管理，严控金融风险，信贷投放向高评级客户和实体企业客户调整，全年未有新发生不良贷款。同时，着力化解存量不良资产，为背负澳丰毛纺高额不良资产的长顺集团新增8000万元固定资产贷款。年末，本外币表内贷款投放余额58.25亿元，比上年增32.45%。其中，公司贷款余额49.43亿元，比上年增37.92%；个人贷款余额8.82亿元，比上年增8.35%。同时，通过融资租赁、债券承销、借用外债等创新产品，在表外资产投放方面新增投放17.6亿元。

浦发银行　上海浦东发展银行股份有限公司张家港支行年内继续推广直接融资工具，共承销债务融资工具30.55亿元，市场占比18.5%。其中，4月代理发行海外公司债5000万美元，为浦发银行苏州分行系统内首单境外债券承销；10月，该行再次入选沙钢集团二期“DFI”承销团。全年完成交易银行特色业务量145.44亿元，其中在岸国际结算业务量89.44亿元，集中收付款特色业务量5.96亿元，“E企付”付款业务量50.04亿元。代理保险、基金、信托、黄金销售33670万元，实现中间业务收入5166万元，实现利润9990万元。12月，支行营业部获评“2017年中国银行业文明规范服务四星级网点”。

（蒋愫雯　张　洁　赵晓娟
周　华　赵　璇）

【城市商业银行】 2017年，全市有6家城市商业银行（江苏银行、宁波银行、上海银行、南京银行、苏州银行、浙江泰隆商业银行）的分支机构。机构网点17家，从业人员298人。

江苏银行　江苏银行股份有限公司张家港支行年内依托产品创新，助力中小企业发展。创新推广“税e融”“电e融”“人才贷”“苏创贷”“服务之星”等融资产品，满足不同类型中小企业的融资需求，年内完成40户小企业授信业务，授信1.47亿元。深化政银企合作，下半年先后举办“张家港上市公司及中小企业金融服务沙龙”及“张家港市公司领军人才企业金融服务专场沙龙”两场企业沙龙活动，通过活动与市政府签署政银战略合作协议，由该行对张家港新兴优势产业、重点领域和重大项目、具有特色和发展潜力的中小企业提供本外币结算、银行授信、直接债务融资工具、投资银行业务等金融服务，并在授信额度、贷款方式、审批流程等方面给予重点支持。同时，该行还与部分上市公司及中小企业签订战略合作协议，为企业提供综合性金融服务并防控风险。全年国际结算量10.77亿美元，比上年增133.12%。外汇交易量6108万美元，比上年减69.8%。中间业务收入423.4万元，比上年减21.95%。全年实现利润5153.56万元，比上年减2.08%。

浦发银行张家港支行热忱为客户服务　　（浦发银行　提供）

上海银行　上海银行股份有限公司张家港支行年内继续加大对地方重点工程项目、各级政府平台的信贷资源投入，各级政府平台授信余额21.2亿元。11月，作为牵头主承销商，为市城市投资集团发行第二期中期票据，注册规模10亿元，发行金额10亿元，期限5年。贯彻实施苏州市“金融支持企业自主创新”行动计划，持续依托金融服务平台探寻中小企业融资业务需求，推进小企业专属“信保贷”“优质科技型企业信用贷”及“远期共赢利息”等产品，为成长型企业提供综合金融服务。至年末，通过苏州综合金融服务平台为23家企业完成授信4.73亿元，实现放款3.8亿元。在“苏州综合金融服务平台”张家港市金融机构优秀案例评选活动中获优秀案例奖。创新推广科技文化绿色领域融资模式，利用金融手段合理引导资金流向绿色产业。3月，为东华能源发行超短期融资6亿元，完善企业直接融资渠道。6月，助力东华能源成功注册全国首单A股上市公司绿色债务融资工具。全年国际结算量2.09亿美元，比上年减36.08%。外汇交易量3115万美元，比上年增62.83%。代理基金销售20万元。中间业务收入1312万元，比上年减39.4%。全年实现利润9805万元，比上年增16.66%。

南京银行　南京银行股份有限公司张家港支行年内贯彻落实普惠金融服务要求，累计向中小企业投放“普惠金融”专项贷款6000万元，服务实体经济。坚持将诚信服务、守约践诺作为经营发展的主旨，结合“3·15”消费者权益日，通过网点宣传、“金融知识进社区”志愿服务等活动，引导消费者了解自身合法权利，增强维权意识，构筑金融诚信体系。至年末，本外币一般性存款余额21.39亿元，其中对公存款18.08亿元，占比为84.52%；储蓄存款3.31亿元，占比为15.47%。各项贷款余额21.85亿元，其中小微企业贷款7.64亿元，个人贷款2.05亿元。全年理财销售29.72亿元，代理基金销售455万元，贵金属销售29.7万元，代理保险销售2万元。全年实现净利润8754万元，比上年增77.08%。

【全国A股上市公司首单绿色债务融资工具注册】 6月，由上海银行张家港支行作为牵头主承销商和簿记管理人所承做的东华能源股份有限公司绿色中期票据取得交易商协会注册通知书。该项目是全国A股上市公司中首单成功注册的绿色债券融资工具，也是江苏省首单民营企业绿色债务融资工具。绿色债务融资工具是境内外具有法人资格的非金融企业在银行间债券市场发行的，募集资金专项用于节能环保、污染防治、资源节约与循环利用等绿色项目。该笔绿色中期票据注册额度12亿元，期限3年，所募集的资金用于发行人下属子公司张家港扬子江石化有限公司年产60万吨丙烯项目。

（申　燕　张品芳　郭儒超）

【农村商业银行】 2017年，全市有2家农村商业银行（张家港农商银行、常熟农商银行）的分支机构。机构网点102家，从业人员1978人。

张家港农商银行　江苏张家港农村商业银行股份有限公司下辖2家分行，1家营业部、40家支行，57家分理处、1家社区支行，机构网点总数101家。其中，年内在南通地区新设如皋支行，获准筹建苏州分行。1月24日，该行在深圳证券交易所挂牌上市，股票名称“张家港行”，股票代码002839。9月20日，主办“智慧金融，‘码’上功成”张家港市移动智慧城市建设联合发布会。11月13日，获批在银行间债券市场发行不超过15亿元人民币的二级资本债券。11月28日，举办张家港市百岁老人高龄补贴签约仪式，承诺2017年至2027年捐赠总额不超过700万元的百岁老人高龄补贴。12月3日，独家冠名全国首个县级市A类马拉松赛事——2017年张家港首届国际马拉松。至年末，为300余家自主创新型企业提供授信51.85亿元。年内全行资产首次突破1000亿元，年末达到1031.64亿元，比上年增14.4%。全年国际结算量21.93亿美元，比上年增12.87%。外汇交易量193.07亿美元，比上年增440.81%。代理人寿保险、基金销售27.1亿元。实现中间业务收入14039.55万元，比上年增2.87%。全年实现净利润7.63亿元，比上年增10.74%。

张家港农村商业银行总行外景

（张家港农商银行　提供）

常熟农商银行　常熟农商银行股份有限公司张家港支行立足“三农”“两小”（农村、农业、农民，小额贷款、小企业贷款），重点为实体企业和小微企业提供全方位的金融服务。年内支持当地制造业发展，向中小制造业投放信贷资金4.7亿元。针对轻资产型制造业，依托苏州综合金融服务平台，向企业宣传平台政策和产品，转变信贷投放思路，从着重企业可抵资产到重点调查企业实际经营效益及前景，有效缓解部分中小企业融资难问题，全年新增“信保贷”授信企业60户，授信1.52亿元，其中用信企业52户，用信金额1.29亿元。贷款投向行业分布于纺织业、农业、制造业等。同时，开展电票业务，保障企业资金安全，年末银票余额2.3亿元，比上年增130%。优化小微企业金融服务流程，提高贷款审批发放效率，最快放贷周期2小时。为绿色经济与战略性新兴产业增加信贷投放，改善信贷结构、减少信贷风险。创新非抵押类贷款模式，与融资担保机构合作，为企业融资提供便利。发展消费信贷，年内消费贷款新增1.1亿元，主要用于满足客户装修、建房、结婚等多元化消费需求。全年实现净利润6837万元，比上年增50.49%。

【张家港农商银行与三大支付企业合作打造智慧城市】 9月20日，由张家港农商银行主办，中国银联、蚂蚁金服、腾讯公司协办的“智慧金融，‘码’上功成”张家港市移动智慧城市建设联合发布会召开。发布会上，张家港市金融办、张家港农商银行、中国银联、蚂蚁金服、腾讯公司共同签署张家港市智慧城市建设协议，标志着张家港农商银行成为全国首家与国内三大支付企业合作打造“智慧城市”的银行。此次合作以移动支付为抓手，整合银联、支付宝、微信支付三大主流支付渠道，实现“一码”支付，打通社保、医疗、交通、教育、旅游、消费等领域的支付场景，推进商业消费、公共服务、交通出行和政务服务实现新发展。　（沈　阳　季丽蔚）

【村镇银行】 全市有村镇银行1家，为江苏张家港渝农商村镇银行股份有限公司。2017年，该行坚持金融服务地方经济、服务实体的宗旨，致力于支持当地小微企业、个人经商办企业以及个人消费贷款需求，全年投放贷款17271.4万元，其中新增营销客户

67户，投放贷款8460万元，均为小微企业及农户贷款，户均贷款126.27万元。全年新增手机银行客户端下载使用1179个，有效满足客户金融服务需求。年内首次创新推出无还本续贷的小微企业转贷操作模式，对部分经营正常、有还款能力但暂时还款困难的客户，采取不还款转贷方式，降低企业资金成本，保证企业正常经营发展。强化贷款办理时效管理，提升办贷效率。经上门调查后的贷款申请，3日内必须完成贷款审批。增加基础客户群体，成功营销张家港国泰国际旅行社、市嘉鹏工具有限公司、市嘉利金秋纺织有限公司等客户的代发工资业务。年末各项存款比上年增49.9%，其中储蓄存款比上年增160.6%。（袁蓓钰）

【邮政储蓄】 2017年，全市有邮政储蓄银行一级支行1家，机构网点39家。中国邮政储蓄银行张家港市支行实现资产业务81.82亿元。其中，为中小微企业投放贷款4.99亿元，比上年增21.7%；消费类贷款规模扩大至49.98亿元，比上年增59.17%；涉农贷款3.28亿元，互联网融资产品8.89亿元，持续引入上级行资金23.96亿元。全年办理福费廷业务6.55亿元，办理信用证议付、押汇和自营福费廷业务共11.59亿元。全年国际结算量1.49亿美元，比上年减41.8%。代理保险、基金销售2.2亿元。实现中间业务收入1952万元，比上年增20%。全年实现利润1.18亿元，比上年增11.78%。

【邮储银行"一户一策"融资服务助力实体经济】 年内，中国邮政储蓄银行张家港市支行根据实体经济融资的不同需求，推广"一户一策"融资服务。针对当地实体企业对融资额度的要求，持续落实"小企业+"的受理模式，提升额度；推广"房地产+税贷通""房地产+担保增信"的组合模式，丰富担保方式。针对种养殖大户无抵押物的状况，推广"农保贷""家庭农场"等产品；针对个体工商户、小微企业等实体经济抵押难的问题，推广"惠农贷""房产二次抵押"等产品。针对小微企业融资贵的问题，推行"生意贷"等互联网融资产品。（张春晴）

【外资银行】 2017年，全市有2家外资银行（友利银行、汇丰银行）的分支机构。友利银行（中国）有限公司张家港支行主营存贷款业务、票据业务、外汇等重点业务，年内推广法人银行成立10周年整存整取定期存款、网银业务、友安汽车贷款等业务。全年结售汇1.7亿美元，进口业务6391万美元，出口业务1438万美元，汇款业务2.33亿美元。中间业务收入221万元。全年实现净利润338万元。汇丰银行（中国）有限公司张家港支行内设工商金融服务部、贸易与供应链部、柜台服务部，有员工7人。该行秉承可持续发展理念，扩大贷款规模，降低企业融资成本，支持当地实体经济发展。至年末，本外币存款余额2.2亿元，比上年增26.44%；本外币贷款余额2.38亿元，比上年减72.89%。（石晓霞　顾文妍）

保　险

【概况】 2017年，张家港有保险公司45家，其中财险公司23家、寿险公司22家，另有保险代理公司5家。《张家港市社会管理类险种试点工作实施细则》出台，《张家港市科技保险费补贴管理办法》完成修订。70周岁及以上老年市民公交车意外伤害保险、在校学生意外伤害事故保险两项年度民生实事项目落地实施。2017年，全市保险机构保费收入559393万元，比上年增23.31%，其中财产险收入176566万元、人身险收入382828万元。全年理赔支出169749万元，比上年增9.47%，其中财产险支出105991万元、人身险支出63758万元。（张瑞洁）

2017年张家港市主要保险公司经营情况表

表47

公司		保费收入（万元）	比上年增长率（%）	理赔支出（万元）	比上年增长率（%）
财产险公司	中国人民保险公司	72229	3.14	45787	27.95
	太平洋财产保险公司	47842	7.41	27428	−5.61
	平安财产保险公司	37831	14.83	20836	2.50
	中国人寿财产保险公司	4816	2.62	3630	8.68
	紫金财产保险公司	4746	−2.37	2456	−19.48
	太平财产保险公司	3522	33.46	1820	45.60
	阳光财产保险公司	3269	27.85	772	−0.90
	大地财产保险公司	1262	−14.15	939	33.57
	中华联合保险公司	1063	−19.89	914	−22.41
人身险公司	平安人寿保险公司	103229	36.63	11715	57.99
	中国人寿保险公司	99844	22.44	30430	35.65
	太平人寿保险公司	82291	33.24	6764	0.73
	太平洋人寿保险公司	73195	21.71	8876	33.21
	友邦保险有限公司	7977	34.93	481	69.96
	中国人民人寿保险公司	7054	41.65	4662	658.05
	东吴人寿保险公司	3563	−42.99	161	16.67
	利安人寿保险公司	1736	−19.03	—	—
	华泰人寿保险公司	1423	18.78	—	—
	富德生命人寿保险公司	1213	−95.00	98	−97.84
	泰康人寿保险公司	1073	−33.89	—	—

说明：表中数据由苏州保监会提供，保费收入指标准保费收入，理赔支出包含理赔给付及其他各类给付，因而数据与文中有所不同

【财产险公司】 全市有财产险公司23家，其中规模较大的有9家，保费收入17.86亿元，理赔支出10.46亿元。

人保财险 中国人民财产保险股份有限公司张家港中心支公司下设城中、金港、塘桥、大新等7个营业部和26个营销服务部。有从业人员640人，比上年增1人。年内新增水稻收入保险、池塘水产品养殖综合气象指数保险、合家安康意外伤害保险、专利执行保险、特种设备责任保险等险种，累计共设险种十大类200余个。全年完成保费收入72229.35万元，比上年增3.14%。其中，车险收入57186.6万元、非车险收入13583.64万元、农险收入1460.11万元。保费收入中，车险占比最大，为79.13%。全年累计处理赔案54141件，理赔支出46616万元，赔付率68.5%，其中车险理赔支出35716万元，农险理赔支出537万元，非车非农险理赔支出10363万元。理赔支出中，车险占比最大，为76.62%。全年实现利润1175万元。

太平洋财险 中国太平洋财产保险股份有限公司张家港中心支公司下设总经理室、综管部、财务部、销管部、车意险理赔部、非车险理赔部、营销部等部门，下辖1个支公司、8个营销服务部。有从业人员513人，比上年增91人。年内，公司签下全国首单厨师职业责任保险，参与政府保险项目"70周岁及以上老年市民公交车意外伤害保险"。1月1日，签下以杨舍镇为代表的民间集体聚餐食品安全责任保险第一单，此后组织推动全市各区镇投保，年末除凤凰镇外其他区镇均投保，全市近95%的居民因此受益。全年完成保费收入47842万元，比上年增7.12%。保费收入中，机动车辆险占比最大，为77.95%。全年累计处理赔案42361件，比上年减25.66%；理赔支出27428万元，比上年减5.61%，赔付率57.33%。理赔支出中，机动车辆险占比较大，为83.21%。公司市场占有率26.17%。

平安财险 中国平安财产保险股份有限公司张家港支公司设总经理室、综合管理部、车险部、客服理赔部等部门，有从业人员118人。公司严格执行"快、易、免"承诺服务，先赔付，再修车；1万元以下赔案如资料齐全3个工作日之内赔款到账，并上门代收索赔资料；人伤案件在线服务、省心调解服务；免费提供24小时百公里道路救援服务。全年完成保费收入37811万元，比上年增15.6%。全年理赔支出20842.86万元，比上年增2.5%，其中车险支出19213.73万元、财产险支出1428.83万元、意健险（意外险、健康险）支出200.3万元。

（宋伯珂 程 燕 刘 恺）

【人身险公司】 全市有人身险公司22家，其中规模较大的有11家，保费收入38.46亿元，理赔支出6.32亿元。

人保寿险 中国人寿保险股份有限公司张家港支公司下设综合管理部、客户服务中心、个险销售部、团体业务部及银行保险部，下辖塘桥、乐余、金港、杨舍等4个营业部和7个营销服务部。有从业人员1650人，比上年增458人。年内新增国寿鑫盈年金保险、国寿鑫彩一生年金保险、国寿盛世臻享年金保险等24个险种，累计设险种三大类358种。全年完成保费收入98757.78万元，比上年增23.6%。处理赔案6243件，理赔支出2992.7万元，比上年增14.83%。

太平洋寿险 中国太平洋人寿保险股份有限公司张家港中心支公司下设个人业务部、法人渠道业务部、营运部、财务会计部及行政人事部。下辖市区营业部和金港、塘桥、凤凰、乐余、锦丰、杨舍等6个营销服务部。有从业人员2082人，比上年增115人。年内新增险种5个，分别为金佑人生终身寿险（分红型）A款（2017版），爱无忧两全保险（2.0版）、附加爱无忧防癌疾病保险（2.0版），少儿超能宝两全保险（2.0版）、附加少儿超能宝重大疾病保险（2.0版），安行宝两全保险（2.0增强版）、附加安行宝两全保险（2.0家庭增强版），聚宝盆年金保险（分红型），共设险种五类115个。全年完成保费收入81669万元，比上年增26.96%。其中主要收入为个险期缴20887万元、意外险2660万元、续期50405万元。保费收入中，续期占比最大，为61.72%。2017全年累计处理赔案5967件，理赔支出2555万元。其中，团险理赔3230件，赔付992万元；营销险种理赔2737件，赔付1563万元。综合赔付率39.66%。理赔支出中，传统寿险理赔占比最大，为61%。年内，张家港中心支公司党支部被中共上海市委组织部、上海市国有资产监督管理委员会评为"党支部建设示范点"。

（庞 沁 魏 娟）

【《张家港市社会管理类险种试点工作实施细则》出台】 5月，由市金融办制订的《张家港市社会管理类险种试点工作实施细则》出台，有效规范保

中国人民财产保险张家港中心支公司办公大楼　　（人保财险　提供）

险业参与支持社会管理创新工作。该细则对试点工作流程、试点范围、承保模式等均作明确规定，新开办的社会管理类试点险种指在张家港市范围内尚未实施的新保险项目，或是涉及责任类、特殊群体类、科技文化类、社会矛盾化解类和社会公益类等重要领域的险种。新开办的社会管理类险种一般由2-3家保险公司共同承保，其中保费规模在50万元以下的可由1家公司承保，50万元至90万元之间的由2家公司共同承保，90万元以上的由3家公司共同承保。

【全国首单厨师职业责任保险签订】 1月19日，太平洋财产险张家港中心支公司签出全国首单厨师职业责任保险。该险种的参保对象为在张家港市工作的厨师，保险内容包括由于疏忽、过失导致第三者在食用被保险人提供的食品后出现食物中毒、其他食源性疾病，因食物中混杂异物导致受伤、残疾或死亡的情形，且在保险期间内首次收到赔偿请求，依法应承担的经济赔偿责任，由保险公司按合同约定负责赔偿。该险种累计赔偿限额10万元，每次事故赔偿限额10万元，每次事故每人赔偿限额2万元。至年末有80余人投保，未发生理赔。

【苏州市首单食品小作坊食品安全责任保险签订】 10月25日，锦丰镇食八方熟食店与太平洋财产险张家港中心支公司签订苏州首单食品小作坊食品安全责任保险。根据保单，食品小作坊食品安全责任保险以被保险的小作坊对因其生产经营的食品存在缺陷，造成第三者人身伤亡和财产损失时依法应负的经济赔偿责任为保险标的，保险期限一年，累计赔偿限额30万元，每次事故赔偿限额15万元。食品小作坊众多，由于生产加工条件简陋等原因存在一定的安全隐患。试行食品安全责任保险，一方面可以通过商业保险公司发挥事前第三方的安全监督作用，约束食品小作坊生产者，降低食品安全风险；另一方面，一旦发生事故，受害方可以得到经济补偿，有利于维护消费者的合法权益。同时，食品安全责任保险还可提高食品小作坊的信用和信誉，促进食品小作坊规范生产经营，实现健康发展。

（张瑞洁　刘　恺　徐　平）

证券·期货

【概况】 2017年，全市新增1家证券公司营业部，为安信证券股份有限公司张家港城北路证券营业部。至年末，累计有证券营业部23家，期货营业部6家。

【东吴证券】 2017年，东吴证券股份有限公司张家港分公司下设总经理室、综合部、财务部、信息技术部、业务管理部、财富管理中心等6个部门，下辖杨舍、金港、锦丰、塘桥、杨舍沙洲中路5个证券营业部。该公司及营业部有从业人员66人。分公司提供IPO、中小企业私募债、财务顾问、“新三板”等综合金融业务。各营业部开设沪深A股、B股、权证、期权、港股、期货、国债、企业债券、国债回购、封闭式基金等交易品种，提供融资融券、股票质押回购等融资服务，提供现场交易、电话委托交易、网上交易、手机炒股等交易方式，并与中国银行、农业银行、工商银行、建设银行、交通银行等13家银行建立客户保证金三方存管业务。营业部客服中心实行客户经理制，为客户提供一对一服务，并提供电话咨询、在线咨询、短信、盘中提醒等多种咨询服务，帮助投资者把握投资方向。全年完成交易额1595亿元，实现利润4827万元。

（肖　贝）

【华泰证券】 2017年，华泰证券股份有限公司张家港杨舍东街证券营业部有员工25人。开设A股、B股、债券、基金、权证、新三板、H股、融资融券、个股期权、港股通IB业务等交易品种，提供网上交易、电话委托、磁卡委托、手机炒股、网上页面委托等交易方式，与工商银行、农业银行、中国银行、建设银行、交通银行、浦发银行、招商银行、中信银行、农商行等多家银行建立三方存管业务。华泰公司总部推出涨乐财富通APP5.0版，集智能选股、理财服务、智能管家于一体。营业部每日有2.5万名客户使用该APP交易，覆盖率达到80%。年内股票及基金账户开户3319户，有效户1125户，新增融资融券客户515户。全年实现交易额421.1亿元，理财产品销售额16.58亿元，实现利润6012.7万元。2017年，营业部占全国范围内基础市场份额0.65‰，成为全国8000余家营业部中的“百强营业部”，综合排名列第47位；在张家港市场占有率37.8%，市场份额排名第一。

（夏良亮）

【南京证券】 2017年，南京证券股份有限公司张家港步行街证券营业部设有散户区、中户区、大户区及贵宾区，从业人员11人。开设A股、B股、港股通、债券、基金、权证、新三板等传统通道业务以及期货IB、融资融券、股票质押式回购融资、各类金融产品代销、个股期权等创新业务。设有期货交易专区。提供现场开户、见证开户、网上开户、手机开户多种开户方式，提供现场交易、电话委托交易、网上交易，手机委托交易等交易方式，与工商银行、农业银行、中国银行、建设银行、交通银行、招商银行、民生银行、浦发银行、光大银行、华夏银行、江苏银行、兴业银行、中信银行、南京银行、上海银行、宁波银行、平安银行、广发银行、邮储银行等建立三方存管转账业务。营业部设有期货交易专区。营业部依托公司的“快乐阳光”网上营业厅、金罗盘掌厅、微信微厅等客户服务平台以及“95386”全国统一客服热线，为客户提供便捷服务。营业部全年交易额368.19亿元，比上年减27.81%，其中手续费收入1531.7万元，比上年减5.01%。实现利润1201.11万元，比上年增72.65%。

（钱文娟）

【东华期货】 2017年，江苏东华期货有限公司张家港营业部设有经理室、技术信息部、业务部、财务部等部门，有从业人员7人，均持有期货从业资格证书。公司配备文华财经、博易大师、

张家港昌盛农村小额贷款有限公司

（市金融办　提供）

掌上财富、博易五档深度行情、文华高速行情5套行情系统，拥有金仕达、灾备、CTP三套主用交易系统及多套个性化下单系统，为投资者提供互联网交易、互联网转账、电话报单、临柜书面委托、手机下单、程序化交易、第三方API接入等多种交易方式。公司与五大国有银行开通银期转账业务，并与国内4家期货交易所实时联网，交易结算快捷。至年末，拥有固定客户1016人，成交额290亿元，实现客户保证金收入2000万元。（陆丽华）

其他金融机构

【小额贷款公司】 全市有小额贷款公司13家，分别为张家港昌盛农村小额贷款公司、市华芳农村小额贷款公司、张家港保税区锦泰农村小额贷款公司、市国泰农村小额贷款公司、市广大农村小额贷款公司、市沙钢农村小额贷款公司、市南丰农村小额贷款公司、市亚泰农村小额贷款公司、市中昊农村小额贷款公司、市金生科技小额贷款公司、市长江农村小额贷款公司、市金城泰农村小额贷款公司、苏州港口张家港保税区科技小额贷款公司。年内发放贷款3260笔，金额50.66亿元，融资余额3.46亿元。年末贷款余额38.4亿元。

【融资租赁公司】 全市有融资租赁公司2家，分别为江苏金茂融资租赁有限公司和华晟融资租赁有限公司，全年办理租赁业务195笔，余额24.73亿元，比上年增15.61%，累计租赁10.9亿元。其中，江苏金茂融资租赁公司是由国有股东张家港市金茂集体资产经营管理中心控股，江苏永钢集团、张家港酿酒有限公司、张家港保税区锦昇泰贸易有限公司等民营企业共同出资设立的有限责任公司，为企业更新设备、技术改进、产业升级提供专业服务，注册资本3.47亿元。全年办理租赁业务109笔，余额20.37亿元，累计租赁8.48亿元。

【财务公司】 全市有财务公司2家。沙钢财务有限公司于2010年登记成立，注册资金人民币10亿元，年末本外币存款余额74.8亿元，本外币贷款余额31亿元。江苏国泰财务有限公司由江苏国泰国际集团有限公司和江苏国泰国际集团国贸股份有限公司共同出资成立，注册资金人民币5亿元。年末本外币存款余额21.42亿元，本外币贷款余额3.78亿元。

【投资（基金）类机构】 2017年，全市引进注册产业基金（投资）类机构35家，注册资本总额超72.4亿元，规模是上年的7倍以上。至年末，全市形成由政策机制、政府产业基金、私募基金、市场需求等元素构成的基金生态圈，发挥产业引领、示范和支撑作用。

【融资担保公司】 至年末，全市有融资性担保公司6家（含2家分公司），注册资本10.51亿元，全年为564户企业提供641笔担保业务，担保金额31亿元，年末在保余额31.98亿元。年内，市金港投资担保有限公司、市农业担保有限公司、市金茂机械担保投资有限公司3家担保公司获省、市风险补偿金共1055万元。

【典当公司】 全市有典当机构12家，其中实际开展业务的有8家，分别为市锦泰典当有限公司、苏州广聚源典当有限公司、市鸿筌典当有限公司、张家港保税区宝盛典当有限公司、苏州鼎丰典当有限公司、市铭达典当有限公司、苏州亿通典当有限公司、苏州华富典当有限公司。年末累计典当总额7.46亿元，比上年减1.71%；典当余额2.28亿元，比上年减6.17%。

【拍卖公司】 全市有正常开展业务的拍卖机构5家，分别为苏州天润拍卖有限公司、苏州市富城拍卖有限公司、江苏广聚源拍卖有限公司、苏州泓泰拍卖有限公司、苏州正泰拍卖有限公司。全年共举办拍卖会117场，比上年增18.18%；拍卖成交额52930.61万元，比上年增19.23%。

【保理公司】 全市有商业保理公司2家。江苏金茂商业保理有限公司成立于2014年2月，主营业务为以受让应收账款的方式提供贸易融资，应收账款的收付结算、管理与催收，销售分户账管理，与公司业务相关的信用风险担保等。年内开展保理31笔，保理金额11.35亿元，实现保理收入5307.24万元。累计开展保理79笔，保理金额18.73亿元，保理余额11.09亿元，实现保理收入1.05亿元。江苏华程商业保理有限公司成立于2014年9月，业务对象主要是中央企业、大型商业超市、其他上市公司、保税区仓储。至2017年年末，累计保理373笔，保理金额63429万元，保理余额5470万元，实现保理收入3467万元。

（郁　欢　糜岚岚　方　舟　姜　军　柳一虹）

【编辑　陆文琰】

财政·税务

Public Finance & Taxation

国税、地税联合开展税法宣传，助力大学生创业、就业 （市国税局　提供）

财政
国税
地税

财　政

【概况】 2017年，市财政局实施积极的财政政策，推动财政收入稳步增长，保障重点支出，改善民生事业，深化财税改革，促进经济发展提质增效。全年完成一般公共预算收入210亿元，比上年增收20亿元，增长10.5%，税收占85.5%。市财政局复评全国文明单位，获评市级机关绩效考核“突出贡献奖”。

财源建设　年内，市财政局参与制定聚焦转型创新驱动“1+3”政策(《关于实施聚焦转型创新驱动行动计划的决定》《张家港市先进制造产业领跑计划实施意见》《张家港市创新驱动能力提升计划实施意见》《张家港市人才引领智汇港城计划实施意见》)。实施企业科技创新积分管理，安排奖励经费总额8069万元，奖励企业1118家。积极推进去产能工作，安排1.2亿元去产能专项资金和1.05亿元淘汰落后产能“腾笼换凤”专项补贴资金。落实市增长促转型扶持政策，全年兑现市级各项扶持企业政策资金超10亿元，为164家企业办理应急周转资金业务355笔，累计周转超46亿元。落实降费减负政策，完成3项政府性基金、2项经营服务性收费项目和30项行政事业性收费的取消、合并和停征工作，全年降费减负近3亿元。

政府采购管理　制定《张家港市2017年政府集中采购目录》，规范政府集中采购范围与限额，推进政府购买公共服务增点扩面，新增交通道路跟踪审计、污染源自动监控系统维护、非执法性税务处理服务等采购项目。实施政府采购网上商城模式，开展机关事业单位网上商城采购操作培训，全市180余个机关事业单位的近200人次参加。全市政府采购总额6.1亿元，节减资金7000万元，节约率10.29%。

财政管理　对接省财政管理体制改革，为明确市镇两级事权与支出责任，起草市镇财政管理体制调整意见初稿，并经市政府第7次常务会议和十一届市委第34次常委会审议通过。12月，市政府印发《关于调整镇(区)财政管理体制的意见的通知》，调整完善区镇财政管理体制，构建符合现代财政制度要求的财政结算体制。为发挥土地出让收入在全市经济建设和社会事业发展中的积极作用，12月，市政府印发《关于调整土地出让收入分配政策的意见》，进一步着重理顺分配机制，强化土地资源节约集约利用。深化国库集中支付制度改革，市级265个预算单位预算执行动态监控系统全部上线运行。制定《张家港市政府性债务风险评估及预警管理暂行办法》《张家港市政府性债务风险应急处置预案》，完善政府性债务管理制度体系，加强政府性债务风险管控。

2017年张家港市公共财政预算收入情况表

表48

项　目	实绩(万元)	比上年增长额(万元)	增长率(%)
国税	836640	90722	12.20
地税	540005	-21553	-3.80
保税区	443234	126221	39.80
财政	280209	4679	1.70
合　计	2100088	200069	10.50

2017年张家港市公共财政预算支出情况表

表49

项　目	实绩(万元)	比上年增长额(万元)	增长率(%)	项　目	实绩(万元)	比上年增长额(万元)	增长率(%)
一、一般公共服务	172938	5569	3.30	八、环境保护	85944	22766	36.00
二、公共安全	102511	-7611	-6.90	九、城乡社区事务	447740	-28886	-6.10
三、教育	329707	20799	6.70	十、农林水事务	157115	17519	12.50
四、科学技术	109093	4152	4.00	十一、交通运输	65228	-3988	-5.80
五、文化体育与传媒	37757	7565	25.10	十二、工业商业金融等事务	128868	17619	15.80
六、社会保障和就业	160739	14475	9.90	十三、其他支出	18390	3545	23.90
七、医疗卫生	120131	14578	13.80	合　计	1936161	134617	4.80

【会计管理】 2017年，市财政部门加强会计从业资格管理和会计中介机构的监督。推行网络化会计继续教育，全市参加继续教育23049人次。拓展会计培训模式，开办农村财会人员政策培训，参训169人。鼓励会计人员参加专业技术资格考试，组织全国会计人员中级、初级职称考试1874人次和1725人次，共通过473人次。

【财政惠民】 3月，出台《完善困难残疾人生活补贴和重度残疾人护理补贴制度的实施方案》，加大对困难群体的救助帮扶力度，包括困难残疾人生活补贴对象和重度残疾人护理补贴的范围、补贴标准、管理部门和补贴形式、申领程序等。全年共发放补贴3519.66万元，惠及54091人次。4月，推出《张家港市水稻收入保险实施意见》，开展苏州地区水稻收入保险试点工作。7月，增设张家港市池塘水产品综合气象指数保险。12月，出台《张家港市特色田园乡村建设市财政资金奖补办法》，全年争取上级财政支农扶持资金3.29亿元。落实惠农强农政策，全年发放耕地地力保护补贴4052万元，供种补贴620万元，农机补贴1698万元，秸秆还田补贴914万元，规模经营补贴1111万元，农药配送补贴683万元，测土配方肥补贴485万元。

【财政助推公共文化服务】 年内，财政安排公共文化服务工程经费865万元，用于基层图书流转、文艺团队创作评优、网格文化活动等。安排文化中心数字科技馆改造经费980万元，对科技馆的展品及布展进行整体改造。安排实事工程“书场（戏台）建设”经费120万元，对全市12家基层书场，部分区镇、村（社区）文化站活动室进行改造。安排“文化育民”常规经费120万元，用于开展“群文大讲堂”、民间专业文化团队的相关活动经费。安排重点文化工程和活动经费6350万元，用于保利大剧院运营和演出补贴、长江文化艺术节等重大文化活动保障、“文化数字化服务”工程建设、“文化育民”等项目支出。

（刘少华）

国 税

【概况】 2017年，市国税部门围绕打造现代化税收管理新业态目标任务，组织收入247.13亿元，比上年增加52.79亿元，增27.17%，创历史新高。其中，完成地方公共财政预算收入113.66亿元，比上年增45.66%。全系统通过宣传辅导、“一对一”上门、监控提示等举措，为纳税人办理涉税优惠减免退税115.79亿元，比上年增21.93%。其中，办理出口退税88.12亿元，落实小微企业优惠2.63亿元，兑现高新技术企业优惠6.7亿元，为企业加快转型升级提供支持。年内，全系统先后获江苏省廉政文化建设示范点、江苏省巾帼文明岗、苏州市国税系统绩效管理先进单位、张家港市服务地方奖、张家港市优秀文明单位、张家港市2018—2019年依法行政示范单位、张家港市担当作为好单位等荣誉。

征收管理　年内，全市国税系统深化《江苏省国家税务局税收风险应对工作模版（试行）》和《江苏省国家税务局税收风险应对法律指引（2015版）》2个省级文件的应用，创新工作方式，探索运用大数据、云平台等技术，进一步加强风险管理。实施风险管理大数据应用，编制《智慧风险管理中心建设方案》，促进大数据应用与风险管理工作有效融合。建立发票区域集中配送中心、线上办税服务中心、风险应对中心、智慧稽查指挥中心、国地税联合注销中心，发挥中心的集成性与协同性功能，推进税收管理改革。纳税评估工作成效显著。按《纳税评估任务限时办结工作制度》要求加强进度管理，开展工作进度成效通报。按季开展纳税评估卷宗会审，对存在执法程序不规范的及时发起跟踪质疑。完善工作机制，编写防范和打击虚开发票工作规程，从事中、事后2个环节明确征管、纳税服务、应对分局、稽查在打虚防骗中的职责，形成防控合力。全年风险应对入库1.31亿元，比上年增35.05%。

税收法治　市国税部门着力加强执法风险预警、提升依法治税效能，做好行政执法公示制度、重大执法决定法制审核制度的试点工作，得到国家税务总局法规司的肯定。完善内控机制，强化执法监督，结合税收管理改革情况，开展对纳税服务、税收执法等重点事项执法风险的梳理排查并纳入重点监控范围。全年核实江苏省国家税务局网上巡查疑点数据424条，上报风险防控建议15条，督促责任部门认真落实整改，有效防范执法风险。加强重大税务案件审理监督，对移交的63件重大税务案件进行审理，防范执法风险。改进工作方法，充分运用“智慧稽查”，提高案件查办质效，全年查结案件261件，入库税款3455万元。加强与公安、地税等部门协作，形成合作办案机制，移送公安并立案20件，国地税联合查补税款267万元。加强对外支付的基础管理，强化税源管理，降低备案差错率，通过案头分析、应对、实地核查等多种方式开展对外支付的风险应对，入库税金764.84万元。

纳税服务　年内，市国税局以“打造税收管理新业态、培育纳税服务新优势”为目标，加快推进办税服务转型升级。推广“互联网+”线上办税，全面推广电子税务局，简化办税流程。对新办企业综合业务、跨区域涉税事项办理业务等五类105项业务实施“最多跑一次”套餐化办理，其中新办企业综合套餐两小时办结率为100%。与张家港地税局联合编制《办税事项“全程网上办一次都不跑”清单》，明确包括报告、发票、申报、备案、证明、套餐、其他等7个大类111个事项网上办理要求。全年线上受理办结量51413笔，占业务总量的85%。畅通热线咨询渠道，发挥“96888740”纳税特服号主体作用，接听电话85595户次，接听率97.39%，列苏州市第一。微信公众号及时传递涉税新政，办税服务厅加快转型，增设专门咨询辅导区、线上办税体验区、纳税人学堂，使纳税人畅享办税新体验。持续深化“国地税+”合作模式，通过国地税联席会议，开展联合普法、联合执法、联合道德讲堂等活动，推动服务融合、执法整合、数据聚合、创建联合的合作新态势。持续推进纳税信用体系建设，落实“实名制”办税，完成纳税人信息采集26928户；完成“三证合一”变更37920户，转换比例98%，跨实施企业纳税信用等级评定，定期参与市文明办诚信“红黑榜”公示，推进部门信息传递与数据共享。开展税收政策培训辅导会53场，覆盖纳税人6679人次，召开税企座谈会4场，增进税企沟通。

2017年张家港市国税入库税收情况表

表50

税　　种	金额（万元）	比上年增长率（%）
增值税	1819209	23.81
消费税	3254	−15.06
企业所得税	595224	43.14
车辆购置税	53579	−1.34
个人储蓄利息所得税	3	200.00
合　计	2471269	27.17

【发票实现在线申领】 5月18日，根据省国家税务局的统一部署，市国税局积极推进网上办税模式，正式启动“网上申领、邮政专递”发票业务。纳税人只需登录江苏国税电子税务局，就可在线申领发票。此项业务启动后，市国税局组织开展业务操作培训，帮助纳税人掌握网上申请流程、平台推送要点、邮政专递规定等相关内容。同时，合理调整设置，增加配送中心工作人员数量，调整配送时间，确保配送及时。此外，通过电话、短信、微信公众号等多种途径将网上申领发票的适用范围、种类、流程等向纳税人作详细介绍，使纳税人及时了解业务详情，全面推行“O2O”（online to offline）服务模式。全年完成发票邮政配送35845笔，线上申领比例达到99.59%，列苏州市第三。“互联网+税收服务”的推行，节约了纳税人办税成本，让办税更便捷。

（侯　楠）

地　　税

【概况】 2017年，张家港地税局组织各项收入129.48亿元。其中，税收收入78.49亿元，非税收入50.99亿元；实现公共财政预算收入54亿元，比上年下降3.8%（扣除限售股因素）。年内，张家港地税局蝉联江苏省文明单位和苏州市文明单位称号，获苏州地税系统绩效管理先进单位和张家港市服务地方奖。第四税务分局黄艳获“中国好人”称号，第八税务分局邵丽娅获“中国好税官”称号。

税源管理　年内，张家港地税局对重点税源企业实施专业化团队管理，及时掌握税源增减变动状况。全年348户重点税源企业共入库税收42.8亿元，比上年增24.78%。加强高收入高净值人群个人所得税征管，年收入12万元以上个人所得税申报18410人，补报个人所得税1303.24万元，比上年增253.06%。推进企业所得税预缴与汇缴，全市应汇算清缴5760户全部准期申报，汇缴补报税款6.6亿元，比上年增40.11%。实施土地增值税团队化管理，抽调35名业务骨干，组建17个清算小组，审核结束项目57项，入库土地增值税7.66亿元，比上年增32.85%。探索实践耕地占用税税源管控，确保应征尽征。全年入库耕地占用税8305万元，比上年增90.74%。发挥风险管理支撑作用，全年完成风险应对1936户，补缴税费及加收滞纳金2.75亿元，风险管理成效贡献率3.5%；完成自然人股权转让核查1987户，补缴税款6018万元。

依法治税　张家港地税局严格落实权力清单和责任清单制度，统一执法标准，加强规范性文件清理和法制审核，统一执法尺度，坚决制止盲查盲管、随意处罚等税收执法行为。规范稽查流程，探索稽查预案竞标机制，加大对涉税违法行为的打击力度。全年查结案件44起，查补入库税款、罚款、滞纳金9711.71万元。加强案卷评查力度，撰写的“新三板”企业风险评估案例《股权变动疑影重重，数据管税拨云见日》在省地方税务局组织的2017年度税收风险管理案例交流评选活动中获一等奖。创新实践重大案件“听辨式”审理，充分保障纳税人的陈述、申辩权利，提升重大税务案件的审理质量，年内完成“听辨式”审理工作2例。连续第六年联合张家港日报社开展“小记者进地税”活动，先后在市职教中心、青少年社会实践基地等设立税法宣传基地，连续两年联合国税走进大学城，帮助大学生在就业之前熟悉税务知识，助力大学生创业就业。依托《张家港日报》《张税官说税》和张家港电视台《税企心桥》等栏目，提升征纳双方学法用法能力。年内，首部法治微电影《税者荣耀》荣获苏州市第三届法治微电影大赛优秀奖。

纳税服务　张家港地税局贯彻落实国务院“放管服”改革要求，切实为纳税人松绑减负，优化税收营商环

地税干部走进实验小学，开展税收“微课堂”活动

（张家港地税局　提供）

境。全面公开权力清单和责任清单，取消身份证和营业执照复印件收取，推进电子证照共享应用。落实省政府“3550”（开办企业3个工作日内完成、不动产登记5个工作日内完成、工程建设项目施工许可50个工作日内完成）改革要求，实现不动产交易登记“一窗受理、集成服务、就近办理”新模式。进一步完善“联合+集中”注销登记模式，全年国地税联合注销1235户，比上年增69.88%。梳理税源管理事项，精简事项22项。相关做法得到副省长陈震宁批示肯定。在风险应对分局设立纳税服务岗，方便纳税人就近办税。坚持每月“局长接待日”、每周专家团队“坐堂问诊”，推进预约办税、大企业税收指引、纳税信用贷等个性化服务，不断提升纳税人满意度。运用税收优惠平台，精准服务纳税人享受税收优惠政策，降低实体经济成本，激发市场活力，全年兑现税收优惠42.57亿元。

2017年张家港市地方税（费）收入情况表

表51

项　　目	金额（万元）	比上年增长率（%）
收入合计	1294779	-8.74
一、地方税收收入	784882	-16.71
1.省级	550	759.38
2.市（县）级	784332	-16.77
其中：营业税	2906	794.15
企业所得税	179402	28.90
个人所得税	205799	-57.85
城市维护建设税	80321	3.30
契税	65822	68.86
耕地占用税	8305	90.74
其他各税	241777	24.99
二、非税收入	509897	7.03
1.社会保险费	422244	8.03
2.教育费附加	43714	4.19
3.地方教育费附加	29140	4.19
4.其他基金（费）	14799	-5.18

说明：以上数据均不含张家港保税区地税局

【依申请公开案例库建成】 为解决基层税务机关依申请公开压力大、判定难、风险高等问题，充分保障公众的知情权、参与权、表达权、监督权，提升税务机关的公信力和执行力，年内，张家港地税局将全国、全省地税系统和其他行政部门发生的有典型意义的公开案例，进行规范化的整理，形成案例库。依申请公开案例库的开发建设，主要围绕需求分析、模块开发、平台建设等展开，导入平台，对案例并提供精确和模糊查询，方便基层查询已办结或同类申请公开事项，及时回复纳税人，提升工作效率。10月，案例库建成并上线运用，入库案例30件。

【股权转让“只跑一次”服务模式形成】 全市股权转让业务年均办理量为1800件，办事流程和手续颇为复杂，时间也不可控，纳税人来回奔波的现象普遍存在。12月，为转变税收征管方式、提高税收征管效能，张家港地税局联合市行政审批局、市市场监管局创新打造股权转让“只跑一次”服务模式。无房屋土地的企业纳税人，在市民服务中心窗口办理股权转让备案业务时，一并征收地税税款，实现征纳双方“双减负”。12月14日，首例纳税人股权转让业务在市民服务中心办结，整个过程不到一个小时。标志张家港市在全省率先实现无房产土地企业股权转让事项“只跑一次”。至年末，共办结业务131项次，入库税款174402.78元。

【集成办税服务中心建成】 年内，为深化“放管服”改革，实现现场业务单一办理向全景体验、线上办税、远程辅导等综合功能的转型升级，为纳税人提供全方位、立体式、多功能的一站式集成服务，张家港地税局积极打造线上线下合一、前台后台贯通、横向纵向联动的集成办税服务新平台。该平台由办税体验区、线上服务区、咨询辅导区三部分组成。11月，集成办税服务中心建成上线。建成后，窗口业务简繁分流，办税时间压缩15%，解决纳税人个性化难题50余条，反馈时间提速50%。线上服务区通过大数据分析，向纳税人催报缴，提醒低风险应对。通过远程视频，将分布在全市的15个服务延伸点汇集成综合纳税服务网络，让纳税人“多跑网路，少跑马路”，受到纳税人欢迎。

【电子涉税证明服务开通】 年内，为满足纳税人的需求，推进“不见面”纳税服务，张家港地税局开通“税企快线”微信公众号。12月，“电子涉税证明”在线开具功能作为正式应用。经过实名认证和法人代表电子授权的纳税人可通过该平台随时在微信上发起申请，开具因上市募股、融资发债、重组合并、招标采购、商务合作、评先评优等方面需涉及的税收遵从情况、纳税信用等级和税款缴纳在内的一系列涉税证明，并享受纸质文书免费快递服务。同时，为防止信息泄露，电子涉税证明的下载、打印均设置一定的时效和次数限制，且每份电子涉税证明均盖有水印和验证二维码，还为纳税人提供官方验证渠道和销毁功能，让纳税人在充分享受便捷、高效的纳税服务的同时，切实保护自身权益。至年末，全市600余家重点税源企业加入微信企业号，纳税人通过电子证明系统申请开具证明55份。

（杨　光）

【编辑　陆正芳】

综合经济管理

Comprehensive economic Administration

市检验检测中心工作人员开展检验检测　（杨志伟　摄）

宏观经济管理

国有资产经营管理

国土资源管理

市场监督及检验检测

物价管理

审　　计

统　　计

安全生产监督管理

住房公积金管理

宏观经济管理

【概况】2017年，市发改委以推进供给侧结构性改革为主线，围绕“两聚一高”发展战略，坚持稳中求进工作基调，全市发展改革工作取得良好成效。全市地区生产总值比上年增7.3%，服务业增加值占地区生产总值比重为46.4%。全社会固定资产投资与上年基本持平，总量继续位列苏州县市前列，其中服务业比上年增3.9%。社会消费品零售总额比上年增8.7%。年内，市发改委获评江苏省发改系统先进集体、市级机关绩效考核突出贡献奖。

规划实施与研究　统筹推进“十三五”规划实施，编制完成《张家港市热电联产规划（2017—2020）》，为合理利用能源、减少环境污染提供政策保障。编制《张家港市“十三五”循环经济发展规划》，指导和推动“十三五”时期全市循环经济发展。制定《张家港市“十三五”人口发展规划》，统筹解决人口问题，促进人的全面发展和人口均衡发展。对标世界先进同类城市及地区，提出“近学北九州，远学马尔默”，制定《张家港市“提升发展标杆”三年行动计划（2018—2020年）》。开展重大信息参考服务，全年编辑《发改·石鉴》39期。制订课题研究管理办法，开展《高铁时代张家港产业优化升级策略研究》《张家港市人口变化趋势对经济社会发展影响的研究》《加快发展张家港大健康产业的若干意见》等10余项课题研究。其中，《关于聚焦富民持续提高城乡居民收入水平课题研究建议方案》获评市社科联重点立项课题优秀成果，《张家港市小巨人企业发展策略研究》获评苏州政府系统研究工作优秀调研报告二等奖。逐月分析全市经济运行情况，形成分析报告，跟踪张家港市落实供给侧结构性改革五大任务进展情况。根据上级要求，制定2018年以高质量发展为导向的指标体系。

政策落实及推进　4月，经市发改委牵头制定，市政府出台《关于聚焦富民促进创新创业创富的实施意见》，努力促进创新、支持创业、扩大就业。出台《关于推进全市土地资源节约集约利用的若干意见》，更好应对资源环境“紧约束”挑战。出台《关于加快发展服务业促进产业结构调整升级的实施意见》，促进产业结构调整优化和经济转型升级。牵头完成钢铁去产能任务，按照全省化解过剩产能工作要求，推进沙钢集团压减83万吨产能（75吨电炉）。沙钢集团75吨电炉动力设备（变压器）拆除，通过省级验收及国家验收抽查。降低企业用能成本，新增91家企业参与直购电（累计105家），直接交易电量132.27亿千瓦小时，可为企业减少电费支出3.5亿元。定期组织企业在省电力交易平台集中竞价，为企业降低用电成本。创新项目征集方式，通过征集民生实事项目建议“金点子”，建立民生实事项目库，把群众身边遇到的、迫切希望解决的惠民难题以民生微实事项目形式纳入项目库，相关做法在“江苏大走访”微信公众号头版刊登。20个民生实事项目推进顺利，年内完成投资2.88亿元。列入省“补短板”项目的澳洋健康产业园、金沙洲生态农业开发示范工程按时序推进，农村水污染治理项目全面竣工。围绕经济体制、生态文明体制及社会事业改革，有序推动实施苏州市级以上改革试点9项、张家港市级探索创新性改革事项12项。稳步推进“多规合一”、新型城镇化试点、特色小镇建设等探索性改革试点，加快实施服务业百区提升示范和百企升级引领工程。规划建设保税区康得新新材料小镇、张家港经济技术开发区澳洋健康养生小镇、南丰镇永联江南田园风情小镇、锦丰镇金沙洲休闲养生小镇、乐余镇净谷小镇、暨阳湖产业资本创新小镇等特色小镇10余个，4个特色小镇入围省级特色小镇创建名单。其中，凤凰镇贝贝足球小镇入围省共建体育健康特色小镇，南丰镇永联江南田园风情小镇列入省旅游局公布的首批13个旅游风情小镇创建名单，并同步享受苏州市级特色小镇创建名单政策，凤凰镇蜜桃人文小镇、锦丰镇金沙洲休闲养生小镇入围江苏省105个农业特色小镇名单。围绕省、苏州市工作部署，突出抓好扶贫协作工作，创新市、镇、村、园区、企业“五位一体”帮扶模式，除市级、镇级结对外，“两区一园”与贵州省沿河县省级开发区结对共建，8个行政村、4家国有企业与沿河自治县12个深度贫困村结对，在全省率先实现乡镇结对双向全覆盖。结对模式受到人民网、新华网、央广网等中央主流媒体关注报道。

项目报批与审核　市发改委对上报批方面，保税区、经开区、高新区列入国家开发区名录。保税区申创国家电力需求侧管理试点，成为国家“互联网+”首家智慧用电示范园区。沙钢集团、永钢集团等22家年综合能耗1万吨标准煤以上（涉及石化、化工、建材、钢铁、有色、造纸、电力和航空八大行业）的重点企业纳入国家碳交易市场。国泰集团、玖隆物流等5家企业入选年度中国服务业500强企业，新增省级示范物流园区1家。康得新成功发行苏州市首个境外债券3亿美元。物润船联成为全国首批“互联网+多式联运”试点企业，获批国家高技术产业、大数据专项5000万元。华兴电力有限公司二期扩建两台F级（400兆瓦）燃机热电联产工程项目获批中央预算内投资计划补助1870万元。全年获国家农产品进口配额2.8万吨，其中，为华芳集团、国泰集团等棉纺企业争取棉花配额1.65万吨，为东海粮油等企业争取小麦配额3964吨、玉米配额7310吨、大米配额308吨。对内审核方面，有序开展投资项目审批“全链条”集中审批、容缺审批、代办服务，全年发改委窗口累计备案项目854项，总投资额313亿元；审批项目242项，总投资额174亿元；内资核准项目35项，总投资额409亿元。所有项目均在江苏省投资项目审批监管平台上运行，提前率、办结率100%。

【重大项目推进】年内，市发改委推进重大项目攻坚行动。4月，全市组织总投资462亿元的86个项目集中开工投产月活动（开工64个，总投资334亿元；竣工22个，总投资127亿元），华灿三期、国际香精香料等项目奠基开工，天鹏一期、易高液体石蜡等项目竣工投产。8月下旬至11月下旬，由市领导领衔带办，组成重大项目“双包挂”工作组，开展重大项目“金秋攻坚行动”（26个项目，总投资845.6亿元）。华灿四期、彩虹永能光伏组件、闻颂射频芯片与汽车毫米波雷达等信息项目签约落地，霍尼韦尔UOP、沙钢硅钢生产、银河电子新能源汽车关键部件产业化（一期）等报批项目取得突破性成果。康得新光电材料有限公司年产1.02亿平方米光学膜及年产1亿片裸眼3D模组项目、华兴电力有限公司二期扩建两台F级（400兆瓦）燃机热电联产工程、华昌加氢新材料、金沙洲生态农业开发、苏州同冠微电子有限公司半导体功率器件项目5个项目列入省重大项目，总投资410.41亿元，年度计划投资40.5亿元，实际完成投资54.25亿元。28个项目列入苏州市重大项目，总投资1540.3亿元，年度计划投资119亿元，实际完成投资119.88亿元。50个张家港市重大产业项目规划总投资1689.69亿元，年度计划投资222.51亿元，实际完成投资146.85亿元。年内，沙钢超薄带、苏高新环保产业园、华灿光电三期9个重大项目按计划开工，霍尼韦尔MTO催化剂、中核利柏特核电及石化装备、沙洲电力二期等8个项目竣工投产。

（樊琳琳）

国有资产经营管理

【概况】 2017年，国有资产经营管理工作以做强做优做大国有企业、促进国有资产保值增值为落脚点，紧扣深化国资国企改革主线，不断完善国资监管制度体系，推进薪酬改革，提高国资服务水平。3月，修订出台《张家港市国资国企发展“十三五”规划》，推进国有企业信息化管理平台建设。推进上市公司江苏国泰重大资产重组事项，完成国泰集团整体上市第一步工作。张家港产业资本中心成立，促进金融资本与产业资本无缝对接，推动区域经济转型升级和快速发展。做好产权登记、资产评估等基础性工作，促进国有产权规范流转，严格国企投资审核，完成国有资本经营收益收缴。推进经营业绩考评，完善薪酬激励机制。至年末，全市有一级国资公司16家、二级国资公司54家，总资产1797.19亿元，净资产758.47亿元，实收资本143.26亿元。全年国资公司总营业收入486.21亿元，营业利润20.02亿元，净利润17.64亿元。

2017年张家港市一级国资公司主要经济指标一览表

表52　　单位：亿元

企业名称	资产年末余额	所有者权益	实收资本	营业总收入	营业利润	净利润
张家港保税区金港资产经营有限公司	443.49	153.93	41.70	20.03	1.57	1.30
市产业资本投资有限公司（暨阳湖）	72.44	52.79	1.20	0.14	−0.54	−0.54
市金城投资发展有限公司	110.19	56.85	9.00	12.82	3.30	2.59
市金茂投资发展有限公司	43.98	14.99	3.00	1.02	0.20	0.24
江苏国泰国际集团有限公司	184.61	89.69	8.00	359.99	15.43	12.54
江苏华昌（集团）有限公司	91.91	43.06	0.94	56.49	1.85	1.65
市城市投资发展集团有限公司	235.03	99.87	20.00	0.61	0.43	0.64
市给排水公司	24.12	13.72	0.45	4.09	0.32	0.07
市沙洲宾馆	3.87	3.70	3.77	0.41	−0.16	−0.14
市悦丰投资开发建设有限公司	34.52	17.67	10.00	8.05	−0.07	−0.06
张家港经济开发区实业总公司	146.10	84.42	17.00	0.47	−0.35	0.02
市通洲沙西水道综合整治有限公司	34.40	5.84	6.00	–	−1.18	0.01
市粮食购销总公司	4.59	2.20	0.20	2.74	−0.27	–
市交通控股有限公司	48.00	40.73	4.44	0.02	0.23	0.23
市金厦房地产开发公司	65.82	11.04	1.10	19.18	0.92	0.73
市直属公有资产经营有限公司	254.14	67.96	16.46	0.15	−1.66	−1.64

（刘少华）

【城投集团建设年产值15亿元】 2017年，市城市投资发展集团有限公司（简称市城投集团）发挥城建事业主力军作用，国有资产实现保值增值，产值15亿元，资产总额达到395亿元。新城区开发方面，城投集团城东以黄泗浦生态核心区及康得新未来城沪通铁路客运站配套工程建设为重点。黄泗浦生态核心区东区年内完成投资1.1亿元，整体景观初现形态。沪通铁路客运站配套工程项目年内完成105户民宅的签约及拆除，铁路桥下地下通道等项目按计划稳步推进。城北重点推进市职工文体中心和国际教育交流中心两个项目，均完成主体结构验收。市职工文体中心项目年内完成投资额1.64亿元，累计完成投资额2.2亿元。国际教育交流中心项目年内完成投资额3200万元，累计完成投资额4200万元。城西重点推进西拓和北延区域的拆迁及基础配套建设，完成拆迁私房及公寓51户、企业5家。新建南庄路（人民路—暨阳西路段、义巷路—白鹿路段）、泗港路(张杨公路—暨阳西路段),进一步完善交通出行框架。建筑面积1万平方米的泗港便民服务中心项目竣工并开始招商。启动建筑面积4.4万平方米的实验小学西校区、建筑面积4.8万平方米的梁丰初中西校区项目,完成方案预审及部分施工图设计。安置房建设方面,年内小菜巷二期、新航花苑二期期房、新乘北苑二期、范庄花苑1幢等4个安置房结转项目竣工,总建筑面积39.62万平方米,房屋2232套。港新花苑三期、新乘北苑二期、江帆花苑北区二期等3个小区完成分房,总建筑面积36.59万平方米,房屋2070套。全年安置拆迁户1700户,完成结算金额11.8亿元。市政道路在建项目7项,总里程9.39千米,总投资3.45亿元,年内完成投资1.15亿元。 (韩　露)

【金茂公司纳税6720万元】 2017年,市金茂投资发展有限公司(简称市金茂公司)全面推动自主型基金组建,参股设立规模10亿元的金锦联城并购基金、规模10亿元的鹿港文化产业基金、规模8亿元的乐鑫产业投资基金,重点面向张家港市企业实施投资,推动企业加快转型升级步伐。加强与专业创投机构合作,出资9000万元参与松禾资本成长并购基金、新能二期基金。项目投资持续落地,苏州晶台光电、江苏宝田等6个项目落实投资3900万元,江苏国泰、星光珠宝项目完成定增3.1亿元。至年末,金茂(金科)创投在投项目59项(不含上市定增项目),投资总额约6亿元。推动担保业务模式革新,担保业务品种实现新突破,分期车贷、信保贷、担卖贷、股权质押担保、诉讼保全担保等消费类零售类业务占比大幅提升,全年为546家企业提供担保623笔,担保金额31.6亿元。放大融资租赁效应,发挥融资与融物两大功能,推动供应链金融服务业务模式,全年融资租赁(保理)投放业务74笔,金额20.5亿元,实现净利润5300万元。优化商务楼宇租售模式,新增金茂大厦出租面积9500平方米,大楼入驻率超70%。通过追偿、诉讼、破产等法律手段,全力避免国有资产流失和减损,牡丹汽车、盛隆光电两家企业的破产清算基本结束,盛隆光电优先债权兑付率96.4%。全年公司国有资产保值增值率103.4%,投资收益率6%,综合融资成本低于5.2%,实现入库税金6720万元,连续第四年进入全市纳税超5000万元企业行列。至年末,公司系统总资产76.32亿元、净资产27.85亿元,其中本部总资产35亿元、净资产13.9亿元。 (邵振峰)

【金城公司新增投资10亿元】 2017年,市金城投资发展有限公司(简称市金城公司)新增投资10亿元,实现投资收益2.64亿元,上缴国资收益5500余万元,实现全口径税收1.5亿元。至年末,公司总资产110亿元,净资产57亿元。股权投资管理稳中有进。所持北京国利公司(注册资本3亿元)10%股权完成挂牌转让,落实股权转让款1.05亿元,资本增值2.5倍。张家港沙洲电力公司两台100万千瓦超超临界燃煤机组通过试运行,成功并网发电,实现新增利润1亿元。江苏华兴热力公司投入运营并实现盈利。苏州华兴电力销售公司进入省电力交易平台公示企业名单,通过平台拍得2018年购售电量2亿千瓦小时。张家港金城阳光教育科技发展有限公司投资组建,注册资本1000万元,下设金城阳光教育网络培训中心启动筹建。市金茂公司敦促市外国语学校健全完善法人治理结构,加强规范化管理,学校章程修订基本完成。实现托管土地、房屋租金收益近110万元。资本运作力度加大。出资3.4亿元认购江苏国泰非公开发行股票2524万股,出资2亿元认购紫金矿业集团有限公司非公开发行股票6430.9万股,落实东华能源、鹿港文化等定增项目分红款1200万元。完成对宝田科技、江苏清能、苏州凯威特、苏州沿芯微电子等企业股权投资,落实投资金额1756万元。注册成立张家港市中植金城投资合伙企业(有限合伙)。参与投资大唐汇金产业投资基金、深圳松禾成长并购基金、松禾新能二期基金、以诺二期基金、金城金茂并购基金,发起设立澳洋健康产业基金、鹿港文化产业基金、乐余基金等项目,基金总体规模90亿元,落实投资金额3.3亿元。金融业务开发稳步推进。江苏联嘉资产管理公司完成不良资产包收购16.5亿元,实现利润3200万元,收购资产资金余额6.7亿元,联合社会资本成立特殊资产处置基金2个,基金规模各10亿元。出资5000万元入股苏州资产管理公司。引导金城泰农业小贷公司加强风险防控,全年开展贷款业务679笔,投放贷款13亿元,年末贷款余额突破5亿元,完成贷款收入4500万元,实现净利润2300万元,上缴税收875万元,无不良贷款产生。基础设施建设按节点实施。乡镇老住宅区天然气改造3600户,城乡一体化天然气配套1.5万户,新增居民用户配套2.4万户,至年末,民用天然气配套用户26万户。推进油改气、煤改气、液改气,全年新增锅炉气量44蒸吨,新增工商业用户180户,累计供气4亿立方米。疏港高速二期及常熟高压联络线工程完成安全评估、环境评估、初步设计等前期工作。南沙天然气管网建设方案启动规划。苏虞张LNG加气站竣工并投入试运营,新增LNG点供客户13个,LNG全年销量2万吨。LNG码头接收站储罐项目中方公司组建成立。人民路金城大厦有38个业主单位进驻办公,至年末租售面积3.3万平方米。沙洲湖金城大厦土建、幕墙、电梯安装工程竣工。金城物业扭亏为盈,全年新开发项目4项,实现净利润71万元。资金需求得到保障。坚持直接融资和间接融资两手抓,发行3亿元私募债,完成25亿元公司债审批。新增融资担保20.5亿元,落实金城两期企业债还本付息及财政项目贷款10亿元。双山存量贷款周转累计还本付息9.4亿元。 (曹网云)

国土资源管理

【概况】 2017年,市国土资源局立足"两保一调"(保护、保障和调控)职责定位,坚守土地资源保护红线,提升节约集约水平。通过"争指标、扩增量、盘存量、优配置",保障全市发展建设用地需求。全年报批建设用地批次8个，独立选址项目用地11个，总面积589.13公顷。增加133.33公顷土地规划空间。缩短土地指标下达到落地的时间周期。开展两期土地指标有偿交易活动，97.93公顷土地指标实现市场化配置。以服务实体经济为导向，简化供地方式。落实供地129宗、587公顷。其中，签订出让合同88宗、358.27公顷，划拨决定书41宗、228.73公顷。在出让供地中，工业（仓储）用地36宗、154.75公顷，房地产项目用地36宗、146.69公顷，安置房用地8宗、25.92公顷，公共管理与公共服务用地4宗、2.65公顷，港口码头用地4宗、28.26公顷。在划拨供地中，公共基础设施用地28宗、76.17公顷，安置房用地11宗、56.54公顷，住宅（公租房）用地1宗、3.62公顷，道路用地1宗、92.4公顷。

耕地保护　资源规划管控更加严格，土地利用总体规划调整完善并获批。开展永久基本农田划定工作，严格落实落地块、明责任、设标志、建表册、入图库五大任务。完成划定保护区10个、保护片（块）170个，更新和补充保护标志牌146个、保护界桩200个，编制各类图件199张，逐级签订基本农田保护责任书3921份，发放“明白卡”11万份。累计划入永久基本农田28426.67公顷，略多于上级下达的28300公顷目标任务。全市永久基本农田地类构成合理，实有耕地占基本农田比重为87.51%，为苏州地区最高。依法查处各类违法违规用地行为，实现卫片执法检查“零约谈、零问责”。探索违法用地“裁执分离”新机制，构建土地资源执法新格局。开展违规违法用地专项整治行动，14宗、22.6公顷违法用地全部整改到位。

集约用地　通过“市场+行政”“责任考核+资金激励”方式，促进资源要素高效利用。统筹推进“退二还一”“退二优二”“退二进三”，调整完善城镇建设用地布局，盘活建设用地向区镇产业集聚区集中。开发边界外建设用地原则上“只做减法，不做加法”。按照2017年至2020年拆旧复垦1333.33公顷总目标，形成目标分解落实方案和区镇年度目标任务。加快推动“三优三保”行动，凤凰镇、锦丰镇、乐余镇专项规划获批，杨舍镇、金港镇、塘桥镇、南丰镇、大新镇、常阴沙现代农业示范园区完成专项规划编制。全市累计完成拆旧复垦350.73公顷，涉及低效产业用地125.47公顷。严格项目用地批后监管，办理开工申报69宗，竣工验收166宗。消化批而未供土地202.8公顷，完成处置闲置土地17宗、46.47公顷。

权益维护　按照征地规范，履行征地前告知、确认、听证程序，将征地前告知工作细化到组级层面，保障被征地所在集体经济组织及农户知情权。及时收缴征地预存款8.38亿元。根据经济发展水平适时提高被征地农民待遇，调整后社会保障资金（含安置补助费）达到9.7万元，16周岁以下被征地农民一次性生活补助费标准为2.2万元，劳动年龄段被征地农民个人分账户为7万元。免收诚信企业开竣工履约保证金5865万元。办理备案设施农用地30宗、42.6公顷。完成安置房供地19宗、82.47公顷，保证安置房能够获得完全产权，及时上市交易。

2017年张家港市一级类土地利用详细构成情况表

表53　　单位：公顷

土地类别	年初面积	年末面积	变化情况	
			增加面积	减少面积
耕地	30060.32	29865.90	124.66	319.08
园地	3459.92	3411.31	1.40	50.01
林地	201.45	201.51	0.06	0.00
城镇村及工矿用地	29905.98	30125.42	326.47	107.03
交通运输用地	6275.29	6397.52	140.46	18.23
水域及水利设施用地	28355.77	28255.75	1.69	101.71
其他土地	413.81	415.13	6.67	5.35
总面积	98672.54	98672.54	601.41	601.41

【土地储备交易】 市土地储备中心紧扣经营城市主线，科学推进土地储备、土地交易、拆迁安置等工作。全年储备经营性用地39宗，总面积121.13公顷，按收储区域划分：市区储备9宗，面积41.2公顷；镇区储备30宗，面积79.93公顷。全年出让经营性用地35宗，总面积133.52公顷，成交总价144.78亿元，规划建筑面积216.09万平方米。其中，市区出让4宗，面积22.65公顷，成交价44.03亿元，规划建筑面积44.57万平方米；镇区出让31宗，面积110.87公顷，成交价100.75亿元，规划建筑面积171.52万平方米。另通过公开挂牌、拍卖的方式出让工业用地41宗，总面积193.67公顷，成交总价8.22亿元；出让仓储、公共设施等其他类型用地5宗，总面积6.67公顷，成交总价5500万元。完成张高中西侧15户34套安置房分房工作。小莱巷二期4幢160套，共2.7万平方米安置房全部主体封顶，小区配套设施建设基本完成。年内，通过举办多层次、广领域的土地推介活动，吸引诸多品牌房企到市参加土地竞拍，上海保利、苏州伟业、美的、正荣、港中旅、上海青禾、天水恒顺等7家房企首次进驻张家港，碧桂园集团、中锐地产再次拿下项目，持续深耕。

【不动产统一登记】 年内，市国土部门按照“放管服”改革要求，推进不动产交易、登记、纳税“一窗受理、集成服务”。9月4日，市政务服务中心的不动产登记、纳税联办窗口启用，由此，市民在办理不动产登记业务时享受“一窗受理”的便捷服务。“一窗受理”是指一个窗口一人接件，统一受理不动产登记以及相关的房屋交易、缴税材料，通过部门间信息共享和业务协同，让企业和群众不用重复排队提交材料，就能取得不动产权证书的服务。启用“一窗受理”后，不动产登记实施先预审、后取号的制度。整合原有的房产、土地存量数据，建设大数据平台，通过“张家港国土”微信公众号，实现网上预约、预审、办证进度、结果查询、微支付、证书真伪验证等一条龙服务。除宅基地登记、未经公证的继承以外的所有登记业务，均承诺4个工作日办结，商品房和拆迁安置房登记实际2个工作日即可办结。在市、镇两级设立有9个受理点，实现不动产登记全域办理。与银行合作设立抵押登记银行办理点，申请人可一次性完成贷款和抵押登记所有手续。精简收件资料套数，交易、登记、缴税只收取一套材料，一般登记材料总数缩减50%以上。全年发放不动产登记证书63607本，完成不动产首次登记证明（单元信息表）68355份、抵押登记证明35696份、查封登记9544起。接待社会各界人士不动产登记查询11万人次，出具有效不动产登记信息查询证明约5万份。

【“三优三保”复垦补助资金超10亿元】年内，市国土部门采取“责任考核+资金激励”双轮驱动模式，推进“三优三保”行动（优化建设用地空间布局保障发展，优化农业用地结构布局保护耕地，优化镇村居住用地布局保护权益）。鼓励提前复垦，补助标准逐年递减，2017年至2020年分别为每公顷675万元、600万元、525万元、450万元。拓宽资金来源，通过整合计提土地专项资金、上级下达的财政补助资金等措施，确保补助持续长久。全市实施分期拨付方式，市级初验后，下发补助金额30%，通过上级国土部门验收后，按照验收面积拨付余款。严格拨付手续，立足批文面积，按照实施主体申请、国土部门审核、财政部门拨付的模式，强化痕迹管理，确保拨付精准精细。2017年，全市累计拆旧复垦350.73公顷，其中通过上级国土部门验收79.53公顷，对镇级实施主体拨付“三优三保”复垦补助资金10.1亿元。

【土地出让网上交易全面推行】2017年起，全市运用“互联网+”技术全面推行土地出让网上交易模式。全市累计出让土地90宗360.8公顷，全部为线上交易。土地网上交易依托国有建设用地网上交易系统，在公告、报名、竞价、观摩等方面实现全流程网络化操作，并实时确定成交结果。对交易中产生的各种数据及上网操作过程均记录备份保存，确保事后监督有据可查。引进公证机制，由公证机构对交易全过程进行信息证据保全，最大限度保障国土资源交易公开、公平、公正。通过建立数字认证制度，出让人、竞买人均实行实名认证和信息加密，保证竞买人身份的真实性、安全性和保密性。针对电力传输中断、网络通信异常等情况，制定应急处置预案，确保网上交易安全可靠。

【开竣工履约保证金免收5865万元】年内，全市持续完善建设用地开竣工标准化监管，在积极推行履约保证金制度的同时，对诚信企业免收保证金，以减低企业在项目启动阶段的负担。企业按照土地出让金总额的10%缴纳开竣工保证金，按期开工的返还50%，按时竣工的返还全部剩余保证金。诚信企业经申请并出具承诺之后，可以不缴纳履约保证金。市国土资源主管部门制作作业指导文书和实用手册，明确开竣工办理程序、申报材料及相关注意事项，建立健全“分局+科室”会审制度等，保障规范化处置。积极运用“互联网+”技术实现项目开发全过程跟踪记录。2017年，全市免收土地履约保证金涉及地块32宗，总金额为5865万元。

【首个土地抵押登记银行办理点设立】12月，全市首个土地“抵押登记银行办理点”在张家港农商银行挂牌，实现“不动产抵押登记+贷款业务”一站式办理。市民在该服务点办理不动产抵押贷款时，可以提交抵押登记所需全套材料，现场填写相关表格和文书，完成拍摄现场照片、录入相关信息、扫描上传材料等全套业务流程，最后在大数据终端经过国土部门工作人员审核后，即发放抵押他项权证。该模式减少了不动产商业贷款和不动产抵押登记业务环节，申请人只需在银行就能一次性完成贷款和抵押登记所有手续，避免在银行和登记机构多次奔波之苦。

（黄　喆　王翠翠）

市场监督及检验检测

【概况】2017年，市市场监督管理局坚持探索市场监管新路径，严守安全底线，营造包容有序、充满活力的市场环境，被省人社厅、省工商局联合表彰为先进基层县级局，被省食品药品监督管理局评为先进基层单位，被苏州市质监局评为计量工作先进单位、产品质量监督先进单位、质量管理工作先进单位，被苏州市食品药品监督管理局评为稽查执法工作先进单位。

企业登记管理　年内，全市登记各类新设市场主体25428户。其中，新登记内资企业696户，注册资本90.25亿元；新登记私营企业6362户，注册资本218.79亿元；新登记个

全市首张“不见面审批”电子营业执照发放　（市市场监管局　提供）

体工商户18304户，资金数额24.88亿元；新登记农民专业合作社15户，资金数额2220万元。新登记外资投资企业51户，投资总额58429.21万美元，注册资本28980.49万美元，其中外方认缴27549.32万美元。16家外资企业办理增资手续，增加投资24031.91万美元，注册资本12123.32万美元，其中外方认缴10319.19万美元。18家外商投资企业办理注销登记手续。至年末，全市登记有内资企业3517家，注册资本925.69亿元；私营企业36700家，注册资本1396.2亿元；个体工商户85328户，资金数额81.75亿元；农民专业合作社682家，资金总额12.53亿元。外商投资企业879家，投资总额119.51亿美元，注册资本62.59亿美元，其中外方认缴46.3亿美元。"不见面审批""3550"改革、冠苏州企业名称的网上自主申报等配套举措相继实施，创业活力持续激发，全市市场主体总数突破12万户，全年发放电子营业执照950本，开办企业从名称预核到税务领票最快实现1个工作日内完成。探索简易注销登记改革，打通市场主体退出通道，为83家企业、2187户个体工商户办理简易注销登记。全市2016年度应报市场主体115866户，综合年报率61.4%。

合同管理　年内，市市场监督管理局办理动产抵押登记288件，帮助企业融资40.97亿元。累计建立农村合同帮农指导站148个。拍卖备案51批，拍卖成交金额3.03亿元。办理合同案件32件。格式合同备案3份。公示国家级"守合同、重信用"企业5家，江苏省"守合同、重信用"企业34家，苏州市"重合同、守信用"企业159家，张家港市"重合同、守信用"企业2720家。

商标和广告管理　加大商标注册、运用、管理、保护工作力度，年内全市新增省著名商标12件、苏州市知名商标12件，全市累计拥有中国驰名商标20件、省著名商标64件、苏州市知名商标155件，地理标志商标2件。新增商标申请量4745件，核准注册商标2308件，累计有效注册商标24073件，国际（境外）马德里注册商标98件，基本达到"一企一标"目标。省著名商标和苏州市知名商标拥有量均列苏州各县市首位，张家港市获评品牌江苏建设金风奖，沙钢集团获评品牌江苏建设金帆奖。市市场监督管理局集中开展"双打"（打击侵犯知识产权、打击制售假冒伪劣商品）专项整治行动，全年立案查处侵权和假冒伪劣商品案件39件。加大对重点媒体、重点领域广告的管理力度，根据群众重点关注的教育领域和民间投资领域，先后组织开展教育、培训类专项广告整治行动和涉嫌非法集资广告资讯信息排查清理活动，规范广告行为，净化市场环境。全年监测检查各类广告130016条次，发责令改正通知书3份。开展现场宣传活动，印发法律法规宣传册3000本、宣传折页15万份。

特种设备安全监管　年内，办理特种设备作业人员资格许可6082人次，其中新取证2162人次，复证3920人次。受理特种设备安装开工告知1723份3493台套，完成特种设备使用单位责任告知1015个，办理新增特种设备注册使用登记3409台。先后开展公共场所电梯、大型游乐设施、涉危化品特种设备、气瓶、"百日会战"等专项检查和专项整治，检查特种设备生产单位20个、使用单位248个、气瓶充装单位36个，推出带二维码的智能角阀气瓶近20万个。加快公共服务平台建设，电梯应急救援平台搭建完成并投入使用。

标准化工作　推广标准化成功经验，发挥标准基础引领作用，全市参与制定国际标准2项、国家标准18项、行业标准36项、地方标准1项，完成企业标准网上自我声明407项。市市场监督管理局指导江苏永钢集团有限公司、玖隆钢铁物流有限公司两个单位完成标准化试点创建，联合市文广新局出台全国首个县级文化馆总分馆制建设标准，为实施技术标准战略的52家企业发放奖金624万元。

计量工作　贯彻执行质检总局《关于贯彻落实取消或停征4项行政事业性收费决定的通知》要求，自4月1日起，取消强检计量器具收费，采取省级备案、地市级备案及本级备案三管齐下的备案模式，掌握强检计量器具数量，确保强检计量器具检定率，保证检定经费的合理使用。组织开展春节节前市场、春耕农资、中秋国庆双节定量包装和过度包装、加油机、停车场电子收费装置等各类专项检查，规范企业计量行为。推进农贸市场"五统一"（对农贸市场电子秤统一配置、统一管理、统一检定、统一轮换、统一维修）工作，对全市农贸市场在用"五统一"电子秤进行检定，督促使用单位按照"五统一"要求及时维修更换。开展农村、社区医疗卫生结构在用计量器具检定，保障医疗计量准确可靠，对血压计、B超仪等医疗计量器具进行免费检定，完成医疗机构周期检测服务工作。

药品、医疗器械安全监管　开展学校卫生室安全用药、美容美发化妆品、城乡接合部与农村地区药店诊所药品质量安全、疫苗使用管理、药品生产企业委托检验等专项整治，通过行政指导、行政约谈、行政处罚等多种方式规范药械生产经营使用行为。启动"家庭过期药品回收"活动，加强公众安全用药宣传，提高公众安全用药科学素养。开展食品、保健品欺诈和虚假宣传整治工作，发动相关职能部门、区镇协同推进，出动执法人员1311人次，排摸保健品推销点位70个，检查生产经营单位1482个，发现问题并责令45个单位整改，开展各类科普讲座47场，发放宣传资料8966份。加强不良反应（事件）监测工作。采取加强宣传培训、创新激励方式、建立监测哨点等举措提升上报质量，上报药品不良反应1131例、化妆品监测49例、医疗器械不良事件613例。

【执法和维权】市市场监督管理局加强执法硬件建设，为全体基层执法人员配备执法记录仪等执法装备，在10个基层分局建立数据采集站，有效提升执法装备保障水平。强化重点领域执法，开展"锲石""京安""质检利剑""双打""放心市场"等专项行动，办结一般程序违法案件548件、简易案件208件，移送公安机关36件。4月，由于率先开展"双随机、一公开"（在

开展中秋月饼市场专项检查 （市市场监管局 提供）

监管过程中随机抽取检查对象，随机选派执法检查人员，抽查情况及查处结果及时向社会公开）试点，落实事中、事后监管成效显著，受到国务院表彰。在试点基础上，继续在全省率先整合工商、质监、食药监检查事项，建立特种设备使用单位、食品生产单位、食品流通经营单位、餐饮经营单位（含食堂）检查对象库，探索开展“双随机、一公开”综合抽查试点，初步实现“一次上门，全面体检”。以开展网络市场监管专项行动为契机，进一步加大网络监管执法力度，开展网上检查3631次、实地检查281次，其中对平台商检查14次；删除违法商品信息95条，责令47个网站整改。以美容美发行业预付费卡消费为突破口，制定登记监管规范指引，严把登记注册关，规范预付卡发行、使用行为，有效防止经营户通过转让侵害消费者利益。在步行街诚信驿站取得成功经验基础上，结合杨舍老街和购物公园各自特点，开展文明示范街区创建工作，前移消费维权阵地，实现消费投诉不出柜台、不出商家、不出街区。全年办结投诉3618件，为消费者挽回经济损失513.25万元。

【市检验检测中心完成各类检验检测超20万件】 2017年，市检验检测中心完善服务体系建设，完成食品、农产品、工业产品等检验检测12755批，各类计量器具检定、校准21万余台件，获评全国纺织计量工作先进单位。在全市范围开展涉及安全生产、贸易结算、医疗器械、环境监测等强制检定计量器具的检验检测服务，执行停征强制检定收费政策规定，配合市市场管理局严格强制检定备案制度。为政府监管提供技术支撑，承担苏州市质量技术监督局和张家港市市场监督管理局委托的定量包装商品监督抽样检测200批次，完成48家集贸市场1471台件“五统一”电子计价秤、基层医疗机构327台血压计和30台B超仪“两免费”检定工作。配合市便民服务中心和市场监督管理局做好食品、化工、计量器具投诉纠纷及燃煤监督抽样的技术检测58批。配合江苏省食品安全示范城市创建工作，分别完成省食品药品监督管理局食用油脂监督抽样检测451批、苏州市食品安全委员会食品安全监督抽样检测220批、张家港市食品安全委员会食品安全监督抽样检测1833批、张家港市农委农产品风险监测300批。为企业发展提供技术服务，完成企业委托的食品检测1377批，其中东海粮油、不二制油、统清食品、益江粮油等大中型企业油脂类产品567批。配合全国质量强市示范城市创建，重点解决沙钢集团、天沃科技、振华重工等企业的原材料检验检测需求，出具金属材料检测报告4502份，完成各类工业产品检验检测8121批。检验检测能力得到提升，中心年初申报并通过CMA标准变更认定食品及食品添加剂26种产品115项参数、油脂33项参数，3月申报并通过省农产品质量安全检测机构（CATL）资格认定14种农产品、48项参数，9月申报并通过CMA食品扩项资质认定5种产品、51项参数，10月进行校准实验室CNAS复评审及变更评审。食品、农产品检测范围至年末拓展到430种产品、634项参数。检验检测技术研究取得突破。完成双向自循环式液位计检定装置、电阻校准木材含水率测量仪示值的方法两项专利的文件撰写及附图等工作，4月17日向国家专利局提交申请并获受理，其中双向自循环式液位计检定装置实用新型专利获通过。

【首家简易注销企业获批】 2月14日，苏州奢舍品电子商务有限公司在市民服务中心市场监管窗口领取公司注销登记通知书，成为全市开展企业简易注销登记试行后首家获批企业。2016年10月，全市探索试点企业简易注销登记，相继出台《张家港市企业简易注销登记办法（试行）》及其他相关文件。全市简易注销登记试点主要针对依法登记且在经济技术开发区及金港镇辖区内设立未满三年，未开业或者无债权债务的有限公司、个人独资企业、合伙企业和非公司制企业法人。企业注销适用简易程序的，企业免于在省级以上报纸公告，免于向企业登记机关进行清算组备案，由企业自行在全国企业信用信息公示系统和《张家港日报》公示，公示期45天，公示期满无异议的由全体股东（投资人、合伙人）组织清算并依法履行清算义务，承担相关责任。清算结束后30日内向登记机关申请简易注销登记。企业简易注销登记改革的实行，有助于缩短企业退出周期，降低企业退出成本，提高登记效率，让真正有退出需求、债务关系清晰的企业快捷便利退出市场。

【全国质量强市示范城市创建通过省级预验收】 3月30日至31日，江苏省质量强省推进工作领导小组对张家港市创建全国质量强市示范城市工作组织开展省级预验收，张家港市高标准通过此次验收。张家港市自

2015年获批创建"全国质量强市示范城市"起，持续加大质量强市战略发展力度，以"文明塑港，质量铸城"的城市质量精神为引领，以保障和改善民生为落脚点，把质量理念贯穿到经济社会发展的各个领域，城市发展质量得到有效提升。验收组对张家港市创建工作成绩予以高度肯定，认为张家港在创建活动中提出城市文明质量新概念，创新文明为根基、质量为动力的质量强市新模式，建立了公共服务质量管理新机制，在全国质量强市示范城市创建活动中具有示范作用。年内，国家化工设备质检中心通过国家验收。全市首支质量志愿者队伍成立，形成社会参与质量活动的创建新模式。质量宣传全面推开，全省首家质量主题展览馆建成，以"质量月"为契机，市市场监督管理局牵头策划开展质量宣传、质量整治、质量提升、质量惠民四大系列20余项活动，营造"政府推动、部门联动、企业主动、社会互动"质量工作氛围。加强名牌、质量奖发展培育，获评江苏省名牌产品25种、苏州名牌产品55种，冶金工业园通过精品钢材江苏省区域名牌验收，江苏海狮机械获评苏州市市长质量奖，60余家企业列入名牌培育滚动发展计划（2017年—2019年）培育名单。加强认证认可事中、事后监管，开展钢铁、危化品、电线电缆、危化品包装容器等一系列专项监督检查，检查企业150家次。对全市200余家许可证企业开展质量自我声明工作。突出对社会公众关注度较高的热点消费品，涉及安全、健康、节能、环保等关键指标的重要工业产品等进行监督抽查。组织对上级监督抽查不合格的企业进行后处理，通过督促企业整改复查和行政处罚等措施实现后处理闭环管理。开展检验检测机构年度报告工作，督促30个检验检测机构进行网上年度报告、自查情况的填报工作。

【国家化工设备质量监督检验中心通过验收】 11月10日，国家质检总局对国家化工设备质量监督检验中心（江苏）进行验收。验收组在听取情况汇报、现场察看实验室及其设施设备、盲样考核、资料审查等环节后，认为该中心设备配置较为先进，建设成效显著，并以85分高分通过验收。国家化工设备质量监督检验中心（江苏）位于保税区科创园，2013年2月筹建，总面积8000平方米，拥有设备85台（套），设备总值1984.67万元，员工45人，下设微型试样、静密封性能、材料性能、换热能效、仿真计算、搅拌性能、声发射等7个实验室，覆盖专业领域内的七大类产品，产品覆盖率85.6%。该中心筹建获批后，张家港市在机构设置、人才引进、设备采购、项目建设等方面高度关注，并将该项目列为重大工程重点督办。2017年，中心初步建成为一个检测技术先进、覆盖范围宽广、功能定位清晰、优势项目明显的综合性检验检测机构，通过CNAS、CMA、CAL三合一评审，具备166种产品、85个参数项目的检测能力。

【张家港市获评省食品安全示范市】 7月5日，省食品安全示范城市创建和农产品质量安全县创建现场会在淮安召开，张家港市被评为江苏省食品安全示范市。自2015年6月申请创建省食品安全示范城市起，全市始终坚持以守底线、破难题、建机制、求实效为工作重心，将提升食品监测体系、监管能力、应急处置能力、集贸市场管理等"十大工程"作为重要载体和特色亮点，构建起政府监管有力、社会监督有序、企业诚信有度的食品安全社会共治格局。着眼全域、全程，确保食品安全监管全覆盖，突出源头治理、全程管控、专项整治和从严执法。着眼创新、创优，推进食品安全溯源体系建设，加强食品安全信息化平台建设，探索食品安全风险专家评判并开展食品安全责任险试点。着眼共治、共享，营造共治氛围，强化企业主体，不断完善监督机制。年内，市市场监督管理局深化"放心行动"食品安全综合治理，开展食用农产品、桶装饮用水、小餐饮提升、"餐桌污染"等十大专项整治，重点强化对黑窝点、农村集体聚餐、互联网订餐等重点难点问题的监管，对全市123家食品小作坊全面实行登记管理，其中12家小作坊创成苏州市食品小作坊示范点，位列苏州各市（区）首位。全年组织901名民间厨师免费健康体检，累计上门指导农村集体聚餐宴席4000余次。依托"大数据"，构筑网络订餐"互联网+信用"监管体系，准确掌握26个配送站点基本情况，线上线下齐抓共管。对104家食品生产企业委托第三方机构进行全面审计，除自行停产等因素外，审计覆盖率100%，形成行政监管部门、第三方专业机构、企业"三位一体"食品安全共治模式。永联小镇、吾悦广场建成苏州市食品安全社会共治示范餐饮服务集中区。食品安全责任保险继续扩面，所有区镇全部签订村（社区）集体聚餐食品安全责任保险，受益群众近100万人，覆盖户籍人口的95%，总保额6400万元，完成全市所有共169家学校食堂、34个餐饮单位、13家小作坊、1个流通单位投保。全市法定监测千人抽检10.6批次，抽检合格率96.96%，集贸市场实施快检101.9万批次，合格率99.92%。

【在苏州率先试点民间集体聚餐食品安全责任险】 1月，市市场监督管理局在经开区（杨舍镇）率先试点民间集体聚餐食品安全责任险，与太平洋产险张家港中心支公司签署苏州首单民间集体聚餐食品安全责任保险保单。根据保单，民间集体聚餐食品安全责任险的参保对象是在杨舍镇行政区域内举办集体聚餐活动者，具体为50人以上集体聚餐的举办者、农村家宴中心（村、社区便民会所）、民间厨师，每人年保费0.6元，在营业性饭店、酒店举办的聚餐活动不在保险范围。保费由杨舍镇政府全额买单。投保民间集体聚餐食品安全责任险一年内，在杨舍镇范围内举办集体聚餐活动，如果因疏忽或过失致使5人及以上食用者食物中毒或其他食源性疾患，或因食物中掺有异物，造成食用者人身伤亡或财产损失的，由太平洋保险公司承担相应的经济赔偿责任，每人每次最高赔偿12万元，每次事故最高赔偿100万元，累计限额最高500万元。

（柳一虹　杨志伟）

物 价 管 理

【概况】 年内,市物价部门坚持价格调控目标责任制,研究制定价格调控目标责任制实施意见,并与各单位签订责任书。全年全市农产品平价商店销售蔬菜383.4万千克,为市民节约开支227.8万元。列入价格调控的12种主要商品价格和服务收费水平低于预期目标,完成价格调控任务。中共十九大期间,市物价局“居民生活用水价格调整及实行阶梯式水价听证”工作入围由中宣部等部门联合主办的“砥砺奋进的五年”大型成就展。市物价局获评省人社厅、省物价局联合颁发的2012—2015全省价格系统先进集体。

价格管理 4月1日起,全市取消居民生活用水、非居民生活用水、特种行业用水中包含的城市公用事业附加费,每年可让利530余万元。9月1日起,下调非居民用及其他(公用事业)天然气每立方米0.121元。根据省物价局统一部署,经报市政府同意,市物价局自2017年11月1日至2018年3月31日,同步提高非居民用气销售价格每立方米0.296元,实行季节性价格。委托第三方机构开展“调整自来水和污水处理费标准,实行居民生活用水阶梯式水价”决策实施情况后评估,评估报告10月报市法制办。经评估,该决策实施后,供水企业成本得到弥补,居民及企业节水意识得到增强。严格农产品平价商店准入、考核等制度,强化日常监督与指导,持续提升平价商店质量。

收费管理 落实普遍性降费政策,共取消17项、停征7项、优惠2项、降低2项收费项目,8项资源类、补偿类行政事业性收费转为国有资源(资产)有偿使用收入。全年减轻企业和群众负担1.24亿元。实施收费项目动态管理,加强事中事后收费监管。5月,会同财政部门公布行政事业性收费目录清单。12月,公布政府定价经营服务性收费目录清单。贯彻省养老服务收费办法,立足促进养老事业健康发展、维护老人合法权益,通过开展成本监审、听取各方意见、学习周边地区先进经验,制定全市社会福利服务中心床位费、护理费调整方案,5月1日起执行。针对市民高度关切的停车难问题,结合全市停车场建设规划部署,研究制定《张家港市机动车停放服务收费管理办法》,完善差别化停车收费机制,建立科学合理的机动车停放服务收费办法,进一步规范收费标准与行为,年内已完成公众参与、专家论证会、风险评估等法定程序,并经市政府常务会议审议通过,将于2018年4月1日起实施。

成本监审 坚持逢调必审,不断规范成本调查监审行为,先后开展车站配套停车场机动车停放服务收费、市社会福利服务中心养老基本服务、物业服务、民办中小学教育收费定价等成本监审。完成成本监审9项,成本调查1项,企业上报成本29213.66万元,审核成本13290.2万元,共核减15923.46万元,核减率54.51%。

价格检查 将日常性市场巡查与专项检查并举,围绕重要节点和教育收费、宾馆酒店明码标价等重点领域开展检查。执法检查中,探索践行全程说理式执法、执法事项提示、轻微问题告诫等多样化的柔性执法方式,发放《苏州市餐饮行业价格行为规范》等规范性文件454份、《张家港市物价局行政服务书》216份、价格政策提醒函400余份。主动前移行政指导服务,构建稳定有序的市场价格环境。全年受理各类举报投诉咨询527件,约谈10个单位,发放行政警示书26份,退还消费者70.1万元,按期办结率100%。继续推进价格诚信体系建设,34个单位创建成市价格诚信单位。

价格服务 持续优化“张家港相知价格N+”服务品牌,发布《重要民生商品价格采集公布简报》46期,公示各类民生信息7.1万条,发布微信151条,引导市场价格合理形成。依托张家港重要民生商品价格监测公布预警系统,加强粮油等与群众生活密切相关的主副食品价格监测,做到“日有报价、周有价情、月有分析、年有综述”,预防价格异动。搜集上报各类常规价格监测432篇,上报月度监测分析12篇、动态分析50篇。重点开展青菜、鸡毛菜等6种绿叶菜市场零售价格监测,为“夏季保淡绿叶菜价格指数保险”出险、理赔提供数据做准备。健全价格信息发布和舆情引导手段,继续在《张家港日报》开设“价格视窗”专栏,解读价格政策,引导社会价格预期。立足价格认定公共服务职能,积极推进价格争议调处,提升价格认定工作水平,切实提高涉案、涉纪、涉税财物价格认定工作质量。共完成价格认定4046件,认定金额26.4亿元。

【房地产价格调控】 年内,市物价部门贯彻“分类调控、因城施策”要求,加大房地产市场价格调控力度。规范商品房销售价格申报制度,严格申报条件,引导合理申报。5月1日起,备案信息于开盘前在民生价格网、房产网予以公示。严格执行相关价格数据日报制度,规范商品房销售“一房一价”和“一价清”制度,全力稳控房地产市场价格。加大房地产市场价格专项检查力度,对107个在售楼盘和58家房地产中介公司开展集中宣传、辅导和抽查,指导经营者按照规定对销售的商品房、车位价格及相关信息进行明码标价和公示,严格落实“一套一标”制度,不得使用虚假或者不规范的价格标示误导消费者。

(张亚蓉)

审 计

【概况】 2017年,市审计局完成财政审计项目11项、经济责任审计项目18项、专项审计调查项目1项,审计发现问题146个,移送案件线索5条,出具审计决定书9份,查出管理不规范资金7.4亿元、违规金额2.8亿元,提出审计建议104条。基建工程项目定案数232个,送审22亿元,核减1.5亿元,核减率7.06%。根据上级审计机关统一部署,实施国家和省创新政策措施落实情况跟踪审计、保障性安居工程跟踪审计、生态补偿条例执行情况审计、对口支援新疆伊犁州巩留县发展资金和项目跟踪审计。另受苏州市审计局授权委托,对3名副处级以上领导干部进行任期经济责任审计。发挥审计监督专业优势,配合市纪委牵头开展的"清风行动",派出1名高级审计师参加省委巡视组工作,3名财政财务审计人员参与市委巡察工作。市审计局获市级机关绩效考核"综合贡献奖"等荣誉。

财政审计　关注中央和地方各级政府稳增长、促改革、调结构、惠民生、防风险的政策措施在市镇(区)落地情况。财政收入方面,重点关注"营改增""放管服"中收费改革等政策落实情况。针对10家企业未能及时申报缴纳借款合同印花税,市审计局出具审计决定书,要求税收部门将所有漏缴税款收缴入库,所涉及相关企业完成相关税款补缴。财政支出方面,关注供给侧结构性改革中支持企业科技创新等财政性的资金投入和使用情况,指出全市科技金融风险补偿资金池信贷发放规模偏小、个别企业项目进展缓慢等问题。财政同级审突出重点领域、重点行业、重点资金审计监督,突出跟踪审计政府债务管理、重大投资、骨干国企,看增量、查存量、算沉淀。针对2016年度市财政预算执行审计指出的问题,市财政局组织相关业务科室制订整改措施,并将未及时缴入国库的利息收入解缴入库。财政同级审报告得到市人大常委会肯定。

经济责任审计　结合市委巡察工作重点,关注八项规定的落实情况,全面检查"三公"经费和差旅费、会议费、用车改革等方面管理规定执行情况,注意发现对人、财、物的支配权、审批权等关键环节、关键人物腐败源头问题,将管理团队廉政情况纳入审计视野,充分发挥经济责任审计在干部管理、使用和党风廉政建设中的作用。根据审计移送案件线索,市纪委针对某事业单位滞留非税收入、公款私存问题,出具立案决定书,启动对相关人员立案审查,市监察委员会对相关人员涉嫌挪用公款犯罪立案调查。

工程审计　围绕"查问题、促效能、建机制"目标,加大政府投资项目监督,提高工程审计质量,促进政府投资资金安全和高效使用。2017年,基建审核中心继续做好通洲沙西水道工程四期、市人民医院妇儿大楼、老海坝节点、职业技能实训基地、法院审判法庭大楼、晨丰公路(双鹿路—老204国道)一期及204国道改线工程一期、港丰公路快速化疏港高速互通节点改造工程、环城河沿线景观提升工程、塘桥西环路改造绿化工程等重点工程的造价审核工作。对金城大厦、金茂大厦等投资金额较大的重点项目进行重点监督。

【镇党政主要领导生态环境责任审计办法完善】 年内,在乐余镇试点基础上,市审计局会同市环保局等部门对市委、市政府2014年出台的《张家港市镇(区)党政主要领导生态环境责任审计办法(试行)》和市委办、市政府办的配套细则《张家港市镇(区)党政主要领导生态环境责任审计等次综合评定细则》,在充分调研、反复听取意见建议的基础上进行修改完善,在方法制度上进一步调整充实、细化优化。5月,新修改的《张家港市镇(区)党政主要领导生态环境责任审计办法》由市委、市政府联合印发。新办法明确审计内容和指标,使审计有理可据,理顺工作机制,各司其职。该办法强调通过各生态环境主管部门参与,利用其熟悉专业技术知识的优势,以及各部门的在线监测设备和系统,有效解决审计人员的技术短板,并合力完成对各评价指标的检查,能更有效地揭示自然资源管理开发利用和生态环境保护中存在的问题。至年末,先后按照新修改的《张家港市镇(区)党政主要领导生态环境责任审计办法》,开展大新镇、凤凰镇等镇主要领导生态环境责任审计,推进了党政主要领导干部切实依法履行自然资源资产管理和生态环境保护责任,促进自然资源资产节约集约利用和生态环境安全。相关工作得到市委主要领导表扬。

【工程建设管理情况专项审计调查开展】 10月,市审计局完成凤凰、大新、南丰、塘桥、乐余等5个镇的工程建设管理情况专项审计调查。近年,各镇政府投资建设及城乡一体化建设项目较多,成为城市建设的重点,同时工程领域问题也成为公众关注的热点和焦点。对此,市审计局将镇政府投资工程建设管理情况纳入审计调查内容,对镇政府投资工程项目的建设管理情况和基建财务管理等情况开展专项审计调查。通过审计,市审计部门指出各镇在政府投资项目管理中的建设程序执行、招投标、合同签订及执行、现场控制、概预算编制和执行、项目资金管理使用、工程造价审核、工程档案管理等方面存在的问题,在体制、机制上提出审计建议、意见,并向相关镇移送案件线索两条。

(陆　维)

统　计

【概况】 2017年,市统计部门学习贯彻国家统计方法制度,树立统计数据质量意识,结合全市工作实际,推进投资、科技、贸易、服务业等专业统计改革,按时完成各项定报任务,如期公布各项统计资料。在夯实统计基础、深化依法治统、优化统计服务等方面主动作为,依据党委、政府决策需求和百姓关注热点问题,开展"2017年群众获得感调查""张家港市市级机关群众评"等专项调查。获张家港市级机关绩效考核"优胜贡献奖"。

统计监测　在做好全面小康、转型升级和基本现代化等基础统计监测的同时,围绕"两聚一高"和"四大路径"建设,建立健全监测指标体系,定期做好分析评价工作。围绕"263"行动,做好企业用煤情况监测。主动对接市科技局,做好291家高新技术产业企业主要指标监测。与市发改委、市经信委等部门联系沟通,强化对408家新兴产业企业产值、1078家规模以上工业企业能耗和重点工业企业经济运行指标的监测预警。按季按月做好一体化住户调查工作,如实反映全市居民收支状况。围绕地区生产总值19项指标,做好趋势性分析。为质量强市、资源集约利用等创建评比、调查研究提供100余项指标依据。全年累计撰写各类统计分析报告30

余篇，统计信息、动态300余条。其中，《全面小康监测分析》获市主要领导批示，《领航大数据，占领智高点》在《中国统计》全文刊载。

依法治统　年初制订《全市统计法治工作要点》和《统计行政执法检查计划》，部署全年统计法治工作。5月，邀请苏州市统计局专业负责人作统计执法专题讲座，通过授课形式，明确张家港市统计执法过程规范。6月，对乐余镇基层基础建设开展对标检查，并实地抽查企业12家。5月至8月，随机对48家企业开展统计执法检查，并对市洪桥针纺有限公司、江苏孚豪进出口有限公司等8家企业统计违法行为进行立案查处。利用网站、微信等媒介，加强统计法制宣传，利用各类会议发放宣传资料5000余份。在东苑、云盘等社区开展统计法治宣传活动，营造良好统计法治环境。

统计基层基础建设　指导区镇对照《乡镇统计工作规范（试行）》要求开展自查，并更新完善台账。通过告知350家、辅导50家、提示2000余家次、约谈8家、示范35家、回头看100家企业，有130家企业验收通过获基层基础建设合格单位称号。规范全市"四上"企业（规模以上工业企业、资质等级建筑业企业、限额以上批发零售业和住宿餐饮业企业、限额以上服务业企业）统计基础工作。对市住建局、市商务局等部门开展统计规范化回头看，组织专业人员对部门统计基础建设工作进行指导，在达到"合格单位"标准基础上，继续培育部门统计基础建设示范点。

【第三次全国农业普查主体工作完成】年内，全市继续推进第三次全国农业普查工作。针对不同对象、不同类型，分阶段、分步骤完成14.79万户普通户、1539户规模户、692个农业经营单位的PDA入户登记工作。结合市农委、市委农工办、市国土局等部门提供的行政记录，对登记数据进行多轮核查比对。组织开展各级督察5次，数据查询、核实覆盖率在95%以上。经初步汇总，主要指标与全市农业发展实际基本吻合，普查结果通过苏州市统计局、省统计局两级验收，等待国家统计局最终审核确认。

（陈　莉）

安全生产监督管理

【概况】2017年，市安全生产监督管理局以安全事故"两下降一杜绝"（事故总量下降、死亡人数下降、杜绝发生重特大事故）为目标，做好重点行业领域专项整治，持续加大日常监管和执法力度，不断强化安监队伍建设，工矿商贸领域（含建筑）生产安全事故件数比上年降6.4%，死亡人数降13.5%，未发生较大及以上事故，全市安全生产形势保持平稳。市安监局获评省安全生产执法先进集体、省危化品安全监管先进集体、省冶金等工贸行业安全生产工作先进集体，获市级机关绩效考核"综合贡献奖"。

安全监察　年内，市安监局开展"安全生产执法年"和安全执法"百日行动"，严厉打击各类非法违法行为，共实施事前处罚543起，移送司法机关追究刑事责任7人，党纪政纪处分3人，将10家企业列入安全生产"黑榜"，在媒体曝光典型违法案件34起。加大标准化创建力度，完成小微企业标准化创建2114家，完成重点领域企业标准化创建242家，完成二级标准化企业创建6家。开展企业安全生产告知承诺行动，发放告知书7619份，签订承诺书7619份，告知书承诺书签订率100%。开展安全生产"周督察、月巡查"，现场督察相关部门安全生产开展情况，全面了解和掌握重点领域监管情况，发现问题，查找不足，提出针对性改进意见，并对巡查、督察情况进行通报，督促相关部门严格落实行业安全监管职责。协调住建、交通、商务、交警等部门，共同推进企业自建自用燃气、餐饮行业燃气、危化品道路运输等安全监管难点问题的解决。张家港市是苏州地区安全生产双重预防机制建设唯一试点市，市安监局积极开展安全生产双重预防机制建设，承办了苏州地区现场推进会，在第一批12家试点企业取得良好成效基础上，加强对各区镇的业务指导，督促区镇同步开展创建，年内完成100家示范企业建设工作。在"智慧安监"一期工程基础上，争取资金建设二、三期工程，强化重点危险源实时动态监控，加入双重预防机制相关功能，实现对企业风险分级管控和隐患排查治理的动态监管。

安全宣传教育　全年开设企业法人、安全管理员和特种作业人员培训班319期，培训人员22632人次，培训人数比上年增33.1%。组织市、镇安监干部赴武汉安全环保研究院参加综合素质培训，定期开展执法人员业务考试，提升监管人员能力。结合"安全生产月"活动，组织开展宣传咨询、安全电影下乡等活动，创新开展"安全到家"微剧本征集、十佳基层安全监管人员评选等宣教活动。设立"张家港安监"微信公众号，加强同电视台、电台、日报社的合作，广泛宣传安全知识，提升全社会安全意识。

应急救援　市安监局积极协调各应急联动部门，开展工贸行业、大型商业体、管道燃气、港口码头、特种设备、集贸市场等多个领域突发性事件的市级综合演练，督促指导各区镇、企业开展应急演练782家次。在各职能部门、区镇开展资源普查摸底，掌握全市各类应急装备、器材、物资保有情况。配合市公安指挥中心，完善市级应急指挥平台应急管理模块功能及基础数据。成功处置"10·31"醋酸钠罐车冒顶事故、"11·26"氯乙酸槽罐车侧翻事故等突发事故。

【重点领域安全生产专项整治】市安监局先后重点针对危化品、涉爆粉尘、金属冶炼、非化工企业使用危化品、职业卫生、烟花爆竹等重点领域开展全面整治。在危化品领域开展危化品安全综合治理，排查涉及危化品企业1114家，涉及人员密集场所岗位企业147家，劳动密集型企业38家，建立危化品风险清单和重大危险源分布档案。做好37家化工企业关停的安全监管工作，针对所有关停企业做好"一企一档、一企一策、一企一查"台账，开展全市化工企业自动化改造回头看，提高自动化控制程度。HAZOP、LOPA等工艺安全分析的企业共有75家，完成自动化改造23家，二道门建设年末全部完成。吸取“12·9”连云港事故教训，对10家涉及硝化、氯化、氟化工艺的化工企业全面排查，对化工企业自动控制系统再次逐家核查，并对重大危险源和重大安全隐患进行闭环管理，确保万无一失。在涉爆粉尘领域开展“十大重点问题和隐患”专项整治，以铝镁等金属粉尘企业、木质粉尘企业为重点，严格整治要求，年内114家粉尘企业均完成整治工作。邀请中钢安全环保研究院院长王志对全市粉尘涉爆企业及各区镇安监人员进行安全知识培训，提升粉尘涉爆企业的安全意识和管理理念。推进粉尘企业视频安装工作，全年完成84家企业安装。在金属冶炼领域开展金属冶炼（铸造）企业专项检查，重点整治建设项目安全设施“三同时”、隐患排查治理落实、高温熔融金属重点防范隐患、安全生产标准化、较大危险因素辨识管控工作等方面问题。突出沙钢集团区域安全监管，会同冶金园（锦丰镇）对沙钢集团60个外协单位开展执法检查，邀请中钢安全环保研究院专家，按照一级标准化要求对沙钢集团进行全面排查。在非化工企业使用危化品方面，排查出使用危化品的工贸企业42家，要求此类企业全部开展设计诊断和安全评价。至年末，33家企业与第三方机构签订评价或者诊断合同。在职业卫生领域开展“企业职业卫生管理能力提升”行动，建立职业卫生管理培训与安全生产管理培训实行一体化机制，对企业安全管理人员进行专题培训，开展汽车修造行业职业卫生专项治理，对全市42家汽车修造企业开展检查，强化职业卫生检查执法，检查企业212家次。在烟花爆竹领域，会同市公安局、市市场监管局等部门联合行动，对各类烟花爆竹零售店及市场烟花爆竹经营情况开展专项检查，重点查处无证无照经营点、非法储存烟花爆竹行为以及非法销售非正规渠道的烟花爆竹违法行为，检查单位268个次，收缴非法产品2000余件，查处烟花爆竹非法储存点10余个，行政拘留6人，并集中销毁非法烟花爆竹。

（侯　燕）

住房公积金管理

【概况】 2017年，苏州市住房公积金管理中心张家港分中心遵循“稳中求进”工作总基调，努力让公积金保障功能最大化。实行各区镇社保所所长与受托银行双月会商制，与社保所所长、银行分管行长座谈交流，分析形势，探讨举措，攻克难点。以基数调整为契机，对缴存人数25人以上的1000个单位经办人开展专题培训，全市公积金基数调整率88.14%，调整额每月3759万元，占苏州市调整额61%，为张家港市历年最好水平。狠抓服务提质，3月，开展为期一个月的以“学操作手册、学服务规范、做合格柜员”为主要内容的服务提升培训，牵头主办“树立行业榜样、引领文明风尚”全市文明服务风采展示活动。完成公积金大厅智慧叫号互动系统、测评系统的运行调试及智能化改造，启用住房公积金异地转移接续平台，在苏州市率先实现“不见面”审批。5月20日贷款贴息专场，向30户中等偏低收入家庭实行贷款贴息3.49万元。从2016年住房公积金增值收益中计提廉租住房建设补充资金8717万元，用于政府投资的公共租赁住房建设。成立贷款预抵押清理工作领导小组，加码对逾期户的催收管控，实现期末2个月逾期率为“零”。全年融资1.5亿元，维持公积金流动性。建立“一季一回访、一季一通报、一季一整改”内控纪检制度，筑牢安全屏障。

公积金归集　全市新增缴存公积金开户职工30150人，净增缴存职工7690人，年末缴存人数23.29万人。全年实现归集住房公积金29.78亿元，比上年增3.49亿元。历年累计归集210.66亿元，归集余额77.61亿元。年均归集率102.28%，职工人均月缴存1065.72元，月归集额2.48亿元。

公积金使用　全年张家港住房公积金中心发放公积金贷款3776户、13.95亿元，户均36.94万元，职工提取公积金25.61亿元。全年为全市职工家庭购建房消费直接注入资金35.72亿元。全市历年累计发放贷款133.41亿元，5.23万户家庭得到公积金优惠政策支持；历年累计提取132.55亿元。

【住房公积金政策调整】 年内，张家港住房公积金中心以优质高效为标尺，实现业务办理智能化、精简化、便捷化。根据苏州市住房公积金管理中心《关于启用住房公积金异地转移接续平台的通知》，7月1日起，张家港市启用住房公积金异地转移接续平台，职工住房公积金相关缴存信息通过平台传递，资金转移采用银行转账汇款方式。为进一步突出“互联网+公积金”功能应用，10月30日起，在苏州市率先实现“不见面”审批，退休职工（男满60周岁，女工人满50周岁，女干部年龄达到法定退休年龄，公积金个人账户处于封存状态）、调离张家港市（离职返乡）职工（户籍所在地为苏州市范围外，公积金个人账户处于封存状态，社会保险个人账户处于停缴状态），可在公积金中心服务大厅的自助终端上办理自助提取。为配合做好创业创新环境评价工作，推动实现“3550”改革（开办企业3个工作日内完成、不动产登记5个工作日内完成、工业建设项目施工许可50个工作日内完成）目标，9月5日起，对职工在已实行不动产交易登记资金托管前置的地区申请存量房住房公积金贷款的，由原来需提供《存量房买卖合同》，调整为需提供《存量房交易信息确认书》。7月上旬，全市住房公积金缴存基数调整及缴存单位基础信息核对工作启动，2017年度缴存基数从7月起执行。缴存基数调整按职工本人2016年度月平均工资收入（工资总额）核定。缴存基数最高不得超过2万元，职工月平均工资高于最高限额的按最高限额计算，不到最高限额的按实计算；调整后的职工缴存基数不得低于市社保最低缴费基数。企业缴存比例仍为单位和职工各8%至12%，不到各12%的可继续上调。对7月至调整当月之间少缴部分的住房公积金，单位在调整汇缴时做一次性补缴。

（李　玲）

【编辑　朱永平】

市委党史地方志办公室

2017年，市委党史地方志办公室发挥“存史、资政、育人”的重要功能，做好史志编纂、审核、宣传、研究等工作。年末，市委史志办获张家港市“综合贡献奖”。突出主业，继续推进党史三卷本专题编写。《潮涌港城——改革开放新时期张家港党史专题集》累计收录专题118篇、约150万字。全年完成口述资料采访10次，累计形成采编材料19篇。根据省委党史工办《中共江苏党史人物传》编纂要求，先后提交张家港市籍烈士孙逊群、谢恺、茅学勤等3人的传记材料。青少年读本《沙洲风云》绘本印刷出版。继续推动中国名镇志文化工程。5部名镇志均通过国家级终审,其中《锦丰镇志》作为全国第二批名镇志出版，《金港镇志》《塘桥镇志》《凤凰镇志》《杨舍镇志》纳入全国第三批名镇志出版计划。《后塍镇志》《杨舍镇志》《塘桥镇志（1994—2005）》等6部镇志以及《张家港宗教志》《张家港市人民法院志》先后出版发行，《双山志》《南丰镇志（续志）》《张家港市政法志》等启动编纂。全年近30部村志完成初稿。张家港年鉴编校继续在全国处于领先，《张家港年鉴》2016卷获全国质量编校评比特等奖以及江苏省年鉴奖一等奖（最高奖）。《张家港纪事2017》《廉自齐家始——张家港市家风故事》完成编纂。党史地情宣讲队伍在镇、村（社区）、机关、企业、学校广泛宣讲张家港党史和地情文化，并利用新媒体开展宣传，全年在微信公众号上推出信息160余条。青少年史志教育馆常年开放，全年接待青少年参观1万人次。充分利用史志馆区镇分馆开展史志宣传教育，开展“回望沙洲史”等地情巡讲，塘桥镇谢恺烈士纪念馆开馆，全方位立体化教育格局形成。年内，市委史志办获评江苏省党史工作先进集体，多项工作获省政府办公厅通报表扬。

1 中国地方志指导小组秘书长，中国地方志指导小组办公室党组书记、主任冀祥德等一行到市专题调研，图为参观农联村史志馆

2 苏州市委党史工办至张家港市委史志办调研

3 年鉴编纂业务培训会议召开

4 《锦丰镇志》入选中国名镇志文化工程

5 “学党史·知地情”志愿者宣讲团到大新镇龙潭社区宣讲中共十九大精神

市档案局

1

2

3

4

2017年，市档案局践行“四大路径”，出台《全市档案事业发展“十三五”规划》，稳步推进“大档案”建设工程，着力为“四个港城”建设提供优质档案服务。一是全市档案工作依法治理有序推进。苏州市人大、张家港市人大档案执法检查组先后开展执法检查，高度肯定全市依法治档成果；33项重大建设项目档案管理纳入依法管理轨道，华鹿纺织等技改项目通过专项验收；依法开展农村承包地确权登记档案进馆工作，农业合作社建档工作开始纳入规范化轨道；全年有123个单位档案工作通过省星级规范测评或复查，全市累计623个单位达省星级规范标准。二是全市档案资源建设持续加强。市档案馆全年接收各类档案97986卷、11368件，征集名人档案306件，接收电子图片16239张，收集音视频档案2135件，采集口述历史档案4件，征集重大活动档案和民间史料357件（卷、册），收集地情资料723册；“乡村记忆档案”工作取得进展，联兴村率先完成“乡村记忆档案”归档整理工作；开展各类“好人”“道德模范”家庭建档工作，年内共有77户完成建档工作，整理各类档案7772件（卷、册）。三是全市档案信息化建设取得重大突破。市档案馆被列为全省档案信息化建设推进会观摩点，数字档案馆建设工作经验在全省推广；市“智慧档案馆”一期项目基本完成，共计导入馆藏档案目录450万条；“民生档案信息共享平台”继续增点扩容，全市查阅点增加至38个；“基于智慧云的档案管理体系研究”获评国家档案局2017年度优秀科技成果三等奖，“电子档案校验系统”获省档案优秀科技成果三等奖。四是全市档案工作服务水平再上新台阶。市档案馆及“民生档案信息共享平台”查阅点共提供档案服务11577人次、14934卷（件）次；市电子文件中心累计上载公开文件87413件，为市民提供现行电子文件服务2663件次；市图片中心为社会提供各类图片1319张；开展“缤纷冬日”“七彩夏日”等未成年人档案主题教育活动，累计接待参观学生1000余人；市档案局保管利用科被授予“江苏省青年文明号”称号。五是全市档案宣传文化工作取得新成绩。编纂出版《常阴沙影像》《凤凰影像》《金港影像》《沙上学校》《悠悠的河阳话》等12部档案文化作品入选苏州市优秀档案文化精品；为《袁毅平先生摄影艺术作品展》提供馆藏袁毅平摄影作品150幅；与张家港人民广播电台联合制作《听见——档案》栏目，播出专题节目6期；“张家港档案”微信公众平台全年发布微信96期，位列2017年度全国档案微信公众号传播指数排行榜第五位。

1 全省档案信息化建设推进会与会代表现场观摩市档案馆信息化建设

2 苏州市人大档案执法检查组在南丰镇永联村检查《苏州市档案条例》贯彻落实情况

3 市人大档案执法检查组在乐余镇视察学生成长档案建档成果

4 副市长李兆玮出席 2017 年国际档案日主题活动

5 市人大听取和审议市政府关于贯彻实施《中华人民共和国档案法》情况的报告

6 市档案局在国家档案局、俄罗斯联邦档案署主办的中俄“大数据时代与档案工作”研讨会上交流发言

7 市文明办、市档案局联合表彰各类“好人”、道德模范家庭建档“十佳家庭建档示范户”

8 市档案馆举行公羊寿名人档案捐赠仪式

9 市档案人员综合能力提升班在上海大学开班

10 乐余镇机关综合档案室通过江苏省五星级档案工作规范测评

11 市档案馆通过国家示范数字档案馆预验收

12 张家港爱丽家居公司向市档案局保管科赠送锦旗

市总工会

2017年，全市各级工会深入学习贯彻习近平中国特色社会主义思想特别是关于工人阶级和工会工作的重要论述，紧紧围绕市委、市政府中心工作，自觉从全局高度谋划推进改革，全面履行工会职能，发挥工会作用，各项工作取得新的进展和成效。

坚持党的领导，突出问题导向，凝聚改革共识，制定改革方案，落实改革举措，工会改革取得阶段性成果。坚持建家治会，突出强基固本，扩大工会组织覆盖面，推进基层工会规范化建设，完善会员实名制数据库，工会组织基础进一步夯实。围绕发展大局，深化主题竞赛和职工创新活动，大力弘扬新时代劳模精神，着力提升职工队伍综合素质，组织动员广大职工立足岗位建功立业。突出主业主责，构建和谐劳动关系，维护职工合法权益，深化帮扶服务，职工群众获得感得到增强。强化责任担当，全面落实党建工作责任制，着力提升工会干部队伍能力素质，不断优化工作作风，工会系统党的建设实现新加强。

1 市委书记朱立凡为“2017 年全国工人先锋号”沙钢集团张宝剑班组颁奖

2 市总工会主席季洪良为江苏申港锅炉有限公司职工送温暖

3 劳模代表学习贯彻中共十九大精神座谈会

4 工会劳动争议仲裁庭经开区（杨舍镇）观摩庭

5 “工会红娘”志愿服务联盟成立仪式

6 市总工会“匠心”志愿者开展志愿服务活动

7 职工食堂厨艺特色技能竞赛活动

8 环卫工人喜领年货

9 市职工艺术团原创音乐作品《凤凰美》入围第二届苏州市群众文化“繁星奖”决赛

第五届
缘分天空 情定港城
工会红
5

6

7

张家港市总工会
8

第二届苏州市群众文化
繁星奖
9

共青团张家港市委

2017年，团市委围绕市委、市政府中心工作，坚持凝聚青年、服务大局，不断推动工作创新，共青团事业取得了较好的发展，为全市经济社会发展做出了积极贡献。举办第四届“创业张家港”青年精英创业大赛，共10个项目获奖，4个项目实现落地发展。承办第四届“创青春”江苏青年创新创业大赛，推报的项目取得一等奖1个、二等奖3个、三等奖2个的成绩；推报项目参加“创青春”全国青年创新创业大赛，1个项目获商工组铜奖。举办村（社区）团干部专题培训班、优秀大学生村官培训班，组织全市优秀青年人才赴延安参加培训，全面提升团干部和青年人才的综合素养。打造“12355”服务平台，推进“风信子计划”，实施“581（我帮你）”工作模式，维护青少年合法权益。成立青年商圈团工委，擦亮“青年商圈”党团建设品牌；不断扩大组织覆盖，全年新建非公企业团组织70家、青少年之家7个。

1 团中央书记处书记徐晓一行调研市共青团工作
2 第四届“创业张家港”青年精英创业大赛
3 十大杰出青年颁奖仪式
4 “建功十九大，青春在闪光”优秀青年事迹分享会
5 2017年张家港市优秀青年人才培训班

市工商业联合会

2017年，市工商联紧扣全市转型发展“四大路径”，立足“两个健康”工作主题，围绕“1+4”优服务、促创新总体工作思路，凝聚合力、精准发力，各项工作取得显著成效。连续四年获评全国“五好”县级工商联，在全国工商联十一届十次常委会议上专题交流“立足‘两个健康’，培育‘四有’新苏商”工作经验；承办全国工商联“五好”县级工商联建设现场座谈会，“五好商会建设张家港经验”成为全国县级工商联的模范样板。

组织网络不断优化，新成立凤凰镇双龙村商会，发展会员205家，会员队伍增量提优。各商会组织在发展区域经济、推动产业延伸、提升行业竞争力方面积极作为，成效显著。以“薪火计划”为主题，深入开展非公经济人士理想信念教育活动，组织商会干部和企业家代表参加“铁军精神”专题培训，引导会员企业投身公益，签约结对13项全市志愿者服务项目，组织会员企业赴宿迁市宿豫区、重庆市云阳县、贵州省沿河土家族自治县帮扶。积极推进“青蓝工程”，通过举办“代际传承、青蓝接力”论坛、全市年轻一代企业家理想信念报告会、青年企业家浙江大学转型升级与创新发展专题培训班，多形式对青年企业家进行政治引导、素质教育和能力培养。开展“双师建设”，成立企业家创新创业导师团，开设企业家讲堂，组织企业代表赴国内高校进行产学研合作和项目对接活动。开办“商会讲堂”，举办商会企业办公室主任（行政主管）执行力提升培训班，组织经济转型、管理创新、法律风险防范等专题讲座12场，不断提升企业家知识水平和文化素养。充分发挥桥梁纽带作用，主动加强与政府、职能部门、国内外商会组织的联系，着力构建“亲、清”新型政商关系，服务企业创新发展。突出走访调研，6家企业上榜“中国民营企业500强”，入围家数列苏州第一，积极建言献策，全年围绕张家港港口资源整合、加快口岸经济转型发展、小企业科技创新等课题建言献策12项，参政议政呈现高水平。

1

2

3

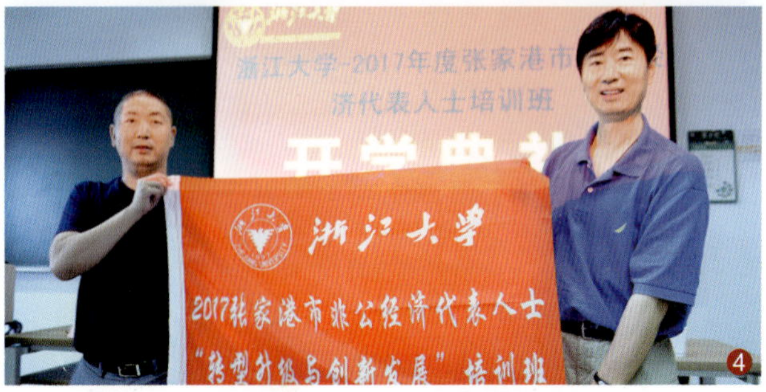

4

5

1 全国工商联“五好”县级工商联建设现场座谈会在张家港市召开

2 市领导为入围全国民营企业500强的张家港市企业授牌

3 青蓝工程启动仪式暨首场“代际传承、青蓝接力”论坛

4 市非公经济代表人士“转型升级与创新发展”浙江大学培训班

5 企业家讲堂暨“双师建设”启动仪式

市科学技术协会

2017年，市科协不断拓展和延伸“四服务一加强”工作内涵，以创新驱动战略为指引，以全民科学素质提升工作为载体，以推动科技创新、拓宽科普渠道、服务科技工作者、强化自身建设为突破口，在创新有为中彰显科协蓬勃活力。市科协获评2017年全国科普日活动优秀组织单位。**凝心聚智，为新时代经济转型发展打造新平台。**先后举办第五届首都高校院所苏州行（张家港）产学研对接会、海智张家港行——常春藤创业联盟专场、热处理工艺对接会等活动，进行项目推介、科技成果对接，提升企业创新发展能力；参与北欧创新企业项目路演与对接会、江苏省钢铁行业创新发展大会等活动，邀请中国工程院院士王国栋、中国金属学会常务副理事长赵沛作专题报告，并与沙钢集团、永钢集团洽谈合作。**科学引领，为新时代公民素质提升开启新模式。**全民科学素质领导小组成员单位从19家增加至34家，公民科学素质比例达到12.2%，远高于全省平均水平。启动“科普细胞工程进社区”。“科普创新屋”“科普健康屋”累计开展活动175次。举办第29届科普宣传周、市第二届青少年科技创意嘉年华、2017年全国科普日张家港市主场活动等全市性大型科普活动，吸引近1万人参与。“科普新干线进五区”巡展、“流动科技馆进校园”“科普体验行”、科普剧展演等系列活动覆盖城乡，受到广泛欢迎。在全市85个（社区）、科普基地开展科普信息屏建设，精准推广科普知识，“科普零距离”电视节目全年播放272期，“科普零距离”微信公众平台每天推送科普资讯。**深化服务，为新时代科技之家建设营造新氛围。**市科技工作者之家全年完成科技查新500项，科技文献资料下载5万页，为科技工作者科技创新、项目申报、论文写作提供智力支持。对全市“创新争先”优秀科技工作者进行走访慰问和采访报道，开展新春联谊、双月科技沙龙、科技鹊桥、科技运动会、“科技工作者日”六个一系列活动、科协会员日暨学习中共十九大精神专场等活动。成立江苏科技大学苏州理工学院科协，建立了高校科协与区镇企业科协的活动机制。深入推进学会改革，下发《学会创新服务能力三年提升计划》，完成党组织建设学会2家、信息化建设学会6家、“两化”建设学会8家、承接政府职能学会6家，激发学会发展活力。

1 11月22日，江苏省科协常务副主席、党组书记陈惠娟带领全体机关干部调研长江村

2 市第29届科普宣传周暨第二届青少年科技创意嘉年华活动

3 科协会员日暨学习中共十九大精神专场活动

4 2017年度“科技工作者日”主题运动会

市归国华侨联合会

2017年，市侨联深入学习贯彻中共十九大和十八届三中、四中、五中、六中全会精神，以深化侨联改革为动力，按照上级关于做好新时期侨联工作的要求和部署，紧扣中心大局、聚焦侨界发展，扎实履行“群众工作、参政议政、维护侨益、海外联谊”四项基本职能，为“聚力创新、聚焦富民，高水平全面建成小康社会”目标，全面做好迎接十九大的准备，贡献了侨界力量。

紧扣“两聚一高”，实施2017年“聚侨引智工程”。举办“以侨架桥”——2017年海内外侨界专家张家港对接交流会、“创业中华，建设江苏——侨智助力港城发展活动”，牵线纳米、新材料、环保产业领域的80余位侨界专家精英，与全市各区镇以及商务、人才等部门进行了互动交流和洽谈、对接，阿拉贝尔智能养老系统等项目成功落户张家港市；借助美中工商协会、海外留学人员专业联合会等40余家海内外侨界专业社团资源，收集人才项目信息近百条；培育经开区高新技术创业服务中心、保税区科创园为江苏省侨联创新创业基地；建立留学归国人员众创空间，助力新侨创业项目在最短时间内落地。

拓展海外联谊，扩大侨联海内外“朋友圈”。2月，澳大利亚张家港同乡会在悉尼召开成立大会，成为首个海外同乡会组织；组织网络建设不断向区镇、高校和社区拓展，在经开区（杨舍镇）成立侨联组织，指导沙工侨联发挥高校智力优势，为双山岛生态农业园等企业在规划设计等方面进行了合作交流；华侨文化交流工作持续推进，河阳山歌馆创建并获评省级华侨文化交流基地。

倡导侨界特色，广辟服务渠道参与社会建设。引导侨界人大代表和政协委员履职建言，两会期间共提交提案议案、社情民意30余件；招募海内外侨界精英组建侨联志愿者服务队，累计开展“博士大讲堂”“健康知识讲座”及关爱侨界空巢老人等活动16场；根据市委统一部署，开展“六个一”基层走访调研活动。

注重以侨为本，在为侨服务中凝聚侨心。组织开展侨界特色品牌活动，举办“凝侨心、汇侨力、护侨益”千名侨界人士看港城活动、侨界人士庆元宵系列活动、2017年侨界人士中秋联谊会、第六届侨界运动会等大型活动；举行侨界迎新年送春联活动2场，侨界医卫专家社区送医活动3场，侨界普法宣传活动3场；在《人民日报》海外版、中国网等海外媒体宣传市侨联基层组织发展工作。

1

2

3

4

1 “创业中华，建设江苏——侨智助力港城发展活动”

2 “以侨架桥”2017 年海内外侨界专家张家港对接交流会

3 法中高级人才交流协会张家港行活动

4 市第六届侨界运动会

市城市投资发展集团有限公司

2017年，市城投集团以“两学一做”学习教育活动和献礼中共十九大为主线，围绕市委“四大路径”战略部署，大力推进新城区开发、安置房及市政基础设施建设三大基础任务。

新城区开发方面，城东黄泗浦生态园初现形态，沪通铁路客运站配套工程稳步推进；城北职工文体中心、国际教育交流中心进展顺利，预计2018年全面竣工；城西拓展区实验小学西校区、梁丰初中西校区完成设计方案，泗港便民服务中心建成并开始招商。安置房建设方面，小菜巷二期、新航花苑二期期房、新乘北苑二期等4个结转项目竣工，总建筑面积39.62万平方米；年内完成港新花苑三期、新乘北苑二期、江帆花苑北区二期3个小区分房，总建筑面积36.59万平方米；安置拆迁户1700户，完成结算金额11.8亿元。市政基础设施建设方面，在建项目7项，总里程9.39千米，总投资3.45亿元，年内完成投资1.15亿元，其中华昌路与北庄路高架匝道、蒋乘路、中兴路、南庄路竣工通车。

稳步推进中心工作的同时，以“围绕中心抓党建、抓好党建促发展”为工作理念，积极探索加强国有企业党建工作的思路和对策，成为全市首家将党建工作总体要求纳入企业章程的国企单位，明确和落实党组织在企业法人治理结构中的法定地位，充分发挥党组织的领导核心和政治核心作用。

1 省委常委、苏州市委书记周乃翔考察黄泗浦生态核心区项目建设
2 市委书记朱立凡调研城投集团党建工作
3 市委副书记、市长黄戟调研黄泗浦生态核心区项目建设
4 城投集团党委书记、总经理朱瑞栋带领党员干部开展“六个一”基层大走访活动
5 新航花苑
6 城投集团召开中共十九大精神专题学习会
7 新乘北苑
8 华昌路与北庄路匝道
9 中兴路

5

6

7

8

9

山北村

山北村位于保税区（金港镇）中西部，东临张家港运河，南靠香山风景区，西接长山村，北连巫山港。因地处香山北麓而得名。张杨公路、镇山路横贯东西，江海路、香山路纵贯南北。2017年，村域面积4.2平方千米，辖31个村民小组和1个居民委员会，居民2113户6054人。村党委下设8个支部，党员295人。实现村级可用财力1369万元，总资产7468万元。

近年，山北村牢固树立“转型升级、富民强村、和谐发展”的理念，以“凝聚立心、正直立身、创新立业、奉献立民”为目标，走出一条橡塑市场“规范化”、农贸市场“品牌化”、木材市场“国际化”的崭新之路，成为全国最大的名贵木材集散地。同时不断强化基础建设、绿化美化、危房改造等举措，改善人居环境；稳妥推行村民股权分红，提升民生福祉。建造乡贤馆，滋养人文内涵；通过议事会，加强村民自治。

山北村先后获得江苏省民主法治示范村、苏州市先锋村、张家港市文明村标兵、张家港市文明村、保税区（金港镇）经济文明双强村等荣誉称号。

1 市委书记朱立凡参观山北村乡贤馆

2 山北村党委书记庞建华

3 山北村委办公楼

4 “献礼七一·红心向党”主题党日活动

5 山北村全景图

6 镇山小区

柏林村

柏林村位于保税区（金港镇）西南部，东接封庄村，南临袁家桥村、港西村，西靠东山村，北至南横套。地处国家AAAA级景区香山风景区东麓，位于滨江新城核心区，张杨公路横贯境内。2004年3月，由马桥村、三省村、柏林村合并而成，是年成立柏林村党总支。2006年10月，升格为党委村。2017年年末，区域面积4.7平方千米，下辖46个村民小组，居民2887户8039人。村党委下设24个党支部，党员360人。实现工业开票销售收入6.2亿元，村级可用财力1250万元，总资产1.51亿元，净资产1.08亿元。

近年，柏林村始终坚持"艰苦创业、和谐发展、争先创优、勇于担当"的工作理念，科学谋划，抢抓机遇，开拓创新，大力发展村级经济。2002年，率先走上"筑巢引凤"的经济发展之路，建成柏林村工业区，已吸引60余家民营企业入驻，涉及纺织、机械、电器、冶金、木业等多个行业，固定资产投资总额超3亿元。已跻身于保税区（金港镇）十大经济强村。

柏林村先后获江苏省卫生村、江苏省生态村、江苏省文明村、江苏省和谐村（社区）、江苏省民主法治示范村、苏州市"两个率先"先锋村、苏州市创建文明村工作先进村、苏州市环境整治试点村、苏州市文明村和张家港市文明村标兵等荣誉。其党委获张家港市先进基层党组织称号。

1

2

3

4

1 村委会办公楼
2 市"迎七一·送清廉"活动在柏林村召开
3 村党委书记殷品龙规划村级经济发展思路
4 柏林村勤廉展示馆
5 马桥小区
6 柏林村标准型厂房

5

6

北荫村（学前社区）

北荫村（学前社区）位于保税区（金港镇）东北部，以自然村北荫沙而得名。2004年3月由北荫村、协星村、拦门村、德积居委会合并而成。2017年，区域面积2.18平方千米，其中耕地面积149.87公顷，下辖6个村民小组，29个居民小组，常住居民2500户6132人。村党总支下设10个支部，17个党员中心户,党员204人。2017年，实现村级可用财力 564万元，总资产7556万元。

近年，北荫村（学前社区）在习近平新时代中国特色社会主义思想指导下，围绕“文明、健康、稳定、洁美、和谐”的发展理念，凝心聚力，科学谋划，开拓创新，加快发展村级经济。拥有村级企业12家，建有集体标准型厂房，形成以氨纶纱为依托的工业产业结构以及小麦、水稻、油菜、养猪、养鸭等种养殖为主的农副业生产体系。设有功能齐全的村居合一综合办公服务中心，集农业服务、社区服务、党员服务、计生指导、政策咨询、社会保障、综治调解、医疗保健、老年活动、文体艺术于一体。

北荫村（学前社区）先后被评为苏州市健康城市示范村、苏州市先锋村、张家港市综合治理先进村、张家港市文明村、张家港市文明社区、张家港市组织工作先进集体。

1 村党总支书记陈娟

2 村（社区）服务中心

3 2017 年度党员冬训暨总结表彰会

4 村太极拳队表演

5 社区广场

6 市天腾氨纶纱有限公司

联兴村

联兴村位于锦丰镇区，由原联兴、其林、丰乐、南兴、锦丰五村合并而成，区域面积9.96平方千米。全村有村（居）民小组71个，辖沙钢新村、锦苑新村、西苑小区、西兴花苑4个拆迁安置小区，户籍2129户，在册人口4957人，尚有锦丰老镇区393户未拆迁。常住人口1.3万人，外来人口8000人。村党委下设农村支部、小区支部、非公企业联合党支部等13个，党员254人。

2015年起，村投入1.5亿元利用老村部周边闲置土地建多功能综合楼——新锦宴楼，开发老城区商业圈建设集餐饮、娱乐、休闲于一体综合商业体五月花广场，每年可增收300万元。2017年，全村总资产2.11亿元，经济总收入1759万元，村级可用财力1613万元。“小区域、大党建”围绕“区域共创先，党员同争优”目标打造区域党建工作新亮点。沙上文化展示馆成为历史文化教育基地。社区活动中心占地面积8400平方米，集社会综合治理、社区卫生服务站于一体，有电子阅览室、图书室、特色文化展示室等“十个一”文化、服务、休闲场所。1500平方米塑胶篮球场、社区服务中心等为群众提供多样文体活动场所。居家养老服务站内乒乓室、书画室、谈心室、健身室、日托室等基础设施一应俱全。全村农村新型合作医疗参保率100%，城镇养老保险率和农村养老保险率均100%。联兴村先后获江苏省文明村、社会主义新农村建设先进村、民主法治示范村，苏州市文明村、经济发展百强村，张家港市文明村标兵等荣誉；村党委获张家港“十佳党组织”、先进基层党组织称号。

1

2

3

1 联兴村公共文化中心

2 村党委书记李卫忠与中国银行锦丰支行代表签约共建

3 位于村境内的百信生活广场

4 村民表演“三德歌”

5 正在建设的五月花广场效果图

4

5

交通村

交通村位于锦丰镇南部，于2004年3月由原合丰村和交通村合并而成。东接南丰镇，南靠杨舍镇，西依协仁村，北临西港村。三干河、204国道穿越东部，锡张高速公路贯穿全村。全村总面积4.94平方千米，有37个村民小组，总人口4070人，村内有华宇塑料、永合机械、环亚金属、鹿苑耐火材料等企业16家。

该村开展美丽乡村和康居乡村建设，新种行道树、景观树1000余棵，新修生态驳岸1400米、木桩护坡800米、道路4000余米，架设太阳能路灯125杆，村庄面貌焕然一新。利用湿地资源建成水产养殖基地、金锦鲤生态农庄和猕猴桃、樱桃果园等特色产业。2017年，全村总资产3558万元，经济总收入618万元，村级可用财力426万元。先后获江苏省卫生村、江苏省生态村、江苏省水美乡村，苏州市卫生村和张家港市文明村等荣誉。

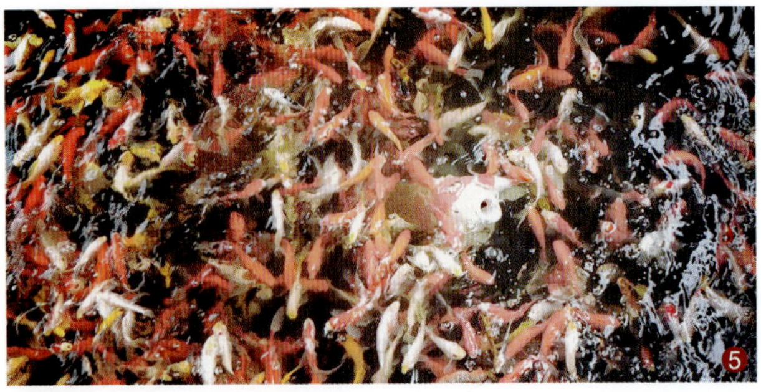

1 交通村村委会办公楼

2 交通村一角

3 锦丰镇党委委员、人武部长、村党总支书记叶海平陪同市委副书记王亚方调研

4 水产养殖基地

5 金锦鲤生态农庄养殖的观赏鱼

6 馨香苑会所

常家村

常家村地处锦丰镇西南部，东邻星火村，西南与南港村为邻，北接悦来村。2009年2月，由原常家村和明星村合并而成。2013年1月，牛市片划入南港村。全村村域总面积4.14平方千米，2017年户籍人口3812人，外来人口215人。全村有36个村民小组，1298户（已拆迁1150户），是沙洲新城组成部分。华昌路、华山路、书院路和一干河、合兴横套穿越境内。有党总支1个，党支部4个，党员127人。

常家村积极发展临街经济，投资7000万元兴建元宝商业街等村级经济载体，村可用财力由2013年初的不足120万元逐步增长到2017年的606万元，总资产14367万元，经济总收入825万元。村设有"一站式服务大厅"、警务综治室、微型消防站、阅览室、舞蹈房等基础设施，并配备流动人口服务中心、市民学校、远教中心等服务点，先后获江苏省卫生村和张家港市文明村、文明社区、平安法治建设先进集体、优秀市民学校等荣誉。其妇代会被评为市示范妇代会，调委会被评为五星调委会。

1 常家村村委会办公楼
2 村党总支书记张涛陪同市委书记朱立凡调研元宝街
3 自筹资金兴建的元宝街
4 大南新村安置房
5 沙洲新城大南水街
6 大南邻里中心

青龙村

青龙村位于塘桥集镇东郊。2017年年末，全村总面积3.88平方千米，有27个村民小组和1个居民委员会，常住人口10660人，其中户籍人口4617人。村党委下辖10个党支部，有党员188人。总投资450万元的社区服务中心占地面积2万平方米，绿地面积5000平方米，卫生服务、健身广场等配套齐全。青龙新村、青龙新区和青龙花苑3个集中居住小区，占地面积27万平方米，建筑面积16万平方米。2004年，青龙村成立全市首家股份合作社，至2017年共向股民发放红利200余万元。全村有各类工业企业86家，其中，年销售收入超1000万元企业5家。2017年，村级可用财力988.67万元。青龙村先后被评为全国减灾示范社区、省民主法治示范村、省绿色社区、苏州市生态村、苏州市新农村建设示范村、苏州市先锋村、苏州市文明村。

1 村民自治户代表大会
2 村党委书记马卫锋
3 第三届青苗快乐营开班
4 青龙花苑一角
5 青龙社区休闲广场

滩里村

滩里村位于塘桥镇区西部，地处唐代鉴真大师第六次成功东渡日本的启航地——古黄泗浦，具有深厚的历史文化底蕴。2017年年末，全村总面积6.79平方千米，有55个村民小组，下辖滩里、鹿北、南林3个片区和黄泗浦新村，有户籍人口5965人，外来人口5000余人。全村有民营企业200余家，全年实现销售收入14.3亿元，村级可用财力1584.63万元。村党委下辖党支部19个，党员290人。滩里村先后荣获江苏省民主法治示范村、江苏省和谐社区建设示范村、苏州市文明村、张家港市文明社区标兵、张家港文明村等称号。

1 村党委书记钱再飞

2 滩里村 2017 年度党员冬训动员大会

3 古稀桥生态驳岸

4 社区文化活动

5 黄泗浦小区

恬庄村

恬庄村位于凤凰镇东北部，北与塘桥镇扬子江国际纺织工业园接壤，东与杏市村相连，南与双塘村、清水村交界，西邻三丈浦河，因“恬庄古镇”而得名，同时也是凤凰镇国家AAAA级旅游景区的游线东首。全村区域面积5.16平方千米，下辖40个村民小组、1096户，户籍人口3691人，外来人口4523人，耕地面积159公顷。全村设9个党支部，共有党员205人。全村有85家企业，其中销售收入超1亿元企业2家，超1000万元企业22家。2017年，完成工业开票销售收入17.12亿元，集体经济总收入1850万元，总资产4442万元，可用财力846万元。近年，恬庄村在上级党委、政府的正确领导下，深入贯彻中共十九大精神和习近平新时代中国特色社会主义思想，与时俱进弘扬张家港精神，以建成“三镇五区”、打造“江南美凤凰”、建设社会主义新农村为目标，动员广大党员干部、村民群众积极参与村各项事业建设活动，先后获得江苏省卫生村、江苏省生态村、江苏省农村集体财务规范化管理示范村、苏州市先锋村、张家港市民主法治示范村、张家港市农村基层党风廉政建设示范村、张家港市统计规范化示范村等荣誉，并连续多年获评张家港市文明村、文明社区， 陆家宕还获评苏州市绿化示范村、江苏省三星康居乡村、全国美丽宜居村庄等称号。

1 恬庄村村委会办公大楼
2 恬庄村“两委”班子
3 江苏省三星康居乡村——陆家宕一角
4 恬庄村太平社区
5 市晨翔机电有限公司

高庄村

高庄村位于张家港市最南端，地处凤凰镇南大门，东接204国道，西枕苏虞张一级公路，南与常熟、江阴两市比邻，程墩西路横贯高庄村东西。高庄村由原高庄、徐塘、奚家、广步四村合并而成，村域总面积7.33平方千米，耕地面积372.53公顷，下辖56个村民小组，户籍人口4875人。2004年4月成立村党总支，下设8个党支部，党员189人。2017年完成工业开票销售收入1.7亿元，技改投入1550万元，集体经济总收入938万元，总资产5300万元，村级可用财力235万元，人均收入3.52万元。近年，高庄村村民公益事业发展迅速，人民生活水平显著提高。全村有各类工业企业20余家，主要生产五金、电器、纺织、豆类制品等产品。非物质文化遗产高庄豆腐干始于清咸丰年间，已有100余年历史，风味独特、远近闻名。高庄村积极实施农副产业经营，大力发展现代高效农副业，全村流转土地324公顷，实行规模经营，扩大浅水养殖、水蜜桃、葡萄、草莓、西瓜、香梨、树木等种养殖面积，优化产业结构调整，增加村民收入。2010年2月，江苏飞翔化工股份有限公司与高庄村联合筹建苏州高庄农林科技有限公司，注册资本3000万元，主要经营种养殖业，休闲观光，突出工业反哺农业，村民入股土地近70公顷，凸显规模带动辐射效应，提升农业增收、增效。2017年，高庄村被市委、市政府授予张家港市文明村称号。

1 高庄村党总支书记肖安
2 高庄村“两委”班子
3 飞翔农家园
4 市佳润金属制品有限公司
5 高庄豆腐干

大新村

大新村位于大新镇北侧，总面积约3平方千米，2004年3月由原大新村、新东村、顶海岸村三村合并而成，共有25个村民小组，耕地46.2公顷，总户数1196户，常住人口3054人，外来人口3832人。村党委下辖5个党支部，共有党员129人。全村有企业68家，形成以天达特种刀具、金鹰流体机械等高新技术企业为主导的五金产业群。

2017年，全村完成工业开票销售5.31亿元，入库税金2268万元，村可用财力769万元，主要来源为厂房、土地租金、电力设施盈利及利息收入。近年，大新村始终把壮大村级经济放在首位，共投入2500万元，新增载体标准型厂房1万平方米，商贸楼8000平方米，公寓楼5300平方米。

作为党委村，在抓好村级经济发展的同时，重视党建工作。2018年，大新村着力打造以“红色新课堂”为主题的特色党建项目，通过灵活运用“学、说、写、考”多种形式，创新党员教育管理机制，提升党员学习能力和党性修养。同时依托“一栏一廊一墙一立牌”“党员先锋角”等党建载体建设，全面提升大新村党建“活力、能力、魅力、实力”四大指数。

1 大新镇副镇长、大新村党委书记肖斌
2 大新村村委会
3 江苏金鹰流体机械有限公司
4 市环鑫精密锻造有限公司
5 市中宝五金工具有限责任公司

桥头村

桥头村是由原龙华、桥头、福善3个市级扶贫村合并而成的，位于大新镇西南面，港丰公路穿村而过，全村总面积3.41平方千米，耕地面积155.8公顷，全村有32个村民小组，总户数1269户，户籍人口3542人，常住人口3870人。全村共有党员152人，下设8个党支部。自2014年起，桥头村投资1600万元对4个自然埭进行美丽村庄改造，抓好软、硬环境的建设，取得良好的社会效益、经济效益和生态效益。桥头村按照“科学规划布局美、村容整洁环境美、创业增收生活美、乡风文明身心美”的目标要求，多措并举大力发展村级各项事业。先后获江苏省美丽村庄建设示范点、江苏省生态文明村、江苏省健康社区、江苏省和谐社区、苏州市文明村、苏州市婚姻家庭纠纷调解示范点、张家港市廉洁文化示范点及张家港市文明村标兵等荣誉。

1 大新镇副镇长、桥头村党总支书记谢玲

2 桥头村村部大楼

3 桥头村召开 2017 年度党员冬训暨年终党员大会

4 “传承好家风，倡导清廉风”廉政家书

5 桥头村美丽村庄——龙王庙埭

6 桥头村移风易俗文化墙

1

2

3

4

5

6

永联村

永联村位于南丰镇东部，村域面积10.5平方千米，常住人口1.9万人。村党委下设3个党总支，共有28个党支部，在册党员971人。2017年，全村实现销售收入403亿元，利税78亿元，村级可支配收入1.55亿元，村民人均年收入43688元。2017年，永联村以现代化强村建设为目标，以加快转型升级为主线，奋力前进、创新发展。党组织核心堡垒作用有效增强。总结永联40年发展经验，形成党委“1134”工作法，开展中共十九大精神宣传贯彻活动，试点设立专职党支部书记，积极开展“支部书记能力提升全脱产培训班”“支部特色品牌项目创建”“叫响我是党员”等活动，为村企建设发展提供坚强组织保障。集体经济高质量发展。产品提档升级取得良好成效，全年开发新产品102种。其中，特种焊丝用钢P91填补国内空白。多元化发展迈出坚实步伐，上马PC构建项目，牵手元禾控股，成立永钢实业、秋晟资产两家金融公司，重组联峰金盾，推动乡村旅游提质增效，成功获评江苏省五星级乡村旅游区、首批江苏省旅游风情小镇创建单位。永钢集团效益创造历史新高，再次上榜中国钢铁企业A级竞争力特强企业，产品远销“一带一路”沿线国家和地区。乡村治理模式更加完善。在江苏省内率先探索社区服务综合托管机制，创新网格化管理模式，构建“一格四网，多层复合”的网格化管理体系。智慧永联建设稳步推进，开发上线永联一点通App、“400”便民服务热线、社区综合治理平台3D人房系统，社区治理数据化、智能化水平有效提升。区域文明程度持续提升。开展“善行无疆，德耀永联”首届最美家庭、最美永联人评选和“首届餐饮文明示范店创建”等表彰活动。全村志愿服务时间2.2万小时，无偿献血4.54万毫升，孙海凤、展其荣获张家港市志愿服务终身成就奖，永联天天鲜团队、黄炜、李成春获评张家港市道德模范，永联村连续五届获评“全国文明村”。村民获得感不断增强。社员动迁生活补助由每人每月200元提高至300元，养老金补助由每人每月650元提高至800元。完成80户永南河以东区域改善型居住户的动迁安置。将美食街提档升级为全国首条农村步行街，修建开通永联路。颐和公寓投入使用。开展首届乡村旅游节活动、首届永联杯短程马拉松比赛、“家筑永钢”兴趣班、粽艺大赛等活动，丰富村民业余文化生活。

1 省委副书记、省长吴政隆到永联村调研

2 中共十九大精神学习交流分享会召开

3 上海永钢实业有限公司开业

4 建设中的 PC 构建项目

5 永联小镇航拍图

6 投入使用的 3D 人房信息综合管理系统

7 即将投入使用的颐和公寓

8 江苏省首届乡村旅游节期间的永联江鲜美食街

9 首届永联杯短程马拉松在永联开赛

10 首届最美永联人表彰典礼

永丰村

永丰村位于南丰镇东部，距镇区3.5千米，东与永联村接壤，北与和平村毗邻，西邻新德村，南与塘桥镇牛桥村隔永南河相望。2004年2月，双德、新建两村并入，成立新的永丰村。区域面积5.08平方千米。2017年年末，辖35个村民小组，1594户，户籍人口4356人。永丰村的益民葡萄、港诚生态梨等农产品，在苏州市、张家港市相关农产品评比中获得较好的名次。永丰村社区服务中心建筑面积2600平方米。各项配套设施齐全、功能完善。永丰村建有620平方米的张家港市民防教育体验馆，自投入使用后，接待全市中小学校和附近的村民63批5380人次。2017年，永丰村创建成苏州市三星级康居乡村示范点，还获得江苏省科普教育基地、苏州市健康村、苏州市示范妇女儿童之家、张家港市文明村标兵等称号。

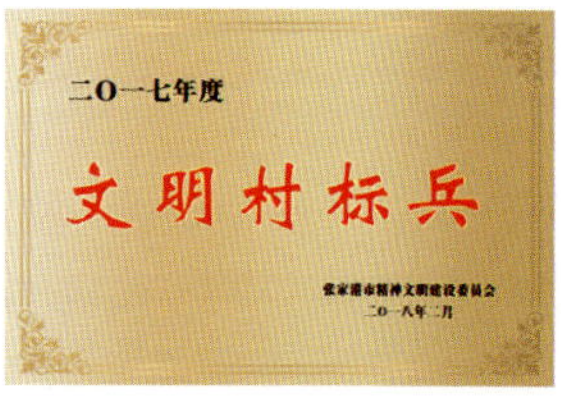

1 永丰村社区服务中心
2 永丰村健康广场
3 港诚生态园梨园
4 暨阳高中新生在民防教育体验馆参观
5 永丰村舞蹈团队参加市广场健身舞海选赛

塘桥初级中学

张家港市塘桥初级中学始创于1913年，是一所百年老校，校园布局合理，设施完善，设备齐全，环境优美。2017年，学校占地面积2.8万平方米，建筑面积1.6万平方米，绿化覆盖率40.5%。有教学班28个，教职工84人，学生1300余人。教师中，本科学历73人，研究生学历8人，高级教师25人，一级教师43人，市级以上骨干教师20人，其中江苏省特级教师1人。学校以“尚美”文化为引领，坚持立德树人，坚持改革创新，积极营造家园式校园环境，不断凸显民主化治理方式，努力推进提升性德育工程，持续构建校本化课程体系，着力建设专业化教师队伍，用心培育学生核心素养，推动学校内涵发展迈上新台阶。学校先后荣获张家港市文明单位、张家港市教育行风建设先进学校、苏州市中小学生社团建设先进学校等称号。

1 学校外景
2 校长顾松鹤
3 至善楼
4 尚美楼
5 阑石轩碑刻文化长廊
6 书香长廊

江苏华鹿纺织有限公司

江苏华鹿纺织有限公司位于塘桥镇鹿苑办事处金桥路，创办于1997年，是一家集制条、染色、纺纱、织造、染整于一体的大型毛纺生产企业，主要生产毛条、纱线、匹染系列产品和高档衬衫、西装、大衣精纺面料。2017年年末，公司有职工1000余人，全呢绒生产线4万锭，年产精纺呢绒800万米、半精纺面料100万米、针织面料100万米、各类纱线2000吨、羊毛条1万吨。公司狠抓产品质量，走品牌发展之路，先后通过ISO 9001质量管理体系认证、ISO 14001环境管理体系认证和Oeko—Tex Standard 100生态纺织品认证，产品出口100余个国家和地区。2017年，公司实现开票销售收入10.47亿元，比上年增42.7%，列塘桥镇规模以上工业企业第四位。

1 公司办公楼
2 董事长张伟峰
3 产品荣誉室
4 产品展厅
5 6 生产车间

江苏鹿苑建筑工程有限公司

江苏鹿苑建筑工程有限公司创建于1968年10月，拥有国家建筑工程施工总承包一级、电子与智能化专业承包一级、地基基础专业承包二级、钢结构专业承包二级资质，先后通过GB/T 19001-2008、ISO 9001:2008、GB/T 50430-2007等质量管理体系认证。2017年年末，有技术、经济管理人员315人，其中工程类高级职称20人、中级职称66人，一级注册建造师16人，二级注册建造师45人。公司各种施工机械设备齐全，具有承担高层及大型工程的施工能力。公司业务不断拓展，分别在江苏、青海等省承建高层住宅和大型工业用房，竣工多个市政工程、机电设备安装工程项目。年施工建筑面积超过60万平方米，年施工产值超过10亿元。公司秉承“信誉第一、超越自我、勇创一流”的理念，以“建好每项工程，树立企业形象，积极开拓市场，诚信服务社会”为宗旨，工程质量评定一直位于全市建筑企业前列，多个项目被评为江苏省“扬子杯”优质工程、苏州市“姑苏杯”优质工程，公司连续被评为江苏省建筑业优秀企业和苏州市建筑业最佳企业，并多次被评为苏州市建筑业质量管理、安全管理先进单位，被张家港市委、市政府连续五年授予“张家港市文明单位”称号。

1 公司董事长许建标
2 公司办公楼
3 玉景天筑一期工程
4 公司承建的七里庙小区
5 玉景天筑二期工程

江苏索尔新能源科技股份有限公司

江苏索尔新能源科技股份有限公司位于江苏省张家港新能源产业园，成立于2010年10月，注册资本1.09亿元。2014年，公司正式挂牌“新三板”。2017年年末，公司建筑面积1.8万平方米，有员工320余人。

索尔新能源科技是市政府重点扶持的科技成长型企业，是国家千人计划工作站，与华中科技大学、江苏大学、苏州大学等科研院校建立了长期产学研合作关系。公司致力于汽车动力电池系统的研发、生产、销售，拥有国内最先进的全自动“18650”PACK生产线、齐全的检测仪器设备和生产品质管控系统，较早通过动力电池系统的新国标强制检测，拥有60余项自主专利，在PACK系统安全、电池温控系统标准化模块设计及BMS电池管理系统等方面形成完全自主的知识产权和技术突破，先后通过ISO 9001、TS 16949、ISO 14001、OHSA 18001以及CE、ROSH、UL等多项认证。公司产品被东风、华晨、南汽、扬子江、龙华汽车、卡威汽车、柳州五菱、江铃新能源等大型车企大批量使用。2016年，公司生产的动力电池系统在全国新能源专用车领域装机量排名中获得行业第十名，并投资参股了国产燃料电池电堆的技术公司。2017年，公司形成年产20亿瓦时产能、可配套2万余套新能源汽车的生产能力，被东风汽车评为优秀供应商，荣获2017年度中国新能源行业金熊猫奖——最佳配套产品奖。是年，公司实现销售收入2.21亿元，比上年增10.6%。

1 公司外景

2 公司董事长季伟源

3 研发大楼

4 5 “18650”自动生产线

苏州市康力骨科器械有限公司

苏州市康力骨科器械有限公司成立于2002年，注册资金1.02亿元，是一家集研发、设计、制造、销售二、三类矫形外科（骨科）手术器械的专业化企业。公司拥有世界各类顶尖的加工、检测设备，建成省级示范智能车间，拥有授权专利80余项，与上海交通大学、南京航空航天大学等多家著名高校开展产学研战略合作，打造增材制造（3D打印）创新平台，致力于为患者、医生及相关人士提供定制式骨科器械设计、手术方案规划、专用辅助导板设计、医学图像处理及有限元仿真、3D打印装备及耗材的提供等创新服务。公司建成骨科医疗领域多元战略布局，建立骨科、胸外科、神经外科全系列产品线，开发创伤、脊柱、关节、颅颌面、足踝外科、胸外科及小儿骨科七大业务板块，通过ISO 13485:2003医疗器械质量管理体系认证、ISO 9001:2008质量管理体系认证、欧盟CE认证、美国FDA认证、GMP生产质量规范检查认证，销售网络覆盖全国25个省、自治区、直辖市，并出口欧美、东南亚、拉丁美洲等多个地区。公司先后被评为国家高新技术企业、江苏省企业研究生工作站单位、苏州市企业技术中心单位。2017年，公司实现销售收入1.13亿元。

1 公司外景
2 董事长陈永兵
3 研发设计部
4 3D模型打印中心
5 检测中心
6 生产中心

1

2

3

4

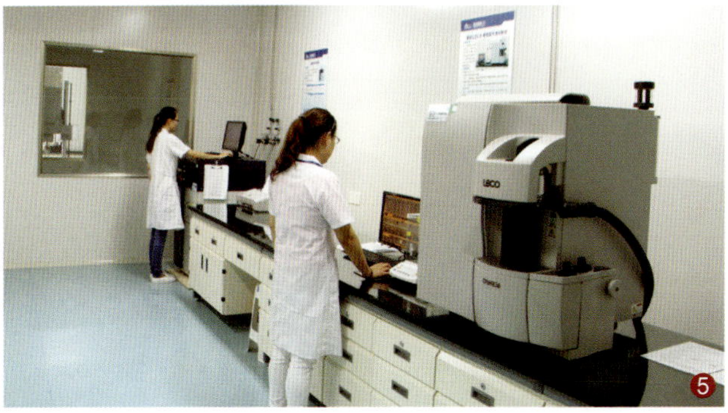

5

6

苏州市住房公积金管理中心张家港分中心

2017年，苏州市住房公积金管理中心张家港分中心围绕“四大路径”核心要求，聚力创新创优、聚焦富民惠民、突出精细管理，创先争优成果突出。全市新增开户职工30150人，净增缴存职工7690人，期末缴存人数23.29万人。归集住房公积金29.78亿元，职工人均月缴存1065.72元，月归集额2.48亿元；历年累计归集210.66亿元，归集余额77.61亿元；各类提取公积金25.61亿元，历年累计提取132.55亿元。全年发放公积金贷款13.95亿元，惠及3776户家庭，户均36.94万元。历年累计发放贷款133.41亿元，5.23万户家庭得到公积金优惠政策支持，资金运行率101.9%。

公积金管理分中心以提质增效为导向，通过宣传引导、部门联动、基数调整有序推进，实现公积金受惠面再“扩容”。全市公积金基数调整率88.14%，调整额每月3759万元，为历年最好水平。以优质高效为标尺，通过信息化建设、规范化管理、多元化服务，实现公积金便民效应再“加成”。完成服务大厅智慧叫号互动系统、测评系统智能化改造，启用住房公积金异地转移接续平台，在苏州市率先实现“不见面”审批。助力服务民生，对中等偏低收入家庭贷款贴息、支持廉租住房建设。2017年，分中心获评省级“巾帼文明岗”，在苏州市住房公积金系统服务规范技能竞赛中获优秀组织奖，在苏州市住房公积金管理工作考核中被评为“先进单位”，被张家港市绩效管理委员会授予“服务地方奖”。

1 服务技能竞赛总决赛现场——礼仪展示

2 参与全市文明服务风采展示活动

3 机关制度文化建设——全员晨会

4 张家港首次保障性住房公积金贷款贴息办理专场

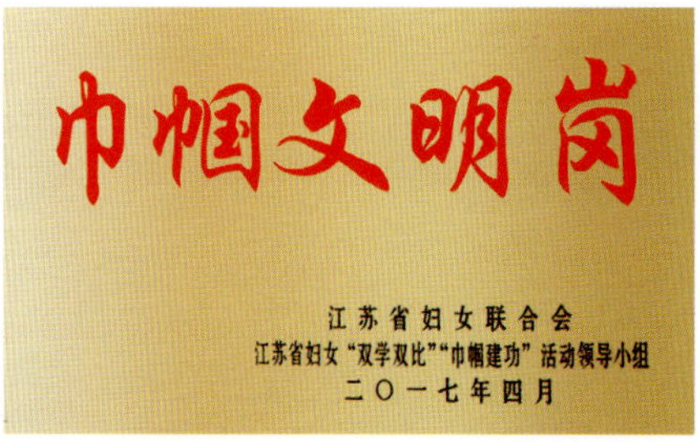

科学技术

Science and Technology

全国科普日活动　（石小皎　摄）

科技创新

科技载体

科技人才

高新技术产业

科技项目

科技成果

知识产权保护

科普工作

气象科技

防震减灾

扫码欣赏

《创新转型再出发——张家港科技、人才工作巡礼》

科技创新

【概况】 2017年，市政府出台《张家港市创新驱动能力提升计划实施细则》，并配套制定《张家港市产学研预研资金管理办法（试行）》《张家港市知识产权专项资金管理办法（试行）》《〈张家港市关于建设众创空间推进大众创业万众创新的实施意见〉操作细则》等9项政策文件，推进科技创新。市财政科技投入7.32亿元，占市级财政一般预算支出的7.56%。全市争取上级科技人才项目211项，获得上级项目经费7186.59万元。全市新增高新技术企业75家，新增高新技术产品374种，新增省级以上企业创新平台62家，获评苏州市级以上科学技术奖励20项，评定张家港市科技创新创业市长奖5项、市科技合作贡献奖2项，万人发明专利拥有量36.25件。全市新增省国际科技合作计划2项，累计19项；新增产学研合作项目220项；累计有828家企业与263所（家）高校、科研院所建立科技合作关系。张家港飞航科技有限公司作为参与单位荣获国家技术发明奖二等奖。全社会研发投入占地区生产总值比重达到2.8%，高新技术产业产值占规模以上工业总产值比重达到23%，科技进步贡献率达到63.2%。7月，第九批“科技镇长团”结束挂职。挂职期间，促成签订产学研合作项目29项，合同金额2795万元。8月，第十批“科技镇长团”10名成员到市挂职。9月，在2016年度国家知识产权示范城市考核中，张家港市列全国县级市第一；10月，获评国家知识产权示范城市工作先进集体；12月，入选国家中小企业知识产权战略推进工程试点城市，成为江苏省唯一入选的县级市。

【科技·人才活动周】 7月1日至7日，以“聚力创新创业，助推转型升级”为主题的2017年市“科技·人才活动周”举办。其间，举办开幕式、江苏冶金技术研究院揭牌暨合作项目签约仪式、科技人才合作项目签约仪式、市清洁能源（氢能和燃料电池）论坛、重点高校（院所）高新技术成果项目路演、“超越摩尔基金”签约仪式暨嘉宾主旨演讲、2017年张家港智能制造专家报告会、第五届首都高校院所苏州行（张家港）产学研对接会、深圳资本人才项目路演对接洽谈会、产业技术研究院暨众创空间创新项目推介与洽谈会、“2017港城创新峰会”等活动11场。中国工程院院士、中国金属学会理事长、中国工程院原副院长干勇，中国工程院院士、上海大学校长金东寒，中国工程院院士衣宝廉，中国科学院院士李灿等出席开幕式。活动周签约项目15项，洽谈合作项目515项。

“科技·人才活动周”开幕式 （市科技局 提供）

【企业科技创新积分管理】 6月，根据《市政府关于印发张家港市企业科技创新积分管理办法的通知》，市科技局、市财政局联合发文，对2016年度获得科技创新积分的企业进行资助，有1118家企业获得40347.1个创新积分，按照每分资助2000元的标准，合计资助8069.42万元。7月，在“科技·人才活动周”开幕式上对全市积分排名前10位的江苏永钢集团有限公司、康得新复合材料集团股份有限公司、江苏沙钢集团有限公司、张家港富瑞特种装备股份有限公司、苏州矩阵光电有限公司、江苏华昌（集团）有限公司、江苏国泰国际集团有限公司、江苏宏宝集团有限公司、江苏海狮机械股份有限公司、澳洋集团有限公司等标兵企业进行表彰。下半年，市企业科技创新积分管理领导小组进行会商，研究积分管理计分标准修订事宜。11月，印发《张家港市企业科技创新积分管理计分标准（2017年修订）》。新修订的计分标准新增国家“制造业单项冠军产品”等42项计分项，取消“规模以上企业研发机构建设列入企业”等19项计分项，调整省“专精特新”产品等11项计分项分值。

（肖　晋）

科技载体

【概况】 年内，张家港国家再制造产业示范基地获批江苏省科技企业加速器。全市9家省级以上科技企业孵化器通过省科技厅绩效评价，其中沙洲湖科创园、凤凰科创园取得优秀成绩。锦丰科创园获批国家级科技企业孵化器，互联网科技创业园获批为省级科技企业孵化器。江苏华程工业制管股份有限公司、江苏国泰新点软件有限公司2家企业在省重点企业研发机构绩效评价中获评优秀，累计有10家获评优秀。新增省级优秀研究生工作站2家，累计8家；新增省企业研究生工作站40家，累计253家；新增省工程技术研究中心8家，累计106家；新增省级众创空间5家，累计11家。新增苏州市级众创空间1家，累计6家；新增苏州市企业重点实验室2家，累计5家；新增苏州市工程技术研究中心11家，累计283家；新增苏州科技服务机构绩效补助项目3项，累计8项。新增张家港市众创空间2家，累计8家；新增张家港市企业研究院2家，累计9家；新增张家港市工程技术研究中心25家，累计253家。至年末，全市累计建有省级以上科技企业孵化器10家（其中国家级科技企业孵化器5家），省重点实验室2家，省重点企业研发机构30家，省科技公共服务平台4家，省企业院士工作站12家，苏州市企业院士工作站8家。

2017年张家港市新增科技载体平台一览表

表54

类　别	载体平台名称	承担单位
国家级科技企业孵化器	张家港市锦丰科技创业园	张家港市锦丰科技创业发展有限公司
江苏省众创空间	德柏亚（张家港）众创空间	柏林亚太（张家港）企业孵化管理有限公司
	爱康众创空间	苏州爱康众创空间有限公司
	沙洲BOX众创空间	苏州豹客文化产业有限公司
	海纳众创空间	张家港市海纳电子商务产业园管理有限公司
	清研慧谷众创空间	张家港清研再制造产业研究院有限公司
江苏省工程技术研究中心	江苏省新能源汽车动力锂电池（系统）工程技术研究中心	江苏索尔新能源科技股份有限公司
	江苏省骨科生物材料工程技术研究中心	江苏百易得医疗科技有限公司
	江苏省轨道交通车辆工程技术研究中心	江苏瑞铁轨道装备股份有限公司
	江苏省纺织面料印染及废水处理工程技术研究中心	江苏双盈纺织科技有限公司
	江苏省安全防护用非织造材料工程技术研究中心	张家港骏马无纺布有限公司
	江苏省功率半导体器件（MOSFET）工程技术研究中心	张家港凯思半导体有限公司
	江苏省砷化镓半导体芯片工程技术研究中心	苏州矩阵光电有限公司
	江苏省绿色生态纺织面料工程技术研究中心	江苏东源纺织科技实业有限公司
江苏省优秀研究生工作站	江苏省优秀研究生工作站	江苏金帆电源科技有限公司
	江苏省优秀研究生工作站	张家港康得新光电材料有限公司
江苏省企业研究生工作站	江苏省企业研究生工作站	江苏耐维思通科技股份有限公司
	江苏省企业研究生工作站	苏州爱康薄膜新材料有限公司
	江苏省企业研究生工作站	张家港清研检测技术有限公司
	江苏省企业研究生工作站	苏州菲镭泰克激光技术有限公司
	江苏省企业研究生工作站	江苏浦士达环保科技股份有限公司
	江苏省企业研究生工作站	苏州骏昌通讯科技股份有限公司
	江苏省企业研究生工作站	江苏物润船联网络股份有限公司
	江苏省企业研究生工作站	张家港市润禾橡塑制品有限公司
	江苏省企业研究生工作站	华奇（中国）化工有限公司
	江苏省企业研究生工作站	江苏博强新能源科技股份有限公司
	江苏省企业研究生工作站	江苏迪威高压科技股份有限公司
	江苏省企业研究生工作站	张家港宝视特影视器材有限公司
	江苏省企业研究生工作站	张家港力勤机械有限公司
	江苏省企业研究生工作站	江苏荣程锻造股份有限公司
	江苏省企业研究生工作站	张家港市兰航机械有限公司
	江苏省企业研究生工作站	苏州爱得科技发展有限公司
	江苏省企业研究生工作站	张家港联合铜业有限公司
	江苏省企业研究生工作站	惠晶显示科技（苏州）有限公司

续表54

类　　别	载体平台名称	承担单位
江苏省企业研究生工作站	江苏省企业研究生工作站	苏州矩阵光电有限公司
	江苏省企业研究生工作站	江苏创基新能源有限公司
	江苏省企业研究生工作站	张家港市隆旌汽车零部件有限公司
	江苏省企业研究生工作站	张家港市大新毛纺有限公司
	江苏省企业研究生工作站	江苏宏宝工具有限公司
	江苏省企业研究生工作站	张家港市张运机械制造有限公司
	江苏省企业研究生工作站	张家港嘉成建设材料股份有限公司
	江苏省企业研究生工作站	苏州洲盛非晶科技有限公司
	江苏省企业研究生工作站	张家港市天江精密模具制造有限公司
	江苏省企业研究生工作站	张家港市博格机械有限公司
	江苏省企业研究生工作站	牡丹汽车股份有限公司
	江苏省企业研究生工作站	张家港市长力久汽车零部件制造有限公司
	江苏省企业研究生工作站	江苏启能新能源材料有限公司
	江苏省企业研究生工作站	张家港瀚康化工有限公司
	江苏省企业研究生工作站	江苏奥斯佳材料科技股份有限公司
	江苏省企业研究生工作站	张家港市华益纺织有限公司
	江苏省企业研究生工作站	张家港市环宇制药设备有限公司
	江苏省企业研究生工作站	苏州丰倍生物科技有限公司
	江苏省企业研究生工作站	苏州恒嘉晶体材料有限公司
	江苏省企业研究生工作站	张家港嘉园钢铁制品有限公司
	江苏省企业研究生工作站	张家港市振丰铜业有限公司
	江苏省企业研究生工作站	张家港市弘扬石化设备有限公司
苏州市众创空间	爱康众创空间	苏州爱康众创空间有限公司
苏州市企业重点实验室	苏州市汽车关键零部件重点实验室	江苏宏宝锻造股份有限公司
	苏州市智能洗涤装备研发重点实验室	江苏海狮机械股份有限公司
苏州市工程技术研究中心	苏州市和和数控弯管机工程技术研究中心	和和机械（张家港）有限公司
	苏州市（捷达）离心机工程技术研究中心	江苏捷达离心机制造有限公司
	苏州市电动车智能控制器工程技术研究中心	江苏协昌电子科技股份有限公司
	苏州市精密高压管件工程技术研究中心	江苏迪威高压科技股份有限公司
	苏州市工业有机化工原料工程技术研究中心	张家港市华昌新材料科技有限公司
	苏州市（天源）水性防腐涂料工程技术研究中心	张家港市天源制漆涂装有限公司
	苏州市汽车精密钢管工程技术研究中心	江苏立万精密制管有限公司
	苏州市高性能铝基复合材料工程技术研究中心	江苏广川线缆股份有限公司
	苏州市导电聚合物工程技术研究中心	贝利化学（张家港）有限公司
	苏州市国泰新点软件工程技术研究中心	江苏国泰新点软件有限公司
	苏州市高蓄热密度高稳定性相变储能产品工程技术研究中心	江苏启能新能源材料有限公司
张家港市众创空间	沙洲BOX众创空间	苏州豹客文化产业有限公司
	智能装备与再制造之家	南京理工大学张家港工程院有限公司
张家港市企业研究院	张家港市新能源汽车动力锂电池（系统）企业研究院	江苏索尔新能源科技股份有限公司
	张家港市水溶性聚合物研究院	江苏富淼科技股份有限公司

续表54

类　别	载体平台名称	承担单位
张家港市企业院士工作站	张家港企业院士工作站	张家港华裕有色金属材料有限公司
张家港市工程技术研究中心	张家港市电源管理控制芯片工程技术研究中心	杰华特微电子(张家港)有限公司
	张家港市LED植物生长照明系统工程技术研究中心	苏州瑞腾照明科技股份有限公司
	张家港市大新毛纺功能性粗纺呢绒面料工程技术研究中心	张家港市大新毛纺有限公司
	高可靠性功率器件工程技术研究中心	苏州锴威特半导体有限公司
	张家港橡胶工业补强树脂工程技术研究中心	华奇(中国)化工有限公司
	张家港市特种无生殖毒性汽车蒙面材料	贝内克—长顺汽车内饰材料(张家港)有限公司
	张家港市船舶与港口节能减排技术与装备行业工程技术研究中心	江苏耐维思通科技股份有限公司
	新型高效过滤吸附用材料工程技术研究中心	江苏浦士达环保科技股份有限公司
	张家港市(美景荣)生物基弹性纤维工程技术研究中心	张家港美景荣化学工业有限公司
	张家港市大尺寸蓝宝石晶体材料工程技术研究中心	苏州恒嘉晶体材料有限公司
	张家港市汽车用胶粘剂及特种密封材料工程技术研究中心	张家港爱科思汽车配件有限公司
	张家港市高性能复合材料精密焊管机组工程技术研究中心	张家港市中悦冶金设备科技有限公司
	张家港市陶瓷基薄膜电路工程技术研究中心	苏州华博电子科技有限公司
	张家港市高纯度六氟磷酸锂制备工程技术研究中心	森田新能源材料(张家港)有限公司
	张家港市新能源材料工程技术研究中心	江苏国泰超威新材料有限公司
	张家港市汽车高端饰件系统工程技术研究中心	张家港保税区纳莱凯斯汽车配件有限公司
	张家港市电梯空心导轨部件工程技术研究中心	张家港市通达电梯装潢有限公司
	张家港市一体化环境监测工程技术研究中心	江苏新锐环境监测有限公司
	张家港市聚氨酯新材料工程技术研究中心	苏州奥斯汀新材料科技有限公司
	张家港市(联达)塑料再生机械工程技术研究中心	张家港市联达机械有限公司
	张家港市云E控企业易管家工程技术研究中心	江苏远大信息股份有限公司
	张家港市铝蜂窝板工艺及自动生产工程技术研究中心	张家港市弘扬石化设备有限公司
	张家港市液晶显示面板薄化工程技术研究中心	惠晶显示科技(苏州)有限公司
	张家港市(优贝特)骨科医疗器械工程技术研究中心	苏州优贝特医疗器械有限公司
	张家港市集成电路光刻生产装备工程技术研究中心	苏州晋宇达实业股份有限公司

【锦丰科创园创成国家级科技企业孵化器】 年末,锦丰科技创业园晋升为国家级科技企业孵化器。锦丰科创园位于冶金园(锦丰镇)工业东区,占地面积26.67公顷,总建筑面积25万平方米,分生产和生活两大功能区,建有一层至三层生产厂房40余幢以及职工公寓、食堂等生活用房10余幢。该工程总投资2亿元,于2005年年末开工建设,2006年9月竣工。至2017年年末,锦丰科创园有孵化面积5.52万平方米,围绕新能源、新材料、新装备、医疗器械等高新技术领域引进孵化项目,累计孵化企业106家。孵化企业中,先后认定省级高新技术企业9家、省民营科技企业12家,有“新三板”挂牌企业3家。入选国家“千人计划”“万人计划”人才2人、省高层次创新创业人才引进计划6人、姑苏创新创业领军人才计划9人、张家港市领军型创新创业人才计划45项。

【产业技术研究院建设】 年内,南京理工大学张家港工程技术研究院获评2017年度省新型研发机构。该研究院由南京理工大学和张家港经济技术开发区于2013年11月共建,建有科研、办公和服务场所5600平方米,中试基地7300平方米,数控机床再制造生产厂房4000平方米,重点围绕现代装备制造、工业机器人和新材料应用等领域,开展成果转化、关键技术攻关、开放式专业技术研发测试平台建设及公共科技服务等工作。全市有产业技术研究院13家,分别为张家港智能电力研究院、苏州大学张家港工业技术研究院、东南大学张家港工业技术研究院、江苏华东锂电技术研究院、哈尔滨工业大学（张家港）智能装备及新材料技术产业化研究院、西北工业大学（张家港）智能装备技术产业化研究院、张家港江苏科技大学产业技术研究院、南京邮电大学张家港研究院、中国科学院大连化学物理研究所张家港产业技术研究院、张家港清研再制造产业研究院、苏州大学轻工业化学电源研究所、南京理工大学张家港工程技术研究院、张家港长安大学汽车工程研究院，共集聚人才587人，引进中国科学院、中国工程院院士2人，自主培育国家“千人计划”人才2人、省高层次创新创业人才10人、姑苏创新创业领军人才11人、张家港市领军型创新创业人才（团队）38个；自主获批省级以上科技项目53项，其中国家级14项、省级39项；新增授权发明专利55件，累计拥有有效发明专利118件；累计孵化公司62家，2017年累计实现营业收入1.12亿元。

【江苏冶金技术研究院成立】 7月1日，江苏冶金技术研究院揭牌暨合作项目签约仪式举行。该研究院总投资2.6亿元，是由张家港市人民政府、江苏省产业技术研究院、冶金工业园、沙钢集团、永钢集团合作共建的集科技研发、成果转化、技术服务、第三方检测、人才培养于一体的江苏省新型研发平台。围绕江苏省冶金产业技术需求，实现高端研发资源共享，立足江苏省、面向长三角地区，为冶金行业及上下游企业提供新产品研发、技术攻关、成果转化、检测检验等全方位服务。10月，该研究院与永钢集团签订“转炉高废钢比、高效化生产新工艺研究”技术合同，合同金额430.6万元。至年末，江苏冶金技术研究院已完成平台公司和运营公司注册、院领导班子搭建等工作，学科带头人和第一批科研骨干已基本到位。12月，获评苏州市新型研发机构。

【中国科学院苏州纳米技术与纳米仿生研究所张家港研究院建设】 该研究院由中国科学院苏州纳米技术与纳米仿生研究所与张家港市人民政府、张家港高新技术开发区管委会合作共建。位于张家港国家再制造产业示范基地内，占地面积3.67公顷，建筑面积7万平方米，建设经费4.5亿元。建设以全市半导体产业发展需求为导向，以提升半导体产业创新能力为切入点，旨在打造国际一流的化合物半导体外延平台，建设国内知名的半导体检测服务中心，引进高端人才（团队），孵化化合物半导体高新技术企业，促进半导体产业集群发展。年内，研究院完成组建方案、事业单位法人注册、平台项目立项等工作。

（夏观亮　肖　晋）

科 技 人 才

【概况】 年内，全市组织4批市领军型创新创业人才项目评审，引进人才项目98项，累计650项；新增自主培育国家“万人计划”人才4人，累计5人；新增省高层次创新创业人才引进计划12人，累计108人，新增数列苏州县市第一；新增省企业博士集聚计划创新类3人；新增姑苏创新创业领军人才计划24人，累计161人；新增姑苏科技创业天使计划21人，累计62人。2017年全市领军人才企业实现销售37亿元，纳税1.48亿元，销售收入超1000万元的企业有74家。

2017年张家港市新增苏州市级以上高层次创新创业人才一览表

表55

类　别	姓　名	引才（或创办）企业
国家“万人计划”	唐海娣	江苏耐维思通科技股份有限公司
	薛新忠	苏州华博电子科技有限公司
	冯虎田	张家港斯克斯精密机械科技有限公司
	沈　彬	江苏沙钢集团有限公司
省高层次创新创业人才计划	颜　菁	苏州博福生物医药科技有限公司
	柯　锐	苏州阿洛斯环境发生器有限公司
	吴松坚	张家港绿锂动力技术有限公司
	沈　莹（创新）	江苏多维科技有限公司
	胡志浩	苏州华赛生物工程技术有限公司
	唐　俊	苏州静声泰环保科技有限公司
	刘玉菲	苏州奥拉雷丁光电科技有限公司
	莫　祺	江苏趣读文化有限公司
	李　鹏（创新）	华灿光电（苏州）有限公司
	张志建（创新）	江苏沙钢集团有限公司
	尹韶云	张家港奇点光电科技有限公司
	施春燕	苏州至臻精密光学有限公司

续表55

类　别	姓　名	引才(或创办)企业
省企业博士集聚计划创新类	刘明峰	江苏多维科技有限公司
	王　耀	江苏沙钢集团有限公司
	刘玉超	江苏七洲绿色化工股份有限公司
姑苏创新创业领军人才计划	丁晓伟	苏州体素信息科技有限公司
	颜　菁	苏州博福生物医药科技有限公司
	朱　栩	苏州赛加信息科技有限公司
	贺　辉	江苏阅维信息科技有限公司
	易修强	苏州威尔阳光智能科技有限公司
	吕国军	张家港唯瀚生物科技有限公司
	丁国华	苏州锴威特半导体有限公司
	李明轩	江苏云上电力科技有限公司
	赵　欣	苏州拓又达新能源科技有限公司
	王勤辉	张家港市昇泰能源有限公司
	邓　屹(创新)	江苏爱康实业集团有限公司
	崔艳峰(创新)	张家港协鑫集成科技有限公司
	任远程(创新)	杰华特微电子(张家港)有限公司
	苏　旭	张家港九力新材料科技有限公司
	Xuehua Lu	天霖(张家港)电子科技有限公司
	米　山	苏州友尼贝司蓝天机械有限公司
	安　静(创新)	江苏七洲绿色化工股份有限公司
	任　杰	苏州普来安高分子材料有限公司
	吴宗宪	苏州凤凰芯电子科技有限公司
	王　磊	苏州真感微电子科技有限公司
	梁　贺	苏州创浩新材料科技有限公司
	施春燕	苏州至臻精密光学有限公司
	段开椋	苏州中科中美激光科技有限公司
	孙　嵘	苏州星帆华镭光电科技有限公司
姑苏科技创业天使计划	唐德翠	张家港海纳德智能科技有限公司
	张丁初	江苏乐华自动化科技有限公司
	宋以仁	张家港金盛莲能源科技有限公司
	杨　勇	苏州佐纳电子科技有限公司
	陆晓成	江苏绿洁节能有限公司
	方仕雄	苏州盈兴信息技术有限公司
	王　玮	张家港吉润信息技术有限公司
	沈玲玲	和烁(张家港)热能设备有限公司
	朱小林	张家港博依特环保有限责任公司
	刘宏飞	张家港鑫创生物科技有限公司
	王智昊	苏州奥趋光电技术有限公司
	冯化涛	苏州龙霖生物科技有限公司
	张祖兴	张家港欧华光电技术有限公司

续表55

类　别	姓　名	引才（或创办）企业
姑苏科技创业天使计划	杨辰光	苏州晨本智能科技有限公司
	陈小惠团队	苏州泰寿健康科技有限公司
	李松斌	苏州清科华星信息技术有限公司
	沈理达	苏州云植医学技术有限公司
	韩　毅	张家港天筑基业仪器设备有限公司
	董宜平	张家港全智电子科技有限公司
	聂志虎	苏州禄丰检测科技有限公司
	吴宗宪团队	苏州凤凰芯电子科技有限公司
	李福生	张家港市英科瑞德电子科技有限公司
	孙嵘团队	苏州星帆华镭光电科技有限公司
	李　冰	张家港北米农业科技有限公司
	孟春春团队	苏州盟智生物科技有限公司

【4人入选“万人计划”】 国家“万人计划”是由中组部、科技部、人社部等11个单位共同组织推进，面向国内高层次人才的重点支持计划。年内，全市有薛新忠、唐海娣、沈彬、冯虎田等4名人才入选，累计5人。薛新忠是中国科学院理学博士，于2011年12月成立苏州华博电子科技有限公司。该公司主要从事微波通信领域的高密度封装薄膜电路基板和薄膜无源元器件的研发及生产，产品各项指标达到国内领先、国际先进水平。唐海娣是北京大学软件工程专业硕士，从北京大学毕业后赴欧洲工作多年，2012年10月回国创办江苏耐维思通科技股份有限公司。该公司拥有78项专利技术、16项软件著作权，“智慧型绿色低碳港”产品销售实现国内大中型港口的全面覆盖。沈彬是英国斯塔福德大学经济学硕士，2007年进入沙钢集团工作，作为沙钢集团党委书记、常务副总裁兼总会计师及沙钢集团有限公司董事长，带领沙钢集团以“转型、创新、提升”为统领，加快技术进步，推进智能制造，沙钢集团连续9年进入世界企业500强。冯虎田是南京理工大学博士生导师，国家科技重大专项“高档数控机床及基础制造装备”总体组专家、功能部件责任专家，于2013年1月创办张家港斯克斯精密机械科技有限公司，该公司核心产品为智能装备关键部件精度及性能检测设备、机器人及智能装备。 （张金岱　殷立华）

高新技术产业

【概况】 年内，全市加强高新技术产品的研究与开发，共有张家港市江南锅炉压力容器有限公司的“煤化工行业专用黑水换热（冷却）器”、张家港市国泰华荣化工新材料有限公司的“长寿命三元动力电池电解液”等374件产品被认定为高新技术产品，累计3266种；推进高新技术企业申报工作，认定张家港迪克汽车化学品有限公司、江苏国泰超威新材料有限公司等141家企业为高新技术企业。新确认省民营科技企业218家。至年末，全市有效高新技术企业393家，占苏州市高新技术企业总数的8.8%，列苏州市（县、区）第二；高新技术产业产值占规模以上工业总产值比重达到23.2%，增幅居苏州市（县、区）第一。

【省高新技术企业培育资金首次下达】 12月，省财政厅、省科学技术厅联合发文《关于下达2017年度省高新技术企业培育资金的通知》，对列入省高新技术企业培育库的企业下达培育资金，鼓励企业开展技术创新，重点开展新产品、新技术、新工艺、新业态创新。这也是自出台《江苏省高新技术企业培育资金管理办法（试行）》后，首次对入库企业下达培育资金。张家港新丝纬化纤有限公司、张家港宝视特影视器材有限公司等全市66家列入省高新技术企业培育库的企业共获得培育资金367万元。（李裕芬）

2017年张家港市认定高新技术企业一览表

表56

序号	企业名称	序号	企业名称
1	张家港迪克汽车化学品有限公司	6	江苏浦士达环保科技股份有限公司
2	江苏国泰超威新材料有限公司	7	江苏怡成屏障科技有限公司
3	张家港市江南利玛特设备制造有限公司	8	苏州久港消防设备有限公司
4	张家港AAA精密制造股份有限公司	9	张家港市华昌新材料科技有限公司
5	江苏森尼克电子科技有限公司	10	张家港市嘉瑞制药机械有限公司

续表56

序号	企业名称	序号	企业名称
11	苏州骏昌通讯科技股份有限公司	53	苏州海陆重工股份有限公司
12	张家港保税区康得菲尔实业有限公司	54	张家港市互惠光电有限公司
13	张家港中集圣达因低温装备有限公司	55	江苏金帆电源科技有限公司
14	江苏立万精密制管有限公司	56	苏州金科发能源技术有限公司
15	张家港市国泰华荣化工新材料有限公司	57	苏州金凯达机械科技股份有限公司
16	江苏科幸新材料股份有限公司	58	苏州润德新材料有限公司
17	张家港市金纱纺织有限公司	59	苏州爱康金属科技有限公司
18	张家港市华地机械装备有限公司	60	张家港德海锅炉有限公司
19	张家港保税区亚信汽车零部件科技有限公司	61	张家港清研检测技术有限公司
20	江苏长园华盛新能源材料有限公司	62	苏州龙杰特种纤维股份有限公司
21	张家港市中悦冶金设备科技有限公司	63	苏州锴威特半导体有限公司
22	江苏恒盛药业有限公司	64	江苏国泰新点软件有限公司
23	张家港保税区灿勤科技有限公司	65	江苏新美星包装机械股份有限公司
24	江苏启能新能源材料有限公司	66	云顶科技(江苏)有限公司
25	苏州丰倍生物科技有限公司	67	江苏华大离心机制造有限公司
26	森田新能源材料(张家港)有限公司	68	傲科塑料制品(张家港)有限公司
27	江苏东源纺织科技实业有限公司	69	保定天威集团(江苏)五洲变压器有限公司
28	江苏浩顺医疗器械科技有限公司	70	江苏大族展宇新能源科技有限公司
29	苏州阿洛斯环境发生器有限公司	71	江苏东方宝泰科技有限公司
30	苏州锋驰微电子有限公司	72	江苏炯测环保技术有限公司
31	苏州思源科安信息技术有限公司	73	江苏能华微电子科技发展有限公司
32	张家港保税区百旭机械科技有限公司	74	江苏新锐环境监测有限公司
33	张家港立宇化工有限公司	75	江苏中饮机械有限公司
34	张家港绿色三星净化科技股份有限公司	76	苏州奥斯汀新材料科技有限公司
35	张家港美景荣化学工业有限公司	77	苏州长鼎兴智能科技有限公司
36	张家港南光包装容器再生利用有限公司	78	苏州福瑞智电电气有限公司
37	张家港市华菱医疗设备制造有限公司	79	苏州汉风科技发展有限公司
38	华奇(中国)化工有限公司	80	苏州衡微仪器科技有限公司
39	张家港天宇精梳羊毛有限公司	81	苏州晶台光电有限公司
40	江苏新芳科技集团股份有限公司	82	苏州同冠微电子有限公司
41	张家港中天达工具有限公司	83	张家港富瑞特种装备股份有限公司
42	张家港凯思半导体有限公司	84	张家港晋宇达电子科技有限公司
43	江苏和乔科技股份有限公司	85	张家港市澳洋呢绒有限公司
44	张家港爱科思汽车配件有限公司	86	张家港市骏马钢帘线有限公司
45	张家港永和包装印务有限公司	87	张家港市美特高分子材料有限公司
46	苏州东杏表面技术有限公司	88	张家港扬子纺纱有限公司
47	张家港市旭骏机械部件有限公司	89	江苏长隆石化装备有限公司
48	张家港富士金属制品有限公司	90	张家港万诚科技股份有限公司
49	张家港市固业金属制品有限公司	91	江苏远大信息股份有限公司
50	张家港市广大机械锻造有限公司	92	张家港润盛科技材料有限公司
51	张家港格瑞特化学有限公司	93	张家港华裕有色金属材料有限公司
52	江苏格玛斯特种织物有限公司	94	张家港特锐机械制造有限公司

续表56

序号	企业名称	序号	企业名称
95	江苏七洲绿色化工股份有限公司	119	张家港市顾乐仕生活家居科技有限公司
96	张家港三得利染整科技有限公司	120	张家港振江粉末冶金制品有限公司
97	牡丹汽车股份有限公司	121	张家港市光学仪器有限公司
98	江苏派恩新型材料有限公司	122	江苏民扬塑胶科技有限公司
99	江苏宝田新型材料科技股份有限公司	123	江苏索尔新能源科技股份有限公司
100	江苏海狮机械股份有限公司	124	江苏华程工业制管股份有限公司
101	江苏圣力离心机制造有限公司	125	江苏银河电子股份有限公司
102	苏州星亿机械有限公司	126	苏州市康力骨科器械有限公司
103	苏州益茂电动客车有限公司	127	张家港市旭德铝制品有限公司
104	张家港嘉园钢铁制品有限公司	128	张家港新丝纬化纤有限公司
105	张家港市丁氏机械有限公司	129	张家港市联达机械有限公司
106	张家港市通江机械有限公司	130	江苏省沙钢钢铁研究院有限公司
107	江苏新大乘环保科技有限公司	131	苏州爱得科技发展股份有限公司
108	张家港市创基机械设备制造有限公司	132	江苏迪威高压科技股份有限公司
109	张家港兴宇机械制造有限公司	133	江苏永捷国际物流有限公司
110	张家港市三联化工科技有限公司	134	张家港浦项不锈钢有限公司
111	和和机械(张家港)有限公司	135	张家港宝视特影视器材有限公司
112	苏州海蓝环保科技有限公司	136	德朗能(张家港)动力电池有限公司
113	张家港联峰钢铁研究所有限公司	137	江苏安格尔医疗器械有限公司
114	张家港市棋瑞德机械制造有限公司	138	江苏博强新能源科技有限公司
115	苏州艾美得新能源材料有限公司	139	江苏日新医疗设备股份有限公司
116	张家港市华亿科教设备有限公司	140	张家港白熊科美机械有限公司
117	张家港鸿蜩生物科技有限公司	141	张家港市万金机械有限公司
118	张家港市利奇塑料有限公司		

科技项目

【概况】 年内,张家港市有16个项目列入省级科技计划。其中,省科技成果转化项目3项,累计25项;省重点研发计划6项;省国际科技合作计划项目2项,累计19项;省自然科学基金项目1项,累计15项。组织实施张家港市科技计划项目142项。

【康得新欧洲复合材料研发中心获专项资金支持】 7月,张家港市首个海外研发机构——康得新欧洲复合材料研发中心入选2017年度省政策引导类计划(国际科技合作)项目,获省科技厅70万元资金支持。该中心由康得新复合材料集团股份有限公司与德国慕尼黑工业大学碳纤维复合材料研究所合作共建,由康得新集团投资3000万欧元于6月建成,位于德国巴伐利亚州慕尼黑市,研发试制面积3000平方米。作为康得新碳纤维汽车轻量化生态平台的重要组成部分,该研发中心具备工业级研发设计能力,可进行碳纤维汽车部件的研发、试制和小批生产,是中国、德国两国在汽车轻量化领域进行技术交流、产业合作、资本合作、市场合作的重要平台,助推中国汽车轻量化产业快速发展。

【欣荣博尔特医疗器械公司研发新品近30种】 苏州欣荣博尔特医疗器械有限公司是中国医疗器械协会以及中国医疗器械研究所骨科主任委员会成员之一。该公司的微创治疗椎体压缩骨折非对称性扩张器的研发和前瞻性应用创新项目于2015年获国家科技型中小企业技术创新基金,并获发明专利1项、实用新型专利2项。至2017年年末,该项目实现销售收入860万元,利税190万元,创汇58万美元。2016年至2017年,公司先后与苏州大学、江苏省人民医院等单位开展产学研合作,投入1885.88万元用于新品研发,建立研发中心,建成46人的研发创新团队,拥有建筑面积500平方米研发试制车间。2017年,公司研发新产品近30种。其中,胫骨近端外侧接骨板为最新研发的产品,采用新材料、新技术研发,尺寸更符合中国人的骨骼解剖数据,而且新材料的强度和韧性更高,生物相容性更好。至2017年年末,公司拥有有效专利24件,其中发明专利4件,实用新型专利20件,研发中心已储备50余件核心技术相关专利。

(肖 晋 徐 平)

2017年张家港市新增省级科技计划项目一览表

表57

项目类别	项目名称	承担单位
省重点研发计划项目	新型电子信息材料EDT智能微反应化生产技术研发	贝利化学(张家港)有限公司
	深海采油管道互连用防爆组件复合锻造近净成形关键技术研发	张家港海锅新能源装备股份有限公司
	高效多晶PERC太阳能电池双层SiNx膜钝化工艺研究	苏州爱康光电科技有限公司
	锂离子动力电池系统集成与管理关键技术研究	江苏索尔新能源科技股份有限公司
	大型高效节能冷箱模块化成套装备的研发	江苏中核利柏特股份有限公司
	疫苗流通全程追溯科技示范	张家港市疾病预防控制中心
省科技成果转化项目	塑料固废再生建筑模板成套生产装备的集成创新及产业化	江苏贝尔机械有限公司
	大容量IGCC/CCPP余热锅炉成套装备的研发及产业化	苏州海陆重工股份有限公司
	新一代桥梁缆索镀锌钢丝用盘条的研发与产业化	江苏沙钢集团有限公司
省国际科技合作计划项目	纳米电子传感器的开发以及在水质和术后伤口监测等应用	张家港万众一芯生物科技有限公司
	康得新欧洲复合材料研发中心	康得新复合材料集团股份有限公司
省自然科学基金项目	新型抗H1N1病毒天然产物Eleganketal A核心骨架构筑及其衍生物全合成研究	张家港威胜生物医药有限公司
省创新能力建设计划项目	省新型研发机构奖励	张家港智能电力研究院有限公司
	省重点企业研发机构绩效评估	江苏华程工业制管股份有限公司
	省重点企业研发机构绩效评估	江苏国泰新点软件有限公司
	省创新能力提升建设项目	南京理工大学张家港工程院公司

科 技 成 果

【概况】 年内,张家港飞航科技有限公司参与的项目获国家技术发明奖二等奖,累计有18项参与项目获国家科学技术奖,其中国家科技进步奖15项、国家技术发明奖3项。全市新增省科学技术奖2项,其中二等奖1项、三等奖1项,累计106项;新增苏州市科学技术奖励17项,其中技术发明奖1项、科技进步奖一等奖2项、科技进步奖二等奖3项、科技进步奖三等奖11项。

【飞航科技参与项目获国家技术发明奖二等奖】 年内,张家港飞航科技有限公司参与的“基于微流场反应技术的生物基无毒增塑剂及衍生物连续绿色制造”项目获国家技术发明奖二等奖。该项目在国际上率先实现微流场反应技术的规模化工程应用,构建国内唯一稳定生产、质量达到国际标准的ATBC(乙酰柠檬酸三丁酯,食品包装、医用聚氯乙烯、精密仪器包装用氯乙烯-偏二氯乙烯共聚物的主要增塑剂)技术,产品在国内外30余家企业获得应用,推动中国增塑剂产业的无毒化转型升级。张家港飞航科技有限公司集研究、开发、生产于一体,主要生产生物基多元醇系列产品和精细化工系列产品。2012年,公司同南京工业大学合作研发,并于2016年开发出生物基多元醇,可实现完全取代市场上的石油基产品4110硬泡聚醚,为国际首创,并取得多项发明专利。同时开发出各种官能度的生物基多元醇,分别应用于聚氨酯胶黏剂及涂料领域。

【同大机械一项目获江苏省科学技术奖二等奖】 年内,苏州同大机械有限公司的“高效节能中空成型机关键技术及其成套装备”项目获江苏省科学技术奖二等奖。“高效节能中空成型机关键技术及其成套装备”项目历经6年科技攻关,解决了国际上吹塑制品存在的熔接痕强度和刚度不足、能耗大、自动化程度与生产效率不高等技术难题,打破了国外相关技术的垄断,国内市场占有率达到30%,2015年至2017年累计产生经济效益7.1亿元。 (薛冠恩)

2017年张家港市获苏州市级以上科学技术奖励一览表

表58

获奖项目名称(获奖人)	申报(参与)单位	获奖类别	等级	授奖部门
基于微流场反应技术的生物基无毒增塑剂及衍生物连续绿色制造	张家港飞航科技有限公司	国家技术发明奖	二等奖	国务院
高效节能中空成型机关键技术及其成套装备	苏州同大机械有限公司	科学技术奖	二等奖	江苏省政府
硬脆功能材料精密切割用高强超细金刚石线锯的研发及产业化	张家港市骏马钢帘线有限公司、江苏永钢集团有限公司	科学技术奖	三等奖	江苏省政府

续表58

获奖项目名称（获奖人）	申报（参与）单位	获奖类别	等级	授奖部门
海洋工程用高耐蚀性螺纹钢筋研发和产业化	江苏沙钢集团有限公司、江苏省沙钢钢铁研究院有限公司	技术发明奖	二等奖	苏州市政府
液化天然气深冷成套装备关键技术及其产业化	张家港富瑞特种装备股份有限公司	科技进步奖	一等奖	苏州市政府
万吨级轮胎工业用功能树脂产业化关键技术	华奇（中国）化工有限公司	科技进步奖	一等奖	苏州市政府
高速精密数控机床用高档轴承制造关键技术研究及产业化	张家港AAA精密制造股份有限公司	科技进步奖	二等奖	苏州市政府
太阳能晶硅精密切割线锯的研发及产业化	张家港市骏马钢帘线有限公司、南京工程学院	科技进步奖	二等奖	苏州市政府
S320-26高安全主动控温型电动汽车动力锂电池组	江苏索尔新能源科技股份有限公司	科技进步奖	二等奖	苏州市政府
大功率超低功耗半导体功率场效应晶体管（MOSFET）	张家港凯思半导体有限公司、江苏协昌电子科技股份有限公司	科技进步奖	三等奖	苏州市政府
城市低地板轻轨车用弹性车轮的研发及产业化	江苏瑞铁轨道装备股份有限公司	科技进步奖	三等奖	苏州市政府
高功效密集漂浮物推拖船及其配套设备	苏州飞驰环保科技股份有限公司	科技进步奖	三等奖	苏州市政府
椎弓根螺钉抗松动技术创新及机制研究	张家港市中医医院	科技进步奖	三等奖	苏州市政府
首乌僵芪汤用于PCOS的治疗技术研究及临床应用	张家港市中医医院	科技进步奖	三等奖	苏州市政府
适用于矿山露天开采边坡复绿的类壤土基质喷播技术研究与工程示范	江苏绿岩生态技术股份有限公司	科技进步奖	三等奖	苏州市政府
砷化镓高灵敏度智能传感芯片	苏州矩阵光电有限公司	科技进步奖	三等奖	苏州市政府
微波炉用抗菌粉末涂料的研发与产业化	江南载福粉末涂料（张家港）有限公司	科技进步奖	三等奖	苏州市政府
高碳钢关键质量指标评价体系的建立与应用	江苏省沙钢钢铁研究院有限公司	科技进步奖	三等奖	苏州市政府
高浓度丙烯酸废液资源化创新技术的研究与产业化	张家港市德宝化工有限公司	科技进步奖	三等奖	苏州市政府
柔性显示材料聚噻吩单体DMT微反应生产技术研发及产业化	贝利化学（张家港）有限公司、奥地利Microinnova Engineering GmbH公司、东南大学	科技进步奖	三等奖	苏州市政府

知识产权保护

【概况】 年内，张家港市列2016年度国家知识产权示范城市考核全国第六、县级市第一，获评2016年度国家知识产权示范城市工作先进集体；作为江苏唯一县级市列入中小企业知识产权战略推进工程试点市（全国共20家，江苏2家）；张家港保税区获批江苏省知识产权示范园区，被评为2017年度江苏省知识产权试点示范园区工作先进单位；市知识产权局连续三年被评为江苏省专利行政执法工作先进单位、江苏省知识产权政务信息工作先进集体，蝉联江苏省知识产权宣传培训工作先进单位、苏州市知识产权工作先进集体。全市申请专利8933件，其中申请发明专利3968件；新增授权专利4413件，其中发明专利授权1059件；每1万人发明专利拥有量达到36.25件，较上年提高6.12件，提前完成知识产权“十三五”规划目标。张家港康得新光电材料有限公司、江苏华大离心机制造有限公司、苏州海陆重工股份有限公司、江苏合丰机械制造有限公司、苏州飞驰环保科技股份有限公司、江苏金陵体育器材股份有限公司等6家企业被确定为国家知识产权优势企业，全市累计11家；江苏固耐特围栏系统股份有限公司被确定为国家知识产权示范企业，实现全市零突破。新增省企业知识产权管理标准化备案企业56家，累计160家；通过企业知识产权管理规范（GB/T29490-2013）认证11家，累计25家；通过企业知识产权管理标准化绩效评价12家，累计27家；新增省企业知识产权战略推进计划3项，累计13项。其中，张家港康得新光电材料有限公司获省企业知识产权战略推进计划重点项目立项，实现全市零突破；新增首批苏州市企业知识产权登峰行动计划1项；新增苏州市企业专利导航计划5项，累计20项。争取上级知识产权经费694.3万元；拥有有效发明专利30件以上大户20家，其中100件以上3家。新增江苏省百件优质专利7件，累计16件；新增中国专利奖6项，累计24项；新增江苏省专利项目奖4项，累计12项；新增苏州市优秀专利奖4项，累计20项。“4·26”世界知识产权日暨全国知识产权宣传周期间，市知识产权局组织开展知识产权有奖问答、宣传普及、知商服务中国行走进张家港等8场活动。11月16日至12月6日中国专利周活动期间，开展高新技术企业标准化建设交流研讨会、中国（苏州）知识产权维权援助张家港分中心揭牌仪式暨企业维权能力培训等10场活动。全年举办知识产权工程师、专利信息分析、专利布局等实务培训及主题沙龙活动14场，培训企事业单位人员1200余人次。

2017年张家港市各区镇专利申请、授权情况表

表59 单位：件

区镇名	申请情况		授权情况	
	专利申请	发明申请	专利授权	发明授权
保税区（金港镇）	1889	1022	820	241
经开区（杨舍镇）	3035	1330	1479	394
冶金园（锦丰镇）	970	488	394	112
塘桥镇	761	289	364	29
乐余镇	745	226	436	71
凤凰镇	506	202	304	52
南丰镇	509	233	333	124
大新镇	365	121	174	16
常阴沙现代农业示范园区	153	57	109	20
合计	8933	3968	4413	1059

【6项专利获中国专利优秀奖】 年内，张家港市政府发动全市企业参与中国专利奖的评选，鼓励有条件的单位通过行业协会或者院士推荐参评，共有张家港中集圣达因低温装备有限公司“容器应变强化系统及其所生产的奥氏体不锈钢低温容器（ZL200710119161.2）”、张家港中环海陆特锻股份有限公司“一种大型内台阶环件径轴向轧制成形方法（ZL201110444732.6）”、江苏省沙钢钢铁研究院有限公司“一种600兆帕级抗震螺纹钢筋及其制造方法（ZL201210252106.1）”、苏州爱康光电科技有限公司“一种晶体硅太阳能电池片扩散方法（ZL201310350609.7）”、苏州金凯达机械科技股份有限公司“一种异型管锯切机（ZL201410070034.8）”、张家港市盛港绿色防火建材有限公司“玻化微珠保温板及其生产方法（ZL201410155631.0）”等6项专利荣获中国专利优秀奖，获奖数量全国县市领先，全市累计获奖24项。

【全国率先开展知识产权服务机构绩效评价】 年内，张家港市在全国县市率先探索开展知识产权服务机构绩效评价管理，市科学技术局、市知识产权局联合印发《关于加强张家港市知识产权服务机构绩效评价管理的实施意见（试行）》，对服务机构绩效评价的实施范围、评价组织和结果运用做出了规定，明确服务机构绩效评价的目的原则、主体对象、评价内容、指标体系、评估监测、评价程序、政策支持等9个方面内容，建立绩效评价指标体系，包括自身能力建设、服务水平提升、服务质量监测等三个方向共10项一级指标、24项二级指标、69项具体指标。按照绩效评价、政策引导的原则，实施首次绩效评价工作，4家本土知识产权服务机构被评为优秀、2家被评为良好、1家被评为合格，共发放绩效评价引导经费159.5万元。

【知识产权执法维权】 年内，市知识产权局紧扣国家知识产权示范市建设要求，不断强化全市企事业单位知识产权保护意识。组织3期企业知识产权维权能力培训。与江苏尚科律师事务所达成合作协议，通过政府购买服务，为全市企事业单位免费提供知识产权维权援助服务。开展知识产权执法维权“护航”“闪电”专项行动。全年分别2次协助省知识产权局政策法规处（行政执法总队）、苏州知识产权维权援助中心，联合市市场监管局、区镇科技人才部门在全市开展联合专利行政执法行动，检查商品1000余件，查获涉嫌假冒专利76件。

（彭　程）

科普工作

【概况】 12月，江苏科技大学苏州理工学院科协成立。至年末，全市有区镇科协9个、街道科协21个、村（社区）科协143个、企业科协81个、高校科协2个；有市级学会20个、科普志愿者团队39个，科普志愿者队伍6200余人；有科普教育基地53个，其中国家级1个、江苏省级8个，苏州市级9个。有科学教育特色学校24所，其中江苏省级4所、苏州市级9所。年内，在全市85个村（社区）、科普基地开展科普信息屏建设，配套组建由280名科普信息员构成的一站式社区科普信息网络。开展“科普新干线”巡展100场，惠及5.2万余人次。开展“流动科技馆进校园”活动，服务学生30160人。举（承）办第24届江苏省青少年科技模型竞赛等活动。在各类青少年科技创新大赛中，全市累计获一等奖41个。开展“百场科普讲座进五区”活动，累计举办科普讲座102场。组成近10个科普工作群，借助“科普中国”第三方应用程序平台和科普信息员队伍，开展科普宣教。市民防教育体验馆获评江苏省级科普教育基地，市实验小学、市合兴小学入选江苏省中小学STEM项目试点学校，《艾丽丝奇游记》等19个剧目分获江苏省第五届科普剧一、二、三等奖，市机关幼儿园、南丰小学、乐余中心小学获评苏州市科学教育综合示范学校，南丰镇永合社区入选江苏省“基层科普行动计划”奖补对象。启动“科普细胞工程进社区”，该项目获评江苏省科技创新项目、苏州市2018年推广示范项目。常阴沙现代农业示

细胞工程项目——书院社区"松鼠课堂"航模制作活动

（市科协　提供）

范园区常西社区科普惠农服务站、保税区（金港镇）长江土地股份专业合作社科普惠农服务站获评2017年江苏省科普惠农服务站；金麦穗生态农业研发有限公司、市鸿屹水产养殖有限公司获评苏州市科普惠农服务站；保税区（金港镇）金丰社区、经开区（杨舍镇）君临社区、冶金园（锦丰镇）悦来社区获评苏州市科普示范社区。2017年，市科协获评中国科协2017年全国科普日活动优秀组织单位、江苏省2017年度实施"县级科协创新发展能力提升计划"优秀单位。

【学术交流】 年内，各学会提交科普项目14项，举办各类专业技术培训100余场，学会科技工作者开展进社区、进校园、进农村等活动150余场，开展热处理工艺专场对接会等各类学术交流活动100余场。市档案学会、农学会、标准计量学会等成为承接政府职能的优秀学会，市医学会、烹饪技术协会、电气技师协会完成学会"两化"（秘书长职业化，秘书处实体化）建设，市电气技师学会承办市政府举办的"行行出状元"市职业技能大赛分赛，市烹饪技术协会率先成立党组织，市暖通空调协会、市粮油行业协会完成行业协会脱钩改革。

【科技服务】 年内，市科协探索在线科技工作者之家服务，完成科技查新500项，科技文献资料下载5万页。完成全国科技工作者状况调查问卷730份，向上级科协提交5篇关于科技工作者状态的调研信息。聂文金、蒋锋被评为苏州市2016—2017年度"讲理想、比贡献"技术创新竞赛活动"杰出工程师"，江苏索尔新能源科技股份有限公司等10家单位的项目获苏州市2016—2017年度"讲理想、比贡献"技术创新竞赛活动"优秀项目"。张家港科创园、张家港富瑞特种装备股份有限公司等2个科技工作者调查站点被评为苏州市优秀调查站点，2人被评为优秀调查员。对全市"创新争先"优秀科技工作者进行走访慰问，组织《张家港日报》对全市一线优秀创新创业人才进行采访，开辟专栏进行深度宣传报道。开展双月沙龙服务、新春联谊、科技鹊桥、运动会、"工人之星"评比、"科技工作者日""六个一"系列活动，举办科协会员日暨学习十九大精神专场宣讲活动。

【海智基地】 年内，举办"海智张家港行——常春藤创业联盟专场""北欧创新企业项目路演与对接会""第五届首都高校院所苏州行（张家港）产学研对接会""半导体（芯片）行业专场对接会"等海智活动。全年共分享海外人才、项目等信息130余条，接待海外专家团体30人次；引进（落地）项目19项，引进团队19个，引进人才20人。冶金工业园德柏亚众创空间、江苏能华微电子科技发展有限公司、江苏扬新生物医药有限公司等5家单位成为苏州市离岸创新创业联盟单位。苏州顺泰元虫草生物科技有限公司"高品质蛹虫草发酵菌粉的研发及产业化"项目、张家港悟波嘉成电子科技有限公司"用于开放手术实时超精度嵌入式成像处理摄录系统"项目获省科协海智双创大赛优胜奖。江苏启能新能源材料有限公司"HO-650相变储热式热库"参加省科协科普周海智展示获评三等奖。

【科普宣传周】 5月20日至27日，以"科技强国、创新圆梦"为主题的第29届科普宣传周暨第二届青少年科技创意嘉年华活动举行。活动将科技、艺术、亲子、创意、公益、文化等元素融入，首次推出"酷玩实验站""奇趣科技展""创意体验坊""亲子互动区"（3D打印、无人机展示、中药手工皂制作、四驱车拼装等）四大主题展，通过大手拉小手的形式向家庭免费开放，共有5000余人参与。向全市中小学发放问卷调查2000余份，让青少年在互动和体验中感受科技的魅力。

【全国科普日】 9月16日，以"创新驱动发展、科学破除愚昧"为主题的2017年全国科普日张家港市主场活动在江苏科技大学张家港校区举行。活动开设全市科技创新成果展、科学梦工场创意体验坊、科普家庭互动体验区、科普益民流动咨询服务站、全市优质农产品联合展等5大区域科普展，以现场科学实验、科学展示、科学表演等方式以及实物模型、虚拟现实技术、互动体验等手段，让公众通过接触、体验，理解高新科技，培养市民的探究科学精神和创新意识，共有3000余人参与。　（林　岳）

气象科技

【概况】 年内，市气象局围绕建设气象现代化目标，规范加强气象服务工作，强化气象社会管理，推进气象现代化建设。5月26日，张家港气象站主站、备站的主采集器和各分采集器按照规定进行现场标校。5月和11月,分别对主站、备站的能见度观测仪进行半年度校验,确保各观测仪器规范、正常使用。8月,与张家港海事局就客汽渡气象观测点建设和“平安港口”气象保障工程建设开展座谈交流。同月,组织气象业务人员参加第四届江浙两省七地技术交流会,有4篇文章参加大会交流。9月1日,地面气象观测业务软件升级为ISOS2.0版本。启动视程障碍自动化观测,湿度指标设置为80%,轻雾和雾的能见度指标分别设置为7500米和750米。年内完成降水天气现象仪的安装,并于11月1日开始为期二年的降水现象平行观测。年内,防雷业务体制改革继续推进,妥善安置防雷分流人员。全年受理防雷设计审核27件,防雷竣工验收43件,竣工检测72件,施放气球活动许可121件,开具气象证明66份;开展行政指导4家。突出危险化学品和粉尘涉爆等高危企业安全监管,6月起,开展为期一个余月的危险化学品企业暨粉尘涉爆企业防雷安全生产执法专项检查。全年检查相关单位277个,出动检查人员564人次,发现隐患数27个,年内已全部整改完成。加强行政执法力度,严把施放气球作业关。7月,对全市4家施放气球单位现场安全生产开展督查巡查专项工作。全年查处违法施放气球案件1件,采用说理式执法,对违法单位进行行政处罚。12月,举行2017年度依法行政暨普法宣传培训会议。

【气象预报】 年内,市气象局共向地方政府发送重要天气公报4份、专题气象服务70份、天气信息36份、气象为农服务专报1份;发布气象灾害预警信号50次,其中蓝色预警信号6次、黄色预警信号32次、橙色预警信号8次、红色预警信号4次,主汛期6月至8月发布预警信号33次。利用气象短信平台,为全市各级党政领导、农村气象信息员、沿江气象信息员、各类种植大户及森林防火、地质灾害责任人等提供及时准确的气象信息服务,服务对象总人数4357人,全年发送各类气象预报、预警短信254万人次。张家港市汛期强降水过程偏多,汛期内出现4次暴雨过程,其中两次大暴雨天气。市气象局加强对天气形势的分析研判,提前发布重要天气公报、专题气象服务材料,及时进行预报预警,通过广播电视、气象短信平台、气象微博、气象预警信息显示屏等多种方式向全社会发布,做到灾害性天气预报预警信息100%全发布。完成全国县级文明城市创建工作现场会和张家港国际马拉松赛两项重大活动气象保障服务。为做好马拉松赛的保障服务,共发布专题气象服务材料8期,微博16条,向组委会微信群推送预报服务微信10条。

【气象科普】 3月,市气象局在老宅社区广场举办纪念“3·23”世界气象日暨学雷锋活动,开展“观云识天”主题宣传,联合市邮政局举办“小小气象员”职业体验活动,38名学生参加;联合市摄影家协会、委托“张家港城事”微信公众平台,举办“观云识天”摄影大赛,400余名摄影爱好者参与;在市白鹿小学举行“观云识天”气象科普讲座,并向学生赠送气象科普读物。5月12日和13日,分别到保税区(金港镇)德丰社区和经开区(杨舍镇)金塘社区开展防灾减灾宣传活动,发放宣传资料500余份。全年市气象科普馆接待23批943人次参观。11月,举办气象科技论坛——雷达产品简介及应用,邀请苏州市气象局气象服务中心副主任谢洁讲解雷达知识。 (张育萍)

防震减灾

【概况】 年末,张家港市域有地震微观监测站2个,宏观监测站10个,数字地震台1个,强震台4个,其中省属强震台1个。市地震局强化地震监测基础,加强对前兆台站、测震台站、强震台站的管理,定期巡查,及时排除隐患和故障,每季度检测台站接地电阻,确保各项地震监测手段的正常运行。全年人工前兆观测台站观测完整率100%,数字测震、强震台站连通率100%,居苏州各市(区)第一。1月,与各台站工作人员签订工作责任状。2月,制定地震监视和短临跟踪方案。8月,南丰镇地下流体监测台站控制性详细规划通过市政府批准。年内,市地震局获省地震监测预报工作效能考核优秀奖。

【地震应急】 年内,市地震局指导各区镇、各部门修订地震应急预案。组建由全市118名地理教师加盟的校园宣传QQ群。通过QQ群,向各学校发送应急演练操作规范、防震减灾宣传资料,指导全市中小学开展地震应急演练活动。“5·12”防灾减灾日活动周、“7·28”唐山地震纪念日、全国科普日期间,开展防震减灾科普宣传活动。8月8日四川九寨沟地震、8月9日青海玉树地震发生后,市地震局工作人员在电视节目中对这两次地震的关联性进行了评价。10月,对全市已建成的应急避难场所进行巡查,投资1.5万元对梁丰生态园内部分破损的指引牌进行了更换,并增加三处平面示意图。委托市邮政局,向市区各中小学及幼儿园发放少儿书信大赛本册共3.6万份,以公益广告插页的形式向少年儿童宣传防震减灾知识。租用2路、7路公交车LED广告屏,每天滚动播放加强防震法制建设相关内容。4万名师生进入市青少年社会实践基地防震减灾科普馆接受教育。

【化肥厂强震台站业务用房修缮】 张家港强震台是苏州境内两个省属强震台之一,该台坐落在市暨阳东路的化肥厂地震监测站内,由张家港市地震局于2005年投资15万元建造。经过十余年的使用后,业务用房部分屋面防水存在老化破损情况,强降雨发生时,雨水渗入室内,对监测设备的安全使用造成一定的隐患。南侧天沟也因为排水不畅、积水渗入,造成挑梁的保护层开裂、脱落,影响房屋使用的耐久性。12月中旬,市地震局安排施工单位,将屋面防水进行翻修,对天沟排水进行疏通,并对挑梁的保护层进行修复,消除了监测工作中的安全隐患。 (孙宝权)

【编辑 沈立平】

教育

Education

全国首届文明校园——市塘市小学　（市教育局　提供）

教育事业

【概况】 2017年，全市有各级各类学校161所，其中高等院校3所、普通高中9所（含完中2所）、职业院校5所（含开放大学）、初中34所、小学38所、幼儿园62所、特殊教育学校1所、国际学校1所、民办新市民子女学校8所。另有社区教育中心9所。全市教育系统教育经费总投入40.86亿元，其中公共财政教育经费支出32.97亿元。招收新生5.22万人，毕业生4.54万人。年末在校学生19.54万人，比上年增7012人，吸纳新市民子女8.74万人（不含3所高校）。张家港市先后获评江苏省首批基础教育装备示范市、江苏省平安校园创建示范市、江苏省依法治教改革试点区。在全省教育现代化监测中，张家港市综合得分91.64，列苏州各县（市、区）第一、全省同类县（市）首位。

教育均衡化发展　年内，张家港市制定并印发《张家港市教育事业发展“十三五”规划》《张家港市教育设施专项规划（2016—2030）》《关于进一步推进城乡义务教育一体化现代化，促进高位优质均衡发展的实施意见》，建立张家港教育智库，成立江苏省首个家庭教育服务中心，有序推进北庄幼儿园、世茂幼儿园、旺西幼儿园、闸上幼儿园、暨阳实验小学、世茂小学、乘航小学、乘航幼儿园等8所学校的新建项目和暨阳高中、塘桥高中、城北小学等3所学校的改扩建项目。市工贸职中（高级技工学校）、市第三职中两校合并且迁入城北职教园，高职园区中专校二期新建工程建设启动。全市竣工校舍建筑面积3.96万平方米，教育装备投入总额近9000万元。8所民办新市民子女学校高标准完成提档升级工程，市教育局被评为苏州市外来工子弟学校提档升级项目工作示范区。

教育服务惠民　全面完成温水供应进学校民生实事工程。实现全市小学（含九年一贯制学校小学部及民办新市民子女学校）“四点半学校”建设全覆盖。全市“四点半学校”开设班级359个，服务小学生8818人，2417位教师志愿者、139位外聘专业辅导员、120名社会志愿者参与“四点半学校”服务工作。开展“百校千师万家”大走访活动。“机关干部访百校”实现全市167所学校（含校区、分校）全覆盖；“学校行政访千师”走访在职在岗教师6729人次、退休教师1517人次，解决具体问题318个；“学科教师访万家”走访贫困生3595人次，解决具体问题442个。首次为全市中小学、幼儿园17万名学生购买意外伤害险。资助家庭经济困难学生7216人次，资助金额1082.46万元。中等职业教育免学费10406人次，免学费财政补助2379.735万元。普通高中特困学生免学费169人，免学费金额14.37万元。发放生源地信用助学贷款33人次，贷款金额26.36万元。为新市民子女提供起始年级公办学位4.3万个，完善新市民子女积分入读公办学校制度，公办吸纳率持续保持在75%以上，残疾儿童义务教育入学率100%。

素质教育提升　举办2017年“市长杯”校园篮球总决赛，承办苏州市青少年校园足球现场推进会，22所学校被评为全国青少年校园足球特色学校。公办高中实现“四星高中”全覆盖。职业教育实现多元发展，成功申报名师工作室1个，校企示范组合4家，苏州市创新大赛、技能大赛成绩位列苏州各县市前列。高等教育实现内涵发展，先后引进12位高层次拔尖人才，毕业生“双证书”获取率超过99%。举办张家港市第五届全民终身学习活动周开幕式暨老年教育艺术节，直接参与活动的市民近2万人，金港镇社区教育中心入选联合国教科文组织农村社区学习中心（全国仅9家）。全市中小学有境外友好学校的比例31%。普通高考本一、本二达线率均位居苏州第一。在全国、省、市级各类科技比赛中，全市中小学累计获奖1000余人次。

制度规范化建设　严格落实意识形态工作责任制，100%党委学校成立纪委，100%党总支学校、党支部学校设立专职纪检委员，在“张家港教育”微信公众号开辟“啄木鸟”专栏，党风政风进一步改善，教育满意度持续提升。有效整合全市民办学校党建资源，成立民办学校党委，市民办学校党建工作经验被省委组织部作为先进典型报送到中组部。推进现代学校制度建设，全市学校校务委员会建成率60%以上，100%学校完成法律顾问聘请工作。加强责任督学挂牌督导工作，创建全国中小学校责任督学挂牌督导创新县（市、区），并完成网上材料申报和网上问卷调查工作。创新实施校园引领文明工程，在全市中小学推进诚信培育、书香校园、志愿服务、幸福家长驿站等四大行动，进一步提升全体师生的文明素养和校园文化品质。

苏州市校园足球现场推进会　　（市教育局　提供）

【校园文明引领工程】 6月24日，市教育局制定并下发《关于在教育系统实施校园引领文明工程的实施意见》，在全市中小学推进“与日月同行”诚信培育行动、“打开一本书”书香校园行动、“伴你共成长”志愿服务行动、“幸福家长驿站”家校共建行动。年内，全市80所中小学校围绕学校实际开展各项文明教育活动，包括阅读分享、课本剧表演、童谣传唱、书画创作，寻访身边诚信微行动、我为诚信代言、学习和争做美德少年、爱心义卖等形式，引导和帮助中小学生在日常学习和生活中养成诚信学习、诚信待人、诚信处事、诚信立身的美好品德和良好习惯，带动、促成社会文明水准的提升。倡导多元阅读活动，以朗诵、演讲、写作、辩论为推进形式，开发“爱尚阅读”能力测评APP系统平台，倡导“每天阅读一小时”，利用开放式的图书阅览室、读书角等空间，开展读书会、图书漂流等活动，引导学生体验读书乐趣。发挥师生在参与社会服务中的积极作用，从心理健康教育服务、家庭教育服务、特长指导服务、助困助残服务、技能指导服务、青春公益服务等6个方面打造教育系统志愿项目。至年末，全市有师生志愿者12843人，有苏州市中小学家庭教育课程项目学校21所，苏州市中小学家庭教育指导师160人。 （陈　娟）

基 础 教 育

【概况】 全市有基础教育类学校143所，含特殊教育学校1所。创建成全国青少年校园足球特色学校22所（新增8所），全国青少年校园篮球特色学校3所，中华优秀文化艺术传承学校1所，国家级绿色学校（幼儿园）1所，江苏省绿色学校48所，江苏省语言文字规范化示范学校2所，江苏省中华经典诵读基地学校1所，江苏省规范汉字书写教育特色学校1所，江苏省优质幼儿园41所（新增2所），江苏省科技教育特色学校5所，江苏省体育传统项目学校3所，江苏省青少年足球特色学校2所，江苏省青少年足球特色幼儿园3所，江苏省青少年校园篮球特色学校1所，江苏省艺术特色学校2所，江苏省健康促进金奖学校2所（新增1所）、银奖学校25所（新增11所）、铜奖学校49所，苏州市科技教育特色学校12所，苏州市艺术特色学校4所，苏州市艺术教育项目学校7所，苏州市体育传统项目学校24所，苏州市德育先进学校68所，苏州市优质幼儿园50所（新增8所），苏州市绿色学校102所，苏州市语言文字规范化示范学校31所，苏州市中华经典诵读基地学校3所，苏州市规范汉字书写教育特色学校9所（新增2所）。

学前教育　全市有幼儿园62所（新增泗港实验幼儿园、塘桥清华幼儿园）。在园幼儿42672人（含新市民子女18422人），比上年增1399人。其中，0周岁至3周岁婴幼儿入园（所）人数399人，适龄幼儿入园率100%。公办幼儿园中江苏省优质园和苏州市优质园的比例分别为76.9%和86.5%。年内，南苑幼儿园创建成江苏省优质幼儿园，崇真幼儿园创建成苏州市优质幼儿园。实验幼儿园创建成江苏省STEM教育项目试点学校。

小学教育　全市有小学38所（含村校1所）。在校学生83045人（含新市民子女47540人），比上年增2899人。小学适龄儿童入学率、巩固率、跟踪毕业率、升学率均为100%。年内，塘市小学获评第一届全国文明校园；金港中心小学、白鹿小学、青龙小学和塘市小学创建成苏州市小学特色文化建设项目学校，合兴小学获苏州市2016年立项的小学特色文化建设项目现场视导调研优秀；实验小学创建成教育部2017中华优秀文化艺术传承学校；实验小学和合兴小学创建成江苏省STEM教育项目试点学校。

中学教育　全市有中学43所，其中初中34所、普通高中9所（含完中2所）。在校学生44762人，其中初中生32720人、高中生12042人。初中生年度巩固率、毕业率、升学率分别为100%、99%和99%。乐余高级中学课程建设项目列入2017年江苏省课程基地建设项目，梁丰高级中学、塘桥高级中学、暨阳湖实验学校、三兴学校课程建设项目列入苏州市初高中课程基地建设项目，崇真中学课程建设项目列入苏州市课程基地培育项目。锦丰初级中学课程建设项目被评为2016年苏州市课程视导示范项目，崇真中学课程建设项目被评为2016年苏州市课程视导优秀项目。乐余高级中学的“基于3D打印和传感器技术的智能花盆研究”被评为2017年苏州市普通高中综合实践活动优秀学生成果展评一等奖。

【苏州市“好习惯养成教育”现场展示会】 10月31日，在市实验小学南校区举行。苏州各市（区）教育局分管德育领导、中小学德育校长和德育主

苏州市“好习惯养成教育”现场展示会暨张家港市实验小学“家校联动计划”启动
（市教育局　提供）

任代表近300人参加活动。"好习惯养成教育"专场展示是苏州市中小学德育区域展示活动之一。与会人员观摩实验小学学科德育、道德与法治、班队、心理团辅等5节好习惯培养课、"我的第22天"评价分享会和"'5+X'好习惯养成教育的实践与思考"主题沙龙。张家港市"5+X"好习惯养成教育自2015年启动，"5"就是以"树人"为目标的五大核心习惯，包括会整理、懂礼貌、讲诚信、守规则、知感恩5大方面。"X"是"5"的延伸，是各个学校在实践过程中衍生出的五大核心习惯以外的一些个性化好习惯目标。张家港市实验小学作为全市的代表，当天展出了"为爱写生"坚持179天的孩子的百幅画作。学校坚持"5+X"好习惯体系推动学生核心素养落地落实的成效，结合重阳节传统节庆文化主题，开展"知感恩"系列活动，展出活动成果包括感恩卡、创意秀和感恩书信以及10篇"寻访"代表作。

【塘市小学获评首届全国文明校园】11月17日，中央文明委公布首届全国文明校园名单，塘市小学是苏州市唯一一所入选的学校。塘市小学深化社会主义核心价值观和未成年人思想道德建设，积极开展"践行八礼四仪，争做美德好少年"主题实践活动，积极推进志愿者服务项目，强化品牌意识，引导学生在服务社会、关爱他人中锤炼能力，传递爱心、提升道德。同时，着力推进学校乡村少年宫建设，做优做强特色项目；用好文化义工、五老队伍，使学生的能力和个性特长得到充分发展。学校还以"圆融"为文化核心理念，深入开展"南北文化大荟萃"品牌活动，将家庭亲子阅读纳入书香校园建设进程，全面提升全体师生的文明素养和校园文化品质。学校获苏州市常规管理示范小学等多项荣誉。

【教育智库成立】11月3日，市教育局举办2017年张家港教育发展研讨会暨教育智库成立仪式，清华大学原副校长、教授、博导，著名教育社会学家谢维和；南京师范大学原副校长，教授、博导，著名教育社会学家吴康宁；华东师范大学课程与教学研究所所长，教授、博导崔允漷等18位知名教育专家受聘为教育智库首批专家成员。这是全国首个由多位教育专家组成的教育"智囊团"，将发挥教育专家在教育科学决策中的作用。活动中，智库专家成员江苏省教育学会会长、江苏省教科院原副院长、特级教师、研究员杨九俊作《义务教育优质均衡发展》，华东师大职业教育与成人教育研究所所长石伟平作《当前我国职业教育发展根本问题的再思考》，上海市市西中学校长董君武作《优质学校的本原追求》的主旨演讲。智库专家成员就"教育优质发展的张家港路径"进行现场研讨，分享教育经验，交流管理智慧。教育智库主要以集体调研、项目研究、专题培训和指导学校等方式开展教育实践性工作，结合教育发展的主要目标，重点在区域教育发展规划、教育现代化建设、优质学校建设、优质均衡发展以及区域教育经验推广等5个方面聚智献策，助力全市各类教育。实施张家港教育智库建设，是全市全面落实立德树人根本任务的重要举措，对于破解全市未来教育发展的瓶颈，提升教育品质，实现"十三五"期间教育发展目标具有积极意义。

教育智库成立仪式 （市教育局　提供）

【第十三届中华青少年生命教育论坛】11月17日在张家港高级中学开幕。活动由中国宋庆龄基金会主办，中华青少年生命教育活动组委会、苏州市中小学生命教育研究与指导中心、张家港高级中学、张家港市实验小学承办，200余名生命教育与心理健康领域的专家学者、中小学教师以及相关社会工作者参加。论坛以"生命教育课程融合"为主题，围绕生命教育课堂的教法和运用，突出教学的实践性和指导性，展示生命教育课程样态，为一线生命教育工作者提供理念和教法的交流平台。开幕式上，全国政协副秘书长、民进中央副主席朱永新作《拓展生命的长宽高》的报告，台湾南华大学教授纪洁芳作《打开生命教育的百宝箱》的演讲，苏州市教育局副局长李婧娟作《苏州市生命教育成果报告》的演讲。张家港高级中学展示学校生命教育公开课《大美之光》。

【首届江苏省双语教育观摩研讨会在市召开】11月27日至28日在市东渡实验学校举行。会议由《江苏教育》编辑部和苏派教育研究中心主办，江苏、山东、河南、安徽、上海、江西、湖南、广东、新疆等省内外近500名代表参加会议。会议议程包括江苏理工学院双语教育研究所授牌、《基于推进基础教育国家化的张家港倡议》发布及"教育国际化与双语教育"主题沙龙。华东师范大学双语教育研究中心主任、博士生导师王斌华教授作《中国双语教育百年回顾与基本经验》主题报告。张家港市东渡实验学校郁晓芳、丁婷和深圳市宝安区凤凰学校杨晓云分别执教英语、全英文数学、全英文音乐观摩示范课。

【首届全市中小学生阅读与写作大赛】活动自9月开始，全市4.6万余名学生参加阅读与写作大赛，800余名学生在决赛中获奖。12月20日在市实验小学南校区举行颁奖典礼。全市各中小学、幼儿园校（园）长及阅读与写作大赛获奖代表300余人参加活动。作家王开岭作题为《语文的使命》的主题演讲。全市初中、小学、普高、职高的师生代表分别朗诵《我有书一本》《在文字中遇见星星》《秋天的怀念》《雨巷》。全市包括职业教育学校在内的中小学的阅读行动计划同时启动，各校通过阅读融入课程体系、让图书靠近学生、用活动助推阅读深入、让点赞助力习惯养成和建机制保证阅读落地的基本路径，实现全科阅读、全程阅读与全员阅读的阅读全行动总目标。

【市家庭教育服务中心成立】12月21日，市家庭教育服务中心挂牌成立。市教育局、市文明办、市人民法院、市人民检察院、市卫计委、市民政局、市妇联、团市委、市关工委等市家庭教育协调领导小组成员单位的相关负责人，各中小学校长、分管校长、学校家委会代表，各幼儿园园长以及老师代表等近400人参加会议。中心为教育局直属事业单位，有工作人员3人，工作职能是发挥市教育局在提升家庭教育水平中的引领作用，调动并整合学校、相关单位和社会组织等多方力量，拓展家庭教育实施途径。以构筑“家长尽职称职、孩子健康成长、家庭文明和谐”具有张家港特色的家庭教育民生工程为目标，实施家庭教育队伍建设工程、家庭教育课程体系开发工程、家庭教育学习培训咨询体系建设工程、家庭教育评价工程，全面提升家庭教育水平。

【高考达线率居苏州各县市第一】2017年，全市普通类高考实考人数3328人，本科第一批达线1434人，达线率43.1%，；本科第二批以上达线3061人（不含保送生和体艺类达本科学生），本科第二批以上达线率为91.98%，两项指标均位居苏州各县市区第一。其中，梁丰高级中学有9位高二学生提前一年参加高考，全部达本科第一批分数线。该届高三学生有22人获得省、苏州市三好学生和优秀学生干部称号。梁丰高级中学在学科竞赛中，有3名学生获全国铜牌，9名学生获全国一等奖，52名学生获省级一等奖。梁丰高中国际部、常青藤实验中学国际部、张家港新加坡外国语学校有145名学生分别被美国纽约大学、加州伯克利大学等国外大学录取。

（陈　娟）

全新启用的市第三职业中学　　（市教育局　提供）

职业教育

【概况】全市有职业类院校5所，其中公办职业院校4所，民办职业院校1所。年内，职业院校招收新生86个班3273人，普职比1∶1。全市职业院校在校生12499人，毕业生2761人。新增江苏省张家港中等专业学校与苏州大学应用技术学院合作“中职与本科3+4分段培养”新专业1个，江苏省张家港中等专业学校“3+4”中高职衔接专业共招生132人，3所公办中等职业学校“3+3”中高职衔接专业共招生400人。718名中职学生参加2017年江苏省普通高校对口单招考试，本科达线人数355人，达线率49.5%。职业学校对口单招本科达线率、达线人数连续17年位居苏州市榜首，6名学生分获6个专业苏州市单招考试第一名。在江苏省职业教育技能大赛中，获一等奖6个。在全国职业院校技能大赛中，获二等奖1个。

【第三届职业教育活动周】5月7日至13日举办。活动周期间，职业学校开展职业教育办学成果展示系列活动，邀请社区居民、在校学生家长、优秀毕业生、企业领导等社会各界人士进校园，开展校园参观、技能才艺（作品）展示，加强学校与社会的沟通，构建职教与普教相互融通的教育“立交桥”。张家港中专校、二职中、工贸学校和开放大学发挥学校专业优势，走进街道社区，为居民进行家电维修、空调检测、传授中式传统面点制作、理发服务、服装缝补、法律咨询和非机动车维护与保养等志愿服务活动，服务群众800余人次。

【江苏城市职业学院张家港办学点连续三年获市高技能人才培养先进单位】江苏城市职业学院张家港办学点，又名张家港开放大学。2017年开设40个专业，有各类学历教育班126个，其中全日制班57个。年内，招收新生1146人，其中全日制新生293人。毕业学生1301人，其中全日制毕业生150人。年末有在籍生3145人。全年开展社会培训3300余人次。有教职员工192人，其中专任教师163

人，包括副教授58人、讲师81人、助教17人。年内，学校开展“同心·同行”党员志愿服务项目，“一对一”结对帮扶23名学生。组织全市社区教育工作者外出培训8次，共100余人次参加。开展“企业家进校园”系列讲座和学习“工匠精神”系列活动，组织开展12节师徒结对汇报课、54节市级公开课和25节校级公开课。组织284人次参加电工、数控等中高级考证，通过率99%。先后与苏州菜园子网络科技有限公司、澳洋电商产业园等10家企业签订校外实习基地协议。参加第十三届全国职业院校“新道杯”沙盘模拟经营大赛江苏省决赛获职业组一等奖，全年参加苏州市级、省级、国家级技能比赛获奖63人次。学校有市级“三星”以上志愿者18人，自筹创建“暖心夕阳红”、家电维修上门、困境儿童帮扶等7项特色志愿服务项目服务学校周边社区，年内成立“四叶草志愿者之家”，定期组织志愿活动总结交流、市品牌志愿项目学习等活动。12月，组织410名师生志愿者参加张家港国际马拉松赛安保志愿活动。学生朱长红成为张家港市志愿服务第150万小时志愿者，受到市委宣传部的表彰。教师姚雪明获市文明办组织的“我与志愿服务的故事”主题征文一等奖。全年在友爱港城网发布活动46次，参与人数2015人次。学生毕业就业率99%以上。学校连续三年被评为张家港市高技能人才培养先进单位。

【校企合作现场推进会暨江苏扬子江职教集团年会】 5月11日在江苏新美星包装机械股份有限公司举行。张家港中等专业学校会同江苏扬子江职业教育集团的28个企业会员单位及省内外的18家职业院校参加，年会主题为“校企合作培育工匠，出彩人生服务港城”。张家港中等专业学校校长葛敏亚介绍学校20余年校企合作的进程与成效。新美星公司副总经理夏海凤就校企合作中公司肩负的使命、存在的共性问题和主要任务进行交流。市教育局局长杨志刚介绍张家港市现代职教体系的构建情况。苏州高等职业技术学校校长曹志宏进行专家讲座。张家港中等专业学校自2004年开始和新美星公司开展校企合作，采用车间和教室合一、学生和学徒合一、教师和师傅合一、作品和产品合一、理论和实践合一、育人和创收合一的六个“合一”的办学模式培养锻炼学生。2017年，学校在企业内建立培训教室，派学生进入企业车间，实现职业教育专业与产业对接、课程内容与职业标准对接、教学过程与生产对接、学历证书与职业资格证书对接、职业教育与终身学习的深度对接。

【2017年苏州市职业教育创新大赛展评会】 11月24日在市第三职业高级中学举行。大赛由苏州市教育局主办，张家港市第三职业高级中学承办，苏州市各地的教育局相关负责人及近20所职业院校校长及师生500余人参会。比赛自9月开始，共收到18所职业学校报送的272件作品，其中中职组创新作品151件、高职组创新作品66件，另有科学调查报告11件、教师科学论文44件。经过大赛评审专家的材料初评、现场答辩、展示评选等环节，评选出中职组作品一等奖30件、二等奖49件、三等奖85件。张家港市获一等奖10个，二等奖18个，三等奖35个，15件作品最后入围江苏省职业学校创新大赛。

（陈　娟　叶　虹）

苏州市职业教育创新大赛展评会　　（市教育局　提供）

高等教育

【概况】 2015年，全市有沙洲职业工学院（简称沙工）、江苏科技大学张家港校区（简称江科大张家港校区）、江苏科技大学苏州理工学院（简称江科大苏州理工学院）3所高校。其中，江苏科技大学张家港校区和江苏科技大学苏州理工学院实行统筹管理，即两块牌子、一套班子。年内，3所高校在校学生13132人、毕业学生4558人。教职工644人，其中专任教师430人，包含教授20人、副教授128人、讲师223人、助教40人。

沙工　设有建筑工程、纺织工程、电子信息工程、机电工程、机械动力工程、经济管理、基础科学、思想政治理论教研部等8个系（部）29个专业。教职工310人，其中校内专任教师232人，包括教授12人、副教授87人、讲师102人、助教7人。江苏省“333人才培养工程”培养对象3人，江苏省“青蓝工程”培养对象22人次。2017年，学院入选省高校“十三五”在线开放课程建设项目、重点建设教材各2个；入选苏州市高职高专“优秀新课程”、苏州高校精品在线开放课程各1个。在省高校本专科毕业设计（论文）评优中首获一等奖，获省教学成果二等奖2个。学院下属（张家港）智能技术公共实训基地入选2017年苏州市高技能人才专项公共实训基地建设项目。“提高教师信息化能力”案例入选《省高职教育质量年度报告》。2017年，学院录取新生1637人，报到1529人，报到率93.4%。全日制在校学生4827人。2017届2448名毕业生年终就业率95%以上，其中留在张家港发展的占61%。年内，学院帮助373名在校生申请生源地贷款279.8万元；发放各级各类奖助学金、补助金、慰问金共计4378人次784.4万元。乐乎众创空间被评为苏州市优秀创新创业平台，新增5个创业项目。1463人次参加27个大类各级别的职业鉴定，在全国、全省职业院校技能大赛获一等奖2个，二等奖10个、三等奖5个。继续深入推进校地交流、校企合作，与永钢集团、港城汽运集团、中孚达公司、金鸿顺公司以及市工商联（总商会）等企事业单位开展合作；为日新机电研究院、金帆电源等企业提供技术支持，与华东锂电研究院、迪克化学公司等单位合作项目研究。沙工—东力公司获评苏州市校企合作优秀示范组合。年内，学院横向课题合同金额约40万元，申报立项江苏省、苏州市及张家港市以及行业协会各级各类课题26项。全年获专利授权34项，其中发明授权11项。组织承办社会培训、考试5300余人次。学院被评为张家港市高技能人才培养先进单位、江苏省高等学校信息化建设先进集体。

江科大张家港校区和江科大苏州理工学院　设二级学院6个。江科大张家港校区有冶金工程一级学科硕士点1个，本科专业8个；苏州理工学院有本科招生专业25个。2017年，江科大张家港校区实际录取新生494人，录取硕士研究生13人。苏州理工学院实际录取新生1841人，文理科各批次投档分数线均高于省控线，总报到率93.8%。年末两校有在校学生8305人，其中江科大张家港校区学生2036人、苏州理工学院学生6269人。两校毕业生数2110人。两校有教职员工334人，其中专任教师198人，包含教授8人、副教授41人、讲师121人、助教33人。江科大张家港校区2017届毕业生毕业率为90.2%，学位授予率99.86%，年终总就业率98.26%。苏理工毕业率92.21%，学位授予率99.71%，年终总就业率92.05%。毕业生考取研究生302人、公务员8人、事业单位20人，“苏北计划” 5人、“西部计划” 3人、大学生村干部2人。2017年，学生参与各类学科竞赛获省级三等奖以上奖励322项，其中国家级特等奖1项、一等奖13项，省级特等奖3项、一等奖55项。中外合作办学包括加拿大汤普逊大学（TRU）交换生项目和美国北佛罗里达大学（UNF）师生交换等项目。2017年科研水平不断提高，校区获得教育部科技进步奖一等奖1项，中国机械工业科技进步奖三等奖1项，国家海洋局海洋工程科学技术奖二等奖1项，中国船舶工业集团科技进步奖二等奖1项。各类科技项目申报取得新突破。2017年获国家自然基金项目4项，国家重点研发计划子项目1项，江苏省自然基金项目1项，参与申报并立项江苏省重大成果转化项目（与企业申报）2项，江苏省高校自然基金项目2项。获批江苏省高校社科基金项目9项，江苏省社科应用研究精品工程1项，江苏省社科应用研究精品工程外语类1项。科研计划项目和产学研合作项目立项新突破，项目经费到款1650万元（含张家港研究院专项1000万元）。建立10个青年博士科研团队，10个研究所，投入设备经费300余万元。香樟树众创空间完成2017年绩效评估获资助45万元，累计争取建设资金105万元。新增孵化小微企业3家。

【沙工“宏宝”“金鸿顺”订单班】 9月开班。“宏宝班”是沙工动力工程系与江苏宏宝集团合作开设的第一届订单班，有学生13人，学制1年，开设数控车削技术、数控铣削与加工中心技术、机械CAD/CAM技术等6门课程；“金鸿顺班”是沙工动力工程系与苏州金鸿顺汽车部件股份有限公司合作开设的第三届订单班，有学生25人，学制1年，开设冲压模具工艺学、机械CAD/CAM技术、数控铣削与加工中心技术等6门课程。订单班涉及到学院教师有9人，企业分别配备6至8名技工担任教师，学院采用院内教师下企业讲授理论课和企业教师上实践课相结合的方式授课，并分别指派1位老师作为订单班的班主任，全面跟踪学生的生活和实习情况。参加订单班的同学除了需要完成数控车削技术、模具设计、机械加工工艺编制、机械CAD/CAM技术、数控铣削与加工中心技术、特种加工技术等课程外，根据企业的特点需要，分别强化学习冲压模具设计、安全操作规范、医疗器械等知识。至年末，订单班的学生全部进入企业学习，有10余人获Siemens UG CAD认证L1国际化证书。

【江苏科技大学苏州理工学院长三角社会发展研究所】 10月12日成立，位于江苏科技大学张家港校区内。苏州理工学院长三角社会发展研究所是以学校研究力量为主体，以大学科研力量为支撑，联合社会各方面有关专家、学者结成的学术性社会团体。在长三角地区社会经济发展的大背景下，以“张家港精神”为核心，研究该地区人文、历史、社会发展，包括该地区现代化、城市化、城乡一体化、精神文明演进等问题，为校地发展提供“智力支撑”。研究范围和主要工作包括继承和发扬长三角地区优秀历史文化传统，深入挖掘文化遗产；举办各类社会科学研讨会，组织学术交流和培训活动；指导和配合有关部门组织出版张家港地方文化的书刊、音像；承接当地出版、精神文明产品的策划出版；组织形式多样的校园文化活动。杨福章兼任所长，王兴亮任常务副所长，魏欣任副所长。年内开展活动2次。

（陈　琛　葛舒菲）

社 会 教 育

【概况】 2017年，市教育系统贯彻落实教育部等7部门《关于推进学习型城市建设的意见》《江苏省教育现代化指标体系》和《省教育厅关于加强社区教育机构建设的意见》精神，坚持“需求驱动、重心向下、突出重点、精准惠民”的工作原则，强化全民终身学习服务意识，推动社区教育治理体系改革创新，张家港市获评“全国十佳老年教育全覆盖县市区”称号。

社区居民教育　年内，全面推行社区教育项目化运作机制，启动社区教育公益服务项目182项，经费投入125万元，直接受益对象19万人。全市社区（村）居民接受社区教育服务的人数占全体成员的比例60%。专项经费不断增长，从2017年起，市财政将社区教育专项经费由常住人口年人均2元增加到3元，镇财政社区教育专项经费由常住人口年人均2元以上增加到4元以上，并列入年度预算，实行专款专用。队伍建设不断加强，全年选派社区教育从业人员参加苏州市社区（村）市民学校负责人业务提升培训班4期，安排区镇分管领导赴浙江大学参加社区教育高级研修班，选送4名骨干人员参加为期1个月的苏州市—宁波市社区教育干部对口交流及拓展培训，组织各区镇社教中心主任参加江苏省社区教育骨干培训班、全国社区教育工作年会、赴贵州社区教育大数据考察等，全市社区教育专职人员年培训率90%以上。2017年，新增全国社区教育示范乡镇1个（乐余镇）、苏州市学习型镇区1个（大新镇）、苏州市教育现代化镇街老年大学2所（金港镇金都老年大学、杨舍镇晨阳老年大学）、江苏省标准化居民学校20所、江苏开放大学“学习苑”2个；金港镇何忠益获评江苏省社区教育先进个人，杨舍镇徐祖白获评苏州市学习之星。金港镇“金港大讲堂”获评江苏省终身学习品牌项目、全国终身学习品牌项目（全省仅1家），乐余镇入选“全国社区居民学习共同体区域推进实验基地”。

成人高考和自学考试　2017年全市有3892人报名参加全国成人高校招生考试，其中退役士兵51人，免试911人（含二学历、成绩转入、推荐考核），占23.66%；专科起点升本科2409人，占61.9%；高中起点升本科105人，占2.7%；高中起点升专科1337人，占34.35%。全市设100个考场。应考人数2940人，实际参加考试2757人，参考率93.78%。录取3448人，录取率88.59%，其中专科起点升本科录取2229人，高中起点升本科录取86人，高中起点升专科录取1133人；全年有2836人报名参加江苏省自学考试，全年毕业67人，其中专科毕业18人、本科毕业49人；参加全国计算机等级考试人数6334人；参加全国公共英语等级考试人数943人；参加江苏书法水平等级证书考试人数19076人，17526人取得证书；参加教师资格证面试812人。

青少年校外教育　年内，市教育部门新审批民办非学历教育机构23家，累计108家。通过年检85家，限期整改9家（张家港市海澜教育培训中心、张家港市泛美教育培训中心、张家港市菁华教育培训中心、张家港市行知教育培训中心、张家港市环亚教育培训中心、张家港市爱普惠教育培训中心、张家港市沃尔得教育培训中心、张家港市启潜教育培训中心、张家港市七彩城堡亲子园），依法注销办学资格4家（张家港市东升书院教育培训中心、张家港市凤凰教育培训中心、张家港市两岸早教中心、张家港市晨光教育培训中心）。组织开展全市第八批民办非学历教育机构星级诚信单位评估，评选出四星级单位11个，累计13个；三星级15个，累计19个；二星级12个，累计14个。市少年宫开展书画、器乐、舞蹈、语言表演、声乐等45个项目的培训，年培训3.29万人次。参加中央音乐学院音乐考级850人次，通过742人次，优秀38人；参加中央音乐学院基础知识考级486人次，通过355人次；参加中国舞蹈家协会的舞蹈考级2243人次，通过2231人次。组织学员个人或社团参加各类艺术赛事，获国家级一等奖88个、二等奖91个、三等奖42个；获省级一等奖52个、二等奖48个、三等奖17个；苏州市级一等奖15个、二等奖10个、三等奖2个。

【老年大学布点扩面】2017年，市教育局主动呼应老年大学“一位难求”的民生诉求，着力提升存量、扩大增量，启动市镇两级老年大学布点扩面工程。年内，新增金港镇金都老年大学、常阴沙老年大学、锦丰镇三兴老年大学等3所镇街老年大学、村（社区）老年教学点21个，新增老年人学位4200人次。市、镇、街三级18所老年大学全年吸纳老年人注册学习1.9万人次。

【市第五届全民终身学习活动周】11月20日，市第五届全民终身学习活动周开幕式暨老年教育艺术节举行，1200余人参加。开幕式设内场、外场2个活动区域，乐余镇文化中心为内场，乐余市民广场为外场。活动布设41块宣传展板和各区镇23个互动展位，展示全市社区教育工作成果。开幕式上为获2017年张家港市“百姓学习之星”（8个）、张家港终身学习品牌项目（12项）等荣誉的单位及个人进行颁奖。常州市武进区选送的《终身学习乐开怀》等4个居民终身学习成果进行节目展演。年内，各区镇结合实际共举办全民终身学习活动42项，参与市民19万余人。

市第五届全民终身学习活动周开幕式　（市教育局　提供）

【社区教育“学习苑”建设】“学习苑”建设是江苏开放大学、江苏省社会教育服务指导中心为地方社区教育搭建的更高平台。2016年12月，杨舍镇、南丰镇社区教育中心获批立项为全省首批“学习苑”建设单位。杨舍镇社区教育中心位于百桥路景巷花园内，建筑面积约3200平方米，设有教室、微机室、阅览室，下辖98所社区（村）市民学校。中心形成老年大学、数字化试验研究、项目化工作、社区教育宣传五大社区教育特色品牌。南丰镇社区教育中心位于南丰镇科文中心，建筑面积17468平方米。中心开展“七色花”青少年校外教育培训，年培训2000人次。开展“学历+技能”教育，在读本专科学员有326人，累计1500余名学员获中专、大专、本科学历。2017年11月，杨舍镇、南丰镇两家社区教育“学习苑”通过江苏开放大学牵头的对张家港市首批立项的社区教育“学习苑”中期检查工作。

（陈　娟　叶　虹）

教师队伍

【概况】年内，全市教育系统教职员工9460人，专任教师9189人（不含3所高校）。专任教师中，普通高中1350人，职业学校928人，初中2235人，小学3477人，幼儿园1082人，特殊教育学校40人，市少年宫、青少年社会实践基地等校外教育机构77人。全市幼儿园、小学教师大专及以上学历比例分别为99.66%和98.6%，初中、高中教师本科及以上学历比例分别为98.83%和99.67%，高中教师中具有研究生学历、教育硕士学位（含在读）的比例为22.76%。全市有江苏省名教师1人；正高级职称教师新增3人，累计13人；新增副高职称120人、中级职称190人。“江苏省人民教育家培养工程”培养对象4人；省特级教师累计32人；新增教育领军人才3人、青年拔尖人才15人，“姑苏教育人才”累计34人；新增苏州市名教师3人，苏州市名校长名教师累计51人；苏州市学科教改带头人累计140人。张家港市学科教改带头人、教学能手、教坛新秀及以上骨干教师累计2579人，占专任教师总数的28.07%。

市委书记朱立凡，市委副书记、市长黄戟慰问教书育人楷模（市教育局　提供）

【名师队伍建设】年内，组织推荐参评2017年度姑苏教育人才，朱治国、陈一叶、谈雅琴、程言峰等4人被评为“苏州市教育领军人才”，丁浩等15人被评为“苏州市青年拔尖人才”；吴建忠、李峰、张平等3人被评为第十二届苏州市名教师；34人通过苏州市学科带头人第一轮评选。组织2017年张家港市级骨干教师复评工作，重新复评市级教坛（德育）新秀、教学（德育）能手、学科（学术、德育）带头人，核定市级骨干教师2579人。新评中小学高级教师102人，职教高级讲师19人、讲师7人，中小学、幼儿园中级职称教师165人。组织2017年正高级职称推荐工作，蔡道平、庞培刚、郭静娟获评。创新实施优质师范生签约与培养工作，41名张家港市籍优秀高中毕业生报考重点师范大学，并实施跟踪培养。创新开展竞争性选拔优秀年轻副校（园）长活动，6名“80后”走上学校副职岗位。至年末，全市骨干教师占专任教师总数的30.25%，职业类学校“双师型”教师占专业专任教师总数的76.16%，“江苏省人民教育家培养工程”培养对象、省特级教师、苏州市教育名家41人。

【“教书育人楷模”评选】7月，“教书育人楷模”评选启动，活动面向全市在职中小学、幼儿园教师。在学校初评、评审委员会评选的基础上产生候选人，通过集中展示、民主测评、专家评审等环节，最终选出“优秀校（园）长”10人，分别为张家港高级中学章玉龙、第八中学李惠忠、大新实验学校唐景新、第二中学瞿长华、塘市小学黄碧、中兴小学严卫星、凤凰中心小学杨建新、暨阳实验小学徐海霞、金港中心幼儿园黄静、江帆幼儿园沈秋兰；“优秀班主任”11人，分别为梁丰高级中学张红艳，暨阳高级中学钱晓棠、吕兆勇，第二职业高级中学侯丹，外国语学校徐辉，第三中学常磊，护漕港中学蔡卫莲，实验小学邹萍，云盘小学唐静芬，合兴小学张继萍、梁丰幼儿园陆亚红；“优秀教师”10人，分别为沙洲中学樊君明、中等专业学校秦晓丽、教育人才服务中心宋文敏、东渡实验学校曹官福、港区初级中学卢良芳、万红小学钱卫刚、白鹿小学顾卫娟、南沙小学丁红娟、南苑幼儿园秦永娟、鹿苑幼儿园林芸；“优秀教辅人员”10人，分别为暨阳湖实验学校陈平、港口学校陈琪、南丰中学李贞兰、江帆小学徐磊、梁丰小学孙芹娣、金港中心小学鞠凤、凤凰中心小学戴超杰、花园浜幼儿园施娅玲、杨舍镇中心幼儿园李华、凤凰中心幼儿园欧莲芬。

（陈　娟）

【编辑　景力颖】

文化·新闻

Culture & News

2017年中国(张家港)长江文化艺术节闭幕式演出　（文广新局　提供）

文化事业

文物博物·图书·
遗产保护

文化市场

文学艺术

社科工作

文化中心

广播·电视·电影

张家港日报社

中国（张家港）长江文化艺术节

張家港年鑑(2018)

扫码欣赏

乡音悠扬河阳山歌

文化事业

【概况】 年内，市文广新系统围绕提升公共文化服务水平、完善文化设施网络体系、开展丰富文化民生品牌活动、促进艺术生产繁荣发展、加强文化遗产保护传承等工作，推进各项文化事业建设。探索基层文化驿站新模式获评2016年度苏州市宣传思想文化工作创新成果项目。新建成24小时图书馆驿站2家，累计33家。至年末，全市人均公共文化设施面积0.41平方米。全年购买文艺演出服务30场。全市拥有市锡剧艺术中心、市评弹艺术传承中心、市文化馆东方艺术团3个专业艺术团体，成员162人，其中国家一级演员（编剧）7人、国家二级演（奏）员10人，具有中级以上职称39人。三个团体围绕“中国梦”、社会主义核心价值观创作文艺作品近200件，涵盖戏剧、曲艺、音乐、舞蹈、美术等门类，包括锡剧《三三》《独角兽之夜》、小锡剧《闯宅》《二胎记》、锡剧折子戏《小过关》，中篇评弹《飞来的老婆》、评弹专场《法治的力量》、弹词开篇《故道夜思》，小品《他们》《如花似玉》《冬至的饺子》，话剧《我要见市长》，沙龙剧《港城梦工厂》等文艺作品。小品《找钥匙》《生日聚会》、歌曲《又唱四季歌》等6个作品入选国家艺术基金资助项目，张家港美术馆自闭症儿童个体绘画干预与听障儿童艺术创作指导项目成为全国县级市唯一入选2016年度全国美术馆优秀公共教育项目。3人获第二十一届中国少儿戏曲小梅花荟萃“金花”称号，3个节目获评“最佳集体节目”。13个项目（个人）入选苏州市群文“五个一百”工程名单；48个项目（含个人）在苏州第二届群众文化“繁星奖”评比中获奖。市文广新局获评第五届全国文明单位、中国曲艺之乡标兵单位。张家港市被评为江苏省书香城市建设示范市。

【公共文化服务】 2月，市文化馆、博物馆、少年儿童图书馆、图书馆理事会相继成立，张家港市在全省县域率先实现公共文化事业单位理事会制度改革全覆盖。3月，全国少儿曲艺展演长期落户张家港市，张家港市成为全国唯一一个长期承办两个国家级曲艺品牌项目（国际幽默艺术周、全国少儿曲艺展演）的地区。4月，全国创建文明城市工作经验交流会在张家港召开。“一中心、双总分、数字化”新模式获文化部肯定及推广，建成全国首个24小时公共文化驿站。“一中心”是指以区镇综合性文化服务中心为核心、以村（社区）综合性文化服务中心及其他文化设施场馆为站点的基层公共文化设施区域性集群；“双总分”是指“图书馆总分馆”和“文化馆总分馆”，是以市图书馆和市文化馆为核心、以下属分馆为网点的基层公共文化服务专业化集群；“数字化”是指全面推进公共文化的数字服务平台、数字服务空间、数字资源建设、数据分析系统以及数字管理评价系统，形成线上与线下、实体与远程、定点与移动多元融合、无缝结合的数字文化服务网络，是以数字文化服务平台为核心，以数字四馆（图书馆、文化馆、博物馆、美术馆）等为载体的基层公共文化服务数字化集群。6月，中国（张家港）长江文化艺术节获“最具国际影响力节庆”称号。7月，张家港市作为唯一县（市、区）代表在全国公共文化服务效能建设现场经验交流会上发言。8月，张家港市文化和教育全面战略合作签约仪式举行，围绕促进艺术普及、推进校园阅读、扩大知识宣教、推进媒体运用、倡导文化服务等五大主题，开展27个合作项目。9月，张家港市市场监督管理局、市文化广电新闻出版局联合下发《关于印发张家港市文化馆总分馆制建设标准的通知》，这是全国首个县级文化馆总分馆制建设地方标准，对设施建设、人员配置、服务提供、文艺团队、数字服务、考核评估等六方面进行细致规定和量化要求。12月，张家港市参加2017年中国文化馆年会，文化馆总分馆制建设、乡镇综合文化站建设、文化馆文化志愿服务等经验在年会上进行交流。年内，市文化馆老年大学入选文化部第二批全国文化系统老年大学规范化建设试点单位，市少年儿童图书馆获全国全民阅读先进单位奖，市图书馆通过全民阅读示范基地复核。市评弹艺术传承中心入选第七届全国“双服务”先进集体。全年市文化馆、市锡剧艺术中心、市评弹艺术传承中心、市巨星影演公司等举办“村村演”258场、“月月映”4800场、“周周演”104场、“天天说”3600场、“暨阳艺术大讲堂”120余课时。

【群众文化】 全市有专职群众文化工作人员275人，业余创作骨干200人，业余演出骨干600余人，群众文艺团队545个。推出“幸福港城”2017年张家港市网格文化系列活动，全年围绕“汇聚·港城”文化相约你我、“激情·港城”文化点燃青春、“温暖·港城”文化关爱民生、“创意·港城”文化引领风尚、“接力·港城”文化传承薪火五大主题，举办“群星璀璨”星级群众文艺团队PK赛、“主播和我一起跳”民星舞蹈大赛、“主播和我一起跳”全市舞蹈大赛、“中国梦·港城梦·我的梦”全市小戏小品大赛、“沙洲故事汇”第二届故事讲演大赛、“致青春”第三届民谣摇滚音乐汇、“东方好少年”张家港市少儿演唱大赛、“纸上蝴蝶”市少年儿童“我的藏书票”设计大赛、“为你而来，共筑梦想”文化志愿服务行动、“双拥之城”纪念建军90周年书画影大赛、“梨园争春”张虞澄三地票友电视擂台赛、“幸福网格乐翻天”经开区（杨舍镇）群众文艺团队PK赛、“善美塘桥，多彩华章”网格广场民族舞展示、“沙洲之春”张家港市新人新作大赛（声乐类、曲艺类）、“The Show”张家港首届网络主播全民选拔赛、“我的绘本我做主”第三届少年儿童原创绘本大赛、“话人生，剧百态”第二届小剧场话剧演出季、“港城绝技”第五届非遗传承人技艺传承大赛、“诗歌里的城”第五届诗歌征集朗诵活动、“留住乡音，传递乡情”首届方言大赛、“巧手秀缤纷”亲子手工艺大赛等20项活动。全年市文化馆举办演出活动300余场，市锡剧艺术中心举办演出活动250余场，市评弹艺术传承中心举办演出活动2500余场，各区镇举办文化活动超过3000场，参与群众150万人次。

【文化志愿服务】 全市有文化志愿服务团64个，文化志愿者3500余人，全年开展“弘扬精神、爱满港城”公共文化设施学雷锋、“悦动港城、文化惠民”（文艺演出类）、“书香港城、点亮未来”（阅读推广类）、“感悟文明、传承经典”（文化传播类）、“艺术人生、美丽心灵”（艺术培训类）、“爱心行走、文化传承”（文化惠民工程）、“文明使者、情暖港城”（关爱重点群体）、“爱心守望、欢度佳节”（节日纪念日）、“志愿沙龙、共筑梦想”（孵化培育类）等九大主题文化志愿服务活动1650余次。市文化志愿者协会作为全省唯一县（市）团队被文化部列为2016年文化志愿服务团队典型，获江苏省青年志愿服务行动组织奖。市文化馆首批获评江苏省公共文化设施学雷锋志愿服务示范单位、第三批获评江苏省“学雷锋活动示范点”。市文化馆“家长讲坛”项目获2017年全国文化馆文化志愿服务最佳惠民项目。

【市公共文化设施布局规划（2017—2030）启动编制】 3月，为深入贯彻公共文化服务保障法，全面建成市、区镇、村（社区）三级公共文化设施网络，打造城市“十分钟文化圈”、农村“十里文化圈”，推动公共文化设施布局从“全设置”走向“全覆盖”，满足市民就近享受公共文化服务的需求，进一步提升港城文化竞争力和城市形象，市文广新局启动《张家港市公共文化设施布局规划（2017—2030）》编制工作，将根据国家基本公共文化服务指导标准、省级基本公共文化服务实施标准，结合张家港市经济社会发展水平、人口状况、环境条件、文化特色，合理确定城乡公共文化设施种类、数量、规模以及布局，形成覆盖城乡、结构合理、功能健全、实用高效的公共文化设施体系。规划期限为2017—2030年，其中近期为2017—2020年、远期为2021—2030年。规划内容包括：属各级文化行政部门管理的，由政府出资兴建的各类公共文化设施，如图书馆、博物馆、文化馆、美术馆、纪念馆、非遗展示馆（传习所）、书场（戏台）、基层综合文化服务中心、农家书屋、公共阅报栏（屏）、广播电视播出传输覆盖设施、公共数字文化服务点等；属工、青、妇、科和其他社会团体等管理的，利用公共财政兴建的各类设施，如科技馆、体育场馆、工人文化宫、青少年宫、妇女儿童活动中心、老年人活动中心等；由社会力量和民间资本投入兴办的各类设施，如各类展览馆、电影院、剧院、书店等。该编制计划于2018年年末完成。

2017年张家港市文化产品主要获奖情况表

表60

获奖项目	主创部门（人员）	获奖情况	颁发机构
锡剧《三三》	市锡剧艺术中心	国家艺术基金2017年度滚动资助项目	国家艺术基金管理中心
		江苏省第十届精神文明建设“五个一工程”奖	江苏省委宣传部
锡剧数字电影《一盅缘》	市锡剧艺术中心	第二届中国戏曲微电影“最佳戏曲微电影奖”	第二届中国戏曲微电影颁奖盛典组委会
		首届中国戏曲电影展“优秀戏曲电影奖”	中国电影家协会、浙江省文联
锡剧《一盅缘》文字	市锡剧艺术中心	江苏省优秀版权奖三等奖	江苏省版权局
锡剧《独角兽之夜》	市锡剧艺术中心	国家艺术基金2017年度资助项目大型舞台剧和作品创作资助项目	国家艺术基金管理中心
小锡剧《闯宅》	市锡剧艺术中心	第七届全国优秀小戏小品展演优秀展演剧目	中国戏剧家协会
小锡剧《小鸟在前面带路》	市锡剧艺术中心	第七届全国优秀小戏小品展演优秀展演剧目	中国戏剧家协会
小锡剧《二胎记》	市锡剧艺术中心	第七届全国优秀小戏小品展演优秀展演剧目	中国戏剧家协会
锡剧折子戏《小过关》	市锡剧艺术中心	第二届“中国少儿戏曲小梅花集体节目荟萃”最佳集体节目	中国剧协、中国戏曲小梅花荟萃组织委员会
髯口表演《粉墨少年》	市锡剧艺术中心	第二届“中国少儿戏曲小梅花集体节目荟萃”最佳集体节目	中国剧协、中国戏曲小梅花荟萃组织委员会
宫扇表演《浓妆淡抹总相宜》	市锡剧艺术中心	第二届“中国少儿戏曲小梅花集体节目荟萃”最佳集体节目	中国剧协、中国戏曲小梅花荟萃组织委员会
话剧《我要见市长》	市文化馆	“中国·张家港·小剧场荟萃”2018年度最佳原创话剧	中国田汉研究会
戏剧小品《找钥匙》	市文化馆	国家艺术基金2017年度资助项目小型舞台剧（节）目和作品创作资助项目	国家艺术基金管理中心

续表60

获奖项目	主创部门（人员）	获奖情况	颁发机构
小品《他们》	市文化馆	第七届全国优秀小戏小品展演优秀展演剧目	中国戏剧家协会
小品《如花似玉》	市文化馆	第七届全国优秀小戏小品展演优秀展演剧目	中国戏剧家协会
小品《生日聚会》	市文化馆	国家艺术基金2017年度资助项目小型舞台剧（节）目和作品创作资助项目	国家艺术基金管理中心
		2017年度“田汉戏剧奖·小戏小品奖”	中国田汉研究会
		常平杯全国小戏小品邀请赛一等奖	常平杯全国小戏小品邀请赛组织委员会
小品《门锁坏了》	市文化馆	常平杯全国小戏小品邀请赛二等奖	常平杯全国小戏小品邀请赛组织委员会
小品《盲》	南丰镇文体服务中心	第七届全国优秀小戏小品展演优秀展演剧目	中国戏剧家协会
小品《冬至的饺子》	杨舍镇文体服务中心	第七届全国优秀小戏小品展演优秀展演剧目	中国戏剧家协会
沙龙剧《港城梦工厂》	市文化馆	中国·罗湖·国际青年戏剧月最佳剧目奖	中国田汉研究会
民间歌舞《莳秧歌》	市文化馆	江苏民间文艺“迎春花奖”·民间艺术表演奖	江苏省文学艺术界联合会
歌曲《又唱四季歌》	市锡剧艺术中心	国家艺术基金2017年度资助项目小型舞台剧（节）目和作品创作资助项目	国家艺术基金管理中心
苏州评弹《雪中送炭》	市评弹艺术传承中心	国家艺术基金2017年度资助项目小型舞台剧（节）目和作品创作资助项目	国家艺术基金管理中心
中篇苏州弹词《飞来的老婆》	市评弹艺术传承中心	第七届江苏曲艺“芦花奖”节目奖	江苏省文学艺术界联合会
		2017年度江苏省曲协重点中长篇创作项目	江苏省曲艺家协会
中篇苏州弹词《焦裕禄》	市评弹艺术传承中心	第七届江苏曲艺“芦花奖”作品奖	江苏省文学艺术界联合会
单口快板《江姐闯关》	彭裕恒	江苏省第二届快板大赛一等奖	江苏省曲艺家协会
馆刊《静观》	市图书馆	“2017年中国图书馆阅读推广类十佳内刊内报”	中国图书馆学会
论文《在欢声笑语中的传递中国精神——国际视域下曲艺讲好中国故事研究》	陈世海、袁丽红	第五届中国曲艺柯桥高峰论坛优秀曲艺理论（评论）文章	中国曲艺家协会
论文《诗意地栖居在观演双方共同构筑的曲艺时空中》	陈世海、袁丽红	第七届江苏曲艺“芦花奖”作品奖	江苏省文学艺术界联合会
论文《传统文化，塑造精神生活》	任文浩	“传承发展中华优秀传统文化”群众文化理论研究成果评奖活动三等奖	江苏省群众文化学会、江苏省文化馆
论文《浅议以创新模式推动文化志愿服务品牌化建设——以张家港市图书馆为例》	许　晔、陈玉珠	2016-2017江苏省图书馆学会学术年会征文二等奖	江苏省图书馆学会
论文《“阅读推广+”模式在公共图书馆服务中的探索和实践——以张家港市图书馆为例》	许　晔、陈玉珠	2016-2017江苏省图书馆学会学术年会征文二等奖	江苏省图书馆学会
论文《人性的光辉》	许　晔	2017年馆员书评第五季征集活动三等奖	中国图书馆学会
论文《公共图书馆文化志愿服务品牌实践与思考——以张家港市图书馆“悦读先锋”项目为例》	许　晔	2017年“图书馆学术论坛”论文评审优秀论文奖	上海市图书馆学会、上海市高等学校图书情报工作委员会

文物博物·图书·遗产保护

【博物馆】 2017年,张家港博物馆征集文物17件(套),其中收购瓷器8件(套),接受文物捐赠9件(套),包含陶器1件、碑刻2件、琉璃残器1件(5片)、家谱2件、摄影作品1套。至年末,有藏品5021件(套),其中一级文物1件、二级文物8件、三级文物43件。全年举办"驿路·丝路·复兴路——行走新丝路喜迎十九大"全国集邮展、中国著名摄影家袁毅平先生个人摄影艺术展、"无界·融合"中加文化艺术交流展等各类展览10个,接待观众12万人次。引进省级展览5个,分别是江苏省廉政史料图片展,金玉满堂——南京市江宁区博物馆馆藏古代金、银、玉器展,怀袖雅玩——淮安市博物馆藏清代扇面艺术展,文"话"物"语"——新四军纪念馆藏文物故事展,古韵茶香——镇江博物馆藏历代茶具精品展。策划举办原创性展览2个,分别是吉光片羽——张家港市民间收藏展、青铜江南——张家港博物馆藏青铜器展。开展文博专题活动139次,其中,开展"我的文化之旅"港城学子相约博物馆活动70次,"流动博物馆"活动11次,"我们的文明、我们的节日"系列活动20余场,打造"七彩的假日"青少年暑期夏令营12次。开展"小小历史讲解员"服务市民等志愿服务活动160余次,服务3000余人。编印《张家港文博》2期。

【图书馆】 至年末,全市有市级公共图书馆1个、市少年儿童图书馆1个,镇级(含办事处)分馆27个,村(社区)图书室、24小时图书馆驿站259个,总藏书量226万册。市图书馆年内采购新书9.7万册、音像制品1200盘,订阅报刊2060种。新办借阅证19549张,持证读者总数22.3万人,年到馆读者213.33万人次,外借书籍226.84万册次。市图书馆和少儿图书馆全年举办读书活动1791场,基层图书馆举办读书活动1211场。沧江市民大讲堂举办报告会(讲座)31次,参与6300人次。举办面向社会的民俗共赏季、自塑修养季、亲子阅读季、青春绽放季、品文养生季、智慧生活季等主题培训班56期。编印《决策参考》12期2400册,编印《港城读书》6期6000册,出刊《静观》6期3000册。根据读者需求,年解答咨询1521例,收集服务成果52例。"科技工作者之家"为企事业单位提供科技查询服务627例。"悦读先锋"文化志愿服务项目开展各类公益活动10场,出动志愿者133人次,提供志愿服务266小时。举办"精彩假期·寒暑假"、周末"快乐益读"文化小志愿者活动208人次,累计志愿服务时间3124小时。市少年儿童图书馆绘本馆被评为"2017年十佳绘本馆"。

【新华书店】 2017年,市新华书店完成销售总额13281.39万元,比上年增0.9%;完成图书销售1132.93万册,比上年增2.25%;实现利润705.24万元,比上年增3.8%。新华书店积极做好重要文件文献、重点主题出版物、主旋律出版物、优秀大众读物等的发行工作,举办2017年理论面对面政治图书展等各类政治图书展销活动10次,展销品种超过1000种。发行《中国共产党党章》《十九大报告单行本》等政治理论读物21.35万册,销售金额204.97万元。完成党和政府交给的中小学生免费教材、免费作业本的发行任务,连续39年实现"课前到书,人手一册"。率先在全省新华书店中推进智慧书城建设,张家港书城图书全品种上线,全面完成扫码购书、移动支付、在线阅读等基础性建设,年内开设天猫图书店、京东图书专营店2个网上售书平台,实现线上线下融合发展。开展各类全民阅读推广活动71次,其中书香港城朗读者计划37次、绘本故事会6次、故事剧表演2次、参加政府惠民活动6次;全年邀请曹文轩、王一梅、郁雨君、丁立梅、王开岭等5名作家到市中小学校巡回开展校园人文行活动,举办阅读公益讲座12场,听众人数超过6000余人次;年内新增合兴小学、大新小学2家校园书店,校园书店数量增至9家。完成区域内治理结构调整工作,9月至年末,全面完成"凤凰新华"对张家港公司的吸收合并工作,单位性质由凤凰传媒股份有限公司的独立法人变为分公司,更名为江苏凤凰新华书店集团有限公司张家港分公司。年内,新华书店被评为"2015—2016年度苏州市重合同守信用企业",获全省首次社会效益考评优秀等次评定。

【森林书屋最美悦读空间开放】 森林书屋是张家港市2017年政府民生实事项目之一,位于梁丰生态园内。3月1日起对公众开放,建筑面积700平方米,投资642万元,藏书1万余册。设有观景平台、文明阅读区、休闲放松区、森林生态区和活动沙龙区。书屋将梁丰生态园内原热带植物园加以改造,设计风格围绕"绿色、生态、自然"理念,打造一个会呼吸的绿氧图书馆。年内接待国务院参事室、国家生态园林城市考核组、国家一级评估定级专家组、省委研究室专题调研组等参观考察团队238批,接待读者8万人次。

【全国首创"遇见书屋"投用】 图书漂流起源于二十世纪六七十年代的欧洲,读书人将自己读完的书,随意放在公共场所,如公园的长凳上,捡获这本书的人可取走阅读,读完后再将其放回公共场所,再将其漂出手,让下一位爱书人阅读,继续一段漂流书香。"遇见书屋"是全国第一家利用"互联网+"科技手段实现图书漂流、知识共享的公益性阅读平台,提供手机扫码、免费借阅、图书漂流、图书捐赠、信息查询、24小时自助等多种服务功能,实现图书漂流可控化、公益捐赠可视化、线上线下活动联动化。3月,第一家"遇见书屋"在张家港市步行街投入使用,书屋采用邮箱造型,木质结构,占地面积1平方米,内可容纳图书70余本。至年末,建成开放书屋17家,总投资50余万元,年内直接使用读者1.46万人次,借阅图书2.69万本,实现图书漂流3200余次,接受社会捐赠图书2300余册。

【物质文化遗产保护利用】 5月,配合"海上丝绸之路"申遗,市文管办联合南京博物院开展黄泗浦遗址第三轮考古发掘工作，重点围绕古河道进行发掘探究，发掘面积约1400平方米，初步确定为唐代古河道，出土器物以青瓷片为主，并有少量陶器、石器、文字砖、金银器等。年内，加强可移动文物普查成果提升应用，指导协助可移动文物收藏单位塘桥高级中学开展并完成校藏54册古籍的修复工作。加大不可移动文物资源保护力度，塘桥镇萧家桥、若瑟堂、嘉荫堂兰石轩丛帖石刻3处市级文保单位申报第八批江苏省文物保护单位，杨舍镇古渎港“八不准”碑、钱家祖宅、港口蒋宅、徐宅、东风桥、双山渡江战役纪念碑6处文保单位评定为第六批市级文物保护单位。召开弘济桥、王家花园2处文保单位修缮设计方案的专家论证会，完成塘市北海花苑拆迁安居房工地明代墓葬、塘桥镇兴教寺砖结构墓葬、凤凰山公墓砖结构墓葬等3处墓葬的抢救性考古发掘和塘市旗杆村上马石文物的抢救工作，共发现有3处墓葬。至年末，全市累计有3处国家级文保单位、3处省级文保单位、45处市和县级文保单位。

【非物质文化遗产保护利用】 张家港市有非遗名录项目87项，其中国家级项目4项、省级项目11项、苏州市级项目13项。年内，组织开展第五批张家港市非遗项目代表性传承人遴选评审工作，37位非遗传承人被推荐为市第五批非遗代表性传承人。至年末，全市非遗项目代表性传承人88人（其中去世11人，健在77人）。年内，围绕2017年“文化和自然遗产日”，举办“港城绝技”张家港市第五届非遗技艺传承大赛、“水乡乐韵”优秀传统文化进校园启动仪式暨巡回演出、暨阳艺术大讲堂古琴艺术大师班、“七弦知音”张家港市首届古琴大赛暨吴派古琴艺术代表性传承人遴选音乐会、“巧手秀缤纷”张家港市亲子手工艺大赛、“香山杯”张家港市第二届吴地山歌专场展演等主题活动10余场。编撰出版《张家港市非物质文化遗产荟萃》《守艺人》和沙上手绘非遗地图。

文化市场

【概况】 年内，全市新增许可和备案登记文化经营单位65个，比上年减16个。其中，新增互联网上网服务营业场所17个、比上年减8个，娱乐场所经营单位14个、比上年减6个，电影放映单位5个，印刷复制类经营单位8个、比上年增3个，营业性文艺表演团体4个、比上年增3个，音像书报刊等出版物经营单位17个、比上年增10个，取消艺术品备案类经营单位17个，取消卫星电视类经营单位1个。至年末，经市文广新局许可或备案登记的文化市场、新闻出版经营单位942个。其中，音像、书报刊经营单位219个，印刷企业（含打字复印）335个，娱乐场所经营单位185个，网吧151家，电影放映单位19个，演出经营单位1个，演出经纪机构5个，营业性文艺表演团体10个，艺术品经营单位备案17个。市文化市场行业协会下辖印刷、出版物、网吧、歌舞娱乐、电影演艺、版权6个分会，团体会员930余个，经营单位入会率超过95%。全市新办娱乐经营单位14个，总投资3000余万元。新办印刷复制经营单位8个，累计335个，总投资近2000万元。

“文化和自然遗产日”非遗系列活动之一——吴派古琴大师班赵家珍弹奏

（市文广新局 提供）

【文化产业】 2017年，张家港保税区泰丰文化传播股份有限公司和江苏金陵体育器材股份有限公司上市。至年末，全市有7家上市文化企业，其中沪市主板1家（江苏鹿港文化股份有限公司），中小板2家（康得新复合材料集团股份有限公司、江苏银河电子股份有限公司），创业板1家（江苏金陵体育器材股份有限公司），“新三板”3家（江苏远大信息股份有限公司、江苏如意通动漫产业股份有限公司、张家港保税区泰丰文化传播股份有限公司）。全市有1个国家级文化产业示范基地（国家影视网络动漫实验园—张家港软件（动漫）产业园）；2个苏州市骨干企业类示范基地（宝视特影视器材有限公司、大唐纺织服装研发设计中心）；8家苏州市重点文化企业（张家港广电信息网络有限公司，江苏如意通动漫产业有限公司，张家港东山文化传播有限公司，张家港市巨星影演文化有限公司，江苏银河电子股份有限公司，江苏宝视特影视器材有限公司，苏州市磐石卡通有限公司，江苏金陵体育器材股份有限公司）。年内，江苏如意通动漫产业股份有限公司获江苏省文化产业引导资金50万元。江苏如意通动漫产业股份有限公司、苏州市磐石卡通有限公司、江苏舞之数码动画制作有限公司、江苏皆悦文化影视传媒有限公司获张家港市动漫播出奖励1557.2万元。16家文化企业获297万元市级引导资金补贴。市文广新局组织动漫企业参加在杭州举办的第十三届中国国际动漫节、在常州举办的江苏动画创新发展推进暨动画产业项目对接活动、在东莞举办的第九届中国国际影视动漫版权保护和贸易博览会。江苏如意通动漫产业股份有限公司《如意酷宝之冻豆虎》获2017年苏州市第十一届精神文明建设"五个一"工程奖,《如意酷宝之西欧兔》获2017年年苏州市少儿精品工程奖二等奖(一等奖空缺)。江苏舞之数码动画制作有限公司《星际炮兵团之拯救色彩》获苏州市第四届金茉莉影视文艺美术片优秀奖、2017年江苏省优秀版权作品三等奖。苏州市磐石卡通有限公司《小主人之正义联盟》获2017年度苏州市广播电视少儿精品原创国产动画片三等奖。全市有5部优秀动漫作品在中央电视台少儿频道播出。苏州市磐石卡通有限公司的《快乐椭魔塔之成语大词典》《小主人之正义联盟》《小主人之正义联盟2》三部作品销售给广州俏佳人旗下的国际中文频道,分别在美国纽约、洛杉矶播出。江苏皆悦文化影视传媒有限公司的《大猩星》在韩国发行销售52集,创汇2.08亿韩币,约合人民币125万元。

【文化市场管理】 年内,市文化部门深入开展出版物专项检查行动、无证经营场所专项整治、春季"扫黄打非"和"护苗2017"行动、暑期社会文化环境专项整治、校园周边文化环境专项整治、"秋风2017"等专项行动38次,出动检查人员8460人次,检查各类文化经营文化场所3980家次,收缴非法音像制品和非法出版物1.5万张,清理无证经营场所87个,收缴黑网吧电脑、赌博游戏机525台。联合区镇开展非法"小耳朵"专项整治行动27次,拆除非法安装"小耳朵"4500余套,查处非法销售窝点56个,张家港市实现江苏省"无小耳朵社区"创建工作标兵县(市、区)五连冠。全年查处各类违法违规案件125件,占苏州大市总量的33.3%,实现零复议、零诉讼、零投诉。查处的朱某某侵犯著作权案入选2015-2016年度全国文化市场重大案件和"江苏省2016年度版权执法十大案件"。查处的徐某某擅自从事娱乐场所经营活动案案卷获江苏省第十一届文化行政执法案卷(行政处罚)优秀案卷。查处的蒋某某存储、散发非法出版物案案卷获评2017年江苏省新闻出版广电(版权)行政处罚案卷一等奖、"江苏省第十二届文化行政执法十佳案卷"。市"扫黄打非"办公室持续推进"扫黄打非"进基层工作,市、镇、村三级严格落实"扫黄打非"基层"八个一"工作机制(成立一个"扫黄打非"工作领导小组、建立一套工作制度、记录一本工作台账、设立一个"扫黄打非"工作站、明确一名出版物市场管理员、聘请一支义务监督员队伍、每月至少开展一次"扫黄打非"联合执法行动、制作一套工作程序图表)和五项工作制度(宣传教育制度、巡查报告制度、联防协作制度、奖励举报制度、责任追究制度)。南丰镇永合社区入选江苏省"扫黄打非"进基层示范标兵和2017年全国"扫黄打非"进基层示范点,南丰镇入选2017年江苏省"扫黄打非"进基层示范点。

【版权工作】 12月27日,张家港市版权协会成立,成为全省县市首家版权协会。年内,全市18家版权工作站受理一般作品著作权登记23394件,立案查处各类文化市场违法违规案件149起、查处网上侵权盗版案件2起。开展第六届张家港优秀版权评选活动,3件作品获评苏州市优秀版权奖,4件作品获评江苏省优秀版权奖(二等奖、三等奖各2件)。张家港金港大润发商店街高分通过2016年度江苏省"正版正货"承诺推进计划项目专家组验收。至年末,全市有3个全国版权示范单位(江苏东渡纺织集团有限公司、江苏国泰新点软件有限公司、张家港市金陵纺织有限公司),1家省版权示范园区(张家港软件(动漫)产业园),1个省"正版正货"承诺推进计划项目(张家港金港大润发商店街),7个省版权示范单位(江苏国泰新点软件有限公司、江苏沙钢集团、张家港市金陵纺织有限公司、江苏东渡纺织集团有限公司、江苏舞之数码动画制作有限公司、张家港固耐特围栏系统有限公司、张家港市广播电视台),24个苏州市版权工作示范单位推进指导性计划项目,2家企业(江苏国泰新点软件有限公司、江苏如意通动漫产业股份有限公司)获评中国版权产业最具影响力企业,先进数量居同级县(市、区)首位。

【朱某某侵权案入选全国文化市场重大案件】 2015年1月,张家港市文化行政综合执法大队根据网络巡查线索,发现www.2020KK.com电影网站通过链接文件索引地址,利用嵌入网页的吉吉影音、西瓜影音等软件为用户提供浏览、下载大量影视作品的服务,执法人员对其中的《非诚勿扰》《百家讲坛》《天天向上》等527部作品进行取证并下载,经查该网站没有取得相关权利人央视网、江苏电视台、湖南电视台的授权。2015年3月10日,市文化行政综合执法大队联合市公安局三兴派出所,对"2020KK电影网"侵犯著作权案进行立案查处。经查,朱某某未经著作权人许可,在2014年至案发期间,通过软件将采集的大量视频发布到其非法开设"2020KK电影网"提供在线观看和下载,并通过发布广告非法获利74665元。2016年6月28日,市人民法院对该案作出刑事判决。2017年4月该案被列为2015—2016年度全国文化市场综合执法重大案件和"江苏省2016年度版权执法十大案件",专案组成员获评2016年度查处侵权盗版案件有功个人三等奖。

(盛　曼)

文学艺术

【概况】 至年末,市文学艺术界联合会(简称市文联)下设作家协会、书法家协会、摄影家协会、美术家协会、戏剧家协会、音乐家协会、舞蹈家协会、影视家协会、曲艺家协会、民间文艺家协会、国标舞工作者协会11个专业协会,1个艺术指导委员会,市书画院1个事业单位和塘桥、金港、锦丰、南丰、凤凰、乐余和永联7个镇(村)文联,比上年多1个。有国家级会员145人,比上年增1人;省级会员348人,比上年增12人;苏州市级会员472人,比上年增31人;张家港市级会员

1263人，比上年增66人。年内，市文联及各协会相继举办各类大赛、展览、展示及文艺惠民活动80余项。其中，“文艺进万家”惠民活动涵盖全部艺术门类以及镇村文联，参与艺术工作者5000余人次，惠及群众30余万人次。“春联大放送”公益活动累计开展活动26次，送出春联1万余幅。

【书画影类活动】 2月，市文联承办“苏风墨韵”江苏省书法名家精品巡回展，展出作品80余件。3月，与市委宣传部、张家港日报社联合主办“中国希望工程摄影纪实”作品展，此类展览首次在县级市开展，共展出中国摄影家协会党组成员、副秘书长谢海龙作品38幅。5月，承办“翰墨飘香”苏州市书法家家规家训主题创作作品张家港站巡展，展出作品100幅。6月，与苏南5个县（市）区文联联合主办“江南墨缘”——2017年苏南六市（区）书画院作品联展，展出作品85件。7月，举办张家港“桥韵杯”诗书画作品大赛，承办“展望十三五·迎接十九大”全国经济百强县市·苏州篇章摄影展张家港站巡展，展出作品200件。11月，主办“一江水·两地书”张家港、丹阳书法作品展，展出两地书坛骨干作品共80幅。全年先后在白鹿小学举办“共享阳光·托起梦想”书画公益培训班，在暨阳实验小学城西分校开展墨润“蒲公英”书法志愿服务活动。全市4583名考生参加书画类8个科目考级，全部通过。

【文学类活动】 6月，市文联举办首届《东渡》文学双年奖颁奖仪式，该奖项两年评选一次，评选范围为2015年至2016年在《东渡》杂志上发表的所有作品，涵盖小说、诗歌、散文、非虚构、文学批评5个门类。首届《东渡》文学双年奖评选于2017年3月启动，通过初评、终评两个环节，最终从300余部作品中产生6部获奖作品。获奖作品分别是潘正伟的小说《燕儿翩翩飞》、鲍安顺的散文《城市的隐喻》、大卫的诗歌《寂寞与辽阔》、叶红菱的古体诗《流水》《青铜》、景立鹏的文学评论《师法自然——从道家看顾城的诗学观》和缪克的《东山村的脉序》。当代作家、江苏省作家协会签约作家、江苏省作家协会副主席鲁敏到市作《以灵感的名义》专题文学讲座。市作家协会承办“我们的节日·清明”和“我们的节日·端午”2017年张家港市诗词朗诵鉴赏大会。市作家协会全年持续开展作家进校园、进社区、进企业系列活动，先后走进三职中、外校、凤凰小学以及骏马集团、市工行等单位，累计40余场。全年开展12期公益大讲堂，组织会员走进塘桥、金港、乐余、乘航、妙桥等地社区，开展经典诵读会、文化讲座等12场，听众逾1万人次。

【文艺创作】 市文艺工作者全年在市级以上报刊发表各类文艺作品2100余件（幅），省级以上发表、入展（选）、展演、获奖90件。出版文艺图书及画册近30部，发表、出版字数在300万字左右。文学创作上，出版专集专著13本。书法创作上，陆华的作品入展全国第四届草书作品展；刘山林的作品入展全国第二届行书展，入选全国第八届楹联书法作品展；刘开华的作品入展全国第四届隶书作品展。美术创作上，陈三石的作品《春天里》入展“首届苏州市文华奖”并被苏州美术馆收藏。摄影创作上，肖顺清、范品才、苏玉琦、陶建、谢卫东5人的作品入围第26届全国摄影艺术展览（初评阶段），冲击国展实现零的突破。

【“长江杯”江苏文学评论奖在市开奖】 11月23日，第六届“长江杯”江苏文学评论奖暨第五届扬子江诗学奖颁奖仪式在张家港市举行。第六届“长江杯”江苏文学评论奖由江苏省委宣传部、江苏省作家协会、张家港市人民政府主办，张家港市委宣传部、张家港市文联承办。此届江苏文学评论奖评比共收到参评作品47篇（部），数量上超过往届，且研究领域更为广泛多样。本着质量为上、宁缺毋滥的评审原则，经实名投票，15篇（部）作品进入终评。沈杏培的《“计划生育”的叙事向度与写作难度》等2篇作品获一等奖；刘俊的《从“单纯的怀旧”到“动能的怀旧”——论〈台北人〉和〈纽约客〉中的怀旧、都市与身份建构》等5篇作品获二等奖；张晓林的《淮安文学批评与研究》等8篇（部）作品获三等奖。第五届“扬子江诗学奖”的评奖，由《扬子江》诗刊聘请25位国内著名诗人、评论家和诗歌编辑组成提名委员会，对自2016年10月至2017年9月期间在国内公开出版的省级以上报刊发表的诗歌和诗歌评论进行遴选推荐，由终评委员会从被提名作品中评选出获奖作品。古马的《河西长歌》、臧棣的《新山水诗（组诗）》、叶舟的《西游记（组诗）》获诗歌奖，西渡《当代诗歌中的意象问题》、刘波《初心、活力与个体的美学——论新世纪诗歌的写作转型和审美可能性》获评论奖。

第六届“长江杯”江苏文学评论奖颁奖活动　　（市文联　提供）

【乐余镇文学艺术界联合会成立】 12月18日，乐余镇文学艺术界联合会成立暨第一次代表大会召开，市文联、市文广新局、市书法家协会和乐余镇党委的相关领导，以及镇文联筹备组全体成员，镇各协会代表，群团部门，各村(社区)文体干部等近百人参加会议。大会通过《乐余镇文学艺术界联合会章程(备案)》和乐余镇文学艺术界联合会第一届委员会名单，选举产生乐余镇文学艺术界联合会领导机构，并举行揭牌仪式。乐余镇文学艺术界联合会设书法、摄影、风筝、音乐、舞蹈和文学等6个工作者协会，有会员165人。(翟　诚　秦　香)

2017年张家港市文艺创作主要成果一览表

表61

类别	作品名称	形式	主创人员	出版、入选、展出、获奖情况
文学	《每一处炊烟底下，都有一个母亲》(组诗)	诗歌	中海	获"阳光下的风"全国征文大赛三等奖
	《给水一艘船》(外二首)	诗歌		获"梦乌镇"全国诗歌大赛三等奖
	《在小桥放眼》(外二首)	诗歌		发表于《诗选刊》2017年第2期
	《原乡人》(外三首)	诗歌		发表于《扬子江诗刊》2017年第2期
	《读古》(外一首)	诗歌		发表于《诗林》2017年第2期
	《虹起长江口》(五首)	诗歌		发表于《诗刊》2017年第4期
	《等雨》(六首)	诗歌		发表于《文学港》2017年第5期
	《致敬》(六首)	诗歌		发表于《诗选刊》2017年第6期
	《在咸祥》(外一首)	诗歌		获"我为春天写首诗"全国诗歌大赛优秀奖
	《中国梦》(长篇诗歌)	诗歌		获江苏省作协第12批重点扶持项目
	《南中国海》(组诗)	诗歌		获建军90周年全国诗歌大赛优秀奖
	《白云下》(外一首)	诗歌		发表于《解放军文艺》2017年第8期
	《论辽阔》(七首)	诗歌		发表于《山花》2017年第9期
	《寂静中，有个声音传来》(六首)	诗歌		发表于《星星诗刊》2017年第9期
	中海的诗(六首)	诗歌		发表于《红岩》2017年第6期
	《风鹏引》长诗	诗歌		发表于《扬子江诗刊》"红船扬帆"特刊
	《冬至》(外二首)	诗歌		发表于《青年文学》2017年第11期
	《相见被风吹走》(外一首)	诗歌		发表于《十月》2017年第6期
	《一本书是一只灯盏》	散文	程向东	获第七届"我的读书故事(漫山花溪谷杯)"征文大赛优秀奖
	《母亲的灶台》	散文		获第九届"漂母杯"华人华文母爱·爱母主题散文诗歌大赛优秀奖
	《表弟从老家来》	散文		发表于《散文百家》2017年第12期
	《暖笛》	散文集		现代出版社出版
	《围城》	诗歌	张红燕	发表于《扬子江》诗刊2017年第6期
	《起风了》	短篇小说	杜宏娟	发表于《山东文学》2017年第7期上半月刊
	《小熊学捕鱼》	寓言	钱欣葆	获中国寓言文学研究会第六届金骆驼奖创作奖金奖
	《魔法神奇果》	寓言集		北京时代华文书局出版
	《春天的绣花针》	童话	孙丽萍	发表于《儿童文学》(故事版)2017年1月
	《松鼠的帽子》	童话		发表于《儿童文学》(绘本版)2017年5月
	《一只童话，立在窗台》	童话		发表于《儿童文学》(故事版)2017年10月
	《小妖怪和影子们》	童话		发表于《儿童文学》(绘本版)2017年12月
	《一辆名叫春风的车》	童话		发表于《文学少年》2017年2月
	《小种子和老花盆》	童话		发表于《文学少年》2017年3月

续表61

类别	作品名称	形式	主创人员	出版、入选、展出、获奖情况
文学	《云仙人的窗花》	童话	孙丽萍	发表于《文学少年》2017年4月
	《蔬菜学堂的插班生》	童话		发表于《文学少年》2017年5月
	《让我带你回家》	童话		发表于《文学少年》2017年6月
	《小青、小银和小白》	童话		发表于《文学少年》2017年9月
	《爱吃哈欠的夜精灵》	童话		发表于《文学少年》2017年10月
	《我们写诗吧》	童话		发表于《文学少年》2017年12月
	《蔬菜宝宝上学记》	童话集		万卷出版社出版
	《说个故事给你听》	童话集		吉林美术出版社出版
	诗三首	诗歌	张凌云	发表于《扬子江诗刊》2017年第2期
	《长淮之上》	散文		发表于《前卫文学》2017年第3期、《延河》2017年第8期、《延安文学》2017年第4期
	《味道》	散文		发表于《湖南文学》2017年4期
	《诗意国门》	诗集	施向军	中国文联出版社出版
	《诗乡》	诗集	王如梅	线装书局出版
	《长风破浪》	散文集	冯春法	中国文史出版社出版
	《一个人的记忆》	散文集	周成新	团结出版社出版
	《且行且常省》	散文集	丁品森	华龄出版社出版
	《黄昏的意义》	散文集	沈周霄	上海文联出版社出版
	《聆听岁月》	散文集	赵彩萍	现代出版社出版
	《蚌蜒河畔的爱情》	散文集	姜广平	中国电影出版社出版
	《青春梦》	小说集	周　清	现代出版社出版
	致敬经典，潜心追求——《怀仁集王圣教序》临习浅淡	论文	刘山林	发表于2017年3月22日《书法报》
	《我和我的杨家姆妈》	论文	夏敏莹	发表于《中国戏剧》2017年第3期
	《我是你的盅——我演〈一盅缘〉赵圣关》	论文	朱宝根	发表于《中国戏剧》2017年第4期
	《道具在戏曲艺术中的运用》	论文	李俊洪	发表于《剧影月报》2017年3期（双月刊）
	《笛子在戏曲演奏中的作用》	论文	常小飞	发表于《剧影月报》2017年6期（双月刊）
	《我在〈珍珠塔〉中饰演姑母有感》	论文	钱新芳	发表于《剧影月报》2017年6期（双月刊）
书法	行书作品	书法	刘山林	入展"文质兼美优秀基层书法家创作成果展"
	楹联作品	书法		入展全国第八届楹联书法展（中国书协主办）
	行书条幅	书法		入展全国第二届行书展（中国书协主办）
	行书作品	书法		获第二届江苏书法奖提名奖
	书法作品	书法		入展第四届中国书法兰亭雅集42人作品展
	书法作品	书法		入展首届"弄潮杯"钱塘江全国书法大赛
	书法作品	书法		入展2017年江苏、浙江书法名家精品交流展
	草书作品	书法	陆　华	入展全国第四届草书作品展
	书法作品	书法		入展第二届江苏书法奖作品展
	隶书作品	书法	刘开华	入展第四届全国隶书作品展

续表61

类别	作品名称	形式	主创人员	出版、入选、展出、获奖情况
美术	《溪山隐胜》	国画	安昌礼	入展“颜真卿杯·魅力句容全国书画展”
	《星期六的早晨》	水彩	路丽黎	入展“江苏省第六届新人美术作品展览”
	《重任在肩》	雕塑	吴旌东	入展“江苏省第六届新人美术作品展览”
摄影	《马背上的少年》	摄影	季绍秦	入展第七届全国农民摄影大展开放类
	《检视》	摄影		入选摄影世界“科尔沁杯”读者园地
	《山沟沟里的大桥》	摄影		入选“中国名片”—新中国建桥成就摄影展
	《夜钓》	摄影		入选中国摄影家协会主办的微信摄影双周赛《城市的夜》主题
	《楠溪晨色》	摄影		获君泰杯“美丽家园、共享平安”摄影比赛二等奖
	《晨捕》	摄影		获浙江省“气象万千”摄影作品大赛优秀奖
	《太湖开捕节》	摄影	吴建东	获“喜迎十九大,江苏新辉煌”摄影赛作品大展入选奖
	《建设中的沪通长江大桥》	摄影	谢嘉喆	获“畅行江苏”摄影大赛社会组优秀奖
	《繁忙的菜市》	摄影		获2017“水韵江苏”摄影图片展作品征集活动三等奖
	《老有所乐》等	摄影	谢卫东	入展“共庆党生日,喜迎十九大”全国百强县苏州篇章摄影展
	《父爱》	摄影		获镜头中的强富美高新江苏“喜迎十九大、国庆节”摄影精品展优秀收藏奖
	《载着爱情向幸福出发》	摄影		获2017第十九届全国艺术摄影大赛(纪实摄影类)优秀奖
	《充电站》等	摄影		入展“千年古镇,高新黄埭,砥砺奋进再创辉煌”相城高新区全国摄影艺术大赛
	《聚精会神》等	摄影	杨海平	入展《大众摄影》杂志社第四届中国好风光全国摄影大展黄埭站
	《缥缈之间》	摄影	叶　丹	入展“仙人居住的地方,中国山水画城市”中国仙居全国摄影大展
	《古渎港之夜》等	摄影	张龙法	获中国经济百强县(市)苏州篇章摄影作品展优秀作品奖
	《拥抱未来》	摄影		入展“砥砺奋进的江苏”大型主题图片展
	《舞动的“火焰”》等	摄影	肖顺清	发表于《中国摄影报》2017年4月7日第27期
	沙思	摄影		发表于《大众摄影》杂志第10期第159页
摄影	《香山梅岭涌春潮》等	摄影	孙凤贤	入展中国经济百强县(市)苏州篇章摄影作品展
	《起跑》	摄影	黄勤芬	入展中国经济百强县(市)苏州篇章摄影作品展
	《现代化新农村》	摄影	朱德明	刊登于《中国摄影报》2017年7月21日头版大幅
	《现代化新农村》等	摄影		入展中国经济百强县(市)苏州篇章摄影作品展
	《霞光映照》	摄影		发表于《人民摄影报》2017年5月3日18期第9版 入展捷宝国际风光摄影大赛
	《雾里元阳美如画》	摄影	苏玉琦	发表于《中国摄影报》2017年4月14日10版
	《家》	摄影		发表于《中国摄影报》2017年8月15日4版
	《捕》	摄影		发表于《中国摄影报》2017年8月25日4版
	《梯田》	摄影		获第19届全国艺术摄影大赛优秀奖
	《岭上秋色》	摄影		发表于《大众摄影》杂志2017年12期
	《使用太阳能,保护好蓝天》	摄影		入展第三届福能杯全国摄影大展
	《水上环卫工》	摄影		入选并参展2017中国平遥国际摄影大展
	《梦里故乡》	摄影	许　峰	获“喜迎十九大,江苏新辉煌”摄影赛作品大展优秀奖

(翟　诚)

社科工作

【概况】 市哲学社会科学界联合会（简称市社科联）下辖社科群众学术团体33个，涵盖政治、经济、教育、文化、哲学、法律、金融、财税等各个领域。市钱币学会、市人民防空学会、市统计学会、市农村金融学会、市公共关系协会、市粮油行业协会、市法律工作者协会、市律师协会、市青少年书画协会、市企业文化交流协会、市工业经济联合会、市犯罪预防研究会、市政协理论研究会、市长江鲜美食研究会等14家学（协）会解散或退出社科联，新增市非公有制经济党建协会、市文博学会、市心理卫生协会、市市场监督管理学会、市家庭教育协会等5个单位。12月22日，市哲学社会科学界联合会第三次代表大会召开，选举产生新一届市社科联领导班子，钱晓东当选市社科联主席。2017年，全市确立哲学社会科学研究课题64项，其中立项课题52项，重点立项课题12项。《江苏县域公共文化服务标准化问题研究——以张家港"一中心，双总分、数字化"公共文化服务新模式为例》《信息化条件下高职辅导员校园危机应对方式与主观幸福感的关系研究》等2项课题纳入2017年度"江苏省社科应用研究精品工程"课题，《文明溯源——张家港文物精粹》《建立非遗传承人档案弘扬优秀传统文化》等2项成果获2016年度"江苏省社科应用研究精品工程奖"二等奖。《苏州创新商业模式建设都市农园研究》等10个项目纳入2017年度苏州市社会科学基金项目，其中《苏州智能制造产业研发联盟构建与提升自主创新能力研究》获重点立项；《推进张家港市众创空间发展的对策研究》等6项成果获苏州市第三届"社科应用研究精品工程"优秀成果奖，《创新驱动张家港市优势传统钢铁产业转型路径研究》等3篇文章获苏州市哲学社会科学界第十届学术大会优秀论文。沧江市民大讲堂举办讲座31期，惠及群众近4200人次。制作播放社科类访谈节目《社科之声》22期。9月，开设"张家港社科"微信公众号，至年末累计推送微信79条。"美丽沙洲"青少年文史主题教育、"沙洲儿女抗日斗争英雄故事讲演"分别列入2017年度省、苏州社科联社科普及创新引导扶持项目。全市建成省级社会科学普及示范基地2家，苏州市级社会科学普及示范基地4家，张家港市级基地17家。全年编发社科刊物《暨阳论丛》5期和《2017年度张家港市社科应用研究成果选集》、31期《港城思享会》专版，《古村落与乡贤文化研究论文》特刊编发信息在《江苏社联通讯》市县传真栏目刊登。《暨阳论丛》获评"苏州市十佳内部出版物"称号。市社科联获2016年度江苏省社科联系统"工作创新奖"。

【第十二届社科普及宣传周】 9月16日至10月31日举行，活动主题为"服务'两聚一高'新实践，建设'强富美高'新江苏"。其间，举办"点赞这五年，喜迎十九大"主题征文、"知我家乡，爱我港城"志愿者宣讲团巡讲、"艺术培训进校园"、"社科零距离"主题讲座、"社科面面观"图书推荐、江苏省第十四届社会科学普及宣传周主题有奖知识竞答等活动。活动期间收到征文60余篇，组织"艺术培训进校园"巡讲、"社科零距离"主题讲座40余场。普及宣传周期间，全市13个社科普及基地免费向市民开放，安排专人提供相关讲解和服务，组织开展陈设展览、互动体验、讲坛讲座等形式多样的社科活动，传播兼具时代性与地方特色的人文知识。

【民生讲堂巡讲】 7月至8月举办。活动以"深学六中全会精神，聚焦突破'四大路径'以优异成绩迎接中共十九大胜利召开"为主题，由市委宣传部、市社科联和市级机关工委共同主办。活动从部分涉及民生的重点改革部门，选拔25名政治素质强、理论修养高、表达能力好的理论宣讲志愿者，分赴基层开展政策理论、文明法治"五进"宣讲。全年组织赴区镇村（社区）巡讲30场，听讲基层党员群众2万余人次，课程包括《习近平总书记治国理政新理念新思想新战略、社会主义核心价值观和市第十一次党代会精神》《培育和践行社会主义核心价值观》《新市民积分管理》《张家港市社保政策、就业政策、计生政策、公积金政策、民生保险政策解读》《和谐家庭构建》《儿童膳食与儿童健康》《公共营养卫生知识、高血压的防治、心脑血管疾病的预防、常见急诊的处置、急救知识普及》等。 （余亦维）

文化中心

【概况】 2017年，市文化中心接待中共中央政治局委员、中宣部部长、中央文明委副主任刘奇葆等党政代表团1361批，42748人次，各类游客、观众、读者81.02万人次。其中，完成全国创建文明城市工作经验交流会点位参观保障任务，为7个单位提供业务辅导、志愿讲解服务，保障2017中国（张家港）长江文化艺术节、张家港市庆祝"五一"国际劳动节表彰大会、"旗帜鲜明讲政治"专题党课等专题活动129场。推进展馆改造升级，"数字美术馆"于10月初投入运行，城市展示馆改造完成招标，"数字科技馆"改造完成深化设计方案。组织"万人科普游""我们都是传承人——'非遗'系列活动""千名侨界人士看港城""千名小画家同绘港城""小小讲解员"暑期公益夏令营活动及"移动的文化中心"活动39次。"保利文化月票"邀请近1200人免费观剧。张家港美术馆自闭症儿童个体绘画干预与听障儿童艺术创作指导项目入选2016年度全国美术馆优秀公共教育项目（全国县级市唯一），年内开课250次。举办2017年中国（张家港）当代水墨艺术特展等美术、科普、市情、摄影展览22场。保利大剧院引进《挪威国宝级天团——神秘园中国巡演》、俄罗斯芭蕾舞剧《天鹅湖》、舞剧《千手观音》等优秀剧目58场，年平均票价123元，上座率75%。年内，市文化中心获评市2017年度优胜贡献奖。

【17部科普剧在省科普剧会演中获奖】 12月27日，江苏省第五届科普剧会演颁奖典礼在江苏广播电视总台演

播大厅举行，两年一届，由省文明办、省教育厅、省文化厅、省科技厅、省科协、共青团省委、省广播电视总台联合主办。市文化中心选送的17部剧目均获奖项，占总奖项的四分之一。其中，市实验幼儿园《爱丽丝奇游记》获幼儿组唯一的一等奖、市实验小学《谁是真正的太阳fans》获少儿组一等奖，市文化中心获“优秀组织奖”。

【2017年中国(张家港)当代水墨艺术特展】 10月10日，由中国国家画院美术研究所、张家港市委宣传部、张家港市文广新局、张家港市文联、张家港市文化中心管委办联合主办，张家港市美术馆承办的“2017年中国(张家港)当代水墨艺术特展”在市美术馆一楼开幕。此次展览是“数字美术馆”建成后的首展，中国当代艺术著名理论家朱其担任策展人，展出刘德维、刘天禹、阎秉会、徐华翔等当代水墨艺术家的100余件作品，同步推出的360度数字全景、扫二维码了解作品背景、数字互动体验项目等给市民带来了不同寻常的观展体验。展览展出至12月20日，累计7000余人次参观。

（茆玉月）

广播·电视·电影

【概况】 市广播电视台完成中共十九大、全国“两会”、春节、国庆节等重要保障期的安全播出，实现全年安全播出无事故、无差错。技术装备全面升级，完成广播直播车辆招标、工作站及导播台设备更新添置，完成高清电视摄录设备采购，电视高清非编网及高清新闻演播室系统建成投用。张视高清频道入网试播，张家港电视进入全流程高清时代。完成“张家港在线”网站播控系统升级、移动网络直播平台建设和“无线张家港”三期建设。地面数字电视省级多频网19频道和苏州市级单频网48频道成功试播。年内，市广播电视台策划推出《聚焦“四大路径”主引擎、唱响“两聚一高”最强音》《砥砺奋进的五年》等55组700余集主题报道。“张家港在线”网站策划制作“2017张家港两会特别报道”“全国创建文明城市工作经验交流会”等16个新闻专题网页，“无线张家港”客户端创新推出“喜迎十九大·砥砺奋进的5年”“2017中国(张家港)长江文化艺术节”等5条HTML5超文本标记语言(一种视觉效果酷炫并能在微信等移动端被广泛转发分享的应用)。6件广播电视作品获2016年度江苏省优秀广播电视节目奖。广播传媒中心首获“向省台发稿先进单位”称号，电视传媒中心连续25年获江苏电视新闻荧屏繁荣奖，新兴媒体中心运营的“张家港城事”微信公众号获“2017年江苏省十大政务新媒体人气奖”。市文广新局加强宣传管理，组织开展自办新闻节目质量抽查和广播电视节目评优活动各4次。13名广播电视一线新闻工作者和工程技术人员获评2016—2017年度广播电视“首席记者(编辑)、主持人和工程师”。全年编印节目评议内刊《监评互通》6期，汇总评议意见建议607条。

【广播】 年内，张家港市广播电视台广播传媒中心有记者11人、播音员21人，中高级职称25人。推出年度重大主题报道《“两聚一高”的张家港实践：发力“四大路径”》以及《党员干部大走访，两聚一高大落实》、《张家港的文明新答卷》《聚焦“263”专项行动》《砥砺奋进的五年》《聚力十九大，谱写新辉煌》等28个挂牌专栏和策划栏目。全年外发稿240件，其中中央级50件、省级190件。3件作品获2016年度江苏省优秀广播电视节目奖，24件作品获2016年度苏州市优秀广播电视节目奖。4件作品获2017年中国公益广告黄河奖优秀奖；2件作品获2017年全国知识产权主题公益广告评选优秀奖，《保护自己、尊重他人》获第十二届设计之都(中国·深圳)公益广告大赛最佳新人奖。“张家港广播”拥有粉丝近20万人，综合排名居全国县级广播电台微信公众号排行榜前三甲。全年策划举办第六届七夕婚庆文化节、第六届重阳健康养生文化节等各类品牌活动31场。开展“我是你的眼——我带盲人看电影”等文化志愿服务活动17次。全媒体新闻部被评为江苏省“巾帼文明岗”，张家港交通广播节目部被评为苏州市“青年文明号”。严小娟被评为苏州市优秀新闻工作者。

【电视】 年内，张家港市广播电视台电视传媒中心有记者86人、编辑21人、播音员15人。全中心有各类专技人员171人，其中高级职称19人、中级职称47人。全面建成高清新闻演播室、高清播控机房，实现电视节目采、编、播全程高清化。首套高清新闻综合频道2018年元旦在江苏有线电视网174频道正式开播。《张

市电视台高清新闻(直播)演播室 （市文广新局 提供）

家港新闻》栏目推出《聚焦“四大路径”主引擎、唱响“两聚一高”最强音》《争创新业绩、喜迎十九大》等26个挂牌专栏和358集主题报道,《第一视线》栏目推出《新市民在港城》《和你在一起》等7个专栏和15组系列报道,《城事》摄制《棋童》《琵琶铮铮话评弹》等30部专题片。影视制作部全年摄制《文明创建、让生活更美好》《劳动筑梦》等宣传片、多媒体汇报片30部450分钟。被中央电视台录用新闻39条,其中《新闻联播》10条。4月,《新闻联播》对张家港市文明城市经验做法进行全方位报道,当月累计播出相关新闻5条,创单月“联播”用稿历史新高。全年被江苏省台录用新闻400余条、被美国斯科拉中文电视网等海外台录用专题片、纪录片28部。全年有28件作品获2016年度苏州市优秀广播电视节目奖,4件作品获2016年度江苏省优秀广播电视节目奖,5件作品获国家级奖项。徐苗被评为苏州市优秀新闻工作者。

2017年张家港市广播电视作品主要获奖情况表

表62

作品名称	主创单位(人员)	获奖情况	颁发机构
3D城市微电影《听见你的声音》	孙建忠、徐学渊、戴建东等	加拿大金枫叶国际电影节最佳3D故事短片奖	国家新闻出版广电总局、加拿大联邦政府
长纪录片《活着》	曹　嵘、盛　曼、虞东平、钱　科	全国电视外宣“彩桥”节目创优评选奖纪录片类二等奖	中国广播电影电视社会组织联合会
公益广告《尊重知识　保护版权》	朱珊萍、朱荣祥、张秋岳、尹　伟、张志刚	第十三届全国法治动漫微电影征集展播活动公益广告类二等奖	司法部、国家互联网信息办公室、全国普法办
公益广告《假如地球上没有了水》	孙钦敏、朱　莹	第24届中国国际广告节中国公益广告黄河奖(广播创作类)优秀奖	国家广电总局、国家知识产权局
公益广告《爱情无价》		第24届中国国际广告节中国公益广告黄河奖(广播创作类)优秀奖	国家广电总局、国家知识产权局
公益广告《啤酒对花生》		第24届中国国际广告节中国公益广告黄河奖(广播年度类)优秀奖、2017全国知识产权主题公益广告评选优秀奖	国家广电总局、国家知识产权局
公益广告《保护自己、尊重他人》		第24届中国国际广告节中国公益广告黄河奖(广播年度类)优秀奖、2017全国知识产权主题公益广告评选优秀奖	国家广电总局、国家知识产权局
公益广告片《倡导绿色生活方式》	尹　伟、张志刚	2017年全国节能公益广告作品优秀奖	国家新闻出版广电总局、国家发展和改革委
儿童情景广播剧《中国兔子德国草》	市广播电视台	江苏省优秀版权作品(音乐类)三等奖	江苏省版权局、江苏省新闻出版广电局、江苏省经济和信息化委员会
连续(系列)报道《沙钢集团打好“去产能、促转型”组合拳》	吴　克、严小娟、陈红霞、周宇卓	“2016年度江苏广播新闻奖”(系列)报道三等奖	江苏省新闻出版广电局、江苏省广播电影电视协会
广播剧《三秒钟的睡眠》	朱　奎、刘　玲	2016年度江苏广播剧、广播文艺奖”儿童剧三等奖	江苏省新闻出版广电局、江苏省广播电影电视协会
广播播音与主持作品《“摇滚苏州”的前世今生》	孙钦敏	2016年度江苏广播电视播音与主持作品奖广播播音文艺三等奖	江苏省新闻出版广电局、江苏省广播电影电视协会
纪录片《逐梦巩留》	徐学渊、徐敏峰、周　涛、陈晓宇	2016年度江苏电视社教节目奖三等奖	江苏省新闻出版广电局、江苏省广播电影电视协会
长消息《张家港:刷卡排污余额不足,五家企业旺季停产》	曹　嵘、陆　健、刘　帝、蒋晓峰	2016年度江苏电视新闻奖长消息三等奖	江苏省新闻出版广电局、江苏省广播电影电视协会
艺术片《听见你的声音》	徐学渊、唐　慧、戴建东、尹　伟	2016–2017年度电视文艺奖艺术片二等奖	江苏省新闻出版广电局、江苏省广播电影电视协会
少儿栏目《花开朵朵》	陈　型、余晓燕、赵　剑、朱佳庆	2016年度江苏省广播电视少儿精品评选少儿电视栏目二等奖(一等奖空缺)	江苏省新闻出版广电局、江苏省广播电影电视协会

【电影】 年内，全市新增影院3座，分别是乐余巨星影城、妙桥嘉宝影城和恒大雅苑中数影城。至年末，有影院17家、银幕99块、座位13253个，影院数量在全省各县市中名列前三。2017年全市放映电影16.54万场，观众322.52万人次，实现票房收入8941万元，比上年增16.7%。持续推进江苏省农村电影提升试点工程，市文广新局对杨舍、锦丰等5家镇级公益电影室内放映点进行授牌，23个室外固定放映点通过验收。开展电影市场秩序专项治理活动，对票务软件进行巡检，规范电影市场秩序。继续组织开展“千场优秀电影进社区”活动，全年走进288个村（社区）、9家敬老院，免费放映5043场，观众累计35.67万人次。

【网络新媒体】 年内，“张家港在线”网站、“无线张家港”新闻客户端全年发布图文及音视频资讯3万余条，制作发布“2017张家港两会”“2017中国（张家港）长江文化艺术节”“聚焦十九大”等专题18个。“张家港在线”微博、微信忠实用户超8万人。运营“张家港城事”“文明张家港”“张家港政协”“张家港社科”“张家港河长”“魅力新塘桥”“慢岛双山”等政务新媒体。其中，“张家港城事”粉丝超10万人，综合影响力在苏州市政务微信排行榜列前三位。完成“书记来了”特别见面会、第二十一届中国少儿戏曲小梅花荟萃、2017张家港国际马拉松等网络直播75场，观看总数超过110万人次。其中，2017张家港国际马拉松的直播在线观看突破30万人次。成功举办金沙洲音乐节、蜜桃音乐节、“和你在一起”新市民子女游凤凰等活动。“无线张家港”新闻客户端4.0全新改版，新版全面强化广电视听节目播出和网络视频直播、网友互动功能，用户通过手机，在收听收看当地广播电视节目的同时，可对节目预约、点赞、评论和分享。同时通过平台专业化建设，完成网络直播视频由标清到高清的升级，实现网站、微信和客户端的同步直播。2017年客户端下载量新增3万用户，总量突破5万用户。 （盛　曼）

张家港日报社

【概况】《张家港日报》为对开彩报，每周出报6期，每期8版，报纸日发行量近4万份。日报社有专职编辑记者60人，其中主任记者3人、记者16人、助理记者41人。头版策划推出中共十九大会议、全国文明城市“五连冠”、“263行动”、三大“百日行动”、“六个一”大走访、首届张家港国际马拉松、长江文化艺术节等20余个专题专栏，全年刊发“身边好人张闻明”专栏报道180余篇，“践行社会主义核心价值观”主题稿件30余篇，推出“机关标兵风采”、“成风化人”、“港城工匠”等专栏专版。立足可读性较强、文化味较浓的“百姓故事”“周末写真”“匠人匠心”等品牌栏目，推出《从保安到准律师——一名老兵的传奇逆袭》《轮椅上的斑斓世界》《港城小“茉莉”，芬芳满京华》《一颗匠心，妙手生“花”》等稿件。3月，推出“东渡杯”“我与‘张报君’的故事”主题征文活动，收到近100篇作品，52篇（首）作品入围并刊发在《张家港日报》。8月18日，召开践行“四大路径”推进媒体融合发展工作会议，公布《关于张家港日报社全媒体融合发展的实施意见》。年末，开展“融合四问·图强四法”“我为融合发展做些啥？”大讨论活动，进一步培养全媒体思想，深化融创内涵。年内，作品在江苏省、苏州市、张家港市新闻作品评选中获奖64篇次。市报社获市级机关绩效考核“综合贡献奖”、全省县市报先进集体、广告发布诚信单位“紫金奖”。

【报纸品牌栏目】 张家港日报社打造“暨阳谈”“港城会客厅”“港城新视界”“港城思享会”“港城新视线”等品牌栏目的新内涵，全方位、宽领域、多视角地宣传张家港市紧扣“创新富民”、践行“四大路径”、建设“四个港城”的生动实践，深入挖掘、立体报道基层的创新经验和先进做法。“暨阳谈”抓住学习贯彻市委全会精神、市“两会”精神、干部担当作为等重要内容，刊发《好成绩提振自信心》《好路径实现新突破》《率先垂范做好标杆》等30余篇“张葆平”评论文章，其中6篇被新华网转载；“港城会客厅”聚焦全市重点亮点工作、社会热点焦点，全年推出《文明引领，青年如何率先争先？》《重现水乡美景，留住共同乡愁》《老年大学为何“一座难求”？》等23期，栏目获中国县市区域报融合创新项目银奖、江苏省报业2017年度融合创新项目三等奖；“港城新视界”推出《不忘初心，砥砺前行》《掘金大数据——江苏物润船联高速发展揭秘》《直把港城作

张家港日报社践行“四大路径”推进融合发展工作会议

（张家港日报社　提供）

故乡——我市推进新市民同城待遇纪实》等20余篇深度报道；"港城思享会"聚焦社会热点难点问题，刊发《不忘初心迎接新时代、谋求新作为》《以绿色生活推动绿色发展》等评论文章，年内刊发40期。

【主题特刊】 年内，张家港日报社做好重要纪念日、节庆日主题宣传，推出《志愿港城》《港城工匠》《25我们正青春》等特刊。其中，3月3日A5版至A8版特刊《志愿港城》，通过采访志愿者家庭，小学生、大学生志愿团队，新市民、外籍志愿者，聋哑人志愿者等，弘扬向善能量。4月28日A9版至A15版特刊《港城工匠》，通过"工匠之德""工匠之魂""工匠之艺""工匠之影""工匠之心"等主题，讴歌时代楷模，呼唤工匠精神。9月15日B1版至B12版推出张家港日报创刊25周年特刊《25我们正青春》，通过书记市长寄语、港城会客厅、社长总编辑寄语、刊登部分获奖作品、书画名家题贺作品等形式，推动报社融合发展再上新征程。

【中共十九大专题宣传】 10月18日至24日，中国共产党第十九次全国代表大会召开。会前，《张家港日报》头版开设专栏"喜迎十九大，创造新业绩""喜迎十九大，我们这五年"等重点栏目，先后推出《保税区（金港镇）：龙头项目带动转型突破》《教育普惠之花"别样红"》《平安建设筑起"铜墙铁壁"》等重点报道，从区镇的动力，从企业的发展，从百姓的视角反映全市五年中的发展成果，共刊发稿件26篇。11月18日至26日，采写党员干部群众反响类稿件6篇，图片18幅。同时创新推出"代表手记"专栏，成为大会宣传的亮点。推出"学习贯彻落实中共十九大精神""十九大精神宣讲在港城""学习贯彻十九大，书记项目进行时"等一批重头栏目，刊发《不忘初心永远跟党走》《爱得科技：以"创新"和"匠心"铸品牌》《以"基金+"为支点——张家港保税区撬动产业发展大格局》等稿件40余篇，全面完整地宣传十九大精神。

【凤凰文化公司协助出版6种11本图书】 2017年，张家港日报社下属企业张家港凤凰文化发展有限公司共协助凤凰出版社出版6种11本图书。6月，出版《守艺人》1000册，计21.2万字。11月，出版《德积人民革命斗争史略》3500册，计18.5万字；《七里庙村志》2000册，45.4万字。12月，出版《沙上文化丛书》（第五辑）1200册，一套4册，计145.2万字；《占文村志》2000册，53.6万字；《吕大安自选集》（一套3册）500册，100.5万字。与保税区（金港镇）、南丰镇、塘桥镇、市工商联联合编辑出版杂志4种24本，分别为《金港潮》11期、《南风之窗》4期、《东渡风》4期、《张家港商会》5本，策划出版内部资料4本。

2017年张家港日报社新闻作品获省级以上奖项一览表

表63

作品标题	作者	体裁	获奖情况
《我市家庭医生服务签出"第一单"》（2016年4月2日1版）	李　燕	消息	中国县市区域报新闻奖二等奖
《我市首批4家"三互"监管中心授牌》（2016年11月18日1版）	陆　欢	消息	江苏省县市报新闻奖一等奖
《我市荣获首届"中国生态文明奖"》（2016年6月6日1版）	徐卫峰	消息	江苏省报纸优秀作品奖三等奖 江苏省县市报新闻奖二等奖
《胡满才：潮起潮落度春秋》（2016年11月25日5版）	徐　婷、钱超新	通讯	中国县市区域报新闻奖一等奖 江苏省县市报新闻奖一等奖
《一名草根教育者27载学、思、行》（2016年7月11日7版）	陈　璐	通讯	中国县市区域报新闻奖二等奖
《筑牢百姓餐桌安全屏障》（2016年12月29日1版）	唐红宇	通讯	中国县市区域报新闻奖二等奖
《奔跑在生命线上》（2016年12月27日5版）	崔文一	通讯	中国县市区域报新闻奖二等奖
《钱以斌：世厨联大会上的张家港身影》（2016年10月14日5版）	杨宇飞	通讯	中国县市区域报新闻奖二等奖
《港口岸电缘何出现"肠梗阻"》（2016年12月26日1版）	余继峰、钱海燕	通讯	中国县市区域报新闻奖三等奖 江苏省报纸优秀作品奖三等奖 江苏省县市报新闻奖三等奖
《港城医疗资源跨越地域"孤岛"》（2016年1月15日2版）	李　燕	通讯	中国县市区域报新闻奖三等奖
《八中三小将勇闯国际赛场》（2016年11月28日5版）	陈　璐	通讯	中国县市区域报新闻奖三等奖
《葛增民老人与本报结缘24载》（2016年11月24日1版）	张　荔	通讯	中国县市区域报新闻奖三等奖
《中山村："三会三解"惠民生》（2016年4月7日4版）	包丹华	通讯	中国县市区域报新闻奖三等奖 江苏省县市报新闻奖二等奖
《莫为浮尘遮望眼》（2016年9月20日1版）	马狄武、高　燕	评论	中国县市区域报新闻奖三等奖 江苏省报纸优秀作品奖三等奖 江苏省县市报新闻奖二等奖

续表63

作品标题	作者	体裁	获奖情况
《张家港日报》（2016年11月25日1版）	包丽芬	版面	江苏省报纸优秀作品奖三等奖
游绘天下	游　优	专栏	江苏省县市报新闻奖三等奖
《不可放任“伪慈善”直播闹剧》（2016年11月23日7版）	游　优	漫画	江苏省报纸优秀作品奖三等奖
《三高+三铁+两个通用机场！张家港未来交通这么霸气》（2016年9月9日）	沈小恒、徐　娅、李立峰、杜　鹃	微信	中国县市区域报新闻奖二等奖
大桥见证90后爱情（组照）（2016年5月25日1版）	庞瑞和、王俊荣	摄影	中国县市区域报新闻奖一等奖 江苏省县市报新闻奖三等奖
张家港边检站查获动物制品走私大案（组照）（2016年5月11日1版）	庞瑞和、杨振华	摄影	中国县市区域报新闻奖二等奖
《搏击盛宴》（2016年1月14日2版）	庞瑞和	摄影	中国县市区域报新闻奖三等奖
《情牵山区贫困儿童》（2016年3月22日1版）	庞瑞和、王苗苗、马晓东	摄影	中国县市区域报新闻奖三等奖 江苏省县市报新闻奖三等奖
有朋自远方来，不亦乐乎（组照）（2016年4月9日1版）	褚珊珊	摄影	中国县市区域报新闻奖三等奖 江苏省县市报新闻奖三等奖
传承（2016年8月7日1版）	褚珊珊	摄影	中国县市区域报新闻奖三等奖
共度别样端午节（组照）（2016年6月12日1版）	褚珊珊	摄影	中国县市区域报新闻奖三等奖

（任星海）

中国（张家港）长江文化艺术节

【概况】 2017年中国（张家港）长江文化艺术节于10月31日至11月23日举行，主要活动包括第七届（张家港）长江流域民族民间艺术节、第七届全国优秀小戏小品展演、“长江文明的传承与发展”系列座谈会、纪念吴景略诞生110周年系列活动、中国（张家港）小剧场艺术荟萃、江苏省民间艺术展演暨江苏民间文艺“迎春花奖”民间艺术表演奖评奖活动、2017年中国（张家港）长江文化艺术节闭幕式暨“沙上风情”张家港地方特色文艺专场演出、“梨园映金秋”名家名剧月、同心筑梦——“长江杯”江苏文学评论奖、第五届扬子江诗学奖活动暨第五届“诗歌里的城”朗诵会。10月31日晚，2017年中国（张家港）长江文化艺术节暨第七届（张家港）长江流域民族民间艺术节开幕式及演出在张家港保利大剧院举行，开幕式演出汇聚沿江特色文艺团队，展示长江流域独特的民族风情和文化魅力。11月10日晚，2017年中国（张家港）长江文化艺术节闭幕式暨《沙上风情》张家港地方特色文艺专场演出在张家港保利大剧院举行。开闭幕式由国家公共文化云、中国文化网络电视、腾讯网、“无线张家港”等平台进行全程网络直播，观看超过100万人次。

【江苏民间文艺“迎春花奖”·民间艺术表演奖评奖】 11月10日下午，江苏民间文艺“迎春花奖”·民间艺术表演奖评奖活动在塘桥文化中心剧场举行。“迎春花奖”对接中国民间文艺最高奖“山花奖”，是江苏省民间文艺最高奖项，已开评民间文学作品奖、民间工艺美术作品奖和民间文艺学术著作奖。此次评奖活动是江苏民间文艺首次对民间艺术表演类进行评奖，申报作品200件，涵盖民间音乐、民间曲艺、民间歌舞三大类。其中14件作品获民间文艺精品节目，包括张家港市民间歌舞《莳秧歌》在内的6件作品获“迎春花奖”。

【“记住乡愁”主题座谈会暨长江流域群众文化学会座谈会】 11月1日举行。座谈会由中国群众文化学会、张家港市政府主办，江苏省群众文化学会、张家港市委宣传部、张家港市文广新局、张家港市群众文化学会承办，沿江12省（区、市）的群众文化学会协办。中国群众文化学会、江苏省群众文化学会以及沿江流域12个省（区、市）的群众文化学会领导和入选论文作者代表参加。活动自5月至10月累计征集到全国18个省（区、市）130余篇文稿，最终评出50篇优秀文章，汇编成册正式出版。

【中国（张家港）小剧场艺术荟萃】 11月5日至15日举行，由中国田汉研究会、张家港市人民政府主办，市文广新局、中国田汉研究会戏剧委员会承办，通过前期征集评选，最终选定中国戏曲学院、四川音乐学院、中国石油长庆艺术团、深圳市荔枝青年剧团等专业、群文、院校、社会和企业各界演出单位12个，走进张家港保利大剧院、市锡剧艺术中心、星海剧场、沙洲工学院、凤凰文化中心、乐余文化中心，表演节目12场，包括川剧《爱情天梯》、话剧《走吧》《净化论》《东区五十四栋》《四根火柴人儿》《嘿，青春》《对面是何人》《为钱癫狂》《孟婆》《我要见市长》、京剧《陌上看花人》、黄梅戏《名优》。市文化馆原创话剧《我要见市长》作为闭幕式演出在保利大剧院进行首演。（盛　曼）

【编辑　景力颖】

卫生和计划生育

Health and Family Planning

市第三人民医院门诊大楼　（塘桥镇　提供）

卫生计生事业　　卫生监督
医　　疗　　环境卫生
预防保健　　红十字救护
人口计生

張家港年鑑(2018)

扫码欣赏

《以爱之名，健康同行》

卫生计生事业

【概况】 年内，市卫计委以"改革、创新、惠民"为主线推进各项工作，区域医疗健康信息互联互通标准化成熟度率先通过国家五级乙等评测，电子健康卡建设在全国县级市（区）中率先试点，综合医改工作被确定为全省3个县级综合医改评估典型案例之一，全市公立医院出院患者满意度在苏州市持续领先。市卫生和计划生育委员会获评张家港市级机关优胜贡献奖、张家港市文明机关。

医药卫生体制改革　深化公立医院改革，建设"e路阳光"药械采购监管平台，耗材（试剂）实行网上集中采购，降低采购成本1900余万元。探索构建紧密型医联体，启动实施市中医医院与凤凰医院集团化运作分院制经营、市第六人民医院与锦丰镇社区卫生服务中心一体化管理试点。在苏州市率先建成"一键式"双向转诊新模式，并在全市二级及以上医院推广。公立医院门急诊人次比上年增3.5%，出院人次比上年下降1.4%，住院患者均次费用、药占比分别下降3.6%、1.1%，平均住院8.3天。深化基层医疗卫生运行机制改革。凤凰、南丰、大新三家镇医院由镇管改为市管。各区镇完成卫生计生综合管理部门的设置以及社区卫生服务中心和计划生育服务站的整合。

社区卫生　年内，全市新建、改造社区卫生服务机构20家，其中16家投入使用；144家社区卫生服务站规范设置中医诊室和中医治疗室，其中64家建成张家港市中医示范服务站。金港镇学前、锦丰镇南港、塘桥镇胡同、乐余镇齐心、凤凰镇凤凰、南丰镇新德、大新镇长丰和杨舍镇金塘、包基等9家社区卫生服务站新建成江苏省示范村卫生室。金港镇成立全市首家大健康管理服务中心，大新镇社区卫生服务中心被国家卫计委评为"2017年优质服务示范社区卫生服务中心"，手足外科建成"江苏省基层医疗卫生机构特色科室"。锦丰镇人民医院被首批确认为江苏省基层卫生人员实训基地建设试点单位。4名社区医生获评"苏州市社区首席糖尿病医师"，1名社区医生获评张家港市"十佳白衣天使"；在苏州市基层岗位练兵和技能竞赛中，大新人民医院获团体三等奖，南丰人民医院孙丽娟获社区护士组二等奖。

科教兴卫　4月19日，全市首届"卫生科技月"活动启动。市卫计委先后出台《张家港市卫计系统青年科技项目评审管理办法》《张家港市"临床医学专家团队"引进计划实施方案》。市第一人民医院引进南京鼓楼医院骨科团队和苏州大学附属第一医院呼吸内科医学专家团队，市第一人民医院、市中医医院、澳洋医院引进4名科研顾问，市第二人民医院、杨舍医院加入上海第十人民医院集团。市第五人民医院、中心医院、鹿苑医院分别与苏州大学附属第二医院、上海同济医院、苏州大学附属第一医院结盟。

公共卫生　2017年，全市人均基本公共卫生服务经费提高到80元，基本、重大公共卫生服务项目绩效名列苏州市前茅。全面加强重大传染病防控，艾滋病、结核病防治完成苏州市目标任务；全力做好流感疫情防控，有力有序处置学校水痘、手足口病等传染病疫情。开展预防接种门诊评定工作，开展慢病综合防控，推进慢性病自我管理示范小组建设，组织实施老年人年度健康体检工作。市卫生监督所获评全省唯一的基层卫生监督工作先进单位，市血站获全省采血机构技术审查及职业验收（第七周期）分站第二名。

计划生育　实施妇幼健康惠民工程，创新升级六大服务项目，累计服务8.7万人次。市第三人民医院创建成省级基层医疗卫生机构妇幼健康规范化门诊示范点。落实全面"二孩"政策，生育登记服务实现村（社区）全覆盖。优化计生家庭奖扶政策，落实延长生育假、配偶陪产假等奖励政策和计生特扶家庭联系人制度。金港镇、杨舍镇分别建成省、苏州市连心家园示范点。开展"张家港新市民健康城市行"活动，流动人口基本公共卫生计生服务均等化目标人群覆盖率90%。杨舍镇金塘社区获国家卫计委授予的"2017年流动人口社会融合示范社区"称号。

行风建设　持续优化服务，集中推出十项健康惠民便民新举措，深化改善窗口服务态度整治、优化导医导诊服务、环境卫生整治"三大"专项行动。重点加强二级以上医院医疗服务回访中心管理，强化患者意见建议清单式管理。开展推荐、宣传、学习好医生、好护士和寻访"最美社区医生""最美计生工作者"大型主题活动，举行庆祝"5·12"国际护士节暨"十佳白衣天使"颁奖典礼，10名医务人员入选张家港市身边好人榜。市二级以上公立医院出院患者满意

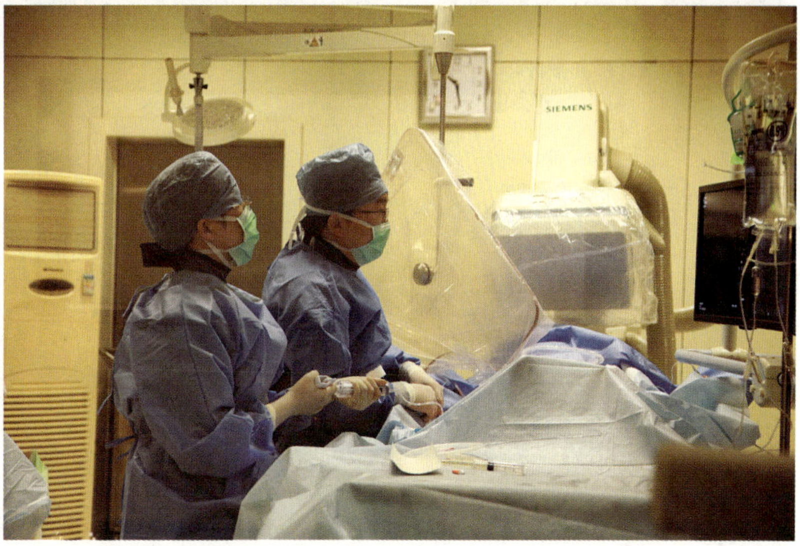

市第一人民医院国家胸痛救治中心　（市卫计委　提供）

度保持苏州县市第一方阵。着力抓好廉洁文化建设,开展上一堂廉政党课、发一封廉政倡议书、写一份廉政手抄报等“十个一”廉政主题活动,市卫计委创建成张家港市廉洁文化建设示范点。

【健康卫士“531”系列行动】 年内,市卫计委根据苏州市政府《关于印发苏州市健康卫士“531”行动计划的通知》等文件,制定《张家港市健康卫士“531”行动计划实施方案》《张家港市重大疾病多中心协同救治体系建设方案》,建成国家胸痛救治中心2个(市第一人民医院、澳洋医院),苏州市胸痛、卒中、创伤、危重孕产妇、危重新生儿救治中心1个(市第一人民医院),苏州市卒中救治中心建设单位1个(市中医医院)。全面开展肿瘤、心脑血管、高危妊娠三大高危因素筛查干预,覆盖群众12.3万人。完成心脑血管疾病高危人群筛查11.09万人,发现高危对象1.42万人,转诊至定点医院进一步检查1516人。完成肿瘤高危人群筛查5186人,发现高危1092人,转诊到定点医院进一步检查35人。完成高危妊娠筛查1.42万人,发现并登记高危妊娠9979例,其中1368例超本级服务范围高危孕产妇均给予规范转诊告知,高危发生率70.25%,高危筛查率100%。组建由73名专家组成的市级健康专家讲师团,开展系统性健康教育活动158场,11.9万人次参加,杨舍、金港、锦丰、大新、南丰社区卫生服务中心转型成市民健康管理综合服务平台。

(夏云峰)

医 疗

【概况】 2017年年末,全市有医院43个,社区卫生服务机构224个,其中社区卫生服务中心9个、社区卫生服务站215个,企事业单位卫生所45个,个体诊所87个,门诊部13个。市中医医院、市第三人民医院分别通过三级乙等、二级甲等医院周期评审,市第二人民医院晋升为二级乙等医院,中心医院被确认为二级医院。市第一人民医院、市中医医院分别在“中国医院竞争力县级医院100强”排行榜列第8位、第47位。澳洋医院在全国非公立医院100强中列第28位。全市全年总诊疗1070.63万人次,比上年减5.7%;出院病人31.23万人次,比上年增0.74%;病床使用率85.17%;平均住院日9.2天;平均每人次门诊费用183.3元,平均每人次住院费用8203.2元。全年“120”急救体系出车27327次;接送病人18839人次;其中救治危重病人1881人次。

医疗队伍 年末,全市卫生计生机构总人数11527人,比上年增加268人,增2.4%。其中,卫生技术人员9559人,占82.93%。卫生技术人员中,医疗人员3857人、护理人员3851人、药剂人员514人、医技人员508人;高级职称853人、中级职称2296人。按常住人口计算,每千人口卫生技术人员7.6人,执业(助理)医师3.07人,注册护士3.06人。年内,全市引进副高级以上高层次人才9人、硕士以上学历40人,2人获评张家港市“港城英才”称号,2人获评“紧缺高层次人才”称号。加大优秀卫技人才培养,2人获评姑苏卫生重点人才,4人获评姑苏卫生青年拔尖人才,4人获评“苏州市社区首席糖尿病医师”。组织开展新一轮名医、学科带头人评选,评选新一轮名医5人、学科带头人16人。

医疗设施 年内,市卫计委先后编制《张家港市医疗卫生服务体系规划》《张家港市医疗机构设置规划》,完善医疗资源配置。市第一人民医院科教综合楼主体封顶,市第二人民医院新建工程完成主体施工,市第四人民医院易地新建工程完成装修,市第三人民医院门诊综合楼投入使用,凤凰医院易地新建工程正式开工,港城康复医院建设有序推进。全市批准设置民营医疗机构12个,其中门诊部6个、个体诊所6个。年末,全市实际开放床位8906张,常住人口千人床位数7.09张。全年采购10万元以上医疗设备124台,总价9770万元。

医疗科技 全系统评出首批卫计系统“青年科技项目”10项,立项各类科研项目70项,其中市疾控中心获批省科技厅重点项目1项,市第一人民医院获批省卫计委项目1项;获各类科技奖44项,其中市中医医院获江苏省中医药科学技术奖三等奖1项、苏州市科技进步奖三等奖2项;发表学术论文675篇,其中核心期刊29篇;举办苏州市级以上学术活动65项,其中国家级5项、省级6项。市第一人民医院、市中医医院各获江苏省医学新技术引进奖二等奖1项。

重点专科 市第一人民医院妇产医学创建成江苏省妇幼健康重点学科,麻醉科创建成苏州市临床重点专科,普外科、妇科通过苏州市临床重点专科复评;市第一人民医院呼吸内科、病理科,市中医医院内分泌科、中医儿科新增为张家港市级临床重点专科。启动实施五大专病诊疗中心建

市第四人民医院易地新建工程完工 (市卫计委 提供)

家庭医生签约服务 （市卫计委 提供）

设，市第一人民医院睡眠中心投入使用，肝病中心试运行。市中医医院生殖中心、颈肩腰腿痛中心建设列入规划。至2017年年末，全市累计建成苏州市级以上重点学（专）科20个，其中国家级中医重点专科建设单位1个、省级临床（中医）专科2个，建设单位2个，省妇幼健康重点学科1个。

行业监管　全市严格落实12项医疗行业服务行为监管制度，成立15个市级专业质控中心，开展"三合理"（合理用药、合理检查、合理治疗）规范、第三方医疗质量、医疗机构输血、药事、感染管理等专项巡查整治。严肃处理不符合规定的医疗机构，全年注销11家、暂停相关诊疗科目7家。全年受理医疗纠纷及投诉99起，其中较大的医疗纠纷12起，妥善处理率100%；引导进行医疗事故技术鉴定14起，调结率95%，医疗纠纷妥善处置率100%。

【家庭医生签约服务扩面工程实施】年内，家庭医生签约服务扩面工程被列入市政府民生实事项目。全市投资1358万元，创新实施家庭医生上门服务"三统一"（统一服装、统一巡诊、统一设备），配备巡诊工作服2324件、巡诊电动车308辆、全科巡诊仪229套。惠及大病和计生特殊困难家庭2940户，签约率99.06%；惠及高血压、糖尿病患者等重点人群53989人，签约率31.76%；减免群众医疗费用225万元。为进一步完善基层药品供应保障体系，畅通药品供需衔接机制，适应社区群众方便就医用药的需求，在全市15个社区卫生服务站试点开展药品外配服务，将二级、三级医院常用的30种高血压、糖尿病、脑卒中和冠心病等基本药物目录外的药品，延伸至社区卫生服务机构，群众取药用药更便捷。

【中医药服务能力提升】年内，为进一步贯彻落实国务院《关于印发中医药发展战略规划纲要（2016—2030）》《关于印发中医药健康服务发展规划（2015—2020）》等文件精神，巩固和发展张家港市"全国基层中医药工作先进单位"创建成果，市卫计委制定印发《全面提升中医药服务能力实施方案的通知》《张家港市医疗机构中医综合服务区建设方案》，并于6月召开全市中医药服务能力提升工程现场会，启动实施中医综合服务区建设工作。年内，新建国医馆、中医馆、中医阁（室）69家，凤凰、南丰、大新、锦丰镇社区卫生服务中心先后建设成"江苏省基层医疗机构中医综合服务区（中医馆）"，建成基层特聘中医专家工作室8个。5月，举办"十三五"期间医改与中医药法解读专题讲座，全市100余人参加讲座。10月21日，在市中医医院名医堂举行"行行出状元"张家港市第五届职业技能大赛——中医适宜技术竞赛，活动共有14名选手获得奖项，其中市级奖项6人，卫计系统优秀奖8人。

（夏云峰）

【市中医医院凤凰分院揭牌暨凤凰医院新建奠基】12月8日，市中医医院凤凰分院揭牌暨凤凰医院新建奠基工程在凤凰镇举行。凤凰医院是凤凰片区唯一的一所公立医院，1991年被评为一级甲等综合性医院，承担着凤凰镇及周边地区10万余人口的医疗保障任务。4月中旬，根据市医改办《关于印发市级公立医院与基层公立医院实行分院制经营的工作方案（试行）的通知》，市中医医院与凤凰医院签订《分院制经营管理框架协议》，明确以后三年，市中医医院与凤凰医院实施集团化运作、分院制经营，实行人、财、物的一体化管理。至年末，凤凰医院完成内部流程改造和人员调配方案的制定，市中医医院下派的首批专家和技术骨干18人全部到位，其中6人在岗、12人定期坐诊。市中医医院与凤凰医院在基础管理、医疗业务、学科建设、人才培养等方面开展全面帮扶协作，形成全市首个紧密型医联体，将持续放大医联体内造血式帮扶效应。

（方天闪）

预防保健

【概况】2017年，全市人均期望寿命82.59岁，产科原因孕产妇死亡率每10万人0例，非产科原因孕产妇死亡率每10万人7.3例，婴儿死亡率2.71‰，传染病总发病率每10万人333.36例，全市未发生重大传染病疫情。疾病防控、妇幼卫生主要指标在全省持续领先，市第一人民医院创建成江苏省母婴友好医院。

疾病预防控制　全年报告乙、丙类传染病5458例，全市未发生重大传染病疫情。全年发现活动性肺结核397例，报告伤害监测病例31534例、慢性病26475例、肿瘤5767例，死亡报告7068例。推进基于医院HIS系统的传染病和慢性病报告信息系统，确保传染病报告的及时性及一致性。开展企业退休人员和非社会化管理65

周岁以上老年人健康体检23.04万人，高血压健康管理13.83万人，糖尿病健康管理3.97万人，建成慢病自我管理示范小组10个、示范餐厅11家、示范食堂10家。全面推行疫苗配送和全程冷链监控，数字化门诊建成率95%，疫苗流通全程追溯科技示范成功申报省科技发展计划项目。张家港市通过世界卫生组织常规免疫接种率监测系统现场评估。完成扩大免疫规划疫苗免费接种36.7万人次，一类疫苗接种率均保持在95%以上，全年实现预防接种安全无事故。通过职业卫生技术服务机构资质续展复评审，完成职业病危害因素企业监测150家次，职业健康监护7800人次。建成“传染病防治学”市级医学重点学科。实施空气污染（雾霾）人群健康影响监测项目，定期做好监测点空气PM2.5采样分析，组织社区人群和学生健康影响调查。实施苏州市食源性疾病监测与食品安全风险监测项目，开展食源性疾病主动监测工作，全市完成采样686份，阳性122份，阳性率17.78%；完成食品污染物监测5个大类64份，合格率为85.94%。定期开展生活饮用水采样监测，水样检测合格率100%。开展40家医疗机构、16家托幼机构消毒效果监测，合格率分别为93.8%、86.1%。组织全市中小学校完成学生体检11.9万人，规范学生因病缺课监测网络直报工作，监测学校、学生覆盖率保持100%。继续实施江苏省儿童口腔疾病干预项目，2016—2017学年共对62所小学（含分校）10545名三年级学生进行口腔检查和窝沟封闭。

妇幼健康 3月16日，市妇幼保健和计划生育服务中心成立。至年末，各区镇全部完成妇幼保健和计划生育技术服务资源整合。深化妇幼健康公共卫生服务，全年孕产妇系统管理率97.03%，0周岁至3周岁儿童系统管理率97.18%，出生缺陷发生率3.82‰；完成孕产妇女免费发放叶酸2163人，住院分娩补助6935人，预防艾滋病、梅毒、乙肝母婴传播项目顺利推进，对发现的5例艾滋病、17例梅毒、466例乙肝表抗阳性孕产妇均实施母婴阻断。积极开展妇幼健康特色工程，全市开展儿童脑发育初步筛查8017人，发现脑发育落后193人，经市儿童康复基地进行康复训练与治疗，其中38人基本康复或基本达到正常儿童发育水平；开展儿童视力筛查28885人，发现视觉功能异常儿童3816人；开展儿童听力筛查42436人，发现听力可疑儿童32人；开展儿童髋关节发育筛查7505人，发现发育异常儿童177人，经干预治疗，其中139人达到或基本达到正常儿童发育水平；开展学龄前儿童氟离子导入预防龋齿项目，全市全年完成8.5万余人次氟离子导入预防龋齿服务。开展妇儿健康工程，全年服务人次约57.4万人次，服务经费达4045万元。规范开展妇幼健康项目分级服务，全年基层服务量比例达到81.79%。深化出生缺陷社会化干预工程，实施免费计划生育基本技术服务，为3161对育龄夫妇提供免费孕前优生健康检查，目标人群覆盖率100%；为6188户按政策生育家庭提供免费优生优育疾病保险。建立完善市、镇、村三级监测网络，实行避孕药具质量定期通报和不良反应报告制度，在全市公立医院推行避孕药具首诊排查登记监测工作，全年避孕药具不良反应监测上报676例，达到国家优秀等级。加强妇幼健康服务阵地建设，市第三人民医院首批创建成省级基层医疗机构妇幼健康规范化门诊示范点，市第五人民医院和市第六人民医院被苏州市卫计委首批确认为妇幼健康规范化门诊建设单位。

【精神卫生综合管理】 年内，全面推进精神卫生综合管理试点工作，开展严重精神障碍患者联合排查，共上报疑似患者874例，确诊152例。至年末，全市共登记在册严重精神障碍患者5742人，检出率4.54‰；管理患者5405人，管理率94.11%，规范管理率93.85%，服药率85.28%，规律服药率76.4%；应急医疗处置11人次。加强严重精神障碍患者信息管理，上报门诊确诊患者信息86例，出院信息359例。启动精神障碍社区康复机构建设，各区镇均建有1家社区“康复驿站”，市第四人民医院（康乐医院）启动“沁心园”园艺农疗站建设。实施大病困难患者家庭医生签约服务民生实事工程，签约服务376户贫困精神障碍患者家庭。举办第二期社区医师增加精神卫生执业范围培训，11名学员全部通过考核。继续落实严重精神障碍患者免费服药、免费体检等优惠政策，免费服药5083人，免费体检4267人，体检率78.95%。深化“心语桥工作室”心理健康服务，举办心理健康免费讲座20余次。

【妇幼健康惠民工程】 为扩大妇幼健康惠民服务供给，实现妇女儿童重大疾病早发现、早诊断、早干预、早康复的目标，市卫计委创新实施“妇幼健康惠民工程”，降低妇女儿童疾病死亡率和致残率，提高妇女儿童健康水平。组织开展优化丰富妇女“两癌”

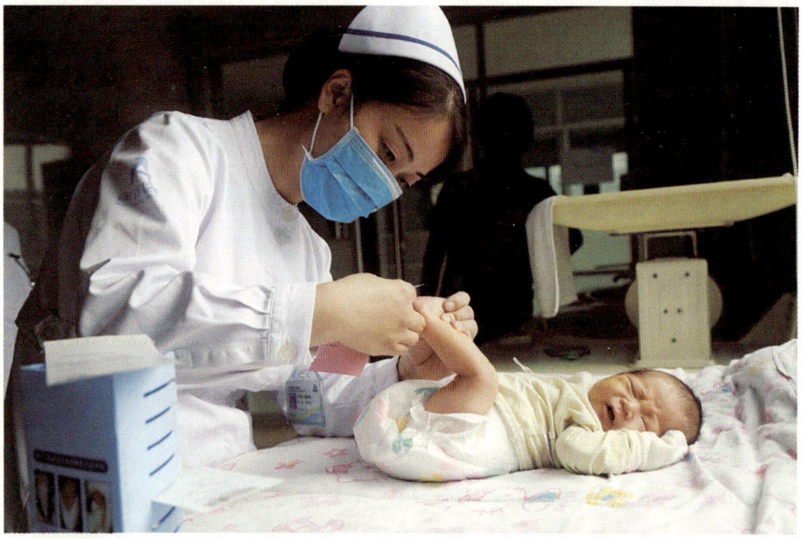

新生儿耳聋基因检测 （市卫计委 提供）

检查和妇女病普查服务内容、户籍高危妇女盆底功能免费检查、常住流动孕产妇孕期基本保健免费服务、户籍新生儿先天性心脏病免费筛查、户籍新生儿29种遗传代谢性疾病免费筛查及新生儿耳聋基因筛查项目六大惠民服务项目。全年服务人数8.7万人，其中为20周岁至64周岁妇女提供免费检查5.9万人，发现宫颈癌15例、乳腺癌16例及宫颈上皮内瘤变444例；开展新生儿疾病筛查12634人，其中29种新生儿疾病免费筛查4357人，确诊异常13例；开展新生儿详细心脏病筛查12270人，其中免费检查3771人，初筛阳性396人，确诊异常121人；免费筛查盆底功能障碍476人，发现肌力异常334人；常住外籍孕妇孕期补助417人；开展耳聋基因筛查2943人，补助筛查1718人，其中121人基因筛查未通过，发现药物性耳聋基因携带者13例、大前庭水管综合征复合杂合突变1例。

（夏云峰）

人口计生

【概况】 2017年，全市户籍出生人口7728人，出生率8.12‰，人口自然增长率0.85‰，常住人口出生政策符合率99.16%，常住人口出生性别比年均107.16。实施全面“二孩”政策，“二孩”出生6138人，其中流动人口2512人，“二孩”占出生总人口的49.66%。全市核发独生子女父母光荣证1673本。全年市、镇两级财政共投入人口计生事业经费9909.34万元，人均计生经费78.78元。

计生管理 健全完善计生利益导向及管理服务机制，把按政策生育作为能否入党的前置条件，严格落实人口计生目标责任制，落实“一票否决”评先评优35批次，对1034例集体和个人进行政策审核。全面落实计划生育家庭利益导向政策，兑现2017年农村部分计划生育家庭奖励金1529.67万元，企业退休人员一次性奖励金3711.24万元，计划生育特别扶助金1523.36万元；发放生育关怀基金219.16万元，其中发放计生特扶家庭两项补贴（社会保险补贴、养老保险补贴）123.16万元。“计生家庭健康保险”参保对象扩大到0周岁至16周岁、符合计生政策的“二孩”家庭的子女，累计参保对象6万余人。为0周岁至18周岁独生子女女性孤儿免费赠送意外伤害保险，为1938名特扶对象团购住院护工服务保险。

生育登记服务实现村（社区）全覆盖 （市卫计委 提供）

计生服务 年内，全市共受理生育登记6473例。做好全面“二孩”政策宣传，开展家庭文化节、青春健康校企行、“走基层、送健康”同伴教育和“牵手健康、走进幸福”等活动1000余场，向群众发放生育登记服务与孕前优生健康检查、健康手册等，推进村（社区）生育登记、咨询指导、健康教育于一体的“一站式”卫生计生服务，设立计生咨询投诉电话，规范生育登记服务管理。定期开展产科质量和母婴安全专项督察，加强医疗机构对高危孕产妇、危重新生儿管理与救治能力建设。将计生特殊困难家庭中60周岁及以上老人纳入市“亲情”虚拟养老院，开展市级“贴心小棉袄”关爱失独家庭项目，吸收社会志愿者参与养老帮扶工作，登记志愿者923人、帮扶记录24197条，登记特扶对象1938人，走访慰问12206人次。

【流动人口社会融合与健康促进】 年内，市政府修订完善《张家港市新市民积分管理办法》，调整计划生育证明在积分入医、入学中的分配比重，强化流动人口基础信息的采集完善和婚育信息通报核查。全年审核新市民婚育证明14.13万人，7000名新市民子女获得积分参加市居民基本医疗保险资格，2.48万名新市民子女获得续保资格，5166名新市民子女获得积分入读市公办学校起始年级资格。推进流动人口社会融合示范社区创建，流动人口基本公共卫生计生服务项目目标人群实现全覆盖。全年免费为新市民提供避孕药具630696份、产后访视健康检查3251人、儿童保健9401人次、流动儿童一类疫苗预防接种176681针次。 （李卫军）

卫生监督

【概况】 2017年，市卫生监督所落实张家港市健康卫士“531”行动计划，组织开展重点执法检查20次、临时性执法检查26次，检查单位7652家次；查处违法案件126起，罚没款37.38万元；监督抽检健康产品样品660份；处置投诉举报81起；完成重大活动卫生保障任务9次；举办各类培训班18期，培训人员1600余人次；完成再生育审批215例，发放再生育证215张；发放人口计生行政指导书19份。市卫生监督所被评为江苏省基层卫生监督工作先进单位。

医疗机构监管 全市开展医疗机构、个体诊所、企事业卫生室（所）医用放射诊疗单位、职业健康检查机构等重点监督检查。处罚医疗机构9户次，医疗机构记分10户次、54分，医师记分10人次、32分。进行医疗服务监管信息公示评查，在各类媒体广泛进行公示，强化舆论监督。开展个体诊所医师不良执业行为记分、口腔医院感染工作等专题培训，提高医生执业水平。

公共场所监管　继续推进公共场所基础管理，强化公共场所重点、难点问题监管，实施量化分级管理、重点行业负责人集中培训等常规性工作。全年完成383家住宿场所、837家美容美发场所、24家游泳场所量化分级评查，开展239家沐浴场所以及全国创建文明城市工作经验交流会迎检等临时性、专项性监督检查工作，共检查公共场所单位6021户次。实施住宿场所“分色管理”模式，20家试点住宿单位初显成效。优化集中空调清洗消毒联合会审制度，开展22个单位的集中空调通风系统清洗消毒工作效果的现场督察。实施定期游泳池旺季每旬、淡季每季以及不定期随机抽检，加强游泳场所水质监测。

学校卫生　抓好新建学校的预防性卫生监督工作；继续以学校教学环境卫生、饮用水卫生、传染病防控及规范内设卫生（保健）室为重点推进学校卫生监督工作。开展春秋季学校卫生专项执法检查，多频次加强学校饮用水监督监测，共查学校334所次，监测88所中小学校教室环境卫生和74份学校饮用水样品。开展学校饮用水危险因素项目研究，提升学校饮用水卫生安全质量。推动建立学校卫生监督管理的长效机制，完成20所学校卫生综合监督评价。

生活饮用水监管　规范开展日常监督检查、季度巡查和水质快检等饮用水监督监测工作，推动老旧二次供水设施的改造工作，强化对生活饮用水供水单位、涉水产品生产企业的监管。与市给排水公司建立信息共享机制，实施每季度水质自检上报，及时掌握水质动态。强化对生活饮用水供水单位、涉水产品生产企业的监管，检查供水单位67家次，涉水产品生产企业和经营销单位36家次。

【打击非法行医】　在全年开展非法行医专项整治月活动2次，检查非法行医场所63家次，取缔无证行医点42个，没收药品180箱、器械72件，案值9万元。立案查处无证行医36起，罚没款24.34万元，抄告公安机关被两次行政处罚非法行医者信息7人次，对发现的一名缓刑期间仍旧非法行医的人员抄告市司法局建议撤销缓刑执行实刑。联合公安部门加大对非法“微整形”医疗美容巡查打击力度，对在查处过程中发现的3名使用假药劣药的涉嫌非法行医罪人员移送公安部门查处。

【住宿场所试点实施“分色管理”】　4月，针对各地住宿场所频现的“毛巾门事件”“快捷酒店不快洁”等现象，解决一块抹布擦到底和杯具消毒问题，市卫生监督所在全市星级宾馆、连锁酒店、快捷酒店中选择20家住宿场所试点实施“分色管理”新模式。5月，下发《张家港市住宿单位实施“分色管理”先进管理体系推行方案》，要求员工在整理客房卫生时，根据客房不同区域、不同用具、不同部位使用红、黄、蓝等不同颜色的抹布、工具进行卫生清洁。红色毛巾擦马桶，黄色毛巾擦浴缸，蓝色毛巾擦脸盆，绿色毛巾擦家具，咖啡色毛巾擦地板；红标色整理盒盛放污染杯具，蓝标色整理盒盛放消毒杯具。各颜色抹布专色专用，有效减少交叉污染可能。为落实“分色管理”，各酒店改造工作车，增设各色毛巾分隔袋、回收袋与杯具分色箱，改造布草间、消毒间、工作间布局，并在电梯、大堂、多媒体等宣传实施分色管理工作的相关做法、图片，营造“分色管理”氛围。9月，试点实施“分色管理”的单位五色毛巾配备基本完成，工作车改造基本到位。　（蒋　敏）

环境卫生

【概况】　2017年，市城乡环境卫生指导中心结合张家港市创建国家卫生城市25周年，以“聚焦聚力爱国卫生，共建共享健康港城”为主题开展系列活动，各项工作取得新进展。国家卫生城市高标准通过苏州市级复查，绿化及环境专项整治工作在组织实施阶段、完善提升阶段、单项考核验收、综合考核验收四次考评中，均列苏州第一，全市建成苏州市康居特色村2个、三星级康居乡村91个，在苏州市组织的三轮专项督察、一轮暗访中，建设进度和建设成效在苏州大市内均保持领先，首家全批次通过苏州市级验收。12月，张家港市作为全国唯一的县级市代表，副市长周斌伟出席在海口市举办的首届全国爱国卫生运动学术论坛健康城市市长分论坛，交流健康城市建设经验做法。市城乡环境卫生指导中心获评江苏省爱国卫生工作先进集体。

城乡环境整治　1月，市政府成立由市委、市政府分管领导任组长的沿线绿化及环境专项整治工作领导小组，在市城乡环境卫生指导中心设办公室（简称市整治办）。1月，市政府下发《张家港市绿化及环境专项整治计划》，明确由市交通运输局、市农委、市水利局、市城管局、市住建局、市城乡环境卫生指导中心等6个牵头部门，形成8个项目的整治清单，包括133千米路域环境整治、24个港口码头整治、10家畜禽养殖场污染治理、24.2公顷绿化改造补种、106条沿线河道整治、195.8公顷高标准农田建设、5.77公顷农田环境整治、269个村庄整治、5137平方米违章建筑拆除、9414吨垃圾渣土清除等，涉及资金3亿余元。市整治办每两周召开整治工作联络员会议，部署阶段性重点任务，并每月发布专项整治简报。会同市交通运输局等部门，以“三治”（治脏、治乱、治违）和“三化”（洁化、绿化、美化）为抓手，开展市域内高速公路、内河主航道沿线绿化及环境整治工作，强化巡查督察，及时发现问题，督促整改。12月18日，苏州市考核验收组对张家港市绿化及环境整治工作进行综合考核验收，张家港市最终考评得分96.44分，在苏州各区市中排名第一。

病媒生物防制　全面落实《苏州市病媒生物预防控制服务机构备案管理办法（试行）》，全年共完成3家

PCO（Pest Control Operation，有害生物防制）企业登记备案。组织开展2017年度春冬季灭鼠及夏秋季灭蚊蝇、灭蟑螂活动，加强灭蚊灯、捕蝇笼等防制基础设施建设，落实规范化管理，清理各类鼠类和蚊蝇滋生栖息场所1000余处，发放溴鼠灵、溴敌隆毒饵4.62吨，投放残杀威、菊酯类等杀虫药剂约2吨，各类气雾剂100余箱；新建太阳能灭蚊灯10个，投放水光牌新型捕蝇器500余个；建成杨舍镇小莱巷社区、凤凰镇政府食堂等11个病媒防制示范试点。探索建立病媒生物控制评估、评价体系，建成杨舍镇、凤凰镇、常阴沙现代农业示范园区病媒生物密度监测评估点。5月，开展全市病媒生物防制专业培训，100余人参加。27人参加省有害生物防制员初、中、高级能力鉴定班学习，取得资质证书。

【健康城市建设】 年内，全市开展“携手创卫，健康前行”25周年系列宣传教育活动，弘扬爱国卫生优良传统。市城乡环境卫生指导中心开通“张家港爱卫”微信公众号，征集“张家港爱卫”标识。5月，招募一批控烟志愿者对全市宾馆、饭店、机关、影院、车站等120个公共场所进行暗访督察，加强公共场所控烟。依托“友爱好邻”志愿者团队在沙洲湖公园等地不定期开展“烟头不落地”公益活动，发放控烟知识折页、扇子宣传健康知识，劝阻公共场所吸烟者。6月，组织召开全市健康城市（镇、村）建设工作推进会。7月，召开全市健康镇村、健康单位建设培训会议，开展健康镇村、健康单位、健康家庭建设，提高社会参与程度。8月，会同市卫计委开展健康科普作品征集活动。年内，张家港海事局建成世界卫生组织健康城市合作中心健康单位，锦丰镇悦来社区创建成世界卫生组织健康合作中心健康社区。南丰镇建成江苏省健康镇；张家港海事局、保税区（金港镇）后塍办事处、市第三人民医院、南丰镇社区卫生服务中心、凤凰镇金凤凰度假管理有限公司等5个单位创建成江苏省健康单位；保税区（金港镇）金都社区、大新镇桥头社区、常阴沙现代农业示范园区常西社区等3个社区建成江苏省健康社区；澳洋医院创建成江苏省健康促进医院。全市建成苏州市健康场所7家。

【美丽乡村建设】 年内，市城乡环境卫生指导中心按照“一村一策”的指导思想，坚持科学选址、规划引领、惠民优先推进美丽乡村建设。5月4日，市委、市政府专题召开市级规划评审会，逐一听取各点位的规划方案，进行集体论证。规划中，注重与村域产业规划相结合，加强古村落保护利用，发展以乡村、田园等景观为依托的休闲度假旅游，注重与市级重点项目相结合。塑造凤凰镇支山村红豆文化、塘桥镇牛桥村马嘶文化、大新镇龙潭村美丽传说，围绕一干河生态廊道建设、川港改造等重点工程项目，在锦丰镇、大新镇实施区域内相邻村庄的连片整治、整体提升。年内，锦丰镇光明村、大新镇新凯村建成苏州市康居特色村，全市建成三星级康居乡村91个。

控烟宣传　　（市城乡环境卫生指导中心　提供）

【健康城市“531”行动】 年内，为完善“联防联控、群防群控、防治结合”的预防机制，建立“医防联动、快检快测”的突发公共卫生事件处置应急机制，实施全民健康素养提升工程，市政府启动实施健康城市“531”行动。12月15日，以“聚焦聚力爱国卫生、共建共享健康港城”为主题的创卫25周年专题文艺会演暨健康城市“531”行动启动仪式在市文化中心星海剧场举行。12月18日，市政府下发《张家港市健康城市“531”行动计划》，明确启动实施重大传染病防治、心理健康促进、重点人群伤害干预、出生缺陷与重大疾病干预、健康危险因素监测等五大领域重点项目。建立完善“政府主导、部门协同、社会参与、个人主责”的联动机制，“联防联控、群防群控、防治结合”的预防机制，“医防联动、快检快测”的突发公共卫生事件处置应急机制。启动全民健康素养提升工程。至年末，全市评选首批江苏省健康家庭50户，张家港跑吧的“奔跑吧！张家港”美丽乡村健康行项目、市惠群社会工作服务站的“耆乐年华”健康加油站项目、市明诚社会工作服务站的“爱笑康福来”社区居民心理健康项目、市亲民社会工作服务中心的“悦动、悦康、悦益”健康美凤凰项目、友爱好邻志愿团队的“我为控烟发声、共创无烟生活”项目等5个项目入选首批健康城市公益服务项目。

【美丽乡村健康行】 4月9日，由江苏省旅游局指导，苏州市委农村工作办公室、苏州市旅游局、苏州市美丽村庄建设办公室联合发起，苏州团市委等单位主办，张家港市美丽村庄建设办公室、常阴沙现代农业示范园区、市城管局、市城乡环境卫生指导中心具体承办的“五义联动，健康苏州”——2017年苏州美丽乡村健康行活动在张家港市常阴沙现代农业园区举行，3000余人共同在常阴沙“花海”中健康步行。43家国家级媒体、25家苏州市级媒体作专题报道。活动当天，除10千米美丽乡村健康行外，还举行健康义诊、慈善义捐、爱心义卖、快乐义演等活动。

（李芳芳）

红十字救护

【概况】 2017年年末，全市有红十字会基层组织118个，其中区镇红十字会9个、学校红十字会73个、红十字会团体会员单位36个（其中红十字冠名医疗机构3个）；新增红十字养老照护志愿服务队，共有红十字人道救助、应急救援、无偿献血、捐献造血干细胞、健康关怀、养老照护等专业志愿服务队6个，红十字志愿者520人，红十字会员176人。市红十字会组织开展红十字博爱送万家活动，组织志愿者走访慰问贫困家庭660户次，发放慰问物资价值19.8万元；救助重大疾病困难家庭6人，发放救助金1.8万元；实施定向助学156人次，发放助学金45万元；接收捐赠款物77.5万元（不含苏州下拨4万元救助金），救助支出83.2万元（含苏州下拨救助金）。组织开展“人道一元捐”筹资活动，募集捐款12.15万元。实施公益性应急救护百万培训项目，在社区居民、高一新生、企业职工、机关干部、医务人员等群体中组织应急救护知识培训。培训初级救护员2301人，完成省培训计划的155.47%；普及培训19288人，完成省培训计划的153.08%。3月，联合市文明办制定《推进红十字行业志愿服务工作的意见》。2月，升级改造志愿服务信息化管理系统，增加查询、导出打印、审核、发布等功能。10月，开展红十字骨干志愿者拓展训练暨应急救援演练活动，52人参加。12月，组织开展全市救护培训师教学观摩活动以及教学法比赛，同时选送救护培训师资4人、复训师资30人参加省级救护师资培训班，提高救护培训师队伍整体教学能力。推动无偿献血和造血干细胞、遗体、器官捐献工作，贯彻落实《苏州市献血条例》及《张家港市荣获国家无偿献血奉献奖献血者享受“三免”政策待遇实施办法》，新增122人享受“三免”（免费游览政府投资的景区、到公立医疗机构就诊免交普通门诊诊察费、免费乘坐城市公共交通工具）待遇，累计482人。全年无偿献血18113人次，捐献血液513.68万毫升，捐献血小板1215个单位。采集造血干细胞血样170份，初配合格33例，高分辨采样检测3例，成功捐献1例。遗体捐献登记29人，成功捐献1人；眼角膜捐献登记25人，成功捐献1人，器官捐献登记22人。出现家住金港镇的黄炳兴一家六口共同签署捐献遗体器官志愿书的感人事迹。开展捐献者慰问活动，举办张家港市成功捐献造血干细胞志愿者联谊会，组织35名捐献遗体（器官）志愿者家属参加苏州红十字会举办的第十一届遗体、器官、角膜捐献集体悼念仪式。新建红十字养老照护志愿服务队，并举办养老照护志愿者培训班。参与2017年张家港国际马拉松赛医疗保障志愿服务。举办基层红会干部专题培训班，邀请专家解读新红十字会法，讲解红十字新闻采编技巧。在苏州市高校应急救护技能竞赛中，沙洲职业工学院代表队获团体三等奖。先后与市卫计委、市教育局联合开展红十字书法大赛、“红十字博爱周”宣传、纪念第70个世界红十字日活动暨张家港市红十字会成立30周年广场文艺表演、红十字特色志愿服务、防灾避险知识宣传等活动。组织首个“无偿献血宣传月”系列活动、纪念第18个“世界急救日”广场宣传暨情景模拟应急演练活动。

“世界急救日”广场宣传暨应急演练活动　　（市红十字会　提供）

【世界急救日活动】 9月9日是第18个“世界急救日”，为提高群众自救互救意识，普及救护知识，市红十字应急救援服务队在花园社区广场开展“世界急救日”广场宣传暨应急演练活动。活动以悬挂横幅、摆放宣传展板、发放宣传手册、开展现场应急救护情景演示、操作互动等方式进行。活动现场，红十字救护培训师围绕“急救与家庭意外伤害”这一主题，为社区居民讲解和演示心肺复苏的步骤，并指导社区居民学习救护技能。现场还开展气道异物梗阻、扭伤、前臂骨折、下肢骨折固定和搬运急救情景模拟。急救情景模拟全部使用生活中日常物品进行现场急救，模拟场景的演示真实又贴近生活。活动还设立救护知识有奖竞答、救护操作教学互动等环节，向社区居民全面普及家庭意外伤害救护知识和技能。活动期间，各基层红十字还通过救护知识讲座、校园广播、宣传橱窗以及应急疏散演练等活动宣传应急救护知识。

（孙　雯）

【编辑　陆正芳】

体育

Sports

皇后杯暨亚太业余女子高尔夫球队际锦标赛　（市体育局　提供）

体育事业

青少年体育

群众体育

竞技体育

体育产业

張家港年鑑(2018)

扫码欣赏

张家港国际马拉松集锦

体育事业

【概况】 在2017年度江苏省县级体育重点工作督察中，张家港市以满分成绩获全省第一名。2月末，市政府召开全市体育工作会议，要求围绕健康中国和全民健身国家战略，推进均等化公共体育服务体系建设，加大公共体育服务供给，推进群众体育与竞技体育、体育事业与体育产业协调发展。11月，张家港市被中国老年人体育协会命名为全国老年气排球之乡。12月，被国家体育总局命名为国家体育产业示范基地，被江苏省体育彩票管理中心评为江苏省体育彩票工作先进单位。1月，市体育运动学校被省体育局命名为省高水平体育后备人才单项训练基地（田径）。3月，被国家体育总局命名为2017—2020国家田径单项奥林匹克后备人才基地。是月，市老年体协、市门球协会被省民政厅授予"江苏省示范型社会组织"称号。7月，市体育总会以总分第一名蝉联全省县级体育总会重点工作督察一等奖。8月，市体育局获评2013—2016年度全国群众体育先进单位。11月，市体育中心被中国网球协会评为2017年度中国业余网球公开赛CTA-OPEN系列赛事先进单位，被江苏省体育局、江苏省教育厅评为江苏省青少年足球校外活动中心，被江苏省体育场馆协会和江苏省现代体育产业研究服务中心评为江苏省十佳最具活力体育场馆。

体育设施　全年新建和更新全民健身路径130套、篮球架80副。至年末，全市村（社区）实现"两室一场一路径"全覆盖并向自然村巷（宅基）延伸，80余个村（社区）达到省定一类标准，体育设施1万人拥有量30.2个，人均占有体育场地面积3.65平方米。全年新建和改建多功能运动场9个、笼式足球场3个，新建成便民健身步道31条共计66.5千米，全市健身步道总数达到312条，合计495.95千米。全市"城市5分钟、中心镇（区）10分钟"体育健身圈进一步优化。

业余训练　全市体育业余训练格局由体育运动学校（原少年业余体校）、体育特色项目学校、传统项目学校、训练基地学校组成。至年末，全市共有市体育运动学校1所（为国家田径单项奥林匹克后备人才基地、省五星级业余体校）、举重国家级体育后备人才基地1所（南沙中学）、江苏省体育传统项目学校3所、省青少年奥林匹克体育俱乐部5所、省青少年校园篮球特色学校1所（泗港小学）、苏州市级传统体育项目学校24所、市级单项业余训练基地12个，有苏州市手球学校5所、苏州市足球学校6所。全市业余训练项目为田径、篮球、足球、排球、乒乓球、棋类、举重、游泳、武术、航模、羽毛球、自行车、跆拳道、网球、柔道、击剑、手球、高尔夫。市体育运动学校在训学生332人，教练员21人。

人才培养　年内，市体育运动学校招生80人，涉及田径、游泳、武术、羽毛球、网球、手球、足球等项目。年内，举办1期羽毛球三级裁判员培训班，26人通过考核。选派人员参加主管部门组织的等级裁判员培训班，1人通过国家级网球裁判员考试、2人被批准为国家一级裁判员。至年末，全市累计有国家级裁判员6人，一级裁判员79人次。体育社会组织方面，年内新成立2家市级体育协会和5家市级民办非企业俱乐部，至年末，全市共27家体育社团、50家民办非企业俱乐部。全年向省以上训练单位输送14人，项目涉及排球、举重、田径、足球、摔跤、游泳、武术、手球等。向苏州市级体校输送32人，涉及足球、游泳、网球等项目。

【中国网球学院张家港分院建成投用】 9月，中国网球学院张家港分院建成并投入使用。张家港分院由张家港市政府与中国网球学院合作共建，是一所以网球为特色的专项运动学院，位于张家港市区华昌路东侧、中兴路北侧，占地面积2.8万平方米，总投资5400万元。该学院建有标准网球场12片（其中室内球场4片，室外球场8片），拥有报告厅、教室、体能训练房、运动康复室、住宿、餐饮等配套设施。自建成以来，中国网球学院张家港分院承接了中国业余网球公开赛、省少儿网球排名赛、2017国际网联男子挑战赛等一系列网球赛事。

（陈晓晴）

青少年体育

【概况】 全市中小学继续围绕两个"百分之百"的目标（百分之百的中小学生实施国家学生体质健康标准，百分之百的中小学生每天锻炼1小时）开展体育活动。所有中小学均施行《国家学生体质健康标准》。各校充分利用课间操（跑）时间，结合大课间活动和课外文体活动时间开展阳光体育活动。2017年，全市报考高中学段学校（普高和中等职业类学校）的应、往届初中毕业生共9174人参加升学体育考试，其中7998人得到满分30分，占总人数的87.18%。年内，承办苏州市级竞赛3项（举重、篮球、国际象棋）、张家港市级6项；参加苏州市级竞赛获108金、71银、55铜。

【苏州校园足球联赛总决赛在市举行】 4月15日至19日，由苏州市教育局、体育局主办，苏州市青少年校园足球工作领导小组办公室、张家港市教育局、张家港市体育局、张家港市足球协会共同承办的苏州市"市长杯"青少年校园足球联赛（初中组）总决赛在张家港中等专业学校举行。苏州各县市（区）32支代表队600余名运动员参赛。男子组决赛中，张家港市梁丰初级中学在点球大战中力克苏州市学府中学，获得男子组第一名。女子组方面，苏州市振吴实验学校荣获第一名，张家港市凤凰中学、张家港市梁丰初级中学分获第二、三名。

【福前小学桌式足球队出征德国】 4月11日至16日，由张家港市组建的中国桌式足球青少年代表队赴德国参加"2017德国汉堡桌式足球世界杯"。中国桌式足球青少年代表队由国家体育总局社会体育指导中心委派张家港市组建。全部9名球员中，1名来自广州，8名来自张家港，其中7名来自福前实验小学，1名来自云盘小学。各代表队在6天的比赛中争夺男子组、女子组、青少年组、老年组和残疾组5个组别单打、双打、团体赛项目的奖牌。经过角逐,中国桌式足球青少年代表队在单打与双打项目中均以微弱差距败于法国队和获亚军的保加利亚队,有两名选手闯进第三轮。此成绩为中国桌式足球青少年代表队的世界杯战绩的历史性突破,也是亚洲球队参赛的最好成绩。福前实验小学于2014年9月引进桌式足球项目,成为江苏省第一所桌式足球特色项目学校,先后被国际桌式足球联合会授予"特别贡献奖",被国家体育总局评为"全国青少年桌式足球优秀学校"。校长卞向飞担任中国桌式足球联合会主席。

【"贝贝杯"青少年足球赛举办】 7月25日,2017年中国足协第二十届"贝贝杯"青少年(12岁男子组)足球赛开幕式在凤凰中心小学举行。此届"贝贝杯"青少年足球赛从7月24日持续至30日,有各省市青训中心12岁年龄段的32支球队共500余名球员参加。比赛采用8人制,分小组单循环、交叉排位赛两个阶段,保证每支队伍踢不少于7场比赛,直至决出所有名次。经过一周角逐,河南二队获第一名,青岛队、湖北队分获第二名、第三名,张家港贝贝队获第四名。7月30日,中国足协副主席李毓毅、张家港市副市长李兆玮等为获奖者颁奖。中国足协专门为赛事派出了技术专家组,负责选拔赛事中涌现出的优秀运动员参加全国训练营。

【中国桌式足球公开赛暨全国青少年桌式足球赛在市举行】 10月27日至29日,由国家体育总局社会体育指导中心主办,江苏省社会体育管理中心、张家港经济技术开发区(杨舍镇)、张家港市体育局、张家港市教育局承办的"易华杯"2017年中国桌式足球公开赛(ITSF国际积分赛)暨全国青少年桌式足球赛在张家港市福前实验小学举行。比利时、德国、伊朗、日本、加拿大、马来西亚、荷兰、波兰、新加坡、瑞典、美国、沙特阿拉伯、立陶宛、中国(含中国台北共13个省市)的14个国家的成人选手和国内15所学校的青少年运动员共300余人参赛,其中青少年选手200余人。各代表队在3天的比赛中争夺成人组3个组别单打、双打项目和青少年组4个组别单打、双打、团体项目的奖牌。作为东道主,开幕式上福前实验小学被授予"中国桌式足球示范学校"称号。经过角逐,张家港市福前实验小学代表队摘得小学组团体冠军,专业单打冠军,半专业单、双打季军。张家港市第三中学代表队摘得中学组团体冠军,抽签双打冠军,公开单、双打冠军,抽签双打亚军,半专业双打亚军。中国上海选手苏静荣获成人组女子公开单打冠军,伊朗选手Omid Abdi Kasbi荣获成人组男子公开单打冠军。 (陈晓晴)

群众体育

【概况】 全年承办江苏省一线社会体育指导员技能再培训2次,共240余人参加。承办江苏省社会体育指导员工作会议。举办全市群众体育干部业务培训班2期,太极拳入门培训1期。举办三级社会体育指导员培训班9期,完成审批注册298人。全市有社会体育指导员6433人,全年向上送训国家级社会体育指导员9人,一级20人。全年继续为1000名区镇机关工作人员和1000名骨干企业领导及职工代表进行体质跟踪监测,全年累计体质监测人数1.2万人。各区镇完成对1000名居民的体质测试。年内,组队参加全国广场舞大赛总决赛、世界华人篮球邀请赛、江苏省广场舞精英赛、第五届环太湖城市联盟篮球比赛、全国农耕健身大赛、长三角体育圈全民健身大联动活动、苏州市健身气功和太极拳比赛等活动。2017年,"乐余镇杯"第七届全民健身大联赛共吸引169个俱乐部、3000余名注册运动员参加足球、篮球、乒乓球、羽毛球、网球5个项目,全部赛程共1500场比赛,活动历时6个月,超过5万人次参与。12月3日,举行张家港国际马拉松赛,吸引21个国家和地区的1万余名运动员参加。继续开展市第四届全民健身大展示活动(健身秧歌、太极拳、体育舞蹈、健身气功、柔力球、柔乐球等6个项目),5月27日在锦丰镇(柔力球、柔乐球)、6月11日在杨舍镇(健身秧歌)、6月21日在南丰镇(健身气功)、8月14日在金港镇(太极拳)、10月15日在塘桥镇(体育舞蹈),每期直接参与人数均超过1000人。

【张家港国际马拉松开跑】 12月3日,2017年"张家港行"张家港国际马拉松在市世纪广场鸣枪开跑。该次赛事是张家港市首次在中国田协注册认证的A类赛事,共有21个国家和地区的1万余名运动员参加全程马拉松、半程马拉松、短程马拉松和迷你马拉松4个项目的比赛。赛事Logo以艺术化的"马"字为创意,演绎成飞舞的纽带、延伸的道路、冲刺的运动员、奔腾的浪花和张家港首字母"ZJG"造型,凸显张家港地域特色和国际马拉松赛特色。赛事起点设在市标志性地理位置——世纪广场,由西向东环绕城区,穿越张家港经济技术开发区(杨舍镇)、冶金工业园(锦丰镇)两个区镇,途经暨阳湖金融街、梁丰生态园、大南水街、沙洲湖等张家港重点区域景观以及人民路等市区主干道。经过角逐,马拉松男子组冠军和女子组冠军分别由肯尼亚选手CHEPMWOK ELIUD和埃塞俄比亚选手CHELAGAT JANE获得,半程马拉松男子组冠军和女子组冠军分别由中国选手刘洪亮、郝晓帆获得。其间,新浪体育对赛事进行全程直播,在线观看总人数86.6万人次。

【中国业余网球公开赛在市举行】 6月3日至4日,由中国网球协会、江苏省体育局、张家港市政府主办,张家港市体育局、体育总会承办的2017年中国业余网球公开赛(CTA-OPEN)"港华燃气杯"张家港白金赛在市体育中心网球场举行。全国各省市近200名业余网球爱好者报名参赛,其中张家港有17名选手参赛。比赛设男单、女单,青年男双、混双,常青男双、女双、混双7个项目。经过角逐,深圳选手叶子豪获得男单冠军,青岛选手杨嘉琦获得女单冠军。青年组中，北京的赵镝、南通的陈弘组合获男双冠军，深圳的叶子豪、苑天缘组合获混双冠军。常青组中，镇江的杨震、扬州的胡立荣组合获男双冠军，苏州的凌文楠、太原的李凤贤组合获女双冠军，苏州的苏文琪、太原的李凤贤组合获混双冠军。张家港的胡银雷、靳琦组合获常青男双第三名。

【香山山地短程马拉松挑战赛举行】3月5日，"为文明助跑，为金港加油"保税区（金港镇）"乡风文明"行动启动仪式暨香山山地短程马拉松挑战赛在香山风景区举行。香山山地短程马拉松挑战赛是全市短程马拉松系列赛的第一站。从香山梅园出发，途经香山寺、圣过潭广场、望江路、观月山庄等地，最后冲刺到达终点。线路全长10千米，分男女组同时进行，共有张家港、无锡、南通、镇江及海外等地的1200人参加比赛，是张家港市举办的马拉松比赛中参赛选手最多的一次。经过激烈角逐，最终肯尼亚选手Jackson Maina Muriu和Nancy Wanjiru Wambui以28分49秒和35分47秒的成绩分获男子组和女子组的冠军。2017年，张家港市连续第三年启动以"快乐奔跑"为主题的市级短程马拉松系列赛事，全年各站赛事均安排在全市主要地标性景观区进行，开展香山风景区、常阴沙花海、凤凰湖、永联小镇、一千河体育公园5站赛事。

【全国健身秧歌、健身腰鼓及手拍鼓大赛在市举行】5月5日至8日，2017年全国健身秧歌、健身腰鼓及手拍鼓大赛在张家港市体育馆举行。全国各省、市、自治区的41支代表队共560名运动员参赛。项目设置健身秧歌、健身腰鼓、手拍鼓展示，有自编及规定套路及老、中、青等年龄组别。北京燕山霓裳、上海市浦东新区三林镇、张家港市杨舍镇聚龙社区秧歌队等获健身秧歌项目规定套路及自编套路一等奖。盐城市、连云港市腰鼓队等获健身腰鼓规定套路及自编套路一等奖。无锡市滨湖区蠡园街道、张家港市金港镇金润社区手拍鼓队等获手拍鼓项目规定套路及自编套路一等奖。

【全国广场舞大赛举行】10月21日至23日，由国家体育总局社会体育指导中心、中国社会体育指导员协会、江苏省体育局、张家港市政府主办，全国广场舞推广委员会、江苏省社会体育管理中心、张家港市体育局、市体育总会承办的"杨舍杯"2017年全国广场舞大赛（张家港站）在江苏科技大学张家港校区体育馆举行。比赛以"献礼十九大、共舞盛世情"为主题，设置自编及规定套路两个项目。全国各省、区、市29支代表队共540余名运动员参赛。经过角逐，山西省运城市平陆县广场舞队、安徽省合肥市鸿雁广场舞队、河北省邯郸市肥乡区广场舞队、新疆兵团第十三师炫舞广场舞队获特等奖，张家港市金港青年广场舞队、杨舍聚龙青枫广场舞队、塘桥love广场舞队、大新广场舞队、河北衡水广场舞队、无锡市滨湖区广场舞队、连云港东海广场舞队和辽宁大连广场舞队8支队伍获一等奖。2017年全国广场舞大赛历时5个月，跨越全国多个省区市，是国内规模最大、级别最高、受众最多、影响最广的广场舞赛事。张家港站也是大赛的最后一站。

【江苏省羽毛球团体总决赛在市举行】12月16日至17日，由江苏省体育总会秘书处、江苏省体育场馆协会、江苏省羽毛球运动协会、张家港市政府主办，张家港市体育局和南京五台山体育文化发展有限公司承办，张家港市体育中心和张家港市羽毛球协会协办的2017年江苏省城市假日联赛羽毛球俱乐部团体赛在市体育馆举行。全省15家俱乐部近180名运动员参赛。团体赛项目每轮由混合双打、男子第一双打、男子单打、女子双打、男子第二双打5场组成。每场比赛均采用31分制，每轮比赛采用5场3胜制。最终，江苏捷通羽者俱乐部获冠军，苏州奕羽羽毛球俱乐部和南京活力羽人俱乐部分获亚军、季军，张家港代表队获得第四名。

（陈晓晴）

竞技体育

【概况】2017，全市承办国际级赛事3项、国家级比赛1项。张家港籍运动员翁浩、袁琦琦、黄鑫、王伟强等9人在国际级、国家级各类比赛中获佳绩。其中，3月19日，在阿塞拜疆举行的体操世界杯分站赛中，翁浩获鞍马冠军；5月5日，在武汉举行的全国体操锦标赛暨全运会预赛中，翁浩与队友代表江苏队获得男子团体冠军。4月24日，在巴哈马拿骚举行的2017年接力世界锦标赛中，袁琦琦与队友在决赛中以43.11秒的成绩获得女子100米接力第三名，首次在该项世锦赛上进入前三。9月8日，第十三届全运会在天津闭幕，由张家港培养、输送的8名运动员代表江苏省参赛，创造了参赛人数、项目分布和竞赛成绩的历史最佳。其中，袁琦琦夺得女子100米、女子200米银牌，卫冕女子4×100米接力赛冠军；黄鑫夺得男女混合4×400米银牌、男子4×400米铜牌，结束职业生涯收官之战；翁浩夺得男子鞍马冠军和男子体操团体亚军；王伟强实现手球项目的全运会"三连冠"；孙海涛、袁春南分别进入男子赛艇八人单桨有舵手、男子篮球青年组前八名。在十三届全运会田径比赛（陕西渭南）赛区比赛中，李代军获男女混合跳远团体赛第二名，陈星妤取得女子4×100米接力赛第五名。

【国际男子职业网球挑战赛张家港站赛事举行】9月3日至10日，由国际网联、中国网球协会、江苏省体育局、张家港市人民政府主办，张家港市体育局承办、江苏永钢集团有限公司冠名的2017年"永钢杯"国际男子职业网球挑战赛张家港站赛事在中国网球学院张家港分院举行。有85名选手参加，包括17个国家和地区的75名外籍选手。比赛历时8天，其中正赛6天，9日和10日分别进行双打决赛和单打决赛。此次比赛总奖金5万美元，冠军积分50分。在双打决赛中，中国的高鑫、张致臻组合战胜中国台北的陈迪、易楚寰组合，获双打冠军。10日的单打决赛中，中国台北的庄吉生战胜中国江苏的张择获单打冠军。

【中国女子职业高尔夫球巡回赛在市举行】 4月20日至22日，由国家体育总局小球运动管理中心、中国高尔夫球协会和张家港市人民政府主办，江苏省高尔夫球协会和张家港市体育局联合承办的2017年中国女子职业高尔夫球巡回赛——张家港双山挑战赛在张家港双山高尔夫俱乐部举行。中国、英国、马来西亚、韩国、泰国、新加坡等国家和地区的114名运动员报名参赛。最终，北京的刘文博赢得张家港双山挑战赛，成为2014年厦门挑战赛王梓漪取胜后，中国女子职业高尔夫球巡回赛的又一个业余冠军。

【皇后杯暨亚太业余女子高尔夫球队际锦标赛举行】 5月10日至12日，由国家体育总局小球运动管理中心、中国高尔夫球协会、江苏省体育局、张家港市人民政府主办，张家港市体育局、深圳市美利华体育发展有限公司承办，张家港市体育中心、张家港双山岛旅游度假区协办的第39届皇后杯暨亚太业余女子高尔夫球队际锦标赛在张家港双山高尔夫球场举行。皇后杯是亚太地区最高水平的高尔夫业余女子赛事，每年由会员国家协会轮流主办，这也是该赛事首次落户张家港。共有中国、中国香港、中国台北、澳大利亚、印度、印度尼西亚、日本、韩国、马来西亚、新西兰、菲律宾、新加坡、泰国的13支队伍参加，每支队伍由3名运动员、1名领队和2名协会代表组成。各队进行三轮54洞的较量。经过角逐，中国队以3杆之差的总成绩获团体第二，中国选手刘文博获银牌。 （陈晓晴）

体育产业

【概况】 年内，市体育局与市财政局联合出台《张家港市体育产业发展专项资金使用管理办法》。市体育局以国家体育产业示范基地建设为抓手，编制《2017—2025年张家港市体育产业发展规划》，计划用10年基本建成布局合理、功能完善、门类齐全的体育产业体系，将张家港建成全国县域体育产业集聚发展样本区、高端运动装备制造基地、体育产业政策创新实践区和长三角运动休闲特色功能区。全年新增备案体育经营场所15家，全市累计有144家备案体育经营场所。全市有体育用品制造及销售企业104家，体育服务类企业140家，体育服装、鞋帽类生产及销售企业578家。5月9日，江苏金陵体育器材股份有限公司在深交所成功上市，公司的“体育器材生产项目——车间11新建”项目获2017年度省级体育产业发展专项资金补助200万元，获评2017年国家级体育产业示范单位、江苏省十佳体育用品龙头企业。市凤凰镇城乡投资发展有限公司的“贝贝杯”男子U12、U14（5人制）足球赛和市金马克塑胶科技有限公司的“塑胶体育场专用环保型TPE颗粒的研发与生产”项目各获2017年度省级体育产业发展专项资金补助50万元。江苏永钢集团获评2017年江苏省体育产业示范单位，张家港市体育中心获评2017江苏省十佳最具活力体育场馆，张家港市静湖驿休闲农庄有限公司获评2017年江苏省特色运动项目基地。固耐特围栏在“新三板”成功挂牌。年内，全市14家游泳场馆取得高危许可证。组织22名救生员进行培训，79名游泳救生员年审。全市各游泳场所实行救生员从业资格全覆盖。5月，召开市游泳场所开放工作会议。7月，与市公安局、市卫计委等部门联合执法，对8家场馆下发限期整改通知书。市体育中心在承办各项大型赛事的同时，协助市级机关部门开展公益性活动，推出体育场馆免费、低收费开放优惠措施。

【体彩销售】 年内，全市有体育彩票销售网点241家，其中开通竞彩销售权限的销售网点65家，其他销售网点176家。按照省体彩中心《关于开展2017年江苏体彩销售网点星级评定工作的通知》要求，共评定星级站点124家。其中，三星级107家、四星级12家、五星级5家，指导150家网点进行形象更新。全年体育彩票销售收入3.98亿元。其中，“大乐透”、7位数玩法销售收入6733万元，高频玩法销售收入10481万元，竞彩玩法销售收入17764万元，即开型销售收入1199万元。全年未中出100万元以上大奖。

【公益体彩】 2017年，全市共筹集体育彩票公益金2723.92万元，支出体育彩票公益金2955.22万元（部分支出用结余资金安排）。开展全民健身大联赛、大比拼和迎新年万人健步行、红红火火过大年、激情五一、快乐中秋、喜迎国庆、国民体质监测等各类群众体育活动支出255万元。资助社区及区镇健身路径更新与维修、健身步道建设等支出585.13万元。开展青少年传统体育项目比赛、资助学生训练、学校外出参赛、业余训练基地补助、省队县办、市队县办等项目支出、教练员、运动员伙食补助414.2万元。体育场馆维修改造、城中老年健身综合基地建设、北城体育公园一期工程、东城体育公园门球场维修等支出1341.36万元。承办全国健身秧歌大赛、省广场舞大赛、中国女子职业高尔夫球巡回赛、国际网联男子挑战赛等品牌赛事支出312.33万元。国家体育产业示范基地建设规划及产业项目评审支出47.2万元。

【省高尔夫球训练基地落户双山岛】 3月5日，省高尔夫球训练基地揭牌仪式在张家港双山岛举行。张家港双山高尔夫球场于2003年10月16日正式开放，球场占地面积91.8万平方米，球道总长7269码，是一座27洞，72标准杆的锦标赛区型高尔夫球场。2015年，双山高尔夫球场与原国家高尔夫球奥运女队主教练黄飞的师资团队合作，共同创立双山高登国际高尔夫学院，办学近两年，已培养出多名全国青少年冠军。经过前期调研考察，在江苏省、苏州市体育局的支持下，省高尔夫球训练基地正式落户双山岛，基地的成立落户，也开启了高尔夫球项目“省市县企”联办新模式。 （陈晓晴）

【编辑　宋佳辰】

社会居民

Social Residents

“12345”便民服务热线话务大厅　（市便民服务中心　提供）

居　　民

人力资源与开发

人事与劳动就业

劳动维权

社会保障

社会救助与慈善

民政专项事务

社区治理

民族宗教事务

养老事业

关心下一代工作

残疾人事务

新市民服务

便民服务

社会调解服务

張家港年鑑(2018)

居　民

【概况】 全市有居民326369户，比上年减3155户；户籍总人口929018人，比上年增2426人。其中，有女性47.42万人，小学阶段在校儿童83045人，60周岁及以上老年人24.81万人，持证残疾人2.18万人。有常住人口125.78万人，其中城镇人口85.69万人，另有外来暂住人口70.94万人。户籍人口中，姓氏以陈姓数量为最，有62811人，其次分别是张姓53488人、王姓43998 人、徐姓37826人、朱姓36545人、李姓33386人、钱姓30112人。全年出生7728人，出生率8.12‰，其中一孩生育3952人、二孩生育3626人、多孩生育150人。全年死亡6919人，死亡率7.27‰。其中车祸死亡80人、火灾事故死亡4人，疾病死亡中以恶性肿瘤为最，占比31.42%，其次为脑血管病，占比25.18%。平均期望寿命82.59岁，其中男性80.11岁、女性85.09岁。全市人口自然增长率0.85‰，全市各区镇除保税区（金港镇）、经开区（杨舍镇）、大新镇分别增长2.42‰、4.08‰、1.11‰外，其他区镇为负增长。全市有农村从业人员313025人，其中第一产业31722人、第二产业221614人、第三产业59689人。有城镇非私营单位从业人员251678人，其中企业单位219626人、事业单位22015人、机关单位9628人、其他409人。从业人员平均工资86274元。按机构类型分，机关平均工资最高，为14.95万元；事业其次，为13.02万元；企业最低，为7.9万元。按行业分，教育从业人员平均工资最高，为14.21万元；公共管理、社会保障和社会组织从业人员其次，为14.12万元；农、林、牧、渔业最低，为1.8万元。居民全年用电12.5万千瓦小时，比上年增15.7%，每日人均生活用电2.7千瓦小时。人均住房建筑面积63.1平方米，其中城镇居民59.7平方米、农村居民69.3平方米，主要炊用能源为天然气和液化石油气，占比93.5%，余下6.5%使用电和其他能源。年末全市住户存款余额1039.06亿元，比上年增0.7%。

【居民可支配收入】 城镇居民人均可支配总收入59200元，比上年增8.42%。其中工资性收入38862元、经营净收入6071元、财产净收入6927元、转移净收入7341元，分别比上年增7.63%、6.71%、10.67%、12.14%。农村居民人均可支配总收入30188元，比上年增8.4%。其中工资性收入16974元、经营净收入6134元、财产净收入3069元、转移净收入4011元，分别比上年增8.09%、6.03%、9.96%、12.35%。

【居民生活消费支出】 城镇居民人均消费支出33325元，比上年增5.49%。其中食品烟酒支出9489元、衣着支出1987元、居住支出6304元、生活用品及服务支出1727元、交通通信支出6976元、教育文化娱乐支出4802元、医疗保健支出1181元，分别比上年增5.14%、4.2%、4.46%、4.04%、6.26%、10.54%、16.82%。农村居民人均消费支出20227元，比上年增8.24%。其中食品烟酒支出5710元、衣着支出1232元、居住支出4167元、生活用品及服务支出1185元、交通通信支出3182元、教育文化娱乐支出2890元、医疗保健支出1362元，分别比上年增8.02%、5.3%、6.25%、4.68%、9.12%、12.8%、8.7%。

【居民耐用消费品拥有量】 每百户居民拥有家用汽车76辆，其中城镇居民拥有84辆、农村居民拥有63辆，分别比上年增2%、11%。拥有电冰箱（柜）112台，其中城镇居民有110台，与上年持平；农村居民有116台，比上年增7%。拥有洗衣机108台，其中城镇居民有111台、农村居民有104台，分别比上年增1%、3%。拥有空调254台，其中城镇居民有277台、农村居民有216台，分别比上年增6%、9%。拥有彩色电视机215台，其中城镇居民有225台，与上年持平；农村居民有199台，比上年增2%。拥有移动电话267台，其中城镇居民有274台，农村居民有255台，分别比上年增1%、减3%。（统计局）

人力资源与开发

【概况】 2017年，全市有教育、卫生、文化等领域“港城英才计划”人才76人。全年评定各级各类职称5652人。其中，初级职称资格3216人、中级资格1618人、高级职称资格818人。核发职业资格证书14018份，其中高级工3393人、中级工4364人、初级工6261人，核发就业培训合格证949份。经全国、全省统一考试考核合格，由省职业技能鉴定中心等单位核发技师、高级技师证112人、高级工证书120人。至年末，全市有管理、专业技术人才15634人。其中，研究生972人，本科生12055人，大专生2132人，中专生、高中及以下人员475人。高级职称3224人，中级职称7255人，初级职称2762人。市人社局以“提质增效”为主题，通过完善政策体系、拓宽引才路径、集聚双创要素、打响人才品牌等举措，推动人才工作取得新成效。全年共举办市领军人才（项目）评审活动4批，新增市领军人才（项目）98个，总数646个；新增国家“千人（万人）计划”人才4人，总数18人；新增省“双创计划”人才12人，总数114人；新增苏州“姑苏计划”人才24人，总数180人，人数均位居苏州县市前列。全市人才企业年销售总额37.7亿元、纳税1.49亿元，其中销售超1000万元人才企业有72家、销售超1亿元人才企业有7家。全市人才保有量再创新高，人才总量超32万人，高层次人才总量2.5万人，高技能人才总量7万人，高技能人才占技能劳动者比例为33.6%。举办城市招才引智推介系列活动，参加人才项目对接活动16场，对接人才项目668个。赴海外举办城市创新创业环境专场推介活动6场，共对接海外人才项目255个。江苏多维科技有限公司、江苏能华微电子科技发展有限公司2个单位申报的“外专”项目被列为国家高端外国专家项目，成为苏州大市范围仅有获批项目；张家港留学人员创业园获批省级留学回国人员创新创业示范基地，全省仅有6个单位外国专家工作室获此殊荣；江苏沙钢集团有限公司、江苏海狮机械股份有限公司、苏州汉酶生物技术有限公司、江苏能华微电子科技发展有限公司、江苏多维科技有限公司、苏州矩阵光电有限公司等6个单位外国专家工作室获评首批“江苏省外国专家工作室”，获评数量位居各县市前列；苏州凡赛特材料科技有限公司引进的外籍专家冈琦哲也入选第四批“江苏外专百人计划”；苏州汉酶生物技术有限公司引进的博士陶军华获“江苏留学回国先进个人”荣誉称号；苏州紫光伟业激光科技有限公司等9个单位申报的外国专家项目获评省级外国专家项目；张家港康得新光电材料有限公司、苏州矩阵光电有限公司等13个单位的16个项目、21名专家入选2016年苏州市“海鸥计划”名单，获批数量位居苏州各县市前列。

【苏州国际精英创业周张家港分会场系列活动举办】 7月10日至16日，张家港市成功举办2017年第九届苏州国际精英创业周张家港分会场系列活动。活动期间，先后举办张家港创新创业特装展暨苏州主会场高层次创新创业人才洽谈会、2017年苏州国际精英创业周张家港分会场开幕式、创新创业特装展暨苏州主会场洽谈会、张家港分会场创新创业合作洽谈会、“以才引才”专场对接会等活动，举行江苏省引进国外智力示范单位、江苏省外国专家工作室授牌仪式，表彰一批优秀招才引智合作组织、优秀招才引智顾问、领军人才创业服务联盟“优秀成员单位”。实现签约项目72个，其中创新类项目10个，创业类项目62个，达成意向项目88个。最终落户项目82个，超额完成新增60个落户项目的任务目标。2009年至2016年，张家港市已连续举办8届苏州国际精英创业周张家港分会场活动，共邀请1400余名海内外高层次人才现场考察和对接，落户项目405个。

【“才有所居”政策实施】 2016年，《张家港市“才有所居”实施意见》出台，鼓励企业积极进行科技创新，对科技创新型企业及其引进的适用性人才给予政策性补贴。申请享受“才有所居”政策补贴的人才须满足两个条件：一是申购人所在企业参加张家港市科技创新积分管理并达到规定积分标准（每积满50分可推荐1名人才申请购买1套“人才房”）。二是申购人自身同时满足《意见》规定的6个条件。对人才房建筑面积100平方米及以下的部分，政府给予每平方米3000元的补贴，最高补贴额度30万元。2017年2月，市人社局对全市首批创新积分超过50分的238家企业发出“人才房”申购通知，经过资格审查、社会公示，确定73名优秀人才成为首批“人才房”资助对象。8月，完成《张家港市“才有所居”实施意见》修订工作，将申报人年薪要求由15万元降到12万元，学历要求由全日制本科降低为普通本科。

【人才和人才项目获资助】 年内，苏州塞罗尔医学影像科技有限公司刘琳波的“医用多功能光学相干层析成像仪”入选人力资源和社会保障部2017年度中国留学人员回国创业启动支持计划优秀创业项目，获得20万元资金资助。江苏省只有3人获此荣誉，是苏州市唯一获得者。张家港奇点光电科技有限公司尹韶云的“UVLED高速大幅面全自动曝光机”项目获江苏省第十四批“六大人才高峰”高层次人才选拔培养资助计划“C”类4万元资助。市国泰华荣化工新材料有限公司张鹏、苏州威尔阳光智能科技有限公司易修强获2017年江苏省“双创计划”资助，每人获20万元资助。

（祁俊龙）

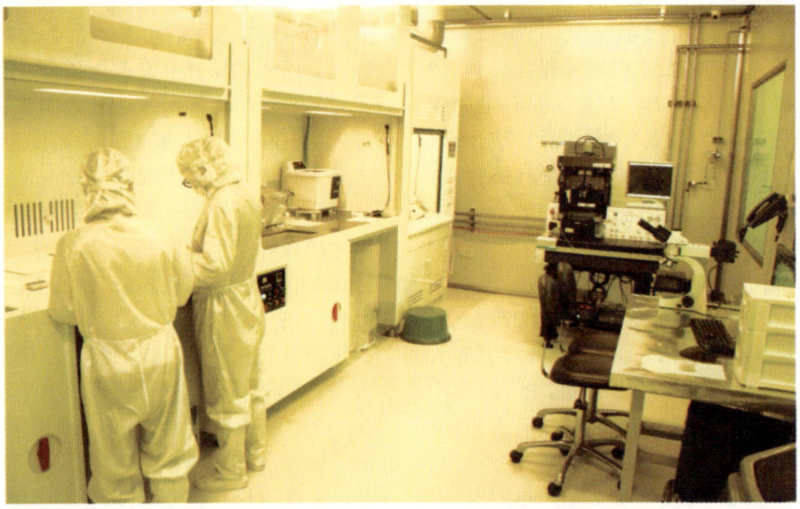

国家高端外国专家项目申报单位江苏能华微电子科技发展有限公司

（经开区 提供）

人事与劳动就业

【概况】 2017年，市人社局提供就业岗位7.4万个，开发就业援助岗位11307个，开发公益性岗位1113个，帮助就业困难人员就业5706人，特困家庭劳动力就业率99.7%，被征地农村劳动力就业率99.1%，高校毕业生就业率99.5%，城镇登记失业率1.85%。发放就业援助单位社会保险补贴、小微企业招用高校毕业生社保补贴、就业困难人员自主创业一次性创业补贴等各类补贴1.14亿元，降低失业保险单位缴费费率0.5个百分点，发放城乡居民创业小额贷款735万元。年内，市人社局修订完善《张家港市机关事业单位中层干部管理办法》《关于公务员（参照管理人员）确定股级科员意见》，制定《职位管理业务办理工作指南》。出台《关于进一步加强技能人才队伍建设的意见》《张家港市技能大师工作室管理办法》。制定《张家港市公务员平时考核实施办法（试行）》，抓好“四类”法定培训，推行日记、月评、季考的日志式考核模式，实现科级以下公务员全覆盖。全年举办创业培训15期，培训1588人。经开区、锦丰镇被认定为省创业型园区和乡镇，塘市社区等20个社区（村）被认定为省创业型社区（村）。举办“港城公务员大讲堂”6期，完成员额制法官、检察官及司法辅助、司法行政人员绩效考核奖金核算，推进机关部门绩效管理考核和国有企业负责人薪酬制度改革。组织考录和招聘选聘，录用公务员93人、事业单位人员473人，会同市委组织部竞争性选拔30名优秀年轻中层干部。调整60余个事业单位岗位设置方案，岗位设置更加符合实际需要。市人才中心、劳动就业管理服务中心合并成立市人力资源管理服务中心，9月经省人社厅批复，市人力资源管理服务中心成为参照公务员法管理的事业单位。全年完成42名军转干部安置，走访慰问77名特困企业军转干部，做好企业军转干部管理服务工作。

【公务员平时考核机制形成】 7月，市人社局制定《张家港市公务员平时考核实施办法（试行）》，推行公务员平时考核工作，涵盖全市4000余名副科级以下公务员。根据德、能、勤、绩、廉五大模块，细分政治品德、职业道德、业务能力、履职成效、工作效率等13个核心要素，将考核内容分为共性指标和个性指标，按照共性指标和个性指标各占50%的比例，采取百分制量化计分，实行好、较好、一般、差“四等次”评价，“好”等次比例控制在40%以内。将平时考核分为个人记实和领导审核评鉴2个环节，采取日记、月考和每半年小结的记账式考核模式，统一印制下发《公务员平时考核记实簿》。突出结果运用的有效性，将平时考核结果作为年度考核的主要依据，年度考核优秀人员应在平时考核结果“好”的公务员中产生。对平时考核工作突出的单位，适当提高优秀等次比例；对平时考核推进不力的单位，酌情减少优秀等次比例。

【事业单位招聘管理】 年内，市人社局组织实施事业单位公开招聘7场，

高校毕业生公益性就业双选会 （丁 毅 摄）

分别为普通事业单位公开招聘、中小学幼儿园教师公开招聘、卫技人才公开招聘、卫技高层次人才公开招聘、文化专技人才公开招聘、市科技人才服务中心等事业单位专场招聘、“名校优生”选聘，共招录工作人员500余人。招录考试新增身份验审环节，对未携带有效身份证的考生，在办理签订承诺书、留存照片和指纹信息等手续后参加考试，考试结束后考生携带有效身份证明接受复核成绩即可生效。普通事业单位招聘首次拿出部分岗位面向服务满三年的大学生村干部定向招聘，不限专业，有针对性地为用人单位招聘熟悉当地情况，了解当地民情并具有丰富实践经验的工作人员。全年，办理岗位变动共计1300余人次，其中职称晋升515人次，试用期考核280人次，任职41人，岗位分级32人次，新录用279人次，市内流动66人次，外市调入13人，辞职退休等85人次。

【高校毕业生就业】 2017年，市人社局对张家港市户籍毕业生实名制管理，组织各区镇对离校未就业高校毕业生全面摸底调查，落实生源跟踪服务，实现实名登记率、就业服务率均100%。举办春、夏两季“高校毕业生公益性就业双选会”，提供毕业生就业岗位11235个，达成意向3300人次。开展2017年度“莘莘学子看港城”活动，邀请兰州大学、浙江大学等18所高校近200名师生到张家港市参观考察。开展张家港市2017年促进高校毕业生就业创业服务百日行动、张家港市高校毕业生就业见习活动。全市4737名高校毕业生年终就业率99.5%，特困家庭毕业生就业率100%。

【企业用工招聘对接活动】 年内，市人社局开展校园引才活动，涉及国内知名高校70所，参会企业148家，提供岗位5136个，达成意向1930人次。组织开展专项招聘会活动，举办“春风行动”专场招聘会、“民营企业招聘周活动”专场招聘会、“就业援助专场招聘会”“女性专场招聘会”“就业困难人员专场招聘会”等各类招聘会212场，提供岗位119775个，达成意向15823人次。组织企业赴外招聘和校企合作工作，沙钢集团等11家企业赴河南禹州、安徽淮南、陕西宝鸡参加劳务协作大型专场招聘会和校企合作洽谈会，与陕西省城市经济学校等职业学校达成校企合作协议。组织近20家汽车4S店赴淮安信息职业技术学院汽车工程学院洽谈招聘并初步达成合作意向。与贵州沿河县和新疆巩留县开展张家港—沿河劳务合作活动和张家港—巩留劳务合作活动。促成华灿光电公司与常州机电职业技术学院达成校企合作。组织50家企业与重庆20所高职院校举行（张家港—重庆）校企对接会。

【第五届“行行出状元”职业技能大赛】 9月15日至10月25日，张家港市第五届“行行出状元”职业技能大赛举行。经过选拔，有75家企（事）业单位，6个职业院校的354人进入全市总决赛。大赛设职工组和学生组2个组别。职工组设冶金电工、转炉炼钢工、装载机操作、模具设计工、装配钳工、面料设计与打样、电子产品安装与单片机应用、保险理赔员（车险）、游泳救生员、中医适宜技术10个竞赛项目。学生组设车工、电子装配与调试（含单片机技术）、机械CAD（CAXA）、会计电算化、沙盘模拟经营5个竞赛项目。最终，职工组有10人获得“张家港市职业技能状元”称号，享受一次性市劳动模范待遇，直接入选“张家港市优秀高技能人才”，20人获二等奖，30人获三等奖。学生组有9人获一等奖，21人获二等奖，25人获三等奖。19人获评“优秀指导教师”，沙钢集团等12个单位获评“优秀高技能人才培养先进单位”，锦丰镇、塘桥镇、杨舍镇获评“优秀组织奖”。 （祁俊龙）

劳动维权

【概况】 2017年，市人社局检查用人单位2394个，处理举报、投诉和信访796件。其中，处理工资纠纷564件，追发拖欠工资3637万元，涉及职工10215人；对165家违法违规企业立案查处，行政处罚33件，因涉嫌构成拒不支付劳动报酬罪，向公安机关移送22件。推动劳动监察“两网化”管理，全市三级网格划入网格企业数7120家，采集用人单位劳动用工信息2.17万次，对6040个单位进行书面审查。全年开展各类专项行动10余次，组织排查用人单位7800余个，涉及职工30余万人。处理各类劳动人事争议案件1992起，其中除不符合受理条件的218起案件外，案前调解成功741起，立案处理1033起，其中已结案993起，以调解、撤诉方式结案的389起，总调解率65.17%。全年处理集体争议案件19起，达成调解10起，涉及劳动者1155人，涉案标的2493.57万元。调解运行平台案件数367起，占全年立案案件的35.53%，案件调解成功率94.28%。会同市财政局联合印发《关于调整工伤保险费率政策的通知》，出台《关于落实工伤保险费率政策调整有关问题的处理意见》。从7月1日起执行工伤保险行业费率政策，按照参保单位所属一类至八类行业工伤风险分类，不同行业执行不同的基准费率，并在此基础上实行单位浮动费率。实行行业费率政策后，张家港市工伤保险总体费率下降，每年为参保单位减负6000余万元。

【仲裁开放月】 5月，为加强民意沟通，接受民主监督，市人社局开展以“五个公开”为抓手的仲裁开放月活动。依法主动公开仲裁办案场所，配备专业工作人员为群众答疑。主动公开仲裁员名单，将专职仲裁员和兼职仲裁员名单系统梳理，汇编成册并进行公示。主动公开仲裁法规政策，将涉及劳动争议调处的主要法律法规及仲裁流程示意图在市人社局官网上进行公开，并汇编成宣传小册摆放至立案窗口。主动公开仲裁庭审现场，在征求当事人意见后，选取两起典型案件对社会公众公开审理，邀请市人大代表、政协委员、调解员、律师、新闻记者、工会人员和用人单位及劳动者代表等60余人次参加旁听。主动公开仲裁法律文书，对已经生效的裁决文书，由工作人员登记后提供给公众查阅，并选取具有典型意义的生效裁决在市人社局官网上进行公开，网页浏览者2万余人次。

【三级劳动人事争议调解网络建立】年内，市人社局指导各镇、办事处以及有条件的企业建立和完善基层劳动人事争议调解组织，支持工会、商会及部分行业协会依法建立区域性、行业性的劳动人事争议调解组织。在全市8个镇均设立乡镇劳动人事争议调解中心，5个镇设立基层巡回仲裁庭，183个企业、村建立劳动争议调解委员会，逐步建立健全“市—镇（办事处）—企业”三级劳动人事争议调解网络。南丰镇劳动人事争议调解中心成为江苏省两大体系（就业体系、社会保障体系）建设中的第一批示范建设单位。永钢集团劳动争议调解委员会被首批评为江苏省劳动人事争议优秀基层调解组织。张家港市劳动人事争议人民调解委员会被评为2017年度苏州市人民调解工作受表扬调解组织。南丰镇劳动人事争议调解中心、永钢集团劳动争议调解委员会被首批评为苏州市劳动人事争议优秀基层调解组织。 （祁俊龙）

社会保障

【概况】 2017年，市人社局加强社保政策宣传和稽查工作，扩大覆盖面，全市新办理参保5.01万人，征收各项城镇社会保险基金60.11亿元。年内，509个机关事业单位完成参保登记，初步完成养老保险改革工作任务。市人社局制定《张家港市医疗保险定点门诊类医疗机构设置方案》，合理布局基础医疗机构。推进医疗费用总额控制，实行混合式结算方式。下发《张家港市社会基本医疗保险实施细则》，探索实施大病保险、长期护理保险，医疗保险制度更加完善配套。按照《省人力资源和社会保障厅关于加快推进异地就医联网结算工作的通知》工作要求，异地就医联网结算成功上线运行。基金征缴工作完成率95%。7月1日起，张家港市2017年结算年度社会保险缴费基数调整为参加企业职工社会保险的单位和职工社会保险费的基数上限为235356元（每月19613元），下限为28644元（每月2387元）。参加企业职工社会保险的灵活就业人员，2017年结算年度的社会保险缴费基数档次按以下标准执行一档每月2387元，二档每月3058元，三档每月4273元。参加企业职工社会保险的个体工商户，2017年结算年度的社会保险缴费基数统一为每月3058元。从2017年1月1日起至2018年12月31日，失业保险费率由1.5%降至1%，2017年1月至12月共减收失业保险费5000余万元。

2017年张家港市参加社会保险情况表

表64

项目	参保单位数（个）	比上年增长率（%）	参保人数（人）	比上年增长率（%）	人员参保率（%）	比上年增长率（%）	基金收缴率（%）	比上年增长率（%）	支付情况（万元）	比上年增长率（%）
机关事业单位养老保险	557	1.27	17303	89.91	100.00	—	100.00	—	22745	104.56
企业养老保险	38575	15.59	768626	4.78	99.60	—	99.00	—	520796	9.13
医疗保险	38640	15.73	784782	4.59	100.00	—	100.00	—	223381	7.42
失业保险	38586	15.75	682484	6.10	100.00	—	100.00	—	5936	-72.98
生育保险	38614	15.75	688587	6.09	100.00	—	100.00	—	14762	6.29
工伤保险	38624	15.73	688934	6.06	100.00	—	100.00	—	25910	-3.54

说明：1.城镇养老保险（机关事业）：按照省人社厅规定，9月开始实行机关事业单位养老保险新政策，公务员及全额事业单位人员纳入机关事业养老保险体系

2.失业保险：按照省人社厅规定，以前年度在失业保险扩大支出中支付的各类社会保险补贴和就业岗位补贴，当年度在就业补助资金的扩大支出中列支，共计11226万元

【养老保险待遇提升】 7月，市人社局落实上级有关养老保险政策，对全市1.09万名机关事业单位退休人员和22.29万名企业退休人员基本养老金实行同步调整，调整后机关事业单位退休人员人均增幅4.1%，企业退休人员人均增幅7%。9月，调整全市城乡居民基本养老保险待遇和被征地农民征地保养金，涉及人数10.8万人，调整后个人缴费的城乡居民基本养老保险人员待遇平均水平为每月352元，个人未缴费的城乡居民基本养老保险人员待遇平均水平为每月284元，征地保养金标准为每月450元，调整后征地保养金和其他养老待遇的合计数低于每月780元的，补足至每月780元。

【工伤保险待遇提高】 7月起，按苏州市人力资源和社会保障局规定的标准，张家港市上调一到四级工伤职工的伤残津贴（不包括已享受基本养老保险待遇的工伤职工）、生活护理费和工伤死亡职工的供养亲属抚恤金，总体比上年增7.2%。共上调伤残津贴185人，人均增加257元；生活护理费90人，人均增加260元；供养亲属抚恤金486人，人均增加119元。按规定计发工伤保险相关待遇涉及的职工月平均工资按6656元执行。全年认定工伤3869人次，劳动能力鉴定3495人次，核定工伤待遇4401人次。

（祁俊龙）

社会救助与慈善

【概况】 2017年，市民政局致力开展精准帮扶，在苏州率先成立县市级社会救助服务中心，搭建市社会救助关爱平台。全面实施城乡低保自然增长机制，特困人员、社会散居孤儿、机构养育孤儿的保障标准同步调整。组织开展慈善募集和救助捐赠等活动，慈善公益品牌持续升温。

【社会救助】 全年救助各类困难群众10万余人次，发放资金2.28亿元。开展“为爱行走·悦动港城”“阳光慈善”等慈善公益品牌活动，慈善氛围日益浓厚。全市组织春节慰问19个大类近8万户困难群众，发放资金1.27亿元。在劳动节、国庆节前对低保、低保边缘、孤儿等困难对象1.14万人次按每人100元发放“节日红包”，共发放143.44万元。配合市委组织部对3855户低保、低保边缘、孤儿等困难对象发放党员关爱基金530.5万元。7月1日起，城乡低保标准由每月810元调整为每月875元。年末在册低保对象2772户、4183人，低保边缘重病困难对象914户、973人，特困对象462户、462人。全年发放低保（含低保边缘、特困人员）补助金5263.9万元，为低保对象发放水费补贴97.6万元。落实孤儿、重残人员、特殊残疾人以及三、四级精神和智力残疾人救助标准自然增长机制，累计发放救助金3540.5万元。实施少儿大病和临时救助制度，发放救助金239.9万元。落实各项救助政策，8月出台《张家港市特困人员认定办法》，463户“五保”对象认定为特困人员；落实《关于做好生活困难家庭成年无业重度残疾人最低生活保障工作的通知》，将符合条件的无业重残人员单列为低保对象；根据苏州市《关于给予最低生活保障的就业人员扣减部分就业成本的通知》要求，对实现就业、自主创业、务工的最低生活保障对象，核算家庭收入时扣减就业成本。继续开展“困难家庭儿童托管、贫困生生涯发展”项目，委托暨阳青少年服务社为全市贫困学生和社会散居孤儿提供资源资助、心理辅导；以“政府搭台、社会参与、专业机构运营”的模式搭建社会救助关爱平台，运用互联网+有效整合政府和社会资源，实现求助需求和救助资源的有效对接，为困难群众提供个性化、精准化的关爱服务，在传统救助的基础上向精神帮扶、文化需求、技能培训等领域拓展。继续开展救助申请家庭经济状况核对工作，全年核查低保、低保边缘、特困人员、重残、特残、廉租房等各类救助申请11126户、18344人，产生预警844户，检出223

户，检出率2.1%。继续实施困难群众安居工程，为全市72户困难家庭补助安居资金222万元，其中帮建(修)66户，拆迁(预拆迁)安置6户。自然灾害民生保险全年理赔因雷击、龙卷风等自然灾害和溺水、火灾造成的人身、房屋损毁事件1351人次，赔付568.54万元。杨舍镇金塘社区创建成全国综合减灾示范社区。开展“街面主动救助”“寒冬送温暖”等专项行动，救助生活无着流浪乞讨人员585人次。拓展救助服务网络，依托全市250个福利彩票销售点，新设30个救助引导点，完善救助网络体系。

【慈善事业】 年内，市慈善总会(基金会)共募集善款1405.845万元，其中衣物127件，折合人民币6350元；捐出善款2212.22万元，其中衣物36件，折合人民币1800元。“共享阳光”慈善助学项目为1404名贫困学生发放慈善助学金415.2万元。“阳光慈善，血脉相连”贫困血液病患者慈善救助项目为44名血液病患者提供45.9万元救助金。市慈善基金会继续与港城康复医院实施“走在阳光下”脑瘫儿童慈善援助项目，出资38.54万元为18名脑瘫儿童提供康复援助。9月，开展2017年度“中华慈善日”系列活动，宣传普及《中华人民共和国慈善法》。11月，开展“为爱行走·悦动港城”大型徒步公益活动，7032人次参与爱心捐赠，累计募集善款25万余元。至年末，全市建有基层慈善组织279家。梁丰慈善工场开展活动48场，服务周边群众3500余人次。1月4日，在北京发布的中国慈善联合会“第四届中国城市公益慈善指数”报告显示，张家港市慈善综合指数为80.34分，在全国城市公益慈善百强榜列第38位，其中慈善组织指数列全国第20位。

【社会福利】 全市有机构集中供养孤儿75人，散居孤儿13人。儿童福利机构集中供养孤儿供养标准由每月2080元调整为2210元，社会散居孤儿供养标准由每月1460元调整为1660元。安排200万元儿童福利经费用于落实省民政厅“合力监护、相伴成长”专项行动，开展关爱农村留守儿童专项活动。完善困境儿童关爱平台，94名困境儿童进入个案管理系统，提供1421人次专业服务，张家港市困境儿童个案管理项目获评2017年度苏州市现代民政创新成果。加强儿童保护热线管理，接听热线12例，提供临时庇护8例。开展第三届“童心同行，爱伴成长”亲子嘉年华宣传活动，800余名儿童参与。在青龙小学和旭东学校两所学校试点开展“安全友好校园”小组活动26次，395人次参加。开展“学习做家长”项目，培养28名家长学习培训师，开设31场家长课堂，受益家长283人次。加强儿童社工培养，培训、督导社工887人次。推动各区镇儿童福利载体建设，评估54个儿童福利载体，差额发放补助金78万元。全年销售福利彩票48145万元，完成苏州下达任务数的128%，居苏州市第二位。 (尹 娴)

民政专项事务

【概况】 年内，市民政局努力做好优抚安置、婚姻和儿童收养登记、殡葬管理、烈士陵园管理、地名勘界、社工和社会组织管理等各项民政事务。在苏州市民政工作综合评估中，张家港市综合成绩位列各县市(区)首位，被评为优胜；张家港市代表江苏省完成民政部蹲点调研任务，基层民政工作经验做法得到民政部两次批示肯定。7月22日，民政部在上海召开加强基层民政工作座谈会，张家港市委副书记、市长黄戟参会并作专题发言。

【双拥活动】 春节、八一建军节期间，市委、市政府走访慰问16个驻军部队，赠送慰问金及物资262.2万元。协调15名随军家属就业，解决12名部队军人子女入学、入托问题；为张家港籍立功现役军人家属登门送喜。7月，大新镇龙潭村成立首个村级双拥基金。8月，张家港市双拥创建成果在全国双拥模范创建成果长城融合展展出；举办庆祝建军90周年系列活动。推进社会化双拥工作，依托市、镇两级公益创投平台，开展“军民融合共建美丽港城”等创投项目。市人武部、张家港边防检查站、市消防大队等驻军部队勇于承担抢险救灾等各种急难险重任务，妥善处置突发事件；军警民联防联治，开展植树造林、义务献血、爱心捐赠等活动。年内，张家港市高分通过江苏省双拥模范城考核测评。杨舍、金港、锦丰、塘桥、乐余五镇获评苏州市双拥模范镇(街道)。

【优抚安置】 全市有享受抚恤补助的优抚对象2165人，在乡复员军人遗属616人。重点优抚对象抚恤补助标准实行自然增长机制，年内发放抚恤补助金3005.9万元。为727户义务兵家庭发放优待金2383.98万元；接收安置退役士兵，按人均7.89万元发放一次性经济补助金。为退役士兵提供免费职业教育与技能培训，其中38人参加短期技能培训，43人参加学历教育，38人选择复学。组织开展烈士纪念日纪念活动。完成历年2485名符合政府安排工作条件的退役人员信息采集工作。为3.6万名优抚对象家庭发放“光荣人家”荣誉牌。落实优抚对象精神抚慰制度，组织30名重点优抚对象赴无锡荣军医院疗养。实施“关爱老兵——优抚服务进社区”公益创投项目。军队离退休干部“两个待遇”落实到位，“幸福在敲门”军休干部居家保洁服务持续推进。

【婚姻和儿童收养登记】 市民政局婚姻登记处全年办理结婚登记6167对，离婚登记2279对；补发婚姻登记证2079对。查档服务2826人次。针对“2·14”“5·20”及农历七夕节等婚姻登记高峰期，推行婚姻登记预约便民服务，采取网上和现场相结合的预约方式，为市民节约登记时间，提高办证效率。全年办理预约婚姻登记120余对。继续推进婚礼式集体颁证，举办“缘定520文明婚约”活动，倡导现代婚俗新风。开展婚姻家庭辅导300对，劝和成功226对，劝和率75.3%，有效减少非理性离婚现象。依法完成收养登记70件，对70个家庭开展收养评估并签订回访协议。补发收养登记证1件。全年婚姻、收养登记无违法登记事件发生，登记合格率100%。

【殡葬管理】 3月和7月，市民政局先后开展全市殡葬安全工作检查和殡仪服务机构安全生产检查。3月31日，全市首次生态礼仪安葬活动在乐余镇祥安园墓区举办。清明节期间，各墓区继续实行“两禁两集中”（禁止随地焚烧祭祀用品、禁止随地燃放烟花爆竹，实行祭祀用品集中焚烧、烟花爆竹集中燃放）管理措施，全市殡葬服务场所累计接待祭扫市民86万人次，车流18万余辆，抽调交警、城管、村干部、志愿者等工作人员1.6万人，祭扫活动继续保持零事故。全市搬迁散坟6050穴，累计搬迁31万穴，整治搬迁率94%。全年实施绿色生态安葬28例，集中文明办丧151例。经市财政核定下发殡葬设施建设及散坟搬迁以奖代补资金609.24万元，免除基本殡葬服务费用926.2万元，惠及6920人。至年末，全市有殡仪服务中心6个，其中镇级殡仪服务中心5个。

【烈士陵园管理】 市烈士陵园纪念馆内陈列展示张家港籍烈士470人，其中大革命和土地革命战争中牺牲46人、抗日战争中牺牲115人、解放战争中牺牲96人、社会主义建设时期牺牲213人。全年接待瞻仰团体208个1.3万人次，接待烈士亲属及战友160批1300人次。

【地名勘界】 全年完成道路命名27条、调整延伸11条、更名2条、注销1条，小区命名20个、调整归属6个、更名1个，商务楼、广场、大厦命名4个、更名1个，桥梁命名13座。对照第二次全国地名普查验收标准完善地名普查11个大类44个小类共11429条地名的普查登记表，完善地名普查台账目录；通过招投标确定地名普查数据库建设技术服务单位，初步完成全市地名数据采集入库工作。排查出不规范地名256个，对其中有地无名的75条不规范地名进行命名、对200余块不规范地名标志牌进行整改。完成《苏州市吴文化地名保护名录（张家港卷）》约30万字的初稿编撰，启动《张家港市标准地名图集》编制准备工作。配合苏州市民政局完成“苏通线”平安边界协议签订，与南通市通州区、港闸区、经济开发区、崇川区、如皋市共同完成“苏通线”第三轮联检工作。完成张家港市管护“常张线”6处界桩的更换，结合吴文化地名保护工作在“常张线”2号界桩处设置边界文化石碑。完成“苏泰线”“苏通线”沿线镇级平安边界建设协议和“锡苏线”沿线市、镇、村三级平安边界建设协议的签订。

【锦丰民政工作特色在全国推广】 4月，民政部向全国下派32个工作组指导和推动各地解决基层民政工作的实际困难与问题，其中第20工作组由民政部规划财务司司长冯亚平带队在锦丰镇蹲点。工作组召开座谈会10余次，调研民政公共服务机构设施20余家，走访村居社区10余个和民政对象20余户。经过两个阶段近20天调研，工作组向民政部党组上报《全面践行为民爱民宗旨的“桥头堡”——城乡一体化进程中张家港市锦丰镇基层民政之实践》的调研报告。民政部领导对该报告作批示，认为“锦丰镇民政工作是江苏基层民政工作的缩影，其经验难能可贵，值得在发达地区推广”。7月3日，《中国社会报》对锦丰镇民政工作的经验和做法作专题报道。同时，刊发民政部规划财务司副司长刘健在锦丰镇蹲点工作的心得体会。近年，锦丰镇首创村级“民政专干”，30个村居社区都有专职民政干事，且全部列入村级定编专职岗位和镇管干部范畴，纳入整体考核，考核结果直接与村（居）两委班子成员工资绩效挂钩。镇民政办、办事处和村（社区）三级机构网络形成，有专职民政工作人员44人，其中本科以上学历35人、大专9人，持有社工证33人，持有养老护理员证37人。在全省率先推出“民生保险”组合——自然灾害公众责任保险、重大自然灾害房屋保险，连续多年每年拿出180万财政资金推动公益创投帮助困境儿童，80周岁及以上老年人全部享受尊老金和居家养老援助服务运作，老年助餐“中央厨房”项目在张家港市试点先行等，走出了一条“民政专干为基础、为民爱民为指引、创新试点为牵引、激发活力为目标”的特色民政工作道路。

【“民生微实事”项目筹建】 民生微实事是民生实事项目的补充，以“群众点菜、政府买单”的方式，实施群众关注度高、需求迫切、受益面广、贴近居民生活、资金量小的惠民项目，解决群众的“小事、急事、难事”，打通服务群众“最后一公里”。10月，市民政局与市委组织部、市财政局、各区镇、社区和社会组织等单位负责人赴广东省深圳市、佛山市考察学习民生微实事工作；起草《张家港市实施民生微实事的意见》和《张家港市民生微实事项目工作指引》。至年末，校园“新风”行动、家庭医生签约扩面、老旧社区无障碍设施改造、社会救助关爱平台等一批关注度高、受益面广、贴近生活的惠民小项目纳入“民生微实事”库筹建。（尹 娴 徐 平）

社区治理

【概况】 年内，张家港市社区治理改革试验任务进展顺利，社区治理水平得到提升。12月，张家港市被民政部确认为首批“全国农村社区治理实验区”，成为苏州地区唯一入选县市。该实验周期为2018年1月至2021年1月。全年开展村民自治全国试点和社区治理全省试点建设，持续推进社区服务社会化建设。以村（居）民议事会为主要形式的协商平台加快建立，试点村（社区）收集议题1126件，解决977件。社会组织健康发展，每万名户籍人口拥有登记社会组织10.9个。社工人才队伍建设持续深化，每万人拥有持证社工数达16.6人。1名社工获评江苏省“最美社工”，2名社工获评“港城英才”。市暨阳青少年发展事务所入选民政部首批社会工作服务机构“牵手计划”。年内，张家港市社区治理经验在《中国社会报》《苏州日报》头版头条刊登。

【村居社区】 年末，全市有村委会153个；有社区居委会138个，比上年增3个（锦丰镇沙洲社区、天福社区、联兴社区)。7月,举办全市新一届村(居)委会主任培训班,培训村(居)民自治、三社联动等社区治理理念及工作方法。深化社区服务社会化建设,推进三社联动。发挥“以公益组织联合会为组织平台、以社区发展基金会为资金平台、以社会组织服务支持系统为能力平台”的“三位一体”的社区治理助力系统作用,拓展“三社联动”覆盖面,全年投入社区发展基金1000.3万元,购买169个服务项目,服务满意度90%以上。全市村(社区)三社联动覆盖率达到55%。探索全科社工服务模式。市民政局组织人员赴苏州、杭州、上海、南京专题学习全科社工模式;下发《关于梳理汇总〈社区服务指南〉的通知》,要求各试点村(社区)将社区事务、流程汇编成册,并推进全科社工模式。在各试点村(社区)推行“一口受理、全科社工”模式,将行政化分条线受理改为一口受理,将村社区工作者从柜台后解放出来,并实施网格走访制,让村(社区)工作者走进百姓家,更多了解民意。至年末,村民自治及社区治理的试点村、社区均实现“一口受理”。

【社工队伍建设】 年内,全市有176人通过全国社会工作者职业水平考试。至年末,全市持证社会工作者2090人,其中社会工作师574人、助理社会工作师1516人。每万人拥有持证社工16.6人。培养第二批本土社工督导人才34人,组织30名社工督导培养对象赴深圳研修。新增专业社工机构3家。3月,举办“国际社工日”系列活动。8月,投入4.95万元为250名一线社工投保社会保险。9月至12月,开展张家港市社会工作发展10周年系列纪念活动。

【社会组织管理】 2017年,新增社会组织60家,其中社会团体10家,民办非企业单位50家。注销社会组织10家,其中社会团体6家,民办非企业单位4家。至年末,全市有登记注册社会组织1004个,其中社会团体494个(行业性社团61个、学术性社团55个、联合性社团77个、专业性社团301个),民办非企业单位492个(教育类134个、卫生类9个、文化类5个、科技类8个、体育类50个、人社类21个、社区服务类164个、其他类101个),基金会15个(公募类5个、非公募类10个),异地商会3个。备案的社区社会组织2361个,每万人(户籍人口)拥有登记社会组织10.9个。首次采取社会组织网上年度报告与纸质材料相结合方式进行年检。启动慈善组织认定工作,2家社会组织被认定为慈善组织。推进行业协会商会与行政机关脱钩改革,90家行业协会商会和行政机关脱钩改革工作基本完成。年内,全市有93家社会组织获评等级,其中AAAA级4家,AAA级15家,AA级9家,A级65家;有13家已获得等级的社会组织复评成功,等级社会组织总数占应评总数的52.3%。推进社会组织信息公开,全市社会组织统一社会信用代码率100%,基础信息入库率99.7%。

2017年张家港市新核准登记社会团体一览表

表65

社会团体名称	法定代表人	业务主管部门	登记日期
张家港保税区(金港镇)自行车协会	李建良	市体育局	1月17日
张家港市轮滑协会	支不悔	市体育局	4月5日
张家港市业余无线电协会	陈卫海	市经信委	4月24日
张家港经济技术开发区研究会	葛晓明	经开区	6月5日
张家港市友爱凤凰志愿者协会	刘国华	市文明办	6月29日
张家港市纸牌运动协会	李保明	市体育局	7月5日
张家港保税区物流贸易商会	陆洪林	市工商联	7月12日
张家港市塘桥镇牛桥村老年协会	钱正龙	塘桥镇	12月7日
张家港市塘桥镇何桥村老年协会	蒋卫新	塘桥镇	12月15日
张家港市塘桥镇顾家村老年协会	顾献丰	塘桥镇	12月15日

2017年张家港市新核准登记民办非企业单位一览表

表66

单位名称	法定代表人	业务主管部门	登记日期
张家港市坤达篮球俱乐部	陈荣才	市体育局	1月10日
张家港市锦丰镇添动力社区矫正服务站	陈晓鸣	市司法局	1月10日
张家港市杨舍镇杨明法治服务社	景　炜	市司法局	1月17日
张家港市百合婚姻家庭社会服务中心	李红玲	市妇联	1月17日
张家港市大新镇心之舟调解服务站	周　萍	市司法局	1月17日

续表66

单位名称	法定代表人	业务主管部门	登记日期
张家港市汇铭教育培训中心	金　艳	市教育局	1月17日
张家港市金港镇东山石锁俱乐部	卢亚荣	金港镇	1月22日
张家港市致远社会工作事务所	霍珍霞	市民政局	2月28日
张家港市锦丰老年大学	周卫峰	市教育局	3月2日
张家港市大新老年大学	刘新球	市教育局	3月23日
张家港市常阴沙老年大学	司　月	市教育局	4月5日
张家港市笃行公益传播发展中心	陆　乐	市民政局	4月5日
张家港市锦丰镇新希望青年公益社	徐　萍	锦丰镇	4月5日
张家港市凤凰老年大学	戴卫东	市教育局	4月10日
张家港市优居壹佰职业培训学校	季六一	市人社局	4月10日
张家港市学大世纪教育培训中心	金　鑫	市教育局	4月24日
张家港市金港老年大学	何忠益	市教育局	4月25日
张家港市星舞啦啦操俱乐部	周永贺	市体育局	4月25日
张家港市麦卅居家养老服务中心	钱　前	市民政局	4月25日
张家港市峰鸣篮球俱乐部	袁　峰	市体育局	5月2日
张家港市乐余老年大学	徐　健	市教育局	5月9日
张家港市杨舍镇悦丰社区馨悦公益服务站	钱蔡荣	杨舍镇	6月6日
张家港市杨舍镇戴巷社区带你向前社会服务站	周海燕	杨舍镇	6月6日
张家港市凤凰镇凤心公益服务社	肖国秋	凤凰镇	6月21日
张家港市锦丰镇耕耘爱公益服务社	王　飞	锦丰镇	6月21日
张家港市优特教育培训中心	葛　磊	市教育局	6月21日
张家港市利得斯教育培训中心	於　健	市教育局	6月21日
张家港市和达教育培训中心	王昱欢	市教育局	6月25日
张家港市理想教育培训中心	张立珊	市教育局	6月25日
张家港市怡婴坊母婴健康指导服务中心	张海燕	市妇联	7月19日
张家港市金港镇金丰社区社会服务社	张丽芳	金港镇	8月2日
张家港市天大技能培训学校	耿　烁	市人社局	8月10日
张家港市漫享荟纸牌运动俱乐部	吴力新	市体育局	8月17日
张家港市锦丰镇新生代社会服务社	刘薇薇	锦丰镇	8月24日
张家港市乐余镇向日葵社会服务社	路　珊	乐余镇	9月4日
张家港市金凯达羽毛球俱乐部	顾东海	市体育局	9月4日
张家港市塘桥镇老娘舅调解事务所	庞建宇	市司法局	9月11日
张家港市花束公益服务社	孙广超	市民政局	11月6日
张家港市第一课堂家庭教育指导站	姜兰芳	市妇联	11月8日
张家港市东华服装制版师培训中心	何建忠	市人社局	11月20日
张家港市伊顿皇家幼儿园	杨保忠	市教育局	11月29日
张家港市乐余镇乐西村居家养老服务站	张　宇	乐余镇	12月7日
张家港市金港镇中德社区德众社会服务社	黄秀娟	金港镇	12月7日
张家港市凤凰镇湖滨社区金乡邻志愿者服务社	肖建军	凤凰镇	12月7日
张家港市南丰老年大学	杨　东	市教育局	12月22日

续表66

单位名称	法定代表人	业务主管部门	登记日期
张家港市欢跑运动俱乐部	季新华	市体育局	12月22日
张家港市乐余镇永乐村居家养老服务站	姚叶平	乐余镇	12月22日
张家港市金沙洲水上运动俱乐部	张友平	市体育局	12月26日
张家港市金港镇春风法治服务室	徐春枫	市司法局	12月29日
张家港市金港镇阳光社矫安帮服务社	陈　艾	市司法局	12月29日

【村民自治及社区治理两大试点融合推进】 全年围绕“以农村社区为基本单位的村民自治工作全国试点”“全省社区治理和服务创新实验区建设”两大试点，融合推进各项社区治理工作。年初，市委、市政府出台相关工作机制。2月，《关于成立张家港市全省社区治理和服务创新实验区建设暨全国村民自治试点工作领导小组的通知》下发，明确领导小组成员及职能。5月，《关于印发〈张家港市关于深化村民自治工作的指导意见〉的通知》下发，明确村民自治试点的工作任务。同月，成立由市委组织部、市委农工办、市委政法委、市民政局、市法制办等部门组成的村民自治国家级试点工作指导小组并召开第一次会议，明确指导小组的四项运行机制；全市村民自治国家级试点工作动员会召开，部署以农村社区为基本单位的村民自治试点改革工作，时间周期为2年。动员会后，举办村民自治业务培训班，各区镇、各试点村（社区）落实试点任务。6月12日至16日，市民政局组织村民自治试点工作相关人员65人赴南京大学参加社区治理业务培训，课程包括村居民自治、社区协商、全科社工、三社联动、社区社会工作等内容。6月和10月，先后两次召开市村民自治国家级试点工作阶段性会议，交流阶段性成效及问题，探讨推进思路。8月，市村民自治试点工作座谈会召开，商讨张家港特色社区治理模式的打造，明确以党建引领为核心，以社区法治安全、社区民主协商、社区服务为三大落脚点持续推进。12月，2017年度全市社区协商经典案例征集活动启动，征集并评选出城乡社区通过议事协商解决的十大经典案例。至年末，两大试点工作有序推进，22个村民自治试点村、37个省实验区试点村（社区）试点成效明显，各试点村（社区）根据市民政局制定下发的《村（居）民自治工作指引》，召开村（居）民大会，制定并通过《村（居）民自治章程》《村（居）民公约》。全市城乡社区治理法治化、科学化、精细化水平和组织化程度得到提升。

【“书悦合兴·一带一路”社区服务社会化项目推介实施】 9月9日，冶金园（锦丰镇）举行“书悦合兴·一带一路”锦丰镇社区服务社会化综合项目推介会。该项目包括“集爱成书”——社区照顾，“悦”动人生——社区参与，“合”而为一——社区融合，社区“兴”动——社区发展，一带一路·各有千秋——社区特色服务，书悦合兴·沙洲之“恋”——三大社区（书院社区、悦来社区、合兴社区）互助共建等六大服务系列，以此引导社区居民共同参与社区建设，参与社区资源规划整合，建立健全社区支持网络，加强社区居民能力建设，增强社区归属感和认同感，促进社区与人的全面自由和谐发展；结合三大社区各自需求与服务特色，打造三大品牌：女子学院——书院社区家庭成长计划、邻里厨娘——合兴社区邻里互助建设计划、悦星社——悦来社区青年志愿者能力建设。锦丰镇三大试点社区全年直接服务约6000人次，间接服务约2万人次，服务对象包括三大社区的儿童、青少年、妇女、老人等，重点服务社区中的弱势群体，整合一切可利用的社区社会资源，探索建立社区服务专业化、社会化模式，有效推进“三社联动”的进程。项目由华夏启创公益服务发展中心组织实施。

【社工10周年系列活动】 2017年是张家港市社会工作发展的10周年，市民政局组织开展系列纪念活动。9月，市社会工作发展10周年征文活动和“港城社工发展十年”优秀社工、社工机构推优活动在全市启动。收到征文48篇，评出获奖征文9篇。评选出十佳社工10人，优秀社工机构6个，优秀社会工作项目案例11个，“港城社工十年人物”9人。市民政局汇编出版《初心——港城社工十年》一书，包括社工发展十年印记、“港城社工十年人物”、优秀社会工作项目案例、社工十年大事记等内容。12月，邀请复旦大学社会发展与公共政策学院党委书记、教授顾东辉及市人才办、市文明办、市司法局、杨舍镇、锦丰镇等相关部门、区镇、社区负责人和社工代表在张家港日报社举办“回顾与展望”为主题的港城会客厅社工专场活动，有关内容在12月28日《张家港日报》专版报道。

（尹　娴　徐　平）

民族宗教事务

【概况】 年末，全市有常住少数民族人口3667人，比上年增181人，含少数民族成分39个。有暂住少数民族人口15431人，比上年增1223人，含少数民族成分43个。有宗教活动场所25处，其中佛教14处、道教1处、天主教3处、基督教7处，有宗教教职人员110人（备案82人）。

【民族工作】 年内，继续依托宣传教育、联谊活动、示范创建、政策服务、扶贫济困“五个平台”，做好全市少数民族群众的服务管理工作。强化宣传教育，通过微信公众号、企信通、电台等载体发布民族政策、法律法规等宣传信息860余条（次），邀请苏州市民宗局民族处处长为全市民宗网格员开展民族宗教政策法规知识专题培训。6月，市民宗局、市教育局联合开展全市中小学“民族团结”征文活动，收到征文205篇，评出高中组、初中组、小学组获奖征文共103篇。开展联谊活动，3月，在市老年公寓举办市第四届“尝尝我的拉面”才艺比赛暨民盟张家港市委健康义诊活动；5月，由市民宗局、市体育局联合主办，市民促会承办的市第十二届民族体育比赛在东城体育公园举行，各区镇、青海省化隆县驻张家港办事处、市民族团结进步促进会等单位选派15个民族成分、111名运动员参加乒乓球、中国象棋、台球、跳绳、踢毽子、定点投篮、板鞋竞速等七个项目的比赛。8月，市民促会组织举办“石榴花开”——张家港民族家庭社会实践活动暨“港城情”阅读会。9月，由市民宗局、凤凰镇主办，市民促会承办的“民族情·中国梦”——张家港市第六届民族文艺会演在凤凰镇文化中心举办。组织市舞蹈学校编排舞蹈节目《路》，先后参加省第二届少数民族优秀舞蹈展演、苏州市第二届少数民族文艺会演。引领示范创建，指导民族团结进步示范学校、社区的建设，塘市小学在全市首家创建成市级民族团结进步示范学校，后塍中心社区创建成市级民族团结示范社区。做好政策服务，全年为89名参加中考、41名参加高考的少数民族学生出具民族成分证明，为市民族特需商品定点生产企业——大新毛纺有限公司申请到银行贴息贷款1.08亿元、中央财政贴息311.04万元。关注扶贫济困，2月，走访慰问少数民族困难群众，利用少数民族救助专项资金，为99户困难家庭发放补助金9.9万元；9月，指导市佛教慈善协会开展少数民族困难学生助学活动，走访慰问13名困难学生，发放慰问金1.3万元。引导全市外来少数民族群众参与市新市民积分管理，与教育部门沟通解决46名外来少数民族子女就近入学问题。8月14日，市民宗局被国家体育总局授予2013—2016年度全国群众体育先进单位，成为全国县级民宗系统唯一一家获奖单位。

【宗教工作】 春节前，市政府办组织召开全市宗教场所春节期间安全工作协调会，市民族宗教工作领导小组办公室、市民宗局联合向各区镇下发《关于做好2017年春节期间宗教活动场所安全工作的通知》，制定《春节期间全市佛教场所安全工作联系表》。向各区镇、市佛协、各佛教活动场所下发通知，并做好跟踪指导工作。春节期间，全市14个佛教活动场所、约10万名信众的烧香活动安全有序。年内，指导天主教、基督教场所做好复活节期间相关工作，常态化管理天主教5月朝圣工作。6月，开展民族宗教政策法规学习宣传月活动。7月，市民宗局编纂的《张家港宗教志》被苏州市档案局评为2015-2017年度苏州市档案文化精品三等奖。加强全市宗教场所消防宣传教育和安全隐患排查整治，1月和7月，协同安监、消防和各区镇对全市25个宗教场所进行消防安全排查。9月，指导宗教界开展“宗教慈善周”活动，各宗教团体、宗教场所募集善款34万元。年内，市佛教协会、盘铭寺、章卿寺、居士林经市档案局综合考评，达到省档案管理三星级标准。杨舍天主教堂、杨舍基督教堂建设完工，塘桥基督教堂、金港基督教堂建设方案初步完成。

【民族宗教事务网格化管理】 年内下发2017年度民族宗教事务网格化管理工作专项资金15万元，用于区镇落实属地管理责任，开展优秀民宗网格、优秀民宗网格员评选等工作。与各区镇签订《2017年度民族宗教工作目标管理责任书》，下发《民族宗教工作考核细则》、《区镇“民族宗教工作”扣分项目监测细则》。与市综治办联合出台《关于进一步加强和完善基层民族宗教事务网格化管理工作的意见》，落实“一岗双责”制度。8月，省委统战部副部长、省民委（省宗教局）主任（局长）李国华一行到市调研，对张家港市民族宗教事务网格化管理工作给予肯定。

【民族宗教政策法规宣传月】 6月，市民宗局开展“民族宗教政策法规宣传月”活动。在《张家港日报》刊发民族宗教工作专版，包括深化民宗网格化管理、加强安全管理、推进星级创评及民族宗教知识问答等内容。在张家港广播电台录制“民族与宗教政策法规知识访谈”宣讲节目，局领导围绕民族宗教政策法规、全市民族宗教基本情况、民族宗教工作日常等方面，通过详实讲解，向广大市民宣传民族宗教政策。其间，市民宗局下发《关于开展“民族宗教政策法规学习宣传月”活动的通知》，指导各区镇、各民族、各宗教场所结合实际、因地制宜开展各类民宗政策法规宣传活动。

（姜　科）

市第十二届民族体育比赛　　（市民宗局　提供）

养老事业

【概况】 至年末，全市有60周岁及以上老年人24.81万人，比上年增9072人，占全市户籍总人口的26.7%。其中，70周岁以上老年人111997人，比上年增6157人，占全市老年人口的45.14%；80周岁以上老年人35851人，比上年增876人，占全市老年人口的14.45%；90周岁以上老年人5086人，比上年增173人，占全市老年人口的2.05%。全市有百岁（虚百岁）老年人248人，比上年增33人。年内，《张家港市居家养老服务实施细则》修订完善，新建住宅区配套服务设施规划、居家养老服务、养老机构能力提升等配套举措相继实施，扩大老年人群受益范围。养老服务推广实施市场化运营，提高对服务机构和组织的补贴标准，并首次将智慧养老援助对象写入文件予以确定。全市34.3%的居家养老服务设施由社会力量运营，55%的镇级公办养老机构实现公建民营。2月17日，张家港市向江苏澳洋优居壹佰养老产业有限公司（澳洋优居壹佰养老公寓）颁发2017年首张养老机构设立许可证。年内，市亲情（虚拟）养老院获评全国第二届“敬老文明号”、江苏省示范性社会组织等称号，市老龄办获评2017年度省老龄宣传工作先进单位和省“安康关爱行动”先进单位。

【养老服务体系建设】 全市有养老机构40家，年内新增床位1200张，累计10715张，每千名老人养老机构床位数为43.2张。3月，市老年活动中心梁丰生态园（城东）分中心建成投运。市老年活动中心城南分中心建设项目列入2017年市政府民生实事工程，项目在城南派出所原址拆除新建，总投资约1356万元，建筑面积2552平方米。6月，澳洋优居壹佰养老公寓二期项目吉祥家院开工建设，设置床位1200张。同时，全市新改建居家养老服务中心（日间照料中心）52家、老年人助餐点52家、助浴点2家，为3家居家养老服务中心提供辅具配套。市政府办出台《张家港市养老机构能力提升专项行动实施方案》，着力推进“养老机构能力提升专项行动”，全市16家养老机构逐步进行消防、医疗康复、无障碍等安全和适老性改造，办理消防、环保、房屋安全、产权等方面的许可证照。市亲情（虚拟）养老院养老援助服务对象由原来84周岁及以上扩面至80周岁及以上，援助标准从每户每月60元提高至70元。扩面后，全市入院总人数3.5万人，占全市老年人数的14.1%，总服务236万人次，综合满意度99.8%。推进苏州居家和社区养老服务改革试点，年内陆续完成居家养老服务设施建设、养老服务设施社会化运营、为老服务志愿者培训等9项改革试点任务。落实新建住宅区居家养老服务用房“三个同步”，即居家养老服务用房与住宅区主体建筑同步设计、同步施工、同步投入使用。按照市政府《关于新建住宅区配套服务设施规划管理的指导意见》，年内审核10余个新建住宅区居家养老服务用房，审核面积5000余平方米。

【养老服务保障】 市财政全年为80周岁以上老人发放尊老金2979.49万元。其中，发放百岁老人敬老金16.6万元，尊老金111.2万元；发放90周岁及以上不满虚百岁老年人尊老金1155.06万元；发放80周岁至89周岁老年人尊老金1824.43万元。由政府投保的“幸福港城·惠老保险”保费由每人每年15元提高到25元，意外伤残、烧伤、烫伤赔付标准由每人1200元至1.2万元提高到3000元至3万元，意外伤害医疗费用由每人3000元提高到3500元，意外住院津贴由每人每天30元提高到40元。“惠老保险”年内理赔1457起，赔付441万元，累计受益超过1400人次。市民政局以购买服务形式委托社会组织开展为老服务类项目20项，涵盖老年人心理慰藉、安全教育、健康管理等方面。开展养老机构服务质量提升工作，市民政局依托全国养老院业务管理系统，完成全市40家养老机构信息录入，组织全市养老机构按照《养老院服务质量大检查指南》115项指标自查整改，会同市公安局、市卫计委等单位开展养老院服务质量联合检查，对各项服务项目质量进行等次评级，督促养老院整改不达标项目，提升整体服务水平。加强养老院标准化建设，市老年公寓和澳洋优居壹佰养老公寓年内被确定为江苏省养老服务机构标准化建设试点单位，在试点单位实行国家、行业发布的养老服务各类相关标准，助力研制出符合地方实际、可在全市范围内实施的养老服务标准。年内，市老龄办组织全市养老服务人员参加各类为老服务培训，免费培训初级养老护理员96人、中级养老护理员101人。7月，举办全市第二届养老护理员技能竞赛。11月，聘请专家，针对全市为老服务志愿者、养老机构和组织以及老年人子女、亲属等社会成员开展为老服务志愿者培训。培训内容涉及失能失智老年人照护、老年人急救、老年人用药、老年人精神关爱等11个专题，累计培训72场，受众3500余人。与市心理协会合作，在杨舍镇云盘社区和锦丰镇悦来社区开展老年人精神关爱试点，对两个社区432名70周岁及以上老年人进行专业心理健康评估，并提供心理培训、心理咨询、精神慰藉等关爱项目。

【敬老月活动】 10月，全市开展以“全民行动、情暖夕阳”为主题的敬老月活动。市老龄办举办“关爱老年人、欢庆十九大”庆祝第30个老年节文艺演出，“第六届重阳健康养生文化节”主题活动，“中国梦我的梦——重阳圆梦微心愿”活动，全市老年书画、摄影、剪纸、诗词作品展及乒乓球赛等活动，举办五场大型传统戏剧专场演出，与市退休教师协会联合举办“纪念张家港市退教协会成立30周年暨老园丁文艺会演”和走访高新企业活动，与市军休所联合举办“情暖军休·乐享夕阳”系列活动，与市老年体育协会联合举办第三届老年人返老还童传统体育项目运动会和喜迎“十九大”文体赛，与市老年协会联合开展中老年文艺队送戏下基层巡演和老年人防诈骗宣讲活动，与市亲情（虚拟）养老院联合开展“市虚拟养老院服务体验进社区”系列活动。市法院开展社区老年人法律宣讲等活动，市老干部局开展“面对面话发展、心连心聚能量”全市离退休干部大走访等活动，市人社局退管中心开展退管人员文体艺术节等活动。各区镇均走访慰问高龄、失能、失智、困难老人和敬老院老人，开展文娱演出、趣味运动会、法律咨询、送戏下乡、义诊、重阳节茶话会、集体生日会等活动。敬老月期间，全市走访慰问老人22.25万人，发放慰问金1872万元，4900名志愿者参与为老服务。

【居家养老服务社会化】 年内，全市深化社区居家养老服务社会化程度。4月，张家港市首届居家养老服务社会化推介会召开，省内外17家为老服务企业和社会组织代表参会。5月，凤凰镇、南丰镇分别召开镇级居家养老服务社会化推进会和签约仪式。引进全国知名养老服务企业参与公办养老机构公建民营，湖南普亲集团与塘桥镇社会福利中心签订合作协议，锦丰镇社会福利中心、乐余镇社会福利中心与合作方达成初步协议。至年末，全市居家养老服务机构与67家为老服务企业或社会组织签约，社会化占比35.6%；5家农村敬老院实现“公建民营”社会化运作，占农村敬老院总数的55%。 （陈 瑶）

关心下一代工作

【概况】 2017年，全市有关心下一代工作委员会（简称关工委）组织1122个，其中区镇、办事处（街道办事处）29个，社区252个，教育系统79个，民企系统711个，机关（系统）51个。从事关心下一代工作的“五老”及志愿者6049人。年内，加强组织建设，金港镇、凤凰镇、南丰镇、常阴沙现代农业示范园区等区镇以及市委政法委根据工作需要调整关工委班子成员。市教育局关工委根据省教育关工委要求，于4月和12月对全市31所中小学校进行常态化建设合格学校考核验收。11月，全市首家港资企业关工委——张家港绮丽达化妆品有限公司关工委成立。注重媒体宣传，全市各基层关工委确定118名通讯员，组建覆盖全市的宣传网络。关工委网站全年编发文章399篇，点击率超过1.2万人次。出好每月一期的关工委工作简讯，同时向上级关工简报、网站投稿，苏州关工简讯和网站全年录用张家港市关工委稿件近百篇。12月7日，市文明办、市关工委联合召开市关工委成立25周年纪念大会，会上表彰全市关心下一代工作50个先进集体和80名先进个人。

【“学史立志、崇德向善”主题教育活动】 5月，根据省、苏州市要求，市文明办、市关工委等6个单位联合下发《关于开展“学史立志、崇德向善”主题教育活动的通知》，明确在全市开展校园巡讲、演讲比赛等9项系列活动。6月23日，市文明办、市关工委联合举办“学史立志、崇德向善”主题教育活动培训班。会后各区镇关工委组织“五老”宣讲团开展专题学习培训，全市共举办培训班130期。各区镇关工委组织“五老”自编主题教育宣讲材料并组织宣讲，全市共撰写宣讲材料147篇，宣讲人员628人，青少年受众约16万人次。各区镇通过组织学习、参观爱国主义教育展览馆、主题演讲与征文、歌咏传唱、文艺演出、知识竞赛、网上互动等多种形式开展主题教育活动。全年共组织“童心向党，快乐成长”等各类演讲比赛188场次，有4.7万人次参加各类读书征文活动。各基层关工委利用传统节日和革命纪念日，组织学生开展国旗下讲话、革命烈士事迹巡讲、网上祭英烈、祭扫烈士墓等教育实践活动。年内，市关工委撰写的《挖掘运用本地资源，提高“两史”教育效果》一文获省关工委党史国史教育课题研究二等奖，并列入全省关工委宣传工作暨党史国史教育经验交流会交流材料汇编。

【校外教育辅导站建设】 全市有校外教育辅导站305家，其中示范型辅导站52家。有校外教育辅导站工作人员4545人，其中“五老”1716人、在职教师1406人、大学生村干部364人、其他志愿者1059人。辅导站有电子阅览室153家、电脑1157台，参加辅导站学习的学生18.2万人次。各辅导站以寒暑假和双休日为重点，组织青少年开展“七彩夏日”“缤纷冬日”等常规性主题活动，内容包括各类讲座、传统经典诵读、参观纪念场馆以及各类艺术、文化培训辅导等。在常规教育的同时，各校外教育辅导站围绕特色创品牌，金港镇“徐玲公益书屋”成立10家，辐射15所中小学校；杨舍镇锦绣社区辅导站“锦绣育心读书会”以诵读17种国学经典为内容，坚持10多年，共办班180多期，获评苏州市优秀阅读推广组织。9月，在全省校外教育辅导站工作经验交流会上，塘桥镇胡同社区校外教育辅导站、杨舍镇金塘社区校外教育辅导站被评为全省校外教育辅导工作优秀辅导站，金港镇刘兴培、凤凰镇周洪保被评为全省校外教育辅导站先进个人。10月，塘桥镇妙桥社区校外教育辅导站制作的宣传视频《学史立志、崇德向善，做善美塘桥人》获“全省校外教育辅导站优秀活动推广项目和特色活动品牌”一等奖。

【预防和减少青少年违法犯罪】 全市各级关工委与学校联合，普遍开展青少年法治宣传教育活动。政法系统关工委开展宪法主题班会、法治文化进校园、禁毒宣讲团进校园等活动，各基层关工委开展法制案例剖析、模拟法庭、法治微电影、青少年法治故事会等活动。全市有法制教育报告团52个，参加宣讲的“五老”354人，宣讲448场次。全市各级关工委对“五失”（失足、失业、失亲、失管、失学）重点青少年开展“结对帮教，引领人生”活动。市公检法系统在青少年违法犯罪办案中坚持教育为主、惩罚为辅的原则，对犯罪情节轻微有社区矫治条件的未成年人依法适用缓刑；市司法局对未成年人刑事法律援助案件采取法律援助机构监督、公检法监督与受援人监督的三监督模式，全市受理未成年法律援助107件。全市有以“五老”为主体的帮教小组171个，有672名“五老”参加重点青少年帮教工作，102名帮教对象有明显转化，转化率92%。各级关工委组织313名“五老”对全市150多个网吧、游戏机房等文化娱乐场所义务监督，及时反馈巡查情况。至年末，全市有259个社区(村)实现未成年人零犯罪，零犯罪率99%。市关工委撰写的《帮扶帮教促成长，学法崇德引人生》一文在省关工委《薪火》杂志第七期发表。

【“四点半学校”建设全覆盖】 张家港市创新教育惠民举措，将“四点半学校”建设纳入年度十件实事工程之一。年初，市教育局关工委组织全市9所小学试点建设“四点半学校”。9月12日，市教育局在乐余中心小学召开小学校长开学工作暨“四点半学校”建设现场推进会。至年末，全市56所小学(包括九年一贯制)全部建办“四点半学校”，开设班级359个，设置看护、阅读、足球、舞蹈、绘本创作、器乐等服务项目，服务于“四点半学校”的在职教师2417人，另聘请校外“五老”和专业技术人员259人，有效整合学校、社区、家庭三方资源，在全国范围内率先实现“四点半学校”建设全覆盖，惠及学生8818人。

(陆玉生)

残疾人事务

【概况】 2017年年末，全市有持证残疾人21782人，其中肢体残疾11819人，视力残疾2284人，听力残疾1633人，言语残疾146人，智力残疾2718人，精神残疾2314人，多重残疾868人。市儿童康复基地(市妇幼保健所)年内开展听力、视力、脑功能、髋关节等功能筛查8万余人次，发现功能异常儿童1700余人，分类进行早期干预。全市少年儿童定点康复机构有在训儿童166人，市成人肢体康复中心收治患者150余人、出院转入家庭康复患者123人，市白内障复明定点医院完成白内障复明手术1120例。市残联开展辅具适配专业化服务，年内走访224户残疾人家庭，为203户家庭进行辅具适配及家庭环境无障碍改造；为375名肢体残疾人适配助行类、生活自理及康复护理类辅具516件，补贴19.9万元；为108名低视力残疾人及36名0至14周岁视障儿童适配低视力辅具331件，补贴4.17万元；为脑瘫、智力残疾、自闭症康复中心117名在训儿童及肢体康复中心95名出院患者适配各类康复辅具600余件，补贴10万元。组织全市新增的56名盲人开展定向行走训练，并适配盲杖、盲表及其他生活类辅具；组织42名盲人开展盲人定向行走竞赛，提升其出行能力。全市26个辅具借用网点年提供辅具借用服务600余人次。

【志愿助残服务】 5月18日第27次“全国助残日”，市残联举办“有爱无碍”残障儿童演讲比赛暨无障碍学校揭牌仪式。22名听障、孤独症、肢残儿童参加演讲，展现全市残疾预防和康复工作成果。市二中无障碍学校揭牌，成为全市首家无障碍学校。7月和8月，分别举办两期残疾人专职委员暨助残志愿者骨干培训班，提升全市残疾人专职委员及助残志愿者的综合素质、专业能力和服务水平。年内启动“读书点亮人生——残疾人读书关爱项目”，为残疾人提供送书上门、读书交流、读书征文、无障碍视听阅读等服务，组织开展“我是你的眼”盲人“看”电影、“有爱无碍”千名残疾人走进保利大剧院观看演出等活动，丰富残疾人文化生活。指导市百合婚姻家庭社会服务中心开展“我想有个家”残疾人相亲会公益活动。

【残疾人活动】 5月，市残联与市肢残人协会联合举办“苏能电力杯”(张家港)肢残人门球邀请赛，苏州市8支球队参赛。12月5日，市残联举办“国际残疾人日”乒乓球、羽毛球比赛，66名残疾人参赛。9月，在第60届国际聋人节苏州市聋人哑剧小品比赛中，张家港市选送的聋人哑剧《搞笑公园》获一等奖。10月，在苏州市第四届社区型残疾人文体活动兴趣团队(小组)展评活动中，张家港市选送的9个节目获奖。

【残疾人就业服务】 年内，全市组织开展就业招聘会9场，125名残疾人参加招聘，50人与单位达成就业意向。新增残疾人实名制就业76人，辅助性就业121人，在杨舍、金港、锦丰等镇建成“残疾人之家”6家，全市累计有“残疾人之家”12家。对全市251家用人单位进行按比例就业年审，共年审残疾人2140人，其中按比例就业残疾人320人，集中安置残疾人1820人。

【残疾人补贴发放】 年内，全市出台《关于完善困难残疾人生活补贴和重度残疾人护理补贴制度的实施方案》，市民政局为24940人次困难残疾对象补发生活补贴103.18万元。市残联为8559名重度残疾人发放护理补贴1009.14万元，为782名重残对象和精神(智力)三、四级残疾人发放社会保险补贴310.4万元，为346名残疾学生及贫困残疾人家庭子女发放助学金43.47万元，为10511名残疾人购买人身意外伤害险42万元，为1.63万名残疾人办理乘车意外伤害险16.3万元。春节期间走访慰问特殊贫困残疾人423人，发放慰问金80.2万元。

(赵丹萍)

新市民服务

【概况】 至年末，全市登记出租房屋8.39万户，流动人口(新市民)70.95万人。其中，就业人数51.79万人，流动党员1264人。发放居住证4.03万张，新增登记17.11万人，年审24.78万人，变更68.71万人次，注销66.32万人次。市新市民事务中心协助破获治安案件416起、刑事案件336起，协助抓获行政处罚人员817人，抓获刑事拘留以上人员552人；协助公安部门破获国保专案1起，抓获嫌疑人30人；提供线索取缔黑网吧、黑诊所、黑作坊等场所82家。1月至3月，市新市民事务中心联合市人社部门开展“春风行动”新市民就业大型公益活动，发放宣传资料1.5万份，为8362人提供免费职业介绍。3月至11月，联合市文广新局开展“国学子弟，才艺少年”校园行活动，20名张视主持人及国学老师组成志愿者团队，为全市9所新市民子女学校学生赠送国学书籍，提供国学讲解及朗诵指导。其间，举办校园行活动20次，参与学生

1500余人次。11月30日举办“国学子弟，才艺少年”新市民子女经典诵读大赛，300余名新市民学生组成10支参赛队伍，以配乐朗诵、吟唱、舞蹈等不同形式诵读文化名篇，(保税区)金港镇蓝天学校的《古韵今歌》获一等奖。9月至10月，联合市司法局、市卫计委、市安监局举办市“第七届新市民法律法规知识竞赛”，内容包括宪法、劳动法、安全生产法和《流动人口计划生育工作条例》等法律法规，南丰镇代表队获一等奖，杨舍镇、锦丰镇代表队获二等奖，金港镇、乐余镇、塘桥镇代表队获三等奖。年内，发挥特困新市民救助政策和意外保险的作用，全年累计救助特困新市民33人、发放救助金12.58万元，新市民意外保险成功理赔33例、赔付91.87万元。依托协管员志愿者队伍开展法律援助，处理新市民到信到访，调处新市民各类矛盾1400起，帮助新市民追讨拖欠工资117人次、涉及金额191.1万元。提升新市民积分管理服务，全市7000名新市民子女获得积分参加当地居民基本医疗保险资格，2.48万名新市民子女获得继续参加当地居民基本医疗保险资格；5166名新市民子女获得积分入读公办学校资格，通过积分入学方式就读公办学校的新市民子女首次实现全市幼儿园、小学、初中学段全覆盖。年内，新市民丁月峰、游霏家庭获评2017年度张家港市文明家庭，新市民李建雄、陆其亭、尹标获评江苏见义勇为新市民；市新市民事务中心被市委、市政府授予“2017年度优胜贡献奖”。

2017年张家港市流动人口分布情况表

表67 单位：人

区镇名	流动人口登记数	16周岁及以上男性登记数	16周岁及以上女性登记数	未满16周岁人数	就业总人数	第一产业人数	第二产业人数	第三产业人数	投资经商人数	无业人员数
保税区(金港镇)	141234	71250	49658	20326	105317	629	73450	25552	5686	1603
经开区(杨舍镇)	270277	133489	100614	36174	193557	911	121179	63141	8326	1822
冶金园(锦丰镇)	67471	35963	20756	10752	48747	1123	35283	9299	3042	129
塘桥镇	94862	42769	37948	14145	71302	837	58137	10928	1400	1388
乐余镇	19395	9680	6239	3476	13531	701	10045	2336	449	33
凤凰镇	55962	27000	21301	7661	43320	546	37307	4138	1329	878
南丰镇	24082	12193	7540	4349	16418	550	12143	3218	507	22
大新镇	32556	15269	11610	5677	22673	368	18513	2808	984	154
常阴沙现代农业示范园区	3620	1804	1231	585	3035	214	2332	376	113	0
合计	709459	349417	256897	103145	517900	5879	368389	121796	21836	6029

【流动人口大数据应用平台等信息化项目上线运行】 3月，流动人口大数据应用平台、手机APP拍照识别身份证等信息化项目正式上线运行。流动人口大数据应用平台通过整合人社、公安、经信委、卫计委、移动公司等部门数据，及时掌握未登记人员的信息动态，提高流动人口的信息采集率。手机APP拍照识别身份证信息功能，可通过拍照扫描自动获取流动人口的姓名、性别、户籍地址、相片等基本信息，提高协管员采集信息的效率和数据的准确性。年内，通过上述信息化平台发现疑似未采集流动人口信息3.9万条，并实时向卫计部门推送疟疾高危地区流动人口、育龄妇女流动人口预警信息21.65万条，向民宗局推送少数民族流动人口信息1.6万条。

【新市民积分管理微信申请功能启动】 年内，市新市民事务中心以“张家港市新市民事务中心”微信公众号为平台，开发新市民积分管理微信预申请功能。新市民申请人通过微信公众号提出积分入医、入学、续保申请，在提交的材料经审核通过后，再持材料至所居住的区镇积分窗口正式申请，提高新市民积分办理的成功率和窗口服务的效率。12月，该功能在凤凰镇试点应用，900余名新市民通过平台提交申请，其中83人通过审核。

（季聪慧）

便民服务

【概况】 市便民服务中心暨“12345”便民服务热线全年受理市民各类政务咨询、监督投诉、生活求助2167015件，办结率100%，综合回访满意率99.9%。编辑《“12345”便民服务热线工作周报》47期，《“12345”便民服务热线民情专报》1期，市委、市政府主要领导批示19次，推动了热点、难点问题的解决。年内，中心参与“五心服务联盟”联合开展的“集爱心·献功臣”党建服务项目，以全市20个军烈属家庭作为服务对象，为他们解决生产生活方面的困难。活动依托“12345”热线开设军烈属VIP专线，军烈属致电“12345”热线时直接切入VIP优先服务模式。同时，为军烈属提供一系列生活服务和应急需求服务，开展生日关怀、“七一”大访谈、“八一”集体生日等主题活动，传递党和政府的温暖。负责管理与维护全市“六个一”基层走访调研工作信息平台，对问题建议进行收集、整理、分类，实时监测各部门走访情况，重点做好“重、难、疑、热”问题的协调、督办与落实。年内，中心被市委、市政府授予综合贡献奖，中心话务大厅被表彰为市首届“担当作为好单位”。

【“12345”热线受理电话216万个】 年内，“12345”便民服务热线共受理电话（含网络邮件）求助2167015个，平均每天5937个，正式受理1747823个，占总量的80.7%，其余为重复和骚扰电话。受理电话中，政务咨询类582025个，占33.3%，主要为住房公积金政策、新市民积分、公共服务信息、行政许可办理、社保和其他相关政策等方面的咨询；市民求助类1085398个，占62.1%，主要是家庭生活服务、出租车电召、预约挂号、居家养老、订餐订票等方面的求助；监督投诉类78652个，占4.5%，主要是拆迁、征地补偿、环境污染、物业管理、劳资纠纷、公共设施维修、违章搭建等方面的意见和投诉；其他建议类1748个，占0.1%，主要是一些个人纠纷及对公共服务单位提出的相关建议。至年末，电话求助事项办结1747823件，办结率100%，回访综合满意率99.9%。

【“12345”服务平台智能化改造】 年内，“12345”服务平台智能化改造工程被列为全市十大信息化项目。市便民服务中心会同国泰新点软件有限公司、苏州大学等，依托“大数据”技术，共同开发舆情监测系统。该系统运行后，中心能迅速发现并收集整理市民反映的热点难点问题，反馈给联动部门处理，实现用户诉求准自动化处理，大幅提升各类求助的处理效率，有效归纳整理海量数据，提高舆情分析水平，初步实现舆情信息收集规范化、标准化，舆情信息分析智能化、自动化，使“12345”服务平台成为全市信息来源最广、分析水平最高、决策辅助功能最强的民生类舆情大数据分析中心。

【家政服务监管平台建立】 年内，针对家政服务企业“小、散、乱”的状况，市便民服务中心会同市家庭服务业协会建成“张家港家政服务综合监管平台”。平台拥有“12345”加盟企业、从业人员信息数据库，实现信息采集、实时公示、教育培训、服务调度、监督评价等五项功能；推出以“电子工作证”为核心的监管举措，为纳入平台的家政从业人员配发“电子工作证”，市民用手机“扫一扫”即可查询该从业人员基本情况及服务评价等信息。同时，中心统一规范服务标准、全程监督服务质量、全面监管服务价格，保障家政服务行业合规运行。至年末，该平台拥有加盟企业46家，从业人员191人。

【“12345”服务平台承接非警务类移车业务】 年内，“12345”政府公共服务平台与“110”警务平台建立联动机制，“12345”平台承接“110”非警务类移车求助工作，并采用服务外包形式受理处置群众移车求助警情，为“110”分流非警务类警情。同时，跟踪移车项目运行状况，严密监测外包项目的服务质量，做好业务分析评估和考核。自8月8日联动机制试运行至年末，中心共受理移车诉求150406件，直接处理101913件，推送公安系统48493件，顺利完成移车业务从“110”到“12345”热线的过渡。

（肖　敏）

社会调解服务

【概况】 2017年，市社会调解服务中心接待群众到访192批332人次，分别比上年减13.5%和13.3%。其中，个人上访185批266人次，集体上访7批66人次。登记受理82批193人次，其中当面答复19批37人次，自办38批112人次，交办3批12人次，转办22批32人次。司法调处40起201人次，涉及金额1558.23万元。矛盾纠纷调处成功率100%。市医患纠纷调解办公室共接待调处医患纠纷59起，其中形成卷宗的有35起，涉及465人次，涉及金额668.38万元。

【意外触电事故调解】 6月30日，在张家港保利大剧院空调改造项目施工中，河南籍空调安装工高某意外触电身亡。事件发生后，市社会调解服务中心主动介入，及时掌握动态，组织相关部门和死者亲属代表召开情况通报会并启动调解程序。中心工作人员向当事人告知适用法律和法定赔偿数据，引导双方在法律框架内合情合理表达诉求和承担应尽义务。经四天四轮协调，最终空调改造项目所在公司同意承担法定赔偿款，保利大剧院同意支付人道主义赔偿款，一起意外触电事故得到妥善解决。

【乐余镇调委会以100%的调解成功率获评苏州先进】 2月，乐余镇人民调解委员会被授予“苏州市2015—2016年度人民调解工作先进集体”称号，调解员陈金洪获评苏州市2015—2016年度人民调解工作先进个人。近年，乐余镇从健全调解组织网络、加强人民调解员队伍建设、加大矛盾纠纷排查力度等方面入手，着力化解矛盾纠纷，维护社会和谐稳定，取得较好的成效。2015年至2016年，乐余镇调解委员会成功调处各类纠纷429件，调解成功率100%。至2017年年末，全镇有各类调解组织66个、人民调解员254人，其中专职调解员40人、兼职调解员214人，累计评出优秀人民调解员25人。

（张丽　秦香）

【编辑　陆文琰　张　洁】

文明区镇

Development of Zones and Towns

张家港保税区行政服务中心　（田亚宇　摄）

保税区（金港镇）
经开区（杨舍镇）
冶金园（锦丰镇）
塘桥镇
乐余镇
凤凰镇
南丰镇
大新镇
常阴沙现代农业示范园区
双山岛旅游度假区

扫码欣赏

《铭记党的历史、汲取红色力量》乐余镇“红色新沙洲党史教育馆”视频

保税区（金港镇）

【概况】 保税区（金港镇）位于市域西部，是张家港港和张家港保税港区所在地。总面积131.62平方千米（统计指标含双山岛旅游度假区），耕地面积2930公顷。4月，新塍社区更名为塍德社区。年末，辖3个办事处、26个行政村、25个社区（其中8个为“村社合一”体制）。有户籍66888户，户籍人口180301人，另有外来暂住人口141234人。全年实现地区生产总值708.7亿元。一、二、三产业增加值分别为3.78亿元、350.73亿元、354.19亿元。完成全口径财政收入107.39亿元，其中公共财政预算收入55.18亿元，入库税收104.53亿元。完成全社会固定资产投入167.46亿元，其中工业投入105.56亿元、新兴产业投入93.46亿元、服务业投入61.91亿元。

经济建设 年末，有企业14788家。349家规模以上工业企业全年实现工业总产值1192.72亿元，主营业务收入1249.34亿元，工业利税118.31亿元。区（镇）销售收入超1亿元企业111家，其中超10亿元企业27家、超30亿元企业8家；利税超5000万元企业37家。商品销售总额5471.23亿元，外贸进出口总额143.6亿美元，其中出口额35.67亿美元、进口额107.93亿美元。新批外资及港澳台资企业19家，注册外资及港澳台资2.87亿美元，到账外资及港澳台资2.65亿美元。新增私营企业2099家，其中外地资本企业1253家，新增注册资本112.56亿元，其中外地资本95.27亿元。新增个体工商户3556户，新增注册资金5.46亿元。新增“新三板”挂牌企业5家。投资超1000亿元的康得新航空碳纤维复合材料产业园、先进高分子复合材料产业园和未来城“两园一城”项目签约，投资超300亿元的康得新二期、霍尼韦尔MTO等一批在建项目加快推进，投资超71亿元的2个国际级香精香料基地、劳伦士汽车、陶氏聚醚、华昌加氢基地等24个项目奠基开工，投资超64亿元的中核利柏特、晶华科技、凡赛特新材料、阅维科技、易高生物一期、国泰超威、AAK、苏州观胜等21个项目竣工投产，投资超60亿元的美国胜牌、亨通华西海工、贝内克—长顺三期、庄信万丰汽车催化剂、德国布伦泰格、瑞士北尔旗等20个优质项目签约落户。扬子江国际化学工业园完成新一轮园区产业规划修编和控制性详规编制，获评全国专业化工园区第六名。“数字保税区”一期上线运行，国际消费品大楼完成封顶，粮油市场启动搬迁，进口葡萄酒市场展销中心确定选址，10家汽车改装企业落户，汽车口岸平行进口量跻身全国前五。保税区专业市场完成商品销售总额5471.23亿元，服务业税收40.03亿元。其中，化工品交易中心线上线下交易额1656.49亿元，税收9.95亿元。霍尼韦尔UOP中国研发及工程技术中心落户，中国科学院大连化学物理研究所张家港产业技术研究院建成投用，环保水处理技术平台和生物医用材料研发平台投用，半导体新材料产业园启动申报。康得新获评福布斯全球创新企业50强，江苏多维科技有限公司的“集成处理电路的高性能TMR磁传感器芯片的研发”项目入围国家科技重大专项，张家港保税区获评江苏省知识产权示范园区，保税区科创园获评江苏省侨联新侨创新创业基地，“物润船联”首批获批国家“无车（船）承运”试点企业，获国家高技术产业和大数据基金2000万元专项扶持。新增产学研投入超7亿元，新兴产业产值770.52亿元，占规模以上工业总产值的66.66%。区（镇）累计引进“千人计划”27人；获评省“双创计划”人才4人，累计28人；获评姑苏创新创业领军人才6人，累计34人；获评张家港市领军型创新创业人才18人，累计144人。累计列入国家“863”计划项目7项；新增国家级科技项目1项，累计61项；新增省级科技项目3项，累计32项；新增省高新技术企业17家，累计95家。全年实现农、林、牧、渔业总产值8亿元，粮食、油菜籽和水产品总产量分别为26433吨、329吨、2035吨。完成328公顷标准化农田建设，新增高效农业205公顷，大棚设施栽培种植115公顷。土地规模经营面积1350公顷。农业基地认定总面积680公顷。有无公害农产品7种，绿色食品19种，苏州市级以上名牌农产品3种。

社会事业 年末，有中小学14所，其中中学5所、小学9所，教师1273人。另有幼儿园7所。中学、小学、幼儿园在校学生分别为6084人、14960人和7854人。有医疗卫生机构56个，其中医院5家、社区卫生服务站37个，职业医师504人。村、社区有篮球场60个、3.42万平方米，有健身房41个。总投资1.8亿元的崇真小学、崇真幼儿园和中兴小学教学楼等投用，投资2500万元的护漕港中学体育馆、后塍学校教学楼扩建和民营

亨通集团与华西集团签约 （季 樱 摄）

学校改造工程竣工。区（镇）市级以上骨干教师比例达到26.5%。社区教育中心被评为省优秀成人继续教育院校，首批获批省社会教育百强单位称号，“金港大讲堂”被推荐为全国终身学习品牌。金港医院通过二级评审，易地新建工程完成主体建设，挂“上海第十人民医院金港分院”“市第二人民医院”“保税区医院”牌子。金都卫生服务站、德积卫生服务分中心投入使用。所有社区卫生服务站均创建成市慢性病防治社区卫生服务站，18家卫生服务站创建成苏州市示范社区卫生服务站，其中3家卫生服务站创建成省示范村卫生室。打造金港乡风文明长廊、金科廊桥天都诚信商业街、山北乡贤馆、香山志愿V客空间等文明创建特色品牌。建成书场3家、24小时自助图书驿站2家，香山书舍主体工程全面竣工。投资1000万元的中兴文化中心正式启动建设。区（镇）全年举办各类文化活动200余场，送戏下乡56场，电影下乡1170场。入选省级非遗名录3项、市级非遗名录18项。举办乡风文明行动启动仪式暨香山山地短程马拉松挑战赛、“家庭文化节”暨“最美家庭”展示等主题活动。新增公共自行车点位20个、锁柱522个，累计点位49个、锁柱1140个，共投放自行车911辆。整体转换数字电视73562户，整转率99.97%。

福民工程　全年区（镇）村均可用财力1362.96万元。总投资10亿元的五大类年度实事工程有序推进，完成分房6500余套，落实精准帮扶资金5600余万元。启动运行朱家宕有机垃圾处理站试点。投资580余万元的2个空气自动监测站建成投运。突出危化品、涉爆粉尘、冶金等高危行业企业整治88家，整改隐患3210处。淘汰关停企业18家，“腾笼换凤”土地25.33公顷。关停化工企业5家，关停养殖户15家、治理养殖污染户4家。香山河、东方红河、三节桥港等7条黑臭河道完成治理，华孚实业等9家企业完成“煤改气”。区（镇）举办第三届公益创投活动，创投公益项目10个，累计27个。成立社工工作室12家，为24名困境儿童提供个案服务。全年提供就业岗位12650个，开发公益岗位212个，推荐就业2980人，录用2040人。春节慰问3.73万户9万人次，发放慰问金3500万元。发放低保（含低保边缘重病困难对象、一户多残）补助金、临时救济金95.03万元，财政补贴1007万元，保障550户、836名低保人员及185名低保边缘重病困难对象等困难群众基本生活。完成170例民生保险理赔案件，赔付金额108.77万元。计生特殊家庭“连心家园”建设获评省级项目示范点。建成全市首家大健康综合服务平台。有养老服务机构4家，床位1124张。新增晨阳、金都、元丰居家养老服务中心，累计有居家养老服务中心7家，居家养老服务站25家，老年人助浴点2个，居家养老社会化率超过90%，5759位老人享受虚拟养老服务。年内为6053名80周岁及以上老年人发放尊老金492.82万元。张家港亲情（虚拟）养老院金港分部服务政府援助对象2608户，“智慧养老”服务142人。金都社区、塍德社区、德丰社区、塍丰社区进行无障碍设施改造，为161户老年人、残疾人家庭进行入户个性化安装辅助器具。新增老年农（居）补贴278人，住房公积金扩面5125人。年末参加居民基本医疗保险294960人，其中新市民4318人。全年个人基金缴纳1726.78万元，市、镇两级财政补贴6907.17万元。就医门诊结报53.8万人次，报销1665.74万元；住院结报13392人次，报销6309.15万元；救助21220人次，救助金额421.21万元。为7户困难户提供“安居工程”救助，补贴18万元。市、镇两级慈善助学265人，发放助学补助金79.35万元。

2017年张家港保税区（金港镇）办事处基本情况表

表68

名　称	所在集镇面积（平方千米）	党工委书记	主任	党工委副书记	副主任
南沙办事处	2.05	孙永华	朱启彦	朱启彦　谭晓维	柳志兵（12月免）　谭晓维 方建良（7月任）
后塍办事处	3.80	陈　磊（5月免） 王卫东（7月任）	毛东兴	毛东兴　李杏珍（女）	孟　伟　许永华（7月免）
德积办事处	1.98	龚锦乾	丁萍芬（女）	丁萍芬（女）	王　漪（女）　丁向阳 宋　波（女）

2017年张家港保税区（金港镇）各村（社区）基本情况表

表69

村（社区）名	面　积（平方千米）	户数（户）	人口数（人）	集体经济总收入（万元）	可用财力（万元）	总资产（万元）	村（社区）党委（总支、支部）书记	村委（社区）主　任
长江村	5.20	2658	7423	4260	3972	18605	郁霞秋（女）	黄忠和
巫山村	2.62	1711	4770	4766	4564	28833	李跃进	杨惠忠
张家港村	1.53	1650	4482	433	274	854	施忠法	朱阿云
滩上村	4.15	2208	5878	4535	4076	26354	戴丽君	郁　兴
长山村	6.90	2736	7836	5055	4632	22916	郁江清	陈　强

续表69

村(社区)名	面 积(平方千米)	户数(户)	人口数(人)	集体经济总收入(万元)	可用财力(万元)	总资产(万元)	村(社区)党委(总支、支部)书记	村委(社区)主 任
山北村	4.20	2113	6054	2019	1369	7468	庞建华	孙瑞龙
柏林村	4.70	2887	8039	1311	1250	15067	殷品龙	谢建兴
占文村	2.41	1381	4270	1648	1400	7940	顾凯洪	何 华
东山村	3.21	1201	3303	1047	873	5779	向 一(3月免) 朱启彦(3月任)	邬曦忠
港西村	2.60	1144	3556	893	811	5181	顾永仁	许国平
新塍村	3.01	1588	4634	941	871	10521	陆建新	肖云星
高桥村	4.80	2191	6183	1302	1001	6593	孙 亮(4月免) 向 一(4月任)	陈 良
袁家桥村	3.50	1764	5202	1617	750	3284	李永奇	张 海
晨阳村	8.54	3368	8552	1711	1505	14925	刘荷英(女)	黄 轩
朱家宕村	2.36	1114	3284	769	635	4408	许海东	缪海平
封庄村	4.30	1665	4662	727	468	3603	朱启彦(3月免) 奚 涛(3月任)	沈网良
三角滩村	4.50	1596	4230	834	677	3271	尤正良	唐献忠
学田村	4.30	1847	4764	863	621	8641	唐向阳	吴品良
福民村	5.24	1673	4317	1413	1358	13191	陈兰清	张亚华
小明沙村	4.50	1955	5171	865	570	4352	赵新浩	姚金全
朝南村	5.64	2051	5428	817	675	4517	陈国平	黄剑锋
新套村	3.06	672	1629	828	780	6666	朱松山	李云才
德积村	3.24	1342	3516	933	547	7174	陈春芬(女)	陆晓峰
永兴村	2.90	1272	3512	794	601	4078	黄学贤	黄照平
双丰村	2.92	1341	3564	686	593	2904	陈永法	王巧芬(女)
北荫村	2.18	1314	3250	797	564	7556	陈 娟(女)	朱卫国
中德社区	0.18	1670	4676	310	210	2472	黄秀娟(女)	李 兰(女)
中港社区	0.42	1288	3372	338	238	1891	李国柱(7月免) 朱建龙(7月任)	朱建龙
中南社区	0.15	1540	5255	285	199	2225	李增宝	李增宝
中苑社区	2.55	2095	4451	498	312	2009	朱建刚	居正平
中兴社区	0.05	632	2010	299	134	1233	顾永建	顾永建
安定社区	0.08	1098	3797	311	138	1069	凌国良	黄建忠
中圩社区	0.09	1540	4664	479	369	2808	朱建良	何晓东
海港社区	0.06	1026	2542	—	—	—	徐相兰(女)	徐相兰(女)
金润社区	0.58	4623	12338	—	—	—	宋国芳	宋国芳
金都社区	0.27	3780	12000	—	—	—	高燕晓	沙 尧
南沙社区	0.80	2113	7172	—	—	—	张丽琴(女)	张丽琴(女)
廊桥社区	0.23	892	2886	—	—	—	陈 圆(女)	陈 圆(女)
后塍中心社区	4.00	956	18877	518	256	1581	封 皎(女,3月免) 沈其明(3月任)	陶 慧(女)
塍德社区	0.33	3173	6790	—	—	—	高 峰	沈 辰
塍丰社区	0.79	2575	9000	—	—	—	孙 清	孙 清
元丰社区	0.13	586	1852	564	212	2080	曹 俊	曹 俊
德丰社区	0.33	4550	13560	—	—	—	丁萍芬(女)	丁萍芬(女)

说明:表格中数据为农村调查数

2017年张家港保税区(金港镇)投资1亿元以上开工项目情况表

表70

投资企业名称	项目名称	投资金额(万元)
江苏华昌化工股份有限公司	氮肥生产装置节能减排技术改造项目(原料结构调整技术改造项目II期)	35952
芬美意香料(张家港)有限公司	食品用香精香料项目	33400
盛禧奥石化(张家港)有限公司	年产7.5万吨ABS树脂改扩建项目	25702
张家港市华昌新材料科技有限公司	扩建年产3万吨新戊二醇及10万吨聚酯树脂项目	17569
国际香料(张家港)有限公司	食品用香精香料项目	15391

【金港镇获评全国文明镇】 11月17日,在全国精神文明建设表彰大会上,金港镇入选全国文明镇,成为苏州地区唯一入选的乡镇。近年,保税区(金港镇)坚持"文明育人、创建惠民"的理念,强化组织领导,引导市民群众积极投身创建,形成"齐抓共创、合力共建"的良好格局。每年投入资金1亿元,用于美丽村庄建设、文化阵地建设、公益广告宣传、文明家庭评比、道德模范表彰、文化惠民等活动。通过全方位发动、分领域推进,深入实施文明家庭"百千工程"。制订《金港礼数》,为辖区群众文明言行提供规范和标准。区(镇)每年大力寻访挖掘宣传身边好人,已获评有"中国好人"2人、江苏省最美基层干部1人、"苏州好人"5人、张家港市道德模范6人、"市十佳身边好人"10人。通过团队培育、项目扶持等手段推动志愿者队伍建设和发展,注册志愿团队104支,注册志愿者近1万人,每年开展志愿活动超2000场,涌现出江苏省优秀团队绿山军、苏州市最美志愿者戴雪峰等志愿者典型。2015年开始通过志愿倡导、游客点赞等方式打造香山景区文明旅游品牌,受到关注。加大投入优化文化服务,构筑区(镇)、办事处、村(社区)三级文体阵地网络,每所小学均设立乡村少年宫,每年区(镇)创作小品、舞蹈等文艺节目50余个,有多个作品在省、市级比赛中获奖。

【华昌功能新材料产业技术研究院签约】 3月10日,江苏华昌(集团)有限公司—中科院兰州化学物理所共建江苏华昌功能新材料产业技术研究院签约仪式在中国科学院兰州化学物理研究所举行。江苏华昌化工股份有限公司是市化学化工龙头骨干企业,形成煤化工、盐化工、石油化工等多产品的产业格局。中国科学院兰州化学物理研究所始建于1958年,主要开展资源与能源、新材料、生态与健康等领域的基础研究、应用研究和战略高技术研究工作,是中国西部资源与能源化学和新材料高技术创新研究基地。双方合作共建功能新材料产业技术研究院,主要从事资源能源及功能新材料、生态环境产业领域的前沿核心技术、共性关键技术、系统集成技术的研究与开发,产业化技术的验证及产品孵化与市场培育,将进一步促进全市化工技术及功能新材料相关领域的科学研究,推动高新技术产业的发展和化工行业的转型升级。

【中国麻纺织行业协会在保税区设立办事处】 4月18日,2017年中国麻纺织行业协会七届四次理事(扩大)会在张家港市召开。会上,中国麻纺织行业协会会长董春兴作2016年中国麻纺织行业协会工作报告,分析2017年形势,并宣布设立中国麻纺织行业协会张家港办事处。中国的亚麻原料主要依赖进口,而张家港保税区在亚麻原料的进口方面有着区域优势、信息资源优势,近几年,中国大约40%的亚麻原料都是从张家港保税区进口。在张家港保税区设立办事处有利于中国麻纺织行业协会及时把握市场行情,从而在原材料供应、物流、信息等方面为麻纺织企业提供更优质的服务。新设立的办事处将发挥保税区平台功能,争取把欧洲等贸易商的亚麻仓储前移到张家港保税区,使张家港保税区亚麻原料进口量占全国进口总量的比例提高至50%以上,打造全国最大的亚麻集散地。至年末,办事处运行顺畅。 (邱亚峰)

经开区(杨舍镇)

【概况】 经开区(杨舍镇)位于市域西南部,是市委、市政府所在地。总面积153.09平方千米,其中城区面积34平方千米,耕地面积3400公顷。年末,辖城郊5个办事处、城区4个街道办事处、29个行政村、76个社区。有户籍97915户,户籍人口285185人,另有外来暂住人口270277人。全年实现地区生产总值751.06亿元,比上年增11.09%。一、二、三产业增加值分别为4.96亿元、253.24亿元和492.86亿元。完成全口径财政收入107.24亿元,比上年增3.57%,其中公共财政预算收入50.1亿元,比上年增9.41%。入库税收104.62亿元,比上年增3.74%。完成全社会固定资产投入210.24亿元,其中工业投资99.92亿元、服务业投资110.32亿元。综合实力位居全国千强镇第三名。年内,经开区获评国家知识产权示范园区、省级创业型园区、苏州市劳动关系和谐园区;杨舍镇获评全国创建无邪教示范乡镇、江苏省2016年度基层建设标兵单位、苏州市双拥模范镇。

经济建设 年末,有企业9923家,其中工业企业3650家。302家规模以上企业全年实现工业总产值704.21亿元,主营业务收入716.85亿元,分别比上年增7.91%和11.13%,工业利税51.77亿元,比上年增21.98%。百家骨干企业销售收入594.63亿元,比上年增10.69%,占区(镇)经济总量的73.92%。全年外贸进出口总额

76.23亿美元，其中出口67.55亿美元。新批办外资及港澳台资企业13家、增资项目8项，新增注册外资及港澳台资1.82亿美元，新增到账外资及港澳台资2.1亿美元。新批办私营个体企业3304家，新增注册资本123.41亿元。全年实现太阳能光伏、LED（发光二极管）、汽车零部件、机器人等新兴产业产值475亿元。投资超1亿元项目竣工5项、在建12项。总投资3亿美元的韩国iA汽车用半导体芯片项目、投资9000万美元的天合二期电子助力转向系统项目、投资7200万美元的麦格纳电子新能源汽车逆变器和高端汽车电子项目、投资1亿元的荷兰氢电燃料电池项目、投资6000万美元的韩国康特汽车发动机关键部件项目、投资2500万美元的万都博泽汽车电机项目及天合财务共享中心外资功能性机构项目、投资50亿元的华灿光电外延芯片基地项目、投资17.5亿元的彩虹永能2吉瓦高效光伏组件项目、投资1.3亿元的苏州橙柳电子锂电池安全系统等9个重大项目成功签约。计划总投资73.2亿元的城北中央商务区项目、澳洋健康产业项目被列入市服务业重大建设项目；计划总投资212.7亿元的张家港汇金中心、城北中央商务区、农联新镇项目、张家港电子商务产业园二期、智慧港城物联网示范项目、LNG项目远程智能管理平台、国家再制造汽车零部件产品质量监督检验中心等项目被列入市生产经营性服务业重点项目。所有项目均完成年度计划任务，建设进展顺利。软件（动漫）产业园累计入驻企业80家、电子商务产业园入驻企业65家，年平台交易额突破20亿元。电子商务产业园成功创建成苏州市现代服务业集聚区、江苏省创业示范基地，江苏远大信息股份有限公司获评苏州市服务业创新示范企业。新增高新技术企业26家、省级以上研发平台17家、省科技成果转化项目2项、国际科技合作项目6项。新增“新三板”挂牌企业4家、主板上市企业2家，上海证券交易所上市实现零突破。粮食生产全程机械化，“互联网+”益农信息社实现全覆盖，善港生态农业有限公司和神园葡萄科技有限公司建成现代农业物联网应用示范基地。区（镇）实现农、林、牧、渔业总产值8.25亿元，粮食、油菜籽、水产品总产量分别为18035吨、162吨和1159吨。

社会事业　年末，有中小学校39所，教师5608人，在校学生70452人。另有幼儿园31所。投入4.87亿元，新建市二中南校区、暨阳小学南校区、乘航小学、乘航幼儿园，改建城北小学、晨阳小学等6所学校；投入1.02亿元，为暨阳湖实验学校、泗港实验幼儿园等7所学校添置设备；投入120万元完成塘市中小学、福前实验幼儿园等6所学校“温水进校园”改造工程；投入675万元为中小学、幼儿园添置电子白板45套，新增电脑339台、更新电脑房3个、新设云机房3个、更新学生课桌椅2600套。中小学、幼儿园扩班29个，吸纳新市民子女入校4405人。有医疗卫生机构179个，执业医师2259人。新建社区卫生服务站7家，社区门诊全年突破61万人次，家庭医生签约7100户。投入714万元，改造装修通桥、新旺、青草巷、农鹿、戴巷、陈东庄、福新苑等7个社区用房，新增停车位1445个；动迁民宅878户、非住宅86家，清场交地20块。竣工安置房43万平方米，1402户村民迁入新居。启动6个社区阅读空间建设，为基层配置61个宣传橱窗、133个广告牌、22张乒乓球桌、33个健身路径；新建健身广场3片、篮球场9片，铺设塑胶场地3450平方米，创新建成全省首个宅基生态健身圈。聚龙青枫艺术团获全国广场舞协会颁发的全国健身秧歌大赛一等奖、全国健身广场舞大赛一等奖；邵巷梦韵艺术团获市健身广场舞大赛最佳团队称号；9支文艺团队获市五星团队称号，14支文艺团队获市四星团队称号；杨舍镇“国际社工日”主题宣传活动被央视新闻报道。加快推进“263”行动，实施重点节能改造项目5项，淘汰落后企业15家；新增清洁生产审核验收企业5家，20家企业获节能专项奖励。全年盘活存量用地72公顷。疏浚河道93条，拆坝建桥34座，整治黑、臭水河8条。铺设污水管网17千米，农村生活污水接管3400户。整治VOC企业37家，规范固废管理企业81家，依法整治和关停“散乱污”企业135家。完成道路绿化11条，建成省级生态河道11条，新增绿化面积21.8公顷。建成福前等美丽村庄11个，600余户农村群众生活环境发生根本性改变。新建、改建道路20条、桥梁4座，修补农村道路1.5万平方米，新建排涝站5座、圩口闸4座。安装52个高清治安监控、26套高清抓拍系统，包基卡口建成智能化警务查报站（试点）；对南湖苑、骏马苑、新丰苑、向阳新村、通运新村等7个小区进行高清监控、智能化安防改造；破获刑事案件1079起，刑事拘留786人，行政拘留1060人；刑事案件发案2598起，比上年降25.52%，公众安全感测评满意率96%。

经开区（杨舍镇）福前村　　（市水利局　提供）

福民工程　全年区（镇）村级可用财力5.32亿元，村均1298万元。城镇居民年人均可支配收入5.92万元，农村居民年人均纯收入3.48万元，分别比上年增8.4%和5.1%。居民基本医疗保险参保人数409022人。新增就业岗位16849个，其中开发就业援助岗位3309个。对“城镇零就业家庭”“农村零转移贫困家庭”实施援助，83个特困家庭劳动力100%就业。新建居家养老服务中心（站）5个，累计54个，年服务超过150万人次。城东街道万岁乐园居家养老中心创建成“计生特殊家庭连心家园苏州示范点”。推进大病困难群众和计生特扶困难家庭家庭医生签约服务，签约大病困难群众447户、计生特扶家庭293户。开展家庭访视3509户次，提供健康咨询服务5907人次，提供常见病多发病诊断指导5365人次，发放健康科普读物3575份，提供常规检查1032项次，提供转诊服务70人次。稳步推进健康城市“531”工程，全年为心脑血管疾病筛查27419人次，筛查出高危人群3563人，高危人群转定点医院复查130人。“虚拟养老”服务覆盖老年人7000人。全年发放民政资金6646.31万元。为412户626人低保对象、207户222人低保边缘对象、五保户78人发放补助金855.49万元；为850名重残人员发放救助金690.78万元；为761名优抚对象及其他人员发放补助金987.16万元；为水灾、溺亡等133户受灾居民发放民生险98.62万元；为102户困难家庭发放临时救助金14.26万元；实施“安居工程”，帮助6户困难家庭修建住房，为78户家庭申请办理廉租房补贴待遇。春节慰问困难群众4万余户，发放慰问金4000万余元。

2017年张家港经济技术开发区（杨舍镇）办事处和街道办事处基本情况表

表71

名　　称	所在集镇（街道）面积（平方千米）	党工委书记	办事处主任	党工委副书记	办事处副主任
塘市办事处	2.50	魏　立	邹丽萍（女）	—	—
乘航办事处	1.50	郭广益（兼）	刘　忠	—	徐　一　葛卫荣 李雪东（1月任）
东莱办事处	2.00	徐建军（兼）	秦剑洋	—	王　蕾
泗港办事处	2.10	蒋　炜	宋海忠（8月辞）	徐　波（女）	吕　浪
晨阳办事处	0.80	薛　平	—	—	金　忠　丁伟民
城东街道办事处	6.68	杜永健	沈　敏（女）	—	耿永红（女）　曹　峰（女） 陈　静（女）　孙惠英（女）
城南街道办事处	7.00	赵琦萍（女，兼）	—	陶振祥	孙金方　王　献　徐燕萍（女）
城西街道办事处	6.30	许志贤	唐　宏	薛　燕　蔡　健	梅丽玉（女）　葛　苏（女） 黄　英（女）
城北街道办事处	13.17	周　军	—	—	许利刚　朱忠莲（女）　钱得栋

2017年张家港经济技术开发区（杨舍镇）各村（社区）基本情况表

表72

村（社区）	面积（平方千米）	户数（户）	人口数（人）	集体经济总收入（万元）	可用财力（万元）	总资产（万元）	村（社区）党委（总支、支部）书记	村委（社区）主任
旺西村	1.82	769	2446	1738	1704	12406	顾建平	徐国华
斜桥村	3.91	1714	4741	2658	597	10418	许利刚	许立东
田垛里村	5.96	2112	6039	9250	3008	29990	郭建锋	陈希超
闸上村	2.41	841	2541	2809	1428	8459	唐　宏	李　华
章卿村	5.08	1668	5550	1508	1223	7531	吴　坚	赵兴华
善港村	7.17	2371	7056	2767	2002	17469	葛剑锋	宋海忠（8月辞）
百家桥村	4.71	1360	4143	3167	759	9995	王利明	惠晓东
七里庙村	4.41	1677	4193	4145	2253	15754	张建春	—
李巷村	7.01	1795	6432	3196	1640	8317	孟雪春	李　成
河北村	5.23	1255	3756	999	813	10106	钱　旻（女）	陆惠良
南庄村	2.30	160	413	1159	514	11339	徐海栋	徐　达

续表72

村(社区)	面积(平方千米)	户数(户)	人口数(人)	集体经济总收入(万元)	可用财力(万元)	总资产(万元)	村(社区)党委(总支、支部)书记	村委(社区)主任
棋杆村	2.96	441	1329	1623	938	9893	陈　云	陈　云(兼)
河南村	2.22	378	1316	801	519	8442	缪永高	吴国洪
汤联村	1.92	197	516	1410	764	7341	季　健	李金城
蒋桥村	3.09	772	2035	1675	1177	19381	钱建飞	支益明
庆安村	6.23	1704	5124	2808	1390	15554	李雪东	魏春雷
农义村	2.41	550	1776	706	391	4606	周正星	虞建石
双鹿村	3.29	829	2443	467	319	4323	季建飞	陈海江
新民村	3.44	915	3097	851	754	5424	徐建达	陆正东
民丰村	5.24	1330	4099	2616	1113	20323	孟建东	陈卫佳
农联村	6.02	2127	6259	5842	5214	36011	赵建军	钱文伟
东莱村	6.89	2495	7035	2090	827	9834	季　刚	刘　兵
福前村	6.37	2271	6411	3839	1416	23096	赵国忠	张　园
徐丰村	1.46	688	1755	1162	774	9147	唐永德	季安平
西闸村	3.55	1249	3679	693	510	4828	戴晓华	徐显法
黎明村	4.90	1491	4348	840	550	9359	季祖德	徐　益
晨新村	4.37	1421	3817	894	650	9188	卢向华	陆建东
晨南村	3.94	1327	3676	839	506	4513	丁耀平	刘　华
南新村	6.14	1947	5424	1026	601	4916	东国平	朱永安
城东社区	1.63	125	340	2173	1706	21814	郭冠平	郭新贤
花园社区	1.50	1426	3700	—	—	—	许品洁(女)	许品洁(女)
新城社区	0.86	1322	3818	—	—	—	张彩英(女)	张彩英(女)
梁丰社区	1.30	1918	5277	—	—	—	丁凤英(女)	陶润珂(女)
东苑社区	1.40	1276	3583	—	—	—	赵　英(女)	赵　英(女)
向阳社区	1.20	1438	4070	—	—	—	陈瑗瑗(女)	陈瑗瑗(女)
园林社区	1.00	1554	4212	—	—	—	周　艳(女)	周　艳(女)
前溪社区	1.50	407	1377	979	873	27974	唐建新	葛惠强
振丰社区	0.56	1217	3376	—	—	—	王晓英(女)	王晓英(女)
明珠社区	0.62	1794	5240	—	—	—	李　忠	李　忠
中昊社区	0.30	567	1606	—	—	—	陈宇红(女)	陈宇红(女)
勤丰社区	0.05	761	2151	—	—	—	钱雪峰	钱雪峰
帝景社区	0.80	292	842	—	—	—	潘艳丽(女)	潘艳丽(女)
范庄社区	1.64	573	1611	1019	907	6696	杜永健	缪立新
君临新城社区	0.35	197	476	—	—	—	朱卫平(女)	朱卫平(女)
城南社区	3.65	542	1365	3146	2906	26486	陶振祥	陆晓峰
沙工社区	0.60	1529	4376	—	—	—	苏　洁(女,8月免)	常　磊
聚龙社区	0.40	1272	3672	—	—	—	陈红静(女)	陈红静(女)
惠丰社区	0.30	1228	3344	—	—	—	陆彩萍(女)	陆彩萍(女)
东湖苑社区	0.82	1836	5921	—	—	—	张晓红(女)	张晓红(女)
西湖苑社区	0.20	908	2936	—	—	—	许　娟(女)	许　娟(女)

续表72

村(社区)	面积(平方千米)	户数(户)	人口数(人)	集体经济总收入(万元)	可用财力(万元)	总资产(万元)	村(社区)党委(总支、支部)书记	村委(社区)主任
南苑社区	0.80	1765	4888	—	—	—	徐　强	徐　强
清水湾社区	0.52	1186	3383	—	—	—	杜汉妹(女)	杜汉妹(女)
暨阳湖社区	0.65	1034	2876	—	—	—	徐　敏(女)	徐　敏(女)
绿洲社区	0.34	439	1195	—	—	—	徐　炜(女)	徐　炜(女)
江联社区	0.41	600	1649	—	—	—	殷红燕(女)	殷红燕(女)
馨港社区	0.22	314	902	—	—	—	蔡文娅(女)	蔡文娅(女)
小城市社区	2.25	254	514	1494	1169	11363	陶建刚	朱　磊
包基社区	2.06	434	1360	849	802	5835	惠　扬	叶　文
赵庄社区	3.85	410	1046	1485	1422	20306	徐金宝(4月任)	徐金宝
新旺社区	—	—	—	—	—	—	苏　洁(女,8月免)	—
城西社区	1.93	876	2211	7477	6970	25094	蔡　健	赵石平(6月任)
邵巷社区	0.22	1237	3616	—	—	—	匡卫祥	刘　卫(女)
龙潭社区	0.18	1199	3388	—	—	—	葛　新(女)	葛　新(女)
庆丰社区	0.35	1291	3910	—	—	—	王雅芳(女)	王雅芳(女)
长安社区	0.12	845	2518	—	—	—	路　敏(女)	路　敏(女)
西门社区	0.25	1626	4468	—	—	—	夏军芬(女)	夏军芬(女)
暨阳社区	0.45	1335	3743	—	—	—	张玉妹(女)	张玉妹(女)
云盘社区	0.32	1994	5763	—	—	—	汪秀琴(女)	汪秀琴(女)
万红社区	1.61	2189	6639	572	465	8214	潘永华	潘永华
汇景社区	0.32	1031	2817	—	—	—	王佩华(女)	王佩华(女)
四季社区	0.31	652	1820	—	—	—	石扣萍(女)	石扣萍(女)
金城社区	0.32	632	1632	—	—	—	沈丽红(女)	沈丽红(女)
悦盛社区	0.28	223	785	—	—	—	陈　亮	王季芳
城北社区	1.88	698	1782	879	648	10081	许国兴	任建刚
通运社区	1.20	1105	2911	—	—	—	庄丽萍(女)	庄丽萍(女)
横河社区	2.25	625	1854	786	746	4133	钱志杰	陈文晓
东渡社区	1.50	1376	3732	—	—	—	徐　虹(女)	徐　虹(女)
扬帆社区	1.38	1421	4581	—	—	—	陈　洁(女)	陈　洁(女)
锦绣社区	1.50	727	2310	—	—	—	许颂艳(女)	郭仕标
悦丰社区	0.90	802	2416	—	—	—	钱蔡荣	钱蔡荣
体育社区	0.53	432	1436	—	—	—	李晓晓(女)	李晓晓(女)
仓基社区	2.50	446	1390	376	220	7674	孙　斌	许春芳(女)
陈东庄社区	—	—	—	—	—	—	黄　芳(女)	—
戴巷社区	—	—	—	—	—	—	周海燕(女)	—
泗港社区	1.20	193	415	—	—	—	黄　琴(女)	张　徐(女)
七里庙社区	0.35	623	2140	—	—	—	瞿　芳(女)	瞿　芳(女)
白鹿社区	0.11	621	1993	—	—	—	惠志芳(兼)	刘静华(女)
景巷社区	0.17	551	1904	—	—	—	徐　浩	朱　萍(女)

续表72

村（社区）	面积（平方千米）	户数（户）	人口数（人）	集体经济总收入（万元）	可用财力（万元）	总资产（万元）	村（社区）党委（总支、支部）书记	村委（社区）主任
悦杨社区	0.19	387	1039	—	—	—	陆美红（女）	陆美红（女）
通桥社区	—	—	—	—	—	—	惠晓东	—
塘市社区	1.50	545	1529	—	—	—	徐立峰	徐立峰
北海社区	0.13	352	1358	—	—	—	孙　滟（女）	徐　惠（女）
南湖苑社区	0.23	592	2187	—	—	—	戴　宇	顾彩云（女）
东兴苑社区	0.34	746	2878	—	—	—	程　亚（女，兼）	钱彬慧（女）
金塘社区	0.24	524	2086	—	—	—	高丽萍（女）	高丽萍（女）
香蜜湖社区	0.26	108	273	—	—	—	陈　琳（女）	张炜浩
乘航社区	1.50	1310	3616	—	—	—	钱建刚	钱　红（女）
老宅社区	1.70	1144	3501	—	—	—	李文艳（女）	李文艳（女）
江南社区	0.41	160	586	—	—	—	徐宇洲（女）	徐宇洲（女）
农鹿社区	—	—	—	—	—	—	钱晓红	—
东莱社区	1.60	260	544	—	—	—	姚雪青（女）	张小燕（女）
江帆社区	0.29	858	2215	—	—	—	季　宇	季利本
福新苑社区	—	—	—	—	—	—	黄海峰	—
青草巷社区	—	—	—	—	—	—	翟梓均（女）	—
晨阳社区	0.80	330	784	—	—	—	匡浩博	丁　静（女）

说明：表格中数据为农村调查数

2017年张家港经济技术开发区（杨舍镇）投资1亿元以上开工项目情况表

表73

投资企业名称	项目名称	投资额（万元）
华灿光电（苏州）有限公司	LED外延片、芯片三期扩建项目	122330
苏州晶台光电有限公司	二期LED封装扩能项目	150000
市华夏帽业有限公司	帽子、手套、围巾、箱包生产项目	30000
瑞进汽车配件（张家港）有限公司	汽车发动机凸轮轴轻量化产品制造项目	16600
张家港康特汽车部件有限公司（瑞韩）	汽车发动机核心部件项目	41000
江苏银河电子股份有限公司	新能源电动汽车关键零部件及军工特种装备产业基地项目	150000
张家港华兴电力有限公司	二期扩建燃机热电联产项目	275500
市华大离心机有限公司	离心机扩建项目	35000
苏州橙柳电子有限公司	锂电池安全系统	13000
苏州恒嘉晶体材料有限公司	蓝宝石衬底加工项目	12000

【农联村被评为全国文明村】 11月17日，中央文明委公布第五届全国文明村镇名单，农联村榜上有名。近十年，农联村围绕“强村富民，建设富裕新农联”的目标，在文明村创建实践中，做到“五个坚持”：坚持“一把手抓两手”让文明创建常态长效，坚持核心价值观引领让乡风民风美起来，坚持环境综合整治让人居环境美起来，坚持文化繁荣发展让文化生活美起来，坚持创建惠民利民让群众共享创建成果。2010年，农联村获评国家优秀小康村、江苏省创建文明村先进村；2011年，获评江苏省和谐社区建设示范村。2016年，全村工业开票销售收入达到17.9亿元，利税3.4亿元，村级可用财力5190万元，农民人均收入4.05万元。2017年，农联村出资600万元建立党建馆、村史馆和农耕文化馆，展馆面积2000平方米。其中，一楼为农耕文化馆，围绕农村居民的一生开展场景展示，二楼为党建馆和村史馆，展示张家港精神等张家港党建品牌，展示农联村的过去和现

状。至年末,全村评出文明家庭1407户、文明家庭标兵145户、党员文明示范家庭25户,累计10位村民入选张家港市“身边好人”。

【经开区挺进全省十强】 2月26日,江苏省商务厅发布全省经济开发区科学发展综合考核评价情况的通报。在全省110家参评开发区中,张家港经开区名列第10位。经开区于1993年经省政府批准设立,与杨舍镇实行“区镇一体化”管理体制,区内集聚中外企业3000余家,其中世界500强投资企业20家、上市企业9家。自2011年9月晋级为国家级经济技术开发区后,张家港经开区全力打造“现代产业集聚区、科技创新示范区、开发开放先导区、幸福宜居新城区”,先后获批国家级新型工业化产业示范基地、再制造产业示范基地、节能环保装备高新技术产业化基地、机器人产业园、产学研合作创新示范基地、国际科技合作基地,入选“中国十佳最具投资竞争力园区”“中国十强创新力开发区”。2016年,张家港经开区实现地区生产总值670亿元,工业开票销售收入超800亿元,公共财政预算收入45.63亿元,入库税收100亿元,固定资产投资213.5亿元,实际利用外资2亿美元。

【2个电池和电力项目开工】 4月18日,全市举行“集中开工投产月”活动,经开区江苏天鹏电源有限公司二期和张家港华兴电力有限公司二期2个项目参加该活动。天鹏电源公司主要生产电动汽车和电动工具用圆柱形动力锂电池及电池组。项目位于经开区南区新丰东路,总投资21.6亿元,占地5.6公顷。项目达产后,将形成年产19.5亿安时动力锂电池及模组的生产规模。产品型号包括“18650”“20650”“21700”三种主流型号,可实现年销售44亿元。项目分两期实施,一期项目投资15亿元,固定资产投入5亿元,占地3.8公顷,建筑面积5.5万平方米,已于2015年9月开工,2017年4月竣工,达产后年销售收入24亿元。二期项目总投资6.6亿元,固定资产投入5.7亿元,占地1.8公顷,建筑面积3万平方米。计划2018年8月竣工投产,将形成年产13.5亿安时动力锂电池的规模,可新增年销售20亿元。华兴电力二期扩建2台400兆瓦级燃机热电联产项目,占地9.7公顷,由华晨电力股份公司投资27亿元建设。项目预计2018年年末建成,投产后可形成年发电量48.4亿千瓦小时、年供热量226.8万吨的生产能力,能满足所属供热片区用热需求,优化能源产业结构,进一步缓解电网、天然气管网调峰压力。

【全市首个村级医疗互助会成立】 8月28日,杨舍镇善港村在村委二楼多功能会议室召开“善福康”医疗互助会成立大会。“善福康”医疗互助会是善港村依托社会力量,直击因病致贫返贫的痛点,实现共建共享、精准帮扶的一种新模式。补助对象为单次住院费用大于或等于3000元的村民,补助的病种有1296种,覆盖所有因疾病和意外伤害住院的病例。该互助会采用村民交一点、村集体赞助一点、社会资助一点的方式募集资金。互助会事务由村统一管理,纳入“三务公开”,并委托第三方服务平台把控流程严格评估,确保补助的公平合理。“善福康”是全市首个村级医疗互助会,是新型农村合作医疗的有益补充。善港村通过快速、高效、低成本地开展村民医疗互助,将有效缓解农村因病致贫、因病返贫的压力,为村民增添一道医保防线。副市长李兆玮、经开区管委会副主任陆忠理等领导及村“两委”人员、企业家代表、村民代表参加成立大会。会上,善港村党委书记、“善福康”互助会会长葛剑锋将互助会支付的30230元补助金当场送到患病村民代表蒋海荣手中。

(戴玉兴　蔡惠兴　苏仁兴)

冶金园(锦丰镇)

【概况】 冶金园(锦丰镇)位于市域北部,与南通如皋市、通州市隔江相望,有沿江岸线13.8千米,是省内首家特色产业园区,是以钢铁冶炼为核心,加工、贸易、仓储、物流全面发展的新型工业基地,拥有高端产业集聚区、科技创业园、新兴产业园、玖隆物流园、医疗器械产业园、沙洲新城汽车后市场产业园等产业载体。区域总面积114.32平方千米,耕地面积4542公顷。8月,沙洲、天福、联兴社区建立。年末,园(镇)辖2个办事处,24个行政村、11个社区(其中“村社合一”社区4个)。有户籍42593户,户籍人口114629人,另有外来暂住人口67471人。全年实现地区生产总值625.99亿元,按可比价比上年增7.8%。按户籍人口计算,人均生产总值54.61万元。一、二、三产业增加值分别为4.22亿元、460.96亿元、160.81亿元。完成全口径财政收入61.08亿元,其中公共财政预算收入32.44亿元,比上年增19.18%;入库税金59.24亿元,比上年增18.1%;全社会固定资产投资115.08亿元,比上年减2.4%,其中服务业投资36.29亿元,比上年增0.55%。年内,锦丰镇位列2017年度全国综合实力千强镇榜单第29位,通过全国文明镇复查,创建成江苏省创业型乡镇。联兴、郁桥、滨江、常家、悦来5个村(社区)创建成省级创业型村(社区)。

经济建设　年末,园(镇)有企业5586家,其中工业企业1600家。85家规模以上企业全年实现工业总产值1703.94亿元,主营业务收入2229.42亿元,工业利税217.11亿元。有销售收入超1亿元企业31家,其中10亿元至50亿元企业有19家,50亿元至100亿元企业有3家,100亿元以上企业9家;入库税收超5000万元企业11家,其中新增5家。年内投资超1亿元项目10个,完成工业技改投入34.77亿元、新兴产业投资45.82亿元,增63.64%。实现新兴产业产值673亿元。沙电二期、玖隆物流园屋顶光伏发电、沙钢富余煤气发电等7个重大项目竣工投运。智能装配住宅、长顺工业地产、上海信华重工等6个大项目落地。德柏亚(张家港)众创空间建成运行,吸引捕影草生物科技、璀璨文化、米球国际等一批外资企业、人才企业入驻,并成功获评省级众创空间。玖隆钢铁物流园全年实现开票销售1200亿元。新批外资及港澳台资企业4家，累计97家。新增注册外资及港澳台资3322万美元，累计12.65亿美元。到账外资及港澳台资6200万美元，累计12.77亿美元。外贸进出口总额57.65亿美元，其中出口总额28.31亿美元。新批私营企业363家，新增注册资本12.25亿元。新批个体工商户1273户，新增注册资本1.5亿元。新增产学研合作项目30项、国际科技合作项目5项，新增省民营科技企业12家，累计94家。省级以上企业创新平台9个，苏州市级以上科技项目及奖励11项，新增国家高新技术企业5家，累计50家。新增发明申请专利463件，有效发明授权专利555件。有院士工作站2家，省企业研究院1家，省级工程技术中心16家，新增研究生工作站8家，累计34家。"新三板"挂牌企业9家。全年淘汰落后企业30家，腾出可利用土地28.8公顷，复垦土地54.87公顷，复垦完成率居全市前列。新增国家"万人计划"1人，累计2人；新增省"双创"人才1人，累计11人；新增姑苏领军人才2人，累计14人；新增张家港市领军型创业人才（团队）13人，累计88人。引进培育各类人才（团队）项目13个。锦丰科技创业园创建成为国家级创业孵化基地。园（镇）实现农、林、牧、渔业总产值8.91亿元，粮食、油菜籽、水产品总产量分别为30987吨、715吨、1492吨。新建高标准农田139.6公顷。投入369万元，添置各类农机38台套。秸秆综合利用率100%，其中机械化还田率95%。沿江枇杷种植农民专业合作社综合养殖经验被中央电视台七套"科技苑"栏目专题报道。

社会事业　5月，市第三职业高级中学搬入市区。年末，园（镇）有中小学校6所。教师556人，在校学生9898人。另有幼儿园5所。新市民子女8059人有1363人在公办学校入学。张家港外国语学校北校区土建工程结束，三兴学校体育馆、食堂进入内饰装潢，锦丰中心小学田径场塑胶工程竣工，各校"温水进校园"工程和总额180万元的暑期维修项目完成。镇社区教育中心获评首届江苏省社会教育百强单位，合兴初中获全国青少年阳光体育无线电通信比赛冠军。园（镇）有大型休闲广场5个，体育场馆5座，室外球场28片，书场3个，晨、晚练健身点140个，健身步道37.4千米，24小时图书驿站4家。有文体团队70个，社会体育指导员738人。年内组织开展"好家风好家训"传承、移风易俗集体婚礼等系列活动，承办全市家庭文化节开幕式暨家庭风采大赛。开展"金沙洲艺术团"文化志愿行和"一村一品"群众文化大比拼，举办2017年张家港短程马拉松系列赛（第五站）、第五届锦丰地区全民运动会、金沙洲音乐节等大型文体活动。举办各类活动近300场。版权作品登记1577件。新发展有线电视用户586户，宽带用户2615户。园（镇）有医疗卫生机构44家，其中医院4家，执业医师306人，床位862个。计划免疫门诊接种35670人次，178个公共场所单位持有效卫生许可证率100%。投资1200万元完成33个安置小区技防设施建设。2起省级挂牌积案、5起镇级包案成功化解。30家重点企业的安全综合检查完成，排查出问题451个，完成整改383个。全年办理人大代表建议42件，办复率、满意率100%，通过"12345"便民服务热线，办理群众意见、建议、诉求等2850件，办结率100%。西界港村、建设村等10个单位入选全国村民自治第一批试点单位，星火村、店岸村获评省和谐示范社区。园（镇）全年减煤42.96万吨，减排化学需氧量80吨、氨氮11吨、二氧化硫51.7吨、氮氧化物42吨。整治挥发性有机物企业（VOC）6家，畜禽养殖场关停7家、整治9家。7月，"河长制"全面推行，苏州市督办的2条黑臭河道治理工程通过验收。

福民工程　园（镇）实施村级财务第三方代管。农村集体总资产131835万元，净资产44506万元，年实现村级可支配收入11309万元，比上年增4.58%。福利、向阳等5个村联合投资4700万元收购江苏赛富隆重工有限公司土地4.65公顷，厂房2.7万平方米，建设、南港等7个村联合投资4515万元收购华尔润集团华泰玻璃深加工公司土地3.8公顷，厂房2.1万平方米。全年园（镇）发放涉农资金1026.53万元。其中，2016年秋熟秸秆还田农户1310户68.22万元，稻谷收购价外补贴农户130户208.67万元；2017年农机户23户农机34台46万元，秸秆还田农户4068户72.57万元，耕地地力保护农户17567户631.07万元。拨付23个村生态补偿资金1587.5万元。其中，水稻田生态补偿1427.5万元、水源地生态补偿160万元。新增城镇职工养老保险参保人数780人，累计63249人，参保率99.82%；参加居民基本医疗保险47136人；新增住房公积金扩面2192人，累计42689人。新增享受老年补贴64人，累计10002人，享受率100%。组织沙钢集团等企业进行岗位培训2800人，职业技能培训2240人；举办创业培训2期，培训204人，扶持创业132人。举办招聘会24场，提供就业岗位9839个；发布就业岗位信息1.15万个，帮助738名就业困难人员申领政策性补贴，94名特困劳动力实现就业，特困家庭劳动力实现100%就业。投入38.6万元帮助15户困难户建房。有养老床位1430张，千名老人拥有床位数41.3张，民营床位占94.4%。全年发放各类保障金1600万元，在全市率先实行养老服务社会化运行。总投资6750万元的镇社会福利中心完成装饰和设备采购，新增合兴社区、星火村、南港村3家居家养老站点。持证社会工作者262人，其中社工师67人、助理社工师195人。有低保户480户660人，低保边缘重病困难对象135户142人，五保户78人，重残救助对象666人，贫困学生226人，发放保障金、救助金等1413.09万元。有优抚对象303人，发放抚恤金530.95万元，退役士兵41人、退役士官4人，发放一次性补助费380.03万元。发放春节慰问金802.26万元，惠及困难群众1.65万户。给80周岁及以上老年人5283人发放尊老金467.57万元，购买虚拟养老服务计301.52万元。受理民生保险96起，理赔金额50.56万元。发放计划生育奖励、补助金1033.9万元，13753人受益。

2017年江苏扬子江国际冶金工业园(锦丰镇)办事处基本情况表

表74

名　称	所在集镇(街道)面积(平方千米)	党工委书记	主　任	党工委副书记	副主任
三兴办事处	2.20	惠正刚	—	—	陆海燕(女)　樊祥忠
合兴办事处	2.80	陈　英(女)	—	—	黄国忠　徐乐涛(女)

2017年江苏扬子江国际冶金工业园(锦丰镇)各村(社区)基本情况表

表75

村(社区)名	面　积(平方千米)	户数(户)	人口数(人)	集体经济总收入(万元)	可用财力(万元)	总资产(万元)	村(社区)党委(总支、支部)书记	村委(社区)主　任
店岸村	8.23	2161	6697	1211	912	6928	毛桂法	朱才明
联兴村	9.96	2129	4957	1759	1613	21118	李卫忠(兼)	杨德芳
向阳村	4.21	1054	3043	459	364	5882	魏天明	丁　浩
郁桥村	2.31	646	1945	444	344	3062	程　刚	姚理伟
建设村	5.01	1797	4910	986	807	7007	刘　兵	蒋卫良
协仁村	4.32	1347	4116	572	428	4239	张小平	陆　林
西港村	3.97	1290	3715	332	214	2552	巩谆贤	邵燕军
福利村	5.72	1621	4652	563	364	5246	肖正才	蒋正华
交通村	4.94	1395	4070	618	426	3558	叶海平	蔡正平
厚生村	4.29	1808	4651	587	464	4789	陆　杰	倪玉琴(女)
新港村	4.00	1397	4151	589	436	2874	黄卫平	—
西界港村	3.63	1274	3742	823	456	3346	朱海峰	杜建林
登瀛村	4.36	1485	4211	400	245	3392	姚恒峰	袁　洁(女)
耕余村	3.24	1146	3019	411	300	3727	孙晓平	王　飞
鼎盛村	4.97	1630	4538	390	284	3567	姚兴兵	朱建华
乐杨村	4.74	1716	4790	576	383	2095	吴建清	陈建华
久生村	4.50	1268	3361	413	288	1758	金　荣	陶小贤(女)
星火村	6.01	1676	5294	1243	913	13040	杨志高	丁建军
洪桥村	4.00	1098	3427	570	380	3154	毛　虎	李卫京(女)
洪福村	5.19	1563	4150	466	294	3345	奚　健	奚　健
悦来村	3.34	921	2402	487	297	5222	沈晓燕(女)	高成龙
光明村	3.63	1143	3069	408	257	2671	聂恩峰	倪春军
南港村	4.02	1256	3555	368	234	3186	严卫军	赵　锋
常家村	4.14	1298	3812	825	606	14367	张　涛	张剑平
镇北社区	1.59	705	1765	318	151	1803	樊　红(女)	费　红(女)
滨江社区	—	2163	4252	—	—	—	钱　萍(女)	钱　萍(女)
三兴社区	—	1087	2253	—	—	—	朱　毅	朱　毅
合兴社区	—	2423	5320	—	—	—	陆　静(女)	陈晓敏(女)
永新社区	—	401	1106	—	—	—	沈连明	沈连明
书院社区	—	76	176	—	—	—	徐　萍(女)	徐　萍(女)
沙洲社区	—	—	—	—	—	—	孙陈洁(女)	孙陈洁(女)

说明:表格中数据为农村调查数

2017年江苏扬子江国际冶金工业园（锦丰镇）投资1亿元以上开工项目情况表

表76

投资企业名称	项目名称	总投资额（万元）
江苏沙钢集团有限公司	超薄带项目	240000
苏州正信置业发展有限公司	正荣房地产开发项目	150000
市森通汽车销售服务有限公司	张家港通用汽车城建设项目	32500
江苏扬子江冶金产业技术研究院有限公司	张家港冶金技术研究院	26000
江苏协鑫新能源有限公司	张家港协鑫玖隆35兆瓦屋顶光伏电站	25000
张家港京华置业有限公司	五月花购物广场	19000
张家港泰浦金属科技有限公司	不锈钢表面加工项目	10000

【首期先锋论坛举办】 3月21日，冶金园（锦丰镇）首期村（社区）党组织书记先锋论坛举办。先锋论坛实行园（镇）主办、片区承办、按季举办的常态化机制，设红色课堂、“书记支招”“书记来说说”等栏目。红色课堂推出创意微党课，邀请书记当教员，将红船精神、长征故事等党史内容，与基层工作相结合，通过PPT、视频、现场互动等形式呈现，推动党课创新。“书记支招”设立“一把手话党建”等专题，组织村（社区）书记讲经验、比做法。10个单位的先进做法得到推广。“书记来说说”议程每期聚焦2个至3个基层工作难点，通过书记讲难点、议方法、找对策，推动违规倾倒垃圾等治理难题解决，拓宽村级经济发展等重点工作思路。

【150亿元项目集中开竣工】 4月18日，冶金园总投资超150亿元的21个项目集中开竣工，其中13个总投资42.02亿元重点项目集中开工、8个总投资116.85亿元重点项目集中竣工，涉及钢铁冶金、基础设施以及现代服务业等多个领域。开工项目中，沙钢集团总投资24亿元的超薄带生产线超薄带项目为世界上除北美地区以外的第一条超薄带生产线超薄带项目，玖隆物流园总投资2.5亿元年发电量3000万千瓦小时的屋顶光伏发电项目于6月28日并网发电，成为江苏省最大的分布式屋顶光伏电站。竣工项目中，德柏亚（张家港）众创空间正式运营，至年末有捕影草生物科技、云上电力、影骑传媒、璀璨文化等8个项目入驻，全年营业额5000万元。总投资4.5亿元的沙钢集团135兆瓦富余煤气发电机组二期项目竣工投产，新增年发电量10亿千瓦小时，实现煤气零排放。

【十大“三年行动计划”发布】 7月26日，冶金园（锦丰镇）十大“三年行动计划”发布。2017年起，冶金园（锦丰镇）围绕“突出经济转型、突出优势培育、聚力创新突破、聚焦民富民享”工作思路，用3年时间重点实施骨科医疗器械产业培育、招商引资（智）、上市企业培育、国资企业发展、生态建设、沙洲新城建设、村级经济增长、群众满意度提升、青年干部培养、文明创建等10个“三年行动计划”。计划至2019年，锦丰地区建成产城融合、宜居宜业、人们向往的现代文明城镇。《招商引资（智）三年行动计划》：引进外资、民资等外来资本120亿元投入实体企业新建项目，预期年税收10亿元。引进或自主培育国家千人计划人才2人，引进创新创业领军人才张家港市级30人、苏州级6人、省级3人，领军人才企业纳税额超1800万元。《骨科医疗器械产业培育三年行动计划》：每年引进1至2家三类骨科企业进驻医疗器械产业园，引进10家骨科器械销售代理企业进驻园区，培育年销售超1亿元的三类骨科企业3家至5家；至2019年年末，骨科医疗器械产业实现年销售收入20亿元，税收3亿元；医疗器械产业园形成产品品种齐全、公共平台完备、技术先进、品质优良、行业知名的医疗器械产业特色集聚区。《上市企业培育三年行动》：培育上市及“新三板”后备企业30家，新增主板（含中小板、创业板、境外上市）上市企业1家至2家、“新三板”挂牌企业超10家（累计超20家），募集资金超10亿元。《国资企业发展三年计划》：改造融资平台，打造市场化、集团化运作的综合性实体企业；依托

沙洲新城 （黄国柱 摄）

沙洲新城建设、金沙洲生态乐园景区开发，拓展业务多元布局；加强资源整合和资产配置，做好优质资产注入，至2019年年末实现总资产180亿元、净资产70亿元的目标。《生态建设三年行动工作计划》：空气环境质量优良天数比例大于70%，PM2.5年均浓度比2015年下降15%至20%；地表水水质达到或优于Ⅲ类以上比例大于65%。《沙洲新城建设三年行动计划》：完善基础设施建设，增强集聚功能。推进市政设施改造，提升城市品位。推进民生设施建设，提高生活品质。推进景观带建设，优化城市环境。《村级经济增长三年行动计划》：实现村级稳定性收入年均增长10%，至2019年村级稳定性收入达到1.39亿元，村均580万元，实现超1000万元的村3个，超600万元的村4个。《文明创建三年行动计划》：2017年完成全国文明镇复评，争创市文明镇标兵；2018年完成苏州市文明镇复评，勇夺市文明镇标兵；2019年通过江苏省文明镇复评，蝉联市文明镇标兵。《群众满意度提升三年行动计划》：提升群众安全感、法治满意度、幸福感、获得感，群众满意度测评认可度保持在90%以上。《青年干部培养三年行动计划》：至2019年，35周岁以下青年在机关中层干部中占比达到30%；在村（社区）领导班子中占比达到20%；在机关及村（社区）干部队伍中参加主体班培训率及机关工作满三年以上的多岗位锻炼率均达到100%。

【冶金园政务服务中心运行】 12月29日，位于沙洲大厦东侧辅楼的冶金园政务服务中心正式挂牌运行。中心建筑面积2200平方米，6月初试运行，有社保、国土、个私办、民政、新市民中心等19个窗口单位进驻，开设服务窗口71个，办理行政审批及服务类事项90余项，日均办件300余件，服务测评满意率在99.9%以上。中心秉承“透明、公开、便捷、高效”的服务理念，立足“便民、扶企”两大目标，坚持“统一受理，集中办理”的原则，全面梳理工作职能，健全完善各项管理制度，科学编制办事流程，精简规范审批程序，加强业务技能、文明礼仪培训，提供智能、便捷的政务服务，方便企业和群众办事，打造园区综合服务的政务窗口平台。原本7个工作日办结的事务，简化办事手续后2个工作日内办好，部分事务甚至当天就能办结。同时，开通短信通知功能，让老百姓知道办事进度。

（徐　平）

塘桥镇

【概况】 塘桥镇位于市域东南部，与常熟市海虞镇交界。总面积94.26平方千米，耕地面积3850公顷。年末，辖2个办事处、14个行政村、7个社区（其中3个为“村居合一”社区）。有户籍28666户，户籍人口92801人。另有外来暂住人口94862人。全年实现地区生产总值182.01亿元，一、二、三产业增加值分别为3.35亿元、97.11亿元和81.55亿元。按户籍人口计算，人均生产总值19.61万元。完成全口径财政收入16.32亿元，其中公共财政收入9.32亿元，入库税金15.82亿元。完成全社会固定资产投资42.83亿元，其中工业投资19.42亿元。年内，塘桥镇获评全国文明镇（五连冠），首批获评江苏省生态文明建设示范镇，并获省校外教育优秀辅导站等荣誉。

经济建设　年末，有企业2201家，其中工业企业2185家，从业人员5.86万人，工业开票销售收入347.9亿元。121家规模以上企业全年完成总产值201.4亿元，主营业务收入200.92亿元，利税总额14.72亿元，利润总额10.55亿元。有高新技术企业28家，销售收入超1亿元的企业38家。华芳集团开票销售收入56.39亿元，鹿港科技公司38.28亿元，新东旭纺织、华鹿毛纺公司开票销售收入均超10亿元，银河电子、普坤纺织、华程钢管、联宏纺织、逸臣钢管等5家企业均超5亿元，康大纺织、新沪毛纺、巨桥毛纺、龙之杰纺织、索尔新能源、俊锋玻璃、民政福利制条等29家企业均超1亿元。企业创新发展步伐加快，苏高新科技产业园一期一标段7.3万平方米厂房封顶，二标段开工建设，签约项目12项，储备项目50个。推动企业实施智能化改造，先后启动总投资14.6亿元的19个制造业重点技改项目，竣工投产9个；与投资4亿元的苏州兰生中恒新能源装备产业园成功签约；规划投资500亿元的康得新未来城项目落户高铁新城；银河电子新能源汽车关键零部件产业化；索尔新能源动力锂电池、鸿盛电子智能终端机、华芳金田分厂智能化改造、康力骨科云平台等项目进展顺利。加大人才引进力度，全年引进“姑苏人才”1人、领军型创新创业人才项目（团队）6个、国际合作项目2个、省级以上企业研发机构5家，全年完成科技人才项目企业产业化销售2.5亿元，高层次人才集聚效应初步呈现。完成新兴产业投资15.46亿元，科技转型成效显著。新增国家高新技术企业4家、各级技术中心6家、省级研究生工作站4家，加强与南京航空航天大学、江苏大学、苏州大学等科研院校合作，高新技术企业产值占规模以上工业总产值26.9%。新增发明专利申请量295件，拥有发明专利240件，万人发明专利拥有量为20件。全年完成进出口总额9.03亿美元，其中出口7.26亿美元、进口1.77亿美元。新批办私营企业254家，新增注册资本6.33亿元；新批办个体工商户1747户，新增注册资本24.31亿元。全年完成服务业投资23.41亿元，服务业入库税收5.97亿元，其中国税4.84亿元、地税1.13亿元。完成社会消费品零售总额28亿元。铂金名邸、碧桂园尚东区、金银岛等房产项目进展顺利。重点商贸企业大润发塘桥店销售收入2.7亿元，华芳金陵国际酒店营业收入9500万元，塘桥·国际针纺城市场成交额6.92亿元，塘桥综合市场成交额4.91亿元。推进农业现代化进程。投入360余万元完成欧桥村、妙桥社区120公顷高标准农田改造，启动启园农庄水产养殖、华田农场水稻育秧、“红美人”精品橘园等“互联网+”农业项目，通过稻麦省级无公害认证面积2066.67公顷。有序推进省级粮食生产全程机械化示范镇创建，粮食烘干机械化能力日超800吨。村级经济联合体整合资源，通过组团发展、抱团合作、市场化开发等方式，不断提升村级经济实力和市场竞争力。全镇农、林、牧、渔业总产值6.76亿元，粮食、油菜籽和水产品产量分别为30979吨、283吨和1191吨。

社会事业　年末，全镇有中小学校11所，在职教师985人，在校学生13627人。另有幼儿园5所。有4所新市民子女学校，教师220人，在校学生4402人。优化扩充教育资源，严格执行新市民子女上学积分制，各公办学校、幼儿园共吸纳新市民子女1383人，使义务教育阶段公办学校吸纳率达到69%。投入400万元完成妙桥中学、鹿苑小学、妙桥幼儿园3所学校塑胶场地和草地的铺设，完成塘桥中学综合楼、塘桥幼儿园（北园）和妙桥中学师生餐厅屋顶的修缮。投入440万元提升学校教育信息化装备，更换多媒体设备61套，确保全镇多媒体班级覆盖率达到74%；完成在鹿苑小学、妙桥小学创建"未来教室"计划，使"未来教室"在全镇学校的覆盖率达到71%，"超市教育"目标任务完成30%以上；为全镇中小学一线教师更换电脑144台，为部分学校更新课桌椅1400套。投入100余万元完成全镇10所中小学、幼儿园温水系统进校园工程，投入60万元完善全镇中小学、幼儿园安全网络监控设备和液化气管道防泄漏报警设施。全镇有医疗卫生机构42个，其中医院4家、社区卫生服务站20家，执业医师317人，床位709张。完成镇级卫生、计生部门的机构整合，原镇计生服务站并入镇社区卫生服务站，成立卫生计生办公室，增设镇妇幼保健计划生育服务站。镇社区卫生服务中心依托市第三人民医院优质资源，继续推进一体化管理模式。胡同社区创建成省级示范卫生室，金村、韩山、周巷等社区卫生服务站的创建加速推进。全面落实家庭医生签约服务，家庭医生个性化服务人数7766人，签约率36.82%，大病家庭医生签约率99.3%。完善居民健康档案管理，全镇累计建档88605份，建档率96%。开展高血压、糖尿病人的规范化管理，全年完成高血压、糖尿病筛查2304人，心脑血管疾病高危人群筛查12675人。开展高血压面对面随访85603人次，高血压规范化管理人数14787人，管理率85.71%；开展糖尿病人面对面随访18721人次，糖尿病规范化管理人数3978人，管理率93.75%。全年社区卫生服务站门急诊诊疗36.1万人次，合计报销1072.7万元。为全镇适龄儿童接种一类疫苗38857人次，二类疫苗792人次。开展6周岁以下儿童身份证号码录入，配合校医对7所小学、8所幼儿园的3555人进行新生查验及补种工作，应补种1292人次，实补种1057人次；完成第一轮、第二轮脊灰补充免疫，应种1169人次，实种1147人。为1249名20周岁至34周岁妇女进行妇女病普查，为5343名35周岁至64周岁妇女进行"两癌"筛查，为10433名65周岁老人进行健康体检。全年孕产妇1186人，住院分娩率100%。年内，继续推进城乡一体文化建设。在镇文化中心建成全国首家24小时基层公共文化驿站，挂牌成立苏州歌舞剧院艺术精品传播基地，接待省内外参观、考察团120余批。鹿苑文化中心接待包括民革中央考察团等在内20余批参观团。镇图书馆免费接待读者3万余人次，办理市民卡开通借阅功能4000余张，24小时图书馆驿站人流量和借阅量位居全市前列。继续打造"善美新塘桥，周末大舞台"文化品牌，邀请省锡剧团、南京越剧团、苏州歌舞剧院等惠民演出30余场，精心组织、开展"我们的节日"春节、元宵、清明、端午系列活动，七一文艺会演，"全国文明镇，魅力金塘桥"公益文艺巡演，"善美新塘桥，乐学校课堂""本土作家进校园""我是钱氏小后人"等系列活动，受益观众超5万人次。全镇16支群众文艺团队参加市"群星璀璨"网格团队pk赛，获评市明星网格团队1个、五星级团队3个、四星级团队5个、3星级团队7个。举办国家级"非遗"金村庙会，《塘桥镇志（1994—2005）》出版发行，谢恺革命烈士故居启用。妙桥书场新建，塘桥书场全年演出评弹书目20档300余场。建成无锡文化艺术学校实训演出基地，开辟民族文化宣传长廊，建成市地方志馆塘桥分馆，启动钱昌照故居（望江楼）建设。全镇有体育场馆4个，新增公共体育设施面积1万余平方米。年内，为各村（社区）更新健身器材12套，完成西环路三干河至花园路、东渡路、沁园二村3条健身步道建设。举办镇第六届全民运动会暨2017年全民健身节活动，1000余名学生及群众文艺团队代表参与开幕式文体展演，1124名运动员参加22个竞技项目的角逐。完成1200余名群众体质检测。承办市第二届气排球比赛、市第三届"我们的节日——端午"划菱桶精英赛、市"重读经典、传承文明"诗词朗诵鉴赏会、市"喜迎十九大"第四届全民健身体育舞蹈大赛等活动。

塘桥镇24小时公共文化驿站　（陈　东　摄）

少年宫和围棋宫全年开设特长班培训活动45次、90课时,共计350个班级、4500人次。4名特长生获中国优等生特长展示(测定)活动总决赛一等奖,《女人花》获2017年国际标准舞(体育舞蹈)全国公开赛银奖,《莲湘秧歌》《唱出江南春》分别获江苏省莲湘舞邀请赛铜奖和省广场舞大赛决赛三等奖。推进"263"专项整治行动,完成缩绒企业归并、挥发性有机物治理任务,淘汰、关停企业30余家,取缔、整治"散乱污"企业作坊460家,关停养殖场29家。投资2000余万元实施浏泾塘、袁家河两条黑臭河道治理。社会管理长效有序。构建警署、派出所、综治、信访等多元化联动协调体系,优化警力安排,加强巡逻防控,开展第十五次万人大巡防活动,加装高清探头,消除主要道路和重要部门的监管盲区,有效提高安防技防水平,刑事案件、八大类案件比上年降17%和54%。安全生产常抓不懈。优化安检能力建设,配齐23名专职安全网格员,对100家重点企业安全检查进行外包服务。深入开展安全生产"百日行动",及时发现并消除安全隐患2600余件,严把食品、药品安全关,预防和减少各类安全事故的发生。

福民工程 全镇村级经济可用财力达到1.45亿元。农民年人均纯收入2.96万元。村级经济走抱团发展道路,全镇按片区成立3个经济联合体,先后投入9500万元,通过购买商铺、回购厂房改扩建、建设标准型厂房等形式,实行经济多元化发展模式。年内,新增城镇职工养老参保人数2440人、到龄补缴居民养老保险259人。居民医疗保险参保人数共计70896人,其中新市民参保3232人;外出就医等人员结报2942人次,报销金额1662.79万元。完成住房公积金缴存扩面任务1313人,完成目标任务的145.89%。实行退休人员社会化管理,开展"冬送温暖""重病慰问""死亡慰问"等活动,发放慰问金33.24万元,涉及人数1525人。市、镇发放耕地地力保护资金435万元、土地规模经营补贴45.5万元、农资综合补贴98.98万元、小麦水稻良种补贴62.8万元、秸秆还田补贴105.97万元、其他涉农补贴65万元(含省级补贴)。落实各项就业扶持政策,提供就业援助岗位1133个,其中公益性岗位46个;帮助105户特困家庭劳动力和235名就业困难人员实行就业。举办"春风行动""民营企业招聘周"等各类招聘活动22场,累计用工单位244个,提供岗位6240个。举办初级育婴师、中式点心师、"SYB(start your bussiness)"创业培训6期276人,开展企业内岗位培训2800人、从业资格和高级职业培训964人。加大劳动保障监察执法力度,联合相关职能部门,督促企业执行按时发放工资、保费代缴、高温季节劳动保护等政策,全年处置各类劳动纠纷300余起,涉及职工1150人、金额900余万元。开展"天天听民声""民生面对面"活动,全年受理"12345"便民服务热线单2128件,办结率100%。全年为330户农村居民低保户和低保边缘户发放最低生活保障金395.5万元,为40户城镇居民低保户和低保边缘户发放最低生活保障金45.8万元,为213名优抚、奖励人员发放优抚和奖励金251.23万元,为173名贫困生发放助学金44.7万元,为6名退休工人发放定补款48.68万元,为509名重病人员发放救助金50.9万元,为78名临时救助者发放救助金19.03万元,为3923名80周岁及以上老人发放尊老金323.03万元,为3945名60周岁及以上老年人发放老年补贴353.86万元。年末,走访、慰问特困家庭、特困职工、特困党员、残疾人员、拆迁户、低保户、优抚人员、精减退休老职工,发放慰问金541.1万元。累计创办养老机构5家、养老服务站(中心)10家,有养老床位637张。

2017年塘桥镇办事处基本情况表

表77

名　称	集镇面积(平方千米)	党工委书记	党工委副书记	主　任	副主任
鹿苑办事处	4.00	曹　健	—	李定廪(12月任)	钱　益　李定廪(12月免)
妙桥办事处	5.00	朱俊峰(7月任)	—	朱俊峰(7月免) 张萍华(7月任)	张萍华(3月免) 秦朝华(3月任)

2017年塘桥镇各村(社区)基本情况表

表78

村(社区)名称	面　积(平方千米)	户数(户)	人口数(人)	集体经济总收入(万元)	可用财力(万元)	资产总额(万元)	村(社区)党委(总支、支部)书记	村委(社区)主任
周巷村	7.03	2777	5929	1588.21	1452.55	5238	欧义光	王晓峰
何桥村	7.31	1994	6783	1885.67	1617.26	14432	钱腾冰	蒋卫新
青龙村	3.88	1408	4617	1043.27	988.67	5286	郑启伟	马卫峰
韩山村	5.22	1473	4952	1594.54	1342.18	10657	顾惠明	黄　伟
顾家村	4.46	1474	3944	664.89	505.67	1511	言建国	陈　波
横泾村	7.60	2040	7126	933.29	790.45	8899	陆学军	姜卫义

续表78

村(社区)名称	面积(平方千米)	户数(户)	人口数(人)	集体经济总收入(万元)	可用财力(万元)	资产总额(万元)	村(社区)党委(总支、支部)书记	村委(社区)主任
金村村	10.32	2219	7977	1404.68	1106.63	14581	殷建刚	钱颂扬
欧桥村	7.01	1725	6102	1111.86	645.54	7335	张小飞	田建林
蒋家村	5.58	1292	4624	599.79	320.00	1955	曹晓明	田建东
花园村	5.59	1500	5185	1712.46	1200.09	7230	钱 益	钱伟东
滩里村	6.79	1876	5965	2250.37	1584.63	5959	秦朝华(女,3月免) 钱再飞(3月主持工作,9月任)	钱再飞
牛桥村	6.20	1548	4778	1119.71	759.13	2681	王爱国	郑卫兵(3月免) 钱正龙(3月任)
巨桥村	5.84	1754	5490	1245.00	787.00	5275	李志新	钱国群
刘村村	4.88	1175	3605	683.77	544.17	2004	孙剑敏(3月免) 郑卫兵(3月任)	陈正江
镇中社区	1.70	88	257	734.50	317.63	1932	庞利新	朱颂伟
妙桥社区	3.76	678	1975	663.00	420.00	1113	朱建江	卢宏伟
鹿苑社区	1.25	632	1563	624.94	274.19	1856	钱惠新	钱震杰

说明:表格中数据为农村调查数,新建的馨塘社区暂不纳入统计

【塘桥镇入选省“强镇扩权”改革试点镇】 11月12日,省委办公厅、省政府办公厅公布新一轮经济发达镇行政管理体制改革试点名单,塘桥镇和其他29个镇入选。塘桥镇成为全市继凤凰镇后第二个“强镇扩权”行政管理改革试点镇。这次“强镇扩权”的目标是通过改革试点,推动一批有条件的经济发达镇逐步发展成为人口集聚、体制创新、结构合理、产业集群、环境优美、社会和谐的新型小城市,形成与现有大中小城市优势互补、分工有序的空间格局。试点内容主要包括省赋予试点镇“部分县级经济社会管理权限”,按副县级管理,明确镇政府为“经济社会管理权限实施主体”;还给予财政收入超收奖励、规费和土地出让金留成等政策;在交通基础设施、城镇规划、环境保护与污染治理、特色产业等方面也有支持。入选的主要依据是经济总量、财政收入、人口规模和辖区面积等。塘桥镇文化底蕴深厚,产业结构日趋合理,城镇化水平较高,各项社会事业协调发展。近年,该镇人居环境进一步优化,基础配套设施日趋完善,先后被评为全国环境优美镇、国家卫生镇等,获中国人居环境范例奖,并实现全国文明镇五连冠。塘桥镇入选“强镇扩权”试点镇后,围绕经济繁荣、科教发达、环境优美、社会文明、生活富裕、充满活力为目标,制订争先创优实施方案,改革管理体制,加快经济发展步伐,强化公共服务,提高管理水平,加速推进现代化新型小城镇建设进程。

【《鹿苑钱氏振鹿公支世谱续谱》发行】 3月4日,《鹿苑钱氏振鹿公支世谱续谱》(简称钱氏续谱)在鹿苑钱氏名人馆举行首发仪式。苏州市老领导赵俊生、常熟市老领导芮福民、塘桥镇党委副书记朱栋裕、党委宣传委员潘晓忠等参加发行仪式。鹿苑钱氏是名门望族,走出过明代抗倭英雄钱泮和监察御史钱岱、明末清初文学家钱谦益、清代史学家钱陆灿和兵部差官钱万清、近现代全国政协副主席钱昌照和航空机械专家钱昌祚等杰出人物。原《鹿苑钱氏振鹿公支世谱》是1930年编撰的,完整记载了鹿苑钱氏三十七世的延续。2014年,为传承钱氏家族文脉,鹿苑钱氏后裔钱国铭、钱尧华、钱佳良等发起续修钱氏家谱的倡议,历经3年编纂完成,共6卷,42万字。首发仪式上,钱氏续谱主编钱尧华介绍了续修过程,苏州市钱镠研究会秘书长钱奈良、无锡市钱镠研究会秘书长乾荣源、常熟市钱镠研究会秘书长钱仁青等对续谱中的“钱氏家训”作了详细解读。“钱氏家训”分个人篇、家庭篇、社会篇和国家篇,曾被中纪委网站推荐过,它不仅是钱氏后裔的行为准则,也是张家港市民的学习典范,是中华民族的宝贵财富。最后,编修组向苏州、无锡、常熟等地钱镠研究会,张家港博物馆、钱氏名人馆以及钱氏后裔代表赠送钱氏续谱。

【苏高新(张家港)节能环保创新园开工】 3月27日,苏高新(张家港)节能环保创新园项目(简称创新园)正式开工建设。市委书记朱立凡、苏州高新区党工委副书记、代区长吴新明出席仪式并为项目奠基培土。苏州高新区党工委委员、区委常委、统战部部长高晓东,副市长王松石及塘桥镇全体领导班子成员、各村(社区)书记等参加活动。创新园位于塘桥镇核心区域,毗邻高铁新城,紧靠黄泗浦生态公园,占地总面积36.7公顷,投资总额20亿元,采取整体规划,分二期开发,一期启动面积17公顷。它着重引进节能环保、新能源、智能装备、

电子信息等产业技术研发及产业培育，规划融合科技创新、总部经济、公共服务、金融服务、中试研发等功能为一体，建设孵化器、加速器、中试用房等科技型、创新型载体。至年末，创新园一期一标段7.3万平方米的厂房全部封顶，并完成主体结构验收，一期二标段5.5万平方米厂房开始施工；已签约上海悦星自控科技、台湾昭惠医疗、台湾嘉研工业、台湾精永胜工业、苏州聚威新材料等工业项目12项。

【村(社区)经济联合体】 塘桥镇在发展村级经济过程中，因地制宜分片成立3个联合公司，按照"强强联合、弱弱联合、跨区发展"等方式抱团发展，鼓励村级经济联合体加大资源整合力度，加快发展集体经济和产业转型升级、创新突破，确保村(社区)集体资产保值增值。市金塘投资发展有限公司由塘桥片的周巷、韩山、何桥等5个村(社区)共同出资成立。2016年公司出资850万元在妙桥工业集中区收购土地3.5公顷，投入3150万元建造标准型厂房3.45万平方米。至2017年土建结束后，有医用手套、汽车配件等项目租用，年增租金530万元。市金桥投资发展有限公司是由妙桥片区的金村、横泾、欧桥等6个村(社区)共同出资成立。2015年利用妙桥菜场西侧土地开发社区综合用房，建筑面积4000平方米，年增租金96万元。2016年又收购一家占地面积2公顷的企业，项目改扩建工程完成后，2017年增租金195万元。市金鹿投资发展有限公司是由鹿苑片的花园、滩里、巨桥等6个村(社区)共同出资成立，总出资1200万元，村均出资200万元。2016年成功收购一家公司，投入1300万元，对原有厂房等资源进行优化整合，2017年建成标准型厂房1万平方米，年增租金200万元。 (唐林康)

乐余镇

【概况】 乐余镇位于张家港市域东北部，隔长江相望南通，有全市唯一保存完好的民国老街。全镇总面积78.58平方千米，沿江岸线17.84千米，耕地3910公顷。辖1个办事处，21个行政村(场)，4个社区。有户籍25644户，户籍人口72601人，另有外来暂住人口19395人。全年完成地区生产总值46.94亿元，一、二、三产业增加值分别为3.04亿元、25.36亿元、18.54亿元。按户籍人口计算，人均生产总值6.47万元。完成全口径财政收入7.12亿元，其中公共财政预算收入3.82亿元，比上年增19%。完成全社会固定资产投资15.2亿元，比上年增2.29%。年内，乐余镇获评苏州市双拥模范镇、全国社区教育示范乡镇。

经济建设　有企业1560家，其中工业企业1080家，完成工业开票119.59亿元，比上年增18%。68家规模以上企业全年完成工业总产值77.17亿元，主营业务收入75.79亿元，利税6.49亿元。新兴产业产值51.02亿元，比上年增19.35%。全镇完成进出口总额3.42亿美元，其中出口3.3亿美元。新批办私营企业286家，新增注册资本9.08亿元；新批办个体工商户1105户，新增注册资本1.41亿元。培育和引进市领军人才4人，获评姑苏人才3人，累计拥有市级以上领军人才31人，其中姑苏人才10人、省"双创"人才6人。拥有销售超1000万元企业4家。新增高新技术企业9家，占规模以上企业总数的66.15%，产值36.2亿元，占规模以上工业产值的41.7%，超过全市18.7%的比重，企业研发经费占GDP的比重达到2.9%。新增发明专利申请227件，每万人专利拥有量位居全市前列。推动长安大学张家港汽车工程研究院持续良性发展，加快筹建江苏科技大学智慧清洁产业技术研究院、中日环保技术华东区交流中心、智慧建筑研究院等平台载体，新增创业服务机构2家。全年实施重点项目11项，总投资10.8亿元，其中超1亿元项目6项。投资8800万元，占地1.66公顷的曼瑞精密机械高速电梯及导轨项目、投资6000万元的江泽石化成品油批发油库项目竣工。全镇帮扶企业2300家次，解决问题200个，落实企业扶助资金2100万元。与金城公司、金茂公司联合成立总规模8亿元的产业投资乐鑫基金，扶持企业创业创新。建立企业梯队化发展数据库，3家企业获现金制造项目补助，7家企业列入重点技改项目库，新增"新三板"挂牌企业1家，"新三板"后备企业5家。全镇改造高标准农田89.07公顷，新建农田排灌渠道8.61千米，完成高效农田节水灌溉改造206.67公顷，培育专业合作社7家，新增各类农机具31台套，落实订单服务0.51公顷，新建玻璃温室和连栋大棚1.48万平方米、农业科普教育培训中心大楼1296平方米。全年实现农、林、牧、渔业总产值6.07亿元，粮食、油菜籽和水产品产量分别为37512吨、876吨和1656吨。

社会事业　年末，有公办中小学校4所，教师425人，在校学生5804人，其中新市民子女1898人100%就学。另有幼儿园2所。乐余高级中学达到江苏省四星级重点高中标准，乐余中心小学"四点半学校"获评全国课后服务示范点。实施"温水进校园"工程，启动乐余第二幼儿园飞鱼幼儿园建设。"择邻处"家庭教育项目获评苏州市精品项目。推进350平方米的"红色新沙洲党史教育馆"建设，承办张家港市2017年全民终身学习活动周开幕式，"平安法治广场"获评省级法治文化建设示范点。全镇有医疗卫生机构30个，执业医师182人，实施家庭医生签约4075户。以苏州市示范站标准扩建东兴社区卫生服务站。投资600万元新增智慧社区用户1.5万户。新建乐余社区门球场150平方米，新建停车位150个。对公园新村、乐富小区等4个小区健身路径实施改造。乐余镇文学艺术界联合会成立。非遗舞蹈《摸壁鬼》入围江苏民间艺术"迎春花奖"展演，全镇启动网格文化志愿者公益巡演8场，免费放映电影24场。举办第十一届"阅读，让乡风更文明"阅读节、第二十七届全民运动会。"书箱故事会""足迹·乐娃成长录"等志愿服务常态化开展，机关综合档案室创建成省档案管理五星级标准，乐余档案馆成立。朱建国、黄学明获2017年度"苏州好人"称号。复垦闲置、废弃、低效工业用地57.27公顷，完成4宗9.45公顷地块的"腾笼换凤"工作。关停畜禽养殖污染户17户，改造1户。

福民工程　农民年人均收入32504元，比上年减3.86%。村级稳定收入7877.04万元，比上年增7.7%。村级经济工业园一期建成投用，厚发精工等6家企业入驻。二期投资3355万元，建设多层标准型厂房23350平方米。农村土地承包经营权登记颁证率达到96.04%，开展农村土地资源线上交易，完成交易19笔。全镇年发放低保（边）金772万元，各类人员定补445万元，其他帮扶资金1607万元。投入4624万元打造沪通铁路旁三星级康居乡村15个。投入900万元实现农村环境卫生和河道生活污水接管1.45万户。居民基本医疗保险参保26932人，老年人免费体检2.41万人，居民健康档案建档率93.47%。启动社区服务社会化试点，新增社工6人，社会组织5个。举办就业招聘会20场，开发就业岗位618个，完成住房公积金扩面461人。常态化开展“六个一”大走访、“民生面对面”等活动，走访农户20718人，完成整改清单142件，办理“12345”便民服务单2600余件。

2017年乐余镇办事处基本情况表

表79

名　称	所在集镇面积（平方千米）	党工委书记	主　任	党工委副书记	副主任
兆丰办事处	1.80	季　忠	陈利民	—	—

2017年乐余镇各村（社区）基本情况表

表80

村（社区）名	面　积（平方千米）	户数（户）	人口数（人）	集体经济总收入（万元）	可用财力（万元）	总资产（万元）	村（社区）党委（总支、支部）书记	村委（社区）主任
乐余村	4.00	1626	4415	669	480.03	3583	周　峰	张兴祥
乐西村	1.00	817	2361	289	201.28	2164	闻忠贤	张　宇
永利村	4.00	1016	3109	1617	1259.26	8852	许文生	许文生
永乐村	2.50	734	2235	754	644.99	2483	余　刚	姚逸平
庙港村	2.25	819	2492	671	234.96	3189	印忠良	黄锦贤
扶海村	2.50	1100	3330	428	313.51	3322	张永清	茅福祥
向群村	2.30	885	2711	440	267.84	3370	陈　洪	—
双桥村	6.80	1713	4920	602	336.77	3147	刘亚飞	沙小康
闸西村	3.00	1038	2901	322	213.43	1961	吴玉平	马　泉
登全村	2.10	735	2124	302	249.51	1835	俞亚峰	王　征
东兴村	6.20	1333	3895	584	407.04	3712	周晓洪	张晓波
齐心村	7.20	1754	5054	732	434.38	3998	司　健	司　健
常丰村	5.00	1550	4494	803	685.68	4577	朱裕忠	张　勇
庆丰村	5.20	1173	3257	426	283.87	2060	钱耀华	龚利平
联丰村	4.40	1265	3625	441	203.04	1864	樊益东	樊益东
红闸村	3.50	1069	2940	421	250.54	2728	张　涛	严　超
红星村	4.00	1364	3878	556	270.72	1722	胡志明	闻　彬
红联村	5.20	1565	4360	476	286.58	1887	黄利民	—
东林村	4.80	1487	4163	431	320.02	2481	俞　萍	俞　萍
稻麦良种场	1.00	321	843	297	273.01	1862	陈　峰	—
畜禽良种场	0.46	48	172	314	260.58	969	曹亚忠	—
乐余社区	5.80	1675	4128	—	—	—	龚永芬	—
兆丰社区	1.80	525	1036	—	—	—	李　民	李　民
乐江社区	1.10	78	322	—	—	—	范祎冰	朱卫祥
乐海社区	—	2	8	—	—	—	徐文龙	徐文龙

说明：表格中数据为农村调查数

2017年乐余镇投资1亿元以上开工项目情况表

表81

投资企业名称	项目名称	总投资额(万元)
江苏海狮机械集团有限公司	全自动洗涤脱水机和隧道式连续大型洗涤机组生产基地二期	22000
苏州飞驰环保科技股份有限公司	水域环保清洁船舶生产基地项目	20000
牡丹汽车股份有限公司	1万辆客车车身总装项目	19000
江苏阿尔法药业有限公司	智能化制药化工设备制造和研发项目	15000
市乐余建筑工程有限公司	高强度水泥预制构件生产项目	10500

【全民运动会举办】 乐余镇每两年举办一届全民运动会,10月28日至29日,第二十七届全民运动会在乐余高级中学举行。全镇机关、各村、社区、学校、企事业单位38个代表队800余名选手参加。此届运动会突出群众参与性,发挥专业竞技性,设置一些农民群众喜闻乐见、简便易行的趣味体育项目,有滚铁环、扔沙包、跳绳、套圈、踢毽子等。同时设有篮球、足球、拔河、门球等4个团体项目,羽毛球、乒乓球、中国象棋、田径等9个个人比赛项目。齐心村、永发医用公司、友邦精工公司、扶海村分别夺得篮球、足球、拔河、门球4个项目的团体冠军。

【李汝龙家庭获评"江苏最美家庭"】 10月10日,2017年度江苏"最美家庭"名单出炉,乐余镇李汝龙家庭榜上有名。李汝龙以理工专业背景,广泛涉猎文史哲,研究并出版专著《追求美好人生的根本之道》,受到中央党校教授毛卫平等人高度肯定,并获市政府颁发的哲学社会科学优秀成果一等奖。他还获10项国家授权发明专利以及苏州市政府颁发的技术发明奖。其子为小学六年级的学生,写有日记习作30余万字,两次获全国作文大赛一等奖,曾获苏州及张家港市语言类比赛八连冠、"江苏好少年"等荣誉。

【"学雷锋·乐乐志愿者服务伙伴计划"启动】 3月22日,在乐余文化中心2016年度志愿者表彰会上,乐余镇启动2017年度"学雷锋·乐乐志愿者服务伙伴计划"。近年,乐余镇围绕"关爱他人、关爱社会、关爱自然"的志愿服务工作要求,积极搭建志愿服务平台,不断加强与企业的联络沟通,鼓励企业奉献爱心、贡献社会,涌现出一批优秀志愿项目和单位,受到社会各界广泛好评,中央电视台就此进行专访,相关内容于4月21日央视《新闻联播》播出。表彰会上,海狮机械、乐余建筑、兆丰城建、港红印刷、飞驰环保、英德利风机和长力机械等7家企业分别认领"靠近我·温暖你"开启职工幸福梦、"爱心儿女"结伴"空巢老人""青青少年,倾情呵护"未成年人道德助长、"我爱天蓝蓝""小作家苗圃"少儿作文公开课堂、"幸福舞动·魅力绽放"广场舞和"乐润新蕾"新市民助学等7个志愿项目。年末,全镇共有注册志愿者1073人、志愿团队59个,全方位多形式地开展志愿服务。其中,"足迹·乐娃成长录"未成年人建档志愿服务项目获评市级优秀志愿服务项目,该项目共计发动65名学生参与建档,46名学生完成档案的收集、整理和归档工作,建成624盒、5402件、8卷档案。

(苏松年　秦　香)

凤凰镇

【概况】 凤凰镇位于市域南部,总面积78.79平方千米,耕地面积2728公顷。年末,辖15个行政村、6个社区。有户籍20769户,户籍人口66483人,另有外来暂住人口55962人。全年实现地区生产总值111.23亿元,比上年增7%。一、二、三产业产值分别为3.65亿元、63.57亿元、44亿元,分别比上年减0.1%、增4.3%和9.6%。按户籍人口计算,人均生产总值16.73万元,比上年增11.1%。完成全口径财政收入17.5亿元,其中公共财政预算收入9.58亿元,比上年增11.2%。入库税金16.97亿元,比上年增4.3%。完成全社会固定资产投资47.84亿元,比上年增0.9%。其中,服务业投资20.26亿元,占全社会固定资产投资的42.3%,比上年增9.5%;新兴产业投资22.09亿元,占全社会固定资产投资的46.2%,比上年增27.6%。完成社会消费品零售总额20亿元,比上年增8.4%。年内,凤凰镇获评"江苏省健康镇"称号,通过省粮食生产全程机械化示范镇验收,通过省特色景观旅游名镇初审,"凤凰蜜桃人文小镇"入选江苏省农业特色小镇,"贝贝足球小镇"项目入选苏州市美丽城镇建设优秀示范项目、江苏省体育健康特色小镇共建项目。

经济建设 年末,全镇有企业2195家,其中工业企业1658家,完成工业开票销售收入343.84亿元,比上年增18.7%。126家规模以上工业企业完成总产值247.03亿元,主营业务收入244.61亿元,实现利税13亿元。有销售超1亿元企业55家,其中超10亿元企业4家、超20亿元企业2家,规模经济总量占全镇经济总量的71.6%。总投资20亿元的达利新材料、国一制纸三期、可隆新材料等10个重大项目落地,大一汽配二期、晶樱光电二期、广大锻造2万吨高温合金钢等项目竣工投产。全镇完成进出口总额12.95亿美元,其中出口总额8.05亿美元。新批外资企业5家,累计61家。新增到账外资4268万美元。自主培育姑苏领军人才4人,张家港市领军人才8人,有博士及市级以上领军人才130人;创业型人才项目实现开票销售12.9亿元,纳税5600万元,其中有年销售超1000万元企业12家。新挂牌"新三板"企业1家,累计8家;新增江苏省高新技术企业5家，累计35家，高新技术企业产值48.3亿元。新增江苏省创新平台4个，累计31个，获苏州市级以上科技项目及奖励8项；新增发明专利47件，累计327件。凤凰镇作为江苏省唯一获省科技厅推荐的示范基地，参加科技部国家级中韩示范型国际科技合作基地评审。江苏省凤凰科技创业园在省级及以上科技孵化器评价中获得优秀（A类）。中科院纳米与能源研究所院士王中林及创业团队引进凤凰镇。全镇完成农、林、牧、渔总产值8.27亿元，比上年减3.84%。粮食、油菜籽、水产品总产量分别为21235吨、78吨、2720吨，分别比上年增1.5%、减25.71%和减5.33%。新增高效设施农业面积5.2公顷，累计2353.5公顷，新增农业机械102台，累计617台，农业现代化水平达到95%。有无公害农产品5种，新增绿色食品3种，累计14种；有苏州市知名商标2个；新增苏州市名牌农产品1种，累计6种。新增高标准农田20.53公顷，累计1007.53公顷；新增"三品"种植面积4公顷，累计309.3公顷。凤凰水蜜桃、七彩明珠葡萄获市果品品鉴会一等奖。高庄果品合作社生产的水蜜桃入驻工商银行融E购、苏州食行生鲜电商平台开始网络销售。

社会事业　全镇有中小学校6所，教师403人，在校学生6688人。其中新市民子女学校1所，教职工47人，在校学生1081人。有张家港市级以上骨干教师110人，占教师总人数的20%。另有幼儿园5所，教师131人，在园幼儿920人。公办学校接纳新市民子女中小学就读3333人、幼儿园就读831人。中小学经费总投入1.52亿元，其中660万元用于购置教学设备及房屋修缮改造。港口学校中考平均分位列塘桥片区学校第一。凤凰中心小学、凤凰中心幼儿园搬迁至镇文化中心区域。凤凰中学标准足球场及塑胶跑道、五人制足球场等建设完成。分别新增国家级、一级、二级、三级社会体育指导员2人、5人、25人、25人，累计分别为10人、29人、267人、219人。镇文化中心体育馆、图书馆、剧院正式开

市首届龙舟赛在凤凰湖举行　（龚晓东　摄）

放，凤凰山风景区新游客中心建成投运。中国足协第二十届"贝贝杯"青少年（12岁男子组）足球赛、江苏省风筝精英赛、第十二届凤凰桃花节、蜜桃音乐节举办。3支网格文化队伍入围2017年"群星璀璨"五星级网格团队，1支网格文化队伍获"五星级明星团队"称号。有医疗卫生机构22个，其中公立医院1家、民营医院2家，执业医师129人。新增预防接种卡1360份，累计8187份，其中一类疫苗接种21545人次，强化免疫585人次。新建居民健康档案488份，累计78449份，有产妇722人，新生儿732人，早孕建卡率97.81%，住院分娩率100%，42天检查率100%，儿童建卡率100%。为11472名老年人开展健康评估。9家社区卫生服务站完成提档升级、功能扩容。特困人群家庭医生签约率100%。建成金谷社区精神康复驿站。湖滨社区试点开展"互联网+远程血压测量"项目，创成"连心家园"示范点。《韩国工业园控制性详细规划》《凤凰镇旅游策划及总体规划》《"贝贝足球"特色小镇概念规划》编制完成。镇文化中心、中心小学、中心幼儿园获评"全国地质勘察设计一等奖"及"姑苏杯"优秀工程奖。"鹜山新型城镇化"项目入选苏州市美丽城镇建设优秀示范项目，恬庄榜眼府入选"苏州园林"名录。整改中央、江苏省环保督察反馈问题8件，立案查处环境违法行为69起，治理挥发性有机物企业16家，整治燃煤锅炉9台，关停3吨以下冲天炉6台，削减煤炭消费总量5.7万吨，关停化工企业8家、畜禽养殖场7个，关停整治"散乱污"企业71家，"腾笼换凤"盘活土地14.87公顷；整治污染河道2条，重点断面水质达标率100%，环境信访总量下降30%。2016年度中央财政小型农田水利重点县工程完工。整改22家政府挂牌督办安全隐患企业，查处44起安全生产违法行为。整改544处出租房屋安全隐患问题。拆除135处违章建筑。完成天然气改造608户，"农村四好路"（建好、管好、护好、运营好）成功创建。

福民工程　农民年人均纯收入3.55万元，比上年增7%。完成1258公顷到期土地集中流转，土地适度规模经营比例97.5%。村级总资产10.57亿元，比上年增12%。集体经济总收入2.08亿元，比上年增7%。村均可用财力928万元，比上年增8%。全镇发放各类涉农补贴7431万元，农业保险82.71万元。出台《凤凰镇推进富民惠民工作实施意见》《凤凰镇鼓励村级集体经济发展的意见》《关于推进凤凰镇"三优三保"工作的有关意见》，成立优化4个村级抱团发展公司，投资1.25亿元，收购各类建设用地19公顷、厂房8.2万平方米。完成"三优三保"拆旧复垦土地39.41公顷，划定城镇建筑开发、永久基本农田保护、生态宜居功能区"三个边

界”。新增就业岗位6141个，帮助特困家庭解决劳动就业56人，组织开展各类培训333人，开展招聘活动15次，提供就业岗位5833个，提供职业指导和推荐大学生就业115人。企业吸纳就业4300人，应届高校毕业生首次就业率100%。在岗职工城保参保率99%，为1320名灵活就业人员办理自主选择险种和缴费。居民基本医疗保险参保人数81335人。全镇调解劳资纠纷144起，涉及2122人、4045.1万元。组织1.34万名城镇退休人员免费体检，为2905名80周岁及以上老人发放尊老金242万元。安置退伍军人26人，兑付安置费212.9万元。为90户家庭办理民生保险，获理赔金38.64万元。发放春节慰问金709万元，惠及困难户8868户、26604人。发放慈善助学金33.65万元，惠及贫困学生116人。走访慰问90周岁及以上老人和两个养老机构内老人410人，发放物资12.26万元。补助6万元，帮助2户居民改造危房。为183名优抚人员发放补助金275万元。新增公益创投项目3个，累计13个。引进“上海老伙伴”“暨阳青少年”“翔宇救援社”等专业社工机构10家。开展“七五”普法，“青少年法治文化旅游热线”品牌入选张家港市“十大关爱民生法治优秀示范项目”。开展治安专项整治25次，刑事发案率比上年减30.17%，公众安全度和社会满意度分别为94.54%、89.77%。苏州市乡镇首家行政审批局成立，承接市政府下放的2236项行政权力，构建分组式组团审批构架、试点自主审批和“一窗通办”便民服务新模式。办理行政审批服务项目19.45万件，办结率99.99%。行政管理体制改革群众满意度名列苏州市各试点镇第一。农村“三资”管理综合改革试点启动。《凤凰镇2017年度镇、村集中采购目录》出台。全镇完成工程招标、政府采购项目112件，成交金额1.12亿元，节减资金3641.33万元，资金节减率24.56%。开展夜间整治24次，完成基础设施整改项目16个，数字化指挥平台办理整改7063件。8个村实现农村卫生长效管理市场化运作。首张全程电子化营业执照发放。基本实现“一枚印章管审批，一支队伍管执法，一个平台管服务”，综合执法经验在中央编办杂志《中国机构改革与管理》刊登。湖滨社区创建成市特扶家庭“连心家园”示范点。全镇调解矛盾纠纷369件，镇党政干部下访44人次，包案化解社会矛盾和群众诉求事项8件。

2017年凤凰镇各村（社区）基本情况表

表82

村（社区）	面　积（平方千米）	户数（户）	人口数（人）	集体经济总收入（万元）	可用财力（万元）	总资产（万元）	村（社区）党委（总支、支部）书记	村委（社区）主任
双龙村	8.36	1453	4736	3366	2270	24163	许建江	许建江
金谷村	6.30	1317	4340	1162	956	5588	陆惠东	徐　卫
西参村	3.28	849	2906	1242	739	3443	钱仲刚	钱仲刚
魏庄村	4.30	938	3195	977	803	5112	程建华	彭仲贤
安庆村	4.42	1339	4374	1074	929	4103	周　忠	肖弟良
凤凰村	5.42	1298	3950	2708	2357	8164	陆建东	周文进
支山村	6.12	1287	4077	994	606	4591	徐云飞	徐卫龙
杨家桥村	5.83	916	2848	914	423	5190	卢月萍（女）	唐月忠
高庄村	7.33	1493	4875	938	235	5300	肖　安	冯建东
夏市村	2.95	646	2111	646	422	4636	钱丽芬（女，2月免） 钱敏刚（2月任）	钱敏刚
清水村	6.60	1162	3718	1171	821	6683	杨正元	周建平
程墩村	5.10	950	3150	1822	1250	9924	吕亚平	吕亚平
恬庄村	5.16	1096	3691	1850	846	4442	陈利新	陈海荣
双塘村	5.51	1000	3290	1360	995	7094	夏丽萍（女）	陆志斌
杏市村	2.13	462	1596	613	264	3056	张志强	张志强
西张社区	7.13	1781	5454	—	—	—	孙志明	孙志明
凤凰社区	4.48	901	2723	—	—	—	杨月明	陈　芳（女）
港口社区	4.48	1860	5436	—	—	—	顾建峰（9月免） 夏卫东（9月任）	顾建峰（9月免） 夏卫东（9月任）
湖滨社区	—	—	—	—	—	—	肖春霞（女）	肖春霞（女）
桃源社区	—	—	—	—	—	—	孙丽萍（女）	孙丽萍（女）
恬源社区	20.00	103	—	—	—	—	钱静芳（女）	钱静芳（女）

说明：表格中数据为农村调查数

2017年凤凰镇投资1亿元以上开工项目情况表

表83

投资企业名称	项目名称	投资额（万元）
大一汽配（张家港）有限公司	年产70万套七速档双离合器变速箱零部件项目	30000
苏州晶樱光电科技股份有限公司	年产2吉瓦太阳能硅片扩产项目	20000

【凤凰科创园获省科技企业孵化器绩效评价优秀】 12月13日，苏州市科技局公示2017年江苏省孵育计划资金拟资助单位（苏州）名单，江苏省凤凰科创园获省科技企业孵化器绩效评价优秀（A类）。根据孵育计划资金分配原则，省财政拟资助40万元奖补资金。省凤凰科创园于2009年经省科技厅认定为省级高新技术创业服务中心，2014年经科技部认定为张家港市乡镇板块首家国家级科技企业孵化器，2015年获评为市首家省侨界创新创业示范基地。近年，凤凰镇大力引进海内外高层次人才，重点培育高新技术产业，至2017年年末累计引进人才项目近60项，自主培育国家千人计划外国专家类1人，引进国家千人计划7人，自主培育江苏省重大创新创业团队2个、江苏省双创人才13人、苏州市姑苏领军人才27人、张家港市领军人才50余人。

【矩阵光电与苏大产学研合作签约】 2月15日，苏州矩阵光电有限公司（简称“矩阵光电”）与苏州大学产学研合作协议签订暨研究生工作站揭牌仪式在凤凰镇举行。苏州大学物理与光电能源学部是国内重要的物理、光电、能源等学科科研和人才培养基地，是国家一级重点学科，承担多个国家和省市重点科研项目。近年，与国内外科研机构和单位有着广泛的合作交流关系。矩阵光电是苏州高科技半导体及集成光电研发生产企业，拥有29项专利。两者研产匹配、区位便利，双方建立战略合作关系，互补共赢。研究生工作站以产、学、研结合为学院人才培养的方向和目标，邀请国家“千人计划”、博士朱忻为苏州大学物理与光电能源学部兼职教授，创新合作模式，通过产学研合作为工科研究生创新能力的培养提供平台，同时也为矩阵光电发展提供智力支持。

【中科纳清空气净化器项目落户凤凰】 3月17日，中科纳清纳米空气净化器项目签约，落户凤凰镇。项目主要生产纳米空气净化器、新风系统、纳米空调过滤网和工业尾气过滤设备等。总投资10亿元，达产后年产值15亿元，利税超1亿元。至年末，项目已开展前期准备，部分生产研发设备完成订购，核心团队基本成形。纳米空气净化系列产品基于摩擦纳米发电机原理，通过收集各种机械能产生电能，吸收风的动能，形成千伏的摩擦电压，形成高压电场，但不电离空气。作为一种创新的摩擦电除尘技术，不仅可以过滤99%以上的PM2.5，还具有零臭氧、零耗材、低噪音、自动清洗等特性。 （方天闪）

南丰镇

【概况】 南丰镇位于市域东北部。总面积62.47平方千米，耕地面积2694公顷。辖1个办事处，12个行政村，4个社区。年末，有户籍21823户，户籍人口58027人，另有外来暂住人口24082人。全年实现地区生产总值132.17亿元。一、二、三产业增加值分别为3.82亿元、89亿元、39.34亿元。按户籍人口计算，人均生产总值22.78万元。全口径财政收入18.81元，其中公共财政预算收入10.1亿元；入库税金18.21亿元。完成全社会固定资产投资48.01亿元，其中工业投资27.04亿元，新兴产业投资23.23亿元。南丰镇创建成江苏省文明镇、国家卫生镇和国家园林城镇。

经济建设　年末，有企业896家，其中工业企业650家。24家规模以上企业全年实现工业总产值418.74亿元，主营业务收入433.22亿元，工业利税67.51亿元。有销售收入超1亿元的工业企业18家。新批办私营企业187家，注册资本6.55亿元，新批办个体工商户267户。全镇完成进出口总额16.76亿美元，其中出口总额8.11亿美元。新增到账外资1000万美元。政府立足产业兴镇，加快推进重大项目建设。永钢集团多元发展，推进“普转优、优转特、特转精”产品，利税创历史新高。5月，金陵体育在创业板上市。金陵体育智慧篮球装备项目和海锅锻件高端锻件项目基本建成，陆续投产。博朗能源装备特种装备项目和永钢PC构件项目启动；华电集团综合能源项目完成相关规划；市静脉科技产业园项目加快推进，完成稳评编制，控规、环评、动迁、招商等工作有序开展。多措并举强化企业服务，帮助企业对上争取奖励资金2628万元。淘汰落后产业，将资源向优质企业倾斜，腾出低效土地33.33公顷。抓好人才引进、技术创新、高新技术产业化主线，构建科技人才创新体系。全年新增张家港市领军型人才4人，苏州“姑苏”领军人才2人。新增省级研究生工作站2家、省级高新技术产品39种，累计拥有有效发明专利380件。领军人才企业销售超1000万元4家。东大工研院依托高校资源，促进产学研深度合作，新增产学研合作项目8项，其中永钢集团和乌克兰国家钢铁冶金研究所合作项目2项。全镇实现农、林、牧、渔业总产值6.1亿元，粮食、油菜籽和水产品总产量分别为20984吨、352吨、725吨。继续保护和发展“四个百万亩”农业面积，落实生态水稻田任务1506.67公顷。加快农业中高端发展，推广稻鸭共作模式18公顷，提档升级“天天鲜”菜篮子信息化示范基地14.67公顷。加强果蔬产业生产标准化建设，市港城生态农业公司创建成省级园艺标准园。

社会事业　全镇有中小学校2所，教师234人，在校学生3835人，另有幼儿园3所。深化“三名”教育工程，建立镇级名师工作室3个。推进艺术、田径等特色品牌教育，永联荷风管弦乐团在全市比赛中获一等奖，南丰小学田径队连续5年在全市田径运动会中获第一名。南丰镇投入160万元完成校舍维修和教育装备添置。实施“温水供应进学校”民生实事项目，南丰小学实行“四点半学校”项目。南丰幼儿园区通过省优质园复评验收，永联园区创成省优质园。全镇有医疗机构18个，其中医院2所、社区卫生服务站14个，执业医师53人。新建、改扩建、维修翻新卫生服务站4个，新德服务站创成省级示范村卫生室。南丰医院与社区卫生服务站建立全科团队服务机制。深化“家庭医生签约服务扩面工程”，服务于高血压、糖尿病等重点人群及大病困难群众、计免特困家庭，签约3800余户9000余人。完成国家卫计委基层卫生司等上级部门的考察接待19批次，承办全市推进中医药服务能力提升工程现场会等活动。发行镇办综合政务刊物《南丰之窗》4期，累计73期。完成南丰镇总体规划、老镇区控制性详规、西部工业区二期控制性规划等修编。镇、村两级河长体系建立，完成17条镇级河道、655条村组河道的河长认河工作。推进村（居）民自治和“三社联动”发展，开展永合社区综合服务托管项目试点。立体化防控体系不断完善，360度全景探头实时运行，完成年丰新村及泗兴佳苑二期、三期技防建设工程，启动泗兴佳苑四期安全防范智能化小区建设，加强出租房安全隐患整治。成立南丰平安志愿者分会，组织2400余人次志愿者参与治安巡防、交通劝导等服务。落实矛盾纠纷排查化解机制，化解矛盾纠纷216起。落实社会稳定风险评估机制，完成稳评项目20项。开展“七五”普法活动，完成年丰新村法治道德园建设。强化安全生产，永钢集团完成安全生产一级标准化创建，5家企业完成二级标准化创建，小微企业安全标准化达标110家。强化环境专项整治，办结上级督办问题28件、省环保督察交办问题5件，处理环境突出问题50个。取缔关停砖瓦、废品回收、塑料造粒、食品加工等“散乱污”小企业（作坊）101家，治理改造8家。3家表面涂装企业、4家干洗店、7家化工企业完成VOC综合治理改造，2家企业完成燃煤工业炉窑整治，3家加油站完成油气回收，8家企业完成危险废物规范化管理。全面推进环保网格化管理，排查整治环境隐患，区域环境质量明显改善。根据省、市对东沙化工区全面关停相关精神，经三年多努力，区内37家化工企业全部关停转型，涉及关停资金超20亿元，收回工业用地近200公顷，分流安置职工近3000人。永联小镇创建省五星级乡村旅游区，列入省首批旅游风情小镇创建单位，并上榜苏州市特色小镇创建单位，市区到永联的旅游直通车开通。永联村纵深推进旅游产业，成功举办江鲜美食节、短程马拉松和新疆巩留风情节活动。做好公共文明指数常态化测评迎检工作，经常性开展自查自纠。深化“德润南丰”公民道德提升工程，徐晓华、黄炜获评“苏州好人”。启动文化惠民服务工程，开展书场送书、社区送戏等惠民项目，组织戏曲送赏7场，书场送演150场。

福民工程　稳妥推进农村综合改革，基本完成农地确权和股权固化两项改革工作，证书发放率超90%。加快建设农村产权交易体系，成立张家港农村产权交易中心南丰镇分中心，实施村级资金管理非现金结算、村级财务“第三方代管”“政经分开”改革，启动“e阳光行动”管理平台。关停畜禽养殖场20个。开展“三优三保”行动，组织东沙区域拆迁340户，复垦各村低效工业用地、宅基地21.33公顷。村级稳定性收入1.94亿元。全镇发放2017年度市、镇、村三级涉农补贴1.45亿元。成功举办20场招聘活动，提供岗位数4900余个，建立就业援助单位2个，开发就业援助岗位2800余个。全年居民医保收缴2.3万人，其中新市民1900余人，收缴率98%。发放社会化管理服务联系卡480人，组织1.1万名退休人员免费健康体检。居家养老服务社会化实现全覆盖，12个村（社区）与永联惠民服务中心签订养老项目服务协议，年服务7万人次。居民基本医疗保险参保人数21196人，镇、村两级补贴居民医保资金92.06万元，市、镇两级补助合作医疗经费2311.2万元。新建居民电子健康档案345份，累计60938份。全年发放低保金、困难残疾补助金、退役士兵安置费、尊老金1098.11万元。组织走访慰问20次，发放慰问金或慰问品798.43万元，为115名贫困学生发放助学金31.45万元。

2017年南丰镇办事处基本情况表

表84

名　　称	所在集镇面积（平方千米）	党工委书记	主　任	副主任
东沙办事处	0.70	朱建明	陈　波（10月免） 黄　珮（10月任）	曹志忠　陈洪斌

2017年南丰镇各村（社区）基本情况表

表85

村（社区）名	面　积（平方千米）	户数（户）	人口数（人）	集体经济总收入（万元）	可用财力（万元）	总资产（万元）	村（社区）党委（总支、支部）书记	村委（社区）主　任
民乐村	3.01	1134	3050	849	282	4112	匡亚军	顾慧华（女）
南丰村	4.96	1792	4863	706	577	4124	徐　晋	陆　琴（女）

续表85

村（社区）名	面　积（平方千米）	户数（户）	人口数（人）	集体经济总收入（万元）	可用财力（万元）	总资产（万元）	村（社区）党委（总支、支部）书记	村委（社区）主　任
民联村	3.02	1098	3054	470	337	3537	马亚萍（女）	秦　欢（6月主持村委工作）
东港村	3.38	1723	4689	493	362	3542	曹　红（女）	蔡东平
海坝村	3.75	1541	4105	459	315	3622	陈　健（3月副书记主持工作）	顾吴洪
建农村	2.76	919	2503	929	876	5071	施建章	钱晓萍（女）
和平村	5.08	2234	3987	458	306	4104	耿晓斌	展　军
永丰村	5.08	1594	4356	455	342	4006	蒋莉萍（女）	盛黎燕（女）
新德村	3.71	1444	3905	485	296	3099	赵　君	张　欣（6月主持村委工作）
永联村	10.50	3334	7910	15807	15456	563987	吴惠芳	—
东风村	7.06	1668	4684	516	400	3435	王春华（女）	周　华
东联村	2.63	1024	2850	418	344	2557	张　琪	陈海琴（女）
振兴社区	2.20	989	1929	—	—	—	王在栋（9月任）	—
新丰社区	—	97	296	—	—	—	曹　娟（女，12月任）	陈栋梁
永合社区	—	1073	3316	—	—	—	陈洪斌（9月任）	周智岗
东沙社区	0.70	159	339	—	—	—	王春华（女）	陈　燕（女）

说明：表格中数据为农村调查数，东联村含畜牧场、水产养殖场

【殷志兰家庭获“首届省文明家庭”称号】 年内，省委宣传部、省文明办、省妇联等组织开展省文明家庭推选活动，经过宣传发动、逐级推荐、择优遴选、组织评审、社会公示等环节，殷志兰家庭在省内众多文明家庭中脱颖而出，成为首批江苏省文明家庭之一。家住南丰镇新德村的殷志兰，7岁时便被过继给没有生育子女的姨妈家，从此，她以一己之力承担起照顾亲生父母、养父母及养父的大哥和大嫂的重任。结婚后，娘家6位老人，加上公公、婆婆，8位老人的生活起居重任压在殷志兰瘦弱的肩膀上。她不怕脏、不怕累，一干就是几十年。殷志兰夫妇几十年如一日照顾8位老人的善举感动了许多人。家人上行下效，形成了孝老敬老的优良家风。殷志兰还成为了一名志愿者，组建“殷志兰志愿服务队”，去帮助更多困难、孤寡、失独老年人。

殷志兰家庭全家福　（南丰镇　提供）

【和平村促和谐】 和平村围绕“生态宜居、环境优美、道路通畅、设施配套、舒适便利”的乡村人居环境要求，积极打造生态宜居新农村。两年中，对18个村民小组总长度12.5千米的河道进行清淤疏浚，投资40万元拆坝建桥12座，畅通河道水系。同时，完成全村范围的污水管网改造和自来水

管道改造工程,让1000余户村民从中受益。该村一直有传承尊老的好传统。和平村有60周岁及以上的老人1900人,占总人口的31.22%。村成立了“五老关爱基金会”,慰问因病致困的村民、老人和贫困学生30余户。村建成占地面积约500平方米的居家养老服务站,配置日间休息室、餐饮室、图书阅览室、棋牌室、文体活动室、康复训练室、谈心咨询室等,成为老年人休闲、娱乐的好去处。居家养老服务站依医养老,集老年人日间服务中心、助餐点、居家养老服务三位一体,建立以社区“五老”志愿者、青年志愿者队伍和专职人员相结合的服务队伍,以辖区老年人的生活需求为重点,提供生活照料、医疗保健、法律维权、文化娱乐、精神慰藉等服务,解除了子女后顾之忧,促进了家庭和谐和社会和谐。

【市静脉科技产业园管委会揭牌】 9月20日,市静脉科技产业园管理委员会正式揭牌。该园位于南丰镇,规划总面积126.67公顷,其建设不仅能有效治理城镇环境污染,还可以培育未来特色产业,创造新的经济增长极。产业园一期实现生活垃圾焚烧、污泥协同处置、工业固体废物等项目的正常运行和研发中试类项目的落地,推进环保装备制造和环保技术服务类产业的起步和布局;二期将建设有机废弃物处置、再生资源综合利用等项目,提升节能环保装备制造、技术研发和服务产业发展水平。年内完成产业园控规编制,静脉科技产业园管理委员会人员配备到位,与水利站、供电所衔接做好了水系调整、电力规划,为产业园后续发展打牢基础。

（徐永方）

大新镇

【概况】 大新镇位于市域北部江滨,与南通如皋市隔江相望,有长江岸线7.9千米。总面积40.48平方千米,耕地面积1681公顷。辖10个行政村、4个社区(其中1个为“村居合一”社区)。有户籍14290户,户籍人口38590人,另有外来暂住人口32556人。全年实现地区生产总值37.78亿元,一、二、三产业增加值分别为1.97亿元、20.74亿元、15.08亿元。按户籍人口计算,人均生产总值9.79万元。完成全口径财政收入4.8亿元,其中公共财政预算收入2.69亿元,入库税金4.5亿元。完成全社会固定资产投资14.2亿元,其中工业投资6.07亿元、服务业投资8.12亿元。

经济建设　年末,有企业788家,工业企业完成开票销售收入67.49亿元。39家规模以上企业实现工业总产值40.62亿元,主营业务收入40.46亿元,完成利税3.71亿元。有销售收入超1亿元企业9家,税收超5000万元企业1家。全镇完成进出口总额1.31亿美元,其中出口总额1.24亿美元,新增到账外资252万美元。新批省高新技术企业2家,新增产学研合作项目13项,新增授权专利174件,其中授权发明专利16件。引进市领军人才项目3项,获评姑苏领军人才项目3项、省“双创计划”项目2项。先进激光(装备)产业园实现封闭管理,加入省激光产业创新战略联盟,公共服务平台建立,13家企业入驻。全镇新增高效设施农业面积16.7公顷,新建长丰村、朝东圩港村高标准农田23.33公顷,新置各类农机具17台套,完成桥头烘干中心建设,秸秆综合利用率100%。全镇实现农、林、牧、渔总产值3.2亿元,粮食、油菜籽和水产品总产量分别为11261吨、234吨、1113吨。有各类农业示范基地8个,绿色、无公害农产品占全镇农产品的92%,规模经营面积733.3公顷。朴墅庭院休闲生态农庄获首届江苏省创意休闲农业设计大赛金奖。

社会事业　年末,有中小学校2所,教师179人,在校学生4508人。另有幼儿园3所。大新实验学校正式启用,新镇区幼儿园建设积极推进。大新中学体育特色不断彰显,中心幼儿园科技小五金、中心小学魔方等特色项目广受好评,社区教育“幸福夕阳”移动课堂特色品牌被苏州市老年教育协会推广,“一村一品”特色建设持续深化。医疗机制不断完善,全镇有医疗机构16个,执业医师61人。大新医院与市第一人民医院实行分院制经营,开展个性化家庭医生签约服务。深化新市民积分管理,积分入医485人、入学357人。启动编制《张家港市大新滨江文化小镇概念规划》。推进“263”专项行动,拆除金海港、金色海湾燃煤锅炉,减煤2700吨,关闭嘉成建设涉化车间,关停“散乱污”企业74家、砖瓦生产企业4家、钢渣企业4家,完成中油泰富、富诚仓储、嘉成建设3家重大环境风险企业环境安全达标建设,立案查处环境违法企业79家,扣押查封企业6家,列入刑事案件移交公安处理2家。完成“一河一策”编制工作,设立河道河长公示牌76个,整治苏州市督办黑臭河道1条。关停畜禽养殖户10家,整治1家。完成镇区生活污水纳管580户,农村生活污水治理2167户。拆除农村违章建筑38家,责令停工12家。

福民工程　城镇职工养老保险参保16052人,参保率99.6%;居民基本医疗保险参保18136人,收缴率99%以上。全镇发放涉农补贴和奖农资金1172万元,惠及农户7928户。举办创业培训、免费技能培训291人次,新增就业岗位7930个,特困家庭,高校毕业生就业率100%,被征地劳动力就业率99.1%。为全镇175户低保户、75户低保边缘户家庭发放低保补助321万元,贫困学生补助46.82万元(83名贫困学生享受慈善助学金,113名学生享受阳光午餐,12名学生享受优生学生奖学金),为29名现役军人发放优待金补助96.57万元,为15名退役士兵发放自谋职业和自主就业补助金122.86万元,发放各类优抚经费203万元。完善社会救助体系,开展安居工程、儿童大病医疗救助等专项救助,全年累计发放补助资金1600万元。创新开展网格化社会综合治理,试点推进村(居)民自治,探索互联网远程会诊调解矛盾。建立工资清欠部门联席会议制度,妥善调处各类劳资纠纷52起。走访家庭9296户、企业1223家,解决问题860余个,解决率95%。全年办结市长信箱25件、“12345”便民服务热线单983件。

2017年大新镇各村（社区）基本情况表

表86

村（社区）	面　积（平方千米）	户数（户）	人口数（人）	集体经济总收入（万元）	可用财力（万元）	总资产（万元）	村（社区）党委（总支、支部）书记	村委（社区）主任
新凯村	3.84	1312	3643	479	214.00	4189.00	李　萍（女）	朱耀祥（8月任）
长丰村	3.90	1844	5104	621	367.60	5655.00	李忠华	王国平
桥头村	3.41	1269	3542	525	236.00	1999.00	谢　玲（女）	孙浩明
段山村	4.15	1320	3568	402	322.00	4514.00	张小平	严亚新
朝东圩港村	4.10	1332	3558	438	361.80	3959.00	陆　军	陈　建
新闸村	2.54	838	2200	300	183.00	2242.00	严志萍（7月免） 蒋　军（7月任）	张国强
大新村	3.00	1196	3054	829	769.00	13438.00	肖　斌（8月任）	王晓勇
新海坝村	3.10	552	1373	633	533.00	5229.66	顾官兴	蒋　军（7月免）
中山村	4.91	1583	4420	528	336.20	3142.00	刘　钧	刘　钧
龙潭村	4.87	1523	4228	691	332.00	4237.00	秦燕军	顾　惠（女）
大新社区	1.30	1421	2552	—	—	—	张玉丽（女）	张玉丽（女）
新东社区	0.21	85	178	—	—	—	—	薛建强（7月免） 陈　佳（女，7月任）
新南社区	0.54	52	137	—	—	—	李　萍（女）	陈冬梅（女）

说明：表格中数据为农村调查数

【新湖生态公园建成】 新湖生态公园位于大新镇滨江新镇中心区域，四至新湖东、南、西、北路，国泰北路穿湖而过，湖形为葫芦状，寓意福禄吉祥，湖内设有三座人工小岛，均位于国泰路以东。公园总占地20公顷，其中湖面面积11.33公顷，景观绿化及配套设施用地等8.67公顷。项目总投资4000万元，于2016年6月启动，至2017年10月完工，建设内容包括湖区开挖及湖岸石笼加固工程、土方造型及道路工程，景观铺装和栈道桥梁工程，绿化工程以及水、电、监控等配套设施。新湖生态公园将成为大新镇的“绿心”，是居民运动健身、休闲娱乐、生态体验的场所。

【朴墅庭院获首届江苏省创意休闲农业设计大赛金奖】 朴墅庭院休闲生态农庄位于大新镇中山村朝东圩港西侧，晨丰桥南200米。2014年开业，时为一家普通的农家乐，之后陆续投入200万元，至2017年，庭院占地近2000平方米，成为一家集原创主题咖啡体验馆、主题派对设计策划、文艺书吧、各类文创艺术培训沙龙分享会、民宿于一体的文艺创意休闲社区。朴墅庭院创办至2017年年末接待客人约500批，先后获评江苏省巾帼农家乐示范基地、“张家港十大最美农家乐”等荣誉，并获首届江苏省创意休闲农业设计大赛（其他衍生类创意）金奖。（蔡　鸿）

常阴沙现代农业示范园区

【概况】 常阴沙现代农业示范园区位于市域东部，东临长江，与南通市隔江相望。有沿江岸线9.7千米。总面积37.45平方千米，其中耕地面积2323公顷。辖7个社区、1个居委会。有户籍7781户，户籍人口20401人，另有外来暂住人口3620人。全年实现地区生产总值10.18亿元。一、二、三产业增加值分别为2.42亿元、4.93亿元、2.82亿元。按户籍人口计算，人均生产总值4.99万元。完成全口径财政收入1.18亿元，其中公共财政预算收入6500万元。入库税收1.1亿元，其中服务业入库税金977万元。全社会完成固定资产投资2.06亿元，其中工业投资9900万元、服务业投资1.07亿元。园区被评为2017年度苏州市村庄环境长效管理先进单位，入围省级现代农业产业园创建名单，入选江苏省“味稻小镇”。常南社区被评为2017年度江苏省健康社区。

经济建设　园区有企业572家，其中工业企业327家，全年完成工业开票销售收入22.87亿元，入库税金1.1亿元。20家规模以上工业企业实现总产值12.96亿元，主营业务收入12.88亿元，实现利税6600万元。有销售收入超1亿元企业2家。新兴产业实现产值8.41亿元，占规模以上工业总产值的65%。新批私营企业24家，新增注册资本7658万元；引进外地资本1500万元；新批个体工商户287户，新增注册资本2901万元。完成“腾笼换凤”土地面积2.53公顷。获评省信用贯标企业3家、省诚信守法先进企业3家、苏州市企业技术中心1家，创建省科技型中小企业1家。获批省高新技术企业2家、省级民营科技企业9家，新列入苏州市小微科技培育企业2家，列入省高新技术企业培育库企业4家，列入张家港市高新技术企业培育库企业6家，认定高新技术产品7种。获批苏州市产业技

苏州美丽乡村健康行活动　　　　　　　　　　（市城乡环境卫生中心　提供）

术创新专项1项，获评张家港市科技计划项目4项。获批张家港市领军型创新创业人才(团队)4个，累计22个。落户苏州国际精英创业项目4项。企业新增博士6人。申报专利153件，其中发明专利申请57件，授权发明专利17件，拥有有效发明专利70件。推广农业实用技术5项，其中高效栽培新技术4项。推广农业种植新品种18种。新增绿色食品3种，累计14种，新增无公害农产品3种。“三品”种植面积占食用农产品面积比重为93.12%。新增市级农业产业化龙头企业1家。新增家庭农场4家，专业合作社2家，建成农业电子商务平台1家。新增农业机械60台套，农机化总投入616.8万元。全年实现农、林、牧、渔业总产值5.07亿元，粮食、瓜果、油菜籽、水产品总产量分别为24701吨、5455.5吨、121吨、838吨。秸秆还田率保持100%。稻麦高产创建示范方通过苏州市实割实测验收，稻麦周年项目小麦项目通过省级中期验收。

社会事业　年末，园区有中小学校2所，教师84人，在校学生844人，其中接纳新市民子女494人入学。义务教育学龄人口入学率100%，初中升学率100%。另有幼儿园1所，教师39人，在园幼儿314人，其中新市民子女117人。有医疗卫生机构10个，其中民营医院1家、社区卫生服务站7家，执业医师46人。新建预防接种卡105份，一类接种疫苗3372人次。建立居民健康档案19822份，完成老年人健康评估6942人。对65周岁及以上老年人开展中医体质辨识服务3366人次，覆盖率78%。园区纳入妇幼保健产妇119人，新生儿121人，孕妇早孕建卡率98.3%，住院分娩率、儿童建卡率均为100%。开展4个社区35周岁至64周岁育龄妇女“两癌”筛查，共计服务1345人次。社区卫生服务站全年诊疗31003人次。开展家庭医生签约服务扩面工程，其中大病困难群众、计生特殊家庭签约92户247人，个性化签约409户1171人，超额完成市定目标。推行“田园普法”工程，构建普法宣传队伍，丰富田园法治内涵，注重田园法治实效，推行法治进大棚、进田间、进微信公众号等多形式宣传。开展法制宣传课8场，利用微信公众号推广法制宣传30次。落实安监机构能力建设，完善各项安监工作制度，配备专职安监执法人员、专职安全员10人，各类检测装备1套，个人防护装备10套，安监执法车辆1辆，并统一采购制式服装和安监执法电瓶车，实现机构、人员、经费、装备“四落实”。开展“六防”专项行动、“百日行动”、安全隐患大排查大整治、安全生产大检查等专项行动，全年检查企业481家次，督促整改各类隐患705处。

福民工程　新增城镇职工养老保险人数728人，累计6116人。居民基本医疗参保人数3672人。新增住房公积金缴费企业10家，累计102家，住房公积金扩面130人，累计2189人。年内新增就业岗位1211个，其中公益性岗位38个。9名特困家庭劳动力实现就业，就业率100%。“老有颐养·幸福晚年”养老服务品牌深化，实施公益创投养老服务项目2项，其中“常阴沙·老人·家”长者服务计划项目落地居家养老服务中心，“银领·家园”社会服务项目落地常沙社区居家养老服务中心，实现老年活动天天有、健康测试不间断的服务目标，年服务老人1万余人次。从4月1日起，1033名80周岁及以上老人开始享受由政府提供的每户70元标准的居家养老服务，年服务11400人次。全年发放农业支持保护补贴392.43万元、农机购置补贴188.21万元；农业保险粮油、高效设施农业参保率均达100%，出险定损理赔107.53万元。全年发放低保金、低保边缘生活补助金155万元，发放低保户水费补贴2.8万元。临时救助17人，发放市、镇两级救助金6万元。开展“共享阳光”慈善助学活动，资助13.6万元帮助44名贫困学子入学。对23类慰问对象发放慰问金104万元，惠及1312户困难群众。园区“民生两险、惠老保险、重疾保险”三项保障体系实现全覆盖。接处自然灾害报警2起，为受灾群众申请“民生两险”补助12.1万元。“港城惠民”村民意外、重疾综合险全年理赔结案153起，惠民理赔金63万元。园区帮助困难群众解决危房改造2户，投入建设资金5万元。发放重残补贴40.5万元，发放特殊残疾人补贴1.9万元，发放无业精神智力残疾补贴5万元，发放重残护理补贴26.6万元。组织第三届“残健合作”趣味运动会，开展“沙家浜红色之旅”助残志愿服务活动，惠及30余名残疾人。以居家养老服务中心为基地，投入1万元合署设立“残疾人之家”；投入3.5万元在常南社区建成常阴沙“四季果园”辅助性就业基地，为园区残疾人就业增收和康复理疗提供服务平台。6月，园区残联创投“筑爱常兴，共享阳光”社工服务项目，投入创投资金6万元，以常兴社区为基点，以“社会组织+社区+服务对象”的模式开展常态化服务，全年开展活动37次，服务残疾人1000人次。

2017年常阴沙现代农业示范园区各社区(居委会)基本情况表

表87

社区(居委会)名	面　积(平方千米)	户数(户)	人口数(人)	集体经济总收入(万元)	可用财力(万元)	总资产(万元)	社区(居委会)党总支书记	社区(居委会)主任
常东社区	4.60	863	2281	704	449	2797.00	范兴华	陈　东(5月免) 杨　红(女,5月任)
常南社区	5.48	1372	3670	951	451	2075.00	陶洪祥	盛振清(5月任)
常西社区	4.11	840	2215	803	428	2519.00	丁益宇	刘青松
常北社区	5.20	1093	2923	1002	409	2656.00	徐卫华	沈维良(5月免) 朱鑫刚(5月任)
常红社区	4.89	1120	2954	584	412	2316.00	陈金发(5月免) 沈维良(5月任)	盛振清(5月免) 陈　东(5月任)
常兴社区	5.19	740	1979	691	442	2679.00	陈志华	茅建红(女)
常沙社区	4.98	1219	3184	917	454	2256.00	李　平	朱金法
集镇居委会	—	471	1024	—	—	41.47	陆　燕(5月任)	瞿　伟(5月免) 陆　燕(5月任)

说明:表格中数据为农村调查数

【苏州美丽乡村健康行活动在常阴沙举行】 4月9日,2017江苏省乡村旅游节系列活动暨“五义联动,健康苏州”——农行杯苏州美丽乡村健康行活动在常阴沙举行,数千名健身爱好者在春日花海中领略乡村之美。苏州美丽乡村健康行(常阴沙站)活动,由苏州市委农办、苏州市旅游局和苏州市美丽村庄建设办公室联合发起,苏州市文明办等近20个单位主办,张家港市常阴沙现代农业示范园区管理委员会、张家港市青少年社会实践基地承办。借助“江苏省乡村旅游节”平台,以“美丽乡村+”为主线,通过义行、义诊、义捐、义卖、义演等“五义”公益活动,推动“农业增效、农民增收、农村增绿”与健康苏州、全民健身、全域旅游、公益慈善、田园综合体、常阴沙花开花海深度融合,打造以“健康行”为主题的乡村旅游精品线路。全市2400余市民和游客参加活动,共义行10千米,义诊200余人,义演1场,20家企业参与爱心义卖,筹得爱心善款5249元。

【常阴沙与高校科研院合作发展农业科技】 近年,常阴沙实施“科技强区”战略,积极拓展科技合作渠道,先后与西北农林科技大学、扬州大学、江苏省农科院等9家高校或科研院所建立长期合作关系,建办科研合作平台10个、千人计划工作站2个、万人计划工作站1个。2017年6月8日,园区举办西北农林科技大学(常阴沙)设施农业新技术应用现场会。现场会展示地中热交换系统、分离式遮阳系统、二氧化碳施肥系统、滴灌带系统等最新科研成果。省农科院专家对项目给予高度评价,认为它切实解决了苏南地区由于夏季高温高湿、冬季低温寡照引发的土壤连作障碍,严重依赖化肥、农药等设施农业瓶颈问题,同时对园区打造高端现代化农业发展方向提出宝贵意见。是月20日,同济大学环境科学与工程学院又与园区、顺达康(苏州)农业科技发展有限公司分别签署人才培养与科研战略合作协议、产学研合作协议。协议将拓展园区与同济大学在人才、科研、教学等方面的合作,更多的专业人才会被引入农业发展事业。同济大学环境科学与工程学院还将组成专家团队针对园区内的顺达康公司发展遇到的问题提出技术整改方案。至年末,园区共孵化顺达康、沃华、松田种子等农业科技企业10余家,注册资本累计超过6500万元。

【古风拓展基地揭牌】 5月18日,古风拓展基地在常阴沙现代农业示范园区常南社区四季果园举行揭牌仪式,中国体验教育培训论坛执行委员、中国青少年体验教育产业协会会长王光有、中国体验教育培训论坛执行委员、全国专业人才储备工作委员会营地教育指导师代艺林等出席了活动。古风文化公司在常南四季果园内规划建设0.4公顷拓展用地,建设CS演练场,用于青少年的拓展训练、亲子休闲、农事采摘等活动。近年,园区常兴花海、四季果园、特色农家乐等亮点活动和景点日趋成熟,该基地的揭牌丰富了园区生态旅游的形式。

(徐丽春)

双山岛旅游度假区

【概况】 双山岛旅游度假区位于市域西北郊、地处张家港作业航道与长江主航道之间,与苏州、无锡、泰州和南通四市的长江水域相连接,与张家港保税区隔江相望仅1千米。区域总面积约20平方千米，其中堤坝外滩涂湿地面积约4平方千米，堤坝内面积16平方千米，环岛岸线长16.8千米，耕地面积400公顷，土地规模经营面积272.9公顷。辖4个行政村、1个社区（为“村社合一”体制）。区内主要以农业经济为主，无工业，主要发展特色种养业和旅游业，是长江中下游地区“生态岛”之一。年内，双山岛旅游度假区获省国土资源厅批准开展旅游用地综合改革试点，度假区青年之家列入2017年度苏州市示范青少年综合服务平台。

经济建设　年内，全区实现农业总产值3300万元，粮食、水产品产量分别为1654.7吨、462.9吨（因统计口径原因，经济指标大多未做单独统计，合并在保税区（金港镇）内）。4个村集体获粮食价外补贴33.1万元，土地规模补贴40.9万元。有以村为经营主体的土地股份合作社4家，全区土地规模经营率100%。农产品中，实现大米种植、包装和销售一条龙服务。

双山岛旅游度假区门楼　（双山岛　提供）

社会事业　年末，有社会卫生服务站1所，总面积380平方米，拥有医护人员5人，病床6张。全年开展企业安全生产检查112家次，排查隐患15处。深化村民自治，渡口村选举产生村民议事会小组，制定渡口村村规民约。

福民工程　村年均可用财力332.7万元，全年居民离岛拆迁安置分配房屋557套，留岛安置房1期590套基本建设完成。发放党员关爱基金13万元，为辖区10460人购买31万元的“港城惠民”意外重疾险，为双山岛户籍及辖区内住房购买的自然灾害民生险6.8万元，发放其他各类补贴、补助310余万元。举办免费涉农培训50余人次。

2017年双山岛旅游度假区各村基本情况表

表88

村　名	面积（平方千米）	户数（户）	人口数（人）	集体经济总收入（万元）	可用财力（万元）	总资产（万元）	村党支部书　记	村委主任
渡口村	2.08	962	2417	666	384	3904	杜国平	王建芳
双中村	3.73	516	1392	508	284	2355	高金荣	杜　琳
老圩村	3.71	1102	2984	430	378	2516	夏龙华	丁修德（7月外出挂职） 包陶银（7月主持村委工作）
新圩村	3.28	882	2432	505	285	4326	陈建强	陶进良

说明：表格中数据为农村调查数

【三大国家级以上高尔夫赛事在双山举办】 4月17日至22日，由国家体育总局小球运动管理中心、中国高尔夫球协会和张家港市人民政府主办，江苏省高尔夫球协会和张家港市体育局联合承办的2017年女子职业高尔夫球巡回赛——第三站张家港双山挑战赛在双山岛高尔夫俱乐部开赛。大赛吸引中国、英国、马来西亚、韩国、泰国、新加坡等国家和地区的114名球员报名。5月7日至13日，第39届“皇后杯”暨亚太业余女子高尔夫球队际锦标赛在张家港双山岛高尔夫俱乐部举办。“皇后杯”暨亚太业余女子高尔夫球队际锦标赛源于1979年，拥有亚太地区的14个会员协会，是亚太地区最高水平的女子高尔夫球业余团体锦标赛。11月13日至18日，由国家体育总局小球运动管理中心、中国高尔夫球协会主办，江苏省高尔夫球协会、张家港市体育局、张家港双山高尔夫俱乐部协办的2017年双山全国青少年高尔夫球比洞赛开赛。这是双山高尔夫俱乐部打造的首届品牌赛事。全国各地12周岁至17周岁的120名青少年参加比赛，其中男子64人、女子56人。该次比赛主要由排位赛和比洞赛组成，比赛设立男、女组前八名以及体育道德风尚奖。比赛纳入中国高尔夫球协会积分体系，男、女组冠军各获一场2018年职业赛事的外卡名额，第二、三名分别获2018世界青少年锦标赛选拔赛外卡名额。

（沈　涛）

【编辑　汪丽菁】

人物·先进集体

Personages & Advanced Collectives

全国最美家庭——郁全和家庭　（长江村　提供）

新任市领导

新闻人物

先进个人

先进集体

扫码欣赏

《红色记忆，燃情岁月》

新任市领导

黄雪元

1963年8月生，江苏省张家港市人，大学学历，中共党员。中共张家港市委常委、政协张家港市委员会主席、党组书记。

1984年7月参加工作。1984年7月至1988年3月，任连云港市计经委办事员。1988年3月至1990年2月，任张家港市外经委人秘科办事员。1990年2月至1996年7月，任市外经委副股级秘书、人秘科副科长、科长兼市服装进出口公司工会主席。1996年7月至1997年2月，任双山镇党委副书记、纪委书记、农工商总公司副董事长。1997年2月至1999年12月，任双山镇党委副书记、农工商总公司（资产经营公司）副董事长、总经理。1999年12月至2001年10月，任市政府办公室副主任。2001年10月至2002年12月，任乐余镇党委副书记、农工商总公司（资产经营公司）副董事长、总经理。2002年12月至2005年4月，任杨舍镇党委副书记、农工商总公司（资产经营公司）副董事长、总经理。2005年4月至2006年3月，任乐余镇党委书记、农工商总公司董事长。2006年3月至2007年12月，任乐余镇党委书记、资产经营公司董事长。2007年12月至2010年2月，任乐余镇党委书记兼人大主席、资产经营公司董事长。2010年2月至2010年8月，任张家港市商务局局长、党委书记兼江苏国泰国际集团监事会主席、中国国际贸易促进委员会张家港支会会长。2010年8月至2010年11月，任市政府副市长，市商务局局长、党委书记兼江苏国泰国际集团监事会主席、中国国际贸易促进委员会张家港支会会长。2010年11月至2013年12月，任市政府副市长。其间，2010年11月至2013年12月，援疆任巩留县委副书记。2013年12月至2016年7月，任张家港市政府副市长、党组成员。2016年7月至2016年8月，任市委常委、市政府副市长、党组成员，张家港经济技术开发区党工委副书记、管委会副主任。2016年8月至2017年1月，任市委常委，张家港经济技术开发区党工委副书记、管委会副主任兼杨舍镇党委书记。2017年1月至2017年4月，任市委常委、市政协主席、党组书记，张家港经济技术开发区党工委副书记、管委会副主任兼杨舍镇党委书记。2017年4月至2017年5月，任市委常委、市政协主席、党组书记，杨舍镇党委书记。2017年5月起，任市委常委、市政协主席、党组书记。

（市委组织部）

新闻人物

黄　艳

女，1979年6月生，张家港市乐余镇人，大学本科学历，中共党员，苏州市张家港地方税务局第四税务分局股长。助人为乐“中国好人”。

1997年至2000年，任市地方税务局事务所办事员。2000年至2005年，任市地方税务局第四税务分局办事员。2005年至2011年，任市地方税务局第四税务分局科员。2011年至2012年，任市地方税务局第一税务分局科员。2012年至2017年，任市地方税务局第四税务分局科员。2017年起，任苏州市张家港地方税务局第四税务分局股长。税务工作22年中，黄艳因业务能力强、综合素质佳、富于爱心，曾先后多次被评为优秀公务员、征管能手、“十佳风险评估能手”、工会先进个人。并且多年热心公益慈善事业，利用业余时间做好事。她创立阳光工程心理互助论坛并担任版主，自学考取国家二级心理咨询师，10余年坚持默默无私帮助众多因抑郁症而备受困扰的网友，挽救了多条濒临绝望的生命。2017年7月，她被中央文明办授予助人为乐“中国好人”称号。

（杨　光）

王秀芬

女，1940年4月出生，张家港市锦丰镇耕余村人，小学文化，农民。孝老爱亲“中国好人”。

王秀芬，务农。从2001年起，丈夫、儿子、女儿，接连患“小脑萎缩”的遗传病瘫痪。在沉重的生活压力下，王秀芬选择坚强乐观面对生活，用自己的瘦弱的肩膀撑起不幸的家庭。2006年被病痛折磨了16年的丈夫去世后，王秀芬全心全意照顾儿子，即使是在儿子干细胞移植手术失败后，她依然坚信，在医学技术发达的将来，孩子的病一定能够治好。2017年3月，被中央文明办授予孝老爱亲“中国好人”称号。

（徐　平）

沈 彬

1979年9月生，江苏省张家港市人，英国斯塔福德大学经济学硕士。江苏沙钢集团党委书记、常务副总裁兼总会计师，沙钢集团有限公司董事长。国家"万人计划"专家。

2001年毕业于中国地质大学会计学专业。2001年至2002年在江苏沙钢集团有限公司财务处从事会计工作。2002年至2004年，在英国斯塔福德大学攻读商业分析经济学专业，获经济学硕士学位。2004年至2007年，先后在江苏国泰集团国贸股份有限公司、东方海外货柜航运有限公司（香港）任高级会计。2007年进入沙钢集团，先后担任沙钢国际贸易有限公司副董事长、第一副总经理、财务处处长，沙钢集团董事局总裁助理，沙钢集团有限公司董事、总会计师，沙钢集团董事局执行董事、集团公司副总会计师，沙钢集团有限公司党委书记，沙钢集团董事局常务执行董事、第一副总裁、总会计师。2012年起，担任沙钢集团党委书记、沙钢集团有限公司董事长。他积极适应经济新常态，持续推进转型升级与改革创新，实现企业在传承中的又一轮高效发展。沙钢集团是全国最大的民营钢铁企业，连续九年入围世界500强。沈彬在企业管理中创造了骄人的业绩，为社会经济建设做出突出贡献，赢得了社会广泛认同。先后任江苏省人大代表，张家港市、苏州市党代表，中国民间商会副会长、中国钢铁工业协会副会长、全国青年联合会常委、江苏省工商联副主席、江苏省青年企业家联合会会长等社会职务。并获评国家科技创新创业人才、优秀中国特色社会主义事业建设者、"江苏省十大卓越经营管理者"、江苏省优秀共产党员、江苏省青年岗位能手等。2017年12月，第三批获评国家"万人计划"专家。 （殷立华）

冯虎田

1965年1月生，辽宁省义县人，南京理工大学博士生导师。张家港斯克斯精密机械科技有限公司董事长。国家"万人计划"专家。

1991年于华东工学院机械工程专业硕士毕业，1996年至2000年在南京理工大学攻读机械工程专业博士，1991年3月起在南京理工大学任教。同时是机械工业优秀创新团队带头人，国家科技重大专项"高档数控机床及基础制造装备"总体组专家，功能部件责任专家。2013年1月，创办张家港斯克斯精密机械科技有限公司，带领研究团队在滚动功能部件加工在线检测方法与技术、试验技术、标准制定等方面，取得多项技术成果。2012年至2017年，他承担国家科技重大专项课题14项。作为牵头单位课题组长组织行业8家龙头企业联合攻关国家科技重大专项"高档数控机床与基础制造装备"重点课题，技术覆盖国内18个单位，螺纹加工关键技术处于国际先进水平，专项检测技术处于国际领先水平，为研究高品质滚动功能部件开辟了新途径，促进行业技术创新。他先后获评全国机械工业先进工作者、张家港市领军型创业人才（重点类）、苏州市姑苏人才计划（重点类）、科技部创业人才等称号。2017年12月，第三批获评国家"万人计划"专家。 （殷立华）

唐海娣

女，1979年11月生，辽宁省沈阳人，北京大学软件工程专业硕士。江苏耐维思通科技股份有限公司董事长兼总经理。国家"万人计划"专家。

2002年毕业于东北大学，2007年获北京大学硕士学位。2002年，唐海娣加入美国惠普公司，任研发工程师，负责大型通信软件Openview的研发，并承接中国电信平台无线微波产品的研发工作。2007年，她加入世界500强企业——沃达丰（荷兰）公司，负责无线通信网络的优化，历任高级工程师、项目经理、项目主管。2012年10月，唐海娣回国创办张家港耐维思通电子科技有限公司（后更名为江苏耐维思通科技股份有限公司），致力于研发世界领先的航海通信导航技术及数字化港口解决方案和打造中国第五代港口——智慧型绿色低碳港。2016年3月，公司成功在"新三板"挂牌上市。2017年，公司完成销售额3600余万元。2017年12月，她第三批获评国家"万人计划"专家。 （殷立华）

薛新忠

1977年10月生，山东省安丘人，中国科学院理学博士。苏州华博电子科技有限公司董事长。国家"万人计划"专家。

2000年，毕业于哈尔滨工业大学。2001年至2006年，在中国科学院研究生院物理化学专业学习，获理学博士学位。2007年至2011年，在加拿大国家科学院（研究理事会）博士后工作站工作学习。2011年8月回国，在中国科学院上海高等研究院工作。2011年12月，创办苏州华博电子科技有限公司，担任公司董事长兼法定代表人。他具有多年在国内外高水平研究机构从事技术开发和研发团队管理的工作经验，具有6年高精密陶瓷基薄膜电路开发和相关技术成果成功转化经验。自2011年8月起，作为项目负责人承担国家自然科学基金项目，总装预研以及企业合作研发等多种研发项目，项目总金额为916万元。在国内外期刊上发表学术论文30余篇，申请国内外发明专利8项，授权5项。创办的苏州华博电子科技有限公司拥有高精密薄膜电路的研发和生产能力，生产的薄膜电路基板和无源元器件以体积小、精度高、散热好和高频电性能为突出特点。公司为市场提供近100万件薄膜电路基片，为客户提供优质快速的产品和服务，累计完成销售额1.6亿元，上缴利税1500万元。2017年12月，他第三批获评国家“万人计划”专家。（殷立华）

葛剑锋

1976年12月生，江苏省张家港市杨舍镇人。工商管理硕士，中共党员，经开区（杨舍镇）善港村党委书记。全国农业劳动模范。

1996年9月至1999年10月，先后任江苏金柳集团张家港钢丝绳厂营销部科员、副部长，江苏金柳集团团委书记。1999年11月至2008年8月，任张家港保税区金沙江金属制品有限公司总经理，泰博制钢股份有限公司董事长、总裁。2008年9月至2010年7月，在北京大学经济管理学院高级管理人员工商管理硕士班学习，获工商管理硕士学位。2009年5月，任善港村党总支书记。2012年，邻近的五新、杨港、严家埭村并入善港村后，葛剑锋凭借多年经营企业的经验，为善港村确定了“宜工则工、宜农则农、宜副则副、宜商则商”的发展方略，引领善港村干部群众千方百计谋求发展新渠道，以资产置换、托管等方式“腾笼换凤”，加大整合力度。2014年，善港村升格为党委村。2017年，善港村域内集聚各类企业150余家，其中欧美企业10余家。仅此一项，村每年增收1000余万元。是年，村可用财力2400余万元。近5年，善港村共实施民生实事项目59项，整治农村河道19.7千米，新建农村道路9万平方米，建成江苏省三星级康居乡村、江苏省休闲观光农业示范村，彻底甩掉贫困帽子。2017年10月，葛剑锋获全省脱贫致富奖，成为苏州市唯一获此殊荣者。11月，获2016—2017年度江苏省农村基层党建工作突出贡献奖。12月，被人力资源和社会保障部、农业部授予“全国农业劳动模范”称号。（戴玉兴）

施剑锋

1975年9月生，江苏省张家港市人，中共党员，海军上校军衔，海军航空兵某部特级飞行员。海军飞行人员银质荣誉奖章获得者。

1993年9月入伍，1997年7月毕业分配到一线作战部队。入伍20余年中，先后飞过四种机型，结合自身实践撰写总结30余万字的飞行心得体会和特情处置研究思考。先后20余次参加军委和海军组织的重大演习演练任务。施剑锋荣立二等功一次、三等功五次，多次被评为训练标兵。2017年1月，因飞行成绩突出被海军东海舰队授予海军飞行人员银质荣誉奖章。（陈佳丽）

陈海华

1970年8月生，江苏省张家港市人，研究生学历，中共党员。武警南京市消防支队支队长，副师职。公安部个人二等功。

1992年7月入伍，1994年10月入党。历任张家港消防大队技术员、助理工程师、工程师、大队长，常熟市消防大队大队长，苏州市消防支队参谋长，南通市消防支队支队长，2016年8月任武警南京市消防支队支队长。在2016年“4·22”江苏德桥化工仓储有限公司爆炸火灾事故增援行动中，陈海华第一时间启动跨区域应急作战预案，先后调集9个现役中队、1个战勤保障大队的22辆消防车、3台供水泵组、113名消防官兵赶赴现场参与火灾扑救。在瞬息万变的火场，陈海华靠前指挥、临危不惧，组织优势力量承担主攻任务。他准确预判、抵近危险、综合分析，抓住稍纵即逝的"10分钟有利战机"，最大限度保护芳烃罐区、汽油罐区的安全，为战役的最终胜利发挥了决定性作用。他本人先后四次被评为个人三等功。2016年12月，被公安部记个人二等功。（陈佳丽）

张旦忠

1969年11月生，张家港市杨舍镇人，大学学历，中共党员，市公安局党委委员，市纪委第十八派驻纪检监察组组长。全国优秀人民警察。

1987年12月至1994年12月，先后任市公安局泗港派出所民警、后塍派出所民警。1994年12月至1998年12月，先后任市公安局秘书科办事员、团委书记、政保科副科长。1998年12月至2004年2月，任市公安局南丰派出所所长。2004年2月至2006年9月，任市公安局治安大队副大队长。2006年9月至2007年8月，任市公安局城北派出所教导员。2007年8月至2012年12月，任市公安局法制办公室副主任、主任。2012年12月至2017年8月，任市公安局法制大队大队长。2017年8月起，任市公安局党委委员，市纪委第十八派驻纪检监察组组长。张旦忠坚持忠诚履职，全身心投入到公安法治建设中，为张家港市公安局实现执法质量江苏省公安厅考评20年连优、全国公安机关执法示范单位"五连冠"做出了重要贡献。他所带领的法制大队2011年被公安部记集体一等功，2012年获评全国优秀公安基层单位；他个人于2013年被评为全省公安机关执法规范化建设成绩突出个人并记个人二等功，先后获评苏州市践行核心价值观"十佳政法干警"、先进政法工作者、"十佳优秀共产党员"以及"张家港市首届法治人物"等称号。2017年5月，被公安部评为全国优秀人民警察。（蒋新华）

王盛男

1983年6月生，黑龙江省哈尔滨人，大学学历，中共党员，市公安局经济犯罪侦查大队民警。打击利用离岸公司和地下钱庄转移赃款专项行动成绩突出个人。

2002年9月至2006年7月，在中国人民公安大学读书。2006年8月至2011年7月，任乘航派出所民警。2011年8月，任市公安局经济犯罪侦查大队民警。王盛男践行经侦部门"打击、服务、参谋"三大职能，始终奋斗在经侦第一线，为张家港市平安金融奉献自己青春。他于2014年、2015年、2016年、2017年连续四年评为张家港市优秀公务员、荣立个人三等功一次，并纳入江苏省公安厅经侦专门人才库。2017年8月，被中国人民银行、公安部、国家外汇管理局联合表彰为打击利用离岸公司和地下钱庄转移赃款专项行动成绩突出个人。（公安局）

杨　芬

1968年1月生，张家港市杨舍镇人，大专学历，中共党员，市公安局网络警察大队大队长。国家版权局查处侵权盗版案件有功个人三等奖、全国"扫黄打非"先进个人。

1990年8月至1992年1月，任市公安局刑警大队民警。1992年2月至2000年9月，任市公安局预审科民警。2000年10月至2001年2月，任市公安局经侦大队民警。2001年3月至2003年5月，任市公安局城中派出所副所长。2003年6月至2005年8月，任市公安局城北派出所副所长。2005年9月至2008年10月，任市公安局经文保科科长。2008年11月至2012年11月，任市公安局三兴水上派出所教导员。2012年12月至2018年1月，任市公安局网络警察大队教导员。2018年2月。任市公安局网络警察大队大队长。杨芬坚持忠诚履职，全身心投入到公安网警建设中。在她的带领下，网络警察大队于2013年成功创建省"一级网安大队"，被张家港市委、市政府授予先进集体；2015年被市公安局授予绩效考评优秀单位；2015年、2016年连续两年被市"扫黄打非"工作领导小组授予先进集体。2017年，她被国家版权局授予查处侵权盗版案件有功个人三等奖，被全国"扫黄打非"工作小组评为全国"扫黄打非"先进个人。（公安局）

俞李杨

1987年3月生，张家港市锦丰镇人，大学学历，中共党员，公安局网络警察大队三中队民警。国家版权局打击侵权盗版案件有功个人一等奖。

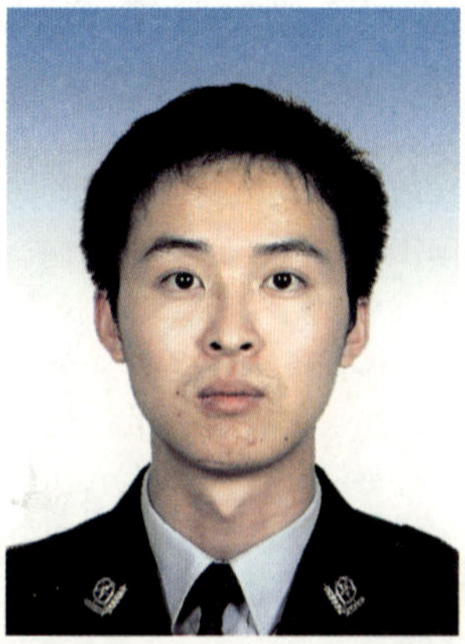

2009年8月进入张家港市公安局网络警察大队工作。俞李杨坚持学习进取，全身心投入电子数据取证勘验工作。2013年4月成为市公安局首个电子数据调查分析师认证的民警。在2015年省公安厅大比武中，他参加的苏州代表队取得电子勘验取证项目团体第一名，荣立集体二等功。2016年2月，俞李杨被评为苏州市公安局“专业技术类公安人才”称号。8年网警生涯，他利用专业特长协助破获多起重大有影响案件，2013年被张家港市政府评为“扫黄打非先进个人”称号，2017年被张家港市公安局评为“十佳青年民警”“侦查标兵”，2018年获张家港市公安局“最美警察提名奖”。2015年、2017年先后两次获评国家版权局查处侵权盗版案件有功个人一等奖。（公安局）

邵丽娅

女，1967年9月生，张家港市凤凰镇人，大学本科学历。苏州市张家港地方税务局第八税务分局副股级科员。中国好税官。

1988年至1993年，市税务局凤凰税务所会计。1993年至1994年，市税务局监察科科员。1994年至1995年，市地方税务局人事监察科科员。1995年至2003年，市地方税务局税政科科员。2003年至2005年，市地方税务局税政科副股级科员。2005年至2011年，市地方税务局第一税务分局副股级科员。2011年至2012年，市地方税务局开发区分局副股级科员。2012年任苏州市张家港地方税务局第八税务分局副股级科员。作为张家港地税局的一名税务干部，她在恪尽职守做好地税工作的同时，热心公益，奉献爱心，一次次用自己的热情点燃别人生活的希望，把大爱撒向社会弱势群体，先后做好事100余件，捐款捐物10万余元，被群众誉为“活雷锋”。先后获“江苏好人”“中国好人”，苏州地税20年“最美地税人”和苏州市第21届“双十佳新人”。2017年9月，被国家税务总局授予“中国好税官”称号。（杨　光）

唐奇英

女，1967年10月生，张家港市金港镇人，大学本科学历，中共党员，张家港市人民法院金港人民法庭副庭长。全国优秀法官。

1991年，进入张家港市人民法院港区人民法庭工作，后调入后塍人民法庭（后改名金港人民法庭），历任书记员、助理审判员、审判员、庭长助理、副庭长、党支部书记。至2017年年末共审结各类案件6000余件。她审理了大量疑难复杂、矛盾尖锐、社会影响较大的案件，其中2件作为指导案例在《江苏省高级人民法院公报》刊登。她独创的“细心、情重、入案、体味”审理八字诀，取得“案结事了人和”的良好效果，赢得了当地群众和单位的称赞和信服。先后获张家港市“十佳政法干警”“十大女杰”“机关工作标兵”“优秀共产党员”“第四届道德模范（敬业奉献）”“三八红旗手”，苏州市“十佳法官”“五一巾帼建功标兵”，江苏省“优秀法官”“人民满意的政法干警”、江苏省政法系统公正廉洁执法先进个人等称号，并多次荣立苏州市及江苏省法院二等功、三等功，当选苏州市第十一次党代会代表。2017年1月，被最高人民法院评为全国优秀法官。（何　薇）

刘欣石

1962年10生，江苏省张家港市人，在职研究生学历。张家港市体育局行政许可服务科科长兼群体部部长。张家港市体育总会秘书长，兼任苏州大学“国家体育总局体育社会科学重点研究基地”专家委员会委员、江苏省体育摄影协会副秘书长、江苏省田径裁判委员会副主任、苏州市广场健身舞运动协会副会长、苏州市田径裁判委员会主任张家港市老年人体育协会常务副主席、张家港市足球协会副主席。全国群众体育先进个人。

1982年8月参加工作，先后在沙洲县中兴中学、张家港市梁丰中学工作，1991年调任至张家港市张体育局工作，历任市少体校副校长（主持工作）、校长、市体育场场长，2006年起任市体育局群体部部长，2010年兼任市体育总会秘书长，2011年兼任市体育局行政许可服务科科长、市全民健身工作指导委员会办公室副主任。作为全市群众体育职能部门的负责人，他带领部门全体同志积极参与全市群众体育工作政策、规定的研究制定工作，凭着对群众体育强烈的责任感，他把更新观念，提高认识作为出发点，在开展全民健身活动工作中他具体组织了2004年的“全民健身周”、2005年至2010年的“全民健身月”、2011年至2017年的“全民健身节”活动的策划和实施工作。作为第一主持人主持省级体育科研课题1项、苏州市级体育科研课题3项，与其他人合作完成国家级体育科研课题1项、省级体育科研课题2项、苏州市级体育科研课题2项。在全国性体育专业期刊发表学术论文19篇，撰写的《张家港市机关工作人员体质健康研究》论文，被选为全国“第三次国民体质监测论文报告会暨体质研究国际研讨会”会议交流，《对张家港市体育基本现代化指标体系的分析与研究》获第十八届全国城区体育工作研讨会二等奖。主编《张家港市市民健身指南》，合作编写全国第十届运动会《田径裁判工作手册》《张家港市体育健身指导手册》等。先后多次担任青奥会田径赛、世界竞走团体锦标赛、国际田联钻石联赛(上海站)、亚洲老将田径运动会、亚洲青年运动会田径比赛、亚洲田径大奖赛、全国运动会田径比赛、全国田径锦标赛及西昌、海南、无锡国际马拉松赛等赛事的技术官员、总裁判长、裁判长等职。他先后被评为江苏省优秀社会体育指导员，第三届全国体育大会组织承办工作先进个人，全国“群众喜爱的社会体育指导员”，全国运动会、全国田径锦标赛优秀裁判员，全国优秀社会体育指导员，青奥会国内最佳技术官员。2017年8月，被国家体育总局表彰为全国群众体育先进个人。（陈晓晴）

先 进 个 人

2017年张家港市获国家条线表彰的先进个人一览表

表89

姓 名	荣誉名称	授予单位	工作单位
姚林荣	2013—2016年度全国社会治安综合治理、平安建设先进县(市、区、旗)嘉奖	中央社会治安综合治理委员会、中共中央组织部	市委
朱立凡	2013—2016年度全国社会治安综合治理、平安建设先进县(市、区、旗)嘉奖	中央社会治安综合治理委员会、中共中央组织部	市委
王亚方	2013—2016年度全国社会治安综合治理、平安建设先进县(市、区、旗)嘉奖	中央社会治安综合治理委员会、中共中央组织部	市委
周春峰	2013—2016年度全国社会治安综合治理、平安建设先进县(市、区、旗)嘉奖	中央社会治安综合治理委员会、中共中央组织部	市委政法委
葛剑锋	全国农业劳动模范	人力资源和社会保障部、农业部	杨舍镇善港村
王秀芬	“中国好人”	中央文明委	锦丰镇耕余村
黄 艳	“中国好人”	中央文明委	张家港地税局
郁霞秋	全国道德模范提名奖	中央文明办、全国总工会、共青团中央、全国妇联	金港镇长江村、长江润发集团
郁全和家庭	2017年度全国“最美家庭”	全国妇联	金港镇长江村
施剑锋	海军飞行人员银质荣誉奖章	海军东海舰队	海军航空兵某部
张旦忠	全国优秀人民警察	公安部	市公安局
王盛男	打击利用离岸公司和地下钱庄转移赃款专项行动成绩突出个人	中国人民银行、公安部、国家外汇管理局	市公安局经侦大队
唐奇英	“我最喜爱的好法官”提名奖	最高人民法院	市法院
	全国优秀法官	最高人民法院	市法院
刘欣石	全国群众体育先进个人	国家体育总局	市体育局
邵丽娅	中国好税官	国家税务总局	张家港地税局
佟春艳	2017年度民政新闻宣传工作先进个人	民政部	市民政局
彭 程	2016年度国家知识产权示范城市工作先进个人	国家知识产权局	市科学技术局(知识产权局)
俞李杨	2016年度查处侵权盗版案件有功个人一等奖	国家版权局	市公安局网警大队
杨 芬	2016年度查处侵权盗版案件有功个人三等奖	国家版权局	市公安局网警大队
	2016年全国“扫黄打非”先进个人	全国“扫黄打非”工作小组	

续表89

姓　名	荣誉名称	授予单位	工作单位
陈世海	2016年度查处侵权盗版案件有功个人一等奖	国家版权局	市文广新局
陈彩芬	2017年度查处侵权盗版案件有功个人一等奖	国家版权局	市文化市场综合执法大队
葛显平	2016年度查处侵权盗版案件有功个人三等奖	国家版权局	市文化市场综合执法大队
蔡　平	2017年度查处侵权盗版案件有功个人三等奖	国家版权局	市文化市场综合执法大队
金　波	长江航务管理局系统优秀共产党员	交通运输部长江航务管理局委员会	张家港海事局

2017年张家港市获省条线表彰的先进个人一览表

表90

姓　名	荣誉名称	授予单位	工作单位
孙美芬	“江苏好人”	江苏省文明委	金港镇新塍村
王　卓	2017年度全省信息工作先进个人	江苏省委办公厅	市委办公室
刘志东	全省优秀人民法庭庭长	江苏省高级人民法院	市法院
陶晓明	全省法院执行系统先进个人	江苏省高级人民法院	市法院
张晓波	全省政法系统“忠诚卫士”	江苏省委政法委	市法院
高　远	江苏省技术能手	江苏省人力资源和社会保障厅	张家港海事局
屈荣杰	全省政务服务突出贡献个人（三等功）	江苏省政务服务管理办公室、省人社厅	市政务服务管理办公室
孙朝枫	全省人大机关系统先进工作者	江苏省人大常委会办公厅、省人社厅	市人大常委会办公室
陆梦姣	全省政务服务突出贡献个人	江苏省政务服务管理办公室、省人力资源和社会保障厅	市便民服务中心督查科
周天鹏	全省纪检监察系统先进工作者	江苏省纪委、省人社厅、省监察厅	市纪委
郁霞秋	2016—2017年度江苏省农村基层党建工作突出贡献者 江苏省最美基层干部	江苏省委组织部 江苏省委宣传部	金港镇长江村、长江润发集团
庞建华	2016—2017年度江苏省农村基层党建工作突出贡献者	江苏省委组织部	山北村
沈晓燕	2016—2017年度江苏省农村基层党建工作突出贡献者	江苏省委组织部	锦丰镇悦来社区
许文生	2016—2017年度江苏省农村基层党建工作突出贡献者	江苏省委组织部	乐余镇永利村
葛建峰	2016—2017年度江苏省农村基层党建工作突出贡献者	江苏省委组织部	杨舍镇善港村
张建春	2016—2017年度江苏省农村基层党建工作突出贡献者	江苏省委组织部	七里庙村
赵建军	2016—2017年度江苏省农村基层党建工作突出贡献者	江苏省委组织部	农联村
吴惠芳	2016—2017年度江苏省农村基层党建工作突出贡献者	江苏省委组织部	南丰镇永联村
沈　彬	第六届江苏省优秀中国特色社会主义事业建设者	江苏省委统战部、省经济和信息化委员会、省人力资源和社会保障厅等	江苏沙钢集团
李嘉诚	江苏新生代企业家	共青团江苏省委、省人才办	攀华集团
王　蕾	2016年度江苏省优秀共青团干部	共青团江苏省委	大新镇
徐志超	2017年度全省团属报刊宣传工作先进个人	共青团江苏省委	团市委
马　浩	“三有”比武表现突出的个人	江苏省环境保护厅	市环境监察大队

续表90

姓　名	荣誉名称	授予单位	工作单位
徐　博	江苏省“忠诚环保卫士”	江苏省环境保护厅	市环境监察大队保税区中队
郁敏芳	江苏省巾帼建功标兵	江苏省妇女联合会	金港镇长江村、长江润发集团
沈　琳	第二届江苏省最美水利人	江苏省水利厅	市水利局水政监察大队
周慧敏	宣传工作先进个人	民盟江苏省委员会	民盟市委办公室
高　峰	江苏省优秀人民警察	江苏省公安厅	长江航运公安局苏州分局
黄　晟	个人二等功	江苏省公安厅	市公安局
孙　毅	个人二等功	江苏省公安厅	市公安局治安大队
杨　旭	个人二等功	江苏省公安厅	市公安局城中派出所
季国锋	个人二等功	江苏省公安厅	市公安局法制大队
王　克	个人二等功	江苏省公安厅	市公安局治安大队
栾　明	个人二等功	江苏省公安厅	市公安局东莱派出所
张大鹏	个人二等功	江苏省公安厅	市公安局合兴派出所
徐　杰	个人二等功	江苏省公安厅	市公安局刑警大队
黄　勇	个人二等功	江苏省公安厅	市公安局禁毒大队
叶三保	个人二等功	江苏省公安厅	市公安局城中派出所
鞠江平	全省优秀人民警察	江苏省公安厅	市公安局治安大队
朱端冰	全省公安机关优秀网评员	江苏省公安厅	市公安局政治处
库尔班·吾甫尔	全省公安机关“信息技侦”建设成绩突出个人并记个人三等功	江苏省公安厅	市公安局技侦大队
季　芳	全省公安档案工作成绩突出个人	江苏省公安厅	市公安局办公室
李汝龙家庭	2017年度“江苏最美家庭”	江苏省妇女联合会	张家港三得利染整科技有限公司
邱晶嘉	2016年度江苏新疆少年儿童‘手拉手’互助活动先进个人	共青团江苏省委、省少工委、中国邮政集团公司江苏省分公司	冶金园(锦丰镇)
许玲霞	2016年度江苏新疆少年儿童‘手拉手’互助活动先进个人	共青团江苏省委、省少工委、中国邮政集团公司江苏省分公司	团市委
邵　帅	2016年度江苏新疆少年儿童‘手拉手’互助活动先进个人	共青团江苏省委、省少工委、中国邮政集团公司江苏省分公司	团市委
贡梓远	2017年度江苏省“最美中学生”	共青团江苏省委、省学生联合会	张家港外国语学校
魏茂坤	2014—2015年度省级“青年岗位能手”	江苏省交通运输厅、共青团省委	市交通运输局航道管理处
蔡晓华	2014—2015年度省级“青年岗位能手”	江苏省交通运输厅、共青团省委	市交通运输局
柳振华	江苏省交通运输行业优秀共产党员	江苏省交通运输厅党组	市铁路建设办公室
钟　玉	江苏省五一劳动奖章	江苏省总工会	张家港康得新光电材料有限公司
王　胜	江苏省五一劳动奖章	江苏省总工会	江苏省永钢集团有限公司
范芬红	江苏省五一劳动奖章	江苏省总工会	张家港港务集团有限公司
仁科诚	江苏省五一劳动荣誉奖章	江苏省总工会	张家港恩斯克精密机械有限公司
姜莎莎	首届江苏省“最美社工”	江苏省民政厅	市明德公益事业发展中心
徐志斌	2017年“安康关爱行动”先进个人	江苏省老龄工作委员会	市民政局
许建东	援藏工作先进个人	中共江苏援伊前方指挥部委员会	塘桥镇
王金南	江苏省粮食安全工作先进个人	江苏省粮食局	市粮食局
方　治	江苏省“十大行业工匠”	江苏省总工会财贸轻纺工会	市粮食购销总公司
高　春	江苏省住房和城乡建设系统五一巾帼标兵	江苏省建设工会工作委员会	市园林绿化建设管理处

续表90

姓　名	荣誉名称	授予单位	工作单位
徐　平	数字档案室建设突出贡献人员	江苏省档案局	锦丰镇
李秀秀	数字档案室建设突出贡献人员	江苏省档案局	锦丰镇
秦晓芬	全省档案宣传工作先进个人	江苏省档案局、省档案学会	市档案局
黄晓刚	2017年度知识产权工作成绩突出个人	江苏省科学技术厅、省知识产权局	市科学技术局（知识产权局）
刘振芳	2017年度江苏省知识产权行政执法工作成绩突出个人	江苏省知识产权局	市科学技术局（知识产权局）
缪家惠	2017年度江苏省知识产权政务信息工作成绩突出个人	江苏省知识产权局	市科学技术局（知识产权局）
张小伟	2016年度江苏省文明口岸先进个人	江苏省口岸办公室	市政府口岸办
沈贵平	2016年度江苏省文明口岸先进个人	江苏省口岸办公室	张家港海事局
李　明	2016年江苏省“扫黄打非”先进个人	江苏省“扫黄打非”工作领导小组	市文化市场综合执法大队
何文彬	优秀党务工作者	中共长江海事局委员会	张家港海事局
金　波	优秀共产党员	中共长江海事局委员会	张家港海事局
姚志平	优秀共产党员	中共长江海事局委员会	张家港海事局
戚　巍	优秀共产党员	中共长江海事局委员会	张家港海事局

2017年张家港市获苏州市级表彰的先进个人一览表

表91

姓　名	荣誉名称	授予单位	工作单位
谢蓉玉	苏州市拥军优属先进个人	苏州市委、市政府、苏州市军分区	市民政局
张　玮	2017年度二等功	苏州市政府	市纪律检查委员会、监察委员会
陶彦斌	2017年度二等功	苏州市政府	市委研究室
庞赞平	2017年度二等功	苏州市政府	市委老干部局
施建彬	2017年度二等功	苏州市政府	市委市级机关工委
刘东兴	2017年度二等功	苏州市政府	市发展和改革委员会
杨惠亚	2017年度二等功	苏州市政府	市国土资源局
张　璇	2017年度二等功	苏州市政府	市物价局
田文华	2017年度二等功	苏州市政府	市市场监督局
沈　军	2017年度二等功	苏州市政府	市公安局城北派出所

先　进　集　体

2017年张家港市获国家条线表彰的先进集体一览表

表92

获奖单位	荣誉名称	授予单位
张家港市	全国文明城市	中央文明委
	2013—2016年度全国平安建设先进县（市、区、旗）	中央社会治安综合治理委员会
	全国农村社区治理实验区	民政部
	国家生态园林城市	住房和城乡建设部

续表92

获奖单位	荣誉名称	授予单位
市体育局	2013—2016年度全国群众体育先进单位	国家体育总局
市民族宗教事务局	2013—2016年度全国群众体育先进单位	国家体育总局
市文明办	第四届全国未成年人思想道德建设工作先进单位	中央文明委
市文广新局	第五届全国文明单位	中央文明委
	2016年度查处侵权盗版案件有功单位一等奖	国家版权局
市文化市场综合执法大队	2016—2017年度全国文化市场重大案件办案单位	文化部
市评弹艺术传承中心	第七届全国服务农民、服务基层文化建设先进集体	中宣部
市知识产权局	2016年度国家知识产权示范城市工作先进集体	国家知识产权局
市文化馆老年大学	第二批全国文化系统老年大学规范化建设试点单位	文化部
市民政局	2017年“安康关爱行动”先进单位奖	全国老龄工作委员会
市环境保护局	绿色引领实验示范基地	中国生态文明研究与促进会
市公安局网警大队	2016年度查处侵权盗版案件有功单位一等奖	国家版权局
市工商联	全国“五好”县级工商联	中华全国工商业联合会
市科协	2017年全国科普日活动优秀组织单位	中国科协
市水利局水政监察大队	第五届全国文明单位	中央文明委
	全国水利文明单位	水利部精神文明建设指导委员会
杨舍镇农联村	第五届全国文明村	中央文明委
杨舍镇金塘社区	全国综合减灾示范社区	民政部
塘市小学	第一届全国文明校园	中央文明委
金港镇	第五届全国文明镇	中央文明委
金港镇人民调解委员会	全国模范人民调解委员会	司法部
乐余镇	全国社区教育示范乡镇	中国成人教育协会、社区教育专业委员会
南丰镇永合社区	2017年全国“扫黄打非”先进基层示范点	全国“扫黄打非”办公室
江苏沙钢集团有限公司5800立方米高炉车间张宝剑班组	全国工人先锋号	中国机械冶金建材工会全国委员会
中粮东海粮油工业（张家港）有限公司团委	中央企业五四红旗团委	中央企业团工委
市亲情（虚拟）养老院	第二届全国“敬老文明号”	全国老龄工作委员会

2017年张家港市获省条线表彰的先进集体一览表

表93

获奖单位	荣誉名称	授予单位
张家港市	2016年度平安县（市、区）	江苏省社会治安综合治理委员会
	2016年度社会治安综合治理先进县（市、区）	江苏省社会治安综合治理委员会
	江苏省残疾人工作先进县市区	江苏省人民政府残疾人工作委员会
	2017年度创建省“无小耳朵社区”创建工作标兵市	江苏省新闻出版广电局
	江苏省书香城市建设示范市（县、区）	江苏省全面阅读活动领导小组
	2016年全省秸秆禁烧工作优秀地区	江苏省环境保护委员会办公室
	“禁粘”城区	江苏省墙体材料改革办公室

续表93

获奖单位	荣誉名称	授予单位
市委办公室	2017年度全省信息工作先进单位	江苏省委办公厅
市委研究室	江苏省党委办公室（厅）、研究室系统先进集体	江苏省委办公厅、省委研究室
市政府法制办公室	全省政府法制工作先进集体	江苏省人社厅、省人民政府法制办公室
	2016年政府法制工作成绩突出单位	江苏省人民政府法制办公室
市发展和改革委员会	全省发展改革系统先进集体	江苏省发改委、省人社厅
市人力资源开发有限公司	2016年度全省诚信人力资源服务机构	江苏省人社厅
市国家税务局	江苏省廉洁文化建设示范点	江苏省纪委
市国家税务局第一税务分局办税大厅	江苏省巾帼文明岗	江苏省妇女联合会
市纪委	全省纪检监察系统先进集体	江苏省纪委、省人社厅、省监察厅
	全省纪检监察信访举报工作先进单位	江苏省纪委、省监察厅
市法院	全省法院推进司法改革试点工作专项记功（集体三等功）	江苏省高级人民法院
	档案工作先进集体	江苏省高级人民法院
市公安局	集体二等功	省公安厅
市公安局城北派出所	全省优秀公安基层单位	江苏省人社厅、省公安厅
市公安局经文保科	2017年度空军招收飞行学员政治考核工作先进单位	解放军东部战区空军政治部、江苏省公安厅
市公安局治安大队	全省食盐安全春季联合执法专项行动优胜单位	江苏省盐务局、省公安厅
市公安局城北派出所	全省优秀公安派出所	江苏省公安厅
市公安局城北派出所	集体二等功	江苏省公安厅
市公安局法制大队	集体二等功	江苏省公安厅
市公安局城西派出所	集体二等功	江苏省公安厅
市公安局政治处	民警的“好娘家”并记集体三等功	江苏省公安厅
市公安局监管大队	2016年度全省一级看守所	江苏省公安厅
市公安局督察大队信访中队	全省公安信访窗口一级单位	江苏省公安厅
市公安局港区派出所	全省公安出入境服务示范窗口	江苏省公安厅
市交通警察大队团总支	2015年度江苏省五四红旗团支部（总支）	共青团江苏省委
民盟市委	宣传工作先进集体二等奖	民盟江苏省委员会
团市委	2017年度全省团属报刊宣传工作先进单位	共青团江苏省委
市东渡志愿者协会青年服务队	2015—2016年度江苏省青年文明号	共青团江苏省委
市档案局保管利用科	2015—2016年度江苏省青年文明号	共青团江苏省委
市档案局	江苏省档案宣传工作先进集体特等奖	江苏省档案局、江苏省档案学会
市城建档案馆	全省城建档案管理工作先进单位	江苏省住房和城乡建设厅
市知识产权局	2017年度江苏省知识产权宣传培训工作成绩突出单位	江苏省知识产权局
	2017年度江苏省知识产权行政执法工作成绩突出单位	江苏省知识产权局
	2017年度江苏省知识产权政务信息工作成绩突出单位	江苏省知识产权局

续表93

获奖单位	荣誉名称	授予单位
市环境保护局	“三有”比武表现突出集体	江苏省环境保护厅
市物价局	2017年度全省价格工作先进单位	江苏省物价局
市工商联	江苏省“五好”县级工商联	江苏省工商联
市妇联	2017年度《婚姻与家庭》杂志宣传工作先进集体	江苏省妇女联合会
	2017年度《中国妇女》杂志宣传工作先进单位	江苏省妇女联合会
	2017年度《莫愁》杂志宣传工作特等奖	江苏省妇女联合会
市政府口岸办	2016年度江苏省文明口岸先进组织者	江苏省口岸办公室
张家港海事局	2016年度江苏省文明口岸先进单位	江苏省口岸办公室
市老龄办	全省2016—2017年度老龄宣传工作先进单位	江苏省老龄工作委员会办公室
杨舍镇财政所	江苏省巾帼文明岗	江苏省妇女联合会
苏州市住房公积金管理中心张家港分中心服务大厅	江苏省巾帼文明岗	江苏省妇女联合会
市人民广播电台新闻部	江苏省巾帼文明岗	江苏省妇女联合会
市社会福利服务中心护理部	江苏省巾帼文明岗	江苏省妇女联合会
中铁十九局第二工程有限公司张家港梁场工程部	江苏省工人先锋号	江苏省总工会
江苏天港箱柜有限公司销售部	江苏省工人先锋号	江苏省总工会
中国移动通信集团江苏有限公司张家港分公司技术业务支撑中心	江苏省工人先锋号	江苏省总工会
市社会福利服务中心	江苏省“巾帼文明岗”	江苏省妇联、省妇女“双学双比”“巾帼建功”领导小组活动
	2017年度省级示范性养老服务机构	江苏省民政厅
市交通运输管理处	2017年度优秀基层执法站所	江苏省交通运输厅
市委市级机关工作委员会	全省机关党建工作先进集体	江苏省级机关工委、省人社厅
市文化馆	江苏省公共文化设施开展学雷锋志愿服务示范单位	江苏省委宣传部、省文明办、省教育厅、省民政厅、省文化厅、省文物局、省科学技术协会
市图书馆	2016年度江苏省公共数字文化工程考核优秀单位	江苏省文化厅
	江苏省社会科学普及示范基地（2017-2019年）	江苏省哲学社会科学界联合会
市锡剧艺术中心	2016年度全省艺术创作工作先进单位	江苏省文化厅
市文化志愿者协会	江苏省青年志愿服务行动组织奖	共青团江苏省委、省志愿者协会
市人民广播电台全媒体新闻部	江苏省巾帼文明岗	江苏省妇联
大新镇	江苏省和谐社区建设示范乡镇（街道）	江苏省民政厅
杨舍镇李巷村	江苏省和谐社区建设示范社区（村）	江苏省民政厅
杨舍镇梁丰社区	江苏省和谐社区建设示范社区（村）	江苏省民政厅
杨舍镇馨港社区	江苏省和谐社区建设示范社区（村）	江苏省民政厅
杨舍镇暨阳社区	江苏省和谐社区建设示范社区（村）	江苏省民政厅
张家港保税区	江苏省乡镇（街道、园区）统计规范化建设“百家单位”	江苏省统计局

续表93

获奖单位	荣誉名称	授予单位
金港镇	江苏省健康镇	江苏省爱国卫生运动委员会
金港镇社区教育中心	江苏省优秀成人继续教育院校	江苏省成人教育协会
金港镇后塍办事处	江苏省健康单位	江苏省爱国卫生运动委员会
金港镇小明沙村	江苏省民主法治示范村	江苏省依法治省领导小组
金港镇柏林村	江苏省民主法治示范村	江苏省依法治省领导小组
	江苏省和谐社区建设示范社区（村）	江苏省民政厅
金港镇晨阳村	江苏省和谐社区建设示范社区（村）	江苏省民政厅
金港镇金都社区	江苏省和谐社区建设示范社区（村）	江苏省民政厅
金港镇德丰社区	江苏省创建无邪教示范村（社区）	中共江苏省委610办公室
金港镇学前社区卫生服务站	江苏省示范村卫生室	江苏省卫计委
锦丰镇	江苏省创业型乡镇	江苏省人力资源和社会保障厅
锦丰镇联兴村	江苏省创业型村（社区）	江苏省人力资源和社会保障厅
锦丰镇郁桥村	江苏省创业型村（社区）	江苏省人力资源和社会保障厅
锦丰镇常家村	江苏省创业型村（社区）	江苏省人力资源和社会保障厅
锦丰镇悦来村	江苏省创业型村（社区）	江苏省人力资源和社会保障厅
锦丰镇星火村	江苏省和谐社区建设示范社区（村）	江苏省民政厅
锦丰镇店岸村	江苏省和谐社区建设示范社区（村）	江苏省民政厅
锦丰镇交通村	2017年度江苏省“水美乡村”	江苏省水利厅
锦丰镇滨江社区	江苏省创业型村（社区）	江苏省人力资源和社会保障厅
锦丰镇南港村社区卫生服务站	江苏省示范村卫生室	江苏省卫生和计划生育委员会
塘桥镇	江苏省级生态文明建设示范镇	江苏省环境保护厅
塘桥镇花园村	江苏省和谐社区建设示范社区（村）	江苏省民政厅
塘桥镇胡同社区	江苏省校外教育工作优秀辅导站	江苏省精神文明建设指导委员会、省关心下一代工作委员会
塘桥镇金村村	江苏最美乡村	江苏省精神文明建设指导委员会
塘桥镇金村村农机服务专业合作社	江苏省巾帼示范专业合作组织	江苏省妇女双学双比竞赛活动领导小组
凤凰镇	江苏省健康镇	江苏省爱国卫生运动委员会
凤凰镇双龙村	江苏省和谐社区建设示范社区（村）	江苏省民政厅
乐余镇闸西村	江苏省民主法治示范村	江苏省依法治省领导小组
乐余镇乐西村	江苏省民主法治示范村	江苏省依法治省领导小组
乐余镇乐余社区	江苏省和谐社区建设示范社区（村）	江苏省民政厅
乐余镇兆丰社区市民学校	2017年江苏省标准化居民学校	江苏省教育厅
乐余镇乐海社区市民学校	2018年江苏省标准化居民学校	江苏省教育厅
乐余镇常丰村市民学校	2019年江苏省标准化居民学校	江苏省教育厅
乐余镇齐心村卫生服务站	江苏省示范村卫生室	江苏省卫计委
乐余中心小学	江苏省健康单位	江苏省爱国卫生运动委员会
兆丰学校	江苏省青少年科技教育五星级先进集体	江苏省教育厅

续表93

获奖单位	荣誉名称	授予单位
南丰镇	2017年江苏省“扫黄打非”进基层示范点	江苏省“扫黄打非”工作领导小组办公室
南丰镇永合社区	2017年江苏省“扫黄打非”进基层示范点	江苏省“扫黄打非”工作领导小组办公室
南丰镇永丰村	江苏省和谐社区建设示范社区（村）	江苏省民政厅
大新镇桥头村	江苏省和谐社区建设示范社区（村）	江苏省民政厅
常阴沙现代农业示范园区管理委员会	2016年度江苏省节水型单位	江苏省水利厅、省机关事务管理局
常阴沙现代农业示范园区常南社区	江苏省健康社区	江苏省爱国卫生运动委员会
张家港爱丽塑料有限公司	江苏省五一劳动奖状	江苏省总工会
张家港永嘉集装箱码头有限公司工程部大型机械维修组	江苏省工人先锋号	江苏省总工会
江苏张家港酿酒有限公司团委	2016年度江苏省五四红旗团委	共青团江苏省委
江苏沙钢集团有限公司	2016年度江苏省“两化融合”网络信息安全示范企业	江苏省经济和信息化委员会
保税区石化业商会	江苏省示范性社会组织（社会团体）	江苏省民政厅
市老年人体育协会	江苏省示范性社会组织（社会团体）	江苏省民政厅
市老年协会	江苏省示范性社会组织（社会团体）	江苏省民政厅
市家庭服务业协会	江苏省示范性社会组织（社会团体）	江苏省民政厅
市爱心义工协会	江苏省示范性社会组织（社会团体）	江苏省民政厅
市门球协会	江苏省示范性社会组织（社会团体）	江苏省民政厅
市公益组织培育中心	江苏省示范性社会组织（民办非企业单位）	江苏省民政厅
市优博特教育培训学校	江苏省示范性社会组织（民办非企业单位）	江苏省民政厅
市文华教育培训中心	江苏省示范性社会组织（民办非企业单位）	江苏省民政厅
市亲情（虚拟）养老院	江苏省示范性社会组织（民办非企业单位）	江苏省民政厅

2017年张家港市获苏州市级表彰的先进集体一览表

表94

获奖单位	荣誉名称	授予单位
杨舍镇	苏州市双拥模范镇（街道）	苏州市委、苏州市政府、苏州军分区
金港镇	苏州市双拥模范镇（街道）	苏州市委、苏州市政府、苏州军分区
锦丰镇	苏州市双拥模范镇（街道）	苏州市委、苏州市政府、苏州军分区
塘桥镇	苏州市双拥模范镇（街道）	苏州市委、苏州市政府、苏州军分区
乐余镇	苏州市双拥模范镇（街道）	苏州市委、苏州市政府、苏州军分区
张家港边防检查站	拥政爱民先进单位	苏州市委、苏州市政府、苏州军分区
市人社局	拥军优属先进单位	苏州市委、苏州市政府、苏州军分区
市委农村工作办公室	2017年度苏州市城乡发展一体化先进集体	苏州市委、苏州市政府

【编辑　景力颖　陆婷婷】

统计资料

Statistics

香山梅岭　（孙凤贤　摄）

改革开放 40 年经济发展变化统计

2017 年经济和社会发展统计

改革开放40年经济发展变化统计

地区生产总值

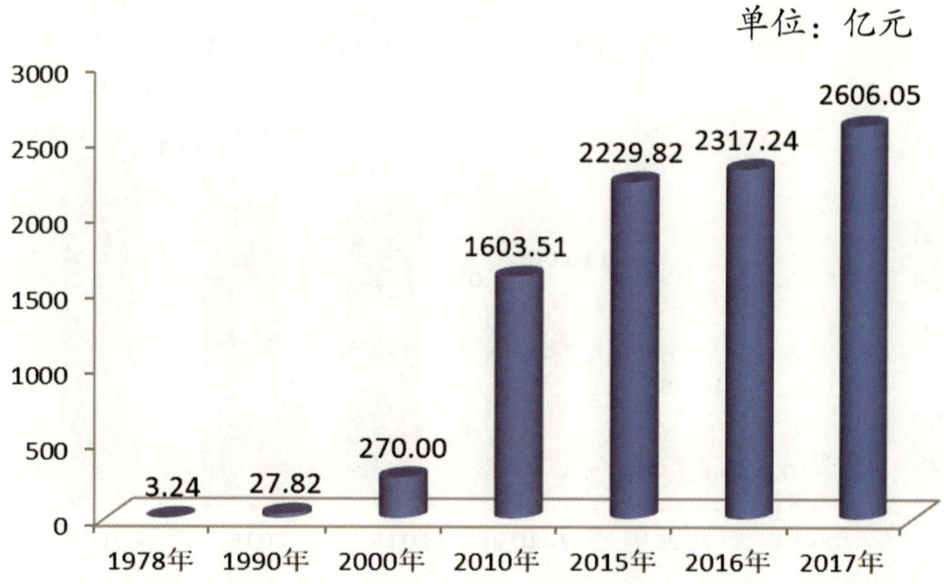

三次产业结构

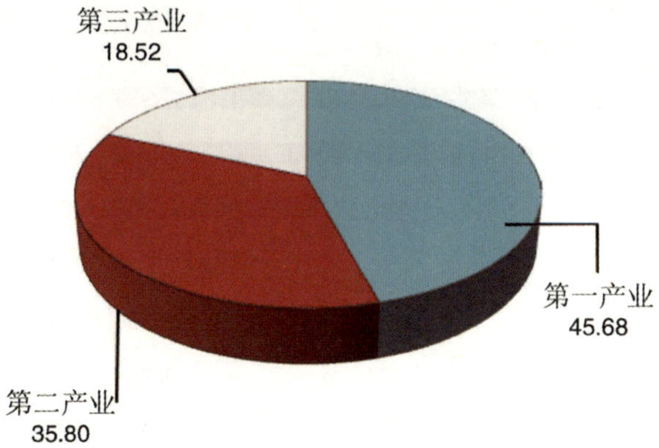

1978年

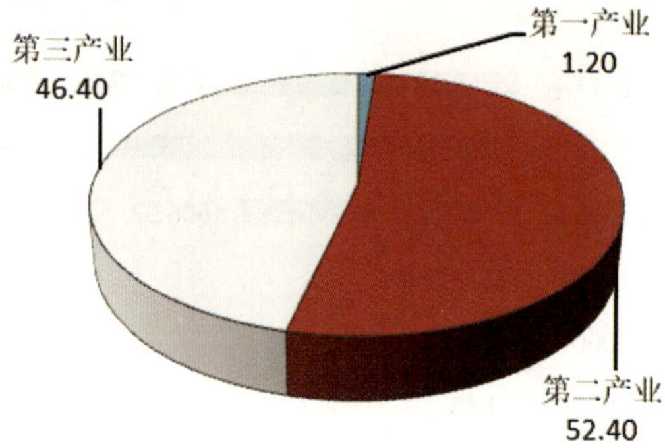

2017年

财政收支

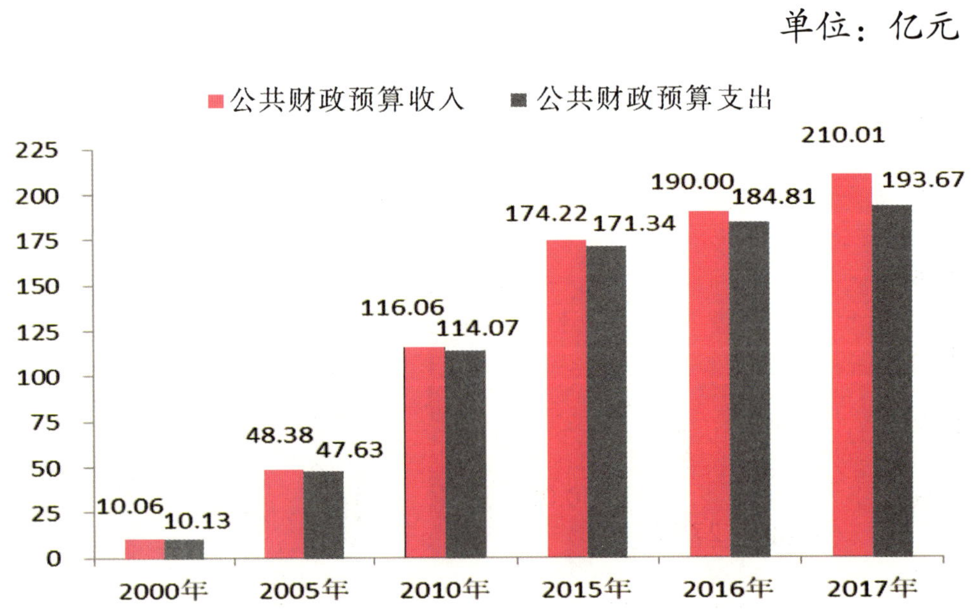

人民币存款余额

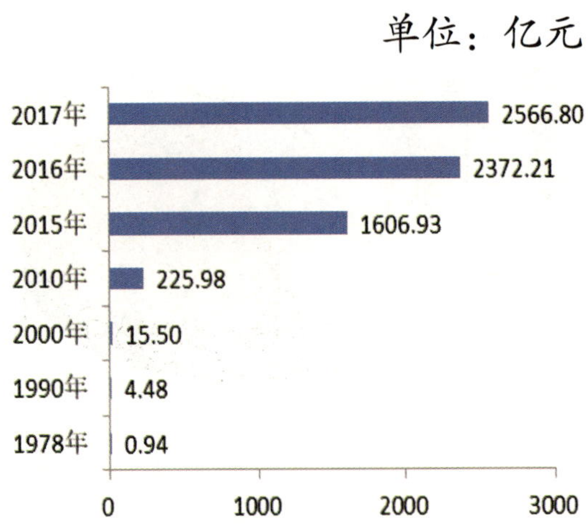

人民币贷款余额

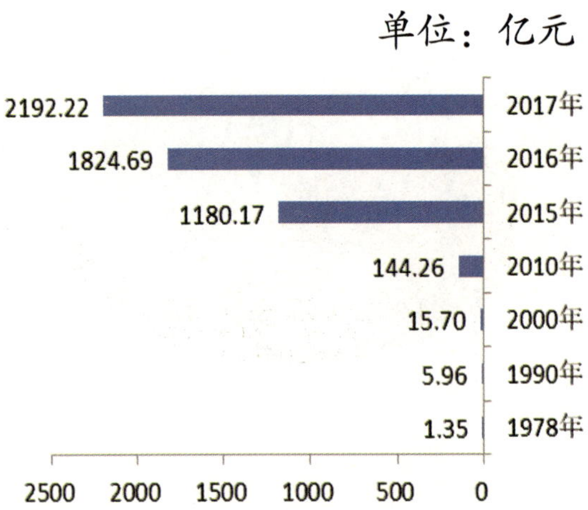

进出口总额

单位：亿美元

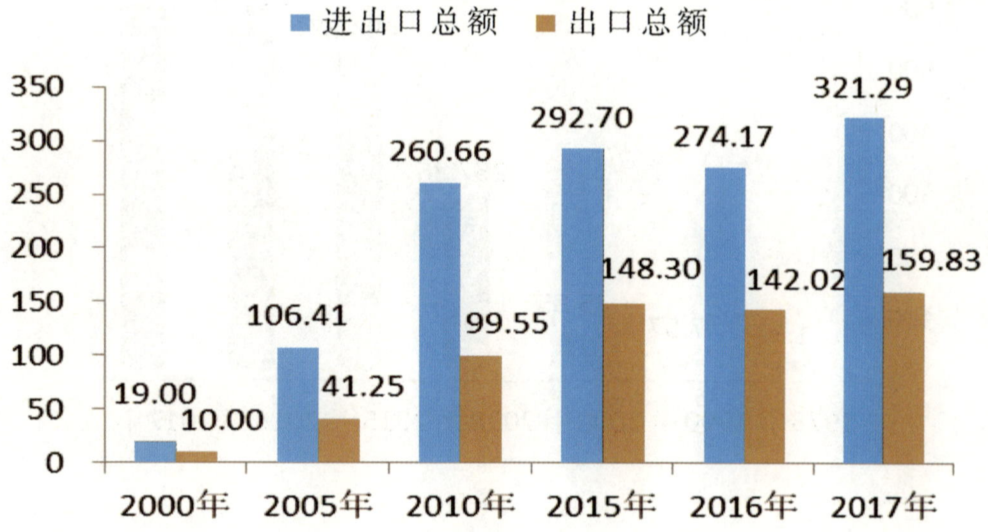

实际利用外资

单位：亿美元

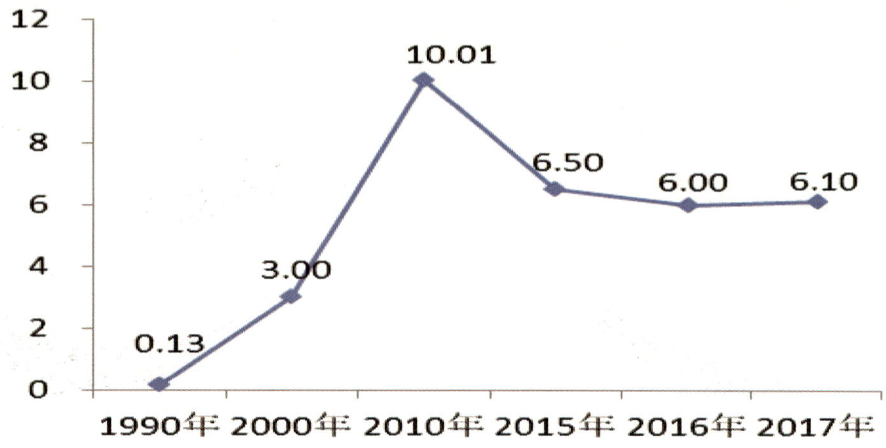

社会消费品零售总额

单位：亿元

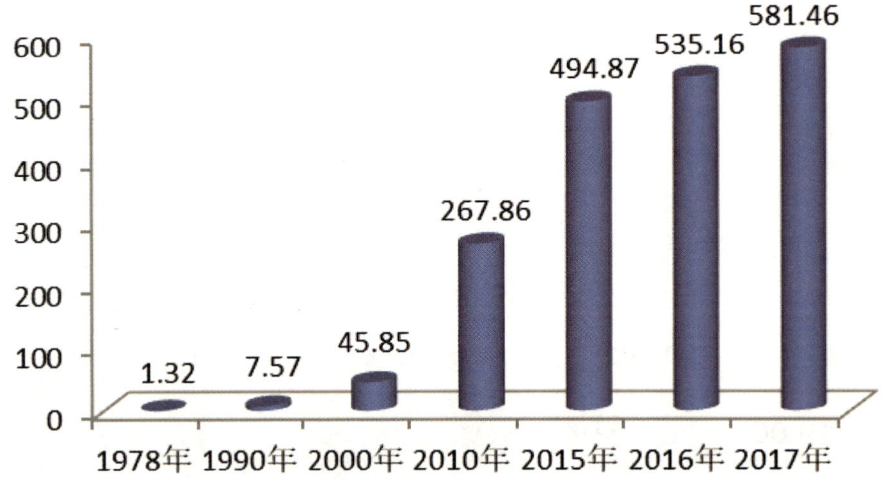

社会消费品零售总额行业构成

单位：%

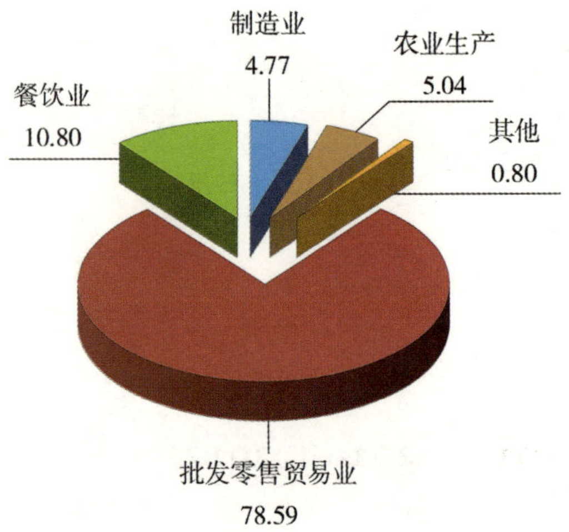

2000 年

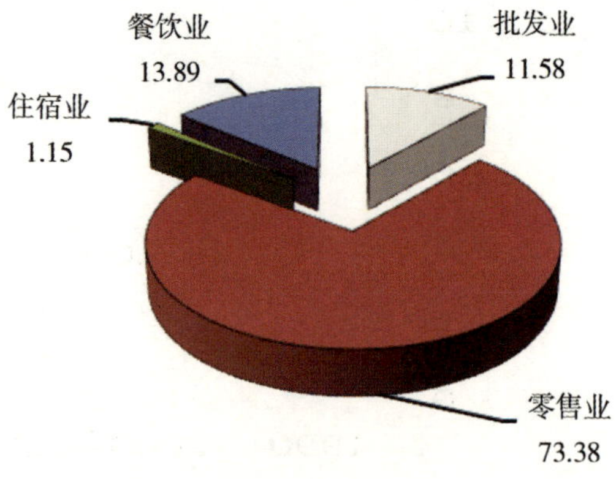

2017 年

城乡居民收入

单位：元

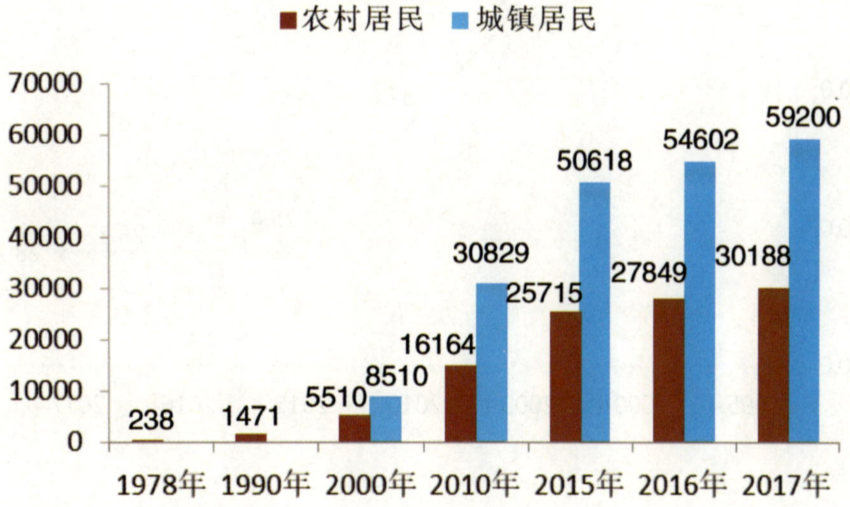

城镇在岗职工年平均工资

单位：元

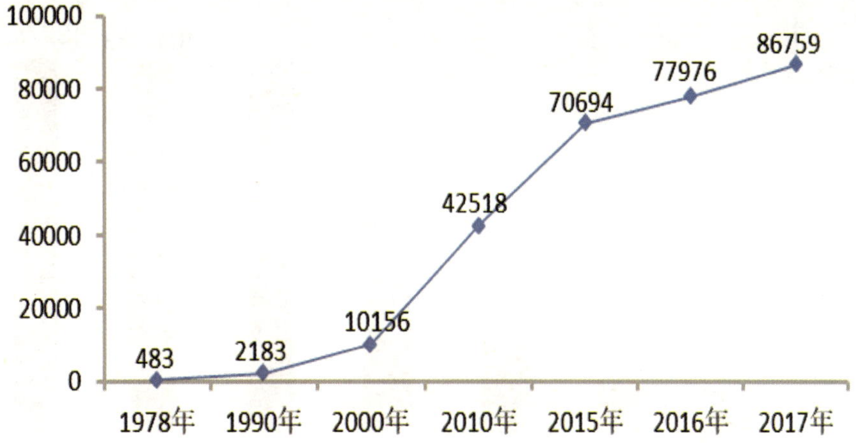

农村居民恩格尔系数

单位：%

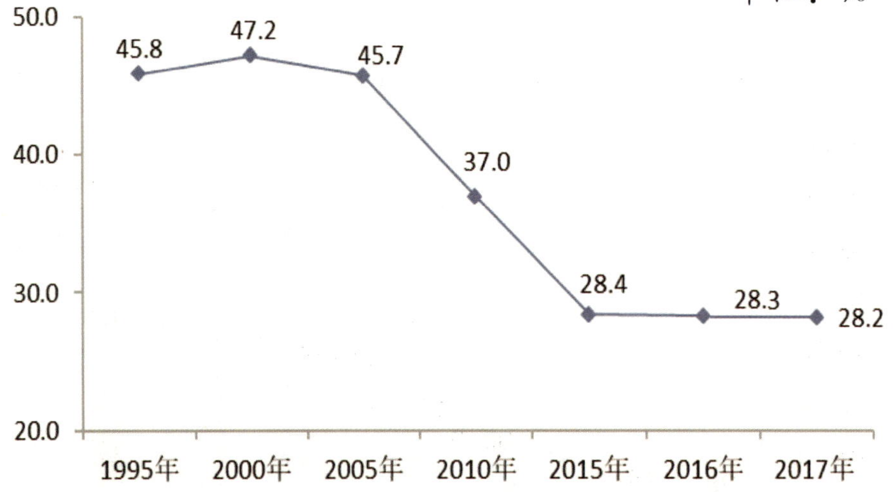

住户人民币存款余额

单位：亿元

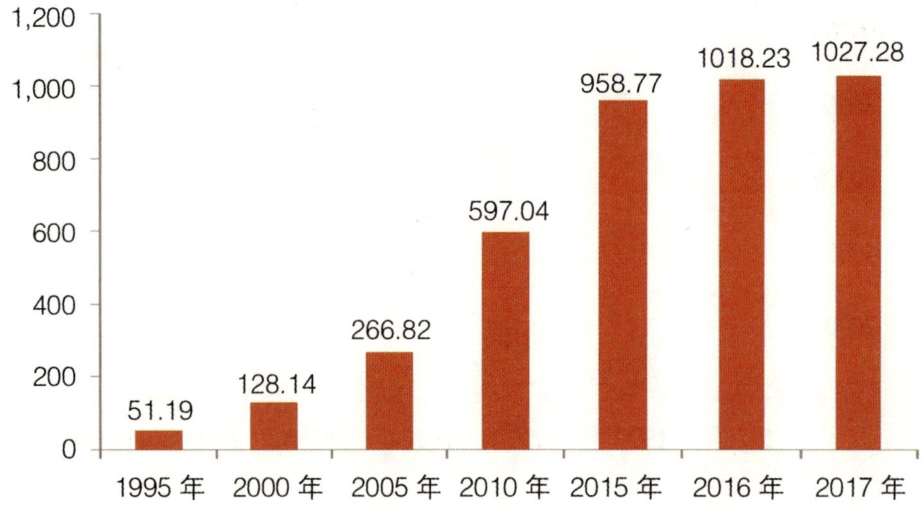

2017年经济和社会发展统计

2017年张家港市行政区划、面积、人口一览表

表95

项　目	单　位	数　值	项　目	单　位	数　值
一、行政区划			全市人口当年出生数	人	7728
镇	个	8	出生率	‰	8.12
常阴沙现代农业示范园区	个	1	全市人口当年死亡数	人	6917
双山岛旅游度假区	个	1	死亡率	‰	7.27
村	个	153	自然增长率	‰	0.85
社区	个	138	年内迁入人口	人	3108
二、全市总面积	平方千米	986.73	其中：省内迁入	人	1310
不含长江水域面积	平方千米	791.05	省外迁入	人	1798
三、全市总户数	万户	32.64	年内迁出人口	人	2075
全市总人口	万人	92.90	其中：迁往省内	人	864
			迁往省外	人	1211

2017年张家港市地区生产总值一览表

表96　　单位：万元

项　目	2017年	按可比价计算比上年增长率（%）	项　目	2017年	按可比价计算比上年增长率（%）
地区生产总值（当年价）	2606.05	7.30	信息传输、软件和信息技术服务业	64.09	14.90
一、按产业分			金融业	124.23	6.80
第一产业	31.22	-0.30	房地产业	113.39	16.0
第二产业	1365.64	5.30	租赁和商务服务业	66.03	13.70
第三产业	1209.19	9.80	科学研究和技术服务业	10.80	0.20
二、按行业分			水利、环境和公共设施管理业	8.28	3.40
农、林、牧、渔业	34.83	-0.30	居民服务、修理和其他服务业	64.09	12.70
工　业	1300.01	5.70	教　育	40.62	2.80
建筑业	65.93	-1.30	卫生和社会工作	23.75	3.00
批发和零售业	452.68	10.60	文化、体育和娱乐业	12.42	13.50
交通运输、仓储和邮政业	142.02	7.70	公共管理、社会保障和社会组织	41.13	0.90
住宿和餐饮业	41.77	9.90			

2017年张家港市平均每日数据表

表97

项　目	单　位	数　值	项　目	单　位	数　值
一、每天创造的财富			铜材	吨	69
地区生产总值(当年价)	万元	71339	水泥	吨	8221
工农业总产值(当年价)	万元	127656	农用化肥	吨	978
其中:农业总产值	万元	1662	食用油	吨	3024
工业总产值	万元	125994	乳制品	吨	73
公共财政预算收入	万元	5754	饮料酒	吨	160
社会消费品零售总额	万元	15930	粮食	吨	614
进出口总额	万美元	8802	水产品	吨	38
其中:出口总额	万美元	4379	出栏生猪	头	202
全社会用电	万千瓦小时	8461	出栏家禽	羽	2359
城乡居民人均生活用电	千瓦小时	2.70	三、每天人口变动		
固定资产投资完成额	万元	19923	出生人数	人	21
商品房销售面积	平方米	8008	死亡人数	人	19
二、每天主要产品产出			迁入人数	人	9
钢材	吨	97996	迁出人数	人	7

2017年张家港市农、林、牧、渔业总产值和增加值一览表

表98　　　　单位:万元

项　目	总产值	增加值	项　目	总产值	增加值
合　计	606459	348257	其中:水果	78827	—
一、农业	349855	223373	二、林业	73690	39432
1.谷物及其他作物	74639	—	三、牧业	48377	20542
其中:谷物	67529	—	其中:牲畜饲养	10610	—
豆类	2416	—	猪饲养	24104	—
油料	2397	—	家禽饲养	11096	—
棉花	64	—	四、渔业	52998	28793
2.蔬菜园艺作物	194774	—	其中:鱼类	27672	—
其中:蔬菜	155514	—	甲壳类	24642	—
3.水果、茶作物	79502	—	五、农、林、牧、渔服务业	81539	36117

2017年张家港市农作物播种面积和产量一览表

表99

作物名称	面积（公顷）	总产量（吨）	作物名称	面积（公顷）	总产量（吨）
农作物总播种面积	50227.80	—	其中：花生	144.00	308
一、粮食作物	33729.60	224131	油菜籽	1203.00	3150
1.夏收粮食	16321.80	75366	3.甘蔗	21.27	948
其中：小麦	16141.80	74890	4.药材	38.93	—
蚕豌豆	170.00	437	5.蔬菜	10017.80	280980
2.秋收粮食	17407.80	148765	6.瓜果	2804.53	66489
其中：稻谷	16135.13	144122	其中：西瓜	903.20	29919
薯类	153.20	1001	香瓜	182.33	9990
豆类	919.80	2442	草莓	1011.00	31835
玉米	196.20	1200	其他水果	1093.93	33542
二、经济作物	13368.07	—	7.其他经济作物	1884.27	72936
1.棉花	25.47	27	三、其他作物	3130.13	—
2.油料	1380.33	3497	其中：青饲料	19.00	—

2017年张家港市工业总产值一览表

表100 单位：万元

项 目	数 值	项 目	数 值
一、全部工业合计	45987872	3.按登记注册类型	
1.按轻重工业分		国有企业	27678
轻工业	10223528	集体企业	24438
重工业	35764344	股份合作制企业	2795
2.按企业规模分		有限责任公司	21738030
大型企业	24870922	股份有限公司	1895764
中型企业	7935121	私营企业	7650012
小型企业	12969470	港澳台投资企业	4579235
微型企业	212360	外商投资企业	10058079

2017年张家港市规模以上工业企业主要产品产量一览表

表101

产品名称	单 位	数 值	产品名称	单 位	数 值
发电量	亿千瓦小时	200.93	服装	万件	14345.91
小麦粉	万吨	20.59	农用氮、磷、钾化学肥料（折纯）	万吨	35.70
大米	万吨	5.88	化学农药原药（折有效成分100%）	吨	9800.00
饲料	万吨	94.57	化学纤维	万吨	52.80
精制食用植物油	万吨	110.36	橡胶轮胎外胎	万条	459.69
乳制品	万吨	2.68	水泥	万吨	300.08

续表101

产品名称	单 位	数 值	产品名称	单 位	数 值
饮料酒	万千升	5.84	钢化玻璃	万平方米	262.20
纱	万吨	44.12	钢材	万吨	3576.85
布	万米	23284.40	锂离子电池	万只	12116.54
印染布	万米	23775.90	自来水	万立方米	16910

2017年张家港市规模以上工业企业分行业能源消耗情况表

表102　　单位：吨标准煤

行业名称	数 值	行业名称	数 值
总 计	21554829	非金属矿物制品业	49331
农副食品加工业	159447	黑色金属冶炼和压延加工业	16033419
食品制造业	4258	有色金属冶炼和压延加工业	47940
酒、饮料和精制茶制造业	3355	金属制品业	133219
纺织业	374658	通用设备制造业	75701
纺织服装、服饰业	22319	专用设备制造业	13415
皮革、毛皮、羽毛及其制品和制鞋业	2586	汽车制造业	48218
木材加工和木、竹、藤、棕、草制品业	73	铁路、船舶、航空航天和其他运输设备制造业	8954
家具制造业	319	电气机械和器材制造业	49963
造纸和纸制品业	30034	计算机、通信和其他电子设备制造业	30185
印刷和记录媒介复制业	12160	仪器仪表制造业	1368
文教、工美、体育和娱乐用品制造业	82382	其他制造业	289
石油加工、炼焦和核燃料加工业	7	废弃资源综合利用业	15228
化学原料和化学制品制造业	2096220	电力、热力生产和供应业	1734096
医药制造业	1102	燃气生产和供应业	840
化学纤维制造业	349443	水的生产和供应业	5536

2017年张家港市外向型经济主要指标一览表

表103

项 目	单 位	数 值	项 目	单 位	数 值
一、进出口总额	万美元	3212882	其中：保税区	万美元	28683
其中：三资企业	万美元	869851	五、到账外资及港澳台资	万美元	61020
保税区	万美元	1436068	其中：保税区	万美元	26520
二、出口总额	万美元	1598250	六、当年投产企业	家	13
其中：三资企业	万美元	346038	七、新签境外工程、劳务合同额	万美元	31800
保税区	万美元	356734	八、完成境外工程、劳务营业额	万美元	27100
三、新批三资企业	家	50	九、新派境外劳务人员	人	53
其中：保税区	家	19	十、逐年累积批办三资企业	家	1032
四、注册外资及港澳台资	万美元	56708	十一、年末实有开业三资企业	家	941

2017年张家港市社会消费品零售总额一览表

表104　　单位：万元

项　目	数　值	项　目	数　值
社会消费品零售总额	5814558	二、按行业分	
一、按消费地区分		其中：批发业	673110
1.城镇	5011189	零售业	4266855
其中：城区	2890464	住宿业	66718
2.农村	803369	餐饮业	807875

2017年张家港市全社会固定资产投资完成情况表

表105　　单位：万元

项目	合计	项目投资	房地产
总　计	7272054	5228160	2043894
其中：当年开工	3920777	3285098	635679
一、按产业性质分			
第一产业	120	120	—
第二产业	3747949	3747949	—
其中：工业	3747949	3747949	—
第三产业	3523985	1480091	2043894
二、按建设性质分			
新建	3463863	1419969	2043894
扩建	2326725	2326725	—
改建	1391335	1391335	—
其他	90131	90131	—
三、按工程构成分			
建筑工程	3347797	2064832	1282965
安装工程	319934	225626	94308
设备工器具购置	2551674	2543799	7875
其他	1052649	393903	658746

2017年张家港市交通、邮电基本情况表

表106

项　目	单　位	数　值	项　目	单　位	数　值
一、交通基本情况			省道	千米	161
1.公路总里程	千米	1618	县道	千米	183
其中：高速公路	千米	56	2.公路桥梁	座/米	774/56077
一级公路	千米	231	3.航道通航里程	千米	425
二级公路	千米	711	4.张家港口岸吞吐量	万吨	28766
其中：国道	千米	68	其中：外贸货物吞吐量	万吨	6154

续表106

项　目	单　位	数　值	项　目	单　位	数　值
港口集装箱运量	万标箱	96	3.邮政业务总量	万元	18292
5.机动车总计	辆	398422	三、电信基本情况		
其中:汽车	辆	371695	1.电信业务总收入	万元	67894
农用车	辆	3	2.电话交换机总容量	门	188264
摩托车	辆	22712	其中：软交换总容量	门	—
6.张家港籍年检小货轮	艘/吨位	27/29249	3.固定电话用户	户	216351
二、邮政基本情况			4.移动电话用户	户	458775
1.邮政局所总数	处	34	其中:移动互联网电话用户	户	423502
其中:设在农村的局所	处	28	5.互联网用户	户	348801
2.邮路总条数	条	15	其中:用3G业务的互联网用户	户	343264
邮路总长度(单程)	千米	897	四、移动公司移动通信用户数	万户	92.74
农村投递路线(单程)	千米	5301	五、联通公司移动通信用户数	万户	21.60

2017年张家港市预算内财政收入、支出情况表

表107　　单位:万元

项　目	数　值	项　目	数　值
一、财政收入合计	5357178	(12)罚没收入	16618
1.公共财政预算收入	2100088	(13)专项收入	173148
(1)增值税(地方部分)	912176	(14)国有资产经营收益	—
(2)营业税(地方部分)	2095	(15)行政性收费收入	56799
(3)企业所得税(40%部分)	348450	(16)其他收入	40734
(4)个人所得税(40%部分)	101365	2.基金收入	1644295
(5)城市维护建设税	101937	3.中央级财政收入	1602177
(6)房产税	75388	(1)一般消费税	3254
(7)印花税	39679	(2)增值税(75%部分)	921821
(8)城镇土地使用税	44352	(3)企业所得税(60%部分)	522675
(9)土地增值税	78780	(4)个人所得税(60%部分)	152048
(10)车船税	12902	二、财政支出合计	3618851
(11)耕、契两税	79163	1.公共财政预算支出	1936651
其中:耕地占用税	9310	2.基金支出	1682200

2017年张家港市金融机构信贷收支情况表

表108　　单位:万元

项　目	数　值	项　目	数　值
一、各项存款	25667952	(2)定期及其他存款	7089945
(一)境内存款	25626361	2.非金融企业存款	10087588
1.住户存款	10272831	(1)活期存款	3231563
(1)活期存款	3182886	(2)定期及其他存款	6856025

续表108

项　目	数　值	项　目	数　值
3.广义政府存款	5010340	(2)中长期贷款	4409792
(1)财政性存款	257066	消费贷款	4111595
(2)机关团体存款	47532741	经营贷款	298197
4.非银行业金融机构存款	255601	2.非金融企业及机关团体贷款	16704515
(二)境外存款	41592	(1)短期贷款	9604668
二、各项贷款	21922154	(2)中长期贷款	6342688
(一)境内贷款	21919935	(3)票据融资	732919
1.住户贷款	5215420	(4)融资租赁	—
(1)短期贷款	805628	(5)各项垫款	24240
消费贷款	407975	3.非银行业金融机构贷款	—
经营贷款	397652	(二)境外贷款	2219

2017年张家港市保险业务情况表

表109　　单位:万元

项　目	数　值	项　目	数　值
一、保险收入	559393	二、赔款和给付	169749
1.财产险	176566	1.财产险	105991
其中:企业财产险	10923	其中:企业财产险	7954
机动车辆险	141447	机动车辆险	87076
货物运输险	1948	货物运输险	608
家庭财产险	833	家庭财产险	291
2.人身险	382828	2.人身险	63758
其中:寿险	321190	其中:寿险	52811

2017年张家港市科技基本情况表

表110

项　目	单　位	数　值	项　目	单　位	数　值
一、科技经费			(1)国家科学技术奖	项	1
科学技术支出	万元	73221	(2)省科学技术奖	项	2
占财政支出比重	%	7.56	(3)苏州市科学技术奖	项	17
二、高新技术			(4)张家港市科学技术奖	项	7
1.高新技术企业	家	393	2.专利情况		
2.当年认定高新技术企业	家	141	(1)申请专利	件	8933
3.当年认定省级高新技术产品	种	374	(2)授权发明专利	件	1059
4.新增省科技支撑计划(工业)	项	5	四、技术贸易		
5.新增省科技成果转化资金项目	项	3	1.签订各类技术合同	项	224
三、科研成果			2.技术贸易成交额	万元	43119
1.科学技术奖					

2017年张家港市人才、人事情况表

表111 单位:人

项　目	数　值	项　目	数　值
一、管理、专业技术人才	381139	二、工人岗位人才	158361
1.人才文化结构		(1)本科	1416
(1)研究生	14337	(2)大专	9761
(2)本科	146506	(3)中专	147184
(3)大专	151655	三、公务员	3899
2.人才职称结构		(1)研究生	376
(1)高级	12613	(2)本科	2806
(2)中级	55680	(3)大专	644
(3)初级	132863	(4)中专及以下	73

2017年张家港市学校基本情况表

表112

项　目	(所)学校	毕业人数(人)	招生人数(人)	在校学生(人)	教职工(人)	专任教师(人)
合　计	89	32082	38331	152717	10158	9392
高校	2	4043	3729	11884	651	424
电大	1	150	293	1893	167	136
中等专业学校	4	2456	3158	10920	911	832
普通中学	43	12886	16045	44762	3984	3638
其中:高中	9	3496	4116	12042	1483	1358
小学	38	12540	15084	83045	4403	4324
特殊教育学校	1	7	22	213	42	38
附:幼儿园	62	13285	13832	42672	2607	1783

2017年张家港市群众文化、广播电视、体育事业基本情况表

表113

项　目	单　位	数　值	项　目	单　位	数　值
一、群众文化			4.组织文艺活动次数	次	1350
1.机构数	个	9	群众文化馆	次	300
群众文化馆	个	1	文化部门文化站	次	1050
文化部门文化站	个	8	5.举办培训班结业人数	人次	59195
2.职工数	人	138	群众文化馆	人次	16500
群众文化馆	人	66	文化部门文化站	人次	42695
文化部门文化站	人	72	6.藏书	万册	41
3.创作艺术作品数	件	915	文化部门文化站	万册	41
群众文化馆	件	45	二、广播电视		
文化部门文化站	件	870	电视覆盖率	%	100

续表113

项　目	单　位	数　值	项　目	单　位	数　值
电视节目	套	1	年内达到等级标准运动员	人	—
有线电视用户	万户	34.80	年内输送运动员	人	46
广播电台	座	1	其中：国家队	人	5
广播节目	套	1	省队、省体校	人	9
广播覆盖率	%	100	苏州市级训练单位	人	32
三、体育事业			在全国比赛中获得金牌	枚	3
体育系统体育场(馆)数	个	8	在省级比赛中获得金牌	枚	6
举办运动会次数	次	6	在苏州市级比赛中获得金牌	枚	108

2017年张家港市卫生机构基本情况表

表114

项　目	单　位	数　值	项　目	单　位	数　值
一、卫生机构数	个	417	执业助理医师	人	524
1.医院	个	36	(2)注册护士	人	3851
综合医院	个	21	(3)药师	人	514
中医医院	个	1	(4)技师	人	508
中西医结合医院	个	1	其中：检验师	人	369
专科医院	个	11	(5)其他	人	829
护理院	个	2	三、卫生机构床位数	张	9841
2.基层医疗卫生机构	个	375	1.医院	张	8124
3.专业公共卫生机构	个	4	其中：综合医院	张	6011
4.其他卫生机构	个	2	中医医院	张	838
二、卫生机构人员数	人	11527	中西医结合医院	张	480
卫生技术人员	人	9559	专科医院	张	630
(1)医生	人	3857	护理院	张	165
其中：执业医师	人	3333	2.基层医疗卫生机构	张	1717

2017年张家港市前十位疾病死因以及比重一览表

表115

位　次	合　计		男　性		女　性	
	死　因	构成比(%)	死　因	构成比(%)	死　因	构成比(%)
1	恶性肿瘤	31.42	恶性肿瘤	37.31	脑血管病	29.07
2	脑血管病	25.18	脑血管病	21.87	恶性肿瘤	24.52
3	心脏病	10.89	心脏病	10.07	心脏病	11.86
4	损伤和中毒	8.73	呼吸系统疾病	9.05	内分泌代谢疾病	9.04
5	内分泌代谢疾病	6.93	损伤和中毒	8.52	损伤和中毒	8.97
6	呼吸系统疾病	6.30	内分泌代谢疾病	3.96	呼吸系统疾病	4.46

续表115

位次	合计		男性		女性	
	死因	构成比(%)	死因	构成比(%)	死因	构成比(%)
7	精神和行为障碍	3.08	精神和行为障碍	1.91	精神和行为障碍	4.39
8	消化系统疾病	1.95	消化系统疾病	1.91	消化系统疾病	2.00
9	神经系统疾病	1.37	神经系统疾病	1.21	神经系统疾病	1.57
10	其他疾病	0.82	传染病和寄生虫病	0.81	其他疾病	1.17

2017年张家港市城镇非私营单位从业人员及平均工资情况表

表116

行业	平均工资(元/人)	行业	平均工资(元/人)
总计	86274	10.金融业	138413
1.农、林、牧、渔业	18000	11.房地产业	54317
2.采矿业	—	12.租赁和商务服务业	82645
3.制造业	79659	13.科学研究、技术服务业	121759
4.电力、燃气及水的生产和供应业	101394	14.水利、环境和公共设施管理业	79071
5.建筑业	54679	15.居民服务、修理和其他服务业	38412
6.批发和零售业	87082	16.教育	142171
7.交通运输、仓储及邮政业	79555	17.卫生和社会工作	111712
8.住宿和餐饮业	51026	18.文化、体育和娱乐业	126839
9.信息传输、软件和信息技术服务业	132232	19.公共管理、社会保障和社会组织	141238

2017年张家港市居民人均可支配收入情况表

表117　　单位:元

项目	全体居民	城镇居民	农村居民
可支配收入合计	48951	59200	30188
一、工资性收入	31130	38862	16974
1.工资	29719	37321	15803
2.实物福利	439	426	463
3.其他	972	1115	709
二、经营净收入	6093	6071	6134
1.第一产业净收入	1193	985	1574
2.第二产业净收入	2141	2108	2200
3.第三产业净收入	2759	2977	2361
三、财产净收入	5564	6927	3069
其中:利息净收入	823	949	594
红利收入	1109	1455	474
转让承包土地经营权租金净收入	191	67	420
出租房屋净收入	1398	1384	1425
自有住房折算净租金	1672	2586	—
四、转移净收入	6164	7341	4011

【编辑　张　洁】

附录

Appendix

张家港惠民地图　（市邮政局　提供）

媒体聚焦

文件选录

張家港年鑑(2018)

媒体聚焦

文明成为张家港最亮丽的名片

高　坡　李仲勋

这是我国精神文明建设史上值得记载的一天。1995年10月18日，中宣部、国务院办公厅在张家港市召开全国精神文明建设经验交流会，向全国推广“一把手抓两手、两手抓两手硬”的张家港经验，同日《人民日报》以《伟大理论的成功实践》为题发表评论员文章。随之，学习张家港、创建文明城的热潮在大江南北迅速掀起。

从获评第一家县级全国文明城市，到实现全国文明城市“四连冠”，张家港追求文明的脚步从未停歇，文明成了这座城市最亮丽的名片。党的十八大以来，张家港市坚持以培育和践行社会主义核心价值观为根本，与时俱进深化文明城市创建，持续放大“文明张家港”品牌效应，以精神文明与物质文明协调发展的丰硕成果，交出了一份无愧于时代的“张家港答卷”。

“这是一场已持续22年的大接力”

在市文化中心文明张家港展示馆内，一幅幅图片详细记录了这座城市持之以恒抓文明创建的奋斗历程。

20世纪90年代，张家港原市委书记秦振华领着大伙儿从上街拍苍蝇、扫马路、拆除露天茅坑开始，一步一步让文明素养在这片曾经贫瘠的江边沙洲生根开花，后来叫响全国的“张家港精神”也由此发端。“团结拼搏、负重奋进、自加压力、敢于争先”，成为张家港人鲜明的精神品格。

从抓卫生环境到培育市民文明习惯，从提升城市品质到促进城乡一体文明，22年间张家港市委主要领导更换了8任，但精神文明建设“一棒接着一棒传，一任接着一任抓”的传统始终没变。2016年7月召开的张家港市第十一次党代会进一步明确：“文明引领”依然是今后5年城市发展的重要战略之一！

“到张家港工作后，我深切体会到，抓好精神文明建设是历届市委、市政府的一道‘必答题’，这是一场已持续22年的大接力。文明城市创建已成为干部群众的一种高度自觉。”张家港市委书记朱立凡深有感触地说。

多年来，文明城市创建在张家港市始终是“一把手”工程，市委书记兼市文明委主任，每年春节上班后市委、市政府召开的第一个会议，都是精神文明建设总结表彰大会。这种看似寻常的一以贯之，其实是张家港人精心设计的制度安排。张家港市始终坚持精神文明建设与经济社会发展同谋划、同部署、同实施，每年由市文明办牵头对机关、乡镇进行考核，精神文明建设指标权重达到50%。

2014年10月13日，中央文明办在张家港市召开全国县级文明城市创建工作现场会，200多名与会代表骑着公共自行车穿行于市区大街小巷，对张家港市随机进行文明创建“样本抽检”。会后，全国有400多批次考察团接踵而至。在一片片赞叹声中，张家港市并没有沾沾自喜，而是埋头找不足、补“短板”。市文明办牵头面向全市征集“最希望改善的不文明行为”，收到市民反馈意见近千条，归纳出90多个方面的问题，一项一项抓落实、促提升。

“空气中都能感受到文明的味道”

行走在沙洲中路步行街，处处收获感动。街区落地灯箱，展示着一位位道德模范和身边好人的事迹；商场外张贴着信用星级和微信号，手机扫一扫，商家诚信度一目了然。

公交车中转站文明引导服务　　　　（市文明办　提供）

4月4日下午，步行街头的“诚信驿站”里，志愿者们正为特殊学校的孩子组织义卖，一位来自廊坊的小伙子掏出30元买了个小玩具，他对记者说：“这里，空气中都能感受到文明的味道。”

“创建文明城市，关键是提升人的文明素质，必须采取多种接地气的举措，努力使社会主义核心价值观走进人们的心灵。”张家港市委常委、宣传部部长杨芳说。在文明创建中，张家港市围绕培育和践行核心价值观，积极搭建各种平台，让人们投身道德实践。

志愿服务成为城市文明新景，生动诠释社会主义核心价值观。今年3月，一场“特殊的婚礼”刷爆了张家港市民的“朋友圈”。山东小伙王克飞和张家港姑娘陈衍谚是两名志愿者，在参加志愿服务活动中相识、相知、相爱。他们的婚礼也全部由志愿者操办，简单而隆重。目前，张家港市志愿团队达909支，平均每天开展志愿服务活动33个，注册志愿者5.8万名，累计服务时长达109万小时。

走进张家港城东街道梁丰社区，但见17间小木屋一字排开，从“家庭能量屋”到“外来工自助洗衣房”，从青少年礼仪教育到老人休闲娱乐，这里应有尽有。梁丰社区是老旧小区，社区干部群众齐心协力，填平水沟，整理高压线走廊，修好道路，建起了这个别具匠心的“小木屋文明驿站”。

“突出市民主体，融入寻常生活，让文明创建从行政推动变为全体百姓踊跃参与的全城联动。”张家港市市长黄戟说。文明创建常抓常新，无论城市如何发展变迁，群众是文明城市创建的主体在张家港始终未变。几年前，张家港市在全国县级市率先开发“城市e管家”信息平台，市民用手机就可随时随地参与城市管理，为文明创建建言献策。

全员浇灌文明花，全民共享幸福果。如今的张家港，全市建立图书馆总分馆体系，加上社区阅读服务站、24小时图书馆驿站、最美阅读空间、森林书屋、图书漂流亭，实现了知识分享、书香传递；网格化、数字化公共文化服务模式，打造“15分钟文化服务圈”，将“最后一公里”转化成了“零距离”；所有村（社区）均建成综合服务中心，“城保”覆盖率达99.6%；成为全国首批义务教育发展基本均衡县（市），乡村学校少年宫在全国县级市率先实现全覆盖；在全省率先探索新市民积分管理，为新市民创造同城化教育、医疗、居住条件；暨阳湖、梁丰湖、沙洲湖等城市“绿肺”，彰显着独特的生态魅力……文明创建让生活更美好，在张家港成为可以触摸的生动现实。

“文明不仅是一道风景，更是一种力量”

张家港市通过多年的文明创建，不仅塑造了城市鲜明的精神特质，也促进了经济社会持续健康发展，综合实力多年居于全国百强县前列。2016年，张家港完成地区生产总值2317亿元、增长7%；公共财政预算收入190亿元、增长9.1%；全市居民人均可支配收入4.48万元、增长8%，再次荣登全国百强县三甲。

去年底，张家港市“社区协商——基层治理法治化的新探索”项目获得“中国法治政府奖”，成为全国获奖的唯一县级城市。的确，在广大投资者眼中，张家港市是一个讲诚信、守法治的城市，有着一流的亲商环境。道康宁，一家世界500强企业，正是看中张家港市的城市环境而不断追加投资，拿出约18亿美元，在张家港建立了全球最大、最先进的有机硅综合生产基地之一。这家外企还积极出资，赞助鹿苑志愿者协会“东渡环保行”志愿服务项目，搞起了环保公益活动。类似这样因青睐张家港文明环境而选择扩大投资的企业还有很多。

“文明不仅是一道风景，更是一种追求、一种力量。在‘两聚一高’新征程中，文明引领是我们集聚创新资源、实现‘转型出关’的重要利器。”朱立凡说，从能级来看，张家港是个小城市；从区位来讲，相比苏州其他县（市）并不占优。面对这些限制因素，如何进一步扩大城市影响力，保持对创新资源特别是高端人才的吸引力？还是要靠精神文明这个强大竞争力。

对此，意发功率半导体有限公司创办人周炳深有感慨：“在这样一个昂扬向上的文明城市创业，我们很容易受到感染，总觉得形势催人、不敢懈怠。”周炳留学归国后，由张家港市人才办牵头，与民营企业江苏骏马集团达成合作，双方成立注册资金1000万元的公司，周炳以100万元现金和技术持有51%股份。通过人才办牵线，张家港市目前已有50多个引进人才与本地企业家成功“牵手”，在双方的热情拥抱中诠释“开放、透明、分享、责任”的新型商业文明。

（摘自2017年4月7日《新华日报》头版）

张家港：为深度转型凝聚强大创新力

高　坡　李仲勋

创新，从来没有像今天这样成为一座城市的发展主题词。

“十三五”期间，张家港将在“聚焦转型、创新驱动、绿色发展、文明引领”上持续发力，以“四大路径”的突破带动整体提升，让创新成为张家港转型路上的关键支撑，让绿色和文明成为全面小康路上的鲜明特征，在更宽领域、更高层次打造张家港经济“升级版”。

“张家港产业结构偏重，转型升级是一项长期而艰巨的任务，创新发展比任何时候都要紧迫。”张家港市委书记朱立凡说，张家港将发挥自身优势，找准薄弱环节，以创新驱动转型升级，积极争当“两聚一高”新实践和苏州“一基地一高地”建设主力军，用心做好“创新四问”的张家港答卷。

从资源竞争到城市竞争
增强对高资源的吸附能力

经济新常态下，从“资源红利期”到“创新红利期”转型，城市对高端资源的吸引力成为发展核心竞争力。朱立凡认为，没有城市能级的提升，就不能聚合创新发展所需的人才、资本、科研机构等高端资源。因此，张家港的发展必须从简单地进行资源竞争，到构建整个城市创新生态，从而打造出张家港聚力创新的新优势。

利用高铁网重建区位优势。沪通铁路长江大桥建设工地上，一片热火朝天的景象。放眼望去，一个个桥墩巍然矗立，画面壮观。作为沿海铁路大通道的组成部分，沪通铁路通车后，将一举改写张家港不通铁路的历史，使该市从铁路零起点成为沪通铁路、沿江城际铁路、通苏嘉城际铁路三线交会的区域性铁路枢纽城市。高铁通了，资本来了。3月28日，苏高新（张家港）节能环保创新园在塘桥镇开工，一期签约落户12家企业。这是苏高新集团与张家港市联合打造的新兴高科技产业园，项目总投资20亿元，着重引进节能环保、新能源、智能装备、电子信息类的研发中试、生产等高新技术产业项目，打造高端产业综合体、新兴科技综合体、创新创意综合体。

利用“资本+”重构创新生态。今年2月，张家港再度举办“港城合伙人”峰会，请来一大批上市公司、新三板挂牌企业以及全国多家知名创投机构、券商精英，共谋产业与资本融合发展之策。张家港金融办副主任张君华介绍，“港城合伙人”峰会是张家港立足自身产业基础、上市资本、科技人才等优势，加快创新链、产业链、资金链、政策链对接融合，构建的一个富有活力的创新生态圈。通过这个生态圈，资金流、信息流、技术流、人才流等要素实现了更加优化的配置，铸造了经济转型发展的新引擎。目前，“港城合伙人”已“圈粉”200多家会员，牵手合作30对。张家港还顺势抛出了“产业资本中心”，通过建设“创业投资中心”“资本交易中心”“金融服务中心”“财富管理中心”，打造出张家港人自己的“华尔街”。

利用“腾笼换凤”重塑空间优势。面对土地开发强度、环境承载能力、转型升级需求等多种因素倒逼，张家港以“壮士断腕”的勇气和魄力，不断淘汰落后产能、盘活存量用地，把腾出的土地资源重点向新兴产业集聚。5年来，全市关停、淘汰不达标和落后产能企业600多家，“腾笼换凤”盘活存量土地1600公顷。腾出的空间优先引进科技含量高、发展前景好的优质小微企业。在锦丰镇，原来小印染聚集地——沙印小区，在关停12家小印染及落后产能企业后，共盘活用地28.13公顷，如今摇身一变成为了龙潭湾工业小区，并吸引了10多家新兴项目企业入驻。

从“放水漫灌”到“精准滴灌”
全力构建新型政策支持体系

“创新行为的主体是企业，但聚力创新的主导责任应由各级政府部门承担。”张家港市长黄戟认为，政府应肩负起主导责任，通过构建新型政策支持体系，增加企业创新的动力，激发社会创新的活力。

政府为创新聚力，并非要大包大揽、漫天撒网，而是导向鲜明、契合实情。今年1月起，张家港正式实施聚焦转型创新驱动“1+3”政策，具体包括《关于实施聚焦转型创新驱动行动计划的决定》和《张家港市先进制造产业领跑计划实施意见》《张家港市创新驱动能力提升计划实施意见》《张家港市人才引领智汇港城计划实施意见》。新政策改变了原先普惠制的做法，扶持思路更新、支持力度更大、转型导向更强。比如，“产业领跑”计划明确了传统产业调整改造、提档升级要围绕“智能制造、节能减排、结构调整”三个方面大力推进。

“政府扶持创新应该讲究公开、公平、公正，才能提高企业科技创新的积极性。现在，有了积分制，谁更应该获得政府奖励，一目了然，我们企业很欢迎。”江苏海狮机械集团有限公司董事长陈宏所说的积分制，正是张家港对企业开展科技创新活动年度积分化管理的新模式。这一管理办法的核心在于企业包括研发经费投入、知识产权、新产品、研发机构等创新举动可以兑换成积分，政府根据积分高低对企业进行不同扶持。“要从政府手里拿到扶持资金，先得看看自己的科技积分有多少！”陈宏说。

“以前政府对科技企业的扶持比较分散，各个部门之间信息也不对称，形不成合力。”张家港市科技局副局长董建刚介绍，有了积分制后，看的是企业“综合素质”，有利于把扶持政策集中到真正优秀的企业，让有限的财政资金用在刀刃上，从而促进创新资源优化配置，引导和支持创新要素向企业集聚。在2016年的积分制考核中，张家港共有1200多家企业参加“统考”拿到积分，并根据积分成绩分享了总额达8000万元的创新奖金。

人才买房，政府掏首付，这是张家港瞄准企业需求推出的一项扶持新政。“企业要成为人才开发的主体，但政府可以推一把，激发企业引才、留才的主动性和积极性。”张家港市人才办副主任王恒介绍，根据《张家港市“才有所居”实施意见》，创新积分达到50分后，企业即可获得“人才房”申购资格。每套“人才房”建筑面积100平方米及以下的部分，政府给予3000元/平方米的补贴，最高补贴额度达30万元，资助范围涉及新能源、新材料、高端装备制造等产业领域企业。不久前，73名优秀人才成为首批“人才房”资助认定对象，开始选房购房。目前，张家港自主引进培育领军人才（团队）500多个，截至去年底，领军人才企业销售总额26亿元，超亿元的有5家。

从“要我创新”到“我要创新”
规模企业成为创新发展“操盘手”

今年1月，江苏冶金技术研究院启动筹建，由沙钢、永钢等企业携手省产业技术研究院共建，计划通过五年的建设，力争成为全国一流、国际知名的冶金技术研究院，为冶金行业及上下游企业提供全方位创新服务。

“沙钢作为国内领先的钢铁企业，有责任推动张家港乃至江苏冶金产业的全面创新。”沙钢集团总工程师张晓兵介绍，对沙钢而言，依托江苏冶金技术研究院这个新型研发机构,可以推动冶金行业高端人才、技术成果等国内外的优质资源,不断向张家港集聚、集中。

创新是引领发展的第一动力,企业是推动创新的根本力量。上一轮发展中,张家港以"张家港精神"推动"张家港崛起",打造了以世界500强企业——沙钢集团为代表的一批地标型企业。这些经历了全球化市场摔打的规模企业,有着非凡的国际化视野,在创新体系布局上也有独到之处,正成为张家港新一轮创新发展的"操盘手"。统计显示,张家港建有省企业研究生工作站213家、省企业院士工作站12家,均为全省县级市第一;有768家企业与260多家高校院所建立科技合作关系,实施产学研项目2169项。张家港提出,今后,要更不断丰富"张家港精神"的创新内涵,发挥自身产业优势,以国际视野集聚全球创新力为我所用,推动规模企业再次腾飞。

"企业应以全球视野占领制高点,迅速获取资源,抢占发展先机。"在江苏康得新复合材料股份有限公司董事长钟玉看来,技术创新日新月异,柯达、诺基亚这样的大企业都会轰然倒下,企业必须以"归零心态"进行"颠覆性创新",才能在竞争中赢得生机。

以资本之手布局全球技术研发平台,整合全球技术资源,康得新动作频频:通过与飞利浦公司合作实现技术共享,一下子拥有千余项裸眼3D专利,具备全球唯一裸眼3D全产业链制造能力;与慕尼黑工业大学碳纤维复合材料研究中心合作,引进吸收欧洲碳纤维复合材料先进技术;与雷丁汽车有限公司合作,建立具有国际领先水平的汽车轻量化解决方案设计中心。目前,康得新已在全球部署九大研发中心,形成强大的持续创新能力。有这样的"操盘手"主导,张家港顺势发挥康得新覆盖全球的创新链、光电材料全产业链的聚合优势,加快培育世界级先进高分子材料生态平台企业,做大做强以康得新为核心的企业生态圈,加快形成支撑引领张家港转型的新材料产业基地。

东渡集团把生产工厂先后转移到越南、柬埔寨、韩国,并在新加坡设立办事处,在国内保留研发机构和主导产品生产线,最大限度利用国际市场和资源;澳洋集团借力资本市场,拥有3家上市公司,成为一家跨地区、多元化的民营企业集团,产业涉足纺织服装、金属物流、新能源、医疗健康、地产养老、文化创意、绿色生态、电子商务、金融等九大领域。目前,张家港18家上市公司总市值达到2860亿元,规模居于全国县级市前列。借助国内国际两个市场两种资源,张家港将加快培育一批技术领先、行业主导、规模效益显著的创新型高峰企业,撑起港城创新的"骨架"。

(摘自2017年4月7日《新华日报》17版)

把富民锻造为城乡发展的闪亮标签

孟　旭　盛　峥

近日,《关于张家港市聚焦富民促进创新创业创富的实施意见》进行意见征求。这是我省和苏州市出台相关富民意见及措施后,张家港市结合自身发展情况迅速拿出的落实性文件,将为张家港推动城乡居民收入持续较快增长、让人民群众有更强的获得感和幸福感,提供一个实际抓手。

"我们要不断推动富民增收与经济增长互促共进,让人民群众过上品质生活,把'富民'锻造成为城乡发展史册上一个闪亮标签。"张家港市委书记朱立凡说,张家港将以提高居民收入、改善生活质量、增进民生福祉为重点任务,优化公共服务供给,不断提升"学有优教、病有良医、老有颐养、食有优品、行有捷径"水平,绘就有基础有深度有温度有保障、群众高度认可的发展新蓝图。

以强村富民为导向
集体经济在创新中迸发活力

张家港市村集体又多了个致富平台。3月27日,张家港厂房信息网正式启用,通过收集汇总全市特别是村集体的土地厂房等资源信息,进行网上发布,打造全市招商资源管理系统。"互联网+厂房",为全市村一级存量资源的盘活利用提供了新途径,也成为张家港做实富民工作的一个创新举措。

"面对土地资源的减少和产业转型升级的压力,原有的发展模式让村级集体经济遭遇到了瓶颈。"张家港市委农村工作办公室副主任张进说,农村集体经济必须集聚发展资源,走上一条联合发展、多元发展、异地发展的创新之路,这是为农村拓展新发展空间的必然选择。

"村级经济在转型中不断变强,百姓的生活才能越来越好。长江村现在有的退休人员每人每月都有几份收入来源,包括福利分配、城保退休金等,加在一起,甚至比有些年轻上班族的薪水还要高。"金港镇长江村党委书记郁霞秋介绍,2016年,长江村村民人均年收入从2001年的7000元增长至近4万元;全村形成"按劳分配、按资分配、按需分配"的分配体制,全村医疗保险覆盖率达到100%;村里建立了以村民养老、帮贫救助为重点的保障体系,实现人人有收入,月月有收入。

长江村的发展在张家港并非个例。坚守共建共享发展理念,做大集体经济"蛋糕",不少村子让"村强"和"民富"之间牢牢地画起等号。目前,村级集体收入低于200万元的经济相对一般村已经全面消除。2016年,张家港全市170个村级集体经济组织稳定性收入总额达15.72亿元,村均达925万元。依靠培育新型农业经营主体,整合优化村级资源,深化农村产权制度改革,张家港农村集体经济整体实力和农民收入持续提高,富民强村之路越走越宽。

做优创业就业环境
全力释放创富增收潜力

清明时节，位于张家港东部的常阴沙现代农业示范园区内，一片片金灿灿的油菜花迎来盛放期。春风拂过，田垄间金浪翻滚，尽展芳颜。三年前，刘凯带着创业的梦想来到这片沿江沃土，成立了沃华农业科技股份有限公司。如今，他的无土栽培基地已成了远近闻名的“明星菜田”。“整个基地的种子育苗和移栽生长，都是在从国外进口的营养液中完成的，我们通过物联网技术监管，生长过程中不施任何农药，做到无菌生产。”在占地0.43公顷的钢架玻璃基地内，刘凯自豪地向记者介绍，这里产出的“农药零残留”蔬菜不仅已经销售到上海五星级酒店，还在苏州诚品书店里设立了专柜。这样一个蔬菜基地，1年的产值可达600万元，是传统蔬菜基地收益的近百倍。

在张家港，像刘凯这样在农田里种出“金疙瘩”的人不在少数，而这样的创业也有效带动了当地的就业。“我们村95%的可用耕地都已经实现流转承包，166.67公顷高效农业基地不仅带动了村里的产业发展，增加了村级集体收入，还解决了近十分之一的村民就业。”南丰镇建农村党委书记施建章介绍，村民收入的增加一方面靠土地流转的收益，一方面靠在蔬菜种植基地里工作所得，村里依靠现代农业创富增收、创业带动就业的效应越来越明显。

就业是民生之本，创业是就业之源，致富的最大潜力归根结底在于创业。“只要是本地户籍的市民，都可以申请‘SYB（创办你的企业）’免费创业培训，培训合格的创业者将得到6000元的创业启动资金，享受社保补贴，并可申请1年期限30万元的城乡居民创业小额全额贴息贷款。”张家港人社局就业促进与市场管理科科长陶纪元介绍，在完善就业服务体系、推动更加充分更高质量的就业同时，张家港大力鼓励创业增收，降低创业门槛，完善创业政策，支持和引导更多市民走上创业路、当上“小老板”。去年，张家港仅就业培训和社保补贴就支出1800万元，创业扶持资金近200万元，助推大众创业和富民增收。

坚持普惠共享理念
着力优化公共服务供给

今年2月，受国家体育总局社会体育指导中心委派，张家港市体育、教育部门从杨舍镇福前实验小学桌式足球队选拔出7名佼佼者，加上另外2名小球员，组建成了中国桌式足球青少年代表队，出征4月即将举办的德国桌式足球世界杯。

“小学生出征‘世界杯’，对于张家港教育来说无疑是一件大喜事，这背后是港城不断推动城乡同步均衡发展模式、着力打造素质教育品牌的生动实践。”张家港市教育局相关负责人介绍，近年来，张家港通过深化教育发展内涵，积极推进学校个性化、特色化发展，促进学生全面而有个性的发展，让教育在更高层面上获得均衡发展。

以教育均等化为标杆，张家港在更广领域推进公共服务资源的科学配置和高效利用。

在福前社区卫生服务站，医生为社区居民陈建民老伯做完心电图后，通过心电影像远程诊断平台将心电图传送到市级医院，短短十分钟，陈老伯的心电图报告单就打印出来了。“现在社区就医就能直接享受市级医院的诊断服务，不用排队，非常方便！”陈老伯满意地说。

作为全国县级公立医院综合改革试点市，张家港在全省率先建成并启用区域卫生信息平台，实现了卫生信息跨条线、跨机构、跨部门共享应用，并成功打造出全方位、多层次的“一站式”医疗服务，让更多市民享受到“医改红利”。

如今，张家港公共服务体系已覆盖教育、医疗、就业、文化、救济和社会保障等诸多领域，惠及城乡各地，不断推动群众全面发展。但民生事业发展的“木桶原理”昭示，在提高公共服务质量的同时，更应当补齐短板。

为了实现小康路上“一个不少，一个不落”的目标，张家港强化政府兜底，突出低收入和困难群体，实施精准帮扶，建立贫困家庭综合救助保障机制，更好地解决因病致贫等实际问题。同时，张家港还不断织密社会保障网，加快健全以基本养老保险、企业年金和商业保险为支撑的多层次社会保障体系，去年发放低保补助金4200多万元。

（摘自2017年4月7日《新华日报》18版）

用生态文明建设领跑转型发展之路

潘朝晖　陈雨薇

从1996年成为全国首家“环境保护模范城市”起，张家港就一直走在生态文明建设的最前列。首批“国家生态市”、全国首个荣膺“联合国人居奖”的县级市、首届“中国生态文明奖”先进集体……一个个来之不易的荣誉，见证了张家港走出的一条经济社会与生态文明互融并进的发展道路。

探寻张家港生态文明建设一路领先的奥妙不难发现，一套倒逼干部重视生态建设的制度，一个“无中生有”添加生态美景的创意，一条传统产业绿色化发展的路径，是张家港这个“生态样本”的关键核心。

细化顶层设计
倒逼干部紧抓生态绩效

制度保障一直是张家港推进生态文明建设的核心理

念。张家港始终坚持生态优先战略，不断强化生态制度保障，切实提升绿色行政能力。

干部政绩考核，“生态分”比重越来越高；干部能不能提拔，要看“生态成绩单”。早在2013年，张家港就推出了生态文明建设绩效考核制度，在全省开了先河。这个办法将生态环保作为重要的考核指标，做到“既考GDP，又考COD（化学需氧量）”。

“总分1000分的绩效考核中，与生态文明建设相关的从最初的150分已经提高至现在的350分，今年可能还要增加。”张家港“绩效办”有关负责人介绍，生态目标任务完成得不好，扣分；任务之外有亮点，加分。考核结果将作为单位评先评优和干部选拔任用的依据。

“冶金工业园经济总量占张家港的三分之一，在以经济指标为主的绩效考核中，是多年的‘老先进’，但现在园区领导班子压力很大。”冶金园党工委书记、锦丰镇党委书记常征说，过去也强调生态建设，但没有具体的量化指标，落实情况看各单位自觉。如今，生态建设指标具体化、考核刚性化，就得不折不扣完成任务。

通过不断完善制度设计，张家港让生态文明理念贯穿到领导干部决策的每一个环节。

2014年底，张家港又出台《镇（区）党政主要领导生态环境责任审计办法（试行）》，对相关领导履职情况进行任中和离任审计，对发生破坏生态红线、造成恶性环境事件等情况的“一票否决”。审计结果归入领导干部个人档案，同样也作为评先创优、选拔任用的重要依据。

“推进生态建设必须优化制度设计，将其纳入政绩考核。”张家港环保局局长严亚明说，有了这根“指挥棒”，可以从制度上倒逼干部切实履行生态建设职责。

从编制完成国内首份《生态文明建设规划》，到出台各个阶段的生态文明建设计划，再到全力推进现代化建设“十大生态工程”……生态文明充分体现在张家港经济发展、城市建设和民生保障等各领域。

目前，张家港已初步构建起包括科学决策、市场运作、考核审计、公众参与在内的生态文明制度体系，不断释放出生态文明建设的“制度红利”。

创意招数频出
人造美景为城市添“绿肺”

阳春三月，沙洲湖畔桃红柳绿，微风拂面，令人心旷神怡，三三两两的市民结伴在湖边漫步，不时有孩子嬉戏着跑开……这一幕张家港街头的寻常景象，却让许多“大城市”的市民羡慕不已。“城市干净环境好，生态景色随处可见”，这是很多游客对张家港的印象。

“张家港虽然处在江南水乡，但自然禀赋和资源却不及周边城市。”张家港环保局副局长秦国平介绍，在张家港的城市建设中，有不少至今为人津津乐道的“神来之笔”。

早在1995年，张家港人整治市区环境，一块废弃窑洼地摇身一变成了山水相依的张家港公园，如今已是港城百姓茶余饭后都爱逛的城市后花园；2001年，利用修建沿江高速公路的契机，集中取土开挖建成暨阳湖，利用最先进的生态理念和技术把自然引入城市，契合了“海绵城市”的建设要求，成为市区36平方公里内主要的“海绵体”；香山生态修复工程中，山体南侧一个采石形成的宕口被开挖成灵气秀美的香山湖，成为市民爬山时登高远眺的香山一景；市区东郊的一块高岗地被打造为梁丰生态园，现已成了有着1500多种植物的城市“绿肺”；城区小城河也被改造成市民休闲的“城市会客厅”……

这些人造美景，集中体现了张家港人对美的执着和用心。漫步一干河生态休闲风光带，记者看到，河道沿岸各类杂树交错生长，路边的草丛里散乱地开着不知名的小花，野趣盎然。张家港市园林绿化管理局相关负责人介绍，为了减少人工痕迹，一干河生态廊道环境整治时，保留了原先的成片水杉和部分杂树，后期种植植物时也尽量避开了整齐划一、需要人工修剪的品种，播种野花时，绿化工人特意将野花种子混杂起来播撒，这才有了这精心设计的“漫不经心”。

人造生态美景并非随心所欲，而是尽可能与自然融合。在城市建设的空间管控上，张家港按照“珍爱自然、修复生态”原则，严守耕地利用、开发强度、生态保护“三条红线”，对基本农田雷打不动加以保护，加大生态修复和环境再造力度，同时加强市域水系循环沟通。目前，张家港市域范围已初步形成林地、绿地、湿地“三地融合”的生态基础空间和东、中、西部三大水循环体系。

“绿化”产业结构
从根本上为城市生态“减压”

江苏天鹏电源有限公司新厂区，正在建设的厂房从外面看并无特殊之处，走进里面，才发现大有玄机。经过专业设备的处理，厂房内十分干燥，犹如置身沙漠。这是锂电池生产所需的特殊环境。“我们的生产流程选用了行业内最高水平的生产设备，全程没有污染。”公司负责人佟刚介绍，公司主要生产用于电动汽车和电动工具的锂电池，随着新能源市场的升温，产品供不应求，去年实现了3.6亿元的销售。目前公司二期工厂已经投用，今年有望向8亿元迈进。

如今，张家港已经集聚一大批锂电池企业，形成了一条从功能添加剂、电解液到锂离子电池、组件及电源管理系统的相对完整的锂电产业链，在前景广阔的锂电“蓝海”中抢占了先机。

张家港作为一个典型的工业城市，传统产业比重高，冶金化工产业占到了50%以上。张家港人深知，自身产业结构过于偏重，对环境带来了重压。要想从根本上为生态“减压”，必须在产业结构“绿化”上使力，培育“绿色产业”，以锂电池为代表的新型能源就是选择之一。

在发力新兴绿色产业的同时，张家港还率先在钢铁、化工、纺织三大行业制定绿色发展评价标准，试点推进重点行业“绿色发展领跑者”评价工作，引领企业争创行业标杆。作为一家大型钢铁企业，沙钢集团通过实施煤气、蒸汽、炉渣、焦化副产品和工业用水“五大循环回收利用工程”，年回收蒸汽200多万吨，工业用水重复利用率达到97.2%，吨钢耗新水仅为3.6立方米，其循环经济产生效益占企业总效益的20%。

循环，不仅仅是企业增加效益的手段，也是区域发展的新理念。张家港保税区提出“绿色招商”理念，招商引资过程中不仅看项目的先进性和环保性，更要看该项目在园区产业发展中的链接性。依托国家再制造产业示范基地的“金字招牌”，张家港经济技术开发区面向全国，重点打造汽车零部件再制造、冶金及工程机械再制造、机床、模具及切削工具再制造、电子办公设备再制造、再制造设备生产等五大再制造产品门类，形成一条“绿色产业链”。作为全省循环经济试点城市，张家港已初步构建起企业内部“小循环”、园区工业“中循环”和经济社会“大循环”的循环经济空间格局。

（摘自2017年4月7日《新华日报》19版）

让精神文明成为矢志不渝的价值追求

李仲勋　盛　峥

3月底，在张家港锦丰镇悦来社区，身着大红中式礼服的华发夫妻笑得开心，摄影师“咔嚓”一声，定格了这一幸福时刻。定期开展的“悦老·幸福传递”志愿服务项目正在为社区老人补拍结婚照，举着相机的石小蛟是快乐益拍志愿摄影团的队长。张家港平均每天开展33个志愿服务活动，几乎每个活动现场都能看到快乐益拍志愿者忙碌的身影。普通的人，坚持着简单暖心的事，彰显了一座文明城的价值追求，更表明了全城人的价值认同。

从抓卫生起步到城乡一体联动，再到提升城市品质和市民文明素养，20多年来，张家港的文明创建历久弥新，始终领跑全国。如何在高平台上走好文明引领之路？张家港将对标国内外先进城市，以更高的标准擦亮牌子、筑牢根基；对照文明城市测评标准，补齐创建短板，积累文明增量，确保高标准实现全国文明城市“五连冠”；对比自身文明创建历程，强化责任担当、健全联动机制、突出考核问责、推动全员参与，真正让文化浸润整座城市，让文明滋养每个市民，从而全力争当标兵型全国文明城市。

虚功实做
文明渗透城市发展血脉

今年3月初，省文明委通报了2016年度社会文明程度测评指数、文明城市省级测评结果，张家港市均以高分名列全省54个城市之首。

对于张家港来说，斩获两项“第一”，称得上实至名归。作为第一个县级全国文明城市，也是唯一获得“四连冠”的县级文明城市，张家港的文明创建工作一直保持“第一”和“唯一”的位置，文明创建的“张家港经验”多次在全国推广。

文明创建贵在久久为功，难在化虚为实。张家港的文明城市创建工作注重虚功实做，始终作为“一把手工程”：市委书记兼任市文明委主任，每年春节上班后市委、市政府召开的第一个会议，都是精神文明建设总结表彰大会。去年7月召开的张家港市第十一次党代会，张家港新一届市委将“文明引领”作为今后五年城市发展的一项重要战略。今年春节上班后的第一个全市大会，正是文明引领推进工作会。

化虚为实，长效的制度保障是关键。精神文明建设是一项复杂的系统工程，工作领域宽、涉及部门多、见效时间长，培育一个地区的文明风尚并非一日之功。多年来，张家港全市上下在文明城市创建长效管理上目标明确、责任落实，市委、市政府制定出台一系列文明城市长效管理实施意见，文明城市创建工作领导机制、联动机制、考核机制、保障机制不断健全完善。与此同时，张家港坚持把精神文明建设纳入城市发展总体规划，与经济建设同谋划、同部署、同实施。每年由市文明办牵头对机关、乡镇进行文明创建考核，每年对乡镇的绩效进行考核，真正实现“两手抓、两手硬、两促进”。

2014年10月以来，全国先后有400多批次考察团来张家港学习文明创建的经验做法。一个个考察团接踵而至的时候，张家港人却在埋头找“不足”、补“短板”。去年，张家港市文明办牵头面向全社会征集“最希望改善的不文明行为”，收到市民反馈意见近千条，对反映的90多个方面的问题，从细枝末节处抓落实、促提升，真正将文明细节融入日常生活，用文明细节推动价值引领，塑造具有张家港特质的“文明习惯”。该市还深入开展“讲文明、破陋习、树新风”专项行动、五星文明家庭评选、好家风好家训征集推广活动，积极培育和传播乡贤文化，不断提升城乡一体文明的内涵。

常创常新
人人都是文明创建主体

走进张家港南丰镇建农村，除了美丽整洁的村容村貌，村民文化广场上展示的村民“四德”积分管理评分细则同样吸人眼球。不远处，妇女队长陈秀芳的家里，一季度小组积分管理考核表已新鲜出炉，除了村民顾志明参加活动加分获得102分，其他村民都是100分。

村民文化程度低，但注重名誉，又是朴实的行动派。建农村党委书记施建章介绍，建农村抓住这个特点，把原来的村民公约从“粗放型”细化为“个人品德、社会公德、家庭美德、职业道德”的“四德”积分管理考核制度，获得满分的村民能在年底获得400元左右的股权固化分红。实际操作中，一旦出现扣分项先由小组长提醒，及时改正不扣分，村民对此很“买账”。潜移默化中，村民有了规范意识，前不久全村又开始推行干湿垃圾分类，执行效果非常好。

建农村的积分细化管理，是张家港文明城市创建常创常新的缩影。为了做好文明城市创建这道“创新题”，历届张家港市委、市政府进行了扎实的探索，在全国首推“网格化公共文化服务”模式，有力推动了公共文化服务的普惠均等；全市公共文化设施人均面积0.41平方米，达到国家先进水平；在全国首创覆盖城乡的“书香城市”建设指标体系，推进全民阅读，激发市民“阅读自觉”；结合文明城市创建活动，统筹协调相关民生项目优先列入市政府实事工程，数字文化馆、博物馆走进人们的生活。

创新“金点子”，营造人人参与文明创建的氛围。张家港通过搭建“线上+线下”的全民参与平台，形成了“政府来主导、市民唱主角”创建局面。定期举办“民生面对面”机关干部下基层活动；“12345”一条热线，连接起了“24小时不下班”的政府，为市民提供全方位的服务；在全国县级市率先开发“城市e管家”信息平台，通过手机移动终端搭建24小时参与文明创建载体。

创新保障体系确保“全民参与”落到实处。近年来，张家港先后出台《深化全国文明城市创建长效机制》《市民素质提升工程实施计划》等文件，从大处着眼小处着手，确保“全民参与”落到实处。凤凰镇湖滨社区以“仁义礼智信”五德服务理念为抓手，正在打造75个特色楼道文化，围绕“社会主义核心价值观”“家风家训”等主题“移步换景”，往日积满尘埃的楼道演变成书墨飘香的艺术长廊；杨舍镇成立“移风易俗”婚庆联盟，举办新市民集体婚礼，让市民渐渐走出送大礼重礼的沉重负担，晒党员家规、讲家风故事，营造了社会广泛关注、群众积极参与的浓厚氛围。

惠民育民
核心价值观引导素质提升

3月28日上午11点，67岁的村民闵新宝刷市民卡进入金塘社区24小时图书馆驿站，在书架上找到自己上次未读完的书。几年前搬到动迁安置房后，闵新宝开始在社区回收废品，从小爱读书的他一有闲暇就会来看书，是图书馆的常客。“这没想到有一天家门口会有图书馆，太方便了。”闵新宝说，以前村里不仅没有图书馆，连一家像样的书店都没有，想看书要费很大的力去市区买。翻看借阅记录，闵新宝借阅的书有20多本。

文明创建有一大难题，就是难在缩小城乡差距，而城乡一个样恰恰是张家港文明创建的最大特色和亮点。这一点，从遍布张家港城乡的24小时图书馆驿站就能看出。此外，张家港所有村（社区）均建成综合服务中心，“城保”覆盖率达99.6%；成为全国首批义务教育发展基本均衡县（市），乡村学校少年宫在全国县级市率先实现全覆盖……城乡文明实现有效联动。

硬件有了，再加上贴心的软服务，才能真正让文明创建成为最大的惠民工程。金塘社区住着7个村的动迁村民，常住人口7000人，社会管理是大难题。如今，这里的社区管理模式却成为各地争相学习的模范样板。行走在其中，除了24小时图书馆驿站免费开放，和合书场几乎每天都送戏下乡，爱心理发屋为全村75岁以上的老人免费理发，用点餐为80岁以上老人准备免费饭菜。和谐温暖的环境，吸引了新鲜血液的加入，常住人口中有一半是来买房安家的新张家港人。

志愿服务是培育和践行社会主义核心价值观的有力抓手，也是张家港文明创建惠民育民的一条主线。张家港市文广新局组织文化志愿者为新市民子女送上亲子阅读指导等服务；翔宇救援社的陈伟和团队努力获得国际国内专业救援资格认证，到社区为居民培训急救知识；暨阳青少年事务所的社工杨玭到社区“四点半学校”为孩子们提供服务……目前，“志愿者+”的触角已经延伸到张家港市经济社会发展的各个角落。5.8万名注册志愿者，俨然成为一大群“文明因子”活跃在城乡大地，张家港的文明创建必然会脱颖而出。

长期坚持不懈地育民惠民，潜移默化提升了人的素质，也在张家港厚植起耀眼的“好人文化”。目前，张家港市共有全国道德模范（含提名奖）2人，江苏省道德模范4人，22人荣登“中国好人榜”，“中国好人”数量位居江苏省县级市第一。

（摘自2017年4月7日《新华日报》20版）

文 件 选 录

关于进一步加强招商选资、招才引智工作的若干意见（试行）

一、强化工作基础

1. 明确产业发展方向

各区镇招商引资工作应明确各自的产业定位，立足于持续创新、技术进步和人力资本深度开发，集中力量抓好若干个优势主导产业，既抓龙头项目，又抓产业配套项目。推动本地企业主体与国外高端制造业多元合作，促进传统产业转型升级。构建先进制造业集群，重点引进符合全市产业发展方向的项目和技术，积极引进境内外人才和智力成果，吸引跨国公司、海内外学术和科研机构在全市设立研发中心和创新中心。适时发布全市重点招商引才指导目录。

2. 加强载体平台建设

提升产业载体建设水平。以国家对经济开发区科学发展的要求和综合考评体系为引导，加快推进"两区一园"优化升级和其他各镇工业集中区逐步相对集中，完善"九通一平"等基础设施建设，进一步挖掘集约用地潜力，优化资源配置，鼓励企业利用现有土地、厂房开发建设优质项目，提高亩（1亩约为0.07公顷）均产出效益。通过低效土地合并、已撤并乡镇再开发特色小镇等途径，建设一批高质产城融合发展特色产业。

强化创新平台功能。加快高新区规划建设，深化沙洲湖科创园、保税区科创园等一批科技载体提档升级。充分发挥清华大学锂电研究院、哈工大研究院、南理工研究院等重点工研院的集聚辐射作用，提升产业发展支撑能力。积极建设冶金新材料、半导体技术、新能源锂电等公共服务平台，为产业创新提供良好保障。

3. 强化组织领导

建立招商选资与招才引智联动机制，推动招商与招才部门人才、资源的协同整合，实现工作力量、服务资源、项目信息的共享共用。进一步健全招商部门建设和职能优化，各区镇主要领导亲自抓招商引才工作，原则上明确招商选资与招才引智由同一名领导分管，实现招商引才部门设置相对固定、经费充分保障、人员职责明确。

二、创新工作模式

4. 推动全市资源共享

树立全市"一盘棋"思想，完善项目信息及资源共享合作机制，依托张家港招商网和张家港厂房网，打造"两库一平台"（项目信息库、区镇资源库及全市统一招商平台）。在市招商选资工作领导小组的领导下，统筹项目信息及资源，鼓励区镇间优势互补和资源共享，定期召开会议，商讨项目引荐合作情况，实现全市招商资源库和项目信息库的有效结合，逐步由目前"先找项目后定地块"的粗放式招商方式向"先定地块、定产业方向后找项目"的精准化招商模式转变。

5. 鼓励全社会招商

充分发掘全市招商资源，发挥好各社会团体、海内外资源的招商优势，调动社会各界参与招商工作的积极性，形成全社会招商的良好氛围。鼓励机关和企事业单位干部职工在做好本职工作的基础上，利用自身资源和渠道，积极为招商引才牵线搭桥、引荐项目，对成功引荐项目落地的个人、团队和单位主要负责人给予物质和精神上的奖励。

6. 探索开展社会化招商

支持有条件的区镇先行先试设立招商公司，以现有管理制度为基础，对招商人员实行企业化管理，同时加强对招商人员收入和工作经费的保障，充分发挥招商人员的积极性、主动性，提高招商人员稳定性。待改革逐步完善后在全市推广，引才工作可借鉴操作。

修订完善《张家港市聘请招商顾问暂行办法》，加强与国外派驻机构、境内外重要商协会、经贸促进机构、会计师事务所、律师事务所、管理咨询机构、金融投资机构、知名媒体等的合作，鼓励境内外机构、已落户企业和个人积极参与全市招商引才工作，运用合作招商、以外引外、以商引商等模式，进一步拓宽招商引才渠道。由市政府委托市商务局与相关机构、企业和个人签订招商合作协议，适当增加日常性支出，每年对签订协议的机构、企业或个人给予一定的招商活动经费补贴。

7. 着力开展精准化招商

各区镇应根据自身实际，围绕载体资源，提升载体水平，研究产业发展战略，围绕强化主导产业、壮大优势产业、促进新兴产业、集聚前沿产业，狠抓知名企业、知名品牌、知名专家以及产业节点项目、税源稳定型项目、优质科技型项目、平台型项目的引进，深入开展产业链、创新链的精准化招商。

8. 有效发挥资本作用

鼓励各区镇特别是"两区一园"设立产业发展基金或引导资金，引进私募股权基金、创新投资基金、风险投资基金、产业基金，与境内外创投、风投、产业等各类基金建立战略合作，通过"载体+基金+研发+人才+孵化器+产业"的模式，促进高端产业项目的引进和培育。引导外资开展并购重组，推进外资参与传统产业改造。鼓励本市上市公司兼并重组境内外优质项目，促进上市公司做优做强。进一步加大企业技术改造、科技人才政策扶持力度，促进新兴产业发展。

9. 强化招商研究

立足本地资源禀赋、发展方向、产业特点和竞争优势，结合经济社会发展规划、城市建设规划，各区镇要加强对自身招商工作的整体规划和管理，强化对专门行业、专项领域的招商研究和谋划。把握产业发展动态，梳理产业领军集群，分析招商目标对象，研判招商策略措施，实施精准招商、专业招商。

三、加强队伍建设

10. 优化队伍人员结构

用好各类人才政策，提高准入门槛，大力引进具有招商引才相关工作经验的海内外人才。定期选派优秀中青年干部到招商引才条线挂职，全程参与招商工作，对适应快、实绩好的可转入招商引才岗位任职，不断拓宽招商引才队伍来源。加强招商引才干部动态考察了解，对专业强、潜力大的优秀年轻干部进一步加大选拔任用力度，持续强化招商引才骨干队伍建设。注重统筹全市干部资源，优化招商引才队伍结构，注意选拔具有经济工作经历的干部担任区镇招商引才工作分管领导，不断增强招商引才工作的领导力量。进一步加强对招商引才人员的考核、激励、调整和淘汰，形成有奖有罚、有进有出的工作机制。

11. 加大招商人才培训力度

组织招商队伍培训每年不少于三次：一次本地学习参观，了解本市经济发展和产业结构特点、重点企业运行情况，熟知本地产业环境，为配套引进、产业链招商打牢基础；一次外地学习考察，组织招商骨干赴周边县市（区）或先进发达地区招商部门学习考察，学习借鉴招商同行先进经验和技巧方法，进一步更新观念、拓宽招商思路；一次院校产业知识培训，了解国内外经济发展动态，发现和捕捉相关产业前沿技术和发展趋势，为招商引才工作理清目标。

四、优化考核机制

12. 探索差异化考核体系

探索建立更贴近区镇实际、更为科学合理的量化考核办法，在区镇绩效考核中将“两区一园”与其他乡镇“实际利用外资”指标的考核权重比由1:1调整为1.5:1。

在区镇绩效考核加分项中增加“引进落地重大项目”加分，鼓励招大引强促进产业结构升级。对引进上市公司总部企业的，每个加10分；对引进世界500强企业的，每个加5分；对引进国内500强企业的，每个加3分；对引进上市公司投资企业的，每个加2分。对经认定的新引进（培育）外资总部企业，每个加10分；对经认定的新引进（培育）外资功能性机构，每个加5分。对新引进符合全市产业发展要求的重大外资项目、开工后并有30%以上外资到账的，按注册资本1000万至3000万美元、3000万至1亿美元、1亿美元以上的标准分别给予每个项目2、5、10的加分；该项加分项目的投资规模条件对除“两区一园”外的乡镇减半实施。如项目出现以上加分项分值兼得的情况，取其中最高分值给予加分。项目如由市级机关或其他区镇引荐的，受荐单位享受70%的加分。

鼓励区镇间积极引荐项目，在区镇绩效考核中设置加分项，对成功引荐并顺利落地的项目给予引荐区镇加分。对每个注册资本超500万美元以上的项目（领取工商营业执照并有30%以上首期资金到账），按注册资本500万至1000万美元、1000万至3000万美元、3000万至1亿美元、1亿美元以上的标准，分别给予引荐区镇1、2、5、10的加分。引荐项目以在市招商选资工作领导小组备案的为准。

13. 强化招商引才激励举措

加大市级招商选资工作奖励力度，对当年度工作突出的招商团队或个人，在根据区镇绩效考核工作实施办法进行常规考核奖励之外，再按引进项目质量情况对其进行额外激励。

对新引进符合全市产业发展要求的重大项目团队，“两区一园”注册资本2000万美元及以上、其他区镇注册资本800万美元及以上、开工并有30%以上外资到账的项目，按项目质量积分情况（详见附件《项目质量积分计分标准》）给予激励。具体激励方案由市商务局拟订，经市招商选资工作领导小组审核后，由商务局会财政局，统一拨付至项目团队负责人，由项目团队负责人再行分配。对其中由区镇、机关部门引荐的项目，资金由引荐单位与受荐单位按3:7的比例进行分配。

强化人才载体“以奖代补”的激励效应，人才载体“以奖代补”资金专款专用，只能用于区镇人才载体建设、领军人才项目扶持服务、人才项目对接洽谈活动和对工作实绩突出的人才工作团队（个人）的激励，具体按照各年度《人才载体以奖代补操作细则》执行。年度激励方案由市人才办拟订，经市人才工作领导小组会议审议后，由人才办会财政局，统一拨付至人才工作团队负责人，由人才工作团队负责人再行分配。

14. 探索内外资合并考核模式

在现有考核机制和运行统计模式下，对招引的优质内资项目，可按照其固定资产实际投入量，参照本意见实施考核、激励，充分激发招商部门招引优质内资项目的积极性。

本意见所涉资金（除人才载体“以奖代补”资金）在“商务发展专项资金”中列支，具体操作细则另行制定。

各区镇可依据本意见，结合自身实际，制定配套激励措施，推动招商选资、招才引智工作。

本意见自2017年1月1日起实施，试行期两年。

——摘自《关于进一步加强招商选资、招才引智工作的若干意见（试行）的通知》（张委发〔2017〕17号）

张家港市社会基本医疗保险实施细则

第一章　总则

第一条　为了进一步规范张家港市社会基本医疗保险管理，依法保障参保人员享受社会基本医疗保险待遇的合法权益，根据《中华人民共和国社会保险法》《苏州市社会基本医疗保险管理办法》等有关规定，结合本市实际，制定本实施细则。

第二条　本实施细则适用于本市行政区域内社会基本医疗保险参保缴费、待遇享受、服务以及监督管理等行为。

第三条　本实施细则所称社会基本医疗保险包括职工基本医疗保险、居民基本医疗保险、补充医疗保险以及社会医疗救助。

第四条　本市社会基本医疗保险制度坚持全覆盖、保基本、多层次、可持续的方针，遵循多渠道筹资、保障水平与经济社会发展水平相适应、权利与义务相对等的原则。

第五条　市社会保险行政部门（市人力资源和社会保障局）负责全市社会基本医疗保险政策制定、组织实施、监督管理以及社会基本医疗保险基金的管理工作。

市社会保险经办机构（市社会保险基金管理结算中心）提供社会基本医疗保险服务，具体承办与社会基本医疗保险基金收支及使用相关的医疗保险事务，负责社会保险登记、个人权益记录、医疗保险待遇支付、医药机构协议管理、医疗费用稽核和结算等工作。

市财政部门负责本市行政区域内社会基本医疗保险基金的专户管理，并对基金收支情况进行监督。审计部门依法对社会基本医疗保险基金进行审计监督。

市卫生计生、市场监管、价格、民政、公安、教育、地税，残联、总工会等部门和单位按照各自职责，做好社会基本医疗保险管理工作。

第二章　职工基本医疗保险

第六条　下列人员应当参加职工基本医疗保险：

（一）职工；

（二）在本市领取失业保险金期间的失业人员（以下简称在领失业金人员）；

（三）在本市办理就业登记的外籍人员以及香港、澳门、台湾地区人员。

无雇工的个体工商户、未在用人单位参加职工基本医疗保险的非全日制从业人员和本市户籍的其他灵活就业人员以及其他符合规定的人员，可以参加职工基本医疗保险。

参加职工基本医疗保险的人员统称为参保职工。

第七条　职工基本医疗保险基金包括基本医疗保险基金、地方补充医疗保险统筹基金和大额医疗费用社会共济基金：

（一）基本医疗保险费由用人单位和在职职工共同缴纳，缴费基数按有关规定执行，缴费比例为10%，其中用人单位缴纳8%，在职职工缴纳2%。灵活就业人员的缴费基数按有关规定执行，缴费比例为单位和在职职工缴费比例之和。

（二）建立地方补充医疗保险统筹基金。地方补充医疗保险费由用人单位（不包括享受公务员医疗补助的机关事业单位）缴费、灵活就业人员缴费、基本医疗保险统筹基金划转和财政补贴组成。用人单位按照全部职工工资总额的1%按月缴纳；灵活就业人员由个人按照灵活就业人员基本医疗保险缴费基数的1%按月缴纳；社会保险经办机构从基本医疗保险费中划出全部职工工资总额的0.5%，按月转入地方补充医疗保险统筹基金；市财政部门按退休人员每人每年100元标准列入当年财政预算，直接划拨到地方补充医疗保险统筹基金专户。

（三）大额医疗费用社会共济基金由在职职工和灵活就业人员按每人每月5元的标准缴纳；退休人员个人不缴纳，由社会保险经办机构按每人每年60元的标准从基本医疗保险统筹基金中划转。

（四）在领失业金人员应当缴纳的基本医疗保险费、地方补充医疗保险费、大额医疗费用社会共济基金，由社会保险经办机构从失业保险基金中按月划转，个人不缴纳。

（五）其他参加职工基本医疗保险人员的缴费标准按照有关规定执行。

第八条　用人单位缴纳医疗保险费的列支渠道为：企业从成本中列支，行政机关和由财政全额拨款的事业单位列入单位部门预算，其他事业单位和社会团体按原资金渠道解决。

第九条　基本医疗保险基金分为个人账户和基本医疗保险统筹基金。

（一）职工基本医疗保险设个人账户，社会保险经办机构于每个结算年度初为参保职工预先计入本结算年度个人账户金额（以下简称个人账户当年预划金额），并于结算年度末对个人账户当年预划金额按结算年度内实际缴费和使用情况进行清算，个人账户实际结余金额按规定计息后，结转至下一结算年度使用（以下简称个人账户往年结余）。结算年度内个人账户当年预划金额不作调整。

参保职工跨统筹地区转入的医保个人账户金额，清算后予以结转使用。

1.个人账户的计入标准为：

（1）在职职工个人账户按本人缴费工资总额的一定比例计入：不满35周岁的按3.5%计入，35周岁以上的按4%计入，45周岁以上的按5%计入。

（2）退休人员按养老金总额的6.5%计入。个人账户计入金额，不满70周岁低于900元的补足至900元；70周岁以上低于1100元的补足至1100元，其中新中国建立前参加革命工作的老工人低于1600元的补足至1600元。

（3）对获得苏州市级以上劳动模范发放医疗补贴，由社会保险经办机构每年一次性增加记入其职工基本医疗保险个人账户。医疗补贴的标准为：全国劳动模范每人每年400元、省（部）级劳动模范每人每年300元、苏州市级劳动模范每人每年200元。

2.个人账户的使用范围为：

（1）个人账户主要用于支付符合规定的门诊医疗费用。

（2）个人账户往年结余自动直接结付符合规定的门诊医疗费用、住院起付标准和住院医疗费用中的自负部分。

（3）个人账户往年结余超过3000元的部分，自动直接结付在定点医疗机构就医时发生的个人自费的准字号药品、医疗器械（耗材）和诊疗项目的费用；也可以按自愿原则购买商业健康保险。

3.已办理长期居住外地医疗手续、养老金实行异地社会化发放且未申请异地就医结算登记和门诊特定项目的退休人员，经本人申请、社会保险经办机构核准，可以通过养老金社会化发放渠道，于每年7月一次性发放其个人账户当年预划金额和个人账户往年结余。

4.参保职工终止参保关系时，社会保险经办机构应对其个人账户予以清算。

（二）基本医疗保险统筹基金

用人单位缴纳的基本医疗保险费除计入个人账户以外的部分，作为基本医疗保险统筹基金统筹使用。基本医疗保险统筹基金用于支付参保职工符合规定的住院和门诊特定项目的医疗费用，以及特殊药品、一般诊疗费、残疾人康复等费用。

第十条　参保职工的门诊医疗待遇：

（一）普通门诊待遇。参保职工在医疗机构就诊发生的符合规定的门诊医疗费用，以及在定点零售药店购买处方药与非处方药发生的符合规定的医疗费用，由个人账户支付。

（二）地方补充医疗保险待遇。已缴纳地方补充医疗保险费的参保人员每一结算年度个人账户用完后发生的符合规定的门诊医疗费用，由地方补充医疗保险统筹基金按比例结付：在职职工累计自负600元后在3800元以内按60%的比例结付，退休人员累计自负400元后在4500元以内按70%的比例结付。参保职工在基层社区医疗服务机构就医的，在职职工结付比例提高至80%，退休人员结付比例提高至90%。

参保人员患再生障碍性贫血的，其每一结算年度个人账户用完后发生的符合规定的门诊医疗费用，在8000元限额内由地方补充医疗保险统筹基金按90%的比例结付。

（三）门诊特定项目医疗待遇。门诊特定项目是指在门诊诊疗的恶性肿瘤化疗放疗、尿毒症透析、器官移植后的抗排异药物治疗、血友病、红斑狼疮性肾炎、慢性肾病综合症、再生障碍性贫血、骨髓增生异常综合症、严重精神障碍（精神分裂症、双相障碍、癫痫所致精神障碍、精神发育迟滞伴发精神障碍、分裂情感性精神障碍、偏执性精神病以及老年性痴呆）、老年性白内障在门诊行白内障超声乳化加人工晶体植入术、家庭病床等。

以上门诊特定项目经定点医疗机构诊断，社会保险经办机构确认后，在结算年度内发生的符合门诊特定项目结付规定的费用，由基本医疗保险统筹基金按以下比例结付：

1.恶性肿瘤化疗放疗、尿毒症透析、器官移植后的抗排异药物治疗发生的医疗费用，按住院医疗待遇结付，一个结算年度由参保职工支付一次起付标准，起付标准为600元。

参保职工在恶性肿瘤康复期使用肿瘤辅助药品和中草药饮片的费用，在8000元限额内按90%的比例结付。

2.血友病患者使用专科药物的费用，在60000元限额内按90%的比例结付。

3.红斑狼疮性肾炎、慢性肾病综合征、再生障碍性贫血、骨髓增生异常综合征，使用专科药物的费用，在40000元限额内按90%的比例结付。

4.严重精神障碍患者使用专科药物时所发生的费用，在3000元限额内按100%的比例结付。

5.老年性白内障在门诊行白内障超声乳化加人工晶体植入术的费用，在3800元限额内按90%的比例结付。

6.家庭病床的医疗费用以180天为一结算周期，每一结算周期起付标准为400元，超过起付标准累计在4000元限额内按90%的比例结付。

第十一条　参保职工在结算年度内发生的符合规定的住院费用，在起付标准以上的部分，分别由基本医疗保险统筹基金、大额医疗费用社会共济基金和参保职工按比例结付：

（一）住院起付标准按不同等级医院确定：三级医院首次住院起付标准为在职职工800元、退休人员600元；二级医院首次住院起付标准为在职职工600元、退休人员400元；一级医院首次住院起付标准为在职职工300元、退休人员200元。当年第二次住院的起付标准为该院首次起付标准的50%；当年第三次以上住院的起付标准统一为100元。职工连续住院超过180天的，每180天作一次住院结算，超过180天的部分按再次住院处理。转本市以外上一级医院住院治疗的起付标准为在职职工1000元、退休人员800元。起付标准内的医疗费用由参保职工个人自负。

严重精神障碍患者在精神专科医院住院治疗的不设起付标准。

（二）参保职工住院费用超过起付标准，在200000元以内的费用，由基本医疗保险统筹基金分段按比例结付。其中40000元以内的部分按在职职工90%、退休人员95%的比例结付；超过40000元至200000元以内的部分按95%的比例结付。

（三）参保职工在结算年度内符合规定的住院医疗费用，累计超过200000元以上的部分，由大额医疗费用社会共济基金结付95%，个人自负5%。

第十二条　在领失业金人员、灵活就业人员的各项职工基本医疗保险待遇按照在职职工标准执行。

第十三条　参保职工享受医疗保险退休待遇，应当同时符合下列条件：

（一）按月领取基本养老金或退休金；

（二）职工基本医疗保险最低缴费年限为男性满25年、女性满20年；

（三）在本市行政区域内医疗保险实际缴费年限应当满10年，经县级以上党委组织部门或者社会保险行政部门批准调动至本市的人员、按照国家安置政策规定由本市接收并安置的转业军人、符合规定引进的高层次和高技能人才以及市人民政府确定的其他人员除外。

符合上述规定的人员，自社会保险经办机构办理职工基本医疗保险退休待遇核定手续后次月起，按规定享受职工医保退休待遇；缴费年限不符合上述规定的人员在办理退休手续时，按规定一次性补足，补缴金额为规定基数的10%乘以不足缴费年限；不符合享受职工医保退休待遇的，终止职工基本医疗保险关系。

在全面实施基本医疗保险制度之前参加工作的参保职工，其基本养老保险缴费年限可计算为职工基本医疗保险的视同缴费年限；在全面实施基本医疗保险制度之后的医疗保险缴费年限仅指医疗保险实际缴费年限。基本医疗保险缴费年限为视同缴费年限与实际缴费年限之和。

第十四条　用人单位和参保职工当月按时足额缴纳医疗保险费的，次月起享受职工基本医疗保险待遇；中断缴费或未按时足额缴纳医疗保险费的，次月起冻结个人账户，并依法暂停其职工基本医疗保险待遇。

第三章　居民基本医疗保险

第十五条　本市居民基本医疗保险的参保对象为：

1.本市户籍居民中未参加职工基本医疗保险且无工作单位的人员（含灵活就业人员），以及未参加儿童统筹医疗的未成年人；

2.持1年以上暂住证并在本市从事种、养殖业的非本市籍居民；

3.在本市高校就读的在校大学生；

4.纳入新市民积分管理符合参保条件的新市民子女；

5.市政府确定的其他人员。

不符合享受本市职工基本医疗保险待遇的退休人员、与用人单位终止解除劳动关系后失业人员、新生儿、退役军人、外地迁入人员，在三个月内凭相关材料（新生儿凭出生医学证明和户籍证明、退役军人凭退役证和户籍证明、外地迁入人员凭户籍证明）经所在区镇居民医保经办机构审核后，可中途参加居民基本医疗保险。

参加居民基本医疗保险的人员统称为参保居民。

第十六条　居民基本医疗保险基金由参保居民个人缴费和财政补助组成。根据本市经济社会发展水平和各方承受能力合理确定筹资标准，其中对相关部门核定的“特困人员、低保、低保边缘、优抚、重度残疾人及孤儿”对象，个人缴费部分由镇财政承担（孤儿由原供养渠道全额承担）。中途参保人员个人缴费标准不变。

第十七条　居民基本医疗保险费实行跨年度预缴、一年一保、先缴后保、中途不退保的原则，每年的6月份为缴费期（大学生每年的9月份为缴费期）。参保居民应当在规定的缴费期内足额缴纳医疗保险费，从下一结算年度起享受居民基本医疗保险待遇；未在规定的缴费期内足额缴纳医疗保险费的，下一结算年度暂停享受居民基本医疗保险待遇。中途参保人员从缴费次月起享受居民基本医疗保险待遇，其中新生儿在出生之日起一个月内参保的，自出生之日起产生的符合规定的医疗费用纳入居民基本医疗保险基金补偿范围。

第十八条　结算年度内参保居民在定点医疗机构发生的符合规定的门诊医疗费用，在500元限额以内由居民基本医疗保险基金按照以下标准补助：

（一）在社区卫生服务机构就诊的，单张处方限额50元、结报比例为50%；

（二）在一级及以上医疗机构就诊的，单张处方限额50元、结报比例为30%。

第十九条　参保居民在结算年度内发生的符合门诊特定项目结付规定的费用，由居民基本医疗保险基金按以下比例结付：

（一）恶性肿瘤化疗放疗、尿毒症透析、器官移植后的抗排异药物治疗发生的医疗费用，按住院医疗待遇结付，一个结算年度由参保居民个人支付一次起付标准，起付标准为600元。

（二）血友病患者使用专科药物的费用，在60000元限额内按90%的比例结付。

（三）红斑狼疮性肾炎、慢性肾病综合征、再生障碍性贫血、骨髓增生异常综合征，使用专科药物的费用，在40000元限额内按90%的比例结付。

（四）严重精神障碍患者（精神分裂症、双相障碍、癫痫所致精神障碍、精神发育迟滞伴发精神障碍、分裂情感性精神障碍、偏执性精神病以及老年性痴呆）使用专科药物时所发生的费用，在3000元限额内按100%的比例结付。在精神专科医院住院治疗不设起付标准。

（五）再生障碍性贫血在门诊使用的医疗费用，在8000元限额内按90%的比例结付。

（六）尿毒症、器官移植、恶性肿瘤患者在门诊就诊发生的医疗费用，在3500元限额内。按80%的比例结付。

（七）高血压、冠心病、慢性肝炎、肝硬化、糖尿病、慢性肾功能不全、慢性阻塞性肺气肿、肺心病、严重结核病、脑血管意外后遗征、严重帕金森氏征、系统性红斑狼疮、类风湿性关节炎、血小板减少性紫癜、骨髓增生异常综合症、血友病、原发性癫痫、强直性脊柱炎等在门诊就诊发生的医疗费用在2500元限额内按80%的比例结付。

第二十条　参保居民结算年度内在定点医疗机构发生的符合规定的住院费用，在起付标准以上至最高支付限额350000元以内的部分，由居民基本医疗保险基金按以下比例结付：

（一）住院起付标准按不同等级医院确定：三级医院首次住院起付标准为800元、二级医院首次住院起付标准为600元、一级医院首次住院起付标准为300元；转本市以外医院1000元。当年第二次住院起付标准为该医院首次起付标准的50%，当年第三次及以上住院起付标准统一为100元。参保居民连续住院超过180天的，每180天作一次住院结算，超过180天的部分按再次住院处理。

（二）参保居民在结算年度内在定点医疗机构发生的符合规定的医疗费用，在起付线标准以上至350000元以内的部分，由居民基本医疗保险基金按以下规定结付：

1.40000元以内，按65%的比例结付；

2.超过40000元至100000元以内，按70%的比例结付；

3.超过100000元至200000元以内，按80%的比例结付；

4.超过200000元至350000元以内，按90%的比例结付。

参保居民住院超过350000元以上的部分，居民基本医疗保险基金不予结付。

（三）参保居民符合国家计划生育政策规定生育的，按规定予以补助。

（四）参保居民在本市定点医疗机构住院发生的基本药物目录内药品费用，由居民基本医疗保险基金再补偿5%。

（五）对城镇老居民的补充补偿待遇按原办法执行。

第四章　补充医疗保险

第二十一条　用人单位在参加职工基本医疗保险的基础上，可以建立补充医疗保险，用于本单位参保职工医疗费用个人负担过重部分的补助。补充医疗保险费控制在职工工资总额的4%以内，按国家有关规定列入成本。补充医疗保险由单位自建自支。

第二十二条　政府鼓励建立长期护理保险制度，减轻失能、半失能人员的护理负担。

第二十三条　由财政全额拨款的机关事业单位的公务员和参照公务员管理的工作人员在参加职工基本医疗保险的基础上，按有关规定享受国家公务员医疗补助。

第五章　社会医疗救助

第二十四条　建立城乡一体的社会医疗救助制度。社会医疗救助的对象包括：

（一）持民政部门核发的《特困人员救助供养证》《张家港市城乡居民最低生活保障金领取证》的人员；

（二）持民政部门核发的《张家港市低保边缘困难人群生活救助金领取证》的人员；

（三）持民政部门和总工会核发的《张家港市特困职工生活救助金领取证》的人员；

（四）具有本市户籍，持有县级以上残联核发的《中华人民共和国残疾人证》且登记为1~2级肢体残疾、智力残疾、精神残疾、盲视力残疾，无固定收入或固定收入低于城乡低保标准的重度残疾人；

（五）持民政部门核发的《张家港市抚恤优待对象优待证》的人员；

（六）持民政部门核发的《儿童福利证》的人员；

（七）市政府确定的其他救助对象。

第二十五条　社会医疗救助包括保费补助、实时救助两种方式。救助方式的具体标准由社会保险行政部门会同财政部门确定，报市人民政府批准后执行。

第六章　社会基本医疗保险基金管理

第二十六条　社会基本医疗保险基金实行预算管理制度，纳入财政专户管理，专款专用，任何单位和个人不得侵占挪用。

第二十七条　用人单位和在职职工的医疗保险费由社会保险费征收机构按月征缴，在职职工个人缴纳的医疗保险费由用人单位按月从职工工资中代扣代缴。灵活就业人员的医疗保险费由社会保险经办机构委托银行按月征缴。

居民基本医疗保险费由社会保险经办机构按年征收。在校学生的居民基本医疗保险费由学校及托幼机构登记代收后交社会保险经办机构，其他参保人员由镇劳动保障服务机构登记代收。

第二十八条　参保人员进入待遇享受期后，已缴纳的医疗保险费不予退还。

第二十九条　在暂停享受医疗保险待遇期间，参保人员发生的医疗费用按下列方式承担：

（一）因参保人员未按时足额缴费等原因造成暂停享受医疗保险待遇的，由参保人员自行承担；

（二）因用人单位未按时足额缴纳医疗保险费造成该单位职工暂停享受医疗保险待遇的，医疗费用中按规定可由医疗保险基金支付的费用由用人单位承担。

补缴医疗保险费的，医疗保险基金不予支付补缴对应期间的医疗费用。

第三十条　参保人员在不同统筹地区或者不同医疗保险险种间重复参保的，待遇不得重复享受。在本市同时参加职工基本医疗保险和居民基本医疗保险的，享受职工基本医疗保险待遇。

第三十一条　参保职工跨本市流动就业的，社会保险经办机构按照国家规定为其办理职工基本医疗保险关系转移接续手续，参保人员在转出、转入地的职工基本医疗保险缴费年限可累计，但不重复计算。

参保职工申请转出本市职工基本医疗保险关系的，自社会保险经办机构为其出具医疗保险参保凭证之日起，停止享受本市职工基本医疗保险待遇；参保职工应当持医疗保险参保凭证及时向转入地社会保险经办机构提出接续申请。

第三十二条　参保职工因跨本市流动就业办理医疗保险关系转移手续，或者因死亡、离境定居等原因办理个人参保关系注销手续的，医疗保险关系终止，其个人账户有实际结余金额的，按规定予以转移、提取或者继承；超支使用的，应当予以补足。

第三十三条　参保人员被判刑收监的，自判决生效次月起中止医疗保险关系，暂停享受社会基本医疗保险待遇。

第三十四条　风险准备金按职工基本医疗保险、居民基本医疗保险基金收入的5%计提，达到上年度基金12个月平均支付水平或者上年度出现收不抵支时不再计提。风险准备金列入财政专户管理，按险种分别核算，专款专用。

风险准备金的使用由社会保险行政部门提出，经财政部门审核后，报市人民政府备案。

风险准备金主要用于以下情形：

（一）发生突发性流行疾病造成的大范围参保人员抢救所需医疗费用；

（二）因自然灾害等不可抗力造成的大范围参保人员伤害以及急危重病人抢救所需医疗费用；

（三）社会基本医疗保险基金出现收不抵支时；

（四）其他造成大范围参保人员就医所需医疗费用情况。

第三十五条　社会基本医疗保险基金支付实行目录管理。

张家港市社会基本医疗保险药品、诊疗服务项目和特殊医用材料目录按照苏州市相关规定统一执行，并按定点医疗机构和定点零售药店（以下简称定点医药机构）类型和待遇类别进行分类管理。

第三十六条　社会基本医疗保险基金结付参保人员医疗费用采用即时结算和零星报销两种形式。

参保人员持社会保障卡在定点医药机构就医购药的费用应即时结算，社会保险经办机构与定点医药机构直接结算社会基本医疗保险基金支付部分，参保人员支付自负费用和自费费用。

因下列情形之一不能即时结算的，参保人员在垫付相关医疗费用后，可以持本人社会保障卡、病历记录、费用明细清单和结算单据等材料到社会保险经办机构办理零星报销：

（一）已办理长期居外医疗手续的参保人员，居外期间在指定医疗机构发生的医疗费用；因患有限于本市医疗技术和设备条件不能诊治的疑难重症疾病，经市级以上医院诊断并按规定办理转往外地二级及以上医院或者国家重点专科所在医院就诊手续后发生的医疗费用。参保人员转外居外医疗管理办法由社会保险行政部门另行制定。

（二）因突发急、危、重病，就近在非定点医疗机构发生的医疗费用；外出期间因突发急、危、重病，就近在外地医疗机构发生的急诊和急救医疗费用。

（三）社会保险行政部门规定的其他情形。

报销手续应当在医疗费用发生时的结算年度内办理，即时结算和零星报销时，跨年度住院的医疗费用按出院日期所属结算年度的相关医疗待遇予以费用结算，发生的医疗费用列入结算年度累计。

第七章　定点医药机构协议管理

第三十七条　社会保险行政部门应当根据上级有关规

定、城乡格局变化、行政区划设置和参保人员分布等实际情况，制定定点医药机构设置规划，确定并公布定点医药机构应当具备的条件。

第三十八条　建立定点医药机构协议管理制度。社会保险经办机构对提出申请纳入定点协议管理的医药机构组织评估，根据评估结果，与医药机构平等沟通、协商谈判，选择符合条件的医药机构签订服务协议，并向社会公布。医药机构与社会保险经办机构签订服务协议后成为定点医药机构，为参保人员提供医疗保险服务。

第三十九条　社会保险行政部门应当制定与分级诊疗制度相适应的配套政策，制定定点医药机构医疗费用结算管理办法和医保医师服务管理制度。具体办法由社会保险行政部门会同卫生计生等部门另行制定。

社会保险经办机构根据定点医药机构的类型、级别和费用类型等，实施总额控制下按病种付费、按床日费用付费和按服务项目付费等多种付费方式相结合的支付方式，建立社会保险经办机构与定点医药机构的风险分担和奖惩机制。

第四十条　社会保险行政部门对定点医药机构规范执行医疗保险规定的情况进行行政执法检查。

社会保险经办机构按照协议，对定点医药机构的服务质量、管理水平、医疗费用控制、价格合理、参保人员满意度等协议执行情况进行日常管理。

第四十一条　定点医药机构应当为参保人员提供必要、合理的基本医疗、售药服务，做到因病施治、合理检查、合理治疗、合理用药、规范收费。

定点医药机构应当执行社会基本医疗保险药品、诊疗服务项目目录和医疗保险支付标准规定。

第四十二条　参保人员可以持社会保障卡到定点零售药店购买非处方药，购买医疗保险药品目录中的处方药的，应当持定点医疗机构的医师开具的医疗保险处方。

第四十三条　定点医疗机构在与社会保险经办机构和参保人员结算医疗费用时，应当同时向双方提供有关检查、治疗和用药的明细清单。定点医疗机构医务人员在使用自费药品和进行自费检查、治疗前，应当对患者或者其亲属履行书面告知义务；因病情危重急需救治的，应当于救治后及时履行书面告知义务。

第八章　监督和检查

第四十四条　社会保险行政部门建立参保人员就医管理制度。社会保险经办机构对参保人员日就医次数及其发生的医疗保险费用进行实时监测，发现异常或者超出本实施细则规定的，应当书面告知参保人员。告知后发生的医疗保险费用仍处于异常或超出规定范围的，社会保险经办机构可以按规定改变医疗保险费用结算方式。

社会保险经办机构采取改变医疗保险费用结算方式措施的，应当通知参保人员，并对其就医情况及时进行审核。经审核未发现有违反医疗保险规定行为的，应当恢复即时结算。

第四十五条　社会保险行政部门制定定点医药机构管理办法并实施监督。社会保险经办机构建立定点医药机构及其从业人员信息库，对定点医药机构与医疗保险相关的医疗服务过程实施监管。

第四十六条　社会保险行政部门与市场监管、卫生计生、公安等部门建立联合执法机制，完善信息共享机制，纠正和查处医疗保险违法违规行为。

第四十七条　社会保险行政部门建立由医疗保险、医药卫生、价格管理、医疗专家等相关专业人员组成的专家评审委员会，开展医疗保险服务质量评审。

第四十八条　任何单位或者个人都可以举报医疗保险违法违规行为。举报内容属实的，由社会保险行政部门给予奖励。举报奖励经费由同级财政安排，举报奖励的具体办法由社会保险行政部门会同财政部门另行制定。

第四十九条　公民、法人或者其他组织违反本实施细则规定的，根据相关法律、法规、规章进行查处，并将相关违法信息纳入公共信用信息系统。

第九章　附则

第五十条　本市社会基本医疗保险的结算年度为当年7月1日至次年6月30日，其中在校大学生为当年9月1日至次年8月31日。

第五十一条　市社会保险行政部门和财政部门对缴费标准、缴费基数、待遇标准制定调整办法，报市人民政府批准后执行。

第五十二条　本实施细则所称的“以上”、“以下”、“以内”、“之前”、“之后”，包括本数；所称的“超过”“不满”，不包括本数。

第五十三条　离休人员、一级至六级革命伤残军人的医疗保障管理按原规定执行。

第五十四条　本实施细则自2017年7月1日起施行。市政府2000年3月18日印发的《张家港市城镇职工基本医疗保险办法（试行）》（张政发〔2000〕32号）同时废止。本市其他有关规定与本实施细则不一致的，按照本实施细则执行。

——摘自《关于印发张家港市社会基本医疗保险实施细则的通知》（张政发〔2017〕42号）

张家港市干部干事创业容错免责实施办法（试行）

第一条　为营造保护改革、鼓励担当、宽容失误的良好环境，践行“弘扬创业者、支持改革者、鞭挞空谈者、惩治腐败者、激励开拓者”的“五句话”用人方略，进一步激发全市各级干部干事创业的动力和活力，推动全市努力走在高水平全面建成小康社会前列,根据有关规定,结合全市实际,制定本办法。

第二条　本办法适用于市委管理的干部和各区镇党(工)委,市委各工委,各部委办局、市直属各单位(公司)、各人民团体党组织管理的干部。容错免责按照干部管理权限进行。纪检监察组织、组织人事部门和有关职能部门按照管理权限履行容错免责的有关职责。

第三条　本办法所称的容错免责,是指干部在干事创业过程中出现失误、错误或未达到预期目标,造成负面影响和损失,但符合容错免责条件和情形的,在问责追责、给予党纪政纪处分或组织处理时,对其免除或从轻、减轻处分或处理。

第四条　容错免责应当准确把握政策界限,坚持实事求是、稳妥有序原则,把干部在推进改革中因缺乏经验、先行先试出现的失误和错误,同明知故犯的违纪违法行为区分开来;把上级尚无明确限制的探索性试验中的失误和错误,同上级明令禁止后依然我行我素的违纪违法行为区分开来;把为推动改革发展的无意过失,同为谋取私利的违纪违法行为区分开来,为敢于作为、勇于创新的干部卸下思想包袱,激发各级干部干事创业的积极性、主动性、创造性。

在支持和保护干部干事创业的同时,要避免容错过度,严禁打着干事创业旗号搞劳民伤财的“政绩工程”“形象工程”,严肃惩治借干事创业之名徇私舞弊、贪污受贿、假公济私以及严重侵害群众利益等行为。

第五条　容错免责一般应同时具备以下条件:

(一)现行法律法规和上级没有明令禁止,符合党和国家大政方针,符合市委、市政府决策部署。

(二)除处置突发事件外,严格执行民主决策程序,重大改革创新项目还需经过调研论证、风险评估、合法性审查。

(三)没有为当事人、他人或单位谋取不正当利益,没有故意损害公共利益或他人合法权益。

(四)未在同一工作、同一问题上重复出现失误且造成较大损失或较坏影响。

(五)主动挽回损失、消除不良影响。

(六)未直接造成重特大安全责任事故或严重环境污染、生态破坏责任事故,或引发严重集体上访、越级上访事件。

第六条　容错免责实行“一事一议”。原则上应符合下列情形之一:

(一)因政策界限不明确或政策调整变化,在实施创新驱动、推动转型升级、优化资源配置和服务经济发展等方面,从实际出发先行先试、推进改革,出现探索性失误、错误或未达到预期目标的。

(二)在推动富民惠民、推进生态建设、深化文明创建、加强基层治理等方面,从实际出发积极采取有效措施创造性开展工作,出现失误、错误或未达到预期目标的。

(三)在推动重大项目和重点工作中,因大胆履职、大力推进出现无意过失的。

(四)在招商引资、招才引智、项目建设、对外投资等工作中,因市场、政策、客商自身变化等不可预知因素影响,导致未达到预期效果或造成负面影响和损失的。

(五)在服务企业、服务群众过程中,为提高办事效率进行容缺受理、容缺审查出现一定失误或错误的。

(六)在处置突发事件或执行其他急难险重任务中,因主动揽责涉险、积极担当作为,出现一定失误、错误或未达到预期目标的。

(七)在化解矛盾焦点、解决历史遗留问题中,因勇于破除障碍、触及既得利益,造成一定损失或引发信访问题的。

(八)现行法律法规和有关规定明确可以免除或从轻、减轻责任追究的。

第七条　容错免责的实施程序:

(一)申请。按照干部管理权限,当事人分别向相应的纪检监察组织、组织人事部门提出书面申请。申请应在启动问责程序后7个工作日内完成。

(二)核实。收到申请部门应当充分听取当事人的申辩意见,并对申请事项进行初核。属于本办法规定的容错免责适用范围的,启动调查程序。调查由收到书面申请单位牵头负责,如需要会同其他部门调查的,相关部门应积极配合,全力支持。核实应在受理申请后15个工作日内完成,一时难以调查清楚的,可以适当延长核实时间,但不得超过30个工作日。不属于适用范围的,应在受理申请后3个工作日内向当事人做好解释答复工作。

(三)认定。调查组应本着实事求是、客观公正原则,认真负责开展调查,形成书面调查报告,对申请事项做出明确结论,并提出处理建议。经纪检监察组织或组织人事部门提交党(工)委(党组)会研究后,做出认定意见。认定结果由接受申请的纪检监察组织、组织人事部门向申请当事人反馈。反馈认定结果应在做出认定意见后15个工作日内完成。

(四)报备。容错免责情况同时报市纪委、市委组织部备案。

第八条　经认定予以容错免责的,可在以下方面免予或从轻、减轻处理处分:

(一)应当追究党纪政纪责任的,根据党纪政纪相关规定和程序,可免予或从轻、减轻处理处分。

(二)在干部考核评价中免予或减轻对考核结果的影响。

(三)在绩效考核中免予或减少扣分。

(四)在党风廉政建设责任制考核中免予或减少扣分。

(五)容错免责的事项没有影响期的,不影响干部的评先评优、提拔任用、职级晋升。有影响期的,影响期结束后不受影响。

第九条　对予以容错免责的干部实行跟踪管理,期限一年,从容错免责认定之日起计算。在跟踪管理期间,组织上至少与有关干部谈心谈话一次,引导帮助其放下思想包袱、专心干事创业。

第十条　建立健全容错免责配套机制:

（一）建立健全重大改革创新风险备案机制。对重大改革创新项目，要加强调查研究，进行风险评估和合法性审查，建立完备的台账资料，经党（工）委（党组）会议集体研究后建档，同时报市委改革办备案。

（二）建立健全澄清保护机制。对恶意中伤、干扰干事创业，或持续无理上访造成恶劣影响的，要视情节给予批评教育直至依法依纪追究责任。对调查发现确属诬告的，要通过谈心、在一定范围内召开会议或通报等方式，及时澄清事实，消除负面影响。对调查中发现的敢于作为、勇于创新的好干部要大力宣传，予以表扬。

（三）建立健全职能部门协作机制。纪检监察组织、组织人事部门是容错免责工作的主要责任部门。宣传部门应当坚持正确的舆论导向，及时总结宣传在干事创业中涌现出来的成功经验和先进典型，并做好容错免责过程中的舆论风险控制，营造鼓励干部干事创业的浓厚氛围。审计部门应当坚持正确的审计导向，客观辩证地分析干事创业中出现的问题，认真甄别、准确研判，依法审慎处理。

（四）建立健全防错纠错机制。坚持抓早抓小，对工作中出现的苗头性、倾向性问题，做到早发现、早提醒、早纠正。对确实存在失误或错误，经认定予以容错的，在作出认定意见15个工作日内，由纪检监察组织、组织人事部门或有关职能部门，向有关单位或当事人说明纠错事由，提出纠错要求，责成限期上报书面整改工作方案，并加强对整改情况的跟踪督导。同时，由纪检监察组织、组织人事部门会同有关职能部门，指导有关单位或当事人分析原因、吸取教训、完善制度、健全机制，规范决策施政行为，避免类似错误重复发生。

（五）建立健全为官不为问责机制。对干部能力不足不能为、动力不足不想为、担当不足不敢为等为官不为问题，用好组织提醒、约谈函询、诫勉谈话、责令检查等措施，并加大对不担当、不作为干部的组织调整力度。对因不作为造成不良后果的要进行严肃处理。

第十一条　本办法自印发之日起施行。法律法规和上级机关另有规定的，按照上级机关规定执行。

——摘自《关于印发张家港市干部干事创业容错免责实施办法（试行）的通知》（张委发〔2017〕10号）

张家港市教育事业发展“十三五”规划

一、教育事业发展的基础和形势

（一）“十二五”教育事业的成绩与经验

“十二五”时期，全市紧紧围绕《张家港市“十二五”教育事业发展规划》各项工作目标和任务，继续秉持“科教兴市、人才强市”发展战略，推动教育现代化水平不断提升，教育综合实力显著增强。

——教育优先发展地位不断巩固。“十二五”以来，全市地方教育经费总投入达144.09亿元，其中财政性教育经费投入125.37亿元。全市地方教育经费总投入和财政性教育经费年均增长率分别为11.8%和12.6%。公共财政教育支出平均增长幅度高于财政经常性收入增长幅度6%左右。各级各类学校生均预算内教育事业费、教师工资和学生生均公用经费均实现同步增长。

——教育均衡发展效应不断放大。全市累计新（改、扩）建学校（幼儿园）55所，涉及校舍面积79.74万平方米，基本实现学校配置与受教育群体总量、聚居结构变化相适应，与经济结构调整相衔接，与区域功能定位相匹配，科学合理的学校布局进一步形成。组建了梁丰教育集团、实验小学教育集团和14个学校联盟，实现集团化、联盟化办学公办学校全覆盖，优质教育资源得到广泛辐射。帮困助学体系进一步健全，累计发放各类减免、资助金1.07亿元。率先实施新市民子女积分入读公办学校制度，新市民子女义务教育阶段就读公办学校比例达75%，残疾儿童少年义务教育入学率达99%。100%民办新市民学校通过苏州民工子弟学校提档升级工程验收。全市中小学百兆宽带接入率为100%，微格教室或“未来教室”建成率为25%。2013年，率先成为全国首批义务教育发展基本均衡县市。

——教育协调发展水平不断提升。全市学前三年教育毛入园率、义务教育巩固率均达100%，高中阶段毛入学率达99.68%，高等教育毛入学率达71.65%。建成了从专科生、本科生到研究生完整的高等教育人才培养体系。幼小衔接教育、中高职衔接教育、中职与本科衔接教育、普职融通衔接教育等进一步推进。全市主要劳动年龄人口平均受教育年限超过12年，初步形成优质均衡的现代国民教育体系和灵活开放的终身教育体系。

——素质教育发展步伐不断加快。以开展中小学生好习惯养成教育为抓手，落实“立德树人”教育根本任务，全市未成年人思想道德建设测评工作得分蝉联全国同类城市之首。坚持课程引领，建成5所省级课程基地、10所苏州市级课程基地、4个省级幼儿园课程游戏化建设项目、3个苏州市级义务教育改革项目。加强综合实践教育，张家港市青少年社会实践基地成功获评全国示范性综合实践活动基地；乡村学校少年宫实现镇中心少年宫、学校少年宫、新市民子女学校少年宫三个全覆盖。“阳光体育”蓬勃开展，三大球联赛和辩论赛等活动全面推进，获评全国首批青少年校园足球试点县市，14个学校入选全国青少年校园足球特色学校。艺术教育有序开展，科技教育深入实施，全市中小学生累计获国家级科技奖项612项。职业院校技能大赛实现国赛、省赛一等奖“八连冠”。

——教育改革创新举措不断推进。组织开展“美丽学校”建设，全市100%学校完成“美丽校园”建设任务，30%以上学校成为“美丽校园”建设示范点。深化办学体制改革，积极引导民办教育健康发展，促进形成政府宏观管理、学校自主办学、社会广泛参与的新格局。积极探索以县为主的"系统人"人事管理制度改革，进一步完善推进教育均衡发展制度建设。开放合作迈出重大步伐，建办江苏科技大学苏州理工学院，与美、英、法等多个国家知名高校开展多领域合作。全市有境外友好学校中小学达27所，外教人数达80名。

——师资队伍培养机制不断健全。树立师德表率和教书育人先进典范，连续4年举办寻找"美丽教师"行动。加大人才引进力度，依托"港城英才计划"优惠政策和"校外专家"柔性引进人才配套政策，累计引进紧缺人才13名。积极探索教师培养体系改革，通过设立教师队伍专业发展年、下发《关于进一步推动教师队伍专业发展的指导意见》等途径，多渠道拓宽领军型、标杆型教育人才培植路径，推动城乡之间和公办、民办之间教师一体化发展。全市骨干教师占专任教师总数比例为30.25%，职业类学校"双师型"教师占专业专任教师比例为76.16%，"江苏省人民教育家培养工程"培养对象、省特级教师、苏州市教育名家达41名。

（二）"十三五"教育事业面临的挑战与机遇

"十二五"时期，张家港教育呈现蓬勃发展良好势头，但从总体看，教育发展水平及人才培养质量和知识贡献力度，还不能完全满足城市发展的客观需求和人民群众对教育的现实期待。一是面对学龄人口增长新高峰，教育资源总量，尤其是优质教育资源总量供给明显不足，学校建设发展、师资力量补充力度有待进一步加大。二是面对城乡教育一体化发展的新标准，城乡之间、区域之间、校际之间硬软件建设还存在一定的差距，城乡教育一体化发展步伐还需进一步加快。三是面对教育现代化发展的新要求，在全国全省有影响力的品牌学校和教育领军型人才、教育名家还比较紧缺，教育开放度、国际化水平还有待进一步提升。四是面对教育多样化发展的时代新诉求，教育人才培养模式还比较单一，教育重要领域和关键环节改革尚未取得实质性突破，教育改革的系统性、整体性、协调性有待进一步增强。

"十三五"时期，是张家港率先实现教育现代化的决胜期，也是续写张家港教育新篇章的关键期。市委、市政府围绕"聚焦转型、创新驱动、绿色发展、文明引领"四大路径，明确提出高水平全面建成小康社会、争当"强富美高"新江苏建设排头兵的重要目标。教育要充分发挥在经济社会中的基础性、先导性、全局性作用，准确认识新形势，主动适应新常态，积极把握新机遇，为经济社会发展提供更强大的人才支撑，为每个个体发展提供更优质的教育服务。

二、指导思想和主要目标

（一）指导思想

全面贯彻中共十八大和十八届三中、四中、五中、六中全会精神及习近平总书记系列重要讲话精神，牢固树立和践行创新、协调、绿色、开放、共享五大发展理念，围绕"四大路径"和"创新四问"，以建办人民满意的教育为总目标，以提高教育现代化水平为主线，全面实施素质教育，深化教育综合改革，推进依法治教；着力创新教育体制机制，促进教育公平，调整教育结构，提升教育质量；主动顺应城镇化、信息化、国际化要求，科学调整学校布局、结构、生态、空间，加快教育转型升级，进一步提高人民群众在教育方面的获得感和满意度，为张家港高水平全面建成小康社会提供强有力的人才保证和广泛的智力支持。

（二）主要目标

总体目标：到2020年，率先把张家港市建设成为"高位优质均衡、支撑经济有力、人民群众满意"的教育现代化强市。教育发展主要指标在全省率先达到省定现代化标准，高水平实现教育现代化；教育综合实力达到中等发达国家平均水平，基本形成在国内有广泛认同度、在国际上有一定影响力的港城优质教育新样态（张家港市教育事业发展"十三五"期间主要指标详见表118）。

——更具活力的体制机制

依法治教水平明显提升，办学体制灵活开放，人才培养体制机制不断优化，学校内部管理机制不断完善，招生考试制度不断优化，现代学校制度基本建立。市级统筹、市与区镇共建的学前教育管理体制，以市（县）为主、城乡一体的义务教育管理体制，市统筹规划建设、学校自主发展的高中教育管理体制和政府统筹、行业参与、社会支持的职业教育管理体制得到进一步落实和完善。

——更有力度的教育保障

公共资源配置机制进一步完善，教育经费投入保障机制更加健全，教育经费使用绩效和管理水平进一步提高。加快建立系统内外各类资源的开放共享机制，引入优质社会资源支持教育发展，推动教育体制机制与文化生态融合发展，实现全市教育资源不断优化，教育信息化水平显著提高。教师职业吸引力进一步增强，教师队伍素质整体提升，教育领军人才队伍、教育骨干队伍和青年后备人才队伍建设实现持续协调发展。

——更高水平的普及教育

学前三年教育毛入园率、义务教育巩固率和高中阶段教育毛入学率均达100%，高等教育毛入学率达75%。义务教育办学条件校际均衡差异系数达100%，社会主要劳动力平均受教育年限达13年。立体化学生资助和关爱体系进一步构建，全市公办学校新市民子女吸纳率不低于80%，民办学校办学水平有效提升，区域内各学校实现同步发展和优质发展，建成苏州市教育城乡一体化发展样板区。

——更高层次的优质教育

优质教育资源总量不断扩大，立德树人和素质教育任务得到全面落实，学生核心素养和个性特长得到全面提升，教育国际化、现代化水平不断提高，阳光体育、艺术教育等方面的素质教育品牌优势进一步放大。课程改革、评价改革等改革举措取得新的突破，文化艺术普及教育持续推进。全社会覆盖城乡、开放便捷、满足多元化学习需求的终身学习服务体系全面建立，率先建成江苏省教育现代化示范区。

——更具特色的教育服务

搭建职业学校、高等学校、企业及社会贯通的"立交桥"，优化人才培养结构，面向现代农业、先进制造业、现代服务业、战略性新兴产业和社会管理、生态文明建设等重点领域的技术技能人才培养水平明显提高。服务国家"互联网+"行动、大数据战略，打破传统学科、专业局限，逐步发展移动互联网、云计算、物联网等新兴学科专业，加快培养信息技术与产业升级、技术创新和社会服务融合发展的复合型人才及研发设计、电子商务、国际交流等领域的新型专业人才。

张家港市教育事业发展"十三五"期间主要指标一览表

表118

教育事业发展"十三五"期间主要指标		张家港		苏州	江苏
		2015年	2020年	2020年	2020年
学前三年毛入园率（%）		100	100	100	98
义务教育巩固率（%）		100	100	100	100
高中段教育毛入学率（%）		99.68	100	100	99
18周岁人口高等教育毛入学率（%）		71.65	75	70	60
残疾儿童享受15年免费教育比例（%）		100	100	100	基本普及
新市民子女与户籍学生接受同等待遇比例（%）		100	100	90	—
义务教育均衡化比例（%）	小学办学条件校际均衡差异系数	100	100	100	100
	中学办学条件校际均衡差异系数	100	100	100	100
	义务教育教师合理流动比例（每年）	15	16	15	15
中等专业学校毕业生双证书获取率（%）		98	99	98	—
参加中外合作交流的中小学校比例（%）		31	50	40	—
职业学校"双师型"教师比例（%）		76.16	80	80	75
主要劳动力平均受教育年限（年）		12.2	13	13	12.2
主要劳动年龄人口受过高等教育的比例（%）		26.5	31.5	30	25.8
国家教育信息化标准达标率（%）		81	100	100	—
达到省定优秀标准的各级各类学校比例（%）		90	98	96	90
全社会教育投入增长比例（%）		高于苏州市核定比例		5	高于地区生产总值增长比例
社会、学生对学校的满意度（%）		96	98	—	90

三、主要任务

（一）高水平发展十五年基础教育

1.学前教育优质普惠发展

坚持学前教育的公益普惠性。以公办幼儿园为主体，构建更加完善的以政府投入为主、以教育行政部门为主管，多渠道投入、多体制办园的学前教育公共服务体系，鼓励社会力量举办不同层次的学前教育，满足家长的多样化需求。实施第二期学前教育五年行动计划，充分考虑城镇化发展、全面二孩政策及流动人口增长实际，建立健全新建小区幼儿园配套机制，确保小区配套幼儿园超前规划，满足新增小区幼儿入园需求，加速扩充老城区学前教育资源总量，到2020年，全市新建和扩充幼儿园28所。推动公办幼儿园和普惠性民办幼儿园发展，探索建立公办幼儿园与普惠性民办幼儿园服务区制度，完善普惠性民办幼儿园认定管理机制，引导支持民办幼儿园提供普惠性保育教育服务。到2020年，全市幼儿进入公益性、普惠性幼儿园的比例不低于90%，江苏省优质幼儿园比例达70%。贯彻落实《3至6岁儿童学习与发展指南》，以省、市、县三级游戏化课程基地为载体，深化幼儿园课程改革。完善幼儿园教研制度和教研责任区制度，创新教研内容和方式。深化幼儿园联盟建设，加大在资源、师资等方面的共享力度，推进优质均衡发展。制定幼儿教师队伍建设专项规划，探索建立幼儿教师管理机制和待遇保障机制，按标准配齐配足保教人员。建立健全幼儿教师继续学习制度，提高保教人员专业素质和实践能力。到2020年，幼儿园在岗人员全部取得相应任职资格。

2.义务教育优质均衡发展

根据《江苏省义务教育学校办学条件基本标准》，继续开展义务教育改薄工作，推进学校布局科学化、学校建设标准化、资源配置均等化，整体提升义务教育均衡发展水平。新（改、扩）建小学15所、初中学校14所。落实《义务教育学校管理标准（试行）》，建立健全城乡一体化义务教育发展机制，提高义务教育发展质量。到2020年，所有义务教育学校达到省定现代化办学标准。进一步实施义务教育学校课程教学改革、综合评价改革、办学体制改革和特色文化建设，实现国家课程校本化和校本课程体系化，形成优质教育资源共享机制。探索全程育人与全科育人路径，实施小学全科教育试点和各学段课程衔接。继续实施中考招生制度改革，扩大高中学校招生自主权，增加热点学校招生比例，初步形成基于初中学业水平考试成绩、结合综合素质评价的高中阶段学校考试招生录取模式和规范有序、监督有力的管理机制，促进学生全面发展健康成长。着力完善新市民子女接受义务教育保障机制，进一步提高公办学校吸纳新市民子女比例；加大对民办新市民子女学校办学行为的规范力度，引导督促民办新市民子女学校提升质量和转型发展。

3.普通高中优质多样发展

优化普通高中学校布局，坚持适度规模办学，逐步实现优质高中城乡全覆盖。到2020年，新建普通高中学校1所，现有公办高中全部建成江苏省四星级以上高中，有2至3所高中在国内外有较高知名度。以课程改革为重点，加强课程基地和学生发展指导中心建设，形成一批拓展型和研究型课程，逐步凸显学校办学优势，建有省级课程基地的高中学校达到50%。推进办学模式和育人方式多样化、个性化，增设选修课程，探索选课走班制，促进普职融通，满足不同潜质学生发展需求。支持办学水平较高、办学行为规范的普通高中开展人才培养模式改革试点，在课程开发、教学改革等方面赋予更大自主权。鼓励普通高中和国内一流高校合作，开展创新人才培养模式实践，建立健全拔尖创新人才联合培养机制；鼓励普通高中与高校进行系统性课程研究，充分挖掘运用高校丰富的教育资源，提升学校办学品位。

4.特殊教育优质健康发展

保障残障儿童接受十五年免费教育权利，加强特殊教育基础能力建设，确保特殊教育学校达到现代化学校建设标准，学校基本改造达到无障碍环境建设标准。扶持民办特殊教育发展，以政府购买服务的方式，委托有资质的民办特殊教育机构对指定的特殊儿童提供适合的教育和康复服务。健全以特殊教育学校为骨干，以随班就读和附设特教班为主体的融合教育，完善“医教结合”和“送教上门”机制。依托职业教育学校、特殊教育学校等大力开展以职业教育为主的残疾人高中段教育。全面加强随班就读师资队伍建设，实施特殊教育课程改革，将融合教育纳入普通中小学、幼儿园的质量管理范畴，将融合教育专业支持纳入特殊教育指导中心的工作职责。

（二）积极构建现代职业教育体系

1.统筹发展中等职业教育

优化管理模式，将镇属中等职业学校管理体制统一调整为市属，形成以2所规模型公办职业学校为主体、1所民办职业学校为补充的多元化职业教育办学格局，逐步形成专业特色彰显、中高职相对集中、职普融通、错位发展的比较完善的现代职业教育体系。完成相对独立的公共实训基地建设，完善实训设备配套工程建设，建成5至10个省现代化专业集群。构建职业教育质量监测、评价和保障体系，开展职业院校办学水平及有关专项评估，支持第三方机构开展评估工作。

2.创新人才培养模式，提升人才培养质量

加强对职业教育工作的战略思考和宏观规划，把职业教育作为服务全市行业企业及行业转型升级的重要抓手。进一步做好专业吻合度调查，及时调整和开设新的专业，推动职业教育成为全市引进高端项目的高素质劳动力支撑。加强课程建设，建立课程内容随产业发展、技术进步更新的动态调整机制。按照“突出优势、聚焦特色、创新机制、打造品牌”的思路，打造契合地方产业的重点专业和专业群。

3.促进职业教育与行业、产业、企业深度融合

打造产教深度融合实训平台，推动学校成为企业产业工人输送基地、在职职工培训基地和产品研发基地，企业成为学校实训基地和就业基地，培养适合全市产业发展的实用型人才，使职业教育改革发展与全市转变经济增长方式、产业转型升级相互融通、相互促进。推进职业教育培养目标、专业设置、课程内容、教学过程与产业升级、行业标准、企业需求相对接，职业教育课程和实训基地建设与产业技术发展相适应，适度超前储备新兴产业人才。支持规模以上企业设立学生实习和教师实践岗位，逐步建立职业院校学生定点学习实训、教师定点实践锻炼制度。鼓励行业、企业与职业院校共建区域或行业技术创新推广中心，培育形成1至2个省级校企合作示范组合。激励社会力量参与职业教育事业，探索建立鼓励企业和其他社会力量通过独资、合资、合作等多种形式投资、注资职业教育事业的新路径、新模式。

4.深化职业教育国际交流合作

大力引进职业教育发达国家先进经验、成功模式和优质资源，鼓励职业教育集团与跨国企业、境外教育机构开展合作办学和职业培训。支持职业学校引进境外高水平专家和优质教育资源，支持职业院校招收国际留学生、组织教师到境外培训和指导毕业生跨国就业创业，支持有条件的职业院校与承揽海外大型工程企业合作建立国际化人才培养基地。推动职业院校专业课程与国际通用职业资格证书要求相衔接。通过中外职业院校合作办学项目，辐射、带动职业教育全面发展。

（三）全面提升高等教育内涵发展水平

1.加快现代大学建设步伐

苏州理工学院坚持江苏科技大学张家港校区、苏州理工学院、产业技术研究院“三位一体”发展思路，争取省教育厅、苏州市政府、张家港市政府、江苏科技大学四方共建，打造特色鲜明、国内一流的应用技术型本科大学。深入开展地方政府促进高等职业教育发展综合改革试点工作，以高等职业教育为主，学历教育和非学历教育并举，将沙洲职业工学院、张家港开放大学建成校企紧密合作的特色高职院校，加快构建应用型人才培养体系。

2.全面提升人才培养质量

大力发展研究生教育，稳步发展本科生教育，优化发展高等职业教育，加大创新创业人才培养力度。到2020年，研究生规模突破500人，本科生规模实现8000至10000人，专科生规模实现8000人左右。加强高等教育师资队伍

建设，每年引进博士10名左右，高职院校教师具有研究生学历人数超过90%，“双师型”教师比例达90%。推进人才培养模式改革，高校毕业生双证书获取率保持在99%以上，年终就业率不低于98%。

3.提升科技创新和社会服务能力

积极主动服务国家战略、区域经济和地方社会。提高产学研结合水平，加大高校与地方政府、行业及企业建立紧密型产学研合作基地力度，基地数量年增长率超过15%。2020年前，新增省级研究生工作站20家，研发中心、工程技术中心10家。以产业技术研究院为载体，争创国家级大学科技园。

（四）建立健全全民终身教育体系

1.积极发展继续教育

依托各类院校、社会组织建立有利于劳动者接受继续教育和职业培训的灵活学习制度，加大对高校毕业生、返乡农民工等群体的创业培训力度，优化培训模式，逐步建立以国家职业标准为依据、以工作任务为导向、以综合职业能力培养为核心的职业培训课程体系，切实提高职业培训质量效益，推动职业院校承担城乡社区教育机构职能。到2020年，全市从业人员继续教育年参与率超过70%。

2.广泛发展社区教育

加强社区教育中心能力建设，各区镇社区教育中心按不低于常住人口0.15‰的比例配备专职教师。培育多元社区教育主体，支持社区居民自主学习、自我教育。坚持示范带动、分类指导，鼓励百花齐放和突出地方特色，不断满足各类居民学习提高和修身益智需求。全市各区镇100%建成苏州市学习型乡镇。

3.加快发展老年教育

加强市、区镇、社区（村）各级老年大学基础能力建设，举办面向老年群体的学历教育，确保每年参加老年大学学习满20学时的老年人占全市老年人口比例超过10%。全市各区镇老年大学100%建设成为江苏省示范老年大学（学校）。

4.推进学习型城市建设

建立多部门共同参与的学习型城市建设领导协调机制，形成党委领导、政府统筹、行业部门联动、社会协同、全民参与的学习型城市建设工作格局。健全经费保障机制，市财政对社区教育的专项拨款按常住人口测算不低于年人均4元，且逐年增长；镇财政按同比例配套投入。每年举办“全民终身学习活动周”活动，建成首批全国学习型示范城市。

（五）全力打造高素质专业化教师队伍

1.建设教育人才高地

实施人才强教战略，整体提高教师素质和专业水平，造就一支师德高尚、业务精湛、结构合理、充满活力的高素质专业化教师队伍，培养一批具有现代意识和国际视野的省内外有影响力的教育名家、教学名师和学科领军人才。到2020年，全市幼儿园、小学、初中教师本科及以上学历比例分别达90%、95%、100%，高中教师研究生学历（学位）比例达30%，职业学校“双师型”教师比例达80%，有英语国家培训经历的英语教师达70%，幼儿园、小学、初中、高中高级教师比例分别达5%、5%、25%、38%，市级骨干教师占专任教师总数的比例达35%，苏州市级骨干教师达220人，其中苏州名教师、名校长、苏州教育名家达30人，江苏省“人民教育家培养工程”培养对象、江苏省特级教师达45人，在全国有影响力的名教师、名校长3至5人，力争培育1至2名国家“万人计划”教学名师。

2.优化教师资源配置

根据生源变化，动态调整教师编制。优化教师队伍结构，逐步实现男女性别比例、学科结构比例和城乡结构比例相对协调。通过校园招聘、委托培养和政府购买服务等方式招聘教师和建设专兼职结合的校医、会计等后勤服务队伍，鼓励社会各类人才进入各级各类学校任教。到2020年，全市基础教育学段校外专家总数不低于学校岗位的5%，职业学校的校外专家总数不低于学校岗位总数的20%，教育咨询师、心理辅导师、家庭教育辅导师、教育数据分析师数量均超过500名。逐步建立统筹规划、统一选拔的乡村教师补充机制，造就一批数量充足、结构合理、素质优良、甘于奉献的乡村教师队伍。探索建立城乡教师差异化待遇制度，不断提高农村教师待遇。继续完善“县管校用”教师管理体制，加速推进义务教育学校教师交流轮岗工作制度化、常态化和科学化，促进城乡资源配置一体化。

3.加大教师培养力度

落实教师培训学分制度和调研分析制度，提质增效，逐步构建体现全市特色的教师教育课程体系，建立线上线下联动、理论讲座和现场教学并举、公办教师与自聘教师共同参与的教师培训制度。推进教师发展中心建设和教师发展示范学校建设，到2020年，教师发展中心达省级示范标准，10%以上学校建成苏州市级教师发展示范学校。启动“卓越教师培养计划”，搭建促进名教师、名校长和有潜力教师发展的国内外高端培训平台；建立健全导师制，办好特级教师工作室和名教师、名校长工作室，依托名师教育思想研讨、名师大讲堂等载体，搭建多样化的名师展示舞台，提升本土名师的学术层次和对外影响力；加速对“双师型”教师的培养与补充，强化校企合作，造就一批职业教育专家、教学名师、专业带头人和校企合作、产教结合的优秀教师团队。加大名优教育人才的引进力度，用足用好“人才引领智汇港城计划”优惠政策和“校外专家”柔性引进人才配套政策，拓宽教育人才的引进渠道，尤其加大对紧缺学科教育人才的引进力度。出台《张家港市乡村教师支持计划实施办法》，实施对乡村教师的定向培养，确保定向师范生毕业后安排到有空编空岗的乡村学校，多措并举，进一步增强乡村教师的职业吸引力，稳定乡村教师骨干队伍。

四、改革重点

（一）深化教育管理体制改革

完善“以县为主”的义务教育管理体制，基本形成“以县为主，城乡一体”的义务教育管理格局，构建区域统筹管理框架体系。推进简政放权和管办评分离，明确政府管理权限和职责，优化管理流程，提高管理效能，形成政事分开、权责明确、统筹协调、规范有序的管理体制，提升政府教育治理能力。深入实施教育管理责任清单制度，综合运用政策法规，规范各级权力运行程序，确保教育责任履行到位，发挥政府保障教育事业优先发展、科学发展的主导作用。坚持依法治教，以现代学校制度建设为抓手，建立健全学校依法办学、自主管理制度和重大事项决策程序，完善校内重大事项集体决策规则，优化学校内部治理结构。完善学校发展性评价体系，激发学校办学活力，推进“校园引领文明工程”，形成体现素质教育要求、以学生发展为核心、充满生机活力和科学多元的中小学教育评价制度，助力学校科学发展、特色发展和绿色发展。

（二）优化人才培养模式改革

以培养“全面发展的人”为核心，创新育人模式，更新育人理念，将核心素养全方位融入学生生命成长过程之中，着力提升学生在人文底蕴、科学精神、学会学习、健康生活、责任担当、实践创新等六个方面的必备品格和关键能力。全面实施集课程评价、课堂评价于一体的教育教学评价体系改革，转变教与学的方式，尝试“互联网+”背景下课堂教学方式的重构，开展翻转课堂教学实验和基于学情数据的个性化教学实验，探索形成一人一案的信息化因材施教模式。规范管理、有序推进中小学生研学旅行，充分发挥市青少年社会实践基地和各级教育基地的育人功能。深化招生考试制度改革，建立适应创新人才成长的多元评价机制。加快建设基于大数据和“以校为本”的教育综合评价数字化管理平台建设，积极开展基于发展规划的学校自主发展增值评价试点，扭转主要以学生学业考试成绩和学校升学率评价中小学教育质量的倾向，促进学校科学发展。

（三）推动教育研究制度改革

开展区域教育智库建设，贯彻落实中央《关于加强中国特色新型智库建设的意见》和省教育厅《关于进一步加强全省教育科研工作的意见》精神，坚持需求导向、问题导向、实践导向、创新导向，统筹各方面的教育科研资源，推动教育科研重心、科研方式、科研组织形式和科研成果应用转型，定期发布教育科研质量检测报告，基本建成体现全市教育研究实力的新型教育智库体系。深化教育研究机制改革，探索研究人员专兼职相结合、长短期聘用相结合、单双聘相结合的人事管理机制，提高教育研究人员层次。探索建立资深研究员制度及整合社会学术资源的特约研究员制度。深化成果评价和应用，提高在苏州市、江苏省乃至全国层面的科研成果获奖率，助推教育科研成果转化为实践成果，引领转变育人方式。

（四）推进办学体制改革

健全政府主导、社会参与、办学主体多元、办学形式多样、充满生机活力的办学体制，引导社会资金以多种方式进入教育领域，支持民办教育事业发展，鼓励行业企业等社会力量参与公办学校办学，形成并巩固以政府办学为主体、全社会积极参与、公办教育和民办教育共同发展的格局。实施民办学校分类管理及差别化扶持制度，在财政、用地、收费等方面对非营利性民办学校给予更大扶持，依法禁止义务教育阶段举办营利性民办学校。建立健全民办学校健康发展机制，加快民办学校品牌化发展，鼓励民办学校参与国内外教育交流合作，开展多种形式的合作办学。进一步完善对民办学校的管理和监督，落实对民办学校的检查和评估制度，从学校、政府、社会三个层面，整体提升民办教育治理能力和水平，确保民办学校依法办学、规范办学。

（五）扩大教育对外开放

加强与国（境）外友好城市的教育合作，推动友好学校结对建设，实现中小学有境外友好学校的比例不低于50%。扩大中小学教师海外研修规模，每年安排20名英语教师赴英语国家进行英语语言和英语教学能力培训，组织优秀教育管理者、职业教育专业教师各10名参加出国培训。积极推进学生海外交流与学习，探索与境外学校间的课程和学分互认制度。深入实施“外籍教师进校园”项目，全市中小学外籍教师进校园的覆盖面达50%。加大与美国威斯康星州开展区域化国际教育合作力度，深化与纳维教育集团等国际教育机构的交流与合作。学习引进国外优质教育资源，开展A-level课程、IB课程和美国AP课程等课程建设，吸纳国外教育先进理念，推动全市各学段课程实施与改革不断深入。高职院校专业课与国际通用职业资格证书对接比例超过20%。增加高等学校中外合作办学项目，实现具有国（境）外学习经历的教师比例超过30%。

五、保障措施

（一）健全经费保障机制

继续加大教育投入力度，确保教育经费每年达到“三增长”。“十三五”期间，预测教育总投入197.8亿元，其中公共财政教育经费投入164亿元。主动研究城镇人口流动及生育政策调整双重因素带来的生源数量及结构变化，超前谋划教育资源配置和学校布局调整优化，实现学校布局与城乡一体化建设、教育现代化要求、教育均衡发展“三个适应”。累计投入37.7亿元，规划新（改、扩）建中小学、幼儿园58所，涉及校舍建筑面积97万平方米。义务教育阶段平均班学额达省定标准。严格执行教育资助政策，认真做好学前教育家庭经济困难学生政府资助、义务教育家庭经济困难学生生活补助、普高和中职贫困学生国家助学金、中职免学费及“阳光午餐”补助、生源地助学贷款等资助体系。

（二）加快推进教育信息化

提升教育信息化基础应用环境。实施“宽带网络校校通”提升工程，班均带宽出口达5兆；开展无线校园建设，实现无线校园全覆盖。加快推进“优质资源班班通”，交互式多媒体班级覆盖率达100%。深入推进“网络学习空间人人通”，推动优质数字教育资源普及共享。完善张家港市智慧教育云平台，实现与省、苏州市教育基础数据库的互联互通、数据共享，为教育管理、考试评价及招生制度改革、生源预测等提供大数据分析支撑。推进智慧课堂、智慧校园建设。到2020年，智慧校园覆盖率达60%，90%学校达到国家教育信息化标准。扎实推进“名师课堂”“名校网络课堂”及“教师网络研修社区”建设，扩大优质教育资源共享范围。

（三）凸显党建工作地位

落实全面从严治党新要求，着力构筑风清气正的政治新常态，切实把党建工作摆到统领全局的重要位置，促进党建工作与学校建设、师德师风、学生德育等教育教学各项工作融合，发挥党建工作引领发展、推动发展的重要作用。落实党风廉政建设"两个责任"，以严格遵守党纪国法、严格执行中央八项规定和各级关于改进作风密切联系群众的要求为重点，完善党风廉政建设各项制度，强化监督执纪问责，筑牢党员、干部防腐拒变堤坝。严明党的政治纪律，深入开展党性党风党纪教育，牢牢把握舆论引导主动权，弘扬主旋律，传播正能量。按照法治型党组织建设新部署，积极推进依法治教、依法治校、依法执教、学法守法"四位一体"建设，营造依法办学教育环境。推进"两学一做"学习教育常态化制度化，组织开展机关干部访百校、学校行政访千师、学科教师访万家"百校千师万家"走访调研活动，提升机关服务效能。坚持以党建带群建，加强工会、共青团、妇委会、少先队等群团组织工作，广泛凝聚师生合力推动教育事业发展。

（四）落实和谐校园建设

切实把关爱学生生命安全、促进学生健康成长摆到教育工作的突出位置。深入开展生命安全与健康教育，提高学生自我保护意识和能力。进一步提高人防、技防、物防水平，健全各项安全管理制度。强化学校安全工作检查和校园及周边综合治理，筑牢严密的学校安全防护网。以"用好两个平台"（安全教育平台、安全管理平台）为切入点，做精做细学校安全工作"标准化"网格管理项目，确保每学年至少安排6次全面检查及不定期抽查、督查，并定期组织应急演练，助推校园平安建设跨出新高度。健全校园矛盾纠纷化解机制，加强和改进信访工作，营造和谐稳定的教书育人氛围。

（五）完善教育督导机制

依法对各级各类学校实施专项督导、素质教育综合督导等形式的教育督导，并开展常态化、过程性评估监测。完善教育督导问责机制，落实意见反馈、约谈整改、公开公示等要求。强化督导结果运用，将结果纳入学校评优评先与校长工作质量考评。规范、创新挂牌督导，建成"全国中小学校责任督学挂牌督导创新县（市、区）"。加强、改进对区镇履行教育目标责任的监测，积极构建助推教育协调持续发展的诊断、导向与保障体系。建设独立、多功能、综合化的督导信息平台，逐步实现教育督导信息化、现代化与立体化。

——摘自《关于印发张家港市教育事业发展"十三五"规划的通知》（张政发〔2017〕56号）

张家港市卫生计生事业发展"十三五"规划

一、规划背景

健康指标持续提升。"十二五"期末人均期望寿命82.54岁；孕产妇死亡率0，婴儿死亡率和5岁以下儿童死亡率分别2.99‰、3.51‰；传染病控制在较低发病水平，发病率逐年下降，无传染病爆发流行。居民整体健康状况达到发达国家和国内先进城市平均水平，位居全省前列。

综合医改深入推进。稳步推进公立医院药品零差率政策，全面开展"十大绩效比拼"，创新实施第三方考核，公立医院运行较改革前呈现"四增四减"的良好态势（门急诊人次、出院人次、手术人次、医务性收入占比明显增长，门诊均次费用、出院患者均次费用、药占比、平均住院日明显减少），参保患者平均医疗费用负担控制在30%以内，市域内就诊率达到95%。

医疗能力显著提升。市一院、中医院创成三级乙等医院，澳洋医院成为苏州市首家通过JCI国际认证的民营医院，全市二级甲等以上医院数量位居全省县市第一。"科教兴卫"全新突破，累计创成苏州市级以上重点专科（含建设单位）16个；获评"姑苏卫生重点人才"1人、张家港市名（中）医15人、学科带头人28人。

公共卫生持续领先。人均基本公共卫生经费提高到50元。成功创建国家慢性病综合防控示范区、首批国家级妇幼健康优质服务示范市。妇儿健康工程、儿童健康保障工程成效显著，数字化预防接种门诊、儿童保健门诊100%全覆盖，免费孕前优生健康检查全面铺开，并惠及流动人口，计划怀孕人群参检率达90%以上。重性精神病人医疗、体检政策全面升级，质量管理在苏州县级市中居领先水平。

社区卫生稳步发展。全市社区卫生服务机构门急诊服务量占全市门急诊总量的37%，新（改、扩）建社区卫生服务中心（站）92家，增设全科医生工作室63个，114家服务站创成苏州市级以上示范站，示范站数量及比例居苏州各县市之首。成功创建全国基层中医药工作先进单位，建成2个国家级基层医疗卫生机构中医诊疗区。在苏州范围内率先为全市所有有处方权的社区医生购买医疗责任险。

计生工作成效显著。"单独两孩"政策全面实施，流动人口计生服务管理机制运作日益精细化，基本形成政府主导、部门配合、全社会参与的人口计生综合服务与管理格局。建成国家级优质服务示范站2家，0岁至3岁苏州市科学育儿示范基地12家，苏州市连心家园示范点1家。获得全国避孕药具不良反应监测先进集体和全省人口协调发展先进市等多项省级以上荣誉称号。2015年末，全市常住人口出生符合率为98.08%，二孩及以上率为38.14%，户籍人口出生性别比为103.88。

"十二五"期间，全市卫生计生事业发展还存在一些问题。一是医疗改革有待深化。公立医院改革进入攻坚期，现代医院管理制度尚未完全建立。基层医疗卫生运行机制改革难度还比较大。二是资源结构有待优化。居民健康需求快速增长，并向多元化发展，但优质医疗资源相对集中，区镇医院、社区卫生服务中心的发展难以满足基层群众需求。三是服务能力有待提升。医疗卫生服务总体能力水平与发达地区还有差距。各级各类医院在高层次人才引进、重点专科建设、特色品牌培育等方面的力度还需加大。

二、“十三五”指导思想、形势分析、基本原则和总体目标

（一）指导思想

以中共十八大和十八届四中、五中、六中全会精神为指导，深入贯彻习近平总书记系列重要讲话精神，坚持创新、协调、绿色、开放、共享发展理念和“四个全面”战略布局，以建设“健康中国”为主线，以《“健康中国2030”规划纲要》为引领，以维护人民群众健康为宗旨，以全面深化改革为动力，以科技进步为支撑，强化基本医疗卫生服务公益性导向，坚持预防为主、中西医并重，着力推动健康服务策略以疾病为中心向以健康为中心转变，全面加快卫生计生事业以人为本发展、均衡协调发展、内涵质量发展、创新智慧发展，确保到2020年建立起与全市社会经济发展相适应的、具有较高水平的新型医疗卫生计生服务体系，满足人民群众多层次、多样化的医疗卫生计生服务需求，全面提高人民群众健康素养，开启“健康港城”建设新局面。

（二）形势分析

“十三五”期间，是我国全面建成小康社会的决胜阶段，也是全市推进“四大路径”建设、加快实现现代化的关键时期，既提供了难得的发展机遇，同时也提出了更高要求，需要克服的困难和挑战明显增加。一是人口结构布局持续调整。随着未来人口结构的持续改变，全市社会老龄化程度进一步加深，加上饮食结构、生活方式以及环境、城镇化建设等一系列因素的变化，肿瘤、心脑血管、呼吸系统等慢性病均已进入到全市发病率前十位病种的行列，慢性病频发对于医疗卫生资源的合理配置和利用、医疗服务体系从治疗向预防康复转变等都提出了新的要求。二是改革推进力度持续加大。医改日益走向深水区，分级诊疗制度推进、医疗服务价格调整、医保支付方式改革、事业单位人事编制管理改革等相关配套政策不断出台，打破了医疗卫生管理体制和运行机制的原有平衡，而新的平衡态势尚未形成，改革难度增大。三是内涵发展要求更加迫切。“健康中国”战略启动推进，2020年全省将基本建成现代医疗卫生体系，人人享有较高水平的基本医疗卫生服务，医疗卫生发展整体水平位于全国前列，城乡居民健康主要指标达到国际先进水平。因此，卫生计生事业需要牢牢把握“将健康融入所有政策、人民共建共享”的方针，加快向整合资源、优化体系、提升效率的内涵式发展转变，打造“健康中国”的“港城样本”。

（三）基本原则

1. 坚持保障基本，促进健康公平。把实现好、维护好、发展好人民群众健康权益作为卫生计生工作的根本出发点，发挥政府主导作用，把基本医疗卫生制度作为公共产品向全市居民提供，增强居民的获得感与幸福感。

2. 加强改革协同，全力攻坚克难。坚持医疗、医保、医药“三医联动”，明晰政府、社会与个人医疗卫生投入责任，推进政策协同和制度创新，调动医务人员参与改革的积极性，逐步化解改革发展难题。

3. 突出内涵发展，优化资源利用。优化卫生计生资源配置，加快实施人才强卫战略，加强各级各类卫生计生机构分工协作，推进预防、医疗、康复、教学、科研协同发展，改善卫生计生体系运行效率，提升发展质量和服务绩效。

4. 发挥市场作用，激发发展活力。营造平等参与、公平开放的卫生计生发展环境，充分调动社会参与积极性，形成政府、市场、社会共同推进卫生计生发展的良好格局。

（四）总体目标

在“十三五”期间，建立规模布局合理、层级功能明晰、防控保障有力、服务效能优良、群众患者满意的现代卫生计生服务体系。

1. 提升居民健康素养。坚持从高水平全面建设小康社会的目标出发，高标准定位卫生健康目标。力争到2020年，居民的主要健康指标继续保持较高水平，户籍居民平均期望寿命达到83岁，婴儿死亡率、孕产妇死亡率分别控制在5‰、5/10万以下；人口自然增长率稳定在6‰，总和生育率稳定在适度生育水平，多孩生育率控制在较低水平；主要健康指标达到同期中上等发达国家水平。

2. 优化区域资源配置。医疗资源总量适度提升，地域空间布局日益合理，公立民营之间、综合专科之间、医院社区之间结构趋向合理，医疗卫生计生协调推进。预计到2020年，床位数达9500张，千人医疗、老年康复护理床位数分别达5.25和1.3；千人执业（助理）医师数达2.88；千人注册护士数达3.2。优先配备医院产儿科医师、妇幼保健机构人员（按人口的1∶10000配备），积极应对国家生育政策的调整。

3. 强化综合服务能力。强化区域龙头三级医院内涵建设，提升疑难杂症诊治能力。加强二级医院特色专科能力建设，形成区域内具有较大影响力的特色专科。夯实社区卫生服务中心网底职能，构建基层首诊、双向转诊、上下联动、急慢分治的新型分级诊疗格局。加快转变健康领域发展方式，提升康复、护理、妇幼保健、精神卫生、医养结合等服务能力，全方位、全周期维护和保障人民健康。

4. 提升医疗技术水平。建成国家中医药管理局中医重点专科1个、省级重点专科4个；新增省级及以上重点专科（含建设单位）2至4个；新增苏州市重点学科2至4个、苏州市重点专科（含建设单位）4至8个。完成省级以上科研立项9至14项，获评省、市级科技奖项不少于30项。新增引进或培育姑苏卫生人才1至2名；新增卫生“港城英才”15至20名；新增张家港市名医10至15名、学科带头人20至30名；新增省级基层卫生骨干人才40至50名。住院医师规范化培训合格率保持在90%以上。

5. 推进信息互联互通。医院临床、管理、运营信息系统建设持续推进，建立基于电子病历的医院信息平台和医院数据中心，为患者提供诊前、诊中、诊后全程信息跟踪管理和服务，改善患者看病就医感受。完善基层医疗卫生信息系统，居民电子健康档案规范化建档率达90%，形成以基本医疗与基本公共卫生服务为主体、整合各类业务功能的完整信息化应用服务体系。

6.提升居民服务获得感。构建政府、社会、个人多方筹资机制，降低居民医疗费用自付比例，力争到2020年末，患者政策范围内个人医疗自付比例下降到25%以下。完善医疗卫生服务网络，切实增强居民就医的可及性与便捷性。创新医疗卫生服务方式，优化医疗卫生服务流程，和谐医患关系，区域第三方满意度达85%以上。

三、规划主要任务

（一）持续推进公共卫生体系建设

1.完善疾病综合防治体系。以居民健康为核心，以社区卫生服务中心为平台，建立专业公共卫生机构、综合医院和专科医院、基层医疗卫生机构“三位一体”的疾病防控机制。加强专业公共卫生机构对医院、基层医疗卫生机构的业务指导、培训和考核，建立完善工作协调和业务协作机制，强化信息共享与互联互通，推进预防与治疗无缝连接。进一步提高疾控装备建设水平，开展传染病病原学、病原谱检测技术集成，建设病原微生物鉴定和多技术联用检测平台；推进分子生物学实验室建设，完善病原体分离培养、核酸检测分析和免疫学检测分析的手段和技术；构建健康危害因素检测平台，开展职业健康、环境和食品污染物等危害因素检测与评价，为健康危害因素追踪提供技术支持。

2.加强重点传染病防控。科学设置传染病基础监测网络，建立呼吸道和肠道感染病例监测系统，完善传染病早期预警模式。建立基于医院HIS系统的传染病报告系统；推进国家科技重大专项江苏省重大传染病示范区“十三五”工作。深入开展艾滋病、血吸虫病、结核病、乙肝等重大传染病防治工作，落实霍乱、麻疹等重点传染病防控措施，规范处置各类传染病疫情。加强预防接种规范化管理，推进数字化预防接种门诊建设，实现以接种点为单位全覆盖；建立疫苗流通接种监管追溯平台，完善二类疫苗接种服务和管理机制；适龄儿童免疫规划疫苗接种率保持在95%以上。

3.强化慢性病综合防控。巩固国家慢性病综合防控示范区成果，健全慢性病综合防控工作机制，完善社区防控网络。加强全人群死因和肿瘤登记报告，深入开展血压血糖升高、血脂异常、超重肥胖等慢性病高危人群的患病风险评估和干预指导，将口腔健康检查和肺功能检测纳入常规体检。建设慢性病防控的健康支持环境；推进基于医院HIS系统的慢性病报告系统建设；以高血压、糖尿病为重点，探索建立高危人群健康干预和防治精细化管理工作模式，推行慢性病患者自我管理，努力提高患者规范管理率和健康指标的控制率。

4.推行精神卫生综合管理。建立健全精神卫生管理组织和部门联席会议制度，形成政府组织领导、部门分工协作、社会广泛参与的精神卫生综合服务管理机制。进一步健全三级管理治疗技术网络，强化精神病专科医院与基层医疗卫生机构的工作衔接；加强精神障碍和心理行为为问题的预防和早诊早治；开展精神卫生知识普及宣传，推进重点人群心理健康及行为干预，探索实施心理危机干预和心理援助服务。登记在册的严重精神障碍患者管理率达到90%以上，接受规范管理的严重精神障碍患者纳入门诊特定项目的比例达到90%；全面推进精神障碍社区康复服务，各区镇均建成1家以上的“康复驿站”。

5.提升卫生应急处置能力。建立联防联控工作机制，健全公共卫生应急体系和预警、监测、报告信息系统，完善卫生应急组织网络和应急预案，加强应急队伍和技术装备建设，强化卫生应急管理、培训和演练，建立健全应急物资储备和调运机制，形成覆盖全市、上下联动、指挥调度、信息收集、现场处置等功能于一体的卫生应急平台，提升卫生应急的整体性、协同性和机动性。

6.加强健康教育与促进体系建设。充分发挥专业公共卫生机构、医疗卫生机构在健康教育与促进中的主导作用，完善健康教育网络，整合健康教育资源，拓宽健康教育渠道，提升健康教育能力。加大各级各类媒体健康科学知识宣传力度，建设维护“健康张家港”微信公众号，利用新媒体拓展健康教育宣传形式。强化中小学校健康教育工作，规范开设健康教育课，重点抓好中小学生常见病和多发病的宣教和干预。进一步加强新时期爱国卫生运动工作，全面推进公民健康素养促进行动，建立健全健康素养监测体系，大力宣传普及公民健康素养66条，提高公民健康素养。

（二）提供优质高效的医疗服务

1.完善医疗卫生服务体系。坚持优质均衡、城乡一体、公平可及的发展原则，以市区三级医院为龙头、片区二级医院为枢纽、社区卫生服务中心（站）为基础、一级民办综合医院和其他专科医院为补充，全面建成布局配置合理、发展规模适宜、功能定位明确、资源利用优化、功能协作互补、内部运行高效的整合型医疗卫生服务体系。严格控制公立医院单体规模盲目扩张，公立医院床位数保持在适宜水平。重点建设妇幼保健、精神卫生、传染病、康复、护理、中西医结合等医疗机构，新增床位2500张。支持社会力量举办高端综合医院和与公立医院错位发展的专科特色医院。健全急救、医学检验、集中消毒供应、血液透析等医疗机构网络。

2.创新医疗卫生供给模式。建立不同层级、不同类别、不同举办主体医疗卫生机构间的分工协作机制，不断完善服务网络、运行机制和激励机制，提高医疗卫生服务体系整体绩效。深化医疗联合体建设，建立市一院、中医院、澳洋医院等三个医院管理集团，集团内部医院实行一体化管理、分院制运作，区域医疗卫生服务基本实现均衡化。引导三级公立医院逐步减少普通门诊，重点提供疑难、危急重症的诊疗服务。完善家庭医生签约服务，全面建立成熟完善的分级诊疗制度，形成“基层首诊、双向转诊、上下联动、急慢分治”的合理就医秩序，基层医疗卫生机构诊疗量占总诊疗量60%，健全治疗—康复—长期护理服务链。加快医养融合养老服务设施建设，支持养老机构内设医疗机构，鼓励现有医疗机构开展延伸服务，实现养老资源与医疗服务的无缝对接。

3.提升医疗服务质量水平。认真贯彻执行《医疗质量管理办法》，加强对各级各类医疗机构的医疗质量管理和监督。完善医疗质量管理与控制体系，建成信息化质控平台，实现全行业全方位精准、实时的管理与控制。完善各专业医疗质量控制组织，落实医疗质量管理与控制的各项工作要求。以公益性质和运行绩效为核心，引入第三方开展医疗质量评估，提升考核的客观公正性。全面推进临床路径管理，加强合理用药、合理检查、合理治疗专项督查，进一步规范医疗机构诊疗行为，切实保障患者就医安全。建立医疗机构医疗质量管理激励机制和医疗质量管理情况约谈制度，医疗机构医疗质量管理情况和监督检查结果纳入医疗机构及其主要负责人考核的关键指标，并与医疗机构校验、医院评审、评价以及个人业绩考核相结合。加强医患纠纷人民调解制度和医疗责任保险制度建设，完善医患纠纷预防处置制度。加强医疗服务人文关怀，构建和谐医患关系。

4. 优化医疗急救体系建设。强化急救体系和能力建设，组建120急救指挥中心，在急救受理和调度中实现标准化、医疗化和分级化处置。健全院前急救、医院急诊科、急诊ICU一体化的急救医疗服务体系，健全急救医疗运行机制。加强120院前急救综合信息系统建设，对接苏州市、江苏省急救中心，信息化采集120受理调度、出车、人员设备等急救数据，统一调度指挥急救车辆、人员、设备、物资，提升突发事件紧急医学救援效能。

5. 提高采供血服务能力。围绕“省内一流，国内领先”目标，加大区域内献血服务网点功能建设，完善质量管理体系，确保采供血服务质量和血液安全。加强临床用血信息化建设，严格落实《临床输血技术规范》和《医疗机构临床用血管理办法》，推行计划用血制度，强化血液应急保障，促进科学合理用血。

（三）推动中医药事业健康持续发展

1. 完善中医医疗服务网络。加强中医院规划建设，全面建成以中医院为主体、综合医院等其他类别医院中医药科室为骨干、基层医疗卫生机构为基础、中医门诊部和诊所为补充、覆盖城乡的中医医疗服务网络。在镇级医院和社区卫生服务中心推进中医馆、国医堂建设，加强中医药设备和人员配置，70%以上的社区卫生服务中心设置中医药综合诊疗区。持续推动中医门诊部、中医诊所和中医坐堂医诊所规范建设。

2. 创新中医医疗服务模式。推进多种方法综合干预，推动医疗服务从注重疾病治疗向注重健康维护方向发展，大力发展中医康复、中医养老、中医保健等服务。加强中医医院治未病科室建设，为群众提供中医健康咨询评估、干预调理、随访管理等治未病服务。探索建立社区中药集中煎制配送机制。支持中医院输出管理、技术、标准，与基层医疗卫生机构组建联合体，开展一体化服务，力争所有社区卫生服务机构具备中医药服务能力。

3. 提高中医药防病治病能力。加强名老中医药专家传承工作室建设，打造3—4个区域内一流、在周边地区有较大影响力的名中医工作室。吸引、鼓励名老中医药专家和长期服务基层的中医药专家通过师承模式培养多层次的中医药骨干人才。推进中西医资源整合、优势互补，加强中西医结合创新研究平台建设，强化中西医临床协作，开展重大疑难疾病中西医联合攻关，形成独具特色的中西医结合诊疗方案，提高重大疑难疾病、危急重症的临床诊治疗效。

（四）提升社区卫生服务能力

1. 推动社区卫生服务提档升级。结合城乡一体化建设进程，逐步建成社区卫生服务中心与站一体化管理、覆盖城乡的社区卫生服务网络，中心城区建成城南、城东、城西、城北4个社区卫生服务中心，区镇完成塘桥、妙桥、南沙、乐余、常阴沙等社区卫生服务中心新（改、扩）建，增设市民自助式健康管理驿站，并统一各类上墙资料和标识标牌版式色调，改善社区卫生服务机构环境。在中心覆盖不到的区域，中心城区按每1万服务人口、区镇按3000—5000服务人口设置1家社区卫生服务站；在拆迁过渡房、老年安置房以及服务站覆盖不到的区域，设立全科医生工作室。持续深化社区卫生服务站内涵建设，力争每年建成“江苏省示范村卫生室”3—5家。

2. 巩固完善基层医疗卫生机构运行新机制。完善区镇卫生计生机构设置，落实社区卫生服务中心法人主体地位，探索建立单位工资总量调控机制，实施财务独立核算。各区镇充分利用辖区现有的医疗资源，采取购买服务、购买岗位的形式，快速提升中心基本医疗能力，完善六位一体功能。社区卫生服务中心全面建成“政府履行基本卫生职责、提供全科医生执业、引入整合市场资源、支持医养结合”的市民健康综合管理服务平台。实行差别化的医保支付政策，对门诊就医的在政策上向基层医疗机构倾斜。建设社区卫生考核信息系统，实施量化考核，实现社区卫技人员薪酬与工作数量、质量直接挂钩，体现多劳多得、优绩优酬。完善社区卫生服务机构短缺基药应急替代机制，保障群众用药需求。

3. 建立家庭医生签约服务制度。重点突破签约服务的方式、内容、收付费、考核、激励机制，科学制定不同类型的个性化签约服务内容，包括健康评估、康复指导、家庭病床服务、家庭护理、中医药“治未病”服务、远程健康监测等。建立完善社区首诊机制，优先覆盖老年人、孕产妇、儿童、残疾人，以及高血压、糖尿病、结核病等慢性病和严重精神障碍患者等，前期以高血压、糖尿病等人群重点先行，并有序扩面，到2020年以区镇为单位，行政村（社区）签约覆盖率达80%以上，高血压、糖尿病等慢性病重点人群签约覆盖率达60%以上。

（五）构建计划生育管理服务体系

1. 加强计划生育基层基础管理。依法全面实施一对夫妇可生育两个孩子政策。开展出生人口监测预警，建立出生人口预报制度，加强政策执行情况评估。建立完善生育登记服务制度，严格控制政策外多孩生育，维护良好生育秩序。坚持计划生育目标管理责任制。开展新一轮全国计划生育优质服务先进单位创建活动，推进计划生育工作转型发展。深入开展江苏省“十三五”人口协调发展先进市创建活动，加强督查考核。继续落实好“一票否决制”，强化基础管理，加强基层计生工作网络和队伍建设。

2. 优化家庭计划生育服务。继续落实好奖励扶助、特别扶助、持独生子女父母光荣证企业退休人员及无业人员一次性奖励等政策，完善动态增长机制，提升计划生育家庭发展能力。探索推广计划生育特困家庭养老帮扶等工作模式，妥善解决其生活照料、大病治疗、精神慰藉等问题。深入推进幸福家庭建设，分解落实人口素质提升、家庭健康促进、家庭发展扶助、和谐家园推进和家庭文化建设行动工作任务。开展计生特殊困难家庭人员免费体检。丰富“连心家园”载体建设内涵，创建苏州市级示范点1~2个。推进青少年人格工程建设，实行“青春健康知识校企行”项目化运作。

3.推进流动人口计生服务均等化。深化苏州市流动人口社会融合示范试点工作，将流动人口纳入城镇基本公共卫生和计划生育服务范围，为符合政策的流动人口提供“十免”服务。巩固完善流动人口信息互通、服务互补、管理互动的“一盘棋”工作机制。推进网上信息核查和共享，做好流动人口在居住地生育登记服务。实施流动人口健康促进行动计划、留守儿童健康促进等项目，关怀关爱流动人口和留守人群，促进社会融合。

（六）强化妇幼健康服务能力

1.加强妇幼健康服务体系建设。以妇女儿童健康为中心，突出因地制宜、强化公益、提高效能原则，整合妇幼保健和计划生育服务机构职能，成立妇幼保健和计划生育服务中心，实现1+1＞2的服务效能。推进妇幼保健院规划建设，进一步完善市、镇、村三级妇幼健康服务体系网络。依托专业医联体建设，提升基层医疗保健机构妇幼健康服务能力，有效应对“全面两孩”政策。加强各级医疗机构产儿科建设，优化调整产儿科资源布局，合理配置二级及以上医疗保健机构产儿科床位和医务人员。积极推进基层医疗卫生机构妇幼健康门诊规范化建设，二级医院全部建成规范化妇幼健康门诊，实现以区镇为单位全覆盖。

2.加强妇女儿童健康保障。积极有效落实妇幼基本公共卫生和重大公共卫生服务项目。深入开展妇幼健康服务升级工程、儿童健康保障工程，提高出生人口素质。建立健全妇幼健康分级服务模式，强化基于社区的孕产妇和儿童高危因素筛查和专案管理。严格实施高危妊娠筛查和干预项目，加快危重孕产妇和危重新生儿急救中心建设，建立分级负责、上下联动、应对有序、运转高效的急救、转诊和会诊网络。强化助产技术、计划生育技术、新生儿疾病筛查等技术服务的质量控制和监管。加强避孕药具不良反应监测，创新避孕药具管理与发放新模式，提高避孕药具服务可及性。加强托幼机构卫生保健。

3.推进出生缺陷综合防治。落实出生缺陷三级预防措施，深化妇儿健康工程、婴幼儿健康促进工程等政府惠民实事项目。优化服务流程，推进免费婚前医学检查和免费孕前优生健康检查工作，规范婚育咨询指导。二级及以上医院建立再生育咨询门诊，免费提供优生咨询服务，加强高危孕产妇孕期指导和干预。推进新生儿遗传代谢疾病筛查及新生儿先天性心脏病筛查等工作，做好病例的跟踪随访服务。

（七）深化医药卫生体制改革

1.健全公立医院管理体制。合理界定政府作为出资人的举办监督职责，探索成立公立医院管理委员会，履行政府办医职能，负责医院发展规划、章程制定、重大项目实施、财政投入、院长选聘、运行监管、绩效考核等。加快建立现代医院管理制度，落实公立医院独立法人地位和自主经营管理权，强化医院科学化、精细化管理。

2.完善医保支付管理政策。深化医保支付方式改革，实施以总额控制为主，按病种付费、按床日付费、按服务项目付费相结合的综合式支付方式。探索实行差别化的医保支付政策，医保政策向基层医疗机构倾斜，发挥医保支付对医疗服务供需双方的引导和对医疗费用的制约作用。建立健全医疗保险经办机构与医疗机构的谈判协商与风险分担机制，逐步建成与基本医疗保险制度发展相适应，激励与约束并重的医保支付制度。

3.优化绩效考核评价机制。进一步完善政府对公立医院履行功能定位、经济运行和医疗服务等的监管，建立以服务质量、服务效率、费用成本控制和社会满意度等指标为核心的绩效考核机制，并将考核结果与医院财政补助、医保支付、绩效工资水平及院长薪酬、任免、奖惩等挂钩。持续推进行业协会、第三方专业机构对医疗机构运行绩效进行独立评价和监督，建立健全社会群众满意度测评机制，强化社会监督。

4.创新实施531行动计划。以建立一个平台、三大机制和五大中心为核心，协调推进重大疾病预防和救治体系建设，到2020年，全市社区卫生服务中心全面建成市民综合健康管理服务中心。逐步推广完善肿瘤、心脑血管疾病和高危妊娠筛查干预机制，推进市级胸痛、卒中、创伤、高危孕产妇、高危新生儿救治分中心和识别点正常运行，形成多学科协作、院前院内联动的疾病救治新机制。

（八）实施科教兴卫战略

1.推动重点学专科建设。以优化重点科室、扶持薄弱专科、发挥特长优势为目标，聚焦发展、梯度推进，扎实开展新一轮重点学科、重点专科、民营医院特色专科培育和评审。加大扶持力度，强化绩效考核，加快助推现有重点学专科（含建设单位）向更高层次提档升级，实现国家级、省级重点学专科建设成果新突破。发挥苏州市级以上重点专科群的辐射作用，结合疾病谱变化和社会医疗需求，重点打造一批专病中心和慢性病管理中心，带动医疗服务区域发展和整体诊治水平提升。

2.提升医学科研创新能力。鼓励支持各级各类医疗卫生计生机构积极参与各级科研项目、科技成果的申报，完善遴选立项、合同管理、项目执行、成果推广等管理制度。开展“科教兴卫”青年科研项目，鼓励应用新技术、新项目，实施“适宜技术推广”行动，加快推进各类技术研究和科技成果的转化应用。

3.创新卫生人才工作机制。加快推进卫生计生人力资源的全市统筹管理，设立卫生人力资源管理服务中心，为辖区内医疗卫生人员的注册、管理、交流和培训提供服务。创新公立医院编制和人事管理，按照“标准核定、备案管理、岗位设置、分类聘用”的原则，合理核定公立医院人员编制总量，备案制人员在岗位聘用、收入分配、职称评定、管理使用等方面与原事业编制人员同等对待，工资待遇实行同岗同酬。建立基层人才招聘倾斜政策，实施职称评审优惠政策，增强社区卫技岗位吸引力。

4.构筑优秀卫技人才梯队。围绕加强重点学专科建设和提升区域医疗技术水平，加大学科领军型、紧缺型高层次人才的引进力度，力争每年引进卫生“港城英才”3~4名，硕士以上研究生40名。深入推进“123”卫生高层次人才培养工程，每三年开展领军人才、重点人才、青年医学人才培养对象的选拔工作，并实施动态跟踪培养管理。完善优秀卫技人才选拔机制，每三年开展市名医、学科带头人评选，每两年开展省“基层卫生骨干人才”遴选。完善高层次人才国（境）外研修培训制度，每年有计划、有重点地资助一批优秀骨干人才赴国内外高水平医疗卫生机构、医学教育机构研修培训。

5. 提升适用人才能力素质。完善规范化培训制度，提高住院医师规范化培训实效。创新卫生紧缺人才培养制度，重点对报考儿科、影像、精神卫生、全科医生、护理等紧缺和薄弱领域专业的本市户籍考生给予定向资助，逐步扭转部分领域人才长期紧缺的局面。发挥中医师承教育优势，实施“中医青苗培养工程”，加大中医药基本知识和技能培养培训力度，提升中医人才实践能力、工作绩效。

（九）打造智慧健康工程

1. 提升“医疗云”服务能力。完善HIS、LIS、移动医生和护理等云端模块，丰富心电、影像等区域会诊系统功能，为区域内准二级、一级医院、社区卫生服务中心等提供持续稳定的“云”端化医疗应用系统。建设运行数据监管系统，推动国家直报、医院系统推送、医疗明细汇总分析等运行监管数据“三径合一”。完善医疗服务数据共享体系，建设电子医疗文书共享库，支撑互联网服务、双向转诊和医疗文书质控等系统运行。

2. 提升互联网服务品质。完善互联网延伸服务，多渠道发展APP应用和微信公众号服务，优化健康服务内涵，打造亮点应用。结合“市民卡”工程，探索建设“虚拟健康卡”。强化和“市民网”的合作，打造具有特色的互联网服务窗口。按照国家网络安全标准规范要求，建立健全环境、安全、主机、数据、应用、运维安全等六个方面安全防护体系，为市民提供安全、稳定、快捷的互联网健康服务体验。

3. 提升信息化应用水平。以临床满意、病人方便、管理高效为目标，提升医院信息化应用能力。完善居民健康主索引应用体系，强化各类应用对居民身份证信息的采集和管理，依托健康主索引打造付费、报告获取、住院和门诊就医快捷服务。推动医院信息互联互通，三级医院达到互联互通四级甲等以上，二级医院以四级乙等为标准进行建设。进一步提升血站、疾控、卫监、妇幼信息化管理水平，推动行业内数据共享和业务协同。

（十）构建现代卫生计生监管治理体系

1. 完善卫生计生综合监督体系。整合卫生计生监督执法资源，调整计划生育监督执法权限和职责分工，在苏州市率先开展综合监督执法体系建设。推进镇级卫生计生综合监督执法体制改革，配齐、配足区镇卫生计生综合监督协管人员，夯实基层卫生计生综合监督执法网络。加强执法装备建设，建立健全以市级专业执法机构为主体，社区卫生服务机构为补充的卫生计生综合监督执法网络。进一步完善市、镇、村三级工作机制，明确职责，互通信息，资源共享，实现卫生计生综合监督工作的三级联动，严厉打击非法行医和“两非”行为。严格医疗机构准入与监管，强化医疗机构执业行为巡查、不良执业行为记分管理，实施医疗技术临床应用备案制。

2. 深化行政执法规范化建设。不断优化行政审批流程，简化审批内容，缩短审批时限，持续提高审批效率。进一步修订完善一次性告知制、限时办结制、首问负责制、责任追究制等制度。进一步完善卫生计生综合监督执法工作流程、自由裁量基准，建立健全行政执法全过程记录制度，实现执法文书电子化、执法信息系统化、执法环节全程可追溯。进一步健全行政执法与刑事司法工作衔接机制，完善案件移送、协查标准和程序，做好案件督办、部门之间案件移送以及跨区域案件协查工作。

3. 加强事中事后监管。坚持依法行政，落实简政放权，积极推进卫生计生在“信用监管、协同监管、联合惩戒、社会共治”方面的实施和融入，构建“信用评价、执法监督、行业自律、社会监督、公众参与”五位一体的监管体系。围绕社会高度关注、涉及群众切身利益的突出问题，通过随机抽查、飞行检查、专项整治等方式，大力开展治理整顿，依法查处各类案件，严厉打击违法行为，并定期向社会公布监督检查情况。进一步加强卫生计生领域和行业信用制度建设，建立健全失信惩戒和守信激励机制。

四、规划保障措施

（一）加强组织领导。充分认识卫生计生事业“十三五”规划对全市卫生计生事业长期发展的重要意义，坚持以保障人民健康为中心，紧扣“三医联动”，加强整体设计，创新医疗、规范医药、健全医保，增强规划实施推进的系统性、协同性和可操作性，着力解决群众看病就医热点、难点问题，切实让人民群众更多更公平地分享改革发展成果。

（二）完善投入政策。强化政府投入责任，加大财政投入力度，严格落实各类医疗卫生机构财政补偿政策，逐步调整和完善政府卫生计生投入结构，重点支持公共卫生、基层卫生和中医药事业等发展，切实加强卫生基础设施建设、卫生科技创新和人才培养等工作。完善绩效评价体系，逐步扩大绩效评价范围，提高资金使用效率。

（三）推进协同治理。各有关部门各负其责、密切配合、形成合力。市卫生计生部门要建立工作目标责任制，制定具体实施方案，并将任务层层分解落实；发展改革部门要依据规划对重大建设项目进行基本建设管理；机构编制部门要依据有关规定和标准统筹卫生计生机构编制；社会保障部门要加快医保支付制度综合改革；物价部门要综合推进卫生计生服务价格改革。

（四）营造良好氛围。坚持正确的舆论导向，弘扬“敬重生命、厚德精业、诚信和谐、创新争先”精神，加强正面宣传和舆论引导，大力宣传医改进展成效、典型经验和先进人物，加强政策解读，及时回应社会关切，合理引导社会预期，提高群众对改革的知晓率和参与度，提高医务人员投身改革的积极性和能动性，营造全社会关心、理解和支持医改的良好氛围。

——摘自《关于印发张家港市卫生计生事业发展“十三五”规划的通知》（张政发〔2017〕30号）

2017年中共张家港市委部分文件目录

2月10日	张委发〔2017〕2号	关于转发《市人大常委会2017年度工作要点和工作安排》的通知
2月10日	张委发〔2017〕3号	关于转发《政协张家港市第十二届委员会常务委员会2017年度工作要点》的通知
2月20日	张委发〔2017〕5号	关于上报张家港市相对集中行政许可权改革试点方案的请示
2月21日	张委发〔2017〕6号	关于印发《关于加强和改进新形势下党校工作的实施意见》的通知
3月7日	张委发〔2017〕7号	关于印发《中共张家港市委常委会2017年工作要点》的通知
3月10日	张委发〔2017〕9号	关于印发《关于担当作为好单位、担当作为好干部的考核方案》的通知
3月10日	张委发〔2017〕10号	关于印发《张家港市干部干事创业容错免责实施办法（试行）》的通知
3月10日	张委发〔2017〕11号	关于修订《中共张家港市委管理的干部职务名称表》的通知
3月15日	张委发〔2017〕12号	关于对接待禁止性规定落实情况开展专项督查的情况报告
3月21日	张委发〔2017〕13号	关于印发《张家港市建设“绿色发展引领区”实施方案》的通知
4月1日	张委发〔2017〕14号	关于选派张家港市第十批科技镇长团的请示
4月24日	张委发〔2017〕15号	关于苏州市党风廉政建设责任制检查考核及纪委委员评议质询反馈意见建议的整改落实方案
4月24日	张委发〔2017〕16号	关于印发《2017年全市党委（党组）中心组专题学习计划》的通知
5月4日	张委发〔2017〕17号	关于印发《关于进一步加强招商选资、招才引智工作的若干意见（试行）》的通知
5月10日	张委发〔2017〕18号	关于印发张家港市区镇党政主要领导生态环境责任审计办法的通知
5月19日	张委发〔2017〕19号	关于调整张家港保税区相对集中行政许可权改革试点方案的请示
5月31日	张委发〔2017〕20号	关于聚焦富民促进创新创业创富的实施意见
6月1日	张委发〔2017〕21号	关于印发《张家港市“两减六治三提升”专项行动实施方案》的通知
6月28日	张委发〔2017〕22号	关于授予大型锡剧《三三》等作品等陈美东等同志第七届“张家港文学艺术奖”的决定
7月14日	张委发〔2017〕24号	关于转发《中共苏州市委苏州市人民政府苏州军分区关于完善拥军政策增强军人荣誉感的实施办法》的通知
8月7日	张委发〔2017〕28号	关于印发《关于推进全市土地资源节约集约利用的若干意见》的通知
8月7日	张委发〔2017〕29号	关于印发《关于深化行政审批制度改革加快简政放权激发市场活力的实施意见》的通知
11月8日	张委发〔2017〕33号	关于召开市委常委会民主生活会的报告
11月10日	张委发〔2017〕34号	中共张家港市委关于认真学习宣传贯彻中共十九大精神的通知
11月21日	张委发〔2017〕36号	中共张家港市委员会印发《中共张家港市委关于省委第七巡视组反馈意见的整改工作方案》的通知
11月22日	张委发〔2017〕37号	关于批转市妇联《关于筹备召开张家港市妇女第十一次代表大会的请示》的通知
12月8日	张委发〔2017〕38号	关于巡视反馈意见整改工作方案的报告
12月19日	张委发〔2017〕40号	关于公布第四届张家港市道德模范及提名奖名单的通知
12月22日	张委发〔2017〕41号	关于召开张家港市领导班子、领导干部年度述职和抓基层党建、履行全面从严治党主体责任述职会的报告
12月27日	张委发〔2017〕42号	关于印发张家港市生态环境保护工作责任规定（试行）的通知

2017年张家港市人民政府部分文件目录

1月9日	张政发〔2017〕1号	关于市长、副市长分工的通知
1月18日	张政发〔2017〕2号	关于认真做好2017年春运工作的通知
1月11日	张政发〔2017〕3号	关于印发2017年度基本建设项目计划及资金安排的通知

1月20日	张政发〔2017〕4号	关于印发《张家港市水利发展“十三五”规划》的通知
1月26日	张政发〔2017〕6号	关于下达2017年度财政综合收支预算的通知
2月13日	张政发〔2017〕7号	关于印发《张家港市文化广电新闻出版（版权）业发展三年规划（2016—2018年）》的通知
2月14日	张政发〔2017〕8号	关于对全市23家重大事故隐患单位实行挂牌督办整改的通知
3月7日	张政发〔2017〕12号	关于深入推进沿江化工行业优化提升整治的实施方案
3月10日	张政发〔2017〕13号	关于表彰2016年度全市金融系统绩效考核先进单位的决定
3月22日	张政发〔2017〕20号	关于《印发关于加强新建住宅区配套服务设施规划管理的指导意见》的通知
3月24日	张政发〔2017〕17号	关于张家港市人民政府国有土地上房屋征收决定
3月31日	张政发〔2017〕21号	《市政府关于印发关于完善困难残疾人生活补贴和重度残疾人护理补贴制度的实施方案的通知》
4月1日	张政发〔2017〕22号	《市政府关于印发张家港市妇女发展规划（2016—2020）的通知》
4月1日	张政发〔2017〕23号	《市政府关于印发张家港市儿童发展规划（2016—2020）的通知》
4月10日	张政发〔2017〕24号	关于《印发关于推进张家港市“四好农村路”建设的实施方案》的通知
4月21日	张政发〔2017〕30号	关于《张家港市卫生计生事业发展“十三五”规划》的通知
4月25日	张政发〔2017〕31号	关于聘请韩震龙等12名同志为市政府法律顾问的通知
5月3日	张政发〔2017〕34号	关于表彰张家港市和谐劳动关系示范企业、2016年度张家港市劳动关系和谐企业的通报
5月16日	张政发〔2017〕37号	关于印发《张家港市政府有关部门和单位安全生产工作职责规定》的通知
5月22日	张政发〔2017〕38号	关于公布张家港市行政审批事项目录清单的通知
6月27日	张政发〔2017〕42号	关于印发张家港市社会基本医疗保险实施细则的通知
6月30日	张政发〔2017〕46号	关于表彰2016年度全市征兵工作先进单位和先进个人的通报
7月7日	张政发〔2017〕48号	关于印发关于进一步加强新时期民政工作的意见的通知
7月13日	张政发〔2017〕51号	关于表彰全市妇女儿童工作先进集体和先进个人的决定
7月29日	张政发〔2017〕52号	关于公布张家港市定点活禽零售市场名录的通知
8月4日	张政发〔2017〕56号	关于印发《张家港市教育事业发展“十三五”规划》的通知
8月8日	张政发〔2017〕58号	关于印发张家港市相对集中行政许可权改革试点工作实施意见的通知
8月9日	张政发〔2017〕59号	关于印发《关于张家港市加快推进建筑产业现代化发展实施意见》的通知
8月21日	张政发〔2017〕62号	关于授予2017年度张家港市科技创新创业市长奖和科技合作贡献奖的决定
9月1日	张政发〔2017〕66号	关于调整张家港市应急管理委员会成员的通知
9月2日	张政发〔2017〕67号	关于设立张家港市行政审批局的通知
9月6日	张政发〔2017〕68号	关于印发张家港市首批划转至行政审批局事项清单的通知
9月8日	张政发〔2017〕69号	关于印发关于进一步加强技能人才队伍建设的意见的通知
9月14日	张政发〔2017〕70号	关于印发张家港市2017年“质量月”活动方案的通知
10月26日	张政发〔2017〕90号	关于印发张家港市“散乱污”企业（作坊）专项整治工作方案的通知
10月30日	张政发〔2017〕86号	关于印发张家港市供给侧结构性改革去杠杆行动实施意见（2017—2018年）的通知
11月5日	张政发〔2017〕87号	关于印发张家港市政府和社会资本合作项目管理暂行办法的通知
11月9日	张政发〔2017〕88号	关于公布张家港市第六批文物保护单位的通知
11月18日	张政发〔2017〕93号	关于成立2017张家港国际马拉松赛组委会及工作组的通知
12月11日	张政发〔2017〕98号	关于表彰“行行出状元”张家港市第五届职业技能大赛优秀选手和先进单位的决定
12月26日	张政发〔2017〕103号	关于公布张家港市行政执法主体的通知
12月28日	张政发〔2017〕104号	关于印发《关于调整区镇财政管理体制的意见》的通知
12月28日	张政发〔2017〕105号	关于印发《关于调整土地出让收入分配政策的意见》的通知
12月29日	张政发〔2017〕106号	关于印发张家港市土壤污染防治工作方案的通知
12月29日	张政发〔2017〕107号	关于印发《关于进一步推进城乡义务教育一体化现代化促进高位优质均衡发展的实施意见》的通知

【编辑　宋佳辰】

索引

Index

常阴沙花海 （季永祥 摄）

張家港年鑑(2018)

说　明

一、索引采用主题分析法编制，大部分选用关键词。

二、索引设有条目索引、表格索引、随文图片索引三个分目，按标引词首字的汉语拼音音序排列，首字相同按第二字音序排列，以此类推。

三、由类目、分目提取的索引用黑体字标明。标引词后的阿拉伯数字表示内容所在的页码，数字后面的a、b、c分别表示从左至右第一、二、三栏。标引词后第二个页码起，表示该索引参见内容所在位置。

四、为便于读者检索，张家港市的企事业单位以及在张家港市发生的事件名称，除易产生歧义者外，省略"张家港市"或"张家港"。

条目索引

G

T

W

X

表格索引

随文图片索引

【编辑　陆文琰】

主审人员名单

（按姓氏笔画排序）

丁中群	丁建勤	万仁松	马天明	马正阳	王少波	王世芳
王苏嘉	王建明	王新法	王燕辰	牛建平	毛　冀	石冬萍
史　雷	成　冲	朱　林	朱光华	朱桂明	朱敏燕	朱瑞栋
任黎明	刘　学	刘　毅	刘中平	刘玉梅	刘会荪	汤卫华
许兴达	许晓明	许海萍	孙　杰	孙　静	孙　海	严红艳
严景阳	苏东升	杜思梅	李　刚	李　峰	杨　勇	杨正清
杨惠亚	杨满平	吴　昊	吴红波	吴彦飞	邱月花	何兴娟
何启明	何彩娟	闵振宇	汪丽菁	宋国华	张　健	张功志
张立新	张永全	张君华	张惠丰	张惠锋	张　蓉	张耀明
陆　林	陆云松	陆盘忠	陆新玉	陈　兰	陈　健	陈一意
陈小茹	陈仁昌	陈　平	陈　华	陈　贤	陈剑浩	陈饶忠
陈　霞	邵红星	邵继东	范冬青	林学军	郁　军	罗晓骏
季　珍	季洪良	金　雳	周秋涛	周炳芳	周　颖	郑大勇
赵　瑜	俞　萍	姜　嵘	秦国平	袁　勋	夏燕良	顾　博
顾敬贤	顾慧姝	钱东东	钱艳虹	钱　耿	钱根祥	钱晓东
钱淑贞	钱新棣	倪卫红	倪惠芬	徐　伟	徐　健	徐　晨
徐龙斌	徐向东	徐　江	徐丽花	徐道娟	高卫平	郭文谦
席林仙	唐雷刚	黄　明	黄新波	黄耀平	曹丽华	曹丽萍
龚向东	葛敏亚	董建刚	蒋　健	韩慧峰	程　毅	傅衍顺
童　琳	谢正国	蓬　元	雷学民	詹亚军	蔡克荣	管长兴
缪大斌	樊建兵	潘晓忠	薛　奇	薛　栋	衡泽志	戴　晔
魏　欣	魏新阳	瞿　伟	瞿医蕾			

张家港经济技术开发区（杨舍镇）

张家港经济技术开发区（杨舍镇）位于市域西南部，是市委、市政府所在地。总面积153.09平方千米，其中城区面积34平方千米，耕地面积3400公顷。年末，辖5个城郊办事处、4个城区街道办事处、29个行政村、76个社区。有户籍 97915 户，人口 285185人，另有外来暂住人口270277人。3月，《杨舍镇志》出版发行。7月，张家港高新技术产业开发区筹建成立。全年实现地区生产总值751.06亿元，比上年增11.09%。一、二、三产业增加值分别为4.96亿元、253.24亿元和492.86亿元。完成全口径财政收入107.24亿元，比上年增3.57%，其中公共财政预算收入50.1亿元，比上年增9.41%。入库税收104.62亿元，比上年增3.74%。完成全社会固定资产投入210.24亿元，其中工业投资99.92亿元、服务业投资110.32亿元。综合实力位居全国千强镇第三名。年内，经开区获评国家知识产权示范园区、苏州市劳动关系和谐园区，第一批获省级创业型园区称号，杨舍镇获评全国创建无邪教示范典型乡镇、江苏省2016年度基层建设标兵单位、苏州市双拥模范镇。

1 11月1日，省委副书记、省长吴政隆到区（镇）调研

2 10月17日，副省长马秋林一行到区（镇）调研

3 9月18日，市委书记朱立凡调研经开区党建工作

4 传达学习中共十九大精神大会

5 纪念建党96周年专题活动

张家港经济技术开发区（杨舍镇）

1 万都博泽公司签约落户
2 彩虹集团高效光伏组件项目签约仪式
3 高新产业项目签约仪式
4 上海锅炉厂有限公司申港制造基地揭牌
5 江苏天鹏电源二期项目奠基
6 南新村农业丰产方小麦收割现场
7 善港村生产的美国金瓜
8 梁丰集团奶牛场
9 农联村老人喜领新年大红包
10 社区教育——花艺培训

1

2

3

4

5

- 1 泗港实验幼儿园
- 2 南新花苑二期
- 3 农联好人公园
- 4 百家桥村生态园一角
- 5 首届全国文明校园——塘市小学
- 6 城东街道家庭文化节启动仪式
- 7 《杨舍镇志》出版发行
- 8 聚龙青枫艺术团获全国广场舞一等奖
- 9 乘航老年大学教学成果展示
- 10 锦绣社区艾尔手工坊作品演示

张家港保税区（金港镇）

2017年，保税区（金港镇）以“打造长江经济带转型升级示范区和争创全国文明镇”为总目标，强化争先率先，狠抓要事急事，经济社会发展取得令人可喜的成绩，地区生产总值708.7亿元，比上年增7.5%；公共财政预算收入55.18亿元，比上年增32.7%；进出口总额967.89亿元，比上年增26.5%。**一是狠抓创新转型，经济运行提质增效。**总投资超1000亿元的康得新航空碳纤维复合材料产业园、先进高分子复合材料产业园和未来城“两园一城”项目成功签约。总投资超71亿元的两个国际级香精香料、霍尼韦尔中国工程中心、劳伦士汽车等24个项目奠基开工。总投资超64亿元的凡赛特新材料、AAK、苏州观胜等21个项目竣工投产。总投资超60亿元的美国胜牌、亨通华西海工、庄信万丰汽车催化剂等20个重大项目签约落户。新引进市领军人才（团队）18个，获评苏州“姑苏计划”人才6人、省“双创计划”人才4人。**二是狠抓改革攻坚，营商环境不断优化。**“数字保税区”一期上线运行，成为省级行政许可权改革试点，正式组建运营行政审批局，获批非自贸区同业联合担保试点、电力需求侧改革试点等全国首试政策，汽车口岸平行进口量跻身全国前五。**三是狠抓城镇建设，城乡面貌明显改观。**滨江大厦、滨江集贸市场建成投用，金港文化中心封顶。完成香山河、东方红河、三节桥港等7条黑臭河道治理，疏浚镇村河道79条，建成生态河道2条，关停治理养殖户10家。新塍、长山、占文3个村11个三星级康居乡村点位通过创建验收。朱家宕有机垃圾处理站试点启动运行。新增绿化面积34.4公顷，改造绿化面积49.13公顷。**四是狠抓民生事业，富民惠民步伐加快。**总投资近10亿元的5大类20项实事工程顺利推进，崇真小学、崇真幼儿园和中兴小学教学楼建成投用。金港医院通过二级评审，异地新建工程完成主体建设，上海第十人民医院金港分院、市第二人民医院、保税区医院正式挂牌。完成分配安置房6500余套，安排资金5600余万元实施精准帮扶。镇社区教育中心被评为省优秀成人继续教育院校和首批社会教育百强单位之一，“金港大讲堂”被推荐为全国终身学习品牌。成功获评苏州唯一的第五届全国文明镇。

1 3月8日，江苏省副省长马秋林到保税区（金港镇）检查化工企业和安全监控平台运行情况

2 2月15日，市委书记朱立凡到保税区（金港镇）调研重点项目推进情况

3 11月7日，市委副书记、市长黄戟调研保税区（金港镇）水环境整治现场

4 8月2日，保税区（金港镇）党政代表团赴苏州高新区考察学习

5 11月2日，康得新“两园一城”合作协议签约仪式

6 5月26日，霍尼韦尔UOP中国研发及工程中心项目签约仪式

7 4月27日，陶氏化学（张家港）有限公司扩建组合聚醚多元醇项目奠基仪式

8 9月8日，阿胡斯卡尔斯张家港有限公司开业典礼

9 3月5日，保税区（金港镇）香山山地短程马拉松挑战赛

10 张家港保税港区汽车整车进口口岸

江苏扬子江国际冶金工业园（锦丰镇）

冶金园（锦丰镇）位于市域北部，与南通如皋市、通州市隔江相望，有沿江岸线13.8千米，是以钢铁冶炼为核心，加工、贸易、仓储、物流等全面发展的新型工业基地。区域总面积114.32平方千米，耕地面积4542公顷。8月，沙洲、天福、联兴社区建立。至年末，园（镇）辖2个办事处，24个行政村、11个社区（其中“村社合一”社区5个）。有户籍人口11.46万人，另有外来暂住人口6.75万人。2017年，园（镇）实现地区生产总值625.99亿元，全口径财政收入61.08亿元，入库税金59.24亿元，固定资产投资115.08亿元。全镇村级可用财力1.13亿元，农民人均纯收入33730元。年内，锦丰镇位列2017年度全国综合实力千强镇榜单第29位，通过全国文明镇复查，创建成江苏省创业型乡镇。

冶金园依托沙钢、浦项等核心企业，进一步整合资源综合优势，以优化经济结构为主线，以改革创新为动力，突出集约发展、多元发展、协调发展，着力提高经济增长质量和综合竞争能力，形成以钢铁冶炼为核心，加工、贸易、仓储、物流等全面发展的新型工业基地。区域内有各类企业4936家，其中外资企业97家，累计到账外资12.77亿美元。其中有世界500强企业沙钢集团、韩国浦项等5家，形成冶金、新型建材、机械装备、五金医疗等四大产业板块，建有江苏冶金技术研究院、高端产业集聚区、玖隆物流园、沙洲大厦等八大产业载体。园区形成炼铁3020万吨、炼钢3325万吨、轧材3254万吨、不锈钢60万吨、电解铜10万吨的年生产能力。总投资500亿元的集现货和期货交易、剪切加工、运输配送、进出口保税、电子商务及金融担保质押为一体的玖隆物流园已具一定规模，先后被列入省级重点物流园、首批国家级示范物流园区。

1 1月22日，共建江苏冶金技术研究院框架合作协议签约
2 4月7日，园（镇）举办北欧创新机构及企业路演活动
3 4月18日，冶金园21个重点项目集中开竣工
4 7月1日，江苏冶金技术研究院揭牌暨合作项目签约仪式
5 12月14日，江苏省钢铁行业创新发展大会

6

7

8

9

6 6月2日，园（镇）与中铁上海局举办“先锋梦工场”党建项目

7 6月2日，苏州市中级人民法院院长徐清宇一行到锦丰调研

8 6月13日，冶金园（锦丰镇）村、社区“先锋论坛”

9 6月23日，省档案局副局长欧阳旭明一行到园（镇）走访调研

10 9月5日，市委第一巡察组联动巡察园（镇）工作动员会

11 12月14日，沙上风情廉政教育馆开馆

12 12月25日，市党建引领网格化社会治理工作现场会在锦丰镇召开

10

11

12

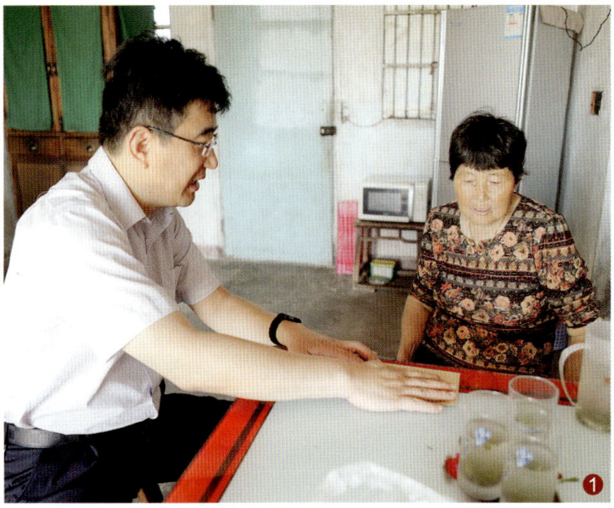

1 5月13日，园（镇）领导慰问“中国好人”王秀芬

2 7月7日，锦丰镇召开“十有十无”专项整治工作推进会议

3 11月20日，“金沙洲学科发展联盟”启动仪式举行

4 12月24日，锦丰镇举办第四个宪法活动日主题活动，组织宪法宣誓

5 12月29日，冶金园（锦丰镇）政务服务中心揭牌仪式举行

6 1月5日，苏州市暨张家港市文化、科技、卫生“三下乡”集中服务活动举行

7 2月10日，园（镇）民俗文化大拜年

8 4月9日，锦丰镇首届集体婚礼举行

9 6月29日，园（镇）举办庆祝建党96周年大会暨歌唱会

10 11月3日，2017年张家港金沙洲音乐节开幕

11 11月16日，锦丰镇“一村一品”群众文化特色大比拼活动

12 12月12日，《锦丰镇志》入选中国名镇志文化工程

江苏扬子江国际冶金工业园（锦丰镇）

1

2

3

4

5

1 5月27日，冶金园（锦丰镇）全民健身节启动仪式
2 4月20日，"书香锦丰·幸福阅读"全民阅读活动
3 10月1日，张家港短程马拉松系列赛（第五站）
4 11月1日，冶金园（锦丰镇）第五届全民运动会开幕式
5 12月7日，市中小学生乒乓球比赛在园（镇）举行

张家港高新技术产业开发区

张家港高新技术产业开发区位于主城区北部，美丽的沙洲湖畔，2015年11月12日经省政府批准设立，规划面积23.1平方公里，是全市“创新发展引领区、创新驱动策源地，创新生态示范区、高端要素集聚地”。

高新区重点发展化合物半导体、绿色能源、智能装备和再制造、大数据和人工智能等战略性新兴产业，着力打造“化合物半导体世界之都”和“中国氢港”。已集聚华灿光电、协鑫集成、富瑞特装、国泰新点等一批国际国内行业领军企业，建成全国规模最大的LED外延片芯片产业基地、太阳能光伏组件产业基地，全国首家国家级再制造产业示范基地。长城与宝马合资的光束汽车也落户在高新区。

高新区整合集聚各类资源要素，深入开展政产学研协同创新。已布局江苏科技大学等高校4所，与中科院、清华大学等大院大所合作共建各类新型研发机构14家，自主培育国家“千人计划”专家7人、“万人计划”专家2人。

高新区培育优化创新创业生态，推动“大众创业、万众创新”蓬勃发展。已建成沙洲湖科创园国家级科技企业孵化器、华夏科技园战略性新兴产业加速器，在建中科院纳米产业园孵化器，各类载体平台总面积超80万平方米。引进境内外著名金融机构，发起、设立各类产业投资基金10余只，总规模超200亿元，形成了覆盖企业全生命周期的金融支持体系。

高新区建设“张家港智慧科学城”，由美国AECOM公司担纲城市设计，中国金茂负责城市建设和运营，着力打造宜居宜业宜学宜游的现代化科技园区。建设中的沙洲湖中央商务区（CBD）、南横套滨水生态廊道，兼具现代时尚和绿色生态水乡风情，成为张家港城市新地标。

1

2

3

1 2017年7月31日，张家港高新技术产业开发区（筹）党工委、管委会正式成立

2 省委常委、苏州市委书记周乃翔调研高新区

3 市委书记朱立凡调研高新区

4 2017年中国宽禁带功率半导体及应用产业大会在高新区召开

5 市委副书记、市长黄戟调研高新区

4

5

张家港高新技术产业开发区

1 高新区委托罗兰·贝格编制《产业规划》，委托浙江省城乡规划设计院编制《总体规划》，图为规划布局图

2 市政府组织召开高新区建设推进会

3 高新区重大项目集中签约仪式

4 高新区与 KIP（韩国投资伙伴）签订战略合作协议

5 高新区组织“喜迎十九大”演讲比赛

6 高新区党员集体政治生日

7 高新区鸟瞰

8 国家级科技企业孵化器——沙洲湖科创园

9 全国首家国家级再制造产业示范基地——张家港再制造产业示范基地

10 中国规模最大的LED外延片芯片产业基地——华灿光电公司

11 全球单体规模最大的太阳能光伏组件产业基地——协鑫集成公司

12 中国汽车发动机"油改气"再制造领军企业——富瑞特装公司

塘桥镇

塘桥镇位于张家港市东南部，东与常熟市海虞镇交界，南连凤凰镇，西接杨舍镇，北靠南丰镇，是中国棉纺织毛衫名镇、中国民间文化艺术之乡、中国围棋之乡。全镇总面积94.26平方千米，耕地面积3850公顷。辖2个办事处、14个行政村、7个社区（其中3个为“村居合一”社区）。2017年年末，全镇有户籍人口92801人，另有外来暂住人口94862人。全年实现地区生产总值182.01亿元，一、二、三产业增加值分别为3.35亿元、97.11亿元和81.55亿元，完成全口径财政收入16.32亿元，入库税金15.82亿元，完成全社会固定资产投资42.83亿元。2185家工业企业全年完成开票销售收入347.9亿元，121家规模以上企业完成总产值201.4亿元，实现利税总额14.72亿元。38家企业销售收入超1亿元，其中华芳集团销售收入56.39亿元，鹿港科技公司销售收入38.28亿元。全镇完成工业投资19.42亿元。苏高新科技产业园一期7.3万平方米厂房顺利封顶，签约项目12项。总投资14.6亿元的19个制造业重点技改项目启动，其中9个竣工投产。城镇建设协调推进，高铁枢纽区、城镇综合开发区拆迁完成，建设安置房8万平方米，安置居民553户，投资1200万元建成三星级康居乡村11个。2017年，塘桥镇获评全国文明镇（五连冠），首批获“江苏省生态文明建设示范镇”称号。

1 3月12日，省委宣传部副部长、省文明办主任杨志纯等考察塘桥文化中心
2 5月19日，民革中央副主席修福金等参观钱氏名人馆
3 10月20日，江苏省政协副主席王雪非等参观塘桥文化中心
4 11月3日，日本永平寺町客人访问东渡苑
5 2月14日，塘桥镇召开文明创建推进会暨党建工作会议

6 东渡苑一角
7 三干河绿化
8 横泾村一角
9 马嘶桥畔
10 花园小区

塘桥镇

1

2

3

4

5

6

7

8

1 省美丽村庄牛桥村
2 暮色中的金村苑
3 改造后的鹿苑菜场
4 鹿东小区
5 塘桥文化中心
6 村级图书馆驿站
7 2017 年新春音乐会
8 公益文化巡演进社区
9 塘桥少年宫小太阳艺术团演出
10 公益文化巡演进企业

9

10

塘桥镇

1 第十一届围棋文化节学生围棋赛
2 第十一届围棋文化节女子围棋赛
3 第十一届围棋文化节男子围棋赛
4 全民运动会男子百米赛
5 全民运动会篮球赛
6 塘桥镇第六届全民运动会开幕式
7 三级河道巡河治河工作会议
8 最美职工颁奖
9 优秀教师颁奖
10 民间厨艺大赛
11 国家级非物质文化遗产金村庙会

乐余镇

乐余镇位于张家港市域东北部，隔长江相望南通，有全市唯一保存完好的民国老街。2017年，全镇总面积78.58平方千米，沿江岸线17.84千米，耕地3910公顷。辖1个办事处，21个行政村（场），4个社区。有户籍25644户，户籍人口72601人，另有外来暂住人口19395人。全年完成地区生产总值46.94亿元，比上年增11.34%；固定资产投资15.2亿元，比上年增2.29%；完成公共财政预算收入3.82亿元，比上年增19%。有企业1560家，其中工业企业1080家，完成工业开票119.59亿元，比上年增18%。有销售超1000万元企业4家。拥有市级以上领军人才31人，其中姑苏人才10人、省“双创”人才6人。新兴产业产值51.02亿元，比上年增19.35%。各村（场）实现村级稳定收入7877.04万元，比上年增7.7%。全镇年发放低保金772万元，各类人员定补445万元，其他帮扶资金1607万元。投入4624万元打造沪通铁路旁三星级康居乡村15个。投入900万元实现农村环境卫生和河道生活污水接管1.45万户。实施家庭医生签约4075户，老年人免费体检2.41万人，居民健康档案建档率93.47%。350平方米的“红色新沙洲党史教育馆”建成，“平安法治广场”获评第五批省级法治文化建设示范点。常态化开展“六个一”大走访、“民生面对面”等活动，走访农户20718人，完成整改清单142件，办理“12345”便民服务单2600余件。年内，乐余镇获评苏州市双拥模范镇、全国社区教育示范乡镇。

1 4月11日，市委书记朱立凡调研党员中心户建设

2 9月25日，市委副书记、市长黄戟赴乐余镇到兆丰文化馆调研

3 7月11日，市人大主席徐仲高调研红闸村美丽村庄建设

4 8月11日，市委常委、市政协主席黄雪元调研飞驰机械公司

5 5月10日，市纪委书记张玮考察乐余诚信菜场

6 6月9日，乐余镇召开"两学一做"学习教育常态化制度化推进会

7 1月4日，乐余镇学习贯彻市委十一届二次全体（扩大）会议精神暨党员冬训动员会

8 乐悦广场夜景

乐余镇

6

7

8

9

10

11

1 4月18日，乐余镇7个项目集中开工
2 4月11日，市委书记朱立凡调研海狮机械集团
3 5月6日，联丰工业设备公司与江苏科技大学签订产学研合作协议
4 9月4日，乐余镇召开招商引资（智）重点项目金秋攻坚推进会
5 江苏海狮机械集团新厂区
6 3月24日，乐余镇开展"民生面对面"活动
7 4月7日，乐余镇召开第十八届人民代表大会第二次会议
8 5月5日，乐余镇召开"六个一"走访调研工作推进会
9 2月10日，乐余镇召开干部作风建设大会
10 6月8日，镇人大代表、政协委员视察防汛排涝工作
11 10月18日，镇领导班子成员集中观看中共十九大开幕会

乐余镇

乐余镇文明创建动员会
1

乐余镇基干民兵点验大会
2

“靠近我，温暖你——乐余镇总工会心系职工 喜迎中秋 欢度国庆”活动
3

同筑中国梦
你我共欢愉” 2017网格文化志愿者公益文艺巡演
4

5

乐余镇老年大学2017年春季班开学典
6

1 6月2日，乐余镇召开文明创建动员会

2 4月14日，乐余镇召开基干民兵点验大会

3 9月28日，“靠近我，温暖你——乐余镇总工会心系职工喜迎中秋欢度国庆”活动举行

4 10月28日，网格文化公益巡演

5 2月11日，在乐余广场举办“春风行动”大型招聘会

6 3月24日，乐余镇老年大学春季班开学

7 3月22日，乐余镇举办志愿服务表彰大会

8 4月1日，乐余镇举办第十一届风筝赛

9 3月10日，乐余镇开展“青春绿色行动，共建美丽乐余”植树造林活动

10 美丽村庄扶海村全景

乐余镇

1 12月18日，市文联主席钱晓东和镇党委书记夏立新共同为乐余镇文联揭牌

2 10月13日，镇总工会、团委联合举办喜迎中共十九大诵读会

3 9月8日，乐余镇举办“诵读中华经典，传承华夏文明”诗文诵读比赛

4 4月21日，乐余镇首届未成年人读书节启动

5 4月26日，镇总工会举办“庆五一、迎五四爱国歌曲大家演”活动

6 11月8日，乐余福海书画艺术苑成立

7 7月6日，“乐余镇”杯张家港市第七届全民健身大联赛启动

8 11月2日，乐余镇举办第二十七届全民运动会

9 9月8日，乐余镇庆祝第33个教师节座谈会

10 9月23日，东林村开展特殊困难家庭“向日葵互助”活动

11 10月10日，乐余镇举办民间厨艺大赛

我要上全运
“乐余镇”杯张家港市第七届全民健身大联赛
2017年张家港市暨乐余镇全民健身节
7

8

乐余镇庆祝第33个教师节座谈会
9

10

11

凤凰镇

凤凰镇位于市域南部，总面积78.79平方千米，耕地面积2728公顷。年末，辖15个行政村、6个社区。有户籍20769户，人口66483人，另有外来暂住人口55962人。全年实现地区生产总值111.23亿元，比上年增7%。一、二、三产业产值分别为3.65亿元、63.57亿元、44亿元，分别比上年减0.1%、增4.3%和9.6%。按户籍人口计算，人均生产总值16.73万元，比上年增11.1%。完成公共财政预算收入9.58亿元，比上年增11.2%。完成入库税金16.97亿元，比上年增4.3%。完成全社会固定资产投资47.84亿元，比上年增0.9%。其中，服务业投资20.26 亿元，占全社会固定资产投资的42.3%，比上年增9.5%；新兴产业投资22.09亿元，占全社会固定资产投资的46.2%，比上年增27.6%。完成工业开票销售收入343.84亿元，比上年增18.7%。完成社会消费品零售总额20亿元，比上年增8.4%。年内，凤凰镇获评江苏省健康镇，通过“江苏省粮食生产全程机械化示范镇”验收，通过“江苏省特色景观旅游名镇”初审验收，“凤凰蜜桃人文小镇”入选江苏省农业特色小镇，“贝贝足球小镇”入选苏州市美丽城镇建设优秀示范项目和江苏省体育健康特色小镇共建项目。

1 3月25日，苏州市委副书记、市长曲福田到凤凰镇调研
2 4月18日，苏州市人大常委会主任陈振一到凤凰镇调研
3 2月21日，苏州市人大常委会副主任曹福龙到凤凰镇调研
4 6月21日，宋庆龄基金会副主席井顿泉考察凤凰镇
5 12月8日，张家港市中医医院凤凰分院揭牌仪式举行
6 2月15日，矩阵光电与苏州大学产学研合作签约仪式举行
7 3月17日，中科纳清纳米空气净化器项目签约仪式举行
8 4月18日，凤凰镇东恩锻造项目奠基
9 7月13日，张家港市道德模范与身边好人现场交流活动暨颁奖典礼在凤凰镇举行
10 11月19日，凤凰镇参加苏州“三进城”暨“家在苏州·美丽凤凰”现场展示活动

凤凰分院
5

矩阵光电与苏州大学产学研
合作签约仪式
6

7

张家港市项目集中开工投产月活动
凤凰镇·东恩锻造项目现场
奠基
8

道德模范与身边好人现场交流活动
暨2016年度张家港市十佳身边好人
颁奖典礼
9

特色民俗文化、特色农副产品、特色文明成果"三进城"
"家在苏州·美丽凤凰"现场展示活动
城市，让生活更美好 农村，让人们更向往
10

南丰镇

南丰镇位于张家港市东北部，中国“黄金水道”长江下游南岸。区域面积62.47平方千米，耕地面积2694公顷。2017年年末辖1个办事处，12个行政村，4个社区。全镇有户籍21823户，人口58027人，另有外来人口24082人。2017年全年实现地区生产总值132.17亿元，一、二、三产业增加值分别为3.82亿元、89亿元、39.34亿元，全口径财政收入18.81亿元，入库税金18.21亿元，完成全社会固定资产投资48.01亿元，农民人均纯收入35441元。全镇有工业企业650家，24家规模以上企业全年实现工业总产值418.74亿元。年内，南丰镇创建成江苏省生态文明建设示范乡镇、江苏省健康镇。南丰镇总工会获评江苏省推动厂务公开民主管理工作先进单位。永联村被评为中国美丽乡村建设示范村。殷志兰家庭被江苏省精神文明建设指导委员会授予江苏省文明家庭。

1 全面深化河长制改革工作动员布置会召开
2 法治型党组织建设提升工程启动仪式
3 海陆锅炉公司深海能源装备用高端锻件生产项目
4 建农村美丽乡村建设风貌
5 南丰镇新面貌俯瞰
6 南丰派出所特勤队员在苏州江南农耕文化园内巡逻
7 南丰镇第四届道德模范合影
8 居民享有完善的医疗保障
9 “三名教育”工程实现优质教育资源共享
10 南丰镇承办全国百城千村健身气功交流展示系列活动

5

6

张家港市道德模范
和身边好人交流会
暨南丰镇第四届道德模范颁奖典礼
7

配药处
8

苏州市外教课堂项目组送教张家港市南丰中学
9

10

大新镇

大新镇位于张家港市西北部，北濒长江，东临江苏扬子江国际冶金工业园（锦丰镇），西临张家港保税区（金港镇），南接张家港经济技术开发区（杨舍镇），全镇总面积40.48平方千米，境内有7.9千米长江岸线。下辖10个行政村、4个社区（其中“村居合一”社区1个），户籍人口38590人，外来暂住人口32556人。境内有销售超1亿元的企业9家，税收超5000万元的企业1家。2017年，全镇实现地区生产总值37.78亿元，人均生产总值9.79万元。完成全社会固定资产投资14.2亿元，入库税金4.5亿元。实现工业产品销售收入67.49亿元。

1 新镇区航拍全景图
2 先进激光（装备）产业园
3 “百姓群星大舞台·我是大明星”年度 PK 赛
4 新湖公园
5 双杏寺
6 朴墅庭院

双山岛旅游度假区

1

双山岛旅游度假区位于市域西北郊、地处张家港作业航道与长江主航道之间，与苏州、无锡、泰州和南通四市的长江水域相连接，与张家港保税区隔江相望仅1千米，距张家港市中心约20千米，距无锡硕放机场55千米，疏港高速的建设开通实现沿江高速至双山码头十分钟交通圈。区域总面积约20平方千米，其中堤坝外滩涂湿地面积4平方千米，堤坝内面积16平方千米，环岛岸线长16.8千米，耕地面积400公顷，土地规模经营面积272.9公顷。辖4个行政村、1个社区（为“村社合一”体制）。区内主要以农业经济为主，无工业，主要发展特色种养业和旅游业，是长江中下游地区“生态岛”之一。

双山岛原有住户4000余户，2010年年初至2012年年末，张家港市委、市政府投入近30亿元实施“离岛上岸”，对岛内进行整体搬迁。2011年年末成立张家港双山岛旅游度假区党工委、管委会，2012年9月创建成为“江苏省级旅游度假区”，2017年获省国土资源厅批准开展旅游用地综合改革试点，度假区青年之家列入2017年度苏州市示范青少年综合服务平台。

2

1 双山岛门楼
2 双山岛夜景
3 娱乐骑行
4 首届双山岛团跑赛
5 收割
6 荷塘效果图

3

4

5

6

常阴沙现代农业示范园区

常阴沙现代农业示范园区位于市域东部，东临长江，与南通市隔江相望。有沿江岸线9.7千米。2017年，园区总面积37.45平方千米，其中耕地面积2323公顷。辖7个社区、1个居委会。年末，有户籍7781户，户籍人口20401人，另有外来暂住人口3620人。全年实现地区生产总值10.18亿元。一、二、三产业增加值分别为2.42亿元、4.93亿元、2.82亿元。按户籍人口计算，人均生产总值4.99万元。完成全口径财政收入1.18亿元，其中公共财政预算收入6500万元，入库税收1.1亿元。全社会完成固定资产投资2.06亿元，其中工业投资9900万元、服务业投资1.07亿元，服务业入库税金977万元。园区被评为2017年度苏州市村庄环境长效管理先进单位，入围省级现代农业产业园创建名单，入选江苏省味稻小镇，常南社区被评为2017年度江苏省健康社区。

1 5月8日，省政府副省长蓝绍敏到园区考察现代农业

2 苏州市委副书记、统战部部长朱民，苏州市政府副市长蒋来清到园区调研美丽乡村建设情况

3 10月17日，苏州市科技局组织专家到园区开展省级现代农业科技园现场考核评估工作

4 省级康居村庄建设点位——常北社区

5 常阴沙花海

6 常阴沙万顷良田

7 常阴沙老年大学活动有声有色

8 4月9日，“五义联动，健康苏州”——2017年“农行杯”苏州美丽乡村健康行（常阴沙站）活动举行

9 3月18日，“赛康杯”为爱助跑短程马拉松赛在常阴沙花海举行

10 2017年张家港市首届镇级公路自行车团体赛在常阴沙现代农业示范园区举行

11 5月18日，古风拓展基地在常阴沙现代农业示范园区常南社区四季果园揭牌

5

6

共迎新年
7

“五义联动，健康苏州”
2017“农行杯”苏州美丽乡村健康行
（常阴沙站）
8

“赛康杯”为爱助跑短
马拉松赛
发展体育运动 增强人民
9

2017年张家港市
首届镇级公路自行车团体赛
美的风景
10

古风拓展
11

张家港党建动漫形象

沙沙 — 洲洲

2018年七一前夕，张家港市委组织部推出全新的党建动漫形象代言人“沙沙”和“洲洲”，他们代表张家港的旧称——沙洲。身穿蓝花衣、手拿镰刀的“沙沙”，代表勤劳朴实的农民形象；头戴小红帽、手拿斧头的“洲洲”，代表吃苦耐劳的工人形象。同时，开发周边文创产品及微信表情包，使党的形象可亲可近可爱，以润物无声、春风化雨的方式，在潜移默化中扩大党在基层的影响力，让广大群众像石榴籽般紧紧团结在党的周围。

沙沙　　洲洲

跟“沙沙”“洲洲”一起推出的是《张家港红堡地图》。在这份地图上，分布在不同区域的红色“坐标”，代表着张家港市各个党建示范基地、党性教育基地、开放式组织生活基地。以提升组织力为重点加强基层党组织建设，是中共十九大作出的重大部署。张家港市大力推进“红堡”基层党建阵地建设，着力增强基层组织政治功能，营造浓厚政治氛围，让党旗飘扬在全市每一个基层阵地。

张家港红堡地图